STEUERGESETZE

Einkommen- und Lohnsteuer, Körperschaftsteuer, Umwandlungssteuer, Bewertung, Erbschaftsteuer, Realsteuern, Umsatzsteuer, sonstige Verkehrsteuern, Förderungsgesetze, Abgabenordnung, Finanzverwaltungsvorschriften

Textsammlung
mit Verweisungen und Sachverzeichnis

Stand: 1.7.2023 (Tabellen)
1.1.2024 (Texte)

(215. Ergänzungslieferung)

C.H.BECK

Herausziehmen:	Zahl der Blätter	Einzufügen:	Zahl der Blätter
805 1/2	1	**805** 1/2	1
5/6	1	5/6	1
808 1–2a	2	**808** 1–2a	2
835 1/2	1	**835** 1/2	1
Ersatzlos zu entnehmen:			
849a 1–10	5		
850 1/1a	1	**850** 1/1a	1
33–36	2	33–36	2
Insgesamt herauszunehmen:	400	Insgesamt einzufügen:	449

Dieses Titelblatt stammt aus der 215. Ergänzungslieferung Januar 2024.

Die Ergänzungslieferung Januar 2024 schließt an die
Ergänzungslieferung August 2023 an.

Redaktioneller Hinweis
Paragraphenüberschriften in eckigen Klammern sind nicht amtlich. Sie sind ebenso wie die Fußnoten urheber- und wettbewerbsrechtlich geschützt.
Die Angaben zum Stand der Sammlung auf dem Titelblatt beziehen sich auf das Verkündungsdatum der maßgeblichen Gesetz-, Verordnungs- und Amtsblätter.
Verbesserungsvorschläge und mögliche Fehlerhinweise sind jederzeit willkommen.

Verlag C. H. Beck oHG
Wilhelmstraße 9, 80801 München
Internet: www.beck.de
E-Mail: kundenservice@beck.de
Tel.: (0 89) 3 81 89-750

beck.de

Grundwerk (zur Fortsetzung) 978 3 406 78712 6
Grundwerk (ohne Fortsetzung) 978 3 406 66000 9
ergänzt bis 978 3 406 80271 3

Wilhelmstraße 9, 80801 München
Druck: Druckerei C. H. Beck, Nördlingen
(Adresse wie Verlag)

myclimate
shape our future
chbeck.de/nachhaltig

Gedruckt auf säurefreiem, alterungsbeständigem Papier
(hergestellt aus chlorfrei gebleichtem Zellstoff)

Geleitwort

Zur 215. Ergänzungslieferung Januar 2024

Mit der vorliegenden 215. Ergänzungslieferung wird Ihre rote Loseblattsammlung Steuergesetzte im Hinblick auf die **Texte** auf den Rechtsstand *Januar 2024* gebracht. Ausgewertet wurden alle Bundesgesetzblätter bis Nr. 411 aus 2023.
Die **Steuertabellen** bleiben zunächst auf dem Rechtsstand 1.7.2023. Diese werden mit der kommenden EL 216 im März 2024 aktualisiert

Folgende nationalen Änderungsgesetzte/-verordnungen sind u. a. berücksichtigt:

– Vierzehnte Verordnung zur Änderung der Sozialversicherungsentgeltverordnung vom 27.11.2023 (BGBl. 2023 I Nr. 328);
– Verordnung zur Änderung der Umsatzsteuerzuständigkeitsverordnung vom 24.11.2023 (BGBl. 2023 I Nr. 332);
– Zukunftsfinanzierungsgesetz vom 11.12.2023 (BGBl. 2023 I Nr. 354);
– Zweite Verordnung zur Änderung der Steueroasen-Abwehrverordnung vom 15.12.2023 (BGB. 2023 I Nr. 375);
– Gesetz zur Umsetzung der Richtlinie (EU) 2022/2523 des Rates zur Gewährleistung einer globalen Mindestbesteuerung und weiterer Begleitmaßnahmen vom 21.12.2023 (BGBl. I Nr. 397) und
– Gesetz zur Förderung geordneter Kreditzweitmärkte und zur Umsetzung der Richtlinie (EU) 2021/2167 über Kreditdienstleister und Kreditkäufer sowie zur Änderung weiterer finanzrechtlicher Bestimmungen (Kreditzweitmarktförderungsgesetz) vom 22.12.2023 (BGBl. 2023 I Nr. 411).

Neu aufgenommen worden sind:

– Kinderzuschlag-Datenabrufverordnung (Nr. **60a**)
– Mindeststeuergesetz (Nr. **730**)

Anregungen, Kritik und Hinweise zu Korrekturen sind willkommen unter steuerrecht@beck.de.

München im Januar 2024 *Verlag C.H.BECK*

Systematisches Inhaltsverzeichnis[1)]

Einkommensteuer, Lohnsteuer

Körperschaftsteuer

---

1) Ein nach Stichworten alphabetisch geordnetes Inhaltsverzeichnis siehe S. 9 ff.

Inhalt systematisch

Bewertung, Vermögen- und Erbschaftsteuer

Realsteuergesetze

Umsatzsteuer

Sonstige Verkehrsteuern

Steuerliche Förderungsgesetze; Außensteuerrecht

Abgabenordnung, Verfahrensrecht

[1] Mit EL 207.

Berufsrecht

Inhalt systematisch

Tabellenanhang

Sachverzeichnis

Alphabetisches Inhaltsverzeichnis

Inhalt alphabetisch

---

[1] Mit EL 207.

1. Einkommensteuergesetz (EStG)[1]

In der Fassung der Bekanntmachung vom 8. Oktober 2009
(BGBl. I S. 3366, ber. I 2009 S. 3862)

Geändert durch Wachstumsbeschleunigungsgesetz vom 22.12.2009 (BGBl. I S. 3950), Gesetz zur Umsetzung steuerlicher EU-Vorgaben sowie zur Änderung steuerlicher Vorschriften vom 8.4.2010 (BGBl. I S. 386), Jahressteuergesetz 2010 (JStG 2010) vom 8.12.2010 (BGBl. I S. 1768), Restrukturierungsgesetz vom 9.12.2010 (BGBl. I S. 1900), Gesetz zur bestätigenden Regelung verschiedener steuerlicher und verkehrsrechtlicher Vorschriften des Haushaltsbegleitgesetzes 2004 vom 5.4.2011 (BGBl. I S. 554), Gesetz zur Umsetzung der Richtlinie 2009/65/EG zur Koordinierung der Rechts- und Verwaltungsvorschriften betreffend bestimmte Organismen für gemeinsame Anlagen in Wertpapieren (OGAW-IV-UmsG) vom 22.6.2011 (BGBl. I S. 1126), Steuervereinfachungsgesetz 2011 vom 1.11.2011 (BGBl. I S. 2131), Beitreibungsrichtlinie-Umsetzungsgesetz (BeitrRLUmsG) vom 7.12.2011 (BGBl. I S. 2592), Gesetz zur Verbesserung der Eingliederungschancen am Arbeitsmarkt vom 20.12.2011 (BGBl. I S. 2854), Gesetz zur Neuordnung der Organisation der landwirtschaftlichen Sozialversicherung vom 12.4.2012 (BGBl. I S. 579), Gesetz zur Änderung des Gemeindefinanzreformgesetzes und von steuerlichen Vorschriften vom 8.5.2012 (BGBl. I S. 1030), Gesetz zum Abbau der kalten Progression vom 20.2.2013 (BGBl. I S. 283), Gesetz zur Änderung und Vereinfachung der Unternehmensbesteuerung und des steuerlichen Reisekostenrechts vom 20.2.2013 (BGBl. I S. 285), Gesetz zur Stärkung des Ehrenamtes (Ehrenamtsstärkungsgesetz) vom 21.3.2013 (BGBl. I S. 556), Gesetz zur Fortentwicklung des Meldewesens (MeldFortG) vom 3.5.2013 (BGBl. I S. 1084; geänd. BGBl. I 2014 S. 1738), Altersvorsorge-Verbesserungsgesetz (AltvVerbG) vom 24.6.2013 (BGBl. I S. 1667), Amtshilferichtlinie-Umsetzungsgesetz (AmtshilfeRLUmsG) vom 26.6.2013 (BGBl. I S. 1809), Gesetz zur Änderung des Einkommensteuergesetzes in Umsetzung der Entscheidung des Bundesverfassungsgerichts vom 7. Mai 2013 vom 15.7.2013 (BGBl. I 2013 S. 2397), Gesetz zur Anpassung des Investmentsteuergesetzes und anderer Gesetze an das AIFM-Umsetzungsgesetz (AIFM-Steuer-Anpassungsgesetz – AIFM-StAnpG) vom 18.12.2013 (BGBl. I S. 4318), Gesetz zur Anpassung steuerlicher Regelungen an die Rechtsprechung des Bundesverfassungsgerichts vom 18.7.2014 (BGBl. I S. 1042), Gesetz zur Anpassung des nationalen Steuerrechts an den Beitritt Kroatiens zur EU und zur Änderung weiterer steuerlicher Vorschriften vom 25.7.2014 (BGBl. I S. 1266), Gesetz zur Änderung des Freizügigkeitsgesetzes/EU und weiterer Vorschriften vom 2.12.2014 (BGBl. I S. 1922), Gesetz zur Anpassung der Abgabenordnung an den Zollkodex der Union und zur Änderung weiterer steuerlicher Vorschriften vom 22.12.2014 (BGBl. I S. 2417), Gesetz zur Modernisierung der Finanzaufsicht über Versicherungen vom 1.4.2015 (BGBl. I S. 434; ber. BGBl. I S. 1834), Gesetz zur Neuregelung der Unterhaltssicherung sowie zur Änderung soldatenrechtlicher Vorschriften vom 29.6.2015 (BGBl. I S. 1061), Gesetz zur Anhebung des Grundfreibetrags, des Kinderfreibetrags, des Kindergeldes und des Kinderzuschlags vom 16.7.2015 (BGBl. I S. 1202), Gesetz zur Entlastung der mittelständischen Wirtschaft von Bürokratie (Bürokratieentlastungsgesetz) vom 28.7.2015 (BGBl. I S. 1400), Zehnte Zuständigkeitsanpassungsverordnung vom 31.8.2015 (BGBl. I S. 1474), Steueränderungsgesetz 2015 vom 2.11.2015 (BGBl. I S. 1834), Gesetz zur Umsetzung der EU-Mobilitäts-Richtlinie vom 21.12.2015 (BGBl. I S. 2553), Gesetz zur Änderung des Einkommensteuergesetzes zur Erhöhung des Lohnsteuereinbehalts in der Seeschifffahrt vom 24.2.2016 (BGBl. I S. 310)[2], Zweites Gesetz über die weitere Bereinigung von Bundesrecht vom

---

[1] Neubekanntmachung des EStG idF der Bek. v. 19.10.2002 (BGBl. I S. 4210; 2003 I S. 179) auf Grund § 51 Abs. 4 Nr. 2 EStG 1997 in der ab 1.9.2009 geltenden Fassung.

[2] Zum Inkrafttreten siehe Art. 2 des Gesetzes: Dieses Gesetz tritt an dem Tag in Kraft, an dem die Europäische Kommission die nach den Leitlinien der Gemeinschaft für staatliche

(Fortsetzung Fußnote nächste Seite)

8.7.2016 (BGBl. I S. 1594), Gesetz zur Modernisierung des Besteuerungsverfahrens vom 18.7.2016 (BGBl. I S. 1679), Gesetz zur Reform der Investmentbesteuerung (Investmentsteuerreformgesetz – InvStRefG) vom 19.7.2016 (BGBl. I S. 1730), Gesetz zur Neuregelung des Kulturgutschutzrechts vom 31.7.2016 (BGBl. I S. 1914), Gesetz zur steuerlichen Förderung von Elektromobilität im Straßenverkehr vom 7.11.2016 (BGBl. I S. 2498), Gesetz zur Beendigung der Sonderzuständigkeit der Familienkassen des öffentlichen Dienstes im Bereich des Bundes vom 8.12.2016 (BGBl. I S. 2835), Gesetz zur Umsetzung der Änderungen der EU-Amtshilferichtlinie und von weiteren Maßnahmen gegen Gewinnkürzungen und -verlagerungen vom 20.12.2016 (BGBl. I S. 3000), Gesetz zum Erlass und zur Änderung marktordnungsrechtlicher Vorschriften sowie zur Änderung des Einkommensteuergesetzes vom 20.12.2016 (BGBl. I S. 3045), Drittes Gesetz zur Stärkung der pflegerischen Versorgung und zur Änderung weiterer Vorschriften (Drittes Pflegestärkungsgesetz – PSG III) vom 23.12.2016 (BGBl. I S. 3191), Gesetz zur Bekämpfung der Steuerumgehung und zur Änderung weiterer steuerlicher Vorschriften (Steuerumgehungsbekämpfungsgesetz – StUmgBG) vom 23.6.2017 (BGBl. I S. 1682), Gesetz gegen schädliche Steuerpraktiken im Zusammenhang mit Rechteüberlassungen vom 27.6.2017 (BGBl. I S. 2074), Zweites Gesetz zur Entlastung insbesondere der mittelständischen Wirtschaft von Bürokratie (Zweites Bürokratieentlastungsgesetz) vom 30.6.2017 (BGBl. I S. 2143), Gesetz zur strafrechtlichen Rehabilitierung der nach dem 8. Mai 1945 wegen einvernehmlicher homosexueller Handlungen verurteilten Personen und zur Änderung des Einkommensteuergesetzes vom 17.7.2017 (BGBl. I S. 2443), Gesetz zum Ausschluss verfassungsfeindlicher Parteien von der Parteienfinanzierung vom 18.7.2017 (BGBl. I S. 2730), Gesetz zur Stärkung der betrieblichen Altersversorgung und zur Änderung anderer Gesetze (Betriebsrentenstärkungsgesetz) vom 17.8.2017 (BGBl. I S. 3214), Gesetz zur steuerlichen Entlastung der Familien sowie zur Anpassung weiterer steuerlicher Regelungen (Familienentlastungsgesetz – FamEntlastG) vom 29.11.2018 (BGBl. I S. 2210), Gesetz zur Vermeidung von Umsatzsteuerausfällen beim Handel mit Waren im Internet und zur Änderung weiterer steuerlicher Vorschriften vom 11.12.2018 (BGBl. I S. 2338), Gesetz zur Umsetzung der Richtlinie (EU) 2016/2341 des Europäischen Parlaments und des Rates vom 14. Dezember 2016 über die Tätigkeiten und die Beaufsichtigung von Einrichtungen der betrieblichen Altersversorgung (EbAV) (Neufassung) vom 19.12.2018 (BGBl. I S. 2672), Gesetz über steuerliche und weitere Begleitregelungen zum Austritt des Vereinigten Königreichs Großbritannien und Nordirland aus der Europäischen Union (Brexit-Steuerbegleitgesetz – Brexit-StBG) vom 25.3.2019 (BGBl. I S. 357), Gesetz gegen illegale Beschäftigung und Sozialleistungsmissbrauch vom 11.7.2019 (BGBl. I S. 1066), Gesetz zur steuerlichen Förderung des Mietwohnungsneubaus vom 4.8.2019 (BGBl. I S. 1122), Zweites Gesetz zur Anpassung des Datenschutzrechts an die Verordnung (EU) 2016/679 und zur Umsetzung der Richtlinie (EU) 2016/680 (Zweites Datenschutz-Anpassungs- und Umsetzungsgesetz EU – 2. DSAnpUG-EU) vom 20.11.2019 (BGBl. I S. 1626), Drittes Gesetz zur Entlastung insbesondere der mittelständischen Wirtschaft von Bürokratie (Drittes Bürokratieentlastungsgesetz) vom 22.11.2019 (BGBl. I S. 1746), Gesetz zur Reform des Grundsteuer- und Bewertungsrechts (Grundsteuer-Reformgesetz – GrStRefG) vom 26.11.2019 (BGBl. I S. 1794), Gesetz zur weiteren steuerlichen Förderung der Elekromobilität und zur Änderung weiterer steuerlicher Vorschriften vom 12.12.2019 (BGBl. I S. 2451), Gesetz zur Regelung des Sozialen Entschädigungsrechts vom 12.12.2019 (BGBl. I S. 2652), Gesetz zur steuerlichen Förderung von Forschung und Entwicklung vom 14.12.2019 (BGBl. I S. 2763), Gesetz zur Einführung einer Pflicht zur Mitteilung grenzüberschreitender Steuergestaltungen vom 21.12.2019 (BGBl. I S. 2875), Gesetz zur Umsetzung des Klimaschutzprogramms 2030 im Steuerrecht vom 21.12.2019 (BGBl. I S. 2886), Elfte Zuständigkeitsanpassungsverordnung vom 19.6.2020 (BGBl. I S. 1328), Gesetz zur Umsetzung steuerlicher Hilfsmaßnahmen zur Bewältigung der Corona-Krise (Corona-Steuerhilfegesetz) vom 19.6.2020 (BGBl. I S. 1385), Zweites Gesetz zur Umsetzung steuerlicher Hilfsmaßnahmen zur Bewältigung der Corona-Krise (Zweites Corona-Steuerhilfegesetz) vom 29.6.2020 (BGBl. I S. 1512), Gesetz zur Reduzierung und zur Beendigung der Kohleverstromung und zur Änderung weiterer Gesetze (Kohleausstiegsgesetz) vom 8.8.2020

(Fortsetzung der Fußnote)

Beihilfen im Seeverkehr (ABl. C 13 vom 17.1.2004, S. 3) erforderliche beihilferechtliche Genehmigung erteilt. Die Genehmigung wurde am 3.5.2016 erteilt (BGBl. I S. 1248).

(BGBl. I S. 1818), Gesetz zur Einführung der Grundrente für langjährige Versicherung in der gesetzlichen Rentenversicherung mit unterdurchschnittlichem Einkommen und für weitere Maßnahmen zur Erhöhung der Alterseinkommen (Grundrentengesetz) vom 12.8.2020 (BGBl. I S. 1879), Zweites Gesetz zur steuerlichen Entlastung von Familien sowie zur Anpassung weiterer steuerlicher Regelungen (Zweites Familienentlastungsgesetz – 2. FamEntlastG) vom 1.12.2020 (BGBl. I S. 2616), Gesetz zur Digitalisierung von Verwaltungsverfahren bei der Gewährung von Familienleistungen vom 3.12.2020 (BGBl. I S. 2668), Gesetz zur Erhöhung der Behinderten-Pauschbeträge und zur Anpassung weiterer steuerlicher Regelungen vom 9.12.2020 (BGBl. I S. 2770), Jahressteuergesetz 2020 (JStG 2020) vom 21.12.2020 (BGBl. I S. 3096; geänd. BGBl. I 2021 S. 3932, 4034), Gesetz zur Verbesserung der Transparenz in der Alterssicherung und der Rehabilitation sowie zur Modernisierung der Sozialversicherungswahlen und zur Änderung anderer Gesetze (Gesetz Digitale Rentenübersicht) vom 11.2.2021 (BGBl. I S. 154), Drittes Gesetz zur Umsetzung steuerlicher Hilfsmaßnahmen zur Bewältigung der Corona-Krise (Drittes Corona-Steuerhilfegesetz) vom 10.3.2021 (BGBl. I S. 330), Gesetz zur Reform des Vormundschafts- und Betreuungsrechts vom 4.5.2021 (BGBl. I S. 882), Gesetz zur Verlängerung des erhöhten Lohnsteuereinbehalts in der Seeschifffahrt vom 12.5.2021 (BGBl. I S. 989), Gesetz zur Umsetzung der Richtlinie (EU) 2019/2034 über die Beaufsichtigung von Wertpapierinstituten vom 12.5.2021 (BGBl. I S. 990), Gesetz zur Modernisierung der Entlastung von Abzugsteuern und der Bescheinigung der Kapitalertragsteuer (Abzugsteuerentlastungsmodernisierungsgesetz – AbzStEntModG) vom 2.6.2021 (BGBl. I S. 1259), Gesetz zur Stärkung des Fondsstandorts Deutschland und zur Umsetzung der Richtlinie (EU) 2019/1160 zur Änderung der Richtlinien 2009/65/EG und 2011/61/EU im Hinblick auf den grenzüberschreitenden Vertrieb von Organismen für gemeinsame Anlagen (Fondsstandortgesetz – FoStoG) vom 3.6.2021 (BGBl. I S. 1498), Gesetz zur Umsetzung der Anti-Steuervermeidungsrichtlinie (ATAD-Umsetzungsgesetz – ATADUmsG) vom 25.6.2021 (BGBl. I S. 2035), Gesetz zur Modernisierung des Körperschaftsteuerrechts vom 25.6.2021 (BGBl. I S. 2050), Gesetz zur Abwehr von Steuervermeidung und unfairem Steuerwettbewerb und zur Änderung weiterer Gesetze vom 25.6.2021 (BGBl. I S. 2056), Gesetz zur Rehabilitierung der wegen einvernehmlicher homosexueller Handlungen, wegen ihrer homosexuellen Orientierung oder wegen ihrer geschlechtlichen Identität dienstrechtlich benachteiligten Soldatinnen und Soldaten vom 16.7.2021 (BGBl. I S. 2993), Gesetz über die Entschädigung der Soldatinnen und Soldaten und zur Neuordnung des Soldatenversorgungsrechts vom 20.8.2021 (BGBl. I S. 3932), Steuerentlastungsgesetz 2022 vom 23.5.2022 (BGBl. I S. 749), Gesetz zur Regelung eines Sofortzuschlages und einer Einmalzahlung in den sozialen Mindestsicherungssystemen sowie zur Änderung des Finanzausgleichsgesetzes und weiterer Gesetze vom 23.5.2022 (BGBl. I S. 760), Viertes Corona-Steuerhilfegesetz vom 19.6.2022 (BGBl. I S. 911), Gesetz zur temporären Senkung des Umsatzsteuersatzes auf Gaslieferungen über das Erdgasnetz vom 19.10.2022 (BGBl. I S. 1743), Inflationsausgleichsgesetz (InflAusG) vom 8.12.2022 (BGBl. I S. 2230), Jahressteuergesetz 2022 (JStG 2022) vom 16.12.2022 (BGBl. I S. 2294), Gesetz zur Änderung des Regionalisierungsgesetzes und zur Änderung des Einkommensteuergesetzes vom 16.12.2022 (BGBl. I S. 2352), Gesetz zur Umsetzung der Richtlinie (EU) 2021/514 des Rates vom 22. März 2021 zur Änderung der Richtlinie 2011/16/EU über die Zusammenarbeit der Verwaltungsbehörden im Bereich der Besteuerung Modernisierung des Steuerverfahrensrechts vom 20.12.2022 (BGBl. I S. 2730), Zukunftsfinanzierungsgesetz (ZuFinG) vom 11.12.2023 (BGBl. I Nr. 354), Gesetz zur Umsetzung der Richtlinie (EU) 2022/2523 des Rates zur Gewährleistung einer globalen Mindestbesteuerung und weiterer Begleitmaßnahmen vom 21.12.2023 (BGBl. I Nr. 397) und Gesetz zur Förderung geordneter Kreditzweitmärkte und zur Umsetzung der Richtlinie (EU) 2021/2167 über Kreditdienstleister und Kreditkäufer sowie zur Änderung weiterer finanz*rechtlicher Bestimmungen* (Kreditzweitmarktförderungsgesetz) vom 22.12.2023 (BGBl. I Nr. 411)

BGBl. III/FNA 611-1

Inhaltsübersicht[1)]

I. Steuerpflicht

II. Einkommen

1. Sachliche Voraussetzungen für die Besteuerung

2. Steuerfreie Einnahmen

3. Gewinn

[1)] Zum Teil nicht amtlich.

2a. Steuerermäßigung für Steuerpflichtige mit Kindern bei Inanspruchnahme erhöhter Absetzungen für Wohngebäude oder der Steuerbegünstigungen für eigengenutztes Wohneigentum §§

2b. Steuerermäßigung bei Zuwendungen an politische Parteien und an unabhängige Wählervereinigungen

3. Steuerermäßigung bei Einkünften aus Gewerbebetrieb

4. Steuerermäßigung bei Aufwendungen für haushaltsnahe Beschäftigungsverhältnisse und für die Inanspruchnahme haushaltsnaher Dienstleistungen

5. Steuerermäßigung bei Belastung mit Erbschaftsteuer

6. Steuerermäßigung für energetische Maßnahmen bei zu eigenen Wohnzwecken genutzten Gebäuden

VI. Steuererhebung

1. Erhebung der Einkommensteuer

2. Steuerabzug vom Arbeitslohn (Lohnsteuer)

X. Kindergeld

XI. Altersvorsorgezulage

I. Steuerpflicht

§ 1 Steuerpflicht. (1)[1] [1]Natürliche Personen, die im Inland einen Wohnsitz oder ihren gewöhnlichen Aufenthalt haben, sind unbeschränkt einkommensteuerpflichtig. [2]Zum Inland im Sinne dieses Gesetzes gehört auch der der Bundesrepublik Deutschland zustehende Anteil

1. an der ausschließlichen Wirtschaftszone, soweit dort
   a) die lebenden und nicht lebenden natürlichen Ressourcen der Gewässer über dem Meeresboden, des Meeresbodens und seines Untergrunds erforscht, ausgebeutet, erhalten oder bewirtschaftet werden,
   b) andere Tätigkeiten zur wirtschaftlichen Erforschung oder Ausbeutung der ausschließlichen Wirtschaftszone ausgeübt werden, wie beispielsweise die Energieerzeugung aus Wasser, Strömung und Wind oder
   c) künstliche Inseln errichtet oder genutzt werden und Anlagen und Bauwerke für die in den Buchstaben a und b genannten Zwecke errichtet oder genutzt werden, und
2. am Festlandsockel, soweit dort
   a) dessen natürliche Ressourcen erforscht oder ausgebeutet werden; natürliche Ressourcen in diesem Sinne sind die mineralischen und sonstigen nicht lebenden Ressourcen des Meeresbodens und seines Untergrunds sowie die zu den sesshaften Arten gehörenden Lebewesen, die im nutzbaren Stadium entweder unbeweglich auf oder unter dem Meeresboden verbleiben oder sich nur in ständigem körperlichen Kontakt mit dem Meeresboden oder seinem Untergrund fortbewegen können; oder
   b) künstliche Inseln errichtet oder genutzt werden und Anlagen und Bauwerke für die in Buchstabe a genannten Zwecke errichtet oder genutzt werden.

(2) [1]Unbeschränkt einkommensteuerpflichtig sind auch deutsche Staatsangehörige, die

1. im Inland weder einen Wohnsitz noch ihren gewöhnlichen Aufenthalt haben und
2. zu einer inländischen juristischen Person des öffentlichen Rechts in einem Dienstverhältnis stehen und dafür Arbeitslohn aus einer inländischen öffentlichen Kasse beziehen,

sowie zu ihrem Haushalt gehörende Angehörige, die die deutsche Staatsangehörigkeit besitzen oder keine Einkünfte oder nur Einkünfte beziehen, die ausschließlich im Inland einkommensteuerpflichtig sind. [2]Dies gilt nur für natürliche Personen, die in dem Staat, in dem sie ihren Wohnsitz oder ihren gewöhnlichen Aufenthalt haben, lediglich in einem der beschränkten Einkommensteuerpflicht ähnlichen Umfang zu einer Steuer vom Einkommen herangezogen werden.

---

[1] § 1 Abs. 1 Satz 2 neu gef. mWv VZ 2016 durch G v. 2.11.2015 (BGBl. I S. 1834).

(3) [1] Auf Antrag werden auch natürliche Personen als unbeschränkt einkommensteuerpflichtig behandelt, die im Inland weder einen Wohnsitz noch ihren gewöhnlichen Aufenthalt haben, soweit sie inländische Einkünfte im Sinne des § 49 haben. [2] Dies gilt nur, wenn ihre Einkünfte im Kalenderjahr mindestens zu 90 Prozent der deutschen Einkommensteuer unterliegen oder die nicht der deutschen Einkommensteuer unterliegenden Einkünfte den Grundfreibetrag nach § 32a Absatz 1 Satz 2 Nummer 1 nicht übersteigen; dieser Betrag ist zu kürzen, soweit es nach den Verhältnissen im Wohnsitzstaat des Steuerpflichtigen notwendig und angemessen ist. [3] Inländische Einkünfte, die nach einem Abkommen zur Vermeidung der Doppelbesteuerung nur der Höhe nach beschränkt besteuert werden dürfen, gelten hierbei als nicht der deutschen Einkommensteuer unterliegend. [4] Unberücksichtigt bleiben bei der Ermittlung der Einkünfte nach Satz 2 nicht der deutschen Einkommensteuer unterliegende Einkünfte, die im Ausland nicht besteuert werden, soweit vergleichbare Einkünfte im Inland steuerfrei sind. [5] Weitere Voraussetzung ist, dass die Höhe der nicht der deutschen Einkommensteuer unterliegenden Einkünfte durch eine Bescheinigung der zuständigen ausländischen Steuerbehörde nachgewiesen wird. [6] Der Steuerabzug nach § 50a ist ungeachtet der Sätze 1 bis 4 vorzunehmen.

(4) Natürliche Personen, die im Inland weder einen Wohnsitz noch ihren gewöhnlichen Aufenthalt haben, sind vorbehaltlich der Absätze 2 und 3 und des § 1a beschränkt einkommensteuerpflichtig, wenn sie inländische Einkünfte im Sinne des § 49 haben.

§ 1a [Fiktive unbeschränkte Steuerpflicht von EU- und EWR-Familienangehörigen] (1) Für Staatsangehörige eines Mitgliedstaates der Europäischen Union oder eines Staates, auf den das Abkommen über den Europäischen Wirtschaftsraum anwendbar ist, die nach § 1 Absatz 1 unbeschränkt einkommensteuerpflichtig sind oder die nach § 1 Absatz 3 als unbeschränkt einkommensteuerpflichtig zu behandeln sind, gilt bei Anwendung von § 10 Absatz 1a[1)] und § 26 Absatz 1 Satz 1 Folgendes:

1.[2)] Aufwendungen im Sinne des § 10 Absatz 1a sind auch dann als Sonderausgaben abziehbar, wenn der Empfänger der Leistung oder Zahlung nicht unbeschränkt einkommensteuerpflichtig ist. [2] Voraussetzung ist, dass
   a) der Empfänger seinen Wohnsitz oder gewöhnlichen Aufenthalt im Hoheitsgebiet eines anderen Mitgliedstaates der Europäischen Union oder eines Staates hat, auf den das Abkommen über den Europäischen Wirtschaftsraum Anwendung findet und
   b) die Besteuerung der nach § 10 Absatz 1a zu berücksichtigenden Leistung oder Zahlung beim Empfänger durch eine Bescheinigung der zuständigen ausländischen Steuerbehörde nachgewiesen wird;

1a., 1b.[3)] *(aufgehoben)*

---

1) Verweis geänd. mWv 1.1.2015 durch G v. 22.12.2014 (BGBl. I S. 2417); zur Anwendung von § 10 Abs. 1a siehe § 52 Abs. 18 Sätze 1 und 2.

2) § 1a Abs. *1* Nr. *1* neu gef. mWv 1.1.2015 durch G v. 22.12.2014 (BGBl. I S. 2417).

3) § 1a Abs. 1 Nrn. 1a und 1b aufgeh. mWv 1.1.2015 durch G v. 22.12.2014 (BGBl. I S. 2417).

2.[1)] der nicht dauernd getrennt lebende Ehegatte ohne Wohnsitz oder gewöhnlichen Aufenthalt im Inland wird auf Antrag für die Anwendung des § 26 Absatz 1 Satz 1 als unbeschränkt einkommensteuerpflichtig behandelt. [2]Nummer 1 Satz 2 Buchstabe a gilt entsprechend. [3]Bei Anwendung des § 1 Absatz 3 Satz 2 ist auf die Einkünfte beider Ehegatten abzustellen und der Grundfreibetrag nach § 32a Absatz 1 Satz 2 Nummer 1 zu verdoppeln.

(2) Für unbeschränkt einkommensteuerpflichtige Personen im Sinne des § 1 Absatz 2, die die Voraussetzungen des § 1 Absatz 3 Satz 2 bis 5 erfüllen, und für unbeschränkt einkommensteuerpflichtige Personen im Sinne des § 1 Absatz 3, die die Voraussetzungen des § 1 Absatz 2 Satz 1 Nummer 1 und 2 erfüllen und an einem ausländischen Dienstort tätig sind, gilt die Regelung des Absatzes 1 Nummer 2 entsprechend mit der Maßgabe, dass auf Wohnsitz oder gewöhnlichen Aufenthalt im Staat des ausländischen Dienstortes abzustellen ist.

II. Einkommen

1. Sachliche Voraussetzungen für die Besteuerung

§ 2 Umfang der Besteuerung, Begriffsbestimmungen. (1) [1]Der Einkommensteuer unterliegen

1. Einkünfte aus Land- und Forstwirtschaft,
2. Einkünfte aus Gewerbebetrieb,
3. Einkünfte aus selbständiger Arbeit,
4. Einkünfte aus nichtselbständiger Arbeit,
5. Einkünfte aus Kapitalvermögen,
6. Einkünfte aus Vermietung und Verpachtung,
7. sonstige Einkünfte im Sinne des § 22,

die der Steuerpflichtige während seiner unbeschränkten Einkommensteuerpflicht oder als inländische Einkünfte während seiner beschränkten Einkommensteuerpflicht erzielt. [2]Zu welcher Einkunftsart die Einkünfte im einzelnen Fall gehören, bestimmt sich nach den §§ 13 bis 24.

(2) [1]Einkünfte sind

1.[2)] bei Land- und Forstwirtschaft, Gewerbebetrieb und selbständiger Arbeit der Gewinn (§§ 4 bis 7k und 13a),

2. bei den anderen Einkunftsarten der Überschuss der Einnahmen über die Werbungskosten (§§ 8 bis 9a).

[2]Bei Einkünften aus Kapitalvermögen tritt § 20 Absatz 9 vorbehaltlich der Regelung in § 32d Absatz 2 an die Stelle der §§ 9 und 9a.

[1)] § 1a Abs. 1 Nr. 2 Satz 2 Zitat geänd. durch G v. 12.12.2019 (BGBl. I S. 2451).

[2)] § 2 Abs. 2 Satz 1 Nr. 1 geänd. mWv VZ 2010 durch G v. 8.12.2010 (BGBl. I S. 1786).

(3) Die Summe der Einkünfte, vermindert um den Altersentlastungsbetrag, den Entlastungsbetrag für Alleinerziehende und den Abzug nach § 13 Absatz 3, ist der Gesamtbetrag der Einkünfte.

(4) Der Gesamtbetrag der Einkünfte, vermindert um die Sonderausgaben und die außergewöhnlichen Belastungen, ist das Einkommen.

(5) [1]Das Einkommen, vermindert um die Freibeträge nach § 32 Absatz 6 und um die sonstigen vom Einkommen abzuziehenden Beträge, ist das zu versteuernde Einkommen; dieses bildet die Bemessungsgrundlage für die tarifliche Einkommensteuer. [2]Knüpfen andere Gesetze an den Begriff des zu versteuernden Einkommens an, ist für deren Zweck das Einkommen in allen Fällen des § 32 um die Freibeträge nach § 32 Absatz 6 zu vermindern.

(5a)[1)] [1]Knüpfen außersteuerliche Rechtsnormen an die in den vorstehenden Absätzen definierten Begriffe (Einkünfte, Summe der Einkünfte, Gesamtbetrag der Einkünfte, Einkommen, zu versteuerndes Einkommen) an, erhöhen sich für deren Zwecke diese Größen um die nach § 32d Absatz 1 und nach § 43 Absatz 5 zu besteuernden Beträge sowie um die nach § 3 Nummer 40 steuerfreien Beträge und mindern sich um die nach § 3c Absatz 2 nicht abziehbaren Beträge. [2]Knüpfen außersteuerliche Rechtsnormen an die in den Absätzen 1 bis 3 genannten Begriffe (Einkünfte, Summe der Einkünfte, Gesamtbetrag der Einkünfte) an, mindern sich für deren Zwecke diese Größen um die nach § 10 Absatz 1 Nummer 5 abziehbaren Kinderbetreuungskosten.

(5b)[2)] Soweit Rechtsnormen dieses Gesetzes an die in den vorstehenden Absätzen definierten Begriffe (Einkünfte, Summe der Einkünfte, Gesamtbetrag der Einkünfte, Einkommen, zu versteuerndes Einkommen) anknüpfen, sind Kapitalerträge nach § 32d Absatz 1 und § 43 Absatz 5 nicht einzubeziehen.

(6) [1]Die tarifliche Einkommensteuer, vermindert um [***VZ 2016–2022:*** den Unterschiedsbetrag nach § 32c Absatz 1 Satz 2,][3)] die anzurechnenden ausländischen Steuern und die Steuerermäßigungen, vermehrt um die Steuer nach § 32d Absatz 3 und 4, die Steuer nach § 34c Absatz 5 und den Zuschlag nach § 3 Absatz 4 Satz 2 des Forstschäden-Ausgleichsgesetzes in der Fassung der Bekanntmachung vom 26. August 1985 (BGBl. I S. 1756), das zuletzt durch Artikel 412 der Verordnung vom 31. August 2015 (BGBl. I S. 1474) geändert worden ist, in der jeweils geltenden Fassung, ist die festzusetzende Einkommensteuer. [2]Wurde der Gesamtbetrag der Einkünfte in den Fällen des § 10a Absatz 2 um Sonderausgaben nach § 10a Absatz 1 gemindert, ist für die Ermittlung der festzusetzenden Einkommensteuer der Anspruch auf Zulage nach Abschnitt XI der tariflichen Einkommensteuer hinzuzurechnen; bei der Ermittlung der dem Steuerpflichtigen zustehenden Zulage bleibt die Erhöhung der Grundzulage nach § 84 Satz 2 außer Betracht. [3]Wird das Einkommen in den Fällen des § 31 um die Freibeträge nach § 32 Absatz 6 gemindert, ist der

---

[1)] § 2 Abs. 5a Satz 2 angef. mWv VZ 2012 durch G v. 1.11.2011 (BGBl. I S. 2131).

[2)] § 2 Abs. 5b Satz 2 aufgeh. mWv VZ 2012 durch G v. 1.11.2011 (BGBl. I S. 2131).

[3)] § 2 Abs. 6 Satz 1 Klammerzusatz eingef. durch G v. 12.12.2019 (BGBl. I S. 2451); zum Inkrafttreten und Anwendung von § 32c siehe Fußnotenhinweise dort.

Anspruch auf Kindergeld nach Abschnitt X der tariflichen Einkommensteuer hinzuzurechnen; nicht jedoch für Kalendermonate, in denen durch Bescheid der Familienkasse ein Anspruch auf Kindergeld festgesetzt, aber wegen § 70 Absatz 1 Satz 2 nicht ausgezahlt wurde.[1]

(7) [1]Die Einkommensteuer ist eine Jahressteuer. [2]Die Grundlagen für ihre Festsetzung sind jeweils für ein Kalenderjahr zu ermitteln. [3]Besteht während eines Kalenderjahres sowohl unbeschränkte als auch beschränkte Einkommensteuerpflicht, so sind die während der beschränkten Einkommensteuerpflicht erzielten inländischen Einkünfte in eine Veranlagung zur unbeschränkten Einkommensteuerpflicht einzubeziehen.

(8)[2] Die Regelungen dieses Gesetzes zu Ehegatten und Ehen sind auch auf Lebenspartner und Lebenspartnerschaften anzuwenden.

§ 2a[3] Negative Einkünfte mit Bezug zu Drittstaaten. (1) [1]Negative Einkünfte

1. aus einer in einem Drittstaat belegenen land- und forstwirtschaftlichen Betriebsstätte,
2. aus einer in einem Drittstaat belegenen gewerblichen Betriebsstätte,
3. a) aus dem Ansatz des niedrigeren Teilwerts eines zu einem Betriebsvermögen gehörenden Anteils an einer Drittstaaten-Körperschaft oder
   b) aus der Veräußerung oder Entnahme eines zu einem Betriebsvermögen gehörenden Anteils an einer Drittstaaten-Körperschaft oder aus der Auflösung oder Herabsetzung des Kapitals einer Drittstaaten-Körperschaft,
4. in den Fällen des § 17 bei einem Anteil an einer Drittstaaten-Kapitalgesellschaft,
5. aus der Beteiligung an einem Handelsgewerbe als stiller Gesellschafter und aus partiarischen Darlehen, wenn der Schuldner Wohnsitz, Sitz oder Geschäftsleitung in einem Drittstaat hat,
6. a) aus der Vermietung oder der Verpachtung von unbeweglichem Vermögen oder von Sachinbegriffen, wenn diese in einem Drittstaat belegen sind, oder
   b) aus der entgeltlichen Überlassung von Schiffen, sofern der Überlassende nicht nachweist, dass diese ausschließlich oder fast ausschließlich in einem anderen Staat als einem Drittstaat eingesetzt worden sind, es sei denn, es handelt sich um Handelsschiffe, die
      aa) von einem Vercharterer ausgerüstet überlassen oder
      bb) an in einem anderen als in einem Drittstaat ansässige Ausrüster, die die Voraussetzungen des § 510 Absatz 1 des Handelsgesetzbuchs erfüllen, überlassen oder

---

[1] § 2 Abs. 6 Satz 3 HS 2 angef. mWv 18.7.2019 durch G v. 11.7.2019 (BGBl. I S. 1066).

[2] § 2 Abs. 8 angef. durch G v. 15.7.2013 (BGBl. I S. 2397). Siehe auch BVerfG v. 7.5.2013, 2 BvR 909/06, DStR 2013 S. 1228.

[3] Zur Anwendung von § 2a siehe § 52 Abs. 2.

cc) insgesamt nur vorübergehend an in einem Drittstaat ansässige Ausrüster, die die Voraussetzungen des § 510 Absatz 1 des Handelsgesetzbuchs erfüllen, überlassen

worden sind, oder

c) aus dem Ansatz des niedrigeren Teilwerts oder der Übertragung eines zu einem Betriebsvermögen gehörenden Wirtschaftsguts im Sinne der Buchstaben a und b,

7. a) aus dem Ansatz des niedrigeren Teilwerts, der Veräußerung oder Entnahme eines zu einem Betriebsvermögen gehörenden Anteils an

b) aus der Auflösung oder Herabsetzung des Kapitals,

c) in den Fällen des § 17 bei einem Anteil an

einer Körperschaft mit Sitz oder Geschäftsleitung in einem anderen Staat als einem Drittstaat, soweit die negativen Einkünfte auf einen der in den Nummern 1 bis 6 genannten Tatbestände zurückzuführen sind,

dürfen nur mit positiven Einkünften der jeweils selben Art und, mit Ausnahme der Fälle der Nummer 6 Buchstabe b, aus demselben Staat, in den Fällen der Nummer 7 auf Grund von Tatbeständen der jeweils selben Art aus demselben Staat, ausgeglichen werden; sie dürfen auch nicht nach § 10d abgezogen werden. [2] Den negativen Einkünften sind Gewinnminderungen gleichgestellt. [3] Soweit die negativen Einkünfte nicht nach Satz 1 ausgeglichen werden können, mindern sie die positiven Einkünfte der jeweils selben Art, die der Steuerpflichtige in den folgenden Veranlagungszeiträumen aus demselben Staat, in den Fällen der Nummer 7 auf Grund von Tatbeständen der jeweils selben Art aus demselben Staat, erzielt. [4] Die Minderung ist nur insoweit zulässig, als die negativen Einkünfte in den vorangegangenen Veranlagungszeiträumen nicht berücksichtigt werden konnten (verbleibende negative Einkünfte). [5] Die am Schluss eines Veranlagungszeitraums verbleibenden negativen Einkünfte sind gesondert festzustellen; § 10d Absatz 4 gilt sinngemäß.

(2) [1] Absatz 1 Satz 1 Nummer 2 ist nicht anzuwenden, wenn der Steuerpflichtige nachweist, dass die negativen Einkünfte aus einer gewerblichen Betriebsstätte in einem Drittstaat stammen, die ausschließlich oder fast ausschließlich die Herstellung oder Lieferung von Waren, außer Waffen, die Gewinnung von Bodenschätzen sowie die Bewirkung gewerblicher Leistungen zum Gegenstand hat, soweit diese nicht in der Errichtung oder dem Betrieb von Anlagen, die dem Fremdenverkehr dienen, oder in der Vermietung oder der Verpachtung von Wirtschaftsgütern einschließlich der Überlassung von Rechten, Plänen, Mustern, Verfahren, Erfahrungen und Kenntnissen bestehen; das unmittelbare Halten einer Beteiligung von mindestens einem Viertel am Nennkapital einer Kapitalgesellschaft, die ausschließlich oder fast ausschließlich die vorgenannten Tätigkeiten zum Gegenstand hat, sowie die mit dem Halten der Beteiligung in Zusammenhang stehende Finanzierung gilt als Bewirkung gewerblicher Leistungen, wenn die Kapitalgesellschaft weder ihre Geschäftsleitung noch ihren Sitz im Inland hat. [2] Absatz 1 Satz 1 Nummer 3 und 4 ist nicht anzuwenden, wenn der Steuerpflichtige nachweist, dass die in *Satz 1 genannten* Voraussetzungen bei der Körperschaft entweder seit ihrer Gründung oder während der letzten fünf Jahre vor und in dem Veranla-

gungszeitraum vorgelegen haben, in dem die negativen Einkünfte bezogen werden.

(2a) [1] Bei der Anwendung der Absätze 1 und 2 sind

1. als Drittstaaten die Staaten anzusehen, die nicht Mitgliedstaaten der Europäischen Union sind;
2. Drittstaaten-Körperschaften und Drittstaaten-Kapitalgesellschaften solche, die weder ihre Geschäftsleitung noch ihren Sitz in einem Mitgliedstaat der Europäischen Union haben.

[2] Bei Anwendung des Satzes 1 sind den Mitgliedstaaten der Europäischen Union die Staaten gleichgestellt, auf die das Abkommen über den Europäischen Wirtschaftsraum anwendbar ist, sofern zwischen der Bundesrepublik Deutschland und dem anderen Staat auf Grund der Amtshilferichtlinie gemäß § 2 Absatz 2 des EU-Amtshilfegesetzes[1)] oder einer vergleichbaren zwei- oder mehrseitigen Vereinbarung Auskünfte erteilt werden, die erforderlich sind, um die Besteuerung durchzuführen.

(3)[2)] [1] *Sind nach einem Abkommen zur Vermeidung der Doppelbesteuerung bei einem unbeschränkt Steuerpflichtigen aus einer in einem ausländischen Staat belegenen Betriebsstätte stammende Einkünfte aus gewerblicher Tätigkeit von der Einkommensteuer zu befreien, so ist auf Antrag des Steuerpflichtigen ein Verlust, der sich nach den Vorschriften des inländischen Steuerrechts bei diesen Einkünften ergibt, bei der Ermittlung des Gesamtbetrags der Einkünfte abzuziehen, soweit er vom Steuerpflichtigen ausgeglichen oder abgezogen werden könnte, wenn die Einkünfte nicht von der Einkommensteuer zu befreien wären, und soweit er nach diesem Abkommen zu befreiende positive Einkünfte aus gewerblicher Tätigkeit aus anderen in diesem ausländischen Staat belegenen Betriebsstätten übersteigt.* [2] *Soweit der Verlust dabei nicht ausgeglichen wird, ist bei Vorliegen der Voraussetzungen des § 10d der Verlustabzug zulässig.* [3] *Der nach den Sätzen 1 und 2 abgezogene Betrag ist, soweit sich in einem der folgenden Veranlagungszeiträume bei den nach diesem Abkommen zu befreienden Einkünften aus gewerblicher Tätigkeit aus in diesem ausländischen Staat belegenen Betriebsstätten insgesamt ein positiver Betrag ergibt, in dem betreffenden Veranlagungszeitraum bei der Ermittlung des Gesamtbetrags der Einkünfte wieder hinzuzurechnen.* [4] *Satz 3 ist nicht anzuwenden, wenn der Steuerpflichtige nachweist, daß nach den für ihn geltenden Vorschriften des ausländischen Staates ein Abzug von Verlusten in anderen Jahren als dem Verlustjahr allgemein nicht beansprucht werden kann.* [5] *Der am Schluß eines Veranlagungszeitraums nach den Sätzen 3 und 4 der Hinzurechnung unterliegende und noch nicht hinzugerechnete (verbleibende) Betrag ist gesondert festzustellen; § 10d Abs. 3*[3)] *gilt entsprechend.* [6] *In die gesonderte Feststellung nach Satz 5 einzubeziehen ist der nach § 2 Abs. 1 Satz 3 und 4 des Gesetzes über steuerliche Maßnahmen bei Auslandsinvestitionen der deutschen Wirtschaft vom 18. August 1969 (BGBl. I S. 1214), das zuletzt durch Artikel 8 des Gesetzes vom 25. Juli 1988 (BGBl. I S. 1093)*

[1)] Zitat geänd. mWv 1.1.2013 durch G v. 26.6.2013 (BGBl. I S. 1809).

[2)] § 2a Abs. 3 aufgeh. durch G v. 24.3.1999 (BGBl. I S. 402); zur weiteren Anwendung siehe § 52 Abs. 2 Sätze 3 und 4.

[3)] Siehe § 52 Abs. 2 Satz 4 iVm Satz 3.

geändert worden ist, der Hinzurechnung unterliegende und noch nicht hinzugerechnete Betrag.

(4)[1] [1] *Wird eine in einem ausländischen Staat belegene Betriebsstätte*

1. in eine Kapitalgesellschaft umgewandelt oder

2. entgeltlich oder unentgeltlich übertragen oder

3. aufgegeben, jedoch die ursprünglich von der Betriebsstätte ausgeübte Geschäftstätigkeit ganz oder teilweise von einer Gesellschaft, an der der inländische Steuerpflichtige zu mindestens 10 Prozent unmittelbar oder mittelbar beteiligt ist, oder von einer ihm nahe stehenden Person im Sinne des § 1 Absatz 2 des Außensteuergesetzes fortgeführt,

so ist ein nach Absatz 3 Satz 1 und 2 abgezogener Verlust, soweit er nach Absatz 3 Satz 3 nicht wieder hinzugerechnet worden ist oder nicht noch hinzuzurechnen ist, im Veranlagungszeitraum der Umwandlung, Übertragung oder Aufgabe in entsprechender Anwendung des Absatzes 3 Satz 3 dem Gesamtbetrag der Einkünfte hinzuzurechnen. [2] *Satz 1 gilt entsprechend bei Beendigung der unbeschränkten Einkommensteuerpflicht (§ 1 Absatz 1) durch Aufgabe des Wohnsitzes oder des gewöhnlichen Aufenthalts oder bei Beendigung der unbeschränkten Körperschaftsteuerpflicht (§ 1 Absatz 1 des Körperschaftsteuergesetzes) durch Verlegung des Sitzes oder des Orts der Geschäftsleitung sowie bei unbeschränkter Einkommensteuerpflicht (§ 1 Absatz 1) oder unbeschränkter Körperschaftsteuerpflicht (§ 1 Absatz 1 des Körperschaftsteuergesetzes) bei Beendigung der Ansässigkeit im Inland auf Grund der Bestimmungen eines Abkommens zur Vermeidung der Doppelbesteuerung.*

2. Steuerfreie Einnahmen

§ 3 [Steuerfreie Einnahmen] Steuerfrei sind

1. a) Leistungen aus einer Krankenversicherung, aus einer Pflegeversicherung und aus der gesetzlichen Unfallversicherung,

   b) Sachleistungen und Kinderzuschüsse aus den gesetzlichen Rentenversicherungen einschließlich der Sachleistungen nach dem Gesetz über die Alterssicherung der Landwirte,

   c) Übergangsgeld nach dem Sechsten Buch Sozialgesetzbuch und Geldleistungen nach den §§ 10, 36 bis 39 des Gesetzes über die Alterssicherung der Landwirte,

   d) das Mutterschaftsgeld nach dem Mutterschutzgesetz, der Reichsversicherungsordnung und dem Gesetz über die Krankenversicherung der Landwirte, die Sonderunterstützung für im Familienhaushalt beschäftigte Frauen, der Zuschuss zum Mutterschaftsgeld nach dem Mutterschutzgesetz sowie der Zuschuss bei Beschäftigungsverboten für die Zeit vor oder nach einer Entbindung sowie für den Entbindungstag während einer Elternzeit nach beamtenrechtlichen Vorschriften;

---

[1] § 2a Abs. 4 idF des § 52 Abs. 3 Satz 8 a. F. (in der Neufassung von § 52 durch G v. 25.7.2014 (BGBl. I S. 1266) nicht mehr enthalten).

2.[1] a) das Arbeitslosengeld, das Teilarbeitslosengeld, das Kurzarbeitergeld, der Zuschuss zum Arbeitsentgelt, das Übergangsgeld, der Gründungszuschuss nach dem Dritten Buch Sozialgesetzbuch sowie die übrigen Leistungen nach dem Dritten Buch Sozialgesetzbuch und den entsprechenden Programmen des Bundes und der Länder, soweit sie Arbeitnehmern oder Arbeitsuchenden oder zur Förderung der Aus- oder Weiterbildung oder Existenzgründung der Empfänger gewährt werden,

b) das Insolvenzgeld, Leistungen auf Grund der in § 169 und § 175 Absatz 2 des Dritten Buches Sozialgesetzbuch genannten Ansprüche sowie Zahlungen des Arbeitgebers an einen Sozialleistungsträger auf Grund des gesetzlichen Forderungsübergangs nach § 115 Absatz 1 des Zehnten Buches Sozialgesetzbuch, wenn ein Insolvenzereignis nach § 165 Absatz 1 Satz 2 auch in Verbindung mit Satz 3 des Dritten Buches Sozialgesetzbuch vorliegt,

c) die Arbeitslosenbeihilfe nach dem Soldatenversorgungsgesetz,

d) Leistungen zur Sicherung des Lebensunterhalts und zur Eingliederung in Arbeit nach dem Zweiten Buch Sozialgesetzbuch,

e) mit den in den Nummern 1 bis 2 Buchstabe d und Nummer 67 Buchstabe b genannten Leistungen vergleichbare Leistungen ausländischer Rechtsträger, die ihren Sitz in einem Mitgliedstaat der Europäischen Union, in einem Staat, auf den das Abkommen über den Europäischen Wirtschaftsraum Anwendung findet oder in der Schweiz haben;

2a., 2b.[2] *(aufgehoben)*

3. a)[3] Rentenabfindungen nach § 107 des Sechsten Buches Sozialgesetzbuch, nach § 21 des Beamtenversorgungsgesetzes, nach § 9 Absatz 1 Nummer 3 des Altersgeldgesetzes oder entsprechendem Landesrecht und nach *§ 43* [***ab 1.1.2025:*** § 59] des Soldatenversorgungsgesetzes in Verbindung mit § 21 des Beamtenversorgungsgesetzes,

b) Beitragserstattungen an den Versicherten nach den §§ 210 und 286d des Sechsten Buches Sozialgesetzbuch sowie nach den §§ 204, 205 und 207 des Sechsten Buches Sozialgesetzbuch, Beitragserstattungen nach den §§ 75 und 117 des Gesetzes über die Alterssicherung der Landwirte und nach § 26 des Vierten Buches Sozialgesetzbuch,

c) Leistungen aus berufsständischen Versorgungseinrichtungen, die den Leistungen nach den Buchstaben a und b entsprechen,

d)[4] Kapitalabfindungen und Ausgleichszahlungen nach § 48 des Beamtenversorgungsgesetzes oder entsprechendem Landesrecht und nach den *§§ 28 bis 35 und 38* [***ab 1.1.2025:*** §§ 43 bis 50 und 53] des Soldatenversorgungsgesetzes;

---

[1] § 3 Nr. 2 neu gef. mWv VZ 2015 durch G v. 25.7.2014 (BGBl. I S. 1266); Buchst. e geänd. mWv VZ 2021 durch G v. 21.12.2020 (BGBl. I S. 3096).

[2] § 3 Nr. 2a und 2b aufgeh. mWv VZ 2015 durch G v. 25.7.2014 (BGBl. I S. 1266).

[3] § 3 Nr. 3 Buchst. a geänd. mWv VZ 2020 durch G v. 12.12.2019 (BGBl. I S. 2451); geänd. mWv 1.1.2025 durch G v. 20.8.2021 (BGBl. I S. 3932).

[4] § 3 Nr. 3 Buchst. d geänd. mWv 1.1.2025 durch G v. 20.8.2021 (BGBl. I S. 3932).

4.[1] bei Angehörigen der Bundeswehr, der Bundespolizei, der Zollverwaltung, der Bereitschaftspolizei der Länder, der Vollzugspolizei und der Berufsfeuerwehr der Länder und Gemeinden und bei Vollzugsbeamten der Kriminalpolizei des Bundes, der Länder und Gemeinden

a) der Geldwert der ihnen aus Dienstbeständen überlassenen Dienstkleidung,

b) Einkleidungsbeihilfen und Abnutzungsentschädigungen für die Dienstkleidung der zum Tragen oder Bereithalten von Dienstkleidung Verpflichteten und für dienstlich notwendige Kleidungsstücke der Vollzugsbeamten der Kriminalpolizei sowie der Angehörigen der Zollverwaltung,

c) im Einsatz gewährte Verpflegung oder Verpflegungszuschüsse,

d) der Geldwert der auf Grund gesetzlicher Vorschriften gewährten Heilfürsorge;

5.[2] a) die Geld- und Sachbezüge, die Wehrpflichtige während des Wehrdienstes nach § 4 des Wehrpflichtgesetzes erhalten,

b) die Geld- und Sachbezüge, die Zivildienstleistende nach § 35 des Zivildienstgesetzes erhalten,

c) die Heilfürsorge, die Soldaten nach § 16 des Wehrsoldgesetzes und Zivildienstleistende nach § 35 des Zivildienstgesetzes erhalten,

d) das an Personen, die einen in § 32 Absatz 4 Satz 1 Nummer 2 Buchstabe d genannten Freiwilligendienst leisten, gezahlte Taschengeld oder eine vergleichbare Geldleistung,

e) Leistungen nach § 5 des Wehrsoldgesetzes;

6.[3] Bezüge, die auf Grund gesetzlicher Vorschriften aus öffentlichen Mitteln versorgungshalber an Wehrdienstbeschädigte, im Freiwilligen Wehrdienst Beschädigte, Zivildienstbeschädigte und im Bundesfreiwilligendienst Beschädigte oder ihre Hinterbliebenen, Kriegsbeschädigte, Kriegshinterbliebene und ihnen gleichgestellte Personen gezahlt werden, soweit es sich nicht um Bezüge handelt, die auf Grund der Dienstzeit gewährt werden. [2]Gleichgestellte im Sinne des Satzes 1 sind auch Personen, die Anspruch auf Leistungen nach dem *Bundesversorgungsgesetz* [***ab 1.1.2024:*** Vierzehnten Buch Sozialgesetzbuch] oder auf Unfallfürsorgeleistungen nach dem Soldatenversorgungsgesetz, [***ab 1.1.2025:*** Soldatenentschädigungsgesetz,] Beamtenversorgungsgesetz oder vergleichbarem Landesrecht haben;

7. Ausgleichsleistungen nach dem Lastenausgleichsgesetz, Leistungen nach dem Flüchtlingshilfegesetz, dem Bundesvertriebenengesetz, dem Reparationsschädengesetz, dem Vertriebenenzuwendungsgesetz, dem NS-Verfolg-

---

[1] § 3 Nr. 4 Satzteil vor Buchst. a geänd., Buchst. b geänd. mWv VZ 2015 durch G v. 25.7.2014 (BGBl. I S. 1266).

[2] § 3 Nr. 5 neu gef. mWv VZ 2020 durch G v. 12.12.2019 (BGBl. I S. 2451).

[3] § 3 Nr. 6 neu gef. mWv VZ 2014 durch G v. 25.7.2014 (BGBl. I S. 1266); Satz 2 geänd. mWv 1.1.2024 durch G v. 12.12.2019 (BGBl. I S. 2652); zur Anwendung siehe § 52 Abs. 54 (bis 31.12.2024); Nr. 6 geänd. mWv 1.1.2025 durch G v. 20.8.2021 (BGBl. I S. 3932).

tenentschädigungsgesetz sowie Leistungen nach dem *Entschädigungsgesetz*[1)] und nach dem Ausgleichsleistungsgesetz, soweit sie nicht Kapitalerträge im Sinne des § 20 Absatz 1 Nummer 7 und Absatz 2 sind;

8. Geldrenten, Kapitalentschädigungen und Leistungen im Heilverfahren, die auf Grund gesetzlicher Vorschriften zur Wiedergutmachung nationalsozialistischen Unrechts gewährt werden. [2]Die Steuerpflicht von Bezügen aus einem aus Wiedergutmachungsgründen neu begründeten oder wieder begründeten Dienstverhältnis sowie von Bezügen aus einem früheren Dienstverhältnis, die aus Wiedergutmachungsgründen neu gewährt oder wieder gewährt werden, bleibt unberührt;

8a.[2)] Renten wegen Alters und Renten wegen verminderter Erwerbsfähigkeit aus der gesetzlichen Rentenversicherung, die an Verfolgte im Sinne des § 1 des Bundesentschädigungsgesetzes gezahlt werden, wenn rentenrechtliche Zeiten auf Grund der Verfolgung in der Rente enthalten sind. [2]Renten wegen Todes aus der gesetzlichen Rentenversicherung, wenn der verstorbene Versicherte Verfolgter im Sinne des § 1 des Bundesentschädigungsgesetzes war und wenn rentenrechtliche Zeiten auf Grund der Verfolgung in dieser Rente enthalten sind;

9. Erstattungen nach § 23 Absatz 2 Satz 1 Nummer 3 und 4 sowie nach § 39 Absatz 4 Satz 2 des Achten Buches Sozialgesetzbuch;

10.[3)] Einnahmen einer Gastfamilie für die Aufnahme eines Menschen mit Behinderungen oder von Behinderung bedrohten Menschen nach § 2 Absatz 1 des Neunten Buches Sozialgesetzbuch zur Pflege, Betreuung, Unterbringung und Verpflegung, die auf Leistungen eines Leistungsträgers nach dem Sozialgesetzbuch beruhen. [2]Für Einnahmen im Sinne des Satzes 1, die nicht auf Leistungen eines Leistungsträgers nach dem Sozialgesetzbuch beruhen, gilt Entsprechendes bis zur Höhe der Leistungen nach dem Zwölften Buch Sozialgesetzbuch. [3]Überschreiten die auf Grund der in Satz 1 bezeichneten Tätigkeit bezogenen Einnahmen der Gastfamilie den steuerfreien Betrag, dürfen die mit der Tätigkeit in unmittelbarem wirtschaftlichen Zusammenhang stehenden Ausgaben abweichend von § 3c nur insoweit als Betriebsausgaben abgezogen werden, als sie den Betrag der steuerfreien Einnahmen übersteigen;

11. Bezüge aus öffentlichen Mitteln oder aus Mitteln einer öffentlichen Stiftung, die wegen Hilfsbedürftigkeit oder als Beihilfe zu dem Zweck bewilligt werden, die Erziehung oder Ausbildung, die Wissenschaft oder Kunst unmittelbar zu fördern. [2]Darunter fallen nicht Kinderzuschläge und Kinderbeihilfen, die auf Grund der Besoldungsgesetze, besonderer Tarife oder ähnlicher Vorschriften gewährt werden. [3]Voraussetzung für die Steuerfreiheit ist, dass der Empfänger mit den Bezügen nicht zu einer bestimmten wissenschaftlichen oder künstlerischen Gegenleistung oder zu einer bestimmten Arbeitnehmertätigkeit verpflichtet wird. [4]Den Bezügen aus öf-

---

[1)] G aufgeh. durch Einigungsvertrag v. 31.8.1990 (BGBl. I S. 889).

[2)] § 3 Nr. 8a eingef. durch G v. 7.12.2011 (BGBl. I S. 2592).

[3)] Zur Anwendung von § 3 Nr. 10 a. F. siehe § 52 Abs. 4 Satz 3; Satz 1 geänd. mWv 15.12.2020 durch G v. 9.12.2020 (BGBl. I S. 2770).

fentlichen Mitteln wegen Hilfsbedürftigkeit gleichgestellt sind Beitragsermäßigungen und Prämienrückzahlungen eines Trägers der gesetzlichen Krankenversicherung für nicht in Anspruch genommene Beihilfeleistungen;

11a.[1] zusätzlich zum ohnehin geschuldeten Arbeitslohn vom Arbeitgeber in der Zeit vom 1. März 2020 bis zum 31. März 2022 auf Grund der Corona-Krise an seine Arbeitnehmer in Form von Zuschüssen und Sachbezügen gewährte Beihilfen und Unterstützungen bis zu einem Betrag von 1500 Euro;

11b.[2] zusätzlich zum ohnehin geschuldeten Arbeitslohn vom Arbeitgeber in der Zeit vom 18. November 2021 bis zum 31. Dezember 2022 an seine Arbeitnehmer zur Anerkennung besonderer Leistungen während der Corona-Krise gewährte Leistungen bis zu einem Betrag von 4500 Euro. ²Voraussetzung für die Steuerbefreiung ist, dass die Arbeitnehmer in Einrichtungen im Sinne des § 23 Absatz 3 Satz 1 Nummer 1 bis 4, 8, 11 oder Nummer 12 des Infektionsschutzgesetzes oder § 36 Absatz 1 Nummer 2 oder Nummer 7 des Infektionsschutzgesetzes tätig sind [***ab VZ 2022:*** ; maßgeblich ist jeweils die am 22. Juni 2022 gültige Fassung des Infektionsschutzgesetzes]. ³Die Steuerbefreiung gilt entsprechend für Personen, die in den in Satz 2 genannten Einrichtungen im Rahmen einer Arbeitnehmerüberlassung oder im Rahmen eines Werk- oder Dienstleistungsvertrags eingesetzt werden. ⁴Nummer 11a findet auf die Leistungen im Sinne der Sätze 1 bis 3 keine Anwendung [***ab VZ 2022:*** ⁵Abweichend von Satz 1 gilt die Steuerbefreiung für Leistungen nach § 150c des Elften Buches Sozialgesetzbuch in der Fassung des Gesetzes zur Stärkung des Schutzes der Bevölkerung und insbesondere vulnerabler Personengruppen vor COVID-19 vom 16. September 2022 (BGBl. I S. 1454) auch dann, wenn sie in der Zeit bis zum 31. Mai 2023 gewährt werden;]

11c.[3] zusätzlich zum ohnehin geschuldeten Arbeitslohn vom Arbeitgeber in der Zeit vom 26. Oktober 2022 bis zum 31. Dezember 2024 in Form von Zuschüssen und Sachbezügen gewährte Leistungen zur Abmilderung der gestiegenen Verbraucherpreise bis zu einem Betrag von 3000 Euro;

12.[4] aus einer Bundeskasse oder Landeskasse gezahlte Bezüge, die zum einen

a) in einem Bundesgesetz oder Landesgesetz,

b) auf Grundlage einer bundesgesetzlichen oder landesgesetzlichen Ermächtigung beruhenden Bestimmung oder

c) von der Bundesregierung oder einer Landesregierung

als Aufwandsentschädigung festgesetzt sind und die zum anderen jeweils auch als Aufwandsentschädigung im Haushaltsplan ausgewiesen werden.

---

[1] § 3 Nr. 11a eingef. durch G v. 19.6.2020 (BGBl. I S. 1385); geänd. durch G v. 21.12.2020 (BGBl. I S. 3096); geänd. durch G v. 2.6.2021 (BGBl. I S. 1259).

[2] § 3 Nr. 11b eingef. mWv VZ 2021 (§ 52 Abs. 4 Satz 4) durch G v. 19.6.2022 (BGBl. I S. 911); Nr. 11b Satz 2 HS 2 angef., Satz 5 angef. mWv VZ 2022 durch G v. 16.12.2022 *(BGBl. I S. 2294)*.

[3] § 3 Nr. 11c eingef. durch G v. 19.10.2022 (BGBl. I S. 1743).

[4] § 3 Nr. 12 Satz 1 neu gef. mWv VZ 2014 durch G v. 25.7.2014 (BGBl. I S. 1266).

[2]Das Gleiche gilt für andere Bezüge, die als Aufwandsentschädigung aus öffentlichen Kassen an öffentliche Dienste leistende Personen gezahlt werden, soweit nicht festgestellt wird, dass sie für Verdienstausfall oder Zeitverlust gewährt werden oder den Aufwand, der dem Empfänger erwächst, offenbar übersteigen;

13.[1] die aus öffentlichen Kassen gezahlten Reisekostenvergütungen, Umzugskostenvergütungen und Trennungsgelder. [2]Die als Reisekostenvergütungen gezahlten Vergütungen für Verpflegung sind nur insoweit steuerfrei, als sie die Pauschbeträge nach § 9 Absatz 4a nicht übersteigen; Trennungsgelder sind nur insoweit steuerfrei, als sie die nach § 9 Absatz 1 Satz 3 Nummer 5 und Absatz 4a abziehbaren Aufwendungen nicht übersteigen;

14. Zuschüsse eines Trägers der gesetzlichen Rentenversicherung zu den Aufwendungen eines Rentners für seine Krankenversicherung und von dem gesetzlichen Rentenversicherungsträger getragene Anteile (§ 249a des Fünften Buches Sozialgesetzbuch) an den Beiträgen für die gesetzliche Krankenversicherung;

14a.[2] der Anteil der Rente aus der gesetzlichen Rentenversicherung, der auf Grund des Zuschlags an Entgeltpunkten für langjährige Versicherung nach dem Sechsten Buch Sozialgesetzbuch geleistet wird;

15.[3] Zuschüsse des Arbeitgebers, die zusätzlich zum ohnehin geschuldeten Arbeitslohn zu den Aufwendungen des Arbeitnehmers für Fahrten mit öffentlichen Verkehrsmitteln im Linienverkehr (ohne Luftverkehr) zwischen Wohnung und erster Tätigkeitsstätte und nach § 9 Absatz 1 Satz 3 Nummer 4a Satz 3 sowie für Fahrten im öffentlichen Personennahverkehr gezahlt werden. [2]Das Gleiche gilt für die unentgeltliche oder verbilligte Nutzung öffentlicher Verkehrsmittel im Linienverkehr (ohne Luftverkehr) für Fahrten zwischen Wohnung und erster Tätigkeitsstätte und nach § 9 Absatz 1 Satz 3 Nummer 4a Satz 3 sowie für Fahrten im öffentlichen Personennahverkehr, die der Arbeitnehmer auf Grund seines Dienstverhältnisses zusätzlich zum ohnehin geschuldeten Arbeitslohn in Anspruch nehmen kann. [3]Die nach den Sätzen 1 und 2 steuerfreien Leistungen mindern den nach § 9 Absatz 1 Satz 3 Nummer 4 Satz 2 abziehbaren Betrag;

16.[4] die Vergütungen, die Arbeitnehmer außerhalb des öffentlichen Dienstes von ihrem Arbeitgeber zur Erstattung von Reisekosten, Umzugskosten oder Mehraufwendungen bei doppelter Haushaltsführung erhalten, soweit sie die nach § 9 als Werbungskosten abziehbaren Aufwendungen nicht übersteigen;

17. Zuschüsse zum Beitrag nach § 32 des Gesetzes über die Alterssicherung der Landwirte;

18. das Aufgeld für ein an die Bank für Vertriebene und Geschädigte (Lastenausgleichsbank) zugunsten des Ausgleichsfonds (§ 5 des Lastenausgleichs-

---

[1] § 3 Nr. 13 geänd. mWv VZ 2014 durch G v. 20.2.2013 (BGBl. I S. 285).

[2] § 3 Nr. 14a eingef. durch G v. 16.12.2022 (BGBl. I S. 2294); zur Anwendung ab VZ 2021 siehe § 52 Abs. 4 Sätze 5 bis 8.

[3] § 3 Nr. 15 eingef. mWv VZ 2019 durch G v. 11.12.2018 (BGBl. I S. 2338).

[4] § 3 Nr. 16 geänd. mWv VZ 2014 durch G v. 20.2.2013 (BGBl. I S. 285).

gesetzes) gegebenes Darlehen, wenn das Darlehen nach § 7f des Gesetzes in der Fassung der Bekanntmachung vom 15. September 1953 (BGBl. I S. 1355) im Jahr der Hingabe als Betriebsausgabe abzugsfähig war;

19.[1] Weiterbildungsleistungen des Arbeitgebers oder auf dessen Veranlassung von einem Dritten

a) für Maßnahmen nach § 82 Absatz 1 und 2 des Dritten Buches Sozialgesetzbuch oder

b) die der Verbesserung der Beschäftigungsfähigkeit des Arbeitnehmers dienen.

[2] Steuerfrei sind auch Beratungsleistungen des Arbeitgebers oder auf dessen Veranlassung von einem Dritten zur beruflichen Neuorientierung bei Beendigung des Dienstverhältnisses. [3] Die Leistungen im Sinne der Sätze 1 und 2 dürfen keinen überwiegenden Belohnungscharakter haben;

20. die aus öffentlichen Mitteln des Bundespräsidenten aus sittlichen oder sozialen Gründen gewährten Zuwendungen an besonders verdiente Personen oder ihre Hinterbliebenen;

21., 22.[2] *(aufgehoben)*

23.[3] Leistungen nach

a) dem Häftlingshilfegesetz,

b) dem Strafrechtlichen Rehabilitierungsgesetz,

c) dem Verwaltungsrechtlichen Rehabilitierungsgesetz,

d) dem Beruflichen Rehabilitierungsgesetz,

e) dem Gesetz zur strafrechtlichen Rehabilitierung der nach dem 8. Mai 1945 wegen einvernehmlicher homosexueller Handlungen verurteilten Personen und

f) dem Gesetz zur Rehabilitierung der wegen einvernehmlicher homosexueller Handlungen, wegen ihrer homosexuellen Orientierung oder wegen ihrer geschlechtlichen Identität dienstrechtlich benachteiligten Soldatinnen und Soldaten;

24. Leistungen, die auf Grund des Bundeskindergeldgesetzes gewährt werden;

25. Entschädigungen nach dem Infektionsschutzgesetz vom 20. Juli 2000 (BGBl. I S. 1045);

26.[4] Einnahmen aus nebenberuflichen Tätigkeiten als Übungsleiter, Ausbilder, Erzieher, Betreuer oder vergleichbaren nebenberuflichen Tätigkeiten, aus nebenberuflichen künstlerischen Tätigkeiten oder der nebenberuflichen Pflege alter, kranker Menschen oder Menschen mit Behinderungen im

---

[1] § 3 Nr. 19 neu gef. mWv VZ 2020 durch G v. 21.12.2020 (BGBl. I S. 3096).

[2] § 3 Nrn. 21 und 22 aufgeh. durch G v. 1.11.2011 (BGBl. I S. 2131).

[3] § 3 Nr. 23 neu gef. mWv VZ 2021 durch G v. 16.7.2021 (BGBl. I S. 2993).

[4] § 3 Nr. 26 Satz 2 geänd. durch G v. 8.12.2010 (BGBl. I S. 1768); Satz 1 geänd. durch G v. 11.12.2018 (BGBl. I S. 2338); zur Anwendung siehe § 52 Abs. 4 Satz 10; Satz 1 geänd. durch G v. 9.12.2020 (BGBl. I S. 2770).

Dienst oder im Auftrag einer juristischen Person des öffentlichen Rechts, die in einem Mitgliedstaat der Europäischen Union, in einem Staat, auf den das Abkommen über den Europäischen Wirtschaftsraum Anwendung findet, oder in der Schweiz belegen ist, oder einer unter § 5 Absatz 1 Nummer 9 des Körperschaftsteuergesetzes fallenden Einrichtung zur Förderung gemeinnütziger, mildtätiger und kirchlicher Zwecke (§§ 52 bis 54 der Abgabenordnung) bis zur Höhe von insgesamt 3000 Euro[1] im Jahr. [2]Überschreiten die Einnahmen für die in Satz 1 bezeichneten Tätigkeiten den steuerfreien Betrag, dürfen die mit den nebenberuflichen Tätigkeiten in unmittelbarem wirtschaftlichen Zusammenhang stehenden Ausgaben abweichend von § 3c nur insoweit als Betriebsausgaben oder Werbungskosten abgezogen werden, als sie den Betrag der steuerfreien Einnahmen übersteigen;

26a.[2] Einnahmen aus nebenberuflichen Tätigkeiten im Dienst oder Auftrag einer juristischen Person des öffentlichen Rechts, die in einem Mitgliedstaat der Europäischen Union, in einem Staat, auf den das Abkommen über den Europäischen Wirtschaftsraum Anwendung findet, oder in der Schweiz belegen ist, oder einer unter § 5 Absatz 1 Nummer 9 des Körperschaftsteuergesetzes fallenden Einrichtung zur Förderung gemeinnütziger, mildtätiger und kirchlicher Zwecke (§§ 52 bis 54 der Abgabenordnung) bis zur Höhe von insgesamt 840 Euro[3] im Jahr. [2]Die Steuerbefreiung ist ausgeschlossen, wenn für die Einnahmen aus der Tätigkeit – ganz oder teilweise – eine Steuerbefreiung nach § 3 Nummer 12, 26 oder 26b gewährt wird. [3]Überschreiten die Einnahmen für die in Satz 1 bezeichneten Tätigkeiten den steuerfreien Betrag, dürfen die mit den nebenberuflichen Tätigkeiten in unmittelbarem wirtschaftlichen Zusammenhang stehenden Ausgaben abweichend von § 3c nur insoweit als Betriebsausgaben oder Werbungskosten abgezogen werden, als sie den Betrag der steuerfreien Einnahmen übersteigen;

26b.[4] *Aufwandsentschädigungen nach § 1835a* [***ab VZ 2023:*** Aufwandspauschalen nach § 1878] des Bürgerlichen Gesetzbuchs, soweit sie zusammen mit den steuerfreien Einnahmen im Sinne der Nummer 26 den Freibetrag nach Nummer 26 Satz 1 nicht überschreiten. [2]Nummer 26 Satz 2 gilt entsprechend;

27. der Grundbetrag der Produktionsaufgaberente und das Ausgleichsgeld nach dem Gesetz zur Förderung der Einstellung der landwirtschaftlichen Erwerbstätigkeit bis zum Höchstbetrag von 18 407 Euro;

28. die Aufstockungsbeträge im Sinne des § 3 Absatz 1 Nummer 1 Buchstabe a sowie die Beiträge und Aufwendungen im Sinne des § 3 Absatz 1

---

[1] Betrag geänd. durch G v. 21.3.2013 (BGBl. I S. 556); geänd. mWv VZ 2021 durch G v. 21.12.2020 (BGBl. I S. 3096).

[2] § 3 Nr. 26a Satz 1 geänd. durch G v. 11.12.2018 (BGBl. I S. 2338); zur Anwendung siehe § 52 Abs. 4 Satz 10.

[3] Betrag geänd. durch G v. 21.3.2013 (BGBl. I S. 556); geänd. mWv VZ 2021 durch G v. 21.12.2020 (BGBl. I S. 3096).

[4] § 3 Nr. 26b eingef. durch G v. 8.12.2010 (BGBl. I S. 1768); geänd. mWv 1.1.2023 durch G v. 4.5.2021 (BGBl. I S. 882).

Nummer 1 Buchstabe b und des § 4 Absatz 2 des Altersteilzeitgesetzes, die Zuschläge, die versicherungsfrei Beschäftigte im Sinne des § 27 Absatz 1 Nummer 1 bis 3 des Dritten Buches Sozialgesetzbuch zur Aufstockung der Bezüge bei Altersteilzeit nach beamtenrechtlichen Vorschriften oder Grundsätzen erhalten sowie die Zahlungen des Arbeitgebers zur Übernahme der Beiträge im Sinne des § 187a des Sechsten Buches Sozialgesetzbuch, soweit sie 50 Prozent der Beiträge nicht übersteigen;

28a.[1] Zuschüsse des Arbeitgebers zum Kurzarbeitergeld und Saison-Kurzarbeitergeld, soweit sie zusammen mit dem Kurzarbeitergeld 80 Prozent des Unterschiedsbetrags zwischen dem Soll-Entgelt und dem Ist-Entgelt nach § 106 des Dritten Buches Sozialgesetzbuch nicht übersteigen und sie für Lohnzahlungszeiträume, die nach dem 29. Februar 2020 beginnen und vor dem 1. Juli 2022 enden, geleistet werden;

29. das Gehalt und die Bezüge,
    a) die die diplomatischen Vertreter ausländischer Staaten, die ihnen zugewiesenen Beamten und die in ihren Diensten stehenden Personen erhalten. [2]Dies gilt nicht für deutsche Staatsangehörige oder für im Inland ständig ansässige Personen;
    b) der Berufskonsuln, der Konsulatsangehörigen und ihres Personals, soweit sie Angehörige des Entsendestaates sind. [2]Dies gilt nicht für Personen, die im Inland ständig ansässig sind oder außerhalb ihres Amtes oder Dienstes einen Beruf, ein Gewerbe oder eine andere gewinnbringende Tätigkeit ausüben;

30. Entschädigungen für die betriebliche Benutzung von Werkzeugen eines Arbeitnehmers (Werkzeuggeld), soweit sie die entsprechenden Aufwendungen des Arbeitnehmers nicht offensichtlich übersteigen;

31. die typische Berufskleidung, die der Arbeitgeber seinem Arbeitnehmer unentgeltlich oder verbilligt überlässt; dasselbe gilt für eine Barablösung eines nicht nur einzelvertraglichen Anspruchs auf Gestellung von typischer Berufskleidung, wenn die Barablösung betrieblich veranlasst ist und die entsprechenden Aufwendungen des Arbeitnehmers nicht offensichtlich übersteigt;

32.[2] die unentgeltliche oder verbilligte Sammelbeförderung eines Arbeitnehmers zwischen Wohnung und erster Tätigkeitsstätte sowie bei Fahrten nach § 9 Absatz 1 Satz 3 Nummer 4a Satz 3 mit einem vom Arbeitgeber gestellten Beförderungsmittel, soweit die Sammelbeförderung für den betrieblichen Einsatz des Arbeitnehmers notwendig ist;

33. zusätzlich zum ohnehin geschuldeten Arbeitslohn erbrachte Leistungen des Arbeitgebers zur Unterbringung und Betreuung von nicht schulpflichtigen Kindern der Arbeitnehmer in Kindergärten oder vergleichbaren Einrichtungen;

---

[1] § 3 Nr. 28a eingef. durch G v. 19.6.2020 (BGBl. I S. 1385); geänd. mWv VZ 2021 durch G v. *21.12.2020* (BGBl. I S. 3096); geänd. mWv VZ 2022 durch G v. 19.6.2022 (BGBl. I S. 911).

[2] § 3 Nr. 32 geänd. mWv VZ 2014 durch G v. 25.7.2014 (BGBl. I S. 1266).

34.[1] zusätzlich zum ohnehin geschuldeten Arbeitslohn erbrachte Leistungen des Arbeitgebers zur Verhinderung und Verminderung von Krankheitsrisiken und zur Förderung der Gesundheit in Betrieben, die hinsichtlich Qualität, Zweckbindung, Zielgerichtetheit und Zertifizierung den Anforderungen der §§ 20 und 20b des Fünften Buches Sozialgesetzbuch genügen, soweit sie 600[2] Euro im Kalenderjahr nicht übersteigen;

34a.[3] zusätzlich zum ohnehin geschuldeten Arbeitslohn erbrachte Leistungen des Arbeitgebers

a) an ein Dienstleistungsunternehmen, das den Arbeitnehmer hinsichtlich der Betreuung von Kindern oder pflegebedürftigen Angehörigen berät oder hierfür Betreuungspersonen vermittelt sowie

b) zur kurzfristigen Betreuung von Kindern im Sinne des § 32 Absatz 1, die das 14. Lebensjahr noch nicht vollendet haben oder die wegen einer vor Vollendung des 25. Lebensjahres eingetretenen körperlichen, geistigen oder seelischen Behinderung außerstande sind, sich selbst zu unterhalten oder pflegebedürftigen Angehörigen des Arbeitnehmers, wenn die Betreuung aus zwingenden und beruflich veranlassten Gründen notwendig ist, auch wenn sie im privaten Haushalt des Arbeitnehmers stattfindet, soweit die Leistungen 600 Euro im Kalenderjahr nicht übersteigen;

35. die Einnahmen der bei der Deutsche Post AG, Deutsche Postbank AG oder Deutsche Telekom AG beschäftigten Beamten, soweit die Einnahmen ohne Neuordnung des Postwesens und der Telekommunikation nach den Nummern 11 bis 13 und 64 steuerfrei wären;

36.[4] Einnahmen für Leistungen zu körperbezogenen Pflegemaßnahmen, pflegerischen Betreuungsmaßnahmen oder Hilfen bei der Haushaltsführung bis zur Höhe des Pflegegeldes nach § 37 des Elften Buches Sozialgesetzbuch, mindestens aber bis zur Höhe des Entlastungsbetrages nach § 45b Absatz 1 Satz 1 des Elften Buches Sozialgesetzbuch, wenn diese Leistungen von Angehörigen des Pflegebedürftigen oder von anderen Personen, die damit eine sittliche Pflicht im Sinne des § 33 Absatz 2 gegenüber dem Pflegebedürftigen erfüllen, erbracht werden. [2]Entsprechendes gilt, wenn der Pflegebedürftige vergleichbare Leistungen aus privaten Versicherungsverträgen nach den Vorgaben des Elften Buches Sozialgesetzbuch oder nach den Beihilfevorschriften für häusliche Pflege erhält;

[***1.1.2019–31.12.2030:***

37.[5] zusätzlich zum ohnehin geschuldeten Arbeitslohn vom Arbeitgeber gewährte Vorteile für die Überlassung eines betrieblichen Fahrrads, das kein Kraftfahrzeug im Sinne des § 6 Absatz 1 Nummer 4 Satz 2 ist;]

---

[1] § 3 Nr. 34 neu gef. durch G v. 11.12.2018 (BGBl. I S. 2338); zur Anwendung siehe § 52 Abs. 4 Satz 11.

[2] Betrag geänd. mWv VZ 2020 durch G v. 22.11.2019 (BGBl. I S. 1746).

[3] § 3 Nr. 34a eingef. mWv VZ 2015 durch G v. 22.12.2014 (BGBl. I S. 2417).

[4] § 3 Nr. 36 Satz 1 geänd. mWv VZ 2017 durch G v. 23.12.2016 (BGBl. I S. 3191); Satz 1 geänd., Satz 2 neu gef. mWv VZ 2018 durch G v. 11.12.2018 (BGBl. I S. 2338).

[5] § 3 Nr. 37 eingef. durch G v. 11.12.2018 (BGBl. I S. 2338); zur Anwendung siehe § 52 Abs. 4 Satz 12.

38.[1] Sachprämien, die der Steuerpflichtige für die persönliche Inanspruchnahme von Dienstleistungen von Unternehmen unentgeltlich erhält, die diese zum Zwecke der Kundenbindung im allgemeinen Geschäftsverkehr in einem jedermann zugänglichen planmäßigen Verfahren gewähren, soweit der Wert der Prämien 1080 Euro im Kalenderjahr nicht übersteigt;

39.[2] der Vorteil des Arbeitnehmers im Rahmen eines gegenwärtigen Dienstverhältnisses aus der unentgeltlichen oder verbilligten Überlassung von Vermögensbeteiligungen im Sinne des § 2 Absatz 1 Nummer 1 Buchstabe a, b und f bis l und Absatz 2 bis 5 des Fünften Vermögensbildungsgesetzes[3] in der Fassung der Bekanntmachung vom 4. März 1994 (BGBl. I S. 406), zuletzt geändert durch Artikel 2 des Gesetzes vom 7. März 2009 (BGBl. I S. 451), in der jeweils geltenden Fassung, am Unternehmen des Arbeitgebers, soweit der Vorteil insgesamt *1440 Euro* [***ab 1.1.2024:*** 2000 Euro][4] im Kalenderjahr nicht übersteigt. [2]Voraussetzung für die Steuerfreiheit ist, dass die Beteiligung mindestens allen Arbeitnehmern offensteht, die im Zeitpunkt der Bekanntgabe des Angebots ein Jahr oder länger ununterbrochen in einem gegenwärtigen Dienstverhältnis zum Unternehmen stehen. [3]Als Unternehmen des Arbeitgebers im Sinne des Satzes 1 gilt auch ein Unternehmen im Sinne des § 18 des Aktiengesetzes. [4]Als Wert der Vermögensbeteiligung ist der gemeine Wert anzusetzen;

40.[5] 40 Prozent

a)[6] der Betriebsvermögensmehrungen oder Einnahmen aus der Veräußerung oder der Entnahme von Anteilen an Körperschaften, Personenvereinigungen und Vermögensmassen, deren Leistungen beim Empfänger zu Einnahmen im Sinne des § 20 Absatz 1 Nummer 1 und 9 gehören, oder an einer Organgesellschaft im Sinne des § 14 oder § 17 des Körperschaftsteuergesetzes oder aus deren Auflösung oder Herabsetzung von deren Nennkapital oder aus dem Ansatz eines solchen Wirtschaftsguts mit dem Wert, der sich nach § 6 Absatz 1 Nummer 2 Satz 3 ergibt, soweit sie zu den Einkünften aus Land- und Forstwirtschaft, aus Gewerbebetrieb oder aus selbständiger Arbeit gehören. [2]Dies gilt nicht, soweit der Ansatz des niedrigeren Teilwerts in vollem Umfang zu einer Gewinnminderung geführt hat und soweit diese Gewinnminderung nicht durch Ansatz eines Werts, der sich nach § 6 Absatz 1 Nummer 2 Satz 3 ergibt, ausgeglichen worden ist. [3]Satz 1 gilt außer für Betriebsvermögensmehrungen aus dem Ansatz mit dem Wert, der sich nach § 6 Absatz 1 Nummer 2 Satz 3 ergibt, ebenfalls nicht, soweit Abzüge nach

---

[1] § 3 Nr. 38 bestätigt durch G v. 5.4.2011 (BGBl. I S. 554).

[2] § 3 Nr. 39 Satz 2 neu gef. (bish. Buchst. b wird neuer Satz) mWv VZ 2009 durch G v. 8.4.2010 (BGBl. I S. 386); Satz 1 Verweis geänd. durch G v. 25.7.2014 (BGBl. I S. 1266); Satz 1 Betrag geänd. durch G v. 3.6.2021 (BGBl. I S. 1498); zur Anwendung iVm § 19a vgl. § 52 Abs. 27.

[3] Nr. **24**.

[4] Betrag geänd. mWv 1.1.2024 durch G v. 11.12.2023 (BGBl. I Nr. 354).

[5] Zur erstmaligen bzw. zur weiteren Anwendung von § 3 Nr. 40 siehe § 52 Abs. 4 Sätze 13–17.

[6] § 3 Nr. 40 Buchst. a Satz 1 geänd. mWv VZ 2014 durch G v. 25.7.2014 (BGBl. I S. 1266).

§ 6b oder ähnliche Abzüge voll steuerwirksam vorgenommen worden sind,

b)[1] des Veräußerungspreises im Sinne des § 16 Absatz 2, soweit er auf die Veräußerung von Anteilen an Körperschaften, Personenvereinigungen und Vermögensmassen entfällt, deren Leistungen beim Empfänger zu Einnahmen im Sinne des § 20 Absatz 1 Nummer 1 und 9 gehören, oder an einer Organgesellschaft im Sinne des § 14 oder § 17 des Körperschaftsteuergesetzes. [2]Satz 1 ist in den Fällen des § 16 Absatz 3 entsprechend anzuwenden. [3]Buchstabe a Satz 3 gilt entsprechend,

c) des Veräußerungspreises oder des gemeinen Werts im Sinne des § 17 Absatz 2. [2]Satz 1 ist in den Fällen des § 17 Absatz 4 entsprechend anzuwenden,

d)[2] der Bezüge im Sinne des § 20 Absatz 1 Nummer 1 und der Einnahmen im Sinne des § 20 Absatz 1 Nummer 9. [2]Dies gilt nur, soweit sie das Einkommen der leistenden Körperschaft nicht gemindert haben. [3]Sofern die Bezüge in einem anderen Staat auf Grund einer vom deutschen Recht abweichenden steuerlichen Zurechnung einer anderen Person zugerechnet werden, gilt Satz 1 nur, soweit das Einkommen der anderen Person oder ihr nahestehender Personen nicht niedriger ist als bei einer dem deutschen Recht entsprechenden Zurechnung. [4]Satz 1 Buchstabe d Satz 2 gilt nicht, soweit eine verdeckte Gewinnausschüttung das Einkommen einer dem Steuerpflichtigen nahe stehenden Person erhöht hat und § 32a des Körperschaftsteuergesetzes auf die Veranlagung dieser nahe stehenden Person keine Anwendung findet,

e) der Bezüge im Sinne des § 20 Absatz 1 Nummer 2,

f) der besonderen Entgelte oder Vorteile im Sinne des § 20 Absatz 3, die neben den in § 20 Absatz 1 Nummer 1 und Absatz 2 Satz 1 Nummer 2 Buchstabe a bezeichneten Einnahmen oder an deren Stelle gewährt werden,

g) des Gewinns aus der Veräußerung von Dividendenscheinen und sonstigen Ansprüchen im Sinne des § 20 Absatz 2 Satz 1 Nummer 2 Buchstabe a,

h) des Gewinns aus der Abtretung von Dividendenansprüchen oder sonstigen Ansprüchen im Sinne des § 20 Absatz 2 Satz 1 Nummer 2 Buchstabe a in Verbindung mit § 20 Absatz 2 Satz 2,

i) der Bezüge im Sinne des § 22 Nummer 1 Satz 2, soweit diese von einer nicht von der Körperschaftsteuer befreiten Körperschaft, Personenvereinigung oder Vermögensmasse stammen.

[2]Dies gilt für Satz 1 Buchstabe d bis h nur in Verbindung mit § 20 Absatz 8. [3]Satz 1 Buchstabe a, b und d bis h ist nicht anzuwenden auf An-

---

[1] § 3 Nr. 40 Buchst. b Satz 1 geänd. mWv VZ 2014 durch G v. 25.7.2014 (BGBl. I S. 1266).

[2] § 3 Nr. 40 Satz 1 Buchst. d Satz 2 neu gef. durch G v. 26.6.2013 (BGBl. I S. 1809); zur Anwendung siehe § 52 Abs. 4 Satz 17; Satz 3 eingef., bish. Satz 3 wird Satz 4 durch G v. 25.6.2021 (BGBl. I S. 2035); zur Anwendung siehe § 52 Abs. 4 Satz 14.

teile, die bei Kreditinstituten, Finanzdienstleistungsinstituten und Wertpapierinstituten dem Handelsbestand im Sinne des § 340e Absatz 3 des Handelsgesetzbuchs zuzuordnen sind; Gleiches gilt für Anteile, die bei Finanzunternehmen im Sinne des Kreditwesengesetzes, an denen Kreditinstitute, Finanzdienstleistungsinstitute oder Wertpapierinstitute[1] unmittelbar oder mittelbar zu mehr als 50 Prozent beteiligt sind, zum Zeitpunkt des Zugangs zum Betriebsvermögen als Umlaufvermögen auszuweisen sind. [4]Satz 1 ist nicht anzuwenden bei Anteilen an Unterstützungskassen;

40a.[2] 40 Prozent[3] der Vergütungen im Sinne des § 18 Absatz 1 Nummer 4;

41.[4] *(aufgehoben)*

42. die Zuwendungen, die auf Grund des Fulbright-Abkommens gezahlt werden;

43. der Ehrensold für Künstler sowie Zuwendungen aus Mitteln der Deutschen Künstlerhilfe, wenn es sich um Bezüge aus öffentlichen Mitteln handelt, die wegen der Bedürftigkeit des Künstlers gezahlt werden;

44.[5] Stipendien, die aus öffentlichen Mitteln oder von zwischenstaatlichen oder überstaatlichen Einrichtungen, denen die Bundesrepublik Deutschland als Mitglied angehört, zur Förderung der Forschung oder zur Förderung der wissenschaftlichen oder künstlerischen Ausbildung oder Fortbildung gewährt werden. [2]Das Gleiche gilt für Stipendien, die zu den in Satz 1 bezeichneten Zwecken von einer Einrichtung, die von einer Körperschaft des öffentlichen Rechts errichtet ist oder verwaltet wird, oder von einer Körperschaft, Personenvereinigung oder Vermögensmasse im Sinne des § 5 Absatz 1 Nummer 9 des Körperschaftsteuergesetzes gegeben werden. [3]Voraussetzung für die Steuerfreiheit ist, dass

a) die Stipendien einen für die Erfüllung der Forschungsaufgabe oder für die Bestreitung des Lebensunterhalts und die Deckung des Ausbildungsbedarfs erforderlichen Betrag nicht übersteigen und nach den von dem Geber erlassenen Richtlinien vergeben werden,

b) der Empfänger im Zusammenhang mit dem Stipendium nicht zu einer bestimmten wissenschaftlichen oder künstlerischen Gegenleistung oder zu einer bestimmten Arbeitnehmertätigkeit verpflichtet ist;

45.[6] die Vorteile des Arbeitnehmers aus der privaten Nutzung von betrieblichen Datenverarbeitungsgeräten und Telekommunikationsgeräten sowie deren Zubehör, aus zur privaten Nutzung überlassenen System- und An-

---

[1] § 3 Nr. 40 Satz 3 neu gef., Satz 4 aufgeh. durch G v. 20.12.2016 (BGBl. I S. 3000); zur Anwendung von Satz 3 1. und 2. HS vgl. § 52 Abs. 4 Satz 16; Satz 4 angef. mWv VZ 2016 durch G v. 2.11.2015 (BGBl. I S. 1834); Satz 3 geänd. mWv 26.6.2021 durch G v. 12.5.2021 (BGBl. I S. 990).

[2] Zur Anwendung siehe § 52 Abs. 4 Sätze 18 und 19.

[3] Zur Anwendung siehe § 52 Abs. 4 Satz 19.

[4] § 3 Nr. 41 aufgeh. durch G v. 25.6.2021 (BGBl. I S. 2035); zur letztmaligen Anwendung für VZ 2021 siehe § 52 Abs. 4 Satz 20.

[5] § 3 Nr. 44 geänd. mWv VZ 2011 durch G v. 1.11.2011 (BGBl. I S. 2131).

[6] § 3 Nr. 45 neu gef. durch G v. 8.5.2012 (BGBl. I S. 1030); Satz 2 angef. mWv VZ 2015 durch G v. 22.12.2014 (BGBl. I S. 2417).

wendungsprogrammen, die der Arbeitgeber auch in seinem Betrieb einsetzt, und aus den im Zusammenhang mit diesen Zuwendungen erbrachten Dienstleistungen. [2]Satz 1 gilt entsprechend für Steuerpflichtige, denen die Vorteile im Rahmen einer Tätigkeit zugewendet werden, für die sie eine Aufwandsentschädigung im Sinne des § 3 Nummer 12 erhalten;

[***vom 1.1.2017 bis 31.12.2030:***

46.[1)] zusätzlich zum ohnehin geschuldeten Arbeitslohn vom Arbeitgeber gewährte Vorteile für das elektrische Aufladen eines Elektrofahrzeugs oder Hybridelektrofahrzeugs im Sinne des § 6 Absatz 1 Nummer 4 Satz 2 zweiter Halbsatz an einer ortsfesten betrieblichen Einrichtung des Arbeitgebers oder eines verbundenen Unternehmens (§ 15 des Aktiengesetzes) und für die zur privaten Nutzung überlassene betriebliche Ladevorrichtung;]

47. Leistungen nach § 14a Absatz 4 und § 14b des Arbeitsplatzschutzgesetzes;

48.[2)] Leistungen nach dem Unterhaltssicherungsgesetz mit Ausnahme der Leistungen nach § 6 des Unterhaltssicherungsgesetzes;

49.[3)] *(aufgehoben)*

50. die Beträge, die der Arbeitnehmer vom Arbeitgeber erhält, um sie für ihn auszugeben (durchlaufende Gelder), und die Beträge, durch die Auslagen des Arbeitnehmers für den Arbeitgeber ersetzt werden (Auslagenersatz);

51. Trinkgelder, die anlässlich einer Arbeitsleistung dem Arbeitnehmer von Dritten freiwillig und ohne dass ein Rechtsanspruch auf sie besteht, zusätzlich zu dem Betrag gegeben werden, der für diese Arbeitsleistung zu zahlen ist;

52. (weggefallen)

53.[4)] die Übertragung von Wertguthaben nach § 7f Absatz 1 Satz 1 Nummer 2 des Vierten Buches Sozialgesetzbuch auf die Deutsche Rentenversicherung Bund. [2]Die Leistungen aus dem Wertguthaben durch die Deutsche Rentenversicherung Bund gehören zu den Einkünften aus nichtselbständiger Arbeit im Sinne des § 19. [3]Von ihnen ist Lohnsteuer einzubehalten;

54. Zinsen aus Entschädigungsansprüchen für deutsche Auslandsbonds im Sinne der §§ 52 bis 54 des Bereinigungsgesetzes für deutsche Auslandsbonds in der im Bundesgesetzblatt Teil III, Gliederungsnummer 4139-2, veröffentlichten bereinigten Fassung, soweit sich die Entschädigungsansprüche gegen den Bund oder die Länder richten. [2]Das Gleiche gilt für die Zinsen aus Schuldverschreibungen und Schuldbuchforderungen, die nach den §§ 9, 10 und 14 des Gesetzes zur näheren Regelung der Entschädigungsansprüche für Auslandsbonds in der im Bundesgesetzblatt

---

[1)] § 3 Nr. 46 eingef. durch G v. 7.11.2016 (BGBl. I S. 2498); zur Anwendung siehe § 52 Abs. 4 Satz 21.

[2)] § 3 Nr. 48 geänd. mWv VZ 2015 durch G v. 29.6.2015 (BGBl. I S. 1061); geänd. mWv VZ 2020 durch G v. 12.12.2019 (BGBl. I S. 2451).

[3)] § 3 Nr. 49 aufgeh. mWv VZ 2011 durch G v. 1.11.2011 (BGBl. I S. 2131).

[4)] § 3 Nr. 53 eingef. mWv VZ 2009 durch G v. 19.12.2008 (BGBl. I S. 2794).

Teil III, Gliederungsnummer 4139-3, veröffentlichten bereinigten Fassung vom Bund oder von den Ländern für Entschädigungsansprüche erteilt oder eingetragen werden;

55.[1] der in den Fällen des § 4 Absatz 2 Nummer 2 und Absatz 3 des Betriebsrentengesetzes vom 19. Dezember 1974 (BGBl. I S. 3610), das zuletzt durch Artikel 8 des Gesetzes vom 5. Juli 2004 (BGBl. I S. 1427) geändert worden ist, in der jeweils geltenden Fassung geleistete Übertragungswert nach § 4 Absatz 5 des Betriebsrentengesetzes, wenn die betriebliche Altersversorgung beim ehemaligen und neuen Arbeitgeber über einen Pensionsfonds, eine Pensionskasse oder ein Unternehmen der Lebensversicherung durchgeführt wird; dies gilt auch, wenn eine Versorgungsanwartschaft aus einer betrieblichen Altersversorgung auf Grund vertraglicher Vereinbarung ohne Fristerfordernis unverfallbar ist. [2]Satz 1 gilt auch, wenn der Übertragungswert vom ehemaligen Arbeitgeber oder von einer Unterstützungskasse an den neuen Arbeitgeber oder eine andere Unterstützungskasse geleistet wird. [3]Die Leistungen des neuen Arbeitgebers, der Unterstützungskasse, des Pensionsfonds, der Pensionskasse oder des Unternehmens der Lebensversicherung auf Grund des Betrags nach Satz 1 und 2 gehören zu den Einkünften, zu denen die Leistungen gehören würden, wenn die Übertragung nach § 4 Absatz 2 Nummer 2 und Absatz 3 des Betriebsrentengesetzes nicht stattgefunden hätte;

55a.[2], [3] die nach § 10 des Versorgungsausgleichsgesetzes vom 3. April 2009 (BGBl. I S. 700) in der jeweils geltenden Fassung (interne Teilung) durchgeführte Übertragung von Anrechten für die ausgleichsberechtigte Person zu Lasten von Anrechten der ausgleichspflichtigen Person. [2]Die Leistungen aus diesen Anrechten gehören bei der ausgleichsberechtigten Person zu den Einkünften, zu denen die Leistungen bei der ausgleichspflichtigen Person gehören würden, wenn die interne Teilung nicht stattgefunden hätte;

55b.[4] der nach § 14 des Versorgungsausgleichsgesetzes (externe Teilung) geleistete Ausgleichswert zur Begründung von Anrechten für die ausgleichsberechtigte Person zu Lasten von Anrechten der ausgleichspflichtigen Person, soweit Leistungen aus diesen Anrechten zu steuerpflichtigen Einkünften nach den §§ 19, 20 und 22 führen würden. [2]Satz 1 gilt nicht, soweit Leistungen, die auf dem begründeten Anrecht beruhen, bei der ausgleichsberechtigten Person zu Einkünften nach § 20 Absatz 1 Nummer 6 oder § 22 Nummer 1 Satz 3 Buchstabe a Doppelbuchstabe bb führen würden. [3]Der Versorgungsträger der ausgleichspflichtigen Person hat den Versorgungsträger der ausgleichsberechtigten Person über die für die Besteuerung der Leistungen erforderlichen Grundlagen zu informieren. [4]Dies gilt nicht, wenn der Versorgungsträger der ausgleichsberechtigten

---

[1] Siehe § 82 Abs. 4 Nr. 5; § 3 Nr. 55 Satz 1 HS 2 angef. mWv VZ 2018 durch G v. 17.8.2017 (BGBl. I S. 3214).

[2] *Siehe § 82 Abs. 4 Nr. 5.*

[3] § 3 Nr. 55a eingef. durch G v. 3.4.2009 (BGBl. I S. 700); siehe § 82 Abs. 4 Nr. 5.

[4] § 3 Nr. 55b eingef. durch G v. 3.4.2009 (BGBl. I S. 700); siehe § 82 Abs. 4 Nr. 5.

Person die Grundlagen bereits kennt oder aus den bei ihm vorhandenen Daten feststellen kann und dieser Umstand dem Versorgungsträger der ausgleichspflichtigen Person mitgeteilt worden ist;

55c.[1)·2)] Übertragungen von Altersvorsorgevermögen im Sinne des § 92 auf einen anderen auf den Namen des Steuerpflichtigen lautenden Altersvorsorgevertrag (§ 1 Absatz 1 Satz 1 Nummer 10 Buchstabe b des Altersvorsorgeverträge-Zertifizierungsgesetzes), soweit die Leistungen zu steuerpflichtigen Einkünften nach § 22 Nummer 5 führen würden. [2]Dies gilt entsprechend,

a) wenn Anwartschaften aus einer betrieblichen Altersversorgung, die über einen Pensionsfonds, eine Pensionskasse oder ein Unternehmen der Lebensversicherung (Direktversicherung) durchgeführt wird, lediglich auf einen anderen Träger einer betrieblichen Altersversorgung in Form eines Pensionsfonds, einer Pensionskasse oder eines Unternehmens der Lebensversicherung (Direktversicherung) übertragen werden, soweit keine Zahlungen unmitttelbar an den Arbeitnehmer erfolgen,

b) wenn Anwartschaften der betrieblichen Altersversorgung abgefunden werden, soweit das Altersvorsorgevermögen zugunsten eines auf den Namen des Steuerpflichtigen lautenden Altersvorsorgevertrages geleistet wird,

c) [3)] wenn im Fall des Todes des Steuerpflichtigen das Altersvorsorgevermögen auf einen auf den Namen des Ehegatten lautenden Altersvorsorgevertrag übertragen wird, wenn die Ehegatten im Zeitpunkt des Todes des Zulageberechtigten nicht dauernd getrennt gelebt haben (§ 26 Absatz 1) und ihren Wohnsitz oder gewöhnlichen Aufenthalt in einem Mitgliedstaat der Europäischen Union oder einen Staat hatten, auf den das Abkommen über den Europäischen Wirtschaftsraum anwendbar ist; dies gilt auch, wenn die Ehegatten ihren vor dem Zeitpunkt, ab dem das Vereinigte Königreich Großbritannien und Nordirland nicht mehr Mitgliedstaat der Europäischen Union ist und auch nicht wie ein solcher zu behandeln ist, begründeten Wohnsitz oder gewöhnlichen Aufenthalt im Vereinigten Königreich Großbritannien und Nordirland hatten und der Vertrag vor dem 23. Juni 2016 abgeschlossen worden ist;

55d.[4)] Übertragungen von Anrechten aus einem nach § 5a Altersvorsorgeverträge-Zertifizierungsgesetz zertifizierten Vertrag auf einen anderen auf den Namen des Steuerpflichtigen lautenden nach § 5a Altersvorsorgeverträge-Zertifizierungsgesetz zertifizierten Vertrag;

[1)] Siehe § 82 Abs. 4 Nr. 5.

[2)] § 3 Nr. 55c eingef. mWv VZ 2011 durch G v. 7.12.2011 (BGBl. I S. 2592); Satz 2 Buchst. a eingef., bish. Buchst. a und b werden Buchst. b und c mWv 1.1.2018 durch G v. 17.8.2017 (BGBl. I S. 3214).

[3)] § 3 Nr. 55c Satz 2 Buchst. c HS 2 angef. mWv 29.3.2019 durch Brexit-StBG v. 25.3.2019 (BGBl. I S. 357).

[4)] § 3 Nr. 55d eingef. mWv VZ 2011 durch G v. 7.12.2011 (BGBl. I S. 2592).

55e.[1)] die auf Grund eines Abkommens mit einer zwischen- oder überstaatlichen Einrichtung übertragenen Werte von Anrechten auf Altersversorgung, soweit diese zur Begründung von Anrechten auf Altersversorgung bei einer zwischen- oder überstaatlichen Einrichtung dienen. [2]Die Leistungen auf Grund des Betrags nach Satz 1 gehören zu den Einkünften, zu denen die Leistungen gehören, die die übernehmende Versorgungseinrichtung im Übrigen erbringt;

56.[2)] Zuwendungen des Arbeitgebers nach § 19 Absatz 1 Satz 1 Nummer 3 Satz 1 aus dem ersten Dienstverhältnis an eine Pensionskasse zum Aufbau einer nicht kapitalgedeckten betrieblichen Altersversorgung, bei der eine Auszahlung der zugesagten Alters-, Invaliditäts- oder Hinterbliebenenversorgung entsprechend § 82 Absatz 2 Satz 2 vorgesehen ist, soweit diese Zuwendungen im Kalenderjahr 2 Prozent der Beitragsbemessungsgrenze in der allgemeinen Rentenversicherung nicht übersteigen. [2]Der in Satz 1 genannte Höchstbetrag erhöht sich ab 1. Januar 2020 auf 3 Prozent und ab 1. Januar 2025 auf 4 Prozent der Beitragsbemessungsgrenze in der allgemeinen Rentenversicherung. [3]Die Beträge nach den Sätzen 1 und 2 sind jeweils um die nach § 3 Nummer 63 Satz 1, 3 oder Satz 4 steuerfreien Beträge zu mindern;

57. die Beträge, die die Künstlersozialkasse zugunsten des nach dem Künstlersozialversicherungsgesetz Versicherten aus dem Aufkommen von Künstlersozialabgabe und Bundeszuschuss an einen Träger der Sozialversicherung oder an den Versicherten zahlt;

58. das Wohngeld nach dem Wohngeldgesetz, die sonstigen Leistungen aus öffentlichen Haushalten oder Zweckvermögen zur Senkung der Miete oder Belastung im Sinne des § 11 Absatz 2 Nummer 4 des Wohngeldgesetzes sowie öffentliche Zuschüsse zur Deckung laufender Aufwendungen und Zinsvorteile bei Darlehen, die aus öffentlichen Haushalten gewährt werden, für eine zu eigenen Wohnzwecken genutzte Wohnung im eigenen Haus oder eine zu eigenen Wohnzwecken genutzte Eigentumswohnung, soweit die Zuschüsse und Zinsvorteile die Vorteile aus einer entsprechenden Förderung mit öffentlichen Mitteln nach dem *Zweiten Wohnungsbaugesetz*[3)], dem Wohnraumförderungsgesetz oder einem Landesgesetz zur Wohnraumförderung nicht überschreiten, der Zuschuss für die Wohneigentumsbildung in innerstädtischen Altbauquartieren nach den Regelungen zum Stadtumbau Ost in den Verwaltungsvereinbarungen über die Gewährung von Finanzhilfen des Bundes an die Länder nach Artikel 104a Absatz 4 des Grundgesetzes zur Förderung städtebaulicher Maßnahmen;

59. die Zusatzförderung nach *§ 88e des Zweiten Wohnungsbaugesetzes*[3)] und nach § 51f des Wohnungsbaugesetzes für das Saarland und Geldleistungen,

---

[1)] § 3 Nr. 55e eingef. mWv VZ 2011 durch G v. 7.12.2011 (BGBl. I S. 2592).

[2)] § 3 Nr. 56 Satz 1 und 2 geänd. mWv 1.1.2018 durch G v. 17.8.2017 (BGBl. I S. 3214); geänd. mWv 15.12.2018 durch G v. 11.12.2018 (BGBl. I S. 2338).

[3)] Zweites Wohnungsbaugesetz aufgeh. mWv 1.1.2002 durch WoFG v. 13.9.2001 (BGBl. I S. 2376); zur weiteren Anwendung siehe § 48 WoFG v. 13.9.2001 (BGBl. I S. 2376).

die ein Mieter zum Zwecke der Wohnkostenentlastung nach dem Wohnraumförderungsgesetz oder einem Landesgesetz zur Wohnraumförderung erhält, soweit die Einkünfte dem Mieter zuzurechnen sind, und die Vorteile aus einer mietweisen Wohnungsüberlassung im Zusammenhang mit einem Arbeitsverhältnis, soweit sie die Vorteile aus einer entsprechenden Förderung nach dem *Zweiten Wohnungsbaugesetz*[1]), nach dem Wohnraumförderungsgesetz oder einem Landesgesetz zur Wohnraumförderung nicht überschreiten;

[alte Fassung:][2])

60. Leistungen aus öffentlichen Mitteln an Arbeitnehmer des Steinkohlen-, Pechkohlen- und Erzbergbaues, des Braunkohlentiefbaues und der Eisen- und Stahlindustrie aus Anlass von Stilllegungs-, Einschränkungs-, Umstellungs- oder Rationalisierungsmaßnahmen;

[neue Fassung:][3])

60. das Anpassungsgeld für Arbeitnehmer der Braunkohlekraftwerke und -tagebaue sowie Steinkohlekraftwerke, die aus Anlass einer Stilllegungsmaßnahme ihren Arbeitsplatz verloren haben;

61. Leistungen nach § 4 Absatz 1 Nummer 2, § 7 Absatz 3, §§ 9, 10 Absatz 1, §§ 13, 15 des Entwicklungshelfer-Gesetzes;
62. Ausgaben des Arbeitgebers für die Zukunftssicherung des Arbeitnehmers, soweit der Arbeitgeber dazu nach sozialversicherungsrechtlichen oder anderen gesetzlichen Vorschriften oder nach einer auf gesetzlicher Ermächtigung beruhenden Bestimmung verpflichtet ist, und es sich nicht um Zuwendungen oder Beiträge des Arbeitgebers nach den Nummern 56, 63 und 63a[4]) handelt. 2 Den Ausgaben des Arbeitgebers für die Zukunftssicherung, die auf Grund gesetzlicher Verpflichtung geleistet werden, werden gleichgestellt Zuschüsse des Arbeitgebers zu den Aufwendungen des Arbeitnehmers

    a) für eine Lebensversicherung,

    b) für die freiwillige Versicherung in der gesetzlichen Rentenversicherung,

    c) für eine öffentlich-rechtliche Versicherungs- oder Versorgungseinrichtung seiner Berufsgruppe,

    wenn der Arbeitnehmer von der Versicherungspflicht in der gesetzlichen Rentenversicherung befreit worden ist. 3 Die Zuschüsse sind nur insoweit steuerfrei, als sie insgesamt bei Befreiung von der Versicherungspflicht in der allgemeinen Rentenversicherung die Hälfte und bei Befreiung von der Versicherungspflicht in der knappschaftlichen Rentenversicherung zwei Drittel der Gesamtaufwendungen des Arbeitnehmers nicht übersteigen

---

1) Zweites Wohnungsbaugesetz aufgeh. mWv 1.1.2002 durch WoFG v. 13.9.2001 (BGBl. I S. 2376); zur weiteren Anwendung siehe § 48 WoFG v. 13.9.2001 (BGBl. I S. 2376).

2) Vgl. zur weiteren Anwendung § 52 Abs. 4 Satz 22.

3) § 3 Nr. 60 neu gef. mWv VZ 2020 durch G v. 8.8.2020 (BGBl. I S. 1818).

4) Verweis geänd. mWv 1.1.2018 durch G v. 17.8.2017 (BGBl. I S. 3214).

und nicht höher sind als der Betrag, der als Arbeitgeberanteil bei Versicherungspflicht in der allgemeinen Rentenversicherung oder in der knappschaftlichen Rentenversicherung zu zahlen wäre;[1]

63.[2] Beiträge des Arbeitgebers aus dem ersten Dienstverhältnis an einen Pensionsfonds, eine Pensionskasse oder für eine Direktversicherung zum Aufbau einer kapitalgedeckten betrieblichen Altersversorgung, bei der eine Auszahlung der zugesagten Alters-, Invaliditäts- oder Hinterbliebenenversorgungsleistungen entsprechend § 82 Absatz 2 Satz 2 vorgesehen ist, soweit die Beiträge im Kalenderjahr 8 Prozent[3] der Beitragsbemessungsgrenze in der allgemeinen Rentenversicherung nicht übersteigen. 2 Dies gilt nicht, soweit der Arbeitnehmer nach § 1a Absatz 3 des Betriebsrentengesetzes verlangt hat, dass die Voraussetzungen für eine Förderung nach § 10a oder Abschnitt XI erfüllt werden. 3 Aus Anlass der Beendigung des Dienstverhätnisses geleistete Beiträge im Sinne des Satzes 1 sind steuerfrei, soweit sie 4 Prozent der Beitragsbemessungsgrenze in der allgemeinen Rentenversicherung, vervielfältigt mit der Anzahl der Kalenderjahre, in denen das Dienstverhältnis des Arbeitnehmers zu dem Arbeitgeber bestanden hat, höchstens jedoch zehn Kalenderjahre, nicht übersteigen. 4 Beiträge im Sinne des Satzes 1, die für Kalenderjahre nachgezahlt werden, in denen das erste Dienstverhältnis ruhte und vom Arbeitgeber im Inland kein steuerpflichtiger Arbeitslohn bezogen wurde, sind steuerfrei, soweit sie 8 Prozent der Beitragsbemessungsgrenze in der allgemeinen Rentenversicherung, vervielfältigt mit der Anzahl dieser Kalenderjahre, höchstens jedoch zehn Kalenderjahre, nicht übersteigen;[4]

63a.[5] Sicherungsbeiträge des Arbeitgebers nach § 23 Absatz 1 des Betriebsrentengesetzes, soweit sie nicht unmittelbar dem einzelnen Arbeitnehmer gutgeschrieben oder zugerechnet werden;

64. bei Arbeitnehmern, die zu einer inländischen juristischen Person des öffentlichen Rechts in einem Dienstverhältnis stehen und dafür Arbeitslohn aus einer inländischen öffentlichen Kasse beziehen, die Bezüge für eine Tätigkeit im Ausland insoweit, als sie den Arbeitslohn übersteigen, der dem Arbeitnehmer bei einer gleichwertigen Tätigkeit am Ort der zahlenden öffentlichen Kasse zustehen würde. 2 Satz 1 gilt auch, wenn das Dienstverhältnis zu einer anderen Person besteht, die den Arbeitslohn entsprechend den im Sinne des Satzes 1 geltenden Vorschriften ermittelt, der Arbeitslohn aus einer öffentlichen Kasse gezahlt wird und ganz oder im Wesentlichen aus öffentlichen Mitteln aufgebracht wird. 3 Bei anderen für einen begrenzten Zeitraum in das Ausland entsandten Arbeitnehmern, die dort einen Wohnsitz oder gewöhnlichen Aufenthalt haben, ist der ihnen

---

[1] § 3 Nr. 62 Satz 4 aufgeh. mWv 1.1.2018 durch G v. 17.8.2017 (BGBl. I S. 3214).

[2] Zur Anwendung siehe § 52 Abs. 4 Sätze 23 und 24; § 3 Nr. 63 Satz 1 geänd. mWv 15.12.2018 durch G v. 11.12.2018 (BGBl. I S. 2338).

[3] § 3 Nr. 63 Satz 1 geänd. durch G v. 17.8.2017 (BGBl. I S. 3214); zur Anwendung siehe § 52 Abs. 4 Satz 23.

[4] § 3 Nr. 63 Sätze 3 und 4 neu gef. durch G v. 17.8.2017 (BGBl. I S. 3214); zur Anwendung von Satz 3 siehe § 52 Abs. 4 Satz 24.

[5] § 3 Nr. 63a eingef. mWv VZ 2018 durch G v. 17.8.2017 (BGBl. I S. 3214).

von einem inländischen Arbeitgeber gewährte Kaufkraftausgleich steuerfrei, soweit er den für vergleichbare Auslandsdienstbezüge nach § 55 des Bundesbesoldungsgesetzes zulässigen Betrag nicht übersteigt;

65.[1] a) Beiträge des Trägers der Insolvenzsicherung (§ 14 des Betriebsrentengesetzes)[2] zugunsten eines Versorgungsberechtigten und seiner Hinterbliebenen an ein Unternehmen der Lebensversicherung zur Ablösung von Verpflichtungen, die der Träger der Insolvenzsicherung im Sicherungsfall gegenüber dem Versorgungsberechtigten und seinen Hinterbliebenen hat,

b) Leistungen zur Übernahme von Versorgungsleistungen oder unverfallbaren Versorgungsanwartschaften durch eine Pensionskasse oder ein Unternehmen der Lebensversicherung in den in § 4 Absatz 4 des Betriebsrentengesetzes[2] bezeichneten Fällen,

c) der Erwerb von Ansprüchen durch den Arbeitnehmer gegenüber einem Dritten im Fall der Eröffnung des Insolvenzverfahrens oder in den Fällen des § 7 Absatz 1 Satz 4 des Betriebsrentengesetzes[2], soweit der Dritte neben dem Arbeitgeber für die Erfüllung von Ansprüchen auf Grund bestehender Versorgungsverpflichtungen oder Versorgungsanwartschaften gegenüber dem Arbeitnehmer und dessen Hinterbliebenen einsteht; dies gilt entsprechend, wenn der Dritte für Wertguthaben aus einer Vereinbarung über die Altersteilzeit nach dem Altersteilzeitgesetz vom 23. Juli 1996 (BGBl. I S. 1078), zuletzt geändert durch Artikel 234 der Verordnung vom 31. Oktober 2006 (BGBl. I S. 2407), in der jeweils geltenden Fassung oder auf Grund von Wertguthaben aus einem Arbeitszeitkonto in den im ersten Halbsatz genannten Fällen für den Arbeitgeber einsteht und

d)[3] der Erwerb von Ansprüchen durch den Arbeitnehmer im Zusammenhang mit dem Eintritt in die Versicherung nach § 8 Absatz 2[4] des Betriebsrentengesetzes.

²In den Fällen nach Buchstabe a, b und c gehören die Leistungen der Pensionskasse, des Unternehmens der Lebensversicherung oder des Dritten zu den Einkünften, zu denen jene Leistungen gehören würden, die ohne Eintritt eines Falles nach Buchstabe a, b und c zu erbringen wären. ³Soweit sie zu den Einkünften aus nichtselbständiger Arbeit im Sinne des § 19 gehören, ist von ihnen Lohnsteuer einzubehalten. ⁴Für die Erhebung der Lohnsteuer gelten die Pensionskasse, das Unternehmen der Lebensversicherung oder der Dritte als Arbeitgeber und der Leistungsempfänger als Arbeitnehmer. ⁵Im Fall des Buchstaben d gehören die Versorgungsleistungen des Unternehmens der Lebensversicherung oder der Pensionskasse, soweit sie auf Beiträgen beruhen, die bis zum Eintritt des Arbeitnehmers

[1] § 3 Nr. 65 Satz 5 angef. mWv VZ 2018 durch G v. 17.8.2017 (BGBl. I S. 3214); geänd. durch G v. 16.12.2022 (BGBl. I S. 2294).

[2] Nr. **70**.

[3] § 3 Nr. 65 Satz 1 Buchst. d angef. mWv VZ 2018 durch G v. 17.8.2017 (BGBl. I S. 3214).

[4] Verweis geänd. mWv VZ 2022 durch G v. 16.12.2022 (BGBl. I S. 2294).

in die Versicherung geleistet wurden, zu den sonstigen Einkünften im Sinne des § 22 Nummer 5 Satz 1; soweit der Arbeitnehmer in den Fällen des § 8 Absatz 2[1] des Betriebsrentengesetzes[2] die Versicherung mit eigenen Beiträgen fortgesetzt hat, sind die auf diesen Beiträgen beruhenden Versorgungsleistungen sonstige Einkünfte im Sinne des § 22 Nummer 5 Satz 1 oder Satz 2;

66. Leistungen eines Arbeitgebers oder einer Unterstützungskasse an einen Pensionsfonds zur Übernahme bestehender Versorgungsverpflichtungen oder Versorgungsanwartschaften durch den Pensionsfonds, wenn ein Antrag nach § 4d Absatz 3 oder § 4e Absatz 3 gestellt worden ist;

67.[3] a) das Erziehungsgeld nach dem Bundeserziehungsgeldgesetz[4] und vergleichbare Leistungen der Länder,

b) das Elterngeld nach dem Bundeselterngeld- und Elternzeitgesetz[5] und vergleichbare Leistungen der Länder,

c) Leistungen für Kindererziehung an Mütter der Geburtsjahrgänge vor 1921 nach den §§ 294 bis 299 des Sechsten Buches Sozialgesetzbuch sowie

d) Zuschläge, die nach den §§ 50a bis 50e des Beamtenversorgungsgesetzes oder nach den *§§ 70 bis 74* [***ab 1.1.2025:*** §§ 96 bis 100] des Soldatenversorgungsgesetzes oder nach vergleichbaren Regelungen der Länder für ein vor dem 1. Januar 2015 geborenes Kind oder für eine vor dem 1. Januar 2015 begonnene Zeit der Pflege einer pflegebedürftigen Person zu gewähren sind; im Falle des Zusammentreffens von Zeiten für mehrere Kinder nach § 50b des Beamtenversorgungsgesetzes oder *§ 71* [***ab 1.1.2025:*** § 97] des Soldatenversorgungsgesetzes oder nach vergleichbaren Regelungen der Länder gilt dies, wenn eines der Kinder vor dem 1. Januar 2015 geboren ist;

68. die Hilfen nach dem Gesetz über die Hilfe für durch Anti-D-Immunprophylaxe mit dem Hepatitis-C-Virus infizierte Personen vom 2. August 2000 (BGBl. I S. 1270);

69. die von der Stiftung „Humanitäre Hilfe für durch Blutprodukte HIV-infizierte Personen" nach dem HIV-Hilfegesetz vom 24. Juli 1995 (BGBl. I S. 972) gewährten Leistungen;

70. die Hälfte

a) der Betriebsvermögensmehrungen oder Einnahmen aus der Veräußerung von Grund und Boden und Gebäuden, die am 1. Januar 2007 mindestens fünf Jahre zum Anlagevermögen eines inländischen Betriebsvermögens des Steuerpflichtigen gehören, wenn diese auf Grund eines nach dem 31. Dezember 2006 und vor dem 1. Januar 2010 rechts-

---

[1] Verweis geänd. mWv VZ 2022 durch G v. 16.12.2022 (BGBl. I S. 2294).

[2] Nr. **70.**

[3] § 3 Nr. 67 neu gef. mWv VZ 2015 durch G v. 22.12.2014 (BGBl. I S. 2417); Nr. 67 Buchst. d geänd. mWv 1.1.2025 durch G v. 20.8.2021 (BGBl. I S. 3932).

[4] Nr. **61.**

[5] Nr. **62.**

wirksam abgeschlossenen obligatorischen Vertrages an eine REIT-Aktiengesellschaft oder einen Vor-REIT veräußert werden,

b) der Betriebsvermögensmehrungen, die auf Grund der Eintragung eines Steuerpflichtigen in das Handelsregister als REIT-Aktiengesellschaft im Sinne des REIT-Gesetzes vom 28. Mai 2007 (BGBl. I S. 914)[1] durch Anwendung des § 13 Absatz 1 und 3 Satz 1 des Körperschaftsteuergesetzes auf Grund und Boden und Gebäude entstehen, wenn diese Wirtschaftsgüter vor dem 1. Januar 2005 angeschafft oder hergestellt wurden, und die Schlussbilanz im Sinne des § 13 Absatz 1 und 3 des Körperschaftsteuergesetzes auf einen Zeitpunkt vor dem 1. Januar 2010 aufzustellen ist.

[2] Satz 1 ist nicht anzuwenden,

a) wenn der Steuerpflichtige den Betrieb veräußert oder aufgibt und der Veräußerungsgewinn nach § 34 besteuert wird,

b) soweit der Steuerpflichtige von den Regelungen der §§ 6b und 6c Gebrauch macht,

c) soweit der Ansatz des niedrigeren Teilwerts in vollem Umfang zu einer Gewinnminderung geführt hat und soweit diese Gewinnminderung nicht durch den Ansatz eines Werts, der sich nach § 6 Absatz 1 Nummer 1 Satz 4 ergibt, ausgeglichen worden ist,

d) wenn im Fall des Satzes 1 Buchstabe a der Buchwert zuzüglich der Veräußerungskosten den Veräußerungserlös oder im Fall des Satzes 1 Buchstabe b der Buchwert den Teilwert übersteigt. [2] Ermittelt der Steuerpflichtige den Gewinn nach § 4 Absatz 3, treten an die Stelle des Buchwerts die Anschaffungs- oder Herstellungskosten verringert um die vorgenommenen Absetzungen für Abnutzung oder Substanzverringerung,

e) soweit vom Steuerpflichtigen in der Vergangenheit Abzüge bei den Anschaffungs- oder Herstellungskosten von Wirtschaftsgütern im Sinne des Satzes 1 nach § 6b oder ähnliche Abzüge voll steuerwirksam vorgenommen worden sind,

f) wenn es sich um eine Übertragung im Zusammenhang mit Rechtsvorgängen handelt, die dem Umwandlungssteuergesetz unterliegen und die Übertragung zu einem Wert unterhalb des gemeinen Werts erfolgt.

[3] Die Steuerbefreiung entfällt rückwirkend, wenn

a) innerhalb eines Zeitraums von vier Jahren seit dem Vertragsschluss im Sinne des Satzes 1 Buchstabe a der Erwerber oder innerhalb eines Zeitraums von vier Jahren nach dem Stichtag der Schlussbilanz im Sinne des Satzes 1 Buchstabe b die REIT-Aktiengesellschaft den Grund und Boden oder das Gebäude veräußert,

b)[2] der Vor-REIT oder ein anderer Vor-REIT als sein Gesamtrechtsnachfolger den Status als Vor-REIT gemäß § 10 Absatz 3 Satz 1 des REIT-Gesetzes verliert,

---

[1] Nr. **125**.

[2] § 3 Nr. 70 Satz 3 Buchst. b neu gef. durch G v. 22.6.2011 (BGBl. I S. 1126).

c) die REIT-Aktiengesellschaft innerhalb eines Zeitraums von vier Jahren seit dem Vertragsschluss im Sinne des Satzes 1 Buchstabe a oder nach dem Stichtag der Schlussbilanz im Sinne des Satzes 1 Buchstabe b in keinem Veranlagungszeitraum die Voraussetzungen für die Steuerbefreiung erfüllt,

d) die Steuerbefreiung der REIT-Aktiengesellschaft innerhalb eines Zeitraums von vier Jahren seit dem Vertragsschluss im Sinne des Satzes 1 Buchstabe a oder nach dem Stichtag der Schlussbilanz im Sinne des Satzes 1 Buchstabe b endet,

e) das Bundeszentralamt für Steuern dem Erwerber im Sinne des Satzes 1 Buchstabe a den Status als Vor-REIT im Sinne des § 2 Satz 4 des REIT-Gesetzes vom 28. Mai 2007 (BGBl. I S. 914) bestandskräftig aberkannt hat.

[4] Die Steuerbefreiung entfällt auch rückwirkend, wenn die Wirtschaftsgüter im Sinne des Satzes 1 Buchstabe a vom Erwerber an den Veräußerer oder eine ihm nahe stehende Person im Sinne des § 1 Absatz 2 des Außensteuergesetzes überlassen werden und der Veräußerer oder eine ihm nahe stehende Person im Sinne des § 1 Absatz 2 des Außensteuergesetzes nach Ablauf einer Frist von zwei Jahren seit Eintragung des Erwerbers als REIT-Aktiengesellschaft in das Handelsregister an dieser mittelbar oder unmittelbar zu mehr als 50 Prozent beteiligt ist. [5] Der Grundstückserwerber haftet für die sich aus dem rückwirkenden Wegfall der Steuerbefreiung ergebenden Steuern;

71.[1)] der aus einer öffentlichen Kasse gezahlte Zuschuss

a) für den Erwerb eines Anteils an einer Kapitalgesellschaft [***ab VZ 2023:*** oder einer eingetragenen Genossenschaft] in Höhe von [***ab VZ 2022:*** bis zu] *20 Prozent* [***ab VZ 2023:*** 25 Prozent] der Anschaffungskosten, höchstens jedoch 100 000 Euro. [2] Voraussetzung ist, dass

aa) der Anteil an der Kapitalgesellschaft [***ab VZ 2023:*** oder der eingetragenen Genossenschaft] länger als drei Jahre gehalten wird,

bb) die Kapitalgesellschaft [***ab VZ 2023:*** oder die eingetragene Genossenschaft], deren Anteil erworben wird,

aaa) nicht älter ist als sieben Jahre, wobei das Datum der Eintragung der Gesellschaft in das Handelsregister [***ab VZ 2023:*** oder in das Genossenschaftsregister] maßgeblich ist,

bbb) weniger als 50 Mitarbeiter (Vollzeitäquivalente) hat,

ccc) einen Jahresumsatz oder eine Jahresbilanzsumme von höchstens 10 Millionen Euro hat und

ddd) nicht an einem regulierten Markt notiert ist und keine solche Notierung vorbereitet,

---

1) § 3 Nr. 71 neu gef. durch G v. 27.6.2017 (BGBl. I S. 2074); zur Anwendung siehe § 52 Abs. 4 Satz 26; Buchst. a Satzteil ergänzt mWv VZ 2022 durch G v. 16.12.2022 (BGBl. I S. 2294); Buchst. a Satz 2 einl. Satzteil, Doppelbuchst. aa und bb, Buchst. b Satzteil vor Satz 2, Doppelbuchst. ee geänd. mWv VZ 2023 (§ 52 Abs. 4 Satz 27) durch G v. 11.12.2023 (BGBl. I Nr. 354).

cc) der Zuschussempfänger das 18. Lebensjahr vollendet hat oder eine GmbH oder Unternehmergesellschaft ist, bei der mindestens ein Gesellschafter das 18. Lebensjahr vollendet hat und

dd) für den Erwerb des Anteils kein Fremdkapital eingesetzt wird. [2]Wird der Anteil von einer GmbH oder Unternehmergesellschaft im Sinne von Doppelbuchstabe cc erworben, gehören auch solche Darlehen zum Fremdkapital, die der GmbH oder Unternehmergesellschaft von ihren Anteilseignern gewährt werden und die von der GmbH oder Unternehmergesellschaft zum Erwerb des Anteils eingesetzt werden.

b) anlässlich der Veräußerung eines Anteils an einer Kapitalgesellschaft [***ab VZ 2023:*** oder an einer eingetragenen Genossenschaft] im Sinne von Buchstabe a in Höhe von 25 Prozent des Veräußerungsgewinns, wenn

aa) der Veräußerer eine natürliche Person ist,

bb) bei Erwerb des veräußerten Anteils bereits ein Zuschuss im Sinne von Buchstabe a gezahlt und nicht zurückgefordert wurde,

cc) der veräußerte Anteil frühestens drei Jahre (Mindesthaltedauer) und spätestens zehn Jahre (Höchsthaltedauer) nach Anteilserwerb veräußert wurde,

dd) der Veräußerungsgewinn nach Satz 2 mindestens 2000 Euro beträgt und

ee) der Zuschuss auf *80 Prozent* [***ab VZ 2023:*** 25 Prozent] der Anschaffungskosten begrenzt ist.

[2]Veräußerungsgewinn im Sinne von Satz 1 ist der Betrag, um den der Veräußerungspreis die Anschaffungskosten einschließlich eines gezahlten Agios übersteigt. [3]Erwerbsneben- und Veräußerungskosten sind nicht zu berücksichtigen;

[***ab VZ 2022:***

72.[1)] die Einnahmen und Entnahmen im Zusammenhang mit dem Betrieb

a) von auf, an oder in Einfamilienhäusern (einschließlich Nebengebäuden) oder nicht Wohnzwecken dienenden Gebäuden vorhandenen Photovoltaikanlagen mit einer installierten Bruttoleistung laut Marktstammdatenregister von bis zu 30 kW (peak) und

b) von auf, an oder in sonstigen Gebäuden vorhandenen Photovoltaikanlagen mit einer installierten Bruttoleistung laut Marktstammdatenregister von bis zu 15 kW (peak) je Wohn- oder Gewerbeeinheit,

insgesamt höchstens 100 kW (peak) pro Steuerpflichtigen oder Mitunternehmerschaft. [2]Werden Einkünfte nach § 2 Absatz 1 Satz 1 Nummer 2 erzielt und sind die aus dieser Tätigkeit erzielten Einnahmen insgesamt steuerfrei nach Satz 1, ist kein Gewinn zu ermitteln. [3]In den Fällen des Satzes 2 ist § 15 Absatz 3 Nummer 1 nicht anzuwenden.]

[1)] § 3 Nr. 72 angef. durch G v. 16.12.2022 (BGBl. I S. 2294); zur Anwendung ab VZ 2022 siehe § 52 Abs. 4 Satz 28.

§ 3a[1)] Sanierungserträge. (1) [1]Betriebsvermögensmehrungen oder Betriebseinnahmen aus einem Schuldenerlass zum Zwecke einer unternehmensbezogenen Sanierung im Sinne des Absatzes 2 (Sanierungsertrag) sind steuerfrei. [2]Sind Betriebsvermögensmehrungen oder Betriebseinnahmen aus einem Schuldenerlass nach Satz 1 steuerfrei, sind steuerliche Wahlrechte in dem Jahr, in dem ein Sanierungsertrag erzielt wird (Sanierungsjahr) und im Folgejahr im zu sanierenden Unternehmen gewinnmindernd auszuüben. [3]Insbesondere ist der niedrigere Teilwert, der nach § 6 Absatz 1 Nummer 1 Satz 2 und Nummer 2 Satz 2 angesetzt werden kann, im Sanierungsjahr und im Folgejahr anzusetzen.

(2) Eine unternehmensbezogene Sanierung liegt vor, wenn der Steuerpflichtige für den Zeitpunkt des Schuldenerlasses die Sanierungsbedürftigkeit und die Sanierungsfähigkeit des Unternehmens, die Sanierungseignung des betrieblich begründeten Schuldenerlasses und die Sanierungsabsicht der Gläubiger nachweist.

(3) [1]Nicht abziehbare Beträge im Sinne des § 3c Absatz 4, die in Veranlagungszeiträumen vor dem Sanierungsjahr und im Sanierungsjahr anzusetzen sind, mindern den Sanierungsertrag. [2]Dieser Betrag mindert nacheinander

1. den auf Grund einer Verpflichtungsübertragung im Sinne des § 4f Absatz 1 Satz 1 in den dem Wirtschaftsjahr der Übertragung nachfolgenden 14 Jahren verteilt abziehbaren Aufwand des zu sanierenden Unternehmens, es sei denn, der Aufwand ist gemäß § 4f Absatz 1 Satz 7 auf einen Rechtsnachfolger übergegangen, der die Verpflichtung übernommen hat und insoweit der Regelung des § 5 Absatz 7 unterliegt. [2]Entsprechendes gilt in Fällen des § 4f Absatz 2;
2. den nach § 15a ausgleichsfähigen oder verrechenbaren Verlust des Unternehmers (Mitunternehmers) des zu sanierenden Unternehmens des Sanierungsjahrs;
3. den zum Ende des dem Sanierungsjahr vorangegangenen Wirtschaftsjahrs nach § 15a festgestellten verrechenbaren Verlust des Unternehmers (Mitunternehmers) des zu sanierenden Unternehmens;
4. den nach § 15b ausgleichsfähigen oder verrechenbaren Verlust derselben Einkunftsquelle des Unternehmers (Mitunternehmers) des Sanierungsjahrs; bei der Verlustermittlung bleibt der Sanierungsertrag unberücksichtigt;
5. den zum Ende des dem Sanierungsjahr vorangegangenen Jahrs nach § 15b festgestellten verrechenbaren Verlust derselben Einkunftsquelle des Unternehmers (Mitunternehmers);
6. den nach § 15 Absatz 4 ausgleichsfähigen oder nicht abziehbaren Verlust des zu sanierenden Unternehmens des Sanierungsjahrs;

---

1) § 3a eingef. durch G v. 27.6.2017 (BGBl. I S. 2074); zur Anwendung siehe § 52 Abs. 4a (insbes. Satz 3); zum Inkrafttreten vorbehaltlich der Feststellung der Europäischen Kommission, dass die Regelungen entweder keine Beihilfen oder mit dem Binnenmarkt vereinbare Beihilfen darstellen, siehe Art. 6 Abs. 2 G v. 27.6.2017 (BGBl. I S. 2074). Der Inkrafttretensvorbehalt wurde mWv 5.7.2017 durch G v. 11.12.2018 (BGBl. I S. 2338) aufgehoben.

7. den zum Ende des dem Sanierungsjahr vorangegangenen Jahrs nach § 15 Absatz 4 festgestellten in Verbindung mit § 10d Absatz 4 verbleibenden Verlustvortrag, soweit er auf das zu sanierende Unternehmen entfällt;
8. den Verlust des Sanierungsjahrs des zu sanierenden Unternehmens;
9. den ausgleichsfähigen Verlust aus allen Einkunftsarten des Veranlagungszeitraums, in dem das Sanierungsjahr endet;
10. im Sanierungsjahr ungeachtet des § 10d Absatz 2 den nach § 10d Absatz 4 zum Ende des Vorjahrs gesondert festgestellten Verlustvortrag;
11. in der nachfolgenden Reihenfolge den zum Ende des Vorjahrs festgestellten und den im Sanierungsjahr entstehenden verrechenbaren Verlust oder die negativen Einkünfte
    a) nach § 15a,
    b) nach § 15b anderer Einkunftsquellen,
    c) nach § 15 Absatz 4 anderer Betriebe und Mitunternehmeranteile,
    d) nach § 2a,
    e) nach § 2b,
    f) nach § 23 Absatz 3 Satz 7 und 8,
    g) nach sonstigen Vorschriften;
12.[1] ungeachtet der Beträge des § 10d Absatz 1 Satz 1 die negativen Einkünfte nach § 10d Absatz 1 Satz 1 des Folgejahrs [***ab VZ 2022:*** und die negativen Einkünfte nach § 10d Absatz 1 Satz 2 des zweiten Folgejahrs.] [2]Ein Verlustrücktrag nach § 10d Absatz 1 Satz 1 [***ab VZ 2022:*** und 2] ist nur möglich, soweit die Beträge nach § 10d Absatz 1 Satz 1 [***ab VZ 2022:*** und 2] durch den verbleibenden Sanierungsertrag im Sinne des Satzes 4 nicht überschritten werden;
13. den zum Ende des Vorjahrs festgestellten und den im Sanierungsjahr entstehenden
    a) Zinsvortrag nach § 4h Absatz 1 Satz 5,
    b) EBITDA-Vortrag nach § 4h Absatz 1 Satz 3. [2]Die Minderung des EBITDA-Vortrags des Sanierungsjahrs und der EBITDA-Vorträge aus vorangegangenen Wirtschaftsjahren erfolgt in ihrer zeitlichen Reihenfolge.

[3]Übersteigt der geminderte Sanierungsertrag nach Satz 1 die nach Satz 2 mindernden Beträge, mindern sich insoweit nach Maßgabe des Satzes 2 auch der verteilt abziehbare Aufwand, Verluste, negative Einkünfte, Zinsvorträge oder EBITDA-Vorträge einer dem Steuerpflichtigen nahestehenden Person, wenn diese die erlassenen Schulden innerhalb eines Zeitraums von fünf Jahren vor dem Schuldenerlass auf das zu sanierende Unternehmen übertragen hat und soweit der entsprechende verteilt abziehbare Aufwand, die Verluste, negativen Einkünfte, Zinsvorträge oder EBITDA-Vorträge zum Ablauf des Wirtschaftsjahrs der Übertragung bereits entstanden waren. [4]Der sich nach den Sätzen 2 und 3 ergebende Betrag ist der verbleibende Sanierungsertrag. [5]Die nach den

[1] § 3a Abs. 3 Satz 2 Nr. 12 geänd. mWv VZ 2022 durch G v. 19.6.2022 (BGBl. I S. 911).

Sätzen 2 und 3 mindernden Beträge bleiben endgültig außer Ansatz und nehmen an den entsprechenden Feststellungen der verrechenbaren Verluste, verbleibenden Verlustvorträge und sonstigen Feststellungen nicht teil.

(3a)[1)] Bei Zusammenveranlagung sind auch die laufenden Beträge und Verlustvorträge des anderen Ehegatten einzubeziehen.

(4) [1]Sind Einkünfte aus Land- und Forstwirtschaft, Gewerbebetrieb oder selbständiger Arbeit nach § 180 Absatz 1 Satz 1 Nummer 2 Buchstabe a oder b der Abgabenordnung gesondert festzustellen, ist auch die Höhe des Sanierungsertrags nach Absatz 1 Satz 1 sowie die Höhe der nach Absatz 3 Satz 2 Nummer 1 bis 6 und 13 mindernden Beträge gesondert festzustellen. [2]Zuständig für die gesonderte Feststellung nach Satz 1 ist das Finanzamt, das für die gesonderte Feststellung nach § 180 Absatz 1 Satz 1 Nummer 2 der Abgabenordnung zuständig ist. [3]Wurden verrechenbare Verluste und Verlustvorträge ohne Berücksichtigung des Absatzes 3 Satz 2 bereits festgestellt oder ändern sich die nach Absatz 3 Satz 2 mindernden Beträge, ist der entsprechende Feststellungsbescheid insoweit zu ändern. [4]Das gilt auch dann, wenn der Feststellungsbescheid bereits bestandskräftig geworden ist; die Feststellungsfrist endet insoweit nicht, bevor die Festsetzungsfrist des Einkommensteuerbescheids oder Körperschaftsteuerbescheids für das Sanierungsjahr abgelaufen ist.

(5) [1]Erträge aus einer nach den §§ 286 ff. der Insolvenzordnung erteilten Restschuldbefreiung, einem Schuldenerlass auf Grund eines außergerichtlichen Schuldenbereinigungsplans zur Vermeidung eines Verbraucherinsolvenzverfahrens nach den §§ 304 ff. der Insolvenzordnung oder auf Grund eines Schuldenbereinigungsplans, dem in einem Verbraucherinsolvenzverfahren zugestimmt wurde oder wenn diese Zustimmung durch das Gericht ersetzt wurde, sind, soweit es sich um Betriebsvermögensmehrungen oder Betriebseinnahmen handelt, ebenfalls steuerfrei, auch wenn die Voraussetzungen einer unternehmensbezogenen Sanierung im Sinne des Absatzes 2 nicht vorliegen. [2]Absatz 3 gilt entsprechend.

§ 3b Steuerfreiheit von Zuschlägen für Sonntags-, Feiertags- oder Nachtarbeit. (1) Steuerfrei sind Zuschläge, die für tatsächlich geleistete Sonntags-, Feiertags- oder Nachtarbeit neben dem Grundlohn gezahlt werden, soweit sie

1. für Nachtarbeit 25 Prozent,
2. vorbehaltlich der Nummern 3 und 4 für Sonntagsarbeit 50 Prozent,
3. vorbehaltlich der Nummer 4 für Arbeit am 31. Dezember ab 14 Uhr und an den gesetzlichen Feiertagen 125 Prozent,
4. für Arbeit am 24. Dezember ab 14 Uhr, am 25. und 26. Dezember sowie am 1. Mai 150 Prozent

des Grundlohns nicht übersteigen.

(2) [1]Grundlohn ist der laufende Arbeitslohn, der dem Arbeitnehmer bei der für ihn maßgebenden regelmäßigen Arbeitszeit für den jeweiligen Lohnzah-

[1)] § 3a Abs. 3a eingef. durch G v. 12.12.2019 (BGBl. I S. 2451); zur Anwendung siehe § 52 Abs. 4a Satz 4 iVm. Satz 1.

lungszeitraum zusteht; er ist in einen Stundenlohn umzurechnen und mit höchstens 50 Euro anzusetzen. [2] Nachtarbeit ist die Arbeit in der Zeit von 20 Uhr bis 6 Uhr. [3] Sonntagsarbeit und Feiertagsarbeit ist die Arbeit in der Zeit von 0 Uhr bis 24 Uhr des jeweiligen Tages. [4] Die gesetzlichen Feiertage werden durch die am Ort der Arbeitsstätte geltenden Vorschriften bestimmt.

(3) Wenn die Nachtarbeit vor 0 Uhr aufgenommen wird, gilt abweichend von den Absätzen 1 und 2 Folgendes:

1. Für Nachtarbeit in der Zeit von 0 Uhr bis 4 Uhr erhöht sich der Zuschlagssatz auf 40 Prozent,
2. als Sonntagsarbeit und Feiertagsarbeit gilt auch die Arbeit in der Zeit von 0 Uhr bis 4 Uhr des auf den Sonntag oder Feiertag folgenden Tages.

§ 3c Anteilige Abzüge. (1) Ausgaben dürfen, soweit sie mit steuerfreien Einnahmen in unmittelbarem wirtschaftlichen Zusammenhang stehen, nicht als Betriebsausgaben oder Werbungskosten abgezogen werden; Absatz 2 bleibt unberührt.

(2)[1)] [1] Betriebsvermögensminderungen, Betriebsausgaben, Veräußerungskosten oder Werbungskosten, die mit den dem § 3 Nummer 40 zugrunde liegenden Betriebsvermögensmehrungen oder Einnahmen oder mit Vergütungen nach § 3 Nummer 40a in wirtschaftlichem Zusammenhang stehen, dürfen unabhängig davon, in welchem Veranlagungszeitraum die Betriebsvermögensmehrungen oder Einnahmen anfallen, bei der Ermittlung der Einkünfte nur zu 60 Prozent abgezogen werden; Entsprechendes gilt, wenn bei der Ermittlung der Einkünfte der Wert des Betriebsvermögens oder des Anteils am Betriebsvermögen oder die Anschaffungs- oder Herstellungskosten oder der an deren Stelle tretende Wert mindernd zu berücksichtigen sind. [2] Satz 1 ist auch für Betriebsvermögensminderungen oder Betriebsausgaben im Zusammenhang mit einer Darlehensforderung oder aus der Inanspruchnahme von Sicherheiten anzuwenden, die für ein Darlehen hingegeben wurden, wenn das Darlehen oder die Sicherheit von einem Steuerpflichtigen gewährt wird, der zu mehr als einem Viertel unmittelbar oder mittelbar am Grund- oder Stammkapital der Körperschaft, der das Darlehen gewährt wurde, beteiligt ist oder war. [3] Satz 2 ist insoweit nicht anzuwenden, als nachgewiesen wird, dass auch ein fremder Dritter das Darlehen bei sonst gleichen Umständen gewährt oder noch nicht zurückgefordert hätte; dabei sind nur die eigenen Sicherungsmittel der Körperschaft zu berücksichtigen. [4] Die Sätze 2 und 3 gelten entsprechend für Forderungen aus Rechtshandlungen, die einer Darlehensgewährung wirtschaftlich vergleichbar sind. [5] Gewinne aus dem Ansatz des nach § 6 Absatz 1 Nummer 2 Satz 3 maßgeblichen Werts bleiben bei der Ermittlung der Einkünfte außer Ansatz, soweit auf die vorangegangene Teilwertabschreibung Satz 2 angewendet worden ist. [6] Satz 1 ist außerdem ungeachtet

---

[1)] § 3c Abs. 2 Satz 1 geänd. durch G v. 14.8.2007 (BGBl. I S. 1912); Abs. 2 Satz 2 eingef., bish. Sätze 2 und 3 werden Sätze 3 und 4 durch G v. 8.12.2010 (BGBl. I S. 1768); Abs. 2 Sätze 2 bis 6 eingef., bish. Sätze 2 bis 4 werden Sätze 7 bis 9 durch G v. 22.12.2014 (BGBl. I S. 2417); zur Anwendung siehe § 52 Abs. 5 Satz 2.

eines wirtschaftlichen Zusammenhangs mit den dem § 3 Nummer 40 zugrunde liegenden Betriebsvermögensmehrungen oder Einnahmen oder mit Vergütungen nach § 3 Nummer 40a auch auf Betriebsvermögensminderungen, Betriebsausgaben oder Veräußerungskosten eines Gesellschafters einer Körperschaft anzuwenden, soweit diese mit einer im Gesellschaftsverhältnis veranlassten unentgeltlichen Überlassung von Wirtschaftsgütern an diese Körperschaft oder bei einer teilentgeltlichen Überlassung von Wirtschaftsgütern mit dem unentgeltlichen Teil in Zusammenhang stehen und der Steuerpflichtige zu mehr als einem Viertel unmittelbar oder mittelbar am Grund- oder Stammkapital dieser Körperschaft beteiligt ist oder war. [7] Für die Anwendung des Satzes 1 ist die Absicht zur Erzielung von Betriebsvermögensmehrungen oder Einnahmen im Sinne des § 3 Nummer 40 oder von Vergütungen im Sinne des § 3 Nummer 40a ausreichend. [8] Satz 1 gilt auch für Wertminderungen des Anteils an einer Organgesellschaft, die nicht auf Gewinnausschüttungen zurückzuführen sind. [9] § 8b Absatz 10 des Körperschaftsteuergesetzes gilt sinngemäß.

(3) Betriebsvermögensminderungen, Betriebsausgaben oder Veräußerungskosten, die mit den Betriebsvermögensmehrungen oder Einnahmen im Sinne des § 3 Nummer 70 in wirtschaftlichem Zusammenhang stehen, dürfen unabhängig davon, in welchem Veranlagungszeitraum die Betriebsvermögensmehrungen oder Einnahmen anfallen, nur zur Hälfte abgezogen werden.

(4)[1] [1] Betriebsvermögensminderungen oder Betriebsausgaben, die mit einem steuerfreien Sanierungsertrag im Sinne des § 3a in unmittelbarem wirtschaftlichem Zusammenhang stehen, dürfen unabhängig davon, in welchem Veranlagungszeitraum der Sanierungsertrag entsteht, nicht abgezogen werden. [2] Satz 1 gilt nicht, soweit Betriebsvermögensminderungen oder Betriebsausgaben zur Erhöhung von Verlustvorträgen geführt haben, die nach Maßgabe der in § 3a Absatz 3 getroffenen Regelungen entfallen. [3] Zu den Betriebsvermögensminderungen oder Betriebsausgaben im Sinne des Satzes 1 gehören auch Aufwendungen im Zusammenhang mit einem Besserungsschein und vergleichbare Aufwendungen. [4] Satz 1 gilt für Betriebsvermögensminderungen oder Betriebsausgaben, die nach dem Sanierungsjahr entstehen, nur insoweit, als noch ein verbleibender Sanierungsertrag im Sinne von § 3a Absatz 3 Satz 4 vorhanden ist. [5] Wurden Betriebsvermögensminderungen oder Betriebsausgaben im Sinne des Satzes 1 bereits bei einer Steuerfestsetzung oder einer gesonderten Feststellung nach § 180 Absatz 1 Satz 1 der Abgabenordnung gewinnmindernd berücksichtigt, ist der entsprechende Steuer- oder Feststellungsbescheid insoweit zu ändern. [6] Das gilt auch dann, wenn der Steuer- oder Feststellungsbescheid bereits bestandskräftig geworden ist; die Festsetzungsfrist endet insoweit nicht, bevor die Festsetzungsfrist für das Sanierungsjahr abgelaufen ist.

---

[1] § 3c Abs. 4 angef. durch G v. 27.6.2017 (BGBl. I S. 2074); zur Anwendung siehe § 52 Abs. 5 Sätze 3 und 4; zum Inkrafttreten vorbehaltlich der Feststellung der Europäischen Kommission, dass die Regelungen entweder keine Beihilfen oder mit dem Binnenmarkt vereinbare Beihilfen darstellen, siehe § 3a.

3. Gewinn

§ 4 Gewinnbegriff im Allgemeinen. (1)[1] [1]Gewinn ist der Unterschiedsbetrag zwischen dem Betriebsvermögen am Schluss des Wirtschaftsjahres und dem Betriebsvermögen am Schluss des vorangegangenen Wirtschaftsjahres, vermehrt um den Wert der Entnahmen und vermindert um den Wert der Einlagen. [2]Entnahmen sind alle Wirtschaftsgüter (Barentnahmen, Waren, Erzeugnisse, Nutzungen und Leistungen), die der Steuerpflichtige dem Betrieb für sich, für seinen Haushalt oder für andere betriebsfremde Zwecke im Laufe des Wirtschaftsjahres entnommen hat. [3]Einer Entnahme für betriebsfremde Zwecke steht der Ausschluss oder die Beschränkung des Besteuerungsrechts der Bundesrepublik Deutschland hinsichtlich des Gewinns aus der Veräußerung oder der Nutzung eines Wirtschaftsguts gleich; dies gilt auf Antrag auch in den Fällen, in denen die Beschränkung des Besteuerungsrechts der Bundesrepublik Deutschland hinsichtlich des Gewinns aus der Veräußerung eines Wirtschaftsguts entfällt und in einem anderen Staat eine Besteuerung auf Grund des Ausschlusses oder der Beschränkung des Besteuerungsrechts dieses Staates hinsichtlich des Gewinns aus der Veräußerung des Wirtschaftsguts erfolgt. [4]Ein Ausschluss oder eine Beschränkung des Besteuerungsrechts hinsichtlich des Gewinns aus der Veräußerung eines Wirtschaftsguts liegt insbesondere vor, wenn ein bisher einer inländischen Betriebsstätte des Steuerpflichtigen zuzuordnendes Wirtschaftsgut einer ausländischen Betriebsstätte zuzuordnen ist. [5]Satz 3 gilt nicht für Anteile an einer Europäischen Gesellschaft oder Europäischen Genossenschaft in den Fällen

1. einer Sitzverlegung der Europäischen Gesellschaft nach Artikel 8 der Verordnung (EG) Nr. 2157/2001 des Rates vom 8. Oktober 2001 über das Statut der Europäischen Gesellschaft (SE) (ABl. EG Nr. L 294 S. 1), zuletzt geändert durch die Verordnung (EG) Nr. 885/2004 des Rates vom 26. April 2004 (ABl. EU Nr. L 168 S. 1), und
2. einer Sitzverlegung der Europäischen Genossenschaft nach Artikel 7 der Verordnung (EG) Nr. 1435/2003 des Rates vom 22. Juli 2003 über das Statut der Europäischen Genossenschaft (SCE) (ABl. EU Nr. L 207 S. 1).

[6]Ein Wirtschaftsgut wird nicht dadurch entnommen, dass der Steuerpflichtige zur Gewinnermittlung nach § 13a übergeht. [7]Eine Änderung der Nutzung eines Wirtschaftsguts, die bei Gewinnermittlung nach Satz 1 keine Entnahme ist, ist auch bei Gewinnermittlung nach § 13a keine Entnahme. [8]Einlagen sind alle Wirtschaftsgüter (Bareinzahlungen und sonstige Wirtschaftsgüter), die der Steuerpflichtige dem Betrieb im Laufe des Wirtschaftsjahres zugeführt hat; einer Einlage steht die Begründung des Besteuerungsrechts der Bundesrepublik Deutschland hinsichtlich des Gewinns aus der Veräußerung eines Wirt-

---

[1] § 4 Abs. 1 Satz 4 eingef., bish. Sätze 4 bis 8 werden Sätze 5 bis 9 durch G v. 8.12.2010 (BGBl. I S. 1768); zur Anwendung siehe § 52 Abs. 6 Satz 2; Abs. 1 Satz 3 HS 2 angef. durch G v. 25.6.2021 (BGBl. I S. 2035); zur Anwendung siehe § 52 Abs. 6 Satz 1; Abs. 1 Satz 9 eingef., bish. Satz 9 wird Satz 10 durch G v. 25.6.2021 (BGBl. I S. 2035); zur Anwendung siehe § 52 Abs. 6 Satz 3.

schaftsguts gleich. [9]In den Fällen des Satzes 3 zweiter Halbsatz gilt das Wirtschaftsgut als unmittelbar nach der Entnahme wieder eingelegt. [10]Bei der Ermittlung des Gewinns sind die Vorschriften über die Betriebsausgaben, über die Bewertung und über die Absetzung für Abnutzung oder Substanzverringerung zu befolgen.

(2) [1]Der Steuerpflichtige darf die Vermögensübersicht (Bilanz) auch nach ihrer Einreichung beim Finanzamt ändern, soweit sie den Grundsätzen ordnungsmäßiger Buchführung unter Befolgung der Vorschriften dieses Gesetzes nicht entspricht; diese Änderung ist nicht zulässig, wenn die Vermögensübersicht (Bilanz) einer Steuerfestsetzung zugrunde liegt, die nicht mehr aufgehoben oder geändert werden kann. [2]Darüber hinaus ist eine Änderung der Vermögensübersicht (Bilanz) nur zulässig, wenn sie in einem engen zeitlichen und sachlichen Zusammenhang mit einer Änderung nach Satz 1 steht und soweit die Auswirkung der Änderung nach Satz 1 auf den Gewinn reicht.

(3)[1)] [1]Steuerpflichtige, die nicht auf Grund gesetzlicher Vorschriften verpflichtet sind, Bücher zu führen und regelmäßig Abschlüsse zu machen, und die auch keine Bücher führen und keine Abschlüsse machen, können als Gewinn den Überschuss der Betriebseinnahmen über die Betriebsausgaben ansetzen. [2]Hierbei scheiden Betriebseinnahmen und Betriebsausgaben aus, die im Namen und für Rechnung eines anderen vereinnahmt und verausgabt werden (durchlaufende Posten). [3]Die Vorschriften über die Bewertungsfreiheit für geringwertige Wirtschaftsgüter (§ 6 Absatz 2), die Bildung eines Sammelpostens (§ 6 Absatz 2a) und über die Absetzung für Abnutzung oder Substanzverringerung sind zu befolgen.

[Fassung für vor dem 6.5.2006 angeschaffte WG][2)]

[4]Die Anschaffungs- oder Herstellungskosten für nicht abnutzbare Wirtschaftsgüter des Anlagevermögens sind erst im Zeitpunkt der Veräußerung oder Entnahme dieser Wirtschaftsgüter als Betriebsausgaben zu berücksichtigen. [5]Die nicht abnutzbaren Wirtschaftsgüter des Anlagevermögens sind unter Angabe des Tages der Anschaffung oder Herstellung und der Anschaffungs- oder Herstellungskosten oder des an deren Stelle getretenen Werts in besondere, laufend zu führende Verzeichnisse aufzunehmen.

[Fassung für nach dem 5.5.2006 angeschaffte WG][3)]

[4]Die Anschaffungs- oder Herstellungskosten für nicht abnutzbare Wirtschaftsgüter des Anlagevermögens, für Anteile an Kapitalgesellschaften, für Wertpapiere und vergleichbare nicht verbriefte Forderungen und Rechte, für Grund und Boden sowie Gebäude des Umlaufvermögens sind erst im Zeitpunkt des Zuflusses des Veräußerungserlöses oder bei Entnahme im Zeitpunkt der Entnahme als Betriebsausgaben zu berücksichtigen. [5]Die Wirtschaftsgüter des Anlagevermögens und Wirtschaftsgüter des Umlaufvermögens im Sinne des

---

1) Zur Anwendung von § 4 Abs. 3 Satz 4 siehe § 52 Abs. 6 Satz 4.

2) *Laut BGBl.* „5.5.2006" – wohl Redaktionsversehen, da sonst der 5.5.2006 nicht eingeschlossen wäre; zur Anwendung siehe § 52 Abs. 6 Satz 6.

3) Zur Anwendung siehe § 52 Abs. 6 Satz 5.

[Fassung für nach dem 5.5.2006 angeschaffte WG]

Satzes 4 sind unter Angabe des Tages der Anschaffung oder Herstellung und der Anschaffungs- oder Herstellungskosten oder des an deren Stelle getretenen Werts in besondere, laufend zu führende Verzeichnisse aufzunehmen.

(4) Betriebsausgaben sind die Aufwendungen, die durch den Betrieb veranlasst sind.

(4a)[1] [1]Schuldzinsen sind nach Maßgabe der Sätze 2 bis 4 nicht abziehbar, wenn Überentnahmen getätigt worden sind. [2]Eine Überentnahme ist der Betrag, um den die Entnahmen die Summe des Gewinns und der Einlagen des Wirtschaftsjahres übersteigen. [3]Die nicht abziehbaren Schuldzinsen werden typisiert mit 6 Prozent der Überentnahme des Wirtschaftsjahres zuzüglich der Überentnahmen vorangegangener Wirtschaftsjahre und abzüglich der Beträge, um die in den vorangegangenen Wirtschaftsjahren der Gewinn und die Einlagen die Entnahmen überstiegen haben (Unterentnahmen), ermittelt; bei der Ermittlung der Überentnahme ist vom Gewinn ohne Berücksichtigung der nach Maßgabe dieses Absatzes nicht abziehbaren Schuldzinsen auszugehen. [4]Der sich dabei ergebende Betrag, höchstens jedoch der um 2050 Euro verminderte Betrag der im Wirtschaftsjahr angefallenen Schuldzinsen, ist dem Gewinn hinzuzurechnen. [5]Der Abzug von Schuldzinsen für Darlehen zur Finanzierung von Anschaffungs- oder Herstellungskosten von Wirtschaftsgütern des Anlagevermögens bleibt unberührt. [6]Die Sätze 1 bis 5 sind bei Gewinnermittlung nach § 4 Absatz 3 sinngemäß anzuwenden; hierzu sind Entnahmen und Einlagen gesondert aufzuzeichnen.

(5) [1]Die folgenden Betriebsausgaben dürfen den Gewinn nicht mindern:

1. Aufwendungen für Geschenke an Personen, die nicht Arbeitnehmer des Steuerpflichtigen sind. [2]Satz 1 gilt nicht, wenn die Anschaffungs- oder Herstellungskosten der dem Empfänger im Wirtschaftsjahr zugewendeten Gegenstände insgesamt 35 Euro nicht übersteigen;
2. Aufwendungen für die Bewirtung von Personen aus geschäftlichem Anlass, soweit sie 70 Prozent der Aufwendungen übersteigen, die nach der allgemeinen Verkehrsauffassung als angemessen anzusehen und deren Höhe und betriebliche Veranlassung nachgewiesen sind. [2]Zum Nachweis der Höhe und der betrieblichen Veranlassung der Aufwendungen hat der Steuerpflichtige schriftlich die folgenden Angaben zu machen: Ort, Tag, Teilnehmer und Anlass der Bewirtung sowie Höhe der Aufwendungen. [3]Hat die Bewirtung in einer Gaststätte stattgefunden, so genügen Angaben zu dem Anlass und den Teilnehmern der Bewirtung; die Rechnung über die Bewirtung ist beizufügen;

[1] Zur Anwendung von Abs. 4a siehe § 52 Abs. 6 Sätze 7 bis 9.

3. Aufwendungen für Einrichtungen des Steuerpflichtigen, soweit sie der Bewirtung, Beherbergung oder Unterhaltung von Personen, die nicht Arbeitnehmer des Steuerpflichtigen sind, dienen (Gästehäuser) und sich außerhalb des Orts eines Betriebs des Steuerpflichtigen befinden;
4. Aufwendungen für Jagd oder Fischerei, für Segeljachten oder Motorjachten sowie für ähnliche Zwecke und für die hiermit zusammenhängenden Bewirtungen;
5.[1)] Mehraufwendungen für die Verpflegung des Steuerpflichtigen. [2]Wird der Steuerpflichtige vorübergehend von seiner Wohnung und dem Mittelpunkt seiner dauerhaft angelegten betrieblichen Tätigkeit entfernt betrieblich tätig, sind die Mehraufwendungen für Verpflegung nach Maßgabe des § 9 Absatz 4a abziehbar;
6.[2)] Aufwendungen für die Wege des Steuerpflichtigen zwischen Wohnung und Betriebsstätte und für Familienheimfahrten, soweit in den folgenden Sätzen nichts anderes bestimmt ist. [2]Zur Abgeltung dieser Aufwendungen ist § 9 Absatz 1 Satz 3 Nummer 4 Satz 2 bis 6 und Nummer 5 Satz 5 bis 7 und Absatz 2 entsprechend anzuwenden. [3]Bei der Nutzung eines Kraftfahrzeugs dürfen die Aufwendungen in Höhe des positiven Unterschiedsbetrags zwischen 0,03 Prozent des inländischen Listenpreises im Sinne des § 6 Absatz 1 Nummer 4 Satz 2 des Kraftfahrzeugs im Zeitpunkt der Erstzulassung je Kalendermonat für jeden Entfernungskilometer und dem sich nach § 9 Absatz 1 Satz 3 Nummer 4 Satz 2 bis 6 oder Absatz 2 ergebenden Betrag sowie Aufwendungen für Familienheimfahrten in Höhe des positiven Unterschiedsbetrags zwischen 0,002 Prozent des inländischen Listenpreises im Sinne des § 6 Absatz 1 Nummer 4 Satz 2 für jeden Entfernungskilometer und dem sich nach § 9 Absatz 1 Satz 3 Nummer 5 Satz 5 bis 7 oder Absatz 2 ergebenden Betrag den Gewinn nicht mindern; ermittelt der Steuerpflichtige die private Nutzung des Kraftfahrzeugs nach § 6 Absatz 1 Nummer 4 Satz 1 oder Satz 3, treten an die Stelle des mit 0,03 oder 0,002 Prozent des inländischen Listenpreises ermittelten Betrags für Fahrten zwischen Wohnung und Betriebsstätte und für Familienheimfahrten die auf diese Fahrten entfallenden tatsächlichen Aufwendungen; § 6 Absatz 1 Nummer 4 Satz 3 zweiter Halbsatz gilt sinngemäß. [4]§ 9 Absatz 1 Satz 3 Nummer 4 Satz 8 und Nummer 5 Satz 9 gilt entsprechend;

6a.[3)] die Mehraufwendungen für eine betrieblich veranlasste doppelte Haushaltsführung, soweit sie die nach § 9 Absatz 1 Satz 3 Nummer 5 Satz 1 bis 4 abziehbaren Beträge und die Mehraufwendungen für betrieblich veranlasste Übernachtungen, soweit sie die nach § 9 Absatz 1 Satz 3 Nummer 5a abziehbaren Beträge übersteigen;

---

1) § 4 Abs. 5 Satz 1 Nr. 5 Satz 1 und 2 geänd., Sätze 3 bis 6 aufgeh. mWv 1.1.2014 (§ 52 Abs. 6 Satz 8) durch G v. 20.2.2013 (BGBl. I S. 285).

2) § 4 Abs. 5 Satz 1 Nr. 6 Zitate geänd. mWv 1.1.2014 durch G v. 20.2.2013 (BGBl. I S. 285); Satz 3 zweiter Satzteil angef. mWv VZ 2013 durch G v. 26.6.2013 (BGBl. I S. 1809); Satz 4 angef. mWv VZ 2021 durch G v. 21.12.2019 (BGBl. I S. 2886).

3) § 4 Abs. 5 Satz 1 Nr. 6a eingef. mWv 1.1.2014 (§ 52 Abs. 6 Satz 11) durch G v. 20.2. 2013 (BGBl. I S. 285).

[Fassung bis 31.12.2022]

6b.[2] Aufwendungen für ein häusliches Arbeitszimmer sowie die Kosten der Ausstattung. [2] Dies gilt nicht, wenn für die betriebliche oder berufliche Tätigkeit kein anderer Arbeitsplatz zur Verfügung steht. [3] In diesem Fall wird die Höhe der abziehbaren Aufwendungen auf 1250 Euro begrenzt; die Beschränkung der Höhe nach gilt nicht, wenn das Arbeitszimmer den Mittelpunkt der gesamten betrieblichen und beruflichen Betätigung bildet. [***1.1.2020–31.12.2022:*** [4] Liegt kein häusliches Arbeitszimmer vor oder wird auf einen Abzug der Aufwendungen für ein häusliches Arbeitszimmer nach den Sätzen 2 und 3 verzichtet, kann der Steuerpflichtige für jeden Kalendertag, an dem er seine betriebliche oder berufliche Tätigkeit ausschließlich in der häuslichen Wohnung ausübt und keine außerhalb der häuslichen Wohnung belegene Betätigungsstätte aufsucht, für seine gesamte betriebliche und berufliche Betätigung einen Betrag von 5 Euro abziehen, höchstens 600 Euro im Wirtschafts- oder Kalenderjahr;]

[Fassung ab 1.1.2023:][1]

6b. Aufwendungen für ein häusliches Arbeitszimmer sowie die Kosten der Ausstattung. [2] Dies gilt nicht, wenn das Arbeitszimmer den Mittelpunkt der gesamten betrieblichen und beruflichen Betätigung bildet. [3] Anstelle der Aufwendungen kann pauschal ein Betrag von 1260 Euro (Jahrespauschale) für das Wirtschafts- oder Kalenderjahr abgezogen werden. [4] Für jeden vollen Kalendermonat, in dem die Voraussetzungen nach Satz 2 nicht vorliegen, ermäßigt sich der Betrag von 1260 Euro um ein Zwölftel;

6c. für jeden Kalendertag, an dem die betriebliche oder berufliche Tätigkeit überwiegend in der häuslichen Wohnung ausgeübt und keine außerhalb der häuslichen Wohnung belegene erste Tätigkeitsstätte aufgesucht wird, kann für die gesamte betriebliche und berufliche Betätigung ein Betrag von 6 Euro (Tagespauschale), höchstens 1260 Euro im Wirtschafts- oder Kalenderjahr, abgezogen werden. [2] Steht für die betriebliche oder berufliche Tätigkeit dauerhaft kein anderer Arbeitsplatz zur Verfügung, ist ein Abzug der Tagespauschale zulässig, auch wenn die Tätigkeit am selben Kalendertag auswärts oder an der ersten Tätigkeitsstätte ausgeübt wird. [3] Der Abzug der Tagespauschale ist nicht zulässig, soweit für die Wohnung Unterkunftskosten im Rahmen der Nummer 6a oder des § 9 Absatz 1

---

[1] § 4 Abs. 5 Satz 1 Nr. 6b ersetzt durch Nrn. 6b und 6c durch G v. 16.12.2022 (BGBl. I S. 2294); zur Anwendung siehe § 52 Abs. 6 Satz 12.

[2] § 4 Abs. 5 Satz 1 Nr. 6b Satz 2 ersetzt durch Sätze 2 und 3 durch G v. 8.12.2010 (BGBl. I S. 1768); Satz 4 angef. durch G v. 21.12.2020 (BGBl. I S. 3096); zur zeitlich begrenzten Anwendung siehe § 52 Abs. 6 Satz 16.

[Fassung ab 1.1.2023:]

Satz 3 Nummer 5 abgezogen werden können oder soweit ein Abzug nach Nummer 6b vorgenommen wird;

7. andere als die in den Nummern 1 bis 6 und 6b bezeichneten Aufwendungen, die die Lebensführung des Steuerpflichtigen oder anderer Personen berühren, soweit sie nach allgemeiner Verkehrsauffassung als unangemessen anzusehen sind;

8.[1] Geldbußen, Ordnungsgelder und Verwarnungsgelder, die von einem Gericht oder einer Behörde im Geltungsbereich dieses Gesetzes oder von einem Mitgliedstaat oder von Organen der Europäischen Union festgesetzt wurden sowie damit zusammenhängende Aufwendungen. [2]Dasselbe gilt für Leistungen zur Erfüllung von Auflagen oder Weisungen, die in einem berufsgerichtlichen Verfahren erteilt werden, soweit die Auflagen oder Weisungen nicht lediglich der Wiedergutmachung des durch die Tat verursachten Schadens dienen. [3]Die Rückzahlung von Ausgaben im Sinne der Sätze 1 und 2 darf den Gewinn nicht erhöhen. [4]Das Abzugsverbot für Geldbußen gilt nicht, soweit der wirtschaftliche Vorteil, der durch den Gesetzesverstoß erlangt wurde, abgeschöpft worden ist, wenn die Steuern vom Einkommen und Ertrag, die auf den wirtschaftlichen Vorteil entfallen, nicht abgezogen worden sind; Satz 3 ist insoweit nicht anzuwenden;

8a.[2] Zinsen auf hinterzogene Steuern nach § 235 der Abgabenordnung und Zinsen nach § 233a der Abgabenordnung, soweit diese nach § 235 Absatz 4 der Abgabenordnung auf die Hinterziehungszinsen angerechnet werden;

9.[3] Ausgleichszahlungen, die in den Fällen der §§ 14 und 17 des Körperschaftsteuergesetzes an außenstehende Anteilseigner geleistet werden;

10. die Zuwendung von Vorteilen sowie damit zusammenhängende Aufwendungen, wenn die Zuwendung der Vorteile eine rechtswidrige Handlung darstellt, die den Tatbestand eines Strafgesetzes oder eines Gesetzes verwirklicht, das die Ahndung mit einer Geldbuße zulässt. [2]Gerichte, Staatsanwaltschaften oder Verwaltungsbehörden haben Tatsachen, die sie dienstlich erfahren und die den Verdacht einer Tat im Sinne des Satzes 1 begründen, der Finanzbehörde für Zwecke des Besteuerungsverfahrens und zur Verfolgung von Steuerstraftaten und Steuerordnungswidrigkeiten mitzuteilen. [3]Die Finanzbehörde teilt Tatsachen, die den Verdacht einer Straftat oder einer Ordnungswidrigkeit im Sinne des Satzes 1 begründen, der Staatsanwaltschaft oder der Verwaltungsbehörde mit. [4]Diese unterrich-

---

[1] § 4 Abs. 5 Satz 1 Nr. 8 neu gef. mWv 1.1.2019 (§ 52 Abs. 6 Satz 13) durch G v. 12.12.2019 (BGBl. I S. 2451).

[2] § 4 Abs. 5 Satz 1 Nr. 8a geänd. mWv 1.1.2019 (§ 52 Abs. 6 Satz 14) durch G v. 12.12.2019 (BGBl. I S. 2451).

[3] § 4 Abs. 5 Satz 1 Nr. 9 geänd. mWv VZ 2014 durch G v. 25.7.2014 (BGBl. I S. 1266).

ten die Finanzbehörde von dem Ausgang des Verfahrens und den zugrundeliegenden Tatsachen;

11. Aufwendungen, die mit unmittelbaren oder mittelbaren Zuwendungen von nicht einlagefähigen Vorteilen an natürliche oder juristische Personen oder Personengesellschaften zur Verwendung in Betrieben in tatsächlichem oder wirtschaftlichem Zusammenhang stehen, deren Gewinn nach § 5a Absatz 1 ermittelt wird;

12. Zuschläge nach § 162 Absatz 4 der Abgabenordnung;

13.[1] Jahresbeiträge nach § 12 Absatz 2 des Restrukturierungsfondsgesetzes.

2 Das Abzugsverbot gilt nicht, soweit die in den Nummern 2 bis 4 bezeichneten Zwecke Gegenstand einer mit Gewinnabsicht ausgeübten Betätigung des Steuerpflichtigen sind. 3 § 12 Nummer 1 bleibt unberührt.

(5a) (weggefallen)

(5b) Die Gewerbesteuer und die darauf entfallenden Nebenleistungen sind keine Betriebsausgaben.

(6) Aufwendungen zur Förderung staatspolitischer Zwecke (§ 10b Absatz 2) sind keine Betriebsausgaben.

(7) 1 Aufwendungen im Sinne des Absatzes 5 Satz 1 Nummer 1 bis 4, 6b und 7 sind einzeln und getrennt von den sonstigen Betriebsausgaben aufzuzeichnen. 2 Soweit diese Aufwendungen nicht bereits nach Absatz 5 vom Abzug ausgeschlossen sind, dürfen sie bei der Gewinnermittlung nur berücksichtigt werden, wenn sie nach Satz 1 besonders aufgezeichnet sind.

(8) Für Erhaltungsaufwand bei Gebäuden in Sanierungsgebieten und städtebaulichen Entwicklungsbereichen sowie bei Baudenkmalen gelten die §§ 11a und 11b entsprechend.

(9)[2] 1 Aufwendungen des Steuerpflichtigen für seine Berufsausbildung oder für sein Studium sind nur dann Betriebsausgaben, wenn der Steuerpflichtige zuvor bereits eine Erstausbildung (Berufsausbildung oder Studium) abgeschlossen hat. 2 § 9 Absatz 6 Satz 2 bis 5 gilt entsprechend.

(10)[3] § 9 Absatz 1 Satz 3 Nummer 5b ist entsprechend anzuwenden.

§ 4a Gewinnermittlungszeitraum, Wirtschaftsjahr. (1) 1 Bei Land- und Forstwirten und bei Gewerbetreibenden ist der Gewinn nach dem Wirtschaftsjahr zu ermitteln. 2 Wirtschaftsjahr ist

1. bei Land- und Forstwirten der Zeitraum vom 1. Juli bis zum 30. Juni. 2 Durch Rechtsverordnung[4] kann für einzelne Gruppen von Land- und Forstwirten ein anderer Zeitraum bestimmt werden, wenn das aus wirtschaftlichen Gründen erforderlich ist;

---

[1] § 4 Abs. 5 Satz 1 Nr. 13 angef. durch G v. 9.12.2010 (BGBl. I S. 1900).

[2] § 4 Abs. 9 neu gef. mWv VZ 2015 durch G v. 22.12.2014 (BGBl. I S. 2417).

[3] § 4 Abs. 10 angef. durch G v. 12.12.2019 (BGBl. I S. 2451); zur Anwendung siehe § 52 Abs. 6 Satz 15.

[4] Vgl. hierzu § 8c EStDV (Nr. **10**).

2. bei Gewerbetreibenden, deren Firma im Handelsregister eingetragen ist, der Zeitraum, für den sie regelmäßig Abschlüsse machen. [2]Die Umstellung des Wirtschaftsjahres auf einen vom Kalenderjahr abweichenden Zeitraum ist steuerlich nur wirksam, wenn sie im Einvernehmen mit dem Finanzamt vorgenommen wird;
3. bei anderen Gewerbetreibenden das Kalenderjahr. [2]Sind sie gleichzeitig buchführende Land- und Forstwirte, so können sie mit Zustimmung des Finanzamts den nach Nummer 1 maßgebenden Zeitraum als Wirtschaftsjahr für den Gewerbebetrieb bestimmen, wenn sie für den Gewerbebetrieb Bücher führen und für diesen Zeitraum regelmäßig Abschlüsse machen.

(2) Bei Land- und Forstwirten und bei Gewerbetreibenden, deren Wirtschaftsjahr vom Kalenderjahr abweicht, ist der Gewinn aus Land- und Forstwirtschaft oder aus Gewerbebetrieb bei der Ermittlung des Einkommens in folgender Weise zu berücksichtigen:

1. [1]Bei Land- und Forstwirten ist der Gewinn des Wirtschaftsjahres auf das Kalenderjahr, in dem das Wirtschaftsjahr beginnt, und auf das Kalenderjahr, in dem das Wirtschaftsjahr endet, entsprechend dem zeitlichen Anteil aufzuteilen. [2]Bei der Aufteilung sind Veräußerungsgewinne im Sinne des § 14 auszuscheiden und dem Gewinn des Kalenderjahres hinzuzurechnen, in dem sie entstanden sind;
2. bei Gewerbetreibenden gilt der Gewinn des Wirtschaftsjahres als in dem Kalenderjahr bezogen, in dem das Wirtschaftsjahr endet.

§ 4b Direktversicherung. [1]Der Versicherungsanspruch aus einer Direktversicherung, die von einem Steuerpflichtigen aus betrieblichem Anlass abgeschlossen wird, ist dem Betriebsvermögen des Steuerpflichtigen nicht zuzurechnen, soweit am Schluss des Wirtschaftsjahres hinsichtlich der Leistungen des Versicherers die Person, auf deren Leben die Lebensversicherung abgeschlossen ist, oder ihre Hinterbliebenen bezugsberechtigt sind. [2]Das gilt auch, wenn der Steuerpflichtige die Ansprüche aus dem Versicherungsvertrag abgetreten oder beliehen hat, sofern er sich der bezugsberechtigten Person gegenüber schriftlich verpflichtet, sie bei Eintritt des Versicherungsfalls so zu stellen, als ob die Abtretung oder Beleihung nicht erfolgt wäre.

§ 4c Zuwendungen an Pensionskassen. (1) [1]Zuwendungen an eine Pensionskasse dürfen von dem Unternehmen, das die Zuwendungen leistet (Trägerunternehmen), als Betriebsausgaben abgezogen werden, soweit sie auf einer in der Satzung oder im Geschäftsplan der Kasse festgelegten Verpflichtung oder auf einer Anordnung der Versicherungsaufsichtsbehörde beruhen oder der Abdeckung von Fehlbeträgen bei der Kasse dienen. [2]Soweit die allgemeinen Versicherungsbedingungen und die fachlichen Geschäftsunterlagen im Sinne des § 219 Absatz 3 Nummer 1 Buchstabe b[1)] des Versicherungsaufsichtsgesetzes nicht zum Geschäftsplan gehören, gelten diese als Teil des Geschäftsplans.

[1)] Verweis geänd. mWv 1.1.2016 durch G v. 1.4.2015 (BGBl. I S. 434); geänd. mWv 13.1.2019 durch G v. 19.12.2018 (BGBl. I S. 2672).

(2) Zuwendungen im Sinne des Absatzes 1 dürfen als Betriebsausgaben nicht abgezogen werden, soweit die Leistungen der Kasse, wenn sie vom Trägerunternehmen unmittelbar erbracht würden, bei diesem nicht betrieblich veranlasst wären.

§ 4d Zuwendungen an Unterstützungskassen. (1) [1]Zuwendungen an eine Unterstützungskasse dürfen von dem Unternehmen, das die Zuwendungen leistet (Trägerunternehmen), als Betriebsausgaben abgezogen werden, soweit die Leistungen der Kasse, wenn sie vom Trägerunternehmen unmittelbar erbracht würden, bei diesem betrieblich veranlasst wären und sie die folgenden Beträge nicht übersteigen:

1. bei Unterstützungskassen, die lebenslänglich laufende Leistungen gewähren:
   a) das Deckungskapital für die laufenden Leistungen nach der dem Gesetz als Anlage 1 beigefügten Tabelle[1)]. [2]Leistungsempfänger ist jeder ehemalige Arbeitnehmer des Trägerunternehmens, der von der Unterstützungskasse Leistungen erhält; soweit die Kasse Hinterbliebenenversorgung gewährt, ist Leistungsempfänger der Hinterbliebene eines ehemaligen Arbeitnehmers des Trägerunternehmens, der von der Kasse Leistungen erhält. [3]Dem ehemaligen Arbeitnehmer stehen andere Personen gleich, denen Leistungen der Alters-, Invaliditäts- oder Hinterbliebenenversorgung aus Anlass ihrer ehemaligen Tätigkeit für das Trägerunternehmen zugesagt worden sind;
   b) in jedem Wirtschaftsjahr für jeden Leistungsanwärter,
      aa) wenn die Kasse nur Invaliditätsversorgung oder nur Hinterbliebenenversorgung gewährt, jeweils 6 Prozent,
      bb) wenn die Kasse Altersversorgung mit oder ohne Einschluss von Invaliditätsversorgung oder Hinterbliebenenversorgung gewährt, 25 Prozent

      der jährlichen Versorgungsleistungen, die der Leistungsanwärter oder, wenn nur Hinterbliebenenversorgung gewährt wird, dessen Hinterbliebene nach den Verhältnissen am Schluss des Wirtschaftsjahres der Zuwendung im letzten Zeitpunkt der Anwartschaft, spätestens zum Zeitpunkt des Erreichens der Regelaltersgrenze der gesetzlichen Rentenversicherung erhalten können. [2]Leistungsanwärter ist jeder Arbeitnehmer oder ehemalige Arbeitnehmer des Trägerunternehmens, der von der Unterstützungskasse schriftlich zugesagte Leistungen erhalten kann und am Schluss des Wirtschaftsjahres, in dem die Zuwendung erfolgt,

      aa) bei erstmals nach dem 31. Dezember 2017 zugesagten Leistungen das 23. Lebensjahr vollendet hat,
      bb) bei erstmals nach dem 31. Dezember 2008 und vor dem 1. Januar 2018 zugesagten Leistungen das 27. Lebensjahr vollendet hat oder
      cc) bei erstmals vor dem 1. Januar 2009 zugesagten Leistungen das 28. Lebensjahr vollendet hat;

---

1) Abgedruckt im Anschluss an dieses Gesetz.

soweit die Kasse nur Hinterbliebenenversorgung gewährt, gilt als Leistungsanwärter jeder Arbeitnehmer oder ehemalige Arbeitnehmer des Trägerunternehmens, der am Schluss des Wirtschaftsjahres, in dem die Zuwendung erfolgt, das nach dem ersten Halbsatz maßgebende Lebensjahr vollendet hat und dessen Hinterbliebene die Hinterbliebenenversorgung erhalten können[1]. [3]Das Trägerunternehmen kann bei der Berechnung nach Satz 1 statt des dort maßgebenden Betrags den Durchschnittsbetrag der von der Kasse im Wirtschaftsjahr an Leistungsempfänger im Sinne des Buchstabens a Satz 2 gewährten Leistungen zugrunde legen. [4]In diesem Fall sind Leistungsanwärter im Sinne des Satzes 2 nur die Arbeitnehmer oder ehemaligen Arbeitnehmer des Trägerunternehmens, die am Schluss des Wirtschaftsjahres, in dem die Zuwendung erfolgt, das 50. Lebensjahr vollendet haben. [5]Dem Arbeitnehmer oder ehemaligen Arbeitnehmer als Leistungsanwärter stehen andere Personen gleich, denen schriftlich Leistungen der Alters-, Invaliditäts- oder Hinterbliebenenversorgung aus Anlass ihrer Tätigkeit für das Trägerunternehmen zugesagt worden sind;

c)[2] den Betrag des Beitrages, den die Kasse an einen Versicherer zahlt, soweit sie sich die Mittel für ihre Versorgungsleistungen, die der Leistungsanwärter oder Leistungsempfänger nach den Verhältnissen am Schluss des Wirtschaftsjahres der Zuwendung erhalten kann, durch Abschluss einer Versicherung verschafft. [2]Bei Versicherungen für einen Leistungsanwärter ist der Abzug des Beitrages nur zulässig, wenn der Leistungsanwärter die in Buchstabe b Satz 2 und 5 genannten Voraussetzungen erfüllt, die Versicherung für die Dauer bis zu dem Zeitpunkt abgeschlossen ist, für den erstmals Leistungen der Altersversorgung vorgesehen sind, mindestens jedoch bis zu dem Zeitpunkt, an dem der Leistungsanwärter das 55. Lebensjahr vollendet hat, und während dieser Zeit jährlich Beiträge gezahlt werden, die der Höhe nach gleich bleiben oder steigen. [3]Das Gleiche gilt für Leistungsanwärter, die das nach Buchstabe b Satz 2 jeweils maßgebende Lebensjahr noch nicht vollendet haben, für Leistungen der Invaliditäts- oder Hinterbliebenenversorgung, für Leistungen der Altersversorgung unter der Voraussetzung, dass die Leistungsanwartschaft bereits unverfallbar ist. [4]Ein Abzug ist ausgeschlossen, wenn die Ansprüche aus der Versicherung der Sicherung eines Darlehens dienen. [5]Liegen die Voraussetzungen der Sätze 1 bis 4 vor, sind die Zuwendungen nach den Buchstaben a und b in dem Verhältnis zu vermindern, in dem die Leistungen der Kasse durch die Versicherung gedeckt sind;

d) den Betrag, den die Kasse einem Leistungsanwärter im Sinne des Buchstabens b Satz 2 und 5 vor Eintritt des Versorgungsfalls als Abfindung für künftige Versorgungsleistungen gewährt, den Übertragungswert nach § 4 Absatz 5 des Betriebsrentengesetzes oder den Betrag, den sie an einen

---

[1] § 4d Abs. 1 Satz 1 Nr. 1 Buchst. b Satz 2 neu gef. mWv 1.1.2018 durch G v. 21.12.2015 (BGBl. I S. 2553).

[2] § 4d Abs. 1 Satz 1 Nr. 1 Satz 1 Buchst. c Satz 3 geänd. mWv 1.1.2018 durch G v. 21.12.2015 (BGBl. I S. 2553).

anderen Versorgungsträger zahlt, der eine ihr obliegende Versorgungsverpflichtung übernommen hat.

2 Zuwendungen dürfen nicht als Betriebsausgaben abgezogen werden, wenn das Vermögen der Kasse ohne Berücksichtigung künftiger Versorgungsleistungen am Schluss des Wirtschaftsjahres das zulässige Kassenvermögen übersteigt. 3 Bei der Ermittlung des Vermögens der Kasse ist am Schluss des Wirtschaftsjahres vorhandener Grundbesitz mit 200 Prozent der Einheitswerte anzusetzen, die zu dem Feststellungszeitpunkt maßgebend sind, der dem Schluss des Wirtschaftsjahres folgt; Ansprüche aus einer Versicherung sind mit dem Wert des geschäftsplanmäßigen Deckungskapitals zuzüglich der Guthaben aus Beitragsrückerstattung am Schluss des Wirtschaftsjahres anzusetzen, und das übrige Vermögen ist mit dem gemeinen Wert am Schluss des Wirtschaftsjahres zu bewerten. 4 Zulässiges Kassenvermögen ist die Summe aus dem Deckungskapital für alle am Schluss des Wirtschaftsjahres laufenden Leistungen nach der dem Gesetz als Anlage 1 beigefügten Tabelle[1)] für Leistungsempfänger im Sinne des Satzes 1 Buchstabe a und dem Achtfachen der nach Satz 1 Buchstabe b abzugsfähigen Zuwendungen. 5 Soweit sich die Kasse die Mittel für ihre Leistungen durch Abschluss einer Versicherung verschafft, ist, wenn die Voraussetzungen für den Abzug des Beitrages nach Satz 1 Buchstabe c erfüllt sind, zulässiges Kassenvermögen der Wert des geschäftsplanmäßigen Deckungskapitals aus der Versicherung am Schluss des Wirtschaftsjahres; in diesem Fall ist das zulässige Kassenvermögen nach Satz 4 in dem Verhältnis zu vermindern, in dem die Leistungen der Kasse durch die Versicherung gedeckt sind. 6 Soweit die Berechnung des Deckungskapitals nicht zum Geschäftsplan gehört, tritt an die Stelle des geschäftsplanmäßigen Deckungskapitals der nach § 169 Absatz 3 und 4 des Versicherungsvertragsgesetzes berechnete Wert,[2)] beim zulässigen Kassenvermögen ohne Berücksichtigung des Guthabens aus Beitragsrückerstattung. 7 Gewährt eine Unterstützungskasse anstelle von lebenslänglich laufenden Leistungen eine einmalige Kapitalleistung, so gelten 10 Prozent der Kapitalleistung als Jahresbetrag einer lebenslänglich laufenden Leistung;

2. bei Kassen, die keine lebenslänglich laufenden Leistungen gewähren, für jedes Wirtschaftsjahr 0,2 Prozent der Lohn- und Gehaltssumme des Trägerunternehmens, mindestens jedoch den Betrag der von der Kasse in einem Wirtschaftsjahr erbrachten Leistungen, soweit dieser Betrag höher ist als die in den vorangegangenen fünf Wirtschaftsjahren vorgenommenen Zuwendungen abzüglich der in dem gleichen Zeitraum erbrachten Leistungen. 2 Diese Zuwendungen dürfen nicht als Betriebsausgaben abgezogen werden, wenn das Vermögen der Kasse am Schluss des Wirtschaftsjahres das zulässige Kassenvermögen übersteigt. 3 Als zulässiges Kassenvermögen kann 1 Prozent der durchschnittlichen Lohn- und Gehaltssumme der letzten drei Jahre angesetzt werden. 4 Hat die Kasse bereits 10 Wirtschaftsjahre bestanden, darf das zulässige Kassenvermögen zusätzlich die Summe der in den

---

1) Abgedruckt im Anschluss an dieses Gesetz.

2) § 4d Abs. 1 Satz 1 Nr. 1 Satz 6 geänd. mWv 1.1.2018 durch G v. 21.12.2015 (BGBl. I S. 2553).

letzten zehn Wirtschaftsjahren gewährten Leistungen nicht übersteigen. [5]Für die Bewertung des Vermögens der Kasse gilt Nummer 1 Satz 3 entsprechend. [6]Bei der Berechnung der Lohn- und Gehaltssumme des Trägerunternehmens sind Löhne und Gehälter von Personen, die von der Kasse keine nicht lebenslänglich laufenden Leistungen erhalten können, auszuscheiden.

[2]Gewährt eine Kasse lebenslänglich laufende und nicht lebenslänglich laufende Leistungen, so gilt Satz 1 Nummer 1 und 2 nebeneinander. [3]Leistet ein Trägerunternehmen Zuwendungen an mehrere Unterstützungskassen, so sind diese Kassen bei der Anwendung der Nummern 1 und 2 als Einheit zu behandeln.

(2) [1]Zuwendungen im Sinne des Absatzes 1 sind von dem Trägerunternehmen in dem Wirtschaftsjahr als Betriebsausgaben abzuziehen, in dem sie geleistet werden. [2]Zuwendungen, die bis zum Ablauf eines Monats nach Aufstellung oder Feststellung der Bilanz des Trägerunternehmens für den Schluss eines Wirtschaftsjahres geleistet werden, können von dem Trägerunternehmen noch für das abgelaufene Wirtschaftsjahr durch eine Rückstellung gewinnmindernd berücksichtigt werden. [3]Übersteigen die in einem Wirtschaftsjahr geleisteten Zuwendungen die nach Absatz 1 abzugsfähigen Beträge, so können die übersteigenden Beträge im Wege der Rechnungsabgrenzung auf die folgenden drei Wirtschaftsjahre vorgetragen und im Rahmen der für diese Wirtschaftsjahre abzugsfähigen Beträge als Betriebsausgaben behandelt werden. [4]§ 5 Absatz 1 Satz 2 ist nicht anzuwenden.

(3) [1]Abweichend von Absatz 1 Satz 1 Nummer 1 Satz 1 Buchstabe d und Absatz 2 können auf Antrag die insgesamt erforderlichen Zuwendungen an die Unterstützungskasse für den Betrag, den die Kasse an einen Pensionsfonds zahlt, der eine ihr obliegende Versorgungsverpflichtung ganz oder teilweise übernommen hat, nicht im Wirtschaftsjahr der Zuwendung, sondern erst in den dem Wirtschaftsjahr der Zuwendung folgenden zehn Wirtschaftsjahren gleichmäßig verteilt als Betriebsausgaben abgezogen werden. [2]Der Antrag ist unwiderruflich; der jeweilige Rechtsnachfolger ist an den Antrag gebunden.

§ 4e Beiträge an Pensionsfonds. (1) Beiträge an einen Pensionsfonds im Sinne des § 236[1)] des Versicherungsaufsichtsgesetzes dürfen von dem Unternehmen, das die Beiträge leistet (Trägerunternehmen), als Betriebsausgaben abgezogen werden, soweit sie auf einer festgelegten Verpflichtung beruhen oder der Abdeckung von Fehlbeträgen bei dem Fonds dienen.

(2) Beiträge im Sinne des Absatzes 1 dürfen als Betriebsausgaben nicht abgezogen werden, soweit die Leistungen des Fonds, wenn sie vom Trägerunternehmen unmittelbar erbracht würden, bei diesem nicht betrieblich veranlasst wären.

(3) [1]Der Steuerpflichtige kann auf Antrag die insgesamt erforderlichen Leistungen an einen Pensionsfonds zur teilweisen oder vollständigen Übernahme einer bestehenden Versorgungsverpflichtung oder Versorgungsanwartschaft

---

[1)] Verweis geänd. mWv 1.1.2016 durch G v. 1.4.2015 (BGBl. I S. 434).

durch den Pensionsfonds erst in den dem Wirtschaftsjahr der Übertragung folgenden zehn Wirtschaftsjahren gleichmäßig verteilt als Betriebsausgaben abziehen. 2Der Antrag ist unwiderruflich; der jeweilige Rechtsnachfolger ist an den Antrag gebunden. 3Ist eine Pensionsrückstellung nach § 6a gewinnerhöhend aufzulösen, ist Satz 1 mit der Maßgabe anzuwenden, dass die Leistungen an den Pensionsfonds im Wirtschaftsjahr der Übertragung in Höhe der aufgelösten Rückstellung als Betriebsausgaben abgezogen werden können; der die aufgelöste Rückstellung übersteigende Betrag ist in den dem Wirtschaftsjahr der Übertragung folgenden zehn Wirtschaftsjahren gleichmäßig verteilt als Betriebsausgaben abzuziehen. 4Satz 3 gilt entsprechend, wenn es im Zuge der Leistungen des Arbeitgebers an den Pensionsfonds zu Vermögensübertragungen einer Unterstützungskasse an den Arbeitgeber kommt.

§ 4f[1] Verpflichtungsübernahmen, Schuldbeitritte und Erfüllungsübernahmen. (1) 1Werden Verpflichtungen übertragen, die beim ursprünglich Verpflichteten Ansatzverboten, -beschränkungen oder Bewertungsvorbehalten unterlegen haben, ist der sich aus diesem Vorgang ergebende Aufwand im Wirtschaftsjahr der Schuldübernahme und den nachfolgenden 14 Jahren gleichmäßig verteilt als Betriebsausgabe abziehbar. 2Ist auf Grund der Übertragung einer Verpflichtung ein Passivposten gewinnerhöhend aufzulösen, ist Satz 1 mit der Maßgabe anzuwenden, dass der sich ergebende Aufwand im Wirtschaftsjahr der Schuldübernahme in Höhe des aufgelösten Passivpostens als Betriebsausgabe abzuziehen ist; der den aufgelösten Passivposten übersteigende Betrag ist in dem Wirtschaftsjahr der Schuldübernahme und den nachfolgenden 14 Wirtschaftsjahren gleichmäßig verteilt als Betriebsausgabe abzuziehen. 3Eine Verteilung des sich ergebenden Aufwands unterbleibt, wenn die Schuldübernahme im Rahmen einer Veräußerung oder Aufgabe des ganzen Betriebes oder des gesamten Mitunternehmeranteils im Sinne der §§ 14, 16 Absatz 1, 3 und 3a sowie des § 18 Absatz 3 erfolgt; dies gilt auch, wenn ein Arbeitnehmer unter Mitnahme seiner erworbenen Pensionsansprüche zu einem neuen Arbeitgeber wechselt oder wenn der Betrieb am Schluss des vorangehenden Wirtschaftsjahres die Gewinngrenze des § 7g Absatz 1 Satz 2 Nummer 1[2] nicht überschreitet. 4Erfolgt die Schuldübernahme in dem Fall einer Teilbetriebsveräußerung oder -aufgabe im Sinne der §§ 14, 16 Absatz 1, 3 und 3a sowie des § 18 Absatz 3, ist ein Veräußerungs- oder Aufgabeverlust um den Aufwand im Sinne des Satzes 1 zu vermindern, soweit dieser den Verlust begründet oder erhöht hat. 5Entsprechendes gilt für den einen aufgelösten Passivposten übersteigenden Betrag im Sinne des Satzes 2. 6Für den hinzugerechneten Aufwand gelten Satz 2 zweiter Halbsatz und Satz 3 entsprechend. 7Der jeweilige Rechtsnachfolger des ursprünglichen Verpflichteten ist an die Aufwandsverteilung nach den Sätzen 1 bis 6 gebunden.

(2) Wurde für Verpflichtungen im Sinne des Absatzes 1 ein Schuldbeitritt oder eine Erfüllungsübernahme mit ganzer oder teilweiser Schuldfreistellung

---

[1] § 4f eingef. durch G v. 18.12.2013 (BGBl. I S. 4318); zur Anwendung siehe § 52 Abs. 8 Satz 1.

[2] § 4f Abs. 1 Satz 3 geänd. durch G v. 21.12.2020 (BGBl. I S. 3096); zur Anwendung (insb. zu abw. Wj.) siehe § 52 Abs. 8 Satz 2.

vereinbart, gilt für die vom Freistellungsberechtigten an den Freistellungsverpflichteten erbrachten Leistungen Absatz 1 Satz 1, 2 und 7 entsprechend.

§ 4g Bildung eines Ausgleichspostens bei Entnahme nach § 4 Absatz 1 Satz 3. (1)[1] [1]Der Steuerpflichtige kann in Höhe des Unterschiedsbetrags zwischen dem Buchwert und dem nach § 6 Absatz 1 Nummer 4 Satz 1 zweiter Halbsatz anzusetzenden Wert eines Wirtschaftsguts auf Antrag einen Ausgleichsposten bilden, soweit das Besteuerungsrecht der Bundesrepublik Deutschland hinsichtlich des Gewinns aus der Veräußerung des Wirtschaftsguts zugunsten eines Staates im Sinne des § 36 Absatz 5 Satz 1 beschränkt oder ausgeschlossen wird (§ 4 Absatz 1 Satz 3). [2]Der Ausgleichsposten ist für jedes Wirtschaftsgut getrennt auszuweisen. [3]Der Antrag ist unwiderruflich. [4]Die Vorschriften des Umwandlungssteuergesetzes bleiben unberührt.

(2)[2] [1]Der Ausgleichsposten ist im Wirtschaftjahr der Bildung und in den vier folgenden Wirtschaftsjahren zu jeweils einem Fünftel gewinnerhöhend aufzulösen. [2]Er ist in vollem Umfang gewinnerhöhend aufzulösen, wenn ein Ereignis im Sinne des § 36 Absatz 5 Satz 4 eintritt oder wenn ein künftiger Steueranspruch aus der Auflösung des Ausgleichspostens gemäß Satz 1 gefährdet erscheint und der Steuerpflichtige dem Verlangen der zuständigen Finanzbehörde auf Leistung einer Sicherheit nicht nachkommt.

(3)[3] *(aufgehoben)*

(4)[4] [1]Die Absätze 1 und 2 finden entsprechende Anwendung bei der Ermittlung des Überschusses der Betriebseinnahmen über die Betriebsausgaben gemäß § 4 Absatz 3. [2]Wirtschaftsgüter, für die ein Ausgleichsposten nach Absatz 1 gebildet worden ist, sind in ein laufend zu führendes Verzeichnis aufzunehmen. [3]Der Steuerpflichtige hat darüber hinaus Aufzeichnungen zu führen, aus denen die Bildung und Auflösung der Ausgleichsposten hervorgeht. [4]Die Aufzeichnungen nach den Sätzen 2 und 3 sind der Steuererklärung beizufügen.

(5)[5] [1]Der Steuerpflichtige ist verpflichtet, der zuständigen Finanzbehörde die Entnahme oder ein Ereignis im Sinne des Absatzes 2 unverzüglich anzuzeigen. [2]Kommt der Steuerpflichtige dieser Anzeigepflicht, seinen Aufzeichnungspflichten nach Absatz 4 oder seinen sonstigen Mitwirkungspflichten im Sinne des § 90 der Abgabenordnung nicht nach, ist der Ausgleichsposten dieses Wirtschaftsguts gewinnerhöhend aufzulösen. [3]§ 36 Absatz 5 Satz 8 gilt entsprechend.

(6)[6] Absatz 2 Satz 2 ist mit der Maßgabe anzuwenden, dass allein der Austritt des Vereinigten Königreichs Großbritannien und Nordirland aus der Eu-

---

[1] § 4g Abs. 1 neu gef. durch G v. 25.6.2021 (BGBl. I S. 2035); zur Anwendung siehe § 52 Abs. 8a.

[2] § 4g Abs. 2 Satz 2 neu gef. mWv VZ 2021 durch G v. 25.6.2021 (BGBl. I S. 2035).

[3] § 4g Abs. 3 aufgeh. mWv VZ 2021 durch G v. 25.6.2021 (BGBl. I S. 2035).

[4] § 4g Abs. 4 Satz 1 Verweis geänd. mWv VZ 2021 durch G v. 25.6.2021 (BGBl. I S. 2035).

[5] § 4g Abs. 5 Satz 3 angef. mWv VZ 2021 durch G v. 25.6.2021 (BGBl. I S. 2035).

[6] § 4g Abs. 6 angef. mWv 29.3.2019 durch Brexit-StBG v. 25.3.2019 (BGBl. I S. 357); geänd. mWv VZ 2021 durch G v 25.6.2021 (BGBl. I S. 2035).

ropäischen Union nicht dazu führt, dass ein als entnommen geltendes Wirtschaftsgut als aus der Besteuerungshoheit der Mitgliedstaaten der Europäischen Union ausgeschieden gilt.

§ 4h Betriebsausgabenabzug für Zinsaufwendungen (Zinsschranke).

(1)[1] [1]Zinsaufwendungen eines Betriebs sind abziehbar in Höhe des Zinsertrags, darüber hinaus nur bis zur Höhe des verrechenbaren EBITDA. [2]Das verrechenbare EBITDA ist 30 Prozent des um die Zinsaufwendungen und um die nach § 6 Absatz 2 Satz 1 abzuziehenden, nach § 6 Absatz 2a Satz 2 gewinnmindernd aufzulösenden und nach § 7 abgesetzten Beträge erhöhten und um die Zinserträge verminderten maßgeblichen Gewinns. [3]Soweit das verrechenbare EBITDA die um die Zinserträge geminderten Zinsaufwendungen des Betriebs [***neue Fassung***: (Nettozinsaufwendungen)] übersteigt, ist es in die folgenden fünf Wirtschaftsjahre vorzutragen (EBITDA-Vortrag); ein EBITDA-Vortrag entsteht nicht in Wirtschaftsjahren, in denen *Absatz 2 die Anwendung von Absatz 1* [***neue Fassung***: die Zinsaufwendungen die Zinserträge nicht übersteigen oder Absatz 2 die Anwendung von][2] Satz 1 ausschließt. [4]Zinsaufwendungen, die nach Satz 1 nicht abgezogen werden können, sind bis zur Höhe der EBITDA-Vorträge aus vorangegangenen Wirtschaftsjahren abziehbar und mindern die EBITDA-Vorträge in ihrer zeitlichen Reihenfolge. [5]Danach verbleibende nicht abziehbare Zinsaufwendungen sind in die folgenden Wirtschaftsjahre vorzutragen (Zinsvortrag). [6]Sie erhöhen die Zinsaufwendungen dieser Wirtschaftsjahre, nicht aber den maßgeblichen Gewinn. [***neue Fassung***: Absatz 2 findet keine Anwendung, soweit Zinsaufwendungen aufgrund eines Zinsvortrags erhöht wurden.][3]

(2)[4] [1]Absatz 1 Satz 1 ist nicht anzuwenden, wenn

[bisherige Fassung:]	***[neue Fassung:]***[5]
a) der Betrag der Zinsaufwendungen, soweit er den Betrag der Zinserträge übersteigt, weniger als drei Millionen Euro beträgt,	a) die Nettozinsaufwendungen des Betriebs weniger als drei Millionen Euro betragen,
b) der Betrieb nicht oder nur anteilmäßig zu einem Konzern gehört, oder	b) der Steuerpflichtige keiner Person im Sinne des § 1 Absatz 2 (gegebenenfalls in Verbindung mit § 1 Absatz 1 Satz 2) des Außensteuergesetzes nahesteht und über keine Betriebsstätte außerhalb des Staates verfügt, in dem sich sein

[1] § 4h Abs. 1 neu gef. durch G v. 22.12.2009 (BGBl. I S. 3950); Satz 3 neu gef., Satz 7 angef. durch G v. 22.12.2023 (BGBl. I Nr. 411), zur Anwendung siehe § 52 Abs. 8b.

[2] Vgl. zur Anwendung § 52 Abs. 8b.

[3] Vgl. zur Anwendung § 52 Abs. 8b.

[4] § 4h Abs. 2 Satz 1 Buchst. c Satz 2 geänd. durch G v. 22.12.2009 (BGBl. I S. 3950); Satz 16 geänd. durch G v. 20.12.2022 (BGBl. I S. 2730).

[5] § 4h Abs. 2 Satz 1 Buchst. a und b neu gef. durch G v. 22.12.2023 (BGBl. I Nr. 411); zur Anwendung siehe § 52 Abs. 8b.

[neue Fassung:]

Wohnsitz, gewöhnlicher Aufenthalt, Sitz oder seine Geschäftsleitung befindet, oder

c) der Betrieb zu einem Konzern gehört und seine Eigenkapitalquote am Schluss des vorangegangenen Abschlussstichtages gleich hoch oder höher ist als die des Konzerns (Eigenkapitalvergleich). 2 Ein Unterschreiten der Eigenkapitalquote des Konzerns um bis zu zwei Prozentpunkte[1)] ist unschädlich. 3 Eigenkapitalquote ist das Verhältnis des Eigenkapitals zur Bilanzsumme; sie bemisst sich nach dem Konzernabschluss, der den Betrieb umfasst, und ist für den Betrieb auf der Grundlage des Jahresabschlusses oder Einzelabschlusses zu ermitteln. 4 Wahlrechte sind im Konzernabschluss und im Jahresabschluss oder Einzelabschluss einheitlich auszuüben; bei gesellschaftsrechtlichen Kündigungsrechten ist insoweit mindestens das Eigenkapital anzusetzen, das sich nach den Vorschriften des Handelsgesetzbuchs ergeben würde. 5 Bei der Ermittlung der Eigenkapitalquote des Betriebs ist das Eigenkapital um einen im Konzernabschluss enthaltenen Firmenwert, soweit er auf den Betrieb entfällt, *und um die Hälfte von Sonderposten mit Rücklagenanteil (§ 273 des Handelsgesetzbuchs)*[2)] zu erhöhen sowie um das Eigenkapital, das keine Stimmrechte vermittelt – mit Ausnahme von Vorzugsaktien –, die Anteile an anderen Konzerngesellschaften und um Einlagen der letzten sechs Monate vor dem maßgeblichen Abschlussstichtag, soweit ihnen Entnahmen oder Ausschüttungen innerhalb der ersten sechs Monate nach dem maßgeblichen Abschlussstichtag gegenüberstehen, zu kürzen. 6 Die Bilanzsumme ist um Kapitalforderungen zu kürzen, die nicht im Konzernabschluss ausgewiesen sind und denen Verbindlichkeiten im Sinne des Absatzes 3 in mindestens gleicher Höhe gegenüberstehen. 7 Sonderbetriebsvermögen ist dem Betrieb der Mitunternehmerschaft zuzuordnen, soweit es im Konzernvermögen enthalten ist. 8 Die für den Eigenkapitalvergleich maßgeblichen Abschlüsse sind einheitlich nach den International Financial Reporting Standards (IFRS) zu erstellen. 9 Hiervon abweichend können Abschlüsse nach dem Handelsrecht eines Mitgliedstaats der Europäischen Union verwendet werden, wenn kein Konzernabschluss nach den IFRS zu erstellen und offen zu legen ist und für keines der letzten fünf Wirtschaftsjahre ein Konzernabschluss nach den IFRS erstellt wurde; nach den Generally Accepted Accounting Principles der Vereinigten Staaten von Amerika (US-GAAP) aufzustellende und offen zu legende Abschlüsse sind zu verwenden, wenn kein Konzernabschluss nach den IFRS oder dem Handelsrecht eines Mitgliedstaats der Europäischen Union zu erstellen und offen zu legen ist. 10 Der Konzernabschluss muss den Anforderungen an die handelsrechtliche Konzernrechnungslegung genügen oder die Voraussetzungen erfüllen, unter denen ein Abschluss nach den §§ 291 und 292 des Handelsge-

---

1) Erweiterung des Toleranzrahmens mW für nach dem 31.12.2009 endende Wj. (§ 52 Abs. 12d Satz 4 a. F.) durch G v. 22.12.2009 (BGBl. I S. 3950).

2) § 4h Abs. 2 Buchst. c Satz 5 kursiver Satzteil gestrichen durch G v. 22.12.2023 (BGBl. I Nr. 411); zur Anwendung siehe § 52 Abs. 8b.

setzbuchs befreiende Wirkung hätte. [11] Wurde der Jahresabschluss oder Einzelabschluss nicht nach denselben Rechnungslegungsstandards wie der Konzernabschluss aufgestellt, ist die Eigenkapitalquote des Betriebs in einer Überleitungsrechnung nach den für den Konzernabschluss geltenden Rechnungslegungsstandards zu ermitteln. [12] Die Überleitungsrechnung ist einer prüferischen Durchsicht zu unterziehen. [13] Auf Verlangen der Finanzbehörde ist der Abschluss oder die Überleitungsrechnung des Betriebs durch einen Abschlussprüfer zu prüfen, der die Voraussetzungen des § 319 des Handelsgesetzbuchs erfüllt. [14] Ist ein dem Eigenkapitalvergleich zugrunde gelegter Abschluss unrichtig und führt der zutreffende Abschluss zu einer Erhöhung der nach Absatz 1 nicht abziehbaren Zinsaufwendungen, ist ein Zuschlag entsprechend § 162 Absatz 4 Satz 1 und 2 der Abgabenordnung festzusetzen. [15] Bemessungsgrundlage für den Zuschlag sind die nach Absatz 1 nicht abziehbaren Zinsaufwendungen. [16] § 162 Absatz 4 Satz *4 bis 6* [***ab 1.1.2023:*** 5 bis 7] der Abgabenordnung gilt sinngemäß.

[2] Ist eine Gesellschaft, bei der der Gesellschafter als Mitunternehmer anzusehen ist, unmittelbar oder mittelbar einer Körperschaft nachgeordnet, gilt für die Gesellschaft § 8a Absatz 3[1)] des Körperschaftsteuergesetzes entsprechend. [***neue Fassung:*** [3] An die Stelle des Steuerpflichtigen tritt für Zwecke des Satzes 1 Buchstabe b bei Personengesellschaften oder Mitunternehmerschaften die Personengesellschaft oder Mitunternehmerschaft.][2)]

[bisherige Fassung:]

(3) [1] Maßgeblicher Gewinn ist der nach den Vorschriften dieses Gesetzes mit Ausnahme des Absatzes 1 ermittelte steuerpflichtige Gewinn. [2] Zinsaufwendungen sind Vergütungen für Fremdkapital, die den maßgeblichen Gewinn gemindert haben. [3] Zinserträge sind Erträge aus Kapitalforderungen jeder Art, die den maßgeblichen Gewinn erhöht haben. [4] Die Auf- und Abzinsung unverzinslicher oder niedrig verzinslicher Verbindlichkeiten oder Kapitalforderungen führen ebenfalls zu Zinserträgen oder Zinsaufwendungen. [5] Ein Betrieb gehört zu einem Konzern, wenn er nach dem für die Anwendung des

[neue Fassung:]

(3)[3)] [1] Maßgeblicher Gewinn ist der nach den Vorschriften dieses Gesetzes mit Ausnahme des Absatzes 1 ermittelte steuerpflichtige Gewinn. [2] Zinsaufwendungen sind Vergütungen für Fremdkapital, wirtschaftlich gleichwertige Aufwendungen und sonstige Aufwendungen im Zusammenhang mit der Beschaffung von Fremdkapital im Sinne des Artikels 2 Absatz 1 der Richtlinie (EU) 2016/1164 des Rates vom 12. Juli 2016 mit Vorschriften zur Bekämpfung von Steuervermeidungspraktiken mit unmittelbaren Auswirkungen auf das Funktionieren des Binnenmarkts (ABl. L 193 vom 19.7.2016, S. 1),

---

1) Verweis redaktionell geänd. durch G v. 22.12.2023 (BGBl. I Nr. 411).

2) § 4h Abs. 2 Satz 3 angef. durch G v. 22.12.2023 (BGBl. I Nr. 411); zur Anwendung siehe § 52 Abs. 8b.

3) § 4h Abs. 3 Sätze 2 und 3 geänd., Satz 4 aufgeh., bish. Satz 5 wird Satz 4 und geänd. und bish. Satz 6 ebenfalls aufgeh. durch G v. 22.12.2023 (BGBl. I Nr. 411); zur Anwendung siehe § 52 Abs. 8b.

[bisherige Fassung:]

Absatzes 2 Satz 1 Buchstabe c zugrunde gelegten Rechnungslegungsstandard mit einem oder mehreren anderen Betrieben konsolidiert wird oder werden könnte. 6 Ein Betrieb gehört für Zwecke des Absatzes 2 auch zu einem Konzern, wenn seine Finanz- und Geschäftspolitik mit einem oder mehreren anderen Betrieben einheitlich bestimmt werden kann.

[neue Fassung:]

die den maßgeblichen Gewinn gemindert haben. 3 Zinserträge sind Erträge aus Kapitalforderungen jeder Art und wirtschaftlich gleichwertige Erträge im Zusammenhang mit Kapitalforderungen, die den maßgeblichen Gewinn erhöht haben. 4 Ein Betrieb gehört zu einem Konzern, wenn er nach dem für die Anwendung des Absatzes 2 Satz 1 Buchstabe c zugrunde gelegten Rechnungslegungsstandard mit einem oder mehreren anderen Betrieben konsolidiert wird.

(4)[1)] 1 Der EBITDA-Vortrag und der Zinsvortrag sind gesondert festzustellen. 2 Zuständig ist das für die gesonderte Feststellung des Gewinns und Verlusts der Gesellschaft zuständige Finanzamt, im Übrigen das für die Besteuerung zuständige Finanzamt. 3 § 10d Absatz 4 gilt sinngemäß. 4 Feststellungsbescheide sind zu erlassen, aufzuheben oder zu ändern, soweit sich die nach Satz 1 festzustellenden Beträge ändern.

(5)[2)] 1 Bei Aufgabe oder Übertragung des Betriebs gehen ein nicht verbrauchter EBITDA-Vortrag und ein nicht verbrauchter Zinsvortrag unter. 2 Scheidet ein Mitunternehmer aus einer Gesellschaft aus, gehen der EBITDA-Vortrag und der Zinsvortrag anteilig mit der Quote unter, mit der der ausgeschiedene Gesellschafter an der Gesellschaft beteiligt war. 3 § 8c des Körperschaftsteuergesetzes ist auf den Zinsvortrag einer Gesellschaft entsprechend anzuwenden, soweit an dieser unmittelbar oder mittelbar eine Körperschaft als Mitunternehmer beteiligt ist. [***neue Fassung:*** 4 Bei Aufgabe oder Übertragung eines Teilbetriebs gehen ein nicht verbrauchter EBITDA-Vortrag und ein nicht verbrauchter Zinsvortrag anteilig unter; § 15 Absatz 3 des Umwandlungssteuergesetzes gilt entsprechend.][3)]

[***neue Fassung:***

(6)[4)] 1 Zinsaufwendungen oder Zinserträge aus Darlehen, die zur Finanzierung langfristiger öffentlicher Infrastrukturprojekte verwendet und auf Grund von allgemeinen Förderbedingungen vergeben werden, stellen keine Zinsaufwendungen oder Zinserträge im Sinne des Absatzes 3 Satz 2 und 3 dar, sofern es sich um mittelbar oder unmittelbar aus öffentlichen Haushalten gewährte Mittel der Europäischen Union, von Bund, Ländern, Gemeinden oder Mittel

---

1) § 4h Abs. 4 Sätze 1 und 4 geänd. durch G v. 22.12.2009 (BGBl. I S. 3950).

2) § 4h Abs. 5 Sätze 1 und 2 geänd. durch G v. 22.12.2009 (BGBl. I S. 3950); Satz 4 angef. durch G v. 22.12.2023 (BGBl. I Nr. 411); zur Anwendung siehe § 52 Abs. 8b.

3) Zur Anwendung siehe § 52 Abs. 8b.

4) § 4h Abs. 6 angef. durch G v. 22.12.2023 (BGBl. I Nr. 411); zur Anwendung siehe § 52 Abs. 8b.

anderer öffentlich-rechtlicher Körperschaften oder einer nach § 5 Absatz 1 Nummer 2, 17 oder 18 des Körperschaftsteuergesetzes steuerbefreiten Einrichtung handelt. 2 Satz 1 gilt nur, sofern sämtliche geschaffenen Vermögenswerte in einem Mitgliedstaat der Europäischen Union belegen sind, der Projektbetreiber in einem Mitgliedstaat der Europäischen Union ansässig ist und die Einkünfte aus dem Infrastrukturprojekt in einem Mitgliedstaat der Europäischen Union der Besteuerung unterliegen. 3 Bei der Ermittlung des verrechenbaren EBITDA im Sinne des Absatzes 1 Satz 2 bleiben Aufwendungen und Erträge, die auf das Infrastrukturprojekt im Sinne des Satzes 1 entfallen, außer Ansatz.]

§ 4i[1] Sonderbetriebsausgabenabzug bei Vorgängen mit Auslandsbezug. 1 Aufwendungen dürfen nicht als Sonderbetriebsausgaben abgezogen werden, soweit sie auch die Steuerbemessungsgrundlage in einem anderen Staat mindern. 2 Satz 1 gilt nicht, soweit diese Aufwendungen Erträge desselben Steuerpflichtigen mindern, die bei ihm sowohl der inländischen Besteuerung unterliegen als auch nachweislich der tatsächlichen Besteuerung in dem anderen Staat.

§ 4j[2] Aufwendungen für Rechteüberlassungen. (1) 1 Aufwendungen für die Überlassung der Nutzung oder des Rechts auf Nutzung von Rechten, insbesondere von Urheberrechten und gewerblichen Schutzrechten, von gewerblichen, technischen, wissenschaftlichen und ähnlichen Erfahrungen, Kenntnissen und Fertigkeiten, zum Beispiel Plänen, Mustern und Verfahren, sind ungeachtet eines bestehenden Abkommens zur Vermeidung der Doppelbesteuerung nur nach Maßgabe des Absatzes 3 abziehbar, wenn die Einnahmen des Gläubigers einer von der Regelbesteuerung abweichenden, niedrigen Besteuerung nach Absatz 2 unterliegen (Präferenzregelung) und der Gläubiger eine dem Schuldner nahestehende Person im Sinne des § 1 Absatz 2 des Außensteuergesetzes ist. 2 Wenn auch der Gläubiger nach Satz 1 oder eine andere dem Schuldner nach Satz 1 nahestehende Person im Sinne des § 1 Absatz 2 des Außensteuergesetzes wiederum Aufwendungen für Rechte hat, aus denen sich die Rechte nach Satz 1 unmittelbar oder mittelbar ableiten, sind die Aufwendungen nach Satz 1 ungeachtet eines bestehenden Abkommens zur Vermeidung der Doppelbesteuerung auch dann nur nach Maßgabe des Absatzes 3 abziehbar, wenn die weiteren Einnahmen des weiteren Gläubigers einer von der Regelbesteuerung abweichenden, niedrigen Besteuerung nach Absatz 2 unterliegen und der weitere Gläubiger eine dem Schuldner nach Satz 1 nahestehende Person im Sinne des § 1 Absatz 2 des Außensteuergesetzes ist; dies gilt nicht, wenn die Abziehbarkeit der Aufwendungen beim Gläubiger oder der anderen dem Schuldner nahestehenden Person bereits nach dieser Vorschrift beschränkt ist. 3 Als Schuldner und Gläubiger gelten auch Betriebsstätten, die ertragsteuerlich als Nutzungsberechtigter oder Nutzungsverpflichteter

---

[1] § 4i eingef. mWv 1.1.2017 durch G v. 20.12.2016 (BGBl. I S. 3000); Überschr. geänd., Satz 1 kursiver Satzteil aufgeh. und geänd. mWv 25.6.2017 durch G v. 23.6.2017 (BGBl. I S. 1682).

[2] § 4j eingef. durch G v. 27.6.2017 (BGBl. I S. 2074); zur Anwendung siehe § 52 Abs. 8c.

der Rechte für die Überlassung der Nutzung oder des Rechts auf Nutzung von Rechten behandelt werden. 4 Die Sätze 1 und 2 sind nicht anzuwenden, soweit sich die niedrige Besteuerung daraus ergibt, dass die Einnahmen des Gläubigers oder des weiteren Gläubigers einer Präferenzregelung unterliegen, die dem Nexus-Ansatz gemäß Kapitel 4 des Abschlussberichts 2015 zu Aktionspunkt 5, OECD (2016) „Wirksamere Bekämpfung schädlicher Steuerpraktiken unter Berücksichtigung von Transparenz und Substanz“, OECD/G20 Projekt Gewinnverkürzung und Gewinnverlagerung[1], entspricht. 5 Die Sätze 1 und 2 sind insoweit nicht anzuwenden, als auf Grund der aus den Aufwendungen resultierenden Einnahmen ein Hinzurechnungsbetrag im Sinne des § 10 Absatz 1 Satz 1 des Außensteuergesetzes anzusetzen ist.

(2)[2] 1 Eine niedrige Besteuerung im Sinne des Absatzes 1 liegt vor, wenn die von der Regelbesteuerung abweichende Besteuerung der Einnahmen des Gläubigers oder des weiteren Gläubigers zu einer Belastung durch Ertragsteuern von weniger als ~~*25 Prozent*~~ [***ab 1.1.2024:*** 15 Prozent][3] führt; maßgeblich ist bei mehreren Gläubigern die niedrigste Belastung. 2 Bei der Ermittlung, ob eine niedrige Besteuerung vorliegt, sind sämtliche Regelungen zu berücksichtigen, die sich auf die Besteuerung der Einnahmen aus der Rechteüberlassung auswirken, insbesondere steuerliche Kürzungen, Befreiungen, Gutschriften oder Ermäßigungen. 3 Werden die Einnahmen für die Überlassung der Nutzung oder des Rechts auf Nutzung von Rechten einer anderen Person ganz oder teilweise zugerechnet oder erfolgt die Besteuerung aus anderen Gründen ganz oder teilweise bei einer anderen Person als dem Gläubiger oder dem weiteren Gläubiger, ist auf die Summe der Belastungen abzustellen. 4 § 8 Absatz 5 Satz 2 und 3 des Außensteuergesetzes gilt entsprechend.

(3) 1 Aufwendungen nach Absatz 1 sind in den Fällen einer niedrigen Besteuerung nach Absatz 2 nur zum Teil abziehbar. 2 Der nicht abziehbare Teil ist dabei wie folgt zu ermitteln:

$$\frac{25\,\% - \textit{Belastung durch Ertragsteuern in }\%}{25\,\%}$$

[***ab 1.1.2024:***][4]

$$\frac{15\,\% - \text{Belastung durch Ertragsteuern in Prozent}}{15\,\%}$$

§ 4k[5] Betriebsausgabenabzug bei Besteuerungsinkongruenzen.

(1) 1 Aufwendungen für die Nutzung oder im Zusammenhang mit der Übertragung von Kapitalvermögen sind insoweit nicht als Betriebsausgaben abziehbar, als die den Aufwendungen entsprechenden Erträge auf Grund einer

---

1) **[Amtl. Anm.:]** Zu beziehen unter OECD Publishing, Paris, http://dx.doi.org/10.1787/9789264258037-de.

2) § 4j Abs. 2 Satz 4 Verweis geänd. durch G v. 25.6.2021 (BGBl. I S. 2035).

3) Prozentsatz geänd. mWv 1.1.2024 (§ 52 Abs. 8c Satz 2) durch G v. 21.12.2023 (BGBl. I Nr. 397).

4) Prozentsätze geänd. mWv 1.1.2024 (§ 52 Abs. 8c Satz 2) durch G v. 22.12.2023 (BGBl. I Nr. 397).

5) § 4k eingef. durch G v. 25.6.2021 (BGBl. I S. 2035); zur Anwendung siehe § 52 Abs. 8d.

vom deutschen Recht abweichenden steuerlichen Qualifikation oder Zurechnung des Kapitalvermögens nicht oder niedriger als bei dem deutschen Recht entsprechender Qualifikation oder Zurechnung besteuert werden. [2]Satz 1 gilt nicht, soweit die Besteuerungsinkongruenz voraussichtlich in einem künftigen Besteuerungszeitraum beseitigt wird und die Zahlungsbedingungen einem Fremdvergleich standhalten.

(2) [1]Soweit nicht bereits die Voraussetzungen für die Versagung des Betriebsausgabenabzugs nach Absatz 1 vorliegen, sind Aufwendungen auch insoweit nicht als Betriebsausgaben abziehbar, als die den Aufwendungen entsprechenden Erträge auf Grund einer vom deutschen Recht abweichenden steuerlichen Behandlung des Steuerpflichtigen oder auf Grund einer vom deutschen Recht abweichenden steuerlichen Beurteilung von anzunehmenden schuldrechtlichen Beziehungen im Sinne des § 1 Absatz 4 Satz 1 Nummer 2 des Außensteuergesetzes in keinem Staat einer tatsächlichen Besteuerung unterliegen. [2]Handelt es sich bei dem Gläubiger der Erträge im Sinne des Satzes 1 um einen unbeschränkt steuerpflichtigen, unmittelbaren oder mittelbaren Gesellschafter einer ausländischen vermögensverwaltenden Personengesellschaft oder um eine Personengesellschaft, an der ein solcher Gesellschafter unmittelbar oder mittelbar beteiligt ist, gilt § 39 Absatz 2 Nummer 2 der Abgabenordnung nicht, soweit die in Satz 1 genannten Aufwendungen in dem anderen Staat zum Abzug zugelassen sind und die den Aufwendungen entsprechenden Erträge durch die vom deutschen Recht abweichende Zurechnung keiner tatsächlichen Besteuerung unterliegen. [3]Satz 1 gilt nicht, soweit den Aufwendungen Erträge desselben Steuerpflichtigen gegenüberstehen, die sowohl im Inland als auch nachweislich in dem Staat des Gläubigers oder, wenn es sich bei dem Gläubiger um eine Personengesellschaft handelt, im Staat des unmittelbaren oder mittelbaren Gesellschafters beziehungsweise des anderen Unternehmensteils im Rahmen einer anzunehmenden schuldrechtlichen Beziehung einer tatsächlichen Besteuerung unterliegen.

(3) Soweit nicht bereits die Voraussetzungen für die Versagung des Betriebsausgabenabzugs nach den vorstehenden Absätzen vorliegen, sind Aufwendungen auch insoweit nicht als Betriebsausgaben abziehbar, als die den Aufwendungen entsprechenden Erträge auf Grund deren vom deutschen Recht abweichender steuerlicher Zuordnung oder Zurechnung nach den Rechtsvorschriften anderer Staaten in keinem Staat einer tatsächlichen Besteuerung unterliegen.

(4) [1]Soweit nicht bereits die Voraussetzungen für die Versagung des Betriebsausgabenabzugs nach den vorstehenden Absätzen vorliegen, sind Aufwendungen auch insoweit nicht als Betriebsausgaben abziehbar, als die Aufwendungen auch in einem anderen Staat berücksichtigt werden. [2]Eine Berücksichtigung der Aufwendungen im Sinne des Satzes 1 liegt bei unbeschränkt Steuerpflichtigen auch vor, wenn der andere Staat den Abzug der Aufwendungen bereits nach seinen Vorschriften nicht zulässt, die diesem oder den vorstehenden Absätzen entsprechen; dies gilt nicht, wenn der Abzug der Aufwendungen in einem anderen Staat auf Grund einer diesem Absatz entsprechenden Regelung nicht zugelassen wird bei

1. einem mittelbaren oder unmittelbaren Gesellschafter eines unbeschränkt Steuerpflichtigen im Sinne des § 1 des Körperschaftsteuergesetzes oder
2. dem Steuerpflichtigen, sofern sich dessen Wohnsitz, Sitz oder Ort der Geschäftsleitung auch in einem anderen Mitgliedstaat der Europäischen Union befindet und dieser Staat den Steuerpflichtigen für Zwecke der Anwendung eines Abkommens zur Vermeidung der Doppelbesteuerung zwischen der Bundesrepublik Deutschland und diesem Staat als nicht in diesem Staat ansässig behandelt.

[3] Satz 1 gilt nicht, soweit den Aufwendungen Erträge desselben Steuerpflichtigen gegenüberstehen, die sowohl im Inland als auch nachweislich in dem anderen Staat einer tatsächlichen Besteuerung unterliegen. [4] Bei unbeschränkt Steuerpflichtigen, bei denen eine Doppelbesteuerung durch Anrechnung oder Abzug der ausländischen Steuer vermieden wird, finden die Sätze 1 bis 3 nur Anwendung, soweit die Aufwendungen auch Erträge in einem anderen Staat mindern, die nicht der inländischen Besteuerung unterliegen.

(5) [1] Soweit nicht bereits die Voraussetzungen für die Versagung des Betriebsausgabenabzugs nach den vorstehenden Absätzen vorliegen, sind Aufwendungen auch insoweit nicht als Betriebsausgaben abziehbar, als den aus diesen Aufwendungen unmittelbar oder mittelbar resultierenden Erträgen Aufwendungen gegenüberstehen, deren Abzug beim Gläubiger, einem weiteren Gläubiger oder einer anderen Person bei entsprechender Anwendung dieses Absatzes oder der Absätze 1 bis 4 versagt würde. [2] Satz 1 findet keine Anwendung, soweit der steuerliche Vorteil infolge einer Besteuerungsinkongruenz im Sinne dieses Absatzes oder der Absätze 1 bis 4 bereits beim Gläubiger, beim weiteren Gläubiger oder bei der anderen Person im Sinne des Satzes 1 beseitigt wird.

(6) [1] Die Absätze 1 bis 5 finden nur Anwendung, wenn der Tatbestand dieser Absätze zwischen nahestehenden Personen im Sinne des § 1 Absatz 2 des Außensteuergesetzes oder zwischen einem Unternehmen und seiner Betriebsstätte verwirklicht wird oder wenn eine strukturierte Gestaltung anzunehmen ist. [2] Einer Person, die mit einer anderen Person durch abgestimmtes Verhalten zusammenwirkt, werden für Zwecke dieses Absatzes und der Absätze 1 bis 5 die Beteiligung, die Stimmrechte und die Gewinnbezugsrechte der anderen Person zugerechnet. [3] Eine strukturierte Gestaltung im Sinne des Satzes 1 ist anzunehmen, wenn der steuerliche Vorteil, der sich ohne die Anwendung der vorstehenden Absätze ergeben würde, ganz oder zum Teil in die Bedingungen der vertraglichen Vereinbarungen eingerechnet wurde oder die Bedingungen der vertraglichen Vereinbarungen oder die den vertraglichen Vereinbarungen zugrunde liegenden Umstände darauf schließen lassen, dass die an der Gestaltung Beteiligten den steuerlichen Vorteil erwarten konnten. [4] Ein Steuerpflichtiger wird nicht als Teil einer strukturierten Gestaltung behandelt, wenn nach den äußeren Umständen vernünftigerweise nicht davon auszugehen ist, dass ihm der steuerliche Vorteil bekannt war und er nachweist, dass er nicht an dem steuerlichen Vorteil beteiligt wurde.

(7) *Die Absätze 1 bis 6 sind ungeachtet der Vorschriften eines Abkommens zur Vermeidung der Doppelbesteuerung anzuwenden.*

§ 5 Gewinn bei Kaufleuten und bei bestimmten anderen Gewerbetreibenden. (1)[1] [1]Bei Gewerbetreibenden, die auf Grund gesetzlicher Vorschriften verpflichtet sind, Bücher zu führen und regelmäßig Abschlüsse zu machen, oder die ohne eine solche Verpflichtung Bücher führen und regelmäßig Abschlüsse machen, ist für den Schluss des Wirtschaftsjahres das Betriebsvermögen anzusetzen (§ 4 Absatz 1 Satz 1), das nach den handelsrechtlichen Grundsätzen ordnungsmäßiger Buchführung auszuweisen ist, es sei denn, im Rahmen der Ausübung eines steuerlichen Wahlrechts wird oder wurde ein anderer Ansatz gewählt. [2]Voraussetzung für die Ausübung steuerlicher Wahlrechte ist, dass die Wirtschaftsgüter, die nicht mit dem handelsrechtlich maßgeblichen Wert in der steuerlichen Gewinnermittlung ausgewiesen werden, in besondere, laufend zu führende Verzeichnisse aufgenommen werden. [3]In den Verzeichnissen sind der Tag der Anschaffung oder Herstellung, die Anschaffungs- oder Herstellungskosten, die Vorschrift des ausgeübten steuerlichen Wahlrechts und die vorgenommenen Abschreibungen nachzuweisen.

(1a) [1]Posten der Aktivseite dürfen nicht mit Posten der Passivseite verrechnet werden. [2]Die Ergebnisse der in der handelsrechtlichen Rechnungslegung zur Absicherung finanzwirtschaftlicher Risiken gebildeten Bewertungseinheiten sind auch für die steuerliche Gewinnermittlung maßgeblich.

(2) Für immaterielle Wirtschaftsgüter des Anlagevermögens ist ein Aktivposten nur anzusetzen, wenn sie entgeltlich erworben wurden.

(2a) Für Verpflichtungen, die nur zu erfüllen sind, soweit künftig Einnahmen oder Gewinne anfallen, sind Verbindlichkeiten oder Rückstellungen erst anzusetzen, wenn die Einnahmen oder Gewinne angefallen sind.

(3) [1]Rückstellungen wegen Verletzung fremder Patent-, Urheber- oder ähnlicher Schutzrechte dürfen erst gebildet werden, wenn

1. der Rechtsinhaber Ansprüche wegen der Rechtsverletzung geltend gemacht hat oder
2. mit einer Inanspruchnahme wegen der Rechtsverletzung ernsthaft zu rechnen ist.

[2]Eine nach Satz 1 Nummer 2 gebildete Rückstellung ist spätestens in der Bilanz des dritten auf ihre erstmalige Bildung folgenden Wirtschaftsjahres gewinnerhöhend aufzulösen, wenn Ansprüche nicht geltend gemacht worden sind.

(4) Rückstellungen für die Verpflichtung zu einer Zuwendung anlässlich eines Dienstjubiläums dürfen nur gebildet werden, wenn das Dienstverhältnis mindestens zehn Jahre bestanden hat, das Dienstjubiläum das Bestehen eines Dienstverhältnisses von mindestens 15 Jahren voraussetzt, die Zusage schriftlich erteilt ist und soweit der Zuwendungsberechtigte seine Anwartschaft nach dem 31. Dezember 1992 erwirbt.

(4a) [1]Rückstellungen für drohende Verluste aus schwebenden Geschäften dürfen nicht gebildet werden. [2]Das gilt nicht für Ergebnisse nach Absatz 1a Satz 2.

---

[1] Vgl. auch Art. 66 Abs. 3 Satz 6 EGHGB.

(4b) [1]Rückstellungen für Aufwendungen, die in künftigen Wirtschaftsjahren als Anschaffungs- oder Herstellungskosten eines Wirtschaftsguts zu aktivieren sind, dürfen nicht gebildet werden. [2]Rückstellungen für die Verpflichtung zur schadlosen Verwertung radioaktiver Reststoffe sowie ausgebauter oder abgebauter radioaktiver Anlagenteile dürfen nicht gebildet werden, soweit Aufwendungen im Zusammenhang mit der Bearbeitung oder Verarbeitung von Kernbrennstoffen stehen, die aus der Aufarbeitung bestrahlter Kernbrennstoffe gewonnen worden sind und keine radioaktiven Abfälle darstellen.

(5)[1)] [1]Als Rechnungsabgrenzungsposten sind nur anzusetzen

1. auf der Aktivseite Ausgaben vor dem Abschlussstichtag, soweit sie Aufwand für eine bestimmte Zeit nach diesem Tag darstellen;
2. auf der Passivseite Einnahmen vor dem Abschlussstichtag, soweit sie Ertrag für eine bestimmte Zeit nach diesem Tag darstellen.

[***ab VZ 2022:*** [2]Der Ansatz eines Rechnungsabgrenzungspostens kann unterbleiben, wenn die jeweilige Ausgabe oder Einnahme im Sinne des Satzes 1 den Betrag des § 6 Absatz 2 Satz 1 nicht übersteigt; das Wahlrecht ist einheitlich für alle Ausgaben und Einnahmen im Sinne des Satzes 1 auszuüben.] [3]Auf der Aktivseite sind ferner anzusetzen

1. als Aufwand berücksichtigte Zölle und Verbrauchsteuern, soweit sie auf am Abschlussstichtag auszuweisende Wirtschaftsgüter des Vorratsvermögens entfallen,
2. als Aufwand berücksichtigte Umsatzsteuer auf am Abschlussstichtag auszuweisende Anzahlungen.

(6) Die Vorschriften über die Entnahmen und die Einlagen, über die Zulässigkeit der Bilanzänderung, über die Betriebsausgaben, über die Bewertung und über die Absetzung für Abnutzung oder Substanzverringerung sind zu befolgen.

(7)[2)] [1]Übernommene Verpflichtungen, die beim ursprünglich Verpflichteten Ansatzverboten, -beschränkungen oder Bewertungsvorbehalten unterlegen haben, sind zu den auf die Übernahme folgenden Abschlussstichtagen bei dem Übernehmer und dessen Rechtsnachfolger so zu bilanzieren, wie sie beim ursprünglich Verpflichteten ohne Übernahme zu bilanzieren wären. [2]Dies gilt in Fällen des Schuldbeitritts oder der Erfüllungsübernahme mit vollständiger oder teilweiser Schuldfreistellung für die sich aus diesem Rechtsgeschäft ergebenden Verpflichtungen sinngemäß. [3]Satz 1 ist für den Erwerb eines Mitunternehmeranteils entsprechend anzuwenden. [4]Wird eine Pensionsverpflichtung unter gleichzeitiger Übernahme von Vermögenswerten gegenüber einem Arbeitnehmer übernommen, der bisher in einem anderen Unternehmen tätig war, ist Satz 1 mit der Maßgabe anzuwenden, dass bei der Ermittlung des Teilwertes der Verpflichtung der Jahresbetrag nach § 6a Absatz 3 Satz 2 Nummer 1 so zu bemessen ist, dass zu Beginn des Wirtschaftsjahres der Über-

---

1) § 5 Abs. 5 Satz 2 eingef., bish. Satz 2 wird Satz 3 mWv VZ 2022 durch G v. 16.12.2022 (BGBl. I S. 2294).

2) § 5 Abs. 7 angef. durch G v. 18.12.2013 (BGBl. I S. 4318); zur Anwendung siehe § 52 Abs. 9.

nahme der Barwert der Jahresbeträge zusammen mit den übernommenen Vermögenswerten gleich dem Barwert der künftigen Pensionsleistungen ist; dabei darf sich kein negativer Jahresbetrag ergeben. [5]Für einen Gewinn, der sich aus der Anwendung der Sätze 1 bis 3 ergibt, kann jeweils in Höhe von vierzehn Fünfzehntel eine gewinnmindernde Rücklage gebildet werden, die in den folgenden 14 Wirtschaftsjahren jeweils mit mindestens einem Vierzehntel gewinnerhöhend aufzulösen ist (Auflösungszeitraum). [6]Besteht eine Verpflichtung, für die eine Rücklage gebildet wurde, bereits vor Ablauf des maßgebenden Auflösungszeitraums nicht mehr, ist die insoweit verbleibende Rücklage erhöhend aufzulösen.

§ 5a Gewinnermittlung bei Handelsschiffen im internationalen Verkehr. (1) [1]Anstelle der Ermittlung des Gewinns nach § 4 Absatz 1 oder § 5 ist bei einem Gewerbebetrieb mit Geschäftsleitung im Inland der Gewinn, soweit er auf den Betrieb von Handelsschiffen im internationalen Verkehr entfällt, auf unwiderruflichen Antrag des Steuerpflichtigen nach der in seinem Betrieb geführten Tonnage zu ermitteln, wenn die Bereederung dieser Handelsschiffe im Inland durchgeführt wird. [2]Der im Wirtschaftsjahr erzielte Gewinn beträgt pro Tag des Betriebs für jedes im internationalen Verkehr betriebene Handelsschiff für jeweils volle 100 Nettotonnen (Nettoraumzahl)

0,92 Euro	bei einer Tonnage bis zu 1000 Nettotonnen,
0,69 Euro	für die 1000 Nettotonnen übersteigende Tonnage bis zu 10 000 Nettotonnen,
0,46 Euro	für die 10 000 Nettotonnen übersteigende Tonnage bis zu 25 000 Nettotonnen,
0,23 Euro	für die 25 000 Nettotonnen übersteigende Tonnage.

(2) [1]Handelsschiffe werden im internationalen Verkehr betrieben, wenn eigene oder gecharterte Seeschiffe, die im Wirtschaftsjahr überwiegend in einem inländischen Seeschiffsregister eingetragen sind, in diesem Wirtschaftsjahr überwiegend zur Beförderung von Personen oder Gütern im Verkehr mit oder zwischen ausländischen Häfen, innerhalb eines ausländischen Hafens oder zwischen einem ausländischen Hafen und der Hohen See eingesetzt werden. [2]Zum Betrieb von Handelsschiffen im internationalen Verkehr gehören auch ihre Vercharterung, wenn sie vom Vercharterer ausgerüstet worden sind, und die unmittelbar mit ihrem Einsatz oder ihrer Vercharterung zusammenhängenden Neben- und Hilfsgeschäfte einschließlich der Veräußerung der Handelsschiffe und der unmittelbar ihrem Betrieb dienenden Wirtschaftsgüter. [3]Der Einsatz und die Vercharterung von gecharterten Handelsschiffen gilt nur dann als Betrieb von Handelsschiffen im internationalen Verkehr, wenn gleichzeitig eigene oder ausgerüstete Handelsschiffe im internationalen Verkehr betrieben werden. [4]Sind gecharterte Handelsschiffe nicht in einem inländischen Seeschiffsregister eingetragen, gilt Satz 3 unter der weiteren Voraussetzung, dass im Wirtschaftsjahr die Nettotonnage der gecharterten Handelsschiffe das Dreifache der nach den Sätzen 1 und 2 im internationalen Verkehr betriebenen Handelsschiffe nicht übersteigt; für die Berechnung der Nettotonnage sind jeweils die Nettotonnen pro Schiff mit der Anzahl der Betriebstage nach Absatz 1 zu vervielfältigen. [5]Dem Betrieb von Handelsschif-

fen im internationalen Verkehr ist gleichgestellt, wenn Seeschiffe, die im Wirtschaftsjahr überwiegend in einem inländischen Seeschiffsregister eingetragen sind, in diesem Wirtschaftsjahr überwiegend außerhalb der deutschen Hoheitsgewässer zum Schleppen, Bergen oder zur Aufsuchung von Bodenschätzen eingesetzt werden; die Sätze 2 bis 4 sind sinngemäß anzuwenden.

(3)[1] [1]Der Antrag auf Anwendung der Gewinnermittlung nach Absatz 1 ist im Wirtschaftsjahr der Anschaffung oder Herstellung des Handelsschiffs (Indienststellung) mit Wirkung ab Beginn dieses Wirtschaftsjahres zu stellen. [2]Vor Indienststellung des Handelsschiffs durch den Betrieb von Handelsschiffen im internationalen Verkehr erwirtschaftete Gewinne sind in diesem Fall nicht zu besteuern; Verluste sind weder ausgleichsfähig noch verrechenbar. [3]Bereits erlassene Steuerbescheide sind insoweit zu ändern. [4]Das gilt auch dann, wenn der Steuerbescheid unanfechtbar geworden ist; die Festsetzungsfrist endet insoweit nicht, bevor die Festsetzungsfrist für den Veranlagungszeitraum abgelaufen ist, in dem der Gewinn erstmals nach Absatz 1 ermittelt wird. [5]Wird der Antrag auf Anwendung der Gewinnermittlung nach Absatz 1 nicht nach Satz 1 im Wirtschaftsjahr der Anschaffung oder Herstellung des Handelsschiffs (Indienststellung) gestellt, kann er erstmals in dem Wirtschaftsjahr gestellt werden, das jeweils nach Ablauf eines Zeitraumes von zehn Jahren, vom Beginn des Jahres der Indienststellung gerechnet, endet. [6]Die Sätze 2 bis 4 sind insoweit nicht anwendbar. [7]Der Steuerpflichtige ist an die Gewinnermittlung nach Absatz 1 vom Beginn des Wirtschaftsjahres an, in dem er den Antrag stellt, zehn Jahre gebunden. [8]Nach Ablauf dieses Zeitraumes kann er den Antrag mit Wirkung für den Beginn jedes folgenden Wirtschaftsjahres bis zum Ende des Jahres unwiderruflich zurücknehmen. [9]An die Gewinnermittlung nach allgemeinen Vorschriften ist der Steuerpflichtige ab dem Beginn des Wirtschaftsjahres, in dem er den Antrag zurücknimmt, zehn Jahre gebunden.

(4)[2] [1]Zum Schluss des Wirtschaftsjahres, das der erstmaligen Anwendung des Absatzes 1 vorangeht (Übergangsjahr), ist für jedes Wirtschaftsgut, das unmittelbar dem Betrieb von Handelsschiffen im internationalen Verkehr dient, der Unterschiedsbetrag zwischen Buchwert und Teilwert in ein besonderes Verzeichnis aufzunehmen. [2]Der Unterschiedsbetrag ist gesondert und bei Gesellschaften im Sinne des § 15 Absatz 1 Satz 1 Nummer 2 einheitlich festzustellen. [3]Der Unterschiedsbetrag nach Satz 1 ist dem Gewinn hinzuzurechnen:

1. in den dem letzten Jahr der Anwendung des Absatzes 1 folgenden fünf Wirtschaftsjahren jeweils in Höhe von mindestens einem Fünftel,
2. in dem Jahr, in dem das Wirtschaftsgut aus dem Betriebsvermögen ausscheidet oder in dem es nicht mehr unmittelbar dem Betrieb von Handelsschiffen im internationalen Verkehr dient,
3. in dem Jahr des Ausscheidens eines Mitunternehmers hinsichtlich des auf ihn entfallenden Unterschiedsbetrags; mindert sich die Beteiligung des

---

[1] § 5a Abs. 3 neu gef. durch G v. 29.12.2003 (BGBl. I S. 3076); zur Anwendung siehe § 52 Abs. 10; Bestätigung durch G v. 5.4.2011 (BGBl. I S. 554).

[2] § 5a Abs. 4 Satz 3 Nr. 3 neu gef., Satz 4 neu gef. mWv 9.6.2021, Sätze 5 bis 7 angef. durch G v. 2.6.2021 (BGBl. I S. 1259); zur Anwendung der Sätze 5 bis 7 siehe § 52 Abs. 10 Satz 4.

Mitunternehmers, ohne dass er aus der Mitunternehmerschaft ausscheidet, erfolgt eine Hinzurechnung entsprechend der Minderung der Beteiligung.

[4]Satz 3 Nummer 3 gilt auch in den Fällen der §§ 20 und 24 des Umwandlungssteuergesetzes. [5]Wird ein Betrieb, Teilbetrieb oder Anteil eines Mitunternehmers an einem Betrieb auf einen Rechtsnachfolger zum Buchwert nach § 6 Absatz 3 übertragen, geht der Unterschiedsbetrag insoweit auf den Rechtsnachfolger über. [6]§ 182 Absatz 2 der Abgabenordnung gilt sinngemäß. [7]Die Sätze 1 bis 6 sind entsprechend anzuwenden, wenn der Steuerpflichtige Wirtschaftsgüter des Betriebsvermögens dem Betrieb von Handelsschiffen im internationalen Verkehr zuführt.

(4a) [1]Bei Gesellschaften im Sinne des § 15 Absatz 1 Satz 1 Nummer 2 tritt für die Zwecke dieser Vorschrift an die Stelle des Steuerpflichtigen die Gesellschaft. [2]Der nach Absatz 1 ermittelte Gewinn ist den Gesellschaftern entsprechend ihrem Anteil am Gesellschaftsvermögen zuzurechnen. [3]Vergütungen im Sinne des § 15 Absatz 1 Satz 1 Nummer 2 und Satz 2 sind hinzuzurechnen.

(5) [1]Gewinne nach Absatz 1 umfassen auch Einkünfte nach § 16. [2]§§ 34, 34c Absatz 1 bis 3 und § 35 sind nicht anzuwenden. [3]Rücklagen nach den §§ 6b und 6d[1)] sind beim Übergang zur Gewinnermittlung nach Absatz 1 dem Gewinn im Erstjahr hinzuzurechnen; bis zum Übergang in Anspruch genommene Investitionsabzugsbeträge nach § 7g Absatz 1 sind nach Maßgabe des § 7g Absatz 3 rückgängig zu machen.[2)] [4]Für die Anwendung des § 15a ist der nach § 4 Absatz 1 oder § 5 ermittelte Gewinn zugrunde zu legen.

(6)[3)] [1]In der Bilanz zum Schluss des Wirtschaftsjahres, in dem Absatz 1 letztmalig angewendet wird, ist für jedes Wirtschaftsgut, das unmittelbar dem Betrieb von Handelsschiffen im internationalen Verkehr dient, der Teilwert anzusetzen. [2]Für Wirtschaftsgüter des abnutzbaren Anlagevermögens sind den weiteren Absetzungen für Abnutzung unverändert die ursprünglichen Anschaffungs- oder Herstellungskosten zugrunde zu legen.

§ 5b[4)] Elektronische Übermittlung von Bilanzen sowie Gewinn- und Verlustrechnungen. (1)[5)] [1]Wird der Gewinn nach § 4 Absatz 1, § 5 oder § 5a ermittelt, so ist der Inhalt der Bilanz sowie der Gewinn- und Verlustrechnung nach amtlich vorgeschriebenem Datensatz durch Datenfernübertragung zu übermitteln. [2]Enthält die Bilanz Ansätze oder Beträge, die den steuerlichen Vorschriften nicht entsprechen, so sind diese Ansätze oder Beträge

---

[1)] § 5a Abs. 5 Satz 3 Verweis geänd. durch G v. 14.8.2007 (BGBl. I S. 1912); zur weiteren Anwendung der bish. Fassung siehe § 52 Abs. 10 Satz 5.

[2)] § 5a Abs. 5 Satz 3 HS 2 angef. durch G v. 14.8.2007 (BGBl. I S. 1912); zur weiteren Anwendung der bish. Fassung siehe § 52 Abs. 10 Satz 5.

[3)] § 5a Abs. 6 Satz 2 angef., bish. Text wird Satz 1 mWv 1.1.2019 (§ 52 Abs. 10 Satz 6) durch G v. 12.12.2019 (BGBl. I S. 2451).

[4)] Zur erstmaligen Anwendung siehe § 52 Abs. 11 iVm **§ 1 Anwendungszeitpunktverschiebungsverordnung (AnwZpvV)** vom 20.12.2010 (BGBl. I S. 2135) – dort abgedr. als Fußnote.

[5)] § 5b Abs. 1 Satz 4 aufgeh., bish. Satz 5 wird neuer Satz 4 mWv 1.1.2017 durch G v. 18.7.2016 (BGBl. I S. 1679).

durch Zusätze oder Anmerkungen den steuerlichen Vorschriften anzupassen und nach amtlich vorgeschriebenem Datensatz durch Datenfernübertragung zu übermitteln. [3]Der Steuerpflichtige kann auch eine den steuerlichen Vorschriften entsprechende Bilanz nach amtlich vorgeschriebenem Datensatz durch Datenfernübertragung übermitteln. [4]Im Fall der Eröffnung des Betriebs sind die Sätze 1 bis *4*[1)] für den Inhalt der Eröffnungsbilanz entsprechend anzuwenden.

(2) [1]Auf Antrag kann die Finanzbehörde zur Vermeidung unbilliger Härten auf eine elektronische Übermittlung verzichten. [2]§ 150 Absatz 8 der Abgabenordnung gilt entsprechend.

§ 6 Bewertung. (1) Für die Bewertung der einzelnen Wirtschaftsgüter, die nach § 4 Absatz 1 oder nach § 5 als Betriebsvermögen anzusetzen sind, gilt das Folgende:

1. [1]Wirtschaftsgüter des Anlagevermögens, die der Abnutzung unterliegen, sind mit den Anschaffungs- oder Herstellungskosten oder dem an deren Stelle tretenden Wert, vermindert um die Absetzungen für Abnutzung, erhöhte Absetzungen, Sonderabschreibungen, Abzüge nach § 6b und ähnliche Abzüge, anzusetzen. [2]Ist der Teilwert auf Grund einer voraussichtlich dauernden Wertminderung niedriger, so kann dieser angesetzt werden. [3]Teilwert ist der Betrag, den ein Erwerber des ganzen Betriebs im Rahmen des Gesamtkaufpreises für das einzelne Wirtschaftsgut ansetzen würde; dabei ist davon auszugehen, dass der Erwerber den Betrieb fortführt. [4]Wirtschaftsgüter, die bereits am Schluss des vorangegangenen Wirtschaftsjahres zum Anlagevermögen des Steuerpflichtigen gehört haben, sind in den folgenden Wirtschaftsjahren gemäß Satz 1 anzusetzen, es sei denn, der Steuerpflichtige weist nach, dass ein niedrigerer Teilwert nach Satz 2 angesetzt werden kann.

1a. [1]Zu den Herstellungskosten eines Gebäudes gehören auch Aufwendungen für Instandsetzungs- und Modernisierungsmaßnahmen, die innerhalb von drei Jahren nach der Anschaffung des Gebäudes durchgeführt werden, wenn die Aufwendungen ohne die Umsatzsteuer 15 Prozent der Anschaffungskosten des Gebäudes übersteigen (anschaffungsnahe Herstellungskosten). [2]Zu diesen Aufwendungen gehören nicht die Aufwendungen für Erweiterungen im Sinne des § 255 Absatz 2 Satz 1 des Handelsgesetzbuchs sowie Aufwendungen für Erhaltungsarbeiten, die jährlich üblicherweise anfallen.

1b.[2)] [1]Bei der Berechnung der Herstellungskosten brauchen angemessene Teile der Kosten der allgemeinen Verwaltung sowie angemessene Aufwendungen für soziale Einrichtungen des Betriebs, für freiwillige soziale Leistungen und für die betriebliche Altersversorgung im Sinne des § 255 Absatz 2 Satz 3 des Handelsgesetzbuchs nicht einbezogen zu werden, soweit diese auf den Zeitraum der Herstellung entfallen. [2]Das Wahlrecht ist bei Gewinnermittlung nach § 5 in Übereinstimmung mit der Handelsbilanz auszuüben.

[1)] Red. Fehler: Muss wohl Satz *3* lauten.

[2)] § 6 Abs. 1 Nr. 1b eingef. durch G v. 18.7.2016 (BGBl. I S. 1679); zur Anwendung siehe § 52 Abs. 12 Satz 1.

2. [1] Andere als die in Nummer 1 bezeichneten Wirtschaftsgüter des Betriebs (Grund und Boden, Beteiligungen, Umlaufvermögen) sind mit den Anschaffungs- oder Herstellungskosten oder dem an deren Stelle tretenden Wert, vermindert um Abzüge nach § 6b und ähnliche Abzüge, anzusetzen. [2] Ist der Teilwert (Nummer 1 Satz 3) auf Grund einer voraussichtlich dauernden Wertminderung niedriger, so kann dieser angesetzt werden. [3] Nummer 1 Satz 4 gilt entsprechend.

2a. [1] Steuerpflichtige, die den Gewinn nach § 5 ermitteln, können für den Wertansatz gleichartiger Wirtschaftsgüter des Vorratsvermögens unterstellen, dass die zuletzt angeschafften oder hergestellten Wirtschaftsgüter zuerst verbraucht oder veräußert worden sind, soweit dies den handelsrechtlichen Grundsätzen ordnungsmäßiger Buchführung entspricht. [2] Der Vorratsbestand am Schluss des Wirtschaftsjahres, das der erstmaligen Anwendung der Bewertung nach Satz 1 vorangeht, gilt mit seinem Bilanzansatz als erster Zugang des neuen Wirtschaftsjahres. [3] Von der Verbrauchs- oder Veräußerungsfolge nach Satz 1 kann in den folgenden Wirtschaftsjahren nur mit Zustimmung des Finanzamts abgewichen werden.

2b. [1] Steuerpflichtige, die in den Anwendungsbereich des § 340 des Handelsgesetzbuchs fallen, haben die zu Handelszwecken erworbenen Finanzinstrumente, die nicht in einer Bewertungseinheit im Sinne des § 5 Absatz 1a Satz 2 abgebildet werden, mit dem beizulegenden Zeitwert abzüglich eines Risikoabschlages (§ 340e Absatz 3 des Handelsgesetzbuchs[1]) zu bewerten. [2] Nummer 2 Satz 2 ist nicht anzuwenden.

3.[2] [1] Verbindlichkeiten sind unter sinngemäßer Anwendung der Vorschriften der Nummer 2 anzusetzen *und mit einem Zinssatz von 5,5 Prozent abzuzinsen.* [2] *Ausgenommen von der Abzinsung sind Verbindlichkeiten, deren Laufzeit am Bilanzstichtag weniger als zwölf Monate beträgt, und Verbindlichkeiten, die verzinslich sind oder auf einer Anzahlung oder Vorausleistung beruhen.*

3a. Rückstellungen sind höchstens insbesondere unter Berücksichtigung folgender Grundsätze anzusetzen:

a) bei Rückstellungen für gleichartige Verpflichtungen ist auf der Grundlage der Erfahrungen in der Vergangenheit aus der Abwicklung solcher Verpflichtungen die Wahrscheinlichkeit zu berücksichtigen, dass der Steuerpflichtige nur zu einem Teil der Summe dieser Verpflichtungen in Anspruch genommen wird;

b) Rückstellungen für Sachleistungsverpflichtungen sind mit den Einzelkosten und den angemessenen Teilen der notwendigen Gemeinkosten zu bewerten;

c) künftige Vorteile, die mit der Erfüllung der Verpflichtung voraussichtlich verbunden sein werden, sind, soweit sie nicht als Forderung zu aktivieren sind, bei ihrer Bewertung wertmindernd zu berücksichtigen;

---

[1] **Habersack** Nr. **50.**

[2] § 6 Abs. 1 Nr. 3 kursiver Satzteil aufgeh. durch G v. 19.6.2022 (BGBl. I S. 911); zur Anwendung siehe § 52 Abs. 12 Sätze 2 und 3.

d) Rückstellungen für Verpflichtungen, für deren Entstehen im wirtschaftlichen Sinne der laufende Betrieb ursächlich ist, sind zeitanteilig in gleichen Raten anzusammeln. 2 Rückstellungen für gesetzliche Verpflichtungen zur Rücknahme und Verwertung von Erzeugnissen, die vor Inkrafttreten entsprechender gesetzlicher Verpflichtungen in Verkehr gebracht worden sind, sind zeitanteilig in gleichen Raten bis zum Beginn der jeweiligen Erfüllung anzusammeln; Buchstabe e ist insoweit nicht anzuwenden. 3 Rückstellungen für die Verpflichtung, ein Kernkraftwerk stillzulegen, sind ab dem Zeitpunkt der erstmaligen Nutzung bis zum Zeitpunkt, in dem mit der Stilllegung begonnen werden muss, zeitanteilig in gleichen Raten anzusammeln; steht der Zeitpunkt der Stilllegung nicht fest, beträgt der Zeitraum für die Ansammlung 25 Jahre;

e)[1] Rückstellungen für Verpflichtungen sind mit einem Zinssatz von 5,5 Prozent abzuzinsen; *Nummer 3 Satz 2 ist entsprechend anzuwenden* [***ab 1.1.2023:*** ausgenommen von der Abzinsung sind Rückstellungen für Verpflichtungen, deren Laufzeit am Bilanzstichtag weniger als zwölf Monate beträgt, und Rückstellungen für Verpflichtungen, die verzinslich sind oder auf einer Anzahlung oder Vorausleistung beruhen]. 2 Für die Abzinsung von Rückstellungen für Sachleistungsverpflichtungen ist der Zeitraum bis zum Beginn der Erfüllung maßgebend. 3 Für die Abzinsung von Rückstellungen für die Verpflichtung, ein Kernkraftwerk stillzulegen, ist der sich aus Buchstabe d Satz 3 ergebende Zeitraum maßgebend; und

f) bei der Bewertung sind die Wertverhältnisse am Bilanzstichtag maßgebend; künftige Preis- und Kostensteigerungen dürfen nicht berücksichtigt werden.

4.[2] 1 Entnahmen des Steuerpflichtigen für sich, für seinen Haushalt oder für andere betriebsfremde Zwecke sind mit dem Teilwert anzusetzen; die Entnahme ist in den Fällen des § 4 Absatz 1 Satz 3 erster Halbsatz mit dem gemeinen Wert und in den Fällen des § 4 Absatz 1 Satz 3 zweiter Halbsatz mit dem Wert anzusetzen, den der andere Staat der Besteuerung zugrunde legt, höchstens jedoch mit dem gemeinen Wert. 2 Die private Nutzung eines Kraftfahrzeugs, das zu mehr als 50 Prozent betrieblich genutzt wird, ist für jeden Kalendermonat mit 1 Prozent des inländischen Listenpreises im Zeitpunkt der Erstzulassung zuzüglich der Kosten für Sonderausstattung einschließlich Umsatzsteuer anzusetzen; bei der privaten Nutzung von Fahrzeugen mit Antrieb ausschließlich durch Elektromotoren, die ganz oder überwiegend aus mechanischen oder elektrochemischen Energiespeichern oder aus emissionsfrei betriebenen Energiewandlern gespeist werden

---

[1] § 6 Abs. 1 Nr. 3a Buchst. e Satz 1 2. Hs. neu gef. durch G v. 19.6.2022 (BGBl. I S. 911); zur Anwendung siehe § 52 Abs. 12 Sätze 2 und 3.

[2] § 6 Abs. 1 Nr. 4 Sätze 2 und 3 neu gef. mWv 15.12.2018 durch G v. 11.12.2018 (BGBl. I S. 2338); Satz 2 Nrn. 1 und 2 geänd., Nrn. 3 bis 5 angef., Satzteil nach Satz 2 Nr. 5 angef., Satz 3 Nrn. 1 und 2 geänd., Nrn. 3 bis 5 angef., Satzteil nach Satz 3 Nr. 5 angef. mWv 1.1.2020 durch G v. 12.12.2019 (BGBl. I S. 2451); Satz 1 HS 2 neu gef. mWv 1.1.2020 (§ 52 Abs. 12 Satz 11) durch G v. 25.6.2021 (BGBl. I S. 2035).

(Elektrofahrzeuge), oder von extern aufladbaren Hybridelektrofahrzeugen, ist der Listenpreis dieser Kraftfahrzeuge

1. soweit die Nummern 2, 3 oder 4 nicht anzuwenden sind und bei Anschaffung vor dem 1. Januar 2023 um die darin enthaltenen Kosten des Batteriesystems im Zeitpunkt der Erstzulassung des Kraftfahrzeugs wie folgt zu mindern: für bis zum 31. Dezember 2013 angeschaffte Kraftfahrzeuge um 500 Euro pro Kilowattstunde der Batteriekapazität, dieser Betrag mindert sich für in den Folgejahren angeschaffte Kraftfahrzeuge um jährlich 50 Euro pro Kilowattstunde der Batteriekapazität; die Minderung pro Kraftfahrzeug beträgt höchstens 10 000 Euro; dieser Höchstbetrag mindert sich für in den Folgejahren angeschaffte Kraftfahrzeuge um jährlich 500 Euro, oder
2. soweit Nummer 3 nicht anzuwenden ist und bei Anschaffung nach dem 31. Dezember 2018 und vor dem 1. Januar 2022 nur zur Hälfte anzusetzen; bei extern aufladbaren Hybridelektrofahrzeugen muss das Fahrzeug die Voraussetzungen des § 3 Absatz 2 Nummer 1 oder 2 des Elektromobilitätsgesetzes erfüllen, oder
3.[1] bei Anschaffung nach dem 31. Dezember 2018 und vor dem 1. Januar 2031 nur zu einem Viertel anzusetzen, wenn das Kraftfahrzeug keine Kohlendioxidemission je gefahrenen Kilometer hat und der Bruttolistenpreis des Kraftfahrzeugs nicht mehr als 60 000 Euro[2] beträgt, oder
4.[1] soweit Nummer 3 nicht anzuwenden ist und bei Anschaffung nach dem 31. Dezember 2021 und vor dem 1. Januar 2025 nur zur Hälfte anzusetzen, wenn das Kraftfahrzeug
   a) eine Kohlendioxidemission von höchstens 50 Gramm je gefahrenen Kilometer hat oder
   b) die Reichweite des Fahrzeugs unter ausschließlicher Nutzung der elektrischen Antriebsmaschine mindestens 60 Kilometer beträgt, oder
5.[1] soweit Nummer 3 nicht anzuwenden ist und bei Anschaffung nach dem 31. Dezember 2024 und vor dem 1. Januar 2031 nur zur Hälfte anzusetzen, wenn das Kraftfahrzeug
   a) eine Kohlendioxidemission von höchstens 50 Gramm je gefahrenen Kilometer hat oder
   b) die Reichweite des Fahrzeugs unter ausschließlicher Nutzung der elektrischen Antriebsmaschine mindestens 80 Kilometer beträgt,

die maßgebliche Kohlendioxidemission sowie die Reichweite des Kraftfahrzeugs unter ausschließlicher Nutzung der elektrischen Antriebsmaschine ist der Übereinstimmungsbescheinigung nach Anhang IX der Richtlinie 2007/46/EG oder aus der Übereinstimmungsbescheinigung nach Artikel 38 des Verordnung (EU) Nr. 168/2013 zu entnehmen. [3]Die private Nutzung kann abweichend von Satz 2 mit den auf die Privatfahrten entfallenden Aufwen-

---

[1] § 6 Abs. 1 Nr. 4 Satz 2 Nrn. 3 bis 5 angef., Text nach Nr. 5 angef. mWv 1.1.2020 durch G v. 12.12.2019 (BGBl. I S. 2451).

[2] Betrag geänd. durch G v. 29.6.2020 (BGBl. I S. 1512); zur Anwendung siehe § 52 Abs. 12 Satz 4.

dungen angesetzt werden, wenn die für das Kraftfahrzeug insgesamt entstehenden Aufwendungen durch Belege und das Verhältnis der privaten zu den übrigen Fahrten durch ein ordnungsgemäßes Fahrtenbuch nachgewiesen werden; bei der privaten Nutzung von Fahrzeugen mit Antrieb ausschließlich durch Elektromotoren, die ganz oder überwiegend aus mechanischen oder elektrochemischen Energiespeichern oder aus emissionsfrei betriebenen Energiewandlern gespeist werden (Elektrofahrzeuge), oder von extern aufladbaren Hybridelektrofahrzeugen, sind

1. soweit die Nummern 2, 3 oder 4 nicht anzuwenden sind und bei Anschaffung vor dem 1. Januar 2023 die der Berechnung der Entnahme zugrunde zu legenden insgesamt entstandenen Aufwendungen um Aufwendungen für das Batteriesystem zu mindern; dabei ist bei zum Betriebsvermögen des Steuerpflichtigen gehörenden Elektro- und Hybridelektrofahrzeugen die der Berechnung der Absetzungen für Abnutzung zugrunde zu legende Bemessungsgrundlage um die nach Satz 2 in pauschaler Höhe festgelegten Aufwendungen zu mindern, wenn darin Kosten für ein Batteriesystem enthalten sind, oder
2. soweit Nummer 3 nicht anzuwenden ist und bei Anschaffung nach dem 31. Dezember 2018 und vor dem 1. Januar 2022 bei der Ermittlung der insgesamt entstandenen Aufwendungen die Anschaffungskosten für das Kraftfahrzeug oder vergleichbare Aufwendungen nur zur Hälfte zu berücksichtigen; bei extern aufladbaren Hybridelektrofahrzeugen muss das Fahrzeug die Voraussetzungen des § 3 Absatz 2 Nummer 1 oder 2 des Elektromobilitätsgesetzes erfüllen, oder
3.[1] bei Anschaffung nach dem 31. Dezember 2018 und vor dem 1. Januar 2031 bei der Ermittlung der insgesamt entstandenen Aufwendungen die Anschaffungskosten für das Kraftfahrzeug oder vergleichbare Aufwendungen nur zu einem Viertel zu berücksichtigen, wenn das Kraftfahrzeug keine Kohlendioxidemission je gefahrenen Kilometer hat, und der Bruttolistenpreis des Kraftfahrzeugs nicht mehr als 60 000 Euro[2] beträgt oder
4.[1] soweit Nummer 3 nicht anzuwenden ist und bei Anschaffung nach dem 31. Dezember 2021 und vor dem 1. Januar 2025 bei der Ermittlung der insgesamt entstandenen Aufwendungen die Anschaffungskosten für das Kraftfahrzeug oder vergleichbare Aufwendungen nur zur Hälfte zu berücksichtigen, wenn das Kraftfahrzeug
   a) eine Kohlendioxidemission von höchstens 50 Gramm je gefahrenen Kilometer hat oder
   b) die Reichweite des Kraftfahrzeugs unter ausschließlicher Nutzung der elektrischen Antriebsmaschine mindestens 60 Kilometer beträgt, oder
5.[1] soweit Nummer 3 nicht anzuwenden ist und bei Anschaffung nach dem 31. Dezember 2024 und vor dem 1. Januar 2031 bei der Ermittlung der insgesamt entstandenen Aufwendungen die Anschaffungskosten für das

---

[1] *§ 6 Abs. 1 Nr. 4 Satz 3 Nrn. 3 bis 5 angef.*, Text nach Nr. 5 angef. mWv 1.1.2020 durch G v. 12.12.2019 (BGBl. I S. 2451).

[2] Betrag geänd. durch G v. 29.6.2020 (BGBl. I S. 1512).

Kraftfahrzeug oder vergleichbare Aufwendungen nur zur Hälfte zu berücksichtigen, wenn das Kraftfahrzeug

a) eine Kohlendioxidemission von höchstens 50 Gramm je gefahrenen Kilometer hat oder

b) die Reichweite des Kraftfahrzeugs unter ausschließlicher Nutzung der elektrischen Antriebsmaschine mindestens 80 Kilometer beträgt,

die maßgebliche Kohlendioxidemission sowie die Reichweite des Kraftfahrzeugs unter ausschließlicher Nutzung der elektrischen Antriebsmaschine ist der Übereinstimmungsbescheinigung nach Anhang IX der Richtlinie 2007/46/EG oder aus der Übereinstimmungsbescheinigung nach Artikel 38 des Verordnung (EU) Nr. 168/2013 zu entnehmen. 4 Wird ein Wirtschaftsgut unmittelbar nach seiner Entnahme einer nach § 5 Absatz 1 Nummer 9 des Körperschaftsteuergesetzes von der Körperschaftsteuer befreiten Körperschaft, Personenvereinigung oder Vermögensmasse oder einer juristischen Person des öffentlichen Rechts zur Verwendung für steuerbegünstigte Zwecke im Sinne des § 10b Absatz 1 Satz 1 unentgeltlich überlassen, so kann die Entnahme mit dem Buchwert angesetzt werden. 5 Satz 4 gilt nicht für die Entnahme von Nutzungen und Leistungen. [***1.1.2019–31.12.2030:*** 6 Die private Nutzung eines betrieblichen Fahrrads, das kein Kraftfahrzeug im Sinne des Satzes 2 ist, bleibt außer Ansatz].[1)]

5.[2)] 1 Einlagen sind mit dem Teilwert für den Zeitpunkt der Zuführung anzusetzen; sie sind jedoch höchstens mit den Anschaffungs- oder Herstellungskosten anzusetzen, wenn das zugeführte Wirtschaftsgut

a) innerhalb der letzten drei Jahre vor dem Zeitpunkt der Zuführung angeschafft oder hergestellt worden ist,

b) ein Anteil an einer Kapitalgesellschaft ist und der Steuerpflichtige an der Gesellschaft im Sinne des § 17 Absatz 1 oder Absatz 6 beteiligt ist; § 17 Absatz 2 Satz 5 gilt entsprechend, oder

c) ein Wirtschaftsgut im Sinne des § 20 Absatz 2 oder im Sinne des § 2 Absatz 4 des Investmentsteuergesetzes ist.

2 Ist die Einlage ein abnutzbares Wirtschaftsgut, so sind die Anschaffungs- oder Herstellungskosten um Absetzungen für Abnutzung zu kürzen, die auf den Zeitraum zwischen der Anschaffung oder Herstellung des Wirtschaftsguts und der Einlage entfallen. 3 Ist die Einlage ein Wirtschaftsgut, das vor der Zuführung aus einem Betriebsvermögen des Steuerpflichtigen entnommen worden ist, so tritt an die Stelle der Anschaffungs- oder Herstellungskosten der Wert, mit dem die Entnahme angesetzt worden ist, und an die Stelle des Zeitpunkts der Anschaffung oder Herstellung der Zeitpunkt der Entnahme.

5a.[3)] In den Fällen des § 4 Absatz 1 Satz 8 zweiter Halbsatz ist das Wirtschaftsgut mit dem gemeinen Wert anzusetzen; unterliegt der Steuerpflichtige in

---

1) § 6 Abs. 1 Nr. 4 Satz 6 angef. mWv 1.1.2019 durch G v. 11.12.2018 (BGBl. I S. 2338); zur letztmaligen Anwendung siehe § 52 Abs. 12 Satz 5.

2) § 6 Abs. 1 Nr. 5 Satz 1 Buchst. c geänd. durch G v. 11.12.2018 (BGBl. I S. 2338); zur Anwendung siehe § 52 Abs. 12 Satz 6.

3) § 6 Abs. 1 Nr. 5a geänd. durch G v. 8.12.2010 (BGBl. I S. 1768); HS 2 angef. durch G v. 25.6.2021 (BGBl. I S. 2035); zur Anwendung siehe § 52 Abs. 12 Satz 11.

einem anderen Staat einer Besteuerung auf Grund des Ausschlusses oder der Beschränkung des Besteuerungsrechts dieses Staates, ist das Wirtschaftsgut mit dem Wert anzusetzen, den der andere Staat der Besteuerung zugrunde legt, höchstens jedoch mit dem gemeinen Wert.

5b.[1] Im Fall des § 4 Absatz 1 Satz 9 ist das Wirtschaftsgut jeweils mit dem Wert anzusetzen, den der andere Staat der Besteuerung zugrunde legt, höchstens jedoch mit dem gemeinen Wert.

6. Bei Eröffnung eines Betriebs ist Nummer 5 entsprechend anzuwenden.

7. Bei entgeltlichem Erwerb eines Betriebs sind die Wirtschaftsgüter mit dem Teilwert, höchstens jedoch mit den Anschaffungs- oder Herstellungskosten anzusetzen.

(2)[2] 1 Die Anschaffungs- oder Herstellungskosten oder der nach Absatz 1 Nummer 5 bis 6 an deren Stelle tretende Wert von abnutzbaren beweglichen Wirtschaftsgütern des Anlagevermögens, die einer selbständigen Nutzung fähig sind, können im Wirtschaftsjahr der Anschaffung, Herstellung oder Einlage des Wirtschaftsguts oder der Eröffnung des Betriebs in voller Höhe als Betriebsausgaben abgezogen werden, wenn die Anschaffungs- oder Herstellungskosten, vermindert um einen darin enthaltenen Vorsteuerbetrag (§ 9b Absatz 1), oder der nach Absatz 1 Nummer 5 bis 6 an deren Stelle tretende Wert für das einzelne Wirtschaftsgut 800[3] Euro nicht übersteigen. 2 Ein Wirtschaftsgut ist einer selbständigen Nutzung nicht fähig, wenn es nach seiner betrieblichen Zweckbestimmung nur zusammen mit anderen Wirtschaftsgütern des Anlagevermögens genutzt werden kann und die in den Nutzungszusammenhang eingefügten Wirtschaftsgüter technisch aufeinander abgestimmt sind. 3 Das gilt auch, wenn das Wirtschaftsgut aus dem betrieblichen Nutzungszusammenhang gelöst und in einen anderen betrieblichen Nutzungszusammenhang eingefügt werden kann. 4 Wirtschaftsgüter im Sinne des Satzes 1, deren Wert 250[4] Euro übersteigt, sind unter Angabe des Tages der Anschaffung, Herstellung oder Einlage des Wirtschaftsguts oder der Eröffnung des Betriebs und der Anschaffungs- oder Herstellungskosten oder des nach Absatz 1 Nummer 5 bis 6 an deren Stelle tretenden Werts in ein besonderes, laufend zu führendes Verzeichnis aufzunehmen. 5 Das Verzeichnis braucht nicht geführt zu werden, wenn diese Angaben aus der Buchführung ersichtlich sind.

(2a)[5] 1 Abweichend von Absatz 2 Satz 1 kann für die abnutzbaren beweglichen Wirtschaftsgüter des Anlagevermögens, die einer selbständigen Nutzung

---

[1] § 6 Abs. 1 Nr. 5b eingef. durch G v. 25.6.2021 (BGBl. I S. 2035); zur Anwendung siehe § 52 Abs. 12 Satz 11; zur Anwendung von § 4 Abs. 1 Satz 9 siehe § 52 Abs. 6 Satz 3.

[2] § 6 Abs. 2 und 2a idF des G v. 22.12.2009 (BGBl. I S. 3950) sind erstmals für Wirtschaftsgüter anzuwenden, die nach dem 31.12.2009 angeschafft, hergestellt oder in das BV eingelegt worden sind (§ 52 Abs. 16 Satz 14 a. F.).

[3] Betrag geänd. durch G v. 27.6.2017 (BGBl. I S. 2074); zur Anwendung siehe § 52 Abs. 12 Satz 8.

[4] § 6 Abs. 2 Satz 4 Betrag geänd. mWv 1.1.2018 durch G v. 30.6.2017 (BGBl. I S. 2143); zur Anwendung siehe § 52 Abs. 12 Satz 7.

[5] § 6 Abs. 2 und 2a idF des G v. 22.12.2009 (BGBl. I S. 3950) sind erstmals für Wirtschaftsgüter anzuwenden, die nach dem 31.12.2009 angeschafft, hergestellt oder in das BV eingelegt worden sind (§ 52 Abs. 16 Satz 14 a. F.).

fähig sind, im Wirtschaftsjahr der Anschaffung, Herstellung oder Einlage des Wirtschaftsguts oder der Eröffnung des Betriebs ein Sammelposten gebildet werden, wenn die Anschaffungs- oder Herstellungskosten, vermindert um einen darin enthaltenen Vorsteuerbetrag (§ 9b Absatz 1), oder der nach Absatz 1 Nummer 5 bis 6 an deren Stelle tretende Wert für das einzelne Wirtschaftsgut 250[1] Euro, aber nicht 1000 Euro übersteigen. [2]Der Sammelposten ist im Wirtschaftsjahr der Bildung und den folgenden vier Wirtschaftsjahren mit jeweils einem Fünftel gewinnmindernd aufzulösen. [3]Scheidet ein Wirtschaftsgut im Sinne des Satzes 1 aus dem Betriebsvermögen aus, wird der Sammelposten nicht vermindert. [4]Die Anschaffungs- oder Herstellungskosten oder der nach Absatz 1 Nummer 5 bis 6 an deren Stelle tretende Wert von abnutzbaren beweglichen Wirtschaftsgütern des Anlagevermögens, die einer selbständigen Nutzung fähig sind, können im Wirtschaftsjahr der Anschaffung, Herstellung oder Einlage des Wirtschaftsguts oder der Eröffnung des Betriebs in voller Höhe als Betriebsausgaben abgezogen werden, wenn die Anschaffungs- oder Herstellungskosten, vermindert um einen darin enthaltenen Vorsteuerbetrag (§ 9b Absatz 1), oder der nach Absatz 1 Nummer 5 bis 6 an deren Stelle tretende Wert für das einzelne Wirtschaftsgut 250[1] Euro nicht übersteigen. [5]Die Sätze 1 bis 3 sind für alle in einem Wirtschaftsjahr angeschafften, hergestellten oder eingelegten Wirtschaftsgüter einheitlich anzuwenden.

(3)[2] [1]Wird ein Betrieb, ein Teilbetrieb oder der Anteil eines Mitunternehmers an einem Betrieb unentgeltlich übertragen, so sind bei der Ermittlung des Gewinns des bisherigen Betriebsinhabers (Mitunternehmers) die Wirtschaftsgüter mit den Werten anzusetzen, die sich nach den Vorschriften über die Gewinnermittlung ergeben, sofern die Besteuerung der stillen Reserven sichergestellt ist; dies gilt auch bei der unentgeltlichen Aufnahme einer natürlichen Person in ein bestehendes Einzelunternehmen sowie bei der unentgeltlichen Übertragung eines Teils eines Mitunternehmeranteils auf eine natürliche Person. [2]Satz 1 ist auch anzuwenden, wenn der bisherige Betriebsinhaber (Mitunternehmer) Wirtschaftsgüter, die weiterhin zum Betriebsvermögen derselben Mitunternehmerschaft gehören, nicht überträgt, sofern der Rechtsnachfolger den übernommenen Mitunternehmeranteil über einen Zeitraum von mindestens fünf Jahren nicht veräußert oder aufgibt. [3]Der Rechtsnachfolger ist an die in Satz 1 genannten Werte gebunden.

(4)[3] Wird ein einzelnes Wirtschaftsgut außer in den Fällen der Einlage (§ 4 Absatz 1 Satz 8) unentgeltlich in das Betriebsvermögen eines anderen Steuerpflichtigen übertragen, gilt sein gemeiner Wert für das aufnehmende Betriebsvermögen als Anschaffungskosten.

(5) [1]Wird ein einzelnes Wirtschaftsgut von einem Betriebsvermögen in ein anderes Betriebsvermögen desselben Steuerpflichtigen überführt, ist bei der Überführung der Wert anzusetzen, der sich nach den Vorschriften über

---

[1] Betrag geänd. durch G v. 27.6.2017 (BGBl. I S. 2074); zur Anwendung siehe § 52 Abs. 12 Satz 10.

[2] § 6 Abs. 3 Satz 1 geänd. durch G v. 20.12.2016 (BGBl. I S. 3000).

[3] § 6 Abs. 4 geänd. durch G v. 8.12.2010 (BGBl. I S. 1768).

die Gewinnermittlung ergibt, sofern die Besteuerung der stillen Reserven sichergestellt ist; § 4 Absatz 1 Satz 4 ist entsprechend anzuwenden.[1)] 2 Satz 1 gilt auch für die Überführung aus einem eigenen Betriebsvermögen des Steuerpflichtigen in dessen Sonderbetriebsvermögen bei einer Mitunternehmerschaft und umgekehrt sowie für die Überführung zwischen verschiedenen Sonderbetriebsvermögen desselben Steuerpflichtigen bei verschiedenen Mitunternehmerschaften. 3 Satz 1 gilt entsprechend, soweit ein Wirtschaftsgut

1. unentgeltlich oder gegen Gewährung oder Minderung von Gesellschaftsrechten aus einem Betriebsvermögen des Mitunternehmers in das Gesamthandsvermögen einer Mitunternehmerschaft und umgekehrt,
2. unentgeltlich oder gegen Gewährung oder Minderung von Gesellschaftsrechten aus dem Sonderbetriebsvermögen eines Mitunternehmers in das Gesamthandsvermögen derselben Mitunternehmerschaft oder einer anderen Mitunternehmerschaft, an der er beteiligt ist, und umgekehrt oder
3. unentgeltlich zwischen den jeweiligen Sonderbetriebsvermögen verschiedener Mitunternehmer derselben Mitunternehmerschaft

übertragen wird. 4 Wird das nach Satz 3 übertragene Wirtschaftsgut innerhalb einer Sperrfrist veräußert oder entnommen, ist rückwirkend auf den Zeitpunkt der Übertragung der Teilwert anzusetzen, es sei denn, die bis zur Übertragung entstandenen stillen Reserven sind durch Erstellung einer Ergänzungsbilanz dem übertragenden Gesellschafter zugeordnet worden; diese Sperrfrist endet drei Jahre nach Abgabe der Steuererklärung des Übertragenden für den Veranlagungszeitraum, in dem die in Satz 3 bezeichnete Übertragung erfolgt ist. 5 Der Teilwert ist auch anzusetzen, soweit in den Fällen des Satzes 3 der Anteil einer Körperschaft, Personenvereinigung oder Vermögensmasse an dem Wirtschaftsgut unmittelbar oder mittelbar begründet wird oder dieser sich erhöht. 6 Soweit innerhalb von sieben Jahren nach der Übertragung des Wirtschaftsguts nach Satz 3 der Anteil einer Körperschaft, Personenvereinigung oder Vermögensmasse an dem übertragenen Wirtschaftsgut aus einem anderen Grund unmittelbar oder mittelbar begründet wird oder dieser sich erhöht, ist rückwirkend auf den Zeitpunkt der Übertragung ebenfalls der Teilwert anzusetzen.

(6) 1 Wird ein einzelnes Wirtschaftsgut im Wege des Tausches übertragen, bemessen sich die Anschaffungskosten nach dem gemeinen Wert des hingegebenen Wirtschaftsguts. 2 Erfolgt die Übertragung im Wege der verdeckten Einlage, erhöhen sich die Anschaffungskosten der Beteiligung an der Kapitalgesellschaft um den Teilwert des eingelegten Wirtschaftsguts. 3 In den Fällen des Absatzes 1 Nummer 5 Satz 1 Buchstabe a erhöhen sich die Anschaffungskosten im Sinne des Satzes 2 um den Einlagewert des Wirtschaftsguts. 4 Absatz 5 bleibt unberührt.

(7)[2)] Im Fall des § 4 Absatz 3 sind

[1)] § 6 Abs. 5 Satz 1 2. Hs. angef. durch G v. 8.12.2010 (BGBl. I S. 1768); zur Anwendung siehe § 52 Abs. 12 Satz 9.

[2)] § 6 Abs. 7 neu gef. mWv VZ 2013 durch G v. 26.6.2013 (BGBl. I S. 1809).

1. bei der Bemessung der Absetzungen für Abnutzung oder Substanzverringerung die sich bei der Anwendung der Absätze 3 bis 6 ergebenden Werte als Anschaffungskosten zugrunde zu legen und
2. die Bewertungsvorschriften des Absatzes 1 Nummer 1a und der Nummern 4 bis 7 entsprechend anzuwenden.

§ 6a Pensionsrückstellung. (1) Für eine Pensionsverpflichtung darf eine Rückstellung (Pensionsrückstellung) nur gebildet werden, wenn und soweit

1. der Pensionsberechtigte einen Rechtsanspruch auf einmalige oder laufende Pensionsleistungen hat,
2. die Pensionszusage keine Pensionsleistungen in Abhängigkeit von künftigen gewinnabhängigen Bezügen vorsieht und keinen Vorbehalt enthält, dass die Pensionsanwartschaft oder die Pensionsleistung gemindert oder entzogen werden kann, oder ein solcher Vorbehalt sich nur auf Tatbestände erstreckt, bei deren Vorliegen nach allgemeinen Rechtsgrundsätzen unter Beachtung billigen Ermessens eine Minderung oder ein Entzug der Pensionsanwartschaft oder der Pensionsleistung zulässig ist, und
3. die Pensionszusage schriftlich erteilt ist; die Pensionszusage muss eindeutige Angaben zu Art, Form, Voraussetzungen und Höhe der in Aussicht gestellten künftigen Leistungen enthalten.

(2)[1] Eine Pensionsrückstellung darf erstmals gebildet werden

1. vor Eintritt des Versorgungsfalls für das Wirtschaftsjahr, in dem die Pensionszusage erteilt wird, frühestens jedoch für das Wirtschaftsjahr, bis zu dessen Mitte der Pensionsberechtigte bei
   a) erstmals nach dem 31. Dezember 2017 zugesagten Pensionsleistungen das 23. Lebensjahr vollendet,
   b) erstmals nach dem 31. Dezember 2008 und vor dem 1. Januar 2018 zugesagten Pensionsleistungen das 27. Lebensjahr vollendet,
   c) erstmals nach dem 31. Dezember 2000 und vor dem 1. Januar 2009 zugesagten Pensionsleistungen das 28. Lebensjahr vollendet,
   d) erstmals vor dem 1. Januar 2001 zugesagten Pensionsleistungen das 30. Lebensjahr vollendet

   oder bei nach dem 31. Dezember 2000 vereinbarten Entgeltumwandlungen im Sinne von § 1 Absatz 2 des Betriebsrentengesetzes für das Wirtschaftsjahr, in dessen Verlauf die Pensionsanwartschaft gemäß den Vorschriften des Betriebsrentengesetzes unverfallbar wird,
2. nach Eintritt des Versorgungsfalls für das Wirtschaftsjahr, in dem der Versorgungsfall eintritt.

(3) [1]Eine Pensionsrückstellung darf höchstens mit dem Teilwert der Pensionsverpflichtung angesetzt werden. [2]Als Teilwert einer Pensionsverpflichtung gilt

[1] § 6a Abs. 2 Nr. 1 neu gef. mWv 1.1.2018 durch G v. 21.12.2015 (BGBl. I S. 2553).

1.[1] vor Beendigung des Dienstverhältnisses des Pensionsberechtigten der Barwert der künftigen Pensionsleistungen am Schluss des Wirtschaftsjahres abzüglich des sich auf denselben Zeitpunkt ergebenden Barwerts betragsmäßig gleich bleibender Jahresbeträge, bei einer Entgeltumwandlung im Sinne von § 1 Absatz 2 des Betriebsrentengesetzes mindestens jedoch der Barwert der gemäß den Vorschriften des Betriebsrentengesetzes unverfallbaren künftigen Pensionsleistungen am Schluss des Wirtschaftsjahres. [2] Die Jahresbeträge sind so zu bemessen, dass am Beginn des Wirtschaftsjahres, in dem das Dienstverhältnis begonnen hat, ihr Barwert gleich dem Barwert der künftigen Pensionsleistungen ist; die künftigen Pensionsleistungen sind dabei mit dem Betrag anzusetzen, der sich nach den Verhältnissen am Bilanzstichtag ergibt. [3] Es sind die Jahresbeträge zugrunde zu legen, die vom Beginn des Wirtschaftsjahres, in dem das Dienstverhältnis begonnen hat, bis zu dem in der Pensionszusage vorgesehenen Zeitpunkt des Eintritts des Versorgungsfalls rechnungsmäßig aufzubringen sind. [4] Erhöhungen oder Verminderungen der Pensionsleistungen nach dem Schluss des Wirtschaftsjahres, die hinsichtlich des Zeitpunktes ihres Wirksamwerdens oder ihres Umfangs ungewiss sind, sind bei der Berechnung des Barwerts der künftigen Pensionsleistungen und der Jahresbeträge erst zu berücksichtigen, wenn sie eingetreten sind. [5] Wird die Pensionszusage erst nach dem Beginn des Dienstverhältnisses erteilt, so ist die Zwischenzeit für die Berechnung der Jahresbeträge nur insoweit als Wartezeit zu behandeln, als sie in der Pensionszusage als solche bestimmt ist. [6] Hat das Dienstverhältnis schon vor der Vollendung des nach Absatz 2 Nummer 1 maßgebenden Lebensjahres des Pensionsberechtigten bestanden, gilt es als zu Beginn des Wirtschaftsjahres begonnen, bis zu dessen Mitte der Pensionsberechtigte das nach Absatz 2 Nummer 1 maßgebende Lebensjahr vollendet; bei nach dem 31. Dezember 2000 vereinbarten Entgeltumwandlungen im Sinne von § 1 Absatz 2 des Betriebsrentengesetzes gilt für davor liegende Wirtschaftsjahre als Teilwert der Barwert der gemäß den Vorschriften des Betriebsrentengesetzes unverfallbaren künftigen Pensionsleistungen am Schluss des Wirtschaftsjahres;

2. nach Beendigung des Dienstverhältnisses des Pensionsberechtigten unter Aufrechterhaltung seiner Pensionsanwartschaft oder nach Eintritt des Versorgungsfalls der Barwert der künftigen Pensionsleistungen am Schluss des Wirtschaftsjahres; Nummer 1 Satz 4 gilt sinngemäß.

[3] Bei der Berechnung des Teilwerts der Pensionsverpflichtung sind ein Rechnungszinsfuß von 6 Prozent und die anerkannten Regeln der Versicherungsmathematik anzuwenden.

(4) [1] Eine Pensionsrückstellung darf in einem Wirtschaftsjahr höchstens um den Unterschied zwischen dem Teilwert der Pensionsverpflichtung am Schluss des Wirtschaftsjahres und am Schluss des vorangegangenen Wirtschaftsjahres erhöht werden. [2] Soweit der Unterschiedsbetrag auf der erstmaligen Anwendung neuer oder geänderter biometrischer Rechnungsgrundlagen beruht, kann er nur auf mindestens drei Wirtschaftsjahre gleichmäßig verteilt der Pensionsrückstellung zugeführt werden; Entsprechendes gilt beim Wechsel auf andere biometri-

[1] § 6a Abs. 3 Satz 2 Nr. 1 Satz 6 neu gef. mWv 1.1.2018 durch G v. 21.12.2015 (BGBl. I S. 2553).

sche Rechnungsgrundlagen. [3] In dem Wirtschaftsjahr, in dem mit der Bildung einer Pensionsrückstellung frühestens begonnen werden darf (Erstjahr), darf die Rückstellung bis zur Höhe des Teilwerts der Pensionsverpflichtung am Schluss des Wirtschaftsjahres gebildet werden; diese Rückstellung kann auf das Erstjahr und die beiden folgenden Wirtschaftsjahre gleichmäßig verteilt werden. [4] Erhöht sich in einem Wirtschaftsjahr gegenüber dem vorangegangenen Wirtschaftsjahr der Barwert der künftigen Pensionsleistungen um mehr als 25 Prozent, so kann die für dieses Wirtschaftsjahr zulässige Erhöhung der Pensionsrückstellung auf dieses Wirtschaftsjahr und die beiden folgenden Wirtschaftsjahre gleichmäßig verteilt werden. [5] Am Schluss des Wirtschaftsjahres, in dem das Dienstverhältnis des Pensionsberechtigten unter Aufrechterhaltung seiner Pensionsanwartschaft endet oder der Versorgungsfall eintritt, darf die Pensionsrückstellung stets bis zur Höhe des Teilwerts der Pensionsverpflichtung gebildet werden; die für dieses Wirtschaftsjahr zulässige Erhöhung der Pensionsrückstellung kann auf dieses Wirtschaftsjahr und die beiden folgenden Wirtschaftsjahre gleichmäßig verteilt werden. [6] Satz 2 gilt in den Fällen der Sätze 3 bis 5 entsprechend.

(5) Die Absätze 3 und 4 gelten entsprechend, wenn der Pensionsberechtigte zu dem Pensionsverpflichteten in einem anderen Rechtsverhältnis als einem Dienstverhältnis steht.

§ 6b Übertragung stiller Reserven bei der Veräußerung bestimmter Anlagegüter. (1) [1] Steuerpflichtige, die

Grund und Boden,

Aufwuchs auf Grund und Boden mit dem dazugehörigen Grund und Boden, wenn der Aufwuchs zu einem land- und forstwirtschaftlichen Betriebsvermögen gehört,

Gebäude oder Binnenschiffe

veräußern, können im Wirtschaftsjahr der Veräußerung von den Anschaffungs- oder Herstellungskosten der in Satz 2 bezeichneten Wirtschaftsgüter, die im Wirtschaftsjahr der Veräußerung oder im vorangegangenen Wirtschaftsjahr angeschafft oder hergestellt worden sind, einen Betrag bis zur Höhe des bei der Veräußerung entstandenen Gewinns abziehen. [2] Der Abzug ist zulässig bei den Anschaffungs- oder Herstellungskosten von

1. Grund und Boden,
   soweit der Gewinn bei der Veräußerung von Grund und Boden entstanden ist,
2. Aufwuchs auf Grund und Boden mit dem dazugehörigen Grund und Boden, wenn der Aufwuchs zu einem land- und forstwirtschaftlichen Betriebsvermögen gehört,
   soweit der Gewinn bei der Veräußerung von Grund und Boden oder der Veräußerung von Aufwuchs auf Grund und Boden mit dem dazugehörigen Grund und Boden entstanden ist,
3. Gebäuden,
   soweit der Gewinn bei der Veräußerung von Grund und Boden, von Aufwuchs auf Grund und Boden mit dem dazugehörigen Grund und Boden oder Gebäuden entstanden ist, oder

4. Binnenschiffen,
   soweit der Gewinn bei der Veräußerung von Binnenschiffen entstanden ist.

[3]Der Anschaffung oder Herstellung von Gebäuden steht ihre Erweiterung, ihr Ausbau oder ihr Umbau gleich. [4]Der Abzug ist in diesem Fall nur von dem Aufwand für die Erweiterung, den Ausbau oder den Umbau der Gebäude zulässig.

(2) [1]Gewinn im Sinne des Absatzes 1 Satz 1 ist der Betrag, um den der Veräußerungspreis nach Abzug der Veräußerungskosten den Buchwert übersteigt, mit dem das veräußerte Wirtschaftsgut im Zeitpunkt der Veräußerung anzusetzen gewesen wäre. [2]Buchwert ist der Wert, mit dem ein Wirtschaftsgut nach § 6 anzusetzen ist.

(2a)[1)] [1]Werden im Wirtschaftsjahr der Veräußerung der in Absatz 1 Satz 1 bezeichneten Wirtschaftsgüter oder in den folgenden vier Wirtschaftsjahren in Absatz 1 Satz 2 bezeichnete Wirtschaftsgüter angeschafft oder hergestellt oder sind sie in dem der Veräußerung vorangegangenen Wirtschaftsjahr angeschafft oder hergestellt worden, die einem Betriebsvermögen des Steuerpflichtigen in einem anderen Mitgliedstaat der Europäischen Union oder des Europäischen Wirtschaftsraums zuzuordnen sind, kann auf Antrag des Steuerpflichtigen die festgesetzte Steuer, die auf den Gewinn im Sinne des Absatzes 2 entfällt, in fünf gleichen Jahresraten entrichtet werden; die Frist von vier Jahren verlängert sich bei neu hergestellten Gebäuden auf sechs Jahre, wenn mit ihrer Herstellung vor dem Schluss des vierten auf die Veräußerung folgenden Wirtschaftsjahres begonnen worden ist. [2]Der Antrag kann nur im Wirtschaftsjahr der Veräußerung der in Absatz 1 Satz 1 bezeichneten Wirtschaftsgüter gestellt werden. [3]§ 36 Absatz 5 Satz 2 bis 5 ist sinngemäß anzuwenden. [4]Unterbleibt der Nachweis einer in Satz 1 genannten Anschaffung oder Herstellung durch den Steuerpflichtigen, sind für die Dauer des durch die Ratenzahlung gewährten Zahlungsaufschubs Zinsen in entsprechender Anwendung des § 234 der Abgabenordnung zu erheben. [5]Unterschreiten die Anschaffungs- oder Herstellungskosten der angeschafften oder hergestellten Wirtschaftsgüter den Gewinn im Sinne des Absatzes 2, gilt Satz 4 mit der Maßgabe, dass die Zinsen nur auf den Unterschiedsbetrag erhoben werden. [6]Bei der Zinsberechnung ist davon auszugehen, dass der Unterschiedsbetrag anteilig auf alle Jahresraten entfällt. [7]Zu den nach Satz 1 angeschafften oder hergestellten Wirtschaftsgütern gehören auch die einem Betriebsvermögen des Steuerpflichtigen im Vereinigten Königreich Großbritannien und Nordirland zuzuordnenden Wirtschaftsgüter, soweit der Antrag nach Satz 1 vor dem Zeitpunkt gestellt worden ist, ab dem das Vereinigte Königreich Großbritannien und Nordirland nicht mehr Mitgliedstaat der Europäischen Union ist und auch nicht wie ein solcher zu behandeln ist.

(3)[2)] [1]Soweit Steuerpflichtige den Abzug nach Absatz 1 nicht vorgenommen haben, können sie im Wirtschaftsjahr der Veräußerung eine den steuerli-

---

[1)] § 6b Abs. 2a eingef. durch G v. 2.11.2015 (BGBl. I S. 1834); zur Anwendung siehe § 52 Abs. 14 Satz 1; Sätze 4 bis 6 angef. durch G v. 11.12.2018 (BGBl. I S. 2338); zur Anwendung siehe § 52 Abs. 14 Satz 3; Satz 7 angef. mWv 29.3.2019 durch G v. 25.3.2019 (BGBl. I S. 357).
[2)] Vgl. § 52 Abs. 14 Sätze 4 bis 6.

chen Gewinn mindernde Rücklage bilden. [2]Bis zur Höhe dieser Rücklage können sie von den Anschaffungs- oder Herstellungskosten der in Absatz 1 Satz 2 bezeichneten Wirtschaftsgüter, die in den folgenden vier Wirtschaftsjahren angeschafft oder hergestellt worden sind, im Wirtschaftsjahr ihrer Anschaffung oder Herstellung einen Betrag unter Berücksichtigung der Einschränkungen des Absatzes 1 Satz 2 bis 4 abziehen. [3]Die Frist von vier Jahren verlängert sich bei neu hergestellten Gebäuden auf sechs Jahre, wenn mit ihrer Herstellung vor dem Schluss des vierten auf die Bildung der Rücklage folgenden Wirtschaftsjahres begonnen worden ist. [4]Die Rücklage ist in Höhe des abgezogenen Betrags gewinnerhöhend aufzulösen. [5]Ist eine Rücklage am Schluss des vierten auf ihre Bildung folgenden Wirtschaftsjahres noch vorhanden, so ist sie in diesem Zeitpunkt gewinnerhöhend aufzulösen, soweit nicht ein Abzug von den Herstellungskosten von Gebäuden in Betracht kommt, mit deren Herstellung bis zu diesem Zeitpunkt begonnen worden ist; ist die Rücklage am Schluss des sechsten auf ihre Bildung folgenden Wirtschaftsjahres noch vorhanden, so ist sie in diesem Zeitpunkt gewinnerhöhend aufzulösen.

(4) [1]Voraussetzung für die Anwendung der Absätze 1 und 3 ist, dass

1. der Steuerpflichtige den Gewinn nach § 4 Absatz 1 oder § 5 ermittelt,
2. die veräußerten Wirtschaftsgüter im Zeitpunkt der Veräußerung mindestens sechs Jahre ununterbrochen zum Anlagevermögen einer inländischen Betriebsstätte gehört haben,
3. die angeschafften oder hergestellten Wirtschaftsgüter zum Anlagevermögen einer inländischen Betriebsstätte gehören,
4. der bei der Veräußerung entstandene Gewinn bei der Ermittlung des im Inland steuerpflichtigen Gewinns nicht außer Ansatz bleibt und
5. der Abzug nach Absatz 1 und die Bildung und Auflösung der Rücklage nach Absatz 3 in der Buchführung verfolgt werden können.

[2]Der Abzug nach den Absätzen 1 und 3 ist bei Wirtschaftsgütern, die zu einem land- und forstwirtschaftlichen Betrieb gehören oder der selbständigen Arbeit dienen, nicht zulässig, wenn der Gewinn bei der Veräußerung von Wirtschaftsgütern eines Gewerbebetriebs entstanden ist.

(5) An die Stelle der Anschaffungs- oder Herstellungskosten im Sinne des Absatzes 1 tritt in den Fällen, in denen das Wirtschaftsgut im Wirtschaftsjahr vor der Veräußerung angeschafft oder hergestellt worden ist, der Buchwert am Schluss des Wirtschaftsjahres der Anschaffung oder Herstellung.

(6) [1]Ist ein Betrag nach Absatz 1 oder 3 abgezogen worden, so tritt für die Absetzungen für Abnutzung oder Substanzverringerung oder in den Fällen des § 6 Absatz 2 und Absatz 2a im Wirtschaftsjahr des Abzugs der verbleibende Betrag an die Stelle der Anschaffungs- oder Herstellungskosten. [2]In den Fällen des § 7 Absatz 4 Satz 1 und Absatz 5 sind die um den Abzugsbetrag nach Absatz 1 oder 3 geminderten Anschaffungs- oder Herstellungskosten maßgebend.

(7) Soweit eine nach Absatz 3 Satz 1 gebildete Rücklage gewinnerhöhend aufgelöst wird, ohne dass ein entsprechender Betrag nach Absatz 3 abgezogen wird, ist der Gewinn des Wirtschaftsjahres, in dem die Rücklage aufgelöst

wird, für jedes volle Wirtschaftsjahr, in dem die Rücklage bestanden hat, um 6 Prozent des aufgelösten Rücklagenbetrags zu erhöhen.

(8) [1] Werden Wirtschaftsgüter im Sinne des Absatzes 1 zum Zweck der Vorbereitung oder Durchführung von städtebaulichen Sanierungs- oder Entwicklungsmaßnahmen an einen der in Satz 2[1)] bezeichneten Erwerber übertragen, sind die Absätze 1 bis 7 mit der Maßgabe anzuwenden, dass

1.[2)] die Fristen des Absatzes 3 Satz 2, 3 und 5 sich jeweils um drei Jahre verlängern und

2. an die Stelle der in Absatz 4 Nummer 2 bezeichneten Frist von sechs Jahren eine Frist von zwei Jahren tritt.

[2] Erwerber im Sinne des Satzes 1 sind Gebietskörperschaften, Gemeindeverbände, Verbände im Sinne des § 166 Absatz 4 des Baugesetzbuchs, Planungsverbände nach § 205 des Baugesetzbuchs, Sanierungsträger nach § 157 des Baugesetzbuchs, Entwicklungsträger nach § 167 des Baugesetzbuchs sowie Erwerber, die städtebauliche Sanierungsmaßnahmen als Eigentümer selbst durchführen (§ 147 Absatz 2 und § 148 Absatz 1 Baugesetzbuch).

(9) Absatz 8 ist nur anzuwenden, wenn die nach Landesrecht zuständige Behörde bescheinigt, dass die Übertragung der Wirtschaftsgüter zum Zweck der Vorbereitung oder Durchführung von städtebaulichen Sanierungs- oder Entwicklungsmaßnahmen an einen der in Absatz 8 Satz 2 bezeichneten Erwerber erfolgt ist.

(10)[3)] [1] Steuerpflichtige, die keine Körperschaften, Personenvereinigungen oder Vermögensmassen sind, können Gewinne aus der Veräußerung von Anteilen an Kapitalgesellschaften bis zu einem Betrag von 500 000 Euro auf die im Wirtschaftsjahr der Veräußerung oder in den folgenden zwei Wirtschaftsjahren angeschafften Anteile an Kapitalgesellschaften oder angeschafften oder hergestellten abnutzbaren beweglichen Wirtschaftsgüter oder auf die im Wirtschaftsjahr der Veräußerung oder in den folgenden vier Wirtschaftsjahren angeschafften oder hergestellten Gebäude nach Maßgabe der Sätze 2 bis 10 übertragen. [2] Wird der Gewinn im Jahr der Veräußerung auf Gebäude oder abnutzbare bewegliche Wirtschaftsgüter übertragen, so kann ein Betrag bis zur Höhe des bei der Veräußerung entstandenen und nicht nach § 3 Nummer 40 Satz 1 Buchstabe a und b in Verbindung mit § 3c Absatz 2 steuerbefreiten Betrags von den Anschaffungs- oder Herstellungskosten für Gebäude oder abnutzbare bewegliche Wirtschaftsgüter abgezogen werden. [3] Wird der Gewinn im Jahr der Veräußerung auf Anteile an Kapitalgesellschaften übertragen, mindern sich die Anschaffungskosten der Anteile an Kapitalgesellschaften in Höhe des Veräußerungsgewinns einschließlich des nach § 3 Nummer 40 Satz 1 Buchstabe a und b in Verbindung mit § 3c Absatz 2 steuerbefreiten Betrags. [4] Absatz 2, Absatz 4 Satz 1 Nummer 1, 2, 3, 5 und Satz 2 sowie Absatz 5 sind sinngemäß anzuwenden. [5] Soweit Steuerpflichtige den Abzug nach den Sätzen 1 bis 4 nicht vorgenommen haben, können sie eine Rücklage nach

---

1) Verweis berichtigt durch G v. 26.6.2013 (BGBl. I S. 1809).

2) Vgl. § 52 Abs. 14 Sätze 4 bis 6.

3) § 6b Abs. 10 Satz 11 aufgeh.; zur Anwendung siehe § 52 Abs. 14 Satz 2 und Sätze 4 bis 6.

Maßgabe des Satzes 1 einschließlich des nach § 3 Nummer 40 Satz 1 Buchstabe a und b in Verbindung mit § 3c Absatz 2 steuerbefreiten Betrags bilden. [6] Bei der Auflösung der Rücklage gelten die Sätze 2 und 3 sinngemäß. [7] Im Fall des Satzes 2 ist die Rücklage in gleicher Höhe um den nach § 3 Nummer 40 Satz 1 Buchstabe a und b in Verbindung mit § 3c Absatz 2 steuerbefreiten Betrag aufzulösen. [8] Ist eine Rücklage am Schluss des vierten auf ihre Bildung folgenden Wirtschaftsjahres noch vorhanden, so ist sie in diesem Zeitpunkt gewinnerhöhend aufzulösen. [9] Soweit der Abzug nach Satz 6 nicht vorgenommen wurde, ist der Gewinn des Wirtschaftsjahres, in dem die Rücklage aufgelöst wird, für jedes volle Wirtschaftsjahr, in dem die Rücklage bestanden hat, um 6 Prozent des nicht nach § 3 Nummer 40 Satz 1 Buchstabe a und b in Verbindung mit § 3c Absatz 2 steuerbefreiten aufgelösten Rücklagenbetrags zu erhöhen. [10] Für die zum Gesamthandsvermögen von Personengesellschaften oder Gemeinschaften gehörenden Anteile an Kapitalgesellschaften gelten die Sätze 1 bis 9 nur, soweit an den Personengesellschaften und Gemeinschaften keine Körperschaften, Personenvereinigungen oder Vermögensmassen beteiligt sind.

§ 6c Übertragung stiller Reserven bei der Veräußerung bestimmter Anlagegüter bei der Ermittlung des Gewinns nach § 4 Absatz 3 oder nach Durchschnittssätzen. (1) [1] § 6b mit Ausnahme des § 6b Absatz 4 Nummer 1 ist entsprechend anzuwenden, wenn der Gewinn nach § 4 Absatz 3 oder die Einkünfte aus Land- und Forstwirtschaft nach Durchschnittssätzen ermittelt werden. [2] Soweit nach § 6b Absatz 3 eine Rücklage gebildet werden kann, ist ihre Bildung als Betriebsausgabe (Abzug) und ihre Auflösung als Betriebseinnahme (Zuschlag) zu behandeln; der Zeitraum zwischen Abzug und Zuschlag gilt als Zeitraum, in dem die Rücklage bestanden hat.

(2) [1] Voraussetzung für die Anwendung des Absatzes 1 ist, dass die Wirtschaftsgüter, bei denen ein Abzug von den Anschaffungs- oder Herstellungskosten oder von dem Wert nach § 6b Absatz 5 vorgenommen worden ist, in besondere, laufend zu führende Verzeichnisse aufgenommen werden. [2] In den Verzeichnissen sind der Tag der Anschaffung oder Herstellung, die Anschaffungs- oder Herstellungskosten, der Abzug nach § 6b Absatz 1 und 3 in Verbindung mit Absatz 1, die Absetzungen für Abnutzung, die Abschreibungen sowie die Beträge nachzuweisen, die nach § 6b Absatz 3 in Verbindung mit Absatz 1 als Betriebsausgaben (Abzug) oder Betriebseinnahmen (Zuschlag) behandelt worden sind.

§ 6d Euroumrechnungsrücklage. (1) [1] Ausleihungen, Forderungen und Verbindlichkeiten im Sinne des Artikels 43 des Einführungsgesetzes zum Handelsgesetzbuch, die auf Währungseinheiten der an der europäischen Währungsunion teilnehmenden anderen Mitgliedstaaten oder auf die ECU im Sinne des Artikels 2 der Verordnung (EG) Nr. 1103/97 des Rates vom 17. Juni 1997 (ABl. EG Nr. L 162 S. 1) lauten, sind am Schluss des ersten nach dem 31. Dezember 1998 endenden Wirtschaftsjahres mit dem vom Rat der Europäischen Union gemäß Artikel 109l Absatz 4 Satz 1 des EG-Vertrages unwiderruflich festgelegten Umrechnungskurs umzurechnen und mit dem sich danach ergebenden Wert anzusetzen. [2]Der Gewinn, der sich aus diesem jeweiligen Ansatz für das einzelne Wirtschaftsgut ergibt, kann in eine den steuerlichen Gewinn mindernde Rücklage eingestellt werden. [3]Die Rücklage ist gewinnerhöhend aufzulösen, soweit das Wirtschaftsgut, aus dessen Bewertung sich der in die Rücklage eingestellte Gewinn ergeben hat, aus dem Betriebsvermögen ausscheidet. [4]Die Rücklage ist spätestens am Schluss des fünften nach dem 31. Dezember 1998 endenden Wirtschaftsjahres gewinnerhöhend aufzulösen.

(2) [1]In die Euroumrechnungsrücklage gemäß Absatz 1 Satz 2 können auch Erträge eingestellt werden, die sich aus der Aktivierung von Wirtschaftsgütern auf Grund der unwiderruflichen Festlegung der Umrechnungskurse ergeben. [2]Absatz 1 Satz 3 gilt entsprechend.

(3) Die Bildung und Auflösung der jeweiligen Rücklage müssen in der Buchführung verfolgt werden können.

§ 6e[1)] Fondsetablierungskosten als Anschaffungskosten. (1) [1]Zu den Anschaffungskosten von Wirtschaftsgütern, die ein Steuerpflichtiger gemeinschaftlich mit weiteren Anlegern gemäß einem von einem Projektanbieter vorformulierten Vertragswerk anschafft, gehören auch die Fondsetablierungskosten im Sinne der Absätze 2 und 3. [2]Haben die Anleger in ihrer gesellschaftsrechtlichen Verbundenheit keine wesentlichen Möglichkeiten zur Einflussnahme auf das Vertragswerk, gelten die Wirtschaftsgüter im Sinne von Satz 1 als angeschafft.

(2) [1]Fondsetablierungskosten sind alle auf Grund des vorformulierten Vertragswerks neben den Anschaffungskosten im Sinne von § 255 des Handelsgesetzbuchs vom Anleger an den Projektanbieter oder an Dritte zu zahlenden Aufwendungen, die auf den Erwerb der Wirtschaftsgüter im Sinne des Absatzes 1 Satz 1 gerichtet sind. [2]Zu den Anschaffungskosten der Anleger im Sinne des Absatzes 1 Satz 2 gehören darüber hinaus alle an den Projektanbieter oder an Dritte geleisteten Aufwendungen in wirtschaftlichem Zusammenhang mit der Abwicklung des Projekts in der Investitionsphase. [3]Zu den Anschaffungskosten zählen auch die Haftungs- und Geschäftsführungsvergütungen für Komplementäre, Geschäftsführungsvergütungen bei schuldrechtlichem Leistungsaustausch und Vergütungen für Treuhandkommanditisten, soweit sie auf die Investitionsphase entfallen.

(3) Absatz 1 Satz 1 und Absatz 2 sind sinngemäß in den Fällen anzuwenden, in denen Fondsetablierungskosten vergleichbare Kosten außerhalb einer gemeinschaftlichen Anschaffung zu zahlen sind.

(4) Im Fall des § 4 Absatz 3 sind die Absätze 1 bis 3 entsprechend anzuwenden.

(5) § 15b bleibt unberührt.

§ 7 Absetzung für Abnutzung oder Substanzverringerung. (1) [1]Bei Wirtschaftsgütern, deren Verwendung oder Nutzung durch den Steuerpflich-

---

[1)] § 6e eingef. durch G v. 12.12.2019 (BGBl. I S. 2451); zur Anwendung siehe § 52 Abs. 14a.

tigen zur Erzielung von Einkünften sich erfahrungsgemäß auf einen Zeitraum von mehr als einem Jahr erstreckt, ist jeweils für ein Jahr der Teil der Anschaffungs- oder Herstellungskosten abzusetzen, der bei gleichmäßiger Verteilung dieser Kosten auf die Gesamtdauer der Verwendung oder Nutzung auf ein Jahr entfällt (Absetzung für Abnutzung in gleichen Jahresbeträgen). 2 Die Absetzung bemisst sich hierbei nach der betriebsgewöhnlichen Nutzungsdauer des Wirtschaftsguts. 3 Als betriebsgewöhnliche Nutzungsdauer des Geschäfts- oder Firmenwerts eines Gewerbebetriebs oder eines Betriebs der Land- und Forstwirtschaft gilt ein Zeitraum von 15 Jahren. 4 Im Jahr der Anschaffung oder Herstellung des Wirtschaftsguts vermindert sich für dieses Jahr der Absetzungsbetrag nach Satz 1 um jeweils ein Zwölftel für jeden vollen Monat, der dem Monat der Anschaffung oder Herstellung vorangeht. 5 Bei Wirtschaftsgütern, die nach einer Verwendung zur Erzielung von Einkünften im Sinne des § 2 Absatz 1 Satz 1 Nummer 4 bis 7 in ein Betriebsvermögen eingelegt worden sind, mindert sich der Einlagewert um die Absetzungen für Abnutzung oder Substanzverringerung, Sonderabschreibungen oder erhöhte Absetzungen, die bis zum Zeitpunkt der Einlage vorgenommen worden sind, höchstens jedoch bis zu den fortgeführten Anschaffungs- oder Herstellungskosten [***ab 1.1.2011:*** ; ist der Einlagewert niedriger als dieser Wert, bemisst sich die weitere Absetzung für Abnutzung vom Einlagewert].[1] 6 Bei beweglichen Wirtschaftsgütern des Anlagevermögens, bei denen es wirtschaftlich begründet ist, die Absetzung für Abnutzung nach Maßgabe der Leistung des Wirtschaftsguts vorzunehmen, kann der Steuerpflichtige dieses Verfahren statt der Absetzung für Abnutzung in gleichen Jahresbeträgen anwenden, wenn er den auf das einzelne Jahr entfallenden Umfang der Leistung nachweist. 7 Absetzungen für außergewöhnliche technische oder wirtschaftliche Abnutzung sind zulässig; soweit der Grund hierfür in späteren Wirtschaftsjahren entfällt, ist in den Fällen der Gewinnermittlung nach § 4 Absatz 1 oder nach § 5 eine entsprechende Zuschreibung vorzunehmen.

[Fassung ab 1.1.2009:]

(2)[2] 1 Bei beweglichen Wirtschaftsgütern des Anlagevermögens, die nach dem 31. Dezember 2008 und vor dem 1. Januar 2011 angeschafft oder hergestellt worden sind, kann der Steuerpflichtige statt der Absetzung für Abnutzung in gleichen Jahresbeträgen die Absetzung für Abnutzung in fallenden Jahresbeträgen bemessen. 2 Die Absetzung für Abnutzung in fallenden Jahresbeträ-

[Fassung ab 1.1.2020:]

(2)[3] 1 Bei beweglichen Wirtschaftsgütern des Anlagevermögens, die nach dem 31. Dezember 2019 und vor dem 1. Januar 2023 angeschafft oder hergestellt worden sind, kann der Steuerpflichtige statt der Absetzung für Abnutzung in gleichen Jahresbeträgen die Absetzung für Abnutzung in fallenden Jahresbeträgen bemessen. 2 Die Absetzung für Abnutzung in fallenden Jahresbeträgen

---

[1] § 7 Abs. 1 Satz 5 geänd. durch G v. 8.12.2010 (BGBl. I S. 1768); siehe auch Übergangsregelung in BMF v. 27.10.2010, IV C 3 – S 2190/09/1007, DStR 2010 S. 2304.

[2] § 7 Abs. 2 neu gef. mW für nach dem 31.12.2008 angeschaffte Wirtschaftsgüter durch G v. 21.12.2008 (BGBl. I S. 2896).

[3] § 7 Abs. 2 neu gef. durch G v. 29.6.2020 (BGBl. I S. 1512); Satz 1 geänd. durch G v. 19.6.2022 (BGBl. I S. 911).

[Fassung ab 1.1.2009:]

gen kann nach einem unveränderlichen Prozentsatz vom jeweiligen Buchwert (Restwert) vorgenommen werden; der dabei anzuwendende Prozentsatz darf höchstens das Zweieinhalbfache des bei der Absetzung für Abnutzung in gleichen Jahresbeträgen in Betracht kommenden Prozentsatzes betragen und 25 Prozent nicht übersteigen. 3 Absatz 1 Satz 4 und § 7a Absatz 8 gelten entsprechend. 4 Bei Wirtschaftsgütern, bei denen die Absetzung für Abnutzung in fallenden Jahresbeträgen bemessen wird, sind Absetzungen für außergewöhnliche technische oder wirtschaftliche Abnutzung nicht zulässig.

[Fassung ab 1.1.2020:]

kann nach einem unveränderlichen Prozentsatz vom jeweiligen Buchwert (Restwert) vorgenommen werden; der dabei anzuwendende Prozentsatz darf höchstens das Zweieinhalbfache des bei der Absetzung für Abnutzung in gleichen Jahresbeträgen in Betracht kommenden Prozentsatzes betragen und 25 Prozent nicht übersteigen. 3 Absatz 1 Satz 4 und § 7a Absatz 8 gelten entsprechend. 4 Bei Wirtschaftsgütern, bei denen die Absetzung für Abnutzung in fallenden Jahresbeträgen bemessen wird, sind Absetzungen für außergewöhnliche technische oder wirtschaftliche Abnutzung nicht zulässig.

(3)[1] 1 Der Übergang von der Absetzung für Abnutzung in fallenden Jahresbeträgen zur Absetzung für Abnutzung in gleichen Jahresbeträgen ist zulässig. 2 In diesem Fall bemisst sich die Absetzung für Abnutzung vom Zeitpunkt des Übergangs an nach dem dann noch vorhandenen Restwert und der Restnutzungsdauer des einzelnen Wirtschaftsguts. 3 Der Übergang von der Absetzung für Abnutzung in gleichen Jahresbeträgen zur Absetzung für Abnutzung in fallenden Jahresbeträgen ist nicht zulässig.

(4) 1 Bei Gebäuden sind abweichend von Absatz 1 als Absetzung für Abnutzung die folgenden Beträge bis zur vollen Absetzung abzuziehen:

1. bei Gebäuden, soweit sie zu einem Betriebsvermögen gehören und nicht Wohnzwecken dienen und für die der Bauantrag nach dem 31. März 1985 gestellt worden ist, jährlich 3 Prozent [***alte Fassung:*** 4 vom Hundert][2],

[Fassung bis 31.12.2022:]

2. bei Gebäuden, soweit sie die Voraussetzungen der Nummer 1 nicht erfüllen und die
   a) nach dem 31. Dezember 1924 fertiggestellt worden sind, jährlich 2 Prozent,
   b) vor dem 1. Januar 1925 fertiggestellt worden sind, jährlich 2,5 Prozent

[Fassung ab 1.1.2023:]

2.[3] bei Gebäuden, soweit sie die Voraussetzungen der Nummer 1 nicht erfüllen und die
   a) nach dem 31. Dezember 2022 fertiggestellt worden sind, jährlich 3 Prozent,
   b) vor dem 1. Januar 2023 und nach dem 31. Dezember 1924 fertiggestellt worden sind, jährlich 2 Prozent,

---

[1] § 7 Abs. 3 neu gef. mW für nach dem 31.12.2008 angeschaffte Wirtschaftsgüter durch G v. 21.12.2008 (BGBl. I S. 2896).

[2] Zur weiteren Anwendung der a. F. siehe § 52 Abs. 15 Sätze 2 und 3.

[3] § 7 Abs. 4 Satz 1 Nr. 2 neu gef. mWv 1.1.2023 durch G v. 16.12.2022 (BGBl. I S. 2294).

[Fassung ab 1.1.2023:]

c) vor dem 1. Januar 1925 fertiggestellt worden sind, jährlich 2,5 Prozent

der Anschaffungs- oder Herstellungskosten; Absatz 1 Satz 5 gilt entsprechend. [2] Beträgt die tatsächliche Nutzungsdauer eines Gebäudes in den Fällen des Satzes 1 Nummer 1 weniger als 33 Jahre [***alte Fassung:*** 25 Jahre][1)], in den Fällen des Satzes 1 Nummer 2 Buchstabe a weniger als 50 Jahre, in den Fällen des Satzes 1 Nummer 2 Buchstabe b weniger als 40 Jahre, so können anstelle der Absetzungen nach Satz 1 die der tatsächlichen Nutzungsdauer entsprechenden Absetzungen für Abnutzung vorgenommen werden. [3] Absatz 1 letzter Satz bleibt unberührt. [4] Bei Gebäuden im Sinne der Nummer 2 rechtfertigt die für Gebäude im Sinne der Nummer 1 geltende Regelung weder die Anwendung des Absatzes 1 letzter Satz noch den Ansatz des niedrigeren Teilwerts (§ 6 Absatz 1 Nummer 1 Satz 2).

(5) [1] Bei *im Inland belegenen Gebäuden,* [***neue Fassung:*** Gebäuden, die in einem Mitgliedstaat der Europäischen Union oder einem anderen Staat belegen sind, auf den das Abkommen über den Europäischen Wirtschaftsraum (EWR-Abkommen) angewendet wird, und][2)] die vom Steuerpflichtigen hergestellt oder bis zum Ende des Jahres der Fertigstellung angeschafft worden sind, können abweichend von Absatz 4 als Absetzung für Abnutzung die folgenden Beträge abgezogen werden:

1. bei Gebäuden im Sinne des Absatzes 4 Satz 1 Nummer 1, die vom Steuerpflichtigen auf Grund eines vor dem 1. Januar 1994 gestellten Bauantrags hergestellt oder auf Grund eines vor diesem Zeitpunkt rechtswirksam abgeschlossenen obligatorischen Vertrags angeschafft worden sind,
   – im Jahr der Fertigstellung und in den folgenden 3 Jahren — jeweils 10 Prozent,
   – in den darauf folgenden 3 Jahren — jeweils 5 Prozent,
   – in den darauf folgenden 18 Jahren — jeweils 2,5 Prozent,
2. bei Gebäuden im Sinne des Absatzes 4 Satz 1 Nummer 2, die vom Steuerpflichtigen auf Grund eines vor dem 1. Januar 1995 gestellten Bauantrags hergestellt oder auf Grund eines vor diesem Zeitpunkt rechtswirksam abgeschlossenen obligatorischen Vertrags angeschafft worden sind,
   – im Jahr der Fertigstellung und in den folgenden 7 Jahren — jeweils 5 Prozent,
   – in den darauf folgenden 6 Jahren — jeweils 2,5 Prozent,
   – in den darauf folgenden 36 Jahren — jeweils 1,25 Prozent,
3. bei Gebäuden im Sinne des Absatzes 4 Satz 1 Nummer 2, soweit sie Wohnzwecken dienen, die vom Steuerpflichtigen
   a) auf Grund eines nach dem 28. Februar 1989 und vor dem 1. Januar 1996 gestellten Bauantrags hergestellt oder nach dem 28. Februar 1989 auf Grund eines nach dem 28. Februar 1989 und vor dem 1. Januar 1996

---

1) Zur weiteren Anwendung der a. F. siehe § 52 Abs. 15 Sätze 2 und 3.

2) § 7 Abs. 5 Satz 1 geänd. mWv VZ 2010 durch G v. 8.4.2010 (BGBl. I S. 386).

rechtswirksam abgeschlossenen obligatorischen Vertrags angeschafft worden sind,
– im Jahr der Fertigstellung und in den folgenden 3 Jahren jeweils 7 Prozent,
– in den darauf folgenden 6 Jahren jeweils 5 Prozent,
– in den darauf folgenden 6 Jahren jeweils 2 Prozent,
– in den darauf folgenden 24 Jahren jeweils 1,25 Prozent,

b)[1] auf Grund eines nach dem 31. Dezember 1995 und vor dem 1. Januar 2004 gestellten Bauantrags hergestellt oder auf Grund eines nach dem 31. Dezember 1995 und vor dem 1. Januar 2004 rechtswirksam abgeschlossenen obligatorischen Vertrags angeschafft worden sind,
– im Jahr der Fertigstellung und in den folgenden 7 Jahren jeweils 5 Prozent,
– in den darauf folgenden 6 Jahren jeweils 2,5 Prozent,
– in den darauf folgenden 36 Jahren jeweils 1,25 Prozent,

c) auf Grund eines nach dem 31. Dezember 2003 und vor dem 1. Januar 2006 gestellten Bauantrags hergestellt oder auf Grund eines nach dem 31. Dezember 2003 und vor dem 1. Januar 2006 rechtswirksam abgeschlossenen obligatorischen Vertrags angeschafft worden sind,
– im Jahr der Fertigstellung und in den folgenden 9 Jahren jeweils 4 Prozent,
– in den darauf folgenden 8 Jahren jeweils 2,5 Prozent,
– in den darauf folgenden 32 Jahren jeweils 1,25 Prozent,

der Anschaffungs- oder Herstellungskosten. [2] Im Fall der Anschaffung kann Satz 1 nur angewendet werden, wenn der Hersteller für das veräußerte Gebäude weder Absetzungen für Abnutzung nach Satz 1 vorgenommen noch erhöhte Absetzungen oder Sonderabschreibungen in Anspruch genommen hat. [3] Absatz 1 Satz 4 gilt nicht.

(5a) Die Absätze 4 und 5 sind auf Gebäudeteile, die selbständige unbewegliche Wirtschaftsgüter sind, sowie auf Eigentumswohnungen und auf im Teileigentum stehende Räume entsprechend anzuwenden.

(6) Bei Bergbauunternehmen, Steinbrüchen und anderen Betrieben, die einen Verbrauch der Substanz mit sich bringen, ist Absatz 1 entsprechend anzuwenden; dabei sind Absetzungen nach Maßgabe des Substanzverzehrs zulässig (Absetzung für Substanzverringerung).

§ 7a Gemeinsame Vorschriften für erhöhte Absetzungen und Sonderabschreibungen. (1) [1] Werden in dem Zeitraum, in dem bei einem Wirtschaftsgut erhöhte Absetzungen oder Sonderabschreibungen in Anspruch genommen werden können (Begünstigungszeitraum), nachträgliche Herstellungskosten aufgewendet, so bemessen sich vom Jahr der Entstehung der nachträglichen Herstellungskosten an bis zum Ende des Begünstigungszeitraums die Absetzungen für Abnutzung, erhöhten Absetzungen und Sonderabschreibungen nach den um die nachträglichen Herstellungskosten erhöhten

[1] § 7 Abs. 5 Satz 1 Nr. 3 Buchst. b bestätigt durch G v. 5.4.2011 (BGBl. I S. 554).

Anschaffungs- oder Herstellungskosten. [2]Entsprechendes gilt für nachträgliche Anschaffungskosten. [3]Werden im Begünstigungszeitraum die Anschaffungs- oder Herstellungskosten eines Wirtschaftsguts nachträglich gemindert, so bemessen sich vom Jahr der Minderung an bis zum Ende des Begünstigungszeitraums die Absetzungen für Abnutzung, erhöhten Absetzungen und Sonderabschreibungen nach den geminderten Anschaffungs- oder Herstellungskosten.

(2) [1]Können bei einem Wirtschaftsgut erhöhte Absetzungen oder Sonderabschreibungen bereits für Anzahlungen auf Anschaffungskosten oder für Teilherstellungskosten in Anspruch genommen werden, so sind die Vorschriften über erhöhte Absetzungen und Sonderabschreibungen mit der Maßgabe anzuwenden, dass an die Stelle der Anschaffungs- oder Herstellungskosten die Anzahlungen auf Anschaffungskosten oder die Teilherstellungskosten und an die Stelle des Jahres der Anschaffung oder Herstellung das Jahr der Anzahlung oder Teilherstellung treten. [2]Nach Anschaffung oder Herstellung des Wirtschaftsguts sind erhöhte Absetzungen oder Sonderabschreibungen nur zulässig, soweit sie nicht bereits für Anzahlungen auf Anschaffungskosten oder für Teilherstellungskosten in Anspruch genommen worden sind. [3]Anzahlungen auf Anschaffungskosten sind im Zeitpunkt der tatsächlichen Zahlung aufgewendet. [4]Werden Anzahlungen auf Anschaffungskosten durch Hingabe eines Wechsels geleistet, so sind sie in dem Zeitpunkt aufgewendet, in dem dem Lieferanten durch Diskontierung oder Einlösung des Wechsels das Geld tatsächlich zufließt. [5]Entsprechendes gilt, wenn anstelle von Geld ein Scheck hingegeben wird.

(3) Bei Wirtschaftsgütern, bei denen erhöhte Absetzungen in Anspruch genommen werden, müssen in jedem Jahr des Begünstigungszeitraums mindestens Absetzungen in Höhe der Absetzungen für Abnutzung nach § 7 Absatz 1 oder 4 berücksichtigt werden.

(4) Bei Wirtschaftsgütern, bei denen Sonderabschreibungen in Anspruch genommen werden, sind die Absetzungen für Abnutzung nach § 7 Absatz 1 oder 4 vorzunehmen.

(5) Liegen bei einem Wirtschaftsgut die Voraussetzungen für die Inanspruchnahme von erhöhten Absetzungen oder Sonderabschreibungen auf Grund mehrerer Vorschriften vor, so dürfen erhöhte Absetzungen oder Sonderabschreibungen nur auf Grund einer dieser Vorschriften in Anspruch genommen werden.

(6) Erhöhte Absetzungen oder Sonderabschreibungen sind bei der Prüfung, ob die in § 141 Absatz 1 Nummer 4 und 5 der Abgabenordnung bezeichneten Buchführungsgrenzen überschritten sind, nicht zu berücksichtigen.

(7) [1]Ist ein Wirtschaftsgut mehreren Beteiligten zuzurechnen und sind die Voraussetzungen für erhöhte Absetzungen oder Sonderabschreibungen nur bei einzelnen Beteiligten erfüllt, so dürfen die erhöhten Absetzungen und Sonderabschreibungen nur anteilig für diese Beteiligten vorgenommen werden. [2]Die erhöhten Absetzungen oder Sonderabschreibungen dürfen von den Beteiligten, bei denen die Voraussetzungen dafür erfüllt sind, nur einheitlich vorgenommen werden.

(8) [1] Erhöhte Absetzungen oder Sonderabschreibungen sind bei Wirtschaftsgütern, die zu einem Betriebsvermögen gehören, nur zulässig, wenn sie in ein besonderes, laufend zu führendes Verzeichnis aufgenommen werden, das den Tag der Anschaffung oder Herstellung, die Anschaffungs- oder Herstellungskosten, die betriebsgewöhnliche Nutzungsdauer und die Höhe der jährlichen Absetzungen für Abnutzung, erhöhten Absetzungen und Sonderabschreibungen enthält. [2] Das Verzeichnis braucht nicht geführt zu werden, wenn diese Angaben aus der Buchführung ersichtlich sind.

(9) Sind für ein Wirtschaftsgut Sonderabschreibungen vorgenommen worden, so bemessen sich nach Ablauf des maßgebenden Begünstigungszeitraums die Absetzungen für Abnutzung bei Gebäuden und bei Wirtschaftsgütern im Sinne des § 7 Absatz 5a nach dem Restwert und dem nach § 7 Absatz 4 unter Berücksichtigung der Restnutzungsdauer maßgebenden Prozentsatz, bei anderen Wirtschaftsgütern nach dem Restwert und der Restnutzungsdauer.

[Fassung von VZ 2018 bis VZ 2026:]

§ 7b[1)] Sonderabschreibung für Mietwohnungsneubau. (1) [1] Für die Anschaffung oder Herstellung neuer Wohnungen, die in einem Mitgliedstaat der Europäischen Union belegen sind, können nach Maßgabe der nachfolgenden Absätze im Jahr der Anschaffung oder Herstellung und in den folgenden drei Jahren Sonderabschreibungen bis zu jährlich 5 Prozent der Bemessungsgrundlage neben der Absetzung für Abnutzung nach § 7 Absatz 4 in Anspruch genommen werden. [2] Im Fall der Anschaffung ist eine Wohnung neu, wenn sie bis zum Ende des Jahres der Fertigstellung angeschafft wird. [3] In diesem Fall können die Sonderabschreibungen nach Satz 1 nur vom Anschaffenden in Anspruch genommen werden. [4] Bei der Anwendung des Satzes 1 sind den Mitgliedstaaten der Europäischen Union Staaten gleichgestellt, die auf Grund vertraglicher Verpflichtung Amtshilfe entsprechend dem EU-Amtshilfegesetz in einem Umfang leisten, der für die Überprüfung der Voraussetzungen dieser Vorschrift erforderlich ist.

[Fassung für VZ 2022:]

(2) Die Sonderabschreibungen können nur in Anspruch genommen werden, wenn

1. durch Baumaßnahmen auf Grund eines nach dem 31. August 2018 und vor dem 1. Januar 2022 gestellten Bauantrags oder einer in diesem Zeitraum getätigten Bauanzeige neue, bisher nicht vorhandene, Wohnungen geschaffen werden, die die Voraussetzungen

[Fassung ab VZ 2023:][2)]

(2) [1] Die Sonderabschreibungen können nur in Anspruch genommen werden, wenn

1. durch Baumaßnahmen auf Grund eines nach dem 31. August 2018 und vor dem 1. Januar 2022 oder nach dem 31. Dezember 2022 und vor dem 1. Januar 2027 gestellten Bauantrags oder einer in diesem Zeitraum getätigten Bauanzeige neue, bisher nicht vor-

---

[1)] § 7b eingefügt durch G v. 4.8.2019 (BGBl. I S. 1122); zur Anwendung siehe § 52 Abs. 15a.

[2)] § 7b Abs. 2 und 3 neu gef. mWv VZ 2023 durch G v. 16.12.2022 (BGBl. I S. 2294).

[Fassung für VZ 2022:]

des § 181 Absatz 9 des Bewertungsgesetzes erfüllen; hierzu gehören auch die zu einer Wohnung gehörenden Nebenräume,

2. die Anschaffungs- oder Herstellungskosten 3000 Euro je Quadratmeter Wohnfläche nicht übersteigen und

3. die Wohnung im Jahr der Anschaffung oder Herstellung und in den folgenden neun Jahren der entgeltlichen Überlassung zu Wohnzwecken dient; Wohnungen dienen nicht Wohnzwecken, soweit sie zur vorübergehenden Beherbergung von Personen genutzt werden.

[Fassung ab VZ 2023:]

handene, Wohnungen hergestellt werden, die die Voraussetzungen des § 181 Absatz 9 des Bewertungsgesetzes erfüllen; hierzu gehören auch die zu einer Wohnung gehörenden Nebenräume,

2. Wohnungen, die aufgrund eines nach dem 31. Dezember 2022 und vor dem 1. Januar 2027 gestellten Bauantrags oder einer in diesem Zeitraum getätigten Bauanzeige hergestellt werden, in einem Gebäude liegen, das die Kriterien eines „Effizienzhaus 40" mit Nachhaltigkeits-Klasse erfüllt und dies durch Qualitätssiegel Nachhaltiges Gebäude nachgewiesen wird,

3. die Wohnung im Jahr der Anschaffung oder Herstellung und in den folgenden neun Jahren der entgeltlichen Überlassung zu Wohnzwecken dient; Wohnungen dienen nicht Wohnzwecken, soweit sie zur vorübergehenden Beherbergung von Personen genutzt werden.

2 Die Anschaffungs- oder Herstellungskosten dürfen für Wohnungen,

1. die aufgrund eines nach dem 31. August 2018 und vor dem 1. Januar 2022 gestellten Bauantrags oder einer in diesem Zeitraum getätigten Bauanzeige hergestellt werden, 3000 Euro je Quadratmeter Wohnfläche nicht übersteigen,

2. die aufgrund eines nach dem 31. Dezember 2022 und vor dem 1. Januar 2027 gestellten Bauantrags oder einer in diesem Zeitraum getätigten Bauanzeige hergestellt werden, 4800 Euro je Quadratmeter Wohnfläche nicht übersteigen.

[Fassung für VZ 2022:]

(3) Bemessungsgrundlage für die Sonderabschreibungen nach Absatz 1 sind die Anschaffungs- oder Herstellungskosten der nach Absatz 2 begünstigten Wohnung, jedoch maximal 2000 Euro je Quadratmeter Wohnfläche.

[Fassung ab VZ 2023:]

(3) Bemessungsgrundlage für die Sonderabschreibungen nach Absatz 1 sind die Anschaffungs- oder Herstellungskosten der nach Absatz 2 begünstigten Wohnung, jedoch

1. maximal 2000 Euro je Quadratmeter Wohnfläche für Wohnungen im Sinne des Absatzes 2 Satz 2 Nummer 1 und
2. maximal 2500 Euro je Quadratmeter Wohnfläche für Wohnungen im Sinne des Absatzes 2 Satz 2 Nummer 2.

(4) [1]Die nach Absatz 1 in Anspruch genommenen Sonderabschreibungen sind rückgängig zu machen, wenn

1. die begünstigte Wohnung im Jahr der Anschaffung oder Herstellung und in den folgenden neun Jahren nicht der entgeltlichen Überlassung zu Wohnzwecken dient,
2. die begünstigte Wohnung oder ein Gebäude mit begünstigten Wohnungen im Jahr der Anschaffung oder der Herstellung oder in den folgenden neun Jahren veräußert wird und der Veräußerungsgewinn nicht der Einkommen- oder Körperschaftsteuer unterliegt oder
3. die Baukostenobergrenze nach Absatz 2 *Nummer 2* [***ab VZ 2023:*** Satz 2][1)] innerhalb der ersten drei Jahre nach Ablauf des Jahres der Anschaffung oder Herstellung der begünstigten Wohnung durch nachträgliche Anschaffungs- oder Herstellungskosten überschritten wird.

[2]Steuer- oder Feststellungsbescheide, in denen Sonderabschreibungen nach Absatz 1 berücksichtigt wurden, sind insoweit aufzuheben oder zu ändern. [3]Das gilt auch dann, wenn die Steuer- oder Feststellungsbescheide bestandskräftig geworden sind; die Festsetzungsfristen für das Jahr der Anschaffung oder Herstellung und für die folgenden drei Kalenderjahre beginnen insoweit mit Ablauf des Kalenderjahres, in dem das Ereignis im Sinne des Satzes 1 eingetreten ist. [4]§ 233a Absatz 2a der Abgabenordnung ist insoweit nicht anzuwenden.

[für Bauanträge bis 31.12.2022:]

(5) [1]Die Sonderabschreibungen nach Absatz 1 werden nur gewährt, soweit die Voraussetzungen der Verordnung (EU) Nr. 1407/2013 der

[für Bauanträge zwischen 1.1.2023 und 31.12.2026:][2)]

(5) [1]Die Sonderabschreibungen nach Absatz 1 werden für Anspruchsberechtigte mit Einkünften im Sinne der §§ 13, 15 und 18 nur gewährt,

---

1) Verweis geänd. mWv VZ 2023 durch G v. 16.12.2022 (BGBl. I S. 2294).

2) § 7b Abs. 5 neu gef. durch G v. 16.12.2022 (BGBl. I S. 2294); zur Anwendung siehe § 52 Abs. 15a Satz 3.

[für Bauanträge bis 31.12.2022:]

Kommission vom 18. Dezember 2013 über die Anwendung der Artikel 107 und 108 des Vertrags über die Arbeitsweise der Europäischen Union auf De-minimis-Beihilfen (ABl. L 352 vom 24.12.2013, S. 1) (De-minimis-Verordnung) in der jeweils geltenden Fassung eingehalten sind. [2] Unter anderem darf hiernach der Gesamtbetrag der einem einzigen Unternehmen gewährten De-minimis-Beihilfe in einem Zeitraum von drei Veranlagungszeiträumen 200 000 Euro nicht übersteigen. [3] Bei dieser Höchstgrenze sind auch andere in diesem Zeitraum an das Unternehmen gewährte De-minimis-Beihilfen gleich welcher Art und Zielsetzung zu berücksichtigen. [4] Die Sonderabschreibungen werden erst gewährt, wenn der Anspruchsberechtigte in geeigneter Weise den Nachweis erbracht hat, in welcher Höhe ihm in den beiden vorangegangenen sowie im laufenden Veranlagungszeitrum De-minimis-Beihilfen gewährt worden sind, für die die vorliegende oder andere De-minimis-Verordnungen gelten, und nur soweit, wie die Voraussetzungen der De-minimis-Verordnung bei dem Unternehmen im Sinne der De-minimis-Verordnung eingehalten werden.

[für Bauanträge zwischen 1.1.2023 und 31.12.2026:]

soweit die Voraussetzungen der Verordnung (EU) Nr. 1407/2013 der Kommission vom 18. Dezember 2013 über die Anwendung der Artikel 107 und 108 des Vertrags über die Arbeitsweise der Europäischen Union auf De-minimis-Beihilfen (ABl. L 352 vom 24.12.2013, S. 1) (De-minimis-Verordnung) in der jeweils geltenden Fassung eingehalten sind. [2] Bei dem nach dieser De-minimis-Verordnung einzuhaltenden Höchstbetrag der einem einzigen Unternehmen in einem Zeitraum von drei Veranlagungszeiträumen zu gewährenden De-minimis-Beihilfe sind alle in diesem Zeitraum an das Unternehmen gewährte De-minimis-Beihilfen gleich welcher Art, Zielsetzung und Regelung zu berücksichtigen. [3] Die Sonderabschreibungen werden erst gewährt, wenn der Anspruchsberechtigte in geeigneter Weise den Nachweis erbracht hat, in welcher Höhe ihm in den beiden vorangegangenen sowie im laufenden Veranlagungszeitraum De-minimis-Beihilfen gewährt worden sind, für die die vorliegende oder andere De-minimis-Verordnungen gelten, und nur soweit, wie die Voraussetzungen der De-minimis-Verordnung bei dem Unternehmen im Sinne der De-minimis-Verordnung eingehalten werden.

[*Keine Genehmigung der EU-Kommission:*]

§ 7c[1)] Sonderabschreibung für Elektronutzfahrzeuge und elektrisch betriebene Lastenfahrräder. *(1) Bei neuen Elektronutzfahrzeugen im Sinne des Absatzes 2 sowie*

[1)] § 7c eingef. durch G v. 12.12.2019 (BGBl. I S. 2451); zur Anwendung siehe § 52 Abs. 15b; zum Inkrafttreten der Regelung insgesamt siehe Art. 39 Abs. 7 des G v. 12.12.2019: „Die Nummer 5 des Artikels 2 tritt an dem Tag in Kraft, an dem **die Europäische Kommission** durch Beschluss festgestellt hat, dass die Regelungen der Nummer 5 des Artikels 2 entweder **keine Beihilfen** oder mit dem Binnenmarkt vereinbare Beihilfen darstellen…" **Die Genehmigung wurde von der EU-Kommission nicht erteilt.**

elektrisch betriebenen Lastenfahrrädern im Sinne des Absatzes 3, die zum Anlagevermögen gehören, kann im Jahr der Anschaffung neben der Absetzung für Abnutzung nach § 7 Absatz 1 eine Sonderabschreibung in Höhe von 50 Prozent der Anschaffungskosten in Anspruch genommen werden.

(2) Elektronutzfahrzeuge sind Fahrzeuge der EG-Fahrzeugklassen N1, N2 und N3, die ausschließlich durch Elektromotoren angetrieben werden, die ganz oder überwiegend aus mechanischen oder elektrochemischen Energiespeichern oder aus emissionsfrei betriebenen Energiewandlern gespeist werden.

(3) Elektrisch betriebene Lastenfahrräder sind Schwerlastfahrräder mit einem Mindest-Transportvolumen von einem Kubikmeter und einer Nutzlast von mindestens 150 Kilogramm, die mit einem elektromotorischen Hilfsantrieb angetrieben werden.

(4) [1] Die Sonderabschreibung kann nur in Anspruch genommen werden, wenn der Steuerpflichtige die der Sonderabschreibung zugrundeliegenden Anschaffungskosten sowie Angaben zu den in den Absätzen 1 bis 3 enthaltenen Voraussetzungen nach amtlich vorgeschriebenen Datensätzen durch Datenfernübertragung übermittelt. [2] Auf Antrag kann die Finanzbehörde zur Vermeidung unbilliger Härten auf eine elektronische Übermittlung verzichten; § 150 Absatz 8 der Abgabenordnung gilt entsprechend. [3] In den Fällen des Satzes 2 müssen sich die entsprechenden Angaben aus den beim Finanzamt einzureichenden Unterlagen ergeben.

§ 7d[1)] *(aufgehoben)*

§ 7e (weggefallen)

§ 7f[1)] *(aufgehoben)*

§ 7g[2)] Investitionsabzugsbeträge und Sonderabschreibungen zur Förderung kleiner und mittlerer Betriebe. (1)[3)] [1] Steuerpflichtige können für die künftige Anschaffung oder Herstellung von abnutzbaren beweglichen Wirtschaftsgütern des Anlagevermögens, die mindestens bis zum Ende des dem Wirtschaftsjahr der Anschaffung oder Herstellung folgenden Wirtschaftsjahres [***ab 1.1.2020:*** vermietet oder][4)] in einer inländischen Betriebsstätte des Betriebes ausschließlich oder fast ausschließlich betrieblich genutzt werden, bis zu *40* [***ab 1.1.2020:*** 50][4)] Prozent der voraussichtlichen Anschaffungs- oder Herstellungskosten gewinnmindernd abziehen (Investitionsabzugsbeträge). [2] Investitionsabzugsbeträge können nur in Anspruch genommen werden, wenn

---

1) §§ 7d und 7f aufgeh. mWv 1.1.2015 durch G v. 22.12.2014 (BGBl. I S. 2417).

2) § 7g neu gef. durch G v. 14.8.2007 (BGBl. I S. 1912); zur Anwendung der Änderungen durch G v. 21.12.2020 (BGBl. I S. 3096) siehe § 52 Abs. 16.

3) § 7g Abs. 1 bis 4 neu gef. durch G v. 2.11.2015 (BGBl. I S. 1834).

4) § 7g Abs. 1 Satz 1 geänd. durch G v. 21.12.2020 (BGBl. I S. 3096); zur Anwendung siehe § 52 Abs. 16 Satz 1 (zu abw. Wj. Satz 1 HS 2).

[alte Fassung:]

1. der Betrieb am Schluss des Wirtschaftsjahres, in dem die Abzüge vorgenommen werden, die folgenden Größenmerkmale nicht überschreitet:
   a) bei Gewerbebetrieben oder der selbständigen Arbeit dienenden Betrieben, die ihren Gewinn nach § 4 Absatz 1 oder § 5 ermitteln, ein Betriebsvermögen von 235 000 Euro;
   b) bei Betrieben der Land- und Forstwirtschaft einen Wirtschaftswert oder einen Ersatzwirtschaftswert von 125 000 Euro oder
   c) bei Betrieben im Sinne der Buchstaben a und b, die ihren Gewinn nach § 4 Absatz 3 ermitteln, ohne Berücksichtigung der Investitionsabzugsbeträge einen Gewinn von 100 000 Euro;

[neue Fassung:]

1.[1] der Gewinn
   a) nach § 4 oder § 5 ermittelt wird;
   b) im Wirtschaftsjahr, in dem die Abzüge vorgenommen werden sollen, ohne Berücksichtigung der Investitionsabzugsbeträge nach Satz 1 und der Hinzurechnungen nach Absatz 2 200 000 Euro nicht überschreitet und

2. der Steuerpflichtige die Summen der Abzugsbeträge und der nach den Absätzen 2 bis 4 hinzuzurechnenden oder rückgängig zu machenden Beträge nach amtlich vorgeschriebenen Datensätzen durch Datenfernübertragung übermittelt. [2]Auf Antrag kann die Finanzbehörde zur Vermeidung unbilliger Härten auf eine elektronische Übermittlung verzichten; § 150 Absatz 8 der Abgabenordnung gilt entsprechend. [3]In den Fällen des Satzes 2 müssen sich die Summen der Abzugsbeträge und der nach den Absätzen 2 bis 4 hinzuzurechnenden oder rückgängig zu machenden Beträge aus den beim Finanzamt einzureichenden Unterlagen ergeben.

[3]Abzugsbeträge können auch dann in Anspruch genommen werden, wenn dadurch ein Verlust entsteht oder sich erhöht. [4]Die Summe der Beträge, die im Wirtschaftsjahr des Abzugs und in den drei vorangegangenen Wirtschaftsjahren nach Satz 1 insgesamt abgezogen und nicht nach Absatz 2 hinzugerechnet oder nach den Absätzen 3 oder 4 rückgängig gemacht wurden, darf je Betrieb 200 000 Euro nicht übersteigen.

(2) [1]Im Wirtschaftsjahr der Anschaffung oder Herstellung eines begünstigten Wirtschaftsguts [***ab 1.1.2020:*** im Sinne von Absatz 1 Satz 1][2] können bis

---

[1] § 7g Abs. 1 Satz 2 Nr. 1 neu gef. durch G v. 21.12.2020 (BGBl. I S. 3096); zur Anwendung siehe § 52 Abs. 16 Satz 1.

[2] § 7g Abs. 2 Satz 1 und 3 geänd. durch G v. 21.12.2020 (BGBl. I S. 3096); zur Anwendung siehe § 52 Abs. 16 Satz 1 (zu abw. Wj. Satz 1 HS 2).

zu *40* [***ab 1.1.2020:*** 50][1)] Prozent der Anschaffungs- oder Herstellungskosten gewinnerhöhend hinzugerechnet werden; die Hinzurechnung darf die Summe der nach Absatz 1 abgezogenen und noch nicht nach den Absätzen 2 bis 4 hinzugerechneten oder rückgängig gemachten Abzugsbeträge nicht übersteigen. [***ab 1.1.2021:*** [2]Bei nach Eintritt der Unanfechtbarkeit der erstmaligen Steuerfestsetzung oder der erstmaligen gesonderten Feststellung nach Absatz 1 in Anspruch genommenen Investitionsabzugsbeträgen setzt die Hinzurechnung nach Satz 1 voraus, dass das begünstigte Wirtschaftsgut zum Zeitpunkt der Inanspruchnahme der Investitionsabzugsbeträge noch nicht angeschafft oder hergestellt worden ist.][2)] [3]Die Anschaffungs- oder Herstellungskosten des Wirtschaftsguts können in dem in Satz 1 genannten Wirtschaftsjahr um bis zu *40* [***ab 1.1.2020:*** 50][1)] Prozent, höchstens jedoch um die Hinzurechnung nach Satz 1, gewinnmindernd herabgesetzt werden; die Bemessungsgrundlage für die Absetzungen für Abnutzung, erhöhten Absetzungen und Sonderabschreibungen sowie die Anschaffungs- oder Herstellungskosten im Sinne von § 6 Absatz 2 und 2a verringern sich entsprechend.

(3) [1]Soweit in Anspruch genommene Investitionsabzugsbeträge nicht bis zum Ende des dritten[3)] auf das Wirtschaftsjahr des jeweiligen Abzugs folgenden Wirtschaftsjahres nach Absatz 2 Satz 1 hinzugerechnet wurden, sind die Abzüge nach Absatz 1 rückgängig zu machen; die vorzeitige Rückgängigmachung von Investitionsabzugsbeträgen vor Ablauf der Investitionsfrist ist zulässig. [2]Wurde der Gewinn des maßgebenden Wirtschaftsjahres bereits einer Steuerfestsetzung oder einer gesonderten Feststellung zugrunde gelegt, ist der entsprechende Steuer- oder Feststellungsbescheid insoweit zu ändern. [3]Das gilt auch dann, wenn der Steuer- oder Feststellungsbescheid bestandskräftig geworden ist; die Festsetzungsfrist endet insoweit nicht, bevor die Festsetzungsfrist für den Veranlagungszeitraum abgelaufen ist, in dem das dritte auf das Wirtschaftsjahr des Abzugs folgende Wirtschaftsjahr endet. [4]§ 233a Absatz 2a der Abgabenordnung ist nicht anzuwenden.

(4) [1]Wird in den Fällen des Absatzes 2 ein begünstigtes Wirtschaftsgut nicht bis zum Ende des dem Wirtschaftsjahr der Anschaffung oder Herstellung folgenden Wirtschaftsjahres [***ab 1.1.2020:*** vermietet oder][4)] in einer inländischen Betriebsstätte des Betriebes ausschließlich oder fast ausschließlich betrieblich genutzt, sind die Herabsetzung der Anschaffungs- oder Herstellungskosten, die Verringerung der Bemessungsgrundlage und die Hinzurechnung nach Absatz 2 rückgängig zu machen. [2]Wurden die Gewinne der maßgebenden Wirtschaftsjahre bereits Steuerfestsetzungen oder gesonderten Feststellungen zugrunde gelegt, sind die entsprechenden Steuer- oder Feststellungsbescheide insoweit zu ändern. [3]Das gilt auch dann, wenn die Steuer- oder Feststellungsbescheide bestandskräftig geworden sind; die Festsetzungsfristen enden inso-

---

1) § 7g Abs. 2 Satz 1 und 3 geänd. durch G v. 21.12.2020 (BGBl. I S. 3096); zur Anwendung siehe § 52 Abs. 16 Satz 1 (zu abw. Wj. Satz 1 HS 2).

2) § 7g Abs. 2 Satz 2 eingef., bish. Satz 2 wird Satz 3 durch G v. 21.12.2020 (BGBl. I S. 3096); zur Anwendung siehe § 52 Abs. 16 Satz 2.

3) *Siehe hierzu § 52 Abs. 16* **Satz 3.**

4) § 7g Abs. 4 Satz 1 geänd. durch G v. 21.12.2020 (BGBl. I S. 3096); zur Anwendung siehe § 52 Abs. 16 Satz 1 (zu abw. Wj. Satz 1 HS 2).

weit nicht, bevor die Festsetzungsfrist für den Veranlagungszeitraum abgelaufen ist, in dem die Voraussetzungen des Absatzes 1 Satz 1 erstmals nicht mehr vorliegen. [4] § 233a Absatz 2a der Abgabenordnung ist nicht anzuwenden.

(5) Bei abnutzbaren beweglichen Wirtschaftsgütern des Anlagevermögens können unter den Voraussetzungen des Absatzes 6 im Jahr der Anschaffung oder Herstellung und in den vier folgenden Jahren neben den Absetzungen für Abnutzung nach § 7 Absatz 1 oder Absatz 2 Sonderabschreibungen bis zu insgesamt 20 Prozent der Anschaffungs- oder Herstellungskosten in Anspruch genommen werden.

(6) Die Sonderabschreibungen nach Absatz 5 können nur in Anspruch genommen werden, wenn

1. der Betrieb *zum Schluss des Wirtschaftsjahres* [***ab 1.1.2020:*** im Wirtschaftsjahr],[1] das der Anschaffung oder Herstellung vorangeht, die *Größenmerkmale* [***ab 1.1.2020:*** Gewinngrenze][1] des Absatzes 1 Satz 2 Nummer 1 nicht überschreitet, und
2. das Wirtschaftsgut im Jahr der Anschaffung oder Herstellung und im darauf folgenden Wirtschaftsjahr [***ab 1.1.2020:*** vermietet oder][1] in einer inländischen Betriebsstätte des Betriebs des Steuerpflichtigen ausschließlich oder fast ausschließlich betrieblich genutzt wird; Absatz 4 gilt entsprechend.

(7)[2] [1] Bei Personengesellschaften und Gemeinschaften sind die Absätze 1 bis 6 mit der Maßgabe anzuwenden, dass an die Stelle des Steuerpflichtigen die Gesellschaft oder die Gemeinschaft tritt. [***ab 1.1.2021:*** [2] Vom Gewinn der Gesamthand oder Gemeinschaft abgezogene Investitionsabzugsbeträge können ausschließlich bei Investitionen der Personengesellschaft oder Gemeinschaft nach Absatz 2 Satz 1 gewinnerhöhend hinzugerechnet werden. [3] Entsprechendes gilt für vom Sonderbetriebsgewinn eines Mitunternehmers abgezogene Investitionsabzugsbeträge bei Investitionen dieses Mitunternehmers oder seines Rechtsnachfolgers in seinem Sonderbetriebsvermögen.]

§ 7h Erhöhte Absetzungen bei Gebäuden in Sanierungsgebieten und städtebaulichen Entwicklungsbereichen. (1) [1] Bei einem im Inland belegenen Gebäude in einem förmlich festgelegten Sanierungsgebiet oder städtebaulichen Entwicklungsbereich kann der Steuerpflichtige abweichend von § 7 Absatz 4 und 5 *jeweils bis zu 10 vom Hundert der Herstellungskosten für Modernisierungs- und Instandsetzungsmaßnahmen im Sinne des § 177 des Baugesetzbuchs im Jahr der Herstellung und in den folgenden neun Jahren absetzen* [***ab 1.1.2004:*** im Jahr der Herstellung und in den folgenden sieben Jahren jeweils bis zu 9 Prozent und in den folgenden vier Jahren jeweils bis zu 7 Prozent der Herstellungskosten für Modernisierungs- und Instandsetzungsmaßnahmen im Sinne des § 177 des Baugesetzbuchs absetzen]. [2] Satz 1 ist entsprechend anzuwenden auf Herstellungskosten für Maßnahmen, die der Erhaltung, Erneuerung und funktionsgerechten Verwendung eines Gebäudes im Sinne des

---

[1] § 7g Abs. 6 Nr. 1 und Nr. 2 geänd. durch G v. 21.12.2020 (BGBl. I S. 3096); zur Anwendung siehe § 52 Abs. 16 Satz 1 (zu abw. Wj. Satz 1 HS 2).

[2] § 7g Abs. 7 Sätze 2 und 3 angef. durch G v. 21.12.2020 (BGBl. I S. 3096); zur Anwendung siehe § 52 Abs. 16 Satz 2.

Satzes 1 dienen, das wegen seiner geschichtlichen, künstlerischen oder städtebaulichen Bedeutung erhalten bleiben soll, und zu deren Durchführung sich der Eigentümer neben bestimmten Modernisierungsmaßnahmen gegenüber der Gemeinde verpflichtet hat. 3 Der Steuerpflichtige kann die erhöhten Absetzungen im Jahr des Abschlusses der Maßnahme und in den folgenden *neun Jahren* [***ab 1.1.2004:*** elf Jahren] auch für Anschaffungskosten in Anspruch nehmen, die auf Maßnahmen im Sinne der Sätze 1 und 2 entfallen, soweit diese nach dem rechtswirksamen Abschluss eines obligatorischen Erwerbsvertrags oder eines gleichstehenden Rechtsakts durchgeführt worden sind. 4 Die erhöhten Absetzungen können nur in Anspruch genommen werden, soweit die Herstellungs- oder Anschaffungskosten durch Zuschüsse aus Sanierungs- oder Entwicklungsförderungsmitteln nicht gedeckt sind. 5 Nach Ablauf des Begünstigungszeitraums ist ein Restwert den Herstellungs- oder Anschaffungskosten des Gebäudes oder dem an deren Stelle tretenden Wert hinzuzurechnen; die weiteren Absetzungen für Abnutzung sind einheitlich für das gesamte Gebäude nach dem sich hiernach ergebenden Betrag und dem für das Gebäude maßgebenden Prozentsatz zu bemessen.

(1a)[1] 1 Absatz 1 ist nicht anzuwenden, sofern Maßnahmen zur Herstellung eines neuen Gebäudes führen. 2 Die Prüfung, ob Maßnahmen zur Herstellung eines neuen Gebäudes führen, obliegt der Finanzbehörde.

(2)[2] 1 Der Steuerpflichtige kann die erhöhten Absetzungen nur in Anspruch nehmen, wenn er durch eine [***ab 1.1.2021:*** nicht offensichtlich rechtswidrige][3] Bescheinigung der zuständigen Gemeindebehörde die Voraussetzungen des Absatzes 1 für das Gebäude und die Maßnahmen nachweist; die Bescheinigung hat die Höhe der Aufwendungen für die Maßnahmen nach Absatz 1 Satz 1 und 2 zu enthalten. 2 Sind ihm Zuschüsse aus Sanierungs- oder Entwicklungsförderungsmitteln gewährt worden, so hat die Bescheinigung auch deren Höhe zu enthalten; werden ihm solche Zuschüsse nach Ausstellung der Bescheinigung gewährt, so ist diese entsprechend zu ändern.

(3) Die Absätze 1 bis[4] 2 sind auf Gebäudeteile, die selbständige unbewegliche Wirtschaftsgüter sind, sowie auf Eigentumswohnungen und auf im Teileigentum stehende Räume entsprechend anzuwenden.

§ 7i Erhöhte Absetzungen bei Baudenkmalen. (1) 1 Bei einem im Inland belegenen Gebäude, das nach den jeweiligen landesrechtlichen Vorschriften ein Baudenkmal ist, kann der Steuerpflichtige abweichend von § 7 Absatz 4 und 5 *jeweils bis zu 10 vom Hundert der Herstellungskosten für Baumaßnahmen, die nach Art und Umfang zur Erhaltung des Gebäudes als Baudenkmal oder zu seiner sinnvollen Nutzung erforderlich sind, im Jahr der Herstellung und in den folgenden neun Jahren*

---

[1] § 7h Abs. 1a eingef. durch G v. 12.12.2019 (BGBl. I S. 2451); zur Anwendung siehe § 52 Abs. 16a Sätze 1 bis 3.

[2] § 7h Abs. 2 Satz 1 HS 2 angef. durch G v. 12.12.2019 (BGBl. I S. 2451); zur Anwendung siehe § 52 Abs. 16a Satz 5.

[3] § 7h Abs. 2 Satz 1 geänd. durch G v. 21.12.2020 (BGBl. I S. 3096); zur Anwendung siehe § 52 Abs. 16a Satz 4.

[4] Verweis geänd. mWv 1.1.2019 (§ 52 Abs. 16a Satz 6) durch G v. 12.12.2019 (BGBl. I S. 2451).

absetzen [***ab 1.1.2004:*** im Jahr der Herstellung und in den folgenden sieben Jahren jeweils bis zu 9 Prozent und in den folgenden vier Jahren jeweils bis zu 7 Prozent der Herstellungskosten für Baumaßnahmen, die nach Art und Umfang zur Erhaltung des Gebäudes als Baudenkmal oder zu seiner sinnvollen Nutzung erforderlich sind, absetzen]. [2] Eine sinnvolle Nutzung ist nur anzunehmen, wenn das Gebäude in der Weise genutzt wird, dass die Erhaltung der schützenswerten Substanz des Gebäudes auf die Dauer gewährleistet ist. [3] Bei einem im Inland belegenen Gebäudeteil, das nach den jeweiligen landesrechtlichen Vorschriften ein Baudenkmal ist, sind die Sätze 1 und 2 entsprechend anzuwenden. [4] Bei einem im Inland belegenen Gebäude oder Gebäudeteil, das für sich allein nicht die Voraussetzungen für ein Baudenkmal erfüllt, aber Teil einer Gebäudegruppe oder Gesamtanlage ist, die nach den jeweiligen landesrechtlichen Vorschriften als Einheit geschützt ist, kann der Steuerpflichtige die erhöhten Absetzungen von den Herstellungskosten für Baumaßnahmen vornehmen, die nach Art und Umfang zur Erhaltung des schützenswerten äußeren Erscheinungsbildes der Gebäudegruppe oder Gesamtanlage erforderlich sind. [5] Der Steuerpflichtige kann die erhöhten Absetzungen im Jahr des Abschlusses der Baumaßnahme und in den folgenden *neun Jahren* [***ab 1.1.2004:*** elf Jahren] auch für Anschaffungskosten in Anspruch nehmen, die auf Baumaßnahmen im Sinne der Sätze 1 bis 4 entfallen, soweit diese nach dem rechtswirksamen Abschluss eines obligatorischen Erwerbsvertrags oder eines gleichstehenden Rechtsakts durchgeführt worden sind. [6] Die Baumaßnahmen müssen in Abstimmung mit der in Absatz 2 bezeichneten Stelle durchgeführt worden sein. [7] Die erhöhten Absetzungen können nur in Anspruch genommen werden, soweit die Herstellungs- oder Anschaffungskosten nicht durch Zuschüsse aus öffentlichen Kassen gedeckt sind. [8] § 7h Absatz 1 Satz 5 ist entsprechend anzuwenden.

(2) [1] Der Steuerpflichtige kann die erhöhten Absetzungen nur in Anspruch nehmen, wenn er durch eine [***ab 1.1.2021:*** nicht offensichtlich rechtswidrige][1] Bescheinigung der nach Landesrecht zuständigen oder von der Landesregierung bestimmten Stelle die Voraussetzungen des Absatzes 1 für das Gebäude oder Gebäudeteil und für die Erforderlichkeit der Aufwendungen nachweist. [2] Hat eine der für Denkmalschutz oder Denkmalpflege zuständigen Behörden ihm Zuschüsse gewährt, so hat die Bescheinigung auch deren Höhe zu enthalten; werden ihm solche Zuschüsse nach Ausstellung der Bescheinigung gewährt, so ist diese entsprechend zu ändern.

(3) § 7h Absatz 3 ist entsprechend anzuwenden.

§ 7k[2] *(aufgehoben)*

4. Überschuss der Einnahmen über die Werbungskosten

§ 8 Einnahmen. (1)[3] [1] Einnahmen sind alle Güter, die in Geld oder Geldeswert bestehen und dem Steuerpflichtigen im Rahmen einer der Einkunfts-

---

[1] § 7i Abs. 2 Satz 1 geänd. durch G v. 21.12.2020 (BGBl. I S. 3096); zur Anwendung siehe § 52 Abs. 16a Satz 7.

[2] § 7k aufgeh. mWv 1.1.2015 durch G v. 22.12.2014 (BGBl. I S. 2417).

[3] § 8 Abs. 1 Sätze 2 und 3 angef. mWv VZ 2020 durch G v. 12.12.2019 (BGBl. I S. 2451).

arten des § 2 Absatz 1 Satz 1 Nummer 4 bis 7 zufließen. [2]Zu den Einnahmen in Geld gehören auch zweckgebundene Geldleistungen, nachträgliche Kostenerstattungen, Geldsurrogate und andere Vorteile, die auf einen Geldbetrag lauten. [3]Satz 2 gilt nicht bei Gutscheinen und Geldkarten, die ausschließlich zum Bezug von Waren oder Dienstleistungen berechtigen und die Kriterien des § 2 Absatz 1 Nummer 10 des Zahlungsdiensteaufsichtsgesetzes erfüllen.

(2)[1)·2)] [1]Einnahmen, die nicht in Geld bestehen (Wohnung, Kost, Waren, Dienstleistungen und sonstige Sachbezüge), sind mit den um übliche Preisnachlässe geminderten üblichen Endpreisen am Abgabeort anzusetzen. [2]Für die private Nutzung eines betrieblichen Kraftfahrzeugs zu privaten Fahrten gilt § 6 Absatz 1 Nummer 4 Satz 2 entsprechend. [3]Kann das Kraftfahrzeug auch für Fahrten zwischen Wohnung und erster Tätigkeitsstätte sowie Fahrten nach § 9 Absatz 1 Satz 3 Nummer 4a Satz 3 genutzt werden, erhöht sich der Wert in Satz 2 für jeden Kalendermonat um 0,03 Prozent des Listenpreises im Sinne des § 6 Absatz 1 Nummer 4 Satz 2 für jeden Kilometer der Entfernung zwischen Wohnung und erster Tätigkeitsstätte sowie der Fahrten nach § 9 Absatz 1 Satz 3 Nummer 4a Satz 3. [4]Der Wert nach den Sätzen 2 und 3 kann mit dem auf die private Nutzung und die Nutzung zu Fahrten zwischen Wohnung und erster Tätigkeitsstätte sowie Fahrten nach § 9 Absatz 1 Satz 3 Nummer 4a Satz 3 entfallenden Teil der gesamten Kraftfahrzeugaufwendungen angesetzt werden, wenn die durch das Kraftfahrzeug insgesamt entstehenden Aufwendungen durch Belege und das Verhältnis der privaten Fahrten und der Fahrten zwischen Wohnung und erster Tätigkeitsstätte sowie Fahrten nach § 9 Absatz 1 Satz 3 Nummer 4a Satz 3 zu den übrigen Fahrten durch ein ordnungsgemäßes Fahrtenbuch nachgewiesen werden; § 6 Absatz 1 Nummer 4 Satz 3 zweiter Halbsatz gilt entsprechend.[3)] [5]Die Nutzung des Kraftfahrzeugs zu einer Familienheimfahrt im Rahmen einer doppelten Haushaltsführung ist mit 0,002 Prozent des Listenpreises im Sinne des § 6 Absatz 1 Nummer 4 Satz 2 für jeden Kilometer der Entfernung zwischen dem Ort des eigenen Hausstands und dem Beschäftigungsort anzusetzen; dies gilt nicht, wenn für diese Fahrt ein Abzug von Werbungskosten nach § 9 Absatz 1 Satz 3 Nummer 5 Satz 5 und 6[4)] in Betracht käme; Satz 4 ist sinngemäß anzuwenden. [6]Bei Arbeitnehmern, für deren Sachbezüge durch Rechtsverordnung[5)] nach § 17 Absatz 1 Satz 1 Nummer 4 des Vierten Buches Sozialgesetzbuch Werte bestimmt worden sind, sind diese Werte maßgebend. [7]Die Werte nach Satz 6 sind auch bei Steuerpflichtigen anzusetzen, die nicht der gesetzlichen Rentenversicherungspflicht unterliegen. [8]Wird dem Arbeitnehmer während einer beruflichen Tätigkeit außerhalb seiner Wohnung und ersten Tätigkeitsstätte oder im Rahmen einer beruflich veranlassten doppelten Haushaltsführung

---

[1)] Vgl. hierzu SozialversicherungsentgeltVO (Nr. **21**) und die Zusammenstellung der Bewertung der Sachbezüge (**Steuertabellen Nr. 20/4**).

[2)] § 8 Abs. 2 Sätze 3 und 4 geänd., Sätze 8 und 9 eingef., bish. Sätze 8 und 9 werden Sätze 10 und 11 mWv 1.1.2014 durch G v. 20.2.2013 (BGBl. I S. 285); Satz 8 nochmals ergänzt mWv 1.1.2014 durch G v. 25.7.2014 (BGBl. I S. 1266).

[3)] § 8 Abs. 2 Satz 4 HS 2 angef. mWv VZ 2013 durch G v. 26.6.2013 (BGBl. I S. 1809).

[4)] Verweis geänd. mWv VZ 2014 durch G v. 25.7.2014 (BGBl. I S. 1266).

[5)] Vgl. Sozialversicherungs-RechengrößenVO 2016 (BGBl. I 2015 S. 2137) und nachfolgende Jahresfassungen.

vom Arbeitgeber oder auf dessen Veranlassung von einem Dritten eine Mahlzeit zur Verfügung gestellt, ist diese Mahlzeit mit dem Wert nach Satz 6 (maßgebender amtlicher Sachbezugswert nach der Sozialversicherungsentgeltverordnung) anzusetzen, wenn der Preis für die Mahlzeit 60 Euro nicht übersteigt. [9]Der Ansatz einer nach Satz 8 bewerteten Mahlzeit unterbleibt, wenn beim Arbeitnehmer für ihm entstehende Mehraufwendungen für Verpflegung ein Werbungskostenabzug nach § 9 Absatz 4a Satz 1 bis 7 in Betracht käme. [10]Die oberste Finanzbehörde eines Landes kann mit Zustimmung des Bundesministeriums der Finanzen für weitere Sachbezüge der Arbeitnehmer Durchschnittswerte festsetzen. [11]Sachbezüge, die nach Satz 1 zu bewerten sind, bleiben außer Ansatz, wenn die sich nach Anrechnung der vom Steuerpflichtigen gezahlten Entgelte ergebenden Vorteile insgesamt *44* [***ab VZ 2022:*** 50][1)] Euro im Kalendermonat nicht übersteigen; die nach Absatz 1 Satz 3 nicht zu den Einnahmen in Geld gehörenden Gutscheine und Geldkarten bleiben nur dann außer Ansatz, wenn sie zusätzlich zum ohnehin geschuldeten Arbeitslohn gewährt werden.[2)] [12]Der Ansatz eines Sachbezugs für eine dem Arbeitnehmer vom Arbeitgeber, auf dessen Veranlassung von einem verbundenen Unternehmen (§ 15 des Aktiengesetzes) oder bei einer juristischen Person des öffentlichen Rechts als Arbeitgeber auf dessen Veranlassung von einem entsprechend verbundenen Unternehmen[3)] zu eigenen Wohnzwecken überlassene Wohnung unterbleibt, soweit das vom Arbeitnehmer gezahlte Entgelt mindestens zwei Drittel des ortsüblichen Mietwerts und dieser nicht mehr als 25 Euro je Quadratmeter ohne umlagefähige Kosten im Sinne der Verordnung über die Aufstellung von Betriebskosten beträgt.[2)]

(3)[4)] [1]Erhält ein Arbeitnehmer auf Grund seines Dienstverhältnisses Waren oder Dienstleistungen, die vom Arbeitgeber nicht überwiegend für den Bedarf seiner Arbeitnehmer hergestellt, vertrieben oder erbracht werden und deren Bezug nicht nach § 40 pauschal versteuert wird, so gelten als deren Werte abweichend von Absatz 2 die um 4 Prozent geminderten Endpreise, zu denen der Arbeitgeber oder der dem Abgabeort nächstansässige Abnehmer die Waren oder Dienstleistungen fremden Letztverbrauchern im allgemeinen Geschäftsverkehr anbietet. [2]Die sich nach Abzug der vom Arbeitnehmer gezahlten Entgelte ergebenden Vorteile sind steuerfrei, soweit sie aus dem Dienstverhältnis insgesamt 1080 Euro im Kalenderjahr nicht übersteigen.

(4)[5)] [1]Im Sinne dieses Gesetzes werden Leistungen des Arbeitgebers oder auf seine Veranlassung eines Dritten (Sachbezüge oder Zuschüsse) für eine Beschäftigung nur dann zusätzlich zum ohnehin geschuldeten Arbeitslohn erbracht, wenn

1. die Leistung nicht auf den Anspruch auf Arbeitslohn angerechnet,
2. der Anspruch auf Arbeitslohn nicht zugunsten der Leistung herabgesetzt,

---

[1)] Betrag geänd. mWv VZ 2022 durch G v. 21.12.2020 (BGBl. I S. 3096).

[2)] § 8 Abs. 2 Satz 11 HS 2 angef., Satz 12 angef. mWv VZ 2020 durch G v. 12.12.2019 (BGBl. I S. 2451).

[3)] § 8 Abs. 2 Satz 12 geänd. mWv VZ 2020 durch G v. 21.12.2020 (BGBl. I S. 3096).

[4)] § 8 Abs. 3 Satz 2 bestätigt durch G v. 5.4.2011 (BGBl. I S. 554).

[5)] § 8 Abs. 4 angef. mWv VZ 2020 durch G v. 21.12.2020 (BGBl. I S. 3096).

3. die verwendungs- oder zweckgebundene Leistung nicht anstelle einer bereits vereinbarten künftigen Erhöhung des Arbeitslohns gewährt und

4. bei Wegfall der Leistung der Arbeitslohn nicht erhöht

wird. [2] Unter den Voraussetzungen des Satzes 1 ist von einer zusätzlich zum ohnehin geschuldeten Arbeitslohn erbrachten Leistung auch dann auszugehen, wenn der Arbeitnehmer arbeitsvertraglich oder auf Grund einer anderen arbeits- oder dienstrechtlichen Rechtsgrundlage (wie Einzelvertrag, Betriebsvereinbarung, Tarifvertrag, Gesetz) einen Anspruch auf diese hat.

§ 9 Werbungskosten. (1) [1] Werbungskosten sind Aufwendungen zur Erwerbung, Sicherung und Erhaltung der Einnahmen. [2] Sie sind bei der Einkunftsart abzuziehen, bei der sie erwachsen sind. [3] Werbungskosten sind auch

1. Schuldzinsen und auf besonderen Verpflichtungsgründen beruhende Renten und dauernde Lasten, soweit sie mit einer Einkunftsart in wirtschaftlichem Zusammenhang stehen. [2] Bei Leibrenten kann nur der Anteil abgezogen werden, der sich nach § 22 Nummer 1 Satz 3 Buchstabe a Doppelbuchstabe bb ergibt;

2. Steuern vom Grundbesitz, sonstige öffentliche Abgaben und Versicherungsbeiträge, soweit solche Ausgaben sich auf Gebäude oder auf Gegenstände beziehen, die dem Steuerpflichtigen zur Einnahmeerzielung dienen;

3. Beiträge zu Berufsständen und sonstigen Berufsverbänden, deren Zweck nicht auf einen wirtschaftlichen Geschäftsbetrieb gerichtet ist;

4.[1)] Aufwendungen des Arbeitnehmers für die Wege zwischen Wohnung und erster Tätigkeitsstätte im Sinne des Absatzes 4. [2] Zur Abgeltung dieser Aufwendungen ist für jeden Arbeitstag, an dem der Arbeitnehmer die erste Tätigkeitsstätte aufsucht, eine Entfernungspauschale für jeden vollen Kilometer der Entfernung zwischen Wohnung und erster Tätigkeitsstätte von 0,30 Euro anzusetzen, höchstens jedoch 4500 Euro im Kalenderjahr; ein höherer Betrag als 4500 Euro ist anzusetzen, soweit der Arbeitnehmer einen eigenen oder ihm zur Nutzung überlassenen Kraftwagen benutzt. [3] Die Entfernungspauschale gilt nicht für Flugstrecken und Strecken mit steuerfreier Sammelbeförderung nach § 3 Nummer 32. [4] Für die Bestimmung der Entfernung ist die kürzeste Straßenverbindung zwischen Wohnung und erster Tätigkeitsstätte maßgebend; eine andere als die kürzeste Straßenverbindung kann zugrunde gelegt werden, wenn diese offensichtlich verkehrsgünstiger ist und vom Arbeitnehmer regelmäßig für die Wege zwischen Wohnung und erster Tätigkeitsstätte benutzt wird. [5] Nach § 8 Absatz 2 Satz 11 oder Absatz 3 steuerfreie Sachbezüge für Fahrten zwischen Wohnung und erster Tätigkeitsstätte mindern den nach Satz 2 abziehbaren Betrag; ist der Arbeitgeber selbst der Verkehrsträger, ist der Preis anzusetzen, den ein dritter Arbeitgeber an den Verkehrsträger zu entrichten hätte. [6] Hat ein Arbeitnehmer mehrere Wohnungen, so sind die Wege von einer Wohnung, die nicht der ersten Tätigkeitsstätte am nächsten liegt, nur zu berücksichtigen, wenn sie

---

[1)] § 9 Abs. 1 Satz 3 Nr. 4 geänd. mWv 1.1.2014 durch G v. 20.2.2013 (BGBl. I S. 285); Nr. 4 Satz 7 angef. mWv 1.1.2019 durch G v. 11.12.2018 (BGBl. I S. 2338); zur zeitl. Anwendung von § 3 Nr. 37 siehe § 52 Abs. 4 Satz 7.

den Mittelpunkt der Lebensinteressen des Arbeitnehmers bildet und nicht nur gelegentlich aufgesucht wird. [7] Nach § 3 Nummer 37[1)] steuerfreie Sachbezüge mindern den nach Satz 2 abziehbaren Betrag nicht; § 3c Absatz 1 ist nicht anzuwenden. [8] Zur Abgeltung der Aufwendungen im Sinne des Satzes 1 ist für die Veranlagungszeiträume 2021 bis 2026 abweichend von Satz 2 für jeden Arbeitstag, an dem der Arbeitnehmer die erste Tätigkeitsstätte aufsucht, eine Entfernungspauschale für jeden vollen Kilometer der ersten 20 Kilometer der Entfernung zwischen Wohnung und erster Tätigkeitsstätte von 0,30 Euro und für jeden weiteren vollen Kilometer

a) von 0,35 Euro für 2021,

b) von 0,38 Euro für 2022 bis 2026

anzusetzen, höchstens 4500 Euro im Kalenderjahr; ein höherer Betrag als 4500 Euro ist anzusetzen, soweit der Arbeitnehmer einen eigenen oder ihm zur Nutzung überlassenen Kraftwagen benutzt.[2)]

4a.[3)] Aufwendungen des Arbeitnehmers für beruflich veranlasste Fahrten, die nicht Fahrten zwischen Wohnung und erster Tätigkeitsstätte im Sinne des Absatzes 4 sowie keine Familienheimfahrten sind. [2] Anstelle der tatsächlichen Aufwendungen, die dem Arbeitnehmer durch die persönliche Benutzung eines Beförderungsmittels entstehen, können die Fahrtkosten mit den pauschalen Kilometersätzen angesetzt werden, die für das jeweils benutzte Beförderungsmittel (Fahrzeug) als höchste Wegstreckenentschädigung nach dem Bundesreisekostengesetz festgesetzt sind. [3] Hat ein Arbeitnehmer keine erste Tätigkeitsstätte (§ 9 Absatz 4) und hat er nach den dienst- oder arbeitsrechtlichen Festlegungen sowie den diese ausfüllenden Absprachen und Weisungen zur Aufnahme seiner beruflichen Tätigkeit dauerhaft denselben Ort oder dasselbe weiträumige Tätigkeitsgebiet typischerweise arbeitstäglich aufzusuchen, gilt Absatz 1 Satz 3 Nummer 4 und Absatz 2 für die Fahrten von der Wohnung zu diesem Ort oder dem zur Wohnung nächstgelegenen Zugang zum Tätigkeitsgebiet entsprechend. [4] Für die Fahrten innerhalb des weiträumigen Tätigkeitsgebietes gelten die Sätze 1 und 2 entsprechend.

5.[4)] notwendige Mehraufwendungen, die einem Arbeitnehmer wegen einer beruflich veranlassten doppelten Haushaltsführung entstehen. [2] Eine doppelte Haushaltsführung liegt nur vor, wenn der Arbeitnehmer außerhalb des Ortes seiner ersten Tätigkeitsstätte einen eigenen Hausstand unterhält und auch am Ort der ersten Tätigkeitsstätte wohnt. [3] Das Vorliegen eines eigenen Hausstandes setzt das Innehaben einer Wohnung sowie eine finanzielle Beteiligung an den Kosten der Lebensführung voraus. [4] Als Unterkunftskosten für eine doppelte Haushaltsführung können im Inland die tatsächlichen

---

[1)] Siehe hierzu § 52 Abs. 4 Satz 7.

[2)] § 9 Abs. 1 Satz 3 Nr. 4 Satz 8 angef. mWv VZ 2021 durch G v. 21.12.2019 (BGBl. I S. 2886); geänd. mWv 28.5.2022 durch G v. 23.5.2022 (BGBl. I S. 749).

[3)] § 9 Abs. 1 Satz 3 Nr. 4a eingef. mWv 1.1.2014 durch G v. 20.2.2013 (BGBl. I S. 285).

[4)] § 9 Abs. 1 Satz 3 Nr. 5 neu gef. mWv 1.1.2014 durch G v. 20.2.2013 (BGBl. I S. 285); Satz 9 angef. mWv VZ 2021 durch G v. 21.12.2019 (BGBl. I S. 2886); Satz 9 geänd. mWv 28.5.2022 durch G v. 23.5.2022 (BGBl. I S. 749).

Aufwendungen für die Nutzung der Unterkunft angesetzt werden, höchstens 1000 Euro im Monat. [5] Aufwendungen für die Wege vom Ort der ersten Tätigkeitsstätte zum Ort des eigenen Hausstandes und zurück (Familienheimfahrt) können jeweils nur für eine Familienheimfahrt wöchentlich abgezogen werden. [6] Zur Abgeltung der Aufwendungen für eine Familienheimfahrt ist eine Entfernungspauschale von 0,30 Euro für jeden vollen Kilometer der Entfernung zwischen dem Ort des eigenen Hausstandes und dem Ort der ersten Tätigkeitsstätte anzusetzen. [7] Nummer 4 Satz 3 bis 5 ist entsprechend anzuwenden. [8] Aufwendungen für Familienheimfahrten mit einem dem Steuerpflichtigen im Rahmen einer Einkunftsart überlassenen Kraftfahrzeug werden nicht berücksichtigt. [9] Zur Abgeltung der Aufwendungen für eine Familienheimfahrt ist für die Veranlagungszeiträume 2021 bis 2026 abweichend von Satz 6 eine Entfernungspauschale für jeden vollen Kilometer der ersten 20 Kilometer der Entfernung zwischen dem Ort des eigenen Hausstandes und dem Ort der ersten Tätigkeitsstätte von 0,30 Euro und für jeden weiteren vollen Kilometer

a) von 0,35 Euro für 2021,

b) von 0,38 Euro für 2022 bis 2026

anzusetzen.

5a.[1] notwendige Mehraufwendungen eines Arbeitnehmers für beruflich veranlasste Übernachtungen an einer Tätigkeitsstätte, die nicht erste Tätigkeitsstätte ist. [2] Übernachtungskosten sind die tatsächlichen Aufwendungen für die persönliche Inanspruchnahme einer Unterkunft zur Übernachtung. [3] Soweit höhere Übernachtungskosten anfallen, weil der Arbeitnehmer eine Unterkunft gemeinsam mit Personen nutzt, die in keinem Dienstverhältnis zum selben Arbeitgeber stehen, sind nur diejenigen Aufwendungen anzusetzen, die bei alleiniger Nutzung durch den Arbeitnehmer angefallen wären. [4] Nach Ablauf von 48 Monaten einer längerfristigen beruflichen Tätigkeit an derselben Tätigkeitsstätte, die nicht erste Tätigkeitsstätte ist, können Unterkunftskosten nur noch bis zur Höhe des Betrags nach Nummer 5 angesetzt werden. [5] Eine Unterbrechung dieser beruflichen Tätigkeit an derselben Tätigkeitsstätte führt zu einem Neubeginn, wenn die Unterbrechung mindestens sechs Monate dauert.

5b.[2] notwendige Mehraufwendungen, die einem Arbeitnehmer während seiner auswärtigen beruflichen Tätigkeit auf einem Kraftfahrzeug des Arbeitgebers oder eines vom Arbeitgeber beauftragten Dritten im Zusammenhang mit einer Übernachtung in dem Kraftfahrzeug für Kalendertage entstehen, an denen der Arbeitnehmer eine Verpflegungspauschale nach Absatz 4a Satz 3 Nummer 1 und 2 sowie Satz 5 zur Nummer 1 und 2 beanspruchen könnte. [2] Anstelle der tatsächlichen Aufwendungen, die dem Arbeitnehmer im Zusammenhang mit einer Übernachtung in dem Kraftfahrzeug entstehen, kann im Kalenderjahr einheitlich eine Pauschale von 8 Euro für jeden Kalendertag berücksichtigt werden, an dem der Arbeitnehmer eine Verpfle-

[1] § 9 Abs. 1 Satz 3 Nr. 5a eingef. mWv 1.1.2014 durch G v. 20.2.2013 (BGBl. I S. 285).
[2] § 9 Abs. 1 Satz 3 Nr. 5b eingef. mWv 1.1.2020 durch G v. 12.12.2019 (BGBl. I S. 2451).

gungspauschale nach Absatz 4a Satz 3 Nummer 1 und 2 sowie Satz 5 zur Nummer 1 und 2 beanspruchen könnte,

6. Aufwendungen für Arbeitsmittel, zum Beispiel für Werkzeuge und typische Berufskleidung. [2]Nummer 7 bleibt unberührt;

7.[1)] Absetzungen für Abnutzung und für Substanzverringerung, Sonderabschreibungen nach § 7b und erhöhte Absetzungen. [2]§ 6 Absatz 2 Satz 1 bis 3 ist in Fällen der Anschaffung oder Herstellung von Wirtschaftsgütern entsprechend anzuwenden.

(2)[2)] [1]Durch die Entfernungspauschalen sind sämtliche Aufwendungen abgegolten, die durch die Wege zwischen Wohnung und erster Tätigkeitsstätte im Sinne des Absatzes 4 und durch die Familienheimfahrten veranlasst sind. [2]Aufwendungen für die Benutzung öffentlicher Verkehrsmittel können angesetzt werden, soweit sie den im Kalenderjahr insgesamt als Entfernungspauschale abziehbaren Betrag übersteigen. [3]Menschen mit Behinderungen,

1. deren Grad der Behinderung mindestens 70 beträgt,
2. deren Grad der Behinderung weniger als 70, aber mindestens 50 beträgt und die in ihrer Bewegungsfähigkeit im Straßenverkehr erheblich beeinträchtigt sind,

können anstelle der Entfernungspauschalen die tatsächlichen Aufwendungen für die Wege zwischen Wohnung und erster Tätigkeitsstätte und für Familienheimfahrten ansetzen. [4]Die Voraussetzungen der Nummern 1 und 2 sind durch amtliche Unterlagen nachzuweisen.

(3) Absatz 1 Satz 3 Nummer 4 bis 5a sowie die Absätze 2 und 4a[3)] gelten bei den Einkunftsarten im Sinne des § 2 Absatz 1 Satz 1 Nummer 5 bis 7 entsprechend.

(4)[4)] [1]Erste Tätigkeitsstätte ist die ortsfeste betriebliche Einrichtung des Arbeitgebers, eines verbundenen Unternehmens (§ 15 des Aktiengesetzes) oder eines vom Arbeitgeber bestimmten Dritten, der der Arbeitnehmer dauerhaft zugeordnet ist. [2]Die Zuordnung im Sinne des Satzes 1 wird durch die dienst- oder arbeitsrechtlichen Festlegungen sowie die diese ausfüllenden Absprachen und Weisungen bestimmt. [3]Von einer dauerhaften Zuordnung ist insbesondere auszugehen, wenn der Arbeitnehmer unbefristet, für die Dauer des Dienstverhältnisses oder über einen Zeitraum von 48 Monaten hinaus an einer solchen Tätigkeitsstätte tätig werden soll. [4]Fehlt eine solche dienst- oder arbeitsrechtliche Festlegung auf eine Tätigkeitsstätte oder ist sie nicht eindeutig, ist erste Tätigkeitsstätte die betriebliche Einrichtung, an der der Arbeitnehmer dauerhaft

---

[1)] § 9 Abs. 1 Satz 3 Nr. 7 Satz 2 geänd. mWv VZ 2010 durch G v. 22.12.2009 (BGBl. I S. 3590); Satz 1 ergänzt mWv VZ 2018 durch G 12.12.2019 (BGBl. I S. 2451); zur Anwendung siehe § 52 Abs. 16b Satz 1 iVm Abs. 15a Satz 1.

[2)] § 9 Abs. 2 Satz 2 geänd. mWv VZ 2012 durch G v. 1.11.2011 (BGBl. I S. 2131); Sätze 1 und 3 geänd. mWv 1.1.2014 durch G v. 20.2.2013 (BGBl. I S. 285); Satz 3 geänd. mWv 15.12.2020 durch G v. 9.12.2020 (BGBl. I S. 2770).

[3)] Verweis geänd. mWv 1.1.2014 durch G v. 20.2.2013 (BGBl. I S. 285).

[4)] § 9 Abs. 4 eingef. mWv 1.1.2014 durch G v. 20.2.2013 (BGBl. I S. 285); geänd. mWv VZ 2014 durch G v. 25.7.2014 (BGBl. I S. 1266).

1. typischerweise arbeitstäglich tätig werden soll oder
2. je Arbeitswoche zwei volle Arbeitstage oder mindestens ein Drittel seiner vereinbarten regelmäßigen Arbeitszeit tätig werden soll.

[5] Je Dienstverhältnis hat der Arbeitnehmer höchstens eine erste Tätigkeitsstätte. [6] Liegen die Voraussetzungen der Sätze 1 bis 4 für mehrere Tätigkeitsstätten vor, ist diejenige Tätigkeitsstätte erste Tätigkeitsstätte, die der Arbeitgeber bestimmt. [7] Fehlt es an dieser Bestimmung oder ist sie nicht eindeutig, ist die der Wohnung örtlich am nächsten liegende Tätigkeitsstätte die erste Tätigkeitsstätte. [8] Als erste Tätigkeitsstätte gilt auch eine Bildungseinrichtung, die außerhalb eines Dienstverhältnisses zum Zwecke eines Vollzeitstudiums oder einer vollzeitigen Bildungsmaßnahme aufgesucht wird; die Regelungen für Arbeitnehmer nach Absatz 1 Satz 3 Nummer 4 und 5 sowie Absatz 4a sind entsprechend anzuwenden.

(4a)[1)] [1] Mehraufwendungen des Arbeitnehmers für die Verpflegung sind nur nach Maßgabe der folgenden Sätze als Werbungskosten abziehbar. [2] Wird der Arbeitnehmer außerhalb seiner Wohnung und ersten Tätigkeitsstätte beruflich tätig (auswärtige berufliche Tätigkeit), ist zur Abgeltung der ihm tatsächlich entstandenen, beruflich veranlassten Mehraufwendungen eine Verpflegungspauschale anzusetzen. [3] Diese beträgt

1. 28 Euro für jeden Kalendertag, an dem der Arbeitnehmer 24 Stunden von seiner Wohnung und ersten Tätigkeitsstätte abwesend ist,
2. jeweils 14 Euro für den An- und Abreisetag, wenn der Arbeitnehmer an diesem, einem anschließenden oder vorhergehenden Tag außerhalb seiner Wohnung übernachtet,
3. 14 Euro für den Kalendertag, an dem der Arbeitnehmer ohne Übernachtung außerhalb seiner Wohnung mehr als 8 Stunden von seiner Wohnung und der ersten Tätigkeitsstätte abwesend ist; beginnt die auswärtige berufliche Tätigkeit an einem Kalendertag und endet am nachfolgenden Kalendertag ohne Übernachtung, werden 14 Euro für den Kalendertag gewährt, an dem der Arbeitnehmer den überwiegenden Teil der insgesamt mehr als 8 Stunden von seiner Wohnung und der ersten Tätigkeitsstätte abwesend ist.

[4] Hat der Arbeitnehmer keine erste Tätigkeitsstätte, gelten die Sätze 2 und 3 entsprechend; Wohnung im Sinne der Sätze 2 und 3 ist der Hausstand, der den Mittelpunkt der Lebensinteressen des Arbeitnehmers bildet sowie eine Unterkunft am Ort der ersten Tätigkeitsstätte im Rahmen der doppelten Haushaltsführung. [5] Bei einer Tätigkeit im Ausland treten an die Stelle der Pauschbeträge nach Satz 3 länderweise unterschiedliche Pauschbeträge, die für die Fälle der Nummer 1 mit 120 sowie der Nummern 2 und 3 mit 80 Prozent der Auslandstagegelder nach dem Bundesreisekostengesetz vom Bundesministerium der Finanzen im Einvernehmen mit den obersten Finanzbehörden der Länder aufgerundet auf volle Euro festgesetzt werden; dabei bestimmt sich der

---

1) § 9 Abs. 4a eingef. mWv 1.1.2014 durch G v. 20.2.2013 (BGBl. I S. 285); geänd. mWv VZ 2014 durch G v. 25.7.2014 (BGBl. I S. 1266); Satz 3 Nrn. 1 bis 3 Beträge geänd. mWv 1.1.2020 durch G v. 12.12.2019 (BGBl. I S. 2451).

Pauschbetrag nach dem Ort, den der Arbeitnehmer vor 24 Uhr Ortszeit zuletzt erreicht, oder, wenn dieser Ort im Inland liegt, nach dem letzten Tätigkeitsort im Ausland. [6]Der Abzug der Verpflegungspauschalen ist auf die ersten drei Monate einer längerfristigen beruflichen Tätigkeit an derselben Tätigkeitsstätte beschränkt. [7]Eine Unterbrechung der beruflichen Tätigkeit an derselben Tätigkeitsstätte führt zu einem Neubeginn, wenn sie mindestens vier Wochen dauert. [8]Wird dem Arbeitnehmer anlässlich oder während einer Tätigkeit außerhalb seiner ersten Tätigkeitsstätte vom Arbeitgeber oder auf dessen Veranlassung von einem Dritten eine Mahlzeit zur Verfügung gestellt, sind die nach den Sätzen 3 und 5 ermittelten Verpflegungspauschalen zu kürzen:

1. für Frühstück um 20 Prozent,
2. für Mittag- und Abendessen um jeweils 40 Prozent,

der nach Satz 3 Nummer 1 gegebenenfalls in Verbindung mit Satz 5 maßgebenden Verpflegungspauschale für einen vollen Kalendertag; die Kürzung darf die ermittelte Verpflegungspauschale nicht übersteigen. [9]Satz 8 gilt auch, wenn Reisekostenvergütungen wegen der zur Verfügung gestellten Mahlzeiten einbehalten oder gekürzt werden oder die Mahlzeiten nach § 40 Absatz 2 Satz 1 Nummer 1a pauschal besteuert werden. [10]Hat der Arbeitnehmer für die Mahlzeit ein Entgelt gezahlt, mindert dieser Betrag den Kürzungsbetrag nach Satz 8. [11]Erhält der Arbeitnehmer steuerfreie Erstattungen für Verpflegung, ist ein Werbungskostenabzug insoweit ausgeschlossen. [12]Die Verpflegungspauschalen nach den Sätzen 3 und 5, die Dreimonatsfrist nach den Sätzen 6 und 7 sowie die Kürzungsregelungen nach den Sätzen 8 bis 10 gelten entsprechend auch für den Abzug von Mehraufwendungen für Verpflegung, die bei einer beruflich veranlassten doppelten Haushaltsführung entstehen, soweit der Arbeitnehmer vom eigenen Hausstand im Sinne des § 9 Absatz 1 Satz 3 Nummer 5 abwesend ist; dabei ist für jeden Kalendertag innerhalb der Dreimonatsfrist, an dem gleichzeitig eine Tätigkeit im Sinne des Satzes 2 oder des Satzes 4 ausgeübt wird, nur der jeweils höchste in Betracht kommende Pauschbetrag abziehbar. [13]Die Dauer einer Tätigkeit im Sinne des Satzes 2 an dem Tätigkeitsort, an dem die doppelte Haushaltsführung begründet wurde, ist auf die Dreimonatsfrist anzurechnen, wenn sie ihr unmittelbar vorausgegangen ist.

(5)[1)] [1]§ 4 Absatz 5 Satz 1 Nummer 1 bis 4, 6b bis 8a, 10, 12 und Absatz 6 gilt sinngemäß. [2]Die §§ 4j, 4k, 6 Absatz 1 Nummer 1a und § 6e gelten entsprechend.

(6)[2)] [1]Aufwendungen des Steuerpflichtigen für seine Berufsausbildung oder für sein Studium sind nur dann Werbungskosten, wenn der Steuerpflichtige zuvor bereits eine Erstausbildung (Berufsausbildung oder Studium) abgeschlos-

---

[1)] § 9 Abs. 5 Satz 1 geänd. mWv VZ 2012 durch G v. 1.11.2011 (BGBl. I S. 2131); geänd. mWv 1.1.2014 durch G v. 20.2.2013 (BGBl. I S. 285); Satz 2 Verweis geänd. durch G v. 27.6.2017 (BGBl. I S. 2074), zur Anwendung siehe § 52 Abs. 16b Satz 2; Satz 2 neu gef. durch G v. 12.12.2019 (BGBl. I S. 2451); zur Anwendung siehe § 52 Abs. 16b Satz 3; Satz 2 Verweis erg. mWv 1.1.2020 (§ 52 Abs. 16b Satz 4; siehe auch § 52 Abs. 8c zur Anwendung von § 4k) durch G v. 25.6.2021 (BGBl. I S. 2035).

[2)] § 9 Abs. 6 neu gef. mWv 1.1.2015 durch G v. 22.12.2014 (BGBl. I S. 2417).

sen hat oder wenn die Berufsausbildung oder das Studium im Rahmen eines Dienstverhältnisses stattfindet. [2]Eine Berufsausbildung als Erstausbildung nach Satz 1 liegt vor, wenn eine geordnete Ausbildung mit einer Mindestdauer von 12 Monaten bei vollzeitiger Ausbildung und mit einer Abschlussprüfung durchgeführt wird. [3]Eine geordnete Ausbildung liegt vor, wenn sie auf der Grundlage von Rechts- oder Verwaltungsvorschriften oder internen Vorschriften eines Bildungsträgers durchgeführt wird. [4]Ist eine Abschlussprüfung nach dem Ausbildungsplan nicht vorgesehen, gilt die Ausbildung mit der tatsächlichen planmäßigen Beendigung als abgeschlossen. [5]Eine Berufsausbildung als Erstausbildung hat auch abgeschlossen, wer die Abschlussprüfung einer durch Rechts- oder Verwaltungsvorschriften geregelten Berufsausbildung mit einer Mindestdauer von 12 Monaten bestanden hat, ohne dass er zuvor die entsprechende Berufsausbildung durchlaufen hat.

§ 9a Pauschbeträge für Werbungskosten. [1]Für Werbungskosten sind bei der Ermittlung der Einkünfte die folgenden Pauschbeträge abzuziehen, wenn nicht höhere Werbungskosten nachgewiesen werden:

1. a)[1)] von den Einnahmen aus nichtselbständiger Arbeit vorbehaltlich Buchstabe b:
   ein Arbeitnehmer-Pauschbetrag von *1000 Euro* [***ab VZ 2022:*** 1200 Euro; ***ab VZ 2023:*** 1230 Euro][2)];
   b) von den Einnahmen aus nichtselbständiger Arbeit, soweit es sich um Versorgungsbezüge im Sinne des § 19 Absatz 2 handelt:
   ein Pauschbetrag von 102 Euro;
2. (weggefallen)
3.[3)] von den Einnahmen im Sinne des § 22 Nummer 1, 1a und 5:
   ein Pauschbetrag von insgesamt 102 Euro.

[2]Der Pauschbetrag nach Satz 1 Nummer 1 Buchstabe b darf nur bis zur Höhe der um den Versorgungsfreibetrag einschließlich des Zuschlags zum Versorgungsfreibetrag (§ 19 Absatz 2) geminderten Einnahmen, die Pauschbeträge nach Satz 1 Nummer 1 Buchstabe a und Nummer 3 dürfen nur bis zur Höhe der Einnahmen abgezogen werden.

4a. Umsatzsteuerrechtlicher Vorsteuerabzug

§ 9b [Umsatzsteuerrechtlicher Vorsteuerabzug] (1) Der Vorsteuerbetrag nach § 15 des Umsatzsteuergesetzes gehört, soweit er bei der Umsatzsteuer abgezogen werden kann, nicht zu den Anschaffungs- oder Herstellungskosten des Wirtschaftsguts, auf dessen Anschaffung oder Herstellung er entfällt.

[1)] § 9a Satz 1 Nr. 1 Buchst. a Betrag geänd. mWv VZ 2011; 2. Satzteil aufgeh. mWv VZ 2012 (§ 52 Abs. 1 idF des Art. 1 Nr. 33 Buchst. b des G v. 1.11.2011) durch G v. 1.11.2011 (BGBl. I S. 2131).

[2)] Betrag geänd. mWv VZ 2022 durch G v. 23.5.2022 (BGBl. I S. 749); geänd. mWv VZ *2023 durch G v. 16.12.2022* (BGBl. I S. 2294).

[3)] § 9a Satz 1 Nr. 3 geänd. mWv VZ 2010 durch G v. 8.12.2010 (BGBl. I S. 1768); geänd. mWv VZ 2015 durch G v. 22.12.2014 (BGBl. I S. 2417).

(2)[1] [1] Wird der Vorsteuerabzug nach § 15a des Umsatzsteuergesetzes berichtigt, so sind die Mehrbeträge als Betriebseinnahmen oder Einnahmen zu behandeln, wenn sie im Rahmen einer der Einkunftsarten des § 2 Absatz 1 Satz 1 bezogen werden; die Minderbeträge sind als Betriebsausgaben oder Werbungskosten zu behandeln, wenn sie durch den Betrieb veranlasst sind oder der Erwerbung, Sicherung und Erhaltung von Einnahmen dienen. [2] Die Anschaffungs- oder Herstellungskosten bleiben in den Fällen des Satzes 1 unberührt.

4b. *(aufgehoben)*[2]

§ 9c.[2] *(aufgehoben)*

5. Sonderausgaben

§ 10 [Sonderausgaben] (1) Sonderausgaben sind die folgenden Aufwendungen, wenn sie weder Betriebsausgaben noch Werbungskosten sind oder wie Betriebsausgaben oder Werbungskosten behandelt werden:

1.–1b.[3] *(aufgehoben)*

2.[4] a) Beiträge zu den gesetzlichen Rentenversicherungen oder zur landwirtschaftlichen Alterskasse[5] sowie zu berufsständischen Versorgungseinrichtungen, die den gesetzlichen Rentenversicherungen vergleichbare Leistungen erbringen;

b)[6] Beiträge des Steuerpflichtigen

aa) zum Aufbau einer eigenen kapitalgedeckten Altersversorgung, wenn der Vertrag nur die Zahlung einer monatlichen, auf das Leben des Steuerpflichtigen bezogenen lebenslangen Leibrente nicht vor Vollendung des 62. Lebensjahres oder zusätzlich die ergänzende Absicherung des Eintritts der Berufsunfähigkeit (Berufsunfähigkeitsrente), der verminderten Erwerbsfähigkeit (Erwerbsminderungsrente) oder von Hinterbliebenen (Hinterbliebenenrente) vorsieht. [2] Hinterbliebene in diesem Sinne sind der Ehegatte des Steuerpflichtigen und die Kinder, für die er Anspruch auf Kindergeld oder auf einen Freibetrag nach § 32 Absatz 6 hat. [3] Der Anspruch auf Waisenrente darf längstens für den Zeitraum bestehen, in dem der Rentenberechtigte

---

[1] § 9b Abs. 2 neu gef. durch G v. 18.12.2013 (BGBl. I S. 4318); zur Anwendung siehe § 52 Abs. 17.

[2] Abschnitt II Unterabschnitt 4b. und § 9c aufgeh. mWv VZ 2012 (§ 52 Abs. 1 idF des Art. 1 Nr. 33 Buchst. b des G v. 1.11.2011) durch G v. 1.11.2011 (BGBl. I S. 2131).

[3] § 10 Abs. 1 Nrn. 1, 1a und 1b aufgeh. mWv VZ 2015 durch G v. 22.12.2014 (BGBl. I S. 2417).

[4] § 10 Abs. 1 Nr. 2 Sätze 2 und 3 eingef., bish. Sätze 2 und 3 werden Sätze 4 und 5 mWv VZ 2014 durch G v 24.6.2013 (BGBl. I S. 1667); Sätze 3 und 4 eingef., bish. Sätze 3 bis 5 werden Sätze 5 bis 7 mWv VZ 2015 durch G v. 22.12.2014 (BGBl. I S. 2417).

[5] § 10 Abs. 1 Nr. 2 Buchst. a geänd. mWv 1.1.2013 durch G v. 12.4.2012 (BGBl. I S. 579).

[6] § 10 Abs. 1 Nr. 2 Buchst. b neu gef. mWv VZ 2014 durch G v. 24.6.2013 (BGBl. I S. 1667).

die Voraussetzungen für die Berücksichtigung als Kind im Sinne des § 32 erfüllt;

bb) für seine Absicherung gegen den Eintritt der Berufsunfähigkeit oder der verminderten Erwerbsfähigkeit (Versicherungsfall), wenn der Vertrag nur die Zahlung einer monatlichen, auf das Leben des Steuerpflichtigen bezogenen lebenslangen Leibrente für einen Versicherungsfall vorsieht, der bis zur Vollendung des 67. Lebensjahres eingetreten ist. [2]Der Vertrag kann die Beendigung der Rentenzahlung wegen eines medizinisch begründeten Wegfalls der Berufsunfähigkeit oder der verminderten Erwerbsfähigkeit vorsehen. [3]Die Höhe der zugesagten Rente kann vom Alter des Steuerpflichtigen bei Eintritt des Versicherungsfalls abhängig gemacht werden, wenn der Steuerpflichtige das 55. Lebensjahr vollendet hat.

[2]Die Ansprüche nach Buchstabe b dürfen nicht vererblich, nicht übertragbar, nicht beleihbar, nicht veräußerbar und nicht kapitalisierbar sein. [3]Anbieter und Steuerpflichtiger können vereinbaren, dass bis zu zwölf Monatsleistungen in einer Auszahlung zusammengefasst werden oder eine Kleinbetragsrente im Sinne von § 93 Absatz 3 Satz 2 abgefunden wird. [4]Bei der Berechnung der Kleinbetragsrente sind alle bei einem Anbieter bestehenden Verträge des Steuerpflichtigen jeweils nach Buchstabe b Doppelbuchstabe aa oder Doppelbuchstabe bb zusammenzurechnen. [5]Neben den genannten Auszahlungsformen darf kein weiterer Anspruch auf Auszahlungen bestehen. [6]Zu den Beiträgen nach den Buchstaben a und b ist der nach § 3 Nummer 62 steuerfreie Arbeitgeberanteil zur gesetzlichen Rentenversicherung und ein diesem gleichgestellter steuerfreier Zuschuss des Arbeitgebers hinzuzurechnen. [7]Beiträge nach § 168 Absatz 1 Nummer 1b oder 1c oder nach § 172 Absatz 3 oder 3a des Sechsten Buches Sozialgesetzbuch werden abweichend von Satz 6[1)] nur auf Antrag des Steuerpflichtigen hinzugerechnet;

3.[2)] Beiträge zu

a) Krankenversicherungen, soweit diese zur Erlangung eines durch das Zwölfte Buch Sozialgesetzbuch bestimmten sozialhilfegleichen Versorgungsniveaus erforderlich sind und sofern auf die Leistungen ein Anspruch besteht. [2]Für Beiträge zur gesetzlichen Krankenversicherung sind dies die nach dem Dritten Titel des Ersten Abschnitts des Achten Kapitels des Fünften Buches Sozialgesetzbuch oder die nach dem Sechsten Abschnitt des Zweiten Gesetzes über die Krankenversicherung der Landwirte festgesetzten Beiträge. [3]Für Beiträge zu einer privaten Kran-

---

[1)] Verweis berichtigt durch G v. 17.8.2017 (BGBl. I S. 3214).

[2)] § 10 Abs. 1 Nr. 3 Buchst. a Satz 1 geänd. mWv VZ 2013 durch G v. 26.6.2013 (BGBl. I S. 1809); § 10 Abs. 1 Nr. 3 Satz 4 angef. mWv VZ 2011 durch G v. 8.12.2010 (BGBl. I S. 1768); Nr. 3 Buchst. a Satz 1 und Satz 3 1. HS geänd. mWv VZ 2013 durch G v. 26.6.2013 (BGBl. I S. 1809); Nr. 3 Satz 3 geänd. mWv VZ 2015 durch G v. 22.12.2014 (BGBl. I S. 2417); Nr. 3 Buchst. a Satz 3 2. HS geänd. mWv 1.1.2016 duch G v. 1.4.2015 (BGBl. I S. 434); Satz 2 neu gef., Satz 3 eingef., bish. Sätze 3 und 4 werden Sätze 4 und 5 mWv VZ 2019 und neuer Satz 5 geänd. mWv VZ 2020 durch G v. 12.12.2019 (BGBl. I S. 2451); Satz 2 HS 2 angef. mWv VZ 2023 durch G v. 16.12.2022 (BGBl. I S. 2294).

kenversicherung sind dies die Beitragsanteile, die auf Vertragsleistungen entfallen, die, mit Ausnahme der auf das Krankengeld entfallenden Beitragsanteile, in Art, Umfang und Höhe den Leistungen nach dem Dritten Kapitel des Fünften Buches Sozialgesetzbuch vergleichbar sind; § 158 Absatz 2 des Versicherungsaufsichtsgesetzes[1)] gilt entsprechend. [4]Wenn sich aus den Krankenversicherungsbeiträgen nach Satz 2 ein Anspruch auf Krankengeld oder ein Anspruch auf eine Leistung, die anstelle von Krankengeld gewährt wird, ergeben kann, ist der jeweilige Beitrag um 4 Prozent zu vermindern;

b) gesetzlichen Pflegeversicherungen (soziale Pflegeversicherung und private Pflege-Pflichtversicherung).

[2]Als eigene Beiträge des Steuerpflichtigen können auch eigene Beiträge im Sinne der Buchstaben a oder b eines Kindes behandelt werden, wenn der Steuerpflichtige die Beiträge des Kindes, für das ein Anspruch auf einen Freibetrag nach § 32 Absatz 6 oder auf Kindergeld besteht, durch Leistungen in Form von Bar- oder Sachunterhalt wirtschaftlich getragen hat, unabhängig von Einkünften oder Bezügen des Kindes [***ab VZ 2023:*** ; Voraussetzung für die Berücksichtigung beim Steuerpflichtigen ist die Angabe der erteilten Identifikationsnummer (§ 139b der Abgabenordnung) des Kindes in der Einkommensteuererklärung des Steuerpflichtigen]. [3]Satz 2 gilt entsprechend, wenn der Steuerpflichtige die Beiträge für ein unterhaltsberechtigtes Kind trägt, welches nicht selbst Versicherungsnehmer ist, sondern der andere Elternteil. [4]Hat der Steuerpflichtige in den Fällen des Absatzes 1a[2)] Nummer 1 eigene Beiträge im Sinne des Buchstaben a oder des Buchstaben b zum Erwerb einer Krankenversicherung oder gesetzlichen Pflegeversicherung für einen geschiedenen oder dauernd getrennt lebenden unbeschränkt einkommensteuerpflichtigen Ehegatten geleistet, dann werden diese abweichend von Satz 1 als eigene Beiträge des geschiedenen oder dauernd getrennt lebenden unbeschränkt einkommensteuerpflichtigen Ehegatten behandelt. [5]Beiträge, die für nach Ablauf des Veranlagungszeitraums beginnende Beitragsjahre geleistet werden und in der Summe das Dreifache der auf den Veranlagungszeitraum entfallenden Beiträge überschreiten, sind in dem Veranlagungszeitraum anzusetzen, für den sie geleistet wurden;

3a. Beiträge zu Kranken- und Pflegeversicherungen, soweit diese nicht nach Nummer 3 zu berücksichtigen sind; Beiträge zu Versicherungen gegen Arbeitslosigkeit, zu Erwerbs- und Berufsunfähigkeitsversicherungen, die nicht unter Nummer 2 Satz 1 Buchstabe b fallen, zu Unfall- und Haftpflichtversicherungen sowie zu Risikoversicherungen, die nur für den Todesfall eine Leistung vorsehen; Beiträge zu Versicherungen im Sinne des § 10 Absatz 1 Nummer 2 Buchstabe b Doppelbuchstabe bb bis dd in der am 31. Dezember 2004 geltenden Fassung,[3)] wenn die Laufzeit dieser Versicherungen vor

---

1) Verweis geänd. mWv 1.1.2016 durch G v. 1.4.2015 (BGBl. I S. 434).

2) Verweis geänd. mWv VZ 2015 durch G v. 22.12.2014 (BGBl. I S. 2417).

3) **Die am 31.12.2004 geltende Fassung hat folgenden Wortlaut:**

„2. a) Beiträge zu Kranken-, Pflege-, Unfall- und Haftpflichtversicherungen, zu den gesetzlichen Rentenversicherungen und an die Bundesagentur für Arbeit;

(Fortsetzung der Fußnote nächste Seite)

dem 1. Januar 2005 begonnen hat und ein Versicherungsbeitrag bis zum 31. Dezember 2004 entrichtet wurde; § 10 Absatz 1 Nummer 2 Satz 2 bis 6 und Absatz 2 Satz 2 in der am 31. Dezember 2004 geltenden Fassung ist in diesen Fällen weiter anzuwenden;

4.[1] gezahlte Kirchensteuer; dies gilt nicht, soweit die Kirchensteuer als Zuschlag zur Kapitalertragsteuer oder als Zuschlag auf die nach dem gesonderten Tarif des § 32d Absatz 1 ermittelte Einkommensteuer gezahlt wurde;

5.[2] zwei Drittel der Aufwendungen, höchstens 4000 Euro je Kind, für Dienstleistungen zur Betreuung eines zum Haushalt des Steuerpflichtigen gehörenden Kindes im Sinne des § 32 Absatz 1, welches das 14. Lebensjahr noch nicht vollendet hat oder wegen einer vor Vollendung des 25. Lebensjahres eingetretenen körperlichen, geistigen oder seelischen Behinderung außerstande ist, sich selbst zu unterhalten. [2]Dies gilt nicht für Aufwendungen für Unterricht, die Vermittlung besonderer Fähigkeiten sowie für sportliche und andere Freizeitbetätigungen. [3]Ist das zu betreuende Kind nicht nach § 1 Absatz 1 oder Absatz 2 unbeschränkt einkommensteuerpflichtig, ist der in Satz 1 genannte Betrag zu kürzen, soweit es nach den Verhältnissen im Wohnsitzstaat des Kindes notwendig und angemessen ist. [4]Voraussetzung für den Abzug der Aufwendungen nach Satz 1 ist, dass der Steuerpflichtige für die Aufwendungen eine Rechnung erhalten hat und die Zahlung auf das Konto des Erbringers der Leistung erfolgt ist;

(Fortsetzung Fußnote)

b) Beiträge zu den folgenden Versicherungen auf den Erlebens- oder Todesfall:
   aa) Risikoversicherungen, die nur für den Todesfall eine Leistung vorsehen,
   bb) Rentenversicherungen ohne Kapitalwahlrecht,
   cc) Rentenversicherungen mit Kapitalwahlrecht gegen laufende Beitragsleistung, wenn das Kapitalwahlrecht nicht vor Ablauf von zwölf Jahren seit Vertragsabschluss ausgeübt werden kann,
   dd) Kapitalversicherungen gegen laufende Beitragsleistung mit Sparanteil, wenn der Vertrag für die Dauer von mindestens zwölf Jahren abgeschlossen worden ist.

   [2]Beiträge zu Versicherungen im Sinne der Doppelbuchstaben cc und dd sind ab dem Kalenderjahr 2004 in Höhe von 88 vom Hundert als Vorsorgeaufwendungen zu berücksichtigen. [3]Bei Steuerpflichtigen, die am 31. Dezember 1990 einen Wohnsitz oder ihren gewöhnlichen Aufenthalt in dem in Artikel 3 des Einigungsvertrages genannten Gebiet und vor dem 1. Januar 1991 keinen Wohnsitz oder gewöhnlichen Aufenthalt im bisherigen Geltungsbereich dieses Gesetzes hatten, gilt bis 31. Dezember 1996 Folgendes:

   [4]Hat der Steuerpflichtige zurzeit des Vertragsabschlusses das 47. Lebensjahr vollendet, verkürzt sich bei laufender Beitragsleistung die Mindestvertragsdauer von zwölf Jahren um die Zahl der angefangenen Lebensjahre, um die er älter als 47 Jahre ist, höchstens jedoch auf sechs Jahre. [5]Fondsgebundene Lebensversicherungen sind ausgeschlossen. [6]Ausgeschlossen sind auch Versicherungen auf den Erlebens- oder Todesfall, bei denen der Steuerpflichtige Ansprüche aus einem von einer anderen Person abgeschlossenen Vertrag entgeltlich erworben hat, es sei denn, es werden aus anderen Rechtsverhältnissen entstandene Abfindungs- und Ausgleichsansprüche arbeitsrechtlicher, erbrechtlicher oder familienrechtlicher Art durch Übertragung von Ansprüchen aus Lebensversicherungsverträgen erfüllt;

c) Beiträge zu einer zusätzlichen freiwilligen Pflegeversicherung;“

[1] § 10 Abs. 1 Nr. 4 neu gef. durch G v. 8.12.2010 (BGBl. I S. 1768).

[2] § 10 Abs. 1 Nr. 5 eingef. durch G v. 1.11.2011 (BGBl. I S. 2131); zur Anwendung siehe § 52 Abs. 18 Satz 3.

6. (weggefallen)

7.[1] Aufwendungen für die eigene Berufsausbildung bis zu 6000 Euro im Kalenderjahr. [2]Bei Ehegatten, die die Voraussetzungen des § 26 Absatz 1 Satz 1 erfüllen, gilt Satz 1 für jeden Ehegatten. [3]Zu den Aufwendungen im Sinne des Satzes 1 gehören auch Aufwendungen für eine auswärtige Unterbringung. [4]§ 4 Absatz 5 Satz 1 Nummer 6b [***ab 1.1.2023:*** und 6c] sowie § 9 Absatz 1 Satz 3 Nummer 4 und 5, Absatz 2, 4 Satz 8 und Absatz 4a sind bei der Ermittlung der Aufwendungen anzuwenden;

8.[2] (weggefallen)

9. 30 Prozent des Entgelts, höchstens 5000 Euro, das der Steuerpflichtige für ein Kind, für das er Anspruch auf einen Freibetrag nach § 32 Absatz 6 oder auf Kindergeld hat, für dessen Besuch einer Schule in freier Trägerschaft oder einer überwiegend privat finanzierten Schule entrichtet, mit Ausnahme des Entgelts für Beherbergung, Betreuung und Verpflegung. [2]Voraussetzung ist, dass die Schule in einem Mitgliedstaat der Europäischen Union oder in einem Staat belegen ist, auf den das Abkommen über den Europäischen Wirtschaftsraum Anwendung findet, und die Schule zu einem von dem zuständigen inländischen Ministerium eines Landes, von der Kultusministerkonferenz der Länder oder von einer inländischen Zeugnisanerkennungsstelle anerkannten oder einem inländischen Abschluss an einer öffentlichen Schule als gleichwertig anerkannten allgemein bildenden oder berufsbildenden Schul-, Jahrgangs- oder Berufsabschluss führt. [3]Der Besuch einer anderen Einrichtung, die auf einen Schul-, Jahrgangs- oder Berufsabschluss im Sinne des Satzes 2 ordnungsgemäß vorbereitet, steht einem Schulbesuch im Sinne des Satzes 1 gleich. [4]Der Besuch einer Deutschen Schule im Ausland steht dem Besuch einer solchen Schule gleich, unabhängig von ihrer Belegenheit. [5]Der Höchstbetrag nach Satz 1 wird für jedes Kind, bei dem die Voraussetzungen vorliegen, je Elternpaar nur einmal gewährt.

(1a)[3] Sonderausgaben sind auch die folgenden Aufwendungen:

1.[4] Unterhaltsleistungen an den geschiedenen oder dauernd getrennt lebenden unbeschränkt einkommensteuerpflichtigen Ehegatten, wenn der Geber dies mit Zustimmung des Empfängers beantragt, bis zu 13 805 Euro im Kalenderjahr. [2]Der Höchstbetrag nach Satz 1 erhöht sich um den Betrag der im jeweiligen Veranlagungszeitraum nach Absatz 1 Nummer 3 für die Absicherung des geschiedenen oder dauernd getrennt lebenden unbeschränkt einkommensteuerpflichtigen Ehegatten aufgewandten Beiträge. [3]Der Antrag kann jeweils nur für ein Kalenderjahr gestellt und nicht zurückgenommen werden. [4]Die Zustimmung ist mit Ausnahme der nach § 894 der

---

[1] § 10 Abs. 1 Nr. 7 Satz 1 geänd. durch G v. 7.12.2011 (BGBl. I S. 2592); Satz 4 geänd. mWv 1.1.2014 durch G v. 20.2.2013 (BGBl. I S. 285); Satz 4 geänd. mWv 1.1.2014 durch G v. 25.7.2014 (BGBl. I S. 1266); Satz 4 geänd. mWv 1.1.2023 (§ 52 Abs. 6 Satz 12 zu § 6c) durch G v. 16.12.2022 (BGBl. I S. 2294).

[2] Nr. 8 aufgeh. mWv VZ 2009; siehe nunmehr § 9c Abs. 2 und 3.

[3] § 10 Abs. 1a eingef. durch G v. 22.12.2014 (BGBl. I S. 2417); zur Anwendung siehe § 52 Abs. 18 Sätze 1 und 2.

[4] § 10 Abs. 1a Nr. 1 Sätze 7 bis 9 angef. mWv VZ 2016 durch G v. 2.11.2015 (BGBl. I S. 1834).

Zivilprozessordnung als erteilt geltenden bis auf Widerruf wirksam. [5]Der Widerruf ist vor Beginn des Kalenderjahres, für das die Zustimmung erstmals nicht gelten soll, gegenüber dem Finanzamt zu erklären. [6]Die Sätze 1 bis 5 gelten für Fälle der Nichtigkeit oder der Aufhebung der Ehe entsprechend. [7]Voraussetzung für den Abzug der Aufwendungen ist die Angabe der erteilten Identifikationsnummer (§ 139b der Abgabenordnung) der unterhaltenen Person in der Steuererklärung des Unterhaltsleistenden, wenn die unterhaltene Person der unbeschränkten oder beschränkten Steuerpflicht unterliegt. [8]Die unterhaltene Person ist für diese Zwecke verpflichtet, dem Unterhaltsleistenden ihre erteilte Identifikationsnummer (§ 139b der Abgabenordnung) mitzuteilen. [9]Kommt die unterhaltene Person dieser Verpflichtung nicht nach, ist der Unterhaltsleistende berechtigt, bei der für ihn zuständigen Finanzbehörde die Identifikationsnummer der unterhaltenen Person zu erfragen;

2.[1] auf besonderen Verpflichtungsgründen beruhende, lebenslange und wiederkehrende Versorgungsleistungen, die nicht mit Einkünften in wirtschaftlichem Zusammenhang stehen, die bei der Veranlagung außer Betracht bleiben, wenn der Empfänger unbeschränkt einkommensteuerpflichtig ist. [2]Dies gilt nur für

   a) Versorgungsleistungen im Zusammenhang mit der Übertragung eines Mitunternehmeranteils an einer Personengesellschaft, die eine Tätigkeit im Sinne der §§ 13, 15 Absatz 1 Satz 1 Nummer 1 oder des § 18 Absatz 1 ausübt,

   b) Versorgungsleistungen im Zusammenhang mit der Übertragung eines Betriebs oder Teilbetriebs, sowie

   c) Versorgungsleistungen im Zusammenhang mit der Übertragung eines mindestens 50 Prozent betragenden Anteils an einer Gesellschaft mit beschränkter Haftung, wenn der Übergeber als Geschäftsführer tätig war und der Übernehmer diese Tätigkeit nach der Übertragung übernimmt.

   [3]Satz 2 gilt auch für den Teil der Versorgungsleistungen, der auf den Wohnteil eines Betriebs der Land- und Forstwirtschaft entfällt. [4]Voraussetzung für den Abzug der Aufwendungen ist die Angabe der erteilten Identifikationsnummer (§ 139b der Abgabenordnung) des Empfängers in der Steuererklärung des Leistenden; Nummer 1 Satz 8 und 9 gilt entsprechend;

3.[2] Ausgleichsleistungen zur Vermeidung eines Versorgungsausgleichs nach § 6 Absatz 1 Satz 2 Nummer 2 und § 23 des Versorgungsausgleichsgesetzes sowie § 1408 Absatz 2 und § 1587 des Bürgerlichen Gesetzbuchs, soweit der Verpflichtete dies mit Zustimmung des Berechtigten beantragt und der Berechtigte unbeschränkt einkommensteuerpflichtig ist. [2]Nummer 1 Satz 3 bis 5 gilt entsprechend. [3]Voraussetzung für den Abzug der Aufwendungen ist die Angabe der erteilten Identifikationsnummer (§ 139b der Abgaben-

---

[1] Zur Anwendung siehe § 52 Abs. 18 Sätze 1 und 2; § 10 Abs. 1a Nr. 2 Satz 4 angef. mWv VZ 2021 durch G v. 21.12.2020 (BGBl. I S. 3096).

[2] § 10 Abs. 1a Nr. 3 Satz 1 geänd. mWv 1.1.2017 durch G v. 20.12.2016 (BGBl. I S. 3000); Nr. 3 Satz 3 angef. mWv VZ 2020 durch G v. 12.12.2019 (BGBl. I S. 2451).

ordnung) des Berechtigten in der Steuererklärung des Verpflichteten; Nummer 1 Satz 8 und 9 gilt entsprechend;

4.[1] Ausgleichszahlungen im Rahmen des Versorgungsausgleichs nach den §§ 20 bis 22 und 26 des Versorgungsausgleichsgesetzes und nach den §§ 1587f, 1587g und 1587i des Bürgerlichen Gesetzbuchs in der bis zum 31. August 2009 geltenden Fassung sowie nach § 3a des Gesetzes zur Regelung von Härten im Versorgungsausgleich, soweit die ihnen zu Grunde liegenden Einnahmen bei der ausgleichspflichtigen Person der Besteuerung unterliegen, wenn die ausgleichsberechtigte Person unbeschränkt einkommensteuerpflichtig ist. [2]Nummer 3 Satz 3 gilt entsprechend.

(2) [1]Voraussetzung für den Abzug der in Absatz 1 Nummer 2, 3 und 3a bezeichneten Beträge (Vorsorgeaufwendungen) ist, dass sie

1.[2] nicht in unmittelbarem wirtschaftlichen Zusammenhang mit steuerfreien Einnahmen stehen; ungeachtet dessen sind Vorsorgeaufwendungen im Sinne des Absatzes 1 Nummer 2, 3 und 3a zu berücksichtigen, soweit

   a)[3] sie in unmittelbarem wirtschaftlichen Zusammenhang mit in einem Mitgliedstaat der Europäischen Union oder einem Vertragsstaat des Abkommens über den Europäischen Wirtschaftsraum oder in der Schweizerischen Eidgenossenschaft erzielten Einnahmen aus nichtselbständiger Tätigkeit stehen,

   b) diese Einnahmen nach einem Abkommen zur Vermeidung der Doppelbesteuerung im Inland steuerfrei sind und

   c) der Beschäftigungsstaat keinerlei steuerliche Berücksichtigung von Vorsorgeaufwendungen im Rahmen der Besteuerung dieser Einnahmen zulässt;

   steuerfreie Zuschüsse zu einer Kranken- oder Pflegeversicherung stehen insgesamt in unmittelbarem wirtschaftlichen Zusammenhang mit den Vorsorgeaufwendungen im Sinne des Absatzes 1 Nummer 3,

2.[4] geleistet werden an

   a) Versicherungsunternehmen,

      aa) die ihren Sitz oder ihre Geschäftsleitung in einem Mitgliedstaat der Europäischen Union oder einem Vertragsstaat des Abkommens über den Europäischen Wirtschaftsraum haben und das Versicherungsgeschäft im Inland betreiben dürfen, oder

      bb) denen die Erlaubnis zum Geschäftsbetrieb im Inland erteilt ist.

   [2]Darüber hinaus werden Beiträge nur berücksichtigt, wenn es sich um Beträge im Sinne des Absatzes 1 Nummer 3 Satz 1 Buchstabe a an eine Einrichtung handelt, die eine anderweitige Absicherung im Krankheitsfall im Sinne des § 5 Absatz 1 Nummer 13 des Fünften Buches Sozialge-

---

[1] § 10 Abs. 1a Nr. 4 Satz 2 angef. mWv VZ 2020 durch G v. 12.12.2019 (BGBl. I S. 2451).

[2] § 10 Abs. 2 Satz 1 Nr. 1 HS 2 angef. durch G v. 11.12.2018 (BGBl. I S. 2338).

[3] § 10 Abs. 2 Satz 1 Nr. 1 Buchst. a geänd. durch G v. 21.12.2020 (BGBl. I S. 3096); zur Anwendung siehe § 52 Abs. 18 Satz 4.

[4] § 10 Abs. 2 Satz 1 Nr. 2 neu gef. mWv VZ 2013 durch G v. 26.6.2013 (BGBl. I S. 1809).

setzbuch oder eine der Beihilfe oder freien Heilfürsorge vergleichbare Absicherung im Sinne des § 193 Absatz 3 Satz 2 Nummer 2 des Versicherungsvertragsgesetzes gewährt. [3]Dies gilt entsprechend, wenn ein Steuerpflichtiger, der weder seinen Wohnsitz noch seinen gewöhnlichen Aufenthalt im Inland hat, mit den Beiträgen einen Versicherungsschutz im Sinne des Absatzes 1 Nummer 3 Satz 1 erwirbt,

b) berufsständische Versorgungseinrichtungen,

c) einen Sozialversicherungsträger oder

d) einen Anbieter im Sinne des § 80.

[2]Vorsorgeaufwendungen nach Absatz 1 Nummer 2 Buchstabe b werden nur berücksichtigt, wenn die Beiträge zugunsten eines Vertrags geleistet wurden, der nach § 5a des Altersvorsorgeverträge-Zertifizierungsgesetzes zertifiziert ist, wobei die Zertifizierung Grundlagenbescheid im Sinne des § 171 Absatz 10 der Abgabenordnung ist.[1)]

(2a)[1)] [1]Bei Vorsorgeaufwendungen nach Absatz 1 Nummer 2 Buchstabe b hat der Anbieter als mitteilungspflichtige Stelle nach Maßgabe des § 93c der Abgabenordnung und unter Angabe der Vertrags- oder der Versicherungsdaten die Höhe der im jeweiligen Beitragsjahr geleisteten Beiträge und die Zertifizierungsnummer an die zentrale Stelle (§ 81) zu übermitteln. [2]§ 22a Absatz 2 gilt entsprechend. [3]§ 72a Absatz 4 und § 93c Absatz 4 der Abgabenordnung finden keine Anwendung.

(2b)[1)] [1]Bei Vorsorgeaufwendungen nach Absatz 1 Nummer 3 hat das Versicherungsunternehmen, der Träger der gesetzlichen Kranken- und Pflegeversicherung, die Künstlersozialkasse oder eine Einrichtung im Sinne des Absatzes 2 Satz 1 Nummer 2 Buchstabe a Satz 2 als mitteilungspflichtige Stelle nach Maßgabe des § 93c der Abgabenordnung und unter Angabe der Vertrags- oder der Versicherungsdaten die Höhe der im jeweiligen Beitragsjahr geleisteten und erstatteten Beiträge sowie die in § 93c Absatz 1 Nummer 2 Buchstabe c der Abgabenordnung genannten Daten mit der Maßgabe, dass insoweit als Steuerpflichtiger die versicherte Person gilt, an die zentrale Stelle (§ 81) zu übermitteln; sind Versicherungsnehmer und versicherte Person nicht identisch, sind zusätzlich die Identifikationsnummer und der Tag der Geburt des Versicherungsnehmers anzugeben. [2]Satz 1 gilt nicht, soweit diese Daten mit der elektronischen Lohnsteuerbescheinigung (§ 41b Absatz 1 Satz 2) oder der Rentenbezugsmitteilung (§ 22a Absatz 1 Satz 1 Nummer 4) zu übermitteln sind. [3]§ 22a Absatz 2 gilt entsprechend. [4]Zuständige Finanzbehörde im Sinne des § 72a Absatz 4 und des § 93c Absatz 4 der Abgabenordnung ist das Bundeszentralamt für Steuern. [5]Wird in den Fällen des § 72a Absatz 4 der Abgabenordnung eine unzutreffende Höhe der Beiträge übermittelt, ist die entgangene Steuer mit 30 Prozent des zu hoch ausgewiesenen Betrags anzusetzen.

(3)[2)] [1]Vorsorgeaufwendungen nach Absatz 1 Nummer 2 sind bis zu dem Höchstbeitrag zur knappschaftlichen Rentenversicherung, aufgerundet auf

---

[1)] § 10 Abs. 2 Satz 2 neu gef., Satz 3 aufgeh., Abs. 2a neu gef., Abs. 2b eingef. mWv VZ 2019 durch G v. 20.11.2019 (BGBl. I S. 1626).

[2)] § 10 Abs. 3 Satz 1 und Satz 7 geänd. mWv VZ 2015 durch G v. 22.12.2014 (BGBl. I S. 2417); Satz 6 neu gef. mWv VZ 2023 durch G v. 16.12.2022 (BGBl. I S. 2294).

einen vollen Betrag in Euro, zu berücksichtigen. [2]Bei zusammenveranlagten Ehegatten verdoppelt sich der Höchstbetrag. [3]Der Höchstbetrag nach Satz 1 oder 2 ist bei Steuerpflichtigen, die

1. Arbeitnehmer sind und die während des ganzen oder eines Teils des Kalenderjahres
   a) in der gesetzlichen Rentenversicherung versicherungsfrei oder auf Antrag des Arbeitgebers von der Versicherungspflicht befreit waren und denen für den Fall ihres Ausscheidens aus der Beschäftigung auf Grund des Beschäftigungsverhältnisses eine lebenslängliche Versorgung oder an deren Stelle eine Abfindung zusteht oder die in der gesetzlichen Rentenversicherung nachzuversichern sind oder
   b) nicht der gesetzlichen Rentenversicherungspflicht unterliegen, eine Berufstätigkeit ausgeübt und im Zusammenhang damit auf Grund vertraglicher Vereinbarungen Anwartschaftsrechte auf eine Altersversorgung erworben haben, oder
2. Einkünfte im Sinne des § 22 Nummer 4 erzielen und die ganz oder teilweise ohne eigene Beitragsleistung einen Anspruch auf Altersversorgung erwerben,

um den Betrag zu kürzen, der, bezogen auf die Einnahmen aus der Tätigkeit, die die Zugehörigkeit zum genannten Personenkreis begründen, dem Gesamtbeitrag (Arbeitgeber- und Arbeitnehmeranteil) zur allgemeinen Rentenversicherung entspricht. [4]Im Kalenderjahr 2013 sind 76 Prozent[1)] der nach den Sätzen 1 bis 3 ermittelten Vorsorgeaufwendungen anzusetzen. [5]Der sich danach ergebende Betrag, vermindert um den nach § 3 Nummer 62 steuerfreien Arbeitgeberanteil zur gesetzlichen Rentenversicherung und einen diesem gleichgestellten steuerfreien Zuschuss des Arbeitgebers, ist als Sonderausgabe abziehbar. [6]Der Prozentsatz in Satz 4 erhöht sich in den folgenden Kalenderjahren bis zum Kalenderjahr *2025 um je 2 Prozentpunkte je Kalenderjahr* [***ab VZ 2023:*** 2022 um je 2 Prozentpunkte je Kalenderjahr; ab dem Kalenderjahr 2023 beträgt er 100 Prozent]. [7]Beiträge nach § 168 Absatz 1 Nummer 1b oder 1c oder nach § 172 Absatz 3 oder 3a des Sechsten Buches Sozialgesetzbuch vermindern den abziehbaren Betrag nach Satz 5 nur, wenn der Steuerpflichtige die Hinzurechnung dieser Beiträge zu den Vorsorgeaufwendungen nach Absatz 1 Nummer 2 Satz 7[2)] beantragt hat.

(4) [1]Vorsorgeaufwendungen im Sinne des Absatzes 1 Nummer 3 und 3a können je Kalenderjahr insgesamt bis 2800 Euro abgezogen werden. [2]Der Höchstbetrag beträgt 1900 Euro bei Steuerpflichtigen, die ganz oder teilweise ohne eigene Aufwendungen einen Anspruch auf vollständige oder teilweise Erstattung oder Übernahme von Krankheitskosten haben oder für deren Krankenversicherung Leistungen im Sinne des § 3 Nummer 9, 14, 57 oder 62 erbracht werden. [3]Bei zusammen veranlagten Ehegatten bestimmt sich der gemeinsame Höchstbetrag aus der Summe der jedem Ehegatten unter den Voraussetzungen von Satz 1 und 2 zustehenden Höchstbeträge. [4]Übersteigen

---

1) Geänd. mWv VZ 2013 durch G v. 24.6.2013 (BGBl. I S. 1667).
2) Verweis geänd. durch G v. 24.6.2013 (BGBl. I S. 1667).

die Vorsorgeaufwendungen im Sinne des Absatzes 1 Nummer 3 die nach den Sätzen 1 bis 3 zu berücksichtigenden Vorsorgeaufwendungen, sind diese abzuziehen und ein Abzug von Vorsorgeaufwendungen im Sinne des Absatzes 1 Nummer 3a scheidet aus.

(4a)[1] [1] Ist in den Kalenderjahren 2013 bis 2019 der Abzug der Vorsorgeaufwendungen nach Absatz 1 Nummer 2 Buchstabe a, Absatz 1 Nummer 3 und Nummer 3a in der für das Kalenderjahr 2004 geltenden Fassung des § 10 Absatz 3[2] mit folgenden Höchstbeträgen für den Vorwegabzug

Kalenderjahr	Vorwegabzug für den Steuerpflichtigen	Vorwegabzug im Fall der Zusammenveranlagung von Ehegatten
2013	2100	4200
2014	1800	3600
2015	1500	3000
2016	1200	2400
2017	900	1800
2018	600	1200
2019	300	600

zuzüglich des Erhöhungsbetrags nach Satz 3 günstiger, ist der sich danach ergebende Betrag anstelle des Abzugs nach Absatz 3 und 4 anzusetzen. [2] Mindestens ist bei Anwendung des Satzes 1 der Betrag anzusetzen, der sich ergeben würde, wenn zusätzlich noch die Vorsorgeaufwendungen nach Absatz 1 Nummer 2 Buchstabe b in die Günstigerprüfung einbezogen werden würden; der Erhöhungsbetrag nach Satz 3 ist nicht hinzuzurechnen. [3] Erhöhungsbetrag sind die Beiträge nach Absatz 1 Nummer 2 Buchstabe b, soweit sie nicht den um die Beiträge nach Absatz 1 Nummer 2 Buchstabe a und den nach § 3 Nummer 62 steuerfreien Arbeitgeberanteil zur gesetzlichen Rentenversicherung und einen diesem gleichgestellten steuerfreien Zuschuss verminderten Höchstbetrag nach Absatz 3 Satz 1 bis 3 überschreiten; Absatz 3 Satz 4 und 6 gilt entsprechend.

---

[1] § 10 Abs. 4a geänd., Tabelle Zeilen der Kalenderjahre 2005 bis 2012 aufgeh. mWv VZ 2013 durch G v. 24.6.2013 (BGBl. I S. 1667).

[2] **§ 10 Abs. 3 in der für das Kj. 2004 geltenden Fassung hat folgenden Wortlaut:**

„(3) Für Vorsorgeaufwendungen gelten je Kalenderjahr folgende Höchstbeträge:

1. ein Grundhöchstbetrag von 1334 Euro,
   im Fall der Zusammenveranlagung von Ehegatten von 2668 Euro;
2. ein Vorwegabzug von 3068 Euro,
   im Fall der Zusammenveranlagung von Ehegatten von 6136 Euro.

   [2] Diese Beträge sind zu kürzen um 16 vom Hundert der Summe der Einnahmen

   a) aus nichtselbständiger Arbeit im Sinne des § 19 ohne Versorgungsbezüge im Sinne des § 19 Abs. 2, wenn für die Zukunftssicherung des Steuerpflichtigen Leistungen im Sinne des § 3 Nr. 62 erbracht werden oder der Steuerpflichtige zum Personenkreis des § 10c Abs. 3 Nr. 1 oder 2 gehört, und

   b) aus der Ausübung eines Mandats im Sinne des § 22 Nr. 4;
3. für Beiträge *nach* Abs. 1 Nr. 2 Buchstabe c ein zusätzlicher Höchstbetrag von 184 Euro für Steuerpflichtige, die nach dem 31. Dezember 1957 geboren sind;

(Fortsetzung der Fußnote nächste Seite)

(4b)[1] [1]Erhält der Steuerpflichtige für die von ihm für einen anderen Veranlagungszeitraum geleisteten Aufwendungen im Sinne des Satzes 2 einen steuerfreien Zuschuss, ist dieser den erstatteten Aufwendungen gleichzustellen. [2]Übersteigen bei den Sonderausgaben nach Absatz 1 Nummer 2 bis 3a die im Veranlagungszeitraum erstatteten Aufwendungen die geleisteten Aufwendungen (Erstattungsüberhang), ist der Erstattungsüberhang mit anderen im Rahmen der jeweiligen Nummer anzusetzenden Aufwendungen zu verrechnen. [3]Ein verbleibender Betrag des sich bei den Aufwendungen nach Absatz 1 Nummer 3 und 4 ergebenden Erstattungsüberhangs ist dem Gesamtbetrag der Einkünfte hinzuzurechnen. [4]Nach Maßgabe des § 93c der Abgabenordnung[2] haben Behörden im Sinne des § 6 Absatz 1 der Abgabenordnung und andere öffentliche Stellen, die einem Steuerpflichtigen für die von ihm geleisteten Beiträge im Sinne des Absatzes 1 Nummer 2, 3 und 3a steuerfreie Zuschüsse gewähren oder Vorsorgeaufwendungen im Sinne dieser Vorschrift erstatten, als mitteilungspflichtige Stellen, neben den nach § 93c Absatz 1 der Abgabenordnung erforderlichen Angaben, die zur Gewährung und Prüfung des Sonderausgabenabzugs nach § 10 erforderlichen Daten an die zentrale Stelle zu übermitteln. [5]§ 22a Absatz 2 gilt entsprechend. [6]§ 72a Absatz 4 und § 93c Absatz 4 der Abgabenordnung finden keine Anwendung.

[Fassung bis VZ 2009:][3]

(5) Nach Maßgabe einer Rechtsverordnung ist eine Nachversteuerung durchzuführen bei Versicherungen im Sinne des Absatzes 1 Nummer 3 Buchstabe b, wenn die Voraussetzungen für den Sonderausgabenabzug nach Absatz 2 Satz 2 in der am 31. Dezember 2004 geltenden Fassung nicht erfüllt sind.

[Fassung ab VZ 2010:]

(5) Durch Rechtsverordnung[4] wird bezogen auf den Versicherungstarif bestimmt, wie der nicht abziehbare Teil der Beiträge zum Erwerb eines Krankenversicherungsschutzes im Sinne des Absatzes 1 Nummer 3 Buchstabe a Satz 3 durch einheitliche prozentuale Abschläge auf die zugunsten des jeweiligen Tarifs gezahlte Prämie zu ermitteln ist, soweit der nicht abziehbare Beitragsteil nicht bereits als gesonderter Tarif oder Tarifbaustein ausgewiesen wird.

(Fortsetzung Fußnote)

4. Vorsorgeaufwendungen, die die nach den Nummern 1 bis 3 abziehbaren Beträge übersteigen, können zur Hälfte, höchstens bis zu 50 vom Hundert des Grundhöchstbetrags abgezogen werden (hälftiger Höchstbetrag).“

[1] § 10 Abs. 4b eingef. mWv VZ 2012 durch G v. 1.11.2011 (BGBl. I S. 2131); Sätze 4 bis 6 angef. mWv VZ 2016 (§ 52 Abs. 18 Satz 5) durch G v. 26.6.2013 (BGBl. I S. 1809); Sätze 4 bis 6 geänd. mWv 1.1.2017 durch G v. 18.7.2016 (BGBl. I S. 1679).

[2] Nr. **800.**

[3] Zur Weitergeltung siehe § 52 Abs. 18 Satz 6.

[4] Vgl. Krankenversicherungsbeitragsanteil-Ermittlungsverordnung (KVBEVO) vom 11.8. 2009 (BGBl. I S. 2730) in der jeweils geltenden Fassung.

(6)[1] Absatz 1 Nummer 2 Buchstabe b Doppelbuchstabe aa ist für Vertragsabschlüsse vor dem 1. Januar 2012 mit der Maßgabe anzuwenden, dass der Vertrag die Zahlung der Leibrente nicht vor der Vollendung des 60. Lebensjahres vorsehen darf.

§ 10a[2] Zusätzliche Altersvorsorge. (1)[3] [1]In der inländischen gesetzlichen Rentenversicherung Pflichtversicherte können Altersvorsorgebeiträge (§ 82) zuzüglich der dafür nach Abschnitt XI zustehenden Zulage jährlich bis zu 2100 Euro als Sonderausgaben abziehen; das Gleiche gilt für

1. Empfänger von inländischer Besoldung nach dem Bundesbesoldungsgesetz oder einem Landesbesoldungsgesetz,
2. Empfänger von Amtsbezügen aus einem inländischen Amtsverhältnis, deren Versorgungsrecht die entsprechende Anwendung des § 69e Absatz 3 und 4 des Beamtenversorgungsgesetzes vorsieht,
3. die nach § 5 Absatz 1 Satz 1 Nummer 2 und 3 des Sechsten Buches Sozialgesetzbuch versicherungsfrei Beschäftigten, die nach § 6 Absatz 1 Satz 1 Nummer 2 oder nach § 230 Absatz 2 Satz 2 des Sechsten Buches Sozialgesetzbuch von der Versicherungspflicht befreiten Beschäftigten, deren Versorgungsrecht die entsprechende Anwendung des § 69e Absatz 3 und 4 des Beamtenversorgungsgesetzes vorsieht,
4. Beamte, Richter, Berufssoldaten und Soldaten auf Zeit, die ohne Besoldung beurlaubt sind, für die Zeit einer Beschäftigung, wenn während der Beurlaubung die Gewährleistung einer Versorgungsanwartschaft unter den Voraussetzungen des § 5 Absatz 1 Satz 1 des Sechsten Buches Sozialgesetzbuch auf diese Beschäftigung erstreckt wird, und
5. Steuerpflichtige im Sinne der Nummern 1 bis 4, die beurlaubt sind und deshalb keine Besoldung, Amtsbezüge oder Entgelt erhalten, sofern sie eine Anrechnung von Kindererziehungszeiten nach § 56 des Sechsten Buches Sozialgesetzbuch in Anspruch nehmen könnten, wenn die Versicherungsfreiheit in der inländischen gesetzlichen Rentenversicherung nicht bestehen würde,

wenn sie spätestens bis zum Ablauf des Beitragsjahres (§ 88) gegenüber der zuständigen Stelle (§ 81a) schriftlich eingewilligt haben, dass diese der zentralen Stelle (§ 81) jährlich mitteilt, dass der Steuerpflichtige zum begünstigten Personenkreis gehört, dass die zuständige Stelle der zentralen Stelle die für die Ermittlung des Mindesteigenbeitrags (§ 86) und die Gewährung der Kinderzulage (§ 85) erforderlichen Daten übermittelt und die zentrale Stelle diese Daten für das Zulageverfahren verarbeiten darf. [2]Bei der Erteilung der Einwilligung ist der Steuerpflichtige darauf hinzuweisen, dass er die Einwilligung vor Beginn des Kalenderjahres, für das sie erstmals nicht mehr gelten soll, gegenüber der zuständigen Stelle widerrufen kann.

---

[1] § 10 Abs. 6 angef. mWv VZ 2014 durch G v. 25.7.2014 (BGBl. I S. 1266); Satz 2 aufgeh. mWv 1.1.2019 durch G v. 20.11.2019 (BGBl. I S. 1626).

[2] Zur Anwendung siehe Abs. 6.

[3] § 10a Abs. 1 Satz 1 geänd. durch G v. 8.4.2010 (BGBl. I S. 386); Satz 1 geänd. mWv VZ 2019 durch G v. 17.8.2017 (BGBl. I S. 3214); Satz 1 geänd. mWv VZ 2019 durch G v. 20.11.2019 (BGBl. I S. 1626).

[bis VZ 2012:][1)]

[3]Versicherungspflichtige nach dem Gesetz über die Alterssicherung der Landwirte stehen Pflichtversicherten gleich; dies gilt auch für Personen, die eine Anrechnungszeit nach § 58 Absatz 1 Nummer 3 oder Nummer 6 des Sechsten Buches Sozialgesetzbuch in der gesetzlichen Rentenversicherung erhalten und unmittelbar vor der Arbeitslosigkeit einer der in Satz 1 oder der im ersten Halbsatz genannten begünstigten Personengruppen angehörten.

[ab VZ 2013:][2)]

[3]Versicherungspflichtige nach dem Gesetz über die Alterssicherung der Landwirte stehen Pflichtversicherten gleich; dies gilt auch für Personen, die

1. eine Anrechnungszeit nach § 58 Absatz 1 Nummer 3 oder Nummer 6 des Sechsten Buches Sozialgesetzbuch in der gesetzlichen Rentenversicherung erhalten und
2. unmittelbar vor einer Anrechnungszeit nach § 58 Absatz 1 Nummer 3 oder Nummer 6 des Sechsten Buches Sozialgesetzbuch einer der im ersten Halbsatz, in Satz 1 oder in Satz 4 genannten begünstigten Personengruppen angehörten.

[4]Die Sätze 1 und 2 gelten entsprechend für Steuerpflichtige, die nicht zum begünstigten Personenkreis nach Satz 1 oder 3 gehören und eine Rente wegen voller Erwerbsminderung oder Erwerbsunfähigkeit oder eine Versorgung wegen Dienstunfähigkeit aus einem der in Satz 1 oder 3 genannten Alterssicherungssysteme beziehen, wenn unmittelbar vor dem Bezug der entsprechenden Leistungen der Leistungsbezieher einer der in Satz 1 oder 3 genannten begünstigten Personengruppen angehörte; dies gilt nicht, wenn der Steuerpflichtige das 67. Lebensjahr vollendet hat. [5]Bei der Ermittlung der dem Steuerpflichtigen zustehenden Zulage nach Satz 1 bleibt die Erhöhung der Grundzulage nach § 84 Satz 2 außer Betracht.

[ab VZ 2023:

(1a)[3)] [1]Steuerpflichtige, die eine Kinderzulage für ein Kind beantragen, das im Beitragsjahr sein viertes Lebensjahr noch nicht vollendet hat und für das gegenüber dem Steuerpflichtigen oder seinem Ehegatten Kindergeld festgesetzt worden ist, stehen einem in der inländischen gesetzlichen Rentenversicherung Pflichtversicherten gleich, wenn eine Anrechnung von Kindererziehungszeiten nach § 56 des Sechsten Buches Sozialgesetzbuch nur auf Grund eines fehlenden oder noch nicht beschiedenen Antrags auf Berücksichtigung von Kindererziehungszeiten bislang nicht erfolgt ist. [2]Voraussetzung ist, dass der Steuerpflichtige spätestens am Tag nach der Vollendung des vierten Lebensjahres des Kindes die Kindererziehungszeiten beim zuständigen Träger der gesetzlichen Rentenversicherung beantragt. [3]Werden die Kindererziehungs-

---

1) § 10a Abs. 1 Satz 3 neu gef. mWv VZ 2011 (Art. 32 Abs. 5 des JStG 2010) durch G v. 8.12.2010 (BGBl. I S. 1768).

2) § 10a Abs. 1 Satz 3 neu gef. mWv VZ 2013 durch G v. 24.6.2013 (BGBl. I S. 1667).

3) § 10a Abs. 1a eingef., bish. Abs. 1a wird 1b mWv VZ 2023 durch G v. 16.12.2022 (BGBl. I S. 2294).

zeiten vom Träger der gesetzlichen Rentenversicherung nicht anerkannt, entfällt rückwirkend die Förderberechtigung nach Satz 1. 4 Wurde das Kind am 1. Januar geboren, gilt Satz 1 mit der Maßgabe, dass das fünfte Lebensjahr noch nicht vollendet sein darf.]

(1b)[1] 1 Sofern eine Zulagenummer (§ 90 Absatz 1 Satz 2) durch die zentrale Stelle oder eine Versicherungsnummer nach § 147 des Sechsten Buches Sozialgesetzbuch noch nicht vergeben ist, haben die in Absatz 1 Satz 1 Nummer 1 bis 5 genannten Steuerpflichtigen über die zuständige Stelle eine Zulagenummer bei der zentralen Stelle zu beantragen. 2 Für Empfänger einer Versorgung im Sinne des Absatzes 1 Satz 4 gilt Satz 1 entsprechend.

(2) 1 Ist der Sonderausgabenabzug nach Absatz 1 für den Steuerpflichtigen günstiger als der Anspruch auf die Zulage nach Abschnitt XI, erhöht sich die unter Berücksichtigung des Sonderausgabenabzugs ermittelte tarifliche Einkommensteuer um den Anspruch auf Zulage. 2 In den anderen Fällen scheidet der Sonderausgabenabzug aus. 3 Die Günstigerprüfung wird von Amts wegen vorgenommen.

(2a)[2] *(aufgehoben)*

(3)[3] 1 Der Abzugsbetrag nach Absatz 1 steht im Fall der Veranlagung von Ehegatten nach § 26 Absatz 1 jedem Ehegatten unter den Voraussetzungen des Absatzes 1 gesondert zu. 2 Gehört nur ein Ehegatte zu dem nach Absatz 1 begünstigten Personenkreis und ist der andere Ehegatte nach § 79 Satz 2 zulageberechtigt, sind bei dem nach Absatz 1 abzugsberechtigten Ehegatten die von beiden Ehegatten geleisteten Altersvorsorgebeiträge und die dafür zustehenden Zulagen bei der Anwendung der Absätze 1 und 2 zu berücksichtigen. 3 Der Höchstbetrag nach Absatz 1 Satz 1 erhöht sich in den Fällen des Satzes 2 um 60 Euro. 4 Dabei sind die von dem Ehegatten, der zu dem nach Absatz 1 begünstigten Personenkreis gehört, geleisteten Altersvorsorgebeiträge vorrangig zu berücksichtigen, jedoch mindestens 60 Euro der von dem anderen Ehegatten geleisteten Altersvorsorgebeiträge. 5 Gehören beide Ehegatten zu dem nach Absatz 1 begünstigten Personenkreis und liegt ein Fall der Veranlagung nach § 26 Absatz 1 vor, ist bei der Günstigerprüfung nach Absatz 2 der Anspruch auf Zulage beider Ehegatten anzusetzen.

(4) 1 Im Fall des Absatzes 2 Satz 1 stellt das Finanzamt die über den Zulageanspruch nach Abschnitt XI hinausgehende Steuerermäßigung gesondert fest und teilt diese der zentralen Stelle (§ 81) mit; § 10d Absatz 4 Satz 3 bis 5 gilt entsprechend. 2 Sind Altersvorsorgebeiträge zugunsten von mehreren Verträgen geleistet worden, erfolgt die Zurechnung im Verhältnis der nach Absatz 1 berücksichtigten Altersvorsorgebeiträge. 3 Ehegatten ist der nach Satz 1 festzustellende Betrag auch im Fall der Zusammenveranlagung jeweils getrennt zuzurechnen; die Zurechnung erfolgt im Verhältnis der nach Absatz 1 berücksichtigten Altersvorsorgebeiträge. 4 Werden Altersvorsorgebeiträge nach Ab-

---

[1] § 10a Abs. 1a eingef., bish. Abs. 1a wird 1b mWv VZ 2023 durch G v. 16.12.2022 (BGBl. I S. 2294).

[2] § 10a Abs. 2a *aufgeh.* mWv VZ 2019 durch G v. 20.11.2019 (BGBl. I S. 1626).

[3] § 10a Abs. 3 Sätze 3 und 4 eingef., bish. Satz 3 wird Satz 5 mWv VZ 2012 durch G v. 7.12.2011 (BGBl. I S. 2592).

satz 3 Satz 2 berücksichtigt, die der nach § 79 Satz 2 zulageberechtigte Ehegatte zugunsten eines auf seinen Namen lautenden Vertrages geleistet hat, ist die hierauf entfallende Steuerermäßigung dem Vertrag zuzurechnen, zu dessen Gunsten die Altersvorsorgebeiträge geleistet wurden. [5]Die Übermittlung an die zentrale Stelle erfolgt unter Angabe der Vertragsnummer und der Identifikationsnummer (§ 139b der Abgabenordnung) sowie der Zulage- oder Versicherungsnummer nach § 147 des Sechsten Buches Sozialgesetzbuch.

(5)[1)] [1]Nach Maßgabe des § 93c der Abgabenordnung hat der Anbieter als mitteilungspflichtige Stelle auch unter Angabe der Vertragsdaten die Höhe der im jeweiligen Beitragsjahr zu berücksichtigenden Altersvorsorgebeiträge sowie die Zulage- oder die Versicherungsnummer nach § 147 des Sechsten Buches Sozialgesetzbuch an die zentrale Stelle zu übermitteln. [2]§ 22a Absatz 2 gilt entsprechend. [3]Die Übermittlung muss auch dann erfolgen, wenn im Fall der mittelbaren Zulageberechtigung keine Altersvorsorgebeiträge geleistet worden sind. [4]§ 72a Absatz 4 der Abgabenordnung findet keine Anwendung. [5]Die übrigen Voraussetzungen für den Sonderausgabenabzug nach den Absätzen 1 bis 3 werden im Wege der Datenerhebung und des automatisierten Datenabgleichs nach § 91 überprüft. [6]Erfolgt eine Datenübermittlung nach Satz 1 und wurde noch keine Zulagenummer (§ 90 Absatz 1 Satz 2) durch die zentrale Stelle oder keine Versicherungsnummer nach § 147 des Sechsten Buches Sozialgesetzbuch vergeben, gilt § 90 Absatz 1 Satz 2 und 3 entsprechend.

(6)[2)] [1]Für die Anwendung der Absätze 1 bis 5 stehen den in der inländischen gesetzlichen Rentenversicherung Pflichtversicherten nach Absatz 1 Satz 1 die Pflichtmitglieder in einem ausländischen gesetzlichen Alterssicherungssystem gleich, wenn diese Pflichtmitgliedschaft

1. mit einer Pflichtmitgliedschaft in einem inländischen Alterssicherungssystem nach Absatz 1 Satz 1 oder 3 vergleichbar ist und
2. vor dem 1. Januar 2010 begründet wurde.

[2]Für die Anwendung der Absätze 1 bis 5 stehen den Steuerpflichtigen nach Absatz 1 Satz 4 die Personen gleich,

1. die aus einem ausländischen gesetzlichen Alterssicherungssystem eine Leistung erhalten, die den in Absatz 1 Satz 4 genannten Leistungen vergleichbar ist,
2. die unmittelbar vor dem Bezug der entsprechenden Leistung nach Satz 1 oder Absatz 1 Satz 1 oder 3 begünstigt waren und
3. die noch nicht das 67. Lebensjahr vollendet haben.

[3]Als Altersvorsorgebeiträge (§ 82) sind bei den in Satz 1 oder 2 genannten Personen nur diejenigen Beiträge zu berücksichtigen, die vom Abzugsberechtigten zugunsten seines vor dem 1. Januar 2010 abgeschlossenen Vertrags geleistet wurden. [4]Endet die unbeschränkte Steuerpflicht eines Zulageberechtigten im Sinne des Satzes 1 oder 2 durch Aufgabe des inländischen Wohnsitzes

---

[1)] § 10a Abs. 5 Sätze 1 und 2 neu gef. mWv VZ 2019 durch G v. 20.11.2019 (BGBl. I S. 1626).

[2)] § 10a Abs. 6 angef. mWv VZ 2014 durch G v. 25.7.2014 (BGBl. I S. 1266); Satz 4 HS 2 geänd. mWv VZ 2023 durch G v. 16.12.2022 (BGBl. I S. 2294).

oder gewöhnlichen Aufenthalts und wird die Person nicht nach § 1 Absatz 3 als unbeschränkt einkommensteuerpflichtig behandelt, so gelten die §§ 93 und 94 entsprechend; *§ 95 Absatz 2 und 3 und § 99 Absatz 1 in der am 31. Dezember 2008 geltenden Fassung sind* [***ab VZ 2023:*** § 99 Absatz 1 in der am 31. Dezember 2008 geltenden Fassung ist] anzuwenden.

(7)[1] Soweit nichts anderes bestimmt ist, sind die Regelungen des § 10a und des Abschnitts XI in der für das jeweilige Beitragsjahr geltenden Fassung anzuwenden.

§ 10b[2] Steuerbegünstigte Zwecke. (1) [1] Zuwendungen (Spenden und Mitgliedsbeiträge) zur Förderung steuerbegünstigter Zwecke im Sinne der §§ 52 bis 54 der Abgabenordnung können insgesamt bis zu

1. 20 Prozent des Gesamtbetrags der Einkünfte oder
2. 4 Promille der Summe der gesamten Umsätze und der im Kalenderjahr aufgewendeten Löhne und Gehälter

als Sonderausgaben abgezogen werden. [2] Voraussetzung für den Abzug ist, dass diese Zuwendungen

1. an eine juristische Person des öffentlichen Rechts oder an eine öffentliche Dienststelle, die in einem Mitgliedstaat der Europäischen Union oder in einem Staat belegen ist, auf den das Abkommen über den Europäischen Wirtschaftsraum (EWR-Abkommen) Anwendung findet, oder
2. an eine nach § 5 Absatz 1 Nummer 9 des Körperschaftsteuergesetzes steuerbefreite Körperschaft, Personenvereinigung oder Vermögensmasse oder
3. an eine Körperschaft, Personenvereinigung oder Vermögensmasse, die in einem Mitgliedstaat der Europäischen Union oder in einem Staat belegen ist, auf den das Abkommen über den Europäischen Wirtschaftsraum (EWR-Abkommen) Anwendung findet, und die nach § 5 Absatz 1 Nummer 9 des Körperschaftsteuergesetzes in Verbindung mit § 5 Absatz 2 Nummer 2 zweiter Halbsatz des Körperschaftsteuergesetzes steuerbefreit wäre, wenn sie inländische Einkünfte erzielen würde,

geleistet werden. [3] Für nicht im Inland ansässige Zuwendungsempfänger nach Satz 2 ist weitere Voraussetzung, dass durch diese Staaten Amtshilfe und Unterstützung bei der Beitreibung geleistet werden. [4] Amtshilfe ist der Auskunftsaustausch im Sinne oder entsprechend der Amtshilferichtlinie gemäß § 2 Absatz 2 des EU-Amtshilfegesetzes.[3] [5] Beitreibung ist die gegenseitige Unterstützung bei der Beitreibung von Forderungen im Sinne oder entsprechend der Beitreibungsrichtlinie[4] einschließlich der in diesem Zusammenhang anzuwendenden Durchführungsbestimmungen in den für den jeweiligen Veranlagungszeitraum geltenden Fassungen oder eines entsprechenden Nachfolgerechtsaktes. [6] Werden die steuerbegünstigten Zwecke des Zuwendungsemp-

---

[1] § 10a Abs. 7 angef. mWv 1.1.2018 durch G v. 17.8.2017 (BGBl. I S. 3214).

[2] § 10b Abs. 1 Sätze 1 und 2 ersetzt durch Sätze 1 bis 7; bish. Sätze 3 bis 5 werden Sätze 8 bis 10 durch G v. 8.4.2010 (BGBl. I S. 386).

[3] § 10b Abs. 1 Satz 4 geänd. mWv 1.1.2013 durch G v. 26.6.2013 (BGBl. I S. 1809).

[4] § 10b Abs. 1 Satz 5 geänd. durch G v. 7.12.2011 (BGBl. I S. 2592).

fängers im Sinne von Satz 2 Nummer 1 nur im Ausland verwirklicht, ist für den Sonderausgabenabzug Voraussetzung, dass natürliche Personen, die ihren Wohnsitz oder ihren gewöhnlichen Aufenthalt im Geltungsbereich dieses Gesetzes haben, gefördert werden oder dass die Tätigkeit dieses Zuwendungsempfängers neben der Verwirklichung der steuerbegünstigten Zwecke auch zum Ansehen der Bundesrepublik Deutschland beitragen kann. [7] Abziehbar sind auch Mitgliedsbeiträge an Körperschaften, die Kunst und Kultur gemäß § 52 Absatz 2 Satz 1[1)] Nummer 5 der Abgabenordnung fördern, soweit es sich nicht um Mitgliedsbeiträge nach Satz 8 Nummer 2 handelt, auch wenn den Mitgliedern Vergünstigungen gewährt werden. [8] Nicht abziehbar sind Mitgliedsbeiträge an Körperschaften,

1. die den Sport (§ 52 Absatz 2 Satz 1[1)] Nummer 21 der Abgabenordnung),
2. die kulturelle Betätigungen, die in erster Linie der Freizeitgestaltung dienen,
3. die Heimatpflege und Heimatkunde (§ 52 Absatz 2 Satz 1[1)] Nummer 22 der Abgabenordnung),
4. die Zwecke im Sinne des § 52 Absatz 2 Satz 1[1)] Nummer 23 der Abgabenordnung

fördern oder

5.[2)] deren Zweck nach § 52 Absatz 2 Satz 2 der Abgabenordnung für gemeinnützig erklärt worden ist, weil deren Zweck die Allgemeinheit auf materiellem, geistigem oder sittlichem Gebiet entsprechend einem Zweck nach den Nummern 1 bis 4 fördert.

[9] Abziehbare Zuwendungen, die die Höchstbeträge nach Satz 1 überschreiten oder die den um die Beträge nach § 10 Absatz 3 und 4, § 10c und § 10d verminderten Gesamtbetrag der Einkünfte übersteigen, sind im Rahmen der Höchstbeträge in den folgenden Veranlagungszeiträumen als Sonderausgaben abzuziehen. [10] § 10d Absatz 4 gilt entsprechend.

(1a)[3)] [1] Spenden zur Förderung steuerbegünstigter Zwecke im Sinne der §§ 52 bis 54 der Abgabenordnung in das zu erhaltende Vermögen (Vermögensstock) einer Stiftung, welche die Voraussetzungen des Absatzes 1 Satz 2 bis 6 erfüllt, können auf Antrag des Steuerpflichtigen im Veranlagungszeitraum der Zuwendung und in den folgenden neun Veranlagungszeiträumen bis zu einem Gesamtbetrag von 1 Million Euro, bei Ehegatten, die nach den §§ 26, 26b zusammen veranlagt werden, bis zu einem Gesamtbetrag von 2 Millionen Euro, zusätzlich zu den Höchstbeträgen nach Absatz 1 Satz 1 abgezogen werden. [2] Nicht abzugsfähig nach Satz 1 sind Spenden in das verbrauchbare Vermögen einer Stiftung. [3] Der besondere Abzugsbetrag nach Satz 1 bezieht sich auf den gesamten Zehnjahreszeitraum und kann der Höhe nach innerhalb

---

1) Verweis geänd. durch G v. 8.12.2010 (BGBl. I S. 1768).

2) § 10b Abs. 1 Satz 8 Nr. 5 angef. durch G v. 12.12.2019 (BGBl. I S. 2451); zur Anwendung siehe § 52 Abs. 18a.

3) § 10b Abs. 1a Satz 1 geänd., Satz 2 eingef., bish. Sätze 2 und 3 werden Sätze 3 und 4 mWv VZ 2013 (siehe PM Nr. 19 des BMF v. 1.3.2013) durch G v. 21.3.2013 (BGBl. I S. 556).

dieses Zeitraums nur einmal in Anspruch genommen werden. [4] § 10d Absatz 4 gilt entsprechend.

(2)[1)] [1] Zuwendungen an politische Parteien im Sinne des § 2 des Parteiengesetzes sind, sofern die jeweilige Partei nicht gemäß § 18 Absatz 7 des Parteiengesetzes von der staatlichen Teilfinanzierung ausgeschlossen ist, bis zur Höhe von insgesamt 1650 Euro und im Fall der Zusammenveranlagung von Ehegatten bis zur Höhe von insgesamt 3300 Euro im Kalenderjahr abzugsfähig. [2] Sie können nur insoweit als Sonderausgaben abgezogen werden, als für sie nicht eine Steuerermäßigung nach § 34g gewährt worden ist.

(3)[2)] [1] Als Zuwendung im Sinne dieser Vorschrift gilt auch die Zuwendung von Wirtschaftsgütern mit Ausnahme von Nutzungen und Leistungen. [2] Ist das Wirtschaftsgut unmittelbar vor seiner Zuwendung einem Betriebsvermögen entnommen worden, so bemisst sich die Zuwendungshöhe nach dem Wert, der bei der Entnahme angesetzt wurde und nach der Umsatzsteuer, die auf die Entnahme entfällt. [3] Ansonsten bestimmt sich die Höhe der Zuwendung nach dem gemeinen Wert des zugewendeten Wirtschaftsguts, wenn dessen Veräußerung im Zeitpunkt der Zuwendung keinen Besteuerungstatbestand erfüllen würde. [4] In allen übrigen Fällen dürfen bei der Ermittlung der Zuwendungshöhe die fortgeführten Anschaffungs- oder Herstellungskosten nur überschritten werden, soweit eine Gewinnrealisierung stattgefunden hat. [5] Aufwendungen zugunsten einer Körperschaft, die zum Empfang steuerlich abziehbarer Zuwendungen berechtigt ist, können nur abgezogen werden, wenn ein Anspruch auf die Erstattung der Aufwendungen durch Vertrag oder Satzung eingeräumt und auf die Erstattung verzichtet worden ist. [6] Der Anspruch darf nicht unter der Bedingung des Verzichts eingeräumt worden sein.

(4) [1] Der Steuerpflichtige darf auf die Richtigkeit der Bestätigung über Spenden und Mitgliedsbeiträge vertrauen, es sei denn, dass er die Bestätigung durch unlautere Mittel oder falsche Angaben erwirkt hat oder dass ihm die Unrichtigkeit der Bestätigung bekannt oder infolge grober Fahrlässigkeit nicht bekannt war. [2] Wer vorsätzlich oder grob fahrlässig eine unrichtige Bestätigung ausstellt oder veranlasst, dass Zuwendungen nicht zu den in der Bestätigung angegebenen steuerbegünstigten Zwecken verwendet werden, haftet für die entgangene Steuer. [3] Diese ist mit 30 Prozent des zugewendeten Betrags anzusetzen. [4] In den Fällen des Satzes 2 zweite Alternative (Veranlasserhaftung) ist vorrangig der Zuwendungsempfänger in Anspruch zu nehmen; die in diesen Fällen für den Zuwendungsempfänger handelnden natürlichen Personen sind nur in Anspruch zu nehmen, wenn die entgangene Steuer nicht nach § 47 der Abgabenordnung erloschen ist und Vollstreckungsmaßnahmen gegen den Zuwendungsempfänger nicht erfolgreich sind.[3)] [5] Die Festsetzungsfrist für Haftungsansprüche nach Satz 2 läuft nicht ab, solange die Festsetzungsfrist für von dem Empfänger der Zuwendung geschuldete Körperschaftsteuer für den Veranlagungszeitraum nicht abgelaufen ist, in dem die unrichtige Bestäti-

---

[1)] § 10b Abs. 2 Satz 1 geänd. mWv 29.7.2017 durch G v. 18.7.2017 (BGBl. I S. 2730).

[2)] § 10b Abs. 3 Satz 2 geänd. mWv VZ 2013 (siehe PM Nr. 19 des BMF v. 1.3.2013) durch G v. 21.3.2013 (BGBl. I S. 556).

[3)] § 10b Abs. 4 Satz 4 geänd. durch G v. 8.4.2010 (BGBl. I S. 386).

gung ausgestellt worden ist oder veranlasst wurde, dass die Zuwendung nicht zu den in der Bestätigung angegebenen steuerbegünstigten Zwecken verwendet worden ist; § 191 Absatz 5 der Abgabenordnung ist nicht anzuwenden.

§ 10c[1)] Sonderausgaben-Pauschbetrag. [1]Für Sonderausgaben nach § 10 Absatz 1 Nummer 4, 5, 7 und 9 sowie Absatz 1a[2)] und nach § 10b wird ein Pauschbetrag von 36 Euro abgezogen (Sonderausgaben-Pauschbetrag), wenn der Steuerpflichtige nicht höhere Aufwendungen nachweist. [2]Im Fall der Zusammenveranlagung von Ehegatten verdoppelt sich der Sonderausgaben-Pauschbetrag.

§ 10d Verlustabzug.

[Fassung VZ 2020–2023:]

(1) [1]Negative Einkünfte, die bei der Ermittlung des Gesamtbetrags der Einkünfte nicht ausgeglichen werden, sind bis zu einem Betrag von 10 000 000 Euro, bei Ehegatten, die nach den §§ 26, 26b zusammenveranlagt werden, bis zu einem Betrag von 20 000 000 Euro vom Gesamtbetrag der Einkünfte des unmittelbar vorangegangenen Veranlagungszeitraums vorrangig vor Sonderausgaben, außergewöhnlichen Belastungen und sonstigen Abzugsbeträgen abzuziehen (Verlustrücktrag).

[Fassung ab VZ 2024:]

(1)[3)] [1]Negative Einkünfte, die bei der Ermittlung des Gesamtbetrags der Einkünfte nicht ausgeglichen werden, sind bis zu einem Betrag von 1 000 000 Euro, bei Ehegatten, die nach den §§ 26, 26b zusammenveranlagt werden, bis zu einem Betrag von 2 000 000 Euro vom Gesamtbetrag der Einkünfte des unmittelbar vorangegangenen Veranlagungszeitraums vorrangig vor Sonderausgaben, außergewöhnlichen Belastungen und sonstigen Abzugsbeträgen abzuziehen (Verlustrücktrag).

[2]Soweit ein Ausgleich der negativen Einkünfte nach Satz 1 nicht möglich ist, sind diese vom Gesamtbetrag der Einkünfte des zweiten dem Veranlagungszeitraum vorangegangenen Veranlagungszeitraums vorrangig vor Sonderausgaben, außergewöhnlichen Belastungen und sonstigen Abzugsbeträgen abzuziehen. [3]Dabei wird der Gesamtbetrag der Einkünfte des unmittelbar vorangegangenen Veranlagungszeitraums und des zweiten dem Veranlagungszeitraum vorangegangenen Veranlagungszeitraums um die Begünstigungsbeträge nach § 34a Absatz 3 Satz 1 gemindert. [4]Ist für den unmittelbar vorangegangenen Veranlagungszeitraum oder den zweiten dem Veranlagungszeitraum vorangegangenen Veranlagungszeitraum bereits ein Steuerbescheid erlassen worden, so ist er insoweit zu ändern, als der Verlustrücktrag zu gewähren oder zu berichtigen ist. [5]Das gilt auch dann, wenn der Steuerbescheid unanfechtbar geworden ist; die Festsetzungsfrist endet insoweit nicht, bevor die Festset-

---

1) § 10c neu gef. mWv VZ 2010 durch G v. 16.7.2009 (BGBl. I S. 1959).

2) Verweis geänd. mWv VZ 2012 durch G v. 1.11.2011 (BGBl. I S. 2131); geänd. mWv VZ 2014 durch G v. 25.7.2014 (BGBl. I S. 1266); geänd. mWv VZ 2015 durch G v. 22.12.2014 (BGBl. I S. 2417).

3) § 10d Abs. 1 neu gef. mWv VZ 2022 (§ 52 Abs. 18b Satz 2), Abs. 1 Satz 1 neu gef. mWv VZ 2024 (§ 52 Abs. 18b Satz 3) durch G v. 19.6.2022 (BGBl. I S. 911).

zungsfrist für den Veranlagungszeitraum abgelaufen ist, in dem die negativen Einkünfte nicht ausgeglichen werden. [6]Auf Antrag des Steuerpflichtigen ist von der Anwendung des Verlustrücktrags nach den Sätzen 1 und 2 insgesamt abzusehen.

(2) [1]Nicht ausgeglichene negative Einkünfte, die nicht nach Absatz 1 abgezogen worden sind, sind in den folgenden Veranlagungszeiträumen bis zu einem Gesamtbetrag der Einkünfte von 1 Million Euro unbeschränkt, darüber hinaus bis zu 60 Prozent des 1 Million Euro übersteigenden Gesamtbetrags der Einkünfte vorrangig vor Sonderausgaben, außergewöhnlichen Belastungen und sonstigen Abzugsbeträgen abzuziehen (Verlustvortrag). [2]Bei Ehegatten, die nach den §§ 26, 26b zusammenveranlagt werden, tritt an die Stelle des Betrags von 1 Million Euro ein Betrag von 2 Millionen Euro. [3]Der Abzug ist nur insoweit zulässig, als die Verluste nicht nach Absatz 1 abgezogen worden sind und in den vorangegangenen Veranlagungszeiträumen nicht nach Satz 1 und 2 abgezogen werden konnten.

(3) (weggefallen)

(4)[1)] [1]Der am Schluss eines Veranlagungszeitraums verbleibende Verlustvortrag ist gesondert festzustellen. [2]Verbleibender Verlustvortrag sind die bei der Ermittlung des Gesamtbetrags der Einkünfte nicht ausgeglichenen negativen Einkünfte, vermindert um die nach Absatz 1 abgezogenen und die nach Absatz 2 abziehbaren Beträge und vermehrt um den auf den Schluss des vorangegangenen Veranlagungszeitraums festgestellten verbleibenden Verlustvortrag. [3]Zuständig für die Feststellung ist das für die Besteuerung zuständige Finanzamt. [4]Bei der Feststellung des verbleibenden Verlustvortrags sind die Besteuerungsgrundlagen so zu berücksichtigen, wie sie den Steuerfestsetzungen des Veranlagungszeitraums, auf dessen Schluss der verbleibende Verlustvortrag festgestellt wird, und des Veranlagungszeitraums, in dem ein Verlustrücktrag vorgenommen werden kann, zu Grunde gelegt worden sind; § 171 Absatz 10, § 175 Absatz 1 Satz 1 Nummer 1 und § 351 Absatz 2 der Abgabenordnung sowie § 42 der Finanzgerichtsordnung gelten entsprechend. [5]Die Besteuerungsgrundlagen dürfen bei der Feststellung nur insoweit abweichend von Satz 4 berücksichtigt werden, wie die Aufhebung, Änderung oder Berichtigung der Steuerbescheide ausschließlich mangels Auswirkung auf die Höhe der festzusetzenden Steuer unterbleibt. [6]Die Feststellungsfrist endet nicht, bevor die Festsetzungsfrist für den Veranlagungszeitraum abgelaufen ist, auf dessen Schluss der verbleibende Verlustvortrag gesondert festzustellen ist; § 181 Absatz 5 der Abgabenordnung ist nur anzuwenden, wenn die zuständige Finanzbehörde die Feststellung des Verlustvortrags pflichtwidrig unterlassen hat.

§ 10e[2)] Steuerbegünstigung der zu eigenen Wohnzwecken genutzten Wohnung im eigenen Haus. (1) [1]Der Steuerpflichtige kann von den Herstellungskosten einer Wohnung in einem im Inland belegenen eigenen Haus

[1)] § 10d Abs. 4 Sätze 4 und 5 neu gef. durch G v. 8.12.2010 (BGBl. I S. 1768).

[2)] Zur erstmaligen und **letztmaligen Anwendung** von § 10e siehe § 52 Abs. 19 Sätze 6 und 7. Zur Anwendung im Beitrittsgebiet siehe § 57 Abs. 1.

oder einer im Inland belegenen eigenen Eigentumswohnung zuzüglich der Hälfte der Anschaffungskosten für den dazugehörenden Grund und Boden (Bemessungsgrundlage) im Jahr der Fertigstellung und in den drei folgenden Jahren jeweils bis zu 6 Prozent, höchstens jeweils 10 124 Euro, und in den vier darauffolgenden Jahren jeweils bis zu 5 Prozent, höchstens jeweils 8437 Euro, wie Sonderausgaben abziehen. [2] Voraussetzung ist, dass der Steuerpflichtige die Wohnung hergestellt und in dem jeweiligen Jahr des Zeitraums nach Satz 1 (Abzugszeitraum) zu eigenen Wohnzwecken genutzt hat und die Wohnung keine Ferienwohnung oder Wochenendwohnung ist. [3] Eine Nutzung zu eigenen Wohnzwecken liegt auch vor, wenn Teile einer zu eigenen Wohnzwecken genutzten Wohnung unentgeltlich zu Wohnzwecken überlassen werden. [4] Hat der Steuerpflichtige die Wohnung angeschafft, so sind die Sätze 1 bis 3 mit der Maßgabe anzuwenden, dass an die Stelle des Jahres der Fertigstellung das Jahr der Anschaffung und an die Stelle der Herstellungskosten die Anschaffungskosten treten; hat der Steuerpflichtige die Wohnung nicht bis zum Ende des zweiten auf das Jahr der Fertigstellung folgenden Jahres angeschafft, kann er von der Bemessungsgrundlage im Jahr der Anschaffung und in den drei folgenden Jahren höchstens jeweils 4602 Euro und in den vier darauffolgenden Jahren höchstens jeweils 3835 Euro abziehen. [5] § 6b Absatz 6 gilt sinngemäß. [6] Bei einem Anteil an der zu eigenen Wohnzwecken genutzten Wohnung kann der Steuerpflichtige den entsprechenden Teil der Abzugsbeträge nach Satz 1 wie Sonderausgaben abziehen. [7] Werden Teile der Wohnung nicht zu eigenen Wohnzwecken genutzt, ist die Bemessungsgrundlage um den auf den nicht zu eigenen Wohnzwecken entfallenden Teil zu kürzen. [8] Satz 4 ist nicht anzuwenden, wenn der Steuerpflichtige die Wohnung oder einen Anteil daran von seinem Ehegatten anschafft und bei den Ehegatten die Voraussetzungen des § 26 Absatz 1 vorliegen.

(2) Absatz 1 gilt entsprechend für Herstellungskosten zu eigenen Wohnzwecken genutzter Ausbauten und Erweiterungen an einer im Inland belegenen, zu eigenen Wohnzwecken genutzten Wohnung.

(3) [1] Der Steuerpflichtige kann die Abzugsbeträge nach den Absätzen 1 und 2, die er in einem Jahr des Abzugszeitraums nicht ausgenutzt hat, bis zum Ende des Abzugszeitraums abziehen. [2] Nachträgliche Herstellungskosten oder Anschaffungskosten, die bis zum Ende des Abzugszeitraums entstehen, können vom Jahr ihrer Entstehung an für die Veranlagungszeiträume, in denen der Steuerpflichtige Abzugsbeträge nach den Absätzen 1 und 2 hätte abziehen können, so behandelt werden, als wären sie zu Beginn des Abzugszeitraums entstanden.

(4) [1] Die Abzugsbeträge nach den Absätzen 1 und 2 kann der Steuerpflichtige nur für eine Wohnung oder für einen Ausbau oder eine Erweiterung abziehen. [2] Ehegatten, bei denen die Voraussetzungen des § 26 Absatz 1 vorliegen, können die Abzugsbeträge nach den Absätzen 1 und 2 für insgesamt zwei der in Satz 1 bezeichneten Objekte abziehen, jedoch nicht gleichzeitig für zwei in räumlichem Zusammenhang belegene Objekte, wenn bei den Ehegatten im Zeitpunkt der Herstellung oder Anschaffung der Objekte die Voraussetzungen des § 26 Absatz 1 vorliegen. [3] Den Abzugsbeträgen stehen die erhöhten Absetzungen nach § 7b in der jeweiligen Fassung ab Inkrafttreten des

Gesetzes vom 16. Juni 1964 (BGBl. I S. 353) und nach § 15 Absatz 1 bis 4 des Berlinförderungsgesetzes in der jeweiligen Fassung ab Inkrafttreten des Gesetzes vom 11. Juli 1977 (BGBl. I S. 1213) gleich. [4]Nutzt der Steuerpflichtige die Wohnung im eigenen Haus oder die Eigentumswohnung (Erstobjekt) nicht bis zum Ablauf des Abzugszeitraums zu eigenen Wohnzwecken und kann er deshalb die Abzugsbeträge nach den Absätzen 1 und 2 nicht mehr in Anspruch nehmen, so kann er die Abzugsbeträge nach Absatz 1 bei einer weiteren Wohnung im Sinne des Absatzes 1 Satz 1 (Folgeobjekt) in Anspruch nehmen, wenn er das Folgeobjekt innerhalb von zwei Jahren vor und drei Jahren nach Ablauf des Veranlagungszeitraums, in dem er das Erstobjekt letztmals zu eigenen Wohnzwecken genutzt hat, anschafft oder herstellt; Entsprechendes gilt bei einem Ausbau oder einer Erweiterung einer Wohnung. [5]Im Fall des Satzes 4 ist der Abzugszeitraum für das Folgeobjekt um die Anzahl der Veranlagungszeiträume zu kürzen, in denen der Steuerpflichtige für das Erstobjekt die Abzugsbeträge nach den Absätzen 1 und 2 hätte abziehen können; hat der Steuerpflichtige das Folgeobjekt in einem Veranlagungszeitraum, in dem er das Erstobjekt noch zu eigenen Wohnzwecken genutzt hat, hergestellt oder angeschafft oder ausgebaut oder erweitert, so beginnt der Abzugszeitraum für das Folgeobjekt mit Ablauf des Veranlagungszeitraums, in dem der Steuerpflichtige das Erstobjekt letztmals zu eigenen Wohnzwecken genutzt hat. [6]Für das Folgeobjekt sind die Prozentsätze der vom Erstobjekt verbliebenen Jahre maßgebend. [7]Dem Erstobjekt im Sinne des Satzes 4 steht ein Erstobjekt im Sinne des § 7b Absatz 5 Satz 4 sowie des § 15 Absatz 1 und des § 15b Absatz 1 des Berlinförderungsgesetzes gleich. [8]Ist für den Steuerpflichtigen Objektverbrauch nach den Sätzen 1 bis 3 eingetreten, kann er die Abzugsbeträge nach den Absätzen 1 und 2 für ein weiteres, in dem in Artikel 3 des Einigungsvertrages genannten Gebiet belegenes Objekt abziehen, wenn der Steuerpflichtige oder dessen Ehegatte, bei denen die Voraussetzungen des § 26 Absatz 1 vorliegen, in dem in Artikel 3 des Einigungsvertrages genannten Gebiet zugezogen ist und

1. seinen ausschließlichen Wohnsitz in diesem Gebiet zu Beginn des Veranlagungszeitraums hat oder ihn im Laufe des Veranlagungszeitraums begründet oder
2. bei mehrfachem Wohnsitz einen Wohnsitz in diesem Gebiet hat und sich dort überwiegend aufhält.

[9]Voraussetzung für die Anwendung des Satzes 8 ist, dass die Wohnung im eigenen Haus oder die Eigentumswohnung vor dem 1. Januar 1995 hergestellt oder angeschafft oder der Ausbau oder die Erweiterung vor diesem Zeitpunkt fertig gestellt worden ist. [10]Die Sätze 2 und 4 bis 6 sind für im Satz 8 bezeichnete Objekte sinngemäß anzuwenden.

(5) [1]Sind mehrere Steuerpflichtige Eigentümer einer zu eigenen Wohnzwecken genutzten Wohnung, so ist Absatz 4 mit der Maßgabe anzuwenden, dass der Anteil des Steuerpflichtigen an der Wohnung einer Wohnung gleichsteht; Entsprechendes gilt bei dem Ausbau oder bei der Erweiterung einer zu eigenen Wohnzwecken genutzten Wohnung. [2]Satz 1 ist nicht anzuwenden, wenn *Eigentümer der Wohnung* der Steuerpflichtige und sein Ehegatte sind und bei den Ehegatten die Voraussetzungen des § 26 Absatz 1 vorliegen. [3]Erwirbt im

Fall des Satzes 2 ein Ehegatte infolge Erbfalls einen Miteigentumsanteil an der Wohnung hinzu, so kann er die auf diesen Anteil entfallenden Abzugsbeträge nach den Absätzen 1 und 2 weiter in der bisherigen Höhe abziehen; Entsprechendes gilt, wenn im Fall des Satzes 2 während des Abzugszeitraums die Voraussetzungen des § 26 Absatz 1 wegfallen und ein Ehegatte den Anteil des anderen Ehegatten an der Wohnung erwirbt.

(5a) [1] Die Abzugsbeträge nach den Absätzen 1 und 2 können nur für die Veranlagungszeiträume in Anspruch genommen werden, in denen der Gesamtbetrag der Einkünfte 61 355 Euro, bei nach § 26b zusammenveranlagten Ehegatten 122 710 Euro nicht übersteigt. [2] Eine Nachholung von Abzugsbeträgen nach Absatz 3 Satz 1 ist nur für Veranlagungszeiträume möglich, in denen die in Satz 1 genannten Voraussetzungen vorgelegen haben; Entsprechendes gilt für nachträgliche Herstellungskosten oder Anschaffungskosten im Sinne des Absatzes 3 Satz 2.

(6) [1] Aufwendungen des Steuerpflichtigen, die bis zum Beginn der erstmaligen Nutzung einer Wohnung im Sinne des Absatzes 1 zu eigenen Wohnzwecken entstehen, unmittelbar mit der Herstellung oder Anschaffung des Gebäudes oder der Eigentumswohnung oder der Anschaffung des dazugehörenden Grund und Bodens zusammenhängen, nicht zu den Herstellungskosten oder Anschaffungskosten der Wohnung oder zu den Anschaffungskosten des Grund und Bodens gehören und die im Fall der Vermietung oder Verpachtung der Wohnung als Werbungskosten abgezogen werden könnten, können wie Sonderausgaben abgezogen werden. [2] Wird eine Wohnung bis zum Beginn der erstmaligen Nutzung zu eigenen Wohnzwecken vermietet oder zu eigenen beruflichen oder eigenen betrieblichen Zwecken genutzt und sind die Aufwendungen Werbungskosten oder Betriebsausgaben, können sie nicht wie Sonderausgaben abgezogen werden. [3] Aufwendungen nach Satz 1, die Erhaltungsaufwand sind und im Zusammenhang mit der Anschaffung des Gebäudes oder der Eigentumswohnung stehen, können insgesamt nur bis zu 15 Prozent der Anschaffungskosten des Gebäudes oder der Eigentumswohnung, höchstens bis zu 15 Prozent von 76 694 Euro, abgezogen werden. [4] Die Sätze 1 und 2 gelten entsprechend bei Ausbauten und Erweiterungen an einer zu Wohnzwecken genutzten Wohnung.

(6a) [1] Nimmt der Steuerpflichtige Abzugsbeträge für ein Objekt nach den Absätzen 1 oder 2 in Anspruch oder ist er auf Grund des Absatzes 5a zur Inanspruchnahme von Abzugsbeträgen für ein solches Objekt nicht berechtigt, so kann er die mit diesem Objekt in wirtschaftlichem Zusammenhang stehenden Schuldzinsen, die für die Zeit der Nutzung zu eigenen Wohnzwecken entstehen, im Jahr der Herstellung oder Anschaffung und in den beiden folgenden Kalenderjahren bis zur Höhe von jeweils 12 000 Deutsche Mark wie Sonderausgaben abziehen, wenn er das Objekt vor dem 1. Januar 1995 fertiggestellt oder vor diesem Zeitpunkt bis zum Ende des Jahres der Fertigstellung angeschafft hat. [2] Soweit der Schuldzinsenabzug nach Satz 1 nicht in vollem Umfang im Jahr der Herstellung oder Anschaffung in Anspruch genommen werden kann, kann er in dem dritten auf das Jahr der Herstellung oder Anschaffung folgenden Kalenderjahr nachgeholt werden. [3] Absatz 1 Satz 6 gilt sinngemäß.

(7) [1]Sind mehrere Steuerpflichtige Eigentümer einer zu eigenen Wohnzwecken genutzten Wohnung, so können die Abzugsbeträge nach den Absätzen 1 und 2 und die Aufwendungen nach den Absätzen 6 und 6a gesondert und einheitlich festgestellt werden. [2]Die für die gesonderte Feststellung von Einkünften nach § 180 Absatz 1 Nummer 2 Buchstabe a der Abgabenordnung geltenden Vorschriften sind entsprechend anzuwenden.

§ 10f Steuerbegünstigung für zu eigenen Wohnzwecken genutzte Baudenkmale und Gebäude in Sanierungsgebieten und städtebaulichen Entwicklungsbereichen. (1) [1]Der Steuerpflichtige kann Aufwendungen an einem eigenen Gebäude im Kalenderjahr des Abschlusses der Baumaßnahme und in den neun folgenden Kalenderjahren jeweils bis zu 9 Prozent wie Sonderausgaben abziehen, wenn die Voraussetzungen des § 7h oder des § 7i vorliegen. [2]Dies gilt nur, soweit er das Gebäude in dem jeweiligen Kalenderjahr zu eigenen Wohnzwecken nutzt und die Aufwendungen nicht in die Bemessungsgrundlage nach § 10e oder dem Eigenheimzulagengesetz einbezogen hat. [3]Für Zeiträume, für die der Steuerpflichtige erhöhte Absetzungen von Aufwendungen nach § 7h oder § 7i abgezogen hat, kann er für diese Aufwendungen keine Abzugsbeträge nach Satz 1 in Anspruch nehmen. [4]Eine Nutzung zu eigenen Wohnzwecken liegt auch vor, wenn Teile einer zu eigenen Wohnzwecken genutzten Wohnung unentgeltlich zu Wohnzwecken überlassen werden.

(2) [1]Der Steuerpflichtige kann Erhaltungsaufwand, der an einem eigenen Gebäude entsteht und nicht zu den Betriebsausgaben oder Werbungskosten gehört, im Kalenderjahr des Abschlusses der Maßnahme und in den neun folgenden Kalenderjahren jeweils bis zu 9 Prozent wie Sonderausgaben abziehen, wenn die Voraussetzungen des § 11a Absatz 1 in Verbindung mit § 7h Absatz 2 oder des § 11b Satz 1 oder 2 in Verbindung mit § 7i Absatz 1 Satz 2 und Absatz 2 vorliegen. [2]Dies gilt nur, soweit der Steuerpflichtige das Gebäude in dem jeweiligen Kalenderjahr zu eigenen Wohnzwecken nutzt und diese Aufwendungen nicht nach § 10e Absatz 6 oder § 10i abgezogen hat. [3]Soweit der Steuerpflichtige das Gebäude während des Verteilungszeitraums zur Einkunftserzielung nutzt, ist der noch nicht berücksichtigte Teil des Erhaltungsaufwands im Jahr des Übergangs zur Einkunftserzielung wie Sonderausgaben abzuziehen. [4]Absatz 1 Satz 4 ist entsprechend anzuwenden.

(3) [1]Die Abzugsbeträge nach den Absätzen 1 und 2 kann der Steuerpflichtige nur bei einem Gebäude in Anspruch nehmen. [2]Ehegatten, bei denen die Voraussetzungen des § 26 Absatz 1 vorliegen, können die Abzugsbeträge nach den Absätzen 1 und 2 bei insgesamt zwei Gebäuden abziehen. [3]Gebäuden im Sinne der Absätze 1 und 2 stehen Gebäude gleich, für die Abzugsbeträge nach § 52 Absatz 21 Satz 6 in Verbindung mit § 51 Absatz 1 Nummer 2 Buchstabe x oder Buchstabe y des Einkommensteuergesetzes 1987 in der Fassung der Bekanntmachung vom 27. Februar 1987 (BGBl. I S. 657) in Anspruch genommen worden sind; Entsprechendes gilt für Abzugsbeträge nach § 52 Absatz 21 Satz 7.

(4) [1]Sind mehrere Steuerpflichtige Eigentümer eines Gebäudes, so ist Absatz 3 mit der Maßgabe anzuwenden, dass der Anteil des Steuerpflichtigen an

einem solchen Gebäude dem Gebäude gleichsteht. [2]Erwirbt ein Miteigentümer, der für seinen Anteil bereits Abzugsbeträge nach Absatz 1 oder Absatz 2 abgezogen hat, einen Anteil an demselben Gebäude hinzu, kann er für danach von ihm durchgeführte Maßnahmen im Sinne der Absätze 1 oder 2 auch die Abzugsbeträge nach den Absätzen 1 und 2 in Anspruch nehmen, die auf den hinzuerworbenen Anteil entfallen. [3]§ 10e Absatz 5 Satz 2 und 3 sowie Absatz 7 ist sinngemäß anzuwenden.

(5) Die Absätze 1 bis 4 sind auf Gebäudeteile, die selbständige unbewegliche Wirtschaftsgüter sind, und auf Eigentumswohnungen entsprechend anzuwenden.

§ 10g Steuerbegünstigung für schutzwürdige Kulturgüter, die weder zur Einkunftserzielung noch zu eigenen Wohnzwecken genutzt werden. (1) [1]Der Steuerpflichtige kann Aufwendungen für Herstellungs- und Erhaltungsmaßnahmen an eigenen schutzwürdigen Kulturgütern im Inland, soweit sie öffentliche oder private Zuwendungen oder etwaige aus diesen Kulturgütern erzielte Einnahmen übersteigen, im Kalenderjahr des Abschlusses der Maßnahme und in den neun folgenden Kalenderjahren jeweils bis zu 9 Prozent wie Sonderausgaben abziehen. [2]Kulturgüter im Sinne des Satzes 1 sind

1. Gebäude oder Gebäudeteile, die nach den jeweiligen landesrechtlichen Vorschriften ein Baudenkmal sind,
2. Gebäude oder Gebäudeteile, die für sich allein nicht die Voraussetzungen für ein Baudenkmal erfüllen, aber Teil einer nach den jeweiligen landesrechtlichen Vorschriften als Einheit geschützten Gebäudegruppe oder Gesamtanlage sind,
3. gärtnerische, bauliche und sonstige Anlagen, die keine Gebäude oder Gebäudeteile und nach den jeweiligen landesrechtlichen Vorschriften unter Schutz gestellt sind,
4.[1)] Mobiliar, Kunstgegenstände, Kunstsammlungen, wissenschaftliche Sammlungen, Bibliotheken oder Archive, die sich seit mindestens 20 Jahren im Besitz der Familie des Steuerpflichtigen befinden oder als nationales Kulturgut in ein Verzeichnis national wertvollen Kulturgutes nach § 7 Absatz 1 des Kulturgutschutzgesetzes vom 31. Juli 2016 (BGBl. I S. 1914) eingetragen ist und deren Erhaltung wegen ihrer Bedeutung für Kunst, Geschichte oder Wissenschaft im öffentlichen Interesse liegt,

wenn sie in einem den Verhältnissen entsprechenden Umfang der wissenschaftlichen Forschung oder der Öffentlichkeit zugänglich gemacht werden, es sei denn, dem Zugang stehen zwingende Gründe des Denkmal- oder Archivschutzes entgegen. [3]Die Maßnahmen müssen nach Maßgabe der geltenden Bestimmungen der Denkmal- und Archivpflege erforderlich und in Abstimmung mit der in Absatz 3 genannten Stelle durchgeführt worden sein; bei Aufwendungen für Herstellungs- und Erhaltungsmaßnahmen an Kulturgütern

---

[1)] § 10g Abs. 1 Satz 2 Nr. 4 geänd. mWv 6.8.2016 durch G v. 31.7.2016 (BGBl. I S. 1914).

im Sinne des Satzes 2 Nummer 1 und 2 ist § 7i Absatz 1 Satz 1 bis 4 sinngemäß anzuwenden.

(2)[1] [1]Die Abzugsbeträge nach Absatz 1 Satz 1 kann der Steuerpflichtige nur in Anspruch nehmen, soweit er die schutzwürdigen Kulturgüter im jeweiligen Kalenderjahr weder zur Erzielung von Einkünften im Sinne des § 2 noch Gebäude oder Gebäudeteile zu eigenen Wohnzwecken nutzt und die Aufwendungen nicht nach § 10e Absatz 6, § 10h Satz 3 oder § 10i abgezogen hat. [2]Für Zeiträume, für die der Steuerpflichtige von Aufwendungen Absetzungen für Abnutzung, erhöhte Absetzungen, Sonderabschreibungen oder Beträge nach § 10e Absatz 1 bis 5, den §§ 10f, 10h, 15b des Berlinförderungsgesetzes abgezogen hat, kann er für diese Aufwendungen keine Abzugsbeträge nach Absatz 1 Satz 1 in Anspruch nehmen; Entsprechendes gilt, wenn der Steuerpflichtige für Aufwendungen die Eigenheimzulage nach dem Eigenheimzulagengesetz in Anspruch genommen hat. [3]Soweit die Kulturgüter während des Zeitraums nach Absatz 1 Satz 1 zur Einkunftserzielung genutzt werden, ist der noch nicht berücksichtigte Teil der Aufwendungen, die auf Erhaltungsarbeiten entfallen, im Jahr des Übergangs zur Einkunftserzielung wie Sonderausgaben abzuziehen.

(3) [1]Der Steuerpflichtige kann den Abzug vornehmen, wenn er durch eine Bescheinigung der nach Landesrecht zuständigen oder von der Landesregierung bestimmten Stelle die Voraussetzungen des Absatzes 1 für das Kulturgut und für die Erforderlichkeit der Aufwendungen nachweist. [2]Hat eine der für Denkmal- oder Archivpflege zuständigen *Behörde*[2] ihm Zuschüsse gewährt, so hat die Bescheinigung auch deren Höhe zu enthalten; werden ihm solche Zuschüsse nach Ausstellung der Bescheinigung gewährt, so ist diese entsprechend zu ändern.

(4) [1]Die Absätze 1 bis 3 sind auf Gebäudeteile, die selbständige unbewegliche Wirtschaftsgüter sind, sowie auf Eigentumswohnungen und im Teileigentum stehende Räume entsprechend anzuwenden. [2]§ 10e Absatz 7 gilt sinngemäß.

§ 10h, § 10i[3] *(aufgehoben)*

6. Vereinnahmung und Verausgabung

§ 11 [Vereinnahmung und Verausgabung] (1) [1]Einnahmen sind innerhalb des Kalenderjahres bezogen, in dem sie dem Steuerpflichtigen zugeflossen sind. [2]Regelmäßig wiederkehrende Einnahmen, die dem Steuerpflichtigen kurze Zeit vor Beginn oder kurze Zeit nach Beendigung des Kalenderjahres, zu dem sie wirtschaftlich gehören, zugeflossen sind, gelten als in diesem Kalenderjahr bezogen. [3]Der Steuerpflichtige kann Einnahmen, die auf einer Nutzungsüberlassung im Sinne des Absatzes 2 Satz 3 beruhen, insgesamt auf den Zeitraum gleichmäßig verteilen, für den die Vorauszahlung geleistet wird. [4]Für Einnahmen aus nichtselbständiger Arbeit gilt § 38a Absatz 1 Satz 2 und 3

---

[1] § 10g Abs. 2 Satz 2 geänd. mWv 15.7.2016 durch G v. 8.7.2016 (BGBl. I S. 1594).
[2] Muss wohl lauten „Behörden".
[3] §§ 10h, 10i aufgeh. mWv 23.7.2016 durch G v. 18.7.2016 (BGBl. I S. 1679).

und § 40 Absatz 3 Satz 2. [5]Die Vorschriften über die Gewinnermittlung (§ 4 Absatz 1, § 5) bleiben unberührt.

(2) [1]Ausgaben sind für das Kalenderjahr abzusetzen, in dem sie geleistet worden sind. [2]Für regelmäßig wiederkehrende Ausgaben gilt Absatz 1 Satz 2 entsprechend. [3]Werden Ausgaben für eine Nutzungsüberlassung von mehr als fünf Jahren im Voraus geleistet, sind sie insgesamt auf den Zeitraum gleichmäßig zu verteilen, für den die Vorauszahlung geleistet wird.[1)] [4]Satz 3 ist auf ein Damnum oder Disagio nicht anzuwenden, soweit dieses marktüblich ist. [5]§ 42 der Abgabenordnung bleibt unberührt. [6]Die Vorschriften über die Gewinnermittlung (§ 4 Absatz 1, § 5) bleiben unberührt.

§ 11a Sonderbehandlung von Erhaltungsaufwand bei Gebäuden in Sanierungsgebieten und städtebaulichen Entwicklungsbereichen.

(1) [1]Der Steuerpflichtige kann durch Zuschüsse aus Sanierungs- oder Entwicklungsförderungsmitteln nicht gedeckten Erhaltungsaufwand für Maßnahmen im Sinne des § 177 des Baugesetzbuchs an einem im Inland belegenen Gebäude in einem förmlich festgelegten Sanierungsgebiet oder städtebaulichen Entwicklungsbereich auf zwei bis fünf Jahre gleichmäßig verteilen. [2]Satz 1 ist entsprechend anzuwenden auf durch Zuschüsse aus Sanierungs- oder Entwicklungsförderungsmitteln nicht gedeckten Erhaltungsaufwand für Maßnahmen, die der Erhaltung, Erneuerung und funktionsgerechten Verwendung eines Gebäudes im Sinne des Satzes 1 dienen, das wegen seiner geschichtlichen, künstlerischen oder städtebaulichen Bedeutung erhalten bleiben soll, und zu deren Durchführung sich der Eigentümer neben bestimmten Modernisierungsmaßnahmen gegenüber der Gemeinde verpflichtet hat.

(2) [1]Wird das Gebäude während des Verteilungszeitraums veräußert, ist der noch nicht berücksichtigte Teil des Erhaltungsaufwands im Jahr der Veräußerung als Betriebsausgaben oder Werbungskosten abzusetzen. [2]Das Gleiche gilt, wenn ein nicht zu einem Betriebsvermögen gehörendes Gebäude in ein Betriebsvermögen eingebracht oder wenn ein Gebäude aus dem Betriebsvermögen entnommen oder wenn ein Gebäude nicht mehr zur Einkunftserzielung genutzt wird.

(3) Steht das Gebäude im Eigentum mehrerer Personen, ist der in Absatz 1 bezeichnete Erhaltungsaufwand von allen Eigentümern auf den gleichen Zeitraum zu verteilen.

(4)[2)] § 7h Absatz 1a bis 3 ist entsprechend anzuwenden.

§ 11b Sonderbehandlung von Erhaltungsaufwand bei Baudenkmalen. [1]Der Steuerpflichtige kann durch Zuschüsse aus öffentlichen Kassen nicht gedeckten Erhaltungsaufwand für ein im Inland belegenes Gebäude oder Gebäudeteil, das nach den jeweiligen landesrechtlichen Vorschriften ein Baudenkmal ist, auf zwei bis fünf Jahre gleichmäßig verteilen, soweit die Aufwendungen nach Art und Umfang zur Erhaltung des Gebäudes oder Ge-

---

1) Siehe zu § 11 Abs. 2 Satz 3 BVerfG v. 25.3.2021 (BGBl. I S. 1800).

2) § 11a Abs. 4 Verweis geänd. durch G v. 12.12.2019 (BGBl. I S. 2451); zur Anwendung von § 7h Abs. 1a siehe § 52 Abs. 16a Satz 1 bis 3.

bäudeteils als Baudenkmal oder zu seiner sinnvollen Nutzung erforderlich und die Maßnahmen in Abstimmung mit der in § 7i Absatz 2 bezeichneten Stelle vorgenommen worden sind. [2]Durch Zuschüsse aus öffentlichen Kassen nicht gedeckten Erhaltungsaufwand für ein im Inland belegenes Gebäude oder Gebäudeteil, das für sich allein nicht die Voraussetzungen für ein Baudenkmal erfüllt, aber Teil einer Gebäudegruppe oder Gesamtanlage ist, die nach den jeweiligen landesrechtlichen Vorschriften als Einheit geschützt ist, kann der Steuerpflichtige auf zwei bis fünf Jahre gleichmäßig verteilen, soweit die Aufwendungen nach Art und Umfang zur Erhaltung des schützenswerten äußeren Erscheinungsbildes der Gebäudegruppe oder Gesamtanlage erforderlich und die Maßnahmen in Abstimmung mit der in § 7i Absatz 2 bezeichneten Stelle vorgenommen worden sind. [3]§ 7h Absatz 3 und § 7i Absatz 1 Satz 2 und Absatz 2 sowie § 11a Absatz 2 und 3 sind entsprechend anzuwenden.

7. Nicht abzugsfähige Ausgaben

§ 12[1)] [Nicht abzugsfähige Ausgaben] Soweit in § 10 Absatz 1 Nummer 2 bis 5, 7 und 9 sowie Absatz 1a Nummer 1, den §§ 10a, 10b und den §§ 33 bis 33b nichts anderes bestimmt ist, dürfen weder bei den einzelnen Einkunftsarten noch vom Gesamtbetrag der Einkünfte abgezogen werden

1. die für den Haushalt des Steuerpflichtigen und für den Unterhalt seiner Familienangehörigen aufgewendeten Beträge. [2]Dazu gehören auch die Aufwendungen für die Lebensführung, die die wirtschaftliche oder gesellschaftliche Stellung des Steuerpflichtigen mit sich bringt, auch wenn sie zur Förderung des Berufs oder der Tätigkeit des Steuerpflichtigen erfolgen;
2. freiwillige Zuwendungen, Zuwendungen auf Grund einer freiwillig begründeten Rechtspflicht und Zuwendungen an eine gegenüber dem Steuerpflichtigen oder seinem Ehegatten gesetzlich unterhaltsberechtigte Person oder deren Ehegatten, auch wenn diese Zuwendungen auf einer besonderen Vereinbarung beruhen;
3. die Steuern vom Einkommen und sonstige Personensteuern sowie die Umsatzsteuer für Umsätze, die Entnahmen sind, und die Vorsteuerbeträge auf Aufwendungen, für die das Abzugsverbot der Nummer 1 oder des § 4 Absatz 5 Satz 1 Nummer 1 bis 5, 7 oder Absatz 7 gilt; das gilt auch für die auf diese Steuern entfallenden Nebenleistungen;
4.[2)] in einem Strafverfahren festgesetzte Geldstrafen, sonstige Rechtsfolgen vermögensrechtlicher Art, bei denen der Strafcharakter überwiegt, und Leistungen zur Erfüllung von Auflagen oder Weisungen, soweit die Auflagen oder Weisungen nicht lediglich der Wiedergutmachung des durch die Tat verursachten Schadens dienen sowie damit zusammenhängende Aufwendungen;
5.[3)] *(aufgehoben)*

[1)] § 12 geänd. mWv VZ 2012 durch G v. 1.11.2011 (BGBl. I S. 2131); geänd. mWv VZ 2015 durch G v. 22.12.2014 (BGBl. I S. 2417).

[2)] § 12 Nr. 4 geänd. durch G v. 12.12.2019 (BGBl. I S. 2451); zur Anwendung siehe § 52 Abs. 20.

[3)] § 12 Nr. 5 aufgeh. mWv VZ 2015 durch G v. 22.12.2014 (BGBl. I S. 2417).

8. Die einzelnen Einkunftsarten

a) Land- und Forstwirtschaft (§ 2 Absatz 1 Satz 1 Nummer 1)

§ 13 Einkünfte aus Land- und Forstwirtschaft. (1)[1] Einkünfte aus Land- und Forstwirtschaft sind

1. Einkünfte aus dem Betrieb von Landwirtschaft, Forstwirtschaft, Weinbau, Gartenbau und aus allen Betrieben, die Pflanzen und Pflanzenteile mit Hilfe der Naturkräfte gewinnen. [2]Zu diesen Einkünften gehören auch die Einkünfte aus der Tierzucht und Tierhaltung, wenn im Wirtschaftsjahr

für die ersten 20 Hektar	nicht mehr als 10 Vieheinheiten,
für die nächsten 10 Hektar	nicht mehr als 7 Vieheinheiten,
für die nächsten 20 Hektar	nicht mehr als 6 Vieheinheiten,
für die nächsten 50 Hektar	nicht mehr als 3 Vieheinheiten,
und für die weitere Fläche	nicht mehr als 1,5 Vieheinheiten

je Hektar der vom Inhaber des Betriebs regelmäßig landwirtschaftlich genutzten Fläche erzeugt oder gehalten werden. [3]Die Tierbestände sind nach dem Futterbedarf in Vieheinheiten umzurechnen. [4]*§ 51* [**ab 1.1.2025:** § 241] Absatz 2 bis 5 des Bewertungsgesetzes ist anzuwenden. [5]Die Einkünfte aus Tierzucht und Tierhaltung einer Gesellschaft, bei der die Gesellschafter als Unternehmer (Mitunternehmer) anzusehen sind, gehören zu den Einkünften im Sinne des Satzes 1, wenn die Voraussetzungen des *§ 51a des Bewertungsgesetzes* [**n. F.:** § 13b][2] erfüllt sind und andere Einkünfte der Gesellschafter aus dieser Gesellschaft zu den Einkünften aus Land- und Forstwirtschaft gehören;
2. Einkünfte aus sonstiger land- und forstwirtschaftlicher Nutzung *(§ 62 Bewertungsgesetz)* [**ab 1.1.2025:** (§ 242 des Bewertungsgesetzes)];
3. Einkünfte aus Jagd, wenn diese mit dem Betrieb einer Landwirtschaft oder einer Forstwirtschaft im Zusammenhang steht;
4. Einkünfte von Hauberg-, Wald-, Forst- und Laubgenossenschaften und ähnlichen Realgemeinden im Sinne des § 3 Absatz 2 des Körperschaftsteuergesetzes.

(2) Zu den Einkünften im Sinne des Absatzes 1 gehören auch

1. Einkünfte aus einem land- und forstwirtschaftlichen Nebenbetrieb. [2]Als Nebenbetrieb gilt ein Betrieb, der dem land- und forstwirtschaftlichen Hauptbetrieb zu dienen bestimmt ist;
2. der Nutzungswert der Wohnung des Steuerpflichtigen, wenn die Wohnung die bei Betrieben gleicher Art übliche Größe nicht überschreitet und das Gebäude oder der Gebäudeteil nach den jeweiligen landesrechtlichen Vorschriften ein Baudenkmal ist;

---

[1] § 13 Abs. 1 Nr. 1 Satz 4 und Nr. 2 geänd. mWv 1.1.2025 durch G v. 26.11.2019 (BGBl. I S. 1794).

[2] Verweis geänd. durch G v. 12.12.2019 (BGBl. I S. 2451); zur Anwendung siehe § 52 Abs. 22b Satz 2.

3. die Produktionsaufgaberente nach dem Gesetz zur Förderung der Einstellung der landwirtschaftlichen Erwerbstätigkeit.

(3) [1]Die Einkünfte aus Land- und Forstwirtschaft werden bei der Ermittlung des Gesamtbetrags der Einkünfte nur berücksichtigt, soweit sie den Betrag von 900 Euro[1)] übersteigen. [2]Satz 1 ist nur anzuwenden, wenn die Summe der Einkünfte 30 700 Euro nicht übersteigt. [3]Im Fall der Zusammenveranlagung von Ehegatten verdoppeln sich die Beträge der Sätze 1 und 2.

(4) [1]Absatz 2 Nummer 2 findet nur Anwendung, sofern im Veranlagungszeitraum 1986 bei einem Steuerpflichtigen für die von ihm zu eigenen Wohnzwecken oder zu Wohnzwecken des Altenteilers genutzte Wohnung die Voraussetzungen für die Anwendung des § 13 Absatz 2 Nummer 2 des Einkommensteuergesetzes in der Fassung der Bekanntmachung vom 16. April 1997 (BGBl. I S. 821) vorlagen. [2]Der Steuerpflichtige kann für einen Veranlagungszeitraum nach dem Veranlagungszeitraum 1998 unwiderruflich beantragen, dass Absatz 2 Nummer 2 ab diesem Veranlagungszeitraum nicht mehr angewendet wird. [3]§ 52 Absatz 21 Satz 4 und 6 des Einkommensteuergesetzes in der Fassung der Bekanntmachung vom 16. April 1997 (BGBl. I S. 821) ist entsprechend anzuwenden. [4]Im Fall des Satzes 2 gelten die Wohnung des Steuerpflichtigen und die Altenteilerwohnung sowie der dazugehörende Grund und Boden zu dem Zeitpunkt als entnommen, bis zu dem Absatz 2 Nummer 2 letztmals angewendet wird. [5]Der Entnahmegewinn bleibt außer Ansatz. [6]Werden

1. die Wohnung und der dazugehörende Grund und Boden entnommen oder veräußert, bevor sie nach Satz 4 als entnommen gelten, oder
2. eine vor dem 1. Januar 1987 einem Dritten entgeltlich zur Nutzung überlassene Wohnung und der dazugehörende Grund und Boden für eigene Wohnzwecke oder für Wohnzwecke eines Altenteilers entnommen,

bleibt der Entnahme- oder Veräußerungsgewinn ebenfalls außer Ansatz; Nummer 2 ist nur anzuwenden, soweit nicht Wohnungen vorhanden sind, die Wohnzwecken des Eigentümers des Betriebs oder Wohnzwecken eines Altenteilers dienen und die unter Satz 4 oder unter Nummer 1 fallen.

(5) Wird Grund und Boden dadurch entnommen, dass auf diesem Grund und Boden die Wohnung des Steuerpflichtigen oder eine Altenteilerwohnung errichtet wird, bleibt der Entnahmegewinn außer Ansatz; der Steuerpflichtige kann die Regelung nur für eine zu eigenen Wohnzwecken genutzte Wohnung und für eine Altenteilerwohnung in Anspruch nehmen.

(6)[2)] [1]Werden einzelne Wirtschaftsgüter eines land- und forstwirtschaftlichen Betriebs auf einen der gemeinschaftlichen Tierhaltung dienenden Betrieb im Sinne des § 34 Absatz 6a des Bewertungsgesetzes einer *Erwerbs- und Wirtschaftsgenossenschaft* [***ab 1.1.2022:*** Genossenschaft] oder eines Vereins gegen Gewährung von Mitgliedsrechten übertragen, so ist die auf den dabei entstehenden Gewinn entfallende Einkommensteuer auf Antrag in jährlichen Teil-

---

[1)] Betrag geänd. mWv VZ 2015 durch G v. 22.12.2014 (BGBl. I S. 2417).

[2)] § 13 Abs. 6 Satz 1 geänd. mWv 1.1.2022 durch G v. 25.6.2021 (BGBl. I S. 2050).

beträgen zu entrichten. [2]Der einzelne Teilbetrag muss mindestens ein Fünftel dieser Steuer betragen.

(7)[1)] § 15 Absatz 1 Satz 1 Nummer 2, Absatz 1a, Absatz 2 Satz 2 und 3, §§ 15a und 15b sind entsprechend anzuwenden.

§ 13a[2)] Ermittlung des Gewinns aus Land- und Forstwirtschaft nach Durchschnittssätzen. (1) [1]Der Gewinn eines Betriebs der Land- und Forstwirtschaft ist nach den Absätzen 3 bis 7 zu ermitteln, wenn

1. der Steuerpflichtige nicht auf Grund gesetzlicher Vorschriften verpflichtet ist, für den Betrieb Bücher zu führen und regelmäßig Abschlüsse zu machen und
2. in diesem Betrieb am 15. Mai innerhalb des Wirtschaftsjahres Flächen der landwirtschaftlichen Nutzung (§ 160 Absatz 2 Satz 1 Nummer 1 Buchstabe a des Bewertungsgesetzes) selbst bewirtschaftet werden und diese Flächen 20 Hektar ohne Sondernutzungen nicht überschreiten und
3. die Tierbestände insgesamt 50 Vieheinheiten (§ 13 Absatz 1 Nummer 1) nicht übersteigen und
4. die selbst bewirtschafteten Flächen der forstwirtschaftlichen Nutzung (§ 160 Absatz 2 Satz 1 Nummer 1 Buchstabe b des Bewertungsgesetzes) 50 Hektar nicht überschreiten und
5. die selbst bewirtschafteten Flächen der Sondernutzungen (Absatz 6) die in Anlage 1a Nummer 2 Spalte 2 genannten Grenzen nicht überschreiten.

[2]Satz 1 ist auch anzuwenden, wenn nur Sondernutzungen bewirtschaftet werden und die in Anlage 1a Nummer 2 Spalte 2 genannten Grenzen nicht überschritten werden. [3]Die Sätze 1 und 2 gelten nicht, wenn der Betrieb im laufenden Wirtschaftsjahr im Ganzen zur Bewirtschaftung als Eigentümer, Miteigentümer, Nutzungsberechtigter oder durch Umwandlung übergegangen ist und der Gewinn bisher nach § 4 Absatz 1 oder 3 ermittelt wurde. [4]Der Gewinn ist letztmalig für das Wirtschaftsjahr nach Durchschnittssätzen zu ermitteln, das nach Bekanntgabe der Mitteilung endet, durch die die Finanzbehörde auf den Beginn der Buchführungspflicht (§ 141 Absatz 2 der Abgabenordnung) oder auf den Wegfall einer anderen Voraussetzung des Satzes 1 hingewiesen hat. [5]Der Gewinn ist erneut nach Durchschnittssätzen zu ermitteln, wenn die Voraussetzungen des Satzes 1 wieder vorliegen und ein Antrag nach Absatz 2 nicht gestellt wird.

(2) [1]Auf Antrag des Steuerpflichtigen ist für einen Betrieb im Sinne des Absatzes 1 der Gewinn für vier aufeinander folgende Wirtschaftsjahre nicht nach den Absätzen 3 bis 7 zu ermitteln. [2]Wird der Gewinn eines dieser Wirtschaftsjahre durch den Steuerpflichtigen nicht nach § 4 Absatz 1 oder 3 ermittelt, ist der Gewinn für den gesamten Zeitraum von vier Wirtschaftsjahren nach den Absätzen 3 bis 7 zu ermitteln. [3]Der Antrag ist bis zur Abgabe der

---

[1)] Zur Anwendung siehe § 52 Abs. 22 iVm Abs. 25.

[2)] § 13a neu gef. durch G v. 22.12.2014 (BGBl. I S. 2417); zur Anwendung siehe § 52 Abs. 22a Satz 2.

Steuererklärung, jedoch spätestens zwölf Monate nach Ablauf des ersten Wirtschaftsjahres, auf das er sich bezieht, schriftlich zu stellen. [4]Er kann innerhalb dieser Frist zurückgenommen werden.

(3) [1]Durchschnittssatzgewinn ist die Summe aus

1. dem Gewinn der landwirtschaftlichen Nutzung,
2. dem Gewinn der forstwirtschaftlichen Nutzung,
3. dem Gewinn der Sondernutzungen,
4. den Sondergewinnen,
5. den Einnahmen aus Vermietung und Verpachtung von Wirtschaftsgütern des land- und forstwirtschaftlichen Betriebsvermögens,
6. den Einnahmen aus Kapitalvermögen, soweit sie zu den Einkünften aus Land- und Forstwirtschaft gehören (§ 20 Absatz 8).

[2]Die Vorschriften von § 4 Absatz 4a, § 6 Absatz 2 und 2a sowie zum Investitionsabzugsbetrag und zu Sonderabschreibungen finden keine Anwendung. [3]Bei abnutzbaren Wirtschaftsgütern des Anlagevermögens gilt die Absetzung für Abnutzung in gleichen Jahresbeträgen nach § 7 Absatz 1 Satz 1 bis 5 als in Anspruch genommen. [4]Die Gewinnermittlung ist nach amtlich vorgeschriebenem Datensatz durch Datenfernübertragung spätestens mit der Steuererklärung zu übermitteln. [5]Auf Antrag kann die Finanzbehörde zur Vermeidung unbilliger Härten auf eine elektronische Übermittlung verzichten; in diesem Fall ist der Steuererklärung eine Gewinnermittlung nach amtlich vorgeschriebenem Vordruck beizufügen. [6]§ 150 Absatz 8[1)] der Abgabenordnung gilt entsprechend.

(4) [1]Der Gewinn aus der landwirtschaftlichen Nutzung ist die nach den Grundsätzen des § 4 Absatz 1 ermittelte Summe aus dem Grundbetrag für die selbst bewirtschafteten Flächen und den Zuschlägen für Tierzucht und Tierhaltung. [2]Als Grundbetrag je Hektar der landwirtschaftlichen Nutzung (§ 160 Absatz 2 Satz 1 Nummer 1 Buchstabe a des Bewertungsgesetzes) ist der sich aus Anlage 1a ergebende Betrag vervielfältigt mit der selbst bewirtschafteten Fläche anzusetzen. [3]Als Zuschlag für Tierzucht und Tierhaltung ist im Wirtschaftsjahr je Vieheinheit der sich aus Anlage 1a jeweils ergebende Betrag vervielfältigt mit den Vieheinheiten anzusetzen.

(5) Der Gewinn aus der forstwirtschaftlichen Nutzung (§ 160 Absatz 2 Satz 1 Nummer 1 Buchstabe b des Bewertungsgesetzes) ist nach § 51 der Einkommensteuer-Durchführungsverordnung zu ermitteln.

(6) [1]Als Sondernutzungen gelten die in § 160 Absatz 2 Satz 1 Nummer 1 Buchstabe c bis e des Bewertungsgesetzes in Verbindung mit Anlage 1a Nummer 2 genannten Nutzungen. [2]Bei Sondernutzungen, die die in Anlage 1a Nummer 2 Spalte 3 genannten Grenzen überschreiten, ist ein Gewinn von 1000 Euro je Sondernutzung anzusetzen. [3]Für die in Anlage 1a Nummer 2 nicht genannten Sondernutzungen ist der Gewinn nach § 4 Absatz 3 zu ermitteln.

(7) [1]Nach § 4 Absatz 3 zu ermittelnde Sondergewinne sind

[1)] Verweis geänd. mWv 1.1.2017 durch G v. 18.7.2016 (BGBl. I S. 1679).

1. Gewinne
   a) aus der Veräußerung oder Entnahme von Grund und Boden und dem dazugehörigen Aufwuchs, den Gebäuden, den immateriellen Wirtschaftsgütern und den Beteiligungen; § 55 ist anzuwenden;
   b) aus der Veräußerung oder Entnahme der übrigen Wirtschaftsgüter des Anlagevermögens und von Tieren, wenn der Veräußerungspreis oder der an dessen Stelle tretende Wert für das jeweilige Wirtschaftsgut mehr als 15 000 Euro betragen hat;
   c) aus Entschädigungen, die gewährt worden sind für den Verlust, den Untergang oder die Wertminderung der in den Buchstaben a und b genannten Wirtschaftsgüter;
   d) aus der Auflösung von Rücklagen;
2. Betriebseinnahmen oder Betriebsausgaben nach § 9b Absatz 2;
3. Einnahmen aus dem Grunde nach gewerblichen Tätigkeiten, die dem Bereich der Land- und Forstwirtschaft zugerechnet werden, abzüglich der pauschalen Betriebsausgaben nach Anlage 1a Nummer 3;
4. Rückvergütungen nach § 22 des Körperschaftsteuergesetzes aus Hilfs- und Nebengeschäften.

[2] Die Anschaffungs- oder Herstellungskosten bei Wirtschaftsgütern des abnutzbaren Anlagevermögens mindern sich für die Dauer der Durchschnittssatzgewinnermittlung mit dem Ansatz der Gewinne nach den Absätzen 4 bis 6 um die Absetzung für Abnutzung in gleichen Jahresbeträgen. [3] Die Wirtschaftsgüter im Sinne des Satzes 1 Nummer 1 Buchstabe a sind unter Angabe des Tages der Anschaffung oder Herstellung und der Anschaffungs- oder Herstellungskosten oder des an deren Stelle getretenen Werts in besondere, laufend zu führende Verzeichnisse aufzunehmen. [4] Absatz 3 Satz 4 bis 6 gilt entsprechend.

(8) Das Bundesministerium der Finanzen wird ermächtigt, durch Rechtsverordnung mit Zustimmung des Bundesrates die Anlage 1a dadurch zu ändern, dass es die darin aufgeführten Werte turnusmäßig an die Ergebnisse der Erhebungen nach § 2 des Landwirtschaftsgesetzes und im Übrigen an Erhebungen der Finanzverwaltung anpassen kann.

[ab 1.1.2025:]

§ 13b[1)] Gemeinschaftliche Tierhaltung. (1) [1] Zu den Einkünften aus Land- und Forstwirtschaft gehören auch die Einkünfte aus landwirtschaftlicher Tierzucht und Tierhaltung von Genossenschaften (§ 1 Absatz 1 Nummer 2 des Körperschaftsteuergesetzes), von Gesellschaften, bei denen die Gesellschafter als Mitunternehmer (§ 15 Absatz 1 Satz 1 Nummer 2) anzusehen sind, oder von Vereinen (§ 1 Absatz 1 Nummer 5 des Körperschaftsteuergesetzes), wenn

1. alle Gesellschafter oder Mitglieder
   a) Inhaber eines Betriebs der Land- und Forstwirtschaft mit selbst bewirtschafteten regelmäßig landwirtschaftlich genutzten Flächen sind,

---

[1)] § 13b eingef. durch G v. 12.12.2019 (BGBl. I S. 2451); zur Anwendung siehe § 52 Abs. 22b Satz 1.

b) nach dem Gesamtbild der Verhältnisse hauptberuflich Land- und Forstwirte sind,

c) Landwirte im Sinne des § 1 Absatz 2 des Gesetzes über die Alterssicherung der Landwirte sind und dies durch eine Bescheinigung der jeweiligen Sozialversicherungsträger nachgewiesen wird und

d) die sich nach § 13 Absatz 1 Nummer 1 Satz 2 für sie ergebende Möglichkeit zur landwirtschaftlichen Tiererzeugung oder Tierhaltung in Vieheinheiten ganz oder teilweise auf die Genossenschaft, die Gesellschaft oder den Verein übertragen haben;

2. die Anzahl der von der Genossenschaft, der Gesellschaft oder dem Verein im Wirtschaftsjahr erzeugten oder gehaltenen Vieheinheiten keine der nachfolgenden Grenzen nachhaltig überschreitet:

a) die Summe der sich nach Nummer 1 Buchstabe d ergebenden Vieheinheiten und

b) die Summe der Vieheinheiten, die sich nach § 13 Absatz 1 Nummer 1 Satz 2 auf der Grundlage der Summe der von den Gesellschaftern oder Mitgliedern regelmäßig landwirtschaftlich genutzten Flächen ergibt;

3. die Betriebe der Gesellschafter oder Mitglieder nicht mehr als 40 Kilometer von der Produktionsstätte der Genossenschaft, der Gesellschaft oder des Vereins entfernt liegen.

[2]Die Voraussetzungen des Satzes 1 Nummer 1 Buchstabe c gelten als erfüllt, wenn hauptberufliche Landwirte (Nummer 1 Buchstabe b) nicht die Voraussetzungen des § 1 Absatz 2 des Gesetzes über die Alterssicherung der Landwirte erfüllen, weil sie im Inland in der gesetzlichen Rentenversicherung versicherungspflichtig sind oder auf sie das Recht der sozialen Sicherheit eines anderen Mitgliedstaats der Europäischen Union anzuwenden ist und dies durch eine Bescheinigung des zuständigen Sozialversicherungsträgers nachgewiesen wird; entsprechendes gilt für die Schweiz oder einen Staat, auf den das Abkommen über den Europäischen Wirtschaftsraum anzuwenden ist. [3]Die Voraussetzungen des Satzes 1 Nummer 1 Buchstabe d und des Satzes 1 Nummer 2 sind durch besondere, laufend und zeitnah zu führende Verzeichnisse nachzuweisen.

(2) Der Anwendung des Absatzes 1 steht es nicht entgegen, wenn die dort bezeichneten Genossenschaften, Gesellschaften oder Vereine die Tiererzeugung oder Tierhaltung ohne regelmäßig landwirtschaftlich genutzte Flächen betreiben.

(3) Von den in Absatz 1 bezeichneten Genossenschaften, Gesellschaften oder Vereinen regelmäßig landwirtschaftlich genutzte Flächen sind bei der Ermittlung der nach Absatz 1 Satz 1 Nummer 2 maßgebenden Grenzen wie Flächen von Gesellschaftern oder Mitgliedern zu behandeln, die ihre Möglichkeit zur landwirtschaftlichen Tiererzeugung oder Tierhaltung im Sinne des Absatzes 1 Satz 1 Nummer 1 Buchstabe d auf die Genossenschaft, die Gesellschaft oder den Verein übertragen haben.

(4) Bei dem einzelnen Gesellschafter oder Mitglied der in Absatz 1 bezeichneten Genossenschaften, Gesellschaften oder Vereine ist § 13 Absatz 1 Num-

mer 1 Satz 2 mit der Maßgabe anzuwenden, dass die in seinem Betrieb erzeugten oder gehaltenen Vieheinheiten mit den Vieheinheiten zusammenzurechnen sind, die im Rahmen der nach Absatz 1 Satz 1 Nummer 1 Buchstabe d übertragenen Möglichkeiten erzeugt oder gehalten werden.

(5) Die Vorschriften des § 241 Absatz 2 bis 5 des Bewertungsgesetzes sind entsprechend anzuwenden.

§ 14 Veräußerung des Betriebs. (1)[1)] [1]Zu den Einkünften aus Land- und Forstwirtschaft gehören auch Gewinne, die bei der Veräußerung eines land- oder forstwirtschaftlichen Betriebs oder Teilbetriebs oder eines Anteils an einem land- und forstwirtschaftlichen Betriebsvermögen erzielt werden. [2]§ 16 gilt entsprechend mit der Maßgabe, dass der Freibetrag nach § 16 Absatz 4 nicht zu gewähren ist, wenn der Freibetrag nach § 14a Absatz 1 gewährt wird.

(2)[2)] [1]Wird ein land- und forstwirtschaftlicher Betrieb durch die Entnahme, Überführung oder Übertragung von Flächen verkleinert und verbleibt mindestens eine Fläche, die der Erzeugung von Pflanzen oder Tieren im Sinne des § 13 Absatz 1 zu dienen bestimmt ist, liegt unabhängig von der Größe dieser Fläche keine Betriebsaufgabe vor. [2]§ 16 Absatz 3b bleibt unberührt.

(3)[3)] [1]Werden im Rahmen der Aufgabe des Betriebs einer land- und forstwirtschaftlichen Mitunternehmerschaft Grundstücke an den einzelnen Mitunternehmer übertragen oder scheidet ein Mitunternehmer unter Mitnahme einzelner Grundstücke aus einer Mitunternehmerschaft aus, gelten diese unabhängig von ihrer Größe auch bei fortgeführter oder erstmaliger Verpachtung bis zu einer Veräußerung oder Entnahme bei diesem weiterhin als Betriebsvermögen. [2]Dies gilt entsprechend für Grundstücke des bisherigen Sonderbetriebsvermögens des einzelnen Mitunternehmers. [3]Die Sätze 1 und 2 sind nur anzuwenden, wenn mindestens eine übertragene oder aus dem Sonderbetriebsvermögen überführte Fläche der Erzeugung von Pflanzen oder Tieren im Sinne des § 13 Absatz 1 zu dienen bestimmt ist. [4]Für den übernehmenden Mitunternehmer gilt § 16 Absatz 3b entsprechend.

§ 14a Vergünstigungen bei der Veräußerung bestimmter land- und forstwirtschaftlicher Betriebe. (1) [1]Veräußert ein Steuerpflichtiger nach dem 30. Juni 1970 und vor dem 1. Januar 2001 seinen land- und forstwirtschaftlichen Betrieb im Ganzen, so wird auf Antrag der Veräußerungsgewinn (§ 16 Absatz 2) nur insoweit zur Einkommensteuer herangezogen, als er den Betrag von 150 000 Deutsche Mark übersteigt, wenn

1. der für den Zeitpunkt der Veräußerung maßgebende Wirtschaftswert (§ 46 des Bewertungsgesetzes) des Betriebs 40 000 Deutsche Mark nicht übersteigt,
2. die Einkünfte des Steuerpflichtigen im Sinne des § 2 Absatz 1 Satz 1 Nummer 2 bis 7 in den dem Veranlagungszeitraum der Veräußerung voran-

---

1) § 14 bish. Wortlaut wird Abs. 1 mWv VZ 2020 durch G v. 21.12.2020 (BGBl. I S. 3096).

2) § 14 Abs. 2 angef. mWv VZ 2020 durch G v. 21.12.2020 (BGBl. I S. 3096).

3) § 14 Abs. 3 angef. durch G v. 21.12.2020 (BGBl. I S. 3096); zur Anwendung siehe § 52 Abs. 22c.

gegangenen beiden Veranlagungszeiträumen jeweils den Betrag von 35 000 Deutsche Mark nicht überstiegen haben. [2]Bei Ehegatten, die nicht dauernd getrennt leben, gilt Satz 1 mit der Maßgabe, dass die Einkünfte beider Ehegatten zusammen jeweils 70 000 Deutsche Mark nicht überstiegen haben.

[2]Ist im Zeitpunkt der Veräußerung ein nach Nummer 1 maßgebender Wirtschaftswert nicht festgestellt oder sind bis zu diesem Zeitpunkt die Voraussetzungen für eine Wertfortschreibung erfüllt, so ist der Wert maßgebend, der sich für den Zeitpunkt der Veräußerung als Wirtschaftswert ergeben würde.

(2) [1]Der Anwendung des Absatzes 1 und des § 34 Absatz 1 steht nicht entgegen, wenn die zum land- und forstwirtschaftlichen Vermögen gehörenden Gebäude mit dem dazugehörigen Grund und Boden nicht mitveräußert werden. [2]In diesem Fall gelten die Gebäude mit dem dazugehörigen Grund und Boden als entnommen. [3]Der Freibetrag kommt auch dann in Betracht, wenn zum Betrieb ein forstwirtschaftlicher Teilbetrieb gehört und dieser nicht mitveräußert, sondern als eigenständiger Betrieb vom Steuerpflichtigen fortgeführt wird. [4]In diesem Fall ermäßigt sich der Freibetrag auf den Teil, der dem Verhältnis des tatsächlich entstandenen Veräußerungsgewinns zu dem bei einer Veräußerung des ganzen land- und forstwirtschaftlichen Betriebs erzielbaren Veräußerungsgewinn entspricht.

(3) [1]Als Veräußerung gilt auch die Aufgabe des Betriebs, wenn

1. die Voraussetzungen des Absatzes 1 erfüllt sind und
2. der Steuerpflichtige seinen land- und forstwirtschaftlichen Betrieb zum Zweck der Strukturverbesserung abgegeben hat und dies durch eine Bescheinigung der nach Landesrecht zuständigen Stelle nachweist.

[2]§ 16 Absatz 3 Satz 4 und 5 gilt entsprechend.

(4) [1]Veräußert oder entnimmt ein Steuerpflichtiger nach dem 31. Dezember 1979 und vor dem 1. Januar 2006 Teile des zu einem land- und forstwirtschaftlichen Betrieb gehörenden Grund und Bodens, so wird der bei der Veräußerung oder der Entnahme entstehende Gewinn auf Antrag nur insoweit zur Einkommensteuer herangezogen, als er den Betrag von 61 800 Euro übersteigt. [2]Satz 1 ist nur anzuwenden, wenn

1. der Veräußerungspreis nach Abzug der Veräußerungskosten oder der Grund und Boden innerhalb von zwölf Monaten nach der Veräußerung oder Entnahme in sachlichem Zusammenhang mit der Hoferbfolge oder Hofübernahme zur Abfindung weichender Erben verwendet wird und
2. das Einkommen des Steuerpflichtigen ohne Berücksichtigung des Gewinns aus der Veräußerung oder Entnahme und des Freibetrags in dem dem Veranlagungszeitraum der Veräußerung oder Entnahme vorangegangenen Veranlagungszeitraum den Betrag von 18 000 Euro nicht überstiegen hat; bei Ehegatten, die nach den §§ 26, 26b zusammen veranlagt werden, erhöht sich der Betrag von 18 000 Euro auf 36 000 Euro.

[3]Übersteigt das Einkommen den Betrag von 18 000 Euro, so vermindert sich der Betrag von 61 800 Euro nach Satz 1 je angefangene 250 Euro des übersteigenden Einkommens um 10 300 Euro; bei Ehegatten, die nach den §§ 26, 26b zusammen veranlagt werden und deren Einkommen den Betrag

von 36 000 Euro übersteigt, vermindert sich der Betrag von 61 800 Euro nach Satz 1 je angefangene 500 Euro des übersteigenden Einkommens um 10 300 Euro. [4]Werden mehrere weichende Erben abgefunden, so kann der Freibetrag mehrmals, jedoch insgesamt nur einmal je weichender Erbe geltend gemacht werden, auch wenn die Abfindung in mehreren Schritten oder durch mehrere Inhaber des Betriebs vorgenommen wird. [5]Weichender Erbe ist, wer gesetzlicher Erbe eines Inhabers eines land- und forstwirtschaftlichen Betriebs ist oder bei gesetzlicher Erbfolge wäre, aber nicht zur Übernahme des Betriebs berufen ist; eine Stellung als Mitunternehmer des Betriebs bis zur Auseinandersetzung steht einer Behandlung als weichender Erbe nicht entgegen, wenn sich die Erben innerhalb von zwei Jahren nach dem Erbfall auseinandersetzen. [6]Ist ein zur Übernahme des Betriebs berufener Miterbe noch minderjährig, beginnt die Frist von zwei Jahren mit Eintritt der Volljährigkeit.

(5) [1]Veräußert ein Steuerpflichtiger nach dem 31. Dezember 1985 und vor dem 1. Januar 2001 Teile des zu einem land- und forstwirtschaftlichen Betrieb gehörenden Grund und Bodens, so wird der bei der Veräußerung entstehende Gewinn auf Antrag nur insoweit zur Einkommensteuer herangezogen, als er den Betrag von 90 000 Deutsche Mark übersteigt, wenn

1. der Steuerpflichtige den Veräußerungspreis nach Abzug der Veräußerungskosten zur Tilgung von Schulden verwendet, die zu dem land- und forstwirtschaftlichen Betrieb gehören und vor dem 1. Juli 1985 bestanden haben, und
2. die Voraussetzungen des Absatzes 4 Satz 2 Nummer 2 erfüllt sind.

[2]Übersteigt das Einkommen den Betrag von 35 000 Deutsche Mark, so vermindert sich der Betrag von 90 000 Deutsche Mark nach Satz 1 für jede angefangenen 500 Deutsche Mark des übersteigenden Einkommens um 15 000 Deutsche Mark; bei Ehegatten, die nach den §§ 26, 26b zusammen veranlagt werden und bei denen das Einkommen den Betrag von 70 000 Deutsche Mark übersteigt, vermindert sich der Betrag von 90 000 Deutsche Mark nach Satz 1 für jede angefangenen 1000 Deutsche Mark des übersteigenden Einkommens um 15 000 Deutsche Mark. [3]Der Freibetrag von höchstens 90 000 Deutsche Mark wird für alle Veräußerungen im Sinne des Satzes 1 insgesamt nur einmal gewährt.

(6) Verwendet der Steuerpflichtige den Veräußerungspreis oder entnimmt er den Grund und Boden nur zum Teil zu den in den Absätzen 4 und 5 angegebenen Zwecken, so ist nur der entsprechende Teil des Gewinns aus der Veräußerung oder Entnahme steuerfrei.

(7) Auf die Freibeträge nach Absatz 4 in dieser Fassung sind die Freibeträge, die nach Absatz 4 in den vor dem 1. Januar 1986 geltenden Fassungen gewährt worden sind, anzurechnen.

b) Gewerbebetrieb (§ 2 Absatz 1 Satz 1 Nummer 2)

§ 15 Einkünfte aus Gewerbebetrieb. (1) [1]Einkünfte aus Gewerbebetrieb sind

1. Einkünfte aus gewerblichen Unternehmen. [2]Dazu gehören auch Einkünfte aus gewerblicher Bodenbewirtschaftung, z.B. aus Bergbauunternehmen

und aus Betrieben zur Gewinnung von Torf, Steinen und Erden, soweit sie nicht land- oder forstwirtschaftliche Nebenbetriebe sind;

2. die Gewinnanteile der Gesellschafter einer Offenen Handelsgesellschaft, einer Kommanditgesellschaft und einer anderen Gesellschaft, bei der der Gesellschafter als Unternehmer (Mitunternehmer) des Betriebs anzusehen ist, und die Vergütungen, die der Gesellschafter von der Gesellschaft für seine Tätigkeit im Dienst der Gesellschaft oder für die Hingabe von Darlehen oder für die Überlassung von Wirtschaftsgütern bezogen hat. 2 Der mittelbar über eine oder mehrere Personengesellschaften beteiligte Gesellschafter steht dem unmittelbar beteiligten Gesellschafter gleich; er ist als Mitunternehmer des Betriebs der Gesellschaft anzusehen, an der er mittelbar beteiligt ist, wenn er und die Personengesellschaften, die seine Beteiligung vermitteln, jeweils als Mitunternehmer der Betriebe der Personengesellschaften anzusehen sind, an denen sie unmittelbar beteiligt sind;

3. die Gewinnanteile der persönlich haftenden Gesellschafter einer Kommanditgesellschaft auf Aktien, soweit sie nicht auf Anteile am Grundkapital entfallen, und die Vergütungen, die der persönlich haftende Gesellschafter von der Gesellschaft für seine Tätigkeit im Dienst der Gesellschaft oder für die Hingabe von Darlehen oder für die Überlassung von Wirtschaftsgütern bezogen hat.

2 Satz 1 Nummer 2 und 3 gilt auch für Vergütungen, die als nachträgliche Einkünfte (§ 24 Nummer 2) bezogen werden. 3 § 13 Absatz 5 gilt entsprechend, sofern das Grundstück im Veranlagungszeitraum 1986 zu einem gewerblichen Betriebsvermögen gehört hat.

(1a)[1] 1 In den Fällen des § 4 Absatz 1 Satz 5 ist der Gewinn aus einer späteren Veräußerung der Anteile ungeachtet der Bestimmungen eines Abkommens zur Vermeidung der Doppelbesteuerung in der gleichen Art und Weise zu besteuern, wie die Veräußerung dieser Anteile an der Europäischen Gesellschaft oder Europäischen Genossenschaft zu besteuern gewesen wäre, wenn keine Sitzverlegung stattgefunden hätte. 2 Dies gilt auch, wenn später die Anteile verdeckt in eine Kapitalgesellschaft eingelegt werden, die Europäische Gesellschaft oder Europäische Genossenschaft aufgelöst wird oder wenn ihr Kapital herabgesetzt und zurückgezahlt wird oder wenn Beträge aus dem steuerlichen Einlagenkonto im Sinne des § 27 des Körperschaftsteuergesetzes ausgeschüttet oder zurückgezahlt werden.

(2) 1 Eine selbständige nachhaltige Betätigung, die mit der Absicht, Gewinn zu erzielen, unternommen wird und sich als Beteiligung am allgemeinen wirtschaftlichen Verkehr darstellt, ist Gewerbebetrieb, wenn die Betätigung weder als Ausübung von Land- und Forstwirtschaft noch als Ausübung eines freien Berufs noch als eine andere selbständige Arbeit anzusehen ist. 2 Eine durch die Betätigung verursachte Minderung der Steuern vom Einkommen ist kein Gewinn im Sinne des Satzes 1. 3 Ein Gewerbebetrieb liegt, wenn seine Voraussetzungen im Übrigen gegeben sind, auch dann vor, wenn die Gewinnerzielungsabsicht nur ein Nebenzweck ist.

---

[1] § 15 Abs. 1a Satz 1 geänd. durch G v. 8.12.2010 (BGBl. I S. 1768).

(3) Als Gewerbebetrieb gilt in vollem Umfang die mit Einkünfteerzielungsabsicht unternommene Tätigkeit

1.[1] einer offenen Handelsgesellschaft, einer Kommanditgesellschaft oder einer anderen Personengesellschaft, wenn die Gesellschaft auch eine Tätigkeit im Sinne des Absatzes 1 Satz 1 Nummer 1 ausübt oder gewerbliche Einkünfte im Sinne des Absatzes 1 Satz 1 Nummer 2 bezieht. 2 Dies gilt unabhängig davon, ob aus der Tätigkeit im Sinne des Absatzes 1 Satz 1 Nummer 1 ein Gewinn oder Verlust erzielt wird oder ob die gewerblichen Einkünfte im Sinne des Absatzes 1 Satz 1 Nummer 2 positiv oder negativ sind;

2. einer Personengesellschaft, die keine Tätigkeit im Sinne des Absatzes 1 Satz 1 Nummer 1 ausübt und bei der ausschließlich eine oder mehrere Kapitalgesellschaften persönlich haftende Gesellschafter sind und nur diese oder Personen, die nicht Gesellschafter sind, zur Geschäftsführung befugt sind (gewerblich geprägte Personengesellschaft). 2 Ist eine gewerblich geprägte Personengesellschaft als persönlich haftender Gesellschafter an einer anderen Personengesellschaft beteiligt, so steht für die Beurteilung, ob die Tätigkeit dieser Personengesellschaft als Gewerbebetrieb gilt, die gewerblich geprägte Personengesellschaft einer Kapitalgesellschaft gleich.

(4)[2] 1 Verluste aus gewerblicher Tierzucht oder gewerblicher Tierhaltung dürfen weder mit anderen Einkünften aus Gewerbebetrieb noch mit Einkünften aus anderen Einkunftsarten ausgeglichen werden; sie dürfen auch nicht nach § 10d abgezogen werden. 2 Die Verluste mindern jedoch nach Maßgabe des § 10d die Gewinne, die der Steuerpflichtige in dem unmittelbar vorangegangenen und in den folgenden Wirtschaftsjahren aus gewerblicher Tierzucht oder gewerblicher Tierhaltung erzielt hat oder erzielt; § 10d Absatz 4 gilt entsprechend. 3 Die Sätze 1 und 2 gelten entsprechend für Verluste aus Termingeschäften, durch die der Steuerpflichtige einen Differenzausgleich oder einen durch den Wert einer veränderlichen Bezugsgröße bestimmten Geldbetrag oder Vorteil erlangt. 4 Satz 3 gilt nicht für die Geschäfte, die zum gewöhnlichen Geschäftsbetrieb bei Kreditinstituten, Finanzdienstleistungsinstituten und Finanzunternehmen im Sinne des Gesetzes über das Kreditwesen oder bei Wertpapierinstituten im Sinne des Wertpapierinstitutsgesetzes gehören oder die der Absicherung von Geschäften des gewöhnlichen Geschäftsbetriebs dienen. 5 Satz 4 gilt nicht, wenn es sich um Geschäfte handelt, die der Absicherung von Aktiengeschäften dienen, bei denen der Veräußerungsgewinn nach § 3 Nummer 40 Satz 1 Buchstabe a und b in Verbindung mit § 3c Absatz 2 teilweise steuerfrei ist, oder die nach § 8b Absatz 2 des Körperschaftsteuergesetzes bei der Ermittlung des Einkommens außer Ansatz bleiben. 6 Verluste aus stillen Gesellschaften, Unterbeteiligungen oder sonstigen Innengesellschaften an Kapitalgesellschaften, bei denen der Gesellschafter oder Beteiligte als Mitunternehmer anzusehen ist, dürfen weder mit Einkünften aus Gewerbebetrieb noch aus anderen Einkunftsarten ausgeglichen werden; sie dürfen auch nicht

---

[1] § 15 Abs. 3 Nr. 1 Satz 2 angef. durch G v. 12.12.2019 (BGBl. I S. 2451); zur Anwendung siehe § 52 Abs. 23 Satz 1.

[2] § 15 Abs. 4 Satz 2 und 7 ergänzt durch G v. 26.6.2013; zur Anwendung siehe § 52 Abs. 23 Satz 2; Satz 4 geänd. mWv VZ 2021 durch G v. 12.5.2021 (BGBl. I S. 990).

nach § 10d abgezogen werden. [7]Die Verluste mindern jedoch nach Maßgabe des § 10d die Gewinne, die der Gesellschafter oder Beteiligte in dem unmittelbar vorangegangenen Wirtschaftsjahr oder in den folgenden Wirtschaftsjahren aus derselben stillen Gesellschaft, Unterbeteiligung oder sonstigen Innengesellschaft bezieht; § 10d Absatz 4 gilt entsprechend. [8]Die Sätze 6 und 7 gelten nicht, soweit der Verlust auf eine natürliche Person als unmittelbar oder mittelbar beteiligter Mitunternehmer entfällt.

§ 15a[1)] Verluste bei beschränkter Haftung. (1) [1]Der einem Kommanditisten zuzurechnende Anteil am Verlust der Kommanditgesellschaft darf weder mit anderen Einkünften aus Gewerbebetrieb noch mit Einkünften aus anderen Einkunftsarten ausgeglichen werden, soweit ein negatives Kapitalkonto des Kommanditisten entsteht oder sich erhöht; er darf insoweit auch nicht nach § 10d abgezogen werden. [2]Haftet der Kommanditist am Bilanzstichtag den Gläubigern der Gesellschaft auf Grund des § 171 Absatz 1 des Handelsgesetzbuchs, so können abweichend von Satz 1 Verluste des Kommanditisten bis zur Höhe des Betrags, um den die im Handelsregister eingetragene Einlage des Kommanditisten seine geleistete Einlage übersteigt, auch ausgeglichen oder abgezogen werden, soweit durch den Verlust ein negatives Kapitalkonto entsteht oder sich erhöht. [3]Satz 2 ist nur anzuwenden, wenn derjenige, dem der Anteil zuzurechnen ist, im Handelsregister eingetragen ist, das Bestehen der Haftung nachgewiesen wird und eine Vermögensminderung auf Grund der Haftung nicht durch Vertrag ausgeschlossen oder nach Art und Weise des Geschäftsbetriebs unwahrscheinlich ist.

(1a) [1]Nachträgliche Einlagen führen weder zu einer nachträglichen Ausgleichs- oder Abzugsfähigkeit eines vorhandenen verrechenbaren Verlustes noch zu einer Ausgleichs- oder Abzugsfähigkeit des dem Kommanditisten zuzurechnenden Anteils am Verlust eines zukünftigen Wirtschaftsjahres, soweit durch den Verlust ein negatives Kapitalkonto des Kommanditisten entsteht oder sich erhöht. [2]Nachträgliche Einlagen im Sinne des Satzes 1 sind Einlagen, die nach Ablauf eines Wirtschaftsjahres geleistet werden, in dem ein nicht ausgleichs- oder abzugsfähiger Verlust im Sinne des Absatzes 1 entstanden oder ein Gewinn im Sinne des Absatzes 3 Satz 1 zugerechnet worden ist.

(2) [1]Soweit der Verlust nach den Absätzen 1 und 1a nicht ausgeglichen oder abgezogen werden darf, mindert er die Gewinne, die dem Kommanditisten in späteren Wirtschaftsjahren aus seiner Beteiligung an der Kommanditgesellschaft zuzurechnen sind. [2]Der verrechenbare Verlust, der nach Abzug von einem Veräußerungs- oder Aufgabegewinn verbleibt, ist im Zeitpunkt der Veräußerung oder Aufgabe des gesamten Mitunternehmeranteils oder der Betriebsveräußerung oder -aufgabe bis zur Höhe der nachträglichen Einlagen im Sinne des Absatzes 1a ausgleichs- oder abzugsfähig.

(3) [1]Soweit ein negatives Kapitalkonto des Kommanditisten durch Entnahmen entsteht oder sich erhöht (Einlageminderung) und soweit nicht auf Grund der Entnahmen eine nach Absatz 1 Satz 2 zu berücksichtigende Haftung besteht oder entsteht, ist dem Kommanditisten der Betrag der Einlage-

---

1) Zum Anwendungsbereich siehe **§ 52 Abs. 24.**

minderung als Gewinn zuzurechnen. [2]Der nach Satz 1 zuzurechnende Betrag darf den Betrag der Anteile am Verlust der Kommanditgesellschaft nicht übersteigen, der im Wirtschaftsjahr der Einlageminderung und in den zehn vorangegangenen Wirtschaftsjahren ausgleichs- oder abzugsfähig gewesen ist. [3]Wird der Haftungsbetrag im Sinne des Absatzes 1 Satz 2 gemindert (Haftungsminderung) und sind im Wirtschaftsjahr der Haftungsminderung und den zehn vorangegangenen Wirtschaftsjahren Verluste nach Absatz 1 Satz 2 ausgleichs- oder abzugsfähig gewesen, so ist dem Kommanditisten der Betrag der Haftungsminderung, vermindert um auf Grund der Haftung tatsächlich geleistete Beträge, als Gewinn zuzurechnen; Satz 2 gilt sinngemäß. [4]Die nach den Sätzen 1 bis 3 zuzurechnenden Beträge mindern die Gewinne, die dem Kommanditisten im Wirtschaftsjahr der Zurechnung oder in späteren Wirtschaftsjahren aus seiner Beteiligung an der Kommanditgesellschaft zuzurechnen sind.

(4) [1]Der nach Absatz 1 nicht ausgleichs- oder abzugsfähige Verlust eines Kommanditisten, vermindert um die nach Absatz 2 abzuziehenden und vermehrt um die nach Absatz 3 hinzuzurechnenden Beträge (verrechenbarer Verlust), ist jährlich gesondert festzustellen. [2]Dabei ist von dem verrechenbaren Verlust des vorangegangenen Wirtschaftsjahres auszugehen. [3]Zuständig für den Erlass des Feststellungsbescheids ist das für die gesonderte Feststellung des Gewinns und Verlustes der Gesellschaft zuständige Finanzamt. [4]Der Feststellungsbescheid kann nur insoweit angegriffen werden, als der verrechenbare Verlust gegenüber dem verrechenbaren Verlust des vorangegangenen Wirtschaftsjahres sich verändert hat. [5]Die gesonderten Feststellungen nach Satz 1 können mit der gesonderten und einheitlichen Feststellung der einkommensteuerpflichtigen und körperschaftsteuerpflichtigen Einkünfte verbunden werden. [6]In diesen Fällen sind die gesonderten Feststellungen des verrechenbaren Verlustes einheitlich durchzuführen.

(5) Absatz 1 Satz 1, Absatz 1a, 2 und 3 Satz 1, 2 und 4 sowie Absatz 4 gelten sinngemäß für andere Unternehmer, soweit deren Haftung der eines Kommanditisten vergleichbar ist, insbesondere für

1. stille Gesellschafter einer stillen Gesellschaft im Sinne des § 230 des Handelsgesetzbuchs, bei der der stille Gesellschafter als Unternehmer (Mitunternehmer) anzusehen ist,
2. Gesellschafter einer Gesellschaft im Sinne des Bürgerlichen Gesetzbuchs, bei der der Gesellschafter als Unternehmer (Mitunternehmer) anzusehen ist, soweit die Inanspruchnahme des Gesellschafters für Schulden in Zusammenhang mit dem Betrieb durch Vertrag ausgeschlossen oder nach Art und Weise des Geschäftsbetriebs unwahrscheinlich ist,
3. Gesellschafter einer ausländischen Personengesellschaft, bei der der Gesellschafter als Unternehmer (Mitunternehmer) anzusehen ist, soweit die Haftung des Gesellschafters für Schulden in Zusammenhang mit dem Betrieb der eines Kommanditisten oder eines stillen Gesellschafters entspricht oder soweit die Inanspruchnahme des Gesellschafters für Schulden in Zusammenhang mit dem Betrieb durch Vertrag ausgeschlossen oder nach Art und Weise des Geschäftsbetriebs unwahrscheinlich ist,

4. Unternehmer, soweit Verbindlichkeiten nur in Abhängigkeit von Erlösen oder Gewinnen aus der Nutzung, Veräußerung oder sonstigen Verwertung von Wirtschaftsgütern zu tilgen sind,
5. Mitreeder einer Reederei im Sinne des § 489 des Handelsgesetzbuchs, bei der der Mitreeder als Unternehmer (Mitunternehmer) anzusehen ist, wenn die persönliche Haftung des Mitreeders für die Verbindlichkeiten der Reederei ganz oder teilweise ausgeschlossen oder soweit die Inanspruchnahme des Mitreeders für Verbindlichkeiten der Reederei nach Art und Weise des Geschäftsbetriebs unwahrscheinlich ist.

§ 15b[1] Verluste im Zusammenhang mit Steuerstundungsmodellen. (1) [1]Verluste im Zusammenhang mit einem Steuerstundungsmodell dürfen weder mit Einkünften aus Gewerbebetrieb noch mit Einkünften aus anderen Einkunftsarten ausgeglichen werden; sie dürfen auch nicht nach § 10d abgezogen werden. [2]Die Verluste mindern jedoch die Einkünfte, die der Steuerpflichtige in den folgenden Wirtschaftsjahren aus derselben Einkunftsquelle erzielt. [3]§ 15a ist insoweit nicht anzuwenden.

(2) [1]Ein Steuerstundungsmodell im Sinne des Absatzes 1 liegt vor, wenn auf Grund einer modellhaften Gestaltung steuerliche Vorteile in Form negativer Einkünfte erzielt werden sollen. [2]Dies ist der Fall, wenn dem Steuerpflichtigen auf Grund eines vorgefertigten Konzepts die Möglichkeit geboten werden soll, zumindest in der Anfangsphase der Investition Verluste mit übrigen Einkünften zu verrechnen. [3]Dabei ist es ohne Belang, auf welchen Vorschriften die negativen Einkünfte beruhen.

(3) Absatz 1 ist nur anzuwenden, wenn innerhalb der Anfangsphase das Verhältnis der Summe der prognostizierten Verluste zur Höhe des gezeichneten und nach dem Konzept auch aufzubringenden Kapitals oder bei Einzelinvestoren des eingesetzten Eigenkapitals 10 Prozent übersteigt.

(3a)[2] Unabhängig von den Voraussetzungen nach den Absätzen 2 und 3 liegt ein Steuerstundungsmodell im Sinne des Absatzes 1 insbesondere vor, wenn ein Verlust aus Gewerbebetrieb entsteht oder sich erhöht, indem ein Steuerpflichtiger, der nicht auf Grund gesetzlicher Vorschriften verpflichtet ist, Bücher zu führen und regelmäßig Abschlüsse zu machen, auf Grund des Erwerbs von Wirtschaftsgütern des Umlaufvermögens sofort abziehbare Betriebsausgaben tätigt, wenn deren Übereignung ohne körperliche Übergabe durch Besitzkonstitut nach § 930 des Bürgerlichen Gesetzbuchs oder durch Abtretung des Herausgabeanspruchs nach § 931 des Bürgerlichen Gesetzbuchs erfolgt.

(4) [1]Der nach Absatz 1 nicht ausgleichsfähige Verlust ist jährlich gesondert festzustellen. [2]Dabei ist von dem verrechenbaren Verlust des Vorjahres auszugehen. [3]Der Feststellungsbescheid kann nur insoweit angegriffen werden, als der verrechenbare Verlust gegenüber dem verrechenbaren Verlust des Vorjahres sich verändert hat. [4]Handelt es sich bei dem Steuerstundungsmodell um

---

[1] Zur Anwendung von § 15b siehe § 52 Abs. 25.

[2] § 15b Abs. § 3a eingef. durch G v. 18.12.2013 (BGBl. I S. 4318); zur Anwendung siehe § 52 Abs. 25 Satz 5.

eine Gesellschaft oder Gemeinschaft im Sinne des § 180 Absatz 1 Satz 1[1] Nummer 2 Buchstabe a der Abgabenordnung, ist das für die gesonderte und einheitliche Feststellung der einkommensteuerpflichtigen und körperschaftsteuerpflichtigen Einkünfte aus dem Steuerstundungsmodell zuständige Finanzamt für den Erlass des Feststellungsbescheids nach Satz 1 zuständig; anderenfalls ist das Betriebsfinanzamt (§ 18 Absatz 1 Nummer 2 der Abgabenordnung) zuständig. 5 Handelt es sich bei dem Steuerstundungsmodell um eine Gesellschaft oder Gemeinschaft im Sinne des § 180 Absatz 1 Satz 1[1] Nummer 2 Buchstabe a der Abgabenordnung, können die gesonderten Feststellungen nach Satz 1 mit der gesonderten und einheitlichen Feststellung der einkommensteuerpflichtigen und körperschaftsteuerpflichtigen Einkünfte aus dem Steuerstundungsmodell verbunden werden; in diesen Fällen sind die gesonderten Feststellungen nach Satz 1 einheitlich durchzuführen.

§ 16 Veräußerung des Betriebs. (1) 1 Zu den Einkünften aus Gewerbebetrieb gehören auch Gewinne, die erzielt werden bei der Veräußerung

1. des ganzen Gewerbebetriebs oder eines Teilbetriebs. 2 Als Teilbetrieb gilt auch die das gesamte Nennkapital umfassende Beteiligung an einer Kapitalgesellschaft; im Fall der Auflösung der Kapitalgesellschaft ist § 17 Absatz 4 Satz 3 sinngemäß anzuwenden;
2. des gesamten Anteils eines Gesellschafters, der als Unternehmer (Mitunternehmer) des Betriebs anzusehen ist (§ 15 Absatz 1 Satz 1 Nummer 2);
3. des gesamten Anteils eines persönlich haftenden Gesellschafters einer Kommanditgesellschaft auf Aktien (§ 15 Absatz 1 Satz 1 Nummer 3).

2 Gewinne, die bei der Veräußerung eines Teils eines Anteils im Sinne von Satz 1 Nummer 2 oder 3 erzielt werden, sind laufende Gewinne.

(2) 1 Veräußerungsgewinn im Sinne des Absatzes 1 ist der Betrag, um den der Veräußerungspreis nach Abzug der Veräußerungskosten den Wert des Betriebsvermögens (Absatz 1 Satz 1 Nummer 1) oder den Wert des Anteils am Betriebsvermögen (Absatz 1 Satz 1 Nummer 2 und 3) übersteigt. 2 Der Wert des Betriebsvermögens oder des Anteils ist für den Zeitpunkt der Veräußerung nach § 4 Absatz 1 oder nach § 5 zu ermitteln. 3 Soweit auf der Seite des Veräußerers und auf der Seite des Erwerbers dieselben Personen Unternehmer oder Mitunternehmer sind, gilt der Gewinn insoweit jedoch als laufender Gewinn.

(3) 1 Als Veräußerung gilt auch die Aufgabe des Gewerbebetriebs sowie eines Anteils im Sinne des Absatzes 1 Satz 1 Nummer 2 oder Nummer 3. 2 Werden im Zuge der Realteilung einer Mitunternehmerschaft Teilbetriebe, Mitunternehmeranteile oder einzelne Wirtschaftsgüter in das jeweilige Betriebsvermögen der einzelnen Mitunternehmer übertragen, so sind bei der Ermittlung des Gewinns der Mitunternehmerschaft die Wirtschaftsgüter mit den Werten anzusetzen, die sich nach den Vorschriften über die Gewinnermittlung ergeben, sofern die Besteuerung der stillen Reserven sichergestellt ist; der übernehmende Mitunternehmer ist an diese Werte gebunden; § 4

[1] Verweis geänd. mWv 1.1.2017 durch G v. 18.7.2016 (BGBl. I S. 1679).

Absatz 1 Satz 4 ist entsprechend anzuwenden.[1] 3 Dagegen ist für den jeweiligen Übertragungsvorgang rückwirkend der gemeine Wert anzusetzen, soweit bei einer Realteilung, bei der einzelne Wirtschaftsgüter übertragen worden sind, zum Buchwert übertragener Grund und Boden, übertragene Gebäude oder andere übertragene wesentliche Betriebsgrundlagen innerhalb einer Sperrfrist nach der Übertragung veräußert oder entnommen werden; diese Sperrfrist endet drei Jahre nach Abgabe der Steuererklärung der Mitunternehmerschaft für den Veranlagungszeitraum der Realteilung. 4 Satz 2 ist bei einer Realteilung, bei der einzelne Wirtschaftsgüter übertragen werden, nicht anzuwenden, soweit die Wirtschaftsgüter unmittelbar oder mittelbar auf eine Körperschaft, Personenvereinigung oder Vermögensmasse übertragen werden; in diesem Fall ist bei der Übertragung der gemeine Wert anzusetzen. 5 Soweit einzelne dem Betrieb gewidmete Wirtschaftsgüter im Rahmen der Aufgabe des Betriebs veräußert werden und soweit auf der Seite des Veräußerers und auf der Seite des Erwerbers dieselben Personen Unternehmer oder Mitunternehmer sind, gilt der Gewinn aus der Aufgabe des Gewerbebetriebs als laufender Gewinn. 6 Werden die einzelnen dem Betrieb gewidmeten Wirtschaftsgüter im Rahmen der Aufgabe des Betriebs veräußert, so sind die Veräußerungspreise anzusetzen. 7 Werden die Wirtschaftsgüter nicht veräußert, so ist der gemeine Wert im Zeitpunkt der Aufgabe anzusetzen. 8 Bei Aufgabe eines Gewerbebetriebs, an dem mehrere Personen beteiligt waren, ist für jeden einzelnen Beteiligten der gemeine Wert der Wirtschaftsgüter anzusetzen, die er bei der Auseinandersetzung erhalten hat.

(3a)[2] Einer Aufgabe des Gewerbebetriebs steht der Ausschluss oder die Beschränkung des Besteuerungsrechts der Bundesrepublik Deutschland hinsichtlich des Gewinns aus der Veräußerung sämtlicher Wirtschaftsgüter des Betriebs oder eines Teilbetriebs gleich; § 4 Absatz 1 Satz 4 gilt entsprechend.

(3b)[3] 1 In den Fällen der Betriebsunterbrechung und der Betriebsverpachtung im Ganzen gilt ein Gewerbebetrieb sowie ein Anteil im Sinne des Absatzes 1 Satz 1 Nummer 2 oder Nummer 3 nicht als aufgegeben, bis

1. der Steuerpflichtige die Aufgabe im Sinne des Absatzes 3 Satz 1 ausdrücklich gegenüber dem Finanzamt erklärt oder
2. dem Finanzamt Tatsachen bekannt werden, aus denen sich ergibt, dass die Voraussetzungen für eine Aufgabe im Sinne des Absatzes 3 Satz 1 erfüllt sind.

2 Die Aufgabe des Gewerbebetriebs oder Anteils im Sinne des Absatzes 1 Satz 1 Nummer 2 oder Nummer 3 ist in den Fällen des Satzes 1 Nummer 1 rückwirkend für den vom Steuerpflichtigen gewählten Zeitpunkt anzuerkennen, wenn die Aufgabeerklärung spätestens drei Monate nach diesem Zeitpunkt abgegeben wird. 3 Wird die Aufgabeerklärung nicht spätestens drei Monate nach dem vom Steuerpflichtigen gewählten Zeitpunkt abgegeben, gilt der Gewerbebetrieb oder Anteil im Sinne des Absatzes 1 Satz 1 Nummer 2

---

[1] § 16 Abs. 3 Satz 2 HS 2 angef. durch G v. 8.12.2010 (BGBl. I S. 1768); zur Anwendung von *§ 4 Abs. 1 Satz 4 siehe* § 52 Abs. 6 Satz 1.

[2] § 16 Abs. 3a eingef. durch G v. 8.12.2010 (BGBl. I S. 1768).

[3] § 16 Abs. 3b eingef. durch G v. 1.11.2011 (BGBl. I S. 2131).

oder Nummer 3 erst in dem Zeitpunkt als aufgegeben, in dem die Aufgabeerklärung beim Finanzamt eingeht.

(4) [1] Hat der Steuerpflichtige das 55. Lebensjahr vollendet oder ist er im sozialversicherungsrechtlichen Sinne dauernd berufsunfähig, so wird der Veräußerungsgewinn auf Antrag zur Einkommensteuer nur herangezogen, soweit er 45 000 Euro übersteigt. [2] Der Freibetrag ist dem Steuerpflichtigen nur einmal zu gewähren. [3] Er ermäßigt sich um den Betrag, um den der Veräußerungsgewinn 136 000 Euro übersteigt.

(5) Werden bei einer Realteilung, bei der Teilbetriebe auf einzelne Mitunternehmer übertragen werden, Anteile an einer Körperschaft, Personenvereinigung oder Vermögensmasse unmittelbar oder mittelbar von einem nicht von § 8b Absatz 2 des Körperschaftsteuergesetzes begünstigten Steuerpflichtigen auf einen von § 8b Absatz 2 des Körperschaftsteuergesetzes begünstigten Mitunternehmer übertragen, ist abweichend von Absatz 3 Satz 2 rückwirkend auf den Zeitpunkt der Realteilung der gemeine Wert anzusetzen, wenn der übernehmende Mitunternehmer die Anteile innerhalb eines Zeitraums von sieben Jahren nach der Realteilung unmittelbar oder mittelbar veräußert oder durch einen Vorgang nach § 22 Absatz 1 Satz 6 Nummer 1 bis 5 des Umwandlungssteuergesetzes weiter überträgt; § 22 Absatz 2 Satz 3 des Umwandlungssteuergesetzes gilt entsprechend.

§ 17 Veräußerung von Anteilen an Kapitalgesellschaften. (1)[1)] [1] Zu den Einkünften aus Gewerbebetrieb gehört auch der Gewinn aus der Veräußerung von Anteilen an einer Kapitalgesellschaft, wenn der Veräußerer innerhalb der letzten fünf Jahre am Kapital der Gesellschaft unmittelbar oder mittelbar zu mindestens 1 Prozent beteiligt war. [2] Die verdeckte Einlage von Anteilen an einer Kapitalgesellschaft in eine Kapitalgesellschaft steht der Veräußerung der Anteile gleich. [3] Anteile an einer Kapitalgesellschaft sind Aktien, Anteile an einer Gesellschaft mit beschränkter Haftung, Genussscheine oder ähnliche Beteiligungen und Anwartschaften auf solche Beteiligungen [***ab 1.1.2022:*** sowie Anteile an einer optierenden Gesellschaft im Sinne des § 1a des Körperschaftsteuergesetzes.] [4] Hat der Veräußerer den veräußerten Anteil innerhalb der letzten fünf Jahre vor der Veräußerung unentgeltlich erworben, so gilt Satz 1 entsprechend, wenn der Veräußerer zwar nicht selbst, aber der Rechtsvorgänger oder, sofern der Anteil nacheinander unentgeltlich übertragen worden ist, einer der Rechtsvorgänger innerhalb der letzten fünf Jahre im Sinne von Satz 1 beteiligt war.

(2) [1] Veräußerungsgewinn im Sinne des Absatzes 1 ist der Betrag, um den der Veräußerungspreis nach Abzug der Veräußerungskosten die Anschaffungskosten übersteigt. [2] In den Fällen des Absatzes 1 Satz 2 tritt an die Stelle des Veräußerungspreises der Anteile ihr gemeiner Wert. [3] Weist der Veräußerer nach, dass ihm die Anteile bereits im Zeitpunkt der Begründung der unbeschränkten Steuerpflicht nach § 1 Absatz 1 zuzurechnen waren und dass der bis zu diesem Zeitpunkt entstandene Vermögenszuwachs auf Grund gesetzlicher Bestimmungen des Wegzugsstaats im Wegzugsstaat einer der Steu-

---

[1)] § 17 Abs. 1 Satz 3 ergänzt mWv 1.1.2022 durch G v. 25.6.2021 (BGBl. I S. 2050).

er nach § 6 des Außensteuergesetzes vergleichbaren Steuer unterlegen hat, tritt an die Stelle der Anschaffungskosten der Wert, den der Wegzugsstaat bei der Berechnung der der Steuer nach § 6 des Außensteuergesetzes vergleichbaren Steuer angesetzt hat, höchstens jedoch der gemeine Wert. [4]Satz 3 ist in den Fällen des § 6 Absatz 3 des Außensteuergesetzes nicht anzuwenden. [5]Hat der Veräußerer den veräußerten Anteil unentgeltlich erworben, so sind als Anschaffungskosten des Anteils die Anschaffungskosten des Rechtsvorgängers maßgebend, der den Anteil zuletzt entgeltlich erworben hat. [6]Ein Veräußerungsverlust ist nicht zu berücksichtigen, soweit er auf Anteile entfällt,

a) die der Steuerpflichtige innerhalb der letzten fünf Jahre unentgeltlich erworben hatte. [2]Dies gilt nicht, soweit der Rechtsvorgänger anstelle des Steuerpflichtigen den Veräußerungsverlust hätte geltend machen können;
b) die entgeltlich erworben worden sind und nicht innerhalb der gesamten letzten fünf Jahre zu einer Beteiligung des Steuerpflichtigen im Sinne von Absatz 1 Satz 1 gehört haben. [2]Dies gilt nicht für innerhalb der letzten fünf Jahre erworbene Anteile, deren Erwerb zur Begründung einer Beteiligung des Steuerpflichtigen im Sinne von Absatz 1 Satz 1 geführt hat oder die nach Begründung der Beteiligung im Sinne von Absatz 1 Satz 1 erworben worden sind.

(2a)[1)] [1]Anschaffungskosten sind die Aufwendungen, die geleistet werden, um die Anteile im Sinne des Absatzes 1 zu erwerben. [2]Zu den Anschaffungskosten gehören auch die Nebenkosten sowie die nachträglichen Anschaffungskosten. [3]Zu den nachträglichen Anschaffungskosten im Sinne des Satzes 2 gehören insbesondere

1. offene oder verdeckte Einlagen,
2. Darlehensverluste, soweit die Gewährung des Darlehens oder das Stehenlassen des Darlehens in der Krise der Gesellschaft gesellschaftsrechtlich veranlasst war, und
3. Ausfälle von Bürgschaftsregressforderungen und vergleichbaren Forderungen, soweit die Hingabe oder das Stehenlassen der betreffenden Sicherheit gesellschaftsrechtlich veranlasst war.

[4]Eine gesellschaftsrechtliche Veranlassung liegt regelmäßig vor, wenn ein fremder Dritter das Darlehen oder Sicherungsmittel im Sinne der Nummern 2 oder 3 bei sonst gleichen Umständen zurückgefordert oder nicht gewährt hätte. [5]Leistet der Steuerpflichtige über den Nennbetrag seiner Anteile hinaus Einzahlungen in das Kapital der Gesellschaft, sind die Einzahlungen bei der Ermittlung der Anschaffungskosten gleichmäßig auf seine gesamten Anteile einschließlich seiner im Rahmen von Kapitalerhöhungen erhaltenen neuen Anteile aufzuteilen.

(3) [1]Der Veräußerungsgewinn wird zur Einkommensteuer nur herangezogen, soweit er den Teil von 9060 Euro übersteigt, der dem veräußerten Anteil an der Kapitalgesellschaft entspricht. [2]Der Freibetrag ermäßigt sich um den

---

[1)] § 17 Abs. 2a eingef. durch G v. 12.12.2019 (BGBl. I S. 2451); zur Anwendung siehe § 52 Abs. 25a.

Betrag, um den der Veräußerungsgewinn den Teil von 36 100 Euro übersteigt, der dem veräußerten Anteil an der Kapitalgesellschaft entspricht.

(4) [1] Als Veräußerung im Sinne des Absatzes 1 gilt auch die Auflösung einer Kapitalgesellschaft, die Kapitalherabsetzung, wenn das Kapital zurückgezahlt wird, und die Ausschüttung oder Zurückzahlung von Beträgen aus dem steuerlichen Einlagenkonto im Sinne des § 27 des Körperschaftsteuergesetzes. [2] In diesen Fällen ist als Veräußerungspreis der gemeine Wert des dem Steuerpflichtigen zugeteilten oder zurückgezahlten Vermögens der Kapitalgesellschaft anzusehen. [3] Satz 1 gilt nicht, soweit die Bezüge nach § 20 Absatz 1 Nummer 1 oder 2 zu den Einnahmen aus Kapitalvermögen gehören.

(5) [1] Die Beschränkung oder der Ausschluss des Besteuerungsrechts der Bundesrepublik Deutschland hinsichtlich des Gewinns aus der Veräußerung der Anteile an einer Kapitalgesellschaft im Fall der Verlegung des Sitzes oder des Orts der Geschäftsleitung der Kapitalgesellschaft in einen anderen Staat stehen der Veräußerung der Anteile zum gemeinen Wert gleich. [2] Dies gilt nicht in den Fällen der Sitzverlegung einer Europäischen Gesellschaft nach Artikel 8 der Verordnung (EG) Nr. 2157/2001 und der Sitzverlegung einer anderen Kapitalgesellschaft in einen anderen Mitgliedstaat der Europäischen Union. [3] In diesen Fällen ist der Gewinn aus einer späteren Veräußerung der Anteile ungeachtet der Bestimmungen eines Abkommens zur Vermeidung der Doppelbesteuerung in der gleichen Art und Weise zu besteuern, wie die Veräußerung dieser Anteile zu besteuern gewesen wäre, wenn keine Sitzverlegung stattgefunden hätte. [4] § 15 Absatz 1a Satz 2 ist entsprechend anzuwenden.

(6) Als Anteile im Sinne des Absatzes 1 Satz 1 gelten auch Anteile an Kapitalgesellschaften, an denen der Veräußerer innerhalb der letzten fünf Jahre am Kapital der Gesellschaft nicht unmittelbar oder mittelbar zu mindestens 1 Prozent beteiligt war, wenn

1. die Anteile auf Grund eines Einbringungsvorgangs im Sinne des Umwandlungssteuergesetzes, bei dem nicht der gemeine Wert zum Ansatz kam, erworben wurden und
2. zum Einbringungszeitpunkt für die eingebrachten Anteile die Voraussetzungen von Absatz 1 Satz 1 erfüllt waren oder die Anteile auf einer Sacheinlage im Sinne von § 20 Absatz 1 des Umwandlungssteuergesetzes vom 7. Dezember 2006 (BGBl. I S. 2782, 2791) in der jeweils geltenden Fassung beruhen.

(7) Als Anteile im Sinne des Absatzes 1 Satz 1 gelten auch Anteile an einer Genossenschaft einschließlich der Europäischen Genossenschaft.

c) Selbständige Arbeit (§ 2 Absatz 1 Satz 1 Nummer 3)

§ 18 [Selbständige Arbeit] (1) Einkünfte aus selbständiger Arbeit sind

1. Einkünfte aus freiberuflicher Tätigkeit. [2] Zu der freiberuflichen Tätigkeit gehören die selbständig ausgeübte wissenschaftliche, künstlerische, schriftstellerische, unterrichtende oder erzieherische Tätigkeit, die selbständige Berufstätigkeit der Ärzte, Zahnärzte, Tierärzte, Rechtsanwälte, Notare, Patentanwälte, Vermessungsingenieure, Ingenieure, Architekten, Handelschemiker, Wirtschaftsprüfer, Steuerberater, beratenden Volks- und Betriebs-

wirte, vereidigten Buchprüfer, Steuerbevollmächtigten, Heilpraktiker, Dentisten, Krankengymnasten, Journalisten, Bildberichterstatter, Dolmetscher, Übersetzer, Lotsen und ähnlicher Berufe. [3] Ein Angehöriger eines freien Berufs im Sinne der Sätze 1 und 2 ist auch dann freiberuflich tätig, wenn er sich der Mithilfe fachlich vorgebildeter Arbeitskräfte bedient; Voraussetzung ist, dass er auf Grund eigener Fachkenntnisse leitend und eigenverantwortlich tätig wird. [4] Eine Vertretung im Fall vorübergehender Verhinderung steht der Annahme einer leitenden und eigenverantwortlichen Tätigkeit nicht entgegen;

2. Einkünfte der Einnehmer einer staatlichen Lotterie, wenn sie nicht Einkünfte aus Gewerbebetrieb sind;

3. Einkünfte aus sonstiger selbständiger Arbeit, z. B. Vergütungen für die Vollstreckung von Testamenten, für Vermögensverwaltung und für die Tätigkeit als Aufsichtsratsmitglied;

4.[1] Einkünfte, die ein Beteiligter an einer vermögensverwaltenden Gesellschaft oder Gemeinschaft, deren Zweck im Erwerb, Halten und in der Veräußerung von Anteilen an Kapitalgesellschaften besteht, als Vergütung für Leistungen zur Förderung des Gesellschafts- oder Gemeinschaftszwecks erzielt, wenn der Anspruch auf die Vergütung unter der Voraussetzung eingeräumt worden ist, dass die Gesellschafter oder Gemeinschafter ihr eingezahltes Kapital vollständig zurückerhalten haben; § 15 Absatz 3 ist nicht anzuwenden.

(2) Einkünfte nach Absatz 1 sind auch dann steuerpflichtig, wenn es sich nur um eine vorübergehende Tätigkeit handelt.

(3) [1] Zu den Einkünften aus selbständiger Arbeit gehört auch der Gewinn, der bei der Veräußerung des Vermögens oder eines selbständigen Teils des Vermögens oder eines Anteils am Vermögen erzielt wird, das der selbständigen Arbeit dient. [2] § 16 Absatz 1 Satz 1 Nummer 1 und 2 und Absatz 1 Satz 2 sowie Absatz 2 bis 4 gilt entsprechend.

(4)[2] [1] § 13 Absatz 5 gilt entsprechend, sofern das Grundstück im Veranlagungszeitraum 1986 zu einem der selbständigen Arbeit dienenden Betriebsvermögen gehört hat. [2] § 15 Absatz 1 Satz 1 Nummer 2, Absatz 1a, Absatz 2 Satz 2 und 3, §§ 15a und 15b sind entsprechend anzuwenden.

d) Nichtselbständige Arbeit (§ 2 Absatz 1 Satz 1 Nummer 4)

§ 19 [Nichtselbständige Arbeit] (1) [1] Zu den Einkünften aus nichtselbständiger Arbeit gehören

1. Gehälter, Löhne, Gratifikationen, Tantiemen und andere Bezüge und Vorteile für eine Beschäftigung im öffentlichen oder privaten Dienst;

1a.[3] Zuwendungen des Arbeitgebers an seinen Arbeitnehmer und dessen Begleitpersonen anlässlich von Veranstaltungen auf betrieblicher Ebene mit ge-

---

[1] Zu Nr. 4 siehe § 52 Abs. 4 Satz 8.
[2] Zur Anwendung siehe § 52 Abs. 26.
[3] § 19 Abs. 1 Satz 1 Nr. 1a eingef. mWv VZ 2015 durch G v. 22.12.2014 (BGBl. I S. 2417).

sellschaftlichem Charakter (Betriebsveranstaltung). [2] Zuwendungen im Sinne des Satzes 1 sind alle Aufwendungen des Arbeitgebers einschließlich Umsatzsteuer unabhängig davon, ob sie einzelnen Arbeitnehmern individuell zurechenbar sind oder ob es sich um einen rechnerischen Anteil an den Kosten der Betriebsveranstaltung handelt, die der Arbeitgeber gegenüber Dritten für den äußeren Rahmen der Betriebsveranstaltung aufwendet. [3] Soweit solche Zuwendungen den Betrag von 110 Euro je Betriebsveranstaltung und teilnehmenden Arbeitnehmer nicht übersteigen, gehören sie nicht zu den Einkünften aus nichtselbständiger Arbeit, wenn die Teilnahme an der Betriebsveranstaltung allen Angehörigen des Betriebs oder eines Betriebsteils offensteht. [4] Satz 3 gilt für bis zu zwei Betriebsveranstaltungen jährlich. [5] Die Zuwendungen im Sinne des Satzes 1 sind abweichend von § 8 Absatz 2 mit den anteilig auf den Arbeitnehmer und dessen Begleitpersonen entfallenden Aufwendungen des Arbeitgebers im Sinne des Satzes 2 anzusetzen;

2. Wartegelder, Ruhegelder, Witwen- und Waisengelder und andere Bezüge und Vorteile aus früheren Dienstleistungen, auch soweit sie von Arbeitgebern ausgleichspflichtiger Personen an ausgleichsberechtigte Personen infolge einer nach § 10 oder § 14 des Versorgungsausgleichsgesetzes durchgeführten Teilung geleistet werden;

3.[1)] laufende Beiträge und laufende Zuwendungen des Arbeitgebers aus einem bestehenden Dienstverhältnis an einen Pensionsfonds, eine Pensionskasse oder für eine Direktversicherung für eine betriebliche Altersversorgung. [2] Zu den Einkünften aus nichtselbständiger Arbeit gehören auch Sonderzahlungen, die der Arbeitgeber neben den laufenden Beiträgen und Zuwendungen an eine solche Versorgungseinrichtung leistet, mit Ausnahme der Zahlungen des Arbeitgebers

   a)[2)] zur erstmaligen Bereitstellung der Kapitalausstattung zur Erfüllung der Solvabilitätskapitalanforderung nach den §§ 89, 213, 234g oder 238 des Versicherungsaufsichtsgesetzes,

   b) zur Wiederherstellung einer angemessenen Kapitalausstattung nach unvorhersehbaren Verlusten oder zur Finanzierung der Verstärkung der Rechnungsgrundlagen auf Grund einer unvorhersehbaren und nicht nur vorübergehenden Änderung der Verhältnisse, wobei die Sonderzahlungen nicht zu einer Absenkung des laufenden Beitrags führen oder durch die Absenkung des laufenden Beitrags Sonderzahlungen ausgelöst werden dürfen,

   c)[2)] in der Rentenbezugszeit nach § 236 Absatz 2 des Versicherungsaufsichtsgesetzes oder

   d) in Form von Sanierungsgeldern;

[1)] § 19 Abs. 1 Satz 1 Nr. 3 Satz 2 neu gef., Satz 3 geänd. durch G v. 22.12.2014 (BGBl. I S. 2417); zur Anwendung siehe § 52 Abs. 26a.

[2)] § 19 Abs. 1 Satz 1 Nr. 3 Satz 2 Buchst. a und c geänd. mWv 1.1.2016 durch G v. 1.4.2015 (BGBl. I S. 434; ber. BGBl. I S. 1834); Buchst. a Verweis geänd. mWv 13.1.2019 durch G v. 19.12.2018 (BGBl. I S. 2672).

Sonderzahlungen des Arbeitgebers sind insbesondere Zahlungen an eine Pensionskasse anlässlich

a) seines Ausscheidens aus einer nicht im Wege der Kapitaldeckung finanzierten betrieblichen Altersversorgung oder

b) des Wechsels von einer nicht im Wege der Kapitaldeckung zu einer anderen nicht im Wege der Kapitaldeckung finanzierten betrieblichen Altersversorgung.

[3] Von Sonderzahlungen im Sinne des Satzes 2 zweiter Halbsatz Buchstabe b ist bei laufenden und wiederkehrenden Zahlungen entsprechend dem periodischen Bedarf nur auszugehen, soweit die Bemessung der Zahlungsverpflichtungen des Arbeitgebers in das Versorgungssystem nach dem Wechsel die Bemessung der Zahlungsverpflichtung zum Zeitpunkt des Wechsels übersteigt. [4] Sanierungsgelder sind Sonderzahlungen des Arbeitgebers an eine Pensionskasse anlässlich der Systemumstellung einer nicht im Wege der Kapitaldeckung finanzierten betrieblichen Altersversorgung auf der Finanzierungs- oder Leistungsseite, die der Finanzierung der zum Zeitpunkt der Umstellung bestehenden Versorgungsverpflichtungen oder Versorgungsanwartschaften dienen; bei laufenden und wiederkehrenden Zahlungen entsprechend dem periodischen Bedarf ist nur von Sanierungsgeldern auszugehen, soweit die Bemessung der Zahlungsverpflichtungen des Arbeitgebers in das Versorgungssystem nach der Systemumstellung die Bemessung der Zahlungsverpflichtung zum Zeitpunkt der Systemumstellung übersteigt.

[2] Es ist gleichgültig, ob es sich um laufende oder um einmalige Bezüge handelt und ob ein Rechtsanspruch auf sie besteht.

(2) [1] Von Versorgungsbezügen bleiben ein nach einem Prozentsatz ermittelter, auf einen Höchstbetrag begrenzter Betrag (Versorgungsfreibetrag) und ein Zuschlag zum Versorgungsfreibetrag steuerfrei. [2] Versorgungsbezüge sind

1. das Ruhegehalt, Witwen- oder Waisengeld, der Unterhaltsbeitrag oder ein gleichartiger Bezug

   a) auf Grund beamtenrechtlicher oder entsprechender gesetzlicher Vorschriften,

   b) nach beamtenrechtlichen Grundsätzen von Körperschaften, Anstalten oder Stiftungen des öffentlichen Rechts oder öffentlich-rechtlichen Verbänden von Körperschaften

   oder

2. in anderen Fällen Bezüge und Vorteile aus früheren Dienstleistungen wegen Erreichens einer Altersgrenze, verminderter Erwerbsfähigkeit oder Hinterbliebenenbezüge; Bezüge wegen Erreichens einer Altersgrenze gelten erst dann als Versorgungsbezüge, wenn der Steuerpflichtige das 63. Lebensjahr oder, wenn er schwerbehindert ist, das 60. Lebensjahr vollendet hat.

[3] Der maßgebende Prozentsatz, der Höchstbetrag des Versorgungsfreibetrags und der Zuschlag zum Versorgungsfreibetrag sind der nachstehenden Tabelle zu entnehmen:

Jahr des Versorgungsbeginns	Versorgungsfreibetrag		Zuschlag zum Versorgungsfreibetrag in Euro
	in % der Versorgungsbezüge	Höchstbetrag in Euro	
bis 2005	40,0	3000	900
ab 2006	38,4	2880	864
2007	36,8	2760	828
2008	35,2	2640	792
2009	33,6	2520	756
2010	32,0	2400	720
2011	30,4	2280	684
2012	28,8	2160	648
2013	27,2	2040	612
2014	25,6	1920	576
2015	24,0	1800	540
2016	22,4	1680	504
2017	20,8	1560	468
2018	19,2	1440	432
2019	17,6	1320	396
2020	16,0	1200	360
2021	15,2	1140	342
2022	14,4	1080	324
2023	13,6	1020	306
2024	12,8	960	288
2025	12,0	900	270
2026	11,2	840	252
2027	10,4	780	234
2028	9,6	720	216
2029	8,8	660	198
2030	8,0	600	180
2031	7,2	540	162
2032	6,4	480	144
2033	5,6	420	126
2034	4,8	360	108
2035	4,0	300	90
2036	3,2	240	72
2037	2,4	180	54
2038	1,6	120	36
2039	0,8	60	18
2040	0,0	0	0

[4] Bemessungsgrundlage für den Versorgungsfreibetrag ist

a) bei Versorgungsbeginn vor 2005
das Zwölffache des Versorgungsbezugs für Januar 2005,

b) bei Versorgungsbeginn ab 2005
das Zwölffache des Versorgungsbezugs für den ersten vollen Monat,

jeweils zuzüglich voraussichtlicher Sonderzahlungen im Kalenderjahr, auf die zu diesem Zeitpunkt ein Rechtsanspruch besteht. [5]Der Zuschlag zum Versorgungsfreibetrag darf nur bis zur Höhe der um den Versorgungsfreibetrag geminderten Bemessungsgrundlage berücksichtigt werden. [6]Bei mehreren Versorgungsbezügen mit unterschiedlichem Bezugsbeginn bestimmen sich der insgesamt berücksichtigungsfähige Höchstbetrag des Versorgungsfreibetrags und der Zuschlag zum Versorgungsfreibetrag nach dem Jahr des Beginns des ersten Versorgungsbezugs. [7]Folgt ein Hinterbliebenenbezug einem Versorgungsbezug, bestimmen sich der Prozentsatz, der Höchstbetrag des Versorgungsfreibetrags und der Zuschlag zum Versorgungsfreibetrag für den Hinterbliebenenbezug nach dem Jahr des Beginns des Versorgungsbezugs. [8]Der nach den Sätzen 3 bis 7 berechnete Versorgungsfreibetrag und Zuschlag zum Versorgungsfreibetrag gelten für die gesamte Laufzeit des Versorgungsbezugs. [9]Regelmäßige Anpassungen des Versorgungsbezugs führen nicht zu einer Neuberechnung. [10]Abweichend hiervon sind der Versorgungsfreibetrag und der Zuschlag zum Versorgungsfreibetrag neu zu berechnen, wenn sich der Versorgungsbezug wegen Anwendung von Anrechnungs-, Ruhens-, Erhöhungs- oder Kürzungsregelungen erhöht oder vermindert. [11]In diesen Fällen sind die Sätze 3 bis 7 mit dem geänderten Versorgungsbezug als Bemessungsgrundlage im Sinne des Satzes 4 anzuwenden; im Kalenderjahr der Änderung sind der höchste Versorgungsfreibetrag und Zuschlag zum Versorgungsfreibetrag maßgebend. [12]Für jeden vollen Kalendermonat, für den keine Versorgungsbezüge gezahlt werden, ermäßigen sich der Versorgungsfreibetrag und der Zuschlag zum Versorgungsfreibetrag in diesem Kalenderjahr um je ein Zwölftel.

[*ab 1.1.2022:* (3)[1] [1]Die Energiepreispauschale nach dem Versorgungsrechtlichen Energiepreispauschalen-Gewährungsgesetz oder vergleichbare Leistungen zum Ausgleich gestiegener Energiepreise nach Landesrecht sind als Einnahmen nach Absatz 2 zu berücksichtigen. [2]Sie gelten nicht als Sonderzahlung im Sinne von Absatz 2 Satz 4, jedoch als regelmäßige Anpassung des Versorgungsbezugs im Sinne von Absatz 2 Satz 9. [3]Im Lohnsteuerabzugsverfahren sind die Energiepreispauschale und vergleichbare Leistungen bei der Berechnung einer Vorsorgepauschale nach § 39b Absatz 2 Satz 5 Nummer 3 Buchstabe b und c nicht zu berücksichtigen. [4]In den Fällen des Satzes 1 sind die §§ 3 und 24a nicht anzuwenden.]

§ 19a[2] Sondervorschrift für Einkünfte aus nichtselbständiger Arbeit bei Vermögensbeteiligungen. (1) [1]Werden einem Arbeitnehmer von seinem Arbeitgeber [*ab 1.1.2024:* oder einem Gesellschafter seines Arbeitgebers] zusätzlich zum ohnehin geschuldeten Arbeitslohn Vermögensbeteiligungen im Sinne des § 2 Absatz 1 Nummer 1 Buchstabe a, b und f bis l und Absatz 2 bis 5 des Fünften Vermögensbildungsgesetzes an dem Unternehmen des Arbeitgebers unentgeltlich oder verbilligt übertragen, so unterliegt der Vorteil im

---

[1] § 19 Abs. 3 angef. mWv 1.1.2022 durch G v. 16.12.2022 (BGBl. I S. 2294).

[2] § 19a neu gef. durch G v. 3.6.2021 (BGBl. I S. 1498); Abs. 1 Satz 1 geänd., Satz 3 eingef., bish. Sätze 3 bis 5 werden Sätze 4 bis 6, Abs. 3 neu gef., Abs. 4 Satz 1 Nr. 2 geänd., Satz 4 Hs. 2 angef., Abs. 4a eingef. mWv 1.1.2024 durch G v. 11.12.2023 (BGBl. I Nr. 354).

Sinne des § 19 Absatz 1 Satz 1 Nummer 1 im Kalenderjahr der Übertragung nicht der Besteuerung. [2]Dies gilt auch, wenn die Vermögensbeteiligungen mittelbar über Personengesellschaften gehalten werden.

[Fassung bis 31.12.2023:]

[3]Bei der Ermittlung des Vorteils im Sinne des Satzes 1 ist der Freibetrag nach § 3 Nummer 39 abzuziehen, wenn die Voraussetzungen vorliegen. [4]Ein nicht besteuerter Vorteil im Sinne des Satzes 1 ist bei der Berechnung der Vorsorgepauschale (§ 39b Absatz 2 Satz 5 Nummer 3) einzubeziehen. [5]Die Anschaffungskosten sind mit dem gemeinen Wert der Vermögensbeteiligung anzusetzen.

[Fassung ab 1.1.2024:]

[3]Ein Vorteil im Sinne des Satzes 1 gilt in diesem Fall auch dann als zugeflossen, wenn es dem Arbeitnehmer rechtlich unmöglich ist, über die Vermögensbeteiligung zu verfügen. [4]Bei der Ermittlung des Vorteils im Sinne des Satzes 1 ist der Freibetrag nach § 3 Nummer 39 abzuziehen, wenn die Voraussetzungen vorliegen. [5]Ein nicht besteuerter Vorteil im Sinne des Satzes 1 ist bei der Berechnung der Vorsorgepauschale (§ 39b Absatz 2 Satz 5 Nummer 3) einzubeziehen. [6]Die Anschaffungskosten sind mit dem gemeinen Wert der Vermögensbeteiligung anzusetzen.

(2) [1]Die vorläufige Nichtbesteuerung nach Absatz 1 kann im Lohnsteuerabzugsverfahren nur mit Zustimmung des Arbeitnehmers angewendet werden. [2]Eine Nachholung der vorläufigen Nichtbesteuerung im Rahmen der Veranlagung zur Einkommensteuer ist ausgeschlossen.

[Fassung bis 31.12.2023:]

(3) Absatz 1 ist nur anzuwenden, wenn das Unternehmen des Arbeitgebers im Zeitpunkt der Übertragung der Vermögensbeteiligung die in Artikel 2 Absatz 1 des Anhangs der Empfehlung der Kommission vom 6. Mai 2003 betreffend die Definition der Kleinstunternehmen sowie der kleinen und mittleren Unternehmen (ABl. L 124 vom 20.5.2003, S. 36) in der jeweils geltenden Fassung genannten Schwellenwerte nicht überschreitet oder im vorangegangenen Kalenderjahr nicht überschritten hat und seine Gründung nicht mehr als zwölf Jahre zurückliegt.

[Fassung ab 1.1.2024:]

(3) [1]Absatz 1 ist nur anzuwenden, wenn das Unternehmen des Arbeitgebers im Zeitpunkt der Übertragung der Vermögensbeteiligung betreffend den Jahresumsatz und die Jahresbilanzsumme das Doppelte und betreffend die Anzahl der beschäftigten Personen das Vierfache der in Artikel 2 Absatz 1 des Anhangs der Empfehlung der Kommission vom 6. Mai 2003 betreffend die Definition der Kleinstunternehmen sowie der kleinen und mittleren Unternehmen (ABl. L 124 vom 20.5.2003, S. 36) in der jeweils geltenden Fassung genannten Schwellenwerte nicht überschreitet oder in einem der sechs vorangegangenen Kalenderjahre nicht überschritten hat und seine Gründung nicht mehr als 20 Jahre zurückliegt. [2]Die Ermittlung der

[Fassung ab 1.1.2024:]
Schwellenwerte nach Satz 1 erfolgt gemäß der Artikel 4 und 5 des Anhangs der Empfehlung.

(4) [1]Der nach Absatz 1 nicht besteuerte Arbeitslohn unterliegt erst dann der Besteuerung nach § 19 und dem Lohnsteuerabzug als sonstiger Bezug, wenn

1. die Vermögensbeteiligung ganz oder teilweise entgeltlich oder unentgeltlich übertragen wird, insbesondere auch in den Fällen des § 17 Absatz 4 und des § 20 Absatz 2 Satz 2 oder bei Einlagen in ein Betriebsvermögen,
2. seit der Übertragung der Vermögensbeteiligung *zwölf Jahre* [***ab 1.1.2024:*** 15 Jahre] vergangen sind oder
3. das Dienstverhältnis zu dem bisherigen Arbeitgeber beendet wird. [2]Übernimmt der Arbeitgeber in diesem Fall die Lohnsteuer, ist der übernommene Abzugsbetrag nicht Teil des zu besteuernden Arbeitslohns.

[2]In den Fällen des Satzes 1 sind für die zu besteuernden Arbeitslöhne § 34 Absatz 1 und § 39b Absatz 3 Satz 9 und 10 entsprechend anzuwenden, wenn seit der Übertragung der Vermögensbeteiligung mindestens drei Jahre vergangen sind. [3]Die nach Satz 1 zu besteuernden Arbeitslöhne sind bei der Berechnung der Vorsorgepauschale (§ 39b Absatz 2 Satz 5 Nummer 3) nicht einzubeziehen. [4]Ist in den Fällen des Satzes 1 der gemeine Wert der Vermögensbeteiligung abzüglich geleisteter Zuzahlungen des Arbeitnehmers bei der verbilligten Übertragung niedriger als der nach Absatz 1 nicht besteuerte Arbeitslohn, so unterliegt nur der gemeine Wert der Vermögensbeteiligung abzüglich geleisteter Zuzahlungen der Besteuerung [***ab 1.1.2024:*** ; in den Fällen des Satzes 1 Nummer 3 tritt bei einem Rückerwerb der Vermögensbeteiligung durch den Arbeitgeber, einen Gesellschafter des Arbeitgebers oder ein Unternehmen im Sinne des § 18 des Aktiengesetzes an die Stelle des gemeinen Werts die vom Arbeitgeber gewährte Vergütung]. [5]In den Fällen des Satzes 4 gilt neben den geleisteten Zuzahlungen nur der tatsächlich besteuerte Arbeitslohn als Anschaffungskosten im Sinne der §§ 17 und 20. [6]Die Sätze 4 und 5 sind nicht anzuwenden, soweit die Wertminderung nicht betrieblich veranlasst ist oder diese auf einer gesellschaftsrechtlichen Maßnahme, insbesondere einer Ausschüttung oder Einlagerückgewähr, beruht.

[***ab 1.1.2024:***

(4a) [1]Absatz 4 Satz 1 Nummer 2 und 3 ist nicht anzuwenden, wenn der Arbeitgeber spätestens mit der dem betreffenden Ereignis folgenden Lohnsteuer-Anmeldung unwiderruflich erklärt, bei Eintritt des in Absatz 4 Satz 1 Nummer 1 genannten Ereignisses für die betreffende Lohnsteuer zu haften (§ 42d), ohne sich der Haftung durch eine Anzeige nach § 38 Absatz 4 Satz 2 in Verbindung mit § 42d Absatz 2 entziehen zu können. [2]Eine Haftungsinanspruchnahme erfordert dann keine weitere Ermessensprüfung mehr.]

(5) Das Betriebsstättenfinanzamt hat nach der Übertragung einer Vermögensbeteiligung im Rahmen einer Anrufungsauskunft (§ 42e) den vom Arbeitgeber nicht besteuerten Vorteil im Sinne des Absatzes 1 zu bestätigen.

(6) [1]Der nach Absatz 1 nicht besteuerte gemeine Wert der Vermögensbeteiligung und die übrigen Angaben des nach den vorstehenden Absätzen durchgeführten Besteuerungsverfahrens sind vom Arbeitgeber im Lohnkonto aufzuzeichnen. [2]Die Aufbewahrungsfrist nach § 41 Absatz 1 Satz 9 endet insoweit nicht vor Ablauf von sechs Jahren nach der Besteuerung im Sinne des Absatzes 4 Satz 1.

e) Kapitalvermögen (§ 2 Absatz 1 Satz 1 Nummer 5)

§ 20[1)] **[Kapitalvermögen]** (1)[2)] Zu den Einkünften aus Kapitalvermögen gehören

1. Gewinnanteile (Dividenden) und sonstige Bezüge aus Aktien, Genussrechten, mit denen das Recht am Gewinn und Liquidationserlös einer Kapitalgesellschaft verbunden ist, aus Anteilen an Gesellschaften mit beschränkter Haftung, an *Erwerbs- und Wirtschaftsgenossenschaften sowie an bergbautreibenden Vereinigungen, die die Rechte einer juristischen Person haben* [***ab 1.1.2022:*** Genossenschaften sowie an einer optierenden Gesellschaft im Sinne des § 1a des Körperschaftsteuergesetzes.] [2]Zu den sonstigen Bezügen gehören auch verdeckte Gewinnausschüttungen. [3]Die Bezüge gehören nicht zu den Einnahmen, soweit sie aus Ausschüttungen einer Körperschaft stammen, für die Beträge aus dem steuerlichen Einlagekonto im Sinne des § 27 des Körperschaftsteuergesetzes als verwendet gelten. [4]Als sonstige Bezüge gelten auch Einnahmen, die anstelle der Bezüge im Sinne des Satzes 1 von einem anderen als dem Anteilseigner nach Absatz 5 bezogen werden, wenn die Aktien mit Dividendenberechtigung erworben, aber ohne Dividendenanspruch geliefert werden;
2. Bezüge, die nach der Auflösung einer Körperschaft oder Personenvereinigung im Sinne der Nummer 1 anfallen und die nicht in der Rückzahlung von Nennkapital bestehen; Nummer 1 Satz 3 gilt entsprechend. [2]Gleiches gilt für Bezüge, die auf Grund einer Kapitalherabsetzung oder nach der Auflösung einer unbeschränkt steuerpflichtigen Körperschaft oder Personenvereinigung im Sinne der Nummer 1 anfallen und die als Gewinnausschüttung im Sinne des § 28 Absatz 2 Satz 2 und 4 des Körperschaftsteuergesetzes gelten;
3. Investmenterträge nach § 16 des Investmentsteuergesetzes;

3a. Spezial-Investmenterträge nach § 34 des Investmentsteuergesetzes;

4. Einnahmen aus der Beteiligung an einem Handelsgewerbe als stiller Gesellschafter und aus partiarischen Darlehen, es sei denn, dass der Gesellschafter oder Darlehensgeber als Mitunternehmer anzusehen ist. [2]Auf Anteile des stillen Gesellschafters am Verlust des Betriebes sind § 15 Absatz 4 Satz 6 bis 8 und § 15a sinngemäß anzuwenden;[3)]

[1)] Zur Anwendung siehe **§ 52 Abs. 28.**

[2)] § 20 Abs. 1 Nrn. 3 und 3a eingef. durch G v. 19.7.2016 (BGBl. I S. 1730); zur Anwendung siehe § 52 Abs. 28 Satz 20; Nr. 1 Satz 1 kursiver Satzteil aufgeh. und geänd. mWv 1.1.2022 durch G v. 25.6.2021 (BGBl. I S. 2050).

[3)] Zur Anwendung von Satz 2 siehe § 52 Abs. 28 Sätze 1 und 2.

5. Zinsen aus Hypotheken und Grundschulden und Renten aus Rentenschulden. [2]Bei Tilgungshypotheken und Tilgungsgrundschulden ist nur der Teil der Zahlungen anzusetzen, der als Zins auf den jeweiligen Kapitalrest entfällt;

6.[1)] der Unterschiedsbetrag zwischen der Versicherungsleistung und der Summe der auf sie entrichteten Beiträge (Erträge) im Erlebensfall oder bei Rückkauf des Vertrags bei Rentenversicherungen mit Kapitalwahlrecht, soweit nicht die lebenslange Rentenzahlung gewählt und erbracht wird, und bei Kapitalversicherungen mit Sparanteil, wenn der Vertrag nach dem 31. Dezember 2004 abgeschlossen worden ist. [2]Wird die Versicherungsleistung nach Vollendung des 60. Lebensjahres des Steuerpflichtigen und nach Ablauf von zwölf Jahren seit dem Vertragsabschluss ausgezahlt, ist die Hälfte des Unterschiedsbetrags anzusetzen. [3]Bei entgeltlichem Erwerb des Anspruchs auf die Versicherungsleistung treten die Anschaffungskosten an die Stelle der vor dem Erwerb entrichteten Beiträge. [4]Die Sätze 1 bis 3 sind auf Erträge aus fondsgebundenen Lebensversicherungen, auf Erträge im Erlebensfall bei Rentenversicherungen ohne Kapitalwahlrecht, soweit keine lebenslange Rentenzahlung vereinbart und erbracht wird, und auf Erträge bei Rückkauf des Vertrages bei Rentenversicherungen ohne Kapitalwahlrecht entsprechend anzuwenden. [5]Ist in einem Versicherungsvertrag eine gesonderte Verwaltung von speziell für diesen Vertrag zusammengestellten Kapitalanlagen vereinbart, die nicht auf öffentlich vertriebene Investmentfondsanteile oder Anlagen, die die Entwicklung eines veröffentlichten Indexes abbilden, beschränkt ist, und kann der wirtschaftlich Berechtigte unmittelbar oder mittelbar über die Veräußerung der Vermögensgegenstände und die Wiederanlage der Erlöse bestimmen (vermögensverwaltender Versicherungsvertrag), sind die dem Versicherungsunternehmen zufließenden Erträge dem wirtschaftlich Berechtigten aus dem Versicherungsvertrag zuzurechnen; Sätze 1 bis 4 sind nicht anzuwenden. [6]Satz 2 ist nicht anzuwenden, wenn

   a) in einem Kapitallebensversicherungsvertrag mit vereinbarter laufender Beitragszahlung in mindestens gleichbleibender Höhe bis zum Zeitpunkt des Erlebensfalls die vereinbarte Leistung bei Eintritt des versicherten Risikos weniger als 50 Prozent der Summe der für die gesamte Vertragsdauer zu zahlenden Beiträge beträgt und

   b) bei einem Kapitallebensversicherungsvertrag die vereinbarte Leistung bei Eintritt des versicherten Risikos das Deckungskapital oder den Zeitwert der Versicherung spätestens fünf Jahre nach Vertragsabschluss nicht um mindestens 10 Prozent des Deckungskapitals, des Zeitwerts oder der Summe der gezahlten Beiträge übersteigt. [2]Dieser Prozentsatz darf bis zum Ende der Vertragslaufzeit in jährlich gleichen Schritten auf Null sinken.

   [7]Hat der Steuerpflichtige Ansprüche aus einem von einer anderen Person abgeschlossenen Vertrag entgeltlich erworben, gehört zu den Einkünften aus Kapitalvermögen auch der Unterschiedsbetrag zwischen der Versiche-

[1)] Zur Anwendung von Nr. 6 siehe § 52 Abs. 28 Sätze 3 bis 10.

rungsleistung bei Eintritt eines versicherten Risikos und den Aufwendungen für den Erwerb und Erhalt des Versicherungsanspruches; insoweit findet Satz 2 keine Anwendung. [8]Satz 7 gilt nicht, wenn die versicherte Person den Versicherungsanspruch von einem Dritten erwirbt oder aus anderen Rechtsverhältnissen entstandene Abfindungs- und Ausgleichsansprüche arbeitsrechtlicher, erbrechtlicher oder familienrechtlicher Art durch Übertragung von Ansprüchen aus Versicherungsverträgen erfüllt werden.[1)] [9]Bei fondsgebundenen Lebensversicherungen sind 15 Prozent des Unterschiedsbetrages steuerfrei oder dürfen nicht bei der Ermittlung der Einkünfte abgezogen werden, soweit der Unterschiedsbetrag aus Investmenterträgen[2)] stammt;[3)]

7.[4)] Erträge aus sonstigen Kapitalforderungen jeder Art, wenn die Rückzahlung des Kapitalvermögens oder ein Entgelt für die Überlassung des Kapitalvermögens zur Nutzung zugesagt oder geleistet worden ist, auch wenn die Höhe der Rückzahlung oder des Entgelts von einem ungewissen Ereignis abhängt. [2]Dies gilt unabhängig von der Bezeichnung und der zivilrechtlichen Ausgestaltung der Kapitalanlage. [3]Erstattungszinsen im Sinne des § 233a der Abgabenordnung sind Erträge im Sinne des Satzes 1;

8. Diskontbeträge von Wechseln und Anweisungen einschließlich der Schatzwechsel;

9. Einnahmen aus Leistungen einer nicht von der Körperschaftsteuer befreiten Körperschaft, Personenvereinigung oder Vermögensmasse im Sinne des § 1 Absatz 1 Nummer 3 bis 5 des Körperschaftsteuergesetzes, die Gewinnausschüttungen im Sinne der Nummer 1 wirtschaftlich vergleichbar sind, soweit sie nicht bereits zu den Einnahmen im Sinne der Nummer 1 gehören; Nummer 1 Satz 2, 3 und Nummer 2 gelten entsprechend. [2]Satz 1 ist auf Leistungen von vergleichbaren Körperschaften, Personenvereinigungen oder Vermögensmassen, die weder Sitz noch Geschäftsleitung im Inland haben, entsprechend anzuwenden;[5)]

10. a) Leistungen eines nicht von der Körperschaftsteuer befreiten Betriebs gewerblicher Art im Sinne des § 4 des Körperschaftsteuergesetzes mit eigener Rechtspersönlichkeit, die zu mit Gewinnausschüttungen im Sinne der Nummer 1 Satz 1 wirtschaftlich vergleichbaren Einnahmen führen; Nummer 1 Satz 2, 3 und Nummer 2 gelten entsprechend;

b)[6)] der nicht den Rücklagen zugeführte Gewinn und verdeckte Gewinnausschüttungen eines nicht von der Körperschaftsteuer befreiten Betriebs gewerblicher Art im Sinne des § 4 des Körperschaftsteuergesetzes ohne eigene Rechtspersönlichkeit, der den Gewinn durch Betriebsver-

---

1) § 20 Abs. 1 Nr. 6 Sätze 7 und 8 angef. durch G v. 25.7.2014 (BGBl. I S. 1266); zur Anwendung siehe § 52 Abs. 28 Satz 10.

2) Siehe § 52 Abs. 28 Satz 21.

3) § 20 Abs. 1 Nr. 6 Satz 9 angef. durch G v. 19.7.2016 (BGBl. I S. 1730); zur Anwendung siehe § 52 Abs. 28 Sätze 20, 21 und 22.

4) § 20 Abs. 1 Nr. 7 Satz 3 angef. durch G v. 8.12.2010 (BGBl. I S. 1768).

5) § 20 Abs. 1 Nr. 9 Satz 2 angef. durch G v. 8.12.2010 (BGBl. I S. 1768).

6) § 20 Abs. 1 Nr. 10 Buchst. b Satz 6 angef. durch G v. 25.7.2014 (BGBl. I S. 1266).

mögensvergleich ermittelt oder Umsätze einschließlich der steuerfreien Umsätze, ausgenommen die Umsätze nach § 4 Nummer 8 bis 10 des Umsatzsteuergesetzes, von mehr als 350 000 Euro im Kalenderjahr oder einen Gewinn von mehr als 30 000 Euro im Wirtschaftsjahr hat, sowie der Gewinn im Sinne des § 22 Absatz 4 des Umwandlungssteuergesetzes. [2] Die Auflösung der Rücklagen zu Zwecken außerhalb des Betriebs gewerblicher Art führt zu einem Gewinn im Sinne des Satzes 1; in Fällen der Einbringung nach dem Sechsten und des Formwechsels nach dem Achten Teil des Umwandlungssteuergesetzes gelten die Rücklagen als aufgelöst. [3] Bei dem Geschäft der Veranstaltung von Werbesendungen der inländischen öffentlich-rechtlichen Rundfunkanstalten gelten drei Viertel des Einkommens im Sinne des § 8 Absatz 1 Satz 3 des Körperschaftsteuergesetzes als Gewinn im Sinne des Satzes 1. [4] Die Sätze 1 und 2 sind bei wirtschaftlichen Geschäftsbetrieben der von der Körperschaftsteuer befreiten Körperschaften, Personenvereinigungen oder Vermögensmassen entsprechend anzuwenden. [5] Nummer 1 Satz 3 gilt entsprechend. [6] Satz 1 in der am 12. Dezember 2006 geltenden Fassung ist für Anteile, die einbringungsgeboren im Sinne des § 21 des Umwandlungssteuergesetzes in der am 12. Dezember 2006 geltenden Fassung sind, weiter anzuwenden;

11. Stillhalterprämien, die für die Einräumung von Optionen vereinnahmt werden; schließt der Stillhalter ein Glattstellungsgeschäft ab, mindern sich die Einnahmen aus den Stillhalterprämien um die im Glattstellungsgeschäft gezahlten Prämien.

(2)[1] [1] Zu den Einkünften aus Kapitalvermögen gehören auch

1. der Gewinn aus der Veräußerung von Anteilen an einer Körperschaft im Sinne des Absatzes 1 Nummer 1. [2] Anteile an einer Körperschaft sind auch Genussrechte im Sinne des Absatzes 1 Nummer 1, den Anteilen im Sinne des Absatzes 1 Nummer 1 ähnliche Beteiligungen und Anwartschaften auf Anteile im Sinne des Absatzes 1 Nummer 1;
2. der Gewinn aus der Veräußerung
   a)[2] von Dividendenscheinen und sonstigen Ansprüchen durch den Inhaber des Stammrechts, wenn die dazugehörigen Aktien oder sonstigen Anteile nicht mitveräußert werden. [2] Soweit eine Besteuerung nach Satz 1 erfolgt ist, tritt diese insoweit an die Stelle der Besteuerung nach Absatz 1;
   b) von Zinsscheinen und Zinsforderungen durch den Inhaber oder ehemaligen Inhaber der Schuldverschreibung, wenn die dazugehörigen Schuldverschreibungen nicht mitveräußert werden. [2] Entsprechendes gilt für die Einlösung von Zinsscheinen und Zinsforderungen durch den ehemaligen Inhaber der Schuldverschreibung.

   [2] Satz 1 gilt sinngemäß für die Einnahmen aus der Abtretung von Dividenden- oder Zinsansprüchen oder sonstigen Ansprüchen im Sinne des Sat-

---

[1] Zur Anwendung von Abs. 2 siehe § 52 Abs. 28 Sätze 11 bis 17.

[2] § 20 Abs. 2 Satz 1 Nummer 2 Buchst. a Satz 2 geänd. mWv VZ 2014 durch G v. 25.7.2014 (BGBl. I S. 1266).

zes 1, wenn die dazugehörigen Anteilsrechte oder Schuldverschreibungen nicht in einzelnen Wertpapieren verbrieft sind. [3] Satz 2 gilt auch bei der Abtretung von Zinsansprüchen aus Schuldbuchforderungen, die in ein öffentliches Schuldbuch eingetragen sind;

3. der Gewinn
   a) bei Termingeschäften, durch die der Steuerpflichtige einen Differenzausgleich oder einen durch den Wert einer veränderlichen Bezugsgröße bestimmten Geldbetrag oder Vorteil erlangt;
   b) aus der Veräußerung eines als Termingeschäft ausgestalteten Finanzinstruments;
4. der Gewinn aus der Veräußerung von Wirtschaftsgütern, die Erträge im Sinne des Absatzes 1 Nummer 4 erzielen;
5. der Gewinn aus der Übertragung von Rechten im Sinne des Absatzes 1 Nummer 5;
6. der Gewinn aus der Veräußerung von Ansprüchen auf eine Versicherungsleistung im Sinne des Absatzes 1 Nummer 6. [2] Das Versicherungsunternehmen hat nach Kenntniserlangung von einer Veräußerung unverzüglich Mitteilung an das für den Steuerpflichtigen zuständige Finanzamt zu machen und auf Verlangen des Steuerpflichtigen eine Bescheinigung über die Höhe der entrichteten Beiträge im Zeitpunkt der Veräußerung zu erteilen;
7. der Gewinn aus der Veräußerung von sonstigen Kapitalforderungen jeder Art im Sinne des Absatzes 1 Nummer 7;
8. der Gewinn aus der Übertragung oder Aufgabe einer die Einnahmen im Sinne des Absatzes 1 Nummer 9 vermittelnden Rechtsposition.

[2] Als Veräußerung im Sinne des Satzes 1 gilt auch die Einlösung, Rückzahlung, Abtretung oder verdeckte Einlage in eine Kapitalgesellschaft; in den Fällen von Satz 1 Nummer 4 gilt auch die Vereinnahmung eines Auseinandersetzungsguthabens als Veräußerung. [3] Die Anschaffung oder Veräußerung einer unmittelbaren oder mittelbaren Beteiligung an einer Personengesellschaft gilt als Anschaffung oder Veräußerung der anteiligen Wirtschaftsgüter. [4] Wird ein Zinsschein oder eine Zinsforderung vom Stammrecht abgetrennt, gilt dies als Veräußerung der Schuldverschreibung und als Anschaffung der durch die Trennung entstandenen Wirtschaftsgüter. [5] Eine Trennung gilt als vollzogen, wenn dem Inhaber der Schuldverschreibung die Wertpapierkennnummern für die durch die Trennung entstandenen Wirtschaftsgüter zugehen.[1)]

(3) Zu den Einkünften aus Kapitalvermögen gehören auch besondere Entgelte oder Vorteile, die neben den in den Absätzen 1 und 2 bezeichneten Einnahmen oder an deren Stelle gewährt werden.

(3a)[2)] [1] Korrekturen im Sinne des § 43a Absatz 3 Satz 7 sind erst zu dem dort genannten Zeitpunkt zu berücksichtigen. [2] Weist der Steuerpflichtige durch eine Bescheinigung der auszahlenden Stelle nach, dass sie die Korrektur

---

[1)] § 20 Abs. 2 Sätze 4 und 5 angef. durch G v. 19.7.2016 (BGBl. I S. 1730); zur Anwendung siehe § 52 Abs. 28 Satz 19.

[2)] § 20 Abs. 3a eingef. durch G v. 8.12.2010 (BGBl. I S. 1768).

nicht vorgenommen hat und auch nicht vornehmen wird, kann der Steuerpflichtige die Korrektur nach § 32d Absatz 4 und 6 geltend machen.

(4) [1]Gewinn im Sinne des Absatzes 2 ist der Unterschied zwischen den Einnahmen aus der Veräußerung nach Abzug der Aufwendungen, die im unmittelbaren sachlichen Zusammenhang mit dem Veräußerungsgeschäft stehen, und den Anschaffungskosten; bei nicht in Euro getätigten Geschäften sind die Einnahmen im Zeitpunkt der Veräußerung und die Anschaffungskosten im Zeitpunkt der Anschaffung in Euro umzurechnen. [2]In den Fällen der verdeckten Einlage tritt an die Stelle der Einnahmen aus der Veräußerung der Wirtschaftsgüter ihr gemeiner Wert; der Gewinn ist für das Kalenderjahr der verdeckten Einlage anzusetzen. [3]Ist ein Wirtschaftsgut im Sinne des Absatzes 2 in das Privatvermögen durch Entnahme oder Betriebsaufgabe überführt worden, tritt an die Stelle der Anschaffungskosten der nach § 6 Absatz 1 Nummer 4 oder § 16 Absatz 3 angesetzte Wert. [4]In den Fällen des Absatzes 2 Satz 1 Nummer 6 gelten die entrichteten Beiträge im Sinne des Absatzes 1 Nummer 6 Satz 1 als Anschaffungskosten; ist ein entgeltlicher Erwerb vorausgegangen, gelten auch die nach dem Erwerb entrichteten Beiträge als Anschaffungskosten. [5]Gewinn bei einem Termingeschäft ist der Differenzausgleich oder der durch den Wert einer veränderlichen Bezugsgröße bestimmte Geldbetrag oder Vorteil abzüglich der Aufwendungen, die im unmittelbaren sachlichen Zusammenhang mit dem Termingeschäft stehen. [6]Bei unentgeltlichem Erwerb sind dem Einzelrechtsnachfolger für Zwecke dieser Vorschrift die Anschaffung, die Überführung des Wirtschaftsguts in das Privatvermögen, der Erwerb eines Rechts aus Termingeschäften oder die Beiträge im Sinne des Absatzes 1 Nummer 6 Satz 1 durch den Rechtsvorgänger zuzurechnen. [7]Bei vertretbaren Wertpapieren, die einem Verwahrer zur Sammelverwahrung im Sinne des § 5 des Depotgesetzes in der Fassung der Bekanntmachung vom 11. Januar 1995 (BGBl. I S. 34), das zuletzt durch Artikel 4 des Gesetzes vom 5. April 2004 (BGBl. I S. 502) geändert worden ist, in der jeweils geltenden Fassung anvertraut worden sind, ist zu unterstellen, dass die zuerst angeschafften Wertpapiere zuerst veräußert wurden. [8]Ist ein Zinsschein oder eine Zinsforderung vom Stammrecht abgetrennt worden, gilt als Veräußerungserlös der Schuldverschreibung deren gemeiner Wert zum Zeitpunkt der Trennung. [9]Für die Ermittlung der Anschaffungskosten ist der Wert nach Satz 8 entsprechend dem gemeinen Wert der neuen Wirtschaftsgüter aufzuteilen.[1)]

(4a)[2)] [1]Werden Anteile an einer Körperschaft, Vermögensmasse oder Personenvereinigung gegen Anteile an einer anderen Körperschaft, Vermögensmasse oder Personenvereinigung getauscht und wird der Tausch auf Grund gesellschaftsrechtlicher Maßnahmen vollzogen, die von den beteiligten Unternehmen ausgehen, treten abweichend von Absatz 2 Satz 1 und den §§ 13 und 21 des Umwandlungssteuergesetzes die übernommenen Anteile steuerlich an

---

1) § 20 Abs. 4 Sätze 8 und 9 angef. durch G v. 19.7.2016 (BGBl. I S. 1730); zur Anwendung siehe § 52 Abs. 28 Satz 21.

2) § 20 Abs. 4a Satz 1 geänd. durch G v. 8.12.2010 (BGBl. I S. 1768); geänd. durch G v. 12.12.2019 (BGBl. I S. 2451); Satz 3 neu gef. durch G v. 8.12.2010 (BGBl. I S. 1768), zur Anwendung siehe § 52 Abs. 28 Satz 18; Satz 3 geänd. durch G v. 21.12.2020 (BGBl. I S. 3096), zur Anwendung siehe § 52 Abs. 28 Satz 19.

die Stelle der bisherigen Anteile, wenn das Recht der Bundesrepublik Deutschland hinsichtlich der Besteuerung des Gewinns aus der Veräußerung der erhaltenen Anteile nicht ausgeschlossen oder beschränkt ist oder die Mitgliedstaaten der Europäischen Union bei einer Verschmelzung Artikel 8 der Richtlinie 2009/133/EG des Rates vom 19. Oktober 2009 über das gemeinsame Steuersystem für Fusionen, Spaltungen, Abspaltungen, die Einbringung von Unternehmensteilen und den Austausch von Anteilen, die Gesellschaften verschiedener Mitgliedstaaten betreffen, sowie für die Verlegung des Sitzes einer Europäischen Gesellschaft oder einer Europäischen Genossenschaft von einem Mitgliedstaat in einen anderen Mitgliedstaat (ABl. L 310 vom 25.11. 2009, S. 34) in der jeweils geltenden Fassung anzuwenden haben; in diesem Fall ist der Gewinn aus einer späteren Veräußerung der erworbenen Anteile ungeachtet der Bestimmungen eines Abkommens zur Vermeidung der Doppelbesteuerung in der gleichen Art und Weise zu besteuern, wie die Veräußerung der Anteile an der übertragenden Körperschaft zu besteuern wäre, und § 15 Absatz 1a Satz 2 entsprechend anzuwenden. [2] Erhält der Steuerpflichtige in den Fällen des Satzes 1 zusätzlich zu den Anteilen eine Gegenleistung, gilt diese als Ertrag im Sinne des Absatzes 1 Nummer 1. [3] Besitzt bei sonstigen Kapitalforderungen im Sinne des Absatzes 1 Nummer 7 der Inhaber das Recht, bei Fälligkeit anstelle der Zahlung eines Geldbetrags vom Emittenten die Lieferung von Wertpapieren im Sinne des Absatzes 1 Nummer 1 zu verlangen oder besitzt der Emittent das Recht, bei Fälligkeit dem Inhaber anstelle der Zahlung eines Geldbetrags solche Wertpapiere anzudienen und macht der Inhaber der Forderung oder der Emittent von diesem Recht Gebrauch, ist abweichend von Absatz 4 Satz 1 das Entgelt für den Erwerb der Forderung als Veräußerungspreis der Forderung und als Anschaffungskosten der erhaltenen Wertpapiere anzusetzen; Satz 2 gilt entsprechend. [4] Werden Bezugsrechte veräußert oder ausgeübt, die nach § 186 des Aktiengesetzes, § 55 des Gesetzes betreffend die Gesellschaften mit beschränkter Haftung oder eines vergleichbaren ausländischen Rechts einen Anspruch auf Abschluss eines Zeichnungsvertrags begründen, wird der Teil der Anschaffungskosten der Altanteile, der auf das Bezugsrecht entfällt, bei der Ermittlung des Gewinns nach Absatz 4 Satz 1 mit 0 Euro angesetzt. [5] Werden einem Steuerpflichtigen von einer Körperschaft, Personenvereinigung oder Vermögensmasse, die weder Geschäftsleitung noch Sitz im Inland hat, Anteile zugeteilt, ohne dass der Steuerpflichtige eine Gegenleistung zu erbringen hat, sind sowohl der Ertrag als auch die Anschaffungskosten der erhaltenen Anteile mit 0 Euro anzusetzen, wenn die Voraussetzungen der Sätze 3, 4, und 7 nicht vorliegen; die Anschaffungskosten der die Zuteilung begründenden Anteile bleiben unverändert.[1)] [6] Soweit es auf die steuerliche Wirksamkeit einer Kapitalmaßnahme im Sinne der vorstehenden Sätze 1 bis 5 ankommt, ist auf den Zeitpunkt der Einbuchung in das Depot des Steuerpflichtigen abzustellen. [7] Geht Vermögen einer Körperschaft durch Abspaltung auf andere Körperschaften über, gelten abweichend von Satz 5 und § 15 des Umwandlungssteuergesetzes die Sätze 1 und 2 entsprechend.[2)]

[1)] § 20 Abs. 4a Satz 5 neu gef. durch G v. 21.12.2020 (BGBl. I S. 3096); zur Anwendung siehe § 52 Abs. 28 Satz 20.

[2)] § 20 Abs. 4a Satz 7 angef. durch G v. 26.6.2013 (BGBl. I S. 1809).

(5) [1]Einkünfte aus Kapitalvermögen im Sinne des Absatzes 1 Nummer 1 und 2 erzielt der Anteilseigner. [2]Anteilseigner ist derjenige, dem nach § 39 der Abgabenordnung die Anteile an dem Kapitalvermögen im Sinne des Absatzes 1 Nummer 1 im Zeitpunkt des Gewinnverteilungsbeschlusses zuzurechnen sind. [3]Sind einem Nießbraucher oder Pfandgläubiger die Einnahmen im Sinne des Absatzes 1 Nummer 1 oder 2 zuzurechnen, gilt er als Anteilseigner.

(6)[1)] [1]Verluste aus Kapitalvermögen dürfen nicht mit Einkünften aus anderen Einkunftsarten ausgeglichen werden; sie dürfen auch nicht nach § 10d abgezogen werden. [2]Die Verluste mindern jedoch die Einkünfte, die der Steuerpflichtige in den folgenden Veranlagungszeiträumen aus Kapitalvermögen erzielt. [3]§ 10d Absatz 4 ist sinngemäß anzuwenden [***ab VZ 2022:*** ; im Fall von zusammenveranlagten Ehegatten erfolgt ein gemeinsamer Verlustausgleich vor der Verlustfeststellung.] [4]Verluste aus Kapitalvermögen im Sinne des Absatzes 2 Satz 1 Nummer 1 Satz 1, die aus der Veräußerung von Aktien entstehen, dürfen nur mit Gewinnen aus Kapitalvermögen im Sinne des Absatzes 2 Satz 1 Nummer 1 Satz 1, die aus der Veräußerung von Aktien entstehen, ausgeglichen werden; die Sätze 2 und 3 gelten sinngemäß. [5]Verluste aus Kapitalvermögen im Sinne des Absatzes 2 Satz 1 Nummer 3 dürfen nur in Höhe von 20 000 Euro mit Gewinnen im Sinne des Absatzes 2 Satz 1 Nummer 3 und mit Einkünften im Sinne des § 20 Absatz 1 Nummer 11 ausgeglichen werden; die Sätze 2 und 3 gelten sinngemäß mit der Maßgabe, dass nicht verrechnete Verluste je Folgejahr nur bis zur Höhe von 20 000 Euro mit Gewinnen im Sinne des Absatzes 2 Satz 1 Nummer 3 und mit Einkünften im Sinne des § 20 Absatz 1 Nummer 11 verrechnet werden dürfen.[2)] [6]Verluste aus Kapitalvermögen aus der ganzen oder teilweisen Uneinbringlichkeit einer Kapitalforderung, aus der Ausbuchung wertloser Wirtschaftsgüter im Sinne des Absatzes 1, aus der Übertragung wertloser Wirtschaftsgüter im Sinne des Absatzes 1 auf einen Dritten oder aus einem sonstigen Ausfall von Wirtschaftsgütern im Sinne des Absatzes 1 dürfen nur in Höhe von 20 000 Euro mit Einkünften aus Kapitalvermögen ausgeglichen werden; die Sätze 2 und 3 gelten sinngemäß mit der Maßgabe, dass nicht verrechnete Verluste je Folgejahr nur bis zur Höhe von 20 000 Euro mit Einkünften aus Kapitalvermögen verrechnet werden dürfen.[3)] [7]Verluste aus Kapitalvermögen, die der Kapitalertragsteuer unterliegen, dürfen nur verrechnet werden oder mindern die Einkünfte, die der Steuerpflichtige in den folgenden Veranlagungszeiträumen aus Kapitalvermögen erzielt, wenn eine Bescheinigung im Sinne des § 43a Absatz 3 Satz 4 vorliegt.[4)]

(7)[5)] [1]§ 15b ist sinngemäß anzuwenden. [2]Ein vorgefertigtes Konzept im Sinne des § 15b Absatz 2 Satz 2 liegt auch vor, wenn die positiven Einkünfte nicht der tariflichen Einkommensteuer unterliegen.

[1)] § 20 Abs. 6 Satz 1 aufgeh. mWv VZ 2014, Sätze 2 bis 6 werden Sätze 1 bis 5 und Satz 4 Verweis geänd. durch G v. 25.7.2014 (BGBl. I S. 1266); Abs. 6 Satz 3 HS 2 angef. mWv VZ 2022 durch G v. 16.12.2022 (BGBl. I S. 2294).

[2)] § 20 Abs. 6 Satz 5 angef. durch G v. 21.12.2019 (BGBl. I S. 2875); geänd. durch G v. 21.12.2020 (BGBl. I S. 3096), zur Anwendung siehe § 52 Abs. 28 Satz 25.

[3)] § 20 Abs. 6 Satz 6 angef. durch G v. 21.12.2019 (BGBl. I S. 2875); geänd. durch G v. 21.12.2020 (BGBl. I S. 3096), zur Anwendung siehe § 52 Abs. 28 Satz 26.

[4)] § 20 Abs. 6 Satz 5 wird Satz 7 durch G v. 21.12.2019 (BGBl. I S. 2875).

[5)] Zur Anwendung von Abs. 7 (bish. Abs. 2b) siehe § 52 Abs. 28 Satz 2.

(8) [1] Soweit Einkünfte der in den Absätzen 1, 2 und 3 bezeichneten Art zu den Einkünften aus Land- und Forstwirtschaft, aus Gewerbebetrieb, aus selbständiger Arbeit oder aus Vermietung und Verpachtung gehören, sind sie diesen Einkünften zuzurechnen. [2] Absatz 4a findet insoweit keine Anwendung.

(9)[1)] [1] Bei der Ermittlung der Einkünfte aus Kapitalvermögen ist als Werbungskosten ein Betrag von *801* [***ab VZ 2023:*** 1000] Euro abzuziehen (Sparer-Pauschbetrag); der Abzug der tatsächlichen Werbungskosten ist ausgeschlossen. [2] Ehegatten, die zusammen veranlagt werden, wird ein gemeinsamer Sparer-Pauschbetrag von *1602* [***ab VZ 2023:*** 2000] Euro gewährt. [3] Der gemeinsame Sparer-Pauschbetrag ist bei der Einkunftsermittlung bei jedem Ehegatten je zur Hälfte abzuziehen; sind die Kapitalerträge eines Ehegatten niedriger als *801* [***ab VZ 2023:*** 1000] Euro, so ist der anteilige SparerPauschbetrag insoweit, als er die Kapitalerträge dieses Ehegatten übersteigt, bei dem anderen Ehegatten abzuziehen. [4] Der Sparer-Pauschbetrag und der gemeinsame Sparer-Pauschbetrag dürfen nicht höher sein als die nach Maßgabe des Absatzes 6 verrechneten Kapitalerträge.

f) Vermietung und Verpachtung (§ 2 Absatz 1 Satz 1 Nummer 6)

§ 21 [Vermietung und Verpachtung] (1) [1] Einkünfte aus Vermietung und Verpachtung sind

1. Einkünfte aus Vermietung und Verpachtung von unbeweglichem Vermögen, insbesondere von Grundstücken, Gebäuden, Gebäudeteilen, Schiffen, die in ein Schiffsregister eingetragen sind, und Rechten, die den Vorschriften des bürgerlichen Rechts über Grundstücke unterliegen (z. B. Erbbaurecht, Mineralgewinnungsrecht);
2. Einkünfte aus Vermietung und Verpachtung von Sachinbegriffen, insbesondere von beweglichem Betriebsvermögen;
3. Einkünfte aus zeitlich begrenzter Überlassung von Rechten, insbesondere von schriftstellerischen, künstlerischen und gewerblichen Urheberrechten, von gewerblichen Erfahrungen und von Gerechtigkeiten und Gefällen;
4. Einkünfte aus der Veräußerung von Miet- und Pachtzinsforderungen, auch dann, wenn die Einkünfte im Veräußerungspreis von Grundstücken enthalten sind und die Miet- oder Pachtzinsen sich auf einen Zeitraum beziehen, in dem der Veräußerer noch Besitzer war.

[2] §§ 15a und 15b sind sinngemäß anzuwenden.[2)]

(2)[3)] [1] Beträgt das Entgelt für die Überlassung einer Wohnung zu Wohnzwecken weniger als 50 Prozent der ortsüblichen Marktmiete, so ist die Nutzungsüberlassung in einen entgeltlichen und einen unentgeltlichen Teil aufzuteilen. [2] Beträgt das Entgelt bei auf Dauer angelegter Wohnungsvermietung

---

[1)] § 20 Abs. 9 Sätze 1 bis 3 Beträge geänd. mWv VZ 2023 durch G v. 16.12.2022 (BGBl. I S. 2294).

[2)] Zur Anwendung von Satz 2 siehe § 52 Abs. 29.

[3)] § 21 Abs. 2 Satz 1 geänd., Satz 2 angef. mWv VZ 2012 durch G v. 1.11.2011 (BGBl. I S. 2131); Satz 1 geänd. mWv VZ 2021 durch G v. 21.12.2020 (BGBl. I S. 3096).

mindestens 66 Prozent der ortsüblichen Miete, gilt die Wohnungsvermietung als entgeltlich.

(3) Einkünfte der in den Absätzen 1 und 2 bezeichneten Art sind Einkünften aus anderen Einkunftsarten zuzurechnen, soweit sie zu diesen gehören.

g) Sonstige Einkünfte (§ 2 Absatz 1 Satz 1 Nummer 7)

§ 22 Arten der sonstigen Einkünfte. Sonstige Einkünfte sind

1.[1] Einkünfte aus wiederkehrenden Bezügen, soweit sie nicht zu den in § 2 Absatz 1 Nummer 1 bis 6 bezeichneten Einkunftsarten gehören; § 15b ist sinngemäß anzuwenden. [2]Werden die Bezüge freiwillig oder auf Grund einer freiwillig begründeten Rechtspflicht oder einer gesetzlich unterhaltsberechtigten Person gewährt, so sind sie nicht dem Empfänger zuzurechnen; dem Empfänger sind dagegen zuzurechnen

a) Bezüge, die von einer Körperschaft, Personenvereinigung oder Vermögensmasse außerhalb der Erfüllung steuerbegünstigter Zwecke im Sinne der §§ 52 bis 54 der Abgabenordnung gewährt werden, und

b) Bezüge im Sinne des § 1 der Verordnung über die Steuerbegünstigung von Stiftungen, die an die Stelle von Familienfideikommissen getreten sind, in der im Bundesgesetzblatt Teil III, Gliederungsnummer 611-4-3, veröffentlichten bereinigten Fassung.

[3]Zu den in Satz 1 bezeichneten Einkünften gehören auch

a) Leibrenten und andere Leistungen,

aa)[2] die aus den gesetzlichen Rentenversicherungen, der landwirtschaftlichen Alterskasse, den berufsständischen Versorgungseinrichtungen und aus Rentenversicherungen im Sinne des § 10 Absatz 1 Nummer 2 Buchstabe b erbracht werden, soweit sie jeweils der Besteuerung unterliegen. [2]Bemessungsgrundlage für den der Besteuerung unterliegenden Anteil ist der Jahresbetrag der Rente. [3]Der der Besteuerung unterliegende Anteil ist nach dem Jahr des Rentenbeginns und dem in diesem Jahr maßgebenden Prozentsatz aus der nachstehenden Tabelle zu entnehmen:

Jahr des Rentenbeginns	Besteuerungsanteil in %
bis 2005	50
ab 2006	52
2007	54
2008	56
2009	58
2010	60
2011	62

[1] Zur Anwendung von Nr. 1 Satz 1 2. HS siehe § 52 Abs. 30.

[2] § 22 Nr. 1 Satz 3 Buchst. a Doppelbuchst. aa geänd. mWv 1.1.2013 durch G v. 12.4.2012 (BGBl. I S. 579); Doppelbuchst. aa Satz 9 angef. mWv VZ 2021 durch G v. 21.12.2020 (BGBl. I S. 3096).

Jahr des Rentenbeginns	Besteuerungsanteil in %
2012	64
2013	66
2014	68
2015	70
2016	72
2017	74
2018	76
2019	78
2020	80
2021	81
2022	82
2023	83
2024	84
2025	85
2026	86
2027	87
2028	88
2029	89
2030	90
2031	91
2032	92
2033	93
2034	94
2035	95
2036	96
2037	97
2038	98
2039	99
2040	100

[4]Der Unterschiedsbetrag zwischen dem Jahresbetrag der Rente und dem der Besteuerung unterliegenden Anteil der Rente ist der steuerfreie Teil der Rente. [5]Dieser gilt ab dem Jahr, das dem Jahr des Rentenbeginns folgt, für die gesamte Laufzeit des Rentenbezugs. [6]Abweichend hiervon ist der steuerfreie Teil der Rente bei einer Veränderung des Jahresbetrags der Rente in dem Verhältnis anzupassen, in dem der veränderte Jahresbetrag der Rente zum Jahresbetrag der Rente steht, der der Ermittlung des steuerfreien Teils der Rente zugrunde liegt. [7]Regelmäßige Anpassungen des Jahresbetrags der Rente führen nicht zu einer Neuberechnung und bleiben bei einer Neuberechnung außer Betracht. [8]Folgen nach dem 31. Dezember 2004 Renten aus derselben Versicherung einander nach, gilt für die spätere Rente Satz 3 mit der Maßgabe, dass sich der Prozentsatz nach dem Jahr richtet, das sich ergibt, wenn die Laufzeit der vorhergehen-

den Renten von dem Jahr des Beginns der späteren Rente abgezogen wird; der Prozentsatz kann jedoch nicht niedriger bemessen werden als der für das Jahr 2005. [9] Verstirbt der Rentenempfänger, ist ihm die Rente für den Sterbemonat noch zuzurechnen;

bb)[1] die nicht solche im Sinne des Doppelbuchstaben aa sind und bei denen in den einzelnen Bezügen Einkünfte aus Erträgen des Rentenrechts enthalten sind. [2] Dies gilt auf Antrag auch für Leibrenten und andere Leistungen, soweit diese auf bis zum 31. Dezember 2004 geleisteten Beiträgen beruhen, welche oberhalb des Betrags des Höchstbeitrags zur gesetzlichen Rentenversicherung gezahlt wurden; der Steuerpflichtige muss nachweisen, dass der Betrag des Höchstbeitrags mindestens zehn Jahre überschritten wurde; soweit hiervon im Versorgungsausgleich übertragene Rentenanwartschaften betroffen sind, gilt § 4 Absatz 1 und 2[2] des Versorgungsausgleichsgesetzes entsprechend. [3] Als Ertrag des Rentenrechts gilt für die gesamte Dauer des Rentenbezugs der Unterschiedsbetrag zwischen dem Jahresbetrag der Rente und dem Betrag, der sich bei gleichmäßiger Verteilung des Kapitalwerts der Rente auf ihre voraussichtliche Laufzeit ergibt; dabei ist der Kapitalwert nach dieser Laufzeit zu berechnen. [4] Der Ertrag des Rentenrechts (Ertragsanteil) ist aus der nachstehenden Tabelle zu entnehmen:

Bei Beginn der Rente vollendetes Lebensjahr des Rentenberechtigten	Ertragsanteil in %	Bei Beginn der Rente vollendetes Lebensjahr des Rentenberechtigten	Ertragsanteil in %
0 bis 1	59	32	43
2 bis 3	58	33 bis 34	42
4 bis 5	57	35	41
6 bis 8	56	36 bis 37	40
9 bis 10	55	38	39
11 bis 12	54	39 bis 40	38
13 bis 14	53	41	37
15 bis 16	52	42	36
17 bis 18	51	43 bis 44	35
19 bis 20	50	45	34
21 bis 22	49	46 bis 47	33
23 bis 24	48	48	32
25 bis 26	47	49	31
27	46	50	30
28 bis 29	45		
30 bis 31	44		

[1] § 22 Nr. 1 Satz 3 Buchst. a Doppelbuchst. bb Satz 6 angef. mWv VZ 2021 durch G v. 21.12.2020 (BGBl. I S. 3096).

[2] Verweis geänd. mWv VZ 2010 durch G v. 8.12.2010 (BGBl. I S. 1768).

Bei Beginn der Rente vollendetes Lebensjahr des Rentenberechtigten	Ertragsanteil in %	Bei Beginn der Rente vollendetes Lebensjahr des Rentenberechtigten	Ertragsanteil in %
51 bis 52	29	72 bis 73	13
53	28	74	12
54	27	75	11
55 bis 56	26	76 bis 77	10
57	25	78 bis 79	9
58	24	80	8
59	23	81 bis 82	7
60 bis 61	22	83 bis 84	6
62	21	85 bis 87	5
63	20	88 bis 91	4
64	19	92 bis 93	3
65 bis 66	18	94 bis 96	2
67	17	ab 97	1
68	16		
69 bis 70	15		
71	14		

[5] Die Ermittlung des Ertrags aus Leibrenten, die vor dem 1. Januar 1955 zu laufen begonnen haben, und aus Renten, deren Dauer von der Lebenszeit mehrerer Personen oder einer anderen Person als des Rentenberechtigten abhängt, sowie aus Leibrenten, die auf eine bestimmte Zeit beschränkt sind, wird durch eine Rechtsverordnung bestimmt. [6] Doppelbuchstabe aa Satz 9 gilt entsprechend;

b) Einkünfte aus Zuschüssen und sonstigen Vorteilen, die als wiederkehrende Bezüge gewährt werden;

[*ab VZ 2022:*

c)[1)] die Energiepreispauschale nach dem Rentenbeziehende-Energiepreispauschalengesetz;]

1a.[2)] Einkünfte aus Leistungen und Zahlungen nach § 10 Absatz 1a, soweit für diese die Voraussetzungen für den Sonderausgabenabzug beim Leistungs- oder Zahlungsverpflichteten nach § 10 Absatz 1a erfüllt sind;

1b., 1c.[3)] *(aufgehoben)*

2. Einkünfte aus privaten Veräußerungsgeschäften im Sinne des § 23;

3.[4)] Einkünfte aus Leistungen, soweit sie weder zu anderen Einkunftsarten (§ 2 Absatz 1 Satz 1 Nummer 1 bis 6) noch zu den Einkünften im Sinne der

---

1) § 22 Nr. 1 Satz 3 Buchst. c angef. mWv VZ 2022 durch G v. 16.12.2022 (BGBl. I S. 2294).
2) § 22 Nr. 1a neu gef. mWv VZ 2015 durch G v. 22.12.2014 (BGBl. I S. 2417).
3) § 22 Nr. 1b und 1c aufgeh. mWv VZ 2015 durch G v. 22.12.2014 (BGBl. I S. 2417).
4) § 22 Nr. 3 Sätze 5 und 6 aufgeh. mWv VZ 2014 durch G v. 25.7.2014 (BGBl. I S. 1266).

Nummern 1, 1a, 2 oder 4 gehören, z. B. Einkünfte aus gelegentlichen Vermittlungen und aus der Vermietung beweglicher Gegenstände. [2]Solche Einkünfte sind nicht einkommensteuerpflichtig, wenn sie weniger als 256 Euro im Kalenderjahr betragen haben. [3]Übersteigen die Werbungskosten die Einnahmen, so darf der übersteigende Betrag bei Ermittlung des Einkommens nicht ausgeglichen werden; er darf auch nicht nach § 10d abgezogen werden. [4]Die Verluste mindern jedoch nach Maßgabe des § 10d die Einkünfte, die der Steuerpflichtige in dem unmittelbar vorangegangenen Veranlagungszeitraum oder in den folgenden Veranlagungszeiträumen aus Leistungen im Sinne des Satzes 1 erzielt hat oder erzielt; § 10d Absatz 4 gilt entsprechend;

4.[1)] Entschädigungen, Amtszulagen, Zuschüsse zu Kranken- und Pflegeversicherungsbeiträgen, Übergangsgelder, Überbrückungsgelder, Sterbegelder, Versorgungsabfindungen, Versorgungsbezüge, die auf Grund des Abgeordnetengesetzes oder des Europaabgeordnetengesetzes, sowie vergleichbare Bezüge, die auf Grund der entsprechenden Gesetze der Länder gezahlt werden, und die Entschädigungen, das Übergangsgeld, das Ruhegehalt und die Hinterbliebenenversorgung, die auf Grund des Abgeordnetenstatuts des Europäischen Parlaments von der Europäischen Union gezahlt werden. [2]Werden zur Abgeltung des durch das Mandat veranlassten Aufwandes Aufwandsentschädigungen gezahlt, so dürfen die durch das Mandat veranlassten Aufwendungen nicht als Werbungskosten abgezogen werden. [3]Wahlkampfkosten zur Erlangung eines Mandats im Bundestag, im Europäischen Parlament oder im Parlament eines Landes dürfen nicht als Werbungskosten abgezogen werden. [4]Es gelten entsprechend

a) für Nachversicherungsbeiträge auf Grund gesetzlicher Verpflichtung nach den Abgeordnetengesetzen im Sinne des Satzes 1 und für Zuschüsse zu Kranken- und Pflegeversicherungsbeiträgen § 3 Nummer 62,

b) für Versorgungsbezüge § 19 Absatz 2 nur bezüglich des Versorgungsfreibetrags; beim Zusammentreffen mit Versorgungsbezügen im Sinne des § 19 Absatz 2 Satz 2 bleibt jedoch insgesamt höchstens ein Betrag in Höhe des Versorgungsfreibetrags nach § 19 Absatz 2 Satz 3 im Veranlagungszeitraum steuerfrei,

c) für das Übergangsgeld, das in einer Summe gezahlt wird, und für die Versorgungsabfindung § 34 Absatz 1,

d) für die Gemeinschaftssteuer, die auf die Entschädigungen, das Übergangsgeld, das Ruhegehalt und die Hinterbliebenenversorgung auf Grund des Abgeordnetenstatuts des Europäischen Parlaments von der Europäischen Union erhoben wird, § 34c Absatz 1; dabei sind die im ersten Halbsatz genannten Einkünfte für die entsprechende Anwendung des § 34c Absatz 1 wie ausländische Einkünfte und die Gemeinschaftssteuer wie eine der deutschen Einkommensteuer entsprechende ausländische Steuer zu behandeln;

[1)] Zur Anwendung im Beitrittsgebiet siehe § 57 Abs. 5.

5.[1]) Leistungen aus Altersvorsorgeverträgen, Pensionsfonds, Pensionskassen und Direktversicherungen. [2]Soweit die Leistungen nicht auf Beiträgen, auf die § 3 Nummer 63, 63a, § 10a, Abschnitt XI oder Abschnitt XII angewendet wurden, nicht auf Zulagen im Sinne des Abschnitts XI, nicht auf Zahlungen im Sinne des § 92a Absatz 2 Satz 4 Nummer 1 und des § 92a Absatz 3 Satz 9 Nummer 2, nicht auf steuerfreien Leistungen nach § 3 Nummer 66 und nicht auf Ansprüchen beruhen, die durch steuerfreie Zuwendungen nach § 3 Nummer 56 oder die durch die nach § 3 Nummer 55b Satz 1 oder § 3 Nummer 55c[2]) steuerfreie Leistung aus einem neu begründeten Anrecht erworben wurden,

a) ist bei lebenslangen Renten sowie bei Berufsunfähigkeits-, Erwerbsminderungs- und Hinterbliebenenrenten Nummer 1 Satz 3 Buchstabe a entsprechend anzuwenden,

b) ist bei Leistungen aus Versicherungsverträgen, Pensionsfonds, Pensionskassen und Direktversicherungen, die nicht solche nach Buchstabe a sind, § 20 Absatz 1 Nummer 6 in der jeweils für den Vertrag geltenden Fassung entsprechend anzuwenden,

c) unterliegt bei anderen Leistungen der Unterschiedsbetrag zwischen der Leistung und der Summe der auf sie entrichteten Beiträge der Besteuerung; § 20 Absatz 1 Nummer 6 Satz 2 gilt entsprechend.

[3]In den Fällen des § 93 Absatz 1 Satz 1 und 2 gilt das ausgezahlte geförderte Altersvorsorgevermögen nach Abzug der Zulagen im Sinne des Abschnitts XI als Leistung im Sinne des Satzes 2. [4]Als Leistung im Sinne des Satzes 1 gilt auch der Verminderungsbetrag nach § 92a Absatz 2 Satz 5 und der Auflösungsbetrag nach § 92a Absatz 3 Satz 5. [5]Der Auflösungsbetrag nach § 92a Absatz 2 Satz 6 wird zu 70 Prozent als Leistung nach Satz 1 erfasst. [6]Tritt nach dem Beginn der Auszahlungsphase zu Lebzeiten des Zulageberechtigten der Fall des § 92a Absatz 3 Satz 1 ein, dann ist

a) innerhalb eines Zeitraums bis zum zehnten Jahr nach dem Beginn der Auszahlungsphase das Eineinhalbfache,

b) innerhalb eines Zeitraums zwischen dem zehnten und 20. Jahr nach dem Beginn der Auszahlungsphase das Einfache

des nach Satz 5 noch nicht erfassten Auflösungsbetrags als Leistung nach Satz 1 zu erfassen; § 92a Absatz 3 Satz 9 gilt entsprechend mit der Maßgabe, dass als noch nicht zurückgeführter Betrag im Wohnförderkonto der noch nicht erfasste Auflösungsbetrag gilt. [7]Bei erstmaligem Bezug von Leistungen, in den Fällen des § 93 Absatz 1 sowie bei Änderung der im Kalenderjahr auszuzahlenden Leistung hat der Anbieter (§ 80) nach Ablauf des Kalenderjahres dem Steuerpflichtigen nach amtlich vorgeschriebenem Muster den Betrag der im abgelaufenen Kalenderjahr zugeflossenen Leistungen im Sinne der Sätze 1 bis 3 je gesondert mitzuteilen; mit Einverständnis des

---

[1]) § 22 Nr. 5 Satz 6 ergänzt mWv VZ 2010, Satz 10 angef. mWv 1.9.2009 durch G v. 8.12.2010 (BGBl. I S. 1768); Satz 2 geänd., Satz 11 angef. mWv VZ 2011 durch G v. 7.12.2011 (BGBl. I S. 2592); Satz 2 geänd. mWv 1.1.2018 durch G v. 17.8.2017 (BGBl. I S. 3214).

[2]) Siehe hierzu § 82 Abs. 4 Nr. 5.

Steuerpflichtigen kann die Mitteilung elektronisch bereitgestellt werden.[1)] [8] Werden dem Steuerpflichtigen Abschluss- und Vertriebskosten eines Altersvorsorgevertrages erstattet, gilt der Erstattungsbetrag als Leistung im Sinne des Satzes 1. [9] In den Fällen des § 3 Nummer 55a richtet sich die Zuordnung zu Satz 1 oder Satz 2 bei der ausgleichsberechtigten Person danach, wie eine nur auf die Ehezeit bezogene Zuordnung der sich aus dem übertragenen Anrecht ergebenden Leistung zu Satz 1 oder Satz 2 bei der ausgleichspflichtigen Person im Zeitpunkt der Übertragung ohne die Teilung vorzunehmen gewesen wäre. [10] Dies gilt sinngemäß in den Fällen des § 3 Nummer 55 und 55e. [11] Wird eine Versorgungsverpflichtung nach § 3 Nummer 66 auf einen Pensionsfonds übertragen und hat der Steuerpflichtige bereits vor dieser Übertragung Leistungen auf Grund dieser Versorgungsverpflichtung erhalten, so sind insoweit auf die Leistungen aus dem Pensionsfonds im Sinne des Satzes 1 die Beträge nach § 9a Satz 1 Nummer 1 und § 19 Absatz 2 entsprechend anzuwenden; § 9a Satz 1 Nummer 3 ist nicht anzuwenden. [12] Wird auf Grund einer internen Teilung nach § 10 des Versorgungsausgleichsgesetzes oder einer externen Teilung nach § 14 des Versorgungsausgleichsgesetzes ein Anrecht zugunsten der ausgleichsberechtigten Person begründet, so gilt dieser Vertrag insoweit zu dem gleichen Zeitpunkt als abgeschlossen wie der Vertrag der ausgleichspflichtigen Person, wenn die aus dem Vertrag der ausgleichspflichtigen Person ausgezahlten Leistungen zu einer Besteuerung nach Satz 2 führen. [13] Für Leistungen aus Altersvorsorgeverträgen nach § 93 Absatz 3 ist § 34 Absatz 1 entsprechend anzuwenden. [14] Soweit Begünstigungen, die mit denen in Satz 2 vergleichbar sind, bei der deutschen Besteuerung gewährt wurden, gelten die darauf beruhenden Leistungen ebenfalls als Leistung nach Satz 1. [15] § 20 Absatz 1 Nummer 6 Satz 9 in der ab dem 27. Juli 2016 geltenden Fassung findet keine Anwendung. [16] Nummer 1 Satz 3 Buchstabe a Doppelbuchstabe aa Satz 9 gilt entsprechend.[2)]

§ 22a Rentenbezugsmitteilungen an die zentrale Stelle. (1)[3)] [1] Nach Maßgabe des § 93c der Abgabenordnung haben die Träger der gesetzlichen Rentenversicherung, die landwirtschaftliche Alterskasse, die berufsständischen Versorgungseinrichtungen, die Pensionskassen, die Pensionsfonds, die Versicherungsunternehmen, die Unternehmen, die Verträge im Sinne des § 10 Absatz 1 Nummer 2 Buchstabe b anbieten, und die Anbieter im Sinne des § 80 als mitteilungspflichtige Stellen der zentralen Stelle (§ 81) unter Beachtung der im Bundessteuerblatt veröffentlichten Auslegungsvorschriften der Finanzverwaltung folgende Daten zu übermitteln (Rentenbezugsmitteilung)[4)]:

[1)] § 22 Nr. 5 Satz 7 HS 2 angef. mWv VZ 2020 durch G v. 22.11.2019 (BGBl. I S. 1746).

[2)] § 22 Nr. 5 Satz 7 geänd., Satz 8 aufgeh., Sätze 9 und 11 werden Sätze 8 bis 10 mWv VZ 2014 durch G v. 24.6.2013 (BGBl. I S. 1667); Satz 7 geänd., Sätze 11 und 12 angef. mWv VZ 2014 durch G v. 25.7.2014 (BGBl. I S. 1266); Sätze 13 bis 15 angef. mWv 1.1.2018 durch G v. 17.8.2017 (BGBl. I S. 3214); Satz 15 neu gef., Satz 16 angef. mWv VZ 2021 durch G v. 21.12.2020 (BGBl. I S. 3096).

[3)] § 22a Abs. 1 neu gef. mWv 1.1.2017 durch G v. 18.7.2016 (BGBl. I S. 1679); zur Anwendung siehe **§ 52 Abs. 30b.**

[4)] Jährliche Information zum Rentenbezugsmitteilungsverfahren abrufbar unter www.bzst.de.

1. die in § 93c Absatz 1 Nummer 2 Buchstabe c der Abgabenordnung genannten Daten mit der Maßgabe, dass der Leistungsempfänger als Steuerpflichtiger gilt. [2]Eine inländische Anschrift des Leistungsempfängers ist nicht zu übermitteln. [3]Ist der mitteilungspflichtigen Stelle eine ausländische Anschrift des Leistungsempfängers bekannt, ist diese anzugeben. [4]In diesen Fällen ist auch die Staatsangehörigkeit des Leistungsempfängers, soweit bekannt, mitzuteilen;
2. je gesondert den Betrag der Leibrenten und anderen Leistungen im Sinne des § 22 Nummer 1 Satz 3 Buchstabe a Doppelbuchstabe aa und bb Satz 4 sowie Doppelbuchstabe bb Satz 5 in Verbindung mit § 55 Absatz 2 der Einkommensteuer-Durchführungsverordnung sowie im Sinne des § 22 Nummer 5 Satz 1 bis 3. [2]Der im Betrag der Rente enthaltene Teil, der ausschließlich auf einer Anpassung der Rente beruht, ist gesondert mitzuteilen;
3. Zeitpunkt des Beginns und des Endes des jeweiligen Leistungsbezugs; folgen nach dem 31. Dezember 2004 Renten aus derselben Versicherung einander nach, so ist auch die Laufzeit der vorhergehenden Renten mitzuteilen;
4. die Beiträge im Sinne des § 10 Absatz 1 Nummer 3 Buchstabe a Satz 1 und 2 und Buchstabe b, soweit diese von der mitteilungspflichtigen Stelle an die Träger der gesetzlichen Kranken- und Pflegeversicherung abgeführt werden;
5. die dem Leistungsempfänger zustehenden Beitragszuschüsse nach § 106 des Sechsten Buches Sozialgesetzbuch;
6.[1)] ab dem 1. Januar 2017 ein gesondertes Merkmal und ab dem 1. Januar 2019 zwei gesonderte Merkmale für Verträge, auf denen gefördertes Altersvorsorgevermögen gebildet wurde; die zentrale Stelle ist in diesen Fällen berechtigt, die Daten dieser Rentenbezugsmitteilung im Zulagekonto zu speichern und zu verarbeiten;
7.[2)] ab dem 1. Januar 2019 die gesonderte Kennzeichnung einer Leistung aus einem Altersvorsorgevertrag nach § 93 Absatz 3;
8.[3)] ab dem 1. Januar 2022 die durch Steuerabzug gemäß § 50a Absatz 7 einbehaltenen Beträge.

[***ab 1.1.2022:*** [2]Die Träger der gesetzlichen Rentenversicherung und die landwirtschaftliche Alterskasse haben gesondert neben der nach Satz 1 zu übermittelnden Rentenbezugsmitteilung für Leistungsempfänger im Sinne des § 1 Absatz 2 des Rentenbeziehende-Energiepreispauschalengesetzes einmalig eine Rentenbezugsmitteilung nach Maßgabe des § 93c der Abgabenordnung mit den Daten nach Satz 1 Nummer 1 und 3 sowie den Betrag der Leistung nach § 1 Absatz 1 des Rentenbeziehende-Energiepreispauschalengesetzes zu übermitteln.] [3]§ 72a Absatz 4 und § 93c Absatz 1 Nummer 3 der Abgabenordnung finden keine Anwendung.[4)]

[1)] § 22a Abs. 1 Satz 1 Nr. 6 geänd. durch G v. 17.8.2017 (BGBl. I S. 3214); geänd. mWv VZ 2019 durch G v. 11.12.2018 (BGBl. I S. 2338).

[2)] § 22a Abs. 1 Satz 1 Nr. 7 angef. mWv 1.1.2019 durch G v. 17.8.2017 (BGBl. I S. 3214).

[3)] § 22a Abs. 1 Satz 1 Nr. 8 angef. durch G v. 21.12.2020 (BGBl. I S. 3096).

[4)] § 22a Abs. 1 Satz 2 eingef., bish. Satz 2 wird Satz 3 mWv 1.1.2022 durch G v. 16.12.2022 (BGBl. I S. 2294).

(2)[1] [1]Der Leistungsempfänger hat der mitteilungspflichtigen Stelle seine Identifikationsnummer sowie den Tag seiner Geburt mitzuteilen. [2]Teilt der Leistungsempfänger die Identifikationsnummer der mitteilungspflichtigen Stelle trotz Aufforderung nicht mit, übermittelt das Bundeszentralamt für Steuern der mitteilungspflichtigen Stelle auf deren Anfrage die Identifikationsnummer des Leistungsempfängers sowie, falls es sich bei der mitteilungspflichtigen Stelle um einen Träger der gesetzlichen Sozialversicherung handelt, auch den beim Bundeszentralamt für Steuern gespeicherten Tag der Geburt des Leistungsempfängers (§ 139b Absatz 3 Nummer 8 der Abgabenordnung), wenn dieser von dem in der Anfrage übermittelten Tag der Geburt abweicht und für die weitere Datenübermittlung benötigt wird;[2] weitere Daten dürfen nicht übermittelt werden. [3]In der Anfrage dürfen nur die in § 139b Absatz 3 der Abgabenordnung genannten Daten des Leistungsempfängers angegeben werden, soweit sie der mitteilungspflichtigen Stelle bekannt sind. [4]Die Anfrage der mitteilungspflichtigen Stelle und die Antwort des Bundeszentralamtes für Steuern sind nach amtlich vorgeschriebenem Datensatz durch Datenfernübertragung über die zentrale Stelle zu übermitteln. [5]Die zentrale Stelle führt eine ausschließlich automatisierte Prüfung der ihr übermittelten Daten daraufhin durch, ob sie vollständig und schlüssig sind und ob das vorgeschriebene Datenformat verwendet worden ist. [6]Sie speichert die Daten des Leistungsempfängers nur für Zwecke dieser Prüfung bis zur Übermittlung an das Bundeszentralamt für Steuern oder an die mitteilungspflichtige Stelle. [7]Die Daten sind für die Übermittlung zwischen der zentralen Stelle und dem Bundeszentralamt für Steuern zu verschlüsseln. [8]Die mitteilungspflichtige Stelle darf die Identifikationsnummer sowie einen nach Satz 2 mitgeteilten Tag der Geburt nur verarbeiten, soweit dies für die Erfüllung der Mitteilungspflicht nach Absatz 1 Satz 1 erforderlich ist. [9]§ 93c der Abgabenordnung ist für das Verfahren nach den Sätzen 1 bis 8 nicht anzuwenden. [***ab 1.10.2023:*** [10]Die Sätze 1 bis 9 gelten ab dem Stichtag, der in der Rechtsverordnung nach § 13 Absatz 3 des Rentenübersichtsgesetzes festgelegt wird, für die Träger der gesetzlichen Rentenversicherung, für die landwirtschaftliche Alterskasse und für die berufsständischen Versorgungseinrichtungen mit der Maßgabe, dass diese die Identifikationsnummer ihrer Versicherten zur Durchführung des Rentenübersichtsgesetzes bereits vor dem Leistungsbezug erheben können; in diesen Fällen teilt das Bundeszentralamt für Steuern der mitteilungspflichtigen Stelle auf deren Anfrage die Identifikationsnummer des Versicherten nur mit, wenn die von der anfragenden Stelle übermittelten Daten mit den nach § 139b Absatz 3 der Abgabenordnung beim Bundeszentralamt für Steuern gespeicherten Daten im maschinellen Datenabgleich übereinstimmen. [11]Wird im Rahmen einer Registermodernisierung ein gesondertes Erhebungsverfahren für die Erhebung der Identifikationsnummer eingerichtet, ist abweichend von Satz 10 das neu eingerichtete Erhebungsverfahren zu nutzen.][3]

---

[1] § 22a Abs. 2 neu gef. mWv 1.1.2017 durch G v. 18.7.2016 (BGBl. I S. 1679); Abs. 2 Satz 2 berichtigt durch G v. 11.12.2018 (BGBl. I S. 2338); Abs. 2 Satz 8 geänd. mWv VZ 2019 *durch* G v. 20.11.2019 (BGBl. I S. 1626).

[2] Zur Anwendung von Satz 2 siehe § 52 Abs. 30a.

[3] § 22a Abs. 2 Sätze 10 und 11 angef. mWv 1.10.2023 durch G v. 11.2.2021 (BGBl. I S. 154).

(3)[1] Die mitteilungspflichtige Stelle hat den Leistungsempfänger jeweils darüber zu unterrichten, dass die Leistung der zentralen Stelle mitgeteilt wird.

(4)[1] *(aufgehoben)*

(5)[2] [1] Wird eine Rentenbezugsmitteilung nicht innerhalb der in § 93c Absatz 1 Nummer 1 der Abgabenordnung[3] genannten Frist übermittelt, so ist für jeden angefangenen Monat, in dem die Rentenbezugsmitteilung noch aussteht, ein Betrag in Höhe von 10 Euro für jede ausstehende Rentenbezugsmitteilung an die zentrale Stelle zu entrichten (Verspätungsgeld). [2] Die Erhebung erfolgt durch die zentrale Stelle im Rahmen ihrer Prüfung nach § 93c Absatz 4 der Abgabenordnung. [3] Von der Erhebung ist abzusehen, soweit die Fristüberschreitung auf Gründen beruht, die die mitteilungspflichtige Stelle nicht zu vertreten hat. [4] Das Handeln eines gesetzlichen Vertreters oder eines Erfüllungsgehilfen steht dem eigenen Handeln gleich. [5] Das von einer mitteilungspflichtigen Stelle zu entrichtende Verspätungsgeld darf 50 000 Euro für alle für einen Veranlagungszeitraum zu übermittelnden Rentenbezugsmitteilungen nicht übersteigen.

(6)[4] Die zentrale Stelle ist berechtigt, in den in § 151b Absatz 3 Satz 2 des Sechsten Buches Sozialgesetzbuch genannten Fällen die Rentenbezugsmitteilung an die Träger der gesetzlichen Rentenversicherung zu übermitteln.

§ 23[5] **Private Veräußerungsgeschäfte.** (1)[6] [1] Private Veräußerungsgeschäfte (§ 22 Nummer 2) sind

1. Veräußerungsgeschäfte bei Grundstücken und Rechten, die den Vorschriften des bürgerlichen Rechts über Grundstücke unterliegen (z. B. Erbbaurecht, Mineralgewinnungsrecht), bei denen der Zeitraum zwischen Anschaffung und Veräußerung nicht mehr als zehn Jahre beträgt. [2] Gebäude und Außenanlagen sind einzubeziehen, soweit sie innerhalb dieses Zeitraums errichtet, ausgebaut oder erweitert werden; dies gilt entsprechend für Gebäudeteile, die selbständige unbewegliche Wirtschaftsgüter sind, sowie für Eigentumswohnungen und im Teileigentum stehende Räume. [3] Ausgenommen sind Wirtschaftsgüter, die im Zeitraum zwischen Anschaffung oder Fertigstellung und Veräußerung ausschließlich zu eigenen Wohnzwecken oder im Jahr der Veräußerung und in den beiden vorangegangenen Jahren zu eigenen Wohnzwecken genutzt wurden;
2.[7] Veräußerungsgeschäfte bei anderen Wirtschaftsgütern, bei denen der Zeitraum zwischen Anschaffung und Veräußerung nicht mehr als ein Jahr

---

[1] § 22a Abs. 3 geänd., Abs. 4 aufgeh. mWv 1.1.2017 durch G v. 18.7.2016 (BGBl. I S. 1679).

[2] § 22a Abs. 5 angef. durch G v. 8.12.2010 (BGBl. I S. 1768); Sätze 3 und 5 geänd. mWv 1.1.2017 durch G v. 18.7.2016 (BGBl. I S. 1679); Sätze 1 und 2 geänd. mWv 1.1.2018 durch G v. 11.12.2018 (BGBl. I S. 2338).

[3] Nr. **800.**

[4] § 22a Abs. 6 angef. mWv 1.1.2021 durch G v. 12.8.2020 (BGBl. I S. 1879).

[5] Zur Anwendung siehe **§ 52 Abs. 31.**

[6] Zur Anwendung von Abs. 1 siehe § 52 Abs. 31 Sätze 1 bis 4.

[7] § 23 Abs. 1 Satz 1 Nr. 2 Satz 2 eingef., bish. Satz 2 wird Satz 3 durch G v. 8.12.2010 (BGBl. I S. 1768); zur Anwendung siehe § 52 Abs. 31 Satz 1 HS 2; Satz 3 eingef., bish. Satz 3 wird Satz 4 mWv VZ 2014 durch G v. 25.7.2014 (BGBl. I S. 1266).

betrágt. [2]Ausgenommen sind Veräußerungen von Gegenständen des täglichen Gebrauchs. [3]Bei Anschaffung und Veräußerung mehrerer gleichartiger Fremdwährungsbeträge ist zu unterstellen, dass die zuerst angeschafften Beträge zuerst veräußert wurden. [4]Bei Wirtschaftsgütern im Sinne von Satz 1[1)], aus deren Nutzung als Einkunftsquelle zumindest in einem Kalenderjahr Einkünfte erzielt werden, erhöht sich der Zeitraum auf zehn Jahre;

3.[2)] Veräußerungsgeschäfte, bei denen die Veräußerung der Wirtschaftsgüter früher erfolgt als der Erwerb.

[2]Als Anschaffung gilt auch die Überführung eines Wirtschaftsguts in das Privatvermögen des Steuerpflichtigen durch Entnahme oder Betriebsaufgabe. [3]Bei unentgeltlichem Erwerb ist dem Einzelrechtsnachfolger für Zwecke dieser Vorschrift die Anschaffung oder die Überführung des Wirtschaftsguts in das Privatvermögen durch den Rechtsvorgänger zuzurechnen. [4]Die Anschaffung oder Veräußerung einer unmittelbaren oder mittelbaren Beteiligung an einer Personengesellschaft gilt als Anschaffung oder Veräußerung der anteiligen Wirtschaftsgüter. [5]Als Veräußerung im Sinne des Satzes 1 Nummer 1 gilt auch

1. die Einlage eines Wirtschaftsguts in das Betriebsvermögen, wenn die Veräußerung aus dem Betriebsvermögen innerhalb eines Zeitraums von zehn Jahren seit Anschaffung des Wirtschaftsguts erfolgt, und
2. die verdeckte Einlage in eine Kapitalgesellschaft.

(2) Einkünfte aus privaten Veräußerungsgeschäften der in Absatz 1 bezeichneten Art sind den Einkünften aus anderen Einkunftsarten zuzurechnen, soweit sie zu diesen gehören.

(3) [1]Gewinn oder Verlust aus Veräußerungsgeschäften nach Absatz 1 ist der Unterschied zwischen Veräußerungspreis einerseits und den Anschaffungs- oder Herstellungskosten und den Werbungskosten andererseits. [2]In den Fällen des Absatzes 1 Satz 5 Nummer 1 tritt an die Stelle des Veräußerungspreises der für den Zeitpunkt der Einlage nach § 6 Absatz 1 Nummer 5 angesetzte Wert, in den Fällen des Absatzes 1 Satz 5 Nummer 2 der gemeine Wert. [3]In den Fällen des Absatzes 1 Satz 2 tritt an die Stelle der Anschaffungs- oder Herstellungskosten der nach § 6 Absatz 1 Nummer 4 oder § 16 Absatz 3 angesetzte Wert. [4]Die Anschaffungs- oder Herstellungskosten mindern sich um Absetzungen für Abnutzung, erhöhte Absetzungen und Sonderabschreibungen, soweit sie bei der Ermittlung der Einkünfte im Sinne des § 2 Absatz 1 Satz 1 Nummer 4 bis 7 abgezogen worden sind.[3)] [5]Gewinne bleiben steuerfrei, wenn der aus den privaten Veräußerungsgeschäften erzielte Gesamtgewinn im Kalenderjahr weniger als 600 Euro betragen hat. [6]In den Fällen des Absatzes 1 Satz 5 Nummer 1 sind Gewinne oder Verluste für das Kalenderjahr, in dem der Preis für die Veräußerung aus dem Betriebsvermögen zugeflossen ist, in den Fällen des Absatzes 1 Satz 5 Nummer 2 für das Kalenderjahr der verdeckten Einlage anzusetzen. [7]Verluste dürfen nur bis zur Höhe des Gewinns, den

---

[1)] Verweis geänd. durch G v. 8.12.2010 (BGBl. I S. 1768).

[2)] § 23 Abs. 1 Satz 1 Nr. 3 angef. durch G v. 20.12.2016 (BGBl. I S. 3000); zur Anwendung siehe § 52 Abs. 31 Satz 3.

[3)] Zur Anwendung von Satz 4 siehe § 52 Abs. 31 Satz 5 HS 2.

der Steuerpflichtige im gleichen Kalenderjahr aus privaten Veräußerungsgeschäften erzielt hat, ausgeglichen werden; sie dürfen nicht nach § 10d abgezogen werden. [8]Die Verluste mindern jedoch nach Maßgabe des § 10d die Einkünfte, die der Steuerpflichtige in dem unmittelbar vorangegangenen Veranlagungszeitraum oder in den folgenden Veranlagungszeiträumen aus privaten Veräußerungsgeschäften nach Absatz 1 erzielt hat oder erzielt; § 10d Absatz 4 gilt entsprechend.[1)]

h) Gemeinsame Vorschriften

§ 24 [Entschädigungen, Nutzungsvergütungen u. ä.] Zu den Einkünften im Sinne des § 2 Absatz 1 gehören auch

1. Entschädigungen, die gewährt worden sind
   a) als Ersatz für entgangene oder entgehende Einnahmen oder
   b) für die Aufgabe oder Nichtausübung einer Tätigkeit, für die Aufgabe einer Gewinnbeteiligung oder einer Anwartschaft auf eine solche;
   c) als Ausgleichszahlungen an Handelsvertreter nach § 89b des Handelsgesetzbuchs;
2. Einkünfte aus einer ehemaligen Tätigkeit im Sinne des § 2 Absatz 1 Satz 1 Nummer 1 bis 4 oder aus einem früheren Rechtsverhältnis im Sinne des § 2 Absatz 1 Satz 1 Nummer 5 bis 7, und zwar auch dann, wenn sie dem Steuerpflichtigen als Rechtsnachfolger zufließen;
3. Nutzungsvergütungen für die Inanspruchnahme von Grundstücken für öffentliche Zwecke sowie Zinsen auf solche Nutzungsvergütungen und auf Entschädigungen, die mit der Inanspruchnahme von Grundstücken für öffentliche Zwecke zusammenhängen.

§ 24a Altersentlastungsbetrag. [1]Der Altersentlastungsbetrag ist bis zu einem Höchstbetrag im Kalenderjahr ein nach einem Prozentsatz ermittelter Betrag des Arbeitslohns und der positiven Summe der Einkünfte, die nicht solche aus nichtselbständiger Arbeit sind. [2]Bei der Bemessung des Betrags bleiben außer Betracht:

1. Versorgungsbezüge im Sinne des § 19 Absatz 2;
2. Einkünfte aus Leibrenten im Sinne des § 22 Nummer 1 Satz 3 Buchstabe a;
3. Einkünfte im Sinne des § 22 Nummer 4 Satz 4 Buchstabe b;
4. Einkünfte im Sinne des § 22 Nummer 5 Satz 1, soweit § 22 Nummer 5 Satz 11[2)] anzuwenden ist;
5. Einkünfte im Sinne des § 22 Nummer 5 Satz 2 Buchstabe a.

[3]Der Altersentlastungsbetrag wird einem Steuerpflichtigen gewährt, der vor dem Beginn des Kalenderjahres, in dem er sein Einkommen bezogen hat, das 64. Lebensjahr vollendet hatte. [4]Im Fall der Zusammenveranlagung von Ehegatten zur Einkommensteuer sind die Sätze 1 bis 3 für jeden Ehegatten geson-

[1)] § 23 Abs. 3 Sätze 9 und 10 aufgeh. mWv VZ 2014 durch G v. 25.7.2014 (BGBl. I S. 1266).

[2)] Verweis geänd. durch G v. 25.7.2014 (BGBl. I S. 1266).

dert anzuwenden. [5]Der maßgebende Prozentsatz und der Höchstbetrag des Altersentlastungsbetrags sind der nachstehenden Tabelle zu entnehmen:

Das auf die Vollendung des 64. Lebensjahres folgende Kalenderjahr	Altersentlastungsbetrag		Das auf die Vollendung des 64. Lebensjahres folgende Kalenderjahr	Altersentlastungsbetrag	
	in % der Einkünfte	Höchstbetrag in Euro		in % der Einkünfte	Höchstbetrag in Euro
2005	40,0	1900	2023	13,6	646
2006	38,4	1824	2024	12,8	608
2007	36,8	1748	2025	12,0	570
2008	35,2	1672	2026	11,2	532
2009	33,6	1596	2027	10,4	494
2010	32,0	1520	2028	9,6	456
2011	30,4	1444	2029	8,8	418
2012	28,8	1368	2030	8,0	380
2013	27,2	1292	2031	7,2	342
2014	25,6	1216	2032	6,4	304
2015	24,0	1140	2033	5,6	266
2016	22,4	1064	2034	4,8	228
2017	20,8	988	2035	4,0	190
2018	19,2	912	2036	3,2	152
2019	17,6	836	2037	2,4	114
2020	16,0	760	2038	1,6	76
2021	15,2	722	2039	0,8	38
2022	14,4	684	2040	0,0	0

§ 24b[1)] Entlastungsbetrag für Alleinerziehende. (1) [1]Allein stehende Steuerpflichtige können einen Entlastungsbetrag von der Summe der Einkünfte abziehen, wenn zu ihrem Haushalt mindestens ein Kind gehört, für das ihnen ein Freibetrag nach § 32 Absatz 6 oder Kindergeld zusteht. [2]Die Zugehörigkeit zum Haushalt ist anzunehmen, wenn das Kind in der Wohnung des allein stehenden Steuerpflichtigen gemeldet ist. [3]Ist das Kind bei mehreren Steuerpflichtigen gemeldet, steht der Entlastungsbetrag nach Satz 1 demjenigen Alleinstehenden zu, der die Voraussetzungen auf Auszahlung des Kindergeldes nach § 64 Absatz 2 Satz 1 erfüllt oder erfüllen würde in Fällen, in denen nur ein Anspruch auf einen Freibetrag nach § 32 Absatz 6 besteht. [4]Voraussetzung für die Berücksichtigung ist die Identifizierung des Kindes durch die an dieses Kind vergebene Identifikationsnummer (§ 139b der Abgabenordnung). [5]Ist das Kind nicht nach einem Steuergesetz steuerpflichtig (§ 139a Absatz 2 der Abgabenordnung), ist es in anderer geeigneter Weise zu identifizieren. [6]Die nachträgliche Vergabe der Identifikationsnummer wirkt auf Monate zurück, in denen die Voraussetzungen der Sätze 1 bis 3 vorliegen.

(2) [1]Gehört zum Haushalt des allein stehenden Steuerpflichtigen ein Kind im Sinne des Absatzes 1, beträgt der Entlastungsbetrag im Kalenderjahr

1) § 24b neu gef. mWv VZ 2015 durch G v. 16.7.2015 (BGBl. I S. 1202).

1908 [***ab VZ 2022:*** 4008; ***ab VZ 2023:*** 4260][1)] Euro. [2]Für jedes weitere Kind im Sinne des Absatzes 1 erhöht sich der Betrag nach Satz 1 um 240 Euro je weiterem Kind. [3]*Der Betrag nach Satz 1 erhöht sich für die Kalenderjahre 2020 und 2021 jeweils um 2100 Euro.*[2)]

(3) [1]Allein stehend im Sinne des Absatzes 1 sind Steuerpflichtige, die nicht die Voraussetzungen für die Anwendung des Splitting-Verfahrens (§ 26 Absatz 1) erfüllen oder verwitwet sind und keine Haushaltsgemeinschaft mit einer anderen volljährigen Person bilden, es sei denn, für diese steht ihnen ein Freibetrag nach § 32 Absatz 6 oder Kindergeld zu oder es handelt sich um ein Kind im Sinne des § 63 Absatz 1 Satz 1, das einen Dienst nach § 32 Absatz 5 Satz 1 Nummer 1 und 2 leistet oder eine Tätigkeit nach § 32 Absatz 5 Satz 1 Nummer 3 ausübt. [2]Ist die andere Person mit Haupt- oder Nebenwohnsitz in der Wohnung des Steuerpflichtigen gemeldet, wird vermutet, dass sie mit dem Steuerpflichtigen gemeinsam wirtschaftet (Haushaltsgemeinschaft). [3]Diese Vermutung ist widerlegbar, es sei denn, der Steuerpflichtige und die andere Person leben in einer eheähnlichen oder lebenspartnerschaftsähnlichen Gemeinschaft.

(4)[3)] Für jeden vollen Kalendermonat, in dem die Voraussetzungen des Absatzes 1 nicht vorgelegen haben, ermäßigt sich der Entlastungsbetrag nach Absatz 2 um ein Zwölftel.

III. Veranlagung

§ 25 Veranlagungszeitraum, Steuererklärungspflicht. (1) Die Einkommensteuer wird nach Ablauf des Kalenderjahres (Veranlagungszeitraum) nach dem Einkommen veranlagt, das der Steuerpflichtige in diesem Veranlagungszeitraum bezogen hat, soweit nicht nach § 43 Absatz 5 und § 46 eine Veranlagung unterbleibt.

(2) (weggefallen)

(3)[4)] [1]Die steuerpflichtige Person hat für den Veranlagungszeitraum eine eigenhändig unterschriebene Einkommensteuererklärung abzugeben. [2]Wählen Ehegatten die Zusammenveranlagung (§ 26b), haben sie eine gemeinsame Steuererklärung abzugeben, die von beiden eigenhändig zu unterschreiben ist.

(4) [1]Die Erklärung nach Absatz 3 ist nach amtlich vorgeschriebenem Datensatz durch Datenfernübertragung zu übermitteln, wenn Einkünfte nach § 2 Absatz 1 Satz 1 Nummer 1 bis 3 erzielt werden und es sich nicht um einen der Veranlagungsfälle gemäß § 46 Absatz 2 Nummer 2 bis 8 handelt. [2]Auf Antrag kann die Finanzbehörde zur Vermeidung unbilliger Härten auf eine Übermittlung durch Datenfernübertragung verzichten.

[1)] Betrag geänd. mWv VZ 2022 durch G v. 21.12.2020 (BGBl. I S. 3096); geänd. mWv VZ 2023 durch G v. 16.12.2022 (BGBl. I S. 2294).

[2)] § 24b Abs. 2 Satz 3 angef. durch G v. 29.6.2020 (BGBl. I S. 1512) und aufgeh. mWv VZ 2022 durch G v. 21.12.2020 (BGBl. I S. 3096).

[3)] § 24b bish. Abs. 3 wird Abs. 4 und geänd. durch G v. 16.7.2015 (BGBl. I S. 1202); zur Anwendung vgl. § 52 Abs. 37b Satz 4.

[4)] § 25 Abs. 3 neu gef. mWv VZ 2013 durch G v. 1.11.2011 (BGBl. I S. 2131).

§ 26[1] **Veranlagung von Ehegatten.** (1) [1]Ehegatten können zwischen der Einzelveranlagung (§ 26a) und der Zusammenveranlagung (§ 26b) wählen, wenn

1. beide unbeschränkt einkommensteuerpflichtig im Sinne des § 1 Absatz 1 oder 2 oder des § 1a sind,
2. sie nicht dauernd getrennt leben und
3. bei ihnen die Voraussetzungen aus den Nummern 1 und 2 zu Beginn des Veranlagungszeitraums vorgelegen haben oder im Laufe des Veranlagungszeitraums eingetreten sind.

[2]Hat ein Ehegatte in dem Veranlagungszeitraum, in dem seine zuvor bestehende Ehe aufgelöst worden ist, eine neue Ehe geschlossen und liegen bei ihm und dem neuen Ehegatten die Voraussetzungen des Satzes 1 vor, bleibt die zuvor bestehende Ehe für die Anwendung des Satzes 1 unberücksichtigt.

(2) [1]Ehegatten werden einzeln veranlagt, wenn einer der Ehegatten die Einzelveranlagung wählt. [2]Ehegatten werden zusammen veranlagt, wenn beide Ehegatten die Zusammenveranlagung wählen. [3]Die Wahl wird für den betreffenden Veranlagungszeitraum durch Angabe in der Steuererklärung getroffen. [4]Die Wahl der Veranlagungsart innerhalb eines Veranlagungszeitraums kann nach Eintritt der Unanfechtbarkeit des Steuerbescheids nur noch geändert werden, wenn

1. ein Steuerbescheid, der die Ehegatten betrifft, aufgehoben, geändert oder berichtigt wird und
2. die Änderung der Wahl der Veranlagungsart der zuständigen Finanzbehörde bis zum Eintritt der Unanfechtbarkeit des Änderungs- oder Berichtigungsbescheids schriftlich oder elektronisch mitgeteilt oder zur Niederschrift erklärt worden ist und
3. der Unterschiedsbetrag aus der Differenz der festgesetzten Einkommensteuer entsprechend der bisher gewählten Veranlagungsart und der festzusetzenden Einkommensteuer, die sich bei einer geänderten Ausübung der Wahl der Veranlagungsarten ergeben würde, positiv ist. [2]Die Einkommensteuer der einzeln veranlagten Ehegatten ist hierbei zusammenzurechnen.

(3) Wird von dem Wahlrecht nach Absatz 2 nicht oder nicht wirksam Gebrauch gemacht, so ist eine Zusammenveranlagung durchzuführen.

§ 26a[2] **Einzelveranlagung von Ehegatten.** (1) [1]Bei der Einzelveranlagung von Ehegatten sind jedem Ehegatten die von ihm bezogenen Einkünfte zuzurechnen. [2]Einkünfte eines Ehegatten sind nicht allein deshalb zum Teil dem anderen Ehegatten zuzurechnen, weil dieser bei der Erzielung der Einkünfte mitgewirkt hat.

(2) [1]Sonderausgaben, außergewöhnliche Belastungen und die Steuerermäßigungen nach den §§ 35a und 35c werden demjenigen Ehegatten zugerechnet, der die Aufwendungen wirtschaftlich getragen hat. [2]Auf übereinstim-

---

[1] § 26 neu gef. mWv VZ 2013 durch G v. 1.11.2011 (BGBl. I S. 2131).

[2] § 26a neu gef. mWv VZ 2013 durch G v. 1.11.2011 (BGBl. I S. 2131); Abs. 2 Satz 1 geänd. mWv 1.1.2020 durch G v. 21.12.2019 (BGBl. I S. 2886).

menden Antrag der Ehegatten werden sie jeweils zur Hälfte abgezogen. [3]Der Antrag des Ehegatten, der die Aufwendungen wirtschaftlich getragen hat, ist in begründeten Einzelfällen ausreichend. [4]§ 26 Absatz 2 Satz 3 gilt entsprechend.

(3) Die Anwendung des § 10d für den Fall des Übergangs von der Einzelveranlagung zur Zusammenveranlagung und von der Zusammenveranlagung zur Einzelveranlagung zwischen zwei Veranlagungszeiträumen, wenn bei beiden Ehegatten nicht ausgeglichene Verluste vorliegen, wird durch Rechtsverordnung[1)] der Bundesregierung mit Zustimmung des Bundesrates geregelt.

§ 26b Zusammenveranlagung von Ehegatten. Bei der Zusammenveranlagung von Ehegatten werden die Einkünfte, die die Ehegatten erzielt haben, zusammengerechnet, den Ehegatten gemeinsam zugerechnet und, soweit nichts anderes vorgeschrieben ist, die Ehegatten sodann gemeinsam als Steuerpflichtiger behandelt.

§ 26c.[2)] *(aufgehoben)*

§ 27. (weggefallen)

§ 28 Besteuerung bei fortgesetzter Gütergemeinschaft. Bei fortgesetzter Gütergemeinschaft gelten Einkünfte, die in das Gesamtgut fallen, als Einkünfte des überlebenden Ehegatten, wenn dieser unbeschränkt steuerpflichtig ist.

§§ 29 und 30. (weggefallen)

IV. Tarif

§ 31[3)] **Familienleistungsausgleich.** [1]Die steuerliche Freistellung eines Einkommensbetrags in Höhe des Existenzminimums eines Kindes einschließlich der Bedarfe für Betreuung und Erziehung oder Ausbildung wird im gesamten Veranlagungszeitraum entweder durch die Freibeträge nach § 32 Absatz 6 oder durch Kindergeld nach Abschnitt X bewirkt. [2]Soweit das Kindergeld dafür nicht erforderlich ist, dient es der Förderung der Familie. [3]Im laufenden Kalenderjahr wird Kindergeld als Steuervergütung monatlich gezahlt. [4]Bewirkt der Anspruch auf Kindergeld für den gesamten Veranlagungszeitraum die nach Satz 1 gebotene steuerliche Freistellung nicht vollständig und werden deshalb bei der Veranlagung zur Einkommensteuer die Freibeträge nach § 32 Absatz 6 vom Einkommen abgezogen, erhöht sich die unter Abzug dieser Freibeträge ermittelte tarifliche Einkommensteuer um den Anspruch auf Kindergeld für den gesamten Veranlagungszeitraum; bei nicht zusammenveranlagten Eltern

---

[1)] Vgl. hierzu § 62d EStDV (Nr. **10**).

[2)] § 26c aufgeh. mWv VZ 2013 (§ 52 Abs. 68 Satz 2 a. F.) durch G v. 1.11.2011 (BGBl. I S. 2131).

[3)] § 31 Satz 5 eingef., bish. Sätze 5 und 6 werden Sätze 6 und 7 mWv 18.7.2019 durch G v. 11.7.2019 (BGBl. I S. 1066).

wird der Kindergeldanspruch im Umfang des Kinderfreibetrags angesetzt. [5] Bei der Prüfung der Steuerfreistellung und der Hinzurechnung nach Satz 4 bleibt der Anspruch auf Kindergeld für Kalendermonate unberücksichtigt, in denen durch Bescheid der Familienkasse ein Anspruch auf Kindergeld festgesetzt, aber wegen § 70 Absatz 1 Satz 2 nicht ausgezahlt wurde. [6] Satz 4 gilt entsprechend für mit dem Kindergeld vergleichbare Leistungen nach § 65. [7] Besteht nach ausländischem Recht Anspruch auf Leistungen für Kinder, wird dieser insoweit nicht berücksichtigt, als er das inländische Kindergeld übersteigt.

§ 32[1)] Kinder, Freibeträge für Kinder. (1) Kinder sind

1. im ersten Grad mit dem Steuerpflichtigen verwandte Kinder,
2. Pflegekinder (Personen, mit denen der Steuerpflichtige durch ein familienähnliches, auf längere Dauer berechnetes Band verbunden ist, sofern er sie nicht zu Erwerbszwecken in seinen Haushalt aufgenommen hat und das Obhuts- und Pflegeverhältnis zu den Eltern nicht mehr besteht).

(2) [1] Besteht bei einem angenommenen Kind das Kindschaftsverhältnis zu den leiblichen Eltern weiter, ist es vorrangig als angenommenes Kind zu berücksichtigen. [2] Ist ein im ersten Grad mit dem Steuerpflichtigen verwandtes Kind zugleich ein Pflegekind, ist es vorrangig als Pflegekind zu berücksichtigen.

(3) Ein Kind wird in dem Kalendermonat, in dem es lebend geboren wurde, und in jedem folgenden Kalendermonat, zu dessen Beginn es das 18. Lebensjahr noch nicht vollendet hat, berücksichtigt.

(4)[2)] [1] Ein Kind, das das 18. Lebensjahr vollendet hat, wird berücksichtigt, wenn es

1. noch nicht das 21. Lebensjahr vollendet hat, nicht in einem Beschäftigungsverhältnis steht und bei einer Agentur für Arbeit im Inland als Arbeitsuchender gemeldet ist oder
2. noch nicht das 25. Lebensjahr vollendet hat und
   a) für einen Beruf ausgebildet wird oder
   b)[3)] sich in einer Übergangszeit von höchstens vier Monaten befindet, die zwischen zwei Ausbildungsabschnitten oder zwischen einem Ausbildungsabschnitt und der Ableistung des gesetzlichen Wehr- oder Zivildienstes, einer vom Wehr- oder Zivildienst befreienden Tätigkeit als Entwicklungshelfer oder als Dienstleistender im Ausland nach § 14b des Zivildienstgesetzes oder der Ableistung des freiwilligen Wehrdienstes nach § 58b des Soldatengesetzes oder der Ableistung eines freiwilligen Dienstes im Sinne des Buchstaben d liegt, oder
   c) eine Berufsausbildung mangels Ausbildungsplatzes nicht beginnen oder fortsetzen kann oder

---

[1)] Zur Anwendung von § 32 siehe § 52 Abs. 32.

[2)] § 32 Abs. 4 Sätze 2 bis 10 ersetzt durch Sätze 2 und 3 mWv VZ 2012 durch G v. 1.11.2011 (BGBl. I S. 2131).

[3)] § 32 Abs. 4 Satz 1 Nr. 2 Buchst. b geänd. mWv 1.1.2015 durch G v. 22.12.2014 (BGBl. I S. 2417).

[Fassung bis VZ 2021:]

d)[2] ein freiwilliges soziales Jahr oder ein freiwilliges ökologisches Jahr im Sinne des Jugendfreiwilligendienstegesetzes oder eine Freiwilligenaktivität im Rahmen des Europäischen Solidaritätskorps im Sinne der Verordnung (EU) Nr. 2018/1475 des Europäischen Parlaments und des Rates vom 2. Oktober 2018 zur Festlegung des rechtlichen Rahmens des Europäischen Solidaritätskorps sowie zur Änderung der Verordnung (EU) Nr. 1288/2013 und der Verordnung (EU) Nr. 1293/2013 sowie des Beschlusses Nr. 1313/2013/EU (ABl. L 250 vom 4.10.2018, S. 1)] oder einen anderen Dienst im Ausland im Sinne von § 5 des Bundesfreiwilligendienstgesetzes[3] oder einen entwicklungspolitischen Freiwilligendienst „weltwärts" im Sinne der Förderleitlinie des Bundesministeriums für wirtschaftliche Zusammenarbeit und Entwicklung vom 1. Januar 2016 oder einen Freiwilligendienst aller Generationen im Sinne von § 2 Absatz 1a des Siebten Buches Sozialgesetzbuch oder einen Internationalen Jugendfreiwilligendienst im Sinne der Richtlinie des Bundesministeriums für Familie, Senioren, Frauen und Jugend vom 25. Mai 2018 (GMBl

[Fassung ab VZ 2022:][1]

d) einen der folgenden freiwilligen Dienste leistet:
   aa) ein freiwilliges soziales Jahr im Sinne des Jugendfreiwilligendienstegesetzes,
   bb) ein freiwilliges ökologisches Jahr im Sinne des Jugendfreiwilligendienstegesetzes,
   cc) einen Bundesfreiwilligendienst im Sinne des Bundesfreiwilligendienstgesetzes,
   dd) eine Freiwilligentätigkeit im Rahmen des Europäischen Solidaritätskorps im Sinne der Verordnung (EU) 2021/888 des Europäischen Parlaments und des Rates vom 20. Mai 2021 zur Aufstellung des Programms für das Europäische Solidaritätskorps und zur Aufhebung der Verordnungen (EU) 2018/1475 und (EU) Nr. 375/2014 (ABl. L 202 vom 8.6.2021, S. 32),
   ee) einen anderen Dienst im Ausland im Sinne von § 5 des Bundesfreiwilligendienstgesetzes,
   ff) einen entwicklungspolitischen Freiwilligendienst „weltwärts" im Sinne der Förderleitlinie des Bundesministeriums für wirtschaftliche Zusammenarbeit und Entwicklung vom 1. Januar 2016,
   gg) einen Freiwilligendienst aller Generationen im Sinne von § 2 Absatz 1a des Siebten Buches Sozialgesetzbuch oder

---

[1] § 32 Abs. 4 Satz 1 Nr. 2 Buchst. d neu gef. mWv VZ 2022 durch G v. 16.12.2022 (BGBl. I S. 2294).

[2] § 32 Abs. 4 Satz 1 Nr. 2 Buchst. d geänd. mWv 1.1.2011 durch G v. 7.12.2011 (BGBl. I S. 2592); geänd. mWv VZ 2014 durch G v. 25.7.2014 (BGBl. I S. 1266); geänd. mWv VZ 2019 durch G v. 29.11.2018 (BGBl. I S. 2210); geänd. mWv 18.7.2019 durch G v. 11.7.2019 (BGBl. I S. 1066).

[3] Verweis geänd. mWv 1.1.2012 durch G v. 26.6.2013 (BGBl. I S. 1809).

[Fassung bis VZ 2021:]

S. 545) oder einen Bundesfreiwilligendienst im Sinne des Bundesfreiwilligendienstgesetzes leistet oder

[Fassung ab VZ 2022:]

hh) einen Internationalen Jugendfreiwilligendienst im Sinne der Richtlinie des Bundesministeriums für Familie, Senioren, Frauen und Jugend vom 4. Januar 2021 (GMBl S. 77) oder

3. wegen körperlicher, geistiger oder seelischer Behinderung außerstande ist, sich selbst zu unterhalten; Voraussetzung ist, dass die Behinderung vor Vollendung des 25. Lebensjahres eingetreten ist.

[2] Nach Abschluss einer erstmaligen Berufsausbildung oder[1] eines Erststudiums wird ein Kind in den Fällen des Satzes 1 Nummer 2 nur berücksichtigt, wenn das Kind keiner Erwerbstätigkeit nachgeht. [3] Eine Erwerbstätigkeit mit bis zu 20 Stunden regelmäßiger wöchentlicher Arbeitszeit, ein Ausbildungsdienstverhältnis oder ein geringfügiges Beschäftigungsverhältnis im Sinne der §§ 8 und 8a des Vierten Buches Sozialgesetzbuch sind unschädlich.

(5) [1] In den Fällen des Absatzes 4 Satz 1 Nummer 1 oder Nummer 2 Buchstabe a und b wird ein Kind, das

1. den gesetzlichen Grundwehrdienst oder Zivildienst geleistet hat oder
2. sich anstelle des gesetzlichen Grundwehrdienstes freiwillig für die Dauer von nicht mehr als drei Jahren zum Wehrdienst verpflichtet hat, oder
3. eine vom gesetzlichen Grundwehrdienst oder Zivildienst befreiende Tätigkeit als Entwicklungshelfer im Sinne des § 1 Absatz 1 des Entwicklungshelfer-Gesetzes ausgeübt hat,

für einen der Dauer dieser Dienste oder der Tätigkeit entsprechenden Zeitraum, höchstens für die Dauer des inländischen gesetzlichen Grundwehrdienstes oder bei anerkannten Kriegsdienstverweigerern für die Dauer des inländischen gesetzlichen Zivildienstes über das 21. oder 25. Lebensjahr hinaus berücksichtigt. [2] Wird der gesetzliche Grundwehrdienst oder Zivildienst in einem Mitgliedstaat der Europäischen Union oder einem Staat, auf den das Abkommen über den Europäischen Wirtschaftsraum Anwendung findet, geleistet, so ist die Dauer dieses Dienstes maßgebend. [3] Absatz 4 Satz 2 und 3[2] gilt entsprechend.

(6)[3] [1] Bei der Veranlagung zur Einkommensteuer wird für jedes zu berücksichtigende Kind des Steuerpflichtigen ein Freibetrag von *2490 Euro [**für VZ 2022:*** 2810 Euro[4]; ***für VZ 2023:*** 3012 Euro; ***für VZ 2024:***

---

[1] § 32 Abs. 4 Satz 2 geänd. mWv 1.1.2012 durch G v. 26.6.2013 (BGBl. I S. 1809).

[2] Verweis geänd. mWv VZ 2012 durch G v. 1.11.2011 (BGBl. I S. 2131).

[3] § 32 Abs. 6 Sätze 6 und 7 ersetzt durch Sätze 6 bis 11 mWv VZ 2012 durch G v. 1.11.2011 (BGBl. I S. 2131); Abs. 6 Sätze 12 bis 14 angef. mWv VZ 2023 durch G v. 16.12.2022 (BGBl. I S. 2294).

[4] Betrag geänd. mWv 1.1.2022 durch Art. 1 des G v. 8.12.2022 (BGBl. I S. 2230); aber: gilt nicht für das Lohnsteuerabzugsverfahren (§ 52 Abs. 32 Satz 5) beim Arbeitgeber in 2022 (dafür gilt der 2021-Wert von 2730 Euro).

3192 Euro][1] für das sächliche Existenzminimum des Kindes (Kinderfreibetrag) sowie ein Freibetrag von 1464 Euro[2] für den Betreuungs- und Erziehungs- oder Ausbildungsbedarf des Kindes vom Einkommen abgezogen. 2 Bei Ehegatten, die nach den §§ 26, 26b zusammen zur Einkommensteuer veranlagt werden, verdoppeln sich die Beträge nach Satz 1, wenn das Kind zu beiden Ehegatten in einem Kindschaftsverhältnis steht. 3 Die Beträge nach Satz 2 stehen dem Steuerpflichtigen auch dann zu, wenn

1. der andere Elternteil verstorben oder nicht unbeschränkt einkommensteuerpflichtig ist oder
2. der Steuerpflichtige allein das Kind angenommen hat oder das Kind nur zu ihm in einem Pflegekindschaftsverhältnis steht.

4 Für ein nicht nach § 1 Absatz 1 oder 2 unbeschränkt einkommensteuerpflichtiges Kind können die Beträge nach den Sätzen 1 bis 3 nur abgezogen werden, soweit sie nach den Verhältnissen seines Wohnsitzstaates notwendig und angemessen sind. 5 Für jeden Kalendermonat, in dem die Voraussetzungen für einen Freibetrag nach den Sätzen 1 bis 4 nicht vorliegen, ermäßigen sich die dort genannten Beträge um ein Zwölftel. 6 Abweichend von Satz 1 wird bei einem unbeschränkt einkommensteuerpflichtigen Elternpaar, bei dem die Voraussetzungen des § 26 Absatz 1 Satz 1 nicht vorliegen, auf Antrag eines Elternteils der dem anderen Elternteil zustehende Kinderfreibetrag auf ihn übertragen, wenn er, nicht jedoch der andere Elternteil, seiner Unterhaltspflicht gegenüber dem Kind für das Kalenderjahr im Wesentlichen nachkommt oder der andere Elternteil mangels Leistungsfähigkeit nicht unterhaltspflichtig ist; die Übertragung des Kinderfreibetrags führt stets auch zur Übertragung des Freibetrags für den Betreuungs- und Erziehungs- oder Ausbildungsbedarf.[3] 7 Eine Übertragung nach Satz 6 scheidet für Zeiträume aus, für die Unterhaltsleistungen nach dem Unterhaltsvorschussgesetz gezahlt werden. 8 Bei minderjährigen Kindern wird der dem Elternteil, in dessen Wohnung das Kind nicht gemeldet ist, zustehende Freibetrag für den Betreuungs- und Erziehungs- oder Ausbildungsbedarf auf Antrag des anderen Elternteils auf diesen übertragen, wenn bei dem Elternpaar die Voraussetzungen des § 26 Absatz 1 Satz 1 nicht vorliegen. 9 Eine Übertragung nach Satz 8 scheidet aus, wenn der Übertragung widersprochen wird, weil der Elternteil, bei dem das Kind nicht gemeldet ist, Kinderbetreuungskosten trägt oder das Kind regelmäßig in einem nicht unwesentlichen Umfang betreut. 10 Die den Eltern nach den Sätzen 1 bis 9 zustehenden Freibeträge können auf Antrag auch auf einen Stiefelternteil oder Großelternteil übertragen werden, wenn dieser das Kind in seinen Haushalt aufgenommen hat oder dieser einer Unterhaltspflicht gegenüber dem Kind unterliegt. 11 Die Übertragung nach Satz 10 kann auch mit Zustimmung des berechtigten Elternteils erfolgen, die nur für künftige Kalen-

---

[1] Betrag geänd. mWv 1.1.2015/2016 durch G v. 16.7.2015 (BGBl. I S. 1202); geänd. mWv 1.1.2017/2018 durch G v. 20.12.2016 (BGBl. I S. 3000); geänd. mWv 1.1.2019/2020 durch G v. 29.11.2018 (BGBl. I S. 2210); geänd. mWv VZ 2021 durch G v. 1.12.2020 (BGBl. I S. 2616); geänd. mWv VZ 2023/2024 durch G v. 8.12.2022 (BGBl. I S. 2230).

[2] Betrag geänd. mWv 1.1.2010 durch G v. 22.12.2009 (BGBl. I S. 3950); geänd. mWv VZ 2021 durch G v. 1.12.2020 (BGBl. I S. 2616).

[3] § 32 Abs. 6 Satz 6 HS 2 angef. mWv VZ 2021 durch G v. 2.6.2021 (BGBl. I S. 1259).

derjahre widerrufen werden kann. [*ab VZ 2023:* [12]Voraussetzung für die Berücksichtigung des Kinderfreibetrags sowie des Freibetrags für den Betreuungs- und Erziehungs- oder Ausbildungsbedarf des Kindes ist die Identifizierung des Kindes durch die an dieses Kind vergebene Identifikationsnummer (§ 139b der Abgabenordnung). [13]Ist das Kind nicht nach einem Steuergesetz steuerpflichtig (§ 139a Absatz 2 der Abgabenordnung), ist es in anderer geeigneter Weise zu identifizieren. [14]Die nachträgliche Identifizierung oder nachträgliche Vergabe der Identifikationsnummer wirkt auf Monate zurück, in denen die übrigen Voraussetzungen für die Gewährung des Kinderfreibetrags sowie des Freibetrags für den Betreuungs- und Erziehungs- oder Ausbildungsbedarf des Kindes vorliegen.]

§ 32a[1)] Einkommensteuertarif. [*Fassung von Abs. 1 für VZ 2022:* (1)[2)] [1]Die tarifliche Einkommensteuer bemisst sich nach dem zu versteuernden Einkommen. [2]Sie beträgt ab dem Veranlagungszeitraum 2022 vorbehaltlich der §§ 32b, 32d, 34, 34a, 34b und 34c jeweils in Euro für zu versteuernde Einkommen

1. bis 10 347 Euro (Grundfreibetrag): 0;
2. von 10 348 Euro bis 14 926 Euro: $(1088{,}67 \cdot y + 1400) \cdot y$;
3. von 14 927 Euro bis 58 596 Euro: $(206{,}43 \cdot z + 2397) \cdot z + 869{,}32$;
4. von 58 597 Euro bis 277 825 Euro: $0{,}42 \cdot x - 9336{,}45$;
5. von 277 826 Euro an: $0{,}45 \cdot x - 17\,671{,}20$.

[3]Die Größe „y" ist ein Zehntausendstel des den Grundfreibetrag übersteigenden Teils des auf einen vollen Euro-Betrag abgerundeten zu versteuernden Einkommens. [4]Die Größe „z" ist ein Zehntausendstel des 14 926 Euro übersteigenden Teils des auf einen vollen Euro-Betrag abgerundeten zu versteuernden Einkommens. [5]Die Größe „x" ist das auf einen vollen Euro-Betrag abgerundete zu versteuernde Einkommen. [6]Der sich ergebende Steuerbetrag ist auf den nächsten vollen Euro-Betrag abzurunden.]

[Fassung von Abs. 1 für VZ 2023:][3)]

(1) [1]Die tarifliche Einkommensteuer bemisst sich nach dem auf volle Euro abgerundeten zu versteuernden Einkommen. [2]Sie beträgt im Veranlagungszeitraum 2023 vorbehaltlich der §§ 32b, 32d, 34, 34a, 34b und 34c jeweils in Euro für zu versteuernde Einkommen

1. bis 10 908 Euro (Grundfreibetrag): 0;

[Fassung von Abs. 1 für VZ 2024:][4)]

(1) [1]Die tarifliche Einkommensteuer bemisst sich nach dem auf volle Euro abgerundeten zu versteuernden Einkommen. [2]Sie beträgt ab dem Veranlagungszeitraum 2024 vorbehaltlich der §§ 32b, 32d, 34, 34a, 34b und 34c jeweils in Euro für zu versteuernde Einkommen

1. bis 11 604 Euro (Grundfreibetrag): 0;

[1)] Zur Berechnung der geltenden Einkommensteuer siehe das beiliegende **Berechnungsprogramm auf CD-ROM** sowie die im **Anhang T 1a und T 1b** abgedruckten **Einkommensteuer-Grundtabellen und -Splittingtabellen.**

[2)] § 32a Abs. 1 neu gef. mWv 1.1.2022 durch G v. 23.5.2022 (BGBl. I S. 749).

[3)] § 32a Abs. 1 neu gef. mWv 1.1.2023 durch Art. 2 des G v. 8.12.2022 (BGBl. I S. 2230).

[4)] § 32a Abs. 1 neu gef. mWv 1.1.2024 durch Art. 3 des G v. 8.12.2022 (BGBl. I S. 2230).

[Fassung von Abs. 1 für VZ 2023:]

2. von 10 909 Euro bis 15 999 Euro:
(979,18 · y + 1400) · y;
3. von 16 000 Euro bis 62 809 Euro:
(192,59 · z + 2397) · z + 966,53;
4. von 62 810 Euro bis 277 825 Euro:
0,42 · x – 9972,98;
5. von 277 826 Euro an:
0,45 · x – 18 307,73.

[3] Die Größe „y" ist ein Zehntausendstel des den Grundfreibetrag übersteigenden Teils des auf einen vollen Euro-Betrag abgerundeten zu versteuernden Einkommens. [4] Die Größe „z" ist ein Zehntausendstel des 15 999 Euro übersteigenden Teils des auf einen vollen Euro-Betrag abgerundeten zu versteuernden Einkommens. [5] Die Größe „x" ist das auf einen vollen Euro-Betrag abgerundete zu versteuernde Einkommen. [6] Der sich ergebende Steuerbetrag ist auf den nächsten vollen Euro-Betrag abzurunden.

[Fassung von Abs. 1 für VZ 2024:]

2. von 11 605 Euro bis 17 005 Euro:
(922,98 · y + 1400) · y;
3. von 17 006 Euro bis 66 760 Euro:
(181,19 · z + 2397) · z + 1025,38;
4. von 66 761 Euro bis 277 825 Euro:
0,42 · x – 10 602,13;
5. von 277 826 Euro an:
0,45 · x – 18 936,88.

[3] Die Größe „y" ist ein Zehntausendstel des den Grundfreibetrag übersteigenden Teils des auf einen vollen Euro-Betrag abgerundeten zu versteuernden Einkommens. [4] Die Größe „z" ist ein Zehntausendstel des 17 005 Euro übersteigenden Teils des auf einen vollen Euro-Betrag abgerundeten zu versteuernden Einkommens. [5] Die Größe „x" ist das auf einen vollen Euro-Betrag abgerundete zu versteuernde Einkommen. [6] Der sich ergebende Steuerbetrag ist auf den nächsten vollen Euro-Betrag abzurunden.

(2)–(4) (weggefallen)

(5) Bei Ehegatten, die nach den §§ 26, 26b zusammen zur Einkommensteuer veranlagt werden, beträgt die tarifliche Einkommensteuer vorbehaltlich der §§ 32b, 32d, 34, 34a, 34b und 34c das Zweifache des Steuerbetrags, der sich für die Hälfte ihres gemeinsam zu versteuernden Einkommens nach Absatz 1 ergibt (Splitting-Verfahren).

(6) [1] Das Verfahren nach Absatz 5 ist auch anzuwenden zur Berechnung der tariflichen Einkommensteuer für das zu versteuernde Einkommen

1. bei einem verwitweten Steuerpflichtigen für den Veranlagungszeitraum, der dem Kalenderjahr folgt, in dem der Ehegatte verstorben ist, wenn der Steuerpflichtige und sein verstorbener Ehegatte im Zeitpunkt seines Todes die Voraussetzungen des § 26 Absatz 1 Satz 1 erfüllt haben,
2. [1)] bei einem Steuerpflichtigen, dessen Ehe in dem Kalenderjahr, in dem er sein Einkommen bezogen hat, aufgelöst worden ist, wenn in diesem Kalenderjahr
   a) der Steuerpflichtige und sein bisheriger Ehegatte die Voraussetzungen des § 26 Absatz 1 Satz 1 erfüllt haben,

---

1) § 32a Abs. 6 Satz 1 Nr. 2 Satz 2 aufgeh. mWv VZ 2013 (§ 52 Abs. 68 Satz 1 a. F.) durch G v. 1.11.2011 (BGBl. I S. 2131).

b) der bisherige Ehegatte wieder geheiratet hat und

c) der bisherige Ehegatte und dessen neuer Ehegatte ebenfalls die Voraussetzungen des § 26 Absatz 1 Satz 1 erfüllen.

[2]Voraussetzung für die Anwendung des Satzes 1 ist, dass der Steuerpflichtige nicht nach den §§ 26, 26a einzeln zur Einkommensteuer veranlagt wird.[1)]

§ 32b Progressionsvorbehalt. (1) [1]Hat ein zeitweise oder während des gesamten Veranlagungszeitraums unbeschränkt Steuerpflichtiger oder ein beschränkt Steuerpflichtiger, auf den § 50 Absatz 2 Satz 2 Nummer 4 Anwendung findet,

1. a)[2)] Arbeitslosengeld, Teilarbeitslosengeld, Zuschüsse zum Arbeitsentgelt, Kurzarbeitergeld, Insolvenzgeld, Übergangsgeld nach dem Dritten Buch Sozialgesetzbuch; Insolvenzgeld, das nach § 170 Absatz 1 des Dritten Buches Sozialgesetzbuch einem Dritten zusteht, ist dem Arbeitnehmer zuzurechnen,

b) Krankengeld, Mutterschaftsgeld, Verletztengeld, Übergangsgeld oder vergleichbare Lohnersatzleistungen nach dem Fünften, Sechsten oder Siebten Buch Sozialgesetzbuch, der Reichsversicherungsordnung, dem Gesetz über die Krankenversicherung der Landwirte oder dem Zweiten Gesetz über die Krankenversicherung der Landwirte,

c) Mutterschaftsgeld, Zuschuss zum Mutterschaftsgeld, die Sonderunterstützung nach dem Mutterschutzgesetz sowie den Zuschuss bei Beschäftigungsverboten für die Zeit vor oder nach einer Entbindung sowie für den Entbindungstag während einer Elternzeit nach beamtenrechtlichen Vorschriften,

d)[3)] Arbeitslosenbeihilfe nach dem Soldatenversorgungsgesetz,

e) Entschädigungen für Verdienstausfall nach dem Infektionsschutzgesetz vom 20. Juli 2000 (BGBl. I S. 1045),

[Fassung bis 31.12.2023:]

f) Versorgungskrankengeld oder Übergangsgeld nach dem Bundesversorgungsgesetz,

[Fassung ab 1.1.2024:][4)]

f) Krankengeld der Sozialen Entschädigung *oder Übergangsgeld nach dem Vierzehnten Buch Sozialgesetzbuch,* ***[ab 1.1.2025:*** , Übergangsgeld nach dem Vierzehnten Buch Sozialgesetzbuch, Krankengeld der Soldatenentschädigung oder Übergangsgeld nach dem Soldatenentschädigungsgesetz,]

---

1) § 32a Abs. 6 Satz 2 geänd. mWv VZ 2013 durch G v. 1.11.2011 (BGBl. I S. 2131).

2) § 32b Abs. 1 Satz 1 Nr. 1 Buchst. a neu gef. mWv VZ 2015 durch G v. 25.7.2014 (BGBl. I S. 1266).

3) § 32b Abs. 1 Satz 1 Nr. 1 Buchst. d geänd. mWv VZ 2015 durch G v. 25.7.2014 (BGBl. I S. 1266).

4) § 32b Abs. 1 Satz 1 Nr. 1 Buchst. f neu gef. mWv VZ 2024 durch G v. 12.12.2019 (BGBl. I S. 2652); Buchst. f geänd. mWv 1.1.2025 durch G v. 20.8.2021 (BGBl. I S. 3932).

g)[1] nach § 3 Nummer 28 steuerfreie Aufstockungsbeträge oder Zuschläge sowie nach § 3 Nummer 28a steuerfreie Zuschüsse,

h)[2] Leistungen an Arbeitnehmerinnen und Arbeitnehmer nach § 5 des Unterhaltssicherungsgesetzes,

i)[3] nach § 3 Nummer 60 steuerfreie Anpassungsgelder,

j) Elterngeld nach dem Bundeselterngeld- und Elternzeitgesetz,[4]

k)[5] nach § 3 Nummer 2 Buchstabe e steuerfreie Leistungen, wenn vergleichbare Leistungen inländischer öffentlicher Kassen nach den Buchstaben a bis j dem Progressionsvorbehalt unterfallen, oder

2. ausländische Einkünfte, die im Veranlagungszeitraum nicht der deutschen Einkommensteuer unterlegen haben; dies gilt nur für Fälle der zeitweisen unbeschränkten Steuerpflicht einschließlich der in § 2 Absatz 7 Satz 3 geregelten Fälle; ausgenommen sind Einkünfte, die nach einem sonstigen zwischenstaatlichen Übereinkommen im Sinne der Nummer 4 steuerfrei sind und die nach diesem Übereinkommen nicht unter dem Vorbehalt der Einbeziehung bei der Berechnung der Einkommensteuer stehen,
3. Einkünfte, die nach einem Abkommen zur Vermeidung der Doppelbesteuerung steuerfrei sind,
4. Einkünfte, die nach einem sonstigen zwischenstaatlichen Übereinkommen unter dem Vorbehalt der Einbeziehung bei der Berechnung der Einkommensteuer steuerfrei sind,
5. Einkünfte, die bei Anwendung von § 1 Absatz 3 oder § 1a oder § 50 Absatz 2 Satz 2 Nummer 4 im Veranlagungszeitraum bei der Ermittlung des zu versteuernden Einkommens unberücksichtigt bleiben, weil sie nicht der deutschen Einkommensteuer oder einem Steuerabzug unterliegen; ausgenommen sind Einkünfte, die nach einem sonstigen zwischenstaatlichen Übereinkommen im Sinne der Nummer 4 steuerfrei sind und die nach diesem Übereinkommen nicht unter dem Vorbehalt der Einbeziehung bei der Berechnung der Einkommensteuer stehen,

bezogen, so ist auf das nach § 32a Absatz 1 zu versteuernde Einkommen ein besonderer Steuersatz anzuwenden. [2]Satz 1 Nummer 3 gilt nicht für Einkünfte

1. aus einer anderen als in einem Drittstaat belegenen land- und forstwirtschaftlichen Betriebsstätte,
2. aus einer anderen als in einem Drittstaat belegenen gewerblichen Betriebsstätte, die nicht die Voraussetzungen des § 2a Absatz 2 Satz 1 erfüllt,

---

[1] § 32b Abs. 1 Satz 1 Nr. 1 Buchst. g geänd. durch G v. 19.6.2020 (BGBl. I S. 1385).

[2] § 32b Abs. 1 Satz 1 Nr. 1 Buchst. h neu gef. mWv VZ 2020 durch G v. 12.12.2019 (BGBl. I S. 2451).

[3] § 32b Abs. 1 Satz 1 Nr. 1 Buchst. i neu gef. mWv 14.8.2020 durch G v. 8.8.2020 (BGBl. I S. 1818).

[4] Nr. **62.**

[5] § 32b Abs. 1 Satz 1 Nr. 1 Buchst. k angef. mWv VZ 2015 durch G v. 25.7.2014 (BGBl. I S. 1266).

3. aus der Vermietung oder der Verpachtung von unbeweglichem Vermögen oder von Sachinbegriffen, wenn diese in einem anderen Staat als in einem Drittstaat belegen sind, oder
4. aus der entgeltlichen Überlassung von Schiffen, sofern diese ausschließlich oder fast ausschließlich in einem anderen als einem Drittstaat eingesetzt worden sind, es sei denn, es handelt sich um Handelsschiffe, die
   a) von einem Vercharterer ausgerüstet überlassen oder
   b) an in einem anderen als in einem Drittstaat ansässige Ausrüster, die die Voraussetzungen des § 510 Absatz 1 des Handelsgesetzbuchs erfüllen, überlassen oder
   c) insgesamt nur vorübergehend an in einem Drittstaat ansässige Ausrüster, die die Voraussetzungen des § 510 Absatz 1 des Handelsgesetzbuchs erfüllen, überlassen

   worden sind, oder
5. aus dem Ansatz des niedrigeren Teilwerts oder der Übertragung eines zu einem Betriebsvermögen gehörenden Wirtschaftsguts im Sinne der Nummern 3 und 4.

[3] § 2a Absatz 2a und § 15b sind sinngemäß anzuwenden.[1)]

(1a) Als unmittelbar von einem unbeschränkt Steuerpflichtigen bezogene ausländische Einkünfte im Sinne des Absatzes 1 Nummer 3 gelten auch die ausländischen Einkünfte, die eine Organgesellschaft im Sinne des § 14 oder des § 17 des Körperschaftsteuergesetzes bezogen hat und die nach einem Abkommen zur Vermeidung der Doppelbesteuerung steuerfrei sind, in dem Verhältnis, in dem dem unbeschränkt Steuerpflichtigen das Einkommen der Organgesellschaft bezogen auf das gesamte Einkommen der Organgesellschaft im Veranlagungszeitraum zugerechnet wird.

(2) Der besondere Steuersatz nach Absatz 1 ist der Steuersatz, der sich ergibt, wenn bei der Berechnung der Einkommensteuer das nach § 32a Absatz 1 zu versteuernde Einkommen vermehrt oder vermindert wird um

1. im Fall des Absatzes 1 Nummer 1 die Summe der Leistungen nach Abzug des Arbeitnehmer-Pauschbetrags (§ 9a Satz 1 Nummer 1), soweit er nicht bei der Ermittlung der Einkünfte aus nichtselbständiger Arbeit abziehbar ist;
2. im Fall des Absatzes 1 Nummer 2 bis 5 die dort bezeichneten Einkünfte, wobei die darin enthaltenen außerordentlichen Einkünfte mit einem Fünftel zu berücksichtigen sind. [2]Bei der Ermittlung der Einkünfte im Fall des Absatzes 1 Nummer 2 bis 5
   a) ist der Arbeitnehmer-Pauschbetrag (§ 9a Satz 1 Nummer 1 Buchstabe a) abzuziehen, soweit er nicht bei der Ermittlung der Einkünfte aus nichtselbständiger Arbeit abziehbar ist;
   b) sind Werbungskosten nur insoweit abzuziehen, als sie zusammen mit den bei der Ermittlung der Einkünfte aus nichtselbständiger Arbeit abziehba-

---

1) § 32b Abs. 1 Satz 3 geänd. durch G v. 18.12.2013 (BGBl. I S. 4318); zur Anwendung siehe § 52 Abs. 33 Satz 2.

ren Werbungskosten den Arbeitnehmer-Pauschbetrag (§ 9a Satz 1 Nummer 1 Buchstabe a) übersteigen;

c)[1] sind bei Gewinnermittlung nach § 4 Absatz 3 die Anschaffungs- oder Herstellungskosten für Wirtschaftsgüter des Umlaufvermögens im Zeitpunkt des Zuflusses des Veräußerungserlöses oder bei Entnahme im Zeitpunkt der Entnahme als Betriebsausgaben zu berücksichtigen. [2] § 4 Absatz 3 Satz 5 gilt entsprechend.

(3)[2] [1] Nach Maßgabe des § 93c der Abgabenordnung haben die Träger der Sozialleistungen im Sinne des Absatzes 1 Satz 1 Nummer 1 für jeden Leistungsempfänger der für seine Besteuerung nach dem Einkommen zuständigen Finanzbehörde neben den nach § 93c Absatz 1 der Abgabenordnung erforderlichen Angaben die Daten über die im Kalenderjahr gewährten Leistungen sowie die Dauer des Leistungszeitraums zu übermitteln, soweit die Leistungen nicht in der Lohnsteuerbescheinigung anzugeben sind (§ 41b Absatz 1 Satz 2 Nummer 5); § 41b Absatz 2 und § 22a Absatz 2 gelten entsprechend. [2] Die mitteilungspflichtige Stelle hat den Empfänger der Leistungen auf die steuerliche Behandlung dieser Leistungen und seine Steuererklärungspflicht hinzuweisen. [3] In den Fällen des § 170 Absatz 1 des Dritten Buches Sozialgesetzbuch gilt als Empfänger des an Dritte ausgezahlten Insolvenzgeldes der Arbeitnehmer, der seinen Arbeitsentgeltanspruch übertragen hat.

(4)[2] [1] In den Fällen des Absatzes 3 ist für die Anwendung des § 72a Absatz 4 und des § 93c Absatz 4 Satz 1 der Abgabenordnung das Betriebsstättenfinanzamt des Trägers der jeweiligen Sozialleistungen zuständig. [2] Sind für ihn mehrere Betriebsstättenfinanzämter zuständig oder hat er keine Betriebsstätte im Sinne des § 41 Absatz 2, so ist das Finanzamt zuständig, in dessen Bezirk sich seine Geschäftsleitung nach § 10 der Abgabenordnung im Inland befindet.

(5)[2, 3] Die nach Absatz 3 übermittelten Daten können durch das nach Absatz 4 zuständige Finanzamt bei den für die Besteuerung der Leistungsempfänger nach dem Einkommen zuständigen Finanzbehörden abgerufen und zur Anwendung des § 72a Absatz 4 und des § 93c Absatz 4 Satz 1 der Abgabenordnung verarbeitet werden.

[VZ 2016 bis VZ 2022:]

§ 32c[4] *Tarifermäßigung bei Einkünften aus Land- und Forstwirtschaft.*

(1) [1] Auf Antrag des Steuerpflichtigen wird nach Ablauf von drei Veranlagungszeiträumen (Betrachtungszeitraum) unter den Voraussetzungen des Absatzes 5 für Einkünfte aus Land- und Forstwirtschaft im Sinne des § 13 eine Tarifermäßigung nach

---

[1] § 32b Abs. 2 Nr. 2 Satz 2 Buchst. c angef. durch G v. 26.6.2013 (BGBl. I S. 1809); zur Anwendung siehe § 52 Abs. 33 Satz 1.

[2] § 32b Abs. 3 ersetzt durch Abs. 3 bis 5 durch G v. 18.7.2016 (BGBl. I S. 1679); zur Anwendung siehe § 52 Abs. 33 Satz 3.

[3] § 32b Abs. 5 geänd. mWv VZ 2019 duch G v. 20.11.2019 (BGBl. I S. 1626).

[4] § 32c eingef. durch G v. 12.12.2019 (BGBl. I S. 2451); zur Anwendung siehe § 52 Abs. 33a. Die Regelung stand gem. Art. 39 Abs. 8 unter dem Vorbehalt der Genehmigung der EU-Kommission; am 30.1.2020 stellte die EU-Kommission fest, dass die Tarifermäßigung eine mit dem Binnenmarkt vereinbare Beihilfe darstellt (BGBl. I 2020 S. 597).

Satz 2 gewährt. [2] Ist die Summe der tariflichen Einkommensteuer, die innerhalb des Betrachtungszeitraums auf die steuerpflichtigen Einkünfte aus Land- und Forstwirtschaft im Sinne des § 13 entfällt, höher als die Summe der nach Absatz 2 ermittelten fiktiven tariflichen Einkommensteuer, die innerhalb des Betrachtungszeitraums auf die steuerpflichtigen Einkünfte aus Land- und Forstwirtschaft im Sinne des § 13 entfällt, wird bei der Steuerfestsetzung des letzten Veranlagungszeitraums im Betrachtungszeitraum die tarifliche Einkommensteuer um den Unterschiedsbetrag ermäßigt. [3] Satz 1 gilt nicht, wenn nur in einem Veranlagungszeitraum des Betrachtungszeitraums Einkünfte aus Land- und Forstwirtschaft erzielt werden.

(2) [1] Die fiktive tarifliche Einkommensteuer, die auf die steuerpflichtigen Einkünfte aus Land- und Forstwirtschaft im Sinne des § 13 entfällt, wird für jeden Veranlagungszeitraum des Betrachtungszeitraums gesondert ermittelt. [2] Dabei treten an die Stelle der tatsächlichen Einkünfte aus Land- und Forstwirtschaft im Sinne des § 13 die nach Satz 3 zu ermittelnden durchschnittlichen Einkünfte. [3] Zur Ermittlung der durchschnittlichen Einkünfte aus Land- und Forstwirtschaft wird die Summe der tatsächlichen Einkünfte aus Land- und Forstwirtschaft der Veranlagungszeiträume eines Betrachtungszeitraums gleichmäßig auf die Veranlagungszeiträume des Betrachtungszeitraums verteilt.

(3) [1] Die auf die steuerpflichtigen Einkünfte aus Land- und Forstwirtschaft im Sinne des § 13 entfallende tarifliche Einkommensteuer im Sinne des Absatzes 1 ermittelt sich aus dem Verhältnis der positiven steuerpflichtigen Einkünfte aus Land- und Forstwirtschaft zur Summe der positiven Einkünfte. [2] Entsprechendes gilt bei der Ermittlung der fiktiven tariflichen Einkommensteuer. [3] Bei Ehegatten, die nach den §§ 26, 26b zusammen zur Einkommensteuer veranlagt werden, werden für die Ermittlung der Einkünfte jeder Einkunftsart im Sinne des Satzes 1 die Einkünfte beider Ehegatten zusammengerechnet.

(4) Bei der Ermittlung der tatsächlichen und der durchschnittlichen Einkünfte aus Land- und Forstwirtschaft im Sinne der Absätze 2 und 3 bleiben außer Betracht:

1. *außerordentliche Einkünfte nach § 34 Absatz 2,*
2. *nach § 34a begünstigte nicht entnommene Gewinne sowie*
3. *Einkünfte aus außerordentlichen Holznutzungen im Sinne des § 34b Absatz 1 und 2.*

(5) [1] Die Inanspruchnahme der Tarifermäßigung ist nur zulässig, wenn

1. *für negative Einkünfte, die im ersten Veranlagungszeitraum des Betrachtungszeitraums erzielt wurden, kein Verlustrücktrag nach § 10d Absatz 1 in den letzten Veranlagungszeitraum eines vorangegangenen Betrachtungszeitraums vorgenommen wurde,*
2. *für negative Einkünfte, die im zweiten und dritten Veranlagungszeitraum des Betrachtungszeitraums erzielt wurden, kein Antrag nach § 10d Absatz 1 Satz 6[1)] gestellt wurde,*
3. *der Steuerpflichtige kein Unternehmer in Schwierigkeiten im Sinne der Rahmenregelung der Europäischen Union für staatliche Beihilfen im Agrar- und Forstsektor und in ländlichen Gebieten 2014–2020 (2014/C 204/01) (ABl. C 204 vom 1.7.2014, S. 1) ist,*

[1)] § 32c Abs. 5 Satz 1 Nr. 2 Verweis geänd. durch G v. 19.6.2022 (BGBl. I S. 911).

4. ein Steuerpflichtiger, der zu einer Rückzahlung von Beihilfen auf Grund eines früheren Beschlusses der Europäischen Kommission zur Feststellung der Unzulässigkeit einer Beihilfe und ihrer Unvereinbarkeit mit dem Binnenmarkt verpflichtet worden ist, dieser Rückforderungsanordnung vollständig nachgekommen ist,

5. der Steuerpflichtige weder einen der in Artikel 10 Absatz 1 der Verordnung (EU) Nr. 508/2014 des Europäischen Parlaments und des Rates vom 15. Mai 2014 über den Europäischen Meeres- und Fischereifonds und zur Aufhebung der Verordnungen (EG) Nr. 2328/2003, (EG) Nr. 861/2006, (EG) Nr. 1198/2006 und (EG) Nr. 791/2007 des Rates und der Verordnung (EU) Nr. 1255/2011 des Europäischen Parlaments und des Rates (ABl. L 149 vom 20.5.2014, S. 1) genannten Verstöße oder Vergehen noch einen Betrug gemäß Artikel 10 Absatz 3 dieser Verordnung in dem Zeitraum begangen hat, der in den delegierten Rechtsakten auf der Grundlage von Artikel 10 Absatz 4 dieser Verordnung festgelegt ist, und

6. ein Steuerpflichtiger mit Einkünften aus Binnenfischerei, Teichwirtschaft oder Fischzucht für Binnenfischerei und Teichwirtschaft versichert, dass er für einen Zeitraum von fünf Jahren nach Bekanntgabe des Einkommensteuerbescheids, mit dem die Tarifermäßigung gewährt wird, die Bestimmungen der Gemeinsamen Fischereipolitik einhalten wird.

[2] Der Steuerpflichtige hat bei der Beantragung der Tarifermäßigung zu erklären, dass die in Satz 1 Nummer 3 bis 6 genannten Voraussetzungen bestehen. [3] Der Steuerpflichtige hat dem zuständigen Finanzamt nach Beantragung der Tarifermäßigung unverzüglich mitzuteilen, wenn eine der in Satz 1 Nummer 3 bis 6 genannten Voraussetzungen nicht mehr vorliegt.

(6)[1)] [1] Ist für einen Veranlagungszeitraum, in dem eine Tarifermäßigung nach Absatz 1 gewährt wurde, bereits ein Einkommensteuerbescheid erlassen worden, ist dieser zu ändern, soweit sich in einem Einkommensteuerbescheid des Betrachtungszeitraums Besteuerungsgrundlagen ändern. [2] Die Festsetzungsfrist endet insoweit nicht, bevor die Festsetzungsfrist für den Veranlagungszeitraum abgelaufen ist, in dem sich die Besteuerungsgrundlagen geändert haben. [3] Die Sätze 1 und 2 gelten in den Fällen des § 36 Absatz 2 Nummer 4 entsprechend für die Anrechnungsverfügung.

(7) [1] Wird während eines Zeitraums von fünf Jahren nach Bekanntgabe des Einkommensteuerbescheids, mit dem die Tarifermäßigung für den jeweiligen Betrachtungszeitraum gewährt wird, einer der in Artikel 10 Absatz 1 der Verordnung (EU) Nr. 508/2014 genannten Verstöße durch die zuständige Behörde festgestellt, ist eine Tarifermäßigung im Sinne des Absatzes 1 Satz 2 rückgängig zu machen. [2] Ein solcher Verstoß gilt als rückwirkendes Ereignis im Sinne von § 175 Absatz 1 Satz 1 Nummer 2 in Verbindung mit Absatz 2 der Abgabenordnung. [3] Der Steuerpflichtige hat einen Verstoß unverzüglich nach dessen Feststellung dem zuständigen Finanzamt anzuzeigen. [4] Die Festsetzungsfrist für die Steuer endet nicht vor Ablauf von vier Jahren nach Ablauf des Kalenderjahres, in dem die Finanzbehörde von dem Verstoß nach Satz 1 Kenntnis erlangt hat.

§ 32d Gesonderter Steuertarif für Einkünfte aus Kapitalvermögen.

(1) [1] Die Einkommensteuer für Einkünfte aus Kapitalvermögen, die nicht unter § 20 Absatz 8 fallen, beträgt 25 Prozent. [2] Die Steuer nach Satz 1 ver-

[1)] § 32c Abs. 6 Satz 3 geänd. mWv VZ 2021 durch G v. 21.12.2020 (BGBl. I S. 3096).

mindert sich um die nach Maßgabe des Absatzes 5 anrechenbaren ausländischen Steuern. [3]Im Fall der Kirchensteuerpflicht ermäßigt sich die Steuer nach den Sätzen 1 und 2 um 25 Prozent der auf die Kapitalerträge entfallenden Kirchensteuer. [4]Die Einkommensteuer beträgt damit

$$\frac{e - 4q}{4 + k}.$$

[5]Dabei sind „e" die nach den Vorschriften des § 20 ermittelten Einkünfte, „q" die nach Maßgabe des Absatzes 5 anrechenbare ausländische Steuer und „k" der für die Kirchensteuer erhebende Religionsgesellschaft (Religionsgemeinschaft) geltende Kirchensteuersatz.

(2) Absatz 1 gilt nicht

1. für Kapitalerträge im Sinne des § 20 Absatz 1 Nummer 4 und 7 sowie Absatz 2 Satz 1 Nummer 4 und 7,
   a)[1] wenn Gläubiger und Schuldner einander nahe stehende Personen sind, soweit die den Kapitalerträgen entsprechenden Aufwendungen beim Schuldner Betriebsausgaben oder Werbungskosten im Zusammenhang mit Einkünften sind, die der inländischen Besteuerung unterliegen und § 20 Absatz 9 Satz 1 zweiter Halbsatz keine Anwendung findet,
   b)[2] wenn sie von einer Kapitalgesellschaft oder Genossenschaft an einen Anteilseigner gezahlt werden, der zu mindestens 10 Prozent an der Gesellschaft oder Genossenschaft beteiligt ist [***ab 1.1.2021/VZ 2024:*** , soweit die den Kapitalerträgen entsprechenden Aufwendungen beim Schuldner Betriebsausgaben oder Werbungskosten im Zusammenhang mit Einkünften sind, die der inländischen Besteuerung unterliegen und § 20 Absatz 9 Satz 1 zweiter Halbsatz keine Anwendung findet]. [2]Dies gilt auch, wenn der Gläubiger der Kapitalerträge eine dem Anteilseigner nahe stehende Person ist, oder
   c) soweit ein Dritter die Kapitalerträge schuldet und diese Kapitalanlage im Zusammenhang mit einer Kapitalüberlassung an einen Betrieb des Gläubigers steht. [2]Dies gilt entsprechend, wenn Kapital überlassen wird
      aa) an eine dem Gläubiger der Kapitalerträge nahestehende Person oder
      bb) an eine Personengesellschaft, bei der der Gläubiger der Kapitalerträge oder eine diesem nahestehende Person als Mitunternehmer beteiligt ist oder
      cc) an eine Kapitalgesellschaft oder Genossenschaft, an der der Gläubiger der Kapitalerträge oder eine diesem nahestehende Person zu mindestens 10 Prozent beteiligt ist,

   sofern der Dritte auf den Gläubiger oder eine diesem nahestehende Person zurückgreifen kann. [3]Ein Zusammenhang ist anzunehmen, wenn die Kapitalanlage und die Kapitalüberlassung auf einem einheitlichen Plan beruhen. [4]Hiervon ist insbesondere dann auszugehen, wenn die

---

[1] § 32d Abs. 2 Nr. 1 Satz 1 Buchst. a geänd. durch G v. 8.12.2010 (BGBl. I S. 1768).

[2] § 32d Abs. 2 Nr. 1 Buchst. b Satz 1 geänd. durch G v. 21.12.2020 (BGBl. I S. 3096); zur Anwendung siehe § 52 Abs. 33b Satz 1 (1.1.2021) und Satz 2 (VZ 2024).

Kapitalüberlassung in engem zeitlichen Zusammenhang mit einer Kapitalanlage steht oder die jeweiligen Zinsvereinbarungen miteinander verknüpft sind. [5]Von einem Zusammenhang ist jedoch nicht auszugehen, wenn die Zinsvereinbarungen marktüblich sind oder die Anwendung des Absatzes 1 beim Steuerpflichtigen zu keinem Belastungsvorteil führt. [6]Die Sätze 1 bis 5 gelten sinngemäß, wenn das überlassene Kapital vom Gläubiger der Kapitalerträge für die Erzielung von Einkünften im Sinne des § 2 Absatz 1 Satz 1 Nummer 4, 6 und 7 eingesetzt wird.

[2]Insoweit findet § 20 Absatz 6 und 9 keine Anwendung;

2. für Kapitalerträge im Sinne des § 20 Absatz 1 Nummer 6 Satz 2. [2]Insoweit findet § 20 Absatz 6 keine Anwendung;

3.[1)] auf Antrag für Kapitalerträge im Sinne des § 20 Absatz 1 Nummer 1 und 2 aus einer Beteiligung an einer Kapitalgesellschaft, wenn der Steuerpflichtige im Veranlagungszeitraum, für den der Antrag erstmals gestellt wird, unmittelbar oder mittelbar

   a) zu mindestens 25 Prozent an der Kapitalgesellschaft beteiligt ist oder

   b) zu mindestens 1 Prozent an der Kapitalgesellschaft beteiligt ist und durch eine berufliche Tätigkeit für diese maßgeblichen unternehmerischen Einfluss auf deren wirtschaftliche Tätigkeit nehmen kann.

   [2]Insoweit finden § 3 Nummer 40 Satz 2 und § 20 Absatz 6 und 9 keine Anwendung. [3]Der Antrag gilt für die jeweilige Beteiligung erstmals für den Veranlagungszeitraum, für den er gestellt worden ist. [4]Er ist spätestens zusammen mit der Einkommensteuererklärung für den jeweiligen Veranlagungszeitraum zu stellen und gilt, solange er nicht widerrufen wird, auch für die folgenden vier Veranlagungszeiträume, ohne dass die Antragsvoraussetzungen erneut zu belegen sind. [5]Die Widerrufserklärung muss dem Finanzamt spätestens mit der Steuererklärung für den Veranlagungszeitraum zugehen, für den die Sätze 1 bis 4 erstmals nicht mehr angewandt werden sollen. [6]Nach einem Widerruf ist ein erneuter Antrag des Steuerpflichtigen für diese Beteiligung an der Kapitalgesellschaft nicht mehr zulässig;

4.[2)] für Bezüge im Sinne des § 20 Absatz 1 Nummer 1 und für Einnahmen im Sinne des § 20 Absatz 1 Nummer 9, soweit sie das Einkommen der leistenden Körperschaft gemindert haben; dies gilt nicht, soweit eine verdeckte Gewinnausschüttung das Einkommen einer dem Steuerpflichtigen nahe stehenden Person erhöht hat und § 32a des Körperschaftsteuergesetzes auf die Veranlagung dieser nahe stehenden Person keine Anwendung findet.

(3)[3)] [1]Steuerpflichtige Kapitalerträge, die nicht der Kapitalertragsteuer unterlegen haben, hat der Steuerpflichtige in seiner Einkommensteuererklä-

---

[1)] § 32d Abs. 2 Nr. 3 Buchst. b geänd. mWv VZ 2017 (§ 52 Abs. 33b Satz 1) durch G v. 20.12.2016 (BGBl. I S. 3000).

[2)] § 32d Abs. 2 Nr. 4 angef. durch G v. 8.12.2010 (BGBl. I S. 1768); geänd. mWv 1.1.2014 durch G v. 26.6.2013 (BGBl. I S. 1809).

[3)] § 32d Abs. 3 Satz 3 angef. mWv VZ 2019 durch G v. 12.12.2019 (BGBl. I S. 2451).

rung anzugeben. 2 Für diese Kapitalerträge erhöht sich die tarifliche Einkommensteuer um den nach Absatz 1 ermittelten Betrag. 3 Im Fall des Satzes 1 ist eine Veranlagung ungeachtet von § 46 Absatz 2 durchzuführen.

(4) Der Steuerpflichtige kann mit der Einkommensteuererklärung für Kapitalerträge, die der Kapitalertragsteuer unterlegen haben, eine Steuerfestsetzung entsprechend Absatz 3 Satz 2 insbesondere in Fällen eines nicht vollständig ausgeschöpften Sparer-Pauschbetrags, einer Anwendung der Ersatzbemessungsgrundlage nach § 43a Absatz 2 Satz 7, eines noch nicht im Rahmen des § 43a Absatz 3 berücksichtigten Verlusts, eines Verlustvortrags nach § 20 Absatz 6 und noch nicht berücksichtigter ausländischer Steuern, zur Überprüfung des Steuereinbehalts dem Grund oder der Höhe nach oder zur Anwendung von Absatz 1 Satz 3 beantragen.

(5)[1] 1 In den Fällen der Absätze 3 und 4 ist bei unbeschränkt Steuerpflichtigen, die mit ausländischen Kapitalerträgen in dem Staat, aus dem die Kapitalerträge stammen, zu einer der deutschen Einkommensteuer entsprechenden Steuer herangezogen werden, die auf ausländische Kapitalerträge festgesetzte und gezahlte und um einen entstandenen Ermäßigungsanspruch gekürzte ausländische Steuer, jedoch höchstens 25 Prozent ausländische Steuer auf den einzelnen steuerpflichtigen Kapitalertrag, auf die deutsche Steuer anzurechnen. 2 Soweit in einem Abkommen zur Vermeidung der Doppelbesteuerung die Anrechnung einer ausländischen Steuer einschließlich einer als gezahlt geltenden Steuer auf die deutsche Steuer vorgesehen ist, gilt Satz 1 entsprechend. 3 Die ausländischen Steuern sind nur bis zur Höhe der auf die im jeweiligen Veranlagungszeitraum bezogenen Kapitalerträge im Sinne des Satzes 1 entfallenden deutschen Steuer anzurechnen.

(6)[2] 1 Auf Antrag des Steuerpflichtigen werden anstelle der Anwendung der Absätze 1, 3 und 4 die nach § 20 ermittelten Kapitaleinkünfte den Einkünften im Sinne des § 2 hinzugerechnet und der tariflichen Einkommensteuer unterworfen, wenn dies zu einer niedrigeren Einkommensteuer einschließlich Zuschlagsteuern führt (Günstigerprüfung). 2 Absatz 5 ist mit der Maßgabe anzuwenden, dass die nach dieser Vorschrift ermittelten ausländischen Steuern auf die zusätzliche tarifliche Einkommensteuer anzurechnen sind, die auf die hinzugerechneten Kapitaleinkünfte entfällt. 3 Der Antrag kann für den jeweiligen Veranlagungszeitraum nur einheitlich für sämtliche Kapitalerträge gestellt werden. 4 Bei zusammenveranlagten Ehegatten kann der Antrag nur für sämtliche Kapitalerträge beider Ehegatten gestellt werden.

§ 33 Außergewöhnliche Belastungen. (1) Erwachsen einem Steuerpflichtigen zwangsläufig größere Aufwendungen als der überwiegenden Mehrzahl der Steuerpflichtigen gleicher Einkommensverhältnisse, gleicher Vermögensverhältnisse und gleichen Familienstands (außergewöhnliche Belastung), so wird auf Antrag die Einkommensteuer dadurch ermäßigt, dass der Teil der Aufwendungen, der die dem Steuerpflichtigen zumutbare Belastung (Absatz 3) übersteigt, vom Gesamtbetrag der Einkünfte abgezogen wird.

---

[1] § 32d Abs. 5 Satz 1 geänd. mWv VZ 2021 durch G v. 21.12.2020 (BGBl. I S. 3096).
[2] § 32d Abs. 6 Satz 1 geänd. durch G v. 8.12.2010 (BGBl. I S. 1768).

(2)[1] [1]Aufwendungen erwachsen dem Steuerpflichtigen zwangsläufig, wenn er sich ihnen aus rechtlichen, tatsächlichen oder sittlichen Gründen nicht entziehen kann und soweit die Aufwendungen den Umständen nach notwendig sind und einen angemessenen Betrag nicht übersteigen. [2]Aufwendungen, die zu den Betriebsausgaben, Werbungskosten oder Sonderausgaben gehören, bleiben dabei außer Betracht; das gilt für Aufwendungen im Sinne des § 10 Absatz 1 Nummer 7 und 9 nur insoweit, als sie als Sonderausgaben abgezogen werden können. [3]Aufwendungen, die durch Diätverpflegung entstehen, können nicht als außergewöhnliche Belastung berücksichtigt werden. [4]Aufwendungen für die Führung eines Rechtsstreits (Prozesskosten) sind vom Abzug ausgeschlossen, es sei denn, es handelt sich um Aufwendungen ohne die der Steuerpflichtige Gefahr liefe, seine Existenzgrundlage zu verlieren und seine lebensnotwendigen Bedürfnisse in dem üblichen Rahmen nicht mehr befriedigen zu können.[2]

(2a)[3] [1]Abweichend von Absatz 1 wird für Aufwendungen für durch eine Behinderung veranlasste Fahrten nur eine Pauschale gewährt (behinderungsbedingte Fahrtkostenpauschale). [2]Die Pauschale erhalten:

1. Menschen mit einem Grad der Behinderung von mindestens 80 oder mit einem Grad der Behinderung von mindestens 70 und dem Merkzeichen „G“,
2. Menschen mit dem Merkzeichen „aG“, mit dem Merkzeichen „Bl“, mit dem Merkzeichen „TBl“ oder mit dem Merkzeichen „H“.

[3]Bei Erfüllung der Anspruchsvoraussetzungen nach Satz 2 Nummer 1 beträgt die Pauschale 900 Euro. [4]Bei Erfüllung der Anspruchsvoraussetzungen nach Satz 2 Nummer 2 beträgt die Pauschale 4500 Euro. [5]In diesem Fall kann die Pauschale nach Satz 3 nicht zusätzlich in Anspruch genommen werden. [6]Über die Fahrtkostenpauschale nach Satz 1 hinaus sind keine weiteren behinderungsbedingten Fahrtkosten als außergewöhnliche Belastung nach Absatz 1 berücksichtigungsfähig. [7]Die Pauschale ist bei der Ermittlung des Teils der Aufwendungen im Sinne des Absatzes 1, der die zumutbare Belastung übersteigt, einzubeziehen. [8]Sie kann auch gewährt werden, wenn ein Behinderten-Pauschbetrag nach § 33b Absatz 5 übertragen wurde. [9]§ 33b Absatz 5 ist entsprechend anzuwenden.

(3) [1]Die zumutbare Belastung beträgt

bei einem Gesamtbetrag der Einkünfte	bis 15 340 EUR	über 15 340 EUR bis 51 130 EUR	über 51 130 EUR
1. bei Steuerpflichtigen, die keine Kinder haben und bei denen die Einkommensteuer			

[1] § 33 Abs. 2 Satz 2 geänd. mWv VZ 2011 durch G v. 1.11.2011 (BGBl. I S. 2131).
[2] § 33 Abs. 2 Satz 4 angef. mWv VZ 2013 durch G v. 26.6.2013 (BGBl. I S. 1809).
[3] § 33 Abs. 2a eingef. durch G v. 9.12.2020 (BGBl. I S. 2770); zur Anwendung siehe § 52 Abs. 33c.

bei einem Gesamtbetrag der Einkünfte	bis 15 340 EUR	über 15 340 EUR bis 51 130 EUR	über 51 130 EUR
a) nach § 32a Absatz 1,	5	6	7
b) nach § 32a Absatz 5 oder 6 (Splitting-Verfahren)	4	5	6
zu berechnen ist;			
2. bei Steuerpflichtigen mit			
a) einem Kind oder zwei Kindern,	2	3	4
b) drei oder mehr Kindern	1	1	2

Prozent des Gesamtbetrags der Einkünfte.

2 Als Kinder des Steuerpflichtigen zählen die, für die er Anspruch auf einen Freibetrag nach § 32 Absatz 6 oder auf Kindergeld hat.

(4)[1] Die Bundesregierung wird ermächtigt, durch Rechtsverordnung mit Zustimmung des Bundesrates die Einzelheiten des Nachweises von Aufwendungen nach Absatz 1 und der Anspruchsvoraussetzungen nach Absatz 2a zu bestimmen.

§ 33a Außergewöhnliche Belastung in besonderen Fällen. (1)[2] 1 Erwachsen einem Steuerpflichtigen Aufwendungen für den Unterhalt und eine etwaige Berufsausbildung einer dem Steuerpflichtigen oder seinem Ehegatten gegenüber gesetzlich unterhaltsberechtigten Person, so wird auf Antrag die Einkommensteuer dadurch ermäßigt, dass die Aufwendungen bis zur Höhe des Grundfreibetrags nach § 32a Absatz 1 Satz 2 Nummer 1 im Kalenderjahr vom Gesamtbetrag der Einkünfte abgezogen werden. 2 Der Höchstbetrag nach Satz 1 erhöht sich um den Betrag der im jeweiligen Veranlagungszeitraum nach § 10 Absatz 1 Nummer 3 für die Absicherung der unterhaltsberechtigten Person aufgewandten Beiträge; dies gilt nicht für Kranken- und Pflegeversicherungsbeiträge, die bereits nach § 10 Absatz 1 Nummer 3 Satz 1 anzusetzen sind. 3 Der gesetzlich unterhaltsberechtigten Person gleichgestellt ist eine Person, wenn bei ihr zum Unterhalt bestimmte inländische öffentliche Mittel mit Rücksicht auf die Unterhaltsleistungen des Steuerpflichtigen gekürzt werden. 4 Voraussetzung ist, dass weder der Steuerpflichtige noch eine andere Person Anspruch auf einen Freibetrag nach § 32 Absatz 6 oder auf Kindergeld für die unterhaltene Person hat und die unterhaltene Person kein oder nur ein geringes Vermögen besitzt; ein angemessenes Hausgrundstück im Sinne von § 90 Absatz 2 Nummer 8 des Zwölften Buches Sozialgesetzbuch bleibt unberücksichtigt.[3] 5 Hat die unterhaltene Person andere

---

[1] § 33 Abs. 4 angef. mWv VZ 2011 durch G v. 1.11.2011 (BGBl. I S. 2131); geänd. mWv VZ 2021 (§ 52 Abs. 33c) durch G v. 9.12.2020 (BGBl. I S. 2770); vgl. § 64 EStDV (Nr. **10**).

[2] § 33a Abs. 1 Satz 1 geänd. mWv VZ 2022 durch G v. 8.12.2022 (BGBl. I S. 2230).

[3] Zweiter Halbsatz angef. durch G v. 26.6.2013 (BGBl. I S. 1809).

Einkünfte oder Bezüge, so vermindert sich die Summe der nach Satz 1 und Satz 2 ermittelten Beträge um den Betrag, um den diese Einkünfte und Bezüge den Betrag von 624 Euro im Kalenderjahr übersteigen, sowie um die von der unterhaltenen Person als Ausbildungshilfe aus öffentlichen Mitteln oder von Förderungseinrichtungen, die hierfür öffentliche Mittel erhalten, bezogenen Zuschüsse; zu den Bezügen gehören auch steuerfreie Gewinne nach den §§ 14, 16 Absatz 4, § 17 Absatz 3 und § 18 Absatz 3, die nach § 19 Absatz 2 steuerfrei bleibenden Einkünfte sowie Sonderabschreibungen und erhöhte Absetzungen, soweit sie die höchstmöglichen Absetzungen für Abnutzung nach § 7 übersteigen.[1)] [6] Ist die unterhaltene Person nicht unbeschränkt einkommensteuerpflichtig, so können die Aufwendungen nur abgezogen werden, soweit sie nach den Verhältnissen des Wohnsitzstaates der unterhaltenen Person notwendig und angemessen sind, höchstens jedoch der Betrag, der sich nach den Sätzen 1 bis 5 ergibt; ob der Steuerpflichtige zum Unterhalt gesetzlich verpflichtet ist, ist nach inländischen Maßstäben zu beurteilen. [7] Werden die Aufwendungen für eine unterhaltene Person von mehreren Steuerpflichtigen getragen, so wird bei jedem der Teil des sich hiernach ergebenden Betrags abgezogen, der seinem Anteil am Gesamtbetrag der Leistungen entspricht. [8] Nicht auf Euro lautende Beträge sind entsprechend dem für Ende September des Jahres vor dem Veranlagungszeitraum von der Europäischen Zentralbank bekannt gegebenen Referenzkurs umzurechnen.[2)] [9] Voraussetzung für den Abzug der Aufwendungen ist die Angabe der erteilten Identifikationsnummer (§ 139b der Abgabenordnung) der unterhaltenen Person in der Steuererklärung des Unterhaltsleistenden, wenn die unterhaltene Person der unbeschränkten oder beschränkten Steuerpflicht unterliegt. [10] Die unterhaltene Person ist für diese Zwecke verpflichtet, dem Unterhaltsleistenden ihre erteilte Identifikationsnummer (§ 139b der Abgabenordnung) mitzuteilen. [11] Kommt die unterhaltene Person dieser Verpflichtung nicht nach, ist der Unterhaltsleistende berechtigt, bei der für ihn zuständigen Finanzbehörde die Identifikationsnummer der unterhaltenen Person zu erfragen.[3)]

(2)[4)] [1] Zur Abgeltung des Sonderbedarfs eines sich in Berufsausbildung befindenden, auswärtig untergebrachten, volljährigen Kindes, für das Anspruch auf einen Freibetrag nach § 32 Absatz 6 oder Kindergeld besteht, kann der Steuerpflichtige einen Freibetrag in Höhe von *924* [***ab VZ 2023:*** 1200] Euro je Kalenderjahr vom Gesamtbetrag der Einkünfte abziehen. [2] Für ein nicht unbeschränkt einkommensteuerpflichtiges Kind mindert sich der vorstehende Betrag nach Maßgabe des Absatzes 1 Satz 6. [3] Erfüllen mehrere Steuerpflichtige für dasselbe Kind die Voraussetzungen nach Satz 1, so kann der Freibetrag insgesamt nur einmal abgezogen werden. [4] Jedem Elternteil steht grundsätzlich

---

1) § 33a Abs. 1 Satz 5 geänd. mWv VZ 2012 durch G v. 1.11.2011 (BGBl. I S. 2131).

2) § 33a Abs. 1 Satz 8 angef. durch G v. 26.6.2013 (BGBl. I S. 1809).

3) § 33a Abs. 1 Sätze 9 bis 11 angef. mWv VZ 2015 durch G v. 25.7.2014 (BGBl. I S. 1266).

4) § 33a Abs. 2 Satz 3 Verweis geänd. durch G v. 8.12.2010 (BGBl. I S. 1768); Satz 2 aufgeh., Sätze 3 bis 6 werden Sätze 2 bis 5, bish. Sätze 3 und 5 geänd. mWv VZ 2012 durch G v. 1.11.2011 (BGBl. I S. 2131); Abs. 2 Satz 1 Betrag geänd. mWv VZ 2023 durch G v. 16.12.2022 (BGBl. I S. 2294).

die Hälfte des Abzugsbetrags nach den Sätzen 1 und 2 zu. [5]Auf gemeinsamen Antrag der Eltern ist eine andere Aufteilung möglich.

(3)[1)] [1]Für jeden vollen Kalendermonat, in dem die in den Absätzen 1 und 2 bezeichneten Voraussetzungen nicht vorgelegen haben, ermäßigen sich die dort bezeichneten Beträge um je ein Zwölftel [***ab VZ 2022:*** ; der sich daraus ergebende Betrag ist auf den nächsten vollen Euro-Betrag aufzurunden]. [2]Eigene Einkünfte und Bezüge der nach Absatz 1 unterhaltenen Person, die auf diese Kalendermonate entfallen, vermindern den nach Satz 1 ermäßigten Höchstbetrag nicht. [3]Als Ausbildungshilfe bezogene Zuschüsse der nach Absatz 1 unterhaltenen Person mindern nur den zeitanteiligen Höchstbetrag der Kalendermonate, für die sie bestimmt sind.

(4) In den Fällen der Absätze 1 und 2 kann wegen der in diesen Vorschriften bezeichneten Aufwendungen der Steuerpflichtige eine Steuerermäßigung nach § 33 nicht in Anspruch nehmen.

§ 33b[2)] Pauschbeträge für Menschen mit Behinderungen, Hinterbliebene und Pflegepersonen. (1) [1]Wegen der Aufwendungen für die Hilfe bei den gewöhnlichen und regelmäßig wiederkehrenden Verrichtungen des täglichen Lebens, für die Pflege sowie für einen erhöhten Wäschebedarf können Menschen mit Behinderungen unter den Voraussetzungen des Absatzes 2 anstelle einer Steuerermäßigung nach § 33 einen Pauschbetrag nach Absatz 3 geltend machen (Behinderten-Pauschbetrag). [2]Das Wahlrecht kann für die genannten Aufwendungen im jeweiligen Veranlagungszeitraum nur einheitlich ausgeübt werden.

(2) Einen Pauschbetrag erhalten Menschen, deren Grad der Behinderung auf mindestens 20 festgestellt ist, sowie Menschen, die hilflos im Sinne des Absatzes 3 Satz 4 sind.

(3) [1]Die Höhe des Pauschbetrags nach Satz 2 richtet sich nach dem dauernden Grad der Behinderung. [2]Als Pauschbetrag werden gewährt bei einem Grad der Behinderung von mindestens:

20	384 Euro,
30	620 Euro,
40	860 Euro,
50	1140 Euro,
60	1440 Euro,
70	1780 Euro,
80	2120 Euro,
90	2460 Euro,
100	2840 Euro.

[3]Menschen, die hilflos im Sinne des Satzes 4 sind, Blinde und Taubblinde erhalten einen Pauschbetrag von 7400 Euro; in diesem Fall kann der Pauschbetrag nach Satz 2 nicht zusätzlich in Anspruch genommen werden. [4]Hilflos

---

[1)] § 33a Abs. 3 Sätze 2 und 3 neu gef. mWv VZ 2014 durch G v. 25.7.2014 (BGBl. I S. 1266); Abs. 3 Satz 1 HS 2 angef. mWv VZ 2022 durch G v. 8.12.2022 (BGBl. I S. 2230).

[2)] *§ 33b Überschr.* geänd., Abs. 1 Satz 1 geänd., Abs. 2 und 3 neu gef., Abs. 5 Satz 5 angef., Abs. 6 neu gef., Abs. 8 angef. durch G v. 9.12.2020 (BGBl. I S. 2770); zur Anwendung siehe § 52 Abs. 33c.

ist eine Person, wenn sie für eine Reihe von häufig und regelmäßig wiederkehrenden Verrichtungen zur Sicherung ihrer persönlichen Existenz im Ablauf eines jeden Tages fremder Hilfe dauernd bedarf. 5 Diese Voraussetzungen sind auch erfüllt, wenn die Hilfe in Form einer Überwachung oder einer Anleitung zu den in Satz 4 genannten Verrichtungen erforderlich ist oder wenn die Hilfe zwar nicht dauernd geleistet werden muss, jedoch eine ständige Bereitschaft zur Hilfeleistung erforderlich ist.

(4)[1] 1 Personen, denen laufende Hinterbliebenenbezüge bewilligt worden sind, erhalten auf Antrag einen Pauschbetrag von 370 Euro (Hinterbliebenen-Pauschbetrag), wenn die Hinterbliebenenbezüge geleistet werden

1. nach dem *Bundesversorgungsgesetz oder einem anderen Gesetz, das die Vorschriften des Bundesversorgungsgesetzes* [***ab 1.1.2024:*** Vierzehnten Buch Sozialgesetzbuch oder einem anderen Gesetz, das die Vorschriften des Vierzehnten Buches Sozialgesetzbuch] über Hinterbliebenenbezüge für entsprechend anwendbar erklärt, oder
2. nach den Vorschriften über die gesetzliche Unfallversicherung oder
3. nach den beamtenrechtlichen Vorschriften an Hinterbliebene eines an den Folgen eines Dienstunfalls verstorbenen Beamten oder
4. nach den Vorschriften des Bundesentschädigungsgesetzes über die Entschädigung für Schäden an Leben, Körper oder Gesundheit oder

[***ab 1.1.2025:***

5. nach den Vorschriften des Soldatenentschädigungsgesetzes.]

2 Der Pauschbetrag wird auch dann gewährt, wenn das Recht auf die Bezüge ruht oder der Anspruch auf die Bezüge durch Zahlung eines Kapitals abgefunden worden ist.

(5)[2] 1 Steht der Behinderten-Pauschbetrag oder der Hinterbliebenen-Pauschbetrag einem Kind zu, für das der Steuerpflichtige Anspruch auf einen Freibetrag nach § 32 Absatz 6 oder auf Kindergeld hat, so wird der Pauschbetrag auf Antrag auf den Steuerpflichtigen übertragen, wenn ihn das Kind nicht in Anspruch nimmt. 2 Dabei ist der Pauschbetrag grundsätzlich auf beide Elternteile je zur Hälfte aufzuteilen, es sei denn, der Kinderfreibetrag wurde auf den anderen Elternteil übertragen. 3 Auf gemeinsamen Antrag der Eltern ist eine andere Aufteilung möglich. 4 In diesen Fällen besteht für Aufwendungen, für die der Behinderten-Pauschbetrag gilt, kein Anspruch auf eine Steuerermäßigung nach § 33. 5 Voraussetzung für die Übertragung nach Satz 1 ist die Angabe der erteilten Identifikationsnummer (§ 139b der Abgabenordnung) des Kindes in der Einkommensteuererklärung des Steuerpflichtigen.

(6) 1 Wegen der außergewöhnlichen Belastungen, die einem Steuerpflichtigen durch die Pflege einer Person erwachsen, kann er anstelle einer Steuerermäßigung nach § 33 einen Pauschbetrag geltend machen (Pflege-Pausch-

---

[1] § 33b Abs. 4 Satz 1 Nr. 1 geänd. mWv 1.1.2024 durch G v. 12.12.2019 (BGBl. I S. 2652); Nr. 5 angef. mWv 1.1.2025 durch G v. 20.8.2021 (BGBl. I S. 3932).

[2] § 33b Abs. 5 Satz 2 neu gef. mWv VZ 2012 durch G v. 1.11.2011 (BGBl. I S. 2131); Abs. 5 Satz 5 angef. mWv VZ 2021 (§ 52 Abs. 33c) durch G v. 9.12.2020 (BGBl. I S. 2770).

betrag), wenn er dafür keine Einnahmen im Kalenderjahr erhält und der Steuerpflichtige die Pflege entweder in seiner Wohnung oder in der Wohnung des Pflegebedürftigen persönlich durchführt und diese Wohnung in einem Mitgliedstaat der Europäischen Union oder in einem Staat gelegen ist, auf den das Abkommen über den Europäischen Wirtschaftsraum anzuwenden ist. [2] Zu den Einnahmen nach Satz 1 zählt unabhängig von der Verwendung nicht das von den Eltern eines Kindes mit Behinderungen für dieses Kind empfangene Pflegegeld. [3] Als Pflege-Pauschbetrag wird gewährt:

1. bei Pflegegrad 2 600 Euro,
2. bei Pflegegrad 3 1100 Euro,
3. bei Pflegegrad 4 oder 5 1800 Euro.

[4] Ein Pflege-Pauschbetrag nach Satz 3 Nummer 3 wird auch gewährt, wenn die gepflegte Person hilflos im Sinne des § 33b Absatz 3 Satz 4 ist. [5] Bei erstmaliger Feststellung, Änderung oder Wegfall des Pflegegrads im Laufe des Kalenderjahres ist der Pflege-Pauschbetrag nach dem höchsten Grad zu gewähren, der im Kalenderjahr festgestellt war. [6] Gleiches gilt, wenn die Person die Voraussetzungen nach Satz 4 erfüllt. [7] Sind die Voraussetzungen nach Satz 4 erfüllt, kann der Pauschbetrag nach Satz 3 Nummer 1 und 2 nicht zusätzlich in Anspruch genommen werden. [8] Voraussetzung für die Gewährung des Pflege-Pauschbetrags ist die Angabe der erteilten Identifikationsnummer (§ 139b der Abgabenordnung) der gepflegten Person in der Einkommensteuererklärung des Steuerpflichtigen. [9] Wird ein Pflegebedürftiger von mehre-ren Steuerpflichtigen im Veranlagungszeitraum gepflegt, wird der Pflege-Pauschbetrag nach der Zahl der Pflegepersonen, bei denen die Voraussetzungen der Sätze 1 bis 4 vorliegen, geteilt.

(7) Die Bundesregierung wird ermächtigt, durch Rechtsverordnung mit Zustimmung des Bundesrates zu bestimmen, wie nachzuweisen ist, dass die Voraussetzungen für die Inanspruchnahme der Pauschbeträge vorliegen.

(8) Die Vorschrift des § 33b Absatz 6 ist ab Ende des Kalenderjahres 2026 zu evaluieren.

§ 34 Außerordentliche Einkünfte. (1) [1] Sind in dem zu versteuernden Einkommen außerordentliche Einkünfte enthalten, so ist die auf alle im Veranlagungszeitraum bezogenen außerordentlichen Einkünfte entfallende Einkommensteuer nach den Sätzen 2 bis 4 zu berechnen. [2] Die für die außerordentlichen Einkünfte anzusetzende Einkommensteuer beträgt das Fünffache des Unterschiedsbetrags zwischen der Einkommensteuer für das um diese Einkünfte verminderte zu versteuernde Einkommen (verbleibendes zu versteuerndes Einkommen) und der Einkommensteuer für das verbleibende zu versteuernde Einkommen zuzüglich eines Fünftels dieser Einkünfte. [3] Ist das verbleibende zu versteuernde Einkommen negativ und das zu versteuernde Einkommen positiv, so beträgt die Einkommensteuer das Fünffache der auf ein Fünftel des zu versteuernden Einkommens entfallenden Einkommensteuer. [4] Die Sätze 1 bis 3 gelten nicht für außerordentliche Einkünfte im Sinne des Absatzes 2 Nummer 1, wenn der Steuerpflichtige auf diese Einkünfte ganz oder teilweise § 6b oder § 6c anwendet.

(2) Als außerordentliche Einkünfte kommen nur in Betracht:

1. Veräußerungsgewinne im Sinne der §§ 14, 14a Absatz 1, der §§ 16 und 18 Absatz 3 mit Ausnahme des steuerpflichtigen Teils der Veräußerungsgewinne, die nach § 3 Nummer 40 Buchstabe b in Verbindung mit § 3c Absatz 2 teilweise steuerbefreit sind;
2. Entschädigungen im Sinne des § 24 Nummer 1;
3. Nutzungsvergütungen und Zinsen im Sinne des § 24 Nummer 3, soweit sie für einen Zeitraum von mehr als drei Jahren nachgezahlt werden;
4. Vergütungen für mehrjährige Tätigkeiten; mehrjährig ist eine Tätigkeit, soweit sie sich über mindestens zwei Veranlagungszeiträume erstreckt und einen Zeitraum von mehr als zwölf Monaten umfasst.

5.[1] *(aufgehoben)*

(3) [1] Sind in dem zu versteuernden Einkommen außerordentliche Einkünfte im Sinne des Absatzes 2 Nummer 1 enthalten, so kann auf Antrag abweichend von Absatz 1 die auf den Teil dieser außerordentlichen Einkünfte, der den Betrag von insgesamt 5 Millionen Euro nicht übersteigt, entfallende Einkommensteuer nach einem ermäßigten Steuersatz bemessen werden, wenn der Steuerpflichtige das 55. Lebensjahr vollendet hat oder wenn er im sozialversicherungsrechtlichen Sinne dauernd berufsunfähig ist. [2] Der ermäßigte Steuersatz beträgt 56 Prozent des durchschnittlichen Steuersatzes, der sich ergäbe, wenn die tarifliche Einkommensteuer nach dem gesamten zu versteuernden Einkommen zuzüglich der dem Progressionsvorbehalt unterliegenden Einkünfte zu bemessen wäre, mindestens jedoch 14[2] Prozent. [3] Auf das um die in Satz 1 genannten Einkünfte verminderte zu versteuernde Einkommen (verbleibendes zu versteuerndes Einkommen) sind vorbehaltlich des Absatzes 1 die allgemeinen Tarifvorschriften anzuwenden. [4] Die Ermäßigung nach den Sätzen 1 bis 3 kann der Steuerpflichtige nur einmal im Leben in Anspruch nehmen. [5] Erzielt der Steuerpflichtige in einem Veranlagungszeitraum mehr als einen Veräußerungs- oder Aufgabegewinn im Sinne des Satzes 1, kann er die Ermäßigung nach den Sätzen 1 bis 3 nur für einen Veräußerungs- oder Aufgabegewinn beantragen. [6] Absatz 1 Satz 4 ist entsprechend anzuwenden.

§ 34a Begünstigung der nicht entnommenen Gewinne. (1)[3] [1] Sind in dem zu versteuernden Einkommen nicht entnommene Gewinne aus Land- und Forstwirtschaft, Gewerbebetrieb oder selbständiger Arbeit (§ 2 Absatz 1 Satz 1 Nummer 1 bis 3) im Sinne des Absatzes 2 enthalten, ist die Einkommensteuer für diese Gewinne auf Antrag des Steuerpflichtigen ganz oder teilweise mit einem Steuersatz von 28,25 Prozent zu berechnen; dies gilt nicht, soweit für die Gewinne der Freibetrag nach § 16 Absatz 4 oder die Steuerermäßigung nach § 34 Absatz 3 in Anspruch genommen wird oder es sich um Gewinne im Sinne des § 18 Absatz 1 Nummer 4 handelt. [2] Der Antrag nach Satz 1 ist für jeden Betrieb oder Mitunternehmeranteil für jeden Veranlagungszeitraum gesondert bei dem für die Einkommensbesteuerung zuständi-

---

[1] § 34 Abs. 2 Nr. 5 aufgeh. mWv VZ 2012 durch G v. 1.11.2011 (BGBl. I S. 2131).
[2] Prozentsatz geänd. durch G v. 8.12.2010 (BGBl. I S. 1768).
[3] Zur erstmaligen Anwendung von § 34a siehe § 52 Abs. 34 Satz 1.

gen Finanzamt zu stellen. [3]Bei Mitunternehmeranteilen kann der Steuerpflichtige den Antrag nur stellen, wenn sein Anteil am nach § 4 Absatz 1 Satz 1 oder § 5 ermittelten Gewinn mehr als 10 Prozent beträgt oder 10 000 Euro übersteigt. [4]Der Antrag kann bis zur Unanfechtbarkeit des Einkommensteuerbescheids für den nächsten Veranlagungszeitraum vom Steuerpflichtigen ganz oder teilweise zurückgenommen werden; der Einkommensteuerbescheid ist entsprechend zu ändern. [5]Die Festsetzungsfrist endet insoweit nicht, bevor die Festsetzungsfrist für den nächsten Veranlagungszeitraum abgelaufen ist.

(2) Der nicht entnommene Gewinn des Betriebs oder Mitunternehmeranteils ist der nach § 4 Absatz 1 Satz 1 oder § 5 ermittelte Gewinn vermindert um den positiven Saldo der Entnahmen und Einlagen des Wirtschaftsjahres.

(3) [1]Der Begünstigungsbetrag ist der im Veranlagungszeitraum nach Absatz 1 Satz 1 auf Antrag begünstigte Gewinn. [2]Der Begünstigungsbetrag des Veranlagungszeitraums, vermindert um die darauf entfallende Steuerbelastung nach Absatz 1 und den darauf entfallenden Solidaritätszuschlag, vermehrt um den nachversteuerungspflichtigen Betrag des Vorjahres und den auf diesen Betrieb oder Mitunternehmeranteil nach Absatz 5 übertragenen nachversteuerungspflichtigen Betrag, vermindert um den Nachversteuerungsbetrag im Sinne des Absatzes 4 und den auf einen anderen Betrieb oder Mitunternehmeranteil nach Absatz 5 übertragenen nachversteuerungspflichtigen Betrag, ist der nachversteuerungspflichtige Betrag des Betriebs oder Mitunternehmeranteils zum Ende des Veranlagungszeitraums. [3]Dieser ist für jeden Betrieb oder Mitunternehmeranteil jährlich gesondert festzustellen.

(4) [1]Übersteigt der positive Saldo der Entnahmen und Einlagen des Wirtschaftsjahres bei einem Betrieb oder Mitunternehmeranteil den nach § 4 Absatz 1 Satz 1 oder § 5 ermittelten Gewinn (Nachversteuerungsbetrag), ist vorbehaltlich Absatz 5 eine Nachversteuerung durchzuführen, soweit zum Ende des vorangegangenen Veranlagungszeitraums ein nachversteuerungspflichtiger Betrag nach Absatz 3 festgestellt wurde. [2]Die Einkommensteuer auf den Nachversteuerungsbetrag beträgt 25 Prozent. [3]Der Nachversteuerungsbetrag ist um die Beträge, die für die Erbschaftsteuer (Schenkungsteuer) anlässlich der Übertragung des Betriebs oder Mitunternehmeranteils entnommen wurden, zu vermindern.

(5) [1]Die Übertragung oder Überführung eines Wirtschaftsguts nach § 6 Absatz 5 Satz 1 bis 3 führt unter den Voraussetzungen des Absatzes 4 zur Nachversteuerung. [2]Eine Nachversteuerung findet nicht statt, wenn der Steuerpflichtige beantragt, den nachversteuerungspflichtigen Betrag in Höhe des Buchwerts des übertragenen oder überführten Wirtschaftsguts, höchstens jedoch in Höhe des Nachversteuerungsbetrags, den die Übertragung oder Überführung des Wirtschaftsguts ausgelöst hätte, auf den anderen Betrieb oder Mitunternehmeranteil zu übertragen.

(6) [1]Eine Nachversteuerung des nachversteuerungspflichtigen Betrags nach Absatz 4 ist durchzuführen

1. in den Fällen der Betriebsveräußerung oder -aufgabe im Sinne der §§ 14, 16 Absatz 1 und 3 sowie des § 18 Absatz 3,

2. in den Fällen der Einbringung eines Betriebs oder Mitunternehmeranteils in eine Kapitalgesellschaft oder eine Genossenschaft sowie in den Fällen des Formwechsels einer Personengesellschaft in eine Kapitalgesellschaft oder Genossenschaft,

3.[1] in den Fällen der unentgeltlichen Übertragung eines Betriebs oder Mitunternehmeranteils nach § 6 Absatz 3, wenn die Übertragung an eine Körperschaft, Personenvereinigung oder Vermögensmasse im Sinne des § 1 Absatz 1 des Körperschaftsteuergesetzes erfolgt. [2]Dies gilt entsprechend für eine unentgeltliche Übertragung auf eine Mitunternehmerschaft, soweit der Betrieb oder der Mitunternehmeranteil einer Körperschaft, Personenvereinigung oder Vermögensmasse im Sinne des § 1 Absatz 1 des Körperschaftsteuergesetzes als Mitunternehmer zuzurechnen ist,

4. wenn der Gewinn nicht mehr nach § 4 Absatz 1 Satz 1 oder § 5 ermittelt wird oder

5. wenn der Steuerpflichtige dies beantragt.

[2]In den Fällen der Nummern 1 bis 3[2] ist die nach Absatz 4 geschuldete Einkommensteuer auf Antrag des Steuerpflichtigen oder seines Rechtsnachfolgers in regelmäßigen Teilbeträgen für einen Zeitraum von höchstens zehn Jahren seit Eintritt der ersten Fälligkeit zinslos zu stunden, wenn ihre alsbaldige Einziehung mit erheblichen Härten für den Steuerpflichtigen verbunden wäre.

(7)[3] [1]In den Fällen der unentgeltlichen Übertragung eines Betriebs oder Mitunternehmeranteils nach § 6 Absatz 3 hat der Rechtsnachfolger den nachversteuerungspflichtigen Betrag fortzuführen; Absatz 6 Satz 1 Nummer 3 bleibt unberührt. [2]In den Fällen der Einbringung eines Betriebs oder Mitunternehmeranteils zu Buchwerten nach § 24 des Umwandlungssteuergesetzes geht der für den eingebrachten Betrieb oder Mitunternehmeranteil festgestellte nachversteuerungspflichtige Betrag auf den neuen Mitunternehmeranteil über.

(8) Negative Einkünfte dürfen nicht mit ermäßigt besteuerten Gewinnen im Sinne von Absatz 1 Satz 1 ausgeglichen werden; sie dürfen insoweit auch nicht nach § 10d abgezogen werden.

(9) [1]Zuständig für den Erlass der Feststellungsbescheide über den nachversteuerungspflichtigen Betrag ist das für die Einkommensbesteuerung zuständige Finanzamt. [2]Die Feststellungsbescheide können nur insoweit angegriffen werden, als sich der nachversteuerungspflichtige Betrag gegenüber dem nachversteuerungspflichtigen Betrag des Vorjahres verändert hat. [3]Die gesonderten Feststellungen nach Satz 1 können mit dem Einkommensteuerbescheid verbunden werden.

(10)[4] [1]Sind Einkünfte aus Land- und Forstwirtschaft, Gewerbebetrieb oder selbständiger Arbeit nach § 180 Absatz 1 Satz 1 Nummer 2 Buchstabe a oder

---

[1] § 34a Abs. 6 Satz 1 Nr. 3 eingef., bish. Nrn. 3 und 4 werden Nrn. 4 und 5 durch G v. 27.6.2017 (BGBl. I S. 2074); zur Anwendung siehe § 52 Abs. 34 Satz 2.

[2] Verweis geänd. durch G v. 27.6.2017 (BGBl. I S. 2074); zur Anwendung siehe § 52 Abs. 34 Satz 2.

[3] § 34a Abs. 7 Satz 1 HS 2 angef. durch G v. 27.6.2017 (BGBl. I S. 2074).

[4] § 34a Abs. 10 geänd. mWv 1.1.2017 durch G v. 18.7.2016 (BGBl. I S. 1679).

b der Abgabenordnung gesondert festzustellen, können auch die Höhe der Entnahmen und Einlagen sowie weitere für die Tarifermittlung nach den Absätzen 1 bis 7 erforderliche Besteuerungsgrundlagen gesondert festgestellt werden. [2] Zuständig für die gesonderten Feststellungen nach Satz 1 ist das Finanzamt, das für die gesonderte Feststellung nach § 180 Absatz 1 Satz 1 Nummer 2 der Abgabenordnung zuständig ist. [3] Die gesonderten Feststellungen nach Satz 1 können mit der Feststellung nach § 180 Absatz 1 Satz 1 Nummer 2 der Abgabenordnung verbunden werden. [4] Die Feststellungsfrist für die gesonderte Feststellung nach Satz 1 endet nicht vor Ablauf der Feststellungsfrist für die Feststellung nach § 180 Absatz 1 Satz 1 Nummer 2 der Abgabenordnung.

(11)[1)] [1] Der Bescheid über die gesonderte Feststellung des nachversteuerungspflichtigen Betrags ist zu erlassen, aufzuheben oder zu ändern, soweit der Steuerpflichtige einen Antrag nach Absatz 1 stellt oder diesen ganz oder teilweise zurücknimmt und sich die Besteuerungsgrundlagen im Einkommensteuerbescheid ändern. [2] Dies gilt entsprechend, wenn der Erlass, die Aufhebung oder Änderung des Einkommensteuerbescheids mangels steuerlicher Auswirkung unterbleibt. [3] Die Feststellungsfrist endet nicht, bevor die Festsetzungsfrist für den Veranlagungszeitraum abgelaufen ist, auf dessen Schluss der nachversteuerungspflichtige Betrag des Betriebs oder Mitunternehmeranteils gesondert festzustellen ist.

§ 34b[2)] Steuersätze bei Einkünften aus außerordentlichen Holznutzungen. (1) Außerordentliche Holznutzungen sind

1. Holznutzungen, die aus volks- oder staatswirtschaftlichen Gründen erfolgt sind. [2] Sie liegen nur insoweit vor, als sie durch gesetzlichen oder behördlichen Zwang veranlasst sind;
2. Holznutzungen infolge höherer Gewalt (Kalamitätsnutzungen). [2] Sie sind durch Eis-, Schnee-, Windbruch oder Windwurf, Erdbeben, Bergrutsch, Insektenfraß, Brand oder durch Naturereignisse mit vergleichbaren Folgen verursacht. [3] Hierzu gehören nicht die Schäden, die in der Forstwirtschaft regelmäßig entstehen.

(2) [1] Zur Ermittlung der Einkünfte aus außerordentlichen Holznutzungen sind von den Einnahmen sämtlicher Holznutzungen die damit in sachlichem Zusammenhang stehenden Betriebsausgaben abzuziehen. [2] Das nach Satz 1 ermittelte Ergebnis ist auf die ordentlichen und außerordentlichen Holznutzungsarten aufzuteilen, *in dem*[3)] die außerordentlichen Holznutzungen zur gesamten Holznutzung ins Verhältnis gesetzt *wird.*[4)] [3] Bei einer Gewinnermittlung durch Betriebsvermögensvergleich sind die im Wirtschaftsjahr veräußerten Holzmengen maßgebend. [4] Bei einer Gewinnermittlung nach den Grundsätzen des § 4 Absatz 3 ist von den Holzmengen auszugehen, die den im Wirtschaftsjahr zugeflossenen Einnahmen zugrunde liegen. [5] Die Sätze 1 bis 4 gelten für entnommenes Holz entsprechend.

---

1) Zur erstmaligen Anwendung von § 34a Abs. 11 siehe § 52 Abs. 34 Satz 1.
2) § 34b neu gef. mWv VZ 2012 durch G v. 1.11.2011 (BGBl. I S. 2131).
3) Sic, muss wohl lauten „indem".
4) Sic, muss wohl lauten „werden".

(3) Die Einkommensteuer bemisst sich für die Einkünfte aus außerordentlichen Holznutzungen im Sinne des Absatzes 1

1. nach der Hälfte des durchschnittlichen Steuersatzes, der sich ergäbe, wenn die tarifliche Einkommensteuer nach dem gesamten zu versteuernden Einkommen zuzüglich der dem Progressionsvorbehalt unterliegenden Einkünfte zu bemessen wäre;
2. nach dem halben Steuersatz der Nummer 1, soweit sie den Nutzungssatz (§ 68 der Einkommensteuer-Durchführungsverordnung) übersteigen.

(4) Einkünfte aus außerordentlichen Holznutzungen sind nur anzuerkennen, wenn

1. das im Wirtschaftsjahr veräußerte oder entnommene Holz mengenmäßig getrennt nach ordentlichen und außerordentlichen Holznutzungen nachgewiesen wird und
2. Schäden infolge höherer Gewalt unverzüglich nach Feststellung des Schadensfalls der zuständigen Finanzbehörde mitgeteilt und nach der Aufarbeitung mengenmäßig nachgewiesen werden.

(5) Die Bundesregierung wird ermächtigt, durch Rechtsverordnung mit Zustimmung des Bundesrates

1. die Steuersätze abweichend von Absatz 3 für ein Wirtschaftsjahr aus sachlichen Billigkeitsgründen zu regeln,
2. die Anwendung des § 4a des Forstschäden-Ausgleichsgesetzes für ein Wirtschaftsjahr aus sachlichen Billigkeitsgründen zu regeln,

wenn besondere Schadensereignisse nach Absatz 1 Nummer 2 vorliegen und eine Einschlagsbeschränkung (§ 1 Absatz 1 des Forstschäden-Ausgleichsgesetzes) nicht angeordnet wurde.

V. Steuerermäßigungen

1. Steuerermäßigung bei ausländischen Einkünften

§ 34c [Steuerermäßigung bei ausländischen Einkünften] (1)[1] [1]Bei unbeschränkt Steuerpflichtigen, die mit ausländischen Einkünften in dem Staat, aus dem die Einkünfte stammen, zu einer der deutschen Einkommensteuer entsprechenden Steuer herangezogen werden, ist die festgesetzte und gezahlte und um einen entstandenen Ermäßigungsanspruch gekürzte ausländische Steuer auf die deutsche Einkommensteuer anzurechnen, die auf die Einkünfte aus diesem Staat entfällt; das gilt nicht für Einkünfte aus Kapitalvermögen, auf die § 32d Absatz 1 und 3 bis 6 anzuwenden ist. [2]Die auf die ausländischen Einkünfte nach Satz 1 erster Halbsatz entfallende deutsche Einkommensteuer ist in der Weise zu ermitteln, dass der sich bei der Veranlagung des zu versteuernden Einkommens, einschließlich der ausländischen Einkünfte, nach den §§ 32a, 32b, 34, 34a und 34b ergebende durchschnittliche Steuersatz auf die

---

[1] § 34c Abs. 1 Sätze 2 und 3 geänd. mWv VZ 2015 (für Satz 2 vgl. § 52 Abs. 34a) durch G v. 22.12.2014 (BGBl. I S. 2417).

ausländischen Einkünfte anzuwenden ist. [3]Bei der Ermittlung des zu versteuernden Einkommens und der ausländischen Einkünfte sind die Einkünfte nach Satz 1 zweiter Halbsatz nicht zu berücksichtigen; bei der Ermittlung der ausländischen Einkünfte sind die ausländischen Einkünfte nicht zu berücksichtigen, die in dem Staat, aus dem sie stammen, nach dessen Recht nicht besteuert werden. [4]Gehören ausländische Einkünfte der in § 34d Nummer 3, 4, 6, 7 und 8 Buchstabe c genannten Art zum Gewinn eines inländischen Betriebes, sind bei ihrer Ermittlung Betriebsausgaben und Betriebsvermögensminderungen abzuziehen, die mit den diesen Einkünften zugrunde liegenden Einnahmen in wirtschaftlichem Zusammenhang stehen. [5]Die ausländischen Steuern sind nur insoweit anzurechnen, als sie auf die im Veranlagungszeitraum bezogenen Einkünfte entfallen.

(2) Statt der Anrechnung (Absatz 1) ist die ausländische Steuer auf Antrag bei der Ermittlung der Einkünfte abzuziehen, soweit sie auf ausländische Einkünfte entfällt, die nicht steuerfrei sind.

(3) Bei unbeschränkt Steuerpflichtigen, bei denen eine ausländische Steuer vom Einkommen nach Absatz 1 nicht angerechnet werden kann, weil die Steuer nicht der deutschen Einkommensteuer entspricht oder nicht in dem Staat erhoben wird, aus dem die Einkünfte stammen, oder weil keine ausländischen Einkünfte vorliegen, ist die festgesetzte und gezahlte und um einen entstandenen Ermäßigungsanspruch gekürzte ausländische Steuer bei der Ermittlung der Einkünfte abzuziehen, soweit sie auf Einkünfte entfällt, die der deutschen Einkommensteuer unterliegen.

(4) (weggefallen)

(5) Die obersten Finanzbehörden der Länder oder die von ihnen beauftragten Finanzbehörden können mit Zustimmung des Bundesministeriums der Finanzen die auf ausländische Einkünfte entfallende deutsche Einkommensteuer ganz oder zum Teil erlassen oder in einem Pauschbetrag festsetzen, wenn es aus volkswirtschaftlichen Gründen zweckmäßig ist oder die Anwendung des Absatzes 1 besonders schwierig ist.

(6) [1]Die Absätze 1 bis 3 sind vorbehaltlich der Sätze 2 bis 6 nicht anzuwenden, wenn die Einkünfte aus einem ausländischen Staat stammen, mit dem ein Abkommen zur Vermeidung der Doppelbesteuerung besteht. [2]Soweit in einem Abkommen zur Vermeidung der Doppelbesteuerung die Anrechnung einer ausländischen Steuer auf die deutsche Einkommensteuer vorgesehen ist, sind Absatz 1 Satz 2 bis 5 und Absatz 2 entsprechend auf die nach dem Abkommen anzurechnende und um einen entstandenen Ermäßigungsanspruch gekürzte[1)] ausländische Steuer anzuwenden; das gilt nicht für Einkünfte, auf die § 32d Absatz 1 und 3 bis 6 anzuwenden ist; bei nach dem Abkommen als gezahlt geltenden ausländischen Steuerbeträgen sind Absatz 1 Satz 3 und Absatz 2 nicht anzuwenden. [3]Absatz 1 Satz 3 gilt auch dann entsprechend, wenn die Einkünfte in dem ausländischen Staat nach dem Abkommen zur Vermeidung der Doppelbesteuerung mit diesem Staat nicht besteuert werden können. [4]Bezieht sich ein Abkommen zur Vermeidung der Doppelbesteuerung

---

1) § 34c Abs. 6 Satz 2 geänd. mWv VZ 2020 durch G v. 12.12.2019 (BGBl. I S. 2451).

nicht auf eine Steuer vom Einkommen dieses Staates, so sind die Absätze 1 und 2 entsprechend anzuwenden. [5] In den Fällen des § 50d Absatz 9 sind die Absätze 1 bis 3 und Satz 6 entsprechend anzuwenden. [6] Absatz 3 ist anzuwenden, wenn der Staat, mit dem ein Abkommen zur Vermeidung der Doppelbesteuerung besteht, Einkünfte besteuert, die nicht aus diesem Staat stammen, es sei denn, die Besteuerung hat ihre Ursache in einer Gestaltung, für die wirtschaftliche oder sonst beachtliche Gründe fehlen, oder das Abkommen gestattet dem Staat die Besteuerung dieser Einkünfte.

(7) Durch Rechtsverordnung[1)] können Vorschriften erlassen werden über

1. die Anrechnung ausländischer Steuern, wenn die ausländischen Einkünfte aus mehreren fremden Staaten stammen,
2. den Nachweis über die Höhe der festgesetzten und gezahlten ausländischen Steuern,
3. die Berücksichtigung ausländischer Steuern, die nachträglich erhoben oder zurückgezahlt werden.

§ 34d Ausländische Einkünfte. Ausländische Einkünfte im Sinne des § 34c Absatz 1 bis 5 sind

1. Einkünfte aus einer in einem ausländischen Staat betriebenen Land- und Forstwirtschaft (§§ 13 und 14) und Einkünfte der in den Nummern 3, 4, 6, 7 und 8 Buchstabe c genannten Art, soweit sie zu den Einkünften aus Land- und Forstwirtschaft gehören;
2. Einkünfte aus Gewerbebetrieb (§§ 15 und 16),
   a) die durch eine in einem ausländischen Staat belegene Betriebsstätte oder durch einen in einem ausländischen Staat tätigen ständigen Vertreter erzielt werden, und Einkünfte der in den Nummern 3, 4, 6, 7 und 8 Buchstabe c genannten Art, soweit sie zu den Einkünften aus Gewerbebetrieb gehören,
   b) die aus Bürgschafts- und Avalprovisionen erzielt werden, wenn der Schuldner Wohnsitz, Geschäftsleitung oder Sitz in einem ausländischen Staat hat, oder
   c) die durch den Betrieb eigener oder gecharterter Seeschiffe oder Luftfahrzeuge aus Beförderungen zwischen ausländischen oder von ausländischen zu inländischen Häfen erzielt werden, einschließlich der Einkünfte aus anderen mit solchen Beförderungen zusammenhängenden, sich auf das Ausland erstreckenden Beförderungsleistungen;
3. Einkünfte aus selbständiger Arbeit (§ 18), die in einem ausländischen Staat ausgeübt oder verwertet wird oder worden ist, und Einkünfte der in den Nummern 4, 6, 7 und 8 Buchstabe c genannten Art, soweit sie zu den Einkünften aus selbständiger Arbeit gehören;
4. Einkünfte aus der Veräußerung von
   a) Wirtschaftsgütern, die zum Anlagevermögen eines Betriebs gehören, wenn die Wirtschaftsgüter in einem ausländischen Staat belegen sind,

---

[1)] Vgl. hierzu §§ 68a, 68b EStDV (Nr. **10**).

b)[1] Anteilen an Kapitalgesellschaften,

aa) wenn die Gesellschaft Geschäftsleitung oder Sitz in einem ausländischen Staat hat oder

bb)[2] deren Anteilswert zu irgendeinem Zeitpunkt während der 365 Tage vor der Veräußerung unmittelbar oder mittelbar zu mehr als 50 Prozent auf in einem ausländischen Staat belegenen unbeweglichen Vermögen beruhte und die Anteile dem Veräußerer zu diesem Zeitpunkt zuzurechnen waren; für die Ermittlung dieser Quote sind die aktiven Wirtschaftsgüter des Betriebsvermögens mit den Buchwerten, die zu diesem Zeitpunkt anzusetzen gewesen wären, zugrunde zu legen;

5. Einkünfte aus nichtselbständiger Arbeit (§ 19), die in einem ausländischen Staat ausgeübt oder, ohne im Inland ausgeübt zu werden oder worden zu sein, in einem ausländischen Staat verwertet wird oder worden ist, und Einkünfte, die von ausländischen öffentlichen Kassen mit Rücksicht auf ein gegenwärtiges oder früheres Dienstverhältnis gewährt werden. 2 Einkünfte, die von inländischen öffentlichen Kassen einschließlich der Kassen der Deutschen Bundesbahn und der Deutschen Bundesbank mit Rücksicht auf ein gegenwärtiges oder früheres Dienstverhältnis gewährt werden, gelten auch dann als inländische Einkünfte, wenn die Tätigkeit in einem ausländischen Staat ausgeübt wird oder worden ist;

6. Einkünfte aus Kapitalvermögen (§ 20), wenn der Schuldner Wohnsitz, Geschäftsleitung oder Sitz in einem ausländischen Staat hat oder das Kapitalvermögen durch ausländischen Grundbesitz gesichert ist;

7.[3] Einkünfte aus Vermietung und Verpachtung (§ 21), soweit das unbewegliche Vermögen oder die Sachinbegriffe in einem ausländischen Staat belegen oder die Rechte zur Nutzung in einem ausländischen Staat überlassen worden sind. 2 Bei unbeweglichem Vermögen, das zum Anlagevermögen eines Betriebs gehört, gelten als Einkünfte im Sinne dieser Nummer auch Wertveränderungen von Wirtschaftsgütern, die mit diesem Vermögen in wirtschaftlichem Zusammenhang stehen;

8. sonstige Einkünfte im Sinne des § 22, wenn

a) der zur Leistung der wiederkehrenden Bezüge Verpflichtete Wohnsitz, Geschäftsleitung oder Sitz in einem ausländischen Staat hat,

b) bei privaten Veräußerungsgeschäften die veräußerten Wirtschaftsgüter in einem ausländischen Staat belegen sind,

c) bei Einkünften aus Leistungen einschließlich der Einkünfte aus Leistungen im Sinne des § 49 Absatz 1 Nummer 9 der zur Vergütung der Leistung Verpflichtete Wohnsitz, Geschäftsleitung oder Sitz in einem ausländischen Staat hat.

---

[1] § 34d Nr. 4 Buchst. b neu gef. mWv 1.1.2019 durch G v. 11.12.2018 (BGBl. I S. 2338).

[2] *Zur Anwendung siehe* § 52 Abs. 34b Satz 1.

[3] § 34d Nr. 7 Satz 2 angef. durch G v. 11.12.2018 (BGBl. I S. 2338); zur Anwendung siehe § 52 Abs. 34b Satz 2.

2. Steuerermäßigung bei Einkünften aus Land- und Forstwirtschaft

§ 34e.[1] *(aufgehoben)*

2a. Steuerermäßigung für Steuerpflichtige mit Kindern bei Inanspruchnahme erhöhter Absetzungen für Wohngebäude oder der Steuerbegünstigungen für eigengenutztes Wohneigentum

§ 34f [Steuerermäßigung für Steuerpflichtige mit Kindern bei Inanspruchnahme erhöhter Absetzungen für Wohngebäude oder der Steuerbegünstigungen für eigengenutztes Wohneigentum] (1) [1] Bei Steuerpflichtigen, die erhöhte Absetzungen nach § 7b oder nach § 15 des Berlinförderungsgesetzes in Anspruch nehmen, ermäßigt sich die tarifliche Einkommensteuer, vermindert um die sonstigen Steuerermäßigungen mit Ausnahme der §§ 34g und 35, auf Antrag um je 600 Deutsche Mark für das zweite und jedes weitere Kind des Steuerpflichtigen oder seines Ehegatten. [2] Voraussetzung ist,

1. dass der Steuerpflichtige das Objekt, bei einem Zweifamilienhaus mindestens eine Wohnung, zu eigenen Wohnzwecken nutzt oder wegen des Wechsels des Arbeitsortes nicht zu eigenen Wohnzwecken nutzen kann und
2. dass es sich einschließlich des ersten Kindes um Kinder im Sinne des § 32 Absatz 1 bis 5 oder 6 Satz 7 handelt, die zum Haushalt des Steuerpflichtigen gehören oder in dem für die erhöhten Absetzungen maßgebenden Begünstigungszeitraum gehört haben, wenn diese Zugehörigkeit auf Dauer angelegt ist oder war.

(2) [1] Bei Steuerpflichtigen, die die Steuerbegünstigung nach § 10e Absatz 1 bis 5 oder nach § 15b des Berlinförderungsgesetzes in Anspruch nehmen, ermäßigt sich die tarifliche Einkommensteuer, vermindert um die sonstigen Steuerermäßigungen mit Ausnahme des § 34g, auf Antrag um je 512 Euro für jedes Kind des Steuerpflichtigen oder seines Ehegatten im Sinne des § 32 Absatz 1 bis 5 oder 6 Satz 7. [2] Voraussetzung ist, dass das Kind zum Haushalt des Steuerpflichtigen gehört oder in dem für die Steuerbegünstigung maßgebenden Zeitraum gehört hat, wenn diese Zugehörigkeit auf Dauer angelegt ist oder war.

(3)[2] [1] Bei Steuerpflichtigen, die die Steuerbegünstigung nach § 10e Absatz 1, 2, 4 und 5 in Anspruch nehmen, ermäßigt sich die tarifliche Einkommensteuer, vermindert um die sonstigen Steuerermäßigungen, auf Antrag um je 512 Euro für jedes Kind des Steuerpflichtigen oder seines Ehegatten im Sinne des § 32 Absatz 1 bis 5 oder 6 Satz 7. [2] Voraussetzung ist, dass das Kind zum Haushalt des Steuerpflichtigen gehört oder in dem für die Steuerbegünstigung maßgebenden Zeitraum gehört hat, wenn diese Zugehörigkeit auf

---

[1] § 34e aufgeh. durch G v. 25.7.2014 (BGBl. I S. 1266).

[2] Zur erstmaligen Anwendung siehe § 52 Abs. 35.

Dauer angelegt ist oder war. [3]Soweit sich der Betrag der Steuerermäßigung nach Satz 1 bei der Ermittlung der festzusetzenden Einkommensteuer nicht steuerentlastend auswirkt, ist er von der tariflichen Einkommensteuer der zwei vorangegangenen Veranlagungszeiträume abzuziehen. [4]Steuerermäßigungen, die nach den Sätzen 1 und 3 nicht berücksichtigt werden können, können bis zum Ende des Abzugszeitraums im Sinne des § 10e und in den zwei folgenden Veranlagungszeiträumen abgezogen werden. [5]Ist für einen Veranlagungszeitraum bereits ein Steuerbescheid erlassen worden, so ist er insoweit zu ändern, als die Steuerermäßigung nach den Sätzen 3 und 4 zu gewähren oder zu berichtigen ist; die Verjährungsfristen enden insoweit nicht, bevor die Verjährungsfrist für den Veranlagungszeitraum abgelaufen ist, für den die Steuerermäßigung nach Satz 1 beantragt worden ist.

(4)[1)] [1]Die Steuerermäßigungen nach den Absätzen 2 oder 3 kann der Steuerpflichtige insgesamt nur bis zur Höhe der Bemessungsgrundlage der Abzugsbeträge nach § 10e Absatz 1 oder 2 in Anspruch nehmen. [2]Die Steuerermäßigung nach den Absätzen 1, 2 und 3 Satz 1 kann der Steuerpflichtige im Kalenderjahr nur für ein Objekt in Anspruch nehmen.

2b. Steuerermäßigung bei Zuwendungen an politische Parteien und an unabhängige Wählervereinigungen

§ 34g [Steuerermäßigung bei Zuwendungen an politische Parteien und an unabhängige Wählervereinigungen] [1]Die tarifliche Einkommensteuer, vermindert um die sonstigen Steuerermäßigungen mit Ausnahme des § 34f Absatz 3, ermäßigt sich bei Zuwendungen an

1.[2)] politische Parteien im Sinne des § 2 des Parteiengesetzes, sofern die jeweilige Partei nicht gemäß § 18 Absatz 7 des Parteiengesetzes von der staatlichen Teilfinanzierung ausgeschlossen ist, und
2. Vereine ohne Parteicharakter, wenn
   a) der Zweck des Vereins ausschließlich darauf gerichtet ist, durch Teilnahme mit eigenen Wahlvorschlägen an Wahlen auf Bundes-, Landes- oder Kommunalebene bei der politischen Willensbildung mitzuwirken, und
   b) der Verein auf Bundes-, Landes- oder Kommunalebene bei der jeweils letzten Wahl wenigstens ein Mandat errungen oder der zuständigen Wahlbehörde oder dem zuständigen Wahlorgan angezeigt hat, dass er mit eigenen Wahlvorschlägen auf Bundes-, Landes- oder Kommunalebene an der jeweils nächsten Wahl teilnehmen will.

[2]Nimmt der Verein an der jeweils nächsten Wahl nicht teil, wird die Ermäßigung nur für die bis zum Wahltag an ihn geleisteten Beiträge und Spenden gewährt. [3]Die Ermäßigung für Beiträge und Spenden an den Verein wird erst wieder gewährt, wenn er sich mit eigenen Wahlvorschlägen an einer Wahl beteiligt hat. [4]Die Ermäßigung wird in diesem Fall nur für Beiträ-

---

1) Zur erstmaligen Anwendung siehe § 52 Abs. 35.
2) § 34g Satz 1 Nr. 1 geänd. mWv 29.7.2017 durch G v. 18.7.2017 (BGBl. I S. 2730).

ge und Spenden gewährt, die nach Beginn des Jahres, in dem die Wahl stattfindet, geleistet werden.

2 Die Ermäßigung beträgt 50 Prozent der Ausgaben, höchstens jeweils 825 Euro für Ausgaben nach den Nummern 1 und 2, im Fall der Zusammenveranlagung von Ehegatten höchstens jeweils 1650 Euro. 3 § 10b Absatz 3 und 4 gilt entsprechend.

3. Steuerermäßigung bei Einkünften aus Gewerbebetrieb

§ 35 [Steuerermäßigung bei Einkünften aus Gewerbebetrieb]

(1) 1 Die tarifliche Einkommensteuer, vermindert um die sonstigen Steuerermäßigungen mit Ausnahme der §§ 34f, 34g, 35a und 35c[1] ermäßigt sich, soweit sie anteilig auf im zu versteuernden Einkommen enthaltene gewerbliche Einkünfte entfällt (Ermäßigungshöchstbetrag),

1. bei Einkünften aus gewerblichen Unternehmen im Sinne des § 15 Absatz 1 Satz 1 Nummer 1

   um das Vierfache[2] des jeweils für den dem Veranlagungszeitraum entsprechenden Erhebungszeitraum nach § 14 des Gewerbesteuergesetzes für das Unternehmen festgesetzten Steuermessbetrags (Gewerbesteuer-Messbetrag); Absatz 2 Satz 5 ist entsprechend anzuwenden;
2. bei Einkünften aus Gewerbebetrieb als Mitunternehmer im Sinne des § 15 Absatz 1 Satz 1 Nummer 2 oder als persönlich haftender Gesellschafter einer Kommanditgesellschaft auf Aktien im Sinne des § 15 Absatz 1 Satz 1 Nummer 3

   um das Vierfache[3] des jeweils für den dem Veranlagungszeitraum entsprechenden Erhebungszeitraum festgesetzten anteiligen Gewerbesteuer-Messbetrags.

2 Der Ermäßigungshöchstbetrag ist wie folgt zu ermitteln:

$$\frac{\text{Summe der positiven gewerblichen Einkünfte}}{\text{Summe aller positiven Einkünfte}} \cdot \text{geminderte tarifliche Steuer.}$$

3 Gewerbliche Einkünfte im Sinne der Sätze 1 und 2 sind die der Gewerbesteuer unterliegenden Gewinne und Gewinnanteile, soweit sie nicht nach anderen Vorschriften von der Steuerermäßigung nach § 35 ausgenommen sind. 4 Geminderte tarifliche Steuer ist die tarifliche Steuer nach Abzug von Beträgen auf Grund der Anwendung zwischenstaatlicher Abkommen und nach Anrechnung der ausländischen Steuern nach § 32d Absatz 6 Satz 2[4], § 34c Absatz 1 und 6 dieses Gesetzes und § 12 des Außensteuergesetzes. 5 Der Abzug des Steuerermäßigungsbetrags ist auf die tatsächlich zu zahlende Gewerbesteuer beschränkt.

---

[1] Verweis auf § 35c ergänzt mWv 1.1.2020 durch G v. 21.12.2019 (BGBl. I S. 2886).

[2] § 35 Abs. 1 Satz 1 Nr. 1 geänd. mWv VZ 2020 (vgl. Fn. zu § 52 Abs. 35a) durch G v. 29.6.2020 (BGBl. I S. 1512).

[3] § 35 Abs. 1 Satz 1 Nr. 2 geänd. mWv VZ 2020 (vgl. Fn. zu § 52 Abs. 35a) durch G v. 29.6.2020 (BGBl. I S. 1512).

[4] Zitat ergänzt durch G v. 26.6.2013 (BGBl. I S. 1809).

(2) [1]Bei Mitunternehmerschaften im Sinne des § 15 Absatz 1 Satz 1 Nummer 2 oder bei Kommanditgesellschaften auf Aktien im Sinne des § 15 Absatz 1 Satz 1 Nummer 3 ist der Betrag des Gewerbesteuer-Messbetrags, die tatsächlich zu zahlende Gewerbesteuer und der auf die einzelnen Mitunternehmer oder auf die persönlich haftenden Gesellschafter entfallende Anteil gesondert und einheitlich festzustellen. [2]Der Anteil eines Mitunternehmers am Gewerbesteuer-Messbetrag richtet sich nach seinem Anteil am Gewinn der Mitunternehmerschaft nach Maßgabe des allgemeinen Gewinnverteilungsschlüssels; Vorabgewinnanteile sind nicht zu berücksichtigen. [3]Wenn auf Grund der Bestimmungen in einem Abkommen zur Vermeidung der Doppelbesteuerung bei der Festsetzung des Gewerbesteuer-Messbetrags für eine Mitunternehmerschaft nur der auf einen Teil der Mitunternehmer entfallende anteilige Gewerbeertrag berücksichtigt wird, ist der Gewerbesteuer-Messbetrag nach Maßgabe des allgemeinen Gewinnverteilungsschlüssels in voller Höhe auf diese Mitunternehmer entsprechend ihrer Anteile am Gewerbeertrag der Mitunternehmerschaft aufzuteilen. [4]Der anteilige Gewerbesteuer-Messbetrag ist als Prozentsatz mit zwei Nachkommastellen gerundet zu ermitteln. [5]Bei der Feststellung nach Satz 1 sind anteilige Gewerbesteuer-Messbeträge, die aus einer Beteiligung an einer Mitunternehmerschaft stammen, einzubeziehen.

(3) [1]Zuständig für die gesonderte Feststellung nach Absatz 2 ist das für die gesonderte Feststellung der Einkünfte zuständige Finanzamt. [2]Für die Ermittlung der Steuerermäßigung nach Absatz 1 sind die Festsetzung des Gewerbesteuer-Messbetrags, die Feststellung des Anteils an dem festzusetzenden Gewerbesteuer-Messbetrag nach Absatz 2 Satz 1 und die Festsetzung der Gewerbesteuer Grundlagenbescheide. [3]Für die Ermittlung des anteiligen Gewerbesteuer-Messbetrags nach Absatz 2 sind die Festsetzung des Gewerbesteuer-Messbetrags und die Festsetzung des anteiligen Gewerbesteuer-Messbetrags aus der Beteiligung an einer Mitunternehmerschaft Grundlagenbescheide.

(4) Für die Aufteilung und die Feststellung der tatsächlich zu zahlenden Gewerbesteuer bei Mitunternehmerschaften im Sinne des § 15 Absatz 1 Satz 1 Nummer 2 und bei Kommanditgesellschaften auf Aktien im Sinne des § 15 Absatz 1 Satz 1 Nummer 3 gelten die Absätze 2 und 3 entsprechend.

4. Steuerermäßigung bei Aufwendungen für haushaltsnahe Beschäftigungsverhältnisse und für die Inanspruchnahme haushaltsnaher Dienstleistungen

§ 35a Steuerermäßigung bei Aufwendungen für haushaltsnahe Beschäftigungsverhältnisse, haushaltsnahe Dienstleistungen und Handwerkerleistungen. (1) Für haushaltsnahe Beschäftigungsverhältnisse, bei denen es sich um eine geringfügige Beschäftigung im Sinne des § 8a des Vierten Buches Sozialgesetzbuch handelt, ermäßigt sich die tarifliche Einkommensteuer, vermindert um die sonstigen Steuerermäßigungen, auf Antrag um 20 Prozent, höchstens 510 Euro, der Aufwendungen des Steuerpflichtigen.

(2) [1]Für andere als in Absatz 1 aufgeführte haushaltsnahe Beschäftigungsverhältnisse oder für die Inanspruchnahme von haushaltsnahen Dienstleistungen,

die nicht Dienstleistungen nach Absatz 3 sind, ermäßigt sich die tarifliche Einkommensteuer, vermindert um die sonstigen Steuerermäßigungen, auf Antrag um 20 Prozent, höchstens 4000 Euro, der Aufwendungen des Steuerpflichtigen. 2 Die Steuerermäßigung kann auch in Anspruch genommen werden für die Inanspruchnahme von Pflege- und Betreuungsleistungen sowie für Aufwendungen, die einem Steuerpflichtigen wegen der Unterbringung in einem Heim oder zur dauernden Pflege erwachsen, soweit darin Kosten für Dienstleistungen enthalten sind, die mit denen einer Hilfe im Haushalt vergleichbar sind.

(3)[1] 1 Für die Inanspruchnahme von Handwerkerleistungen für Renovierungs-, Erhaltungs- und Modernisierungsmaßnahmen ermäßigt sich die tarifliche Einkommensteuer, vermindert um die sonstigen Steuerermäßigungen, auf Antrag um 20 Prozent der Aufwendungen des Steuerpflichtigen, höchstens jedoch um 1200 Euro. 2 Dies gilt nicht für öffentlich geförderte Maßnahmen, für die zinsverbilligte Darlehen oder steuerfreie Zuschüsse in Anspruch genommen werden.

(4) 1 Die Steuerermäßigung nach den Absätzen 1 bis 3 kann nur in Anspruch genommen werden, wenn das Beschäftigungsverhältnis, die Dienstleistung oder die Handwerkerleistung in einem in der Europäischen Union oder dem Europäischen Wirtschaftsraum liegenden Haushalt des Steuerpflichtigen oder – bei Pflege- und Betreuungsleistungen – der gepflegten oder betreuten Person ausgeübt oder erbracht wird. 2 In den Fällen des Absatzes 2 Satz 2 zweiter Halbsatz ist Voraussetzung, dass das Heim oder der Ort der dauernden Pflege in der Europäischen Union oder dem Europäischen Wirtschaftsraum liegt.

(5)[2] 1 Die Steuerermäßigungen nach den Absätzen 1 bis 3 können nur in Anspruch genommen werden, soweit die Aufwendungen nicht Betriebsausgaben oder Werbungskosten darstellen und soweit sie nicht als Sonderausgaben oder außergewöhnliche Belastungen berücksichtigt worden sind; für Aufwendungen, die dem Grunde nach unter § 10 Absatz 1 Nummer 5 fallen, ist eine Inanspruchnahme ebenfalls ausgeschlossen. 2 Der Abzug von der tariflichen Einkommensteuer nach den Absätzen 2 und 3 gilt nur für Arbeitskosten. 3 Voraussetzung für die Inanspruchnahme der Steuerermäßigung für haushaltsnahe Dienstleistungen nach Absatz 2 oder für Handwerkerleistungen nach Absatz 3 ist, dass der Steuerpflichtige für die Aufwendungen eine Rechnung erhalten hat und die Zahlung auf das Konto des Erbringers der Leistung erfolgt ist. 4 Leben zwei Alleinstehende in einem Haushalt zusammen, können sie die Höchstbeträge nach den Absätzen 1 bis 3 insgesamt jeweils nur einmal in Anspruch nehmen.

5. Steuerermäßigung bei Belastung mit Erbschaftsteuer

§ 35b[3] Steuerermäßigung bei Belastung mit Erbschaftsteuer. 1 Sind bei der Ermittlung des Einkommens Einkünfte berücksichtigt worden, die im

[1] § 35a Abs. 3 neu gef. mWv VZ 2011 durch G v. 8.12.2010 (BGBl. I S. 1768).

[2] § 35a Abs. 5 Satz 1 neu gef. durch G v. 8.12.2010 (BGBl. I S. 1768); Satz 1 Verweis geänd. mWv VZ 2012 durch G v. 1.11.2011 (BGBl. I S. 2131).

[3] § 35b Satz 3 aufgeh. mWv VZ 2015 durch G v. 22.12.2014 (BGBl. I S. 2417).

Veranlagungszeitraum oder in den vorangegangenen vier Veranlagungszeiträumen als Erwerb von Todes wegen der Erbschaftsteuer unterlegen haben, so wird auf Antrag die um sonstige Steuerermäßigungen gekürzte tarifliche Einkommensteuer, die auf diese Einkünfte entfällt, um den in Satz 2 bestimmten Prozentsatz ermäßigt. [2] Der Prozentsatz bestimmt sich nach dem Verhältnis, in dem die festgesetzte Erbschaftsteuer zu dem Betrag steht, der sich ergibt, wenn dem steuerpflichtigen Erwerb (§ 10 Absatz 1 des Erbschaftsteuer- und Schenkungsteuergesetzes) die Freibeträge nach den §§ 16 und 17 und der steuerfreie Betrag nach § 5 des Erbschaftsteuer- und Schenkungsteuergesetzes hinzugerechnet werden.

6. Steuerermäßigung für energetische Maßnahmen bei zu eigenen Wohnzwecken genutzten Gebäuden[1)]

§ 35c[2)] Steuerermäßigung für energetische Maßnahmen bei zu eigenen Wohnzwecken genutzten Gebäuden. (1) [1] Für energetische Maßnahmen an einem in der Europäischen Union oder dem Europäischen Wirtschaftsraum belegenen zu eigenen Wohnzwecken genutzten eigenen Gebäude (begünstigtes Objekt) ermäßigt sich auf Antrag die tarifliche Einkommensteuer, vermindert um die sonstigen Steuerermäßigungen, im Kalenderjahr des Abschlusses der energetischen Maßnahme und im nächsten Kalenderjahr um je 7 Prozent der Aufwendungen des Steuerpflichtigen, höchstens jedoch um je 14 000 Euro und im übernächsten Kalenderjahr um 6 Prozent der Aufwendungen des Steuerpflichtigen, höchstens jedoch um 12 000 Euro für das begünstigte Objekt. [2] Voraussetzung ist, dass das begünstigte Objekt bei der Durchführung der energetischen Maßnahme älter als zehn Jahre ist; maßgebend hierfür ist der Beginn der Herstellung. [3] Energetische Maßnahmen im Sinne des Satzes 1 sind:

1. Wärmedämmung von Wänden,
2. Wärmedämmung von Dachflächen,
3. Wärmedämmung von Geschossdecken,
4. Erneuerung der Fenster oder Außentüren,
5. Erneuerung oder Einbau einer Lüftungsanlage,
6. Erneuerung der Heizungsanlage,
7. Einbau von digitalen Systemen zur energetischen Betriebs- und Verbrauchsoptimierung und
8. Optimierung bestehender Heizungsanlagen, sofern diese älter als zwei Jahre sind.

[4] Zu den Aufwendungen für energetische Maßnahmen gehören auch die Kosten für die Erteilung der Bescheinigung nach Satz 7 sowie die Kosten für Energieberater, die vom Bundesamt für Wirtschaft und Ausfuhrkontrolle (BAFA) als fachlich qualifiziert zum Förderprogramm „Energieberatung für

---

[1)] 6. *Unterabschnitt* eingef. mWv 1.1.2020 durch G v. 21.12.2019 (BGBl. I S. 2886).

[2)] § 35c eingef. durch G v. 21.12.2019 (BGBl. I S. 2886); zur Anwendung siehe § 52 Abs. 35a.

Wohngebäude (Vor-Ort-Beratung, individueller Sanierungsfahrplan)" zugelassen sind, wenn der Energieberater durch den Steuerpflichtigen mit der planerischen Begleitung oder Beaufsichtigung der energetischen Maßnahmen nach Satz 3 beauftragt worden ist; die tarifliche Einkommensteuer vermindert sich abweichend von Satz 1 um 50 Prozent der Aufwendungen für den Energieberater. [5]Die Förderung kann für mehrere Einzelmaßnahmen an einem begünstigten Objekt in Anspruch genommen werden; je begünstigtes Objekt beträgt der Höchstbetrag der Steuerermäßigung 40 000 Euro. [6]Voraussetzung für die Förderung ist, dass die jeweilige energetische Maßnahme von einem Fachunternehmen ausgeführt wurde und die Anforderungen aus der Rechtsverordnung nach Absatz 7 erfüllt sind. [7]Die Steuerermäßigungen können nur in Anspruch genommen werden, wenn durch eine nach amtlich vorgeschriebenem Muster erstellte Bescheinigung des ausführenden Fachunternehmens nachgewiesen wird, dass die Voraussetzungen der Sätze 1 bis 3 und die Anforderungen aus der Rechtsverordnung nach Absatz 7 dem Grunde und der Höhe nach erfüllt sind.

(2) [1]Die Steuerermäßigung nach Absatz 1 kann nur in Anspruch genommen werden, wenn der Steuerpflichtige das Gebäude im jeweiligen Kalenderjahr ausschließlich zu eigenen Wohnzwecken nutzt. [2]Eine Nutzung zu eigenen Wohnzwecken liegt auch vor, wenn Teile einer zu eigenen Wohnzwecken genutzten Wohnung anderen Personen unentgeltlich zu Wohnzwecken überlassen werden.

(3) [1]Der Steuerpflichtige kann die Steuerermäßigung nach Absatz 1 nicht in Anspruch nehmen, soweit die Aufwendungen als Betriebsausgaben, Werbungskosten, Sonderausgaben oder außergewöhnliche Belastungen berücksichtigt worden sind. [2]Die Steuerermäßigung nach Absatz 1 ist ebenfalls nicht zu gewähren, wenn für die energetischen Maßnahmen eine Steuerbegünstigung nach § 10f oder eine Steuerermäßigung nach § 35a in Anspruch genommen wird oder es sich um eine öffentlich geförderte Maßnahme handelt, für die zinsverbilligte Darlehen oder steuerfreie Zuschüsse in Anspruch genommen werden.

(4) Voraussetzung für die Inanspruchnahme der Steuermäßigung für energetische Maßnahmen ist, dass

1. der Steuerpflichtige für die Aufwendungen eine Rechnung erhalten hat, die die förderungsfähigen energetischen Maßnahmen, die Arbeitsleistung des Fachunternehmens und die Adresse des begünstigten Objekts ausweisen, und die in deutscher Sprache ausgefertigt ist und
2. die Zahlung auf das Konto des Erbringers der Leistung erfolgt ist.

(5) Die Absätze 1 bis 4 sind auf Gebäudeteile, die selbständige unbewegliche Wirtschaftsgüter sind, und auf Eigentumswohnungen entsprechend anzuwenden.

(6) [1]Steht das Eigentum am begünstigten Objekt mehreren Personen zu, können die Steuerermäßigungen nach Absatz 1 für das begünstigte Objekt insgesamt nur einmal in Anspruch genommen werden. [2]Die der Steuerermäßigung nach Absatz 1 zugrunde liegenden Aufwendungen können einheitlich und gesondert festgestellt werden. [3]Die für die gesonderte Feststellung von

Einkünften nach § 180 Absatz 1 Nummer 2a der Abgabenordnung geltenden Vorschriften sind entsprechend anzuwenden.

(7) Die Bundesregierung wird ermächtigt, durch Rechtsverordnung mit Zustimmung des Bundestages und des Bundesrates die Mindestanforderungen für die energetischen Maßnahmen nach Absatz 1 Satz 3 sowie die Anforderungen an ein Fachunternehmen nach Absatz 1 Satz 6 festzulegen.

VI. Steuererhebung

1. Erhebung der Einkommensteuer

§ 36 Entstehung und Tilgung der Einkommensteuer. (1) Die Einkommensteuer entsteht, soweit in diesem Gesetz nichts anderes bestimmt ist, mit Ablauf des Veranlagungszeitraums.

(2) Auf die Einkommensteuer werden angerechnet:

1. die für den Veranlagungszeitraum entrichteten Einkommensteuer-Vorauszahlungen (§ 37);
2. [1] die durch Steuerabzug erhobene Einkommensteuer, soweit sie entfällt auf
   a) die bei der Veranlagung erfassten Einkünfte oder
   b) die nach § 3 Nummer 40 dieses Gesetzes oder nach § 8b Absatz 1, 2 und 6 Satz 2 des Körperschaftsteuergesetzes bei der Ermittlung des Einkommens außer Ansatz bleibenden Bezüge

   und keine Erstattung beantragt oder durchgeführt worden ist. [2]Die durch Steuerabzug erhobene Einkommensteuer wird nicht angerechnet, wenn die in § 45a Absatz 2 oder Absatz 3 bezeichnete Bescheinigung nicht vorgelegt worden ist oder die Angaben gemäß § 45a Absatz 2a nicht übermittelt worden sind. [3]Soweit der Steuerpflichtige einen Antrag nach § 32d Absatz 4 oder Absatz 6 stellt, ist es für die Anrechnung ausreichend, wenn die Bescheinigung auf Verlangen des Finanzamts vorgelegt wird. [4]In den Fällen des § 8b Absatz 6 Satz 2 des Körperschaftsteuergesetzes ist es für die Anrechnung ausreichend, wenn die Bescheinigung nach § 45a Absatz 2 und 3 vorgelegt wird, die dem Gläubiger der Kapitalerträge ausgestellt worden ist. [5]In den Fällen des § 2 Absatz 7 Satz 3 ist auch die durch Steuerabzug im Kalenderjahr des Wechsels von der unbeschränkten zur beschränkten Einkommensteuerpflicht erhobene Einkommensteuer anzurechnen, die auf Einkünfte entfällt, die weder der unbeschränkten noch der beschränkten Steuerpflicht unterliegen; § 37 Absatz 2 der Abgabenordnung findet insoweit keine Anwendung;
3. [2] die nach § 10 des Forschungszulagengesetzes festgesetzte Forschungszulage. [2]Das gilt auch für die gesondert und einheitlich festgestellte Forschungszulage;

---

[1] § 36 Abs. 2 Nr. 2 neu gef. mWv 1.1.2017 durch G v. 18.7.2016 (BGBl. I S. 1679); Nr. 2 Satz 5 angef. durch G v. 21.12.2020 (BGBl. I S. 3096); zur Anwendung siehe § 52 Abs. 35b Satz 1; Nr. 2 Satz 2 letzter Satzteil angef. durch G v. 2.6.2021 (BGBl. I S. 1259); zur Anwendung von § 45a Abs. 2a **ab 1.1.2025** siehe § 52 Abs. 44a Satz 3.

[2] § 36 Abs. 2 Nr. 3 angef. mWv 1.1.2020 durch G v. 14.12.2019 (BGBl. I S. 2763).

[*Für VZ 2016–2022:*

4.[1)] *in den Fällen des § 32c Absatz 1 Satz 2 der nicht zum Abzug gebrachte Unterschiedsbetrag, wenn dieser höher ist als die tarifliche Einkommensteuer des letzten Veranlagungszeitraums im Betrachtungszeitraum.*]

(3) [1] Die Steuerbeträge nach Absatz 2 Nummer 2 sind auf volle Euro aufzurunden. [2] Bei den durch Steuerabzug erhobenen Steuern ist jeweils die Summe der Beträge einer einzelnen Abzugsteuer aufzurunden.

(4) [1] Wenn sich nach der Abrechnung ein Überschuss zuungunsten des Steuerpflichtigen ergibt, hat der Steuerpflichtige (Steuerschuldner) diesen Betrag, soweit er den fällig gewordenen, aber nicht entrichteten Einkommensteuer-Vorauszahlungen entspricht, sofort, im Übrigen innerhalb eines Monats nach Bekanntgabe des Steuerbescheids zu entrichten (Abschlusszahlung). [2] Wenn sich nach der Abrechnung ein Überschuss zugunsten des Steuerpflichtigen ergibt, wird dieser dem Steuerpflichtigen nach Bekanntgabe des Steuerbescheids ausgezahlt. [3] Bei Ehegatten, die nach den §§ 26, 26b zusammen zur Einkommensteuer veranlagt worden sind, wirkt die Auszahlung an einen Ehegatten auch für und gegen den anderen Ehegatten.

(5)[2)] [1] Die festgesetzte Steuer, die auf den Aufgabegewinn nach § 16 Absatz 3a und den durch den Wechsel der Gewinnermittlungsart erzielten Gewinn entfällt, kann auf Antrag des Steuerpflichtigen in fünf gleichen Jahresraten entrichtet werden, wenn die Wirtschaftsgüter einem Betriebsvermögen des Steuerpflichtigen in einem anderen Mitgliedstaat der Europäischen Union oder des Europäischen Wirtschaftsraums zuzuordnen sind, sofern durch diese Staaten Amtshilfe entsprechend oder im Sinne der Amtshilferichtlinie gemäß § 2 Absatz 11 des EU-Amtshilfegesetzes und gegenseitige Unterstützung bei der Beitreibung im Sinne der Beitreibungsrichtlinie einschließlich der in diesem Zusammenhang anzuwendenden Durchführungsbestimmungen in den für den jeweiligen Veranlagungszeitraum geltenden Fassungen oder eines entsprechenden Nachfolgerechtsakts geleistet werden. [2] Die erste Jahresrate ist innerhalb eines Monats nach Bekanntgabe des Steuerbescheids zu entrichten; die übrigen Jahresraten sind jeweils am 31. Juli des Folgejahre fällig. [3] Die Jahresraten sind nicht zu verzinsen; sie sollen in der Regel nur gegen Sicherheitsleistung gewährt werden. [4] Die noch nicht entrichtete Steuer wird innerhalb eines Monats nach Eintritt eines der nachfolgenden Ereignisse fällig,

1. soweit ein Wirtschaftsgut im Sinne des Satzes 1 veräußert, entnommen, in andere als die in Satz 1 genannten Staaten verlagert oder verdeckt in eine Kapitalgesellschaft eingelegt wird,
2. wenn der Betrieb oder Teilbetrieb während dieses Zeitraums eingestellt, veräußert oder in andere als die in Satz 1 genannten Staaten verlegt wird,
3. wenn der Steuerpflichtige aus der inländischen unbeschränkten Steuerpflicht oder der unbeschränkten Steuerpflicht in den in Satz 1 genannten

---

[1)] § 36 Abs. 2 Nr. 3 angef. durch G v. 12.12.2019 (BGBl. I S. 2451); Nummerierung ber. durch G v. 21.12.2020 (BGBl. I S. 3096); zur Anwendung siehe § 52 Abs. 35b Satz 2.

[2)] § 36 Abs. 5 neu gef. mWv VZ 2021 durch G v. 25.6.2021 (BGBl. I S. 2035).

Staaten ausscheidet oder in einem anderen als den in Satz 1 genannten Staaten ansässig wird,
4. wenn der Steuerpflichtige Insolvenz anmeldet oder abgewickelt wird oder
5. wenn der Steuerpflichtige seinen Verpflichtungen im Zusammenhang mit den Ratenzahlungen nicht nachkommt und über einen angemessenen Zeitraum, der zwölf Monate nicht überschreiten darf, keine Abhilfe für seine Situation schafft; Satz 2 bleibt unberührt.

5 Ändert sich die festgesetzte Steuer, sind die Jahresraten entsprechend anzupassen. 6 Der Steuerpflichtige hat der zuständigen Finanzbehörde jährlich mit der Steuererklärung oder, sofern keine Pflicht zur Abgabe einer Steuererklärung besteht, zum 31. Juli anzuzeigen, ob die Voraussetzungen für die Ratenzahlung weiterhin erfüllt sind; kommt er dieser Anzeigepflicht oder seinen sonstigen Mitwirkungspflichten im Sinne des § 90 der Abgabenordnung nicht nach, werden die noch nicht entrichteten Jahresraten rückwirkend zum 1. August des vorangegangenen Jahres fällig, frühestens aber einen Monat nach Bekanntgabe des Steuerbescheids. 7 Unbeschadet des Satzes 6 hat der Steuerpflichtige den Eintritt eines Ereignisses nach Satz 4 der zuständigen Finanzbehörde unverzüglich anzuzeigen. 8 Unterliegt der Steuerpflichtige einer Erklärungspflicht, kann die Anzeige auf Grund eines Ereignisses nach Satz 4 Nummer 1 abweichend von der in Satz 7 genannten Frist mit der nächsten Steuererklärung erfolgen.

§ 36a[1)] Beschränkung der Anrechenbarkeit der Kapitalertragsteuer.

(1) 1 Bei Kapitalerträgen im Sinne des § 43 Absatz 1 Satz 1 Nummer 1a setzt die volle Anrechnung der durch Steuerabzug erhobenen Einkommensteuer ferner voraus, dass der Steuerpflichtige hinsichtlich der diesen Kapitalerträgen zugrunde liegenden Anteile oder Genussscheine
1. während der Mindesthaltedauer nach Absatz 2 ununterbrochen wirtschaftlicher Eigentümer ist,
2. während der Mindesthaltedauer nach Absatz 2 ununterbrochen das Mindestwertänderungsrisiko nach Absatz 3 trägt und
3. nicht verpflichtet ist, die Kapitalerträge ganz oder überwiegend, unmittelbar oder mittelbar anderen Personen zu vergüten.

2 Fehlen die Voraussetzungen des Satzes 1, so sind drei Fünftel der Kapitalertragsteuer nicht anzurechnen. 3 Die nach den Sätzen 1 und 2 nicht angerechnete Kapitalertragsteuer ist auf Antrag bei der Ermittlung der Einkünfte abzuziehen. 4 Die Sätze 1 bis 3 gelten entsprechend für Anteile oder Genussscheine, die zu inländischen Kapitalerträgen im Sinne des § 43 Absatz 3 Satz 1 führen und einer Wertpapiersammelbank im Ausland zur Verwahrung anvertraut sind.

(2) 1 Die Mindesthaltedauer umfasst 45 Tage und muss innerhalb eines Zeitraums von 45 Tagen vor und 45 Tagen nach der Fälligkeit der Kapitalerträge erreicht werden. 2 Bei Anschaffungen und Veräußerungen ist zu unterstellen,

---

1) § 36a eingef. durch G v. 19.7.2016 (BGBl. I S. 1730); zur Anwendung siehe § 52 Abs. 35c Satz 1.

dass die zuerst angeschafften Anteile oder Genussscheine zuerst veräußert wurden.

(3) [1]Der Steuerpflichtige muss unter Berücksichtigung von gegenläufigen Ansprüchen und Ansprüchen nahe stehender Personen das Risiko aus einem sinkenden Wert der Anteile oder Genussscheine im Umfang von mindestens 70 Prozent tragen (Mindestwertänderungsrisiko). [2]Kein hinreichendes Mindestwertänderungsrisiko liegt insbesondere dann vor, wenn der Steuerpflichtige oder eine ihm nahe stehende Person Kurssicherungsgeschäfte abgeschlossen hat, die das Wertänderungsrisiko der Anteile oder Genussscheine unmittelbar oder mittelbar um mehr als 30 Prozent mindern.

(4)[1)] [1]Einkommen- oder körperschaftsteuerpflichtige Personen, bei denen insbesondere auf Grund einer Steuerbefreiung kein Steuerabzug vorgenommen oder denen ein Steuerabzug erstattet wurde und die die Voraussetzungen für eine Anrechenbarkeit der Kapitalertragsteuer nach den Absätzen 1 bis 3 nicht erfüllen, haben

1. dies gegenüber ihrem zuständigen Finanzamt anzuzeigen,
2. Kapitalertragsteuer in Höhe von 15 Prozent der Kapitalerträge im Sinne des § 43 Absatz 1 Satz 1 Nummer 1a und des Absatzes 1 Satz 4 nach amtlich vorgeschriebenem Vordruck auf elektronischem Weg anzumelden und
3. die angemeldete Steuer zu entrichten.

[2]Die Anzeige, Anmeldung und Entrichtung hat bei Steuerpflichtigen, die ihren Gewinn durch Betriebsvermögensvergleich ermitteln, bis zum 10. Tag des auf den Ablauf des Wirtschaftsjahres folgenden Monats und bei anderen Steuerpflichtigen bis zum 10. Tag des auf den Ablauf des Kalenderjahres folgenden Monats zu erfolgen.

(5) Die Absätze 1 bis 4 sind nicht anzuwenden, wenn

1. die Kapitalerträge im Sinne des § 43 Absatz 1 Satz 1 Nummer 1a und des Absatzes 1 Satz 4 im Veranlagungszeitraum nicht mehr als 20 000 Euro betragen oder
2. der Steuerpflichtige bei Zufluss der Kapitalerträge im Sinne des § 43 Absatz 1 Satz 1 Nummer 1a und des Absatzes 1 Satz 4 seit mindestens einem Jahr ununterbrochen wirtschaftlicher Eigentümer der Aktien oder Genussscheine ist; Absatz 2 Satz 2 gilt entsprechend.

(6) [1]Der Treuhänder und der Treugeber gelten für die Zwecke der vorstehenden Absätze als eine Person, wenn Kapitalerträge im Sinne des § 43 Absatz 1 Satz 1 Nummer 1a und des Absatzes 1 Satz 4 einem Treuhandvermögen zuzurechnen sind, welches ausschließlich der Erfüllung von Altersvorsorgeverpflichtungen dient und dem Zugriff übriger Gläubiger entzogen ist. [2]Entsprechendes gilt für Versicherungsunternehmen und Versicherungsnehmer im Rahmen von fondsgebundenen Lebensversicherungen, wenn die Leistungen aus dem Vertrag an den Wert eines internen Fonds im Sinne des § 124 Absatz 2 Satz 2 Nummer 1 des Versicherungsaufsichtsgesetzes gebunden sind.

(7) § 42 der Abgabenordnung bleibt unberührt.

[1)] § 36a Abs. 4 neu gef. durch G v. 12.12.2019 (BGBl. I S. 2451); zur Anwendung siehe § 52 Abs. 35c Satz 2.

§ 37 Einkommensteuer-Vorauszahlung. (1) 1 Der Steuerpflichtige hat am 10. März, 10. Juni, 10. September und 10. Dezember Vorauszahlungen auf die Einkommensteuer zu entrichten, die er für den laufenden Veranlagungszeitraum voraussichtlich schulden wird. 2 Die Einkommensteuer-Vorauszahlung entsteht jeweils mit Beginn des Kalendervierteljahres, in dem die Vorauszahlungen zu entrichten sind, oder, wenn die Steuerpflicht erst im Laufe des Kalendervierteljahres begründet wird, mit Begründung der Steuerpflicht.

(2) (weggefallen)

(3)[1] 1 Das Finanzamt setzt die Vorauszahlungen durch Vorauszahlungsbescheid fest. 2 Die Vorauszahlungen bemessen sich grundsätzlich nach der Einkommensteuer, die sich nach Anrechnung der Steuerabzugsbeträge (§ 36 Absatz 2 Nummer 2) bei der letzten Veranlagung ergeben hat. 3 Das Finanzamt kann bis zum Ablauf des auf den Veranlagungszeitraum folgenden 15. Kalendermonats[2] die Vorauszahlungen an die Einkommensteuer anpassen, die sich für den Veranlagungszeitraum voraussichtlich ergeben wird; dieser Zeitraum verlängert sich auf 23 Monate,[2] wenn die Einkünfte aus Land- und Forstwirtschaft bei der erstmaligen Steuerfestsetzung die anderen Einkünfte voraussichtlich überwiegen werden. 4 Bei der Anwendung der Sätze 2 und 3 bleiben Aufwendungen im Sinne des § 10 Absatz 1 Nummer 4, 5, 7 und 9 sowie Absatz 1a, der §§ 10b und 33 sowie die abziehbaren Beträge nach § 33a, wenn die Aufwendungen und abziehbaren Beträge insgesamt 600 Euro nicht übersteigen, außer Ansatz. 5 Die Steuerermäßigung nach § 34a bleibt außer Ansatz. 6 Bei der Anwendung der Sätze 2 und 3 bleibt der Sonderausgabenabzug nach § 10a Absatz 1 außer Ansatz. 7 Außer Ansatz bleiben bis zur Anschaffung oder Fertigstellung der Objekte im Sinne des § 10e Absatz 1 und 2 und § 10h auch die Aufwendungen, die nach § 10e Absatz 6 und § 10h Satz 3 wie Sonderausgaben abgezogen werden; Entsprechendes gilt auch für Aufwendungen, die nach § 10i für nach dem Eigenheimzulagengesetz[3] begünstigte Objekte wie Sonderausgaben abgezogen werden. 8 Negative Einkünfte aus der Vermietung oder Verpachtung eines Gebäudes im Sinne des § 21 Absatz 1 Satz 1 Nummer 1 werden bei der Festsetzung der Vorauszahlungen nur für Kalenderjahre berücksichtigt, die nach der Anschaffung oder Fertigstellung dieses Gebäudes beginnen. 9 Wird ein Gebäude vor dem Kalenderjahr seiner Fertigstellung angeschafft, tritt an die Stelle der Anschaffung die Fertigstellung. 10 Satz 8 gilt nicht für negative Einkünfte aus der Vermietung oder Verpachtung eines Gebäudes, für das Sonderabschreibungen nach § 7b[4] dieses Gesetzes oder erhöhte Absetzungen nach den §§ 14a, 14c oder 14d des Berlinförderungsgesetzes in Anspruch genommen werden. 11 Satz 8 gilt für negative

---

[1] § 37 Abs. 3 Sätze 3 und 4 geänd. durch G v. 1.11.2011 (BGBl. I S. 2131); Satz 4 geänd. mWv 1.1.2015 durch G v. 22.12.2014 (BGBl. I S. 2417); Satz 10 geänd. mWv 15.7.2016 durch G v. 8.7.2016 (BGBl. I S. 1594); Satz 10 neu gef. mWv 9.8.2019 durch G v. 4.8.2019 (BGBl. I S. 1122).

[2] Zur **Verlängerung** der Zeiträume für **VZ 2019–2024** siehe **§ 52 Abs. 35d.**

[3] Nr. **5.**

[4] Zur **Anwendung von § 7b** für VZ 2018 bis 2026 siehe § 52 Abs. 15a.

Einkünfte aus der Vermietung oder Verpachtung eines anderen Vermögensgegenstands im Sinne des § 21 Absatz 1 Satz 1 Nummer 1 bis 3 entsprechend mit der Maßgabe, dass an die Stelle der Anschaffung oder Fertigstellung die Aufnahme der Nutzung durch den Steuerpflichtigen tritt. [12]In den Fällen des § 31, in denen die gebotene steuerliche Freistellung eines Einkommensbetrags in Höhe des Existenzminimums eines Kindes durch das Kindergeld nicht in vollem Umfang bewirkt wird, bleiben bei der Anwendung der Sätze 2 und 3 Freibeträge nach § 32 Absatz 6 und zu verrechnendes Kindergeld außer Ansatz.

(4) [1]Bei einer nachträglichen Erhöhung der Vorauszahlungen ist die letzte Vorauszahlung für den Veranlagungszeitraum anzupassen. [2]Der Erhöhungsbetrag ist innerhalb eines Monats nach Bekanntgabe des Vorauszahlungsbescheids zu entrichten.

(5) [1]Vorauszahlungen sind nur festzusetzen, wenn sie mindestens 400 Euro im Kalenderjahr und mindestens 100 Euro für einen Vorauszahlungszeitpunkt betragen. [2]Festgesetzte Vorauszahlungen sind nur zu erhöhen, wenn sich der Erhöhungsbetrag im Fall des Absatzes 3 Satz 2 bis 5 für einen Vorauszahlungszeitpunkt auf mindestens 100 Euro, im Fall des Absatzes 4 auf mindestens 5000 Euro beläuft.

(6)[1] *(aufgehoben)*

§ 37a Pauschalierung der Einkommensteuer durch Dritte. (1) [1]Das Finanzamt kann auf Antrag zulassen, dass das Unternehmen, das Sachprämien im Sinne des § 3 Nummer 38 gewährt, die Einkommensteuer für den Teil der Prämien, der nicht steuerfrei ist, pauschal erhebt. [2]Bemessungsgrundlage der pauschalen Einkommensteuer ist der gesamte Wert der Prämien, die den im Inland ansässigen Steuerpflichtigen zufließen. [3]Der Pauschsteuersatz beträgt 2,25 Prozent.[2]

(2) [1]Auf die pauschale Einkommensteuer ist § 40 Absatz 3 sinngemäß anzuwenden. [2]Das Unternehmen hat die Prämienempfänger von der Steuerübernahme zu unterrichten.

(3) [1]Über den Antrag entscheidet das Betriebsstättenfinanzamt des Unternehmens (§ 41a Absatz 1 Satz 1 Nummer 1). [2]Hat das Unternehmen mehrere Betriebsstättenfinanzämter, so ist das Finanzamt der Betriebsstätte zuständig, in der die für die pauschale Besteuerung maßgebenden Prämien ermittelt werden. [3]Die Genehmigung zur Pauschalierung wird mit Wirkung für die Zukunft erteilt und kann zeitlich befristet werden; sie erstreckt sich auf alle im Geltungszeitraum ausgeschütteten Prämien.

(4) Die pauschale Einkommensteuer gilt als Lohnsteuer und ist von dem Unternehmen in der Lohnsteuer-Anmeldung der Betriebsstätte im Sinne des Absatzes 3 anzumelden und spätestens am zehnten Tag nach Ablauf des für die Betriebsstätte maßgebenden Lohnsteuer-Anmeldungszeitraums an das Betriebsstättenfinanzamt abzuführen.

---

[1] § 37 Abs. 6 angef. mWv VZ 2014 durch G v. 25.7.2014 (BGBl. I S. 1266) und aufgeh. mWv VZ 2020 durch G v. 21.12.2020 (BGBl. I S. 3096).

[2] § 37a Abs. 1 Satz 3 bestätigt durch G v. 5.4.2011 (BGBl. I S. 554).

§ 37b Pauschalierung der Einkommensteuer bei Sachzuwendungen.

(1) [1] Steuerpflichtige können die Einkommensteuer einheitlich für alle innerhalb eines Wirtschaftsjahres gewährten

1. betrieblich veranlassten Zuwendungen, die zusätzlich zur ohnehin vereinbarten Leistung oder Gegenleistung erbracht werden, und
2. Geschenke im Sinne des § 4 Absatz 5 Satz 1 Nummer 1,

die nicht in Geld bestehen, mit einem Pauschsteuersatz von 30 Prozent erheben. [2] Bemessungsgrundlage der pauschalen Einkommensteuer sind die Aufwendungen des Steuerpflichtigen einschließlich Umsatzsteuer; bei Zuwendungen an Arbeitnehmer verbundener Unternehmen ist Bemessungsgrundlage mindestens der sich nach § 8 Absatz 3 Satz 1 ergebende Wert. [3] Die Pauschalierung ist ausgeschlossen,

1. soweit die Aufwendungen je Empfänger und Wirtschaftsjahr oder
2. wenn die Aufwendungen für die einzelne Zuwendung

den Betrag von 10 000 Euro übersteigen.

(2) [1] Absatz 1 gilt auch für betrieblich veranlasste Zuwendungen an Arbeitnehmer des Steuerpflichtigen, soweit sie nicht in Geld bestehen und zusätzlich zum ohnehin geschuldeten Arbeitslohn erbracht werden. [2] In den Fällen des § 8 Absatz 2 Satz 2 bis 10[1)], Absatz 3, *§ 19a*[2)], § 40 Absatz 2 sowie in Fällen, in denen Vermögensbeteiligungen überlassen werden, ist Absatz 1 nicht anzuwenden; Entsprechendes gilt, soweit die Zuwendungen nach § 40 Absatz 1 pauschaliert worden sind. [3] § 37a Absatz 1 bleibt unberührt.

(3) [1] Die pauschal besteuerten Sachzuwendungen bleiben bei der Ermittlung der Einkünfte des Empfängers außer Ansatz. [2] Auf die pauschale Einkommensteuer ist § 40 Absatz 3 sinngemäß anzuwenden. [3] Der Steuerpflichtige hat den Empfänger von der Steuerübernahme zu unterrichten.

(4) [1] Die pauschale Einkommensteuer gilt als Lohnsteuer und ist von dem die Sachzuwendung gewährenden Steuerpflichtigen in der Lohnsteuer-Anmeldung der Betriebsstätte nach § 41 Absatz 2 anzumelden und spätestens am zehnten Tag nach Ablauf des für die Betriebsstätte maßgebenden Lohnsteuer-Anmeldungszeitraums an das Betriebsstättenfinanzamt abzuführen. [2] Hat der Steuerpflichtige mehrere Betriebsstätten im Sinne des Satzes 1, so ist das Finanzamt der Betriebsstätte zuständig, in der die für die pauschale Besteuerung maßgebenden Sachbezüge ermittelt werden.

2. Steuerabzug vom Arbeitslohn (Lohnsteuer)

§ 38 Erhebung der Lohnsteuer. (1)[3)] [1] Bei Einkünften aus nichtselbständiger Arbeit wird die Einkommensteuer durch Abzug vom Arbeitslohn erhoben (Lohnsteuer), soweit der Arbeitslohn von einem Arbeitgeber gezahlt wird, der

---

[1)] Verweis geänd. durch G v. 20.2.2013 (BGBl. I S. 285).

[2)] § 19a aufgeh. mWv Kj. 2009, zur weiteren Anwendung von § 19a siehe § 52 Abs. 27.

[3)] § 38 Abs. 1 Satz 2 HS 1 neu gef. mWv VZ 2020 durch G v. 12.12.2019 (BGBl. I S. 2451).

1. im Inland einen Wohnsitz, seinen gewöhnlichen Aufenthalt, seine Geschäftsleitung, seinen Sitz, eine Betriebsstätte oder einen ständigen Vertreter im Sinne der §§ 8 bis 13 der Abgabenordnung hat (inländischer Arbeitgeber) oder
2. einem Dritten (Entleiher) Arbeitnehmer gewerbsmäßig zur Arbeitsleistung im Inland überlässt, ohne inländischer Arbeitgeber zu sein (ausländischer Verleiher).

[2] In den Fällen der internationalen Arbeitnehmerentsendung ist das nach Satz 1 Nummer 1 in Deutschland ansässige aufnehmende Unternehmen inländischer Arbeitgeber, wenn es den Arbeitslohn für die ihm geleistete Arbeit wirtschaftlich trägt oder nach dem Fremdvergleichsgrundsatz hätte tragen müssen; Voraussetzung hierfür ist nicht, dass das Unternehmen dem Arbeitnehmer den Arbeitslohn im eigenen Namen und für eigene Rechnung auszahlt. [3] Der Lohnsteuer unterliegt auch der im Rahmen des Dienstverhältnisses von einem Dritten gewährte Arbeitslohn, wenn der Arbeitgeber weiß oder erkennen kann, dass derartige Vergütungen erbracht werden; dies ist insbesondere anzunehmen, wenn Arbeitgeber und Dritter verbundene Unternehmen im Sinne von § 15 des Aktiengesetzes sind.

(2) [1] Der Arbeitnehmer ist Schuldner der Lohnsteuer. [2] Die Lohnsteuer entsteht in dem Zeitpunkt, in dem der Arbeitslohn dem Arbeitnehmer zufließt.

(3) [1] Der Arbeitgeber hat die Lohnsteuer für Rechnung des Arbeitnehmers bei jeder Lohnzahlung vom Arbeitslohn einzubehalten. [2] Bei juristischen Personen des öffentlichen Rechts hat die öffentliche Kasse, die den Arbeitslohn zahlt, die Pflichten des Arbeitgebers. [3] In den Fällen der nach § 7f Absatz 1 Satz 1 Nummer 2 des Vierten Buches Sozialgesetzbuch an die Deutsche Rentenversicherung Bund übertragenen Wertguthaben hat die Deutsche Rentenversicherung Bund bei Inanspruchnahme des Wertguthabens die Pflichten des Arbeitgebers.

(3a) [1] Soweit sich aus einem Dienstverhältnis oder einem früheren Dienstverhältnis tarifvertragliche Ansprüche des Arbeitnehmers auf Arbeitslohn unmittelbar gegen einen Dritten mit Wohnsitz, Geschäftsleitung oder Sitz im Inland richten und von diesem durch die Zahlung von Geld erfüllt werden, hat der Dritte die Pflichten des Arbeitgebers. [2] In anderen Fällen kann das Finanzamt zulassen, dass ein Dritter mit Wohnsitz, Geschäftsleitung oder Sitz im Inland die Pflichten des Arbeitgebers im eigenen Namen erfüllt. [3] Voraussetzung ist, dass der Dritte

1. sich hierzu gegenüber dem Arbeitgeber verpflichtet hat,
2. den Lohn auszahlt oder er nur Arbeitgeberpflichten für von ihm vermittelte Arbeitnehmer übernimmt und
3. die Steuererhebung nicht beeinträchtigt wird.

[4] Die Zustimmung erteilt das Betriebsstättenfinanzamt des Dritten auf dessen Antrag im Einvernehmen mit dem Betriebsstättenfinanzamt des Arbeitgebers; sie darf mit Nebenbestimmungen versehen werden, die die ordnungsgemäße Steuererhebung sicherstellen und die Überprüfung des Lohnsteuerabzugs nach § 42f erleichtern sollen. [5] Die Zustimmung kann mit Wirkung für die Zukunft widerrufen werden. [6] In den Fällen der Sätze 1 und 2 sind die das Lohnsteuer-

verfahren betreffenden Vorschriften mit der Maßgabe anzuwenden, dass an die Stelle des Arbeitgebers der Dritte tritt; der Arbeitgeber ist von seinen Pflichten befreit, soweit der Dritte diese Pflichten erfüllt hat. [7]Erfüllt der Dritte die Pflichten des Arbeitgebers, kann er den Arbeitslohn, der einem Arbeitnehmer in demselben Lohnabrechnungszeitraum aus mehreren Dienstverhältnissen zufließt, für die Lohnsteuerermittlung und in der Lohnsteuerbescheinigung zusammenrechnen.

(4) [1]Wenn der vom Arbeitgeber geschuldete Barlohn zur Deckung der Lohnsteuer nicht ausreicht, hat der Arbeitnehmer dem Arbeitgeber den Fehlbetrag zur Verfügung zu stellen oder der Arbeitgeber einen entsprechenden Teil der anderen Bezüge des Arbeitnehmers zurückzubehalten. [2]Soweit der Arbeitnehmer seiner Verpflichtung nicht nachkommt und der Arbeitgeber den Fehlbetrag nicht durch Zurückbehaltung von anderen Bezügen des Arbeitnehmers aufbringen kann, hat der Arbeitgeber dies dem Betriebsstättenfinanzamt (§ 41a Absatz 1 Satz 1 Nummer 1) anzuzeigen. [3]Der Arbeitnehmer hat dem Arbeitgeber die von einem Dritten gewährten Bezüge (Absatz 1 Satz 3) am Ende des jeweiligen Lohnzahlungszeitraums anzugeben; wenn der Arbeitnehmer keine Angabe oder eine erkennbar unrichtige Angabe macht, hat der Arbeitgeber dies dem Betriebsstättenfinanzamt anzuzeigen. [4]Das Finanzamt hat die zu wenig erhobene Lohnsteuer vom Arbeitnehmer nachzufordern.

§ 38a Höhe der Lohnsteuer. (1) [1]Die Jahreslohnsteuer bemisst sich nach dem Arbeitslohn, den der Arbeitnehmer im Kalenderjahr bezieht (Jahresarbeitslohn). [2]Laufender Arbeitslohn gilt in dem Kalenderjahr als bezogen, in dem der Lohnzahlungszeitraum endet; in den Fällen des § 39b Absatz 5 Satz 1 tritt der Lohnabrechnungszeitraum an die Stelle des Lohnzahlungszeitraums. [3]Arbeitslohn, der nicht als laufender Arbeitslohn gezahlt wird (sonstige Bezüge), wird in dem Kalenderjahr bezogen, in dem er dem Arbeitnehmer zufließt.

(2) Die Jahreslohnsteuer wird nach dem Jahresarbeitslohn so bemessen, dass sie der Einkommensteuer entspricht, die der Arbeitnehmer schuldet, wenn er ausschließlich Einkünfte aus nichtselbständiger Arbeit erzielt.

(3) [1]Vom laufenden Arbeitslohn wird die Lohnsteuer jeweils mit dem auf den Lohnzahlungszeitraum fallenden Teilbetrag der Jahreslohnsteuer erhoben, die sich bei Umrechnung des laufenden Arbeitslohns auf einen Jahresarbeitslohn ergibt. [2]Von sonstigen Bezügen wird die Lohnsteuer mit dem Betrag erhoben, der zusammen mit der Lohnsteuer für den laufenden Arbeitslohn des Kalenderjahres und für etwa im Kalenderjahr bereits gezahlte sonstige Bezüge die voraussichtliche Jahreslohnsteuer ergibt.

(4)[1)] Bei der Ermittlung der Lohnsteuer werden die Besteuerungsgrundlagen des Einzelfalls durch die Einreihung der Arbeitnehmer in Steuerklassen (§ 38b), Feststellung von Freibeträgen und Hinzurechnungsbeträgen (§ 39a) sowie Bereitstellung von elektronischen Lohnsteuerabzugsmerkmalen (§ 39e) oder Ausstellung von entsprechenden Bescheinigungen für den Lohnsteuerabzug (§ 39 Absatz 3 und § 39e Absatz 7 und 8) berücksichtigt.

[1)] § 38a Abs. 4 geänd. mWv VZ 2012 durch G v. 7.12.2011 (BGBl. I S. 2592).

§ 38b[1)] Lohnsteuerklassen, Zahl der Kinderfreibeträge. (1) [1]Für die Durchführung des Lohnsteuerabzugs werden Arbeitnehmer in Steuerklassen eingereiht. [2]Dabei gilt Folgendes:

1. In die Steuerklasse I gehören Arbeitnehmer, die
   a) unbeschränkt einkommensteuerpflichtig und
      aa) ledig sind,
      bb) verheiratet, verwitwet oder geschieden sind und bei denen die Voraussetzungen für die Steuerklasse III oder IV nicht erfüllt sind;

   oder
   b) beschränkt einkommensteuerpflichtig sind;
2. in die Steuerklasse II gehören die unter Nummer 1 Buchstabe a bezeichneten Arbeitnehmer, wenn bei ihnen der Entlastungsbetrag für Alleinerziehende (§ 24b) zu berücksichtigen ist;
3. in die Steuerklasse III gehören Arbeitnehmer,
   a)[2)] die verheiratet sind, wenn beide Ehegatten unbeschränkt einkommensteuerpflichtig sind und nicht dauernd getrennt leben und der Ehegatte des Arbeitnehmers auf Antrag beider Ehegatten in die Steuerklasse V eingereiht wird,
   b) die verwitwet sind, wenn sie und ihr verstorbener Ehegatte im Zeitpunkt seines Todes unbeschränkt einkommensteuerpflichtig waren und in diesem Zeitpunkt nicht dauernd getrennt gelebt haben, für das Kalenderjahr, das dem Kalenderjahr folgt, in dem der Ehegatte verstorben ist,
   c) deren Ehe aufgelöst worden ist, wenn
      aa) im Kalenderjahr der Auflösung der Ehe beide Ehegatten unbeschränkt einkommensteuerpflichtig waren und nicht dauernd getrennt gelebt haben und
      bb) der andere Ehegatte wieder geheiratet hat, von seinem neuen Ehegatten nicht dauernd getrennt lebt und er und sein neuer Ehegatte unbeschränkt einkommensteuerpflichtig sind,

      für das Kalenderjahr, in dem die Ehe aufgelöst worden ist;
4. [3)] in die Steuerklasse IV gehören Arbeitnehmer, die verheiratet sind, wenn beide Ehegatten unbeschränkt einkommensteuerpflichtig sind und nicht dauernd getrennt leben; dies gilt auch, wenn einer der Ehegatten keinen Arbeitslohn bezieht und kein Antrag nach Nummer 3 Buchstabe a gestellt worden ist;
5. in die Steuerklasse V gehören die unter Nummer 4 bezeichneten Arbeitnehmer, wenn der Ehegatte des Arbeitnehmers auf Antrag beider Ehegatten in die Steuerklasse III eingereiht wird;

[1)] § 38b Überschr. neu gef., bish. Wortlaut wird Abs. 1 und Satz 1 geänd., Satz 2 Nr. 1 neu gef., Nr. 2, 6 geänd., Abs. 2 und 3 angef. mWv 1.1.2012 durch G v. 7.12.2011 (BGBl. I S. 2592).

[2)] § 38b Abs. 1 Satz 2 Nr. 3 Buchst. a neu gef. mWv 1.1.2018 durch G v. 23.6.2017 (BGBl. I S. 1682).

[3)] § 38b Abs. 1 Satz 2 Nr. 4 geänd. mWv 1.1.2018 durch G v. 23.6.2017 (BGBl. I S. 1682).

6. die Steuerklasse VI gilt bei Arbeitnehmern, die nebeneinander von mehreren Arbeitgebern Arbeitslohn beziehen, für die Einbehaltung der Lohnsteuer vom Arbeitslohn aus dem zweiten und einem weiteren Dienstverhältnis sowie in den Fällen des § 39c.

3 Als unbeschränkt einkommensteuerpflichtig im Sinne der Nummern 3 und 4 gelten nur Personen, die die Voraussetzungen des § 1 Absatz 1 oder 2 oder des § 1a erfüllen.

(2) 1 Für ein minderjähriges und nach § 1 Absatz 1 unbeschränkt einkommensteuerpflichtiges Kind im Sinne des § 32 Absatz 1 Nummer 1 und Absatz 3 werden bei der Anwendung der Steuerklassen I bis IV die Kinderfreibeträge als Lohnsteuerabzugsmerkmal nach § 39 Absatz 1 wie folgt berücksichtigt:

1. mit Zähler 0,5, wenn dem Arbeitnehmer der Kinderfreibetrag nach § 32 Absatz 6 Satz 1 zusteht, oder
2. mit Zähler 1, wenn dem Arbeitnehmer der Kinderfreibetrag zusteht, weil
   a) die Voraussetzungen des § 32 Absatz 6 Satz 2 vorliegen oder
   b) der andere Elternteil vor dem Beginn des Kalenderjahres verstorben ist oder
   c) der Arbeitnehmer allein das Kind angenommen hat.

2 Soweit dem Arbeitnehmer Kinderfreibeträge nach § 32 Absatz 1 bis 6 zustehen, die nicht nach Satz 1 berücksichtigt werden, ist die Zahl der Kinderfreibeträge auf Antrag vorbehaltlich des § 39a Absatz 1 Nummer 6 zu Grunde zu legen. 3 In den Fällen des Satzes 2 können die Kinderfreibeträge für mehrere Jahre gelten, wenn nach den tatsächlichen Verhältnissen zu erwarten ist, dass die Voraussetzungen bestehen bleiben. 4 Bei Anwendung der Steuerklassen III und IV sind auch Kinder des Ehegatten bei der Zahl der Kinderfreibeträge zu berücksichtigen. 5 Der Antrag kann nur nach amtlich vorgeschriebenem Vordruck gestellt werden.

(3)[1)] 1 Auf Antrag des Arbeitnehmers kann abweichend von Absatz 1 oder 2 eine für ihn ungünstigere Steuerklasse oder geringere Zahl der Kinderfreibeträge als Lohnsteuerabzugsmerkmal gebildet werden. 2 Der Wechsel von der Steuerklasse III oder V in die Steuerklasse IV ist auch auf Antrag nur eines Ehegatten möglich mit der Folge, dass beide Ehegatten in die Steuerklasse IV eingereiht werden. 3 Diese Anträge sind nach amtlich vorgeschriebenem Vordruck zu stellen und vom Antragsteller eigenhändig zu unterschreiben.

§ 39[2)] Lohnsteuerabzugsmerkmale. (1) 1 Für die Durchführung des Lohnsteuerabzugs werden auf Veranlassung des Arbeitnehmers Lohnsteuerabzugsmerkmale gebildet (§ 39a Absatz 1 und 4, § 39e Absatz 1 in Verbindung mit § 39e Absatz 4 Satz 1 und nach § 39e Absatz 8). 2 Soweit Lohnsteuerabzugsmerkmale nicht nach § 39e Absatz 1 Satz 1 automatisiert gebildet werden oder

---

1) § 38b Abs. 3 Satz 2 ersetzt durch Sätze 2 und 3 mWv 1.1.2018 durch G v. 23.6.2017 (BGBl. I S. 1682).

2) Zur Anwendung der Änderungen durch das G v. 21.12.2020 und 16.12.2022 siehe auch § 52 Abs. 36 Sätze 3 und 4.

davon abweichend zu bilden sind, ist das Finanzamt für die Bildung der Lohnsteuerabzugsmerkmale nach den §§ 38b und 39a und die Bestimmung ihrer Geltungsdauer zuständig. [3]Für die Bildung der Lohnsteuerabzugsmerkmale sind die von den Meldebehörden nach § 39e Absatz 2 Satz 2 mitgeteilten Daten vorbehaltlich einer nach Satz 2 abweichenden Bildung durch das Finanzamt bindend. [4]Die Bildung der Lohnsteuerabzugsmerkmale ist eine gesonderte Feststellung von Besteuerungsgrundlagen im Sinne des § 179 Absatz 1 der Abgabenordnung, die unter dem Vorbehalt der Nachprüfung steht. [5]Die Bildung und die Änderung der Lohnsteuerabzugsmerkmale sind dem Arbeitnehmer bekannt zu geben. [6]Die Bekanntgabe richtet sich nach § 119 Absatz 2 der Abgabenordnung und § 39e Absatz 6. [7]Der Bekanntgabe braucht keine Belehrung über den zulässigen Rechtsbehelf beigefügt zu werden. [8]Ein schriftlicher Bescheid mit einer Belehrung über den zulässigen Rechtsbehelf ist jedoch zu erteilen, wenn einem Antrag des Arbeitnehmers auf Bildung oder Änderung der Lohnsteuerabzugsmerkmale nicht oder nicht in vollem Umfang entsprochen wird oder der Arbeitnehmer die Erteilung eines Bescheids beantragt. [9]Vorbehaltlich des Absatzes 5 ist § 153 Absatz 2 der Abgabenordnung nicht anzuwenden.

(2) [1]Für die Bildung und die Änderung der Lohnsteuerabzugsmerkmale nach Absatz 1 Satz 2 des nach § 1 Absatz 1 unbeschränkt einkommensteuerpflichtigen Arbeitnehmers ist das Wohnsitzfinanzamt im Sinne des § 19 Absatz 1 Satz 1 und 2 der Abgabenordnung und in den Fällen des Absatzes 4 Nummer 5 das Betriebsstättenfinanzamt nach § 41a Absatz 1 Satz 1 Nummer 1 zuständig. [2]Ist der Arbeitnehmer nach § 1 Absatz 2 unbeschränkt einkommensteuerpflichtig, nach § 1 Absatz 3 als unbeschränkt einkommensteuerpflichtig zu behandeln oder beschränkt einkommensteuerpflichtig, ist das Betriebsstättenfinanzamt für die Bildung und die Änderung der Lohnsteuerabzugsmerkmale zuständig. [3]Ist der nach § 1 Absatz 3 als unbeschränkt einkommensteuerpflichtig zu behandelnde Arbeitnehmer gleichzeitig bei mehreren inländischen Arbeitgebern tätig, ist für die Bildung der weiteren Lohnsteuerabzugsmerkmale das Betriebsstättenfinanzamt zuständig, das erstmals Lohnsteuerabzugsmerkmale gebildet hat. [4]Bei Ehegatten, die beide Arbeitslohn von inländischen Arbeitgebern beziehen, ist das Betriebsstättenfinanzamt des älteren Ehegatten zuständig.

(3)[1)] [1]In den Fällen des Absatzes 2 Satz 1 hat der Arbeitnehmer den Antrag für die erstmalige Zuteilung einer Identifikationsnummer (§ 139b der Abgabenordnung[2)]) beim Wohnsitzfinanzamt und in den Fällen des Absatzes 2 Satz 2 beim Betriebsstättenfinanzamt zu stellen. [2]Die Zuteilung einer Identifikationsnummer kann auch der Arbeitgeber beantragen, wenn ihn der Arbeitnehmer dazu nach § 80 Absatz 1 der Abgabenordnung bevollmächtigt hat. [3]Ist dem Arbeitnehmer in den Fällen des Absatzes 2 Satz 1 und 2 bereits eine Identifikationsnummer zugeteilt worden, teilt das zuständige Finanzamt diese auf Anfrage des Arbeitnehmers mit.[2)] [4]Eine Anfrage nach Satz 3 kann auch

---

[1)] § 39 Abs. 3 neu gef. mWv VZ 2020 durch G v. 12.12.2019 (BGBl. I S. 2451); Satz 1 und 3 geänd. durch G v. 21.12.2020 (BGBl. I S. 3096).

[2)] Nr. **800;** vgl. hierzu § 52 Abs. 36 Sätze 3 und 4.

der Arbeitgeber im Namen des Arbeitnehmers stellen. [5]Wird einem Arbeitnehmer in den Fällen des Satzes 1 keine Identifikationsnummer zugeteilt, gilt § 39e Absatz 8 sinngemäß.

(4) Lohnsteuerabzugsmerkmale sind

1. Steuerklasse (§ 38b Absatz 1) und Faktor (§ 39f),
2. Zahl der Kinderfreibeträge bei den Steuerklassen I bis IV (§ 38b Absatz 2),
3. Freibetrag und Hinzurechnungsbetrag (§ 39a),

[Fassung bis 31.12.2025:]

4. Höhe der Beiträge für eine private Krankenversicherung und für eine private Pflege-Pflichtversicherung (§ 39b Absatz 2 Satz 5 Nummer 3 Buchstabe d) für die Dauer von zwölf Monaten, wenn der Arbeitnehmer dies beantragt,

[Fassung ab 1.1.2026:]

4.[1)] Höhe der monatlichen Beiträge
   a) für eine private Krankenversicherung und für eine private Pflege-Pflichtversicherung, wenn die Voraussetzungen für die Gewährung eines nach § 3 Nummer 62 steuerfreien Zuschusses für diese Beiträge vorliegen,
   b) für eine private Krankenversicherung und für eine private Pflege-Pflichtversicherung im Sinne des § 10 Absatz 1 Nummer 3 Satz 1,

5.[2)] Mitteilung, dass der von einem Arbeitgeber gezahlte Arbeitslohn nach einem Abkommen zur Vermeidung der Doppelbesteuerung von der Lohnsteuer freizustellen ist, wenn der Arbeitnehmer oder der Arbeitgeber dies beantragt.

[***ab 1.1.2026:***

(4a)[3)] [1]Das Versicherungsunternehmen als mitteilungspflichtige Stelle hat dem Bundeszentralamt für Steuern nach Maßgabe des § 93c der Abgabenordnung die in Absatz 4 Nummer 4 genannten Beiträge unter Angabe der Vertrags- oder Versicherungsdaten zu übermitteln, soweit der Versicherungsnehmer dieser Übermittlung nicht gegenüber dem Versicherungsunternehmen widerspricht; das Bundeszentralamt für Steuern bildet aus den automatisiert übermittelten Daten die entsprechenden Lohnsteuerabzugsmerkmale. [2]Abweichend von § 93c Absatz 1 Nummer 1 der Abgabenordnung sind die Daten bis zum 20. November des Vorjahres, für das die Beiträge maßgeblich sind, zu übermitteln. [3]Bei unterjährigen Beitragsänderungen sind die Daten dem Bundeszentralamt für Steuern zeitgleich mit der Mitteilung der Beitragsänderung

---

1) § 39 Abs. 4 Nr. 4 neu gef. durch G v. 21.12.2020 (BGBl. I S. 3096); Nr. 4 Buchst. b Verweis geänd. durch G v. 16.12.2022 (BGBl. I S. 2294); zur verschobenen Anwendung ab 1.1.2026 siehe § 52 Abs. 36 Sätze 3 und 4 (ggf. ab 1.1.2023).

2) Zur Anwendung siehe § 52 Abs. 36 Satz 1.

3) § 39 Abs. 4a eingef. durch G v. 21.12.2020 (BGBl. I S. 3096); Satz 1 HS 2 angef. durch G v. 16.12.2022 (BGBl. I S. 2294); zur verschobenen Anwendung ab 1.1.2026 siehe § 52 Abs. 36 Sätze 3 und 4 (ggf. ab 1.1.2023).

an den Versicherungsnehmer zu übermitteln. 4 Ändern sich die nach Satz 2 übermittelten Daten infolge von Beitragsvorausleistungen, sind die geänderten Daten bis zum letzten Tag des Monats Februar des laufenden Jahres dem Bundeszentralamt für Steuern zu übermitteln.]

(5) 1 Treten bei einem Arbeitnehmer die Voraussetzungen für eine für ihn ungünstigere Steuerklasse oder geringere Zahl der Kinderfreibeträge ein, ist der Arbeitnehmer verpflichtet, dem Finanzamt dies mitzuteilen und die Steuerklasse und die Zahl der Kinderfreibeträge umgehend ändern zu lassen. 2 Dies gilt insbesondere, wenn die Voraussetzungen für die Berücksichtigung des Entlastungsbetrags für Alleinerziehende, für die die Steuerklasse II zur Anwendung kommt, entfallen. 3 Eine Mitteilung ist nicht erforderlich, wenn die Abweichung einen Sachverhalt betrifft, der zu einer Änderung der Daten führt, die nach § 39e Absatz 2 Satz 2 von den Meldebehörden zu übermitteln sind. 4 Kommt der Arbeitnehmer seiner Verpflichtung nicht nach, ändert das Finanzamt die Steuerklasse und die Zahl der Kinderfreibeträge von Amts wegen. 5 Unterbleibt die Änderung der Lohnsteuerabzugsmerkmale, hat das Finanzamt zu wenig erhobene Lohnsteuer vom Arbeitnehmer nachzufordern, wenn diese 10 Euro übersteigt.

(6) 1 Ändern sich die Voraussetzungen für die Steuerklasse oder für die Zahl der Kinderfreibeträge zu Gunsten des Arbeitnehmers, kann dieser beim Finanzamt die Änderung der Lohnsteuerabzugsmerkmale beantragen. 2 Die Änderung ist mit Wirkung von dem ersten Tag des Monats an vorzunehmen, in dem erstmals die Voraussetzungen für die Änderung vorlagen. 3 Ehegatten können im Laufe des Kalenderjahres beim Finanzamt die Änderung der Steuerklassen beantragen.[1)] 4 Dies gilt unabhängig von der automatisierten Bildung der Steuerklassen nach § 39e Absatz 3 Satz 3 sowie einer von den Ehegatten gewünschten Änderung dieser automatisierten Bildung. 5 Das Finanzamt hat eine Änderung nach Satz 3 mit Wirkung vom Beginn des Kalendermonats vorzunehmen, der auf die Antragstellung folgt. 6 Für eine Berücksichtigung der Änderung im laufenden Kalenderjahr ist der Antrag nach Satz 1 oder 3 spätestens bis zum 30. November zu stellen.

(7) 1 Wird ein unbeschränkt einkommensteuerpflichtiger Arbeitnehmer beschränkt einkommensteuerpflichtig, hat er dies dem Finanzamt unverzüglich mitzuteilen. 2 Das Finanzamt hat die Lohnsteuerabzugsmerkmale vom Zeitpunkt des Eintritts der beschränkten Einkommensteuerpflicht an zu ändern. 3 Absatz 1 Satz 5 bis 8 gilt entsprechend. 4 Unterbleibt die Mitteilung, hat das Finanzamt zu wenig erhobene Lohnsteuer vom Arbeitnehmer nachzufordern, wenn diese 10 Euro übersteigt.

(8)[2)] Ohne Einwilligung des Arbeitnehmers und soweit gesetzlich nichts anderes zugelassen ist, darf der Arbeitgeber die Lohnsteuerabzugsmerkmale nur für die Einbehaltung der Lohn- und Kirchensteuer verarbeiten.

(9)[2)] *(aufgehoben)*

[1)] § 39 Abs. 6 Satz 3 geänd. mWv 1.1.2018 durch G v. 23.6.2017 (BGBl. I S. 1682); geänd. mWv 1.1.2020 durch G v. 22.11.2019 (BGBl. I S. 1746).

[2)] § 39 Abs. 8 neu gef., Abs. 9 aufgeh. mWv VZ 2019 durch G v. 20.11.2019 (BGBl. I S. 1626).

§ 39a[1] Freibetrag und Hinzurechnungsbetrag. (1) [1] Auf Antrag des unbeschränkt einkommensteuerpflichtigen Arbeitnehmers ermittelt das Finanzamt die Höhe eines vom Arbeitslohn insgesamt abzuziehenden Freibetrags aus der Summe der folgenden Beträge:

1. Werbungskosten, die bei den Einkünften aus nichtselbständiger Arbeit anfallen, soweit sie den Arbeitnehmer-Pauschbetrag (§ 9a Satz 1 Nummer 1 Buchstabe a) oder bei Versorgungsbezügen den Pauschbetrag (§ 9a Satz 1 Nummer 1 Buchstabe b) übersteigen,

[*ab 1.1.2026:*

1a.[2] Sonderausgaben im Sinne des § 10 Absatz 1 Nummer 3 Satz 1 unter den Voraussetzungen des § 10 Absatz 2, wenn die Beiträge an Versicherungsunternehmen oder Sozialversicherungsträger geleistet werden, die ihren Sitz oder ihre Geschäftsleitung nicht im Inland haben,]

2. Sonderausgaben im Sinne des § 10 Absatz 1 Nummer 4, 5, 7 und 9 sowie Absatz 1a[3] und des § 10b, soweit sie den Sonderausgaben-Pauschbetrag von 36 Euro übersteigen,
3. der Betrag, der nach den §§ 33, 33a und 33b Absatz 6 wegen außergewöhnlicher Belastungen zu gewähren ist,
4. die Pauschbeträge für Menschen mit Behinderungen und Hinterbliebene (§ 33b Absatz 1 bis 5),

4a.[4] der Erhöhungsbetrag nach § 24b Absatz 2 Satz 2 *sowie in den Kalenderjahren 2020 und 2021 der Erhöhungsbetrag nach § 24b Absatz 2 Satz 3; für den Erhöhungsbetrag nach § 24b Absatz 2 Satz 3 kann auch ohne Antrag des Arbeitnehmers ein Freibetrag ermittelt werden,*

5. die folgenden Beträge, wie sie nach § 37 Absatz 3 bei der Festsetzung von Einkommensteuer-Vorauszahlungen zu berücksichtigen sind:
   a)[5] die Beträge, die nach § 10d Absatz 2, §§ 10e, 10f, 10g, 10h, 10i, nach § 15b des Berlinförderungsgesetzes abgezogen werden können,
   b) die negative Summe der Einkünfte im Sinne des § 2 Absatz 1 Satz 1 Nummer 1 bis 3, 6 und 7 und der negativen Einkünfte im Sinne des § 2 Absatz 1 Satz 1 Nummer 5,
   c)[6] das Vierfache der Steuerermäßigung nach den §§ 34f, 35a und 35c,

---

[1] § 39a Abs. 1 Satzteil vor Nr. 1 neu gef., Nr. 6 Satz 2 neu gef., Satz 3 angef., Nr. 7 neu gef., Abs. 1 Satz 2 angef., Abs. 2 bis 5 neu gef. mWv VZ 2012 durch G v. 7.12.2011 (BGBl. I S. 2592); Abs. 1 Satz 1 Nr. 4 geänd. mWv 15.12.2020 durch G v. 9.12.2020 (BGBl. I S. 2770).

[2] § 39a Abs. 1 Satz 1 Nr. 1a eingef. zunächst mWv VZ 2024 durch G v. 21.12.2020 (BGBl. I S. 3096); ber. durch G v. 16.12.2022 (BGBl. I S. 2294). Zur verschobenen Anwendung ab 1.1.2026 siehe § 52 Abs. 36 Satz 3.

[3] Verweis geänd. mWv VZ 2015 durch G v. 22.12.2014 (BGBl. I S. 2417).

[4] § 39a Abs. 1 Satz 1 Nr. 4a eingef. mWv VZ 2015 durch G v. 16.7.2015 (BGBl. I S. 1202); 2. HS angef. durch G v. 29.6.2020 (BGBl. I S. 1512); kursiver Satzteil gestrichen mWv VZ 2022 durch G v. 21.12.2020 (BGBl. I S. 3096).

[5] § 39a Abs. 1 Satz 1 Nr. 5 Buchst. a geänd. mWv 15.7.2016 durch G v. 8.7.2016 (BGBl. I S. 1594).

[6] § 39a Abs. 1 Satz 1 Nr. 5 Buchst. c geänd. mWv 1.1.2020 durch G v. 21.12.2019 (BGBl. I S. 2886).

6. die Freibeträge nach § 32 Absatz 6 für jedes Kind im Sinne des § 32 Absatz 1 bis 4, für das kein Anspruch auf Kindergeld besteht. [2]Soweit für diese Kinder Kinderfreibeträge nach § 38b Absatz 2 berücksichtigt worden sind, ist die Zahl der Kinderfreibeträge entsprechend zu vermindern. [3]Der Arbeitnehmer ist verpflichtet, den nach Satz 1 ermittelten Freibetrag ändern zu lassen, wenn für das Kind ein Kinderfreibetrag nach § 38b Absatz 2 berücksichtigt wird,

7.[1)] ein Betrag für ein zweites oder ein weiteres Dienstverhältnis insgesamt bis zur Höhe *des auf volle Euro abgerundeten zu versteuernden Jahresbetrags nach § 39b Absatz 2 Satz 5, bis zu dem nach der Steuerklasse des Arbeitnehmers, die für den Lohnsteuerabzug vom Arbeitslohn aus dem ersten Dienstverhältnis anzuwenden ist, Lohnsteuer nicht zu erheben ist* [***ab VZ 2023:*** der Summe aus dem Grundfreibetrag (§ 32a Absatz 1 Satz 2 Nummer 1), dem Arbeitnehmer-Pauschbetrag (§ 9a Satz 1 Nummer 1 Buchstabe a) und dem Sonderausgaben-Pauschbetrag (§ 10c Satz 1), wenn im ersten Dienstverhältnis die Steuerklasse I oder IV maßgeblich ist, sowie zusätzlich dem Entlastungsbetrag für Alleinerziehende (§ 24b Absatz 2 Satz 1), wenn im ersten Dienstverhältnis die Steuerklasse II maßgeblich ist; ist im ersten Dienstverhältnis die Steuerklasse III maßgeblich, sind der doppelte Grundfreibetrag, der Arbeitnehmer-Pauschbetrag und der Sonderausgaben-Pauschbetrag anzusetzen; ist im ersten Dienstverhältnis die Steuerklasse V maßgeblich, sind der Arbeitnehmer-Pauschbetrag und der Sonderausgaben-Pauschbetrag anzusetzen.]
[2]Voraussetzung ist, dass

   a) der Jahresarbeitslohn aus dem ersten Dienstverhältnis geringer ist als der nach Satz 1 maßgebende *Eingangsbetrag* [***ab VZ 2023:*** Betrag] und

   b) in Höhe des Betrags für ein zweites oder ein weiteres Dienstverhältnis zugleich für das erste Dienstverhältnis ein Betrag ermittelt wird, der dem Arbeitslohn hinzuzurechnen ist (Hinzurechnungsbetrag).

   [3]Soll für das erste Dienstverhältnis auch ein Freibetrag nach den Nummern 1 bis 6 und 8 ermittelt werden, ist nur der diesen Freibetrag übersteigende Betrag als Hinzurechnungsbetrag zu berücksichtigen. [4]Ist der Freibetrag höher als der Hinzurechnungsbetrag, ist nur der den Hinzurechnungsbetrag übersteigende Freibetrag zu berücksichtigen,

8. der Entlastungsbetrag für Alleinerziehende (§ 24b) bei Verwitweten, die nicht in Steuerklasse II gehören.

[2]Der insgesamt abzuziehende Freibetrag und der Hinzurechnungsbetrag gelten mit Ausnahme von Satz 1 Nummer 4 und vorbehaltlich der Sätze 3 bis 5 für die gesamte Dauer eines Kalenderjahres. [3]Die Summe der nach Satz 1 Nummer 1 bis 3 sowie 4a bis 8 ermittelten Beträge wird längstens für einen Zeitraum von zwei Kalenderjahren ab Beginn des Kalenderjahres, für das der Freibetrag erstmals gilt oder geändert wird, berücksichtigt. [4]Der Arbeitnehmer kann eine Änderung des Freibetrags innerhalb dieses Zeitraums beantragen, wenn sich die Verhältnisse zu seinen Gunsten ändern. [5]Ändern sich die Ver-

---

[1)] § 39a Abs. 1 Satz 1 Nr. 7 Satz 1 neu gef.; Satz 2 Buchst. a geänd. mWv VZ 2023 durch G v. 8.12.2022 (BGBl. I S. 2230).

hältnisse zu seinen Ungunsten, ist er verpflichtet, dies dem Finanzamt umgehend anzuzeigen.[1)]

(2) 1 Der Antrag nach Absatz 1 ist nach amtlich vorgeschriebenem Vordruck zu stellen und vom Arbeitnehmer eigenhändig zu unterschreiben. 2 Die Frist für die Antragstellung beginnt am 1. Oktober des Vorjahres, für das der Freibetrag gelten soll. 3 Sie endet am 30. November des Kalenderjahres, in dem der Freibetrag gilt. 4 Der Antrag ist hinsichtlich eines Freibetrags aus der Summe der nach Absatz 1 Satz 1 Nummer 1 bis 3 und 8 in Betracht kommenden Aufwendungen und Beträge unzulässig, wenn die Aufwendungen im Sinne des § 9, soweit sie den Arbeitnehmer-Pauschbetrag übersteigen, die Aufwendungen im Sinne des § 10 Absatz 1 Nummer *4, 5,* 7 *und 9* [***ab 1.1.2026:*** 3 Satz 1, Nummer 4, 5, 7 und 9][2)] sowie Absatz 1a,[3)] der §§ 10b und 33 sowie die abziehbaren Beträge nach den §§ 24b, 33a und 33b Absatz 6 insgesamt 600 Euro nicht übersteigen. 5 Das Finanzamt kann auf nähere Angaben des Arbeitnehmers verzichten, wenn er

1. höchstens den Freibetrag beantragt, der für das vorangegangene Kalenderjahr ermittelt wurde, und
2. versichert, dass sich die maßgebenden Verhältnisse nicht wesentlich geändert haben.

6 Das Finanzamt hat den Freibetrag durch Aufteilung in Monatsfreibeträge, falls erforderlich in Wochen- und Tagesfreibeträge, jeweils auf die der Antragstellung folgenden Monate des Kalenderjahres gleichmäßig zu verteilen. 7 Abweichend hiervon darf ein Freibetrag, der im Monat Januar eines Kalenderjahres beantragt wird, mit Wirkung vom 1. Januar dieses Kalenderjahres an berücksichtigt werden. 8 Ist der Arbeitnehmer beschränkt einkommensteuerpflichtig, hat das Finanzamt den nach Absatz 4 ermittelten Freibetrag durch Aufteilung in Monatsbeträge, falls erforderlich in Wochen- und Tagesbeträge, jeweils auf die voraussichtliche Dauer des Dienstverhältnisses im Kalenderjahr gleichmäßig zu verteilen. 9 Die Sätze 5 bis 8 gelten für den Hinzurechnungsbetrag nach Absatz 1 Satz 1 Nummer 7 entsprechend.

(3) 1 Für Ehegatten, die beide unbeschränkt einkommensteuerpflichtig sind und nicht dauernd getrennt leben, ist jeweils die Summe der nach Absatz 1 Satz 1 Nummer 2 bis 4 und 5[4)] in Betracht kommenden Beträge gemeinsam zu ermitteln; der in Absatz 1 Satz 1 Nummer 2 genannte Betrag ist zu verdoppeln. 2 Für die Anwendung des Absatzes 2 Satz 4 ist die Summe der für beide Ehegatten in Betracht kommenden Aufwendungen im Sinne des § 9, soweit sie jeweils den Arbeitnehmer-Pauschbetrag übersteigen, und der Aufwendungen im Sinne des § 10 Absatz 1 Nummer *4, 5,* 7 *und 9* [***ab 1.1.2026:***

---

1) § 39a Abs. 1 Satz 2 ersetzt durch Sätze 2 bis 5 durch G v. 26.6.2013 (BGBl. I S. 1809); zur Anwendung siehe § 52 Abs. 37 iVm BMF v. 21.5.2015 (BStBl. I S. 488); Satz 3 geänd. durch G v. 16.7.2015 (BGBl. I S. 1202); Satz 3 geänd. durch G v. 28.7.2015 (BGBl. I S. 1400).

2) Verweis geänd. durch G v. 21.12.2020 (BGBl. I S. 3096), ber. durch G v. 16.12.2022 (BGBl. I S. 2294). Zur verschobenen Anwendung siehe § 52 Abs. 36 Satz 3.

3) Verweis geänd. mWv VZ 2015 durch G v. 22.12.2014 (BGBl. I S. 2417).

4) Verweis geänd. mWv VZ 2015 durch G v. 16.7.2015 (BGBl. I S. 1202).

3 Satz 1, Nummer 4, 5, 7 und 9][1] sowie Absatz 1a,[2] der §§ 10b und 33 sowie der abziehbaren Beträge nach den §§ 24b, 33a und 33b Absatz 6 maßgebend. [3]Die nach Satz 1 ermittelte Summe ist je zur Hälfte auf die Ehegatten aufzuteilen, wenn für jeden Ehegatten Lohnsteuerabzugsmerkmale gebildet werden und die Ehegatten keine andere Aufteilung beantragen. [4]Für eine andere Aufteilung gilt Absatz 1 Satz 2 entsprechend. [5]Für einen Arbeitnehmer, dessen Ehe in dem Kalenderjahr, für das der Freibetrag gilt, aufgelöst worden ist und dessen bisheriger Ehegatte in demselben Kalenderjahr wieder geheiratet hat, sind die nach Absatz 1 in Betracht kommenden Beträge ausschließlich auf Grund der in seiner Person erfüllten Voraussetzungen zu ermitteln. [6]Satz 1 zweiter Halbsatz ist auch anzuwenden, wenn die tarifliche Einkommensteuer nach § 32a Absatz 6 zu ermitteln ist.

(4)[3] [1]Für einen beschränkt einkommensteuerpflichtigen Arbeitnehmer, für den § 50 Absatz 1 Satz 5 anzuwenden ist, ermittelt das Finanzamt auf Antrag einen Freibetrag, der vom Arbeitslohn insgesamt abzuziehen ist, aus der Summe der folgenden Beträge:

1. Werbungskosten, die bei den Einkünften aus nichtselbständiger Arbeit anfallen, soweit sie den Arbeitnehmer-Pauschbetrag (§ 9a Satz 1 Nummer 1 Buchstabe a) oder bei Versorgungsbezügen den Pauschbetrag (§ 9a Satz 1 Nummer 1 Buchstabe b) übersteigen,

[***ab 1.1.2026:***

1a.[4] Sonderausgaben im Sinne des § 10 Absatz 1 Nummer 3 Satz 1 unter den Voraussetzungen des § 10 Absatz 2, wenn die Beiträge an Versicherungsunternehmen oder Sozialversicherungsträger geleistet werden, die ihren Sitz oder ihre Geschäftsleitung nicht im Inland haben,]

2. Sonderausgaben im Sinne des § 10b, soweit sie den Sonderausgaben-Pauschbetrag (§ 10c) übersteigen, und die wie Sonderausgaben abziehbaren Beträge nach § 10e oder § 10i, jedoch erst nach Fertigstellung oder Anschaffung des begünstigten Objekts oder nach Fertigstellung der begünstigten Maßnahme,
3. den Freibetrag oder den Hinzurechnungsbetrag nach Absatz 1 Satz 1 Nummer 7.

[2]Der Antrag kann nur nach amtlich vorgeschriebenem Vordruck bis zum Ablauf des Kalenderjahres gestellt werden, für das die Lohnsteuerabzugsmerkmale gelten.

(5) Ist zu wenig Lohnsteuer erhoben worden, weil ein Freibetrag unzutreffend als Lohnsteuerabzugsmerkmal ermittelt worden ist, hat das Finanzamt den Fehlbetrag vom Arbeitnehmer nachzufordern, wenn er 10 Euro übersteigt.

---

[1] Verweis geänd. durch G v. 21.12.2020 (BGBl. I S. 3096), ber. durch G v. 16.12.2022 (BGBl. I S. 2294). Zur verschobenen Anwendung siehe § 52 Abs. 36 Satz 3

[2] Verweis geänd. mWv VZ 2015 durch G v. 22.12.2014 (BGBl. I S. 2417).

[3] § 39a Abs. 4 Satz 1 geänd. durch G v. 21.12.2020 (BGBl. I S. 3096); zur Anwendung siehe § 52 Abs. 46 Satz 1 (neue Satzzählung von § 50 Abs. 1).

[4] § 39a Abs. 4 Satz 1 Nr. 1a eingef. mWv VZ 2024 durch G v. 21.12.2020 (BGBl. I S. 3096); ber. durch G v. 16.12.2022 (BGBl. I S. 2294). Zur verschobenen Anwendung siehe § 52 Abs. 36 Satz 3.

§ 39b[1] Einbehaltung der Lohnsteuer. (1)[2] Bei unbeschränkt und beschränkt einkommensteuerpflichtigen Arbeitnehmern hat der Arbeitgeber den Lohnsteuerabzug nach Maßgabe der Absätze 2 bis 6 durchzuführen.

(2)[3] [1] Für die Einbehaltung der Lohnsteuer vom laufenden Arbeitslohn hat der Arbeitgeber die Höhe des laufenden Arbeitslohns im Lohnzahlungszeitraum festzustellen und auf einen Jahresarbeitslohn hochzurechnen. [2] Der Arbeitslohn eines monatlichen Lohnzahlungszeitraums ist mit zwölf, der Arbeitslohn eines wöchentlichen Lohnzahlungszeitraums mit $^{360}/_{7}$ und der Arbeitslohn eines täglichen Lohnzahlungszeitraums mit 360 zu vervielfältigen. [3] Von dem hochgerechneten Jahresarbeitslohn sind ein etwaiger Versorgungsfreibetrag (§ 19 Absatz 2) und Altersentlastungsbetrag (§ 24a) abzuziehen. [4] Außerdem ist der hochgerechnete Jahresarbeitslohn um einen etwaigen als Lohnsteuerabzugsmerkmal für den Lohnzahlungszeitraum mitgeteilten Freibetrag (§ 39a Absatz 1) oder Hinzurechnungsbetrag (§ 39a Absatz 1 Satz 1 Nummer 7), vervielfältigt unter sinngemäßer Anwendung von Satz 2, zu vermindern oder zu erhöhen. [5] Der so verminderte oder erhöhte hochgerechnete Jahresarbeitslohn, vermindert um

1. den Arbeitnehmer-Pauschbetrag (§ 9a Satz 1 Nummer 1 Buchstabe a) oder bei Versorgungsbezügen den Pauschbetrag (§ 9a Satz 1 Nummer 1 Buchstabe b) und den Zuschlag zum Versorgungsfreibetrag (§ 19 Absatz 2) in den Steuerklassen I bis V,
2. den Sonderausgaben-Pauschbetrag (§ 10c Satz 1) in den Steuerklassen I bis V,
3. eine Vorsorgepauschale aus den Teilbeträgen
   a) für die Rentenversicherung bei Arbeitnehmern, die in der gesetzlichen Rentenversicherung pflichtversichert oder von der gesetzlichen Rentenversicherung nach § 6 Absatz 1 Nummer 1 des Sechsten Buches Sozialgesetzbuch befreit sind, in den Steuerklassen I bis VI in Höhe des Betrags, der bezogen auf den Arbeitslohn 50 Prozent des Beitrags in der allgemeinen Rentenversicherung unter Berücksichtigung der jeweiligen Beitragsbemessungsgrenzen entspricht,
   b)[4] für die Krankenversicherung bei Arbeitnehmern, die in der gesetzlichen Krankenversicherung versichert sind, in den Steuerklassen I bis VI in Höhe des Betrags, der bezogen auf den Arbeitslohn unter Berücksichtigung der Beitragsbemessungsgrenze, den ermäßigten Beitragssatz (§ 243 des Fünften Buches Sozialgesetzbuch) und den Zusatzbeitragssatz der Krankenkasse (§ 242 des Fünften Buches Sozialgesetzbuch)

---

[1] Zur Berechnung der geltenden Lohnsteuer siehe das beiliegende **Berechnungsprogramm auf CD-ROM** sowie die im **Anhang aT2 und aT3** abgedruckten **Jahreslohnsteuer- und Monatslohnsteuertabellen.**

[2] § 39b Überschr. und Abs. 1 neu gef. mWv VZ 2012 durch G v. 7.12.2011 (BGBl. I S. 2592).

[3] § 39b Abs. 2 Satz 4 und 8 geänd. mWv VZ 2012 durch G v. 7.12.2011 (BGBl. I S. 2592).

[4] § 39b Abs. 2 Satz 5 Nr. 3 Buchst. b geänd. mWv VZ 2015 durch G v. 25.7.2014 (BGBl. I S. 1266).

dem Arbeitnehmeranteil eines pflichtversicherten Arbeitnehmers entspricht,

c) für die Pflegeversicherung bei Arbeitnehmern, die in der sozialen Pflegeversicherung versichert sind, in den Steuerklassen I bis VI in Höhe des Betrags, der bezogen auf den Arbeitslohn unter Berücksichtigung der Beitragsbemessungsgenze und den bundeseinheitlichen Beitragssatz dem Arbeitnehmeranteil eines pflichtversicherten Arbeitnehmers entspricht, erhöht um den Beitragszuschlag [*ab 1.1.2024:* und vermindert um die Abschläge][1] des Arbeitnehmers nach § 55 Absatz 3 des Elften Buches Sozialgesetzbuch, wenn die Voraussetzungen dafür vorliegen,

[Fassung bis 31.12.2025:]

d)[3] für die Krankenversicherung und für die private Pflege-Pflichtversicherung bei Arbeitnehmern, die nicht unter Buchstabe b und c fallen, in den Steuerklassen I bis V in Höhe der dem Arbeitgeber mitgeteilten Beiträge im Sinne des § 10 Absatz 1 Nummer 3, etwaig vervielfältigt unter sinngemäßer Anwendung von Satz 2 auf einen Jahresbetrag, vermindert um den Betrag, der bezogen auf den Arbeitslohn unter Berücksichtigung der Beitragsbemessungsgrenze, den ermäßigten Beitragssatz und den durchschnittlichen Zusatzbeitragssatz in der gesetzlichen Krankenversicherung sowie den bundeseinheitlichen Beitragssatz in der sozialen Pflegeversicherung dem Arbeitgeberanteil für einen pflichtversicherten Arbeitnehmer entspricht, wenn der Arbeitgeber gesetzlich verpflichtet ist, Zuschüsse zu den Kranken- und Pflegeversicherungsbeiträgen des Arbeitnehmers zu leisten;

[Fassung ab 1.1.2026:][2]

d) für die Krankenversicherung und für die private Pflege-Pflichtversicherung bei Arbeitnehmern, die nicht unter die Buchstaben b und c fallen, in den Steuerklassen I bis V in Höhe der dem Arbeitgeber als Lohnsteuerabzugsmerkmal bereitgestellten Beiträge nach § 39 Absatz 4 Nummer 4 Buchstabe b, etwaig vervielfältigt unter sinngemäßer Anwendung von Satz 2 auf einen Jahresbetrag, vermindert um die nach § 3 Nummer 62 steuerfreien Zuschüsse, die unter Berücksichtigung der als Lohnsteuerabzugsmerkmal bereitgestellten Beiträge nach § 39 Absatz 4 Nummer 4 Buchstabe a ermittelt wurden;

e) für die Versicherung gegen Arbeitslosigkeit bei Arbeitnehmern, die in der Arbeitslosenversicherung (Drittes Buch Sozialgesetzbuch) versichert sind, in den Steuerklassen I bis V in Höhe des Betrags, der bezogen auf den Arbeitslohn unter Berücksichtigung der jeweiligen

---

[1] § 39b Abs. 2 Satz 5 Nr. 3 Buchst. c Klammerzusatz eingef. durch G v. 22.12.2023 (BGBl. I Nr. 411); zur Anwendung siehe § 52 Abs. 36 Satz 3.

[2] § 39b Abs. 2 Satz 5 Nr. 3 Buchst. d neu gef., Buchst. e angef. durch G v. 21.12.2020 (BGBl. I S. 3096); Buchst. d neu gef. durch G v. 2.6.2021 (BGBl. I S. 1259); zur Anwendung siehe § 52 Abs. 36 Satz 3.

[3] § 39b Abs. 2 Satz 5 Nr. 3 Buchst. d geänd. mWv VZ 2019 durch G v. 12.12.2019 (BGBl. I S. 2451); zur Anwendung siehe § 52 Abs. 36 Satz 3.

[Fassung ab 1.1.2026:]

Beitragsbemessungsgrenze und den bundeseinheitlichen Beitragssatz, dem Arbeitnehmeranteil eines pflichtversicherten Arbeitnehmers entspricht; der Teilbetrag ist jedoch nur anzusetzen, soweit er zusammen mit den Teilbeträgen nach den Buchstaben b bis d einen Betrag in Höhe von 1900 Euro nicht übersteigt;

Entschädigungen im Sinne des § 24 Nummer 1 sind bei Anwendung der Buchstaben a bis c *nicht zu berücksichtigen; mindestens ist für die Summe der Teilbeträge nach den Buchstaben b und c oder für den Teilbetrag nach Buchstabe d ein Betrag in Höhe von 12 Prozent des Arbeitslohns, höchstens 1900 Euro in den Steuerklassen I, II, IV, V, VI und höchstens 3000 Euro in der Steuerklasse III anzusetzen* [***ab 1.1.2026:*** und e nicht zu berücksichtigen][1)],

4.[2)] den Entlastungsbetrag für Alleinerziehende für ein Kind (§ 24b Absatz 2 Satz 1) in der Steuerklasse II,

ergibt den zu versteuernden Jahresbetrag. [6] Für den zu versteuernden Jahresbetrag ist die Jahreslohnsteuer in den Steuerklassen I, II und IV nach § 32a Absatz 1 sowie in der Steuerklasse III nach § 32a Absatz 5 zu berechnen. [7] In den Steuerklassen V und VI ist die Jahreslohnsteuer zu berechnen, die sich aus dem Zweifachen des Unterschiedsbetrags zwischen dem Steuerbetrag für das Eineinviertelfache und dem Steuerbetrag für das Dreiviertelfache des zu versteuernden Jahresbetrags nach § 32a Absatz 1 ergibt; die Jahreslohnsteuer beträgt jedoch mindestens 14 Prozent des zu versteuernden Jahresbetrags, für den *10 635* [***für VZ 2022:*** 11 793[3)]; ***für VZ 2023:*** 12 485; ***für VZ 2024:*** 13 729] Euro[4)] übersteigenden Teil des zu versteuernden Jahresbetrags höchstens 42 Prozent, für den *27 980* [***für VZ 2022:*** 29 298; ***für VZ 2023:*** 31 404; ***für VZ 2024:*** 33 380] Euro[4)] übersteigenden Teil des zu versteuernden Jahresbetrags 42 Prozent und für den *212 261* [***für VZ 2022:*** 222 260] Euro[3)] übersteigenden Teil des zu versteuernden Jahresbetrags 45 Prozent.[5)] [8] Für die Lohnsteuerberechnung ist die als Lohnsteuerabzugsmerkmal mitgeteilte oder die nach § 39c Absatz 1 oder Absatz 2 oder nach § 39e Absatz 5a oder Absatz 6 Satz 8

---

1) § 39b Abs. 2 Nr. 3 abschl. Satzteil geänd. durch G v. 21.12.2020 (BGBl. I S. 3096); zur Anwendung siehe § 52 Abs. 36 Satz 3.

2) § 39b Abs. 2 Satz 5 Nr. 4 geänd. durch G v. 16.7.2015 (BGBl. I S. 1202); zur Anwendung siehe § 52 Abs. 37b.

3) Betrag geänd. mWv 1.1.2022 durch G v. 23.5.2022 (BGBl. I S. 749).

4) Beträge geänd. mWv VZ 2015/2016 durch G v. 16.7.2015 (BGBl. I S. 1202); geänd. mWv VZ 2017/2018 durch G v. 20.12.2016 (BGBl. I S. 3000); geänd. mWv VZ 2019/2020 durch G v. 29.11.2018 (BGBl. I S. 2210); geänd. mWv VZ 2021/2022 durch G v. 1.12.2020 (*BGBl. I S. 2616*); geänd. mWv VZ 2023/2024 durch G v. 8.12.2022 (BGBl. I S. 2230).

5) § 39b Abs. 2 Satz 7 HS 2 neu gef. mWv VZ 2016 durch G v. 16.7.2015 (BGBl. I S. 1202).

anzuwendende[1] Steuerklasse maßgebend. [9]Die monatliche Lohnsteuer ist $^{1}/_{12}$, die wöchentliche Lohnsteuer sind $^{7}/_{360}$ und die tägliche Lohnsteuer ist $^{1}/_{360}$ der Jahreslohnsteuer. [10]Bruchteile eines Cents, die sich bei der Berechnung nach den Sätzen 2 und 9 ergeben, bleiben jeweils außer Ansatz. [11]Die auf den Lohnzahlungszeitraum entfallende Lohnsteuer ist vom Arbeitslohn einzubehalten. [12]Das Betriebsstättenfinanzamt kann allgemein oder auf Antrag zulassen, dass die Lohnsteuer unter den Voraussetzungen des § 42b Absatz 1 nach dem voraussichtlichen Jahresarbeitslohn ermittelt wird, wenn gewährleistet ist, dass die zutreffende Jahreslohnsteuer (§ 38a Absatz 2) nicht unterschritten wird. [13]Darüber hinaus kann das Betriebsstättenfinanzamt auf Antrag zulassen, dass bei nach § 1 Absatz 1 unbeschränkt einkommensteuerpflichtigen Arbeitnehmern mit Steuerklasse VI und ohne Freibetrag nach § 39a, die bei dem Arbeitgeber gelegentlich, nicht regelmäßig wiederkehrend beschäftigt werden und deren Dauer der Beschäftigung 24 zusammenhängende Arbeitstage nicht übersteigt, der während der Beschäftigung erzielte Arbeitslohn auf einen Jahresbetrag hochgerechnet und die sich ergebende Lohnsteuer auf den Lohnabrechnungszeitraum zurückgerechnet wird, wobei als Lohnabrechnungszeitraum der Zeitraum vom Beginn des Kalenderjahres bis zum Ende der Beschäftigung gilt. [14]Bei Anwendung des Satzes 13 sind auch der im Kalenderjahr in etwaigen vorangegangenen und beendeten weiteren Dienstverhältnissen in der Steuerklasse VI bezogene Arbeitslohn und die darauf erhobene Lohnsteuer einzubeziehen, soweit dort bereits Satz 13 angewandt wurde. [15]Voraussetzung für die Anwendung des Verfahrens nach Satz 13 ist zudem, dass der Arbeitnehmer vor Aufnahme der Beschäftigung

1. unter Angabe seiner Identifikationsnummer gegenüber dem Arbeitgeber schriftlich zustimmt,
2. mit der Zustimmung den nach Satz 14 einzubeziehenden Arbeitslohn und die darauf erhobene Lohnsteuer erklärt und
3. mit der Zustimmung versichert, dass ihm der Pflichtveranlagungstatbestand nach § 46 Absatz 2 Nummer 2 und 3a bekannt ist.

[16]Die Zustimmungserklärung des Arbeitnehmers ist zum Lohnkonto zu nehmen.[2]

(3)[3] [1]Für die Einbehaltung der Lohnsteuer von einem sonstigen Bezug hat der Arbeitgeber den voraussichtlichen Jahresarbeitslohn ohne den sonstigen Bezug festzustellen. [2]Hat der Arbeitnehmer Lohnsteuerbescheinigungen aus früheren Dienstverhältnissen des Kalenderjahres nicht vorgelegt, so ist bei der Ermittlung des voraussichtlichen Jahresarbeitslohns der Arbeitslohn für Beschäftigungszeiten bei früheren Arbeitgebern mit dem Betrag anzusetzen, der sich ergibt, wenn der laufende Arbeitslohn im Monat der Zahlung des sonstigen Bezugs entsprechend der Beschäftigungsdauer bei früheren Arbeitgebern hochgerechnet wird. [3]Der voraussichtliche Jahresarbeitslohn ist um den Ver-

---

[1] § 39b Abs. 2 Satz 8 geänd. mWv 1.1.2017 durch G v. 18.7.2016 (BGBl. I S. 1679).

[2] § 39b Abs. 2 Sätze 13 bis 16 angef. mWv 1.1.2018 durch G v. 23.6.2017 (BGBl. I S. 1682).

[3] § 39b Abs. 3 Sätze 3 und 7 geänd. mWv VZ 2012 durch G v. 7.12.2011 (BGBl. I S. 2592); Satz 6 geänd. mWv VZ 2014 durch G v. 25.7.2014 (BGBl. I S. 1266).

sorgungsfreibetrag (§ 19 Absatz 2) und den Altersentlastungsbetrag (§ 24a), wenn die Voraussetzungen für den Abzug dieser Beträge jeweils erfüllt sind, sowie um einen etwaigen als Lohnsteuerabzugsmerkmal mitgeteilten Jahresfreibetrag zu vermindern und um einen etwaigen Jahreshinzurechnungsbetrag zu erhöhen. 4 Für den so ermittelten Jahresarbeitslohn (maßgebender Jahresarbeitslohn) ist die Lohnsteuer nach Maßgabe des Absatzes 2 Satz 5 bis 7 zu ermitteln. 5 Außerdem ist die Jahreslohnsteuer für den maßgebenden Jahresarbeitslohn unter Einbeziehung des sonstigen Bezugs zu ermitteln. 6 Dabei ist der sonstige Bezug um den Versorgungsfreibetrag und den Altersentlastungsbetrag zu vermindern, wenn die Voraussetzungen für den Abzug dieser Beträge jeweils erfüllt sind und soweit sie nicht bei der Steuerberechnung für den maßgebenden Jahresarbeitslohn berücksichtigt worden sind. 7 Für die Lohnsteuerberechnung ist die als Lohnsteuerabzugsmerkmal mitgeteilte oder die nach § 39c Absatz 1 oder Absatz 2 oder nach § 39e Absatz 5a oder Absatz 6 Satz 8 anzuwendende[1] Steuerklasse maßgebend. 8 Der Unterschiedsbetrag zwischen den ermittelten Jahreslohnsteuerbeträgen ist die Lohnsteuer, die vom sonstigen Bezug einzubehalten ist. 9 Die Lohnsteuer ist bei einem sonstigen Bezug im Sinne des § 34 Absatz 1 und 2 Nummer 2 und 4 in der Weise zu ermäßigen, dass der sonstige Bezug bei der Anwendung des Satzes 5 mit einem Fünftel anzusetzen und der Unterschiedsbetrag im Sinne des Satzes 8 zu verfünffachen ist; § 34 Absatz 1 Satz 3 ist sinngemäß anzuwenden. 10 Ein sonstiger Bezug im Sinne des § 34 Absatz 1 und 2 Nummer 4 ist bei der Anwendung des Satzes 4 in die Bemessungsgrundlage für die Vorsorgepauschale nach Absatz 2 Satz 5 Nummer 3 einzubeziehen.

(4)[2] *In den Kalenderjahren 2010 bis 2024 ist Absatz 2 Satz 5 Nummer 3 Buchstabe a mit der Maßgabe anzuwenden, dass im Kalenderjahr 2010 der ermittelte Betrag auf 40 Prozent begrenzt und dieser Prozentsatz in jedem folgenden Kalenderjahr um je 4 Prozentpunkte erhöht wird.*

(5) 1 Wenn der Arbeitgeber für den Lohnzahlungszeitraum lediglich Abschlagszahlungen leistet und eine Lohnabrechnung für einen längeren Zeitraum (Lohnabrechnungszeitraum) vornimmt, kann er den Lohnabrechnungszeitraum als Lohnzahlungszeitraum behandeln und die Lohnsteuer abweichend von § 38 Absatz 3 bei der Lohnabrechnung einbehalten. 2 Satz 1 gilt nicht, wenn der Lohnabrechnungszeitraum fünf Wochen übersteigt oder die Lohnabrechnung nicht innerhalb von drei Wochen nach dessen Ablauf erfolgt. 3 Das Betriebsstättenfinanzamt kann anordnen, dass die Lohnsteuer von den Abschlagszahlungen einzubehalten ist, wenn die Erhebung der Lohnsteuer sonst nicht gesichert erscheint. 4 Wenn wegen einer besonderen Entlohnungsart weder ein Lohnzahlungszeitraum noch ein Lohnabrechnungszeitraum festgestellt werden kann, gilt als Lohnzahlungszeitraum die Summe der tatsächlichen Arbeitstage oder Arbeitswochen.

(6)[3] 1 Das Bundesministerium der Finanzen hat im Einvernehmen mit den obersten Finanzbehörden der Länder auf der Grundlage der Absätze 2 und 3

---

[1] § 39b Abs. 3 Satz 7 geänd. mWv 1.1.2017 durch G v. 18.7.2016 (BGBl. I S. 1679).
[2] § 39b Abs. 4 aufgeh. mWv 1.1.2023 durch G v. 16.12.2022 (BGBl. I S. 2294).
[3] § 39b Abs. 6 Satz 2 angef. durch G v. 25.7.2014 (BGBl. I S. 1266).

einen Programmablaufplan für die maschinelle Berechnung der Lohnsteuer aufzustellen und bekannt zu machen. [2]Im Programmablaufplan kann von den Regelungen in den Absätzen 2 und 3 abgewichen werden, wenn sich das Ergebnis der maschinellen Berechnung der Lohnsteuer an das Ergebnis einer Veranlagung zur Einkommensteuer anlehnt.

(7) (weggefallen)

§ 39c[1)] Einbehaltung der Lohnsteuer ohne Lohnsteuerabzugsmerkmale. (1) [1]Solange der Arbeitnehmer dem Arbeitgeber zum Zweck des Abrufs der elektronischen Lohnsteuerabzugsmerkmale (§ 39e Absatz 4 Satz 1) die ihm zugeteilte Identifikationsnummer sowie den Tag der Geburt schuldhaft nicht mitteilt oder das Bundeszentralamt für Steuern die Mitteilung elektronischer Lohnsteuerabzugsmerkmale ablehnt, hat der Arbeitgeber die Lohnsteuer nach Steuerklasse VI zu ermitteln. [2]Kann der Arbeitgeber die elektronischen Lohnsteuerabzugsmerkmale wegen technischer Störungen nicht abrufen oder hat der Arbeitnehmer die fehlende Mitteilung der ihm zuzuteilenden Identifikationsnummer nicht zu vertreten, hat der Arbeitgeber für die Lohnsteuerberechnung die voraussichtlichen Lohnsteuerabzugsmerkmale im Sinne des § 38b längstens für die Dauer von drei Kalendermonaten zu Grunde zu legen. [3]Hat nach Ablauf der drei Kalendermonate der Arbeitnehmer die Identifikationsnummer sowie den Tag der Geburt nicht mitgeteilt, ist rückwirkend Satz 1 anzuwenden. [4]Sobald dem Arbeitgeber in den Fällen des Satzes 2 die elektronischen Lohnsteuerabzugsmerkmale vorliegen, sind die Lohnsteuerermittlungen für die vorangegangenen Monate zu überprüfen und, falls erforderlich, zu ändern. [5]Die zu wenig oder zu viel einbehaltene Lohnsteuer ist jeweils bei der nächsten Lohnabrechnung auszugleichen.

(2) [1]Ist ein Antrag nach § 39 Absatz 3 Satz 1 oder § 39e Absatz 8 nicht gestellt, hat der Arbeitgeber die Lohnsteuer nach Steuerklasse VI zu ermitteln. [2]Legt der Arbeitnehmer binnen sechs Wochen nach Eintritt in das Dienstverhältnis oder nach Beginn des Kalenderjahres eine Bescheinigung für den Lohnsteuerabzug vor, ist Absatz 1 Satz 4 und 5 sinngemäß anzuwenden.

(3) [1]In den Fällen des § 38 Absatz 3a Satz 1 kann der Dritte die Lohnsteuer für einen sonstigen Bezug mit 20 Prozent unabhängig von den Lohnsteuerabzugsmerkmalen des Arbeitnehmers ermitteln, wenn der maßgebende Jahresarbeitslohn nach § 39b Absatz 3 zuzüglich des sonstigen Bezugs 10 000 Euro nicht übersteigt. [2]Bei der Feststellung des maßgebenden Jahresarbeitslohns sind nur die Lohnzahlungen des Dritten zu berücksichtigen.

§ 39d.[2)] *(aufgehoben)*

§ 39e[3)] Verfahren zur Bildung und Anwendung der elektronischen Lohnsteuerabzugsmerkmale. (1) [1]Das Bundeszentralamt für Steuern bildet für jeden Arbeitnehmer grundsätzlich automatisiert die Steuerklasse und für

---

1) § 39c neu gef. mWv VZ 2012 durch G v. 7.12.2011 (BGBl. I S. 2592).

2) § 39d aufgeh. mWv VZ 2012 durch G v. 7.12.2011 (BGBl. I S. 2592); siehe nunmehr § 39 Abs. 2 und 3 n. F., § 39a Abs. 4 n. F.

3) § 39e neu gef. mWv VZ 2012 durch G v. 7.12.2011 (BGBl. I S. 2592).

die bei den Steuerklassen I bis IV zu berücksichtigenden Kinder die Zahl der Kinderfreibeträge nach § 38b Absatz 2 Satz 1 als Lohnsteuerabzugsmerkmale (§ 39 Absatz 4 Satz 1 Nummer 1 und 2); für Änderungen gilt § 39 Absatz 2 entsprechend. [2]Soweit das Finanzamt Lohnsteuerabzugsmerkmale nach § 39 bildet, teilt es sie dem Bundeszentralamt für Steuern zum Zweck der Bereitstellung für den automatisierten Abruf durch den Arbeitgeber mit. [3]Lohnsteuerabzugsmerkmale sind frühestens bereitzustellen mit Wirkung von Beginn des Kalenderjahres an, für das sie anzuwenden sind, jedoch nicht für einen Zeitpunkt vor Beginn des Dienstverhältnisses.

(2) [1]Das Bundeszentralamt für Steuern speichert zum Zweck der Bereitstellung automatisiert abrufbarer Lohnsteuerabzugsmerkmale für den Arbeitgeber die Lohnsteuerabzugsmerkmale unter Angabe der Identifikationsnummer sowie für jeden Steuerpflichtigen folgende Daten zu den in § 139b Absatz 3 der Abgabenordnung genannten Daten hinzu:

1. rechtliche Zugehörigkeit zu einer steuererhebenden Religionsgemeinschaft sowie Datum des Eintritts und Austritts,
2. melderechtlichen Familienstand sowie den Tag der Begründung oder Auflösung des Familienstands und bei Verheirateten die Identifikationsnummer des Ehegatten,
3. Kinder mit ihrer Identifikationsnummer.

[2]Die nach Landesrecht für das Meldewesen zuständigen Behörden (Meldebehörden) haben dem Bundeszentralamt für Steuern unter Angabe der Identifikationsnummer und des Tages der Geburt die in Satz 1 Nummer 1 bis 3 bezeichneten Daten und deren Änderungen im Melderegister mitzuteilen. [3]In den Fällen des Satzes 1 Nummer 3 besteht die Mitteilungspflicht nur, wenn das Kind mit Hauptwohnsitz oder alleinigem Wohnsitz im Zuständigkeitsbereich der Meldebehörde gemeldet ist und solange das Kind das 18. Lebensjahr noch nicht vollendet hat. [4]Sofern die Identifikationsnummer noch nicht zugeteilt wurde, teilt die Meldebehörde die Daten unter Angabe des Vorläufigen Bearbeitungsmerkmals nach § 139b Absatz 6 Satz 2 der Abgabenordnung mit. [5]Für die Datenübermittlung gelten die §§ 2 und 3 der Zweiten Bundesmeldedatenübermittlungsverordnung vom 1. Dezember 2014 (BGBl. I S. 1950) in der jeweils geltenden Fassung entsprechend.[1)]

(3) [1]Das Bundeszentralamt für Steuern hält die Identifikationsnummer, den Tag der Geburt, Merkmale für den Kirchensteuerabzug und die Lohnsteuerabzugsmerkmale des Arbeitnehmers nach § 39 Absatz 4 zum unentgeltlichen automatisierten Abruf durch den Arbeitgeber nach amtlich vorgeschriebenem Datensatz bereit (elektronische Lohnsteuerabzugsmerkmale). [2]Bezieht ein Arbeitnehmer nebeneinander von mehreren Arbeitgebern Arbeitslohn, sind für jedes weitere Dienstverhältnis elektronische Lohnsteuerabzugsmerkmale zu bilden. [3]Bei Eheschließung wird für jeden Ehegatten automatisiert die Steuerklasse IV gebildet, wenn zum Zeitpunkt der Eheschließung die Voraussetzungen des § 38b Absatz 1 Satz 2 Nummer 4 vorliegen.[2)] [4]Das Bundeszentralamt

[1)] § 39e Abs. 2 Satz 5 geänd. mWv VZ 2015 durch G v. 2.11.2015 (BGBl. I S. 1834).
[2)] § 39e Abs. 3 Satz 3 neu gef. mWv VZ 2018 durch G v. 23.6.2017 (BGBl. I S. 1682).

für Steuern führt die elektronischen Lohnsteuerabzugsmerkmale des Arbeitnehmers zum Zweck ihrer Bereitstellung nach Satz 1 mit der Wirtschafts-Identifikationsnummer (§ 139c der Abgabenordnung) des Arbeitgebers zusammen.

(4)[1] [1]Der Arbeitnehmer hat jedem seiner Arbeitgeber bei Eintritt in das Dienstverhältnis zum Zweck des Abrufs der Lohnsteuerabzugsmerkmale mitzuteilen,

1. wie die Identifikationsnummer sowie der Tag der Geburt lauten,
2. ob es sich um das erste oder ein weiteres Dienstverhältnis handelt (§ 38b Absatz 1 Satz 2 Nummer 6) und
3. ob und in welcher Höhe ein nach § 39a Absatz 1 Satz 1 Nummer 7 festgestellter Freibetrag abgerufen werden soll.

[2]Der Arbeitgeber hat bei Beginn des Dienstverhältnisses die elektronischen Lohnsteuerabzugsmerkmale für den Arbeitnehmer beim Bundeszentralamt für Steuern durch Datenfernübertragung abzurufen und sie in das Lohnkonto für den Arbeitnehmer zu übernehmen. [3]Für den Abruf der elektronischen Lohnsteuerabzugsmerkmale hat sich der Arbeitgeber zu authentifizieren und seine Wirtschafts-Identifikationsnummer, die Daten des Arbeitnehmers nach Satz 1 Nummer 1 und 2, den Tag des Beginns des Dienstverhältnisses und etwaige Angaben nach Satz 1 Nummer 3 mitzuteilen. [4]Zur Plausibilitätsprüfung der Identifikationsnummer hält das Bundeszentralamt für Steuern für den Arbeitgeber entsprechende Regeln bereit. [5]Der Arbeitgeber hat den Tag der Beendigung des Dienstverhältnisses unverzüglich dem Bundeszentralamt für Steuern durch Datenfernübertragung mitzuteilen. [6]Beauftragt der Arbeitgeber einen Dritten mit der Durchführung des Lohnsteuerabzugs, hat sich der Dritte für den Datenabruf zu authentifizieren und zusätzlich seine Wirtschafts-Identifikationsnummer mitzuteilen. [7]Für die Verarbeitung der elektronischen Lohnsteuerabzugsmerkmale gilt § 39 Absatz 8 entsprechend.

(5) [1]Die abgerufenen elektronischen Lohnsteuerabzugsmerkmale sind vom Arbeitgeber für die Durchführung des Lohnsteuerabzugs des Arbeitnehmers anzuwenden, bis

1. ihm das Bundeszentralamt für Steuern geänderte elektronische Lohnsteuerabzugsmerkmale zum Abruf bereitstellt oder
2. der Arbeitgeber dem Bundeszentralamt für Steuern die Beendigung des Dienstverhältnisses mitteilt.

[2]Sie sind in der üblichen Lohnabrechnung anzugeben. [3]Der Arbeitgeber ist verpflichtet, die vom Bundeszentralamt für Steuern bereitgestellten Mitteilungen und elektronischen Lohnsteuerabzugsmerkmale monatlich anzufragen und abzurufen. [4]Kommt der Arbeitgeber seinen Verpflichtungen nach den Sätzen 1 und 3 sowie nach Absatz 4 Satz 2, 3 und 5 nicht nach, ist das Betriebsstättenfinanzamt für die Aufforderung zum Abruf und zur Anwendung der Lohnsteuerabzugsmerkmale sowie zur Mitteilung der Beendigung des Dienstverhältnisses und für die Androhung und Festsetzung von Zwangsmitteln zuständig.[2]

---

[1] § 39e Abs. 4 Satz 7 neu gef. mWv VZ 2019 durch G v. 20.11.2019 (BGBl. I S. 1626).
[2] § 39e Abs. 5 Satz 4 angef. mWv VZ 2017 durch G v. 18.7.2016 (BGBl. I S. 1679).

(5a)[1] [1]Zahlt der Arbeitgeber, ein von diesem beauftragter Dritter in dessen Namen oder ein Dritter im Sinne des § 38 Absatz 3a verschiedenartige Bezüge als Arbeitslohn, kann der Arbeitgeber oder der Dritte die Lohnsteuer für den zweiten und jeden weiteren Bezug abweichend von Absatz 5 ohne Abruf weiterer elektronischer Lohnsteuerabzugsmerkmale nach der Steuerklasse VI einbehalten. [2]Verschiedenartige Bezüge liegen vor, wenn der Arbeitnehmer vom Arbeitgeber folgenden Arbeitslohn bezieht:

1. neben dem Arbeitslohn für ein aktives Dienstverhältnis auch Versorgungsbezüge,
2. neben Versorgungsbezügen, Bezügen und Vorteilen aus seinem früheren Dienstverhältnis auch andere Versorgungsbezüge oder
3. neben Bezügen und Vorteilen während der Elternzeit oder vergleichbaren Unterbrechungszeiten des aktiven Dienstverhältnisses auch Arbeitslohn für ein weiteres befristetes aktives Dienstverhältnis.

[3]§ 46 Absatz 2 Nummer 2 ist entsprechend anzuwenden.

(6)[2] [1]Gegenüber dem Arbeitgeber gelten die Lohnsteuerabzugsmerkmale (§ 39 Absatz 4) mit dem Abruf der elektronischen Lohnsteuerabzugsmerkmale als bekannt gegeben. [2]Einer Rechtsbehelfsbelehrung bedarf es nicht. [3]Die Lohnsteuerabzugsmerkmale gelten gegenüber dem Arbeitnehmer als bekannt gegeben, sobald der Arbeitgeber dem Arbeitnehmer den Ausdruck der Lohnabrechnung mit den nach Absatz 5 Satz 2 darin ausgewiesenen elektronischen Lohnsteuerabzugsmerkmalen ausgehändigt oder elektronisch bereitgestellt hat. [4]Die elektronischen Lohnsteuerabzugsmerkmale sind dem Steuerpflichtigen auf Antrag vom zuständigen Finanzamt mitzuteilen oder elektronisch bereitzustellen. [5]Wird dem Arbeitnehmer bekannt, dass die elektronischen Lohnsteuerabzugsmerkmale zu seinen Gunsten von den nach § 39 zu bildenden Lohnsteuerabzugsmerkmalen abweichen, ist er verpflichtet, dies dem Finanzamt unverzüglich mitzuteilen. [6]Der Steuerpflichtige kann beim zuständigen Finanzamt

1. den Arbeitgeber benennen, der zum Abruf von elektronischen Lohnsteuerabzugsmerkmalen berechtig ist (Positivliste) oder nicht berechtigt ist (Negativliste). [2]Hierfür hat der Arbeitgeber dem Arbeitnehmer seine Wirtschafts-Identifikationsnummer mitzuteilen. [3]Für die Verarbeitung der Wirtschafts-Identifikationsnummer gilt § 39 Absatz 8 entsprechend;

oder

2. die Bildung oder die Bereitstellung der elektronischen Lohnsteuerabzugsmerkmale allgemein sperren oder allgemein freischalten lassen.

[7]Macht der Steuerpflichtige von seinem Recht nach Satz 6 Gebrauch, hat er die Positivliste, die Negativliste, die allgemeine Sperrung oder die allgemeine Freischaltung in einem bereitgestellten elektronischen Verfahren oder nach amtlich vorgeschriebenem Vordruck dem Finanzamt zu übermitteln. [8]Werden wegen einer Sperrung nach Satz 6 einem Arbeitgeber, der Daten abrufen

---

[1] § 39e Abs. 5a eingef. mWv VZ 2017 durch G v. 18.7.2016 (BGBl. I S. 1679).

[2] § 39e Abs. 6 Satz 6 Nr. 1 Satz 3 geänd. mWv VZ 2019 durch G v. 20.11.2019 (BGBl. I S. 1626).

möchte, keine elektronischen Lohnsteuerabzugmerkmale bereitgestellt, wird dem Arbeitgeber die Sperrung mitgeteilt und dieser hat die Lohnsteuer nach Steuerklasse VI zu ermitteln.

(7) [1] Auf Antrag des Arbeitgebers kann das Betriebsstättenfinanzamt zur Vermeidung unbilliger Härten zulassen, dass er nicht am Abrufverfahren teilnimmt. [2] Dem Antrag eines Arbeitgebers ohne maschinelle Lohnabrechnung, der ausschließlich Arbeitnehmer im Rahmen einer geringfügigen Beschäftigung in seinem Privathaushalt im Sinne des § 8a des Vierten Buches Sozialgesetzbuch beschäftigt, ist stattzugeben. [3] Der Arbeitgeber hat dem Antrag unter Angabe seiner Wirtschafts-Identifikationsnummer ein Verzeichnis der beschäftigten Arbeitnehmer mit Angabe der jeweiligen Identifikationsnummer und des Tages der Geburt des Arbeitnehmers beizufügen. [4] Der Antrag ist nach amtlich vorgeschriebenem Vordruck jährlich zu stellen und vom Arbeitgeber zu unterschreiben. [5] Das Betriebsstättenfinanzamt übermittelt dem Arbeitgeber für die Durchführung des Lohnsteuerabzugs für ein Kalenderjahr eine arbeitgeberbezogene Bescheinigung mit den Lohnsteuerabzugsmerkmalen des Arbeitnehmers (Bescheinigung für den Lohnsteuerabzug) sowie etwaige Änderungen. [6] Diese Bescheinigung sowie die Änderungsmitteilungen sind als Belege zum Lohnkonto zu nehmen und bis zum Ablauf des Kalenderjahres aufzubewahren. [7] Absatz 5 Satz 1 und 2 sowie Absatz 6 Satz 3 gelten entsprechend. [8] Der Arbeitgeber hat den Tag der Beendigung des Dienstverhältnisses unverzüglich dem Betriebsstättenfinanzamt mitzuteilen.

(8)[1)] [1] Ist einem nach § 1 Absatz 1 unbeschränkt einkommensteuerpflichtigen Arbeitnehmer keine Identifikationsnummer zugeteilt, hat das Wohnsitzfinanzamt auf Antrag eine Bescheinigung für den Lohnsteuerabzug für die Dauer eines Kalenderjahres auszustellen. [2] Die Bescheinigung kann auch der Arbeitgeber beantragen, wenn ihn der Arbeitnehmer dazu nach § 80 Absatz 1 der Abgabenordnung[2)] bevollmächtigt hat. [3] Diese Bescheinigung ersetzt die Verpflichtung und Berechtigung des Arbeitgebers zum Abruf der elektronischen Lohnsteuerabzugsmerkmale (Absätze 4 und 6). [4] In diesem Fall tritt an die Stelle der Identifikationsnummer das lohnsteuerliche Ordnungsmerkmal nach § 41b Absatz 2 Satz 1 und 2. [5] Für die Durchführung des Lohnsteuerabzugs hat der Arbeitnehmer seinem Arbeitgeber vor Beginn des Kalenderjahres oder bei Eintritt in das Dienstverhältnis die nach Satz 1 ausgestellte Bescheinigung für den Lohnsteuerabzug vorzulegen. [6] § 39c Absatz 1 Satz 2 bis 5 ist sinngemäß anzuwenden. [7] Der Arbeitgeber hat die Bescheinigung für den Lohnsteuerabzug entgegenzunehmen und während des Dienstverhältnisses, längstens bis zum Ablauf des jeweiligen Kalenderjahres, aufzubewahren.

(9) Ist die Wirtschafts-Identifikationsnummer noch nicht oder nicht vollständig eingeführt, tritt an ihre Stelle die Steuernummer der Betriebsstätte oder des Teils des Betriebs des Arbeitgebers, in dem der für den Lohnsteuerabzug maßgebende Arbeitslohn des Arbeitnehmers ermittelt wird (§ 41 Absatz 2).

[1)] § 39e Abs. 8 Satz 2 eingef., bish. Sätze 2 bis 6 werden Sätze 3 bis 7 mWv VZ 2021 durch G v. 21.12.2020 (BGBl. I S. 3096).

[2)] Nr. **800.**

(10)[1] Die beim Bundeszentralamt für Steuern nach Absatz 2 Satz 1 gespeicherten Daten können auch zur Prüfung und Durchführung der Einkommensbesteuerung (§ 2) des Steuerpflichtigen für Veranlagungszeiträume ab 2005, zur Ermittlung des Einkommens nach § 97a des Sechsten Buches Sozialgesetzbuch und zur Prüfung eines Anspruchs auf Kindergeld verarbeitet werden.

§ 39f Faktorverfahren anstelle Steuerklassenkombination III/V.

(1)[2] [1]Bei Ehegatten, die in die Steuerklasse IV gehören (§ 38b Absatz 1 Satz 2 Nummer 4 erster Halbsatz), hat das Finanzamt auf Antrag beider Ehegatten nach § 39a anstelle der Steuerklassenkombination III/V (§ 38b Absatz 1 Satz 2 Nummer 5) als Lohnsteuerabzugsmerkmal jeweils die Steuerklasse IV in Verbindung mit einem Faktor zur Ermittlung der Lohnsteuer zu bilden, wenn der Faktor kleiner als 1 ist. [2]Der Faktor ist Y : X und vom Finanzamt mit drei Nachkommastellen ohne Rundung zu berechnen. [3]„Y" ist die voraussichtliche Einkommensteuer für beide Ehegatten nach dem Splittingverfahren (§ 32a Absatz 5) unter Berücksichtigung der in § 39b Absatz 2 genannten Abzugsbeträge. [4]„X" ist die Summe der voraussichtlichen Lohnsteuer bei Anwendung der Steuerklasse IV für jeden Ehegatten. [5]Maßgeblich sind die Steuerbeträge des Kalenderjahres, für das der Faktor erstmals gelten soll. [6]In die Bemessungsgrundlage für Y werden jeweils neben den Jahresarbeitslöhnen der ersten Dienstverhältnisse zusätzlich nur Beträge einbezogen, die nach § 39a Absatz 1 Satz 1 Nummer 1 bis 6 als Freibetrag ermittelt und als Lohnsteuerabzugsmerkmal gebildet werden könnten; Freibeträge werden neben dem Faktor nicht als Lohnsteuerabzugsmerkmal gebildet. [7]In den Fällen des § 39a Absatz 1 Satz 1 Nummer 7 sind bei der Ermittlung von Y und X die Hinzurechnungsbeträge zu berücksichtigen; die Hinzurechnungsbeträge sind zusätzlich als Lohnsteuerabzugsmerkmal für das erste Dienstverhältnis zu bilden. [8]Arbeitslöhne aus zweiten und weiteren Dienstverhältnissen (Steuerklasse VI) sind im Faktorverfahren nicht zu berücksichtigen. [9]Der nach Satz 1 gebildete Faktor gilt bis zum Ablauf des Kalenderjahres, das auf das Kalenderjahr folgt, in dem der Faktor erstmals gilt oder zuletzt geändert worden ist. [10]Die Ehegatten können eine Änderung des Faktors beantragen, wenn sich die für die Ermittlung des Faktors maßgeblichen Jahresarbeitslöhne im Sinne des Satzes 6 ändern. [11]Besteht eine Anzeigepflicht nach § 39a Absatz 1 Satz 5 oder wird eine Änderung des Freibetrags nach § 39a Absatz 1 Satz 4 beantragt, gilt die Anzeige oder der Antrag auf Änderung des Freibetrags zugleich als Antrag auf Anpassung des Faktors.[3]

(2) Für die Einbehaltung der Lohnsteuer vom Arbeitslohn hat der Arbeitgeber Steuerklasse IV und den Faktor anzuwenden.

---

[1] § 39e Abs. 10 neu gef. mWv 1.1.2023 durch G v. 16.12.2022 (BGBl. I S. 2294).

[2] § 39f Abs. 1 Sätze 1, 5 und 6 geänd. mWv VZ 2012 durch G v. 7.12.2011 (BGBl. I S. 2592); Satz 5 eingef., bish. Sätze 5 bis 7 werden Sätze 6 bis 8 mWv 1.8.2015, Sätze 9 bis 11 angef. durch G v. 28.7.2015 (BGBl. I S. 1400); zur Anwendung letzterer siehe § 52 Abs. 37a; Abs. 1 Satz 1 geänd. mWv VZ 2019 durch G v. 12.12.2019 (BGBl. I S. 2451).

[3] Zur Anwendung der Sätze 9 bis 11 vgl. § 52 Abs. 37a.

(3)[1] [1] § 39 Absatz 6 Satz 3 und 5 gilt mit der Maßgabe, dass die Änderungen nach Absatz 1 Satz 10 und 11 keine Änderungen im Sinne des § 39 Absatz 6 Satz 3 sind.[2] [2] § 39a ist anzuwenden mit der Maßgabe, dass ein Antrag nach amtlich vorgeschriebenem Vordruck (§ 39a Absatz 2) nur erforderlich ist, wenn bei der Faktorermittlung zugleich Beträge nach § 39a Absatz 1 Satz 1 Nummer 1 bis 6 berücksichtigt werden sollen.

(4)[3] Das Faktorverfahren ist im Programmablaufplan für die maschinelle Berechnung der Lohnsteuer (§ 39b Absatz 6) zu berücksichtigen.

§ 40 Pauschalierung der Lohnsteuer in besonderen Fällen. (1) [1] Das Betriebsstättenfinanzamt (§ 41a Absatz 1 Satz 1 Nummer 1) kann auf Antrag des Arbeitgebers zulassen, dass die Lohnsteuer mit einem unter Berücksichtigung der Vorschriften des § 38a zu ermittelnden Pauschsteuersatz erhoben wird, soweit

1. von dem Arbeitgeber sonstige Bezüge in einer größeren Zahl von Fällen gewährt werden oder
2. in einer größeren Zahl von Fällen Lohnsteuer nachzuerheben ist, weil der Arbeitgeber die Lohnsteuer nicht vorschriftsmäßig einbehalten hat.

[2] Bei der Ermittlung des Pauschsteuersatzes ist zu berücksichtigen, dass die in Absatz 3 vorgeschriebene Übernahme der pauschalen Lohnsteuer durch den Arbeitgeber für den Arbeitnehmer eine in Geldeswert bestehende Einnahme im Sinne des § 8 Absatz 1 darstellt (Nettosteuersatz). [3] Die Pauschalierung ist in den Fällen des Satzes 1 Nummer 1 ausgeschlossen, soweit der Arbeitgeber einem Arbeitnehmer sonstige Bezüge von mehr als 1000 Euro im Kalenderjahr gewährt. [4] Der Arbeitgeber hat dem Antrag eine Berechnung beizufügen, aus der sich der durchschnittliche Steuersatz unter Zugrundelegung der durchschnittlichen Jahresarbeitslöhne und der durchschnittlichen Jahreslohnsteuer in jeder Steuerklasse für diejenigen Arbeitnehmer ergibt, denen die Bezüge gewährt werden sollen oder gewährt worden sind.

(2)[4] [1] Abweichend von Absatz 1 kann der Arbeitgeber die Lohnsteuer mit einem Pauschsteuersatz von 25 Prozent erheben, soweit er

1. arbeitstäglich Mahlzeiten im Betrieb an die Arbeitnehmer unentgeltlich oder verbilligt abgibt oder Barzuschüsse an ein anderes Unternehmen leistet, das arbeitstäglich Mahlzeiten an die Arbeitnehmer unentgeltlich oder verbilligt abgibt. [2] Voraussetzung ist, dass die Mahlzeiten nicht als Lohnbestandteile vereinbart sind,

1a.[5] oder auf seine Veranlassung ein Dritter den Arbeitnehmern anlässlich einer beruflichen Tätigkeit außerhalb seiner Wohnung und ersten Tätigkeits-

---

[1] § 39f Abs. 3 Sätze 1 und 2 geänd. mWv VZ 2012 durch G v. 7.12.2011 (BGBl. I S. 2592).

[2] § 39f Abs. 3 Satz 1 neu gef. durch G v. 28.7.2015 (BGBl. I S. 1400); zur Anwendung siehe § 52 Abs. 37a.

[3] § 39f Abs. 4 geänd. mWv VZ 2012 durch G v. 7.12.2011 (BGBl. I S. 2592).

[4] § 40 Abs. 2 Sätze 2 und 3 neu gef., Satz 4 angef. mWv VZ 2019 durch G v. 12.12.2019 (BGBl. I S. 2451).

[5] § 40 Abs. 2 Satz 1 Nr. 1a eingef. mWv 1.1.2014 durch G v. 20.2.2013 (BGBl. I S. 285).

stätte Mahlzeiten zur Verfügung stellt, die nach § 8 Absatz 2 Satz 8 und 9 mit dem Sachbezugswert anzusetzen sind,

2. Arbeitslohn aus Anlass von Betriebsveranstaltungen zahlt,
3. Erholungsbeihilfen gewährt, wenn diese zusammen mit Erholungsbeihilfen, die in demselben Kalenderjahr früher gewährt worden sind, 156 Euro für den Arbeitnehmer, 104 Euro für dessen Ehegatten und 52 Euro für jedes Kind nicht übersteigen und der Arbeitgeber sicherstellt, dass die Beihilfen zu Erholungszwecken verwendet werden,
4.[1] Vergütungen für Verpflegungsmehraufwendungen anlässlich einer Tätigkeit im Sinne des § 9 Absatz 4a Satz 2 oder Satz 4 zahlt, soweit die Vergütungen die nach § 9 Absatz 4a Satz 3, 5 und 6 zustehenden Pauschalen um nicht mehr als 100 Prozent übersteigen,
5.[2] den Arbeitnehmern zusätzlich zum ohnehin geschuldeten Arbeitslohn unentgeltlich oder verbilligt Datenverarbeitungsgeräte übereignet; das gilt auch für Zubehör und Internetzugang. [2]Das Gleiche gilt für Zuschüsse des Arbeitgebers, die zusätzlich zum ohnehin geschuldeten Arbeitslohn zu den Aufwendungen des Arbeitnehmers für die Internetnutzung gezahlt werden,

[***vom 1.1.2017 bis 31.12.2030:***[3]

6. den Arbeitnehmern zusätzlich zum ohnehin geschuldeten Arbeitslohn unentgeltlich oder verbilligt die Ladevorrichtung für Elektrofahrzeuge oder Hybridelektrofahrzeuge im Sinne des § 6 Absatz 1 Nummer 4 Satz 2 zweiter Halbsatz übereignet. [2]Das Gleiche gilt für Zuschüsse des Arbeitgebers, die zusätzlich zum ohnehin geschuldeten Arbeitslohn zu den Aufwendungen des Arbeitnehmers für den Erwerb und die Nutzung dieser Ladevorrichtung gezahlt werden,]
7.[4] den Arbeitnehmern zusätzlich zum ohnehin geschuldeten Arbeitslohn unentgeltlich oder verbilligt ein betriebliches Fahrrad, das kein Kraftfahrzeug im Sinne des § 6 Absatz 1 Nummer 4 Satz 2 ist, übereignet.

[2]Der Arbeitgeber kann die Lohnsteuer mit folgenden Pauschsteuersätzen erheben:

1. mit einem Pauschsteuersatz von 15 Prozent für die nicht nach § 3 Nummer 15 steuerfreien
   a) Sachbezüge in Form einer unentgeltlichen oder verbilligten Beförderung eines Arbeitnehmers zwischen Wohnung und erster Tätigkeitsstätte sowie Fahrten nach § 9 Absatz 1 Satz 3 Nummer 4a Satz 3 oder
   b) Zuschüsse zu den Aufwendungen des Arbeitnehmers für Fahrten zwischen Wohnung und erster Tätigkeitsstätte oder Fahrten nach § 9 Absatz 1 Satz 3 Nummer 4a Satz 3, die zusätzlich zum ohnehin geschuldeten Arbeitslohn geleistet werden,

---

[1] § 40 Abs. 2 Satz 1 Nr. 4 geänd. mWv 1.1.2014 durch G v. 25.7.2014 (BGBl. I S. 1266), berichtigt mWv 1.1.2015 durch G v. 22.12.2014 (BGBl. I S. 2417).

[2] § 40 Abs. 2 Satz 1 Nr. 5 geänd. mWv 1.1.2013 durch G v. 26.6.2013 (BGBl. I S. 1809).

[3] § 40 Abs. 2 Satz 1 Nr. 6 angef. durch G v. 7.11.2016 (BGBl. I S. 2498); zur Anwendung siehe § 52 Abs. 37c Satz 1.

[4] § 40 Abs. 2 Satz 1 Nr. 7 angef. mWv VZ 2020 durch G v. 12.12.2019 (BGBl. I S. 2451).

soweit die Bezüge den Betrag nicht übersteigen, den der Arbeitnehmer nach § 9 Absatz 1 Satz 3 Nummer 4 und Absatz 2 als Werbungskosten geltend machen könnte, wenn die Bezüge nicht pauschal besteuert würden; diese pauschal besteuerten Bezüge mindern die nach § 9 Absatz 1 Satz 3 Nummer 4 Satz 2 und Absatz 2 abziehbaren Werbungskosten oder

2. mit einem Pauschsteuersatz von 25 Prozent anstelle der Steuerfreiheit nach § 3 Nummer 15 einheitlich für alle dort genannten Bezüge eines Kalenderjahres, auch wenn die Bezüge dem Arbeitnehmer nicht zusätzlich zum ohnehin geschuldeten Arbeitslohn gewährt werden; für diese pauschal besteuerten Bezüge unterbleibt eine Minderung der nach § 9 Absatz 1 Satz 3 Nummer 4 Satz 2 und Absatz 2 abziehbaren Werbungskosten oder

3.[1] mit einem Pauschsteuersatz von 25 Prozent für die Freifahrtberechtigungen, die Soldaten nach § 30 Absatz 6 des Soldatengesetzes erhalten; für diese pauschal besteuerten Bezüge unterbleibt eine Minderung der nach § 9 Absatz 1 Satz 3 Nummer 4 Satz 2 sowie Nummer 5 Satz 6 abziehbaren Werbungskosten.

[3] Die nach Satz 2 pauschalbesteuerten Bezüge bleiben bei der Anwendung des § 40a Absatz 1 bis 4 außer Ansatz. [4] Bemessungsgrundlage der pauschalen Lohnsteuer sind in den Fällen des Satzes 2 Nummer 2 und 3[2] die Aufwendungen des Arbeitgebers einschließlich Umsatzsteuer.

(3) [1] Der Arbeitgeber hat die pauschale Lohnsteuer zu übernehmen. [2] Er ist Schuldner der pauschalen Lohnsteuer; auf den Arbeitnehmer abgewälzte pauschale Lohnsteuer gilt als zugeflossener Arbeitslohn und mindert nicht die Bemessungsgrundlage. [3] Der pauschal besteuerte Arbeitslohn und die pauschale Lohnsteuer bleiben bei einer Veranlagung zur Einkommensteuer und beim Lohnsteuer-Jahresausgleich außer Ansatz. [4] Die pauschale Lohnsteuer ist weder auf die Einkommensteuer noch auf die Jahreslohnsteuer anzurechnen.

§ 40a[3] Pauschalierung der Lohnsteuer für Teilzeitbeschäftigte und geringfügig Beschäftigte. (1) [1] Der Arbeitgeber kann unter Verzicht auf den Abruf von elektronischen Lohnsteuerabzugsmerkmalen (§ 39e Absatz 4 Satz 2) oder die Vorlage einer Bescheinigung für den Lohnsteuerabzug (§ 39 Absatz 3 oder § 39e Absatz 7 oder Absatz 8) bei Arbeitnehmern, die nur kurzfristig beschäftigt werden, die Lohnsteuer mit einem Pauschsteuersatz von 25 Prozent des Arbeitslohns erheben. [2] Eine kurzfristige Beschäftigung liegt vor, wenn der Arbeitnehmer bei dem Arbeitgeber gelegentlich, nicht regelmäßig wiederkehrend beschäftigt wird, die Dauer der Beschäftigung 18 zusammenhängende Arbeitstage nicht übersteigt und

---

[1] § 40 Abs. 2 Satz 2 Nr. 3 angef., Satz 4 geänd. durch G v. 21.12.2020 (BGBl. I S. 3096); zur Anwendung siehe § 52 Abs. 37c Satz 2.

[2] § 40 Abs. 2 Satz 2 Nr. 3 angef., Satz 4 geänd. durch G v. 21.12.2020 (BGBl. I S. 3096); zur Anwendung siehe § 52 Abs. 37c Satz 2.

[3] § 40a Abs. 1 bis 4 geänd. mWv VZ 2012 durch G v. 7.12.2011 (BGBl. I S. 2592).

1. der Arbeitslohn während der Beschäftigungsdauer *120* [***ab 1.1.2023:*** 150] Euro[1] durchschnittlich je Arbeitstag nicht übersteigt oder
2. die Beschäftigung zu einem unvorhersehbaren Zeitpunkt sofort erforderlich wird.

(2)[2] Der Arbeitgeber kann unter Verzicht auf den Abruf von elektronischen Lohnsteuerabzugsmerkmalen (§ 39e Absatz 4 Satz 2) oder die Vorlage einer Bescheinigung für den Lohnsteuerabzug (§ 39 Absatz 3 oder § 39e Absatz 7 oder Absatz 8) die Lohnsteuer einschließlich Solidaritätszuschlag und Kirchensteuern (einheitliche Pauschsteuer) für das Arbeitsentgelt aus geringfügigen Beschäftigungen im Sinne des § 8 Absatz 1 Nummer 1 oder des § 8a des Vierten Buches Sozialgesetzbuch, für das er Beiträge nach § 168 Absatz 1 Nummer 1b oder 1c (geringfügig versicherungspflichtig Beschäftigte) oder nach § 172 Absatz 3 oder 3a (versicherungsfrei oder von der Versicherungspflicht befreite geringfügig Beschäftigte) oder nach § 276a Absatz 1 (versicherungsfrei geringfügig Beschäftigte) des Sechsten Buches Sozialgesetzbuch zu entrichten hat, mit einem einheitlichen Pauschsteuersatz in Höhe von insgesamt 2 Prozent des Arbeitsentgelts erheben.

(2a)[3] Hat der Arbeitgeber in den Fällen des Absatzes 2 keine Beiträge nach § 168 Absatz 1 Nummer 1b oder 1c oder nach § 172 Absatz 3 oder 3a oder nach § 276a Absatz 1 des Sechsten Buches Sozialgesetzbuch zu entrichten, kann er unter Verzicht auf den Abruf von elektronischen Lohnsteuerabzugsmerkmalen (§ 39e Absatz 4 Satz 2) oder die Vorlage einer Bescheinigung für den Lohnsteuerabzug (§ 39 Absatz 3 oder § 39e Absatz 7 oder Absatz 8) die Lohnsteuer mit einem Pauschsteuersatz in Höhe von 20 Prozent des Arbeitsentgelts erheben.

(3) [1] Abweichend von den Absätzen 1 und 2a kann der Arbeitgeber unter Verzicht auf den Abruf von elektronischen Lohnsteuerabzugsmerkmalen (§ 39e Absatz 4 Satz 2) oder die Vorlage einer Bescheinigung für den Lohnsteuerabzug (§ 39 Absatz 3 oder § 39e Absatz 7 oder Absatz 8) bei Aushilfskräften, die in Betrieben der Land- und Forstwirtschaft im Sinne des § 13 Absatz 1 Nummer 1 bis 4 ausschließlich mit typisch land- oder forstwirtschaftlichen Arbeiten beschäftigt werden, die Lohnsteuer mit einem Pauschsteuersatz von 5 Prozent des Arbeitslohns erheben. [2] Aushilfskräfte im Sinne dieser Vorschrift sind Personen, die für die Ausführung und für die Dauer von Arbeiten, die nicht ganzjährig anfallen, beschäftigt werden; eine Beschäftigung mit anderen land- und forstwirtschaftlichen Arbeiten ist unschädlich, wenn deren Dauer 25 Prozent der Gesamtbeschäftigungsdauer nicht überschreitet. [3] Aushilfskräfte sind nicht Arbeitnehmer, die zu den land- und forstwirtschaftlichen Fachkräften gehören oder die der Arbeitgeber mehr als 180 Tage im Kalenderjahr beschäftigt.

---

[1] Betrag geänd. mWv VZ 2015 durch G v. 28.7.2015 (BGBl. I S. 1400); geänd. mWv VZ 2017 durch G v. 30.6.2017 (BGBl. I S. 2143); geänd. mWv 1.1.2020 durch G v. 22.11.2019 (BGBl. I S. 1746); geänd. mWv 1.1.2023 durch G v. 16.12.2022 (BGBl. I S. 2294).

[2] § 40a Abs. 2 geänd. durch G v. 25.7.2014 (BGBl. I S. 1266); zur Anwendung siehe § 52 Abs. 38.

[3] § 40a Abs. 2a geänd. durch G v. 25.7.2014 (BGBl. I S. 1266); zur Anwendung siehe § 52 Abs. 38.

(4) Die Pauschalierungen nach den Absätzen 1 und 3 sind unzulässig

1. bei Arbeitnehmern, deren Arbeitslohn während der Beschäftigungsdauer durchschnittlich je Arbeitsstunde 15 [***ab 1.1.2023:*** 19] Euro[1] übersteigt,
2. bei Arbeitnehmern, die für eine andere Beschäftigung von demselben Arbeitgeber Arbeitslohn beziehen, der nach § 39b oder § 39c dem Lohnsteuerabzug unterworfen wird.

(5) Auf die Pauschalierungen nach den Absätzen 1 bis 3 und 7[2] ist § 40 Absatz 3 anzuwenden.

(6)[3] 1 Für die Erhebung der einheitlichen Pauschsteuer nach Absatz 2 ist die Deutsche Rentenversicherung Knappschaft-Bahn-See zuständig. 2 Die Regelungen zum Steuerabzug vom Arbeitslohn sind entsprechend anzuwenden. 3 Für die Anmeldung, Abführung und Vollstreckung der einheitlichen Pauschsteuer sowie die Erhebung eines Säumniszuschlags und das Mahnverfahren für die einheitliche Pauschsteuer gelten dabei die Regelungen für die Beiträge nach § 168 Absatz 1 Nummer 1b oder 1c oder nach § 172 Absatz 3 oder 3a oder nach § 276a Absatz 1 des Sechsten Buches Sozialgesetzbuch. 4 Die Deutsche Rentenversicherung Knappschaft-Bahn-See hat die einheitliche Pauschsteuer auf die erhebungsberechtigten Körperschaften aufzuteilen; dabei entfallen aus Vereinfachungsgründen 90 Prozent der einheitlichen Pauschsteuer auf die Lohnsteuer, 5 Prozent auf den Solidaritätszuschlag und 5 Prozent auf die Kirchensteuern. 5 Die erhebungsberechtigten Kirchen haben sich auf eine Aufteilung des Kirchensteueranteils zu verständigen und diesen der Deutschen Rentenversicherung Knappschaft-Bahn-See mitzuteilen. 6 Die Deutsche Rentenversicherung Knappschaft-Bahn-See ist berechtigt, die einheitliche Pauschsteuer nach Absatz 2 zusammen mit den Sozialversicherungsbeiträgen beim Arbeitgeber einzuziehen.

(7)[4] 1 Der Arbeitgeber kann unter Verzicht auf den Abruf von elektronischen Lohnsteuerabzugsmerkmalen (§ 39e Absatz 4 Satz 2) die Lohnsteuer für Bezüge von kurzfristigen, im Inland ausgeübten Tätigkeiten beschränkt steuerpflichtiger Arbeitnehmer, die einer ausländischen Betriebsstätte dieses Arbeitgebers zugeordnet sind, mit einem Pauschsteuersatz von 30 Prozent des Arbeitslohns erheben. 2 Eine kurzfristige Tätigkeit im Sinne des Satzes 1 liegt nur vor, wenn die im Inland ausgeübte Tätigkeit 18 zusammenhängende Arbeitstage nicht übersteigt.

§ 40b Pauschalierung der Lohnsteuer bei bestimmten Zukunftssicherungsleistungen

[Fassung bis 31.12.2004:][5]	***[Fassung ab 1.1.2005:]***
(1) 1 Der Arbeitgeber kann die Lohnsteuer von den Beiträgen für	(1) Der Arbeitgeber kann die Lohnsteuer von den Zuwendungen

[1] Betrag geänd. mWv 1.1.2020 durch G v. 22.11.2019 (BGBl. I S. 1746); geänd. mWv 1.1.2023 durch G v. 16.12.2022 (BGBl. I S. 2294).

[2] § 40a Abs. 5 red. korr. durch G v. 21.12.2020 (BGBl. I S. 3096).

[3] § 40a Abs. 6 Sätze 1, 3, 4, 5 und 6 geänd. mWv VZ 2013 durch G v. 26.6.2013 (BGBl. I S. 1809); Satz 3 geänd. durch G v. 25.7.2014 (BGBl. I S. 1266); zur Anwendung siehe § 52 Abs. 38.

[4] § 40a Abs. 7 angef. mWv 1.1.2020 durch G v. 22.11.2019 (BGBl. I S. 1746).

[5] Zur weiteren Anwendung siehe § 52 Abs. 40.

[Fassung bis 31.12.2004:]

eine Direktversicherung des Arbeitnehmers und von den Zuwendungen an eine Pensionskasse mit einem Pauschsteuersatz von 20 vom Hundert der Beiträge und Zuwendungen erheben. [2]Die pauschale Erhebung der Lohnsteuer von Beiträgen für eine Direktversicherung ist nur zulässig, wenn die Versicherung nicht auf den Erlebensfall eines früheren als des 60. Lebensjahres abgeschlossen und eine vorzeitige Kündigung des Versicherungsvertrags durch den Arbeitnehmer ausgeschlossen worden ist.

(2) [1]Absatz 1 gilt nicht, soweit die zu besteuernden Beiträge und Zuwendungen des Arbeitgebers für den Arbeitnehmer 1752 Euro im Kalenderjahr übersteigen oder nicht aus seinem ersten Dienstverhältnis bezogen werden. [2]Sind mehrere Arbeitnehmer gemeinsam in einem Direktversicherungsvertrag oder in einer Pensionskasse versichert, so gilt als Beitrag oder Zuwendung für den einzelnen Arbeitnehmer der Teilbetrag, der sich bei einer Aufteilung der gesamten Beiträge oder der gesamten Zuwendungen durch die Zahl der begünstigten Arbeitnehmer ergibt, wenn dieser Teilbetrag 1752 Euro nicht übersteigt; hierbei sind Arbeitnehmer, für die Beiträge und Zuwendungen von mehr als 2148 Euro im Kalenderjahr geleistet werden, nicht einzubeziehen. [3]Für Beiträge und Zuwendungen, die der Arbeitgeber für den Arbeitnehmer aus Anlass der Beendigung des Dienstverhältnisses erbracht hat, vervielfältigt sich der Betrag von 1752 Euro mit der Anzahl der Kalenderjahre, in denen das Dienstverhältnis des Arbeitnehmers zu dem Arbeitgeber bestanden hat; in diesem

[Fassung ab 1.1.2005:]

zum Aufbau einer nicht kapitalgedeckten betrieblichen Altersversorgung an eine Pensionskasse mit einem Pauschsteuersatz von 20 Prozent der Zuwendungen erheben.

(2) [1]Absatz 1 gilt nicht, soweit die zu besteuernden Zuwendungen des Arbeitgebers für den Arbeitnehmer 1752 Euro im Kalenderjahr übersteigen oder nicht aus seinem ersten Dienstverhältnis bezogen werden. [2]Sind mehrere Arbeitnehmer gemeinsam in der Pensionskasse versichert, so gilt als Zuwendung für den einzelnen Arbeitnehmer der Teilbetrag, der sich bei einer Aufteilung der gesamten Zuwendungen durch die Zahl der begünstigten Arbeitnehmer ergibt, wenn dieser Teilbetrag 1752 Euro nicht übersteigt; hierbei sind Arbeitnehmer, für die Zuwendungen von mehr als 2148 Euro im Kalenderjahr geleistet werden, nicht einzubeziehen. [3]Für Zuwendungen, die der Arbeitgeber für den Arbeitnehmer aus Anlass der Beendigung des Dienstverhältnisses erbracht hat, vervielfältigt sich der Betrag von 1752 Euro mit der Anzahl der Kalenderjahre, in denen das Dienstverhältnis des Arbeitnehmers zu dem Arbeitgeber bestanden hat; in diesem Fall ist Satz 2 nicht anzuwenden. [4]Der vervielfältigte Betrag vermindert sich um die nach Absatz 1 pauschal besteuerten Zuwendungen, die

[Fassung bis 31.12.2004:]

Fall ist Satz 2 nicht anzuwenden. 4 Der vervielfältigte Betrag vermindert sich um die nach Absatz 1 pauschal besteuerten Beiträge und Zuwendungen, die der Arbeitgeber in dem Kalenderjahr, in dem das Dienstverhältnis beendet wird, und in den sechs vorangegangenen Kalenderjahren erbracht hat.

[Fassung ab 1.1.2005:]

der Arbeitgeber in dem Kalenderjahr, in dem das Dienstverhältnis beendet wird, und in den sechs vorangegangenen Kalenderjahren erbracht hat.

(3) Von den Beiträgen für eine Unfallversicherung des Arbeitnehmers kann der Arbeitgeber die Lohnsteuer mit einem Pauschsteuersatz von 20 Prozent der Beiträge erheben, wenn mehrere Arbeitnehmer gemeinsam in einem Unfallversicherungsvertrag versichert sind und der Teilbetrag, der sich bei einer Aufteilung der gesamten Beiträge nach Abzug der Versicherungsteuer durch die Zahl der begünstigten Arbeitnehmer ergibt, 100 Euro[1] im Kalenderjahr nicht übersteigt.

(4) In den Fällen des § 19 Absatz 1 Satz 1 Nummer 3 Satz 2 hat der Arbeitgeber die Lohnsteuer mit einem Pauschsteuersatz in Höhe von 15 Prozent der Sonderzahlungen zu erheben.

(5) 1 § 40 Absatz 3 ist anzuwenden. 2 Die Anwendung des § 40 Absatz 1 Satz 1 Nummer 1 auf Bezüge im Sinne des Absatzes 1, des Absatzes 3 und des Absatzes 4 ist ausgeschlossen.

§ 41[2] Aufzeichnungspflichten beim Lohnsteuerabzug. (1)[3] 1 Der Arbeitgeber hat am Ort der Betriebsstätte (Absatz 2) für jeden Arbeitnehmer und jedes Kalenderjahr ein Lohnkonto zu führen. 2 In das Lohnkonto sind die nach § 39e Absatz 4 Satz 2 und Absatz 5 Satz 3 abgerufenen elektronischen Lohnsteuerabzugsmerkmale sowie die für den Lohnsteuerabzug erforderlichen Merkmale aus der vom Finanzamt ausgestellten Bescheinigung für den Lohnsteuerabzug (§ 39 Absatz 3 oder § 39e Absatz 7 oder Absatz 8) zu übernehmen. 3 Bei jeder Lohnzahlung für das Kalenderjahr, für das das Lohnkonto gilt, sind im Lohnkonto die Art und Höhe des gezahlten Arbeitslohns einschließlich der steuerfreien Bezüge sowie die einbehaltene oder übernommene Lohnsteuer einzutragen; an die Stelle der Lohnzahlung tritt in den Fällen des § 39b Absatz 5 Satz 1 die Lohnabrechnung. 4 Ferner sind das Kurzarbeitergeld, der Zuschuss zum Mutterschaftsgeld nach dem Mutterschutzgesetz, der Zuschuss bei Beschäftigungsverboten für die Zeit vor oder nach einer Entbindung sowie für den Entbindungstag während einer Elternzeit nach beamtenrechtlichen Vorschriften, die Entschädigungen für Verdienstausfall nach dem Infektionsschutzgesetz vom 20. Juli 2000 (BGBl. I S. 1045), die nach § 3

---

[1] Betrag geänd. mWv 1.1.2020 durch G v. 22.11.2019 (BGBl. I S. 1746).

[2] Vgl. hierzu §§ 4, 5 LStDV (Nr. **20**).

[3] § 41 Abs. 1 Satz 4 aufgeh. mWv 1.1.2010; nachfolgende Satzzählung demzufolge neu; Satz 2 geänd. mWv VZ 2012 durch G v. 7.12.2011 (BGBl. I S. 2592); Satz 7 ergänzt, Satz 10 angef. mWv 1.1.2017 durch G v. 18.7.2016 (BGBl. I S. 1679); Satz 4 geänd. durch G v. 19.6.2020 (BGBl. I S. 1385).

Nummer 28 steuerfreien Aufstockungsbeträge oder Zuschläge und die nach § 3 Nummer 28a steuerfreien Zuschüsse einzutragen.[1] [5]Ist während der Dauer des Dienstverhältnisses in anderen Fällen als in denen des Satzes 4 der Anspruch auf Arbeitslohn für mindestens fünf aufeinander folgende Arbeitstage im Wesentlichen weggefallen, so ist dies jeweils durch Eintragung des Großbuchstabens U zu vermerken. [6]Hat der Arbeitgeber die Lohnsteuer von einem sonstigen Bezug im ersten Dienstverhältnis berechnet und ist dabei der Arbeitslohn aus früheren Dienstverhältnissen des Kalenderjahres außer Betracht geblieben, so ist dies durch Eintragung des Großbuchstabens S zu vermerken. [7]Die Bundesregierung wird ermächtigt, durch Rechtsverordnung mit Zustimmung des Bundesrates vorzuschreiben, welche Einzelangaben im Lohnkonto aufzuzeichnen sind und Einzelheiten für eine elektronische Bereitstellung dieser Daten im Rahmen einer Lohnsteuer-Außenprüfung oder einer Lohnsteuer-Nachschau durch die Einrichtung einer einheitlichen digitalen Schnittstelle zu regeln.[2] [8]Dabei können für Arbeitnehmer mit geringem Arbeitslohn und für die Fälle der §§ 40 bis 40b Aufzeichnungserleichterungen sowie für steuerfreie Bezüge Aufzeichnungen außerhalb des Lohnkontos zugelassen werden. [9]Die Lohnkonten sind bis zum Ablauf des sechsten Kalenderjahres, das auf die zuletzt eingetragene Lohnzahlung folgt, aufzubewahren. [10]Die Aufbewahrungsfrist nach Satz 9 gilt abweichend von § 93c Absatz 1 Nummer 4 der Abgabenordnung[3] auch für die dort genannten Aufzeichnungen und Unterlagen.

(2) [1]Betriebsstätte ist der Betrieb oder Teil des Betriebs des Arbeitgebers, in dem der für die Durchführung des Lohnsteuerabzugs maßgebende Arbeitslohn ermittelt wird. [2]Wird der maßgebende Arbeitslohn nicht in dem Betrieb oder einem Teil des Betriebs des Arbeitgebers oder nicht im Inland ermittelt, so gilt als Betriebsstätte der Mittelpunkt der geschäftlichen Leitung des Arbeitgebers im Inland; im Fall des § 38 Absatz 1 Satz 1 Nummer 2 gilt als Betriebsstätte der Ort im Inland, an dem die Arbeitsleistung ganz oder vorwiegend stattfindet. [3]Als Betriebsstätte gilt auch der inländische Heimathafen deutscher Handelsschiffe, wenn die Reederei im Inland keine Niederlassung hat.

§ 41a Anmeldung und Abführung der Lohnsteuer. (1)[4] [1]Der Arbeitgeber hat spätestens am zehnten Tag nach Ablauf eines jeden Lohnsteuer-Anmeldungszeitraums

1. dem Finanzamt, in dessen Bezirk sich die Betriebsstätte (§ 41 Absatz 2) befindet (Betriebsstättenfinanzamt), eine Steuererklärung einzureichen, in der er die Summen der im Lohnsteuer-Anmeldungszeitraum einzubehaltenden und zu übernehmenden Lohnsteuer, getrennt nach den Kalenderjahren in denen der Arbeitslohn bezogen wird oder als bezogen gilt, angibt (Lohnsteuer-Anmeldung),

---

[1] § 41 Abs. 1 Satz 4 geänd. durch G v. 19.6.2020 (BGBl. I S. 1385).

[2] Vgl. hierzu § 4 Abs. 2a LStDV (Nr. **20**).

[3] Nr. **800**.

[4] § 41a Abs. 1 Satz 2 geänd. mWv 1.1.2017 durch G v. 18.7.2016 (BGBl. I S. 1679); Abs. 1 Satz 1 Nr. 1 geänd. durch G v. 12.12.2019 (BGBl. I S. 2451); zur Anwendung siehe § 52 Abs. 40a Satz 1; geänd. durch G v. 16.12.2022 (BGBl. I S. 2294).

2. die im Lohnsteuer-Anmeldungszeitraum insgesamt einbehaltene und übernommene Lohnsteuer an das Betriebsstättenfinanzamt abzuführen.

2 Die Lohnsteuer-Anmeldung ist nach amtlich vorgeschriebenem Datensatz durch Datenfernübertragung zu übermitteln. 3 Auf Antrag kann das Finanzamt zur Vermeidung unbilliger Härten auf eine elektronische Übermittlung verzichten; in diesem Fall ist die Lohnsteuer-Anmeldung nach amtlich vorgeschriebenem Vordruck abzugeben und vom Arbeitgeber oder von einer zu seiner Vertretung berechtigten Person zu unterschreiben. 4 Der Arbeitgeber wird von der Verpflichtung zur Abgabe weiterer Lohnsteuer-Anmeldungen befreit, wenn er Arbeitnehmer, für die er Lohnsteuer einzubehalten oder zu übernehmen hat, nicht mehr beschäftigt und das dem Finanzamt mitteilt.

(2) 1 Lohnsteuer-Anmeldungszeitraum ist grundsätzlich der Kalendermonat. 2 Lohnsteuer-Anmeldungszeitraum ist das Kalendervierteljahr, wenn die abzuführende Lohnsteuer für das vorangegangene Kalenderjahr mehr als 1080 Euro[1], aber nicht mehr als 5000 Euro[2] betragen hat; Lohnsteuer-Anmeldungszeitraum ist das Kalenderjahr, wenn die abzuführende Lohnsteuer für das vorangegangene Kalenderjahr nicht mehr als 1080 Euro[1] betragen hat. 3 Hat die Betriebsstätte nicht während des ganzen vorangegangenen Kalenderjahres bestanden, so ist die für das vorangegangene Kalenderjahr abzuführende Lohnsteuer für die Feststellung des Lohnsteuer-Anmeldungszeitraums auf einen Jahresbetrag umzurechnen. 4 Wenn die Betriebsstätte im vorangegangenen Kalenderjahr noch nicht bestanden hat, ist die auf einen Jahresbetrag umgerechnete für den ersten vollen Kalendermonat nach der Eröffnung der Betriebsstätte abzuführende Lohnsteuer maßgebend.

(3) 1 Die oberste Finanzbehörde des Landes kann bestimmen, dass die Lohnsteuer nicht dem Betriebsstättenfinanzamt, sondern einer anderen öffentlichen Kasse anzumelden und an diese abzuführen ist; die Kasse erhält insoweit die Stellung einer Landesfinanzbehörde. 2 Das Betriebsstättenfinanzamt oder die zuständige andere öffentliche Kasse können anordnen, dass die Lohnsteuer abweichend von dem nach Absatz 1 maßgebenden Zeitpunkt anzumelden und abzuführen ist, wenn die Abführung der Lohnsteuer nicht gesichert erscheint.

[reguläre Fassung wieder ab 1.6.2027:]

(4)[3] 1 Arbeitgeber, die eigene oder gecharterte Handelsschiffe betreiben, dürfen vom Gesamtbetrag der anzumeldenden und abzuführenden Lohnsteuer einen Betrag von 40 Prozent der Lohnsteuer der auf solchen Schiffen in einem zusammenhängen-

[Fassung ab 1.6.2021 bis 31.5.2027:]

(4)[4] 1 Arbeitgeber, die eigene oder gecharterte Handelsschiffe betreiben, dürfen die anzumeldende und abzuführende Lohnsteuer abziehen und einbehalten, die auf den Arbeitslohn entfällt, der an die Besatzungsmitglieder für die Beschäftigungszeiten

---

[1] Betrag geänd. mWv VZ 2015 durch G v. 25.7.2014 (BGBl. I S. 1266).

[2] Betrag geänd. mWv VZ 2017 durch G v. 30.6.2017 (BGBl. I S. 2143).

[3] Gilt wieder für Lohnzahlungszeitraum ab 1.6.2027 (§ 52 Abs. 40a Satz 3).

[4] § 41a Abs. 4 neu gef. durch G v. 12.5.2021 (BGBl. I S. 989); Satz 2 neu gef. durch G v. 19.6.2022 (BGBl. I S. 911); zur Anwendung siehe § 52 Abs. 40a Satz 3.

[reguläre Fassung wieder ab 1.6.2027:]

den Arbeitsverhältnis von mehr als 183 Tagen beschäftigten Besatzungsmitglieder abziehen und einbehalten. [2]Die Handelsschiffe müssen in einem inländischen Seeschiffsregister eingetragen sein, die deutsche Flagge führen und zur Beförderung von Personen oder Gütern im Verkehr mit oder zwischen ausländischen Häfen, innerhalb eines ausländischen Hafens oder zwischen einem ausländischen Hafen und der Hohen See betrieben werden. [3]Die Sätze 1 und 2 sind entsprechend anzuwenden, wenn Seeschiffe im Wirtschaftsjahr überwiegend außerhalb der deutschen Hoheitsgewässer zum Schleppen, Bergen oder zur Aufsuchung von Bodenschätzen oder zur Vermessung von Energielagerstätten unter dem Meeresboden eingesetzt werden. [4]Ist für den Lohnsteuerabzug die Lohnsteuer nach der Steuerklasse V oder VI zu ermitteln, so bemisst sich der Betrag nach Satz 1 nach der Lohnsteuer der Steuerklasse I.

[Fassung ab 1.6.2021 bis 31.5.2027:]

auf diesen Schiffen gezahlt wird. [2]Die Handelsschiffe müssen in einem Seeschiffsregister eines Mitgliedstaates der Europäischen Union oder eines Staates, auf den das Abkommen über den Europäischen Wirtschaftsraum anwendbar ist, eingetragen sein, die Flagge eines dieser Staaten führen und zur Beförderung von Personen oder Gütern im Verkehr mit oder zwischen ausländischen Häfen, innerhalb eines ausländischen Hafens oder zwischen einem ausländischen Hafen und der Hohen See betrieben werden. [3]Die Sätze 1 und 2 sind entsprechend anzuwenden, wenn Seeschiffe im Wirtschaftsjahr überwiegend außerhalb der deutschen Hoheitsgewässer zum Schleppen, Bergen oder zur Aufsuchung von Bodenschätzen oder zur Vermessung von Energielagerstätten unter dem Meeresboden eingesetzt werden. [4]Bei Besatzungsmitgliedern, die auf Schiffen, einschließlich Ro-Ro-Fahrgastschiffen, arbeiten, die im regelmäßigen Personenbeförderungsdienst zwischen Häfen im Hoheitsgebiet der Mitgliedstaaten der Europäischen Union eingesetzt werden, gelten die Sätze 1 und 2 nur, wenn die Besatzungsmitglieder Staatsangehörige eines Mitgliedstaates der Europäischen Union oder eines Staates sind, auf den das Abkommen über den Europäischen Wirtschaftsraum anwendbar ist. [5]Bei Seeschiffen, die für Schlepp- und Baggerarbeiten genutzt werden, gelten die Sätze 1 und 2 nur, wenn es sich um seetüchtige Schlepper und Baggerschiffe mit Eigenantrieb handelt und die Schiffe während mindestens 50 Prozent ihrer Betriebszeit für Tätigkeiten auf See eingesetzt werden. [6]Ist für den Lohn-

[Fassung ab 1.6.2021 bis 31.5.2027:]
steuerabzug die Lohnsteuer nach der Steuerklasse V oder VI zu ermitteln, bemisst sich der Betrag nach Satz 1 nach der Lohnsteuer der Steuerklasse I.

§ 41b[1] **Abschluss des Lohnsteuerabzugs.** (1)[2] [1]Bei Beendigung eines Dienstverhältnisses oder am Ende des Kalenderjahres hat der Arbeitgeber das Lohnkonto des Arbeitnehmers abzuschließen. [2]Auf Grund der Aufzeichnungen im Lohnkonto hat der Arbeitgeber nach Abschluss des Lohnkontos für jeden Arbeitnehmer der für dessen Besteuerung nach dem Einkommen zuständigen Finanzbehörde nach Maßgabe des § 93c der Abgabenordnung[3] neben den in § 93c Absatz 1 der Abgabenordnung[3] genannten Daten insbesondere folgende Angaben zu übermitteln (elektronische Lohnsteuerbescheinigung):

1.[4] die abgerufenen elektronischen Lohnsteuerabzugsmerkmale oder die auf der entsprechenden Bescheinigung für den Lohnsteuerabzug eingetragenen Lohnsteuerabzugsmerkmale sowie die Bezeichnung und die Nummer des Finanzamts, an das die Lohnsteuer abgeführt worden ist,
2. die Dauer des Dienstverhältnisses während des Kalenderjahres sowie die Anzahl der nach § 41 Absatz 1 Satz 5[5] vermerkten Großbuchstaben U,
3. die Art und Höhe des gezahlten Arbeitslohns sowie den nach § 41 Absatz 1 Satz 6 vermerkten Großbuchstaben S,
4. die einbehaltene Lohnsteuer, den Solidaritätszuschlag und die Kirchensteuer,
5.[6] das Kurzarbeitergeld, den Zuschuss zum Mutterschaftsgeld nach dem Mutterschutzgesetz, die Entschädigungen für Verdienstausfall nach dem Infektionsschutzgesetz vom 20. Juli 2000 (BGBl. I S. 1045), zuletzt geändert durch Artikel 11 § 3 des Gesetzes vom 6. August 2002 (BGBl. I S. 3082), in der jeweils geltenden Fassung, die nach § 3 Nummer 28 steuerfreien Aufstockungsbeträge oder Zuschläge sowie die nach § 3 Nummer 28a steuerfreien Zuschüsse,[7]
6.[8] die auf die Entfernungspauschale nach § 3 Nummer 15 Satz 3 und § 9 Absatz 1 Satz 3 Nummer 4 Satz 5 anzurechnenden steuerfreien Arbeitgeberleistungen,
7.[8] die auf die Entfernungspauschale nach § 40 Absatz 2 Satz 2 Nummer 1 2. Halbsatz anzurechnenden pauschal besteuerten Arbeitgeberleistungen,

---

[1] Vgl. zu § 41b Abs. 1 Satz 2 die Regelung in § 52 Abs. 36 Satz 3.
[2] § 41b Abs. 1 Satz 2 Satzteil vor Nr. 1 geänd. mWv 1.1.2017 durch G v. 18.7.2016 (BGBl. I S. 1679).
[3] Nr. **800.**
[4] § 41b Abs. 1 Satz 2 Nr. 1 neu gef. mWv 1.1.2017 durch G v. 18.7.2016 (BGBl. I S. 1679).
[5] Verweis korrigiert durch G v. 18.7.2016 (BGBl. I S. 1679).
[6] § 41b Abs. 1 Satz 2 Nr. 5 geänd. mWv 1.1.2017 durch G v. 18.7.2016 (BGBl. I S. 1679).
[7] § 41b Abs. 1 Satz 2 Nr. 5 geänd. durch G v. 19.6.2020 (BGBl. I S. 1385).
[8] § 41b Abs. 1 Satz 2 Nrn. 6 und 7 neu gef. mWv 1.1.2019 durch G v. 12.12.2019 (BGBl. I S. 2451).

8. [1] für die dem Arbeitnehmer zur Verfügung gestellten Mahlzeiten nach § 8 Absatz 2 Satz 8 den Großbuchstaben M,
9. für die steuerfreie Sammelbeförderung nach § 3 Nummer 32 den Großbuchstaben F,
10. die nach § 3 Nummer 13 und 16 steuerfrei gezahlten Verpflegungszuschüsse und Vergütungen bei doppelter Haushaltsführung,
11. Beiträge zu den gesetzlichen Rentenversicherungen und an berufsständische Versorgungseinrichtungen, getrennt nach Arbeitgeber- und Arbeitnehmeranteil,
12. die nach § 3 Nummer 62 gezahlten Zuschüsse zur Kranken- und Pflegeversicherung,
13. die Beiträge des Arbeitnehmers zur gesetzlichen Krankenversicherung und zur sozialen Pflegeversicherung,
14. die Beiträge des Arbeitnehmers zur Arbeitslosenversicherung,
15.[2] *den nach § 39b Absatz 2 Satz 5 Nummer 3 Buchstabe d berücksichtigten Teilbetrag der Vorsorgepauschale.*

[3]Der Arbeitgeber hat dem Arbeitnehmer die elektronische Lohnsteuerbescheinigung nach amtlich vorgeschriebenem Muster binnen angemessener Frist als Ausdruck auszuhändigen oder elektronisch bereitzustellen. [4]Soweit der Arbeitgeber nicht zur elektronischen Übermittlung nach Absatz 1 Satz 2 verpflichtet ist, hat er nach Ablauf des Kalenderjahres oder wenn das Dienstverhältnis vor Ablauf des Kalenderjahres beendet wird, eine Lohnsteuerbescheinigung nach amtlich vorgeschriebenem Muster auszustellen und an das Betriebsstättenfinanzamt bis zum letzten Tag des Monats Februar des auf den Abschluss des Lohnkontos folgenden Kalenderjahres zu übersenden.[3] [5]Er hat dem Arbeitnehmer eine Zweitausfertigung dieser Bescheinigung auszuhändigen.[3] [6]Nicht ausgehändigte Lohnsteuerbescheinigungen hat der Arbeitgeber dem Betriebsstättenfinanzamt einzureichen.[4]

(2)[5] [1]Ist dem Arbeitgeber die Identifikationsnummer (§ 139b der Abgabenordnung) des Arbeitnehmers nicht bekannt, hat er bis zum Veranlagungszeitraum 2022 für die Datenübermittlung nach Absatz 1 Satz 2 aus dem Namen, Vornamen und Geburtsdatum des Arbeitnehmers ein Ordnungsmerkmal nach amtlich festgelegter Regel für den Arbeitnehmer zu bilden und das Ordnungsmerkmal zu verwenden. [2]Er darf das lohnsteuerliche Ordnungsmerkmal

---

[1] § 41b Abs. 1 Satz 2 Nr. 8 neu gef. mWv 1.1.2014 durch G v. 20.2.2012 (BGBl. I S. 285).

[2] § 41b Abs. 1 Satz 2 Nr. 15 aufgeh. mWv 1.1.2024 durch G v. 21.12.2020 (BGBl. I S. 3096). Zur weiteren **Anwendung bis 31.12.2025 siehe § 52 Abs. 36 Satz 3.**

[3] § 41b Abs. 1 Satz 4 und 5 geänd. mWv 1.1.2020 durch G v. 12.12.2019 (BGBl. I S. 2451).

[4] § 41b Abs. 1 Sätze 4 bis 6 geänd. mWv 1.1.2012 durch G v. 7.12.2011 (BGBl. I S. 2592); Sätze 3 und 4 geänd. mWv 1.1.2014 durch G v. 25.7.2014 (BGBl. I S. 1266); Satz 3 geänd. mWv 1.1.2017 durch G v. 18.7.2016 (BGBl. I S. 1679).

[5] *§ 41b Abs. 2 neu gef.* mWv 1.1.2014 durch G v. 25.7.2014 (BGBl. I S. 1266); Satz 2 geänd. mWv 1.1.2019 durch G v. 20.11.2019 (BGBl. I S. 1626); Satz 1 geänd. mWv 1.1.2020 durch G v. 12.12.2019 (BGBl. I S. 2451).

nur für die Zuordnung der elektronischen Lohnsteuerbescheinigung oder sonstiger für das Besteuerungsverfahren erforderlicher Daten zu einem bestimmten Steuerpflichtigen und für Zwecke des Besteuerungsverfahrens verarbeiten oder bilden.

(2a)[1] *(aufgehoben)*

(3)[2] [1] Ein Arbeitgeber ohne maschinelle Lohnabrechnung, der ausschließlich Arbeitnehmer im Rahmen einer geringfügigen Beschäftigung in seinem Privathaushalt im Sinne des § 8a des Vierten Buches Sozialgesetzbuch beschäftigt und keine elektronische Lohnsteuerbescheinigung erteilt, hat anstelle der elektronischen Lohnsteuerbescheinigung eine entsprechende Lohnsteuerbescheinigung nach amtlich vorgeschriebenem Muster auszustellen und an das Betriebsstättenfinanzamt bis zum letzten Tag des Monats Februar des auf den Abschluss des Lohnkontos folgenden Kalenderjahres zu übersenden. [2] Der Arbeitgeber hat dem Arbeitnehmer nach Ablauf des Kalenderjahres oder nach Beendigung des Dienstverhältnisses, wenn es vor Ablauf des Kalenderjahres beendet wird, eine Zweitausfertigung der Lohnsteuerbescheinigung auszuhändigen. [3] Nicht ausgehändigte Lohnsteuerbescheinigungen hat der Arbeitgeber dem Betriebsstättenfinanzamt einzureichen.

(4)[3] [1] In den Fällen des Absatzes 1 ist für die Anwendung des § 72a Absatz 4 und des § 93c Absatz 4 Satz 1 der Abgabenordnung sowie für die Anwendung des Absatzes 2a das Betriebsstättenfinanzamt des Arbeitgebers zuständig. [2] Sind für einen Arbeitgeber mehrere Betriebsstättenfinanzämter zuständig, so ist das Finanzamt zuständig, in dessen Bezirk sich die Geschäftsleitung des Arbeitgebers im Inland befindet. [3] Ist dieses Finanzamt kein Betriebsstättenfinanzamt, so ist das Finanzamt zuständig, in dessen Bezirk sich die Betriebsstätte mit den meisten Arbeitnehmern befindet.

(5)[4] [1] Die nach Absatz 1 übermittelten Daten können durch das nach Absatz 4 zuständige Finanzamt zum Zweck der Anwendung des § 72a Absatz 4 und des § 93c Absatz 4 Satz 1 der Abgabenordnung verarbeitet werden. [2] Zur Überprüfung der Ordnungsmäßigkeit der Einbehaltung und Abführung der Lohnsteuer können diese Daten auch von den hierfür zuständigen Finanzbehörden bei den für die Besteuerung der Arbeitnehmer nach dem Einkommen zuständigen Finanzbehörden verarbeitet werden.

(6) Die Absätze 1 bis 5 gelten nicht für Arbeitnehmer, soweit sie Arbeitslohn bezogen haben, der nach den §§ 40 bis 40b pauschal besteuert worden ist.

§ 41c Änderung des Lohnsteuerabzugs. (1) [1] Der Arbeitgeber ist berechtigt, bei der jeweils nächstfolgenden Lohnzahlung bisher erhobene Lohnsteu-

---

[1] § 41b Abs. 2a aufgeh. mWv 1.1.2019 durch G v. 20.11.2019 (BGBl. I S. 1626).

[2] § 41b Abs. 3 Satz 1 geänd., Sätze 2 und 3 ersetzt durch Satz 2, bish. Satz 4 wird Satz 3 mWv 1.1.2012 durch G v. 7.12.2011 (BGBl. I S. 2592); Sätze 2 und 3 geänd. mWv 1.1.2017 durch G v. 18.7.2016 (BGBl. I S. 1679); Sätze 1 und 2 geänd. mWv 1.1.2020 durch G v. 12.12.2019 (BGBl. I S. 2451).

[3] § 41b Abs. 4 ersetzt durch Abs. 4 bis 6 mWv 1.1.2017 durch G v. 18.7.2016 (BGBl. I S. 1679).

[4] § 41b Abs. 5 Sätze 1 und 2 geänd. mWv 1.1.2019 durch G v. 20.11.2019 (BGBl. I S. 1626).

er zu erstatten oder noch nicht erhobene Lohnsteuer nachträglich einzubehalten,

1.[1] wenn ihm elektronische Lohnsteuerabzugsmerkmale zum Abruf zur Verfügung gestellt werden oder ihm der Arbeitnehmer eine Bescheinigung für den Lohnsteuerabzug mit Eintragungen vorlegt, die auf einen Zeitpunkt vor Abruf der Lohnsteuerabzugsmerkmale oder vor Vorlage der Bescheinigung für den Lohnsteuerabzug zurückwirken, oder

2. wenn er erkennt, dass er die Lohnsteuer bisher nicht vorschriftsmäßig einbehalten hat; dies gilt auch bei rückwirkender Gesetzesänderung.

2 In den Fällen [***ab 1.1.2026:*** des Satzes 1 Nummer 1, wenn es sich um Lohnsteuerabzugsmerkmale nach § 39 Absatz 4 Nummer 4 handelt, und in den Fällen][2] des Satzes 1 Nummer 2 ist der Arbeitgeber jedoch verpflichtet, wenn ihm dies wirtschaftlich zumutbar ist.

(2) 1 Die zu erstattende Lohnsteuer ist dem Betrag zu entnehmen, den der Arbeitgeber für seine Arbeitnehmer insgesamt an Lohnsteuer einbehalten oder übernommen hat. 2 Wenn die zu erstattende Lohnsteuer aus dem Betrag nicht gedeckt werden kann, der insgesamt an Lohnsteuer einzubehalten oder zu übernehmen ist, wird der Fehlbetrag dem Arbeitgeber auf Antrag vom Betriebsstättenfinanzamt ersetzt.

(3)[3] 1 Nach Ablauf des Kalenderjahres oder, wenn das Dienstverhältnis vor Ablauf des Kalenderjahres endet, nach Beendigung des Dienstverhältnisses, ist die Änderung des Lohnsteuerabzugs nur bis zur Übermittlung oder Ausschreibung der Lohnsteuerbescheinigung zulässig. 2 Bei Änderung des Lohnsteuerabzugs nach Ablauf des Kalenderjahres ist die nachträglich einzubehaltende Lohnsteuer nach dem Jahresarbeitslohn zu ermitteln. 3 Eine Erstattung von Lohnsteuer ist nach Ablauf des Kalenderjahres nur im Wege des Lohnsteuer-Jahresausgleichs nach § 42b zulässig. 4 Eine Minderung der einzubehaltenden und zu übernehmenden Lohnsteuer (§ 41a Absatz 1 Satz 1 Nummer 1) nach § 164 Absatz 2 Satz 1 der Abgabenordnung ist nach der Übermittlung oder Ausschreibung der Lohnsteuerbescheinigung nur dann zulässig, wenn sich der Arbeitnehmer ohne vertraglichen Anspruch und gegen den Willen des Arbeitgebers Beträge verschafft hat, für die Lohnsteuer einbehalten wurde. 5 In diesem Fall hat der Arbeitgeber die bereits übermittelte oder ausgestellte Lohnsteuerbescheinigung zu berichtigen und sie als geändert gekennzeichnet an die Finanzverwaltung zu übermitteln; § 41b Absatz 1 gilt entsprechend. 6 Der Arbeitgeber hat seinen Antrag zu begründen und die Lohnsteuer-Anmeldung (§ 41a Absatz 1 Satz 1) zu berichtigen.

(4)[4] 1 Der Arbeitgeber hat die Fälle, in denen er die Lohnsteuer nach Absatz 1 nicht nachträglich einbehält oder die Lohnsteuer nicht nachträglich einbehalten kann, weil

---

[1] § 41c Abs. 1 Satz 1 Nr. 1 neu gef. mWv 1.1.2012 durch G v. 7.12.2011 (BGBl. I S. 2592).

[2] § 41c Abs. 1 Satz 2 geänd. mWv 1.1.2024 durch G v. 21.12.2020 (BGBl. I S. 3096). Zur verschobenen Anwendung ab 2026 siehe § 52 Abs. 36 Satz 3.

[3] § 41c Abs. 3 Sätze 4 bis 6 angef. mWv 1.1.2014 durch G v. 25.7.2014 (BGBl. I S. 1266).

[4] § 41c Abs. 4 Satz 1 Nr. 1 aufgeh., bish. Nrn. 2 und 3 werden Nrn. 1 und 2 mWv 1.1.2012 durch G v. 7.12.2011 (BGBl. I S. 2592).

1. der Arbeitnehmer vom Arbeitgeber Arbeitslohn nicht mehr bezieht oder
2. der Arbeitgeber nach Ablauf des Kalenderjahres bereits die Lohnsteuerbescheinigung übermittelt oder ausgeschrieben hat,

dem Betriebsstättenfinanzamt unverzüglich anzuzeigen. 2 Das Finanzamt hat die zu wenig erhobene Lohnsteuer vom Arbeitnehmer nachzufordern, wenn der nachzufordernde Betrag 10 Euro übersteigt. 3 § 42d bleibt unberührt.

§§ 42 und 42a. (weggefallen)

§ 42b Lohnsteuer-Jahresausgleich durch den Arbeitgeber. (1)[1] 1 Der Arbeitgeber ist berechtigt, seinen Arbeitnehmern, die während des abgelaufenen Kalenderjahres (Ausgleichsjahr) ständig in einem zu ihm bestehenden Dienstverhältnis gestanden haben, die für das Ausgleichsjahr einbehaltene Lohnsteuer insoweit zu erstatten, als sie die auf den Jahresarbeitslohn entfallende Jahreslohnsteuer übersteigt (Lohnsteuer-Jahresausgleich). 2 Er ist zur Durchführung des Lohnsteuer-Jahresausgleichs verpflichtet, wenn er am 31. Dezember des Ausgleichsjahres mindestens zehn Arbeitnehmer beschäftigt. 3 Der Arbeitgeber darf den Lohnsteuer-Jahresausgleich nicht durchführen, wenn

1. der Arbeitnehmer es beantragt oder
2. der Arbeitnehmer für das Ausgleichsjahr oder für einen Teil des Ausgleichsjahres nach den Steuerklassen V oder VI zu besteuern war oder
3. der Arbeitnehmer für einen Teil des Ausgleichsjahres nach den Steuerklassen II, III oder IV zu besteuern war oder

3a. bei der Lohnsteuerberechnung ein Freibetrag oder Hinzurechnungsbetrag zu berücksichtigen war oder

3b. das Faktorverfahren angewandt wurde oder

4.[2] der Arbeitnehmer im Ausgleichsjahr Kurzarbeitergeld, Zuschuss zum Mutterschaftsgeld nach dem Mutterschutzgesetz, Zuschuss bei Beschäftigungsverboten für die Zeit vor oder nach einer Entbindung sowie für den Entbindungstag während einer Elternzeit nach beamtenrechtlichen Vorschriften, Entschädigungen für Verdienstausfall nach dem Infektionsschutzgesetz vom 20. Juli 2000 (BGBl. I S. 1045), nach § 3 Nummer 28 steuerfreie Aufstockungsbeträge oder Zuschläge oder nach § 3 Nummer 28a steuerfreie Zuschüsse bezogen hat oder

4a. die Anzahl der im Lohnkonto oder in der Lohnsteuerbescheinigung eingetragenen Großbuchstaben U mindestens eins beträgt oder

5.[3] für den Arbeitnehmer im Ausgleichsjahr im Rahmen der Vorsorgepauschale jeweils nur zeitweise Beträge nach § 39b Absatz 2 Satz 5 Nummer 3

---

[1] § 42b Abs. 1 Satz 1 geänd., Satz 3 aufgeh., bish. Satz 4 wird Satz 3 mWv 1.1.2012 durch G v. 7.12.2011 (BGBl. I S. 2592); Abs. 1 Satz 1 geänd. mWv 1.1.2020 durch G v. 12.12.2019 (BGBl. I S. 2451).

[2] § 42b Abs. 1 Satz 3 Nr. 4 geänd. durch G v. 19.6.2020 (BGBl. I S. 1385).

[3] § 42b Abs. 1 Satz 3 Nr. 5 letzter Satzteil angef. mWv 1.1.2015 durch G v. 25.7.2014 (BGBl. I S. 1266); Nr. 5 Verweis geänd. mWv 1.1.2024 durch G v. 21.12.2020 (BGBl. I S. 3096). Zur verschobenen Anwendung ab 2026 siehe § 52 Abs. 36 Satz 3.

Buchstabe a bis *d* [***ab 1.1.2026:*** e] oder der Beitragszuschlag nach § 39b Absatz 2 Satz 5 Nummer 3 Buchstabe c berücksichtigt wurden oder sich im Ausgleichsjahr der Zusatzbeitragssatz (§ 39b Absatz 2 Satz 5 Nummer 3 Buchstabe b) geändert hat oder

6. der Arbeitnehmer im Ausgleichsjahr ausländische Einkünfte aus nichtselbständiger Arbeit bezogen hat, die nach einem Abkommen zur Vermeidung der Doppelbesteuerung oder unter Progressionsvorbehalt nach § 34c Absatz 5 von der Lohnsteuer freigestellt waren.

(2)[1] [1]Für den Lohnsteuer-Jahresausgleich hat der Arbeitgeber den Jahresarbeitslohn aus dem zu ihm bestehenden Dienstverhältnis festzustellen. [2]Dabei bleiben Bezüge im Sinne des § 34 Absatz 1 und 2 Nummer 2 und 4 außer Ansatz, wenn der Arbeitnehmer nicht jeweils die Einbeziehung in den Lohnsteuer-Jahresausgleich beantragt. [3]Vom Jahresarbeitslohn sind der etwa in Betracht kommende Versorgungsfreibetrag und Zuschlag zum Versorgungsfreibetrag und der etwa in Betracht kommende Altersentlastungsbetrag abzuziehen. [4]Für den so geminderten Jahresarbeitslohn ist die Jahreslohnsteuer nach § 39b Absatz 2 Satz 6 und 7 zu ermitteln nach Maßgabe der Steuerklasse, die für den letzten Lohnzahlungszeitraum des Ausgleichsjahres als elektronisches Lohnsteuerabzugsmerkmal abgerufen oder auf der Bescheinigung für den Lohnsteuerabzug oder etwaigen Mitteilungen über Änderungen zuletzt eingetragen wurde. [5]Den Betrag, um den die sich hiernach ergebende Jahreslohnsteuer die Lohnsteuer unterschreitet, die von dem zugrunde gelegten Jahresarbeitslohn insgesamt erhoben worden ist, hat der Arbeitgeber dem Arbeitnehmer zu erstatten. [6]Bei der Ermittlung der insgesamt erhobenen Lohnsteuer ist die Lohnsteuer auszuscheiden, die von den nach Satz 2 außer Ansatz gebliebenen Bezügen einbehalten worden ist.

(3) [1]Der Arbeitgeber darf den Lohnsteuer-Jahresausgleich frühestens bei der Lohnabrechnung für den letzten im Ausgleichsjahr endenden Lohnzahlungszeitraum, spätestens bei der Lohnabrechnung für den letzten Lohnzahlungszeitraum, der im Monat Februar[2] des dem Ausgleichsjahr folgenden Kalenderjahres endet, durchführen. [2]Die zu erstattende Lohnsteuer ist dem Betrag zu entnehmen, den der Arbeitgeber für seine Arbeitnehmer für den Lohnzahlungszeitraum insgesamt an Lohnsteuer erhoben hat. [3]§ 41c Absatz 2 Satz 2 ist anzuwenden.

(4)[3] [1]Im Lohnkonto für das Ausgleichsjahr ist die im Lohnsteuer-Jahresausgleich erstattete Lohnsteuer gesondert einzutragen. [2]In der Lohnsteuerbescheinigung für das Ausgleichsjahr ist der sich nach Verrechnung der erhobenen Lohnsteuer mit der erstatteten Lohnsteuer ergebende Betrag als erhobene Lohnsteuer einzutragen.

§ 42c. (weggefallen)

---

[1] § 42b Abs. 2 Satz 1 geänd, Satz 4 neu gef. mWv 1.1.2012 durch G v. 7.12.2011 (BGBl. I S. 2592); Satz 4 geänd. durch G v. 21.12.2020 (BGBl. I S. 3096).

[2] Zeitraum geänd. mWv 1.1.2017 durch G v. 18.7.2016 (BGBl. I S. 1679).

[3] § 42b Abs. 4 Satz 1 aufgeh., bish. Sätze 2 und 3 werden Sätze 1 und 2 mWv 1.1.2012 durch G v. 7.12.2011 (BGBl. I S. 2592).

§ 42d Haftung des Arbeitgebers und Haftung bei Arbeitnehmerüberlassung. (1) Der Arbeitgeber haftet

1. für die Lohnsteuer, die er einzubehalten und abzuführen hat,
2. für die Lohnsteuer, die er beim Lohnsteuer-Jahresausgleich zu Unrecht erstattet hat,
3. für die Einkommensteuer (Lohnsteuer), die auf Grund fehlerhafter Angaben im Lohnkonto oder in der Lohnsteuerbescheinigung verkürzt wird,
4. für die Lohnsteuer, die in den Fällen des § 38 Absatz 3a der Dritte zu übernehmen hat.

(2)[1] Der Arbeitgeber haftet nicht, soweit Lohnsteuer nach § 39 Absatz 5 oder § 39a Absatz 5 nachzufordern ist und in den vom Arbeitgeber angezeigten Fällen des § 38 Absatz 4 Satz 2 und 3 und des § 41c Absatz 4.

(3) [1]Soweit die Haftung des Arbeitgebers reicht, sind der Arbeitgeber und der Arbeitnehmer Gesamtschuldner. [2]Das Betriebsstättenfinanzamt kann die Steuerschuld oder Haftungsschuld nach pflichtgemäßem Ermessen gegenüber jedem Gesamtschuldner geltend machen. [3]Der Arbeitgeber kann auch dann in Anspruch genommen werden, wenn der Arbeitnehmer zur Einkommensteuer veranlagt wird. [4]Der Arbeitnehmer kann im Rahmen der Gesamtschuldnerschaft nur in Anspruch genommen werden,

1. wenn der Arbeitgeber die Lohnsteuer nicht vorschriftsmäßig vom Arbeitslohn einbehalten hat,
2. wenn der Arbeitnehmer weiß, dass der Arbeitgeber die einbehaltene Lohnsteuer nicht vorschriftsmäßig angemeldet hat. [2]Dies gilt nicht, wenn der Arbeitnehmer den Sachverhalt dem Finanzamt unverzüglich mitgeteilt hat.

(4) [1]Für die Inanspruchnahme des Arbeitgebers bedarf es keines Haftungsbescheids und keines Leistungsgebots, soweit der Arbeitgeber

1. die einzubehaltende Lohnsteuer angemeldet hat oder
2. nach Abschluss einer Lohnsteuer-Außenprüfung seine Zahlungsverpflichtung schriftlich anerkennt.

[2]Satz 1 gilt entsprechend für die Nachforderung zu übernehmender pauschaler Lohnsteuer.

(5) Von der Geltendmachung der Steuernachforderung oder Haftungsforderung ist abzusehen, wenn diese insgesamt 10 Euro nicht übersteigt.

(6)[2] [1]Soweit einem Dritten (Entleiher) Arbeitnehmer im Sinne des § 1 Absatz 1 Satz 1 des Arbeitnehmerüberlassungsgesetzes in der Fassung der Bekanntmachung vom 3. Februar 1995 (BGBl. I S. 158), das zuletzt durch Artikel 26 des Gesetzes vom 20. Dezember 2011 (BGBl. I S. 2854) geändert worden ist, zur Arbeitsleistung überlassen werden, haftet er mit Ausnahme der Fälle, in denen eine Arbeitnehmerüberlassung nach § 1 Absatz 3 des Arbeitnehmerüberlassungsgesetzes vorliegt, neben dem Arbeitgeber. [2]Der Entleiher haftet nicht, wenn der Überlassung eine Erlaubnis nach § 1 des Arbeitnehmerüberlassungsgesetzes in der jeweils geltenden Fassung zugrunde liegt und

[1] § 42d Abs. 2 Verweis geänd. mWv 1.1.2012 durch G v. 7.12.2011 (BGBl. I S. 2592).
[2] § 42d Abs. 6 Satz 1 und 2 geänd. mWv 1.1.2013 durch G v. 26.6.2013 (BGBl. I S. 1809).

soweit er nachweist, dass er den nach § 51 Absatz 1 Nummer 2 Buchstabe d vorgesehenen Mitwirkungspflichten nachgekommen ist. [3]Der Entleiher haftet ferner nicht, wenn er über das Vorliegen einer Arbeitnehmerüberlassung ohne Verschulden irrte. [4]Die Haftung beschränkt sich auf die Lohnsteuer für die Zeit, für die ihm der Arbeitnehmer überlassen worden ist. [5]Soweit die Haftung des Entleihers reicht, sind der Arbeitgeber, der Entleiher und der Arbeitnehmer Gesamtschuldner. [6]Der Entleiher darf auf Zahlung nur in Anspruch genommen werden, soweit die Vollstreckung in das inländische bewegliche Vermögen des Arbeitgebers fehlgeschlagen ist oder keinen Erfolg verspricht; § 219 Satz 2 der Abgabenordnung ist entsprechend anzuwenden. [7]Ist durch die Umstände der Arbeitnehmerüberlassung die Lohnsteuer schwer zu ermitteln, so ist die Haftungsschuld mit 15 Prozent des zwischen Verleiher und Entleiher vereinbarten Entgelts ohne Umsatzsteuer anzunehmen, solange der Entleiher nicht glaubhaft macht, dass die Lohnsteuer, für die er haftet, niedriger ist. [8]Die Absätze 1 bis 5 sind entsprechend anzuwenden. [9]Die Zuständigkeit des Finanzamts richtet sich nach dem Ort der Betriebsstätte des Verleihers.

(7) Soweit der Entleiher Arbeitgeber ist, haftet der Verleiher wie ein Entleiher nach Absatz 6.

(8) [1]Das Finanzamt kann hinsichtlich der Lohnsteuer der Leiharbeitnehmer anordnen, dass der Entleiher einen bestimmten Teil des mit dem Verleiher vereinbarten Entgelts einzubehalten und abzuführen hat, wenn dies zur Sicherung des Steueranspruchs notwendig ist; Absatz 6 Satz 4 ist anzuwenden. [2]Der Verwaltungsakt kann auch mündlich erlassen werden. [3]Die Höhe des einzubehaltenden und abzuführenden Teils des Entgelts bedarf keiner Begründung, wenn der in Absatz 6 Satz 7 genannte Prozentsatz nicht überschritten wird.

(9) [1]Der Arbeitgeber haftet auch dann, wenn ein Dritter nach § 38 Absatz 3a dessen Pflichten trägt. [2]In diesen Fällen haftet der Dritte neben dem Arbeitgeber. [3]Soweit die Haftung des Dritten reicht, sind der Arbeitgeber, der Dritte und der Arbeitnehmer Gesamtschuldner. [4]Absatz 3 Satz 2 bis 4 ist anzuwenden; Absatz 4 gilt auch für die Inanspruchnahme des Dritten. [5]Im Fall des § 38 Absatz 3a Satz 2 beschränkt sich die Haftung des Dritten auf die Lohnsteuer, die für die Zeit zu erheben ist, für die er sich gegenüber dem Arbeitgeber zur Vornahme des Lohnsteuerabzugs verpflichtet hat; der maßgebende Zeitraum endet nicht, bevor der Dritte seinem Betriebsstättenfinanzamt die Beendigung seiner Verpflichtung gegenüber dem Arbeitgeber angezeigt hat. [6]In den Fällen des § 38 Absatz 3a Satz 7 ist als Haftungsschuld der Betrag zu ermitteln, um den die Lohnsteuer, die für den gesamten Arbeitslohn des Lohnzahlungszeitraums zu berechnen und einzubehalten ist, die insgesamt tatsächlich einbehaltene Lohnsteuer übersteigt. [7]Betrifft die Haftungsschuld mehrere Arbeitgeber, so ist sie bei fehlerhafter Lohnsteuerberechnung nach dem Verhältnis der Arbeitslöhne und für nachträglich zu erfassende Arbeitslohnbeträge nach dem Verhältnis dieser Beträge auf die Arbeitgeber aufzuteilen. [8]In den Fällen des § 38 Absatz 3a ist das Betriebsstättenfinanzamt des Dritten für die Geltendmachung der Steuer- oder Haftungsschuld zuständig.

§ 42e Anrufungsauskunft. [1]Das Betriebsstättenfinanzamt hat auf Anfrage eines Beteiligten darüber Auskunft zu geben, ob und inwieweit im einzelnen

Fall die Vorschriften über die Lohnsteuer anzuwenden sind. [2]Sind für einen Arbeitgeber mehrere Betriebsstättenfinanzämter zuständig, so erteilt das Finanzamt die Auskunft, in dessen Bezirk sich die Geschäftsleitung (§ 10 der Abgabenordnung) des Arbeitgebers im Inland befindet. [3]Ist dieses Finanzamt kein Betriebsstättenfinanzamt, so ist das Finanzamt zuständig, in dessen Bezirk sich die Betriebsstätte mit den meisten Arbeitnehmern befindet. [4]In den Fällen der Sätze 2 und 3 hat der Arbeitgeber sämtliche Betriebsstättenfinanzämter, das Finanzamt der Geschäftsleitung und erforderlichenfalls die Betriebsstätte mit den meisten Arbeitnehmern anzugeben sowie zu erklären, für welche Betriebsstätten die Auskunft von Bedeutung ist.

§ 42f Lohnsteuer-Außenprüfung. (1) Für die Außenprüfung der Einbehaltung oder Übernahme und Abführung der Lohnsteuer ist das Betriebsstättenfinanzamt zuständig.

(2) [1]Für die Mitwirkungspflicht des Arbeitgebers bei der Außenprüfung gilt § 200 der Abgabenordnung. [2]Darüber hinaus haben die Arbeitnehmer des Arbeitgebers dem mit der Prüfung Beauftragten jede gewünschte Auskunft über Art und Höhe ihrer Einnahmen zu geben und auf Verlangen die etwa in ihrem Besitz befindlichen Bescheinigungen für den Lohnsteuerabzug[1)] sowie die Belege über bereits entrichtete Lohnsteuer vorzulegen. [3]Dies gilt auch für Personen, bei denen es streitig ist, ob sie Arbeitnehmer des Arbeitgebers sind oder waren.

(3) [1]In den Fällen des § 38 Absatz 3a ist für die Außenprüfung das Betriebsstättenfinanzamt des Dritten zuständig; § 195 Satz 2 der Abgabenordnung bleibt unberührt. [2]Die Außenprüfung ist auch beim Arbeitgeber zulässig; dessen Mitwirkungspflichten bleiben neben den Pflichten des Dritten bestehen.

(4)[2)] Auf Verlangen des Arbeitgebers können die Außenprüfung und die Prüfungen durch die Träger der Rentenversicherung (§ 28p des Vierten Buches Sozialgesetzbuch) zur gleichen Zeit durchgeführt werden.

§ 42g[3)] Lohnsteuer-Nachschau. (1) [1]Die Lohnsteuer-Nachschau dient der Sicherstellung einer ordnungsgemäßen Einbehaltung und Abführung der Lohnsteuer. [2]Sie ist ein besonderes Verfahren zur zeitnahen Aufklärung steuererheblicher Sachverhalte.

(2) [1]Eine Lohnsteuer-Nachschau findet während der üblichen Geschäfts- und Arbeitszeiten statt. [2]Dazu können die mit der Nachschau Beauftragten ohne vorherige Ankündigung und außerhalb einer Lohnsteuer-Außenprüfung Grundstücke und Räume von Personen, die eine gewerbliche oder berufliche Tätigkeit ausüben, betreten. [3]Wohnräume dürfen gegen den Willen des Inhabers nur zur Verhütung dringender Gefahren für die öffentliche Sicherheit und Ordnung betreten werden.

(3) [1]Die von der Lohnsteuer-Nachschau betroffenen Personen haben dem mit der Nachschau Beauftragten auf Verlangen Lohn- und Gehaltsunterlagen, Aufzeichnungen, Bücher, Geschäftspapiere und andere Urkunden über die der

---

[1)] § 42f Abs. 2 Satz 2 geänd. mWv 1.1.2012 durch G v. 7.12.2011 (BGBl. I S. 2592).
[2)] § 42f Abs. 4 angef. mWv 1.1.2010 durch G v. 20.12.2008 (BGBl. I S. 2850).
[3)] § 42g eingef. mWv 1.1.2013 durch G v. 26.6.2013 (BGBl. I S. 1809).

Lohnsteuer-Nachschau unterliegenden Sachverhalte vorzulegen und Auskünfte zu erteilen, soweit dies zur Feststellung einer steuerlichen Erheblichkeit zweckdienlich ist. [2] § 42f Absatz 2 Satz 2 und 3 gilt sinngemäß.

(4) [1] Wenn die bei der Lohnsteuer-Nachschau getroffenen Feststellungen hierzu Anlass geben, kann ohne vorherige Prüfungsanordnung (§ 196 der Abgabenordnung) zu einer Lohnsteuer-Außenprüfung nach § 42f übergegangen werden. [2] Auf den Übergang zur Außenprüfung wird schriftlich hingewiesen.

(5) Werden anlässlich einer Lohnsteuer-Nachschau Verhältnisse festgestellt, die für die Festsetzung und Erhebung anderer Steuern erheblich sein können, so ist die Auswertung der Feststellungen insoweit zulässig, als ihre Kenntnis für die Besteuerung der in Absatz 2 genannten Personen oder anderer Personen von Bedeutung sein kann.

3. Steuerabzug vom Kapitalertrag (Kapitalertragsteuer)

§ 43 Kapitalerträge mit Steuerabzug. (1) [1] Bei den folgenden inländischen und in den Fällen der Nummern 5 bis 7[1)] Buchstabe a und Nummern 8 bis 12 sowie Satz 2 auch ausländischen Kapitalerträgen wird die Einkommensteuer durch Abzug vom Kapitalertrag (Kapitalertragsteuer) erhoben:

1.[2)] Kapitalerträgen im Sinne des § 20 Absatz 1 Nummer 1, soweit diese nicht nachfolgend in Nummer 1a gesondert genannt sind, und Kapitalerträgen im Sinne des § 20 Absatz 1 Nummer 2. [2] Entsprechendes gilt für Kapitalerträge im Sinne des § 20 Absatz 2 Satz 1 Nummer 2 Buchstabe a und Nummer 2 Satz 2;

[Fassung bis VZ 2022:]

1a.[3)] Kapitalerträgen im Sinne des § 20 Absatz 1 Nummer 1 aus Aktien und Genussscheinen, die entweder gemäß § 5 des Depotgesetzes zur Sammelverwahrung durch eine Wertpapiersammelbank zugelassen sind und dieser zur Sammelverwahrung im Inland anvertraut wurden, bei denen eine Sonderverwahrung gemäß § 2 Satz 1 des Depotgesetzes erfolgt oder bei denen die Erträge gegen Aushändigung der Dividendenscheine oder sonstigen Erträgnis-

[Fassung ab VZ 2023:]

1a.[4)] Kapitalerträgen im Sinne des § 20 Absatz 1 Nummer 1 aus Aktien und Genussscheinen,

a) die gemäß § 5 des Depotgesetzes zur Sammelverwahrung durch eine Wertpapiersammelbank zugelassen sind und dieser zur Sammelverwahrung im Inland anvertraut wurden,

b) bei denen eine Sonderverwahrung gemäß § 2 Satz 1 des Depotgesetzes erfolgt,

c) bei denen die Erträge gegen Aushändigung der Dividenden-

[1)] § 43 Abs. 1 Satz 1 Verweis geänd. durch G v. 19.7.2016 (BGBl. I S. 1730); zur Anwendung siehe § 52 Abs. 42 Satz 4.

[2)] § 43 Abs. 1 Satz 1 Nr. 1 Satz 1 geänd. durch G v. 22.6.2011 (BGBl. I S. 1126).

[3)] § 43 Abs. 1 Satz 1 Nr. 1a eingef. durch G v. 22.6.2011 (BGBl. I S. 1126); geänd. mWv *1.1.2013* durch G v. 26.6.2013 (BGBl. I S. 1809).

[4)] § 43 Abs. 1 Satz 1 Nr. 1a neu gef. mWv VZ 2023 durch G v. 11.12.2023 (BGBl. I Nr. 354).

[Fassung bis VZ 2022:]	***[Fassung ab VZ 2023:]***
scheine ausgezahlt oder gutgeschrieben werden;	scheine oder sonstiger Erträgnisscheine ausgezahlt oder gutgeschriebenen werden oder d) die in ein elektronisches Wertpapierregister im Sinne des § 4 Absatz 1 des Gesetzes über elektronische Wertpapiere eingetragen sind;

2.[1] Zinsen aus Teilschuldverschreibungen, bei denen neben der festen Verzinsung ein Recht auf Umtausch in Gesellschaftsanteile (Wandelanleihen) oder eine Zusatzverzinsung, die sich nach der Höhe der Gewinnausschüttungen des Schuldners richtet (Gewinnobligationen), eingeräumt ist, und Zinsen aus Genussrechten, die nicht in § 20 Absatz 1 Nummer 1 genannt sind. [2] Zu den Gewinnobligationen gehören nicht solche Teilschuldverschreibungen, bei denen der Zinsfuß nur vorübergehend herabgesetzt und gleichzeitig eine von dem jeweiligen Gewinnergebnis des Unternehmens abhängige Zusatzverzinsung bis zur Höhe des ursprünglichen Zinsfußes festgelegt worden ist. [3] Zu den Kapitalerträgen im Sinne des Satzes 1 gehören nicht die Bundesbankgenussrechte im Sinne des § 3 Absatz 1 des Gesetzes über die Liquidation der Deutschen Reichsbank und der Deutschen Golddiskontbank in der im Bundesgesetzblatt Teil III, Gliederungsnummer 7620-6, veröffentlichten bereinigten Fassung, das zuletzt durch das Gesetz vom 17. Dezember 1975 (BGBl. I S. 3123) geändert worden ist. [4] Beim Steuerabzug auf Kapitalerträge sind die für den Steuerabzug nach Nummer 1a geltenden Vorschriften entsprechend anzuwenden, wenn

a) die Teilschuldverschreibungen und Genussrechte gemäß § 5 des Depotgesetzes zur Sammelverwahrung durch eine Wertpapiersammelbank zugelassen sind und dieser zur Sammelverwahrung im Inland anvertraut wurden,

b) die Teilschuldverschreibungen und Genussrechte gemäß § 2 Satz 1 des Depotgesetzes gesondert aufbewahrt werden,

c) die Erträge der Teilschuldverschreibungen und Genussrechte gegen Aushändigung der Erträgnisscheine ausgezahlt oder gutgeschrieben werden oder

[***ab VZ 2023:***

d)[2] die Teilschuldverschreibungen in ein elektronisches Wertpapierregister im Sinne des § 4 Absatz 1 des Gesetzes über elektronische Wertpapiere eingetragen sind.]

3.[3] Kapitalerträgen im Sinne des § 20 Absatz 1 Nummer 4 [***ab 1.1.2023:*** , außer bei Kapitalerträgen im Sinne der Nummer 8a];

---

[1] § 43 Abs. 1 Satz 1 Nr. 2 Satz 4 angef. durch G v. 26.6.2013 (BGBl. I S. 1809).

[2] § 43 Abs. 1 Satz 1 Nr. 2 Buchst. d angef. mWv VZ 2023 durch G v. 11.12.2023 (BGBl. I Nr. 354).

[3] § 43 Abs. 1 Satz 1 Nr. 3 geänd. mWv 1.1.2023 durch G v. 16.12.2022 (BGBl. I S. 2294).

4.[1)] Kapitalerträgen im Sinne des § 20 Absatz 1 Nummer 6 Satz 1 bis 6; § 20 Absatz 1 Nummer 6 Satz 2 und 3 in der am 1. Januar 2008 anzuwendenden Fassung bleiben für Zwecke der Kapitalertragsteuer unberücksichtigt. [2]Der Steuerabzug vom Kapitalertrag ist in den Fällen des § 20 Absatz 1 Nummer 6 Satz 4 in der am 31. Dezember 2004 geltenden Fassung nur vorzunehmen, wenn das Versicherungsunternehmen auf Grund einer Mitteilung des Finanzamts weiß oder infolge der Verletzung eigener Anzeigeverpflichtungen nicht weiß, dass die Kapitalerträge nach dieser Vorschrift zu den Einkünften aus Kapitalvermögen gehören;

5.[2)] Kapitalerträgen im Sinne des § 20 Absatz 1 Nummer 3 mit Ausnahme der Gewinne aus der Veräußerung von Anteilen an Investmentfonds im Sinne des § 16 Absatz 1 Nummer 3 in Verbindung mit § 2 Absatz 13 des Investmentsteuergesetzes;

6.[3)] ausländischen Kapitalerträgen im Sinne der Nummern 1 und 1a;

7.[4)] Kapitalerträgen im Sinne des § 20 Absatz 1 Nummer 7, außer bei Kapitalerträgen im Sinne der *Nummer 2* [***ab 1.1.2023:*** Nummern 2 und 8a], wenn

a)[4)] es sich um Zinsen aus Anleihen und Forderungen handelt, die in ein öffentliches Schuldbuch [***ab 1.1.2023:*** , ein elektronisches Wertpapierregister im Sinne des § 4 Absatz 1 des Gesetzes über elektronische Wertpapiere] oder in ein ausländisches Register eingetragen oder über die Sammelurkunden im Sinne des § 9a des Depotgesetzes oder Teilschuldverschreibungen ausgegeben sind;

b)[5)] der Schuldner der nicht in Buchstabe a genannten Kapitalerträge ein inländisches Kreditinstitut oder ein inländisches Finanzdienstleistungsinstitut im Sinne des Gesetzes über das Kreditwesen oder ein Wertpapierinstitut im Sinne des Wertpapierinstitutsgesetzes ist. [2]Kreditinstitut in diesem Sinne ist auch die Kreditanstalt für Wiederaufbau, eine Bausparkasse, ein Versicherungsunternehmen für Erträge aus Kapitalanlagen, die mit Einlagegeschäften bei Kreditinstituten vergleichbar sind, die Deutsche Bundesbank bei Geschäften mit jedermann einschließlich ihrer Betriebsangehörigen im Sinne der §§ 22 und 25 des Gesetzes über die Deutsche Bundesbank und eine inländische Zweigstelle oder Zweigniederlassung eines ausländischen Unternehmens im Sinne der §§ 53 und 53b des Gesetzes über das Kreditwesen, nicht aber eine ausländische Zweigstelle eines inländischen Kredit-, Finanzdienstleistungs-

---

1) § 43 Abs. 1 Satz 1 Nr. 4 1. HS Verweis geänd. durch G v. 25.7.2014 (BGBl. I S. 1266).

2) § 43 Abs. 1 Satz 1 Nr. 5 eingef. durch G v. 19.7.2016 (BGBl. I S. 1730); zur Anwendung siehe § 52 Abs. 42 Satz 4.

3) § 43 Abs. 1 Satz 1 Nr. 6 geänd. durch G v. 22.6.2011 (BGBl. I S. 1126).

4) § 43 Abs. 1 Nr. 7 einl. Satzteil und Buchst. a geänd. mWv 1.1.2023 durch G v. 16.12.2022 (BGBl. I S. 2294).

5) Zur erstmaligen Anwendung von Nr. 7 Buchst. b Satz 2 siehe § 52 Abs. 42 Satz 1; Buchst. b Sätze 2 und 3 geänd. mWv 1.1.2014 durch G v. 25.7.2014 (BGBl. I S. 1266); Buchst. b Satz 2 geänd. mWv VZ 2019 durch G v. 12.12.2019 (BGBl. I S. 2451); Sätze 1 und 2 geänd. mWv 26.6.2021 durch G v. 12.5.2021 (BGBl. I S. 990); Satz 2 geänd. durch G v. 16.12.2022 (BGBl. I S. 2294).

oder Wertpapierinstituts. [3]Die inländische Zweigstelle oder Zweigniederlassung gilt anstelle des ausländischen Unternehmens als Schuldner der Kapitalerträge;

[***ab 1.1.2021 bis 31.12.2022:***

c)[1)] *es sich um Zinsen aus Forderungen handelt, die über eine Internet-Dienstleistungsplattform erworben wurden.* [2]*Eine Internet-Dienstleistungsplattform in diesem Sinne ist ein webbasiertes Medium, das Kauf- und Verkaufsaufträge in Aktien und anderen Finanzinstrumenten sowie Darlehensnehmer und Darlehensgeber zusammenführt und so einen Vertragsabschluss vermittelt;*]

7a. Kapitalerträgen im Sinne des § 20 Absatz 1 Nummer 9;

7b. Kapitalerträgen im Sinne des § 20 Absatz 1 Nummer 10 Buchstabe a;

7c. Kapitalerträgen im Sinne des § 20 Absatz 1 Nummer 10 Buchstabe b;

8. Kapitalerträgen im Sinne des § 20 Absatz 1 Nummer 11;

[***ab 1.1.2023:***

8a.[2)] Kapitalerträgen im Sinne des § 20 Absatz 1 Nummer 4 und 7, wenn es sich um Zinsen aus Forderungen handelt, die über eine Internet-Dienstleistungsplattform erworben wurden. [2]Eine Internet-Dienstleistungsplattform in diesem Sinne ist ein webbasiertes Medium, das Kauf- und Verkaufsaufträge in Aktien und anderen Finanzinstrumenten sowie Darlehensnehmer und Darlehensgeber zusammenführt und so einen Vertragsabschluss vermittelt;]

9.[3)] Kapitalerträgen im Sinne des § 20 Absatz 2 Satz 1 Nummer 1 und Gewinnen aus der Veräußerung von Anteilen an Investmentfonds im Sinne des § 16 Absatz 1 Nummer 3 in Verbindung mit § 2 Absatz 13 des Investmentsteuergesetzes;

10. Kapitalerträgen im Sinne des § 20 Absatz 2 Satz 1 Nummer 2 Buchstabe b und Nummer 7;

11. Kapitalerträgen im Sinne des § 20 Absatz 2 Satz 1 Nummer 3;

12. Kapitalerträgen im Sinne des § 20 Absatz 2 Satz 1 Nummer 8.

[2]Dem Steuerabzug unterliegen auch Kapitalerträge im Sinne des § 20 Absatz 3, die neben den in den Nummern 1 bis 12 bezeichneten Kapitalerträgen oder an deren Stelle gewährt werden. [3]Der Steuerabzug ist ungeachtet des § 3 Nummer 40 und des § 8b des Körperschaftsteuergesetzes vorzunehmen. [4]Für Zwecke des Kapitalertragsteuerabzugs gilt die Übertragung eines von einer auszahlenden Stelle verwahrten oder verwalteten Wirtschaftsguts im Sinne des § 20 Absatz 2 auf einen anderen Gläubiger als Veräußerung des Wirtschaftsguts. [5]Satz 4 gilt nicht, wenn der Steuerpflichtige der auszahlenden Stelle un-

---

[1)] § 43 Abs. 1 Satz 1 Nr. 7 Buchst. c angef. durch G v. 12.12.2019 (BGBl. I S. 2451); zur Anwendung siehe § 52 Abs. 42 Satz 2; aufgeh. mWv 1.1.2023 durch G v. 16.12.2022 (BGBl. I S. 2294).

[2)] § 43 Abs. 1 Satz 1 Nr. 8a eingef. mWv 1.1.2023 durch G v. 16.12.2022 (BGBl. I S. 2294).

[3)] § 43 Abs. 1 Satz 1 Nr. 9 neu gef. durch G v. 19.7.2016 (BGBl. I S. 1730); zur Anwendung siehe § 52 Abs. 42 Satz 5.

ter Benennung der in Satz 6 Nummer 4 bis 6 bezeichneten Daten mitteilt, dass es sich um eine unentgeltliche Übertragung handelt.[1] 6 Die auszahlende Stelle hat in den Fällen des Satzes 5 folgende Daten dem für sie zuständigen Betriebsstättenfinanzamt bis zum 31. Mai des jeweiligen Folgejahres nach Maßgabe des § 93c der Abgabenordnung mitzuteilen:

1. Bezeichnung der auszahlenden Stelle,
2. das zuständige Betriebsstättenfinanzamt,
3. das übertragene Wirtschaftsgut, den Übertragungszeitpunkt, den Wert zum Übertragungszeitpunkt und die Anschaffungskosten des Wirtschaftsguts,
4. Name, Geburtsdatum, Anschrift und Identifikationsnummer des Übertragenden,
5.[2] Name, Geburtsdatum, Anschrift und Identifikationsnummer des Empfängers sowie die Bezeichnung des Kreditinstituts, der Nummer des Depots, des Kontos oder des Schuldbuchkontos. 2 Sofern die Identifikationsnummer des Empfängers nicht bereits bekannt ist, kann die auszahlende Stelle diese in einem maschinellen Verfahren nach amtlich vorgeschriebenem Datensatz beim Bundeszentralamt für Steuern erfragen. 3 In der Anfrage dürfen nur die in § 139b Absatz 3 der Abgabenordnung genannten Daten der betroffenen Person angegeben werden. 4 Das Bundeszentralamt für Steuern teilt der auszahlenden Stelle die Identifikationsnummer der betroffenen Person mit, sofern die übermittelten Daten mit den nach § 139b Absatz 3 der Abgabenordnung beim Bundeszentralamt für Steuern gespeicherten Daten übereinstimmen. 5 Ist eine eindeutige Zuordnung des Empfängers nicht möglich, ist die Depotübertragung als kapitalertragsteuerpflichtiger Vorgang nach Satz 4 dieses Absatzes zu behandeln;
6. soweit bekannt, das persönliche Verhältnis (Verwandtschaftsverhältnis, Ehe, Lebenspartnerschaft) zwischen Übertragendem und Empfänger.[3]

7 § 72a Absatz 4, § 93c Absatz 4 und § 203a der Abgabenordnung finden keine Anwendung.[4]

(1a)[5] *(aufgehoben)*

(2)[6] 1 Der Steuerabzug ist außer in den Fällen des Absatzes 1 Satz 1 Nummer 1a und 7c nicht vorzunehmen, wenn Gläubiger und Schuldner der Kapitalerträge (Schuldner) oder die auszahlende Stelle im Zeitpunkt des Zufließens dieselbe Person sind. 2 Der Steuerabzug ist außerdem nicht vorzunehmen,

---

[1] § 43 Abs. 1 Satz 5 neu gef. durch G v. 8.12.2010 (BGBl. I S. 1768).

[2] § 43 Abs. 1 Satz 6 Nr. 5 Sätze 2 bis 5 angef. durch G v. 2.6.2021 (BGBl. I S. 1259); zur Anwendung siehe § 52 Abs. 42 Satz 5.

[3] § 43 Abs. 1 Sätze 5 und 6 neu gef. durch G v. 8.12.2010 (BGBl. I S. 1768); Satz 6 geänd. durch G v. 18.7.2016 (BGBl. I S. 1679); zur Anwendung siehe § 52 Abs. 42 Satz 3.

[4] § 43 Abs. 1 Satz 7 angef. mWv 1.1.2017 durch G v. 18.7.2016 (BGBl. I S. 1679).

[5] § 43 Abs. 1a aufgeh. mWv 1.1.2009 durch G v. 8.12.2010 (BGBl. I S. 1768).

[6] § 43 Abs. 2 Satz 3 Nr. 2, Satz 6 geänd. mWv 1.1.2009 durch G v. 8.12.2010 (BGBl. I S. 1768); Satz 1 geänd. mWv. 1.1.2012 durch G v. 22.6.2011 (BGBl. I S. 1126); Sätze 7 und 8 neu gef. (zur Anwendung siehe § 52 Abs. 42 Satz 3) durch G v. 18.7.2016 (BGBl. I S. 1679); Satz 2 Verweis geänd. durch G v. 19.7.2016 (BGBl. I S. 1730); zur Anwendung siehe § 52 Abs. 42 Satz 4; Satz 2 geänd. durch G v. 16.12.2022 (BGBl. I S. 2294).

wenn in den Fällen des Absatzes 1 Satz 1 Nummer 5 bis 7 und 8 bis 12 Gläubiger der Kapitalerträge ein inländisches Kredit-, Finanzdienstleistungs- oder Wertpapierinstitut nach Absatz 1 Satz 1 Nummer 7 Buchstabe b oder eine inländische Kapitalverwaltungsgesellschaft[1)] ist. 3 Bei Kapitalerträgen im Sinne des Absatzes 1 Satz 1 Nummer 6 und 8 bis 12 ist ebenfalls kein Steuerabzug vorzunehmen, wenn

1. eine unbeschränkt steuerpflichtige Körperschaft, Personenvereinigung oder Vermögensmasse, die nicht unter Satz 2 oder § 44a Absatz 4 Satz 1 fällt, Gläubigerin der Kapitalerträge ist, oder
2. die Kapitalerträge Betriebseinnahmen eines inländischen Betriebs sind und der Gläubiger der Kapitalerträge dies gegenüber der auszahlenden Stelle nach amtlich vorgeschriebenem Muster erklärt; dies gilt entsprechend für Kapitalerträge aus Options- und Termingeschäften im Sinne des Absatzes 1 Satz 1 Nummer 8 und 11, wenn sie zu den Einkünften aus Vermietung und Verpachtung gehören.

4 Im Fall des § 1 Absatz 1 Nummer 4 und 5 des Körperschaftsteuergesetzes ist Satz 3 Nummer 1 nur anzuwenden, wenn die Körperschaft, Personenvereinigung oder Vermögensmasse durch eine Bescheinigung des für sie zuständigen Finanzamts ihre Zugehörigkeit zu dieser Gruppe von Steuerpflichtigen nachweist. 5 Die Bescheinigung ist unter dem Vorbehalt des Widerrufs auszustellen. 6 Die Fälle des Satzes 3 Nummer 2 hat die auszahlende Stelle gesondert aufzuzeichnen und die Erklärung der Zugehörigkeit der Kapitalerträge zu den Betriebseinnahmen oder zu den Einnahmen aus Vermietung und Verpachtung sechs Jahre aufzubewahren; die Frist beginnt mit dem Schluss des Kalenderjahres, in dem die Freistellung letztmalig berücksichtigt wird. 7 Die auszahlende Stelle hat in den Fällen des Satzes 3 Nummer 2 der Finanzbehörde, die für die Besteuerung des Einkommens des Gläubigers der Kapitalerträge zuständig ist, nach Maßgabe des § 93c der Abgabenordnung neben den in § 93c Absatz 1 der Abgabenordnung genannten Angaben auch die Konto- und Depotbezeichnung oder die sonstige Kennzeichnung des Geschäftsvorgangs zu übermitteln. 8 § 72a Absatz 4, § 93c Absatz 1 Nummer 3 und Absatz 4 sowie § 203a der Abgabenordnung finden keine Anwendung.

(3) 1 Kapitalerträge im Sinne des Absatzes 1 Satz 1 Nummer 1 Satz 1 sowie Nummer 1a bis 4[2)] sind inländische, wenn der Schuldner Wohnsitz, Geschäftsleitung oder Sitz im Inland hat; Kapitalerträge im Sinne des Absatzes 1 Satz 1 Nummer 4 sind auch dann inländische, wenn der Schuldner eine Niederlassung im Sinne der §§ 61, 65 oder des § 68[3)] des Versicherungsaufsichtsgesetzes im Inland hat. 2 Kapitalerträge im Sinne des Absatzes 1 Satz 1 Nummer 1 Satz 2 sind inländische, wenn der Schuldner der veräußerten Ansprüche die Voraussetzungen des Satzes 1 erfüllt. 3 Kapitalerträge im Sinne des § 20 Absatz 1 Nummer 1 Satz 4 sind inländische, wenn der Emittent der Aktien Geschäftsleitung oder Sitz im Inland hat. 4 Kapitalerträge im Sinne des Absatzes 1

---

1) Bezeichnung geänd. durch G v. 18.12.2013 (BGBl. I S. 4318).
2) Verweis geänd. durch G v. 22.6.2011 (BGBl. I S. 1126).
3) Verweis geänd. mWv 1.1.2016 durch G v. 1.4.2015 (BGBl. I S. 434).

Satz 1 Nummer 6 sind ausländische, wenn weder die Voraussetzungen nach Satz 1 noch nach Satz 2 vorliegen.

(4) Der Steuerabzug ist auch dann vorzunehmen, wenn die Kapitalerträge beim Gläubiger zu den Einkünften aus Land- und Forstwirtschaft, aus Gewerbebetrieb, aus selbständiger Arbeit oder aus Vermietung und Verpachtung gehören.

(5)[1] [1] Für Kapitalerträge im Sinne des § 20, soweit sie der Kapitalertragsteuer unterlegen haben, ist die Einkommensteuer mit dem Steuerabzug abgegolten; die Abgeltungswirkung des Steuerabzugs tritt nicht ein, wenn der Gläubiger nach § 44 Absatz 1 Satz 10 und 11 und Absatz 5 in Anspruch genommen werden kann. [2] Dies gilt nicht in Fällen des § 32d Absatz 2 und für Kapitalerträge, die zu den Einkünften aus Land- und Forstwirtschaft, aus Gewerbebetrieb, aus selbständiger Arbeit oder aus Vermietung und Verpachtung gehören. [3] Auf Antrag des Gläubigers werden Kapitalerträge im Sinne des Satzes 1 in die besondere Besteuerung von Kapitalerträgen nach § 32d einbezogen. [4] Eine vorläufige Festsetzung der Einkommensteuer im Sinne des § 165 Absatz 1 Satz 2 Nummer 2 bis 4 der Abgabenordnung umfasst auch Einkünfte im Sinne des Satzes 1, für die der Antrag nach Satz 3 nicht gestellt worden ist.

§ 43a Bemessung der Kapitalertragsteuer. (1) [1] Die Kapitalertragsteuer beträgt

1. in den Fällen des § 43 Absatz 1 Satz 1 Nummer 1 bis 7a[2] und 8 bis 12 sowie Satz 2:
   25 Prozent des Kapitalertrags;
2. in den Fällen des § 43 Absatz 1 Satz 1 Nummer 7b und 7c:
   15 Prozent des Kapitalertrags.

[2] Im Fall einer Kirchensteuerpflicht ermäßigt sich die Kapitalertragsteuer um 25 Prozent der auf die Kapitalerträge entfallenden Kirchensteuer. [3] § 32d Absatz 1 Satz 4 und 5 gilt entsprechend.

(2)[3] [1] Dem Steuerabzug unterliegen die vollen Kapitalerträge ohne Abzug; dies gilt nicht für Erträge aus Investmentfonds nach § 16 Absatz 1 des Investmentsteuergesetzes, auf die nach § 20 des Investmentsteuergesetzes eine Teilfreistellung anzuwenden ist; § 20 Absatz 1 Satz 2 bis 4 des Investmentsteuergesetzes sind beim Steuerabzug nicht anzuwenden. [2] In den Fällen des § 43 Absatz 1 Satz 1 Nummer 9 bis 12 bemisst sich der Steuerabzug

1. bei Gewinnen aus der Veräußerung von Anteilen an Investmentfonds im Sinne des § 16 Absatz 1 Nummer 3 in Verbindung mit § 2 Absatz 13 des Investmentsteuergesetzes nach § 19 des Investmentsteuergesetzes und
2. in allen übrigen Fällen nach § 20 Absatz 4 und 4a,

---

[1] § 43 Abs. 5 Satz 1 geänd., Satz 4 angef. mWv 1.1.2009 durch G v. 8.12.2010 (BGBl. I S. 1768); Satz 1 Verweis geänd. durch G v. 19.7.2016 (BGBl. I S. 1730), zur Anwendung siehe § 52 Abs. 42 Satz 4.

[2] § 43a Abs. 1 Satz 1 Nr. 1 Verweis geänd. mWv 1.1.2018 (§ 52 Abs. 42a) durch G v. 19.7.2016 (BGBl. I S. 1730).

[3] § 43a Abs. 2 Sätze 1 und 2 neu gef. durch G v. 19.7.2016 (BGBl. I S. 1730); zur Anwendung siehe § 52 Abs. 42a.

wenn die Wirtschaftsgüter von der die Kapitalerträge auszahlenden Stelle erworben oder veräußert und seitdem verwahrt oder verwaltet worden sind. [3] Überträgt der Steuerpflichtige die Wirtschaftsgüter auf ein anderes Depot, hat die abgebende inländische auszahlende Stelle der übernehmenden inländischen auszahlenden Stelle die Anschaffungsdaten mitzuteilen. [4] Satz 3 gilt in den Fällen des § 43 Absatz 1 Satz 5 entsprechend. [5] Handelt es sich bei der abgebenden auszahlenden Stelle um ein Kreditinstitut, ein Finanzdienstleistungsinstitut oder ein Wertpapierinstitut mit Sitz in einem anderen Mitgliedstaat der Europäischen Union, in einem anderen Vertragsstaat des EWR-Abkommens vom 3. Januar 1994 (ABl. EG Nr. L 1 S. 3) in der jeweils geltenden Fassung oder in einem anderen Vertragsstaat nach Artikel 17 Absatz 2 Ziffer i der Richtlinie 2003/48/EG vom 3. Juni 2003 im Bereich der Besteuerung von Zinserträgen (ABl. EU Nr. L 157 S. 38), kann der Steuerpflichtige den Nachweis nur durch eine Bescheinigung des ausländischen Instituts führen; dies gilt entsprechend für eine in diesem Gebiet belegene Zweigstelle eines inländischen Kreditinstituts, Finanzdienstleistungsinstituts oder einem inländischen Wertpapierinstitut.[1)] [6] In allen anderen Fällen ist ein Nachweis der Anschaffungsdaten nicht zulässig. [7] Sind die Anschaffungsdaten nicht nachgewiesen, bemisst sich der Steuerabzug nach 30 Prozent der Einnahmen aus der Veräußerung oder Einlösung der Wirtschaftsgüter. [8] In den Fällen des § 43 Absatz 1 Satz 4 gelten der Börsenpreis zum Zeitpunkt der Übertragung zuzüglich Stückzinsen als Einnahmen aus der Veräußerung und die mit dem Depotübertrag verbundenen Kosten als Veräußerungskosten im Sinne des § 20 Absatz 4 Satz 1. [9] Zur Ermittlung des Börsenpreises ist der niedrigste am Vortag der Übertragung im regulierten Markt notierte Kurs anzusetzen; liegt am Vortag eine Notierung nicht vor, so werden die Wirtschaftsgüter mit dem letzten innerhalb von 30 Tagen vor dem Übertragungstag im regulierten Markt notierten Kurs angesetzt; Entsprechendes gilt für Wertpapiere, die im Inland in den Freiverkehr einbezogen sind oder in einem anderen Staat des Europäischen Wirtschaftsraums zum Handel an einem geregelten Markt im Sinne des Artikels 1 Nummer 13 der Richtlinie 93/22/EWG des Rates vom 10. Mai 1993 über Wertpapierdienstleistungen (ABl. EG Nr. L 141 S. 27) zugelassen sind. [10] Liegt ein Börsenpreis nicht vor, bemisst sich die Steuer nach 30 Prozent der Anschaffungskosten. [11] Die übernehmende auszahlende Stelle hat als Anschaffungskosten den von der abgebenden Stelle angesetzten Börsenpreis anzusetzen und die bei der Übertragung als Einnahmen aus der Veräußerung angesetzten Stückzinsen nach Absatz 3 zu berücksichtigen. [12] Satz 9 gilt entsprechend. [13] Liegt ein Börsenpreis nicht vor, bemisst sich der Steuerabzug nach 30 Prozent der Einnahmen aus der Veräußerung oder Einlösung der Wirtschaftsgüter. [14] Hat die auszahlende Stelle die Wirtschafsgüter vor dem 1. Januar 1994 erworben oder veräußert und seitdem verwahrt oder verwaltet, kann sie den Steuerabzug nach 30 Prozent der Einnahmen aus der Veräußerung oder Einlösung der Wertpapiere und Kapitalforderungen bemessen. [15] Abweichend von den Sätzen 2 bis 14 bemisst sich der Steuerabzug bei Kapitalerträgen aus nicht für einen marktmäßigen Handel bestimmten schuldbuch-

---

1) § 43a Abs. 2 Satz 5 geänd. mWv VZ 2013 durch G v. 26.6.2013 (BGBl. I S. 1809); geänd. durch G v. 12.5.2021 (BGBl. I S. 990).

fähigen Wertpapieren des Bundes und der Länder oder bei Kapitalerträgen im Sinne des § 43 Absatz 1 Satz 1 Nummer 7 Buchstabe b aus nicht in Inhaber- oder Orderschuldverschreibungen verbrieften Kapitalforderungen nach dem vollen Kapitalertrag ohne jeden Abzug.

(3)[1] [1]Die auszahlende Stelle hat ausländische Steuern auf Kapitalerträge nach Maßgabe des § 32d Absatz 5 zu berücksichtigen. [2]Sie hat unter Berücksichtigung des § 20 Absatz 6 Satz 4 im Kalenderjahr negative Kapitalerträge einschließlich gezahlter Stückzinsen bis zur Höhe der positiven Kapitalerträge auszugleichen; liegt ein gemeinsamer Freistellungsauftrag im Sinne des § 44a Absatz 2 Satz 1 Nummer 1 in Verbindung mit § 20 Absatz 9 Satz 2 vor, erfolgt ein gemeinsamer Ausgleich. [3]Der nicht ausgeglichene Verlust ist auf das nächste Kalenderjahr zu übertragen. [4]Auf Verlangen des Gläubigers der Kapitalerträge hat sie über die Höhe eines nicht ausgeglichenen Verlusts eine Bescheinigung nach amtlich vorgeschriebenem Muster zu erteilen; der Verlustübertrag entfällt in diesem Fall. [5]Der unwiderrufliche Antrag auf Erteilung der Bescheinigung muss bis zum 15. Dezember des laufenden Jahres der auszahlenden Stelle zugehen. [6]Überträgt der Gläubiger der Kapitalerträge seine im Depot befindlichen Wirtschaftsgüter vollständig auf ein anderes Depot, hat die abgebende auszahlende Stelle der übernehmenden auszahlenden Stelle auf Verlangen des Gläubigers der Kapitalerträge die Höhe des nicht ausgeglichenen Verlusts mitzuteilen; eine Bescheinigung nach Satz 4 darf in diesem Fall nicht erteilt werden. [7]Erfährt die auszahlende Stelle nach Ablauf des Kalenderjahres von der Veränderung einer Bemessungsgrundlage oder einer zu erhebenden Kapitalertragsteuer, hat sie die entsprechende Korrektur erst zum Zeitpunkt ihrer Kenntnisnahme vorzunehmen; § 44 Absatz 5 bleibt unberührt. [8]Die vorstehenden Sätze gelten nicht in den Fällen des § 20 Absatz 8 und des § 44 Absatz 1 Satz 4 Nummer 1 Buchstabe a Doppelbuchstabe bb sowie bei Körperschaften, Personenvereinigungen oder Vermögensmassen.

(4)[2] [1]Die Absätze 2 und 3 gelten entsprechend für die das Bundesschuldbuch führende Stelle oder eine Landesschuldenverwaltung als auszahlende Stelle. [2]Werden die Wertpapiere oder Forderungen von einem Kreditinstitut, Finanzdienstleistungsinstitut oder einem Wertpapierinstitut mit der Maßgabe der Verwahrung und Verwaltung durch die das Bundesschuldbuch führende Stelle oder eine Landesschuldenverwaltung erworben, hat das Kreditinstitut, das Finanzdienstleistungsinstitut oder das Wertpapierinstitut der das Bundesschuldbuch führenden Stelle oder einer Landesschuldenverwaltung zusammen mit den im Schuldbuch einzutragenden Wertpapieren und Forderungen den Erwerbszeitpunkt und die Anschaffungsdaten sowie in Fällen des Absatzes 2 den Erwerbspreis der für einen marktmäßigen Handel bestimmten schuldbuchfähigen Wertpapiere des Bundes oder der Länder und außerdem mitzuteilen, dass es diese Wertpapiere und Forderungen erworben oder veräußert und seitdem verwahrt oder verwaltet hat.

---

[1] § 43a Abs. 3 Satz 7 eingef., bish. Satz 7 wird Satz 8 mWv 1.1.2009 durch G v. 8.12.2010 (BGBl. I S. 1768); Satz 2 geänd. durch G v. 25.7.2014 (BGBl. I S. 1266).

[2] § 43a Abs. 4 Satz 2 geänd. durch G v. 12.5.2021 (BGBl. I S. 990).

§ 43b Bemessung der Kapitalertragsteuer bei bestimmten Gesellschaften. (1) [1]Auf Antrag wird die Kapitalertragsteuer für Kapitalerträge im Sinne des § 20 Absatz 1 Nummer 1, die einer Muttergesellschaft, die weder ihren Sitz noch ihre Geschäftsleitung im Inland hat, oder einer in einem anderen Mitgliedstaat der Europäischen Union gelegenen Betriebsstätte dieser Muttergesellschaft, aus Ausschüttungen einer Tochtergesellschaft zufließen, nicht erhoben; § 50d Absatz 3 gilt entsprechend.[1)] [2]Satz 1 gilt auch für Ausschüttungen einer Tochtergesellschaft, die einer in einem anderen Mitgliedstaat der Europäischen Union gelegenen Betriebsstätte einer unbeschränkt steuerpflichtigen Muttergesellschaft zufließen. [3]Ein Zufluss an die Betriebsstätte liegt nur vor, wenn die Beteiligung an der Tochtergesellschaft tatsächlich zu dem Betriebsvermögen der Betriebsstätte gehört. [4]Die Sätze 1 bis 3 gelten nicht für Kapitalerträge im Sinne des § 20 Absatz 1 Nummer 1, die anlässlich der Liquidation oder Umwandlung einer Tochtergesellschaft zufließen.

(2)[2)] [1]Muttergesellschaft im Sinne des Absatzes 1 ist jede Gesellschaft, die

1. die in der Anlage 2[3)] zu diesem Gesetz bezeichneten Voraussetzungen erfüllt und
2. nach Artikel 3 Absatz 1 Buchstabe a der Richtlinie 2011/96/EU des Rates vom 30. November 2011 über das gemeinsame Steuersystem der Mutter- und Tochtergesellschaften verschiedener Mitgliedstaaten (ABl. L 345 vom 29.12.2011, S. 8), die zuletzt durch die Richtlinie 2014/86/EU (ABl. L 219 vom 25.7.2014, S. 40) geändert worden ist, zum Zeitpunkt der Entstehung der Kapitalertragsteuer gemäß § 44 Absatz 1 Satz 2 nachweislich mindestens zu 10 Prozent unmittelbar am Kapital der Tochtergesellschaft beteiligt ist (Mindestbeteiligung).

[2]Ist die Mindestbeteiligung zu diesem Zeitpunkt nicht erfüllt, ist der Zeitpunkt des Gewinnverteilungsbeschlusses maßgeblich. [3]Tochtergesellschaft im Sinne des Absatzes 1 sowie des Satzes 1 ist jede unbeschränkt steuerpflichtige Gesellschaft, die die in der Anlage 2[3)] zu diesem Gesetz und in Artikel 3 Absatz 1 Buchstabe b der Richtlinie 2011/96/EU bezeichneten Voraussetzungen erfüllt. [4]Weitere Voraussetzung ist, dass die Beteiligung nachweislich ununterbrochen zwölf Monate besteht. [5]Wird dieser Beteiligungszeitraum nach dem Zeitpunkt der Entstehung der Kapitalertragsteuer gemäß § 44 Absatz 1 Satz 2 vollendet, ist die einbehaltene und abgeführte Kapitalertragsteuer nach *§ 50d Absatz 1* [***neue Fassung:*** § 50c Absatz 3][4)] zu erstatten; das Freistellungsverfahren nach *§ 50d* [***neue Fassung:*** § 50c][4)] Absatz 2 ist ausgeschlossen.

(2a) Betriebsstätte im Sinne der Absätze 1 und 2 ist eine feste Geschäftseinrichtung in einem anderen Mitgliedstaat der Europäischen Union, durch die die Tätigkeit der Muttergesellschaft ganz oder teilweise ausgeübt wird,

---

1) § 43b Abs. 1 Satz 1 letzter HS angef. durch G v. 2.6.2021 (BGBl. I S. 1259); zur Anwendung von § 50d Abs. 3 siehe § 52 Abs. 47b.

2) § 43b Abs. 2 Satz 1 neu gef. durch G v. 2.11.2015 (BGBl. I S. 1834); zur Anwendung siehe § 52 Abs. 42b.

3) Abgedruckt im Anschluss an dieses Gesetz.

4) Verweise geänd. durch G v. 2.6.2021 (BGBl. I S. 1259); zur Anwendung von § 50c siehe § 52 Abs. 47a.

wenn das Besteuerungsrecht für die Gewinne dieser Geschäftseinrichtung nach dem jeweils geltenden Abkommen zur Vermeidung der Doppelbesteuerung dem Staat, in dem sie gelegen ist, zugewiesen wird und diese Gewinne in diesem Staat der Besteuerung unterliegen.

(3)[1] *(aufgehoben)*

§ 44 Entrichtung der Kapitalertragsteuer. (1)[2] [1]Schuldner der Kapitalertragsteuer ist in den Fällen des § 43 Absatz 1 Satz 1 Nummer 1 bis 7b und 8 bis 12 sowie Satz 2 der Gläubiger der Kapitalerträge. [2]Die Kapitalertragsteuer entsteht in dem Zeitpunkt, in dem die Kapitalerträge dem Gläubiger zufließen. [3]In diesem Zeitpunkt haben in den Fällen des § 43 Absatz 1 Satz 1 Nummer 1, 2 bis 4 sowie 7a und 7b der Schuldner der Kapitalerträge, jedoch in den Fällen des § 43 Absatz 1 Satz 1 Nummer 1 Satz 2 die für den Verkäufer der Wertpapiere den Verkaufsauftrag ausführende Stelle im Sinne des Satzes 4 Nummer 1, und in den Fällen des § 43 Absatz 1 Satz 1 Nummer 1a, 5 bis 7 und 8 bis 12 sowie Satz 2 die die Kapitalerträge auszahlende Stelle den Steuerabzug unter Beachtung der im Bundessteuerblatt veröffentlichten Auslegungsvorschriften der Finanzverwaltung für Rechnung des Gläubigers der Kapitalerträge vorzunehmen. [4]Die die Kapitalerträge auszahlende Stelle ist

1.[3] in den Fällen des § 43 Absatz 1 Satz 1 Nummer 5 bis 7 Buchstabe a und Nummer 8 bis 12 sowie Satz 2

a)[4] das inländische Kredit-, Finanzdienstleistungs- oder Wertpapierinstitut im Sinne des § 43 Absatz 1 Satz 1 Nummer 7 Buchstabe b,

aa)[5] das die Teilschuldverschreibungen, die Anteile an einer Sammelschuldbuchforderung, die Wertrechte, die Zinsscheine, die Anteile an Investmentfonds im Sinne des Investmentsteuergesetzes [***ab 1.1.2023:*** , die elektronischen Wertpapiere im Sinne des § 2 des Gesetzes über elektronische Wertpapiere] oder sonstigen Wirtschaftsgüter verwahrt oder verwaltet oder deren Veräußerung durchführt und die Kapitalerträge auszahlt oder gutschreibt oder in den Fällen des § 43 Absatz 1 Satz 1 Nummer 8 und 11 die Kapitalerträge auszahlt oder gutschreibt,

bb)[6] das die Kapitalerträge gegen Aushändigung der Zinsscheine oder der Teilschuldverschreibungen einem anderen als einem ausländischen

---

[1] § 43b Abs. 3 ist letztmals auf Ausschüttungen anzuwenden, die vor dem 1.1.2009 zugeflossen sind, daher aufgeh. durch G v. 26.6.2013 (BGBl. I S. 1809).

[2] § 44 Abs. 1 Satz 3 und Satz 5 geänd. durch G v. 22.6.2011 (BGBl. I S. 1126); Satz 3 ergänzt mWv 1.1.2016 durch G v. 2.11.2015 (BGBl. I S. 1834); Satz 3 Verweis geänd. mWv 1.1.2018 (§ 52 Abs. 44 Satz 3) durch G v. 19.7.2016 (BGBl. I S. 1730).

[3] § 44 Abs. 1 Satz 4 Nr. 1 einl. Satzteil geänd. mWv 1.1.2018 durch G v. 19.7.2016 (BGBl. I S. 1730); zur Anwendung siehe § 52 Abs. 44 Satz 3.

[4] § 44 Abs. 1 Satz 4 Nr. 1 Buchst. a einl. Satzteil geänd. G v. 16.12.2022 (BGBl. I S. 2294).

[5] § 44 Abs. 1 Satz 4 Nr. 1 Buchst. a Doppelbuchst. aa geänd. durch G v. 8.12.2010 (BGBl. I S. 1768); geänd. mWv 1.1.2018 durch G v. 19.7.2016 (BGBl. I S. 1730); zur Anwendung siehe § 52 Abs. 44 Satz 3; geänd. mWv 1.1.2023 durch G v. 16.12.2022 (BGBl. I S. 2294).

[6] § 44 Abs. 1 Satz 4 Nr. 1 Buchst. a Doppelbuchst. bb geänd. durch G v. 16.12.2022 (BGBl. I S. 2294).

Kredit-, Finanzdienstleistungs- oder Wertpapierinstitut auszahlt oder gutschreibt;

b)[1] der Schuldner der Kapitalerträge in den Fällen des § 43 Absatz 1 Satz 1 Nummer 7 Buchstabe a und Nummer 10 unter den Voraussetzungen des Buchstabens a, wenn kein inländisches Kredit-, Finanzdienstleistungs- oder Wertpapierinstitut die die Kapitalerträge auszahlende Stelle ist;

2.[2] in den Fällen des § 43 Absatz 1 Satz 1 Nummer 7 Buchstabe b das inländische Kredit-, Finanzdienstleistungs- oder Wertpapierinstitut das die Kapitalerträge als Schuldner auszahlt oder gutschreibt;

[Fassung ab 1.1.2021:]

2a.[3] in den Fällen des § 43 Absatz 1 Satz 1 Nummer 7 Buchstabe c

a) der inländische Betreiber oder die inländische Zweigniederlassung eines ausländischen Betreibers einer Internet-Dienstleistungsplattform im Sinne des § 43 Absatz 1 Satz 1 Nummer 7 Buchstabe c Satz 2, der die Kapitalerträge an den Gläubiger auszahlt oder gutschreibt,

b)[2] das inländische Kredit-, Finanzdienstleistungs- oder Wertpapierinstitut im Sinne des § 43 Absatz 1 Satz 1 Nummer 7 Buchstabe b, das die Kapitalerträge im Auftrag des inländischen oder ausländischen Betreibers einer Internet-Dienstleistungsplattform im Sinne des § 43 Absatz 1 Satz 1 Nummer 7 Buchstabe c Satz 2 an den Gläubiger auszahlt oder gutschreibt,

sofern sich für diese Kapitalerträge kein zum Steuerabzug Verpflichteter nach der Nummer 1 ergibt.

[Fassung ab 1.1.2023:]

2a.[4] in den Fällen des § 43 Absatz 1 Satz 1 Nummer 8a

a) der inländische Betreiber oder die inländische Zweigniederlassung eines ausländischen Betreibers einer Internet-Dienstleistungsplattform im Sinne des § 43 Absatz 1 Satz 1 Nummer 8a Satz 2, der die Kapitalerträge an den Gläubiger auszahlt oder gutschreibt,

b) das inländische Kredit-, Finanzdienstleistungs- oder Wertpapierinstitut im Sinne des § 43 Absatz 1 Satz 1 Nummer 7 Buchstabe b, das inländische Zahlungsinstitut im Sinne des § 1 Absatz 1 Satz 1 Nummer 1 des Zahlungsdiensteaufsichtsgesetzes oder das inländische E-Geld-Institut im Sinne des § 1 Absatz 1 Satz 1 Nummer 2 des Zahlungsdiensteaufsichtsgesetzes, das die Kapitalerträge im Auftrag des inländischen oder ausländischen Betreibers einer Internet-Dienstleistungsplattform im

---

[1] § 44 Abs. 1 Satz 4 Nr. 1 Buchst. b geänd. durch G v. 16.12.2022 (BGBl. I S. 2294).

[2] § 44 Abs. 1 Satz 4 Nr. 2 und Nr. 2a Buchst. b geänd. durch G v. 16.12.2022 (BGBl. I S. 2294).

[3] § 44 Abs. 1 Satz 4 Nr. 2a eingef. durch G v. 12.12.2019 (BGBl. I S. 2451); zur Anwendung § 52 Abs. 44 Satz 1.

[4] § 44 Abs. 1 Satz 4 Nr. 2a neu gef. mWv 1.1.2023 durch G v. 16.12.2022 (BGBl. I S. 2294).

[Fassung ab 1.1.2023:]

Sinne des § 43 Absatz 1 Satz 1 Nummer 8a Satz 2 oder nach Vermittlung der Kapitalforderung durch eine Internet-Dienstleistungsplattform für den Schuldner der Kapitalerträge an den Gläubiger auszahlt oder gutschreibt,

c) der Schuldner der Kapitalerträge, wenn es keinen inländischen Abzugsverpflichteten nach Buchstabe a oder b gibt. [2]Der inländische Betreiber oder die inländische Zweigniederlassung eines ausländischen Betreibers einer Internet-Dienstleistungsplattform im Sinne des § 43 Absatz 1 Satz 1 Nummer 8a Satz 2 (Plattformbetreiber) haftet in diesem Fall für die nicht einbehaltenen Steuern oder zu Unrecht gewährten Steuervorteile. [3]Der Plattformbetreiber haftet nicht nach Satz 2, wenn er den Schuldner der Kapitalerträge auf seine Verpflichtung, die Kapitalertragsteuer einzubehalten und abzuführen hingewiesen und dies dokumentiert hat;

3.[1] in den Fällen des § 43 Absatz 1 Satz 1 Nummer 1a

a)[2] das inländische Kredit-, Finanzdienstleistungs- oder Wertpapierinstitut im Sinne des § 43 Absatz 1 Satz 1 Nummer 7 Buchstabe b, *welche*[3] die Anteile verwahrt oder verwaltet und die Kapitalerträge auszahlt oder gutschreibt oder die Kapitalerträge gegen Aushändigung der Dividendenscheine auszahlt oder gutschreibt oder die Kapitalerträge an eine ausländische Stelle auszahlt,

b) die Wertpapiersammelbank, der die Anteile zur Sammelverwahrung anvertraut wurden, wenn sie die Kapitalerträge an eine ausländische Stelle auszahlt,

---

[1] § 44 Abs. 1 Satz 4 Nr. 3 eingef. durch G v. 22.6.2011 (BGBl. I S. 1126).

[2] § 44 Abs. 1 Satz 4 Nr. 3 Buchst. a geänd. (Satzteil ergänzt, kursiver Satzteil aufgeh.) mWv 26.6.2021 durch G v. 12.5.2021 (BGBl. I S. 990); geänd. durch G v. 16.12.2022 (BGBl. I S. 2294).

[3] Muss wohl lauten „welches“.

c)[1] der Schuldner der Kapitalerträge,

[Fassung bis VZ 2022:]

soweit die Wertpapiersammelbank, der die Anteile zur Sammelverwahrung anvertraut wurden, keine Dividendenregulierung vornimmt; die Wertpapiersammelbank hat dem Schuldner der Kapitalerträge den Umfang der Bestände ohne Dividendenregulierung mitzuteilen,

[Fassung ab VZ 2023:][2]

aa) soweit die Wertpapiersammelbank, der die Anteile zur Sammelverwahrung anvertraut wurden, keine Dividendenregulierung vornimmt; die Wertpapiersammelbank hat dem Schuldner der Kapitalerträge den Umfang der Bestände ohne Dividendenregulierung mitzuteilen,

bb) soweit im Fall elektronischer Aktien die registerführende Stelle gemäß § 12 Absatz 2 oder § 16 Absatz 2 des Gesetzes über elektronische Wertpapiere, die das Register führt, in das die Aktien eingetragen sind, keine Dividendenregulierung vornimmt; die registerführende Stelle hat dem Schuldner der Kapitalerträge den Umfang der Bestände ohne Dividendenregulierung mitzuteilen;

4.[3] in den Fällen des § 43 Absatz 1 Satz 1 Nummer 5, soweit es sich um die Vorabpauschale nach § 16 Absatz 1 Nummer 2 des Investmentsteuergesetzes handelt, das inländische Kredit-, Finanzdienstleistungs- oder Wertpapierinstitut im Sinne des § 43 Absatz 1 Satz 1 Nummer 7 Buchstabe b, welches die Anteile an dem Investmentfonds im Sinne des Investmentsteuergesetzes verwahrt oder verwaltet;

5.[4] in den Fällen des § 43 Absatz 1 Satz 1 Nummer 5 der Investmentfonds, wenn es sich um Kapitalerträge aus Anteilen an inländischen Investmentfonds handelt, die nicht von einem inländischen oder ausländischen Kredit-, Finanzdienstleistungs- oder Wertpapierinstitut im Sinne des § 43 Absatz 1 Satz 1 Nummer 7 Buchstabe b verwahrt oder verwaltet werden;

---

[1] § 44 Abs. 1 Satz 4 Nr. 3 Buchst. c angef. mWv 1.1.2015 durch G v. 22.12.2014 (BGBl. I S. 2417).

[2] § 44 Abs. 1 Satz 4 Nr. 3 Buchst. c neu gef. mWv VZ 2023 durch G v. 11.12.2023 (BGBl. I Nr. 354).

[3] § 44 Abs. 1 Satz 4 Nr. 4 angef. mWv 1.1.2018 (§ 52 Abs. 44 Satz 3) durch G v. 19.7.2016 (BGBl. I S. 1730); geänd. durch G v. 16.12.2022 (BGBl. I S. 2294).

[4] § 44 Abs. 1 Satz 4 Nr. 5 angef. durch G v. 21.12.2020 (BGBl. I S. 3096); zur Anwendung siehe § 52 Abs. 44 Satz 4; geänd. durch G v. 16.12.2022 (BGBl. I S. 2294).

6.[1)] für Kapitalerträge aus Kryptowertpapieren im Sinne des § 4 Absatz 3 des Gesetzes über elektronische Wertpapiere, in den Fällen des § 43 Absatz 1 Satz 1 Nummer 1a, 2, 5, 7 Buchstabe a, Nummer 8 und 9 bis 12 die registerführende Stelle nach § 16 Absatz 2 des Gesetzes über elektronische Wertpapiere, sofern sich keine auszahlende Stelle aus den Nummern 1, 3, 4 und 5 ergibt.

[5]Die innerhalb eines Kalendermonats einbehaltene Steuer ist jeweils bis zum zehnten des folgenden Monats an das Finanzamt abzuführen, das für die Besteuerung

1. des Schuldners der Kapitalerträge,

2. der den Verkaufsauftrag ausführenden Stelle oder

3. der die Kapitalerträge auszahlenden Stelle

nach dem Einkommen zuständig ist; bei Kapitalerträgen im Sinne des § 43 Absatz 1 Satz 1 Nummer 1 ist die einbehaltene Steuer in dem Zeitpunkt abzuführen, in dem die Kapitalerträge dem Gläubiger zufließen. [6]Dabei ist die Kapitalertragsteuer, die zu demselben Zeitpunkt abzuführen ist, jeweils auf den nächsten vollen Eurobetrag abzurunden. [7]Wenn Kapitalerträge ganz oder teilweise nicht in Geld bestehen (§ 8 Absatz 2) und der in Geld geleistete Kapitalertrag nicht zur Deckung der Kapitalertragsteuer ausreicht, hat der Gläubiger der Kapitalerträge dem zum Steuerabzug Verpflichteten den Fehlbetrag zur Verfügung zu stellen. [8]Zu diesem Zweck kann der zum Steuerabzug Verpflichtete den Fehlbetrag von einem bei ihm unterhaltenen und auf den Namen des Gläubigers der Kapitalerträge lautenden Konto, ohne Einwilligung des Gläubigers, einziehen. [9]Soweit der Gläubiger nicht vor Zufluss der Kapitalerträge widerspricht, darf der zum Steuerabzug Verpflichtete auch insoweit die Geldbeträge von einem auf den Namen des Gläubigers der Kapitalerträge lautenden Konto einziehen, wie ein mit dem Gläubiger vereinbarter Kontokorrentkredit für dieses Konto nicht in Anspruch genommen wurde.

(Fortsetzung nächstes Blatt)

[1)] § 44 Abs. 1 Satz 4 Nr. 6 angef. durch G v. 16.12.2022 (BGBl. I S. 2294) und neu gef. mWv VZ 2023 durch G v. 11.12.2023 (BGBl. I Nr. 354).

[Fassung bis 31.12.2024:][1]

10 Soweit der Gläubiger seiner Verpflichtung nicht nachkommt, hat der zum Steuerabzug Verpflichtete dies dem für ihn zuständigen Betriebsstättenfinanzamt anzuzeigen. 11 Das Finanzamt hat die zu wenig erhobene Kapitalertragsteuer vom Gläubiger der Kapitalerträge nachzufordern.

[Fassung ab 1.1.2025:][2]

10 Soweit der Gläubiger seiner Verpflichtung nicht nachkommt, hat der zum Steuerabzug Verpflichtete dies dem für ihn zuständigen Betriebsstättenfinanzamt nach Maßgabe des § 93c der Abgabenordnung anzuzeigen und neben den in § 93c Absatz 1 der Abgabenordnung genannten Angaben folgende Daten zu übermitteln:

1. das Datum der Gutschrift des Kapitalertrags,
2. die Bezeichnung und die Internationale Wertpapierkennnummer der Wertpapiergattung sowie die dem Kapitalertrag zugrundeliegende Stückzahl der Wertpapiere soweit vorhanden, ansonsten die Bezeichnung des betroffenen Kapitalertrags,
3. sofern ermittelbar, die Höhe des Kapitalertrags, für den der Steuereinbehalt fehlgeschlagen ist.

11 Das Wohnsitz-Finanzamt hat die zu wenig erhobene Kapitalertragsteuer vom Gläubiger der Kapitalerträge nach § 32d Absatz 3 in der Veranlagung nachzufordern.

(1a)[3] 1 Werden inländische Aktien über eine ausländische Stelle mit Dividendenberechtigung erworben, aber ohne Dividendenanspruch geliefert und leitet die ausländische Stelle auf die Erträge im Sinne des § 20 Absatz 1 Nummer 1 Satz 4 einen einbehaltenen Steuerbetrag im Sinne des § 43a Absatz 1 Satz 1 Nummer 1 an eine inländische Wertpapiersammelbank weiter, ist diese zur Abführung der einbehaltenen Steuer verpflichtet. 2 Bei Kapitalerträgen im Sinne des § 43 Absatz 1 Satz 1 Nummer 1 und 2 gilt Satz 1 entsprechend.

(1b)[4] Bei inländischen und ausländischen Investmentfonds ist für die Vorabpauschale nach § 16 Absatz 1 Nummer 2 des Investmentsteuergesetzes Absatz 1 Satz 7 bis 11 entsprechend anzuwenden.

---

[1] § 44 Abs. 1 Sätze 8 und 9 eingef., bish. Sätze 8 und 9 werden Sätze 10 und 11 mWv 1.1.2018 (§ 52 Abs. 44 Satz 3) durch G v. 19.7.2016 (BGBl. I S. 1730).

[2] § 44 Abs. 1 Sätze 10 und 11 neu gef. durch G v. 16.12.2022 (BGBl. I S. 2294); zur Anwendung siehe § 52 Abs. 44 Satz 5.

[3] § 44 Abs. 1a eingef. durch G v. 26.6.2013 (BGBl. I S. 1809).

[4] § 44 Abs. 1b eingef. mWv 1.1.2018 (§ 52 Abs. 44 Satz 3) durch G v. 19.7.2016 (BGBl. I S. 1730).

(2)[1] [1]Gewinnanteile (Dividenden) und andere Kapitalerträge im Sinne des § 43 Absatz 1 Satz 1 Nummer 1, deren Ausschüttung von einer Körperschaft beschlossen wird, fließen dem Gläubiger der Kapitalerträge an dem Tag zu (Absatz 1), der im Beschluss als Tag der Auszahlung bestimmt worden ist. [2]Ist die Ausschüttung nur festgesetzt, ohne dass über den Zeitpunkt der Auszahlung ein Beschluss gefasst worden ist, so gilt als Zeitpunkt des Zufließens der Tag nach der Beschlussfassung; ist durch Gesetz eine abweichende Fälligkeit des Auszahlungsanspruchs bestimmt oder lässt das Gesetz eine abweichende Bestimmung der Fälligkeit durch Satzungsregelung zu, gilt als Zeitpunkt des Zufließens der Tag der Fälligkeit. [3]Für Kapitalerträge im Sinne des § 20 Absatz 1 Nummer 1 Satz 4 gelten diese Zuflusszeitpunkte entsprechend.

(3) [1]Ist bei Einnahmen aus der Beteiligung an einem Handelsgewerbe als stiller Gesellschafter in dem Beteiligungsvertrag über den Zeitpunkt der Ausschüttung keine Vereinbarung getroffen, so gilt der Kapitalertrag am Tag nach der Aufstellung der Bilanz oder einer sonstigen Feststellung des Gewinnanteils des stillen Gesellschafters, spätestens jedoch sechs Monate nach Ablauf des Wirtschaftsjahres, für das der Kapitalertrag ausgeschüttet oder gutgeschrieben werden soll, als zugeflossen. [2]Bei Zinsen aus partiarischen Darlehen gilt Satz 1 entsprechend.

(4) Haben Gläubiger und Schuldner der Kapitalerträge vor dem Zufließen ausdrücklich Stundung des Kapitalertrags vereinbart, weil der Schuldner vorübergehend zur Zahlung nicht in der Lage ist, so ist der Steuerabzug erst mit Ablauf der Stundungsfrist vorzunehmen.

(5) [1]Die Schuldner der Kapitalerträge, die den Verkaufsauftrag ausführenden Stellen oder die die Kapitalerträge auszahlenden Stellen haften für die Kapitalertragsteuer, die sie einzubehalten und abzuführen haben, es sei denn, sie weisen nach, dass sie die ihnen auferlegten Pflichten weder vorsätzlich noch grob fahrlässig verletzt haben. [2]Der Gläubiger der Kapitalerträge wird nur in Anspruch genommen, wenn

1. der Schuldner, die den Verkaufsauftrag ausführende Stelle oder die die Kapitalerträge auszahlende Stelle die Kapitalerträge nicht vorschriftsmäßig gekürzt hat,
2. der Gläubiger weiß, dass der Schuldner, die den Verkaufsauftrag ausführende Stelle oder die die Kapitalerträge auszahlende Stelle die einbehaltene Kapitalertragsteuer nicht vorschriftsmäßig abgeführt hat, und dies dem Finanzamt nicht unverzüglich mitteilt oder
3.[2] das die Kapitalerträge auszahlende inländische Kredit-, Finanzdienstleistungs- oder Wertpapierinstitut die Kapitalerträge zu Unrecht ohne Abzug der Kapitalertragsteuer ausgezahlt hat.

[3]Für die Inanspruchnahme des Schuldners der Kapitalerträge, der den Verkaufsauftrag ausführenden Stelle und der die Kapitalerträge auszahlenden Stelle bedarf es keines Haftungsbescheids, soweit der Schuldner, die den Verkaufsauf-

[1] § 44 Abs. 2 Satz 2 HS 2 angefügt mWv 1.1.2016 durch G v. 2.11.2015 (BGBl. I S. 1834).
[2] § 44 Abs. 5 Satz 2 Nr. 3 geänd. durch G v. 16.12.2022 (BGBl. I S. 2294).

trag ausführende Stelle oder die die Kapitalerträge auszahlende Stelle die einbehaltene Kapitalertragsteuer richtig angemeldet hat oder soweit sie ihre Zahlungsverpflichtungen gegenüber dem Finanzamt oder dem Prüfungsbeamten des Finanzamts schriftlich anerkennen.

(6)[1] [1]In den Fällen des § 43 Absatz 1 Satz 1 Nummer 7c gilt die juristische Person des öffentlichen Rechts und die von der Körperschaftsteuer befreite Körperschaft, Personenvereinigung oder Vermögensmasse als Gläubiger und der Betrieb gewerblicher Art und der wirtschaftliche Geschäftsbetrieb als Schuldner der Kapitalerträge. [2]Die Kapitalertragsteuer entsteht, auch soweit sie auf verdeckte Gewinnausschüttungen entfällt, die im abgelaufenen Wirtschaftsjahr vorgenommen worden sind, im Zeitpunkt der Bilanzerstellung; sie entsteht spätestens acht Monate nach Ablauf des Wirtschaftsjahres; in den Fällen des § 20 Absatz 1 Nummer 10 Buchstabe b Satz 2 am Tag nach der Beschlussfassung über die Verwendung und in den Fällen des § 22 Absatz 4 des Umwandlungssteuergesetzes am Tag nach der Veräußerung. [3]Die Kapitalertragsteuer entsteht in den Fällen des § 20 Absatz 1 Nummer 10 Buchstabe b Satz 3 zum Ende des Wirtschaftsjahres. [4]Die Absätze 1 bis 4 und 5 Satz 2 sind entsprechend anzuwenden. [5]Der Schuldner der Kapitalerträge haftet für die Kapitalertragsteuer, soweit sie auf verdeckte Gewinnausschüttungen und auf Veräußerungen im Sinne des § 22 Absatz 4 des Umwandlungssteuergesetzes entfällt.

(7) [1]In den Fällen des § 14 Absatz 3 des Körperschaftsteuergesetzes entsteht die Kapitalertragsteuer in dem Zeitpunkt der Feststellung der Handelsbilanz der Organgesellschaft; sie entsteht spätestens acht Monate nach Ablauf des Wirtschaftsjahres der Organgesellschaft. [2]Die entstandene Kapitalertragsteuer ist an dem auf den Entstehungszeitpunkt nachfolgenden Werktag an das Finanzamt abzuführen, das für die Besteuerung der Organgesellschaft nach dem Einkommen zuständig ist. [3]Im Übrigen sind die Absätze 1 bis 4 entsprechend anzuwenden.

§ 44a[2] Abstandnahme vom Steuerabzug. (1)[3] [1]Soweit die Kapitalerträge, die einem unbeschränkt einkommensteuerpflichtigen Gläubiger zufließen, zusammen mit den Kapitalerträgen, für die die Kapitalertragsteuer nach § 44b zu erstatten ist oder nach Absatz 10 kein Steuerabzug vorzunehmen ist, den Sparer-Pauschbetrag nach § 20 Absatz 9 nicht übersteigen, ist ein Steuerabzug nicht vorzunehmen bei Kapitalerträgen im Sinne des

1. § 43 Absatz 1 Satz 1 Nummer 1 und 2 aus Genussrechten oder
2. § 43 Absatz 1 Satz 1 Nummer 1 und 2 aus Anteilen, die von einer Kapitalgesellschaft ihren Arbeitnehmern überlassen worden sind und von ihr, einem von der Kapitalgesellschaft bestellten Treuhänder, einem inländischen Kreditinstitut oder einer inländischen Zweigniederlassung einer der in

---

[1] Vgl. § 52 Abs. 44 Satz 2.

[2] Vgl. zunächst **§ 52 Abs. 43.**

[3] § 44a Abs. 1 neu gef. durch G v. 26.6.2013 (BGBl. I S. 1809); Satz 1 Nr. 2 geänd. mWv 1.1.2014 durch G v. 25.7.2014 (BGBl. I S. 1266); Satz 1 und Satz 1 Nr. 3 geänd. mWv 1.1.2016 durch G v. 2.11.2015 (BGBl. I S. 1834).

§ 53b Absatz 1 oder 7 des Kreditwesengesetzes genannten Unternehmen verwahrt werden, und

3. § 43 Absatz 1 Satz 1 Nummer 3 bis 7 und 8 bis 12 sowie Satz 2.

²Den Arbeitnehmern im Sinne des Satzes 1 stehen Arbeitnehmer eines mit der Kapitalgesellschaft verbundenen Unternehmens nach § 15 des Aktiengesetzes sowie frühere Arbeitnehmer der Kapitalgesellschaft oder eines mit ihr verbundenen Unternehmens gleich. ³Den von der Kapitalgesellschaft überlassenen Anteilen stehen Aktien gleich, die den Arbeitnehmern bei einer Kapitalerhöhung auf Grund ihres Bezugsrechts aus den von der Kapitalgesellschaft überlassenen Aktien zugeteilt worden sind oder die den Arbeitnehmern auf Grund einer Kapitalerhöhung aus Gesellschaftsmitteln gehören. ⁴Bei Kapitalerträgen im Sinne des § 43 Absatz 1 Satz 1 Nummer 1, 2 bis 7 und 8 bis 12 sowie Satz 2, die einem unbeschränkt einkommensteuerpflichtigen Gläubiger zufließen, ist der Steuerabzug nicht vorzunehmen, wenn anzunehmen ist, dass auch für Fälle der Günstigerprüfung nach § 32d Absatz 6 keine Steuer entsteht.

(2) ¹Voraussetzung für die Abstandnahme vom Steuerabzug nach Absatz 1 ist, dass dem nach § 44 Absatz 1 zum Steuerabzug Verpflichteten in den Fällen

1.[1] des Absatzes 1 Satz 1 ein Freistellungsauftrag des Gläubigers der Kapitalerträge nach amtlich vorgeschriebenem Muster oder

2. des Absatzes 1 Satz 4 eine Nichtveranlagungs-Bescheinigung des für den Gläubiger zuständigen Wohnsitzfinanzamts

vorliegt. ²In den Fällen des Satzes 1 Nummer 2 ist die Bescheinigung unter dem Vorbehalt des Widerrufs auszustellen. ³Ihre Geltungsdauer darf höchstens drei Jahre betragen und muss am Schluss eines Kalenderjahres enden. ⁴Fordert das Finanzamt die Bescheinigung zurück oder erkennt der Gläubiger, dass die Voraussetzungen für ihre Erteilung weggefallen sind, so hat er dem Finanzamt die Bescheinigung zurückzugeben.

(2a)[2] ¹Ein Freistellungsauftrag kann nur erteilt werden, wenn der Gläubiger der Kapitalerträge seine Identifikationsnummer (§ 139b der Abgabenordnung) und bei gemeinsamen Freistellungsaufträgen auch die Identifikationsnummer des Ehegatten mitteilt. ²Ein Freistellungsauftrag ist ab dem 1. Januar 2016 unwirksam, wenn der Meldestelle im Sinne des § 45d Absatz 1 Satz 1 keine Identifikationsnummer des Gläubigers der Kapitalerträge und bei gemeinsamen Freistellungsaufträgen auch keine des Ehegatten vorliegen. ³Sofern der Meldestelle im Sinne des § 45d Absatz 1 Satz 1 die Identifikationsnummer nicht bereits bekannt ist, kann sie diese beim Bundeszentralamt für Steuern abfragen. ⁴In der Anfrage dürfen nur die in § 139b Absatz 3 der Abgabenordnung genannten Daten des Gläubigers der Kapitalerträge und bei gemeinsamen Freistellungsaufträgen die des Ehegatten angegeben werden, soweit sie

---

[1] § 44a Abs. 2 Satz 1 Nr. 1 geänd. mWv 1.1.2009 durch G v. 8.12.2010 (BGBl. I S. 1768); Satz 1 Nrn. 1 und 2 Zitat geänd. durch G v. 26.6.2013 (BGBl. I S. 1809).

[2] § 44a Abs. 2a eingef. durch G v. 8.12.2010 (BGBl. I S. 1768); Satz 3 neu gef. mWv *1.1.2014 durch G v. 25.7.2014* (BGBl. I S. 1266); Satz 6 aufgeh., bish. Sätze 7 und 8 werden Sätze 6 und 7 mWv 1.1.2017 durch G v. 18.7.2016 (BGBl. I S. 1679); Satz 7 geänd. mWv VZ 2019 durch G v. 20.11.2019 (BGBl. I S. 1626).

der Meldestelle bekannt sind. [5]Die Anfrage hat nach amtlich vorgeschriebenem Datensatz durch Datenfernübertragung zu erfolgen. [6]Das Bundeszentralamt für Steuern teilt der Meldestelle die Identifikationsnummer mit, sofern die übermittelten Daten mit den nach § 139b Absatz 3 der Abgabenordnung beim Bundeszentralamt für Steuern gespeicherten Daten übereinstimmen. [7]Die Meldestelle darf die Identifikationsnummer nur verarbeiten, soweit dies zur Erfüllung von steuerlichen Pflichten erforderlich ist.

(3) Der nach § 44 Absatz 1 zum Steuerabzug Verpflichtete hat in seinen Unterlagen das Finanzamt, das die Bescheinigung erteilt hat, den Tag der Ausstellung der Bescheinigung und die in der Bescheinigung angegebene Steuer- und Listennummer zu vermerken sowie die Freistellungsaufträge aufzubewahren.

(4)[1)] [1]Ist der Gläubiger

1. eine von der Körperschaftsteuer befreite inländische Körperschaft, Personenvereinigung oder Vermögensmasse oder
2. eine inländische juristische Person des öffentlichen Rechts,

so ist der Steuerabzug bei Kapitalerträgen im Sinne des § 43 Absatz 1 Satz 1 Nummer 4 bis 7 und 8 bis 12 sowie Satz 2 nicht vorzunehmen. [2]Dies gilt auch, wenn es sich bei den Kapitalerträgen um Bezüge im Sinne des § 20 Absatz 1 Nummer 1 und 2 handelt, die der Gläubiger von einer von der Körperschaftsteuer befreiten Körperschaft bezieht. [3]Voraussetzung ist, dass der Gläubiger dem Schuldner oder dem die Kapitalerträge auszahlenden inländischen Kredit-, Finanzdienstleistungs- oder Wertpapierinstitut durch eine Bescheinigung des für seine Geschäftsleitung oder seinen Sitz zuständigen Finanzamts nachweist, dass er eine Körperschaft, Personenvereinigung oder Vermögensmasse im Sinne des Satzes 1 Nummer 1 oder 2 ist. [4]Absatz 2 Satz 2 bis 4 und Absatz 3 gelten entsprechend. [5]Die in Satz 3 bezeichnete Bescheinigung wird nicht erteilt, wenn die Kapitalerträge in den Fällen des Satzes 1 Nummer 1 in einem wirtschaftlichen Geschäftsbetrieb anfallen, für den die Befreiung von der Körperschaftsteuer ausgeschlossen ist, oder wenn sie in den Fällen des Satzes 1 Nummer 2 in einem nicht von der Körperschaftsteuer befreiten Betrieb gewerblicher Art anfallen. [6]Ein Steuerabzug ist auch nicht vorzunehmen bei Kapitalerträgen im Sinne des § 49 Absatz 1 Nummer 5 Buchstabe c und d, die einem Anleger zufließen, der eine nach den Rechtsvorschriften eines Mitgliedstaates der Europäischen Union oder des Europäischen Wirtschaftsraums gegründete Gesellschaft im Sinne des Artikels 54 des Vertrags über die Arbeitsweise der Europäischen Union oder des Artikels 34 des Abkommens über den Europäischen Wirtschaftsraum mit Sitz und Ort der Geschäftsleitung innerhalb des Hoheitsgebietes eines dieser Staaten ist, und der einer Körperschaft im Sinne des § 5 Absatz 1 Nummer 3 des Körperschaftsteuergesetzes vergleichbar ist; soweit es sich um eine nach den Rechtsvorschriften eines Mitgliedstaates des Europäischen Wirtschaftsraums gegrün-

---

[1)] § 44a Abs. 4 Satz 6 angef. mWv VZ 2009 durch G v. 8.12.2010 (BGBl. I S. 1768); Satz 1 Verweis geänd. durch G v. 19.7.2016 (BGBl. I S. 1730) – zur Anwendung von § 43 Abs. 1 Satz 1 Nr. 4 bis 7 siehe § 52 Abs. 42 Satz 3; Abs. 4 Satz 3 geänd. mWv 26.6.2021 durch G v. 12.5.2021 (BGBl. I S. 990); Satz 3 geänd. durch G v. 16.12.2022 (BGBl. I S. 2294).

dete Gesellschaft oder eine Gesellschaft mit Ort und Geschäftsleitung in diesem Staat handelt, ist zusätzlich Voraussetzung, dass mit diesem Staat ein Amtshilfeabkommen besteht.

(4a)[1)] 1 Absatz 4 ist entsprechend auf Personengesellschaften im Sinne des § 212 Absatz 1 des Fünften Buches Sozialgesetzbuch anzuwenden. 2 Dabei tritt die Personengesellschaft an die Stelle des Gläubigers der Kapitalerträge.

(4b)[2)] 1 Werden Kapitalerträge im Sinne des § 43 Absatz 1 Satz 1 Nummer 1 von einer Genossenschaft an ihre Mitglieder gezahlt, hat sie den Steuerabzug nicht vorzunehmen, wenn ihr für das jeweilige Mitglied

1. eine Nichtveranlagungs-Bescheinigung nach Absatz 2 Satz 1 Nummer 2,
2. eine Bescheinigung nach Absatz 5 Satz 4,
3. eine Bescheinigung nach Absatz 7 Satz 2 oder
4. eine Bescheinigung nach Absatz 8 Satz 2 vorliegt; in diesen Fällen ist ein Steuereinbehalt in Höhe von drei Fünfteln vorzunehmen.

2 Eine Genossenschaft hat keinen Steuerabzug vorzunehmen, wenn ihr ein Freistellungsauftrag erteilt wurde, der auch Kapitalerträge im Sinne des Satzes 1 erfasst, soweit die Kapitalerträge zusammen mit den Kapitalerträgen, für die nach Absatz 1 kein Steuerabzug vorzunehmen ist oder für die die Kapitalertragsteuer nach § 44b zu erstatten ist, den mit dem Freistellungsauftrag beantragten Freibetrag nicht übersteigen. 3 Dies gilt auch, wenn die Genossenschaft einen Verlustausgleich nach § 43a Absatz 3 Satz 2 unter Einbeziehung von Kapitalerträgen im Sinne des Satzes 1 durchgeführt hat.

(5) 1 Bei Kapitalerträgen im Sinne des § 43 Absatz 1 Satz 1 Nummer 1, 2, 5 bis 7[3)] und 8 bis 12 sowie Satz 2, die einem unbeschränkt oder beschränkt einkommensteuerpflichtigen Gläubiger zufließen, ist der Steuerabzug nicht vorzunehmen, wenn die Kapitalerträge Betriebseinnahmen des Gläubigers sind und die Kapitalertragsteuer bei ihm auf Grund der Art seiner Geschäfte auf Dauer höher wäre als die gesamte festzusetzende Einkommensteuer oder Körperschaftsteuer. 2 Ist der Gläubiger ein Lebens- oder Krankenversicherungsunternehmen als Organgesellschaft, ist für die Anwendung des Satzes 1 eine bestehende Organschaft im Sinne des § 14 des Körperschaftsteuergesetzes nicht zu berücksichtigen, wenn die beim Organträger anzurechnende Kapitalertragsteuer, einschließlich der Kapitalertragsteuer des Lebens- oder Krankenversicherungsunternehmens, die auf Grund von § 19 Absatz 5 des Körperschaftsteuergesetzes anzurechnen wäre, höher wäre, als die gesamte festzusetzende Körperschaftsteuer. 3 Für die Prüfung der Voraussetzung des Satzes 2 ist auf die Verhältnisse der dem Antrag auf Erteilung einer Bescheinigung im Sinne des Satzes 4 vorangehenden drei Veranlagungszeiträume abzustellen. 4 Die Voraussetzung des Satzes 1 ist durch eine Bescheinigung des für den Gläubiger zuständigen Finanzamts nachzuweisen. 5 Die Bescheinigung ist unter dem Vor-

---

1) § 44a Abs. 4a eingef. mWv VZ 2009 durch G v. 8.12.2010 (BGBl. I S. 1768).

2) § 44a Abs. 4b eingef. durch G v. 1.11.2011 (BGBl. I S. 2131); Satz 1 Nr. 3 und 4 geänd. mWv *18.12.2019* durch G v. 12.12.2019 (BGBl. I S. 2451).

3) § 44a Abs. 5 Satz 1 geänd. durch G v. 26.6.2013 (BGBl. I S. 1809); geänd. durch G v. 19.7.2016 (BGBl. I S. 1730).

behalt des Widerrufs auszustellen. [6]Die Voraussetzung des Satzes 2 ist gegenüber dem für den Gläubiger zuständigen Finanzamt durch eine Bescheinigung des für den Organträger zuständigen Finanzamts nachzuweisen.

(6)[1)] [1]Voraussetzung für die Abstandnahme vom Steuerabzug nach den Absätzen 1, 4 und 5 bei Kapitalerträgen im Sinne des § 43 Absatz 1 Satz 1 Nummer 6, 7 und 8 bis 12 sowie Satz 2 ist, dass die Teilschuldverschreibungen, die Anteile an der Sammelschuldbuchforderung, die Wertrechte, die Einlagen und Guthaben oder sonstigen Wirtschaftsgüter im Zeitpunkt des Zufließens der Einnahmen unter dem Namen des Gläubigers der Kapitalerträge bei der die Kapitalerträge auszahlenden Stelle verwahrt oder verwaltet werden. [2]Ist dies nicht der Fall, ist die Bescheinigung nach § 45a Absatz 2 durch einen entsprechenden Hinweis zu kennzeichnen. [3]Wird bei einem inländischen Kredit- oder Finanzdienstleistungsinstitut oder bei einem inländischen Wertpapierinstitut im Sinne des § 43 Absatz 1 Satz 1 Nummer 7 Buchstabe b ein Konto oder Depot für eine gemäß § 5 Absatz 1 Nummer 9 des Körperschaftsteuergesetzes befreite Stiftung im Sinne des § 1 Absatz 1 Nummer 5 des Körperschaftsteuergesetzes auf den Namen eines anderen Berechtigten geführt und ist das Konto oder Depot durch einen Zusatz zur Bezeichnung eindeutig sowohl vom übrigen Vermögen des anderen Berechtigten zu unterscheiden als auch steuerlich der Stiftung zuzuordnen, so gilt es für die Anwendung des Absatzes 4, des Absatzes 7, des Absatzes 10 Satz 1 Nummer 3 und des § 44b Absatz 6 in Verbindung mit Absatz 7 als im Namen der Stiftung geführt.

(7)[2)] [1]Ist der Gläubiger eine inländische

1. Körperschaft, Personenvereinigung oder Vermögensmasse im Sinne des § 5 Absatz 1 Nummer 9 des Körperschaftsteuergesetzes oder
2. Stiftung des öffentlichen Rechts, die ausschließlich und unmittelbar gemeinnützigen oder mildtätigen Zwecken dient, oder
3. juristische Person des öffentlichen Rechts, die ausschließlich und unmittelbar kirchlichen Zwecken dient,

so ist der Steuerabzug bei Kapitalerträgen im Sinne des § 43 Absatz 1 Satz 1 Nummer 1, 2, 3 und 7a bis 7c nicht vorzunehmen. [2]Voraussetzung für die Anwendung des Satzes 1 ist, dass der Gläubiger durch eine Bescheinigung des für seine Geschäftsleitung oder seinen Sitz zuständigen Finanzamts nachweist, dass er eine Körperschaft, Personenvereinigung oder Vermögensmasse nach Satz 1 ist. [3]Absatz 4 gilt entsprechend.

(8)[3)] [1]Ist der Gläubiger

1. eine nach § 5 Absatz 1 mit Ausnahme der Nummer 9 des Körperschaftsteuergesetzes oder nach anderen Gesetzen von der Körperschaftsteuer befreite Körperschaft, Personenvereinigung oder Vermögensmasse oder

---

1) § 44a Abs. 6 Satz 3 angef. durch G v. 1.11.2011 (BGBl. I S. 2131); geänd. mWv 26.6.2021 durch G v. 12.5.2021 (BGBl. I S. 990).

2) § 44a Abs. 7 Satz 1 geänd., Sätze 2 und 3 aufgeh., bish. Sätze 4 und 5 werden Sätze 2 und 3, neuer Satz 2 geänd. durch G v. 26.6.2013 (BGBl. I S. 1809).

3) § 44a Abs. 8 Satz 1 geänd. durch G v. 1.11.2011 (BGBl. I S. 2131); Satz 1 geänd., Satz 2 aufgeh., bish. Sätze 3 und 4 werden Sätze 2 und 3 durch G v. 26.6.2013 (BGBl. I S. 1809).

2. eine inländische juristische Person des öffentlichen Rechts, die nicht in Absatz 7 bezeichnet ist,

so ist der Steuerabzug bei Kapitalerträgen im Sinne des § 43 Absatz 1 Satz 1 Nummer 1, 2, 3 und 7a nur in Höhe von drei Fünfteln vorzunehmen. 2 Voraussetzung für die Anwendung des Satzes 1 ist, dass der Gläubiger durch eine Bescheinigung des für seine Geschäftsleitung oder seinen Sitz zuständigen Finanzamts nachweist, dass er eine Körperschaft, Personenvereinigung oder Vermögensmasse im Sinne des Satzes 1 ist. 3 Absatz 4 gilt entsprechend.

(8a)[1)] 1 Absatz 8 ist entsprechend auf Personengesellschaften im Sinne des § 212 Absatz 1 des Fünften Buches Sozialgesetzbuch anzuwenden. 2 Dabei tritt die Personengesellschaft an die Stelle des Gläubigers der Kapitalerträge.

(9)[2)] 1 Ist der Gläubiger der Kapitalerträge im Sinne des § 43 Absatz 1 eine beschränkt steuerpflichtige Körperschaft im Sinne des § 2 Nummer 1 des Körperschaftsteuergesetzes, so werden zwei Fünftel der einbehaltenen und abgeführten Kapitalertragsteuer erstattet.

[alte Fassung:]

2 § 50d Absatz 1 Satz 3 bis 12[3)], Absatz 3 und 4 ist entsprechend anzuwenden. 3 Der Anspruch auf eine weitergehende Freistellung und Erstattung nach § 50d Absatz 1 in Verbindung mit § 43b oder § 50g oder nach einem Abkommen zur Vermeidung der Doppelbesteuerung bleibt unberührt. 4 Verfahren nach den vorstehenden Sätzen und nach § 50d Absatz 1 soll das Bundeszentralamt für Steuern verbinden.

[neue Fassung:]

2 § 50c Absatz 3 und 5 sowie § 50d Absatz 3 sind entsprechend anzuwenden. 3 Weitergehende Ansprüche aus § 43b oder § 50g oder einem Abkommen zur Vermeidung der Doppelbesteuerung bleiben unberührt. 4 Verfahren nach den vorstehenden Sätzen und nach § 50c Absatz 3 soll das Bundeszentralamt für Steuern verbinden.

(10)[4)] 1 Werden Kapitalerträge im Sinne des § 43 Absatz 1 Satz 1 Nummer 1a gezahlt, hat die auszahlende Stelle keinen Steuerabzug vorzunehmen, wenn

1. der auszahlenden Stelle eine Nichtveranlagungs-Bescheinigung nach Absatz 2 Satz 1 Nummer 2 für den Gläubiger vorgelegt wird,
2. *der auszahlenden Stelle eine Bescheinigung nach Absatz 5 für den Gläubiger vorgelegt wird,*

---

1) § 44a Abs. 8a eingef. mWv VZ 2012 durch G v. 7.12.2011 (BGBl. I S. 2592).

2) § 44a Abs. 9 Sätze 1 und 3 geänd. mWv 1.1.2009 durch G v. 8.12.2010 (BGBl. I S. 1768); Satz 2 geänd. mWv 1.1.2012 durch G v. 22.6.2011 (BGBl. I S. 1126); Sätze 2 bis 4 neu gef. durch G v. 2.6.2021 (BGBl. I S. 1259); zur Anwendung von § 50d Abs. 3 siehe § 52 Abs. 47b, von § 50c Abs. 5 siehe § 52 Abs. 47a Satz 2.

3) Verweis geänd. durch G v. 26.6.2013 (BGBl. I S. 1809).

4) § 44a Abs. 10 eingef. durch G v. 22.6.2011 (BGBl. I S. 1126); Sätze 4 bis 7 angef. durch G v. 7.12.2011 (BGBl. I S. 2592); Nrn. 3 und 4 Zitate angepasst durch G v. 26.6.2013 *(BGBl. I S. 1809)*; Nr. 3 HS 2 angef. mWv 1.1.2019 durch G v. 11.12.2018 (BGBl. I S. 2338); Nr. 2 aufgeh., Nrn. 3 und 4 werden Nrn. 2 und 3 mWv VZ 2021 durch G v. 2.6.2021 (BGBl. I S. 1259).

2. der auszahlenden Stelle eine Bescheinigung nach Absatz 7 Satz 2 für den Gläubiger vorgelegt wird; soweit die Kapitalerträge einen Betrag von 20 000 Euro übersteigen, ist bei Gläubigern nach Absatz 7 Satz 1 Nummer 1 abweichend vom ersten Halbsatz ein Steuerabzug in Höhe von drei Fünfteln vorzunehmen, wenn der Gläubiger bei Zufluss der Kapitalerträge nicht seit mindestens einem Jahr ununterbrochen wirtschaftlicher Eigentümer der Aktien oder Genussscheine ist oder
3. der auszahlenden Stelle eine Bescheinigung nach Absatz 8 Satz 2 für den Gläubiger vorgelegt wird; in diesen Fällen ist ein Steuereinbehalt in Höhe von drei Fünfteln vorzunehmen.

[2] Wird der auszahlenden Stelle ein Freistellungsauftrag erteilt, der auch Kapitalerträge im Sinne des Satzes 1 erfasst, oder führt diese einen Verlustausgleich nach § 43a Absatz 3 Satz 2 unter Einbeziehung von Kapitalerträgen im Sinne des Satzes 1 durch, so hat sie den Steuerabzug nicht vorzunehmen, soweit die Kapitalerträge zusammen mit den Kapitalerträgen, für die nach Absatz 1 kein Steuerabzug vorzunehmen ist oder die Kapitalertragsteuer nach § 44b zu erstatten ist, den mit dem Freistellungsauftrag beantragten Freistellungsbetrag nicht übersteigen. [3] Absatz 6 ist entsprechend anzuwenden. [4] Werden Kapitalerträge im Sinne des § 43 Absatz 1 Satz 1 Nummer 1a von einer auszahlenden Stelle im Sinne des § 44 Absatz 1 Satz 4 Nummer 3 an eine ausländische Stelle ausgezahlt, hat diese auszahlende Stelle über den von ihr vor der Zahlung in das Ausland von diesen Kapitalerträgen vorgenommenen Steuerabzug der letzten inländischen auszahlenden Stelle in der Wertpapierverwahrkette, welche die Kapitalerträge auszahlt oder gutschreibt, auf deren Antrag eine Sammel-Steuerbescheinigung für die Summe der eigenen und der für Kunden verwahrten Aktien nach amtlich vorgeschriebenem Muster auszustellen. [5] Der Antrag darf nur für Aktien gestellt werden, die mit Dividendenberechtigung erworben und mit Dividendenanspruch geliefert wurden. [6] Wird eine solche Sammel-Steuerbescheinigung beantragt, ist die Ausstellung von Einzel-Steuerbescheinigungen oder die Weiterleitung eines Antrags auf Ausstellung einer Einzel-Steuerbescheinigung über den Steuerabzug von denselben Kapitalerträgen ausgeschlossen; die Sammel-Steuerbescheinigung ist als solche zu kennzeichnen. [7] Auf die ihr ausgestellte Sammel-Steuerbescheinigung wendet die letzte inländische auszahlende Stelle § 44b Absatz 6 mit der Maßgabe an, dass sie von den ihr nach dieser Vorschrift eingeräumten Möglichkeiten Gebrauch zu machen hat.

§ 44b Erstattung der Kapitalertragsteuer. (1)[1] Nach Ablauf eines Kalenderjahres hat der zum Steuerabzug Verpflichtete die im vorangegangenen Kalenderjahr abgeführte Steuer auf Ausschüttungen eines Investmentfonds zu erstatten, soweit die Ausschüttungen nach § 17 des Investmentsteuergesetzes *nicht als Ertrag gelten.*

(2)[2] Ist bei Gläubigern nach § 44a Absatz 7 Satz 1 Nummer 1 gemäß § 44a Absatz 10 Satz 1 Nummer 2 Kapitalertragsteuer einbehalten und abgeführt

[1] § 44b Abs. 1 eingef. mWv 1.1.2018 durch G v. 19.7.2016 (BGBl. I S. 1730).

[2] § 44b Abs. 2 bis 4 aufgeh. mWv 1.1.2013 durch G v. 26.6.2013 (BGBl. I S. 1809); neuer Abs. 2 eingef. mWv 1.1.2019 durch G v. 11.12.2018 (BGBl. I S. 2338); Abs. 2 Verweis geänd. durch G v. 2.6.2021 (BGBl. I S. 1259).

worden, wird auf Antrag durch das Finanzamt, in dessen Bezirk sich die Geschäftsleitung oder der Sitz des Gläubigers befindet, die Kapitalertragsteuer erstattet, wenn der Gläubiger die Voraussetzungen nach § 36a Absatz 1 bis 3 erfüllt.

(3), (4)[1] *(aufgehoben)*

(5)[2] [1] Ist Kapitalertragsteuer einbehalten oder abgeführt worden, obwohl eine Verpflichtung hierzu nicht bestand, oder hat der Gläubiger dem nach § 44 Absatz 1 zum Steuerabzug Verpflichteten die Bescheinigung nach § 43 Absatz 2 Satz 4, den Freistellungsauftrag, die Nichtveranlagungs-Bescheinigung oder die Bescheinigungen nach § 44a Absatz 4 oder Absatz 5 erst zu einem Zeitpunkt vorgelegt, zu dem die Kapitalertragsteuer bereits abgeführt war, oder nach diesem Zeitpunkt erst die Erklärung nach § 43 Absatz 2 Satz 3 Nummer 2 abgegeben, ist auf Antrag des nach § 44 Absatz 1 zum Steuerabzug Verpflichteten die Steueranmeldung (§ 45a Absatz 1) insoweit zu ändern; stattdessen kann der zum Steuerabzug Verpflichtete bei der folgenden Steueranmeldung die abzuführende Kapitalertragsteuer entsprechend kürzen. [2] Erstattungsberechtigt ist der Antragsteller. [3] Solange noch keine Steuerbescheinigung nach § 45a erteilt ist, hat der zum Steuerabzug Verpflichtete das Verfahren nach Satz 1 zu betreiben. [4] Die vorstehenden Sätze sind in den Fällen des Absatzes 6 nicht anzuwenden.

(6)[3] [1] Werden Kapitalerträge im Sinne des § 43 Absatz 1 Satz 1 Nummer 1 und 2 durch ein inländisches Kredit-, Finanzdienstleistungs- oder Wertpapierinstitut[4] im Sinne des § 43 Absatz 1 Satz 1 Nummer 7 Buchstabe b, das die Wertpapiere, Wertrechte oder sonstigen Wirtschaftsgüter unter dem Namen des Gläubigers verwahrt oder verwaltet, als Schuldner der Kapitalerträge oder für Rechnung des Schuldners gezahlt, kann das Kredit- oder Finanzdienstleistungsinstitut oder das Wertpapierinstitut die einbehaltene und abgeführte Kapitalertragsteuer dem Gläubiger der Kapitalerträge bis zur Ausstellung einer Steuerbescheinigung, längstens bis zum 31. März des auf den Zufluss der Kapitalerträge folgenden Kalenderjahres, unter den folgenden Voraussetzungen erstatten:

1. dem Kredit-, Finanzdienstleistungs- oder Wertpapierinstitut[4] wird eine Nichtveranlagungs-Bescheinigung nach § 44a Absatz 2 Satz 1 Nummer 2 für den Gläubiger vorgelegt,
2. dem Kredit-, Finanzdienstleistungs- oder Wertpapierinstitut[4] wird eine Bescheinigung nach § 44a Absatz 5 für den Gläubiger vorgelegt,
3. dem Kredit-, Finanzdienstleistungs- oder Wertpapierinstitut[4] wird eine Bescheinigung nach § 44a Absatz 7 Satz 2[5] für den Gläubiger vorgelegt und eine Abstandnahme war nicht möglich oder

---

[1] § 44b Abs. 2 bis 4 aufgeh. mWv 1.1.2013 durch G v. 26.6.2013 (BGBl. I S. 1809); neuer Abs. 2 eingef. mWv 1.1.2019 durch G v. 11.12.2018 (BGBl. I S. 2338); Abs. 2 Verweis geänd. durch G v. 2.6.2021 (BGBl. I S. 1259).

[2] § 44b Abs. 5 Satz 3 eingef., bish. Satz 3 wird Satz 4 mWv 1.1.2015 durch G v. 22.12.2014 (BGBl. I S. 2417).

[3] § 44b Abs. 6 Sätze 1 bis 4 geänd. mWv 26.6.2021 durch G v. 12.5.2021 (BGBl. I S. 990).

[4] Satzteil geänd. durch G v. 16.12.2022 (BGBl. I S. 2294).

[5] Verweis geänd. durch G v. 26.6.2013 (BGBl. I S. 1809).

4. dem Kredit-, Finanzdienstleistungs- oder Wertpapierinstitut[1] wird eine Bescheinigung nach § 44a Absatz 8 Satz 2[2] für den Gläubiger vorgelegt und die teilweise Abstandnahme war nicht möglich; in diesen Fällen darf die Kapitalertragsteuer nur in Höhe von zwei Fünfteln erstattet werden.

2 Das erstattende Kredit- oder Finanzdienstleistungsinstitut oder das erstattende Wertpapierinstitut haftet in sinngemäßer Anwendung des § 44 Absatz 5 für zu Unrecht vorgenommene Erstattungen; für die Zahlungsaufforderung gilt § 219 Satz 2 der Abgabenordnung entsprechend. 3 Das Kredit- oder Finanzdienstleistungsinstitut oder das Wertpapierinstitut hat die Summe der Erstattungsbeträge in der Steueranmeldung gesondert anzugeben und von der von ihm abzuführenden Kapitalertragsteuer abzusetzen. 4 Wird dem Kredit-, Finanzdienstleistungs- oder Wertpapierinstitut[1] ein Freistellungsauftrag erteilt, der auch Kapitalerträge im Sinne des Satzes 1 erfasst, oder führt das Institut oder das Wertpapierinstitut einen Verlustausgleich nach § 43a Absatz 3 Satz 2 unter Einbeziehung von Kapitalerträgen im Sinne des Satzes 1 aus, so hat es bis zur Ausstellung der Steuerbescheinigung, längstens bis zum 31. März des auf den Zufluss der Kapitalerträge folgenden Kalenderjahres, die einbehaltene und abgeführte Kapitalertragsteuer auf diese Kapitalerträge zu erstatten; Satz 2 ist entsprechend anzuwenden.

(7)[3] 1 Eine Gesamthandsgemeinschaft kann für ihre Mitglieder im Sinne des § 44a Absatz 7 oder Absatz 8 eine Erstattung der Kapitalertragsteuer bei dem für die gesonderte Feststellung ihrer Einkünfte zuständigen Finanzamt beantragen. 2 Die Erstattung ist unter den Voraussetzungen des § 44a Absatz 4, 7 oder Absatz 8 und in dem dort bestimmten Umfang zu gewähren. [***ab VZ 2022:*** 3 Kapitalertragsteuer, die nach § 43 Absatz 1 Satz 1 Nummer 1a einbehalten wurde, ist unter den Voraussetzungen des § 44a Absatz 10 und in dem dort bestimmten Umfang zu erstatten, wenn der Gläubiger die Voraussetzungen nach § 36a Absatz 1 bis 3 erfüllt.]

§ 45[4] Ausschluss der Erstattung von Kapitalertragsteuer. 1 In den Fällen, in denen die Dividende an einen anderen als an den Anteilseigner ausgezahlt wird, ist die Erstattung oder Anrechnung von Kapitalertragsteuer für den Zahlungsempfänger ausgeschlossen. 2 Satz 1 gilt nicht für den Erwerber eines Dividendenscheines oder sonstigen Anspruches in den Fällen des § 20 Absatz 2 Satz 1 Nummer 2 Buchstabe a Satz 2; beim Erwerber sind drei Fünftel der Kapitalertragsteuer nicht anzurechnen oder zu erstatten. 3 In den Fällen des § 20 Absatz 2 Satz 1 Nummer 2 Buchstabe b ist die Erstattung von Kapitalertragsteuer an den Erwerber von Zinsscheinen nach § 37 Absatz 2 der Abgabenordnung ausgeschlossen.

---

[1] Satzteil geänd. durch G v. 16.12.2022 (BGBl. I S. 2294).

[2] Verweis geänd. durch G v. 26.6.2013 (BGBl. I S. 1809).

[3] § 44b Abs. 7 angef. mWv 1.1.2013 durch G v. 26.6.2013 (BGBl. I S. 1809); Satz 3 angef. mWv VZ 2022 durch G v. 16.12.2022 (BGBl. I S. 2294).

[4] § 45 Satz 2 neu gef. mWv 1.1.2014 durch G v. 25.7.2014 (BGBl. I S. 1266); Satz 1 geänd., Satz 2 HS 2 angef. mWv 15.12.2018 durch G v. 11.12.2018 (BGBl. I S. 2338).

§ 45a Anmeldung und Bescheinigung der Kapitalertragsteuer.

(1)[1] 1Die Anmeldung der einbehaltenen Kapitalertragsteuer ist dem Finanzamt innerhalb der in § 44 Absatz 1 oder Absatz 7 bestimmten Frist nach amtlich vorgeschriebenem Vordruck auf elektronischem Weg zu übermitteln; die auszahlende Stelle hat die Kapitalertragsteuer auf die Erträge im Sinne des § 43 Absatz 1 Satz 1 Nummer 1a jeweils gesondert für das Land, in dem sich der Ort der Geschäftsleitung des Schuldners der Kapitalerträge befindet, anzugeben. 2Satz 1 gilt entsprechend, wenn ein Steuerabzug nicht oder nicht in voller Höhe vorzunehmen ist. 3Der Grund für die Nichtabführung ist anzugeben. 4Auf Antrag kann das Finanzamt zur Vermeidung unbilliger Härten auf eine elektronische Übermittlung verzichten; in diesem Fall ist die Kapitalertragsteuer-Anmeldung von dem Schuldner, der den Verkaufsauftrag ausführenden Stelle, der auszahlenden Stelle oder einer vertretungsberechtigten Person zu unterschreiben.

(2)[2] 1Folgende Stellen sind verpflichtet, dem Gläubiger der Kapitalerträge auf Verlangen eine Bescheinigung nach amtlich vorgeschriebenem Muster auszustellen, die die nach § 32d erforderlichen Angaben enthält; bei Vorliegen der Voraussetzungen des

1. § 43 Absatz 1 Satz 1 Nummer 1, 2 bis 4, 7a und 7b der Schuldner der Kapitalerträge,
2. § 43 Absatz 1 Satz 1 Nummer 1a, 5 bis 7 und 8 bis 12 sowie Satz 2 die die Kapitalerträge auszahlende Stelle vorbehaltlich des Absatzes 3,
3. § 44 Absatz 1a die zur Abführung der Steuer verpflichtete Stelle und
4.[3] § 44 Absatz 1 Satz 4 Nummer 5 der Investmentfonds.

2Die Bescheinigung kann elektronisch übermittelt werden; auf Anforderung des Gläubigers der Kapitalerträge ist sie auf Papier zu übersenden. 3Die Bescheinigung braucht nicht unterschrieben zu werden, wenn sie in einem maschinellen Verfahren ausgedruckt worden ist und den Aussteller erkennen lässt. 4§ 44a Absatz 6 gilt sinngemäß; über die zu kennzeichnenden Bescheinigungen haben die genannten Institute und Unternehmen Aufzeichnungen zu führen. 5Diese müssen einen Hinweis auf den Buchungsbeleg über die Auszahlung an den Empfänger der Bescheinigung enthalten.

[*ab 1.1.2025:*

(2a)[4] Ist der Gläubiger der Kapitalerträge beschränkt steuerpflichtig, tritt in den Fällen des § 43 Absatz 1 Satz 1 Nummer 1a und 2 Satz 4 an die Stelle der

---

[1] § 45a Abs. 1 Satz 1 HS 2 angef. durch G v. 22.6.2011 (BGBl. I S. 1126); Satz 1 HS 1 geänd. mWv 1.1.2017 durch G v. 18.7.2016 (BGBl. I S. 1679); Abs. 2 Satz 1 Nr. 2 geänd. mWv 18.12.2019 durch G v. 12.12.2019 (BGBl. I S. 2451).

[2] § 45a Abs. 2 Satz 1 neu gef. durch G v. 26.6.2013 (BGBl. I S. 1809); Satz 2 eingef., bish. Sätze 2 bis 4 werden Sätze 3 bis 5 mWv 23.7.2016 durch G v. 18.7.2016 (BGBl. I S. 1679); Satz 1 Nr. 2 geänd. durch G v. 12.12.2019 (BGBl. I S. 2451).

[3] § 45a Abs. 2 Satz 1 Nr. 4 angef. durch G v. 21.12.2020 (BGBl. I S. 3096); zur Anwendung siehe § 52 Abs. 44a Satz 1.

[4] § 45a Abs. 2a eingef. durch G v. 2.6.2021 (BGBl. I S. 1259); zur Anwendung siehe § 52 Abs. 44a Satz 3.

Bescheinigung nach Absatz 2 Satz 1 die Übermittlung der Angaben gemäß § 45b Absatz 5.]

(3)[1] [1]Werden Kapitalerträge für Rechnung des Schuldners durch ein inländisches Kreditinstitut, ein inländisches Finanzdienstleistungsinstitut oder ein inländisches Wertpapierinstitut gezahlt, so hat anstelle des Schuldners das Kreditinstitut, das Finanzdienstleistungsinstitut oder das Wertpapierinstitut die Bescheinigung zu erteilen, sofern nicht die Voraussetzungen des Absatzes 2 Satz 1 erfüllt sind. [2]Satz 1 gilt in den Fällen des § 20 Absatz 1 Nummer 1 Satz 4 entsprechend; der Emittent der Aktien gilt insoweit als Schuldner der Kapitalerträge.

(4) [1]Eine Bescheinigung nach Absatz 2 oder Absatz 3 ist auch zu erteilen, wenn in Vertretung des Gläubigers ein Antrag auf Erstattung der Kapitalertragsteuer nach § 44b gestellt worden ist oder gestellt wird. [2]Satz 1 gilt entsprechend, wenn nach § 44a Absatz 8 Satz 1 der Steuerabzug nur nicht in voller Höhe vorgenommen worden ist.

(5)[2] [1]Eine Ersatzbescheinigung darf nur ausgestellt werden, wenn die Urschrift oder die elektronisch übermittelten Daten nach den Angaben des Gläubigers abhandengekommen oder vernichtet sind. [2]Die Ersatzbescheinigung muss als solche gekennzeichnet sein. [3]Über die Ausstellung von Ersatzbescheinigungen hat der Aussteller Aufzeichnungen zu führen.

[Fassung bis 31.12.2022:]

(6)[3] [1]Eine Bescheinigung, die den Absätzen 2 bis 5 nicht entspricht, hat der Aussteller durch eine berichtigte Bescheinigung zu ersetzen und im Fall der Übermittlung in Papierform zurückzufordern. [2]Die berichtigte Bescheinigung ist als solche zu kennzeichnen. [3]Wird die zurückgeforderte Bescheinigung nicht innerhalb eines Monats nach Zusendung der berichtigten Bescheinigung an den Aussteller zurückgegeben, hat der Aussteller das nach seinen Unterlagen für den Empfänger zuständige Finanzamt schriftlich zu benachrichtigen.

[Fassung ab 1.1.2023:]

(6)[4] [1]Eine Bescheinigung, die den Absätzen 2 bis 5 nicht entspricht, hat der Aussteller unverzüglich durch eine berichtigte Bescheinigung zu ersetzen. [2]Die berichtigte Bescheinigung ist als solche zu kennzeichnen. [3]Der Aussteller hat dem für ihn zuständigen Betriebsstättenfinanzamt unverzüglich nach Maßgabe des § 93c der Abgabenordnung neben den in § 93c Absatz 1 der Abgabenordnung genannten Angaben folgende Daten zu übermitteln:

1. den Anlass für die Ausstellung der berichtigten Bescheinigung und deren Ausstellungsdatum,
2. die ursprünglichen und die berichtigten Angaben in der Bescheinigung sowie

---

[1] § 45a Abs. 3 Satz 1 geänd. durch G v. 22.6.2011 (BGBl. I S. 1126); Abs. 3 Sätze 1 und 2 geänd. mWv 26.6.2021 durch G v. 12.5.2021 (BGBl. I S. 990).

[2] § 45a Abs. 5 Satz 1 geänd. mWv 23.7.2016 durch G v. 18.7.2016 (BGBl. I S. 1679).

[3] § 45a Abs. 6 Satz 1 neu gef. mWv 23.7.2016 durch G v. 18.7.2016 (BGBl. I S. 1679).

[4] § 45a Abs. 6 neu gef. durch G v. 21.12.2020 (BGBl. I S. 3096); zur Anwendung siehe § 52 Abs. 44a Satz 2.

[Fassung ab 1.1.2023:]

3. in den Fällen des Gläubigerwechsels die Identifikationsnummer, den Namen und die Anschrift des bisherigen Gläubigers der Kapitalerträge.

[4] Bei Steuerpflichtigen, die nicht unbeschränkt steuerpflichtig sind, findet Satz 3 mit der Maßgabe Anwendung, dass der Aussteller die Daten an das Bundeszentralamt für Steuern zu übermitteln hat.

(7)[1] [1] Der Aussteller einer Bescheinigung, die den Absätzen 2 bis 5 [***ab 1.1.2025:*** sowie § 45b Absatz 1 bis 4] nicht entspricht, haftet für die auf Grund *der Bescheinigung verkürzten Steuern oder zu Unrecht gewährten Steuervorteile* [***ab 1.1.2025:*** dessen verkürzten Steuern oder zu Unrecht gewährten Steuervorteile; dies gilt entsprechend für die die Kapitalerträge auszahlende Stelle im Hinblick auf die nach § 45b Absatz 5 zu übermittelnden Angaben.] [2] Ist die Bescheinigung nach Absatz 3 durch ein inländisches Kredit-, Finanzdienstleistungs- oder Wertpapierinstitut auszustellen, so haftet der Schuldner auch, wenn er zum Zweck der Bescheinigung unrichtige Angaben macht. [***bis 31.12.2023:*** *[3] Der Aussteller haftet nicht*

1. in den Fällen des Satzes 2,

2. wenn er die ihm nach Absatz 6 obliegenden Verpflichtungen erfüllt hat.]

[ab 1.1.2025:]

§ 45b[2] Angaben zur Bescheinigung und Abführung der Kapitalertragsteuer. (1) Die die Kapitalerträge auszahlende Stelle weist jeder nach Maßgabe des § 45a Absatz 2 zu erteilenden Bescheinigung und jedem nach § 45b Absatz 5 zu übermittelnden Datensatz eine nach amtlichem Muster zu erstellende Ordnungsnummer zu.

(2) Bei Kapitalerträgen im Sinne des § 43 Absatz 1 Satz 1 Nummer 1a und 2 Satz 4 ist die Bescheinigung nach § 45a Absatz 2 um folgende Angaben zu ergänzen:

1. die Identifikationsnummer nach § 139b der Abgabenordnung des Gläubigers der Kapitalerträge; handelt es sich bei dem Gläubiger der Kapitalerträge nicht um eine natürliche Person, so sind dessen Firma oder Name, Anschrift und Wirtschafts-Identifikationsnummer nach § 139c der Abgabenordnung oder, wenn die Wirtschafts-Identifikationsnummer noch nicht vergeben wurde, dessen Steuernummer anzugeben;

---

[1] § 45a Abs. 7 Satz 1 neu gef. mWv 1.1.2025 (§ 52 Abs. 44a Satz 3), Satz 3 aufgeh. mWv 31.12.2023 (§ 52 Abs. 44a Satz 4) durch G v. 2.6.2021 (BGBl. I S. 1259); Satz 2 geänd. durch G v. 16.12.2022 (BGBl. I S. 2294).

[2] § 45b eingef. durch G v. 2.6.2021 (BGBl. I S. 1259); zur Anwendung siehe § 52 Abs. 44b; Abs. 3 Satz 3 und Abs. 7 Satz 2 geänd. durch G v. 16.12.2022 (BGBl. I S. 2294).

2. den Bruttobetrag der vom Gläubiger der Kapitalerträge je Wertpapiergattung und Zahlungstag erzielten Kapitalerträge unter Angabe der Bezeichnung und der Internationalen Wertpapierkennnummer des Wertpapiers;
3. den Betrag, der je Wertpapiergattung und Zahlungstag einbehaltenen und abgeführten Kapitalertragsteuer und den Betrag der einbehaltenen und abgeführten Zuschlagsteuern; die Ermäßigung der Kapitalertragsteuer um die auf die Kapitalerträge entfallende Kirchensteuer ist nicht zu berücksichtigen; sind die Kapitalerträge nach Maßgabe des § 43a Absatz 3 Satz 2 mit negativen Kapitalerträgen auszugleichen, sind statt der Beträge der abgeführten Steuern der Betrag der einbehaltenen und auf die Kapitalerträge entfallenden Kapitalertragsteuer vor Durchführung des Verlustausgleiches und vor Berücksichtigung des Sparer-Pauschbetrages sowie der Betrag der darauf entfallenden Zuschlagsteuern anzugeben;
4. die Höhe des jeweils angewendeten Steuersatzes;
5. die Stückzahl der Wertpapiere je Wertpapiergattung und Zahlungstag sowie davon die Stückzahl der Wertpapiere, die auf der Grundlage einer Wertpapierleihe oder eines Wertpapierpensionsgeschäftes übertragen wurden, verbunden mit der Angabe, ob bei Anschaffung der Aktien die Lieferung von Aktien mit oder ohne Dividendenanspruch vereinbart wurde und ob Aktien mit oder ohne Dividendenanspruch geliefert wurden;
6. zur Anschaffung der Wertpapiere oder zu ihrer Übertragung auf der Grundlage einer Wertpapierleihe oder eines Wertpapierpensionsgeschäftes jeweils das Datum des Handelstags, das Datum des vereinbarten Abwicklungstags und das Datum des tatsächlichen Abwicklungstags sowie die jeweilige Stückzahl;
7. zur Veräußerung der Wertpapiere oder zu ihrer Rückübertragung auf der Grundlage einer Wertpapierleihe oder eines Wertpapierpensionsgeschäftes, soweit die Wertpapiere innerhalb von 45 Tagen nach Fälligkeit der Kapitalerträge veräußert oder rückübertragen wurden, jeweils das Datum des Handelstags, das Datum des vereinbarten Abwicklungstags und das Datum des tatsächlichen Abwicklungstags sowie die jeweilige Stückzahl;
8. die Firma, die Rechtsform, die Anschrift und der Legal Entity Identifier der jeweils in die Verwahrkette nacheinander eingebundenen inländischen oder ausländischen Zwischenverwahrstellen der Wertpapiere sowie der Depotbank, die die Wertpapiere für den Gläubiger der Kapitalerträge unmittelbar verwahrt, unter Angabe der jeweiligen Depotnummern der durch die Zwischenverwahrstellen geführten Depots, in denen die Aktien verwahrt werden;
9. die Konto- oder Depotnummer des Gläubigers der Kapitalerträge; werden die Wertpapiere durch einen Treuhänder für den Gläubiger der Kapitalerträge verwahrt, sind die Konto- oder Depotnummer des Treuhänders sowie die Daten nach Nummer 1 auch für den Treuhänder anzugeben.

(3) [1]Soweit die Kapitalerträge im Sinne des Absatzes 2 auf Grund eines Hinterlegungsscheines bezogen wurden, beziehen sich die Angaben nach Absatz 2 auf den Hinterlegungsschein. [2]Die Bescheinigung nach § 45a Absatz 2

ist in diesem Fall je Wertpapiergattung und Zahlungstag um folgende Angaben zu ergänzen:

1. die Bezeichnung und die Internationale Wertpapierkennnummer der hinterlegten Wertpapiere;
2. das in den Emissionsbedingungen des Hinterlegungsscheines festgelegte Verhältnis der Hinterlegungsscheine zu den durch die inländische Hinterlegungsstelle verwahrten inländischen Wertpapieren;
3. die Gesamtzahl ausgegebener Hinterlegungsscheine sowie die Gesamtzahl der hinterlegten Wertpapiere, jeweils zum Zeitpunkt des Gewinnverteilungsbeschlusses;
4. die Anzahl der Hinterlegungsscheine des Gläubigers der Kapitalerträge zum Zeitpunkt des Gewinnverteilungsbeschlusses.

[3] Einem Kredit-, Finanzdienstleistungs- oder Wertpapierinstitut darf eine Bescheinigung nach § 45a Absatz 2 Satz 1 erster Halbsatz nur erteilt werden, soweit es dem Aussteller schriftlich versichert, dass die Wertpapiere nicht als Deckungsbestand für ausgegebene Hinterlegungsscheine dienen. [4] Für Kapitalerträge, die auf einem Hinterlegungsschein beruhen, darf dem Inhaber des Hinterlegungsscheines eine Bescheinigung nur erteilt werden, wenn der Emittent des Hinterlegungsscheines dem Aussteller schriftlich versichert, dass die Gesamtzahl ausgegebener Hinterlegungsscheine im gesamten Zeitraum zwischen dem Gewinnverteilungsbeschluss für die bei der inländischen Hinterlegungsstelle hinterlegten Wertpapiere und der Gutschrift der Erträge bei den Inhabern der Hinterlegungsscheine dem Verhältnis nach Satz 2 Nummer 2 entsprochen hat.

(4) [1] Der Aussteller der Bescheinigung hat die nach Absatz 2 und 3 Satz 2 zu ergänzenden Angaben an das Bundeszentralamt für Steuern nach Maßgabe des § 93c Absatz 1 Nummer 1 und 2 der Abgabenordnung elektronisch zu übermitteln; dabei ist die nach Absatz 1 vergebene Ordnungsnummer anzugeben. [2] Die Datenübermittlung nach Satz 1 hat abweichend von § 93c Absatz 1 Nummer 1 der Abgabenordnung bis spätestens zum 31. Juli des auf den Zufluss des Kapitalertrages folgenden Kalenderjahres zu erfolgen. [3] Sind die Kapitalerträge nach Maßgabe des § 43a Absatz 3 Satz 2 mit negativen Kapitalerträgen auszugleichen, so sind neben den Angaben nach Satz 1 der Betrag der auf der nach amtlichem Muster erteilten Bescheinigung für den Gläubiger der Kapitalerträge ausgewiesenen Kapitalertragsteuer und der Betrag der ausgewiesenen Zuschlagsteuer zu übermitteln. [4] Die nach Maßgabe des § 93c Absatz 1 Nummer 3 der Abgabenordnung dem Steuerpflichtigen zu erteilende Information kann auf der Bescheinigung angegeben werden.

(5) [1] In den Fällen des § 45a Absatz 2a hat die die Kapitalerträge auszahlende Stelle auf Verlangen des Gläubigers der Kapitalerträge dem Bundeszentralamt für Steuern nach Maßgabe des § 93c Absatz 1 Nummer 1 und 2 der Abgabenordnung für jeden Zufluss unverzüglich elektronisch die in den Absätzen 2 und 3 Satz 2 genannten Angaben zu übermitteln; dabei sind die nach Absatz 1 vergebene Ordnungsnummer, das durch den Ansässigkeitsstaat vergebene Steueridentifikationsmerkmal des Gläubigers der Kapitalerträge sowie, sofern der Gläubiger der Kapitalerträge keine natürliche Person ist und eine

Wirtschafts-Identifikationsnummer nach § 139c Absatz 1 der Abgabenordnung noch nicht vergeben wurde, die Rechtsform und das Datum des Gründungsaktes der Körperschaft, Personenvereinigung oder Vermögensmasse anzugeben. [2] Absatz 3 Satz 3 und 4 gilt entsprechend.

(6) [1] Wurde für Kapitalerträge im Sinne des § 43 Absatz 1 Satz 1 Nummer 1a oder Nummer 2 Satz 4 keine Bescheinigung nach § 45a Absatz 2 erteilt oder wurden keine Angaben gemäß § 45a Absatz 2a übermittelt, hat die die Kapitalerträge auszahlende Stelle dem Bundeszentralamt für Steuern elektronisch nach Maßgabe des § 93c Absatz 1 Nummer 1 und 2 der Abgabenordnung folgende Angaben zu den Zuflüssen des vorangegangenen Kalenderjahres zu übermitteln:

1. die Identifikationsnummer nach § 139b Absatz 1 der Abgabenordnung des Depotinhabers; handelt es sich bei dem Depotinhaber nicht um eine natürliche Person, so sind dessen Firma oder Name, Anschrift und Wirtschafts-Identifikationsnummer nach § 139c Absatz 1 der Abgabenordnung oder, wenn diese noch nicht vergeben wurde, dessen Steuernummer anzugeben; bei im Ausland ansässigen Steuerpflichtigen ist zusätzlich das durch den Ansässigkeitsstaat vergebene Steueridentifikationsmerkmal anzugeben;
2. die Konto- oder Depotnummer;
3. den Bruttobetrag der je Wertpapiergattung und Zahlungstag erzielten Kapitalerträge unter Angabe der Bezeichnung und der Internationalen Wertpapierkennnummer des Wertpapiers sowie die Stückzahl der Wertpapiere und
4. den Betrag der je Wertpapiergattung und Zahlungstag einbehaltenen und abgeführten Kapitalertragsteuer und den Betrag der Zuschlagsteuern sowie den angewendeten Steuersatz.

[2] Wurde für Kapitalerträge im Sinne des § 43 Absatz 1 Satz 1 Nummer 1a oder Nummer 2 Satz 4 vom Steuerabzug ganz oder teilweise Abstand genommen, so hat die die Kapitalerträge auszahlende Stelle dem Bundeszentralamt für Steuern elektronisch nach Maßgabe des § 93c Absatz 1 Nummer 1 und 2 der Abgabenordnung neben den in den Absätzen 2, 3 Satz 2 und Absatz 5 Satz 1 genannten Angaben folgende Angaben zu den Zuflüssen des vorangegangenen Kalenderjahres zu übermitteln:

1. die Ordnungsnummer, die bei Erteilung einer Bescheinigung nach § 45a Absatz 2 oder Übermittlung von Angaben gemäß § 45a Absatz 2a vergeben wurde, und
2. die Rechtsgrundlage für den reduzierten oder unterlassenen Steuerabzug.

[3] Die Datenübermittlung nach den Sätzen 1 und 2 hat abweichend von § 93c Absatz 1 Nummer 1 der Abgabenordnung bis spätestens zum 31. Juli des auf den Zufluss des Kapitalertrages folgenden Kalenderjahres zu erfolgen.

(7) [1] Die inländischen und ausländischen Zwischenverwahrstellen sowie die Depotbank und der Treuhänder, die die Wertpapiere für den Gläubiger der Kapitalerträge unmittelbar verwahren, sind für die Zwecke der Absätze 2 bis 5 verpflichtet, ihrer jeweiligen Verwahrstelle die Angaben nach Absatz 2 Nummer 1, 2, 5 bis 9 und Absatz 3 Satz 2 vollständig und richtig mitzuteilen. [2] Das Kredit-, Finanzdienstleistungs- oder Wertpapierinstitut und der Emittent der

Hinterlegungsscheine haben die nach § 45b Absatz 3 Satz 3 oder Satz 4 gegenüber dem Aussteller der Steuerbescheinigung zu erteilende schriftliche Versicherung vollständig und richtig abzugeben. [3]Die Bescheinigung nach § 45a Absatz 2 darf erst erteilt und die Angaben gemäß § 45a Absatz 2a dürfen erst übermittelt werden, wenn der die Kapitalerträge auszahlenden Stelle die Angaben nach den Absätzen 2 und 3 vollständig vorliegen.

(8) In den Fällen der Absätze 4 bis 6 gilt Folgendes:

1. § 93c Absatz 3 der Abgabenordnung ist mit der Maßgabe anzuwenden, dass der übermittelte Datensatz unabhängig davon zu korrigieren oder zu stornieren ist, wann die die Kapitalerträge auszahlende Stelle die Feststellung im Sinne des § 93c Absatz 3 Satz 1 Nummer 1 oder Nummer 2 der Abgabenordnung trifft; die die Kapitalerträge auszahlende Stelle ist unabhängig von der in § 93c Absatz 3 der Abgabenordnung genannten Frist verpflichtet, einen Datensatz zu übermitteln, wenn sie nachträglich erkennt, dass sie zur Übermittlung eines Datensatzes verpflichtet war und der Datensatz nicht übermittelt wurde;
2. § 171 Absatz 10a der Abgabenordnung ist mit der Maßgabe anzuwenden, dass die Festsetzungsfrist unabhängig vom Zeitpunkt des Zugangs der Daten bei dem Bundeszentralamt für Steuern nicht vor Ablauf von zwei Jahren nach Zugang der Daten endet.

(9) Inländische börsennotierte Gesellschaften haben gemäß § 67d des Aktiengesetzes Informationen über die Identität ihrer Aktionäre zum Zeitpunkt ihres Gewinnverteilungsbeschlusses zu verlangen und die ihnen übermittelten Informationen elektronisch nach Maßgabe des § 93c der Abgabenordnung unverzüglich elektronisch an das Bundeszentralamt für Steuern zu übermitteln.

(10) [1]Das Bundeszentralamt für Steuern speichert die nach den Absätzen 4 bis 6 und 9 übermittelten Daten zur Ermittlung der auf die Kapitalerträge einbehaltenen und abgeführten Kapitalertragsteuer und analysiert diese im Hinblick auf missbräuchliche Steuergestaltungsmodelle, die die Erlangung eines Steuervorteils aus der Erhebung oder Entlastung von Kapitalertragsteuer mit erheblicher Bedeutung zum Gegenstand haben. [2]Es darf dazu auch ihm nach Maßgabe dieser Absätze übermittelte personenbezogene Daten verarbeiten, soweit dies zur Erfüllung der Aufgabe nach Satz 1 erforderlich ist.

[ab 1.1.2025:]

§ 45c[1)] Zusammengefasste Mitteilung zur Bescheinigung und Abführung der Kapitalertragsteuer. (1) [1]Die die Kapitalerträge auszahlende Stelle hat dem Bundeszentralamt für Steuern bis zum 31. Juli des auf den Zufluss der Kapitalerträge folgenden Kalenderjahres folgende Daten zu übermitteln:

1. die Summe der in einem Kalenderjahr je Wertpapiergattung und Zahlungstag durch die die Kapitalerträge auszahlende Stelle berücksichtigten Bruttoerträge im Sinne des § 43 Absatz 1 Satz 1 Nummer 1a und 2 Satz 4;

[1)] § 45c eingef. durch G v. 2.6.2021 (BGBl. I S. 1259); zur Anwendung siehe § 52 Abs. 44c.

2. den Betrag der auf diese Kapitalerträge einbehaltenen und abgeführten Kapitalertragsteuer und den Betrag der einbehaltenen und abgeführten Zuschlagsteuern;
3. die für diese Kapitalerträge nach § 45a Absatz 2 bescheinigte oder gemäß § 45a Absatz 2a angegebene Kapitalertragsteuer und Zuschlagsteuern; sind die Kapitalerträge nach Maßgabe des § 43a Absatz 3 Satz 2 mit negativen Kapitalerträgen auszugleichen, sind der Betrag der einbehaltenen und auf die Kapitalerträge entfallenden Kapitalertragsteuer vor Durchführung des Verlustausgleiches und vor Berücksichtigung des Sparer-Pauschbetrages sowie der Betrag der darauf entfallenden Zuschlagsteuern zu übermitteln;
4. die diesen Kapitalerträgen zugrunde liegende Stückzahl der Wertpapiere und
5. die Bezeichnung und die Internationale Wertpapierkennnummer der Wertpapiergattung.

[2] Satz 1 gilt entsprechend für die Summe der gutgeschriebenen Kapitalerträge, bei denen ein Steuerabzug nicht oder nicht in voller Höhe vorgenommen wurde. [3] Die Rechtsgrundlage für die Abstandnahme vom Steuerabzug und die darauf entfallenden Beträge sind anzugeben.

(2) [1] Die inländische Wertpapiersammelbank hat dem Bundeszentralamt für Steuern bis zum 31. Juli des auf den Zufluss der Kapitalerträge folgenden Kalenderjahres folgende Daten je Wertpapiergattung und Kundendepot unter Angabe der Internationalen Wertpapierkennnummer und der Stückzahl der Wertpapiere zu übermitteln:

1. die in § 45b Absatz 2 Nummer 1 genannten Angaben zum Depotinhaber; verfügt der Depotinhaber nicht über eine inländische Steuernummer, so ist die durch seinen Ansässigkeitsstaat vergebene Steueridentifikationsnummer anzugeben;
2. die Konto- oder Depotnummer;
3. die Summe der in einem Kalenderjahr am Zahlungstag gutgeschriebenen Kapitalerträge im Sinne des § 43 Absatz 1 Satz 1 Nummer 1a und 2 Satz 4, die auf Grund eines gebuchten Bestandes am Dividendenstichtag gutgeschrieben wurden;
4. die Summe der in einem Kalenderjahr gutgeschriebenen Kompensationszahlungen;
5. die Summe der in einem Kalenderjahr belasteten Kompensationszahlungen;
6. den Saldo aus der Summe der gutgeschriebenen Kapitalerträge zuzüglich der Summe der gutgeschriebenen Kompensationszahlungen und der Summe der belasteten Kompensationszahlungen;
7. den Betrag der einbehaltenen und abgeführten Kapitalertragsteuer und den Betrag der einbehaltenen und abgeführten Zuschlagsteuern auf die Beträge nach den Nummern 3 und 4;
8. die Stückzahl der Wertpapiere, für die die Wertpapiersammelbank keine Dividendenregulierung vorgenommen hat.

²Die Pflicht zur Datenübermittlung nach Satz 1 mit Ausnahme der Angabe nach Satz 1 Nummer 8 gilt entsprechend für die die Kapitalerträge auszahlenden Stellen nach § 44 Absatz 1 Satz 4 Nummer 3. ³Dem Bundeszentralamt für Steuern sind bis zum 31. Juli des auf die Abführung des Steuerbetrages folgenden Kalenderjahres der Betrag der nach § 44 Absatz 1a abgeführten Kapitalertragsteuer sowie die nach § 45a Absatz 2 Satz 1 Nummer 3 bescheinigten Angaben zu übermitteln.

(3) ¹§ 93c der Abgabenordnung ist mit Ausnahme von dessen Absatz 1 Nummer 2 Buchstabe c und d und Nummer 3 entsprechend anzuwenden. ²§ 45b Absatz 8 gilt entsprechend.

(4) ¹Das Bundeszentralamt für Steuern speichert die ihm nach den Absätzen 1 und 2 übermittelten Daten zur Ermittlung der auf diese Kapitalerträge einbehaltenen und bescheinigten Kapitalertragsteuer und analysiert diese im Hinblick auf missbräuchliche Steuergestaltungsmodelle, die die Erlangung eines Steuervorteils aus der Erhebung oder Entlastung von Kapitalertragsteuer mit erheblicher Bedeutung zum Gegenstand haben. ²Es darf dazu ihm nach Maßgabe der Absätze 1 und 2 übermittelte personenbezogene Daten verarbeiten, soweit dies zur Erfüllung der Aufgabe nach Satz 1 erforderlich ist.

§ 45d Mitteilungen an das Bundeszentralamt für Steuern. (1)[1] ¹Wer nach § 44 Absatz 1 dieses Gesetzes und nach § 7 des Investmentsteuergesetzes[2] zum Steuerabzug verpflichtet ist, hat dem Bundeszentralamt für Steuern nach Maßgabe des § 93c der Abgabenordnung neben den in § 93c Absatz 1 der Abgabenordnung genannten Angaben folgende Daten zu übermitteln:

1. bei den Kapitalerträgen, für die ein Freistellungsauftrag erteilt worden ist,
   a) die Kapitalerträge, bei denen vom Steuerabzug Abstand genommen worden ist oder bei denen Kapitalertragsteuer auf Grund des Freistellungsauftrags gemäß § 44b Absatz 6 Satz 4 dieses Gesetzes oder gemäß § 7 Absatz 5 Satz 1 des Investmentsteuergesetzes erstattet wurde,
   b) die Kapitalerträge, bei denen die Erstattung von Kapitalertragsteuer beim Bundeszentralamt für Steuern beantragt worden ist,
2. die Kapitalerträge, bei denen auf Grund einer Nichtveranlagungs-Bescheinigung einer natürlichen Person nach § 44a Absatz 2 Satz 1 Nummer 2 vom Steuerabzug Abstand genommen oder eine Erstattung vorgenommen wurde.

²Bei einem gemeinsamen Freistellungsauftrag sind die Daten beider Ehegatten zu übermitteln. ³§ 72a Absatz 4, § 93c Absatz 1 Nummer 3 und § 203a der Abgabenordnung finden keine Anwendung.

(2)[3] ¹Das Bundeszentralamt für Steuern darf den Sozialleistungsträgern die Daten nach Absatz 1 mitteilen, soweit dies zur Überprüfung des bei der Sozialleistung zu berücksichtigenden Einkommens oder Vermögens erforderlich ist oder die betroffene Person zustimmt. ²Für Zwecke des Satzes 1 ist das Bun-

[1] § 45d Abs. 1 neu gef. durch G v. 18.7.2016 (BGBl. I S. 1679); zur Anwendung siehe § 52 Abs. 45 Satz 2.

[2] Nr. **120.**

[3] § 45d Abs. 2 Satz 1 geänd. mWv VZ 2019 durch G v. 20.11.2019 (BGBl. I S. 1626).

deszentralamt für Steuern berechtigt, die ihm von den Sozialleistungsträgern übermittelten Daten mit den vorhandenen Daten nach Absatz 1 im Wege des automatisierten Datenabgleichs zu überprüfen und das Ergebnis den Sozialleistungsträgern mitzuteilen.

(3)[1] [1] Ein inländischer Versicherungsvermittler im Sinne des § 59 Absatz 1 des Versicherungsvertragsgesetzes hat das Zustandekommen eines Vertrages im Sinne des § 20 Absatz 1 Nummer 6 zwischen einer im Inland ansässigen Person und einem Versicherungsunternehmen mit Sitz und Geschäftsleitung im Ausland nach Maßgabe des § 93c der Abgabenordnung dem Bundeszentralamt für Steuern mitzuteilen. [2] Dies gilt nicht, wenn das Versicherungsunternehmen eine Niederlassung im Inland hat oder das Versicherungsunternehmen dem Bundeszentralamt für Steuern bis zu diesem Zeitpunkt das Zustandekommen eines Vertrages angezeigt und den Versicherungsvermittler hierüber in Kenntnis gesetzt hat. [3] Neben den in § 93c Absatz 1 der Abgabenordnung genannten Daten sind folgende Daten zu übermitteln:

1. Name und Anschrift des Versicherungsunternehmens sowie Vertragsnummer oder sonstige Kennzeichnung des Vertrages,
2. Laufzeit und garantierte Versicherungssumme oder Beitragssumme für die gesamte Laufzeit,
3. Angabe, ob es sich um einen konventionellen, einen fondsgebundenen oder einen vermögensverwaltenden Versicherungsvertrag handelt.

[4] Ist mitteilungspflichtige Stelle nach Satz 1 das ausländische Versicherungsunternehmen und verfügt dieses weder über ein Identifikationsmerkmal nach den §§ 139a bis 139c der Abgabenordnung noch über eine Steuernummer oder ein sonstiges Ordnungsmerkmal, so kann abweichend von § 93c Absatz 1 Nummer 2 Buchstabe a der Abgabenordnung auf diese Angaben verzichtet werden. [5] Der Versicherungsnehmer gilt als Steuerpflichtiger im Sinne des § 93c Absatz 1 Nummer 2 Buchstabe c der Abgabenordnung. [6] § 72a Absatz 4 und § 203a der Abgabenordnung finden keine Anwendung.

§ 45e[2] Ermächtigung für Zinsinformationsverordnung. [1] Die Bundesregierung wird ermächtigt, durch Rechtsverordnung[3] mit Zustimmung des Bundesrates die Richtlinie 2003/48/EG des Rates vom 3. Juni 2003 (ABl. EU Nr. L 157 S. 38) in der jeweils geltenden Fassung im Bereich der Besteuerung von Zinserträgen umzusetzen. [2] § 45d Absatz 1 Satz 2 und Absatz 2 ist entsprechend anzuwenden.

4. Veranlagung von Steuerpflichtigen mit steuerabzugspflichtigen Einkünften

§ 46 Veranlagung bei Bezug von Einkünften aus nichtselbständiger Arbeit. (1) (weggefallen)

---

[1] § 45d Abs. 3 neu gef. durch G v. 18.7.2016 (BGBl. I S. 1679); zur Anwendung siehe § 52 Abs. 45 Satz 3.

[2] § 45e Satz 2 geänd. durch G v. 25.7.2014 (BGBl. I S. 1266).

[3] ZinsinformationsVO v. 26.1.2004 (Nr. **11**) in der jeweils geltenden Fassung.

(2) Besteht das Einkommen ganz oder teilweise aus Einkünften aus nichtselbständiger Arbeit, von denen ein Steuerabzug vorgenommen worden ist, so wird eine Veranlagung nur durchgeführt,

1. wenn die positive Summe der einkommensteuerpflichtigen Einkünfte, die nicht dem Steuerabzug vom Arbeitslohn zu unterwerfen waren, vermindert um die darauf entfallenden Beträge nach § 13 Absatz 3 und § 24a, oder die positive Summe der Einkünfte und Leistungen, die dem Progressionsvorbehalt unterliegen, jeweils mehr als 410 Euro beträgt;
2. wenn der Steuerpflichtige nebeneinander von mehreren Arbeitgebern Arbeitslohn bezogen hat; das gilt nicht, soweit nach § 38 Absatz 3a Satz 7 Arbeitslohn von mehreren Arbeitgebern für den Lohnsteuerabzug zusammengerechnet worden ist;

[Fassung bis VZ 2025:]

3.[1] wenn bei einem Steuerpflichtigen die Summe der beim Steuerabzug vom Arbeitslohn nach § 39b Absatz 2 Satz 5 Nummer 3 Buchstabe b bis d berücksichtigten Teilbeträge der Vorsorgepauschale größer ist als die abziehbaren Vorsorgeaufwendungen nach § 10 Absatz 1 Nummer 3 und Nummer 3a in Verbindung mit Absatz 4 und der im Kalenderjahr insgesamt erzielte Arbeitslohn *13 150 Euro übersteigt, oder bei Ehegatten, die die Voraussetzungen des § 26 Absatz 1 erfüllen, der im Kalenderjahr von den Ehegatten insgesamt erzielte Arbeitslohn 24 950 Euro übersteigt* [***ab VZ 2023:*** höher ist als die Summe aus dem Grundfreibetrag (§ 32a Absatz 1 Satz 2 Nummer 1), dem Arbeitnehmer-Pauschbetrag (§ 9a Satz 1 Nummer 1 Buchstabe a) und dem Sonderausgaben-Pauschbetrag (§ 10c Satz 1) oder bei Ehegatten, die die Voraussetzungen des § 26 Absatz 1 erfüllen, höher ist als die Summe aus dem doppelten Grundfreibetrag, dem Arbeitnehmer-Pauschbetrag und

[Fassung ab VZ 2026:]

3.[2] wenn Beiträge zu Krankenversicherungen und gesetzlichen Pflegeversicherungen im Sinne des § 10 Absatz 1 Nummer 3 erstattet wurden, die Erstattung mehr als 410 Euro betrug und der im Kalenderjahr erzielte Arbeitslohn höher ist als die Summe aus dem Grundfreibetrag (§ 32a Absatz 1 Satz 2 Nummer 1), dem Arbeitnehmer-Pauschbetrag (§ 9a Satz 1 Nummer 1 Buchstabe a) und dem Sonderausgaben-Pauschbetrag (§ 10c Satz 1) oder bei Ehegatten, die die Voraussetzungen des § 26 Absatz 1 erfüllen, höher ist als die Summe aus dem doppelten Grundfreibetrag, dem Arbeitnehmer-Pauschbetrag und dem doppelten Sonderausgaben-Pauschbetrag;

---

[1] § 46 Abs. 2 Nr. 3 neu gef. mW für VZ 2023 durch G v. 8.12.2022 (BGBl. I S. 2230).
[2] § 46 Abs. 2 Nr. 3 neu gef. mWv VZ 2024 durch G v. 8.12.2022 (BGBl. I S. 2230). Zur verschobenen Anwendung ab 2026 siehe § 52 Abs. 36 Satz 3.

[Fassung bis VZ 2025:]

dem doppelten Sonderausgaben-Pauschbetrag];

3a. wenn von Ehegatten, die nach den §§ 26, 26b zusammen zur Einkommensteuer zu veranlagen sind, beide Arbeitslohn bezogen haben und einer für den Veranlagungszeitraum oder einen Teil davon nach der Steuerklasse V oder VI besteuert oder bei Steuerklasse IV der Faktor (§ 39f) eingetragen worden ist;

4. wenn für einen Steuerpflichtigen ein Freibetrag im Sinne des § 39a Absatz 1 Satz 1 Nummer 1 bis 3, 5 oder Nummer 6 ermittelt worden ist und der im Kalenderjahr insgesamt erzielte Arbeitslohn

[Fassung für VZ 2022:][1)]

13 150 Euro übersteigt oder bei Ehegatten, die die Voraussetzungen des § 26 Absatz 1 erfüllen, der im Kalenderjahr von den Ehegatten insgesamt erzielte Arbeitslohn 24 950 Euro übersteigt;

[Fassung ab VZ 2023:][2)]

höher ist als die Summe aus dem Grundfreibetrag (§ 32a Absatz 1 Satz 2 Nummer 1), dem Arbeitnehmer-Pauschbetrag (§ 9a Satz 1 Nummer 1 Buchstabe a) und dem Sonderausgaben-Pauschbetrag (§ 10c Satz 1) oder bei Ehegatten, die die Voraussetzungen des § 26 Absatz 1 erfüllen, höher ist als die Summe aus dem doppelten Grundfreibetrag, dem Arbeitnehmer-Pauschbetrag und dem doppelten Sonderausgaben-Pauschbetrag;

dasselbe gilt für einen Steuerpflichtigen, der zum Personenkreis des § 1 Absatz 2 gehört.

4a. wenn bei einem Elternpaar, bei dem die Voraussetzungen des § 26 Absatz 1 Satz 1 nicht vorliegen,

a) bis c) (weggefallen)

d) im Fall des § 33a Absatz 2 Satz 5[3)] das Elternpaar gemeinsam eine Aufteilung des Abzugsbetrags in einem anderen Verhältnis als je zur Hälfte beantragt oder

e)[4)] im Fall des § 33b Absatz 5 Satz 3 das Elternpaar gemeinsam eine Aufteilung des Pauschbetrags für Menschen mit Behinderungen oder des Pauschbetrags für Hinterbliebene in einem anderen Verhältnis als je zur Hälfte beantragt.

---

1) § 46 Abs. 2 Nr. 4 neu gef. mWv VZ 2009 durch G v. 8.12.2010 (BGBl. I S. 1768); geänd. mWv VZ 2012 durch G v. 7.12.2011 (BGBl. I S. 2592); geänd. mWv 1.1.2020 durch G v. 12.12.2019 (BGBl. I S. 2451).

2) § 46 Abs. 2 Nr. 4 neu gef. mWv VZ 2023 durch G v. 8.12.2022 (BGBl. I S. 2230).

3) Verweis geänd. mWv VZ 2012 durch G v. 1.11.2011 (BGBl. I S. 2131).

4) § 46 Abs. 2 Nr. 4a Buchst. e geänd. mWv 15.12.2020 durch G v. 9.12.2020 (BGBl. I S. 2770).

[2]Die Veranlagungspflicht besteht für jeden Elternteil, der Einkünfte aus nichtselbständiger Arbeit bezogen hat;

5. wenn bei einem Steuerpflichtigen die Lohnsteuer für einen sonstigen Bezug im Sinne des § 34 Absatz 1 und 2 Nummer 2 und 4 nach § 39b Absatz 3 Satz 9 oder für einen sonstigen Bezug nach § 39c Absatz 3[1)] ermittelt wurde;

5a. wenn der Arbeitgeber die Lohnsteuer von einem sonstigen Bezug berechnet hat und dabei der Arbeitslohn aus früheren Dienstverhältnissen des Kalenderjahres außer Betracht geblieben ist (§ 39b Absatz 3 Satz 2, § 41 Absatz 1 Satz 6[2)], Großbuchstabe S);

6. wenn die Ehe des Arbeitnehmers im Veranlagungszeitraum durch Tod, Scheidung oder Aufhebung aufgelöst worden ist und er oder sein Ehegatte der aufgelösten Ehe im Veranlagungszeitraum wieder geheiratet hat;

7.[3)] wenn
   a) für einen unbeschränkt Steuerpflichtigen im Sinne des § 1 Absatz 1 bei der Bildung der Lohnsteuerabzugsmerkmale (§ 39) ein Ehegatte im Sinne des § 1a Absatz 1 Nummer 2 berücksichtigt worden ist oder
   b) für einen Steuerpflichtigen, der zum Personenkreis des § 1 Absatz 3 oder des § 1a gehört, Lohnsteuerabzugsmerkmale nach § 39 Absatz 2 gebildet worden sind; das nach § 39 Absatz 2 Satz 2 bis 4 zuständige Betriebsstättenfinanzamt ist dann auch für die Veranlagung zuständig;

8. wenn die Veranlagung beantragt wird, insbesondere zur Anrechnung von Lohnsteuer auf die Einkommensteuer. [2]Der Antrag ist durch Abgabe einer Einkommensteuererklärung zu stellen;

9.[4)] wenn ein Antrag im Sinne der Nummer 8 gestellt wird und daneben beantragt wird, als unbeschränkt Steuerpflichtiger im Sinne des § 1 Absatz 3 behandelt zu werden; die Zuständigkeit liegt beim lohnsteuerlichen Betriebsstättenfinanzamt des Arbeitgebers.

(3)[5)] [1]In den Fällen des Absatzes 2 ist ein Betrag in Höhe der einkommensteuerpflichtigen Einkünfte, von denen der Steuerabzug vom Arbeitslohn nicht vorgenommen worden ist und die nicht nach § 32d Absatz 6 der tariflichen Einkommensteuer unterworfen wurden, vom Einkommen abzuziehen, wenn diese Einkünfte insgesamt nicht mehr als 410 Euro betragen. [2]Der Betrag nach Satz 1 vermindert sich um den Altersentlastungsbetrag, soweit dieser den unter Verwendung des nach § 24a Satz 5 maßgebenden Prozentsatzes zu ermittelnden Anteil des Arbeitslohns mit Ausnahme der Versorgungsbezüge im Sinne des § 19 Absatz 2 übersteigt, und um den nach § 13 Absatz 3 zu berücksichtigenden Betrag.

---

1) Verweis geänd. mWv VZ 2012 durch G v. 7.12.2011 (BGBl. I S. 2592).
2) Verweis angepasst durch G v. 25.7.2014 (BGBl. I S. 1266).
3) § 46 Abs. 2 Nr. 7 geänd. mWv VZ 2012 durch G v. 7.12.2011 (BGBl. I S. 2592).
4) § 46 Abs. 2 Nr. 9 angef. mWv VZ 2020 durch G v. 12.12.2019 (BGBl. I S. 2451).
5) § 46 Abs. 3 Satz 1 geänd. mWv VZ 2014 durch G v. 25.7.2014 (BGBl. I S. 1266).

(4) [1] Kommt nach Absatz 2 eine Veranlagung zur Einkommensteuer nicht in Betracht, so gilt die Einkommensteuer, die auf die Einkünfte aus nichtselbständiger Arbeit entfällt, für den Steuerpflichtigen durch den Lohnsteuerabzug als abgegolten, soweit er nicht für zuwenig erhobene Lohnsteuer in Anspruch genommen werden kann. [2] § 42b bleibt unberührt.

(5)[1)] Durch Rechtsverordnung[2)] kann in den Fällen des Absatzes 2 Nummer 1, in denen die einkommensteuerpflichtigen Einkünfte, von denen der Steuerabzug vom Arbeitslohn nicht vorgenommen worden ist und die nicht nach § 32d Absatz 6 der tariflichen Einkommensteuer unterworfen wurden, den Betrag von 410 Euro übersteigen, die Besteuerung so gemildert werden, dass auf die volle Besteuerung dieser Einkünfte stufenweise übergeleitet wird.

§ 47. (weggefallen)

VII. Steuerabzug bei Bauleistungen

§ 48 Steuerabzug. (1) [1] Erbringt jemand im Inland eine Bauleistung (Leistender) an einen Unternehmer im Sinne des § 2 des Umsatzsteuergesetzes oder an eine juristische Person des öffentlichen Rechts (Leistungsempfänger), ist der Leistungsempfänger verpflichtet, von der Gegenleistung einen Steuerabzug in Höhe von 15 Prozent für Rechnung des Leistenden vorzunehmen. [2] Vermietet der Leistungsempfänger Wohnungen, so ist Satz 1 nicht auf Bauleistungen für diese Wohnungen anzuwenden, wenn er nicht mehr als zwei Wohnungen vermietet. [3] Bauleistungen sind alle Leistungen, die der Herstellung, Instandsetzung, Instandhaltung, Änderung oder Beseitigung von Bauwerken dienen. [4] Als Leistender gilt auch derjenige, der über eine Leistung abrechnet, ohne sie erbracht zu haben.

(2) [1] Der Steuerabzug muss nicht vorgenommen werden, wenn der Leistende dem Leistungsempfänger eine im Zeitpunkt der Gegenleistung gültige Freistellungsbescheinigung nach § 48b Absatz 1 Satz 1 vorlegt oder die Gegenleistung im laufenden Kalenderjahr den folgenden Betrag voraussichtlich nicht übersteigen wird:

1. 15 000 Euro, wenn der Leistungsempfänger ausschließlich steuerfreie Umsätze nach § 4 Nummer 12 Satz 1 des Umsatzsteuergesetzes ausführt,
2. 5000 Euro in den übrigen Fällen.

[2] Für die Ermittlung des Betrags sind die für denselben Leistungsempfänger erbrachten und voraussichtlich zu erbringenden Bauleistungen zusammenzurechnen.

(3) Gegenleistung im Sinne des Absatzes 1 ist das Entgelt zuzüglich Umsatzsteuer.

(4) Wenn der Leistungsempfänger den Steuerabzugsbetrag angemeldet und abgeführt hat,

---

1) § 46 Abs. 5 geänd. mWv VZ 2014 durch G v. 25.7.2014 (BGBl. I S. 1266).
2) Vgl. hierzu § 70 EStDV (Nr. **10**).

1. ist § 160 Absatz 1 Satz 1 der Abgabenordnung nicht anzuwenden,
2. sind § 42d Absatz 6 und 8 und § 50a Absatz 7 nicht anzuwenden.

§ 48a Verfahren. (1)[1] [1]Der Leistungsempfänger hat bis zum zehnten Tag

[Fassung bis VZ 2024:]

nach Ablauf des Monats, in dem die Gegenleistung im Sinne des § 48 erbracht wird, eine Anmeldung nach amtlich vorgeschriebenem Vordruck abzugeben, in der er den Steuerabzug für den Anmeldungszeitraum selbst zu berechnen hat. [2]Der Abzugsbetrag ist am zehnten Tag nach Ablauf des Anmeldungszeitraums fällig und an das für den Leistenden zuständige Finanzamt für Rechnung des Leistenden abzuführen. [3]Die Anmeldung des Abzugsbetrags steht einer Steueranmeldung gleich.

[Fassung ab VZ 2025:]

nach Ablauf des Monats, in dem die Gegenleistung im Sinne des § 48 erbracht wird, eine elektronische Anmeldung, in der er den Steuerabzug für den Anmeldungszeitraum selbst zu berechnen hat, nach amtlich vorgeschriebenem Datensatz über die amtlich vorgeschriebene Schnittstelle zu übermitteln. [2]Auf Antrag kann das Finanzamt zur Vermeidung unbilliger Härten auf die Übermittlung nach amtlich vorgeschriebenem Datensatz über die amtlich vorgeschriebene Schnittstelle verzichten; in diesem Fall ist die Anmeldung vom Leistungsempfänger nach amtlich vorgeschriebenem Vordruck abzugeben. [3]Der Abzugsbetrag ist am zehnten Tag nach Ablauf des Anmeldungszeitraums fällig und an das für den Leistenden zuständige Finanzamt für Rechnung des Leistenden abzuführen. [4]Die Anmeldung des Abzugsbetrags steht einer Steueranmeldung gleich.

(2) Der Leistungsempfänger hat mit dem Leistenden unter Angabe

1. des Namens und der Anschrift des Leistenden,
2. des Rechnungsbetrags, des Rechnungsdatums und des Zahlungstags,
3. der Höhe des Steuerabzugs und
4. des Finanzamts, bei dem der Abzugsbetrag angemeldet worden ist,

über den Steuerabzug abzurechnen.

(3) [1]Der Leistungsempfänger haftet für einen nicht oder zu niedrig abgeführten Abzugsbetrag. [2]Der Leistungsempfänger haftet nicht, wenn ihm im Zeitpunkt der Gegenleistung eine Freistellungsbescheinigung (§ 48b) vorgelegen hat, auf deren Rechtmäßigkeit er vertrauen konnte. [3]Er darf insbesondere dann nicht auf eine Freistellungsbescheinigung vertrauen, wenn diese durch unlautere Mittel oder durch falsche Angaben erwirkt wurde und ihm dies

---

[1] § 48a Abs. 1 Satz 1 neu gef., Satz 2 eingef., bish. Sätze 2 und 3 werden Sätze 3 und 4 mWv VZ 2025 durch G v. 16.12.2022 (BGBl. I S. 2294).

bekannt oder infolge grober Fahrlässigkeit nicht bekannt war. 4 Den Haftungsbescheid erlässt das für den Leistenden zuständige Finanzamt.

(4) § 50b gilt entsprechend.

§ 48b Freistellungsbescheinigung. (1) 1 Auf Antrag des Leistenden hat das für ihn zuständige Finanzamt, wenn der zu sichernde Steueranspruch nicht gefährdet erscheint und ein inländischer Empfangsbevollmächtigter bestellt ist, eine Bescheinigung nach amtlich vorgeschriebenem Vordruck zu erteilen, die den Leistungsempfänger von der Pflicht zum Steuerabzug befreit. 2 Eine Gefährdung kommt insbesondere dann in Betracht, wenn der Leistende

1. Anzeigepflichten nach § 138 der Abgabenordnung nicht erfüllt,
2. seiner Auskunfts- und Mitwirkungspflicht nach § 90 der Abgabenordnung nicht nachkommt,
3. den Nachweis der steuerlichen Ansässigkeit durch Bescheinigung der zuständigen ausländischen Steuerbehörde nicht erbringt.

(2) Eine Bescheinigung soll erteilt werden, wenn der Leistende glaubhaft macht, dass keine zu sichernden Steueransprüche bestehen.

(3)[1] 1 In der Bescheinigung sind anzugeben:

1. Name, Anschrift und Steuernummer des Leistenden,
2. Geltungsdauer der Bescheinigung,
3. Umfang der Freistellung sowie der Leistungsempfänger, wenn sie nur für bestimmte Bauleistungen gilt,
4. das ausstellende Finanzamt.

2 Der Antragsteller ist über die Verarbeitung der in Satz 1 genannten Daten durch das Bundeszentralamt für Steuern gemäß Absatz 6 zu informieren.

(4) Wird eine Freistellungsbescheinigung aufgehoben, die nur für bestimmte Bauleistungen gilt, ist dies den betroffenen Leistungsempfängern mitzuteilen.

(5) Wenn eine Freistellungsbescheinigung vorliegt, gilt § 48 Absatz 4 entsprechend.

(6)[2] 1 Das Bundeszentralamt für Steuern speichert die Daten nach Absatz 3 Satz 1. 2 Es erteilt dem Leistungsempfänger im Sinne des § 48 Absatz 1 Satz 1 im Wege einer elektronischen Abfrage Auskunft über die beim Bundeszentralamt für Steuern gespeicherten Freistellungsbescheinigungen.

§ 48c Anrechnung. (1) 1 Soweit der Abzugsbetrag einbehalten und angemeldet worden ist, wird er auf vom Leistenden zu entrichtende Steuern nacheinander wie folgt angerechnet:

1. die nach § 41a Absatz 1 einbehaltene und angemeldete Lohnsteuer,

---

[1] § 48b Abs. 3 Satz 2 angef., bish. Text wird Satz 1 mWv VZ 2019 durch G v. 20.11.2019 (BGBl. I S. 1626).

[2] § 48b Abs. 6 Satz 1 eingef., neuer Satz 2 geänd., neuer Satz 3 aufgeh. mWv VZ 2019 durch G v. 20.11.2019 (BGBl. I S. 1626).

2. die Vorauszahlungen auf die Einkommen- oder Körperschaftsteuer,
3. die Einkommen- oder Körperschaftsteuer des Besteuerungs- oder Veranlagungszeitraums, in dem die Leistung erbracht worden ist, und
4. die vom Leistenden im Sinne der §§ 48, 48a anzumeldenden und abzuführenden Abzugsbeträge.

2 Die Anrechnung nach Satz 1 Nummer 2 kann nur für Vorauszahlungszeiträume innerhalb des Besteuerungs- oder Veranlagungszeitraums erfolgen, in dem die Leistung erbracht worden ist. 3 Die Anrechnung nach Satz 1 Nummer 2 darf nicht zu einer Erstattung führen.

(2) 1 Auf Antrag des Leistenden erstattet das nach § 20a Absatz 1 der Abgabenordnung zuständige Finanzamt den Abzugsbetrag. 2 Die Erstattung setzt voraus, dass der Leistende nicht zur Abgabe von Lohnsteueranmeldungen verpflichtet ist und eine Veranlagung zur Einkommen- oder Körperschaftsteuer nicht in Betracht kommt oder der Leistende glaubhaft macht, dass im Veranlagungszeitraum keine zu sichernden Steueransprüche entstehen werden. 3 Der Antrag ist nach amtlich vorgeschriebenem Muster bis zum Ablauf des zweiten Kalenderjahres zu stellen, das auf das Jahr folgt, in dem der Abzugsbetrag angemeldet worden ist; weitergehende Fristen nach einem Abkommen zur Vermeidung der Doppelbesteuerung bleiben unberührt.

(3) Das Finanzamt kann die Anrechnung ablehnen, soweit der angemeldete Abzugsbetrag nicht abgeführt worden ist und Anlass zu der Annahme besteht, dass ein Missbrauch vorliegt.

§ 48d Besonderheiten im Fall von Doppelbesteuerungsabkommen. (1) 1 Können Einkünfte, die dem Steuerabzug nach § 48 unterliegen, nach einem Abkommen zur Vermeidung der Doppelbesteuerung nicht besteuert werden, so sind die Vorschriften über die Einbehaltung, Abführung und Anmeldung der Steuer durch den Schuldner der Gegenleistung ungeachtet des Abkommens anzuwenden. 2 Unberührt bleibt der Anspruch des Gläubigers der Gegenleistung auf Erstattung der einbehaltenen und abgeführten Steuer. 3 Der Anspruch ist durch Antrag nach § 48c Absatz 2 geltend zu machen. 4 Der Gläubiger der Gegenleistung hat durch eine Bestätigung der für ihn zuständigen Steuerbehörde des anderen Staates nachzuweisen, dass er dort ansässig ist. 5 § 48b gilt entsprechend. 6 Der Leistungsempfänger kann sich im Haftungsverfahren nicht auf die Rechte des Gläubigers aus dem Abkommen berufen.

(2) Unbeschadet des § 5 Absatz 1 Nummer 2 des Finanzverwaltungsgesetzes liegt die Zuständigkeit für Entlastungsmaßnahmen nach Absatz 1 bei dem nach § 20a der Abgabenordnung zuständigen Finanzamt.

VIII. Besteuerung beschränkt Steuerpflichtiger

§ 49 Beschränkt steuerpflichtige Einkünfte. (1) Inländische Einkünfte im Sinne der beschränkten Einkommensteuerpflicht (§ 1 Absatz 4) sind

1. Einkünfte aus einer im Inland betriebenen Land- und Forstwirtschaft (§§ 13, 14);

2. Einkünfte aus Gewerbebetrieb (§§ 15 bis 17),
   a) für den im Inland eine Betriebsstätte unterhalten wird oder ein ständiger Vertreter bestellt ist,
   b) die durch den Betrieb eigener oder gecharterter Seeschiffe oder Luftfahrzeuge aus Beförderungen zwischen inländischen und von inländischen zu ausländischen Häfen erzielt werden, einschließlich der Einkünfte aus anderen mit solchen Beförderungen zusammenhängenden, sich auf das Inland erstreckenden Beförderungsleistungen,
   c) die von einem Unternehmen im Rahmen einer internationalen Betriebsgemeinschaft oder eines Pool-Abkommens, bei denen ein Unternehmen mit Sitz oder Geschäftsleitung im Inland die Beförderung durchführt, aus Beförderungen und Beförderungsleistungen nach Buchstabe b erzielt werden,
   d) die, soweit sie nicht zu den Einkünften im Sinne der Nummern 3 und 4 gehören, durch im Inland ausgeübte oder verwertete künstlerische, sportliche, artistische, unterhaltende oder ähnliche Darbietungen erzielt werden, einschließlich der Einkünfte aus anderen mit diesen Leistungen zusammenhängenden Leistungen, unabhängig davon, wem die Einnahmen zufließen,
   e)[1] die unter den Voraussetzungen des § 17 erzielt werden, wenn es sich um Anteile an einer Kapitalgesellschaft handelt,
      aa) die ihren Sitz oder ihre Geschäftsleitung im Inland hat,
      bb) bei deren Erwerb auf Grund eines Antrags nach § 13 Absatz 2 oder § 21 Absatz 2 Satz 3 Nummer 2 des Umwandlungssteuergesetzes nicht der gemeine Wert der eingebrachten Anteile angesetzt worden ist oder auf die § 17 Absatz 5 Satz 2 anzuwenden war oder
      cc) deren Anteilswert zu irgendeinem Zeitpunkt während der 365 Tage vor der Veräußerung unmittelbar oder mittelbar zu mehr als 50 Prozent auf inländischem unbeweglichem Vermögen beruhte und die Anteile dem Veräußerer zu diesem Zeitpunkt zuzurechnen waren; für die Ermittlung dieser Quote sind die aktiven Wirtschaftsgüter des Betriebsvermögens mit den Buchwerten, die zu diesem Zeitpunkt anzusetzen gewesen wären, zugrunde zu legen,
   f)[2] die, soweit sie nicht zu den Einkünften im Sinne des Buchstaben a gehören, durch
      aa) Vermietung und Verpachtung oder
      bb) Veräußerung

      von inländischem unbeweglichem Vermögen, von Sachinbegriffen oder Rechten [***neue Fassung:*** im Sinne des § 21 Absatz 1 Satz 1 Nummer 1

---

[1] § 49 Abs. 1 Nr. 2 Buchst. e Doppelbuchst. cc eingef. durch G v. 11.12.2018 (BGBl. I S. 2338); zur Anwendung siehe § 52 Abs. 45a Satz 1.

[2] § 49 Abs. 1 Nr. 2 Buchst. f Satz 2 eingef., bish. Satz 2 wird Satz 3 mWv 1.1.2017 durch G v. 19.7.2016 (BGBl. I S. 1730); Satz 4 angef. durch G v. 11.12.2018 (BGBl. I S. 2338); zur Anwendung siehe § 52 Abs. 45a Satz 2; Satz 1 geänd., Satz 2 eingef., bish. Sätze 2 bis 4 werden Sätze 3 bis 5 durch G v. 16.12.2022 (BGBl. I S. 2294); zur Anwendung siehe § 52 Abs. 45a Satz 3.

oder sonstigen Rechten, insbesondere Patentrechten, Markenrechten oder Sortenrechten], die im Inland belegen oder in ein inländisches öffentliches Buch oder Register eingetragen sind oder deren Verwertung in einer inländischen Betriebsstätte oder anderen Einrichtung erfolgt, erzielt werden. [***neue Fassung:*** [2]Bei sonstigen Rechten, bei denen Einkünfte nur auf Grund der Eintragung in ein inländisches öffentliches Buch oder Register vorliegen, liegen Einkünfte abweichend von Satz 1 nicht vor, wenn die Vermietung und Verpachtung oder die Veräußerung nicht zwischen nahestehenden Personen im Sinne des § 1 Absatz 2 des Außensteuergesetzes erfolgt oder der Besteuerung der Einkünfte die Bestimmungen eines Abkommens zur Vermeidung der Doppelbesteuerung unter Berücksichtigung der ihre Anwendung regelnden Vorschriften dieses Gesetzes entgegenstehen.] [3]§ 23 Absatz 1 Satz 4 gilt entsprechend. [4]Als Einkünfte aus Gewerbebetrieb gelten auch die Einkünfte aus Tätigkeiten im Sinne dieses Buchstabens, die von einer Körperschaft im Sinne des § 2 Nummer 1 des Körperschaftsteuergesetzes erzielt werden, die mit einer Kapitalgesellschaft oder sonstigen juristischen Person im Sinne des § 1 Absatz 1 Nummer 1 bis 3 des Körperschaftsteuergesetzes vergleichbar ist. [5]Zu den Einkünften aus der Veräußerung von inländischem unbeweglichem Vermögen im Sinne dieses Buchstabens gehören auch Wertveränderungen von Wirtschaftsgütern, die mit diesem Vermögen in wirtschaftlichem Zusammenhang stehen, oder

g)[1] die aus der Verschaffung der Gelegenheit erzielt werden, einen Berufssportler als solchen im Inland vertraglich zu verpflichten; dies gilt nur, wenn die Gesamteinnahmen 10 000 Euro übersteigen;

3. Einkünfte aus selbständiger Arbeit (§ 18), die im Inland ausgeübt oder verwertet wird oder worden ist, oder für die im Inland eine feste Einrichtung oder eine Betriebsstätte unterhalten wird;
4. Einkünfte aus nichtselbständiger Arbeit (§ 19), die
   a) im Inland ausgeübt oder verwertet wird oder worden ist,
   b)[2] aus inländischen öffentlichen Kassen einschließlich der Kassen des Bundeseisenbahnvermögens und der Deutschen Bundesbank mit Rücksicht auf ein gegenwärtiges oder früheres Dienstverhältnis gewährt werden, ohne dass ein Zahlungsanspruch gegenüber der inländischen öffentlichen Kasse bestehen muss; dies gilt nicht, wenn das Dienstverhältnis im Tätigkeitsstaat oder einem anderen ausländischen Staat begründet wurde, der Arbeitnehmer keinen inländischen Wohnsitz oder gewöhnlichen Aufenthalt auf Grund des Dienstverhältnisses oder eines vorangegangenen vergleichbaren Dienstverhältnisses aufgegeben hat und mit dem Tätigkeitsstaat kein Abkommen zur Vermeidung der Doppelbesteuerung besteht,

---

[1] § 49 Abs. 1 Nr. 2 Buchst. g angef. mWv VZ 2010 durch G v. 8.12.2010 (BGBl. I *S. 1768*).

[2] § 49 Abs. 1 Nr. 4 Buchst. b HS 2 angef. mWv VZ 2020 durch G v. 12.12.2019 (BGBl. I S. 2451).

c) als Vergütung für eine Tätigkeit als Geschäftsführer, Prokurist oder Vorstandsmitglied einer Gesellschaft mit Geschäftsleitung im Inland bezogen werden,

d) als Entschädigung im Sinne des § 24 Nummer 1 für die Auflösung eines Dienstverhältnisses gezahlt werden, soweit die für die zuvor ausgeübte Tätigkeit bezogenen Einkünfte der inländischen Besteuerung unterlegen haben,

e) an Bord eines im internationalen Luftverkehr eingesetzten Luftfahrzeugs ausgeübt wird, das von einem Unternehmen mit Geschäftsleitung im Inland betrieben wird;

5.[1] Einkünfte aus Kapitalvermögen im Sinne des

a) § 20 Absatz 1 Nummer 1, 2, 4, 6 und 9, wenn
   aa) der Schuldner Wohnsitz, Geschäftsleitung oder Sitz im Inland hat,
   bb) in den Fällen des § 20 Absatz 1 Nummer 1 Satz 4 der Emittent der Aktien Geschäftsleitung oder Sitz im Inland hat oder
   cc) es sich um Fälle des § 44 Absatz 1 Satz 4 Nummer 1 Buchstabe a Doppelbuchstabe bb handelt;

   dies gilt auch für Erträge aus Wandelanleihen und Gewinnobligationen,

b) *(aufgehoben)*

c) § 20 Absatz 1 Nummer 5 und 7, wenn
   aa) das Kapitalvermögen durch inländischen Grundbesitz, durch inländische Rechte, die den Vorschriften des bürgerlichen Rechts über Grundstücke unterliegen, oder durch Schiffe, die in ein inländisches Schiffsregister eingetragen sind, unmittelbar oder mittelbar gesichert ist. [2] Ausgenommen sind Zinsen aus Anleihen und Forderungen, die in ein öffentliches Schuldbuch eingetragen oder über die Sammelurkunden im Sinne des § 9a des Depotgesetzes oder Teilschuldverschreibungen, soweit es sich nicht um Wandelanleihen oder Gewinnobligationen handelt, ausgegeben sind, oder
   bb) das Kapitalvermögen aus Genussrechten besteht, die nicht in § 20 Absatz 1 Nummer 1 genannt sind,

d)[2] § 43 Absatz 1 Satz 1 Nummer 7 Buchstabe a, Nummer 9 und 10 sowie Satz 2, wenn sie von einem Schuldner oder von einem inländischen Kreditinstitut oder einem inländischen Finanzdienstleistungsinstitut oder einem inländischen Wertpapierinstitut im Sinne des § 43 Absatz 1 Satz 1 Nummer 7 Buchstabe b einem anderen als einem ausländischen Kreditinstitut oder einem ausländischen Finanzdienstleistungsinstitut oder einem ausländischen Wertpapierinstitut

---

[1] § 49 Abs. 1 Nr. 5 Satz 1 Buchst. a geänd., Buchst. b aufgeh. durch G v. 19.7.2016 (BGBl. I S. 1730); zur Anwendung siehe § 52 Abs. 45a Satz 4; Nr. 5 Satz 1 Buchst. a neu gef., Buchst. c Doppelbuchst. aa) Satz 2 geänd. mWv VZ 2020 durch G v. 12.12.2019 (BGBl. I S. 2451).

[2] § 49 Abs. 1 Nr. 5 Buchst. d geänd. mWv 26.6.2021 durch G v. 12.5.2021 (BGBl. I S. 990).

aa) gegen Aushändigung der Zinsscheine ausgezahlt oder gutgeschrieben werden und die Teilschuldverschreibungen nicht von dem Schuldner, dem inländischen Kreditinstitut, dem inländischen Finanzdienstleistungsinstitut oder dem inländischen Wertpapierinstitut verwahrt werden oder

bb) gegen Übergabe der Wertpapiere ausgezahlt oder gutgeschrieben werden und diese vom Kreditinstitut weder verwahrt noch verwaltet werden.

[2] § 20 Absatz 3 gilt entsprechend;

6.[1] Einkünfte aus Vermietung und Verpachtung (§ 21), soweit sie nicht zu den Einkünften im Sinne der Nummern 1 bis 5 gehören, wenn das unbewegliche Vermögen, die Sachinbegriffe oder Rechte [***neue Fassung:*** im Sinne des § 21 Absatz 1 Satz 1 Nummer 1 oder sonstige Rechten, insbesondere Patentrechte, Markenrechte oder Sortenrechte,] im Inland belegen oder in ein inländisches öffentliches Buch oder Register eingetragen sind oder in einer inländischen Betriebsstätte oder in einer anderen Einrichtung verwertet werden [***neue Fassung:*** [2] Bei sonstigen Rechten, bei denen Einkünfte nur auf Grund der Eintragung in ein inländisches öffentliches Buch oder Register vorliegen, liegen Einkünfte abweichend von Satz 1 nicht vor, wenn die Vermietung und Verpachtung nicht zwischen nahestehenden Personen im Sinne des § 1 Absatz 2 des Außensteuergesetzes erfolgt oder der Besteuerung der Einkünfte die Bestimmungen eines Abkommens zur Vermeidung der Doppelbesteuerung unter Berücksichtigung der ihre Anwendung regelnden Vorschriften dieses Gesetzes entgegenstehen];

7.[2] sonstige Einkünfte im Sinne des § 22 Nummer 1 Satz 3 Buchstabe a, die von den inländischen gesetzlichen Rentenversicherungsträgern, der inländischen landwirtschaftlichen Alterskasse, den inländischen berufsständischen Versorgungseinrichtungen, den inländischen Versicherungsunternehmen oder sonstigen inländischen Zahlstellen gewährt werden; dies gilt entsprechend für Leibrenten und andere Leistungen ausländischer Zahlstellen, wenn die Beiträge, die den Leistungen zugrunde liegen, nach § 10 Absatz 1 Nummer 2 ganz oder teilweise bei der Ermittlung der Sonderausgaben berücksichtigt wurden;

8. sonstige Einkünfte im Sinne des § 22 Nummer 2, soweit es sich um private Veräußerungsgeschäfte handelt, mit
   a) inländischen Grundstücken oder
   b) inländischen Rechten, die den Vorschriften des bürgerlichen Rechts über Grundstücke unterliegen;

8a. sonstige Einkünfte im Sinne des § 22 Nummer 4;

9. sonstige Einkünfte im Sinne des § 22 Nummer 3, auch wenn sie bei Anwendung dieser Vorschrift einer anderen Einkunftsart zuzurechnen wären,

---

[1] § 49 Abs. 1 Nr. 6 Satz 1 geänd., Satz 2 angef. durch G v. 16.12.2022 (BGBl. I S. 2294); zur Anwendung siehe § 52 Abs. 45a Satz 3.

[2] § 49 Abs. 1 Nr. 7 2. HS angef. mWv VZ 2010 durch G v. 8.4.2010 (BGBl. I S. 386); 1. HS geänd. mWv VZ 2013 durch G v. 12.4.2012 (BGBl. I S. 579).

soweit es sich um Einkünfte aus inländischen unterhaltenden Darbietungen, aus der Nutzung beweglicher Sachen im Inland oder aus der Überlassung der Nutzung oder des Rechts auf Nutzung von gewerblichen, technischen, wissenschaftlichen und ähnlichen Erfahrungen, Kenntnissen und Fertigkeiten, zum Beispiel Plänen, Mustern und Verfahren, handelt, die im Inland genutzt werden oder worden sind; dies gilt nicht, soweit es sich um steuerpflichtige Einkünfte im Sinne der Nummern 1 bis 8 handelt;

10.[1] sonstige Einkünfte im Sinne des § 22 Nummer 5; dies gilt auch für Leistungen ausländischer Zahlstellen, soweit die Leistungen bei einem unbeschränkt Steuerpflichtigen zu Einkünften nach § 22 Nummer 5 Satz 1 führen würden oder wenn die Beiträge, die den Leistungen zugrunde liegen, nach § 10 Absatz 1 Nummer 2 ganz oder teilweise bei der Ermittlung der Sonderausgaben berücksichtigt wurden.

[*ab 1.1.2022:*

11.[2] Einkünfte aus der Beteiligung an einer Personengesellschaft oder Gemeinschaft, die ihren Sitz oder ihre Geschäftsleitung im Inland hat oder in ein inländisches Register eingetragen ist, soweit diese Einkünfte

a) in dem Staat, in dem der Beteiligte seinen Wohnsitz oder gewöhnlichen Aufenthalt hat, aufgrund einer vom deutschen Recht abweichenden steuerlichen Behandlung der Personengesellschaft oder Gemeinschaft keiner Besteuerung unterliegen,

b) nicht bereits als Einkünfte im Sinne der Nummern 1 bis 10 einer Besteuerung unterliegen und

c) in keinem anderen Staat einer Besteuerung unterliegen.

[2] Satz 1 gilt nur, wenn dem Beteiligten allein oder zusammen mit ihm nahestehenden Personen im Sinne des § 1 Absatz 2 des Außensteuergesetzes, die keiner unbeschränkten Steuerpflicht im Inland nach § 1 Absatz 1 oder nach § 1 des Körperschaftsteuergesetzes unterliegen, mehr als die Hälfte der Stimmrechte oder mehr als die Hälfte der Anteile am Kapital unmittelbar oder mittelbar zuzurechnen sind oder unmittelbar oder mittelbar ein Anspruch auf mehr als die Hälfte des Gewinns oder des Liquidationserlöses der Personengesellschaft oder Gemeinschaft zusteht; eine Beteiligung in diesem Sinne setzt nicht die Stellung als Gesellschafter oder Gemeinschafter voraus. [3] Die Sätze 1 und 2 gelten nicht, wenn es sich bei der Personengesellschaft oder Gemeinschaft um einen Altersvorsorgevermögensfonds im Sinne des § 53 des Investmentsteuergesetzes handelt oder die Einkünfte auch bei einer nicht vom deutschen Recht abweichenden Behandlung der Personengesellschaft oder Gemeinschaft im ausländischen Staat keiner Besteuerung unterliegen würden. [4] Die Besteuerung nach den vorstehenden Sätzen erfolgt ungeachtet der Bestimmungen eines Abkommens zur Vermeidung der Doppelbesteuerung.]

---

[1] § 49 Abs. 1 Nr. 10 neu gef. mWv VZ 2010 durch G v. 8.4.2010 (BGBl. I S. 386).

[2] § 49 Abs. 1 Nr. 11 angef. durch G v. 25.6.2021 (BGBl. I S. 2035); zur Anwendung siehe § 52 Abs. 45a Satz 5.

(2) Im Ausland gegebene Besteuerungsmerkmale bleiben außer Betracht, soweit bei ihrer Berücksichtigung inländische Einkünfte im Sinne des Absatzes 1 nicht angenommen werden könnten.

(3) [1]Bei Schifffahrt- und Luftfahrtunternehmen sind die Einkünfte im Sinne des Absatzes 1 Nummer 2 Buchstabe b mit 5 Prozent der für diese Beförderungsleistungen vereinbarten Entgelte anzusetzen. [2]Das gilt auch, wenn solche Einkünfte durch eine inländische Betriebsstätte oder einen inländischen ständigen Vertreter erzielt werden (Absatz 1 Nummer 2 Buchstabe a). [3]Das gilt nicht in den Fällen des Absatzes 1 Nummer 2 Buchstabe c oder soweit das deutsche Besteuerungsrecht nach einem Abkommen zur Vermeidung der Doppelbesteuerung ohne Begrenzung des Steuersatzes aufrechterhalten bleibt.

(4) [1]Abweichend von Absatz 1 Nummer 2 sind Einkünfte steuerfrei, die ein beschränkt Steuerpflichtiger mit Wohnsitz oder gewöhnlichem Aufenthalt in einem ausländischen Staat durch den Betrieb eigener oder gecharterter Schiffe oder Luftfahrzeuge aus einem Unternehmen bezieht, dessen Geschäftsleitung sich in dem ausländischen Staat befindet. [2]Voraussetzung für die Steuerbefreiung ist, dass dieser ausländische Staat Steuerpflichtigen mit Wohnsitz oder gewöhnlichem Aufenthalt im Geltungsbereich dieses Gesetzes eine entsprechende Steuerbefreiung für derartige Einkünfte gewährt und dass das Bundesministerium für Verkehr und digitale Infrastruktur[1)] die Steuerbefreiung nach Satz 1 für verkehrspolitisch unbedenklich erklärt hat.

§ 50 Sondervorschriften für beschränkt Steuerpflichtige. (1)[2)] [1]Beschränkt Steuerpflichtige dürfen Betriebsausgaben (§ 4 Absatz 4 bis 8) oder Werbungskosten (§ 9) nur insoweit abziehen, als sie mit inländischen Einkünften in wirtschaftlichem Zusammenhang stehen. [2]§ 32a Absatz 1 ist mit der Maßgabe anzuwenden, dass das zu versteuernde Einkommen um den Grundfreibetrag des § 32a Absatz 1 Satz 2 Nummer 1 erhöht wird; dies gilt bei Einkünften nach § 49 Absatz 1 Nummer 4 nur in Höhe des diese Einkünfte abzüglich der nach Satz 5 abzuziehenden Aufwendungen übersteigenden Teils des Grundfreibetrags. [3]Wenn für das um den Grundfreibetrag erhöhte zu versteuernde Einkommen ein besonderer Steuersatz nach § 32b Absatz 2 oder nach § 2 Absatz 5 des Außensteuergesetzes gilt, ist dieser auf das zu versteuernde Einkommen anzuwenden. [4]§ 10 Absatz 1, 1a Nummer 1, 3 und 4, Absatz 2 bis 6, die §§ 10a, 10c, 16 Absatz 4, die §§ 24b, 32, 32a Absatz 6, die §§ 33, 33a, 33b, 35a und 35c sind nicht anzuwenden. [5]Hiervon abweichend sind bei Arbeitnehmern, die Einkünfte aus nichtselbständiger Arbeit im Sinne des § 49 Absatz 1 Nummer 4 beziehen, § 10 Absatz 1 Nummer 2 Buchsta-

---

1) Bezeichnung geänd. durch VO v. 31.8.2015 (BGBl. I S. 1474).

2) § 50 Abs. 1 Satz 2 geänd., Satz 4 ergänzt mWv VZ 2011 durch G v. 7.12.2011 (BGBl. I S. 2592); Sätze 3 und 4 geänd. mWv VZ 2012 durch G v. 1.11.2011 (BGBl. I S. 2131); Satz 3 geänd. mWv 1.1.2017 (§ 52 Abs. 46 Satz 1) durch G v. 20.12.2016 (BGBl. I S. 3000); Satz 3 Verweis geänd. mWv 1.1.2020 durch G v. 21.12.2019 (BGBl. I S. 2886); Satz 3 eingef., bish. Sätze 3 bis 5 werden Sätze 4 bis 6 durch G v. 21.12.2020 (BGBl. I S. 3096), zur Anwendung siehe § 52 Abs. 46 Satz 1; Satz 2 geänd. durch G v. 2.6.2021 (BGBl. I S. 1259); zur Anwendung siehe § 52 Abs. 46 Satz 5.

be a, Nummer 3 und Absatz 3[1] sowie § 10c anzuwenden, soweit die Aufwendungen auf die Zeit entfallen, in der Einkünfte im Sinne des § 49 Absatz 1 Nummer 4 erzielt wurden und die Einkünfte nach § 49 Absatz 1 Nummer 4 nicht übersteigen. [6]Die Jahres- und Monatsbeträge der Pauschalen nach § 9a Satz 1 Nummer 1 und § 10c ermäßigen sich zeitanteilig, wenn Einkünfte im Sinne des § 49 Absatz 1 Nummer 4 nicht während eines vollen Kalenderjahres oder Kalendermonats zugeflossen sind.

[*ab 1.1.2021:*

(1a)[2] [1]Abweichend von Absatz 1 Satz 4 ist § 10 Absatz 1 Nummer 2 Buchstabe a sowie Absatz 2 und 3 auf Beiträge an berufsständische Versorgungseinrichtungen anzuwenden, wenn eine gesetzliche Pflichtmitgliedschaft in der Versorgungseinrichtung besteht, die auf einer für die inländische Berufsausübung erforderlichen Zulassung beruht. [2]Dies gilt nur für Staatsangehörige

1. eines Mitgliedstaates der Europäischen Union oder eines Staates, auf den das Abkommen über den Europäischen Wirtschaftsraum Anwendung findet, und die im Hoheitsgebiet eines dieser Staaten oder der Schweiz ihren Wohnsitz oder gewöhnlichen Aufenthalt haben, sowie
2. der Schweizerischen Eidgenossenschaft, die ihren Wohnsitz oder gewöhnlichen Aufenthalt im Hoheitsgebiet eines Mitgliedstaates der Europäischen Union oder der Schweiz haben.

[3]Die Beiträge können nur als Sonderausgaben abgezogen werden, soweit sie in unmittelbarem wirtschaftlichem Zusammenhang mit inländischen Einkünften nach § 49 Absatz 1 Nummer 2 oder 3 stehen, die aus der durch die Zulassung ermöglichten Berufsausübung erzielt werden. [4]Der Abzug der Beiträge erfolgt entsprechend dem Anteil der inländischen Einkünfte im Sinne des Satzes 3 an dem Gesamtbetrag der positiven in- und ausländischen Einkünfte aus der durch die Zulassung ermöglichten Berufsausübung. [5]Der Abzug der Beiträge ist ausgeschlossen, soweit sie im Rahmen der Einkommensbesteuerung des Steuerpflichtigen in einem Staat, in dem er seinen Wohnsitz oder gewöhnlichen Aufenthalt hat, abgezogen worden sind oder sie die Einkünfte nach Satz 3 übersteigen.

(2)[3] [1]Die Einkommensteuer für Einkünfte, die dem Steuerabzug vom Arbeitslohn oder vom Kapitalertrag oder dem Steuerabzug auf Grund des § 50a unterliegen, gilt bei beschränkt Steuerpflichtigen durch den Steuerabzug als abgegolten. [2]Satz 1 gilt nicht

1. für Einkünfte eines inländischen Betriebs;

---

[1] Verweis geänd. durch G v. 8.12.2010 (BGBl. I S. 1768).

[2] § 50 Abs. 1a eingef. durch G v. 21.12.2020 (BGBl. I S. 3096); zur Anwendung siehe § 52 Abs. 46 Satz 2.

[3] § 50 Abs. 2 Satz 2 Nr. 2 geänd., Nr. 4 Buchst. a neu gef., Sätze 3 und 6 geänd. mWv VZ 2012 durch G v. 7.12.2011 (BGBl. I S. 2592); Abs. 2 Satz 2 Nr. 6 angef. durch Art. 1 des G v. 12.12.2019 (BGBl. I S. 2451); zur Anwendung siehe § 52 Abs. 46 Satz 3; Abs. 2 Satz 2 Nr. 4 Buchst. a geänd., Buchst. c angef., Satz 6 geänd. mWv 1.1.2020 durch Art. 2 des G v. 12.12.2019 (BGBl. I S. 2451); Abs. 2 Sätze 9 und 10 angef. mWv 1.1.2021 durch G v. 21.12.2020 (BGBl. I S. 3096).

2. wenn nachträglich festgestellt wird, dass die Voraussetzungen der unbeschränkten Einkommensteuerpflicht im Sinne des § 1 Absatz 2 oder Absatz 3 oder des § 1a nicht vorgelegen haben; § 39 Absatz 7 ist sinngemäß anzuwenden;
3. in Fällen des § 2 Absatz 7 Satz 3;
4. für Einkünfte aus nichtselbständiger Arbeit im Sinne des § 49 Absatz 1 Nummer 4,

   a)[1] wenn als Lohnsteuerabzugsmerkmal ein Freibetrag nach § 39a Absatz 4 gebildet worden ist und der im Kalenderjahr insgesamt erzielte Arbeitslohn *13 150 Euro übersteigt* [***ab VZ 2023:*** höher ist als die Summe aus dem Grundfreibetrag (§ 32a Absatz 1 Satz 2 Nummer 1), dem Arbeitnehmer-Pauschbetrag (§ 9a Satz 1 Nummer 1 Buchstabe a) und dem Sonderausgaben-Pauschbetrag (§ 10c Satz 1)],

   b) wenn die Veranlagung zur Einkommensteuer beantragt wird (§ 46 Absatz 2 Nummer 8) oder

   c) in den Fällen des § 46 Absatz 2 Nummer 2, 5 und 5a;
5. für Einkünfte im Sinne des § 50a Absatz 1 Nummer 1, 2 und 4, wenn die Veranlagung zur Einkommensteuer beantragt wird;
6.[2] für Einkünfte aus Kapitalvermögen im Sinne des § 49 Absatz 1 Nummer 5 Satz 1 Buchstabe a, auf die § 20 Absatz 1 Nummer 6 Satz 2 anzuwenden ist, wenn die Veranlagung zur Einkommensteuer beantragt wird.

[3] In den Fällen des Satzes 2 Nummer 4 erfolgt die Veranlagung durch das Betriebsstättenfinanzamt, das nach § 39 Absatz 2 Satz 2 oder Satz 4 für die Bildung und die Änderung der Lohnsteuerabzugsmerkmale zuständig ist. [4] Bei mehreren Betriebsstättenfinanzämtern ist das Betriebsstättenfinanzamt zuständig, in dessen Bezirk der Arbeitnehmer zuletzt beschäftigt war. [5] Bei Arbeitnehmern mit Steuerklasse VI ist das Betriebsstättenfinanzamt zuständig, in dessen Bezirk der Arbeitnehmer zuletzt unter Anwendung der Steuerklasse I beschäftigt war. [6] Hat der Arbeitgeber für den Arbeitnehmer keine elektronischen Lohnsteuerabzugsmerkmale (§ 39e Absatz 4 Satz 2) abgerufen und wurde keine Bescheinigung für den Lohnsteuerabzug nach § 39 Absatz 3 oder § 39e Absatz 7 Satz 5 ausgestellt, ist das Betriebsstättenfinanzamt zuständig, in dessen Bezirk der Arbeitnehmer zuletzt beschäftigt war. [7] Satz 2 Nummer 4 Buchstabe b und Nummer 5 gilt nur für Staatsangehörige eines Mitgliedstaats der Europäischen Union oder eines anderen Staates, auf den das Abkommen über den Europäischen Wirtschaftsraum Anwendung findet, die im Hoheitsgebiet eines dieser Staaten ihren Wohnsitz oder gewöhnlichen Aufenthalt haben. [8] In den Fällen des Satzes 2 Nummer 5 erfolgt die Veranlagung durch das Bundeszentralamt für Steuern.[3] [9] In den Fällen des Satzes 2 Nummer 6 ist für die Besteuerung des Gläubigers nach dem Einkommen das Finanzamt zustän-

---

[1] § 50 Abs. 2 Satz 2 Nr. 4 Buchst. a geänd. mWv VZ 2023 durch G v. 8.12.2022 (BGBl. I S. 2230).

[2] Siehe hierzu § 52 Abs. 46 Satz 3; red. Ber. durch G v. 21.12.2020 (BGBl. I S. 3096).

[3] Zur erstmaligen Anwendung von Satz 8 siehe § 52 Abs. 46 Satz 2 iVm § 2 Abs. 1 der VO v. 24.6.2013 (BGBl. I S. 1679): 1.1.2014.

dig, das auch für die Besteuerung des Schuldners nach dem Einkommen zuständig ist; bei mehreren Schuldnern ist das Finanzamt zuständig, das für den Schuldner, dessen Leistung dem Gläubiger im Veranlagungszeitraum zuerst zufloss, zuständig ist. [10] Werden im Rahmen einer Veranlagung Einkünfte aus nichtselbständiger Arbeit im Sinne des § 49 Absatz 1 Nummer 4 bei der Ermittlung des zu versteuernden Einkommens berücksichtigt, gilt § 46 Absatz 3 und 5 entsprechend.

(3) § 34c Absatz 1 bis 3 ist bei Einkünften aus Land- und Forstwirtschaft, Gewerbebetrieb oder selbständiger Arbeit, für die im Inland ein Betrieb unterhalten wird, entsprechend anzuwenden, soweit darin nicht Einkünfte aus einem ausländischen Staat enthalten sind, mit denen der beschränkt Steuerpflichtige dort in einem der unbeschränkten Steuerpflicht ähnlichen Umfang zu einer Steuer vom Einkommen herangezogen wird.

(4) Die obersten Finanzbehörden der Länder oder die von ihnen beauftragten Finanzbehörden können mit Zustimmung des Bundesministeriums der Finanzen die Einkommensteuer bei beschränkt Steuerpflichtigen ganz oder zum Teil erlassen oder in einem Pauschbetrag festsetzen, wenn dies im besonderen öffentlichen Interesse liegt; ein besonderes öffentliches Interesse besteht *insbesondere*[1])

1.[2]) an der inländischen Veranstaltung international bedeutsamer kultureller und sportlicher Ereignisse, um deren Ausrichtung ein internationaler Wettbewerb stattfindet, oder

2.[2]) am inländischen Auftritt einer ausländischen Kulturvereinigung, wenn ihr Auftritt wesentlich aus öffentlichen Mitteln gefördert wird.

§ 50a Steuerabzug bei beschränkt Steuerpflichtigen. (1) Die Einkommensteuer wird bei beschränkt Steuerpflichtigen im Wege des Steuerabzugs erhoben

1. bei Einkünften, die durch im Inland ausgeübte künstlerische, sportliche, artistische, unterhaltende oder ähnliche Darbietungen erzielt werden, einschließlich der Einkünfte aus anderen mit diesen Leistungen zusammenhängenden Leistungen, unabhängig davon, wem die Einkünfte zufließen (§ 49 Absatz 1 Nummer 2 bis 4 und 9), es sei denn, es handelt sich um Einkünfte aus nichtselbständiger Arbeit, die bereits dem Steuerabzug vom Arbeitslohn nach § 38 Absatz 1 Satz 1 Nummer 1 unterliegen,
2. bei Einkünften aus der inländischen Verwertung von Darbietungen im Sinne der Nummer 1 (§ 49 Absatz 1 Nummer 2 bis 4 und 6),
3.[3]) bei Einkünften, die aus Vergütungen für die Überlassung der Nutzung oder des Rechts auf Nutzung von Rechten, insbesondere von Urheberrechten und gewerblichen Schutzrechten, von gewerblichen, technischen, wissenschaftlichen und ähnlichen Erfahrungen, Kenntnissen und Fertigkei-

---

[1]) Kursives Wort gestrichen mWv 1.1.2016 durch G v. 2.11.2015 (BGBl. I S. 1834); zur weiteren Anwendung siehe § 52 Abs. 46 Satz 4.

[2]) § 50 Abs. 4 Nrn. 1 und 2 geänd. mWv VZ 2010 durch G v. 8.12.2010 (BGBl. I S. 1768).

[3]) § 50a Abs. 1 Nr. 3 geänd. mWv VZ 2010 durch G v. 8.12.2010 (BGBl. I S. 1768).

ten, zum Beispiel Plänen, Mustern und Verfahren, herrühren, sowie bei Einkünften, die aus der Verschaffung der Gelegenheit erzielt werden, einen Berufssportler über einen begrenzten Zeitraum vertraglich zu verpflichten (§ 49 Absatz 1 Nummer 2, 3, 6 und 9),

4.[1] bei Einkünften, die Mitgliedern des Aufsichtsrats, Verwaltungsrats oder anderen mit der Überwachung der Geschäftsführung von Körperschaften, Personenvereinigungen und Vermögensmassen im Sinne des § 1 des Körperschaftsteuergesetzes beauftragten Personen sowie von anderen inländischen Personenvereinigungen des privaten und öffentlichen Rechts, bei denen die Gesellschafter nicht als Unternehmer (Mitunternehmer) anzusehen sind, für die Überwachung der Geschäftsführung gewährt werden (§ 49 Absatz 1 Nummer 3).

(2) [1]Der Steuerabzug beträgt 15 Prozent, in den Fällen des Absatzes 1 Nummer 4 beträgt er 30 Prozent der gesamten Einnahmen. [2]Vom Schuldner der Vergütung ersetzte oder übernommene Reisekosten gehören nur insoweit zu den Einnahmen, als die Fahrt- und Übernachtungsauslagen die tatsächlichen Kosten und die Vergütungen für Verpflegungsmehraufwand die Pauschbeträge nach § 4 Absatz 5 Satz 1 Nummer 5 übersteigen. [3]Bei Einkünften im Sinne des Absatzes 1 Nummer 1 wird ein Steuerabzug nicht erhoben, wenn die Einnahmen je Darbietung 250 Euro nicht übersteigen.

(3)[2] [1]Der Schuldner der Vergütung kann von den Einnahmen in den Fällen des Absatzes 1 Nummer 1, 2 und 4 mit ihnen in unmittelbarem wirtschaftlichem Zusammenhang stehende Betriebsausgaben oder Werbungskosten abziehen, die ihm ein beschränkt Steuerpflichtiger in einer für das Bundeszentralamt für Steuern nachprüfbaren Form nachgewiesen hat oder die vom Schuldner der Vergütung übernommen worden sind. [2]Das gilt nur, wenn der beschränkt Steuerpflichtige Staatsangehöriger eines Mitgliedstaats der Europäischen Union oder eines anderen Staates ist, auf den das Abkommen über den Europäischen Wirtschaftsraum Anwendung findet, und im Hoheitsgebiet eines dieser Staaten seinen Wohnsitz oder gewöhnlichen Aufenthalt hat. [3]Es gilt entsprechend bei einer beschränkt steuerpflichtigen Körperschaft, Personenvereinigung oder Vermögensmasse im Sinne des § 32 Absatz 4 des Körperschaftsteuergesetzes. [4]In diesen Fällen beträgt der Steuerabzug von den nach Abzug der Betriebsausgaben oder Werbungskosten verbleibenden Einnahmen (Nettoeinnahmen), wenn

1. Gläubiger der Vergütung eine natürliche Person ist, 30 Prozent,
2. Gläubiger der Vergütung eine Körperschaft, Personenvereinigung oder Vermögensmasse ist, 15 Prozent.

(4)[3] [1]Hat der Gläubiger einer Vergütung seinerseits Steuern für Rechnung eines anderen beschränkt steuerpflichtigen Gläubigers einzubehalten (zweite Stufe), kann er vom Steuerabzug absehen, wenn seine Einnahmen bereits dem

---

[1] § 50a Abs. 1 Nr. 4 geänd. durch G v. 12.12.2019 (BGBl. I S. 2451).

[2] Zur erstmaligen Anwendung siehe § 52 Abs. 47 Satz 1 iVm § 2 Abs. 2 der VO vom *24.6.2013 (BGBl. I S. 1679)*: 1.1.2014.

[3] § 50a Abs. 4 Satz 2 Verweis geänd. durch G v. 2.6.2021 (BGBl. I S. 1259); zur Anwendung von § 50c Abs. 3 siehe § 52 Abs. 47a Satz 2.

Steuerabzug nach Absatz 2 unterlegen haben. [2]Wenn der Schuldner der Vergütung auf zweiter Stufe Betriebsausgaben oder Werbungskosten nach Absatz 3 geltend macht, die Veranlagung nach § 50 Absatz 2 Satz 2 Nummer 5 beantragt oder die Erstattung der Abzugsteuer nach § 50c Absatz 3 oder einer anderen Vorschrift beantragt, hat er die sich nach Absatz 2 oder Absatz 3 ergebende Steuer zu diesem Zeitpunkt zu entrichten; Absatz 5 gilt entsprechend.

(5)[1)] [1]Die Steuer entsteht in dem Zeitpunkt, in dem die Vergütung dem Gläubiger zufließt. [2]In diesem Zeitpunkt hat der Schuldner der Vergütung den Steuerabzug für Rechnung des Gläubigers (Steuerschuldner) vorzunehmen. [3]Er hat die innerhalb eines Kalendervierteljahres einzubehaltende Steuer jeweils bis zum zehnten des dem Kalendervierteljahr folgenden Monats beim Bundeszentralamt für Steuern anzumelden und die einbehaltene Steuer an das Bundeszentralamt für Steuern abzuführen. [4]Eine Anmeldungsverpflichtung beim Bundeszentralamt für Steuern besteht auch, wenn ein Steuerabzug auf Grund des Absatzes 2 Satz 3 oder des Absatzes 4 Satz 1 nicht vorzunehmen ist oder auf Grund des § 50c Absatz 2 nicht oder nicht in voller Höhe vorzunehmen ist; Satz 3 gilt insoweit entsprechend. [5]Der Schuldner der Vergütung haftet für die Einbehaltung und Abführung der Steuer. [6]Der Steuerschuldner kann in Anspruch genommen werden, wenn der Schuldner der Vergütung den Steuerabzug nicht vorschriftsmäßig vorgenommen hat. [7]Der Schuldner der Vergütung ist verpflichtet, dem Gläubiger auf Verlangen die folgenden Angaben nach amtlich vorgeschriebenem Muster zu bescheinigen:

1. den Namen und die Anschrift des Gläubigers,
2. die Art der Tätigkeit und Höhe der Vergütung in Euro,
3. den Zahlungstag,
4. den Betrag der einbehaltenen und abgeführten Steuer nach Absatz 2 oder Absatz 3.
5.[2)] *(aufgehoben)*

(6) Die Bundesregierung kann durch Rechtsverordnung[3)] mit Zustimmung des Bundesrates bestimmen, dass bei Vergütungen für die Nutzung oder das Recht auf Nutzung von Urheberrechten (Absatz 1 Nummer 3), die nicht unmittelbar an den Gläubiger, sondern an einen Beauftragten geleistet werden, anstelle des Schuldners der Vergütung der Beauftragte die Steuer einzubehalten und abzuführen hat und für die Einbehaltung und Abführung haftet.

(7)[4)] [1]Das Finanzamt des Vergütungsgläubigers kann anordnen, dass der Schuldner der Vergütung für Rechnung des Gläubigers (Steuerschuldner) die Einkommensteuer von beschränkt steuerpflichtigen Einkünften, soweit diese nicht bereits dem Steuerabzug unterliegen, im Wege des Steuerabzugs einzubehalten und abzuführen hat, wenn dies zur Sicherung des Steueranspruchs

---

[1)] § 50a Abs. 5 Satz 3 ersetzt durch Sätze 3 und 4, Sätze 4 bis 6 werden Sätze 5 bis 7 durch G v. 2.6.2021 (BGBl. I S. 1259).

[2)] § 50a Abs. 5 Satz 7 Nr. 5 aufgeh.; zur erstmaligen Anwendung siehe § 52 Abs. 47 Satz 1.

[3)] Vgl. hierzu § 73 EStDV (Nr. **10**).

[4)] § 50a Abs. 7 Sätze 2 und 3 geänd. durch G v. 25.7.2014 (BGBl. I S. 1266); zur Anwendung siehe § 52 Abs. 47 Satz 2; Abs. 7 Sätze 5 bis 7 angef. mWv VZ 2021 durch G v. 21.12.2020 (BGBl. I S. 3096).

zweckmäßig ist. 2 Der Steuerabzug beträgt 25 Prozent der gesamten Einnahmen, bei Körperschaften, Personenvereinigungen oder Vermögensmassen 15 Prozent der gesamten Einnahmen; das Finanzamt kann die Höhe des Steuerabzugs hiervon abweichend an die voraussichtlich geschuldete Steuer anpassen. 3 Absatz 5 gilt entsprechend mit der Maßgabe, dass die Steuer bei dem Finanzamt anzumelden und abzuführen ist, das den Steuerabzug angeordnet hat; das Finanzamt kann anordnen, dass die innerhalb eines Monats einbehaltene Steuer jeweils bis zum zehnten des Folgemonats anzumelden und abzuführen ist. 4 § 50 Absatz 2 Satz 1 ist nicht anzuwenden. 5 Ist für Einkünfte im Sinne des § 49 Absatz 1 Nummer 7 und 10 der Steuerabzug einbehalten und abgeführt worden, obwohl eine Verpflichtung hierzu nicht bestand, ist auf Antrag des Schuldners der Vergütung die Anmeldung über den Steuerabzug insoweit zu ändern; stattdessen kann der Schuldner der Vergütung, sobald er erkennt, dass er den Steuerabzug ohne Verpflichtung einbehalten und abgeführt hat, bei der folgenden Steueranmeldung den abzuführenden Steuerabzug entsprechend kürzen; erstattungsberechtigt ist der Schuldner der Vergütung; die nach Absatz 5 Satz 6 erteilte Bescheinigung ist durch eine berichtigte Bescheinigung zu ersetzen und im Fall der Übermittlung in Papierform zurückzufordern. 6 Die Anrechnung der durch Steuerabzug erhobenen Einkommensteuer nach § 36 Absatz 2 Nummer 2 Buchstabe a richtet sich nach der Höhe der in der Rentenbezugsmitteilung nach § 22a ausgewiesenen einbehaltenen Steuerabzugsbeträge. 7 Wird eine Rentenbezugsmitteilung wegen einbehaltener Steuerabzugsbeträge korrigiert, ist die Anrechnung insoweit nachzuholen oder zu ändern.

IX. Sonstige Vorschriften, Bußgeld-, Ermächtigungs- und Schlussvorschriften

§ 50b Prüfungsrecht. 1 Die Finanzbehörden sind berechtigt, Verhältnisse, die für die Anrechnung oder Vergütung von Körperschaftsteuer, für die Anrechnung oder Erstattung von Kapitalertragsteuer, für die Nichtvornahme des Steuerabzugs, für die Ausstellung der Jahresbescheinigung nach § 24c oder für die Mitteilungen an das Bundeszentralamt für Steuern nach § 45e von Bedeutung sind oder der Aufklärung bedürfen, bei den am Verfahren Beteiligten zu prüfen. 2 Die §§ 193 bis 203 der Abgabenordnung gelten sinngemäß.

§ 50c[1] Entlastung vom Steuerabzug in bestimmten Fällen. (1) 1 Soweit der Besteuerung von Einkünften, die der Kapitalertragsteuer oder dem Steuerabzug nach § 50a unterliegen, der § 43b, der § 50g oder ein Abkommen zur Vermeidung der Doppelbesteuerung entgegenstehen, sind dessen ungeachtet die Vorschriften zur Einbehaltung, Abführung und Anmeldung der Steuer anzuwenden. 2 Der zum Steuerabzug Verpflichtete kann sich vorbehaltlich des Absatzes 2 nicht auf die Rechte des Gläubigers der Kapitalerträge oder Vergütungen aus § 43b, § 50g oder dem Abkommen berufen.

---

[1] § 50c eingef. durch G v. 2.6.2021 (BGBl. I S. 1259); zur Anwendung siehe § 52 Abs. 47a; Abs. 2 Satz 3 geänd. durch G v. 25.6.2021 (BGBl. I S. 2035).

(2) [1]Der Schuldner der Kapitalerträge oder Vergütungen ist zur Einbehaltung und Abführung der Steuer nicht verpflichtet,

1. soweit dem Gläubiger der Kapitalerträge oder Vergütungen auf dessen Antrag (Freistellungsantrag) vom Bundeszentralamt für Steuern bescheinigt wird, dass § 43b, § 50g oder ein Abkommen zur Vermeidung der Doppelbesteuerung der Besteuerung der Einkünfte entgegensteht (Freistellungsbescheinigung), oder
2.[1)] soweit es sich um Einkünfte eines beschränkt Steuerpflichtigen im Sinne des § 50a Absatz 1 Nummer 3 handelt und soweit der Besteuerung der Einkünfte ein Abkommen zur Vermeidung der Doppelbesteuerung entgegensteht; dies gilt nur, wenn die Vergütung zuzüglich der dem beschränkt Steuerpflichtigen in demselben Kalenderjahr vom Schuldner bereits zugeflossenen Vergütungen 5000 Euro nicht übersteigt.

[2]Der Schuldner ist zur Steueranmeldung auch dann verpflichtet, wenn er gemäß Satz 1 keine Steuer einzubehalten und abzuführen hat. [3]Eine Steueranmeldung kann auf der Grundlage des Satzes 1 nicht geändert werden, es sei denn, die Freistellungsbescheinigung ist zum Zeitpunkt der Anmeldung der Steuer noch nicht erteilt worden. [4]Eine Freistellungsbescheinigung ist auf einen Zeitraum von höchstens drei Jahren frühestens ab dem Tag, an dem der Antrag beim Bundeszentralamt für Steuern eingeht, zu befristen und von der Einhaltung der Voraussetzungen ihrer Erteilung während ihrer Geltung abhängig zu machen; sie kann mit weiteren Nebenbestimmungen gemäß § 120 Absatz 2 der Abgabenordnung versehen werden. [5]Eine Freistellungsbescheinigung für die Kapitalertragsteuer auf Grund eines Abkommens zur Vermeidung der Doppelbesteuerung ist nur zu erteilen, wenn der Gläubiger der Kapitalerträge eine Kapitalgesellschaft ist, die im Staat ihrer Ansässigkeit den Steuern vom Einkommen oder Gewinn unterliegt, ohne davon befreit zu sein, und soweit dem Gläubiger Kapitalerträge von einer unbeschränkt steuerpflichtigen Kapitalgesellschaft im Sinne des § 1 Absatz 1 Nummer 1 des Körperschaftsteuergesetzes zufließen, an deren Nennkapital der Gläubiger zu mindestens einem Zehntel unmittelbar beteiligt ist. [6]Über einen Freistellungsantrag ist innerhalb von drei Monaten nach Vorlage aller erforderlichen Nachweise zu entscheiden.

(3) [1]Dem beschränkt steuerpflichtigen Gläubiger der Kapitalerträge oder Vergütungen wird auf seinen fristgemäßen Antrag beim Bundeszentralamt für Steuern (Erstattungsantrag) auf der Grundlage eines Freistellungsbescheides die gemäß Absatz 1 Satz 1 einbehaltene und abgeführte oder auf Grund eines Haftungsbescheids oder Nachforderungsbescheids entrichtete Steuer erstattet, wenn die Steuer nicht nach § 36 Absatz 2 Nummer 2 auf die Einkommensteuer oder die Körperschaftsteuer des Gläubigers angerechnet werden kann. [2]Die Frist für einen Erstattungsantrag beträgt vier Jahre und beginnt mit Ablauf des Kalenderjahres, in dem die Kapitalerträge oder Vergütungen bezogen worden sind; sie endet nicht vor Ablauf eines Jahres seit dem Zeitpunkt der Entrichtung der Steuer und nicht vor Ablauf der im Abkommen zur Vermeidung der Doppelbesteuerung vorgesehenen Frist. [3]Ein Freistellungsbescheid

1) Vgl. § 52 Abs. 47a Satz 1.

für Kapitalertragsteuer wird nur erteilt, wenn die in § 45a Absatz 2 oder Absatz 3 bezeichnete Bescheinigung vorgelegt wurde oder die Angaben gemäß § 45a Absatz 2a übermittelt wurden; einem Antrag auf Erstattung der nach § 50a entrichteten Steuer ist die Bescheinigung nach § 50a Absatz 5 Satz 6 beizufügen. [4]Hat der Gläubiger nach § 50a Absatz 5 Steuern für Rechnung anderer beschränkt steuerpflichtiger Gläubiger einzubehalten, kann die Auszahlung des Erstattungsanspruchs davon abhängig gemacht werden, dass er die Zahlung der von ihm einzubehaltenden Steuer nachweist, hierfür Sicherheit leistet oder unwiderruflich die Zustimmung zur Verrechnung seines Erstattungsanspruchs mit dem Steueranspruch nach § 50a Absatz 5 Satz 3 erklärt.

(4) [1]Ein nach Absatz 3 in Verbindung mit § 50g zu erstattender Betrag ist nach Maßgabe der §§ 238 und 239 der Abgabenordnung zu verzinsen. [2]Die Festsetzungsfrist beginnt mit Ablauf des Kalenderjahres, in dem der Freistellungsbescheid erlassen, aufgehoben oder nach § 129 der Abgabenordnung berichtigt worden ist. [3]Der Zinslauf beginnt zwölf Monate nach Ablauf des Monats, in dem der Erstattungsantrag und alle für die Entscheidung erforderlichen Nachweise vorliegen, frühestens am Tag der Entrichtung der Steuer. [4]Der Zinslauf endet mit Ablauf des Tages, an dem der Freistellungsbescheid wirksam wird. [5]§ 233a Absatz 5 der Abgabenordnung gilt sinngemäß.

(5)[1)] [1]Der Freistellungsantrag und der Erstattungsantrag sind nach amtlich vorgeschriebenem Datensatz über die amtlich bestimmte Schnittstelle zu übermitteln. [2]Der Antragsteller hat durch eine Bestätigung der für ihn zuständigen Steuerbehörde des anderen Staates nachzuweisen, dass er dort ansässig ist oder in den Fällen des § 43b Absatz 1 Satz 1 zweite Alternative oder des § 50g Absatz 1 Satz 1 letzte Alternative dort eine Betriebsstätte hat. [3]Zur Vermeidung unbilliger Härten kann das Bundeszentralamt für Steuern auf Antrag auf eine Übermittlung gemäß Satz 1 verzichten; in diesem Fall ist der Freistellungsantrag oder der Erstattungsantrag nach amtlich vorgeschriebenem Vordruck zu stellen. [4]Die Entscheidung über einen Freistellungsantrag und die Entscheidung über einen Erstattungsantrag werden zum Datenabruf über die amtlich bestimmte Schnittstelle bereitgestellt, es sei denn, der Antrag war nach amtlich vorgeschriebenem Vordruck zu stellen; § 122a Absatz 3 und 4 der Abgabenordnung ist entsprechend anzuwenden.

[alte Fassung:]

§ 50d Besonderheiten im Fall von Doppelbesteuerungsabkommen und der §§ 43b und 50g.

(1)[3)] [1]Können Einkünfte, die dem Steuerabzug vom Kapitalertrag oder

[neue Fassung:]

§ 50d[2)] Anwendung von Abkommen zur Vermeidung der Doppelbesteuerung.

(1)–(2)[4)] *(aufgehoben)*

[1)] Vgl. § 52 Abs. 47a Satz 2 und 3.

[2)] § 50d Überschr. geänd., Abs. 1, 1a und 2 aufgeh., Abs. 3 neu gef., Abs. 4 bis 6 aufgeh. durch G v. 2.6.2021 (BGBl. I S. 1259).

[3)] § 50d Abs. 1 Satz 4 eingef., bish. Sätze 4 bis 6 werden Sätze 5 bis 7, Satz 8 eingef., bish. Sätze 7 bis 10 werden Sätze 9 bis 12 durch G v. 22.6.2011 (BGBl. I S. 1126); Satz 11 eingef., bish. Sätze 11 und 12 werden Sätze 12 und 13 durch G v. 26.6.2013 (BGBl. I S. 1809). **Die Regelungen von § 50d Abs. 1 wurden in § 50c Abs. 1 und 3 überführt.**

[4)] Siehe nunmehr § 50c.

[alte Fassung:]

dem Steuerabzug auf Grund des § 50a unterliegen, nach den §§ 43b, 50g oder nach einem Abkommen zur Vermeidung der Doppelbesteuerung nicht oder nur nach einem niedrigeren Steuersatz besteuert werden, so sind die Vorschriften über die Einbehaltung, Abführung und Anmeldung der Steuer ungeachtet der §§ 43b und 50g sowie des Abkommens anzuwenden. [2] Unberührt bleibt der Anspruch des Gläubigers der Kapitalerträge oder Vergütungen auf völlige oder teilweise Erstattung der einbehaltenen und abgeführten oder der auf Grund Haftungsbescheid oder Nachforderungsbescheid entrichteten Steuer. [3] Die Erstattung erfolgt auf Antrag des Gläubigers der Kapitalerträge oder Vergütungen auf der Grundlage eines Freistellungsbescheids; der Antrag ist nach amtlich vorgeschriebenem Vordruck bei dem Bundeszentralamt für Steuern zu stellen. [4] Dem Vordruck ist in den Fällen des § 43 Absatz 1 Satz 1 Nummer 1a eine Bescheinigung nach § 45a Absatz 2 beizufügen. [5] Der zu erstattende Betrag wird nach Bekanntgabe des Freistellungsbescheids ausgezahlt. [6] Hat der Gläubiger der Vergütungen im Sinne des § 50a nach § 50a Absatz 5 Steuern für Rechnung beschränkt steuerpflichtiger Gläubiger einzubehalten, kann die Auszahlung des Erstattungsanspruchs davon abhängig gemacht werden, dass er die Zahlung der von ihm einzubehaltenden Steuer nachweist, *hierfür* Sicherheit leistet oder unwiderruflich die Zustimmung zur Verrechnung seines Erstattungsanspruchs mit seiner Steuerzahlungsschuld erklärt. [7] Das Bundeszentralamt für Steuern kann zulassen, dass Anträge auf maschinell verwertbaren

[alte Fassung:]

Datenträgern gestellt werden.[1] 8 Der Antragsteller hat in den Fällen des § 43 Absatz 1 Satz 1 Nummer 1a zu versichern, dass ihm eine Bescheinigung im Sinne des § 45a Absatz 2 vorliegt oder, soweit er selbst die Kapitalerträge als auszahlende Stelle dem Steuerabzug unterworfen hat, nicht ausgestellt wurde; er hat die Bescheinigung zehn Jahre nach Antragstellung aufzubewahren.[2] 9 Die Frist für den Antrag auf Erstattung beträgt vier Jahre nach Ablauf des Kalenderjahres, in dem die Kapitalerträge oder Vergütungen bezogen worden sind. 10 Die Frist nach Satz 9 endet nicht vor Ablauf von sechs Monaten nach dem Zeitpunkt der Entrichtung der Steuer. 11 Ist der Gläubiger der Kapitalerträge oder Vergütungen eine Person, der die Kapitalerträge oder Vergütungen nach diesem Gesetz oder nach dem Steuerrecht des anderen Vertragsstaats nicht zugerechnet werden, steht der Anspruch auf völlige oder teilweise Erstattung des Steuerabzugs vom Kapitalertrag oder nach § 50a auf Grund eines Abkommens zur Vermeidung der Doppelbesteuerung nur der Person zu, der die Kapitalerträge oder Vergütungen nach den Steuergesetzen des anderen Vertragsstaats als Einkünfte oder Gewinne einer ansässigen Person zugerechnet werden.[3] 12 Für die Erstattung der Kapitalertragsteuer gilt § 45 entsprechend. 13 Der Schuldner der Kapitalerträge oder Vergütungen kann sich vorbehaltlich des Absatzes 2 nicht auf die Rechte des Gläubigers aus dem Abkommen berufen.

---

[1] Siehe hierzu § 52 Abs. 47 Satz 3: Satz 7 anwendbar bis **31.12.2024.**
[2] Siehe hierzu § 52 Abs. 47a Satz 3: Satz 8 anwendbar bis **31.12.2024.**
[3] Siehe jetzt **Abs. 11a.**

[alte Fassung:]

(1a)[1] [1]Der nach Absatz 1 in Verbindung mit § 50g zu erstattende Betrag ist zu verzinsen. [2]Der Zinslauf beginnt zwölf Monate nach Ablauf des Monats, in dem der Antrag auf Erstattung und alle für die Entscheidung erforderlichen Nachweise vorliegen, frühestens am Tag der Entrichtung der Steuer durch den Schuldner der Kapitalerträge oder Vergütungen. [3]Er endet mit Ablauf des Tages, an dem der Freistellungsbescheid wirksam wird. [4]Wird der Freistellungsbescheid aufgehoben, geändert oder nach § 129 der Abgabenordnung berichtigt, ist eine bisherige Zinsfestsetzung zu ändern. [5]§ 233a Absatz 5 der Abgabenordnung gilt sinngemäß. [6]Für die Höhe und Berechnung der Zinsen gilt § 238 der Abgabenordnung. [7]Auf die Festsetzung der Zinsen ist § 239 der Abgabenordnung sinngemäß anzuwenden. [8]Die Vorschriften dieses Absatzes sind nicht anzuwenden, wenn der Steuerabzug keine abgeltende Wirkung hat (§ 50 Absatz 2).

(2)[2] [1]In den Fällen der §§ 43b, 50a Absatz 1, § 50g kann der Schuldner der Kapitalerträge oder Vergütungen den Steuerabzug nach Maßgabe von § 43b oder § 50g oder des Abkommens unterlassen oder nach einem niedrigeren Steuersatz vornehmen, wenn das Bundeszentralamt für Steuern dem Gläubiger auf Grund eines von ihm nach amtlich vorgeschriebenem Vordruck gestellten Antrags bescheinigt, dass die Voraussetzungen dafür vorliegen (Freistellung im Steuerabzugsverfahren); dies gilt auch bei Kapitalerträgen, die einer nach einem Abkommen zur

[1] Siehe jetzt § 50c Abs. 4.
[2] Siehe jetzt § 50c Abs. 2.

[alte Fassung:]

Vermeidung der Doppelbesteuerung im anderen Vertragsstaat ansässigen Kapitalgesellschaft, die am Nennkapital einer unbeschränkt steuerpflichtigen Kapitalgesellschaft im Sinne des § 1 Absatz 1 Nummer 1 des Körperschaftsteuergesetzes zu mindestens einem Zehntel unmittelbar beteiligt ist und im Staat ihrer Ansässigkeit den Steuern vom Einkommen oder Gewinn unterliegt, ohne davon befreit zu sein, von der unbeschränkt steuerpflichtigen Kapitalgesellschaft zufließen. 2 Die Freistellung kann unter dem Vorbehalt des Widerrufs erteilt und von Auflagen oder Bedingungen abhängig gemacht werden. 3 Sie kann in den Fällen des § 50a Absatz 1 von der Bedingung abhängig gemacht werden, dass die Erfüllung der Verpflichtungen nach § 50a Absatz 5 nachgewiesen werden, soweit die Vergütungen an andere beschränkt Steuerpflichtige weitergeleitet werden. 4 Die Geltungsdauer der Bescheinigung nach Satz 1 beginnt frühestens an dem Tag, an dem der Antrag beim Bundeszentralamt für Steuern eingeht; sie beträgt mindestens ein Jahr und darf drei Jahre nicht überschreiten; der Gläubiger der Kapitalerträge oder der Vergütungen ist verpflichtet, den Wegfall der Voraussetzungen für die Freistellung unverzüglich dem Bundeszentralamt für Steuern mitzuteilen. 5 Voraussetzung für die Abstandnahme vom Steuerabzug ist, dass dem Schuldner der Kapitalerträge oder Vergütungen die Bescheinigung nach Satz 1 vorliegt. 6 Über den Antrag ist innerhalb von drei Monaten zu entscheiden. 7 Die Frist beginnt mit der Vorlage aller für die Entscheidung erforderlichen Nachweise. 8 Bestehende Anmeldeverpflichtungen bleiben unberührt.

[alte Fassung:]

(3)[1)] [1] Eine ausländische Gesellschaft hat keinen Anspruch auf völlige oder teilweise Entlastung nach Absatz 1 oder Absatz 2, soweit Personen an ihr beteiligt sind, denen die Erstattung oder Freistellung nicht zustände, wenn sie die Einkünfte unmittelbar erzielten, und die von der ausländischen Gesellschaft im betreffenden Wirtschaftsjahr erzielten Bruttoerträge nicht aus eigener Wirtschaftstätigkeit stammen, sowie

1. in Bezug auf diese Erträge für die Einschaltung der ausländischen Gesellschaft wirtschaftliche oder sonst beachtliche Gründe fehlen oder
2. die ausländische Gesellschaft nicht mit einem für ihren Geschäftszweck angemessen eingerichteten Geschäftsbetrieb am allgemeinen wirtschaftlichen Verkehr teilnimmt.

[2] Maßgebend sind ausschließlich die Verhältnisse der ausländischen Gesellschaft; organisatorische, wirtschaftliche oder sonst beachtliche Merkmale der Unternehmen, die der ausländischen Gesellschaft nahe stehen (§ 1 Absatz 2 des Außensteuergesetzes), bleiben außer Betracht. [3] An einer eigenen Wirtschaftstätigkeit fehlt es, soweit die ausländische Gesellschaft ihre Bruttoerträge aus der Verwal-

[neue Fassung:]

(3) [1] Eine Körperschaft, Personenvereinigung oder Vermögensmasse hat auf der Grundlage eines Abkommens zur Vermeidung der Doppelbesteuerung keinen Anspruch auf Entlastung von der Kapitalertragsteuer und vom Steuerabzug nach § 50a, soweit

1. Personen an ihr beteiligt oder durch die Satzung, das Stiftungsgeschäft oder die sonstige Verfassung begünstigt sind, denen dieser Anspruch nicht zustünde, wenn sie die Einkünfte unmittelbar erzielten, und
2. die Einkunftsquelle keinen wesentlichen Zusammenhang mit einer Wirtschaftstätigkeit dieser Körperschaft, Personenvereinigung oder Vermögensmasse aufweist; das Erzielen der Einkünfte, deren Weiterleitung an beteiligte oder begünstigte Personen sowie eine Tätigkeit, soweit sie mit einem für den Geschäftszweck nicht angemessen eingerichteten Geschäftsbetrieb ausgeübt wird, gelten nicht als Wirtschaftstätigkeit.

[2] Satz 1 findet keine Anwendung, soweit die Körperschaft, Personenvereinigung oder Vermögensmasse nachweist, dass keiner der Hauptzwecke ihrer Einschaltung die Erlangung eines steuerlichen Vorteils ist, oder wenn mit der Hauptgattung der Anteile an ihr ein wesentlicher und regelmäßiger Handel an einer anerkannten Börse stattfindet. [3] § 42 der Abgabenordnung bleibt unberührt.

[1)] § 50d Abs. 3 Satz 1 neu gef., Satz 4 eingef., bish. Satz 4 wird Satz 5 mWv VZ 2012 durch G v. 7.12.2011 (BGBl. I S. 2592).

[alte Fassung:]

tung von Wirtschaftsgütern erzielt oder ihre wesentlichen Geschäftstätigkeiten auf Dritte überträgt. [4]Die Feststellungslast für das Vorliegen wirtschaftlicher oder sonst beachtlicher Gründe im Sinne von Satz 1 Nummer 1 sowie des Geschäftsbetriebs im Sinne von Satz 1 Nummer 2 obliegt der ausländischen Gesellschaft. [5]Die Sätze 1 bis 3 sind nicht anzuwenden, wenn mit der Hauptgattung der Aktien der ausländischen Gesellschaft ein wesentlicher und regelmäßiger Handel an einer anerkannten Börse stattfindet oder für die ausländische Gesellschaft die Vorschriften des Investmentsteuergesetzes gelten.

(4)[1)] [1]Der Gläubiger der Kapitalerträge oder Vergütungen im Sinne des § 50a hat nach amtlich vorgeschriebenem Vordruck durch eine Bestätigung der für ihn zuständigen Steuerbehörde des anderen Staates nachzuweisen, dass er dort ansässig ist oder die Voraussetzungen des § 50g Absatz 3 Nummer 5 Buchstabe c erfüllt sind. [2]Das Bundesministerium der Finanzen kann im Einvernehmen mit den obersten Finanzbehörden der Länder erleichterte Verfahren oder vereinfachte Nachweise zulassen.

(5)[3)] [1]Abweichend von Absatz 2 kann das Bundeszentralamt für Steuern in den Fällen des § 50a Absatz 1 Nummer 3 den Schuldner der Vergütung auf Antrag allgemein ermächtigen, den Steuerabzug zu unterlassen oder nach einem niedrigeren Steuersatz vorzunehmen (Kontrollmeldeverfahren). [2]Die Ermäch-

[neue Fassung:]

(4)–(6)[2)] *(aufgehoben)*

[1)] Siehe jetzt § 50c Abs. 5 Satz 2.
[2)] Siehe nunmehr § 50c.
[3)] Siehe jetzt § 50c Abs. 2 Satz 1 Nr. 2.

[alte Fassung:]

tigung kann in Fällen geringer steuerlicher Bedeutung erteilt und mit Auflagen verbunden werden. [3] Einer Bestätigung nach Absatz 4 Satz 1 bedarf es im Kontrollmeldeverfahren nicht. [4] Inhalt der Auflage kann die Angabe des Namens, des Wohnortes oder des Ortes des Sitzes oder der Geschäftsleitung des Schuldners und des Gläubigers, der Art der Vergütung, des Bruttobetrags und des Zeitpunkts der Zahlungen sowie des einbehaltenen Steuerbetrags sein. [5] Mit dem Antrag auf Teilnahme am Kontrollmeldeverfahren gilt die Zustimmung des Gläubigers und des Schuldners zur Weiterleitung der Angaben des Schuldners an den Wohnsitz- oder Sitzstaat des Gläubigers als erteilt. [6] Die Ermächtigung ist als Beleg aufzubewahren. [7] Absatz 2 Satz 8 gilt entsprechend.

(6) Soweit Absatz 2 nicht anwendbar ist, gilt Absatz 5 auch für Kapitalerträge im Sinne des § 43 Absatz 1 Satz 1 Nummer 1 und 4, wenn sich im Zeitpunkt der Zahlung des Kapitalertrags der Anspruch auf Besteuerung nach einem niedrigeren Steuersatz ohne nähere Ermittlung feststellen lässt.

(7) Werden Einkünfte im Sinne des § 49 Absatz 1 Nummer 4 aus einer Kasse einer juristischen Person des öffentlichen Rechts im Sinne der Vorschrift eines Abkommens zur Vermeidung der Doppelbesteuerung über den öffentlichen Dienst gewährt, so ist diese Vorschrift bei Bestehen eines Dienstverhältnisses mit einer anderen Person in der Weise auszulegen, dass die Vergütungen für der erstgenannten Person geleistete Dienste gezahlt werden, wenn sie ganz oder im Wesentlichen aus öffentlichen Mitteln aufgebracht werden.

(8) [1] Sind Einkünfte eines unbeschränkt Steuerpflichtigen aus nichtselbständiger Arbeit (§ 19) nach einem Abkommen zur Vermeidung der Doppelbesteuerung von der Bemessungsgrundlage der deutschen Steuer auszunehmen, wird die Freistellung bei der Veranlagung ungeachtet des Abkommens nur gewährt, soweit der Steuerpflichtige nachweist, dass der Staat, dem nach dem Abkommen das Besteuerungsrecht zusteht, auf dieses Besteuerungsrecht ver-

zichtet hat oder dass die in diesem Staat auf die Einkünfte festgesetzten Steuern entrichtet wurden. [2]Wird ein solcher Nachweis erst geführt, nachdem die Einkünfte in eine Veranlagung zur Einkommensteuer einbezogen wurden, ist der Steuerbescheid insoweit zu ändern. [3]§ 175 Absatz 1 Satz 2 der Abgabenordnung ist entsprechend anzuwenden.

(9)[1)] [1]Sind Einkünfte eines unbeschränkt Steuerpflichtigen nach einem Abkommen zur Vermeidung der Doppelbesteuerung von der Bemessungsgrundlage der deutschen Steuer auszunehmen, so wird die Freistellung der Einkünfte ungeachtet des Abkommens nicht gewährt, soweit

1. der andere Staat die Bestimmungen des Abkommens so anwendet, dass die Einkünfte in diesem Staat von der Besteuerung auszunehmen sind oder nur zu einem durch das Abkommen begrenzten Steuersatz besteuert werden können,
2. die Einkünfte in dem anderen Staat nur deshalb nicht steuerpflichtig sind, weil sie von einer Person bezogen werden, die in diesem Staat nicht auf Grund ihres Wohnsitzes, ständigen Aufenthalts, des Ortes ihrer Geschäftsleitung, des Sitzes oder eines ähnlichen Merkmals unbeschränkt steuerpflichtig ist, oder
3.[2)] die Einkünfte in dem anderen Staat nur deshalb nicht steuerpflichtig sind, weil sie einer Betriebsstätte in einem anderen Staat zugeordnet werden oder auf Grund einer anzunehmenden schuldrechtlichen Beziehung die steuerliche Bemessungsgrundlage in dem anderen Staat gemindert wird.

[2]Nummer 2 gilt nicht für Dividenden, die nach einem Abkommen zur Vermeidung der Doppelbesteuerung von der Bemessungsgrundlage der deutschen Steuer auszunehmen sind, es sei denn, die Dividenden sind bei der Ermittlung des Gewinns der ausschüttenden Gesellschaft abgezogen worden. [3]Bestimmungen eines Abkommens zur Vermeidung der Doppelbesteuerung sowie Absatz 8 und § 20 Absatz 2 des Außensteuergesetzes bleiben unberührt, soweit sie jeweils die Freistellung von Einkünften in einem weitergehenden Umfang einschränken. [4]Bestimmungen eines Abkommens zur Vermeidung der Doppelbesteuerung, nach denen Einkünfte aufgrund ihrer Behandlung im anderen Vertragsstaat nicht von der Bemessungsgrundlage der deutschen Steuer ausgenommen werden, sind auch auf Teile von Einkünften anzuwenden, soweit die Voraussetzungen der jeweiligen Bestimmung des Abkommens hinsichtlich dieser Einkunftsteile erfüllt sind.

(10)[3)] [1]Sind auf eine Vergütung im Sinne des § 15 Absatz 1 Satz 1 Nummer 2 Satz 1 zweiter Halbsatz und Nummer 3 zweiter Halbsatz die Vorschriften eines Abkommens zur Vermeidung der Doppelbesteuerung anzuwenden und enthält das Abkommen keine solche Vergütungen betreffende ausdrückliche Regelung, gilt die Vergütung für Zwecke der Anwendung des Abkom-

---

[1)] § 50d Abs. 9 Satz 3 geänd. durch G v. 26.6.2013 (BGBl. I S. 1809); Satz 1 geänd., Satz 4 angef. mWv 1.1.2017 durch G v. 20.12.2016 (BGBl. I S. 3000).

[2)] § 50d Abs. 9 Satz 1 Nr. 3 angef. mWv VZ 2021 durch G v. 25.6.2021 (BGBl. I S. 2035).

[3)] § 50d Abs. 10 neu gef. durch G v. 26.6.2013 (BGBl. I S. 1809).

mens zur Vermeidung der Doppelbesteuerung ausschließlich als Teil des Unternehmensgewinns des vergütungsberechtigten Gesellschafters. [2]Satz 1 gilt auch für die durch das Sonderbetriebsvermögen veranlassten Erträge und Aufwendungen. [3]Die Vergütung des Gesellschafters ist ungeachtet der Vorschriften eines Abkommens zur Vermeidung der Doppelbesteuerung über die Zuordnung von Vermögenswerten zu einer Betriebsstätte derjenigen Betriebsstätte der Gesellschaft zuzurechnen, der der Aufwand für die der Vergütung zugrunde liegende Leistung zuzuordnen ist; die in Satz 2 genannten Erträge und Aufwendungen sind der Betriebsstätte zuzurechnen, der die Vergütung zuzuordnen ist. [4]Die Sätze 1 bis 3 gelten auch in den Fällen des § 15 Absatz 1 Satz 1 Nummer 2 Satz 2 sowie in den Fällen des § 15 Absatz 1 Satz 2 entsprechend. [5]Sind Einkünfte im Sinne der Sätze 1 bis 4 einer Person zuzurechnen, die nach einem Abkommen zur Vermeidung der Doppelbesteuerung als im anderen Staat ansässig gilt, und weist der Steuerpflichtige nach, dass der andere Staat die Einkünfte besteuert, ohne die darauf entfallende deutsche Steuer anzurechnen, ist die in diesem Staat nachweislich auf diese Einkünfte festgesetzte und gezahlte und um einen entstandenen Ermäßigungsanspruch gekürzte, der deutschen Einkommensteuer entsprechende, anteilige ausländische Steuer bis zur Höhe der anteilig auf diese Einkünfte entfallenden deutschen Einkommensteuer anzurechnen. [6]Satz 5 gilt nicht, wenn das Abkommen zur Vermeidung der Doppelbesteuerung eine ausdrückliche Regelung für solche Einkünfte enthält. [7]Die Sätze 1 bis 6

1. sind nicht auf Gesellschaften im Sinne des § 15 Absatz 3 Nummer 2 anzuwenden;
2. gelten entsprechend, wenn die Einkünfte zu den Einkünften aus selbständiger Arbeit im Sinne des § 18 gehören; dabei tritt der Artikel über die selbständige Arbeit an die Stelle des Artikels über die Unternehmenseinkünfte, wenn das Abkommen zur Vermeidung der Doppelbesteuerung einen solchen Artikel enthält.

[8]Absatz 9 Satz 1 Nummer 1 bleibt unberührt.

(11)[1)] [1]Sind Dividenden bei einem unbeschränkt steuerpflichtigen Zahlungsempfänger nach einem Abkommen zur Vermeidung der Doppelbesteuerung von der Bemessungsgrundlage der deutschen Steuer auszunehmen, wird die Freistellung ungeachtet des Abkommens nur insoweit gewährt, als die Dividenden nach deutschem Steuerrecht nicht einer anderen Person zuzurechnen sind. [2]Soweit die Dividenden nach deutschem Steuerrecht einer anderen Person zuzurechnen sind, werden sie bei dieser Person freigestellt, wenn sie bei ihr als Zahlungsempfänger nach Maßgabe des Abkommens freigestellt würden.

(11a)[2)] Ist der Gläubiger der Kapitalerträge oder Vergütungen eine Person, der die Kapitalerträge oder Vergütungen nach diesem Gesetz oder nach dem Steuerrecht des anderen Vertragsstaats nicht zugerechnet werden, steht der Anspruch auf völlige oder teilweise Erstattung des Steuerabzugs vom Kapital-

---

[1)] § 50d Abs. 11 angef. durch G v. 8.5.2012 (BGBl. I S. 1030); Satz 1 geänd. mWv 9.6.2021 durch G v. 2.6.2021 (BGBl. I S. 1259).

[2)] § 50d Abs. 11a eingef. durch G v. 2.6.2021 (BGBl. I S. 1259).

ertrag oder nach § 50a auf Grund eines Abkommens zur Vermeidung der Doppelbesteuerung nur der Person zu, der die Kapitalerträge oder Vergütungen nach den Steuergesetzen des anderen Vertragsstaats als Einkünfte oder Gewinne einer ansässigen Person zugerechnet werden.

(12)[1] [1]Abfindungen, die anlässlich der Beendigung eines Dienstverhältnisses gezahlt werden, gelten für Zwecke der Anwendung eines Abkommens zur Vermeidung der Doppelbesteuerung als für frühere Tätigkeit geleistetes zusätzliches Entgelt. [2]Dies gilt nicht, soweit das Abkommen in einer gesonderten, ausdrücklich solche Abfindungen betreffenden Vorschrift eine abweichende Regelung trifft. [3]Absatz 9 Satz 1 Nummer 1 sowie Rechtsverordnungen gemäß § 2 Absatz 2 Satz 1 der Abgabenordnung bleiben unberührt.

(13)[2] Werden Aktien einer Gesellschaft mit Sitz oder Geschäftsleitung im Inland mit Dividendenberechtigung erworben, aber ohne Dividendenanspruch geliefert, sind vom Erwerber an Stelle von Dividenden erhaltene sonstige Bezüge für Zwecke der Anwendung eines Abkommens zur Vermeidung der Doppelbesteuerung den Dividenden, die von dieser Gesellschaft gezahlt werden, gleichgestellt.

[*ab 1.1.2022:*

(14)[3] [1]Dem Gläubiger der Kapitalerträge im Sinne des § 20 Absatz 1 Nummer 1 und 2 aus Anteilen an einer optierenden Gesellschaft im Sinne des § 1a des Körperschaftsteuergesetzes steht ungeachtet der Bestimmungen eines Abkommens zur Vermeidung der Doppelbesteuerung kein Anspruch auf Entlastung von der Kapitalertragsteuer zu, wenn die Kapitalerträge im anderen Staat aufgrund einer vom deutschen Recht abweichenden steuerlichen Behandlung der optierenden Gesellschaft nicht der Besteuerung unterliegen. [2]Gewinne aus der Veräußerung von Anteilen an einer optierenden Gesellschaft im Sinne des § 1a des Körperschaftsteuergesetzes sind ungeachtet der Bestimmungen eines Abkommens zur Vermeidung der Doppelbesteuerung zu versteuern, wenn sie im anderen Staat aufgrund einer vom deutschen Recht abweichenden steuerlichen Behandlung der optierenden Gesellschaft nicht der Besteuerung unterliegen.]

§ 50e Bußgeldvorschriften; Nichtverfolgung von Steuerstraftaten bei geringfügiger Beschäftigung in Privathaushalten. (1) Ordnungswidrig handelt, wer vorsätzlich oder leichtfertig entgegen § 45d Absatz 1 Satz 1, § 45d Absatz 3 Satz 1, der nach § 45e erlassenen Rechtsverordnung[4] oder den unmittelbar geltenden Verträgen mit den in Artikel 17 der Richtlinie 2003/48/EG genannten Staaten und Gebieten eine Mitteilung nicht, nicht richtig, nicht vollständig oder nicht rechtzeitig abgibt. [2]*Die Ordnungswidrigkeit kann mit einer Geldbuße bis zu fünftausend Euro geahndet werden.*[5]

---

[1] § 50d Abs. 12 angef. mWv 1.1.2017 durch G v. 20.12.2016 (BGBl. I S. 3000); Satz 3 geänd. durch G v. 2.6.2021 (BGBl. I S. 1259).

[2] § 50d Abs. 13 angef. mWv 1.1.2020 durch G v. 12.12.2019 (BGBl. I S. 2451).

[3] § 50d Abs. 14 angef. mWv 1.1.2022 durch G v. 25.6.2021 (BGBl. I S. 2050).

[4] Vgl. ZinsinformationsVO (Nr. **11**) in der jeweils geltenden Fassung.

[5] § 50e Abs. 1 Satz 2 aufgeh. mWv 1.1.2022 (§ 52 Abs. 47c Satz 1) durch G v. 2.6.2021 (BGBl. I S. 1259).

(1a)[1] *Verwaltungsbehörde im Sinne des § 36 Absatz 1 Nummer 1 des Gesetzes über Ordnungswidrigkeiten ist in den Fällen des Absatzes 1 Satz 1 das Bundeszentralamt für Steuern.*

[***ab 1.1.2025:***

(2)[2] · [3] Ordnungswidrig handelt, wer vorsätzlich oder leichtfertig

1. entgegen § 45b Absatz 3 Satz 3 oder 4, jeweils auch in Verbindung mit Absatz 5 Satz 2, eine Bescheinigung erteilt,
2. entgegen § 45b Absatz 4 Satz 1 erster Halbsatz, Absatz 5 Satz 1 erster Halbsatz oder Absatz 6 Satz 1 oder 2, § 45c Absatz 1 Satz 1, auch in Verbindung mit Satz 2, oder § 45c Absatz 2 Satz 1, auch in Verbindung mit Satz 2, eine dort genannte Angabe oder dort genannte Daten nicht richtig oder nicht vollständig übermittelt oder
3. entgegen
   a) § 45b Absatz 7 Satz 1 eine Mitteilung nicht richtig oder nicht vollständig macht oder
   b) § 45b Absatz 7 Satz 2 eine schriftliche Versicherung nicht richtig oder nicht vollständig abgibt

und dadurch ermöglicht, Steuern zu verkürzen oder nicht gerechtfertigte Steuervorteile zu erlangen.

(3)[4] · [5] In den Fällen des Absatzes 2 Nummer 2 kann die Ordnungswidrigkeit auch dann geahndet werden, wenn sie nicht im Geltungsbereich dieses Gesetzes begangen wird.]

[***ab 1.1.2022:***

(4)[4] · [6] Die Ordnungswidrigkeit kann in den Fällen des Absatzes 2 mit einer Geldbuße bis zu zwanzigtausend Euro, in den Fällen des Absatzes 1 mit einer Geldbuße bis zu fünftausend Euro geahndet werden.

(5)[4] · [6] Verwaltungsbehörde im Sinne des § 36 Absatz 1 Nummer 1 des Gesetzes über Ordnungswidrigkeiten ist das Bundeszentralamt für Steuern.]

(6)[4] [1]Liegen die Voraussetzungen des § 40a Absatz 2 vor, werden Steuerstraftaten (§§ 369 bis 376 der Abgabenordnung) als solche nicht verfolgt, wenn der Arbeitgeber in den Fällen des § 8a des Vierten Buches Sozialgesetzbuch entgegen § 41a Absatz 1 Nummer 1, auch in Verbindung mit Absatz 2 und 3 und § 51a, und § 40a Absatz 6 Satz 3 dieses Gesetzes in Verbindung mit § 28a Absatz 7 Satz 1 des Vierten Buches Sozialgesetzbuch für das Arbeitsentgelt die Lohnsteuer-Anmeldung und die Anmeldung der einheitlichen Pauschsteuer nicht oder nicht rechtzeitig durchführt und dadurch Steuern verkürzt oder für sich oder einen anderen nicht gerechtfertigte Steuervorteile erlangt. [2]Die Frei-

---

[1] § 50e Abs. 1a aufgeh. mWv 1.1.2022 (§ 52 Abs. 47c Satz 1) durch G v. 2.6.2021 (BGBl. I S. 1259).

[2] § 50e Abs. 2 bis 5 eingef., bish. Abs. 2 wird Abs. 6 durch G v. 2.6.2021 (BGBl. I S. 1259).

[3] Zur Anwendung siehe § 52 Abs. 47c Satz 2.

[4] § 50e Abs. 2 bis 5 eingef., bish. Abs. 2 wird Abs. 6 durch G v. 2.6.2021 (BGBl. I S. 1259).

[5] Zur Anwendung siehe § 52 Abs. 47c Satz 2.

[6] Zur Anwendung siehe § 52 Abs. 47c Satz 1.

stellung von der Verfolgung nach Satz 1 gilt auch für den Arbeitnehmer einer in Satz 1 genannten Beschäftigung, der die Finanzbehörde pflichtwidrig über steuerlich erhebliche Tatsachen aus dieser Beschäftigung in Unkenntnis lässt. [3]Die Bußgeldvorschriften der §§ 377 bis 384 der Abgabenordnung bleiben mit der Maßgabe anwendbar, dass § 378 der Abgabenordnung auch bei vorsätzlichem Handeln anwendbar ist.

§ 50f[1)] Bußgeldvorschriften. (1) Ordnungswidrig handelt, wer vorsätzlich oder leichtfertig entgegen § 22a Absatz 1 Satz 1 dort genannte Daten nicht, nicht vollständig oder nicht rechtzeitig übermittelt oder eine dort genannte Mitteilung nicht, nicht vollständig oder nicht rechtzeitig macht.

(2) Die Ordnungswidrigkeit kann mit einer Geldbuße bis zu fünfzigtausend Euro geahndet werden.

(3) Verwaltungsbehörde im Sinne des § 36 Absatz 1 Nummer 1 des Gesetzes über Ordnungswidrigkeiten ist die zentrale Stelle nach § 81.

§ 50g Entlastung vom Steuerabzug bei Zahlungen von Zinsen und Lizenzgebühren zwischen verbundenen Unternehmen verschiedener Mitgliedstaaten der Europäischen Union. (1) [1]Auf Antrag werden die Kapitalertragsteuer für Zinsen und die Steuer auf Grund des § 50a für Lizenzgebühren, die von einem Unternehmen der Bundesrepublik Deutschland oder einer dort gelegenen Betriebsstätte eines Unternehmens eines anderen Mitgliedstaates der Europäischen Union als Schuldner an ein Unternehmen eines anderen Mitgliedstaates der Europäischen Union oder an eine in einem anderen Mitgliedstaat der Europäischen Union gelegene Betriebsstätte eines Unternehmens eines Mitgliedstaates der Europäischen Union als Gläubiger gezahlt werden, nicht erhoben. [2]Erfolgt die Besteuerung durch Veranlagung, werden die Zinsen und Lizenzgebühren bei der Ermittlung der Einkünfte nicht erfasst. [3]Voraussetzung für die Anwendung der Sätze 1 und 2 ist, dass der Gläubiger der Zinsen oder Lizenzgebühren ein mit dem Schuldner verbundenes Unternehmen oder dessen Betriebsstätte ist. [4]Die Sätze 1 bis 3 sind nicht anzuwenden, wenn die Zinsen oder Lizenzgebühren an eine Betriebsstätte eines Unternehmens eines Mitgliedstaates der Europäischen Union als Gläubiger gezahlt werden, die in einem Staat außerhalb der Europäischen Union oder im Inland gelegen ist und in der die Tätigkeit des Unternehmens ganz oder teilweise ausgeübt wird.

(2) Absatz 1 ist nicht anzuwenden auf die Zahlung von

1. Zinsen,
   a) die nach deutschem Recht als Gewinnausschüttung behandelt werden (§ 20 Absatz 1 Nummer 1 Satz 2) oder
   b) die auf Forderungen beruhen, die einen Anspruch auf Beteiligung am Gewinn des Schuldners begründen;
2. Zinsen oder Lizenzgebühren, die den Betrag übersteigen, den der Schuldner und der Gläubiger ohne besondere Beziehungen, die zwischen den bei-

---

1) § 50f Abs. 1 und 2 neu gef. mWv VZ 2019 durch G v. 20.11.2019 (BGBl. I S. 1626).

den oder einem von ihnen und einem Dritten auf Grund von Absatz 3 Nummer 5 Buchstabe b bestehen, vereinbart hätten.

(3) Für die Anwendung der Absätze 1 und 2 gelten die folgenden Begriffsbestimmungen und Beschränkungen:

1. [1]Der Gläubiger muss der Nutzungsberechtigte sein. [2]Nutzungsberechtigter ist
   a) ein Unternehmen, wenn es die Einkünfte im Sinne von § 2 Absatz 1 erzielt;
   b) eine Betriebsstätte, wenn
      aa) die Forderung, das Recht oder der Gebrauch von Informationen, auf Grund derer/dessen Zahlungen von Zinsen oder Lizenzgebühren geleistet werden, tatsächlich zu der Betriebsstätte gehört und
      bb)[1)] die Zahlungen der Zinsen oder Lizenzgebühren Einkünfte darstellen, auf Grund derer die Gewinne der Betriebsstätte in dem Mitgliedstaat der Europäischen Union, in dem sie gelegen ist, zu einer der in Nummer 5 Satz 1 Buchstabe a Doppelbuchstabe cc genannten Steuern beziehungsweise im Fall Belgiens dem „impôt des non-résidents/belasting der nietverblijfhouders“ beziehungsweise im Fall Spaniens dem „Impuesto sobre la Renta de no Residentes“ oder zu einer mit diesen Steuern identischen oder weitgehend ähnlichen Steuer herangezogen werden, die nach dem jeweiligen Zeitpunkt des Inkrafttretens der Richtlinie 2003/49/EG des Rates vom 3. Juni 2003 über eine gemeinsame Steuerregelung für Zahlungen von Zinsen und Lizenzgebühren zwischen verbundenen Unternehmen verschiedener Mitgliedstaaten (ABl. L 157 vom 26.6.2003, S. 49), die zuletzt durch die Richtlinie 2013/13/EU (ABl. L 141 vom 28.5.2013, S. 30) geändert worden ist, anstelle der bestehenden Steuern oder ergänzend zu ihnen eingeführt wird.
2. Eine Betriebsstätte gilt nur dann als Schuldner der Zinsen oder Lizenzgebühren, wenn die Zahlung bei der Ermittlung des Gewinns der Betriebsstätte eine steuerlich abzugsfähige Betriebsausgabe ist.
3. Gilt eine Betriebsstätte eines Unternehmens eines Mitgliedstaates der Europäischen Union als Schuldner oder Gläubiger von Zinsen oder Lizenzgebühren, so wird kein anderer Teil des Unternehmens als Schuldner oder Gläubiger der Zinsen oder Lizenzgebühren angesehen.
4. Im Sinne des Absatzes 1 sind
   a) „Zinsen“ Einkünfte aus Forderungen jeder Art, auch wenn die Forderungen durch Pfandrechte an Grundstücken gesichert sind, insbesondere Einkünfte aus öffentlichen Anleihen und aus Obligationen einschließlich der damit verbundenen Aufgelder und der Gewinne aus Losanleihen;

[1)] § 50g Abs. 3 Nr. 1 Buchst. b Doppelbuchst. bb geänd. durch G v. 25.7.2014 (BGBl. I S. 1266); zur Anwendung siehe § 52 Abs. 59c Satz 2 a. F.: „§ 50g und die Anlage 3 (zu § 50g) in der am 1. Juli 2013 geltenden Fassung sind erstmals auf Zahlungen anzuwenden, die nach dem 30. Juni 2013 erfolgen.“

Zuschläge für verspätete Zahlung und die Rückzahlung von Kapital gelten nicht als Zinsen;

b) „Lizenzgebühren" Vergütungen jeder Art, die für die Nutzung oder für das Recht auf Nutzung von Urheberrechten an literarischen, künstlerischen oder wissenschaftlichen Werken, einschließlich kinematografischer Filme und Software, von Patenten, Marken, Mustern oder Modellen, Plänen, geheimen Formeln oder Verfahren oder für die Mitteilung gewerblicher, kaufmännischer oder wissenschaftlicher Erfahrungen gezahlt werden; Zahlungen für die Nutzung oder das Recht auf Nutzung gewerblicher, kaufmännischer oder wissenschaftlicher Ausrüstungen gelten als Lizenzgebühren.

5. Die Ausdrücke „Unternehmen eines Mitgliedstaates der Europäischen Union", „verbundenes Unternehmen" und „Betriebsstätte" bedeuten:

a) „Unternehmen eines Mitgliedstaates der Europäischen Union" jedes Unternehmen, das

aa) eine der in Anlage 3 Nummer 1 zu diesem Gesetz aufgeführten Rechtsformen aufweist und

bb) nach dem Steuerrecht eines Mitgliedstaates in diesem Mitgliedstaat ansässig ist und nicht nach einem zwischen dem betreffenden Staat und einem Staat außerhalb der Europäischen Union geschlossenen Abkommen zur Vermeidung der Doppelbesteuerung von Einkünften für steuerliche Zwecke als außerhalb der Gemeinschaft ansässig gilt und

cc)[1] einer der in Anlage 3 Nummer 2 zu diesem Gesetz aufgeführten Steuern unterliegt und nicht von ihr befreit ist. [2]Entsprechendes gilt für eine mit diesen Steuern identische oder weitgehend ähnliche Steuer, die nach dem jeweiligen Zeitpunkt des Inkrafttretens der Richtlinie 2003/49/EG des Rates vom 3. Juni 2003 (ABl. L 157 vom 26.6.2003, S. 49), zuletzt geändert durch die Richtlinie 2013/13/EU des Rates (ABl. L 141 vom 28.5.2013, S. 30) anstelle der bestehenden Steuern oder ergänzend zu ihnen eingeführt wird.

[2]Ein Unternehmen ist im Sinne von Doppelbuchstabe bb in einem Mitgliedstaat der Europäischen Union ansässig, wenn es der unbeschränkten Steuerpflicht im Inland oder einer vergleichbaren Besteuerung in einem anderen Mitgliedstaat der Europäischen Union nach dessen Rechtsvorschriften unterliegt.

b) „Verbundenes Unternehmen" jedes Unternehmen, das dadurch mit einem zweiten Unternehmen verbunden ist, dass

aa) das erste Unternehmen unmittelbar mindestens zu 25 Prozent an dem Kapital des zweiten Unternehmens beteiligt ist oder

bb) das zweite Unternehmen unmittelbar mindestens zu 25 Prozent an dem Kapital des ersten Unternehmens beteiligt ist oder

---

[1] § 50g Abs. 3 Nr. 5 Buchst. a Satz 1 Doppelbuchst. cc geänd. durch G v. 25.7.2014 (*BGBl. I S. 1266*); zur Anwendung siehe § 52 Abs. 59c Satz 2 a. F.: „§ 50g und die Anlage 3 (zu § 50g) in der am 1. Juli 2013 geltenden Fassung sind erstmals auf Zahlungen anzuwenden, die nach dem 30. Juni 2013 erfolgen."

cc) ein drittes Unternehmen unmittelbar mindestens zu 25 Prozent an dem Kapital des ersten Unternehmens und dem Kapital des zweiten Unternehmens beteiligt ist.

[2]Die Beteiligungen dürfen nur zwischen Unternehmen bestehen, die in einem Mitgliedstaat der Europäischen Union ansässig sind.

c) „Betriebsstätte" eine feste Geschäftseinrichtung in einem Mitgliedstaat der Europäischen Union, in der die Tätigkeit eines Unternehmens eines anderen Mitgliedstaates der Europäischen Union ganz oder teilweise ausgeübt wird.

(4)[1)] § 50d Absatz 3 gilt entsprechend.

(5) Entlastungen von der Kapitalertragsteuer für Zinsen und der Steuer auf Grund des § 50a nach einem Abkommen zur Vermeidung der Doppelbesteuerung, die weiter gehen als die nach Absatz 1 gewährten, werden durch Absatz 1 nicht eingeschränkt.

(6) [1]Ist im Fall des Absatzes 1 Satz 1 eines der Unternehmen ein Unternehmen der Schweizerischen Eidgenossenschaft oder ist eine in der Schweizerischen Eidgenossenschaft gelegene Betriebsstätte eines Unternehmens eines anderen Mitgliedstaats der Europäischen Union Gläubiger der Zinsen oder Lizenzgebühren, gelten die Absätze 1 bis 5 entsprechend mit der Maßgabe, dass die Schweizerische Eidgenossenschaft insoweit einem Mitgliedstaat der Europäischen Union gleichgestellt ist. [2]Absatz 3 Nummer 5 Buchstabe a gilt entsprechend mit der Maßgabe, dass ein Unternehmen der Schweizerischen Eidgenossenschaft jedes Unternehmen ist, das

1. eine der folgenden Rechtsformen aufweist:
   - Aktiengesellschaft/société anonyme/società anonima;
   - Gesellschaft mit beschränkter Haftung/société à responsabilité limitée/società a responsabilità limitata;
   - Kommanditaktiengesellschaft/société en commandite par actions/società in accomandita per azioni, und
2. nach dem Steuerrecht der Schweizerischen Eidgenossenschaft dort ansässig ist und nicht nach einem zwischen der Schweizerischen Eidgenossenschaft und einem Staat außerhalb der Europäischen Union geschlossenen Abkommen zur Vermeidung der Doppelbesteuerung von Einkünften für steuerliche Zwecke als außerhalb der Gemeinschaft oder der Schweizerischen Eidgenossenschaft ansässig gilt, und
3. unbeschränkt der schweizerischen Körperschaftsteuer unterliegt, ohne von ihr befreit zu sein.

§ 50h Bestätigung für Zwecke der Entlastung von Quellensteuern in einem anderen Mitgliedstaat der Europäischen Union oder der Schweizerischen Eidgenossenschaft. Auf Antrag hat das Finanzamt, das für die Besteuerung eines Unternehmens der Bundesrepublik Deutschland oder einer dort gelegenen Betriebsstätte eines Unternehmens eines anderen Mit-

1) § 50g Abs. 4 neu gef. durch G v. 2.6.2021 (BGBl. I S. 1259); zur Anwendung von § 50d Abs. 3 siehe § 52 Abs. 47b.

gliedstaats der Europäischen Union im Sinne des § 50g Absatz 3 Nummer 5 oder eines Unternehmens der Schweizerischen Eidgenossenschaft im Sinne des § 50g Absatz 6 Satz 2 zuständig ist, für die Entlastung von der Quellensteuer dieses Staats auf Zinsen oder Lizenzgebühren im Sinne des § 50g zu bescheinigen, dass das empfangende Unternehmen steuerlich im Inland ansässig ist oder die Betriebsstätte im Inland gelegen ist.

§ 50i[1] Besteuerung bestimmter Einkünfte und Anwendung von Doppelbesteuerungsabkommen. (1)[2] [1]Sind Wirtschaftsgüter des Betriebsvermögens oder sind Anteile im Sinne des § 17

1. vor dem 29. Juni 2013 in das Betriebsvermögen einer Personengesellschaft im Sinne des § 15 Absatz 3 übertragen oder überführt worden,
2. ist eine Besteuerung der stillen Reserven im Zeitpunkt der Übertragung oder Überführung unterblieben, und
3. ist das Recht der Bundesrepublik Deutschland hinsichtlich der Besteuerung des Gewinns aus der Veräußerung oder Entnahme dieser Wirtschaftsgüter oder Anteile ungeachtet der Anwendung dieses Absatzes vor dem 1. Januar 2017 ausgeschlossen oder beschränkt worden,

so ist der Gewinn, den ein Steuerpflichtiger, der im Sinne eines Abkommens zur Vermeidung der Doppelbesteuerung im anderen Vertragsstaat ansässig ist, aus der späteren Veräußerung oder Entnahme dieser Wirtschaftsgüter oder Anteile erzielt, ungeachtet entgegenstehender Bestimmungen des Abkommens zur Vermeidung der Doppelbesteuerung zu versteuern. [2]Als Übertragung oder Überführung von Anteilen im Sinne des § 17 in das Betriebsvermögen einer Personengesellschaft gilt auch die Gewährung neuer Anteile an eine Personengesellschaft, die bisher auch eine Tätigkeit im Sinne des § 15 Absatz 1 Satz 1 Nummer 1 ausgeübt hat oder gewerbliche Einkünfte im Sinne des § 15 Absatz 1 Satz 1 Nummer 2 bezogen hat, im Rahmen der Einbringung eines Betriebs oder Teilbetriebs oder eines Mitunternehmeranteils dieser Personengesellschaft in eine Körperschaft nach § 20 des Umwandlungssteuergesetzes, wenn

1. der Einbringungszeitpunkt vor dem 29. Juni 2013 liegt,
2. die Personengesellschaft nach der Einbringung als Personengesellschaft im Sinne des § 15 Absatz 3 fortbesteht und
3. das Recht der Bundesrepublik Deutschland hinsichtlich der Besteuerung des Gewinns aus der Veräußerung oder Entnahme der neuen Anteile ungeachtet der Anwendung dieses Absatzes bereits im Einbringungszeitpunkt ausgeschlossen oder beschränkt ist oder vor dem 1. Januar 2017 ausgeschlossen oder beschränkt worden ist.

[3]Auch die laufenden Einkünfte aus der Beteiligung an der Personengesellschaft, auf die die in Satz 1 genannten Wirtschaftsgüter oder Anteile übertragen oder überführt oder der im Sinne des Satzes 2 neue Anteile gewährt wur-

---

[1] § 50i eingef. durch G v. 26.6.2013 (BGBl. I S. 1809); neu gef. durch G v. 25.7.2014 (BGBl. I S. 1266); zur Anwendung siehe § 52 Abs. 48.

[2] § 50i Abs. 1 Satz 1 und 2 neu gef. durch G v. 20.12.2016 (BGBl. I S. 3000).

den, sind ungeachtet entgegenstehender Bestimmungen des Abkommens zur Vermeidung der Doppelbesteuerung zu versteuern. [4]Die Sätze 1 und 3 gelten sinngemäß, wenn Wirtschaftsgüter vor dem 29. Juni 2013 Betriebsvermögen eines Einzelunternehmens oder einer Personengesellschaft geworden sind, die deswegen Einkünfte aus Gewerbebetrieb erzielen, weil der Steuerpflichtige sowohl im überlassenden Betrieb als auch im nutzenden Betrieb allein oder zusammen mit anderen Gesellschaftern einen einheitlichen geschäftlichen Betätigungswillen durchsetzen kann und dem nutzenden Betrieb eine wesentliche Betriebsgrundlage zur Nutzung überlässt.[1)]

(2)[2)] Bei Einbringung nach § 20 des Umwandlungssteuergesetzes sind die Wirtschaftsgüter und Anteile im Sinne des Absatzes 1 abweichend von § 20 Absatz 2 Satz 2 des Umwandlungssteuergesetzes stets mit dem gemeinen Wert anzusetzen, soweit das Recht der Bundesrepublik Deutschland hinsichtlich der Besteuerung des Gewinns aus der Veräußerung der erhaltenen Anteile oder hinsichtlich der mit diesen im Zusammenhang stehenden Anteile im Sinne des § 22 Absatz 7 des Umwandlungssteuergesetzes ausgeschlossen oder beschränkt ist.

§ 50j[3)] Versagung der Entlastung von Kapitalertragsteuern in bestimmten Fällen. (1) [1]Ein Gläubiger von Kapitalerträgen im Sinne des § 43 Absatz 1 Satz 1 Nummer la, die nach einem Abkommen zur Vermeidung der Doppelbesteuerung nicht oder nur nach einem Steuersatz unterhalb des Steuersatzes des § 43a Absatz 1 Satz 1 Nummer 1 besteuert werden, hat ungeachtet dieses Abkommens nur dann Anspruch auf völlige oder teilweise Entlastung nach § 50c Absatz 3, wenn er

1. während der Mindesthaltedauer nach Absatz 2 hinsichtlich der diesen Kapitalerträgen zugrunde liegenden Anteile oder Genussscheine ununterbrochen wirtschaftlicher Eigentümer ist,
2. während der Mindesthaltedauer nach Absatz 2 ununterbrochen das Mindestwertänderungsrisiko nach Absatz 3 trägt und
3. nicht verpflichtet ist, die Kapitalerträge im Sinne des § 43 Absatz 1 Satz 1 Nummer la ganz oder überwiegend, unmittelbar oder mittelbar anderen Personen zu vergüten.

[2]Satz 1 gilt entsprechend für Anteile oder Genussscheine, die zu inländischen Kapitalerträgen im Sinne des § 43 Absatz 3 Satz 1 führen und einer Wertpapiersammelbank im Ausland zur Verwahrung anvertraut sind.

(2) [1]Die Mindesthaltedauer umfasst 45 Tage und muss innerhalb eines Zeitraums von 45 Tagen vor und 45 Tagen nach der Fälligkeit der Kapitalerträge erreicht werden. [2]Bei Anschaffungen und Veräußerungen ist zu unterstellen,

---

[1)] Zur Anwendung von Satz 4 siehe § 52 Abs. 48 Satz 3.

[2)] § 50i Abs. 2 neu gef. durch G v. 20.12.2016 (BGBl. I S. 3000); zur Anwendung siehe § 52 Abs. 48 Satz 4. Siehe auch BMF v. 5.1.2017 – IV B 5 – S 1300/14/10007, DStR 2017, 157.

[3)] § 50j eingef. mWv 1.1.2017 durch G v. 20.12.2016 (BGBl. I S. 3000); Abs. 1 Satz 1 und Abs. 4 Satz 2 Verweise geänd. durch G v. 2.6.2021 (BGBl. I S. 1259).

dass die zuerst angeschafften Anteile oder Genussscheine zuerst veräußert wurden.

(3) [1] Der Gläubiger der Kapitalerträge muss unter Berücksichtigung von gegenläufigen Ansprüchen und Ansprüchen nahe stehender Personen das Risiko aus einem sinkenden Wert der Anteile oder Genussscheine im Umfang von mindestens 70 Prozent tragen (Mindestwertänderungsrisiko). [2] Kein hinreichendes Mindestwertänderungsrisiko liegt insbesondere dann vor, wenn der Gläubiger der Kapitalerträge oder eine ihm nahe stehende Person Kurssicherungsgeschäfte abgeschlossen hat, die das Wertänderungsrisiko der Anteile oder Genussscheine unmittelbar oder mittelbar um mehr als 30 Prozent mindern.

(4) [1] Die Absätze 1 bis 3 sind nur anzuwenden, wenn

1. die Steuer auf die dem Antrag zu Grunde liegenden Kapitalerträge nach einem Abkommen zur Vermeidung der Doppelbesteuerung 15 Prozent des Bruttobetrags der Kapitalerträge im Sinne des § 43 Absatz 1 Satz 1 Nummer la und des Absatzes 1 Satz 2 unterschreitet und
2. es sich nicht um Kapitalerträge handelt, die einer beschränkt steuerpflichtigen Kapitalgesellschaft, die am Nennkapital einer unbeschränkt steuerpflichtigen Kapitalgesellschaft im Sinne des § 1 Absatz 1 Nummer 1 des Körperschaftsteuergesetzes zu mindestens einem Zehntel unmittelbar beteiligt ist und im Staat ihrer Ansässigkeit den Steuern vom Einkommen oder Gewinn unterliegt, ohne davon befreit zu sein, von der unbeschränkt steuerpflichtigen Kapitalgesellschaft zufließen.

[2] Die Absätze 1 bis 3 sind nicht anzuwenden, wenn der Gläubiger der Kapitalerträge im Sinne des § 43 Absatz 1 Satz 1 Nummer 1a und des Absatzes 1 Satz 2 bei Zufluss seit mindestens einem Jahr ununterbrochen wirtschaftlicher Eigentümer der Aktien oder Genussscheine ist; Absatz 2 Satz 2 gilt entsprechend.

(5) Bestimmungen eines Abkommens zur Vermeidung der Doppelbesteuerung, § 42 der Abgabenordnung und andere steuerliche Vorschriften bleiben unberührt, soweit sie jeweils die Entlastung in einem weitergehenden Umfang einschränken.

§ 51 Ermächtigungen. (1) Die Bundesregierung wird ermächtigt, mit Zustimmung des Bundesrates

1. zur Durchführung dieses Gesetzes Rechtsverordnungen zu erlassen, soweit dies zur Wahrung der Gleichmäßigkeit bei der Besteuerung, zur Beseitigung von Unbilligkeiten in Härtefällen, zur Steuerfreistellung des Existenzminimums oder zur Vereinfachung des Besteuerungsverfahrens erforderlich ist, und zwar:
   a) über die Abgrenzung der Steuerpflicht, die Beschränkung der Steuererklärungspflicht auf die Fälle, in denen eine Veranlagung in Betracht kommt, über die den Einkommensteuererklärungen beizufügenden Unterlagen und über die Beistandspflichten Dritter;
   b) über die Ermittlung der Einkünfte und die Feststellung des Einkommens einschließlich der abzugsfähigen Beträge;

c) über die Höhe von besonderen Betriebsausgaben-Pauschbeträgen für Gruppen von Betrieben, bei denen hinsichtlich der Besteuerungsgrundlagen annähernd gleiche Verhältnisse vorliegen, wenn der Steuerpflichtige Einkünfte aus Gewerbebetrieb (§ 15) oder selbständiger Arbeit (§ 18) erzielt, in Höhe eines Prozentsatzes der Umsätze im Sinne des § 1 Absatz 1 Nummer 1 des Umsatzsteuergesetzes; Umsätze aus der Veräußerung von Wirtschaftsgütern des Anlagevermögens sind nicht zu berücksichtigen. [2]Einen besonderen Betriebsausgaben-Pauschbetrag dürfen nur Steuerpflichtige in Anspruch nehmen, die ihren Gewinn durch Einnahme-Überschussrechnung nach § 4 Absatz 3 ermitteln. [3]Bei der Festlegung der Höhe des besonderen Betriebsausgaben-Pauschbetrags ist der Zuordnung der Betriebe entsprechend der Klassifikation der Wirtschaftszweige, Fassung für Steuerstatistiken, Rechnung zu tragen. [4]Bei der Ermittlung der besonderen Betriebsausgaben-Pauschbeträge sind alle Betriebsausgaben mit Ausnahme der an das Finanzamt gezahlten Umsatzsteuer zu berücksichtigen. [5]Bei der Veräußerung oder Entnahme von Wirtschaftsgütern des Anlagevermögens sind die Anschaffungs- oder Herstellungskosten, vermindert um die Absetzungen für Abnutzung nach § 7 Absatz 1 oder 4 sowie die Veräußerungskosten neben dem besonderen Betriebsausgaben-Pauschbetrag abzugsfähig. [6]Der Steuerpflichtige kann im folgenden Veranlagungszeitraum zur Ermittlung der tatsächlichen Betriebsausgaben übergehen. [7]Wechselt der Steuerpflichtige zur Ermittlung der tatsächlichen Betriebsausgaben, sind die abnutzbaren Wirtschaftsgüter des Anlagevermögens mit ihren Anschaffungs- oder Herstellungskosten, vermindert um die Absetzungen für Abnutzung nach § 7 Absatz 1 oder 4, in ein laufend zu führendes Verzeichnis aufzunehmen. [8]§ 4 Absatz 3 Satz 5 bleibt unberührt. [9]Nach dem Wechsel zur Ermittlung der tatsächlichen Betriebsausgaben ist eine erneute Inanspruchnahme des besonderen Betriebsausgaben-Pauschbetrags erst nach Ablauf der folgenden vier Veranlagungszeiträume zulässig; die §§ 140 und 141 der Abgabenordnung bleiben unberührt;

d) über die Veranlagung, die Anwendung der Tarifvorschriften und die Regelung der Steuerentrichtung einschließlich der Steuerabzüge;

e) über die Besteuerung der beschränkt Steuerpflichtigen einschließlich eines Steuerabzugs;

f)[1] *(aufgehoben)*

2. Vorschriften durch Rechtsverordnung zu erlassen

a) über die sich aus der Aufhebung oder Änderung von Vorschriften dieses Gesetzes ergebenden Rechtsfolgen, soweit dies zur Wahrung der Gleichmäßigkeit bei der Besteuerung oder zur Beseitigung von Unbilligkeiten in Härtefällen erforderlich ist;

b) (weggefallen)

---

[1] Zu § 51 Abs. 1 Nr. 1 Buchst. f siehe SteuerhinterziehungsbekämpfungsVO v. 18.9.2009 (BGBl. I S. 3046), aufgeh. mWv 1.7.2021 durch G v. 25.6.2021 (BGBl. I S. 2056); demzuf. Buchst. f aufgeh. mWv 1.7.2021 durch G v. 25.6.2021 (BGBl. I S. 2056).

c)[1] über den Nachweis von Zuwendungen im Sinne des § 10b einschließlich erleichterter Nachweisanforderungen;

d) über Verfahren, die in den Fällen des § 38 Absatz 1 *Satz 1*[2] Nummer 2 den Steueranspruch der Bundesrepublik Deutschland sichern oder die sicherstellen, dass bei Befreiungen im Ausland ansässiger Leiharbeitnehmer von der Steuer der Bundesrepublik Deutschland auf Grund von Abkommen zur Vermeidung der Doppelbesteuerung die ordnungsgemäße Besteuerung im Ausland gewährleistet ist. [2] Hierzu kann nach Maßgabe zwischenstaatlicher Regelungen bestimmt werden, dass
   aa) der Entleiher in dem hierzu notwendigen Umfang an derartigen Verfahren mitwirkt,
   bb) er sich im Haftungsverfahren nicht auf die Freistellungsbestimmungen des Abkommens berufen kann, wenn er seine Mitwirkungspflichten verletzt;

e) bis m) (weggefallen)

n) über Sonderabschreibungen
   aa) im Tiefbaubetrieb des Steinkohlen-, Pechkohlen-, Braunkohlen- und Erzbergbaues bei Wirtschaftsgütern des Anlagevermögens unter Tage und bei bestimmten mit dem Grubenbetrieb unter Tage in unmittelbarem Zusammenhang stehenden, der Förderung, Seilfahrt, Wasserhaltung und Wetterführung sowie der Aufbereitung des Minerals dienenden Wirtschaftsgütern des Anlagevermögens über Tage, soweit die Wirtschaftsgüter für die Errichtung von neuen Förderschachtanlagen, auch in Form von Anschlussschachtanlagen,
   für die Errichtung neuer Schächte sowie die Erweiterung des Grubengebäudes und den durch Wasserzuflüsse aus stillliegenden Anlagen bedingten Ausbau der Wasserhaltung bestehender Schachtanlagen,
   für Rationalisierungsmaßnahmen in der Hauptschacht-, Blindschacht-, Strecken- und Abbauförderung, im Streckenvortrieb, in der Gewinnung, Versatzwirtschaft, Seilfahrt, Wetterführung und Wasserhaltung sowie in der Aufbereitung,
   für die Zusammenfassung von mehreren Förderschachtanlagen zu einer einheitlichen Förderschachtanlage und
   für den Wiederaufschluss stillliegender Grubenfelder und Feldesteile,
   bb) im Tagebaubetrieb des Braunkohlen- und Erzbergbaues bei bestimmten Wirtschaftsgütern des beweglichen Anlagevermögens (Grubenaufschluss, Entwässerungsanlagen, Großgeräte sowie Einrichtungen des Grubenrettungswesens und der ersten Hilfe und im Erzbergbau auch Aufbereitungsanlagen), die
   für die Erschließung neuer Tagebaue, auch in Form von Anschlusstagebauen, für Rationalisierungsmaßnahmen bei laufenden Tagebauen,

---

[1] § 51 Abs. 1 Nr. 2 Buchst. c geänd. durch G v. 1.11.2011 (BGBl. I S. 2131).

[2] Red. Anm.: „Satz 1" müsste zur Vollständigkeit des Verweises eingefügt werden.

beim Übergang zum Tieftagebau für die Freilegung und Gewinnung der Lagerstätte und

für die Wiederinbetriebnahme stillgelegter Tagebaue

von Steuerpflichtigen, die den Gewinn nach § 5 ermitteln, vor dem 1. Januar 1990 angeschafft oder hergestellt werden. 2 Die Sonderabschreibungen können bereits für Anzahlungen auf Anschaffungskosten und für Teilherstellungskosten zugelassen werden. 3 Hat der Steuerpflichtige vor dem 1. Januar 1990 die Wirtschaftsgüter bestellt oder mit ihrer Herstellung begonnen, so können die Sonderabschreibungen auch für nach dem 31. Dezember 1989 und vor dem 1. Januar 1991 angeschaffte oder hergestellte Wirtschaftsgüter sowie für vor dem 1. Januar 1991 geleistete Anzahlungen auf Anschaffungskosten und entstandene Teilherstellungskosten in Anspruch genommen werden. 4 Voraussetzung für die Inanspruchnahme der Sonderabschreibungen ist, dass die Förderungswürdigkeit der bezeichneten Vorhaben von der obersten Landesbehörde für Wirtschaft im Einvernehmen mit dem Bundesministerium für Wirtschaft und Energie[1] bescheinigt worden ist. 5 Die Sonderabschreibungen können im Wirtschaftsjahr der Anschaffung oder Herstellung und in den vier folgenden Wirtschaftsjahren in Anspruch genommen werden, und zwar bei beweglichen Wirtschaftsgütern des Anlagevermögens bis zu insgesamt 50 Prozent, bei unbeweglichen Wirtschaftsgütern des Anlagevermögens bis zu insgesamt 30 Prozent der Anschaffungs- oder Herstellungskosten. 6 Bei den begünstigten Vorhaben im Tagebaubetrieb des Braunkohlen- und Erzbergbaues kann außerdem zugelassen werden, dass die vor dem 1. Januar 1991 aufgewendeten Kosten für den Vorabraum bis zu 50 Prozent als sofort abzugsfähige Betriebsausgaben behandelt werden;

o) (weggefallen)

p) über die Bemessung der Absetzungen für Abnutzung oder Substanzverringerung bei nicht zu einem Betriebsvermögen gehörenden Wirtschaftsgütern, die vor dem 21. Juni 1948 angeschafft oder hergestellt oder die unentgeltlich erworben sind. 2 Hierbei kann bestimmt werden, dass die Absetzungen für Abnutzung oder Substanzverringerung nicht nach den Anschaffungs- oder Herstellungskosten, sondern nach Hilfswerten (am 21. Juni 1948 maßgebender Einheitswert, Anschaffungs- oder Herstellungskosten des Rechtsvorgängers abzüglich der von ihm vorgenommenen Absetzungen, fiktive Anschaffungskosten an einem noch zu bestimmenden Stichtag) zu bemessen sind. 3 Zur Vermeidung von Härten kann zugelassen werden, dass anstelle der Absetzungen für Abnutzung, die nach dem am 21. Juni 1948 maßgebenden Einheitswert zu bemessen sind, der Betrag abgezogen wird, der für das Wirtschaftsgut in dem Veranlagungszeitraum 1947 als Absetzung für Abnutzung geltend gemacht werden konnte. 4 Für das Land Berlin tritt in den Sätzen 1 bis 3 an die Stelle des 21. Juni 1948 jeweils der 1. April 1949;

q) über erhöhte Absetzungen bei Herstellungskosten

---

[1] Bezeichnung geänd. durch VO v. 31.8.2015 (BGBl. I S. 1474).

aa) für Maßnahmen, die für den Anschluss eines im Inland belegenen Gebäudes an eine Fernwärmeversorgung einschließlich der Anbindung an das Heizsystem erforderlich sind, wenn die Fernwärmeversorgung überwiegend aus Anlagen der Kraft-Wärme-Kopplung, zur Verbrennung von Müll oder zur Verwertung von Abwärme gespeist wird,

bb) für den Einbau von Wärmepumpenanlagen, Solaranlagen und Anlagen zur Wärmerückgewinnung in einem im Inland belegenen Gebäude einschließlich der Anbindung an das Heizsystem,

cc) für die Errichtung von Windkraftanlagen, wenn die mit diesen Anlagen erzeugte Energie überwiegend entweder unmittelbar oder durch Verrechnung mit Elektrizitätsbezügen des Steuerpflichtigen von einem Elektrizitätsversorgungsunternehmen zur Versorgung eines im Inland belegenen Gebäudes des Steuerpflichtigen verwendet wird, einschließlich der Anbindung an das Versorgungssystem des Gebäudes,

dd) für die Errichtung von Anlagen zur Gewinnung von Gas, das aus pflanzlichen oder tierischen Abfallstoffen durch Gärung unter Sauerstoffabschluss entsteht, wenn dieses Gas zur Beheizung eines im Inland belegenen Gebäudes des Steuerpflichtigen oder zur Warmwasserbereitung in einem solchen Gebäude des Steuerpflichtigen verwendet wird, einschließlich der Anbindung an das Versorgungssystem des Gebäudes,

ee) für den Einbau einer Warmwasseranlage zur Versorgung von mehr als einer Zapfstelle und einer zentralen Heizungsanlage oder bei einer zentralen Heizungs- und Warmwasseranlage für den Einbau eines Heizkessels, eines Brenners, einer zentralen Steuerungseinrichtung, einer Wärmeabgabeeinrichtung und eine Änderung der Abgasanlage in einem im Inland belegenen Gebäude oder in einer im Inland belegenen Eigentumswohnung, wenn mit dem Einbau nicht vor Ablauf von zehn Jahren seit Fertigstellung dieses Gebäudes begonnen worden ist und der Einbau nach dem 30. Juni 1985 fertiggestellt worden ist; Entsprechendes gilt bei Anschaffungskosten für neue Einzelöfen, wenn keine Zentralheizung vorhanden ist.

[2] Voraussetzung für die Gewährung der erhöhten Absetzungen ist, dass die Maßnahmen vor dem 1. Januar 1992 fertiggestellt worden sind; in den Fällen des Satzes 1 Doppelbuchstabe aa müssen die Gebäude vor dem 1. Juli 1983 fertiggestellt worden sein, es sei denn, dass der Anschluss nicht schon im Zusammenhang mit der Errichtung des Gebäudes möglich war. [3] Die erhöhten Absetzungen dürfen jährlich 10 Prozent der Aufwendungen nicht übersteigen. [4] Sie dürfen nicht gewährt werden, wenn für dieselbe Maßnahme eine Investitionszulage in Anspruch genommen wird. [5] Sind die Aufwendungen Erhaltungsaufwand und entstehen sie bei einer zu eigenen Wohnzwecken genutzten Wohnung im eigenen Haus, für die der Nutzungswert nicht mehr besteuert wird, und liegen in den Fällen des Satzes 1 Doppelbuchstabe aa die Voraussetzungen des Satzes 2 zweiter Halbsatz vor, so kann der Abzug dieser Aufwen-

dungen wie Sonderausgaben mit gleichmäßiger Verteilung auf das Kalenderjahr, in dem die Arbeiten abgeschlossen worden sind, und die neun folgenden Kalenderjahre zugelassen werden, wenn die Maßnahme vor dem 1. Januar 1992 abgeschlossen worden ist;

r) nach denen Steuerpflichtige größere Aufwendungen
   aa) für die Erhaltung von nicht zu einem Betriebsvermögen gehörenden Gebäuden, die überwiegend Wohnzwecken dienen,
   bb) zur Erhaltung eines Gebäudes in einem förmlich festgelegten Sanierungsgebiet oder städtebaulichen Entwicklungsbereich, die für Maßnahmen im Sinne des § 177 des Baugesetzbuchs sowie für bestimmte Maßnahmen, die der Erhaltung, Erneuerung und funktionsgerechten Verwendung eines Gebäudes dienen, das wegen seiner geschichtlichen, künstlerischen oder städtebaulichen Bedeutung erhalten bleiben soll, und zu deren Durchführung sich der Eigentümer neben bestimmten Modernisierungsmaßnahmen gegenüber der Gemeinde verpflichtet hat, aufgewendet worden sind,
   cc) zur Erhaltung von Gebäuden, die nach den jeweiligen landesrechtlichen Vorschriften Baudenkmale sind, soweit die Aufwendungen nach Art und Umfang zur Erhaltung des Gebäudes als Baudenkmal und zu seiner sinnvollen Nutzung erforderlich sind,

   auf zwei bis fünf Jahre gleichmäßig verteilen können. [2] In den Fällen der Doppelbuchstaben bb und cc ist Voraussetzung, dass der Erhaltungsaufwand vor dem 1. Januar 1990 entstanden ist. [3] In den Fällen von Doppelbuchstabe cc sind die Denkmaleigenschaft des Gebäudes und die Voraussetzung, dass die Aufwendungen nach Art und Umfang zur Erhaltung des Gebäudes als Baudenkmal und zu seiner sinnvollen Nutzung erforderlich sind, durch eine Bescheinigung der nach Landesrecht zuständigen oder von der Landesregierung bestimmten Stelle nachzuweisen;

s) nach denen bei Anschaffung oder Herstellung von abnutzbaren beweglichen und bei Herstellung von abnutzbaren unbeweglichen Wirtschaftsgütern des Anlagevermögens auf Antrag ein Abzug von der Einkommensteuer für den Veranlagungszeitraum der Anschaffung oder Herstellung bis zur Höhe von 7,5 Prozent der Anschaffungs- oder Herstellungskosten dieser Wirtschaftsgüter vorgenommen werden kann, wenn eine Störung des gesamtwirtschaftlichen Gleichgewichts eingetreten ist oder sich abzeichnet, die eine nachhaltige Verringerung der Umsätze oder der Beschäftigung zur Folge hatte oder erwarten lässt, insbesondere bei einem erheblichen Rückgang der Nachfrage nach Investitionsgütern oder Bauleistungen. [2] Bei der Bemessung des von der Einkommensteuer abzugsfähigen Betrags dürfen nur berücksichtigt werden
   aa) die Anschaffungs- oder Herstellungskosten von beweglichen Wirtschaftsgütern, die innerhalb eines jeweils festzusetzenden Zeitraums, der ein Jahr nicht übersteigen darf (Begünstigungszeitraum), angeschafft oder hergestellt werden,
   bb) die Anschaffungs- oder Herstellungskosten von beweglichen Wirtschaftsgütern, die innerhalb des Begünstigungszeitraums bestellt und angezahlt werden oder mit deren Herstellung innerhalb des Begüns-

tigungszeitraums begonnen wird, wenn sie innerhalb eines Jahres, bei Schiffen innerhalb zweier Jahre nach Ablauf des Begünstigungszeitraums geliefert oder fertiggestellt werden. [2]Soweit bewegliche Wirtschaftsgüter im Sinne des Satzes 1 mit Ausnahme von Schiffen nach Ablauf eines Jahres, aber vor Ablauf zweier Jahre nach dem Ende des Begünstigungszeitraums geliefert oder fertiggestellt werden, dürfen bei Bemessung des Abzugs von der Einkommensteuer die bis zum Ablauf eines Jahres nach dem Ende des Begünstigungszeitraums aufgewendeten Anzahlungen und Teilherstellungskosten berücksichtigt werden,

cc) die Herstellungskosten von Gebäuden, bei denen innerhalb des Begünstigungszeitraums der Antrag auf Baugenehmigung gestellt wird, wenn sie bis zum Ablauf von zwei Jahren nach dem Ende des Begünstigungszeitraums fertiggestellt werden;

dabei scheiden geringwertige Wirtschaftsgüter im Sinne des § 6 Absatz 2 und Wirtschaftsgüter, die in gebrauchtem Zustand erworben werden, aus. [3]Von der Begünstigung können außerdem Wirtschaftsgüter ausgeschlossen werden, für die Sonderabschreibungen, erhöhte Absetzungen oder die Investitionszulage nach § 19 des Berlinförderungsgesetzes in Anspruch genommen werden. [4]In den Fällen des Satzes 2 Doppelbuchstabe bb und cc können bei Bemessung des von der Einkommensteuer abzugsfähigen Betrags bereits die im Begünstigungszeitraum, im Fall des Satzes 2 Doppelbuchstabe bb Satz 2 auch die bis zum Ablauf eines Jahres nach dem Ende des Begünstigungszeitraums aufgewendeten Anzahlungen und Teilherstellungskosten berücksichtigt werden; der Abzug von der Einkommensteuer kann insoweit schon für den Veranlagungszeitraum vorgenommen werden, in dem die Anzahlungen oder Teilherstellungskosten aufgewendet worden sind. [5]Übersteigt der von der Einkommensteuer abzugsfähige Betrag die für den Veranlagungszeitraum der Anschaffung oder Herstellung geschuldete Einkommensteuer, so kann der übersteigende Betrag von der Einkommensteuer für den darauf folgenden Veranlagungszeitraum abgezogen werden. [6]Entsprechendes gilt, wenn in den Fällen des Satzes 2 Doppelbuchstabe bb und cc der Abzug von der Einkommensteuer bereits für Anzahlungen oder Teilherstellungskosten geltend gemacht wird. [7]Der Abzug von der Einkommensteuer darf jedoch die für den Veranlagungszeitraum der Anschaffung oder Herstellung und den folgenden Veranlagungszeitraum insgesamt zu entrichtende Einkommensteuer nicht übersteigen. [8]In den Fällen des Satzes 2 Doppelbuchstabe bb Satz 2 gilt dies mit der Maßgabe, dass an die Stelle des Veranlagungszeitraums der Anschaffung oder Herstellung der Veranlagungszeitraum tritt, in dem zuletzt Anzahlungen oder Teilherstellungskosten aufgewendet worden sind. [9]Werden begünstigte Wirtschaftsgüter von Gesellschaften im Sinne des § 15 Absatz 1 Satz 1 Nummer 2 und 3 angeschafft oder hergestellt, so ist der abzugsfähige Betrag nach dem Verhältnis der Gewinnanteile einschließlich der Vergütungen aufzuteilen. [10]Die Anschaffungs- oder Herstellungskosten der Wirtschaftsgüter, die bei Bemessung des von der Einkommensteuer abzugsfähigen Betrags berücksichtigt worden sind, werden durch den Abzug von der Einkommensteuer nicht gemindert. [11] Rechtsverordnungen auf Grund dieser Ermächtigung bedürfen der Zustimmung des Bundestages. [12] Die Zustimmung gilt als erteilt, wenn der Bundestag nicht binnen vier Wochen nach Eingang der Vorlage der Bundesregierung die Zustimmung verweigert hat;

t) (weggefallen)

u) über Sonderabschreibungen bei abnutzbaren Wirtschaftsgütern des Anlagevermögens, die der Forschung oder Entwicklung dienen und nach dem 18. Mai 1983 und vor dem 1. Januar 1990 angeschafft oder hergestellt werden. [2] Voraussetzung für die Inanspruchnahme der Sonderabschreibungen ist, dass die beweglichen Wirtschaftsgüter ausschließlich und die unbeweglichen Wirtschaftsgüter zu mehr als 33 1/3 Prozent der Forschung oder Entwicklung dienen. [3] Die Sonderabschreibungen können auch für Ausbauten und Erweiterungen an bestehenden Gebäuden, Gebäudeteilen, Eigentumswohnungen oder im Teileigentum stehenden Räumen zugelassen werden, wenn die ausgebauten oder neu hergestellten Gebäudeteile zu mehr als 33 1/3 Prozent der Forschung oder Entwicklung dienen. [4] Die Wirtschaftsgüter dienen der Forschung oder Entwicklung, wenn sie verwendet werden

aa) zur Gewinnung von neuen wissenschaftlichen oder technischen Erkenntnissen und Erfahrungen allgemeiner Art (Grundlagenforschung) oder

bb) zur Neuentwicklung von Erzeugnissen oder Herstellungsverfahren oder

cc) zur Weiterentwicklung von Erzeugnissen oder Herstellungsverfahren, soweit wesentliche Änderungen dieser Erzeugnisse oder Verfahren entwickelt werden.

[5] Die Sonderabschreibungen können im Wirtschaftsjahr der Anschaffung oder Herstellung und in den vier folgenden Wirtschaftsjahren in Anspruch genommen werden, und zwar

aa) bei beweglichen Wirtschaftsgütern des Anlagevermögens bis zu insgesamt 40 Prozent,

bb) bei unbeweglichen Wirtschaftsgütern des Anlagevermögens, die zu mehr als 66 2/3 Prozent der Forschung oder Entwicklung dienen, bis zu insgesamt 15 Prozent, die nicht zu mehr als 66 2/3 Prozent, aber zu mehr als 33 1/3 Prozent der Forschung oder Entwicklung dienen, bis zu insgesamt 10 Prozent,

cc) bei Ausbauten und Erweiterungen an bestehenden Gebäuden, Gebäudeteilen, Eigentumswohnungen oder im Teileigentum stehenden Räumen, wenn die ausgebauten oder neu hergestellten Gebäudeteile zu mehr als 66 2/3 Prozent der Forschung oder Entwicklung dienen, bis zu insgesamt 15 Prozent, zu nicht mehr als 66 2/3 Prozent, aber zu mehr als 33 1/3 Prozent der Forschung oder Entwicklung dienen, bis zu insgesamt 10 Prozent

der Anschaffungs- oder Herstellungskosten. [6] Sie können bereits für Anzahlungen auf Anschaffungskosten und für Teilherstellungskosten zugelassen werden. [7] Die Sonderabschreibungen sind nur unter der Bedingung zuzulassen, dass die Wirtschaftsgüter und die ausgebauten oder neu hergestellten Gebäudeteile mindestens drei Jahre nach ihrer Anschaffung oder Herstellung in dem erforderlichen Umfang der Forschung oder Entwicklung in einer inländischen Betriebsstätte des Steuerpflichtigen dienen;

v) (weggefallen)

w) über Sonderabschreibungen bei Handelsschiffen, die auf Grund eines vor dem 25. April 1996 abgeschlossenen Schiffbauvertrags hergestellt, in einem inländischen Seeschiffsregister eingetragen und vor dem 1. Januar 1999 von Steuerpflichtigen angeschafft oder hergestellt worden sind, die den Gewinn nach § 5 ermitteln. [2] Im Fall der Anschaffung eines Handelsschiffes ist weitere Voraussetzung, dass das Schiff vor dem 1. Januar 1996 in ungebrauchtem Zustand vom Hersteller oder nach dem 31. Dezember 1995 auf Grund eines vor dem 25. April 1996 abgeschlossenen Kaufvertrags bis zum Ablauf des vierten auf das Jahr der Fertigstellung folgenden Jahres erworben worden ist. [3] Bei Steuerpflichtigen, die in eine Gesellschaft im Sinne des § 15 Absatz 1 Satz 1 Nummer 2 und Absatz 3 nach Abschluss des Schiffbauvertrags (Unterzeichnung des Hauptvertrags) eingetreten sind, dürfen Sonderabschreibungen nur zugelassen werden, wenn sie der Gesellschaft vor dem 1. Januar 1999 beitreten. [4] Die Sonderabschreibungen können im Wirtschaftsjahr der Anschaffung oder Herstellung und in den vier folgenden Wirtschaftsjahren bis zu insgesamt 40 Prozent der Anschaffungs- oder Herstellungskosten in Anspruch genommen werden. [5] Sie können bereits für Anzahlungen auf Anschaffungskosten und für Teilherstellungskosten zugelassen werden. [6] Die Sonderabschreibungen sind nur unter der Bedingung zuzulassen, dass die Handelsschiffe innerhalb eines Zeitraums von acht Jahren nach ihrer Anschaffung oder Herstellung nicht veräußert werden; für Anteile an einem Handelsschiff gilt dies entsprechend. [7] Die Sätze 1 bis 6 gelten für Schiffe, die der Seefischerei dienen, entsprechend. [8] Für Luftfahrzeuge, die vom Steuerpflichtigen hergestellt oder in ungebrauchtem Zustand vom Hersteller erworben worden sind und die zur gewerbsmäßigen Beförderung von Personen oder Sachen im internationalen Luftverkehr oder zur Verwendung zu sonstigen gewerblichen Zwecken im Ausland bestimmt sind, gelten die Sätze 1 bis 4 und 6 mit der Maßgabe entsprechend, dass an die Stelle der Eintragung in ein inländisches Seeschiffsregister die Eintragung in die deutsche Luftfahrzeugrolle, an die Stelle des Höchstsatzes von 40 Prozent ein Höchstsatz von 30 Prozent und bei der Vorschrift des Satzes 6 an die Stelle des Zeitraums von acht Jahren ein Zeitraum von sechs Jahren treten;

x) über erhöhte Absetzungen bei Herstellungskosten für Modernisierungs- und Instandsetzungsmaßnahmen im Sinne des § 177 des Baugesetzbuchs sowie für bestimmte Maßnahmen, die der Erhaltung, Erneuerung und funktionsgerechten Verwendung eines Gebäudes dienen, das wegen seiner geschichtlichen, künstlerischen oder städtebaulichen Bedeutung erhalten bleiben soll, und zu deren Durchführung sich der Eigentümer neben bestimmten Modernisierungsmaßnahmen gegenüber der Gemeinde verpflichtet hat, die für Gebäude in einem förmlich festgelegten Sanierungsgebiet oder städtebaulichen Entwicklungsbereich aufgewendet worden sind; Voraussetzung ist, dass die Maßnahmen vor dem 1. Januar 1991 abgeschlossen worden sind. [2]Die erhöhten Absetzungen dürfen jährlich 10 Prozent der Aufwendungen nicht übersteigen;

y) über erhöhte Absetzungen für Herstellungskosten an Gebäuden, die nach den jeweiligen landesrechtlichen Vorschriften Baudenkmale sind, soweit die Aufwendungen nach Art und Umfang zur Erhaltung des Gebäudes als Baudenkmal und zu seiner sinnvollen Nutzung erforderlich sind; Voraussetzung ist, dass die Maßnahmen vor dem 1. Januar 1991 abgeschlossen worden sind. [2]Die Denkmaleigenschaft des Gebäudes und die Voraussetzung, dass die Aufwendungen nach Art und Umfang zur Erhaltung des Gebäudes als Baudenkmal und zu seiner sinnvollen Nutzung erforderlich sind, sind durch eine Bescheinigung der nach Landesrecht zuständigen oder von der Landesregierung bestimmten Stelle nachzuweisen. [3]Die erhöhten Absetzungen dürfen jährlich 10 Prozent der Aufwendungen nicht übersteigen;

3. die in § 4a Absatz 1 Satz 2 Nummer 1, § 10 Absatz 5, § 22 Nummer 1 Satz 3 Buchstabe a, § 26a Absatz 3, § 34c Absatz 7, § 46 Absatz 5 und § 50a Absatz 6 vorgesehenen Rechtsverordnungen zu erlassen.

(2) [1]Die Bundesregierung wird ermächtigt, durch Rechtsverordnung Vorschriften zu erlassen, nach denen die Inanspruchnahme von Sonderabschreibungen und erhöhten Absetzungen sowie die Bemessung der Absetzung für Abnutzung in fallenden Jahresbeträgen ganz oder teilweise ausgeschlossen werden können, wenn eine Störung des gesamtwirtschaftlichen Gleichgewichts eingetreten ist oder sich abzeichnet, die erhebliche Preissteigerungen mit sich gebracht hat oder erwarten lässt, insbesondere, wenn die Inlandsnachfrage nach Investitionsgütern oder Bauleistungen das Angebot wesentlich übersteigt. [2]Die Inanspruchnahme von Sonderabschreibungen und erhöhten Absetzungen sowie die Bemessung der Absetzung für Abnutzung in fallenden Jahresbeträgen darf nur ausgeschlossen werden

1. für bewegliche Wirtschaftsgüter, die innerhalb eines jeweils festzusetzenden Zeitraums, der frühestens mit dem Tage beginnt, an dem die Bundesregierung ihren Beschluss über die Verordnung bekannt gibt, und der ein Jahr nicht übersteigen darf, angeschafft oder hergestellt werden. [2]Für bewegliche Wirtschaftsgüter, die vor Beginn dieses Zeitraums bestellt und angezahlt worden sind oder mit deren Herstellung vor Beginn dieses Zeitraums angefangen worden ist, darf jedoch die Inanspruchnahme von Sonderabschreibungen und erhöhten Absetzungen sowie die Bemessung der Absetzung für Abnutzung in fallenden Jahresbeträgen nicht ausgeschlossen werden;
2. für bewegliche Wirtschaftsgüter und für Gebäude, die in dem in Nummer 1 bezeichneten Zeitraum bestellt werden oder mit deren Herstellung in diesem Zeitraum begonnen wird. [2]Als Beginn der Herstellung gilt bei Gebäuden der Zeitpunkt, in dem der Antrag auf Baugenehmigung gestellt wird.

[3] Rechtsverordnungen auf Grund dieser Ermächtigung bedürfen der Zustimmung des Bundestages und des Bundesrates. [4] Die Zustimmung gilt als erteilt, wenn der Bundesrat nicht binnen drei Wochen, der Bundestag nicht binnen vier Wochen nach Eingang der Vorlage der Bundesregierung die Zustimmung verweigert hat.

(3) [1] Die Bundesregierung wird ermächtigt, durch Rechtsverordnung mit Zustimmung des Bundesrates Vorschriften zu erlassen, nach denen die Einkommensteuer einschließlich des Steuerabzugs vom Arbeitslohn, des Steuerabzugs vom Kapitalertrag und des Steuerabzugs bei beschränkt Steuerpflichtigen

1. um höchstens 10 Prozent herabgesetzt werden kann. [2] Der Zeitraum, für den die Herabsetzung gilt, darf ein Jahr nicht übersteigen; er soll sich mit dem Kalenderjahr decken. [3] Voraussetzung ist, dass eine Störung des gesamtwirtschaftlichen Gleichgewichts eingetreten ist oder sich abzeichnet, die eine nachhaltige Verringerung der Umsätze oder der Beschäftigung zur Folge hatte oder erwarten lässt, insbesondere bei einem erheblichen Rückgang der Nachfrage nach Investitionsgütern und Bauleistungen oder Verbrauchsgütern;
2. um höchstens 10 Prozent erhöht werden kann. [2] Der Zeitraum, für den die Erhöhung gilt, darf ein Jahr nicht übersteigen; er soll sich mit dem Kalenderjahr decken. [3] Voraussetzung ist, dass eine Störung des gesamtwirtschaftlichen Gleichgewichts eingetreten ist oder sich abzeichnet, die erhebliche Preissteigerungen mit sich gebracht hat oder erwarten lässt, insbesondere, wenn die Nachfrage nach Investitionsgütern und Bauleistungen oder Verbrauchsgütern das Angebot wesentlich übersteigt.

[2] Rechtsverordnungen auf Grund dieser Ermächtigung bedürfen der Zustimmung des Bundestages.

(4)[1)] Das Bundesministerium der Finanzen wird ermächtigt,

1. im Einvernehmen mit den obersten Finanzbehörden der Länder die Vordrucke für
   a) (weggefallen)
   b) die Erklärungen zur Einkommensbesteuerung,
   c) die Anträge nach § 38b Absatz 2, nach § 39a Absatz 2, in dessen Vordrucke der Antrag nach § 39f einzubeziehen ist, die Anträge nach § 39a Absatz 4 sowie die Anträge zu den elektronischen Lohnsteuerabzugsmerkmalen (§ 38b Absatz 3 und § 39e Absatz 6 Satz 7),
   d) die Lohnsteuer-Anmeldung (§ 41a Absatz 1),
   e) die Anmeldung der Kapitalertragsteuer (§ 45a Absatz 1) und den Freistellungsauftrag nach § 44a Absatz 2 Satz 1 Nummer 1,
   f) die Anmeldung des Abzugsbetrags (§ 48a),

[1)] § 51 Abs. 4 Nr. 1 Buchst. c neu gef., Satzteil nach Buchst. i neu gef. durch G v. 7.12.2011 *(BGBl. I S. 2592)*; Nr. 1 Verweise geänd. durch G v. 12.12.2019 (BGBl. I S. 2451); Buchst. i aufgeh. **mWv 1.1.2024** (§ 52 Abs. 48a) durch G v. 2.6.2021 (BGBl. I S. 1259); Nr. 1 Satzteil nach Buchst. i geänd. durch G v. 16.12.2022 (BGBl. I S. 2294).

g) die Erteilung der Freistellungsbescheinigung (§ 48b),

h) die Anmeldung der Abzugsteuer (§ 50a Absatz 7)

i) *die Entlastung von der Kapitalertragsteuer und vom Steuerabzug nach § 50a auf Grund von Abkommen zur Vermeidung der Doppelbesteuerung*

und die Muster der Bescheinigungen für den Lohnsteuerabzug nach § 39 Absatz 3 und § 39e Absatz 7 Satz 5, des Ausdrucks der elektronischen Lohnsteuerbescheinigung (§ 41b Absatz 1), das Muster der Lohnsteuerbescheinigung nach § 41b Absatz 3 Satz 1, der Anträge auf Erteilung einer Bescheinigung für den Lohnsteuerabzug nach § 39 Absatz 3 und § 39e Absatz 7 Satz 1 sowie der in § 45a Absatz 2 und 3 vorgesehenen Bescheinigungen zu bestimmen;

1a. im Einvernehmen mit den obersten Finanzbehörden der Länder auf der Basis der §§ 32a und 39b einen Programmablaufplan für die Herstellung von Lohnsteuertabellen zur manuellen Berechnung der Lohnsteuer aufzustellen und bekannt zu machen. [2]Der Lohnstufenabstand beträgt bei den Jahrestabellen 36. [3]Die in den Tabellenstufen auszuweisende Lohnsteuer ist aus der Obergrenze der Tabellenstufen zu berechnen und muss an der Obergrenze mit der maschinell berechneten Lohnsteuer übereinstimmen. [4]Die Monats-, Wochen- und Tagestabellen sind aus den Jahrestabellen abzuleiten;

1b. im Einvernehmen mit den obersten Finanzbehörden der Länder den Mindestumfang der nach § 5b elektronisch zu übermittelnden Bilanz und Gewinn- und Verlustrechnung zu bestimmen;

1c. durch Rechtsverordnung zur Durchführung dieses Gesetzes mit Zustimmung des Bundesrates Vorschriften über einen von dem vorgesehenen erstmaligen Anwendungszeitpunkt gemäß § 52 *Absatz 15a*[1)] in der Fassung des Artikels 1 des Gesetzes vom 20. Dezember 2008 (BGBl. I S. 2850) abweichenden späteren Anwendungszeitpunkt[2)] zu erlassen, wenn bis zum 31. Dezember 2010 erkennbar ist, dass die technischen oder organisatorischen Voraussetzungen für eine Umsetzung der in § 5b Absatz 1 in der Fassung des Artikels 1 des Gesetzes vom 20. Dezember 2008 (BGBl. I S. 2850) vorgesehenen Verpflichtung nicht ausreichen;

1d.[3)] die Vordrucke für die Anmeldung des Steuerabzugs von Vergütungen im Sinne des § 50a Absatz 1 sowie das amtlich vorgeschriebene Muster nach § 50a Absatz 5 Satz 7 zu bestimmen;

[***ab 1.1.2024:***

1e.[4)] im Einvernehmen mit den obersten Finanzbehörden der Länder die Vorgaben für die Zuweisung der Ordnungsnummer nach § 45b Absatz 1 zu bestimmen;]

[1)] Jetzt § 52 Abs. 11.

[2)] Siehe hierzu Anwendungszeitpunktverschiebungsverordnung **(AnwZpvV)** vom 20.12. 2010 (BGBl. I S. 2135); abgedruckt zu § 52 Abs. 11.

[3)] § 51 Abs. 4 Nr. 1d eingef. mWv 18.12.2019 durch G v. 12.12.2019 (BGBl. I S. 2451).

[4)] § 51 Abs. 4 Nr. 1e eingef. mWv 1.1.2024 (§ 52 Abs. 48a) durch G v. 2.6.2021 (BGBl. I S. 1259).

2. den Wortlaut dieses Gesetzes und der zu diesem Gesetz erlassenen Rechtsverordnungen in der jeweils geltenden Fassung satzweise nummeriert mit neuem Datum und in neuer Paragraphenfolge bekannt zu machen und dabei Unstimmigkeiten im Wortlaut zu beseitigen.

§ 51a Festsetzung und Erhebung von Zuschlagsteuern. (1)[1)] [1]Auf die Festsetzung und Erhebung von Steuern, die nach der Einkommensteuer bemessen werden (Zuschlagsteuern), sind die Vorschriften dieses Gesetzes [***ab 1.1.2021:*** mit Ausnahme des § 36a] entsprechend anzuwenden. [2]Wird Einkommensteuer im Wege des Steuerabzugs erhoben, dürfen die zu diesem Zweck verarbeiteten personenbezogenen Daten auch für die Erhebung einer Zuschlagsteuer im Wege des Steuerabzugs verarbeitet werden.

(2) [1]Bemessungsgrundlage ist die Einkommensteuer, die abweichend von § 2 Absatz 6 unter Berücksichtigung von Freibeträgen nach § 32 Absatz 6 in allen Fällen des § 32 festzusetzen wäre. [2]Zur Ermittlung der Einkommensteuer im Sinne des Satzes 1 ist das zu versteuernde Einkommen um die nach § 3 Nummer 40 steuerfreien Beträge zu erhöhen und um die nach § 3c Absatz 2 nicht abziehbaren Beträge zu mindern. [3]§ 35 ist bei der Ermittlung der festzusetzenden Einkommensteuer nach Satz 1 nicht anzuwenden.

(2a)[2)] [1]Vorbehaltlich des § 40a Absatz 2 ist beim Steuerabzug vom Arbeitslohn Bemessungsgrundlage die Lohnsteuer; beim Steuerabzug vom laufenden Arbeitslohn und beim Jahresausgleich ist die Lohnsteuer maßgebend, die sich ergibt, wenn der nach § 39b Absatz 2 Satz 5 zu versteuernde Jahresbetrag für die Steuerklassen I, II und III um den doppelten Kinderfreibetrag sowie den doppelten Freibetrag für den Betreuungs- und Erziehungs- oder Ausbildungsbedarf und für die Steuerklasse IV um den Kinderfreibetrag sowie den Freibetrag für den Betreuungs- und Erziehungs- oder Ausbildungsbedarf (§ 32 Absatz 6 Satz 1) für jedes Kind vermindert wird, für das eine Kürzung der Freibeträge für Kinder nach § 32 Absatz 6 Satz 4 nicht in Betracht kommt. [2]Bei der Anwendung des § 39b für die Ermittlung der Zuschlagsteuern ist die als Lohnsteuerabzugsmerkmal gebildete Zahl der Kinderfreibeträge maßgebend. [3]Bei Anwendung des § 39f ist beim Steuerabzug vom laufenden Arbeitslohn die Lohnsteuer maßgebend, die sich bei Anwendung des nach § 39f Absatz 1 ermittelten Faktors auf den nach den Sätzen 1 und 2 ermittelten Betrag ergibt.

(Fortsetzung nächstes Blatt)

[1)] § 51a Abs. 1 Satz 2 angef., bish. Wortlaut wird Satz 1 mWv VZ 2019 durch G v. 20.11.2019 (BGBl. I S. 1626); § 51 Abs. 1 Satz 1 geänd. mWv 1.1.2021 durch G v. 1.12.2020 (BGBl. I S. 2616).

[2)] § 51a Abs. 2a Satz 2 geänd. mWv VZ 2012 durch G v. 7.12.2011 (BGBl. I S. 2592); Satz 1 neu gef. mWv 1.1.2021 durch G v. 1.12.2020 (BGBl. I S. 2616).

(2b)[1] [1]Wird die Einkommensteuer nach § 43 Absatz 1 durch Abzug vom Kapitalertrag (Kapitalertragsteuer) erhoben, wird die darauf entfallende Kirchensteuer nach dem Kirchensteuersatz der Religionsgemeinschaft, der der Kirchensteuerpflichtige angehört, als Zuschlag zur Kapitalertragsteuer erhoben. [***ab 1.1.2023:*** [2]Satz 1 ist nicht anzuwenden, wenn die Kapitalerträge zu den Einkünften aus Land- und Forstwirtschaft, aus Gewerbebetrieb, aus selbständiger Arbeit oder aus Vermietung und Verpachtung gehören.]

(2c)[2] [1]Der zur Vornahme des Steuerabzugs vom Kapitalertrag Verpflichtete (Kirchensteuerabzugsverpflichteter) hat die auf die Kapitalertragsteuer nach Absatz 2b entfallende Kirchensteuer nach folgenden Maßgaben einzubehalten:

1. [1]Das Bundeszentralamt für Steuern speichert unabhängig von und zusätzlich zu den in § 139b Absatz 3 der Abgabenordnung genannten und nach § 39e gespeicherten Daten des Steuerpflichtigen den Kirchensteuersatz der steuererhebenden Religionsgemeinschaft des Kirchensteuerpflichtigen sowie die ortsbezogenen Daten, mit deren Hilfe der Kirchensteuerpflichtige seiner Religionsgemeinschaft zugeordnet werden kann. [2]Die Daten werden als automatisiert abrufbares Merkmal für den Kirchensteuerabzug bereitgestellt;
2.[3] sofern dem Kirchensteuerabzugsverpflichteten die Identifikationsnummer des Schuldners der Kapitalertragsteuer nicht bereits bekannt ist, kann er sie beim Bundeszentralamt für Steuern anfragen. [2]In der Anfrage dürfen nur die in § 139b Absatz 3 der Abgabenordnung genannten Daten des Schuldners der Kapitalertragsteuer angegeben werden, soweit sie dem Kirchensteuerabzugsverpflichteten bekannt sind. [3]Die Anfrage hat nach amtlich vorgeschriebenem Datensatz durch Datenfernübertragung zu erfolgen. [4]Das Bundeszentralamt für Steuern teilt dem Kirchensteuerabzugsverpflichteten die Identifikationsnummer mit, sofern die übermittelten Daten mit den nach § 139b Absatz 3 der Abgabenordnung beim Bundeszentralamt für Steuern gespeicherten Daten übereinstimmen;

(Fortsetzung nächstes Blatt)

---

[1] § 51a Abs. 2b Satz 2 angef., bish. Text wird Satz 1 mWv 1.1.2023 durch G v. 1.12.2020 (BGBl. I S. 2616).

[2] § 51a Abs. 2c neu gef. mWv VZ 2015 (§ 52a Abs. 49) durch G v. 7.12.2011 (BGBl. I S. 2592); geänd. durch G v. 26.6.2013 (BGBl. I S. 1809).

[3] § 51a Abs. 2c Nr. 2 Satz 4 aufgeh., bish. Satz 5 wird Satz 4 mWv 1.1.2017 durch G v. 18.7.2016 (BGBl. I S. 1679).

[Fassung bis 31.12.2021:]

3. der Kirchensteuerabzugsverpflichtete hat unter Angabe der Identifikationsnummer und des Geburtsdatums des Schuldners der Kapitalertragsteuer einmal jährlich im Zeitraum vom 1. September bis 31. Oktober beim Bundeszentralamt für Steuern anzufragen, ob der Schuldner der Kapitalertragsteuer am 31. August des betreffenden Jahres (Stichtag) kirchensteuerpflichtig ist (Regelabfrage). [2] Für Kapitalerträge im Sinne des § 43 Absatz 1 Nummer 4 aus Versicherungsverträgen hat der Kirchensteuerabzugsverpflichtete eine auf den Zuflusszeitpunkt der Kapitalerträge bezogene Abfrage (Anlassabfrage) an das Bundeszentralamt für Steuern zu richten. [3] Im Übrigen kann der Kirchensteuerabzugsverpflichtete eine Anlassabfrage bei Begründung einer Geschäftsbeziehung oder auf Veranlassung des Kunden an das Bundeszentralamt für Steuern richten. [4] Auf die Anfrage hin teilt das Bundeszentralamt für Steuern dem Kirchensteuerabzugsverpflichteten die rechtliche Zugehörigkeit zu einer steuererhebenden Religionsgemeinschaft und den für die Religionsgemeinschaft geltenden Kirchensteuersatz zum Zeitpunkt der Anfrage als automatisiert abrufbares Merkmal nach Nummer 1 mit. [5] Während der Dauer der rechtlichen Verbindung ist der Schuldner der Kapitalertragssteuer zumindest einmal vom Kirchensteuerabzugsverpflichteten auf die Datenabfrage sowie das gegenüber dem Bundeszentralamt

[Fassung ab 1.1.2022:][1]

3. der Kirchensteuerabzugsverpflichtete hat unter Angabe der Identifikationsnummer und des Geburtsdatums des Schuldners der Kapitalertragsteuer bei Begründung einer rechtlichen Verbindung beim Bundeszentralamt für Steuern anzufragen, ob der Schuldner der Kapitalertragsteuer kirchensteuerpflichtig ist (Anlassabfrage), und einmal jährlich im Zeitraum vom 1. September bis 31. Oktober beim Bundeszentralamt für Steuern anzufragen, ob der Schuldner der Kapitalertragsteuer am 31. August des betreffenden Jahres (Stichtag) kirchensteuerpflichtig ist (Regelabfrage). [2] Für Kapitalerträge im Sinne des § 43 Absatz 1 Nummer 4 aus Versicherungsverträgen hat der Kirchensteuerabzugsverpflichtete eine auf den Zuflusszeitpunkt der Kapitalerträge bezogene Abfrage (Anlassabfrage) an das Bundeszentralamt für Steuern zu richten. [3] Im Übrigen kann der Kirchensteuerabzugsverpflichtete eine Anlassabfrage auf Veranlassung des Schuldners der Kapitalertragsteuer an das Bundeszentralamt für Steuern richten. [4] Auf die Anfrage hin teilt das Bundeszentralamt für Steuern dem Kirchensteuerabzugsverpflichteten die rechtliche Zugehörigkeit zu einer steuererhebenden Religionsgemeinschaft und den für die Religionsgemeinschaft geltenden Kirchensteuersatz zum Zeitpunkt der Anfrage als automatisiert abrufbares Merkmal nach Nummer 1 mit. [5] Bei Begründung einer rechtlichen Verbindung ist

[1] § 51a Abs. 2c Satz 1 Nr. 3 Sätze 1, 3, 5 neu gef., Satz 9 aufgeh., bish. Sätze 10 und 11 werden Sätze 9 und 10 mWv 1.1.2022 durch G v. 1.12.2020 (BGBl. I S. 2616).

[Fassung bis 31.12.2021:]

für Steuern bestehende Widerspruchsrecht, das sich auf die Übermittlung von Daten zur Religionszugehörigkeit bezieht (Absatz 2e Satz 1), schriftlich oder in geeigneter Form hinzuweisen.[1)] [6] Anträge auf das Setzen der Sperrvermerke, die im aktuellen Kalenderjahr für eine Regelabfrage berücksichtigt werden sollen, müssen bis zum 30. Juni beim Bundeszentralamt für Steuern eingegangen sein. [7] Alle übrigen Sperrvermerke können nur berücksichtigt werden, wenn sie spätestens zwei Monate vor der Abfrage des Kirchensteuerabzugsverpflichteten eingegangen sind. [8] Dies gilt für den Widerruf entsprechend. [9] Der Hinweis nach Satz 5 hat rechtzeitig vor der Regel- oder Anlassabfrage zu erfolgen.[2)] [10] Gehört der Schuldner der Kapitalertragsteuer keiner steuererhebenden Religionsgemeinschaft an oder hat er dem Abruf von Daten zur Religionszugehörigeit widersprochen (Sperrvermerk), so teilt das Bundeszentralamt für Steuern dem Kirchensteuerabzugsverpflichteten zur Religionszugehörigkeit einen neutralen Wert (Nullwert) mit. [11] Der Kirchensteuerabzugsverpflichtete hat die vorhandenen Daten zur Religionszugehörigkeit unverzüglich zu löschen, wenn ein Nullwert übermittelt wurde;

[Fassung ab 1.1.2022:]

der Schuldner der Kapitalertragsteuer vom Kirchensteuerabzugsverpflichteten auf die Datenabfarge sowie das Antragsrecht nach Absatz 2e Satz 1 in geeigneter Form hinzuweisen. [6] Anträge auf das Setzen der Sperrvermerke, die im aktuellen Kalenderjahr für eine Regelabfrage berücksichtigt werden sollen, müssen bis zum 30. Juni beim Bundeszentralamt für Steuern eingegangen sein. [7] Alle übrigen Sperrvermerke können nur berücksichtigt werden, wenn sie spätestens zwei Monate vor der Abfrage des Kirchensteuerabzugsverpflichteten eingegangen sind. [8] Dies gilt für den Widerruf entsprechend. [9] Gehört der Schuldner der Kapitalertragsteuer keiner steuererhebenden Religionsgemeinschaft an oder hat er dem Abruf von Daten zur Religionszugehörigkeit widersprochen (Sperrvermerk), so teilt das Bundeszentralamt für Steuern dem Kirchensteuerabzugsverpflichteten zur Religionszugehörigkeit einen neutralen Wert (Nullwert) mit. [10] Der Kirchensteuerabzugsverpflichtete hat die vorhandenen Daten zur Religionszugehörigkeit unverzüglich zu löschen, wenn ein Nullwert übermittelt wurde;

4. im Falle einer am Stichtag oder im Zuflusszeitpunkt bestehenden Kirchensteuerpflicht hat der Kirchensteuerabzugsverpflichtete den Kirchensteuerabzug für die steuererhebende Religionsgemeinschaft durchzuführen und den Kirchensteuerbetrag an das für ihn zuständige Finanzamt abzuführen.

---

1) § 51a Abs. 2c Satz 1 Nr. 3 Satz 5 geänd. mWv 1.8.2015 durch G v. 28.7.2015 (BGBl. I S. 1400).

2) § 51a Abs. 2c Satz 1 Nr. 3 Satz 9 geänd. mWv 1.8.2015 durch G v. 28.7.2015 (BGBl. I S. 1400).

[2]§ 45a Absatz 1 gilt entsprechend; in der Steueranmeldung sind die nach Satz 1 einbehaltenen Kirchensteuerbeträge für jede steuererhebende Religionsgemeinschaft jeweils als Summe anzumelden. [3]Die auf Grund der Regelabfrage vom Bundeszentralamt für Steuern bestätigte Kirchensteuerpflicht hat der Kirchensteuerabzugsverpflichtete dem Kirchensteuerabzug des auf den Stichtag folgenden Kalenderjahres zu Grunde zu legen. [4]Das Ergebnis einer Anlassabfrage wirkt anlassbezogen.

[2]Die Daten gemäß Nummer 3 sind nach amtlich vorgeschriebenem Datensatz durch Datenfernübertragung zu übermitteln. [3]Die Verbindung der Anfrage nach Nummer 2 mit der Anfrage nach Nummer 3 zu einer Anfrage ist zulässig. [4]Auf Antrag kann das Bundeszentralamt für Steuern zur Vermeidung unbilliger Härten auf eine elektronische Übermittlung verzichten. [5]§ 44 Absatz 5 ist mit der Maßgabe anzuwenden, dass der Haftungsbescheid von dem für den Kirchensteuerabzugsverpflichteten zuständigen Finanzamt erlassen wird. [6]§ 45a Absatz 2 ist mit der Maßgabe anzuwenden, dass die steuererhebende Religionsgemeinschaft angegeben wird. [7]Sind an den Kapitalerträgen ausschließlich Ehegatten beteiligt, wird der Anteil an der Kapitalertragsteuer hälftig ermittelt. [8]Der Kirchensteuerabzugsverpflichtete darf die von ihm für die Durchführung des Kirchensteuerabzugs erhobenen Daten ausschließlich für diesen Zweck verarbeiten.[1] [9]Er hat organisatorisch dafür Sorge zu tragen, dass ein Zugriff auf diese Daten für andere Zwecke gesperrt ist. [10]Ohne Einwilligung der oder des Kirchensteuerpflichtigen und soweit gesetzlich nichts anderes zugelassen ist, dürfen der Kirchensteuerabzugsverpflichtete und die beteiligte Finanzbehörde die Daten nach Satz 8 nicht für andere Zwecke verarbeiten.[2]

(2d) [1]Wird die nach Absatz 2b zu erhebende Kirchensteuer nicht nach Absatz 2c als Kirchensteuerabzug vom Kirchensteuerabzugsverpflichteten einbehalten, wird sie nach Ablauf des Kalenderjahres nach dem Kapitalertragsteuerbetrag veranlagt, der sich ergibt, wenn die Steuer auf Kapitalerträge nach § 32d Absatz 1 Satz 4 und 5 errechnet wird; wenn Kirchensteuer als Kirchensteuerabzug nach Absatz 2c erhoben wurde, wird eine Veranlagung auf Antrag des Steuerpflichtigen durchgeführt. [2]Der Abzugsverpflichtete hat dem Kirchensteuerpflichtigen auf dessen Verlangen hin eine Bescheinigung über die einbehaltene Kapitalertragsteuer zu erteilen. [3]Der Kirchensteuerpflichtige hat die erhobene Kapitalertragsteuer zu erklären und die Bescheinigung nach Satz 2 oder nach § 45a Absatz 2 oder 3 vorzulegen.

(2e)[3] [1]Der Schuldner der Kapitalertragsteuer kann unter Angabe seiner Identifikationsnummer nach amtlich vorgeschriebenem Vordruck schriftlich beim Bundeszentralamt für Steuern beantragen, dass der automatisierte Datenabruf seiner rechtlichen Zugehörigkeit zu einer steuererhebenden Religionsgemeinschaft bis auf schriftlichen Widerruf unterbleibt (Sperrvermerk). [2]Das Bundeszentralamt für Steuern kann für die Abgabe der Erklärungen nach

[1] § 51a Abs. 2c Satz 8 geänd. mWv VZ 2019 durch G v. 20.11.2019 (BGBl. I S. 1626).

[2] § 51a Abs. 2c Satz 10 neu gef. mWv VZ 2019 durch G v. 20.11.2019 (BGBl. I S. 1626).

[3] § 51a Abs. 2e neu gef. mWv VZ 2015 (§ 52 Abs. 49) durch G v. 7.12.2011 (BGBl. I S. 2592); geänd. durch G v. 26.6.2013 (BGBl. I S. 1809); Satz 4 geänd. mWv 1.1.2021 bzw. 1.1.2022 durch G v. 1.12.2020 (BGBl. I S. 2616).

Satz 1 ein anderes sicheres Verfahren zur Verfügung stellen. [3]Der Sperrvermerk verpflichtet den Kirchensteuerpflichtigen für jeden Veranlagungszeitraum, in dem Kapitalertragsteuer einbehalten worden ist, zur Abgabe einer Steuererklärung zum Zwecke der Veranlagung nach Absatz 2d Satz 1. [4]Das Bundeszentralamt für Steuern übermittelt für jeden Veranlagungszeitraum, für den ein Sperrvermerk abgerufen worden ist, an das Wohnsitzfinanzamt des Schuldners der Kapitalertragsteuer Name und Anschrift des Kirchensteuerabzugsverpflichteten, dem im Fall des Absatzes 2c Satz 1 Nummer 3 auf Grund des Sperrvermerks ein Nullwert im Sinne des Absatzes 2c Satz 1 Nummer 3 Satz *10* [***ab 1.1.2022:*** 9] mitgeteilt worden ist. [5]Das Wohnsitzfinanzamt fordert den Kirchensteuerpflichtigen zur Abgabe einer Steuererklärung nach § 149 Absatz 1 Satz 1 und 2 der Abgabenordnung auf.

(3) Ist die Einkommensteuer für Einkünfte, die dem Steuerabzug unterliegen, durch den Steuerabzug abgegolten oder werden solche Einkünfte bei der Veranlagung zur Einkommensteuer oder beim Lohnsteuer-Jahresausgleich nicht erfasst, gilt dies für die Zuschlagsteuer entsprechend.

(4) [1]Die Vorauszahlungen auf Zuschlagsteuern sind gleichzeitig mit den festgesetzten Vorauszahlungen auf die Einkommensteuer zu entrichten; § 37 Absatz 5 ist nicht anzuwenden. [2]Solange ein Bescheid über die Vorauszahlungen auf Zuschlagsteuern nicht erteilt worden ist, sind die Vorauszahlungen ohne besondere Aufforderung nach Maßgabe der für die Zuschlagsteuern geltenden Vorschriften zu entrichten. [3]§ 240 Absatz 1 Satz 3 der Abgabenordnung ist insoweit nicht anzuwenden; § 254 Absatz 2 der Abgabenordnung gilt insoweit sinngemäß.

(5) [1]Mit einem Rechtsbehelf gegen die Zuschlagsteuer kann weder die Bemessungsgrundlage noch die Höhe des zu versteuernden Einkommens angegriffen werden. [2]Wird die Bemessungsgrundlage geändert, ändert sich die Zuschlagsteuer entsprechend.

(6) Die Absätze 1 bis 5 gelten für die Kirchensteuern nach Maßgabe landesrechtlicher Vorschriften.

§ 52[1)] Anwendungsvorschriften. (1)[2)] [1]Diese Fassung des Gesetzes ist, soweit in den folgenden Absätzen nichts anderes bestimmt ist, erstmals für den Veranlagungszeitraum 2024 anzuwenden. [2]Beim Steuerabzug vom Arbeitslohn gilt Satz 1 mit der Maßgabe, dass diese Fassung erstmals auf den laufenden Arbeitslohn anzuwenden ist, der für einen nach dem 31. Dezember 2023 endenden Lohnzahlungszeitraum gezahlt wird, und auf sonstige Bezüge, die nach dem 31. Dezember 2023 zufließen. [3]Beim Steuerabzug vom Kapitalertrag *gilt Satz 1 mit der* Maßgabe, dass diese Fassung des Gesetzes erstmals auf Kapitalerträge anzuwenden ist, die dem Gläubiger nach dem 31. Dezember 2023 zufließen.

---

1) § 52 neu gef. durch G v. 25.7.2014 (BGBl. I S. 1266).

2) § 52 Abs. 1 neu gef. durch G v. 21.12.2020 (BGBl. I S. 3096).

(2) [1] § 2a Absatz 1 Satz 1 Nummer 6 Buchstabe b in der am 1. Januar 2000 geltenden Fassung ist erstmals auf negative Einkünfte eines Steuerpflichtigen anzuwenden, die er aus einer entgeltlichen Überlassung von Schiffen auf Grund eines nach dem 31. Dezember 1999 rechtswirksam abgeschlossenen obligatorischen Vertrags oder gleichstehenden Rechtsakts erzielt. [2] Für negative Einkünfte im Sinne des § 2a Absatz 1 und 2 in der am 24. Dezember 2008 geltenden Fassung, die vor dem 25. Dezember 2008 nach § 2a Absatz 1 Satz 5 bestandskräftig gesondert festgestellt wurden, ist § 2a Absatz 1 Satz 3 bis 5 in der am 24. Dezember 2008 geltenden Fassung weiter anzuwenden. [3] § 2a Absatz 3 Satz 3, 5 und 6 in der am 29. April 1997 geltenden Fassung ist für Veranlagungszeiträume ab 1999 weiter anzuwenden, soweit sich ein positiver Betrag im Sinne des § 2a Absatz 3 Satz 3 in der am 29. April 1997 geltenden Fassung ergibt oder soweit eine in einem ausländischen Staat belegene Betriebsstätte im Sinne des § 2a Absatz 4 in der Fassung des § 52 Absatz 3 Satz 8 in der am 30. Juli 2014[1)] geltenden Fassung in eine Kapitalgesellschaft umgewandelt, übertragen oder aufgegeben wird. [4] Insoweit ist in § 2a Absatz 3 Satz 5 letzter Halbsatz in der am 29. April 1997 geltenden Fassung die Angabe „§ 10d Absatz 3" durch die Angabe „§ 10d Absatz 4" zu ersetzen.

(3) § 2b in der Fassung der Bekanntmachung vom 19. Oktober 2002 (BGBl. I S. 4210; 2003 I S. 179) ist weiterhin für Einkünfte aus einer Einkunftsquelle im Sinne des § 2b anzuwenden, die der Steuerpflichtige nach dem 4. März 1999 und vor dem 11. November 2005 rechtswirksam erworben oder begründet hat.

(4)[2)] [1] § 3 Nummer 5 in der am 30. Juni 2013 geltenden Fassung ist vorbehaltlich des Satzes 2 erstmals für den Veranlagungszeitraum 2013 anzuwenden. [2] § 3 Nummer 5 in der am 29. Juni 2013 geltenden Fassung ist weiterhin anzuwenden für freiwillig Wehrdienst Leistende, die das Dienstverhältnis vor dem 1. Januar 2014 begonnen haben. [3] § 3 Nummer 10 in der am 31. Dezember 2005 geltenden Fassung ist weiter anzuwenden für ausgezahlte Übergangsbeihilfen an Soldatinnen auf Zeit und Soldaten auf Zeit, wenn das Dienstverhältnis vor dem 1. Januar 2006 begründet worden ist. [4] § 3 Nummer 11b in der Fassung des Artikels 1 des Gesetzes vom 19. Juni 2022 (BGBl. I S. 911) ist erstmals für den Veranlagungszeitrum 2021 anzuwenden. [5] § 3 Nummer 14a in

---

1) Datum des Tags der Verkündung des G v. 25.7.2014 (BGBl. I S. 1266).

2) § 52 Abs. 4 Satz 13 angef. durch G v. 22.12.2014 (BGBl. I S. 2417); Satz 10 eingef., bish. Sätze 10 bis 13 werden Sätze 11 bis 14 durch G v. 7.11.2016 (BGBl. I S. 2498); Satz 7 eingef., bish. Sätze 7 bis 14 werden Sätze 8 bis 15 durch G v. 20.12.2016 (BGBl. I S. 3000); Satz 16 angef. durch G v. 27.6.2017 (BGBl. I S. 2074); Sätze 12 und 13 geänd., Satz 14 neu gef., Satz 15 eingef., Sätze 15 und 16 werden Sätze 16 und 17 mWv 1.1.2018 durch G v. 17.8.2017 (BGBl. I S. 3214); Sätze 5 bis 7 eingef., bish. Sätze 5 bis 11 werden Sätze 8 bis 14, bish. Sätze 12 und 13 aufgeh., bish. Sätze 14 bis 17 werden Sätze 15 bis 18 durch G v. 11.12.2018 (BGBl. I S. 2338); Sätze 7 und 14 geänd. durch G v. 12.12.2019 (BGBl. I S. 2451); Satz 15 eingef., bish. Sätze 15 bis 18 werden Sätze 16 bis 19 durch G v. 8.8.2020 (BGBl. I S. 1818); Satz 9 eingef., bish. Sätze 9 bis 13 werden Sätze 10 bis 14, Satz 15 eingef., bish. Sätze 14 bis 19 werden Sätze 16 bis 21 durch G v. 25.6.2021 (BGBl. I S. 2035); Satz 4 eingef., bish. Sätze 4 bis 21 werden Sätze 5 bis 22 durch G v. 19.6.2022 (BGBl. I S. 911); Sätze 5 *bis 8 eingef., bish.* Sätze 5 bis 22 werden Sätze 9 bis 26, Satz 27 angef. durch G v. 16.12.2022 (BGBl. I S. 2294); Satz 27 eingef., bish. Satz 27 wird Satz 28 durch G v. 11.12.2023 (BGBl. I Nr. 354).

der Fassung des Artikels 3 des Gesetzes vom 16. Dezember 2022 (BGBl. I S. 2294) ist erstmals für den Veranlagungszeitraum 2021 anzuwenden. [6]Ist in der für das jeweilige Leistungsjahr zuletzt übermittelten Rentenbezugsmitteilung im Sinne des § 22a in den nach § 22a Absatz 1 Satz 1 Nummer 2 zu übermittelnden Daten der Zuschlag an Entgeltpunkten für langjährige Versicherung nach dem Sechsten Buch Sozialgesetzbuch enthalten, haben die Träger der gesetzlichen Rentenversicherung als mitteilungspflichtige Stelle im Sinne des § 22a bis zum letzten Tag des Monats Februar 2024 für das jeweilige Leistungsjahr eine insoweit korrigierte Rentenbezugsmitteilung zu übermitteln. [7]Ein Einkommensteuerbescheid ist infolge einer nach Satz 6 korrigierten Rentenbezugsmitteilung insoweit zu ändern. [8]Das gilt auch, wenn der Einkommensteuerbescheid bereits bestandskräftig ist; andere Änderungsvorschriften bleiben unberührt. [9]Auf fortlaufende Leistungen nach dem Gesetz über die Heimkehrerstiftung vom 21. Dezember 1992 (BGBl. I S. 2094, 2101), das zuletzt durch Artikel 1 des Gesetzes vom 10. Dezember 2007 (BGBl. I S. 2830) geändert worden ist, in der jeweils geltenden Fassung ist § 3 Nummer 19 in der am 31. Dezember 2010 geltenden Fassung weiter anzuwenden. [10]§ 3 Nummer 26 und 26a in der Fassung des Artikels 2 des Gesetzes vom 11. Dezember 2018 (BGBl. I S. 2338) ist in allen offenen Fällen anzuwenden. [11]Für die Anwendung des § 3 Nummer 34 in der Fassung des Artikels 3 des Gesetzes vom 11. Dezember 2018 (BGBl. I S. 2338) ist das Zertifizierungserfordernis nach § 20 Absatz 2 Satz 2 in Verbindung mit § 20 Absatz 5 des Fünften Buches Sozialgesetzbuch für bereits vor dem 1. Januar 2019 begonnene unzertifizierte Gesundheitsmaßnahmen erstmals maßgeblich für Sachbezüge, die nach dem 31. Dezember 2019 gewährt werden. [12]§ 3 Nummer 37 in der Fassung des Artikels 3 des Gesetzes vom 11. Dezember 2018 (BGBl. I S. 2338) ist letztmals für den Veranlagungszeitraum 2030 anzuwenden, sowie beim Steuerabzug vom Arbeitslohn auf Vorteile, die in einem vor dem 1. Januar 2031 endenden Lohnzahlungszeitraum oder als sonstige Bezüge vor dem 1. Januar 2031 zugewendet werden. [13]§ 3 Nummer 40 ist erstmals anzuwenden für

1. Gewinnausschüttungen, auf die bei der ausschüttenden Körperschaft der nach Artikel 3 des Gesetzes vom 23. Oktober 2000 (BGBl. I S. 1433) aufgehobene Vierte Teil des Körperschaftsteuergesetzes nicht mehr anzuwenden ist; für die übrigen in § 3 Nummer 40 genannten Erträge im Sinne des § 20 gilt Entsprechendes;
2. Erträge im Sinne des § 3 Nummer 40 Satz 1 Buchstabe a, b, c und j nach Ablauf des ersten Wirtschaftsjahres der Gesellschaft, an der die Anteile bestehen, für das das Körperschaftsteuergesetz in der Fassung des Artikels 3 des Gesetzes vom 23. Oktober 2000 (BGBl. I S. 1433) erstmals anzuwenden ist.

[14]§ 3 Nummer 40 Satz 1 Buchstabe d Satz 3 in der Fassung des Artikels 1 des Gesetzes vom 25. Juni 2021 (BGBl. I S. 2035) ist erstmals für Bezüge anzuwenden, die nach dem 31. Dezember 2019 zufließen. [15]§ 3 Nummer 40 Satz 3 und 4 in der am 12. Dezember 2006 geltenden Fassung ist für Anteile, die einbringungsgeboren im Sinne des § 21 des Umwandlungssteuergesetzes in der am 12. Dezember 2006 geltenden Fassung sind, weiter anzuwenden. [16]§ 3

Nummer 40 Satz 3 erster Halbsatz in der am 1. Januar 2017 geltenden Fassung ist erstmals für den Veranlagungszeitraum 2017 anzuwenden; der zweite Halbsatz ist anzuwenden auf Anteile, die nach dem 31. Dezember 2016 dem Betriebsvermögen zugehen. [17] Bei vom Kalenderjahr abweichenden Wirtschaftsjahren ist § 3 Nummer 40 Buchstabe d Satz 2 in der am 30. Juni 2013 geltenden Fassung erstmals für den Veranlagungszeitraum anzuwenden, in dem das Wirtschaftsjahr endet, das nach dem 31. Dezember 2013 begonnen hat. [18] § 3 Nummer 40a in der am 6. August 2004 geltenden Fassung ist auf Vergütungen im Sinne des § 18 Absatz 1 Nummer 4 anzuwenden, wenn die vermögensverwaltende Gesellschaft oder Gemeinschaft nach dem 31. März 2002 und vor dem 1. Januar 2009 gegründet worden ist oder soweit die Vergütungen in Zusammenhang mit der Veräußerung von Anteilen an Kapitalgesellschaften stehen, die nach dem 7. November 2003 und vor dem 1. Januar 2009 erworben worden sind. [19] § 3 Nummer 40a in der am 19. August 2008 geltenden Fassung ist erstmals auf Vergütungen im Sinne des § 18 Absatz 1 Nummer 4 anzuwenden, wenn die vermögensverwaltende Gesellschaft oder Gemeinschaft nach dem 31. Dezember 2008 gegründet worden ist. [20] § 3 Nummer 41 in der am 30. Juni 2021 geltenden Fassung ist letztmals für den Veranlagungszeitraum 2021 anzuwenden. [21] § 3 Nummer 46 in der am 17. November 2016 geltenden Fassung ist erstmals anzuwenden auf Vorteile, die in einem nach dem 31. Dezember 2016 endenden Lohnzahlungszeitraum oder als sonstige Bezüge nach dem 31. Dezember 2016 zugewendet werden, und letztmals anzuwenden auf Vorteile, die in einem vor dem 1. Januar 2031 endenden Lohnzahlungszeitraum oder als sonstige Bezüge vor dem 1. Januar 2031 zugewendet werden. [22] § 3 Nummer 60 in der am 13. August 2020 geltenden Fassung ist weiterhin anzuwenden für Anpassungsgelder an Arbeitnehmer im Steinkohlenbergbau bis zum Auslaufen dieser öffentlichen Mittel im Jahr 2027. [23] Der Höchstbetrag nach § 3 Nummer 63 Satz 1 verringert sich um Zuwendungen, auf die § 40b Absatz 1 und 2 Satz 1 und 2 in der am 31. Dezember 2004 geltenden Fassung angewendet wird. [24] § 3 Nummer 63 Satz 3 in der ab dem 1. Januar 2018 geltenden Fassung ist nicht anzuwenden, soweit § 40b Absatz 1 und 2 Satz 3 und 4 in der am 31. Dezember 2004 geltenden Fassung angewendet wird. [25] § 3 Nummer 71 in der am 31. Dezember 2014 geltenden Fassung ist erstmals für den Veranlagungszeitraum 2013 anzuwenden. [26] § 3 Nummer 71 in der Fassung des Artikels 1 des Gesetzes vom 27. Juni 2017 (BGBl. I S. 2074) ist erstmals für den Veranlagungszeitraum 2017 anzuwenden. [27] § 3 Nummer 71 in der Fassung des Artikels 17 des Gesetzes vom 11. Dezember 2023 (BGBl. 2023 I Nr. 354) ist erstmals für den Veranlagungszeitraum 2023 anzuwenden. [28] § 3 Nummer 72 in der Fassung des Artikels 1 des Gesetzes vom 16. Dezember 2022 (BGBl. I S. 2294) ist für Einnahmen und Entnahmen anzuwenden, die nach dem 31. Dezember 2021 erzielt oder getätigt werden.

(4a)[1] [1] § 3a in der Fassung des Artikels 2 des Gesetzes vom 27. Juni 2017 (BGBl. I S. 2074) ist erstmals in den Fällen anzuwenden, in denen die Schulden ganz oder teilweise nach dem 8. Februar 2017 erlassen wurden. [2] Satz 1

---

[1] § 52 Abs. 4a *eingef.* durch G v. 27.6.2017 (BGBl. I S. 2074); Satz 3 angef. durch G v. 11.12.2018 (BGBl. I S. 2338); Satz 4 angef. durch G v. 12.12.2019 (BGBl. I S. 2451).

gilt bei einem Schuldenerlass nach dem 8. Februar 2017 nicht, wenn dem Steuerpflichtigen auf Antrag Billigkeitsmaßnahmen aus Gründen des Vertrauensschutzes für einen Sanierungsertrag auf Grundlage von § 163 Absatz 1 Satz 2 und den §§ 222, 227 der Abgabenordnung zu gewähren sind. 3 Auf Antrag des Steuerpflichtigen ist § 3a auch in den Fällen anzuwenden, in denen die Schulden vor dem 9. Februar 2017 erlassen wurden. 4 Satz 1 gilt auch für § 3a Absatz 3a in der Fassung des Artikels 1 des Gesetzes vom 12. Dezember 2019 (BGBl. I S. 2451).

(5)[1] 1 § 3c Absatz 2 *Satz 3 und 4*[2] in der am 12. Dezember 2006 geltenden Fassung ist für Anteile, die einbringungsgeboren im Sinne des § 21 des Umwandlungssteuergesetzes in der am 12. Dezember 2006 geltenden Fassung sind, weiter anzuwenden. 2 § 3c Absatz 2 in der am 31. Dezember 2014 geltenden Fassung ist erstmals für Wirtschaftsjahre anzuwenden, die nach dem 31. Dezember 2014 beginnen. 3 § 3c Absatz 4 in der Fassung des Artikels 2 des Gesetzes vom 27. Juni 2017 (BGBl. I S. 2074) ist für Betriebsvermögensminderungen oder Betriebsausgaben in unmittelbarem wirtschaftlichem Zusammenhang mit einem Schuldenerlass nach dem 8. Februar 2017 anzuwenden, für den § 3a angewendet wird. 4 § 3c Absatz 4 ist auch in den Fällen anzuwenden, in denen dem Steuerpflichtigen die Steuerbefreiung des § 3a auf Grund eines Antrags nach Absatz 4a Satz 3 gewährt wird.

(6)[3] 1 § 4 Absatz 1 Satz 3 in der Fassung des Artikels 1 des Gesetzes vom 25. Juni 2021 (BGBl. I S. 2035) ist erstmals für nach dem 31. Dezember 2019 endende Wirtschaftsjahre anzuwenden. 2 § 4 Absatz 1 Satz 4 in der Fassung des Artikels 1 des Gesetzes vom 8. Dezember 2010 (BGBl. I S. 1768) gilt in allen Fällen, in denen § 4 Absatz 1 Satz 3 anzuwenden ist. 3 § 4 Absatz 1 Satz 9 in der Fassung des Artikels 1 des Gesetzes vom 25. Juni 2021 (BGBl. I S. 2035) ist erstmals für nach dem 31. Dezember 2019 endende Wirtschaftsjahre anzuwenden. 4 § 4 Absatz 3 Satz 4 ist nicht anzuwenden, soweit die Anschaffungs- oder Herstellungskosten vor dem 1. Januar 1971 als Betriebsausgaben abgesetzt worden sind. 5 § 4 Absatz 3 Satz 4 und 5 in der Fassung des Artikels 1 des Gesetzes vom 28. April 2006 (BGBl. I S. 1095) ist erstmals für Wirtschaftsgüter anzuwenden, die nach dem 5. Mai 2006 angeschafft, hergestellt oder in das Betriebsvermögen eingelegt werden. 6 Die Anschaffungs- oder Herstellungskosten für nicht abnutzbare Wirtschaftsgüter des Anlagevermögens, die vor dem 5. Mai 2006 angeschafft, hergestellt oder in das Betriebsvermögen eingelegt wurden, sind erst im Zeitpunkt des Zuflusses des Veräußerungserlöses oder im Zeitpunkt der Entnahme als Betriebsausgaben zu berücksichtigen. 7 § 4 Absatz 4a in der Fassung des Gesetzes vom 22. Dezember 1999 (BGBl. I S. 2601) ist erstmals für das Wirtschaftsjahr anzuwenden, das nach dem

---

[1] § 52 Abs. 5 Satz 2 angef. durch G v. 22.12.2014 (BGBl. I S. 2417); Satz 3 angef. durch G v. 27.6.2017 (BGBl. I S. 2074); Satz 4 angef. durch G v. 11.12.2018 (BGBl. I S. 2338).

[2] Jetzt: Satz 8 und 9.

[3] § 52 Abs. 6 Sätze 10 bis 12 angef. durch G v. 12.12.2019 (BGBl. I S. 2451); Satz 13 angef. durch G v. 21.12.2020 (BGBl. I S. 3096); neuer Satz 1 eingef., bish. Satz 1 wird Satz 2, Satz 3 eingef., bish. Sätze 2 bis 13 werden Sätze 4 bis 15 durch G v. 25.6.2021 (BGBl. I S. 2035); Satz 15 geänd. durch G v. 19.6.2022 (BGBl. I S. 911); Satz 12 eingef., bish. Sätze 12 bis 15 werden Sätze 13 bis 16 durch G v. 16.12.2022 (BGBl. I S. 2294).

31. Dezember 1998 endet. [8]Über- und Unterentnahmen vorangegangener Wirtschaftsjahre bleiben unberücksichtigt. [9]Bei vor dem 1. Januar 1999 eröffneten Betrieben sind im Fall der Betriebsaufgabe bei der Überführung von Wirtschaftsgütern aus dem Betriebsvermögen in das Privatvermögen die Buchwerte nicht als Entnahme anzusetzen; im Fall der Betriebsveräußerung ist nur der Veräußerungsgewinn als Entnahme anzusetzen. [10]§ 4 Absatz 5 Satz 1 Nummer 5 in der Fassung des Artikels 1 des Gesetzes vom 20. Februar 2013 (BGBl. I S. 285) ist erstmals ab dem 1. Januar 2014 anzuwenden. [11]§ 4 Absatz 5 Satz 1 Nummer 6a in der Fassung des Artikels 1 des Gesetzes vom 20. Februar 2013 (BGBl. I S. 285) ist erstmals ab dem 1. Januar 2014 anzuwenden. [12]§ 4 Absatz 5 Satz 1 Nummer 6b und 6c in der Fassung des Artikels 1 des Gesetzes vom 16. Dezember 2022 (BGBl. I S. 2294) ist für nach dem 31. Dezember 2022 in der häuslichen Wohnung ausgeübte Tätigkeiten anzuwenden. [13]§ 4 Absatz 5 Satz 1 Nummer 8 in der Fassung des Artikels 1 des Gesetzes vom 12. Dezember 2019 (BGBl. I S. 2451) ist erstmals anzuwenden auf nach dem 31. Dezember 2018 festgesetzte Geldbußen, Ordnungsgelder und Verwarnungsgelder sowie auf nach dem 31. Dezember 2018 entstandene mit der Geldbuße, dem Ordnungsgeld oder dem Verwarnungsgeld zusammenhängende Aufwendungen. [14]§ 4 Absatz 5 Satz 1 Nummer 8a in der Fassung des Artikels 1 des Gesetzes vom 12. Dezember 2019 (BGBl. I S. 2451) ist erstmals anzuwenden auf nach dem 31. Dezember 2018 festgesetzte Zinsen im Sinne der Vorschrift. [15]§ 4 Absatz 10 in der Fassung des Artikels 2 des Gesetzes vom 12. Dezember 2019 (BGBl. I S. 2451) ist erstmals anzuwenden auf nach dem 31. Dezember 2019 durchgeführte Übernachtungen im Sinne der Vorschrift. [16]§ 4 Absatz 5 Satz 1 Nummer 6b Satz 4 in der Fassung des Artikels 1 des Gesetzes vom 21. Dezember 2020 (BGBl. I S. 3096) ist für nach dem 31. Dezember 2019 und vor dem 1. Januar 2023 in der häuslichen Wohnung ausgeübte Tätigkeiten anzuwenden.

(7)[1] *(aufgehoben)*

(8)[2] [1]§ 4f in der Fassung des Gesetzes vom 18. Dezember 2013 (BGBl. I S. 4318) ist erstmals für Wirtschaftsjahre anzuwenden, die nach dem 28. November 2013 enden. [2]§ 4f Absatz 1 Satz 3 in der Fassung des Artikels 1 des Gesetzes vom 21. Dezember 2020 (BGBl. I S. 3096) ist erstmals für Wirtschaftsjahre anzuwenden, die nach dem 31. Dezember 2019 enden; bei nach § 4a vom Kalenderjahr abweichenden Wirtschaftsjahren ist § 4f Absatz 1 Satz 3 spätestens für Wirtschaftsjahre anzuwenden, die nach dem 17. Juli 2020 enden.

(8a)[3] § 4g Absatz 1 in der Fassung des Artikels 1 des Gesetzes vom 25. Juni 2021 (BGBl. I S. 2035) ist in allen offenen Fällen anzuwenden.

(8b)[4] § 4h in der Fassung des Artikels 20 des Gesetzes vom 22. Dezember 2023 (BGBl. 2023 I Nr. 411) ist erstmals für Wirtschaftsjahre anzuwenden, die nach dem 14. Dezember 2023[5] beginnen und nicht vor dem 1. Januar 2024 enden.

---

[1] § 52 Abs. 7 aufgeh. mWv 1.1.2018 durch G v. 21.12.2015 (BGBl. I S. 2553).
[2] § 52 Abs. 8 Satz 2 angef. durch G v. 21.12.2020 (BGBl. I S. 3096).
[3] § 52 Abs. 8a eingef. durch G v. 25.6.2021 (BGBl. I S. 2035).
[4] § 52 Abs. 8b eingef. durch G v. 22.12.2023 (BGBl. I Nr. 411).
[5] Tag des Gesetzesbeschlusses des Deutschen Bundestages.

(8c)[1] [1] § 4j in der Fassung des Artikels 1 des Gesetzes vom 27. Juni 2017 (BGBl. I S. 2074) ist erstmals für Aufwendungen anzuwenden, die nach dem 31. Dezember 2017 entstehen. [2] § 4j Absatz 2 Satz 1 und Absatz 3 Satz 2 in der Fassung des Artikels 4 des Gesetzes vom 21. Dezember 2023 (BGBl. 2023 I Nr. 397) sind erstmals für Aufwendungen anzuwenden, die nach dem 31. Dezember 2023 entstehen.

(8d)[2] [1] § 4k in der Fassung des Artikels 1 des Gesetzes vom 25. Juni 2021 (BGBl. I S. 2035) ist erstmals für Aufwendungen anzuwenden, die nach dem 31. Dezember 2019 entstehen. [2] Aufwendungen, die rechtlich bereits vor dem 1. Januar 2020 verursacht wurden, gelten bei der Anwendung des Satzes 1 nur insoweit als nach dem 31. Dezember 2019 entstanden, als ihnen ein Dauerschuldverhältnis zugrunde liegt und sie ab diesem Zeitpunkt ohne wesentliche Nachteile hätten vermieden werden können. [3] Ein Nachteil ist insbesondere dann wesentlich im Sinne des Satzes 2, wenn sämtliche mit der Vermeidung der Aufwendungen verbundenen Kosten den steuerlichen Vorteil infolge der Besteuerungsinkongruenz übersteigen. [4] Satz 2 gilt nicht, wenn das Dauerschuldverhältnis nach dem 31. Dezember 2019 wesentlich geändert wurde.

(9)[3] [1] § 5 Absatz 5 Satz 2 in der Fassung des Artikels 1 des Gesetzes vom 16. Dezember 2022 (BGBl. I S. 2294) ist erstmals für Wirtschaftsjahre anzuwenden, die nach dem 31. Dezember 2021 enden. [2] § 5 Absatz 7 in der Fassung des Gesetzes vom 18. Dezember 2013 (BGBl. I S. 4318) ist erstmals für Wirtschaftsjahre anzuwenden, die nach dem 28. November 2013 enden. [3] Auf Antrag kann § 5 Absatz 7 auch für frühere Wirtschaftsjahre angewendet werden. [4] Bei Schuldübertragungen, Schuldbeitritten und Erfüllungsübernahmen, die vor dem 14. Dezember 2011 vereinbart wurden, ist § 5 Absatz 7 Satz 5 mit der Maßgabe anzuwenden, dass für einen Gewinn, der sich aus der Anwendung von § 5 Absatz 7 Satz 1 bis 3 ergibt, jeweils in Höhe von 19 Zwanzigsteln eine gewinnmindernde Rücklage gebildet werden kann, die in den folgenden 19 Wirtschaftsjahren jeweils mit mindestens einem Neunzehntel gewinnerhöhend aufzulösen ist.

(10)[4] [1] § 5a Absatz 3 in der Fassung des Artikels 9 des Gesetzes vom 29. Dezember 2003 (BGBl. I S. 3076) ist erstmals für das Wirtschaftsjahr anzuwenden, das nach dem 31. Dezember 2005 endet. [2] § 5a Absatz 3 Satz 1 in der am 31. Dezember 2003 geltenden Fassung ist weiterhin anzuwenden, wenn der Steuerpflichtige im Fall der Anschaffung das Handelsschiff auf Grund eines vor dem 1. Januar 2006 rechtswirksam abgeschlossenen schuldrechtlichen Vertrags oder gleichgestellten Rechtsakts angeschafft oder im Fall der Herstellung mit der Herstellung des Handelsschiffs vor dem 1. Januar 2006

---

[1] § 52 Abs. 8a eingef. durch G v. 27.6.2017 (BGBl. I S. 2074); wird Abs. 8b durch G v. 25.6.2021 (BGBl. I S. 2035); Abs. 8b Satz 2 angef., bish. Text wird Satz 1 durch G v. 21.12.2023 (BGBl. I Nr. 397); wird Abs. 8c durch G v. 22.12.2023 (BGBl. I Nr. 411).

[2] § 52 Abs. 8c eingef. durch G v. 25.6.2021 (BGBl. I S. 2035); wird Abs. 8d durch G v. 22.12.2023 (BGBl. I Nr. 411).

[3] § 52 Abs. 9 Satz 1 eingef., bish. Sätze 1 bis 3 werden Sätze 2 bis 4 durch G v. 16.12.2022 (BGBl. I S. 2294).

[4] § 52 Abs. 10 Satz 5 angef. durch G v. 12.12.2019 (BGBl. I S. 2451); Satz 4 eingef., bish. Sätze 4 und 5 werden Sätze 5 und 6 durch G v. 2.6.2021 (BGBl. I S. 1259).

begonnen hat. [3]In Fällen des Satzes 2 muss der Antrag auf Anwendung des § 5a Absatz 1 spätestens bis zum Ablauf des Wirtschaftsjahres gestellt werden, das vor dem 1. Januar 2008 endet. [4]§ 5a Absatz 4 Satz 5 bis 7 in der Fassung des Artikels 1 des Gesetzes vom 2. Juni 2021 (BGBl. I S. 1259) ist erstmals auf Wirtschaftsjahre anzuwenden, die nach dem 31. Dezember 1998 beginnen. [5]Soweit Ansparabschreibungen im Sinne des § 7g Absatz 3 in der am 17. August 2007 geltenden Fassung zum Zeitpunkt des Übergangs zur Gewinnermittlung nach § 5a Absatz 1 noch nicht gewinnerhöhend aufgelöst worden sind, ist § 5a Absatz 5 Satz 3 in der am 17. August 2007 geltenden Fassung weiter anzuwenden. [6]§ 5a Absatz 6 in der durch Artikel 1 des Gesetzes vom 12. Dezember 2019 (BGBl. I S. 2451) geänderten Fassung ist erstmals für Wirtschaftsjahre anzuwenden, die nach dem 31. Dezember 2018 beginnen.

(11)[1)] § 5b in der Fassung des Artikels 1 des Gesetzes vom 20. Dezember 2008 (BGBl. I S. 2850) ist erstmals für Wirtschaftsjahre anzuwenden, die nach dem 31. Dezember 2010 beginnen.

(12)[2)] [1]§ 6 Absatz 1 Nummer 1b kann auch für Wirtschaftsjahre angewendet werden, die vor dem 23. Juli 2016[3)] enden. [2]§ 6 Absatz 1 Nummer 3 und 3a Buchstabe e in der Fassung des Artikels 3 des Gesetzes vom 19. Juni 2022 (BGBl. I S. 911) ist erstmals für Wirtschaftsjahre anzuwenden, die nach dem 31. Dezember 2022 enden. [3]Auf Antrag kann § 6 Absatz 1 Nummer 3 und 3a Buchstabe e in der Fassung des Artikels 3 des Gesetzes vom 19. Juni 2022 (BGBl. I S. 911) auch für frühere Wirtschaftsjahre angewendet werden. [4]§ 6 Absatz 1 Nummer 4 Satz 2 Nummer 3 und Satz 3 Nummer 3 in der Fassung des Artikels 1 des Gesetzes vom 29. Juni 2020 (BGBl. I S. 1512) ist bereits ab dem 1. Januar 2020 anzuwenden. [5]§ 6 Absatz 1 Nummer 4 Satz 6 ist bis zum 31. Dezember 2030 anzuwenden. [6]§ 6 Absatz 1 Nummer 5 Satz 1 Buchstabe c in der Fassung des Artikels 2 des Gesetzes vom 11. Dezember 2018 (BGBl. I S. 2338) ist erstmals bei Wirtschaftsgütern anzuwenden, die nach dem 31. Dezember 2017 in ein Betriebsvermögen eingelegt werden. [7]§ 6 Absatz 2 Satz 4 in der Fassung des Artikels 4 des Gesetzes vom 30. Juni 2017 (BGBl. I S. 2143) ist erstmals bei Wirtschaftsgütern anzuwenden, die nach dem 31. Dezember 2017 angeschafft, hergestellt oder in das Betriebsvermögen

---

[1)] Siehe hierzu jedoch Verordnung zur Festlegung eines späteren Anwendungszeitpunkts der Verpflichtungen nach § 5b des Einkommensteuergesetzes **(Anwendungszeitpunktverschiebungsverordnung – AnwZpvV)** vom 20.12.2010 (BGBl. I S. 2135): „**§ 1 Verschiebung des erstmaligen Anwendungszeitpunktes der Verpflichtungen nach § 5b des Einkommensteuergesetzes.** Abweichend von § 52 Absatz 15a des Einkommensteuergesetzes sind die Bilanz und die Gewinn- und Verlustrechnung erstmals für Wirtschaftsjahre, die nach dem 31. Dezember 2011 beginnen, elektronisch zu übermitteln."

[2)] § 52 Abs. 12 Satz 1 geänd. durch G v. 2.11.2015 (BGBl. I S. 1834); Satz 1 eingef., bish. Sätze 1 und 2 werden Sätze 2 und 3 durch G v. 18.7.2016 (BGBl. I S. 1679); Satz 3 eingef., bish. Satz 3 wird Satz 4, Satz 5 angef. durch G v. 27.6.2017 (BGBl. I S. 2074); Satz 3 eingef., bish. Sätze 3 bis 5 werden Sätze 4 bis 6 durch G v. 30.6.2017 (BGBl. I S. 2143); Satz 2 eingef., bish. Satz 2 wird Satz 3 und neu gef., bish. Sätze 3 bis 6 werden Sätze 4 bis 7 durch G v. 11.12.2018 (BGBl. I S. 2338); Satz 2 geänd. durch G v. 12.12.2019 (BGBl. I S. 2451); Satz 2 eingef., bish. Sätze 2 bis 7 werden Sätze 3 bis 8 durch G v. 29.6.2020 (BGBl. I S. 1512); *Satz 9 angef. durch* G v. 25.6.2021 (BGBl. I S. 2035); Sätze 2 und 3 eingef., bish. Sätze 2 bis 9 werden Sätze 4 bis 11 durch G v. 19.6.2022 (BGBl. I S. 911).

[3)] Tag nach der Verkündung des G v. 18.7.2016 (BGBl. I S. 1679).

eingelegt werden. [8] § 6 Absatz 2 Satz 1 in der Fassung des Artikels 1 des Gesetzes vom 27. Juni 2017 (BGBl. I S. 2074) ist erstmals bei Wirtschaftsgütern anzuwenden, die nach dem 31. Dezember 2017 angeschafft, hergestellt oder in das Betriebsvermögen eingelegt werden. [9] § 6 Absatz 5 Satz 1 zweiter Halbsatz in der am 14. Dezember 2010 geltenden Fassung gilt in allen Fällen, in denen § 4 Absatz 1 Satz 3 anzuwenden ist. [10] § 6 Absatz 2a in der Fassung des Artikels 1 des Gesetzes vom 27. Juni 2017 (BGBl. I S. 2074) ist erstmals bei Wirtschaftsgütern anzuwenden, die nach dem 31. Dezember 2017 angeschafft, hergestellt oder in das Betriebsvermögen eingelegt werden. [11] § 6 Absatz 1 Nummer 4 Satz 1 zweiter Halbsatz, Nummer 5a zweiter Halbsatz und Nummer 5b in der Fassung des Artikels 1 des Gesetzes vom 25. Juni 2021 (BGBl. I S. 2035) ist erstmals für nach dem 31. Dezember 2019 endende Wirtschaftsjahre anzuwenden.

(13)[1] *(aufgehoben)*

(14)[2] [1] § 6b Absatz 2a in der am 6. November 2015 geltenden Fassung ist auch auf Gewinne im Sinne des § 6b Absatz 2 anzuwenden, die vor dem 6. November 2015 entstanden sind. [2] § 6b Absatz 10 Satz 11 in der am 12. Dezember 2006 geltenden Fassung ist für Anteile, die einbringungsgeboren im Sinne des § 21 des Umwandlungssteuergesetzes in der am 12. Dezember 2006 geltenden Fassung sind, weiter anzuwenden. [3] § 6b Absatz 2a in der Fassung des Artikels 1 des Gesetzes vom 11. Dezember 2018 (BGBl. I S. 2338) ist erstmals auf Gewinne im Sinne des § 6b Absatz 2 anzuwenden, die in nach dem 31. Dezember 2017 beginnenden Wirtschaftsjahren entstanden sind. [4] Die Fristen des § 6b Absatz 3 Satz 2, 3 und 5, Absatz 8 Satz 1 Nummer 1 sowie Absatz 10 Satz 1 und 8 verlängern sich jeweils um drei Jahre, wenn die Rücklage wegen § 6b Absatz 3 Satz 5, Absatz 8 Satz 1 Nummer 1 in Verbindung mit Absatz 3 Satz 5 oder Absatz 10 Satz 8 am Schluss des nach dem 29. Februar 2020 und vor dem 1. Januar 2021 endenden Wirtschaftsjahres aufzulösen wäre. [5] Die in Satz 4 genannten Fristen verlängern sich um zwei Jahre, wenn die Rücklage wegen § 6b Absatz 3 Satz 5, Absatz 8 Satz 1 Nummer 1 in Verbindung mit Absatz 3 Satz 5 oder Absatz 10 Satz 8 am Schluss des nach dem 31. Dezember 2020 und vor dem 1. Januar 2022 endenden Wirtschaftsjahres aufzulösen wäre. [6] Die in Satz 4 genannten Fristen verlängern sich um ein Jahr, wenn die Rücklage wegen § 6b Absatz 3 Satz 5, Absatz 8 Satz 1 Nummer 1 in Verbindung mit Absatz 3 Satz 5 oder Absatz 10 Satz 8 am Schluss des nach dem 31. Dezember 2021 und vor dem 1. Januar 2023 endenden Wirtschaftsjahres aufzulösen wäre.

(14a)[3] § 6e in der Fassung des Artikels 1 des Gesetzes vom 12. Dezember 2019 (BGBl. I S. 2451) ist auch in Wirtschaftsjahren anzuwenden, die vor dem 18. Dezember 2019 enden.

---

[1] § 52 Abs. 13 aufgeh. mWv 1.1.2018 durch G v. 21.12.2015 (BGBl. I S. 2553).

[2] § 52 Abs. 14 Satz 1 eingef., bish. Wortlaut wird Satz 2 durch G v. 2.11.2015 (BGBl. I S. 1834); Satz 3 angef. durch G v. 11.12.2018 (BGBl. I S. 2338); Sätze 4 bis 6 angef. durch G v. 29.6.2020 (BGBl. I S. 1512); Satz 4 geänd., Satz 5 neu gef., Satz 6 aufgeh. durch G v. 25.6.2021 (BGBl. I S. 2050); Sätze 4 und 5 geänd., Satz 6 angef. durch G v. 19.6.2022 (BGBl. I S. 911).

[3] § 52 Abs. 14a eingef. durch G v. 12.12.2019 (BGBl. I S. 2451).

(15) [1]Bei Wirtschaftsgütern, die vor dem 1. Januar 2001 angeschafft oder hergestellt worden sind, ist § 7 Absatz 2 Satz 2 in der Fassung des Gesetzes vom 22. Dezember 1999 (BGBl. I S. 2601) weiter anzuwenden. [2]Bei Gebäuden, soweit sie zu einem Betriebsvermögen gehören und nicht Wohnzwecken dienen, ist § 7 Absatz 4 Satz 1 und 2 in der am 31. Dezember 2000 geltenden Fassung weiter anzuwenden, wenn der Steuerpflichtige im Fall der Herstellung vor dem 1. Januar 2001 mit der Herstellung des Gebäudes begonnen hat oder im Fall der Anschaffung das Objekt auf Grund eines vor dem 1. Januar 2001 rechtswirksam abgeschlossenen obligatorischen Vertrags oder gleichstehenden Rechtsakts angeschafft hat. [3]Als Beginn der Herstellung gilt bei Gebäuden, für die eine Baugenehmigung erforderlich ist, der Zeitpunkt, in dem der Bauantrag gestellt wird; bei baugenehmigungsfreien Gebäuden, für die Bauunterlagen einzureichen sind, der Zeitpunkt, in dem die Bauunterlagen eingereicht werden.

(15a)[1)] [1]Die Inanspruchnahme der Sonderabschreibungen nach § 7b in der Fassung des Artikels 1 des Gesetzes vom 4. August 2019 (BGBl. I S. 1122) kann erstmalig für den Veranlagungszeitraum 2018 und letztmalig für den Veranlagungszeitraum 2026, in den Fällen des § 4a letztmalig für Wirtschaftsjahre, die vor dem 1. Januar 2027 enden, geltend gemacht werden. [2]Das gilt auch dann, wenn der Abschreibungszeitraum nach § 7b Absatz 1 noch nicht abgelaufen ist. [3]§ 7b Absatz 5 in der Fassung des Artikels 4 des Gesetzes vom 16. Dezember 2022 (BGBl. I S. 2294) gilt für Sonderabschreibungen, die für neue Wohnungen in Anspruch genommen werden, die aufgrund eines nach dem 31. Dezember 2022 und vor dem 1. Januar 2027 gestellten Bauantrags oder einer in diesem Zeitraum getätigten Bauanzeige hergestellt werden.

(15b)[2)] § 7c in der Fassung des Artikels 2 des Gesetzes vom 12. Dezember 2019 (BGBl. I S. 2451) ist für nach dem 31. Dezember 2019 und vor dem 1. Januar 2031 angeschaffte neue Elektrolieferfahrzeuge anzuwenden.

(16)[3)] [1]§ 7g Absatz 1 Satz 1, 2 Nummer 1, Absatz 2 Satz 1 und 3, Absatz 4 Satz 1 sowie Absatz 6 in der Fassung des Artikels 1 des Gesetzes vom 21. Dezember 2020 (BGBl. I S. 3096) ist erstmals für Investitionsabzugsbeträge und Sonderabschreibungen anzuwenden, die in nach dem 31. Dezember 2019 endenden Wirtschaftsjahren in Anspruch genommen werden; bei nach § 4a vom Kalenderjahr abweichenden Wirtschaftsjahren ist § 7g Absatz 1 Satz 2 Nummer 1 und Absatz 6 Nummer 1 spätestens für Investitionsabzugsbeträge und Sonderabschreibungen anzuwenden, die in nach dem 17. Juli 2020 endenden Wirtschaftsjahren in Anspruch genommen werden. [2]§ 7g Absatz 2 Satz 2 und Absatz 7 in der Fassung des Artikels 1 des Gesetzes vom 21. Dezember 2020 (BGBl. I S. 3096) ist erstmals für Investitionsabzugsbeträge anzuwenden, die in nach dem 31. Dezember 2020 endenden Wirtschaftsjahren in Anspruch genommen werden. [3]Bei in nach dem 31. Dezember 2016

[1)] § 52 Abs. 15a eingef. durch G v. 4.8.2019 (BGBl. I S. 1122); Satz 1 geänd. durch G v. 12.12.2019 (BGBl. I S. 2451); Satz 3 angef. durch G v. 16.12.2022 (BGBl. I S. 2294).

[2)] § 52 Abs. 15b eingef. durch G v. 12.12.2019 (BGBl. I S. 2451).

[3)] *§ 52 Abs. 16 neu gef. durch G v. 21.12.2020* (BGBl. I S. 3096); Satz 3 geänd., Satz 4 angef. durch G v. 25.6.2021 (BGBl. I S. 2050); Sätze 3 und 4 geänd., Satz 5 angef. durch G v. 19.6.2022 (BGBl. I S. 911).

und vor dem 1. Januar 2018 endenden Wirtschaftsjahren beanspruchten Investitionsabzugsbeträgen endet die Investitionsfrist abweichend von § 7g Absatz 3 Satz 1 erst zum Ende des sechsten auf das Wirtschaftsjahr des Abzugs folgenden Wirtschaftsjahres. [4]Bei in nach dem 31. Dezember 2017 und vor dem 1. Januar 2019 endenden Wirtschaftsjahren beanspruchten Investitionsabzugsbeträgen endet die Investitionsfrist abweichend von § 7g Absatz 3 Satz 1 erst zum Ende des fünften auf das Wirtschaftsjahr des Abzugs folgenden Wirtschaftsjahres. [5]Bei in nach dem 31. Dezember 2018 und vor dem 1. Januar 2020 endenden Wirtschaftsjahren beanspruchten Investitionsabzugsbeträgen endet die Investitionsfrist abweichend von § 7g Absatz 3 Satz 1 erst zum Ende des vierten auf das Wirtschaftsjahr des Abzugs folgenden Wirtschaftsjahres.

(16a)[1)] [1]§ 7h Absatz 1a in der Fassung des Artikels 1 des Gesetzes vom 12. Dezember 2019 (BGBl. I S. 2451) ist erstmals auf Baumaßnahmen anzuwenden, mit denen nach dem 31. Dezember 2018 begonnen wurde. [2]Als Beginn der Baumaßnahmen am Gebäude, für die eine Baugenehmigung erforderlich ist, gilt der Zeitpunkt, in dem der Bauantrag gestellt wurde. [3]Bei baugenehmigungsfreien Baumaßnahmen, für die Bauunterlagen einzureichen sind, gilt als Beginn der Baumaßnahmen der Zeitpunkt, in dem die Bauunterlagen eingereicht werden. [4]§ 7h Absatz 2 Satz 1 in der Fassung des Artikels 1 des Gesetzes vom 21. Dezember 2020 (BGBl. I S. 3096) ist erstmals anzuwenden auf Bescheinigungen der zuständigen Gemeindebehörde, die nach dem 31. Dezember 2020 erteilt werden. [5]§ 7h Absatz 2 Satz 1 letzter Halbsatz in der Fassung des Artikels 1 des Gesetzes vom 12. Dezember 2019 (BGBl. I S. 2451) ist erstmals anzuwenden auf Bescheinigungen der zuständigen Gemeindebehörde, die nach dem 31. Dezember 2018 erteilt werden. [6]§ 7h Absatz 3 in der Fassung des Artikels 1 des Gesetzes vom 12. Dezember 2019 (BGBl. I S. 2451) ist erstmals anzuwenden auf Baumaßnahmen, mit denen nach dem 31. Dezember 2018 begonnen wurde sowie auf Bescheinigungen, die nach dem 31. Dezember 2018 erteilt werden. [7]§ 7i Absatz 2 Satz 1 in der Fassung des Artikels 1 des Gesetzes vom 21. Dezember 2020 (BGBl. I S. 3096) ist erstmals anzuwenden auf Bescheinigungen der nach Landesrecht zuständigen oder von der Landesregierung bestimmten Stelle, die nach dem 31. Dezember 2020 erteilt werden.

(16b)[2)] [1]§ 9 Absatz 1 Satz 3 Nummer 7 Satz 1 in der Fassung des Artikels 1 des Gesetzes vom 12. Dezember 2019 (BGBl. I S. 2451) ist erstmals anzuwenden auf Sonderabschreibungen nach § 7b in der Fassung des Artikels 1 des Gesetzes vom 4. August 2019 (BGBl. I S. 1122). [2]§ 9 Absatz 5 Satz 2 in der Fassung des Artikels 1 des Gesetzes vom 27. Juni 2017 (BGBl. I S. 2074) ist erstmals für Aufwendungen im Sinne des § 4j in der Fassung des Artikels 1 des Gesetzes vom 27. Juni 2017 (BGBl. I S. 2074) anzuwenden, die nach dem 31. Dezember 2017 entstehen. [3]§ 9 Absatz 5 Satz 2 in der Fassung des Arti-

---

[1)] § 52 Abs. 16a eingef. durch G v. 12.12.2019 (BGBl. I S. 2451); Satz 4 eingef., bish. Sätze 4 und 5 werden Sätze 5 und 6, Satz 7 angef. durch G v. 21.12.2020 (BGBl. I S. 3096).

[2)] § 52 Abs. 16a eingef. durch G v. 27.6.2017 (BGBl. I S. 2074); Abs. 16a wird Abs. 16b, Satz 1 eingef., bish. Wortlaut wird Satz 2 und Satz 3 angef. durch G v. 12.12.2019 (BGBl. I S. 2451); Satz 4 angef. durch G v. 25.6.2021 (BGBl. I S. 2035).

kels 1 des Gesetzes vom 12. Dezember 2019 (BGBl. I S. 2451) ist auch für Veranlagungszeiträume vor 2019 anzuwenden. [4] § 9 Absatz 5 Satz 2 in der Fassung des Artikels 1 des Gesetzes vom 25. Juni 2021 (BGBl. I S. 2035) ist erstmals für Aufwendungen im Sinne des § 4k anzuwenden, die nach dem 31. Dezember 2019 entstehen.

(17) § 9b Absatz 2 in der Fassung des Artikels 11 des Gesetzes vom 18. Dezember 2013 (BGBl. I S. 4318) ist auf Mehr- und Minderbeträge infolge von Änderungen der Verhältnisse im Sinne von § 15a des Umsatzsteuergesetzes anzuwenden, die nach dem 28. November 2013 eingetreten sind.

(18)[1)] [1] § 10 Absatz 1a Nummer 2 in der am 1. Januar 2015 geltenden Fassung ist auf alle Versorgungsleistungen anzuwenden, die auf Vermögensübertragungen beruhen, die nach dem 31. Dezember 2007 vereinbart worden sind. [2] Für Versorgungsleistungen, die auf Vermögensübertragungen beruhen, die vor dem 1. Januar 2008 vereinbart worden sind, gilt dies nur, wenn das übertragene Vermögen nur deshalb einen ausreichenden Ertrag bringt, weil ersparte Aufwendungen, mit Ausnahme des Nutzungsvorteils eines vom Vermögensübernehmer zu eigenen Zwecken genutzten Grundstücks, zu den Erträgen des Vermögens gerechnet werden. [3] § 10 Absatz 1 Nummer 5 in der am 1. Januar 2012 geltenden Fassung gilt auch für Kinder, die wegen einer vor dem 1. Januar 2007 in der Zeit ab Vollendung des 25. Lebensjahres und vor Vollendung des 27. Lebensjahres eingetretenen körperlichen, geistigen oder seelischen Behinderung außerstande sind, sich selbst zu unterhalten. [4] § 10 Absatz 2 Satz 1 Nummer 1 in der Fassung des Artikels 1 des Gesetzes vom 21. Dezember 2020 (BGBl. I S. 3096) ist in allen offenen Fällen anzuwenden. [5] § 10 Absatz 4b Satz 4 bis 6 in der am 30. Juni 2013 geltenden Fassung ist erstmals für die Übermittlung der Daten des Veranlagungszeitraums 2016 anzuwenden. [6] § 10 Absatz 5 in der am 31. Dezember 2009 geltenden Fassung ist auf Beiträge zu Versicherungen im Sinne des § 10 Absatz 1 Nummer 2 Buchstabe b Doppelbuchstabe bb bis dd in der am 31. Dezember 2004 geltenden Fassung weiterhin anzuwenden, wenn die Laufzeit dieser Versicherungen vor dem 1. Januar 2005 begonnen hat und ein Versicherungsbeitrag bis zum 31. Dezember 2004 entrichtet wurde.

(18a)[2)] § 10b Absatz 1 Satz 8 in der Fassung des Artikels 2 des Gesetzes vom 12. Dezember 2019 (BGBl. I S. 2451) ist erstmals auf Mitgliedsbeiträge anzuwenden, die nach dem 31. Dezember 2019 gezahlt werden.

(18b)[3)] [1] § 10d Absatz 1 Satz 1 in der Fassung des Artikels 1 des Gesetzes vom 10. März 2021 (BGBl. I S. 330) ist für die Veranlagungszeiträume 2020 und 2021 anzuwenden. [2] § 10d Absatz 1 in der Fassung des Artikels 3 des Gesetzes vom 19. Juni 2022 (BGBl. I S. 911) ist erstmals für den Veranlagungszeitraum 2022 anzuwenden. [3] § 10d Absatz 1 Satz 1 in der Fassung des Arti-

---

1) § 52 Abs. 18 Satz 1 geänd. durch G v. 22.12.2014 (BGBl. I S. 2417); Satz 4 eingef., bish. Sätze 4 und 5 werden Sätze 5 und 6 durch G v. 11.12.2018 (BGBl. I S. 2338); Satz 4 geänd. durch G v. 21.12.2020 (BGBl. I S. 3096).

2) *§ 52 Abs. 18a eingef. durch G v. 12.12.2019* (BGBl. I S. 2451).

3) § 52 Abs. 18b eingef. duch G v. 29.6.2020 (BGBl. I S. 1512); geänd. durch G v. 10.3.2021 (BGBl. I S. 330); neu gef. und Satz 3 angef. durch G v. 19.6.2022 (BGBl. I S. 911).

kels 4 des Gesetzes vom 19. Juni 2022 (BGBl. I S. 911) ist erstmals für den Veranlagungszeitraum 2024 anzuwenden.

(19) [1]Für nach dem 31. Dezember 1986 und vor dem 1. Januar 1991 hergestellte oder angeschaffte Wohnungen im eigenen Haus oder Eigentumswohnungen sowie in diesem Zeitraum fertiggestellte Ausbauten oder Erweiterungen ist § 10e in der am 30. Dezember 1989 geltenden Fassung weiter anzuwenden. [2]Für nach dem 31. Dezember 1990 hergestellte oder angeschaffte Wohnungen im eigenen Haus oder Eigentumswohnungen sowie in diesem Zeitraum fertiggestellte Ausbauten oder Erweiterungen ist § 10e in der am 28. Juni 1991 geltenden Fassung weiter anzuwenden. [3]Abweichend von Satz 2 ist § 10e Absatz 1 bis 5 und 6 bis 7 in der am 28. Juni 1991 geltenden Fassung erstmals für den Veranlagungszeitraum 1991 bei Objekten im Sinne des § 10e Absatz 1 und 2 anzuwenden, wenn im Fall der Herstellung der Steuerpflichtige nach dem 30. September 1991 den Bauantrag gestellt oder mit der Herstellung des Objekts begonnen hat oder im Fall der Anschaffung der Steuerpflichtige das Objekt nach dem 30. September 1991 auf Grund eines nach diesem Zeitpunkt rechtswirksam abgeschlossenen obligatorischen Vertrags oder gleichstehenden Rechtsakts angeschafft hat oder mit der Herstellung des Objekts nach dem 30. September 1991 begonnen worden ist. [4]§ 10e Absatz 5a ist erstmals bei den in § 10e Absatz 1 und 2 bezeichneten Objekten anzuwenden, wenn im Fall der Herstellung der Steuerpflichtige den Bauantrag nach dem 31. Dezember 1991 gestellt oder, falls ein solcher nicht erforderlich ist, mit der Herstellung nach diesem Zeitpunkt begonnen hat, oder im Fall der Anschaffung der Steuerpflichtige das Objekt auf Grund eines nach dem 31. Dezember 1991 rechtswirksam abgeschlossenen obligatorischen Vertrags oder gleichstehenden Rechtsakts angeschafft hat. [5]§ 10e Absatz 1 Satz 4 in der am 27. Juni 1993 geltenden Fassung und § 10e Absatz 6 Satz 3 in der am 30. Dezember 1993 geltenden Fassung sind erstmals anzuwenden, wenn der Steuerpflichtige das Objekt auf Grund eines nach dem 31. Dezember 1993 rechtswirksam abgeschlossenen obligatorischen Vertrags oder gleichstehenden Rechtsakts angeschafft hat. [6]§ 10e ist letztmals anzuwenden, wenn der Steuerpflichtige im Fall der Herstellung vor dem 1. Januar 1996 mit der Herstellung des Objekts begonnen hat oder im Fall der Anschaffung das Objekt auf Grund eines vor dem 1. Januar 1996 rechtswirksam abgeschlossenen obligatorischen Vertrags oder gleichstehenden Rechtsakts angeschafft hat. [7]Als Beginn der Herstellung gilt bei Objekten, für die eine Baugenehmigung erforderlich ist, der Zeitpunkt, in dem der Bauantrag gestellt wird; bei baugenehmigungsfreien Objekten, für die Bauunterlagen einzureichen sind, gilt als Beginn der Herstellung der Zeitpunkt, in dem die Bauunterlagen eingereicht werden.

(20)[1)] § 12 Nummer 4 in der Fassung des Artikels 1 des Gesetzes vom 12. Dezember 2019 (BGBl. I S. 2451) ist erstmals anzuwenden auf nach dem 31. Dezember 2018 festgesetzte Geldstrafen, sonstige Rechtsfolgen vermögensrechtlicher Art, bei denen der Strafcharakter überwiegt, und Leistungen zur Erfüllung von Auflagen oder Weisungen, soweit die Auflagen oder Wei-

---

1) § 52 Abs. 20 eingef. durch G v. 12.12.2019 (BGBl. I S. 2451).

sungen nicht lediglich der Wiedergutmachung des durch die Tat verursachten Schadens dienen, sowie auf nach dem 31. Dezember 2018 entstandene damit zusammenhängende Aufwendungen.

(21)[1] *(aufgehoben)*

(22) Für die Anwendung des § 13 Absatz 7 in der am 31. Dezember 2005 geltenden Fassung gilt Absatz 25 entsprechend.

(22a)[2] [1]§ 13a in der am 31. Dezember 2014 geltenden Fassung ist letztmals für das Wirtschaftsjahr anzuwenden, das vor dem 31. Dezember 2015 endet. [2]§ 13a in der am 1. Januar 2015 geltenden Fassung ist erstmals für das Wirtschaftsjahr anzuwenden, das nach dem 30. Dezember 2015 endet. [3]Die Bindungsfrist auf Grund des § 13a Absatz 2 Satz 1 in der am 31. Dezember 2014 geltenden Fassung bleibt bestehen.

(22b)[3] [1]§ 13b in der Fassung des Artikels 5 des Gesetzes vom 12. Dezember 2019 (BGBl. I S. 2451) ist erstmals für das Wirtschaftsjahr anzuwenden, das nach dem 31. Dezember 2024 beginnt. [2]Für gemeinschaftliche Tierhaltungen gemäß § 51a des Bewertungsgesetzes gelten für einkommensteuerrechtliche Zwecke die zu Beginn des Wirtschaftsjahres 2024/2025 noch gültigen Vorschriften der §§ 51, 51a des Bewertungsgesetzes bis zum Ablauf des Wirtschaftsjahres 2024/2025 fort.

(22c)[4] [1]§ 14 Absatz 3 ist erstmals auf Fälle anzuwenden, in denen die Übertragung oder Überführung der Grundstücke nach dem 16. Dezember 2020 stattgefunden hat. [2]Auf unwiderruflichen Antrag des jeweiligen Mitunternehmers ist § 14 Absatz 3 auch für Übertragungen oder Überführungen vor dem 17. Dezember 2020 anzuwenden. [3]Der Antrag ist bei dem Finanzamt zu stellen, das für die einheitliche und gesonderte Feststellung der Einkünfte der Mitunternehmerschaft zuständig ist.

(23)[5] [1]§ 15 Absatz 3 Nummer 1 Satz 2 ist auch für Veranlagungszeiträume vor 2019 anzuwenden. [2]§ 15 Absatz 4 Satz 2 und 7 in der am 30. Juni 2013 geltenden Fassung ist in allen Fällen anzuwenden, in denen am 30. Juni 2013 die Feststellungsfrist noch nicht abgelaufen ist.

(24) [1]§ 15a ist nicht auf Verluste anzuwenden, soweit sie

1. durch Sonderabschreibungen nach § 82f der Einkommensteuer-Durchführungsverordnung,
2. durch Absetzungen für Abnutzung in fallenden Jahresbeträgen nach § 7 Absatz 2 von den Herstellungskosten oder von den Anschaffungskosten von in ungebrauchtem Zustand vom Hersteller erworbenen Seeschiffen, die in einem inländischen Seeschiffsregister eingetragen sind,

entstehen; Nummer 1 gilt nur bei Schiffen, deren Anschaffungs- oder Herstellungskosten zu mindestens 30 Prozent durch Mittel finanziert werden, die

[1] § 52 Abs. 21 aufgeh. durch G v. 18.7.2016 (BGBl. I S. 1679).
[2] § 52 Abs. 22a eingef. durch G v. 22.12.2014 (BGBl. I S. 2417).
[3] § 52 Abs. 22b eingef. durch G v. 12.12.2019 (BGBl. I S. 2451); ber. durch G v. 21.12.2020 (BGBl. I S. 3096).
[4] *§ 52 Abs. 22c eingef. durch* G v. 21.12.2020 (BGBl. I S. 3096).
[5] § 52 Abs. 23 Satz 1 eingef., bish. Wortlaut wird Satz 2 durch G v. 12.12.2019 (BGBl. I S. 2451).

weder unmittelbar noch mittelbar in wirtschaftlichem Zusammenhang mit der Aufnahme von Krediten durch den Gewerbebetrieb stehen, zu dessen Betriebsvermögen das Schiff gehört. [2] § 15a ist in diesen Fällen erstmals anzuwenden auf Verluste, die in nach dem 31. Dezember 1999 beginnenden Wirtschaftsjahren entstehen, wenn der Schiffbauvertrag vor dem 25. April 1996 abgeschlossen worden ist und der Gesellschafter der Gesellschaft vor dem 1. Januar 1999 beigetreten ist; soweit Verluste, die in dem Betrieb der Gesellschaft entstehen und nach Satz 1 oder nach § 15a Absatz 1 Satz 1 ausgleichsfähig oder abzugsfähig sind, zusammen das Eineinviertelfache der insgesamt geleisteten Einlage übersteigen, ist § 15a auf Verluste anzuwenden, die in nach dem 31. Dezember 1994 beginnenden Wirtschaftsjahren entstehen. [3] Scheidet ein Kommanditist oder ein anderer Mitunternehmer, dessen Haftung der eines Kommanditisten vergleichbar ist und dessen Kapitalkonto in der Steuerbilanz der Gesellschaft auf Grund von ausgleichs- oder abzugsfähigen Verlusten negativ geworden ist, aus der Gesellschaft aus oder wird in einem solchen Fall die Gesellschaft aufgelöst, so gilt der Betrag, den der Mitunternehmer nicht ausgleichen muss, als Veräußerungsgewinn im Sinne des § 16. [4] In Höhe der nach Satz 3 als Gewinn zuzurechnenden Beträge sind bei den anderen Mitunternehmern unter Berücksichtigung der für die Zurechnung von Verlusten geltenden Grundsätze Verlustanteile anzusetzen. [5] Bei der Anwendung des § 15a Absatz 3 sind nur Verluste zu berücksichtigen, auf die § 15a Absatz 1 anzuwenden ist.

(25) [1] § 15b in der Fassung des Artikels 1 des Gesetzes vom 22. Dezember 2005 (BGBl. I S. 3683) ist nur auf Verluste der dort bezeichneten Steuerstundungsmodelle anzuwenden, denen der Steuerpflichtige nach dem 10. November 2005 beigetreten ist oder für die nach dem 10. November 2005 mit dem Außenvertrieb begonnen wurde. [2] Der Außenvertrieb beginnt in dem Zeitpunkt, in dem die Voraussetzungen für die Veräußerung der konkret bestimmbaren Fondsanteile erfüllt sind und die Gesellschaft selbst oder über ein Vertriebsunternehmen mit Außenwirkung an den Markt herangetreten ist. [3] Dem Beginn des Außenvertriebs stehen der Beschluss von Kapitalerhöhungen und die Reinvestition von Erlösen in neue Projekte gleich. [4] Besteht das Steuerstundungsmodell nicht im Erwerb eines Anteils an einem geschlossenen Fonds, ist § 15b in der Fassung des Artikels 1 des Gesetzes vom 22. Dezember 2005 (BGBl. I S. 3683) anzuwenden, wenn die Investition nach dem 10. November 2005 rechtsverbindlich getätigt wurde. [5] § 15b Absatz 3a ist erstmals auf Verluste der dort bezeichneten Steuerstundungsmodelle anzuwenden, bei denen Wirtschaftsgüter des Umlaufvermögens nach dem 28. November 2013 angeschafft, hergestellt oder in das Betriebsvermögen eingelegt werden.

(25a)[1)] [1] § 17 Absatz 2a in der Fassung des Artikels 2 des Gesetzes vom 12. Dezember 2019 (BGBl. I S. 2451) ist erstmals für Veräußerungen im Sinne von § 17 Absatz 1, 4 oder 5 nach dem 31. Juli 2019[2)] anzuwenden. [2] Auf Antrag des Steuerpflichtigen ist § 17 Absatz 2a Satz 1 bis 4 auch für Veräußerungen im Sinne von § 17 Absatz 1, 4 oder 5 vor dem 31. Juli 2019[2)] anzuwenden.

---

1) § 52 Abs. 25a eingef. durch G v. 12.12.2019 (BGBl. I S. 2451).

2) Datum des Kabinettbeschlusses zur Einbringung des Regierungsentwurfs.

(26) Für die Anwendung des § 18 Absatz 4 Satz 2 in der Fassung des Artikels 1 des Gesetzes vom 22. Dezember 2005 (BGBl. I S. 3683) gilt Absatz 25 entsprechend.

(26a)[1] § 19 Absatz 1 Satz 1 Nummer 3 Satz 2 und 3 in der am 31. Dezember 2014 geltenden Fassung gilt für alle Zahlungen des Arbeitgebers nach dem 30. Dezember 2014.

(27)[2] *(aufgehoben)*

(28)[3] [1] Für die Anwendung des § 20 Absatz 1 Nummer 4 Satz 2 in der am 31. Dezember 2005 geltenden Fassung gilt Absatz 25 entsprechend. [2] Für die Anwendung von § 20 Absatz 1 Nummer 4 Satz 2 und Absatz 2b in der am 1. Januar 2007 geltenden Fassung gilt Absatz 25 entsprechend. [3] § 20 Absatz 1 Nummer 6 in der Fassung des Gesetzes vom 7. September 1990 (BGBl. I S. 1898) ist erstmals auf nach dem 31. Dezember 1974 zugeflossene Zinsen aus Versicherungsverträgen anzuwenden, die nach dem 31. Dezember 1973 abgeschlossen worden sind. [4] § 20 Absatz 1 Nummer 6 in der Fassung des Gesetzes vom 20. Dezember 1996 (BGBl. I S. 2049) ist erstmals auf Zinsen aus Versicherungsverträgen anzuwenden, bei denen die Ansprüche nach dem 31. Dezember 1996 entgeltlich erworben worden sind. [5] Für Kapitalerträge aus Versicherungsverträgen, die vor dem 1. Januar 2005 abgeschlossen worden sind, ist § 20 Absatz 1 Nummer 6 in der am 31. Dezember 2004 geltenden Fassung mit der Maßgabe weiterhin anzuwenden, dass in Satz 3 die Wörter „§ 10 Absatz 1 Nummer 2 Buchstabe b Satz 5" durch die Wörter „§ 10 Absatz 1 Nummer 2 Buchstabe b Satz 6" ersetzt werden. [6] § 20 Absatz 1 Nummer 6 Satz 3 in der Fassung des Artikels 1 des Gesetzes vom 13. Dezember 2006 (BGBl. I S. 2878) ist erstmals anzuwenden auf Versicherungsleistungen im Erlebensfall bei Versicherungsverträgen, die nach dem 31. Dezember 2006 abgeschlossen werden, und auf Versicherungsleistungen bei Rückkauf eines Vertrages nach dem 31. Dezember 2006. [7] § 20 Absatz 1 Nummer 6 Satz 2 ist für Vertragsabschlüsse nach dem 31. Dezember 2011 mit der Maßgabe anzuwenden, dass die Versicherungsleistung nach Vollendung des 62. Lebensjahres des Steuerpflichtigen ausgezahlt wird. [8] § 20 Absatz 1 Nummer 6 Satz 6 in der Fassung des Artikels 1 des Gesetzes vom 19. Dezember 2008 (BGBl. I S. 2794) ist für alle Versicherungsverträge anzuwenden, die nach dem 31. März 2009 abgeschlossen werden oder bei denen die erstmalige Beitragsleistung nach dem 31. März 2009 erfolgt. [9] Wird auf Grund einer internen Teilung nach § 10 des Versorgungsausgleichsgesetzes oder einer externen Teilung nach § 14 des Versorgungsausgleichsgesetzes ein Anrecht in Form eines Versicherungsvertrags zugunsten der ausgleichsberechtigten Person begründet, so gilt dieser Vertrag insoweit zu dem gleichen Zeitpunkt als abgeschlossen wie derjenige der ausgleichspflichtigen Person. [10] § 20 Absatz 1 Nummer 6 Satz 7 und 8 ist auf Versicherungsleistungen anzuwenden, die auf Grund eines

---

[1] § 52 Abs. 26a eingef. durch G v. 22.12.2014 (BGBl. I S. 2417).

[2] § 52 Abs. 27 aufgeh. durch G v. 11.12.2023 (BGBl. I Nr. 354).

[3] § 52 Abs. 28 Sätze 19 bis 22 angef. durch G v. 19.7.2016 (BGBl. I S. 1730); Sätze 23 *und 24 angef. durch G v. 21.12.2019* (BGBl. I S. 2875); Sätze 19 und 20 eingef., bish. Sätze 19 bis 24 werden Sätze 21 bis 26 und Sätze 25 und 26 geänd. durch G v. 21.12.2020 (BGBl. I S. 3096).

nach dem 31. Dezember 2014 eingetretenen Versicherungsfalles ausgezahlt werden. [11] § 20 Absatz 2 Satz 1 Nummer 1 in der am 18. August 2007 geltenden Fassung ist erstmals auf Gewinne aus der Veräußerung von Anteilen anzuwenden, die nach dem 31. Dezember 2008 erworben wurden. [12] § 20 Absatz 2 Satz 1 Nummer 3 in der am 18. August 2007 geltenden Fassung ist erstmals auf Gewinne aus Termingeschäften anzuwenden, bei denen der Rechtserwerb nach dem 31. Dezember 2008 stattgefunden hat. [13] § 20 Absatz 2 Satz 1 Nummer 4, 5 und 8 in der am 18. August 2007 geltenden Fassung ist erstmals auf Gewinne anzuwenden, bei denen die zugrunde liegenden Wirtschaftsgüter, Rechte oder Rechtspositionen nach dem 31. Dezember 2008 erworben oder geschaffen wurden. [14] § 20 Absatz 2 Satz 1 Nummer 6 in der am 18. August 2007 geltenden Fassung ist erstmals auf die Veräußerung von Ansprüchen nach dem 31. Dezember 2008 anzuwenden, bei denen der Versicherungsvertrag nach dem 31. Dezember 2004 abgeschlossen wurde; dies gilt auch für Versicherungsverträge, die vor dem 1. Januar 2005 abgeschlossen wurden, sofern bei einem Rückkauf zum Veräußerungszeitpunkt die Erträge nach § 20 Absatz 1 Nummer 6 in der am 31. Dezember 2004 geltenden Fassung steuerpflichtig wären. [15] § 20 Absatz 2 Satz 1 Nummer 7 in der Fassung des Artikels 1 des Gesetzes vom 14. August 2007 (BGBl. I S. 1912) ist erstmals auf nach dem 31. Dezember 2008 zufließende Kapitalerträge aus der Veräußerung sonstiger Kapitalforderungen anzuwenden. [16] Für Kapitalerträge aus Kapitalforderungen, die zum Zeitpunkt des vor dem 1. Januar 2009 erfolgten Erwerbs zwar Kapitalforderungen im Sinne des § 20 Absatz 1 Nummer 7 in der am 31. Dezember 2008 anzuwendenden Fassung, aber nicht Kapitalforderungen im Sinne des § 20 Absatz 2 Satz 1 Nummer 4 in der am 31. Dezember 2008 anzuwendenden Fassung sind, ist § 20 Absatz 2 Satz 1 Nummer 7 nicht anzuwenden; für die bei der Veräußerung in Rechnung gestellten Stückzinsen ist Satz 15 anzuwenden; Kapitalforderungen im Sinne des § 20 Absatz 2 Satz 1 Nummer 4 in der am 31. Dezember 2008 anzuwendenden Fassung liegen auch vor, wenn die Rückzahlung nur teilweise garantiert ist oder wenn eine Trennung zwischen Ertrags- und Vermögensebene möglich erscheint. [17] Bei Kapitalforderungen, die zwar nicht die Voraussetzungen von § 20 Absatz 1 Nummer 7 in der am 31. Dezember 2008 geltenden Fassung, aber die Voraussetzungen von § 20 Absatz 1 Nummer 7 in der am 18. August 2007 geltenden Fassung erfüllen, ist § 20 Absatz 2 Satz 1 Nummer 7 in Verbindung mit § 20 Absatz 1 Nummer 7 vorbehaltlich der Regelung in Absatz 31 Satz 2 und 3 auf alle nach dem 30. Juni 2009 zufließenden Kapitalerträge anzuwenden, es sei denn, die Kapitalforderung wurde vor dem 15. März 2007 angeschafft. [18] § 20 Absatz 4a Satz 3 in der Fassung des Artikels 1 des Gesetzes vom 8. Dezember 2010 (BGBl. I S. 1768) ist erstmals für Wertpapiere anzuwenden, die nach dem 31. Dezember 2009 geliefert wurden, sofern für die Lieferung § 20 Absatz 4 anzuwenden ist. [19] § 20 Absatz 4a Satz 3 in der Fassung des Artikels 1 des Gesetzes vom 21. Dezember 2020 (BGBl. I S. 3096) ist für die Andienung von Wertpapieren anzuwenden, wenn diese nach dem 31. Dezember 2020 erfolgt. [20] § 20 Absatz 4a Satz 5 in der Fassung des Artikels 1 des Gesetzes vom 21. Dezember 2020 (BGBl. I S. 3096) ist für die Zuteilung von Anteilen anzuwenden, wenn diese nach dem 31. Dezember 2020 erfolgt und die die Zuteilung begründenden Anteile nach dem 31. Dezember 2008 angeschafft worden sind. [21] § 20 Absatz 2 und 4 in der am 27. Juli 2016 geltenden Fassung ist erstmals ab dem 1. Januar 2017 anzuwenden. [22] § 20 Absatz 1 in der am 27. Juli 2016 geltenden Fassung ist erstmals ab dem 1. Januar 2018 anzuwenden. [23] Investmenterträge nach § 20 Absatz 1 Nummer 6 Satz 9 sind

1. die nach dem 31. Dezember 2017 zugeflossenen Ausschüttungen nach § 2 Absatz 11 des Investmentsteuergesetzes,
2. die realisierten oder unrealisierten Wertveränderungen aus Investmentanteilen nach § 2 Absatz 4 Satz 1 des Investmentsteuergesetzes, die das Versicherungsunternehmen nach dem 31. Dezember 2017 dem Sicherungsvermögen zur Sicherung der Ansprüche des Steuerpflichtigen zugeführt hat, und
3. die realisierten oder unrealisierten Wertveränderungen aus Investmentanteilen nach § 2 Absatz 4 Satz 1 des Investmentsteuergesetzes, die das Versicherungsunternehmen vor dem 1. Januar 2018 dem Sicherungsvermögen zur Sicherung der Ansprüche des Steuerpflichtigen zugeführt hat, soweit Wertveränderungen gegenüber dem letzten im Kalenderjahr 2017 festgesetzten Rücknahmepreis des Investmentanteils eingetreten sind.

[24] Wird kein Rücknahmepreis festgesetzt, tritt der Börsen- oder Marktpreis an die Stelle des Rücknahmepreises. [25] § 20 Absatz 6 Satz 5 in der Fassung des Artikels 1 des Gesetzes vom 21. Dezember 2020 (BGBl. I S. 3096) ist auf Verluste anzuwenden, die nach dem 31. Dezember 2020 entstehen. [26] § 20 Absatz 6 Satz 6 in der Fassung des Artikels 1 des Gesetzes vom 21. Dezember 2020 (BGBl. I S. 3096) ist auf Verluste anzuwenden, die nach dem 31. Dezember 2019 entstehen.

(29) Für die Anwendung des § 21 Absatz 1 Satz 2 in der am 31. Dezember 2005 geltenden Fassung gilt Absatz 25 entsprechend.

(30)[1)] Für die Anwendung des § 22 Nummer 1 Satz 1 zweiter Halbsatz in der am 31. Dezember 2005 geltenden Fassung gilt Absatz 25 entsprechend.

(30a)[2)] § 22a Absatz 2 Satz 2 in der am 1. Januar 2017 geltenden Fassung ist erstmals für die Übermittlung von Daten ab dem 1. Januar 2019 anzuwenden.

(30b)[3)] [1] Die mitteilungspflichtige Stelle nach § 22a Absatz 1 kann die Identifikationsnummer im Sinne des § 139b der Abgabenordnung ihrer Kunden, bei denen das Versicherungs- oder Vertragsverhältnis vor dem Stichtag bestand, der in der Rechtsverordnung nach § 13 Absatz 3 des Rentenübersichtsgesetzes festgelegt wird, abweichend von § 22a Absatz 2 Satz 1 und 2 zur Durchführung des Rentenübersichtsgesetzes beim Bundeszentralamt für Steuern bereits vor dem Leistungsbezug erheben. [2] Das Bundeszentralamt für Steuern teilt der mitteilungspflichtigen Stelle die Identifikationsnummer des Versicherten nur mit, wenn die von der mitteilungspflichtigen Stelle übermittelten Daten mit den nach § 139b Absatz 3 der Abgabenordnung beim Bundeszentralamt für Steuern gespeicherten Daten im maschinellen Datenabgleich übereinstimmen.

---

1) *Siehe hierzu BVerfG v. 25.3.2021 (BGBl. I S. 1800).*
2) § 52 Abs. 30a eingef. durch G v. 18.7.2016 (BGBl. I S. 1679).
3) § 52 Abs. 30b eingef. durch G v. 11.2.2021 (BGBl. I S. 154).

(31)[1] [1]§ 23 Absatz 1 Satz 1 Nummer 2 in der am 18. August 2007 geltenden Fassung ist erstmals auf Veräußerungsgeschäfte anzuwenden, bei denen die Wirtschaftsgüter nach dem 31. Dezember 2008 auf Grund eines nach diesem Zeitpunkt rechtswirksam abgeschlossenen obligatorischen Vertrags oder gleichstehenden Rechtsakts angeschafft wurden; § 23 Absatz 1 Satz 1 Nummer 2 Satz 2 in der am 14. Dezember 2010 geltenden Fassung ist erstmals auf Veräußerungsgeschäfte anzuwenden, bei denen die Gegenstände des täglichen Gebrauchs auf Grund eines nach dem 13. Dezember 2010 rechtskräftig abgeschlossenen Vertrags oder gleichstehenden Rechtsakts angeschafft wurden. [2]§ 23 Absatz 1 Satz 1 Nummer 2 in der am 1. Januar 1999 geltenden Fassung ist letztmals auf Veräußerungsgeschäfte anzuwenden, bei denen die Wirtschaftsgüter vor dem 1. Januar 2009 erworben wurden. [3]§ 23 Absatz 1 Satz 1 Nummer 3 in der Fassung des Artikels 7 des Gesetzes vom 20. Dezember 2016 (BGBl. I S. 3000) ist erstmals auf Veräußerungsgeschäfte anzuwenden, bei denen die Veräußerung auf einem nach dem 23. Dezember 2016 rechtswirksam abgeschlossenen obligatorischen Vertrag oder gleichstehenden Rechtsakt beruht. [4]§ 23 Absatz 1 Satz 1 Nummer 4 ist auf Termingeschäfte anzuwenden, bei denen der Erwerb des Rechts auf einen Differenzausgleich, Geldbetrag oder Vorteil nach dem 31. Dezember 1998 und vor dem 1. Januar 2009 erfolgt. [5]§ 23 Absatz 3 Satz 4 in der am 1. Januar 2000 geltenden Fassung ist auf Veräußerungsgeschäfte anzuwenden, bei denen der Steuerpflichtige das Wirtschaftsgut nach dem 31. Juli 1995 und vor dem 1. Januar 2009 angeschafft oder nach dem 31. Dezember 1998 und vor dem 1. Januar 2009 fertiggestellt hat; § 23 Absatz 3 Satz 4 in der am 1. Januar 2009 geltenden Fassung ist auf Veräußerungsgeschäfte anzuwenden, bei denen der Steuerpflichtige das Wirtschaftsgut nach dem 31. Dezember 2008 angeschafft oder fertiggestellt hat. [6]§ 23 Absatz 1 Satz 2 und 3 sowie Absatz 3 Satz 3 in der am 12. Dezember 2006 geltenden Fassung sind für Anteile, die einbringungsgeboren im Sinne des § 21 des Umwandlungssteuergesetzes in der am 12. Dezember 2006 geltenden Fassung sind, weiter anzuwenden.

(32)[2] [1]§ 32 Absatz 4 Satz 1 Nummer 3 in der Fassung des Artikels 1 des Gesetzes vom 19. Juli 2006 (BGBl. I S. 1652) ist erstmals für Kinder anzuwenden, die im Veranlagungszeitraum 2007 wegen einer vor Vollendung des 25. Lebensjahres eingetretenen körperlichen, geistigen oder seelischen Behinderung außerstande sind, sich selbst zu unterhalten; für Kinder, die wegen einer vor dem 1. Januar 2007 in der Zeit ab der Vollendung des 25. Lebensjahres und vor Vollendung des 27. Lebensjahres eingetretenen körperlichen, geistigen oder seelischen Behinderung außerstande sind, sich selbst zu unterhalten, ist § 32 Absatz 4 Satz 1 Nummer 3 weiterhin in der bis zum 31. Dezember 2006 geltenden Fassung anzuwenden. [2]§ 32 Absatz 5 ist nur noch anzuwenden, wenn das Kind den Dienst oder die Tätigkeit vor dem 1. Juli 2011 angetreten hat. [3]Für die nach § 10 Absatz 1 Nummer 2 Buchstabe b und den §§ 10a, 82 begünstigten Verträge, die vor dem 1. Januar 2007 abgeschlossen wurden, gelten für das Vorliegen einer begünstigten Hinterblie-

---

[1] § 52 Abs. 31 Satz 3 eingef., bish. Sätze 3 bis 5 werden Sätze 4 bis 6 durch G v. 20.12.2016 (BGBl. I S. 3000).

[2] § 52 Abs. 32 Satz 5 angef. durch G v. 8.12.2022 (BGBl. I S. 2230).

benenversorgung die Altersgrenzen des § 32 in der am 31. Dezember 2006 geltenden Fassung. 4 Dies gilt entsprechend für die Anwendung des § 93 Absatz 1 Satz 3 Buchstabe b. 5 § 32 Absatz 6 Satz 1 in der Fassung des Artikels 1 des Gesetzes vom 8. Dezember 2022 (BGBl. I S. 2230) ist beim Steuerabzug vom Arbeitslohn ab dem 1. Januar 2023 anzuwenden.

(32a)[1] 1 § 32a Absatz 1 und § 51a Absatz 2a Satz 1 in der am 23. Juli 2015 geltenden Fassung sind beim Steuerabzug vom Arbeitslohn erstmals anzuwenden auf laufenden Arbeitslohn, der für einen nach dem 30. November 2015 endenden Lohnzahlungszeitraum gezahlt wird, und auf sonstige Bezüge, die nach dem 30. November 2015 zufließen. 2 Bei der Lohnsteuerberechnung auf laufenden Arbeitslohn, der für einen nach dem 30. November 2015, aber vor dem 1. Januar 2016 endenden täglichen, wöchentlichen und monatlichen Lohnzahlungszeitraum gezahlt wird, ist zu berücksichtigen, dass § 32a Absatz 1 und § 51a Absatz 2a Satz 1 in der am 23. Juli 2015 geltenden Fassung bis zum 30. November 2015 nicht angewandt wurden (Nachholung). 3 Das Bundesministerium der Finanzen hat im Einvernehmen mit den obersten Finanzbehörden der Länder entsprechende Programmablaufpläne aufzustellen und bekannt zu machen (§ 39b Absatz 6 und § 51 Absatz 4 Nummer 1a).

(33)[2] 1 § 32b Absatz 2 Satz 1 Nummer 2 Satz 2 Buchstabe c ist erstmals auf Wirtschaftsgüter des Umlaufvermögens anzuwenden, die nach dem 28. Februar 2013 angeschafft, hergestellt oder in das Betriebsvermögen eingelegt werden. 2 § 32b Absatz 1 Satz 3 in der Fassung des Artikels 11 des Gesetzes vom 18. Dezember 2013 (BGBl. I S. 4318) ist in allen offenen Fällen anzuwenden. 3 § 32b Absatz 3 bis 5 in der am 1. Januar 2017 geltenden Fassung ist erstmals für ab dem 1. Januar 2018 gewährte Leistungen anzuwenden.

(33a)[3] 1 § 32c in der Fassung des Artikels 4 des Gesetzes vom 12. Dezember 2019 (BGBl. I S. 2451) ist erstmals für den Veranlagungszeitraum 2016 anzuwenden. 2 § 32c ist im Veranlagungszeitraum 2016 mit der Maßgabe anzuwenden, dass der erste Betrachtungszeitraum die Veranlagungszeiträume 2014 bis 2016 umfasst. 3 Die weiteren Betrachtungszeiträume umfassen die Veranlagungszeiträume 2017 bis 2019 und 2020 bis 2022. 4 § 32c ist letztmalig für den Veranlagungszeitraum 2022 anzuwenden.

(33b)[4] 1 § 32d Absatz 2 Nummer 1 Buchstabe b in der Fassung des Artikels 1 des Gesetzes vom 21. Dezember 2020 (BGBl. I S. 3096) ist auf Kapitalerträge anzuwenden, die nach dem 31. Dezember 2020 erzielt werden. 2 Auf Kapitalerträge aus Darlehen an die Kapitalgesellschaft oder Genossenschaft, deren rechtliche Grundlage vor dem 1. Januar 2021 begründet wurde, ist § 32d Absatz 2 Nummer 1 Buchstabe b in der Fassung des Artikels 1 des Gesetzes vom 21. Dezember 2020 (BGBl. I S. 3096) ab dem Veranlagungszeitraum 2024 anzuwenden. 3 § 32d Absatz 2 Nummer 3 Buchstabe b in der Fas-

---

1) § 52 Abs. 32a eingef. durch G v. 16.7.2015 (BGBl. I S. 1202).

2) § 52 Abs. 33 Satz 3 angef. durch G v. 18.7.2016 (BGBl. I S. 1679).

3) § 52 Abs. 33a eingef. durch G v. 12.12.2019 (BGBl. I S. 2451).

4) § 52 Abs. 33a eingef. durch G v. 20.12.2016 (BGBl. I S. 3000); wird Abs. 33b und geänd. durch G v. 12.12.2019 (BGBl. I S. 2451); Sätze 1 und 2 eingef., bish. Wortlaut wird Satz 3 durch G v. 21.12.2020 (BGBl. I S. 3096).

sung des Artikels 7 des Gesetzes vom 20. Dezember 2016 (BGBl. I S. 3000) ist erstmals auf Anträge für den Veranlagungszeitraum 2017 anzuwenden.

(33c)[1)] Die §§ 33 und 33b in der Fassung des Artikels 1 des Gesetzes vom 9. Dezember 2020 (BGBl. I S. 2770) sind erstmals für den Veranlagungszeitraum 2021 anzuwenden.

(34)[2)] [1] § 34a in der Fassung des Artikels 1 des Gesetzes vom 19. Dezember 2008 (BGBl. I S. 2794) ist erstmals für den Veranlagungszeitraum 2008 anzuwenden. [2] § 34a Absatz 6 Satz 1 Nummer 3 und Satz 2 in der Fassung des Artikels 1 des Gesetzes vom 27. Juni 2017 (BGBl. I S. 2074) ist erstmals für unentgeltliche Übertragungen nach dem 5. Juli 2017 anzuwenden.

(34a)[3)] Für Veranlagungszeiträume bis einschließlich 2014 ist § 34c Absatz 1 Satz 2 in der bis zum 31. Dezember 2014 geltenden Fassung in allen Fällen, in denen die Einkommensteuer noch nicht bestandskräftig festgesetzt ist, mit der Maßgabe anzuwenden, dass an die Stelle der Wörter „Summe der Einkünfte" die Wörter „Summe der Einkünfte abzüglich des Altersentlastungsbetrages (§ 24a), des Entlastungsbetrages für Alleinerziehende (§ 24b), der Sonderausgaben (§§ 10, 10a, 10b, 10c), der außergewöhnlichen Belastungen (§§ 33 bis 33b), der berücksichtigten Freibeträge für Kinder (§§ 31, 32 Absatz 6) und des Grundfreibetrages (§ 32a Absatz 1 Satz 2 Nummer 1)" treten.

(34b)[4)] [1] § 34d Nummer 4 Buchstabe b Doppelbuchstabe bb in der Fassung des Artikels 3 des Gesetzes vom 11. Dezember 2018 (BGBl. I S. 2338) ist erstmals auf Gewinne aus der Veräußerung von Anteilen anzuwenden, bei denen die Veräußerung nach dem 31. Dezember 2018 erfolgt, und nur soweit den Gewinnen nach dem 31. Dezember 2018 eingetretene Wertveränderungen zugrunde liegen. [2] § 34d Nummer 7 in der Fassung des Artikels 3 des Gesetzes vom 11. Dezember 2018 (BGBl. I S. 2338) ist erstmals auf Wertveränderungen anzuwenden, die nach dem 31. Dezember 2018 eintreten.

(35) [1] § 34f Absatz 3 und 4 Satz 2 in der Fassung des Gesetzes vom 25. Februar 1992 (BGBl. I S. 297) ist erstmals anzuwenden bei Inanspruchnahme der Steuerbegünstigung nach § 10e Absatz 1 bis 5 in der Fassung des Gesetzes vom 25. Februar 1992 (BGBl. I S. 297). [2] § 34f Absatz 4 Satz 1 ist erstmals anzuwenden bei Inanspruchnahme der Steuerbegünstigung nach § 10e Absatz 1 bis 5 oder nach § 15b des Berlinförderungsgesetzes für nach dem 31. Dezember 1991 hergestellte oder angeschaffte Objekte.

(35a)[5)] [1] § 35c ist erstmals auf energetische Maßnahmen anzuwenden, mit deren Durchführung nach dem 31. Dezember 2019 begonnen wurde und die vor dem 1. Januar 2030 abgeschlossen sind. [2] Als Beginn gilt bei energeti-

---

[1)] § 52 Abs. 33c eingef. durch G v. 9.12.2020 (BGBl. I S. 2770).

[2)] § 52 Abs. 34 Satz 2 angef., bish. Text wird Satz 1 durch G v. 27.6.2017 (BGBl. I S. 2074).

[3)] § 52 Abs. 34a eingef. durch G v. 22.12.2014 (BGBl. I S. 2417).

[4)] § 52 Abs. 34b eingef. durch G v. 11.12.2018 (BGBl. I S. 2338).

[5)] § 52 Abs. 35a eingef. durch G v. 29.6.2020 (BGBl. I S. 1512); neu gef. durch G v. 21.12.2020 (BGBl. I S. 3096).

Durch die Neufassung von § 52 Abs. 35a wird der vorherige Abs. 35a überschrieben; dieser lautete:

„§(35a) § 35 Absatz 1 in der Fassung des Artikels 1 des Gesetzes von 29. Juni 2020 (BGBl. I S. 1512) ist erstmals für den Veranlagungszeitraum 2020 anzuwenden."

schen Maßnahmen, für die eine Baugenehmigung erforderlich ist, der Zeitpunkt, in dem der Bauantrag gestellt wird. [3]Bei nicht genehmigungsbedürftigen Vorhaben für solche Vorhaben, die nach Maßgabe des Bauordnungsrechts der zuständigen Behörde zur Kenntnis zu geben sind, gilt als Beginn der Zeitpunkt des Eingangs der Kenntnisgabe bei der zuständigen Behörde und für sonstige nicht genehmigungsbedürftige, insbesondere genehmigungs-, anzeige- und verfahrensfreie Vorhaben, der Zeitpunkt des Beginns der Bauausführung.

(35b)[1)] [1]§ 36 Absatz 2 Nummer 2 Satz 5 in der Fassung des Artikels 2 des Gesetzes vom 21. Dezember 2020 (BGBl. I S. 3096) ist erstmals auf Kapitalerträge anzuwenden, die nach dem 31. Dezember 2020 zufließen. [2]§ 36 Absatz 2 Nummer 4 in der Fassung des Artikels 2 des Gesetzes vom 21. Dezember 2020 (BGBl. I S. 3096) ist erstmals für den Veranlagungszeitraum 2016 und letztmalig für den Veranlagungszeitraum 2022 anzuwenden.

(35c)[2)] [1]§ 36a in der am 27. Juli 2016 geltenden Fassung ist erstmals auf Kapitalerträge anzuwenden, die ab dem 1. Januar 2016 zufließen. [2]§ 36a in der Fassung des Artikels 1 des Gesetzes vom 12. Dezember 2019 (BGBl. I S. 2451) ist erstmals auf Kapitalerträge anzuwenden, die ab dem 1. Januar 2019 zufließen.

(35d)[3)] § 37 Absatz 3 Satz 3 ist auf Antrag des Steuerpflichtigen mit der Maßgabe anzuwenden, dass

1. für den Veranlagungszeitraum 2019 an die Stelle des 15. Kalendermonats der 21. Kalendermonat und an die Stelle des 23. Kalendermonats der 28. Kalendermonat,
2. für die Veranlagungszeiträume 2020 und 2021 an die Stelle des 15. Kalendermonats der 21. Kalendermonat und an die Stelle des 23. Kalendermonats der 29. Kalendermonat,
3. für den Veranlagungszeitraum 2022 an die Stelle des 15. Kalendermonats der 20. Kalendermonat und an die Stelle des 23. Kalendermonats der 28. Kalendermonat,
4. für den Veranlagungszeitraum 2023 an die Stelle des 15. Kalendermonats der 18. Kalendermonat und an die Stelle des 23. Kalendermonats der 26. Kalendermonat und
5. für den Veranlagungszeitraum 2024 an die Stelle des 15. Kalendermonats der 17. Kalendermonat und an die Stelle des 23. Kalendermonats der 25. Kalendermonat

tritt.

[1)] § 52 Abs. 35a eingef. durch G v. 12.12.2019 (BGBl. I S. 2451); Sätze 1 bis 3 eingef.; bish. Wortlaut wird Satz 4 durch G v. 21.12.2019 (BGBl. I S. 2886); Abs. 35a wird Abs. 35b durch G v. 29.6.2020 (BGBl. I S. 1512); neu gef. durch G v. 21.12.2020 (BGBl. I S. 3096).

[2)] § 52 Abs. 35a eingef. durch G v. 20.12.2016 (BGBl. I S. 3045); Satz 2 angef., bish. Wortlaut wird Satz 1 durch G v. 12.12.2019 (BGBl. I S. 2451); Abs. 35a wird Abs. 35b durch G v. 12.12.2019 *(BGBl. I S. 2451)*; Abs. 35b wird Abs. 35c durch G v. 29.6.2020 (BGBl. I S. 1512).

[3)] § 52 Abs. 35d neu gef. durch G v. 19.6.2022 (BGBl. I S. 911).

(36)[1] [1]Das Bundesministerium der Finanzen kann im Einvernehmen mit den obersten Finanzbehörden der Länder in einem Schreiben mitteilen, wann das in § 39 Absatz 4 Nummer 5 genannten Lohnsteuerabzugsmerkmal erstmals abgerufen werden kann (§ 39e Absatz 3 Satz 1). [2]Dieses Schreiben ist im Bundessteuerblatt zu veröffentlichen. [3]§ 39 in der Fassung des Artikels 4 des Gesetzes vom 21. Dezember 2020 (BGBl. I S. 3096), geändert durch Artikel 4 des Gesetzes vom 16. Dezember 2022 (BGBl. I S. 2294), § 39a Absatz 1 Satz 1 Nummer 1a, Absatz 2 Satz 4, Absatz 3 Satz 2 und Absatz 4 Satz 1 Nummer 1a in der Fassung des Artikels 4 des Gesetzes vom 21. Dezember 2020 (BGBl. I S. 3096), geändert durch Artikel 6 des Gesetzes vom 16. Dezember 2022 (BGBl. I S. 2294), § 39b Absatz 2 Satz 5 Nummer 3, § 41b Absatz 1 Satz 2, § 41c Absatz 1 Satz 2, § 42b Absatz 1 Satz 3 Nummer 5 in der Fassung des Artikels 5 des Gesetzes vom 21. Dezember 2020 (BGBl. I S. 3096) und § 46 Absatz 2 Nummer 3 in der Fassung des Artikels 3 des Gesetzes vom 8. Dezember 2022 (BGBl. I S. 2230) sind erstmals ab dem 1. Januar 2026 anzuwenden. [4]§ 39 in der Fassung des Artikels 4 des Gesetzes vom 21. Dezember 2020 (BGBl. I S. 3096), geändert durch Artikel 4 des Gesetzes vom 16. Dezember 2022 (BGBl. I S. 2294), kann im Rahmen eines Pilotprojekts mit Echtdaten bereits ab dem 1. Januar 2023 angewendet werden.

(37) [1]Das Bundesministerium der Finanzen kann im Einvernehmen mit den obersten Finanzbehörden der Länder in einem Schreiben mitteilen, ab wann die Regelungen in § 39a Absatz 1 Satz 3 bis 5 erstmals anzuwenden sind. [2]Dieses Schreiben ist im Bundessteuerblatt zu veröffentlichen.[2]

(37a)[3] § 39f Absatz 1 Satz 9 bis 11 und Absatz 3 Satz 1 ist erstmals für den Veranlagungszeitraum 2019 anzuwenden.

(37b)[4] [1]§ 39b Absatz 2 Satz 5 Nummer 4 in der am 23. Juli 2015 geltenden Fassung ist erstmals anzuwenden auf laufenden Arbeitslohn, der für einen nach dem 30. November 2015 endenden Lohnzahlungszeitraum gezahlt wird, und auf sonstige Bezüge, die nach dem 30. November 2015 zufließen. [2]Bei der Lohnsteuerberechnung auf laufenden Arbeitslohn, der für einen nach dem 30. November 2015, aber vor dem 1. Januar 2016 endenden täglichen, wöchentlichen und monatlichen Lohnzahlungszeitraum gezahlt wird, ist zu berücksichtigen, dass § 39b Absatz 2 Satz 5 Nummer 4 in der am 23. Juli 2015 geltenden Fassung bis zum 30. November 2015 nicht angewandt wurde (Nachholung). [3]Das Bundesministerium der Finanzen hat dies im Einvernehmen mit den obersten Finanzbehörden der Länder bei der Aufstellung und Bekanntmachung der geänderten Programmablaufpläne für 2015 zu berücksichtigen (§ 39b Absatz 6 und § 51 Absatz 4 Nummer 1a). [4]In den Fällen des § 24b Absatz 4 ist für das Kalenderjahr 2015 eine Veranlagung durchzuführen, wenn die Nachholung nach Satz 2 durchgeführt wurde.

---

[1] § 52 Abs. 36 Satz 1 geänd., Satz 3 angef. durch G v. 21.12.2020 (BGBl. I S. 3096); Satz 3 geänd. durch G v. 16.12.2022 (BGBl. I S. 2294); Satz 3 ersetzt durch Sätze 3 und 4 durch G v. 22.12.2023 (BGBl. I Nr. 411).

[2] BMF v. 21.5.2015 (BStBl. I S. 488).

[3] § 52 Abs. 37a eingef. durch G v. 28.7.2015 (BGBl. I S. 1400) und neu gef. durch G v. 23.6.2017 (BGBl. I S. 1682).

[4] § 52 Abs. 37b eingef. durch G v. 16.7.2015 (BGBl. I S. 1202).

(37c)[1] [1] § 40 Absatz 2 Satz 1 Nummer 6 in der am 17. November 2016 gelten den Fassung ist erstmals anzuwenden auf Vorteile, die in einem nach dem 31. Dezember 2016 endenden Lohnzahlungszeitraum oder als sonstige Bezüge nach dem 31. Dezember 2016 zugewendet werden, und letztmals anzuwenden auf Vorteile, die in einem vor dem 1. Januar 2031 endenden Lohnzahlungszeitraum oder als sonstige Bezüge vor dem 1. Januar 2031 zugewendet werden. [2] § 40 Absatz 2 Satz 2 Nummer 3 und Satz 4 in der Fassung des Artikels 2 des Gesetzes vom 21. Dezember 2020 (BGBl. I S. 3096) ist erstmals auf Freifahrtberechtigungen anzuwenden, die nach dem 31. Dezember 2020 gewährt werden.

(38) § 40a Absatz 2, 2a und 6 in der am 31. Juli 2014[2] geltenden Fassung ist erstmals ab dem Kalenderjahr 2013 anzuwenden.

(39)[3] *(aufgehoben)*

(40)[4] § 40b Absatz 1 und 2 in der am 31. Dezember 2004 geltenden Fassung ist weiter anzuwenden auf Beiträge für eine Direktversicherung des Arbeitnehmers und Zuwendungen an eine Pensionskasse, wenn vor dem 1. Januar 2018 mindestens ein Beitrag nach § 40b Absatz 1 und 2 in einer vor dem 1. Januar 2005 geltenden Fassung pauschal besteuert wurde.

(40a)[5] [1] § 41a Absatz 1 Satz 1 Nummer 1 in der Fassung des Artikels 2 des Gesetzes vom 12. Dezember 2019 (BGBl. I S. 2451) ist erstmals für Lohnzahlungszeiträume anzuwenden, die nach dem 31. Dezember 2020 enden. [2] § 41a Absatz 4 Satz 1 in der Fassung des Artikels 1 des Gesetzes vom 24. Februar 2016 (BGBl. I S. 310) gilt für eine Dauer von 60 Monaten und ist erstmals für laufenden Arbeitslohn anzuwenden, der für den Lohnzahlungszeitraum gezahlt wird, der nach dem Kalendermonat folgt, in dem die Europäische Kommission die Genehmigung zu diesem Änderungsgesetz erteilt hat; die Regelung ist erstmals für sonstige Bezüge anzuwenden, die nach dem Monat zufließen, in dem die Europäische Kommission die Genehmigung zu diesem Änderungsgesetz erteilt hat. [3] § 41a Absatz 4 in der Fassung des Artikels 3 des Gesetzes vom 19. Juni 2022 (BGBl. I S. 911) gilt für eine Dauer von 72 Monaten und ist erstmals für laufenden Arbeitslohn anzuwenden, der für einen ab dem 1. Juni 2021 endenden Lohnzahlungszeitraum gezahlt wird, und für sonstige Bezüge, die ab dem 1. Juni 2021 zufließen.

(41) Bei der Veräußerung oder Einlösung von Wertpapieren und Kapitalforderungen, die von der das Bundesschuldbuch führenden Stelle oder einer Landesschuldenverwaltung verwahrt oder verwaltet werden können, bemisst

---

[1] § 52 Abs. 37c eingef. durch G v. 7.11.2016 (BGBl. I S. 2498); geänd. durch G v. 12.12.2019 (BGBl. I S. 2451); Satz 2 angef. durch G v. 21.12.2020 (BGBl. I S. 3096).

[2] Tag nach der Verkündung des G v. 25.7.2014 (BGBl. I S. 1266).

[3] § 52 Abs. 39 aufgeh. durch G v. 23.6.2017 (BGBl. I S. 1682).

[4] § 52 Abs. 40 Satz 1 geänd. durch G v. 17.8.2017 (BGBl. I S. 3214); siehe auch Seite 1 Fn. 2: Genehmigung am 3.5.2016 erteilt; Satz 1 geänd., Satz 2 aufgeh. durch G v. 11.12.2018 (BGBl. I S. 2338).

[5] § 52 Abs. 40a eingef. durch G v. 24.2.2016 (BGBl. I S. 310); Satz 1 eingef., bish. Sätze 1 bis 3 werden Sätze 2 bis 4 durch G v. 12.12.2019 (BGBl. I S. 2451); Sätze 3 und 4 neu gef. durch G v. 12.5.2021 (BGBl. I S. 989); Sätze 3 und 4 ersetzt durch Satz 3 durch G v. 19.6.2022 (BGBl. I S. 911).

sich der Steuerabzug nach den bis zum 31. Dezember 1993 geltenden Vorschriften, wenn die Wertpapier- und Kapitalforderungen vor dem 1. Januar 1994 emittiert worden sind; dies gilt nicht für besonders in Rechnung gestellte Stückzinsen.

(42)[1] [1] § 43 Absatz 1 Satz 1 Nummer 7 Buchstabe b Satz 2 in der Fassung des Artikels 1 des Gesetzes vom 13. Dezember 2006 (BGBl. I S. 2878) ist erstmals auf Verträge anzuwenden, die nach dem 31. Dezember 2006 abgeschlossen werden. [2] § 43 Absatz 1 Satz 1 Nummer 7 Buchstabe c in der Fassung des Artikels 2 des Gesetzes vom 12. Dezember 2019 (BGBl. I S. 2451) ist erstmals auf Kapitalerträge anzuwenden, die dem Gläubiger nach dem 31. Dezember 2020 zufließen. [3] § 43 Absatz 1 Satz 6 und Absatz 2 Satz 7 und 8 in der am 1. Januar 2017 geltenden Fassung ist erstmals anzuwenden auf Kapitalerträge, die dem Gläubiger nach dem 31. Dezember 2016 zufließen. [4] § 43 in der Fassung des Artikels 3 des Gesetzes vom 19. Juli 2016 (BGBl. I S. 1730) ist erstmals ab dem 1. Januar 2018 anzuwenden. [5] § 43 Absatz 1 Satz 6 Nummer 5 in der Fassung des Artikels 1 des Gesetzes vom 2. Juni 2021 (BGBl. I S. 1259) ist erstmals auf Kapitalerträge anzuwenden, die nach dem 31. Dezember 2019 zufließen.

(42a)[2] § 43a in der Fassung des Artikels 3 des Gesetzes vom 19. Juli 2016 (BGBl. I S. 1730) ist erstmals ab dem 1. Januar 2018 anzuwenden.

(42b)[3] § 43b und Anlage 2 (zu § 43b) in der am 1. Januar 2016 geltenden Fassung sind erstmals auf Ausschüttungen anzuwenden, die nach dem 31. Dezember 2015 zufließen.

(43)[4] [1] Ist ein Freistellungsauftrag im Sinne des § 44a vor dem 1. Januar 2023 unter Beachtung des § 20 Absatz 9 in der bis dahin geltenden Fassung erteilt worden, hat der nach § 44 Absatz 1 zum Steuerabzug Verpflichtete den angegebenen Freistellungsbetrag um 24,844 Prozent zu erhöhen. [2] Ist in dem Freistellungsauftrag der gesamte Sparer-Pauschbetrag angegeben, ist der Erhöhungsbetrag in voller Höhe zu berücksichtigen.

(44)[5] [1] § 44 Absatz 1 Satz 4 Nummer 2a in der Fassung des Artikels 2 des Gesetzes vom 12. Dezember 2019 (BGBl. I S. 2451) ist erstmals auf Kapitalerträge anzuwenden, die dem Gläubiger nach dem 31. Dezember 2020 zufließen. [2] § 44 Absatz 6 Satz 2 und 5 in der am 12. Dezember 2006 geltenden Fassung ist für Anteile, die einbringungsgeboren im Sinne des § 21 des Umwandlungssteuergesetzes in der am 12. Dezember 2006 geltenden Fassung sind, weiter anzuwenden. [3] § 44 in der Fassung des Artikels 3 des Geset-

---

[1] § 52 Abs. 42 Satz 2 angef. durch G v. 18.7.2016 (BGBl. I S. 1679); Satz 3 angef. durch G v. 19.7.2016 (BGBl. I S. 1730); Satz 2 eingef., bish. Sätze 2 und 3 werden Sätze 3 und 4 durch G v. 12.12.2019 (BGBl. I S. 2451); Satz 5 angef. durch G v. 2.6.2021 (BGBl. I S. 1259).

[2] § 52 Abs. 42a eingef. durch G v. 19.7.2016 (BGBl. I S. 1730).

[3] § 52 Abs. 42a eingef. durch G v. 2.11.2015 (BGBl. I S. 1834); wird Abs. 42b durch G v. 19.7.2016 (BGBl. I S. 1730).

[4] § 52 Abs. 43 neu gef. durch G v. 16.12.2022 (BGBl. I S. 2294).

[5] § 52 Abs. 44 Satz 2 angef. durch G v. 19.7.2016 (BGBl. I S. 1730); Satz 1 eingef., bish. Sätze 1 und 2 werden Sätze 2 und 3 durch G v. 12.12.2019 (BGBl. I S. 2451); Satz 4 angef. durch G v. 21.12.2020 (BGBl. I S. 3096); Satz 5 angef. durch G v. 16.12.2022 (BGBl. I S. 2294).

zes vom 19. Juli 2016 (BGBl. I S. 1730) ist erstmals ab dem 1. Januar 2018 anzuwenden. [4] § 44 Absatz 1 in der Fassung des Artikels 1 des Gesetzes vom 21. Dezember 2020 (BGBl. I S. 3096) ist erstmals auf Kapitalerträge anzuwenden, die dem Gläubiger nach dem 29. Dezember 2020 zufließen. [5] § 44 Absatz 1 Satz 10 und 11 in der Fassung des Artikels 6 des Gesetzes vom 16. Dezember 2022 (BGBl. I S. 2294) ist auf Kapitalerträge anzuwenden, die nach dem 31. Dezember 2024 zufließen oder als zugeflossen gelten.

(44a)[1)] [1] § 45a Absatz 2 Satz 1 in der Fassung des Artikels 1 des Gesetzes vom 21. Dezember 2020 (BGBl. I S. 3096) ist erstmals auf Kapitalerträge anzuwenden, die dem Gläubiger nach dem 29. Dezember 2020 zufließen. [2] § 45a Absatz 6 in der Fassung des Artikels 2 des Gesetzes vom 21. Dezember 2020 (BGBl. I S. 3096) ist auf Kapitalerträge anzuwenden, die nach dem 31. Dezember 2022 zufließen. [3] § 45a Absatz 2a und 7 Satz 1 in der Fassung des Artikels 1 des Gesetzes vom 2. Juni 2021 (BGBl. I S. 1259) ist erstmals auf Kapitalerträge anzuwenden, die dem Gläubiger nach dem 31. Dezember 2024 zufließen. [4] § 45a Absatz 7 Satz 3 in der am 8. Juni 2021 geltenden Fassung ist letztmals anzuwenden für Kapitalerträge, die vor dem 1. Januar 2024 zufließen.

(44b)[2)] § 45b in der Fassung des Artikels 1 des Gesetzes vom 2. Juni 2021 (BGBl. I S. 1259) ist erstmals auf Kapitalerträge anzuwenden, die dem Gläubiger nach dem 31. Dezember 2024 zufließen.

(44c)[2)] § 45c in der Fassung des Artikels 1 des Gesetzes vom 2. Juni 2021 (BGBl. I S. 1259) ist erstmals auf Kapitalerträge anzuwenden, die dem Gläubiger nach dem 31. Dezember 2024 zufließen.

(45)[3)] [1] § 45d Absatz 1 in der am 14. Dezember 2010 geltenden Fassung ist erstmals für Kapitalerträge anzuwenden, die ab dem 1. Januar 2013 zufließen; eine Übermittlung der Identifikationsnummer hat für Kapitalerträge, die vor dem 1. Januar 2016 zufließen, nur zu erfolgen, wenn die Identifikationsnummer der Meldestelle vorliegt. [2] § 45d Absatz 1 in der am 1. Januar 2017 geltenden Fassung ist erstmals anzuwenden auf Kapitalerträge, die dem Gläubiger nach dem 31. Dezember 2016 zufließen. [3] § 45d Absatz 3 in der am 1. Januar 2017 geltenden Fassung ist für Versicherungsverträge anzuwenden, die nach dem 31. Dezember 2016 abgeschlossen werden.

(45a)[4)] [1] § 49 Absatz 1 Nummer 2 Buchstabe e Doppelbuchstabe cc in der Fassung des Artikels 3 des Gesetzes vom 11. Dezember 2018 (BGBl. I S. 2338) ist erstmals auf Gewinne aus der Veräußerung von Anteilen anzuwenden, bei denen die Veräußerung nach dem 31. Dezember 2018 erfolgt,

---

[1)] § 52 Abs. 44a eingef. und Satz 2 angef. durch G v. 21.12.2020 (BGBl. I S. 3096); Sätze 3 und 4 angef. durch G v. 2.6.2021 (BGBl. I S. 1259).

[2)] § 52 Abs. 44b und 44c eingef. durch G v. 2.6.2021 (BGBl. I S. 1259).

[3)] § 52 Abs. 45 Sätze 2 und 3 angef. durch G v. 18.7.2016 (BGBl. I S. 1679).

[4)] § 52 Abs. 45a eingef. durch G v. 19.7.2016 (BGBl. I S. 1730); geänd. durch G v. 20.12. 2016 (BGBl. I S. 3000); Sätze 1 und 2 eingef., bish. Sätze 1 und 2 werden Sätze 3 und 4 durch G v. 11.12.2018 (BGBl. I S. 2338); Satz 4 neu gef. durch G v. 25.6.2021 (BGBl. I S. 2035); Satz 3 eingef., bish. Sätze 3 und 4 werden Sätze 4 und 5 durch G v. 16.12.2022 (BGBl. I S. 2294).

und nur soweit den Gewinnen nach dem 31. Dezember 2018 eingetretene Wertveränderungen zugrunde liegen. [2]§ 49 Absatz 1 Nummer 2 Buchstabe f in der Fassung des Artikels 3 des Gesetzes vom 11. Dezember 2018 (BGBl. I S. 2338) ist erstmals auf Wertveränderungen anzuwenden, die nach dem 31. Dezember 2018 eintreten. [3]§ 49 Absatz 1 Nummer 2 Buchstabe f Satz 1 und 2 und Nummer 6 in der am 20. Dezember 2022 geltenden Fassung ist, soweit die Vermietung und Verpachtung oder die Veräußerung von sonstigen Rechten, bei denen Einkünfte nur auf Grund der Eintragung in ein inländisches öffentliches Buch oder Register vorliegen, nicht zwischen nahestehenden Personen im Sinne des § 1 Absatz 2 des Außensteuergesetzes erfolgt, auf alle offenen Fälle anzuwenden; im Übrigen ist § 49 Absatz 1 Nummer 2 Buchstabe f Satz 1 und 2 und Nummer 6 in der am 20. Dezember 2022 geltenden Fassung auf Veräußerungen, die nach dem 31. Dezember 2022 erfolgen oder auf Vergütungen, die nach dem 31. Dezember 2022 zufließen, anzuwenden. [4]§ 49 Absatz 1 Nummer 5 in der am 27. Juli 2016 geltenden Fassung ist erstmals auf Kapitalerträge anzuwenden, die ab dem 1. Januar 2018 zufließen. [5]§ 49 Absatz 1 Nummer 11 in der am 1. Juli 2021 geltenden Fassung ist erstmals auf Einkünfte anzuwenden, die nach dem 31. Dezember 2021 zufließen.

(46)[1)] [1]§ 50 Absatz 1 Satz 3 in der Fassung des Artikels 1 des Gesetzes vom 21. Dezember 2020 (BGBl. I S. 3096) ist in allen offenen Fällen anzuwenden. [2]§ 50 Absatz 1a in der Fassung des Artikels 2 des Gesetzes vom 21. Dezember 2020 (BGBl. I S. 3096) ist erstmals auf Beiträge an berufsständische Versorgungseinrichtungen anzuwenden, die nach dem 31. Dezember 2020 geleistet werden. [3]§ 50 Absatz 2 Satz 2 Nummer 6 in der Fassung des Artikels 1 des Gesetzes vom 12. Dezember 2019 (BGBl. I S. 2451) ist erstmals auf Kapitalerträge anzuwenden, die nach dem 31. Dezember 2016 zufließen. [4]§ 50 Absatz 4 in der am 1. Januar 2016 geltenden Fassung ist in allen offenen Fällen anzuwenden. [5]§ 50 Absatz 1 Satz 2 in der Fassung des Artikels 1 des Gesetzes vom 2. Juni 2021 (BGBl. I S. 1259) ist in allen offenen Fällen anzuwenden.

(47) [1]Der Zeitpunkt der erstmaligen Anwendung des § 50a Absatz 3 und 5 in der am 18. August 2009 geltenden Fassung wird durch eine Rechtsverordnung[2)] der Bundesregierung bestimmt, die der Zustimmung des Bundesrates bedarf; dieser Zeitpunkt darf nicht vor dem 31. Dezember 2011 liegen. [2]§ 50a Absatz 7 in der am 31. Juli 2014 geltenden Fassung ist erstmals auf Vergütungen anzuwenden, für die der Steuerabzug nach dem 31. Dezember 2014 angeordnet worden ist.

(47a)[3)] [1]§ 50c Absatz 2 Satz 1 Nummer 2 in der Fassung des Artikels 1 des Gesetzes vom 2. Juni 2021 (BGBl. I S. 1259) ist erstmals auf Einkünfte anzuwenden, die dem beschränkt Steuerpflichtigen nach dem 31. Dezember 2021

[1)] § 52 Abs. 46 Satz 2 angef., bish. Text wird Satz 1 durch G v. 2.11.2015 (BGBl. I S. 1834); Satz 1 eingef., bish. Sätze 1 und 2 werden Sätze 2 und 3 durch G v. 20.12.2016 (BGBl. I S. 3000); Satz 3 eingef., bish. Satz 3 wird Satz 4 durch G v. 12.12.2019 (BGBl. I S. 2451); Sätze 1 und 2 neu gef. durch G v. 21.12.2020 (BGBl. I S. 3096); Satz 5 angef. durch G v. 2.6.2021 (BGBl. I S. 1259).

[2)] VO v. 24.6.2013 (BGBl. I S. 1679): 1.1.2014.

[3)] § 52 Abs. 47a bis 47c eingef. durch G v. 2.6.2021 (BGBl. I S. 1259).

zufließen; die Geltung von Ermächtigungen nach § 50d Absatz 5 und 6 des Gesetzes in der Fassung, die vor dem Inkrafttreten des Artikels 1 des Gesetzes vom 2. Juni 2021 (BGBl. I S. 1259) galt, endet spätestens zu diesem Zeitpunkt. [2] § 50c Absatz 5 Satz 1, 3 und 4 in der Fassung des Artikels 1 des Gesetzes vom 2. Juni 2021 (BGBl. I S. 1259) ist erstmals auf Anträge anzuwenden, die nach dem 31. Dezember 2022 gestellt werden; für Anträge, die gemäß § 50c Absatz 2 oder 3 bis zu diesem Zeitpunkt gestellt werden, ist der amtlich vorgeschriebene Vordruck zu verwenden. [3] § 50d Absatz 1 Satz 7 und 8 in der vor dem 9. Juni 2021 geltenden Fassung ist bis zum 31. Dezember 2024 anzuwenden.[1)]

(47b)[2)] § 50d Absatz 3 in der Fassung des Artikels 1 des Gesetzes vom 2. Juni 2021 (BGBl. I S. 1259) ist in allen offenen Fällen anzuwenden, es sei denn, § 50d Absatz 3 in der Fassung, die zu dem Zeitpunkt galt, in dem die Einkünfte zugeflossen sind, steht dem Anspruch auf Entlastung nicht entgegen.

(47c)[2)] [1] § 50e Absatz 1 und 4 bis 6 in der Fassung des Artikels 1 des Gesetzes vom 2. Juni 2021 (BGBl. I S. 1259) ist ab dem 1. Januar 2022 anzuwenden. [2] § 50e Absatz 2 und 3 in der Fassung des Artikels 1 des Gesetzes vom 2. Juni 2021 (BGBl. I S. 1259) ist erstmals auf die nach dem 31. Dezember 2024 nicht oder nicht vollständig erfolgte Übermittlung von Daten oder Mitteilungen anzuwenden.

(48) [1] § 50i Absatz 1 Satz 1 und 2 ist auf die Veräußerung oder Entnahme von Wirtschaftsgütern oder Anteilen anzuwenden, die nach dem 29. Juni 2013 stattfindet. [2] Hinsichtlich der laufenden Einkünfte aus der Beteiligung an der Personengesellschaft ist die Vorschrift in allen Fällen anzuwenden, in denen die Einkommensteuer noch nicht bestandskräftig festgesetzt worden ist. [3] § 50i Absatz 1 Satz 4 in der am 31. Juli 2014[3)] geltenden Fassung ist erstmals auf die Veräußerung oder Entnahme von Wirtschaftsgütern oder Anteilen anzuwenden, die nach dem 31. Dezember 2013 stattfindet. [4] § 50i Absatz 2 in der Fassung des Artikels 7 des Gesetzes vom 20. Dezember 2016 (BGBl. I S. 3000) ist erstmals für Einbringungen anzuwenden, bei denen der Einbringungsvertrag nach dem 31. Dezember 2013 geschlossen worden ist.[4)]

(48a)[5)] § 51 in der Fassung des Artikels 1 des Gesetzes vom 2. Juni 2021 (BGBl. I S. 1259) gilt erstmals für die Vergabe von Ordnungsnummern zu Steuerbescheinigungen für Kapitalerträge, die nach dem 31. Dezember 2023 zufließen.

(49) § 51a Absatz 2c und 2e in der am 30. Juni 2013 geltenden Fassung ist erstmals auf nach dem 31. Dezember 2014 zufließende Kapitalerträge anzuwenden.

[1)] § 52 Abs. 47a Satz 2 neu gef., Satz 3 angef. durch G v. 16.12.2022 (BGBl. I S. 2294).

[2)] § 52 Abs. 47a bis 47c eingef. durch G v. 2.6.2021 (BGBl. I S. 1259).

[3)] Tag der Verkündung des G v. 25.7.2014 (BGBl. I S. 1266); Datum korrigiert durch G v. 22.12.2014 (BGBl. I S. 2417).

[4)] § 52 Abs. 4 Sätze 4 und 5 ersetzt durch Satz 4 durch G v. 20.12.2016 (BGBl. I S. 3000).

[5)] § 52 Abs. 48a eingef. durch G v. 2.6.2021 (BGBl. I S. 1259).

(49a)[1)] [1] § 62 Absatz 1a in der am 18. Juli 2019 geltenden Fassung ist für Kindergeldfestsetzungen anzuwenden, die Zeiträume betreffen, die nach dem 31. Juli 2019 beginnen. [2] § 62 Absatz 2 Nummer 1 bis 4 in der Fassung des Artikels 3 des Gesetzes vom 12. Dezember 2019 (BGBl. I S. 2451) ist für Kindergeldfestsetzungen anzuwenden, die Zeiträume betreffen, die nach dem 29. Februar 2020 beginnen. [3] § 62 Absatz 2 Nummer 2 Buchstabe c in der Fassung des Artikels 11 Nummer 2 des Gesetzes vom 23. Mai 2022 (BGBl. I S. 760) ist für Kindergeldfestsetzungen anzuwenden, die Zeiträume betreffen, die nach dem 31. Mai 2022 beginnen. [4] § 62 Absatz 2 Nummer 5 in der Fassung des Artikels 3 des Gesetzes vom 12. Dezember 2019 (BGBl. I S. 2451) ist für Kindergeldfestsetzungen anzuwenden, die Zeiträume betreffen, die nach dem 31. Dezember 2019 beginnen. [5] Die §§ 62, 63 und 67 in der am 9. Dezember 2014 geltenden Fassung sind für Kindergeldfestsetzungen anzuwenden, die Zeiträume betreffen, die nach dem 31. Dezember 2015 beginnen. [6] Die §§ 62, 63 und 67 in der am 9. Dezember 2014 geltenden Fassung sind auch für Kindergeldfestsetzungen anzuwenden, die Zeiträume betreffen, die vor dem 1. Januar 2016 liegen, der Antrag auf Kindergeld aber erst nach dem 31. Dezember 2015 gestellt wird. [7] § 66 Absatz 1 in der am 23. Juli 2015 geltenden Fassung ist für Kindergeldfestsetzungen anzuwenden, die Zeiträume betreffen, die nach dem 31. Dezember 2014 beginnen. [8] § 66 Absatz 1 in der am 1. Januar 2016 geltenden Fassung ist für Kindergeldfestsetzungen anzuwenden, die Zeiträume betreffen, die nach dem 31. Dezember 2015 beginnen. [9] § 66 Absatz 1 in der am 1. Januar 2017 geltenden Fassung ist für Kindergeldfestsetzungen anzuwenden, die Zeiträume betreffen, die nach dem 31. Dezember 2016 beginnen. [10] § 66 Absatz 1 in der am 1. Januar 2018 geltenden Fassung ist für Kindergeldfestsetzungen anzuwenden, die Zeiträume betreffen, die nach dem 31. Dezember 2017 beginnen. [11] § 66 Absatz 3 ist auf Anträge anzuwenden, die nach dem 31. Dezember 2017 und vor dem 18. Juli 2019 eingehen. [12] § 69 in der am 1. Januar 2018 geltenden Fassung ist erstmals am 1. November 2019 anzuwenden. [13] § 66 Absatz 1 in der Fassung des Artikels 2 des Gesetzes vom 29. November 2018 (BGBl. I S. 2210) ist für Kindergeldfestsetzungen anzuwenden, die Zeiträume betreffen, die nach dem 30. Juni 2019 beginnen. [14] § 66 Absatz 1 in der Fassung des Artikels 1 des Gesetzes vom 1. Dezember 2020 (BGBl. I S. 2616) ist für Kindergeldfestsetzungen anzuwenden, die Zeiträume betreffen, die nach dem 31. Dezember 2020 beginnen. [15] § 69 Satz 1 in der Fassung des Artikels 4 des Gesetzes vom 16. De-

---

[1)] § 52 Abs. 49a eingef. durch G v. 2.12.2014 (BGBl. I S. 1922); Sätze 3 und 4 angef. durch G v. 16.7.2015 (BGBl. I S. 1202); Sätze 5 und 6 angef. durch G v. 20.12.2016 (BGBl. I S. 3000); Sätze 7 und 8 angef. durch G v. 23.6.2017 (BGBl. I S. 1682); Satz 9 angef. durch G v. 29.11.2018 (BGBl. I S. 2210); Satz 1 eingef., bish. Sätze 1 bis 9 werden Sätze 2 bis 10, Satz 8 geänd. durch G v. 11.7.2019 (BGBl. I S. 1066); Satz 2 eingef., bish. Sätze 2 bis 10 werden Sätze 3 bis 11 durch Art. 2 des G v. 12.12.2019 (BGBl. I S. 2451); Satz 2 geänd., Satz 3 eingef., aktuelle Sätze 3 bis 11 werden Sätze 4 bis 12 durch Art. 3 des G v. 12.12.2019 (BGBl. I S. 2451); das Inkrafttreten erfolgt zum Datum des ersten Tags des siebten auf die Verkündung des Fachkräfteeinwanderungsgesetzes folgenden Kalendermonats (siehe Art. 39 Abs. 3 des G v. 12.12.2019). Dies ist der 1. März 2020. Satz 13 angef. durch G v. 1.12.2020 (BGBl. I S. 2616); Satz 3 eingef., bish. Sätze 3 bis 13 werden Sätze 4 bis 14 durch G v. 23.5.2022 (BGBl. I S. 760); Sätze 15 bis 17 angef. durch G v. 16.12.2022 (BGBl. I S. 2294).

zember 2022 (BGBl. I S. 2294) ist erstmals am 1. Januar 2024 anzuwenden. [16] § 69 Satz 2 in der Fassung des Artikels 4 des Gesetzes vom 16. Dezember 2022 (BGBl. I S. 2294) ist erstmals für den Veranlagungszeitraum 2024 anzuwenden. [17] § 69 Satz 3 in der Fassung des Artikels 4 des Gesetzes vom 16. Dezember 2022 (BGBl. I S. 2294) ist erstmals anzuwenden für Kinder, deren Geburt nach dem 31. Dezember 2023 erfolgt.

(50)[1)] [1] § 70 Absatz 1 Satz 2 ist auf Anträge anzuwenden, die nach dem 18. Juli 2019 eingehen. [2] § 70 Absatz 4 in der am 31. Dezember 2011 geltenden Fassung ist weiter für Kindergeldfestsetzungen anzuwenden, die Zeiträume betreffen, die vor dem 1. Januar 2012 enden.

(51)[2)] [1] § 89 Absatz 2 Satz 1 in der am 1. Januar 2017 geltenden Fassung ist erstmals für die Übermittlung von Daten ab dem 1. Januar 2017 anzuwenden. [2] § 89 Absatz 2 Satz 1 in der Fassung des Artikels 3 des Gesetzes vom 11. Dezember 2018 (BGBl. I S. 2338) ist erstmals für die Übermittlung von Daten ab dem 1. Januar 2020 anzuwenden.

(51a)[3)] [1] Auf Stundungsfälle, bei denen der Beginn der Auszahlungsphase vor dem 1. Januar 2023 liegt, findet § 95 Absatz 2 Satz 2 bis 5 in der bis zum 31. Dezember 2022 geltenden Fassung weiter Anwendung. [2] Bei Stundungsfällen, bei denen der Rückzahlungsbetrag nach § 95 Absatz 2 Satz 1 in der bis zum 31. Dezember 2022 geltenden Fassung gestundet wurde und der Beginn der Auszahlungsphase nach dem 31. Dezember 2022 liegt, sind die Stundungszinsen zu erlassen und ist § 95 in der jeweils geltenden Fassung anzuwenden.

(52)[4)] § 110 in der Fassung des Artikels 1 des Gesetzes vom 10. März 2021 (BGBl. I S. 330) ist für den Veranlagungszeitraum 2019 anzuwenden.

(53)[5)] § 111 in der Fassung des Artikels 1 des Gesetzes vom 10. März 2021 (BGBl. I S. 330) ist für die Veranlagungszeiträume 2019 und 2020 anzuwenden.

(54)[6)] *Für Personen, die Leistungen nach dem Soldatenversorgungsgesetz in der Fassung der Bekanntmachung vom 16. September 2009 (BGBl. I S. 3054), das zuletzt durch Artikel 19 des Gesetzes vom 4. August 2019 (BGBl. I S. 1147) geändert worden ist, in Verbindung mit dem Bundesversorgungsgesetz in der Fassung der Bekanntmachung vom 22. Januar 1982 (BGBl. I S. 21), das zuletzt durch Artikel 1 der Verordnung vom 13. Juni 2019 (BGBl. I S. 793) geändert worden ist, erhalten, gelten die Vorschriften des § 3 Nummer 6 Satz 2, des § 32b Absatz 1 Satz 1 Nummer 1 Buchstabe f und des § 33b Absatz 4 Satz 1 Nummer 1 in der am 31. Dezember 2023 geltenden Fassung weiter.*

---

1) § 52 Abs. 50 Satz 1 eingef., bish. Wortlaut wird Satz 2 durch G v. 11.7.2019 (BGBl. I S. 1066).

2) § 52 Abs. 51 angef. durch G v. 18.7.2016 (BGBl. I S. 1679); Satz 2 angef., bish. Wortlaut wird Satz 1 durch G v. 11.12.2018 (BGBl. I S. 2338).

3) § 52 Abs. 51a eingef. durch G v. 16.12.2022 (BGBl. I S. 2294).

4) § 52 Abs. 52 eingef. durch G v. 29.6.2020 (BGBl. I S. 1512); geänd. durch G v. 10.3.2021 (BGBl. I S. 330).

5) § 52 Abs. 53 eingef. durch G v. 29.6.2020 (BGBl. I S. 1512); geänd. durch G v. 10.3.2021 (BGBl. I S. 330).

6) § 52 Abs. 54 angef. durch G v. 21.12.2020 (BGBl. I S. 3096) und **aufgeh. mWv 1.1.2025** durch G v. 20.8.2021 (BGBl. I S. 3932).

§ 52a.[1] *(aufgehoben)*

§ 52b.[2] *(aufgehoben)*

§ 53.[3] *(aufgehoben)*

§ 54. (weggefallen)

§ 55 Schlussvorschriften (Sondervorschriften für die Gewinnermittlung nach § 4 oder nach Durchschnittssätzen bei vor dem 1. Juli 1970 angeschafftem Grund und Boden). (1) [1]Bei Steuerpflichtigen, deren Gewinn für das Wirtschaftsjahr, in das der 30. Juni 1970 fällt, nicht nach § 5 zu ermitteln ist, gilt bei Grund und Boden, der mit Ablauf des 30. Juni 1970 zu ihrem Anlagevermögen gehört hat, als Anschaffungs- oder Herstellungskosten (§ 4 Absatz 3 Satz 4 und § 6 Absatz 1 Nummer 2 Satz 1) das Zweifache des nach den Absätzen 2 bis 4 zu ermittelnden Ausgangsbetrags. [2]Zum Grund und Boden im Sinne des Satzes 1 gehören nicht die mit ihm in Zusammenhang stehenden Wirtschaftsgüter und Nutzungsbefugnisse.

(2) [1]Bei der Ermittlung des Ausgangsbetrags des zum land- und forstwirtschaftlichen Vermögen (§ 33 Absatz 1 Satz 1 des Bewertungsgesetzes in der Fassung der Bekanntmachung vom 10. Dezember 1965 – BGBl. I S. 1861 –, zuletzt geändert durch das Bewertungsänderungsgesetz 1971 vom 27. Juli 1971 – BGBl. I S. 1157) gehörenden Grund und Bodens ist seine Zuordnung zu den Nutzungen und Wirtschaftsgütern (§ 34 Absatz 2 des Bewertungsgesetzes) am 1. Juli 1970 maßgebend; dabei sind die Hof- und Gebäudeflächen sowie die Hausgärten im Sinne des § 40 Absatz 3 des Bewertungsgesetzes nicht in die einzelne Nutzung einzubeziehen. [2]Es sind anzusetzen:

1. bei Flächen, die nach dem Bodenschätzungsgesetz[4] vom 20. Dezember 2007 (BGBl. I S. 3150, 3176) in der jeweils geltenden Fassung zu schätzen sind, für jedes katastermäßig abgegrenzte Flurstück der Betrag in Deutsche Mark, der sich ergibt, wenn die für das Flurstück am 1. Juli 1970 im amtlichen Verzeichnis nach § 2 Absatz 2 der Grundbuchordnung (Liegenschaftskataster) ausgewiesene Ertragsmesszahl vervierfacht wird. [2]Abweichend von Satz 1 sind für Flächen der Nutzungsteile
   a) Hopfen, Spargel, Gemüsebau und Obstbau
      2,05 Euro je Quadratmeter,
   b) Blumen- und Zierpflanzenbau sowie Baumschulen
      2,56 Euro je Quadratmeter

   anzusetzen, wenn der Steuerpflichtige dem Finanzamt gegenüber bis zum 30. Juni 1972 eine Erklärung über die Größe, Lage und Nutzung der betreffenden Flächen abgibt,

---

[1] § 52a aufgeh. durch G v. 25.7.2014 (BGBl. I S. 1266).
[2] § 52b aufgeh. durch G v. 12.12.2019 (BGBl. I S. 2451).
[3] § 53 aufgeh. durch G v. 18.7.2016 (BGBl. I S. 1679).
[4] Nr. **210**.

2. für Flächen der forstwirtschaftlichen Nutzung
je Quadratmeter 0,51 Euro,
3. für Flächen der weinbaulichen Nutzung der Betrag, der sich unter Berücksichtigung der maßgebenden Lagenvergleichszahl (Vergleichszahl der einzelnen Weinbaulage, § 39 Absatz 1 Satz 3 und § 57 Bewertungsgesetz), die für ausbauende Betriebsweise mit Fassweinerzeugung anzusetzen ist, aus der nachstehenden Tabelle ergibt:

Lagenvergleichszahl	Ausgangsbetrag je Quadratmeter in Euro
bis 20	1,28
21 bis 30	1,79
31 bis 40	2,56
41 bis 50	3,58
51 bis 60	4,09
61 bis 70	4,60
71 bis 100	5,11
über 100	6,39

4. für Flächen der sonstigen land- und forstwirtschaftlichen Nutzung, auf die Nummer 1 keine Anwendung findet,
je Quadratmeter 0,51 Euro,
5. für Hofflächen, Gebäudeflächen und Hausgärten im Sinne des § 40 Absatz 3 des Bewertungsgesetzes
je Quadratmeter 2,56 Euro,
6. für Flächen des Geringstlandes
je Quadratmeter 0,13 Euro,
7. für Flächen des Abbaulandes
je Quadratmeter 0,26 Euro,
8. für Flächen des Unlandes
je Quadratmeter 0,05 Euro.

(3) [1] Lag am 1. Juli 1970 kein Liegenschaftskataster vor, in dem Ertragsmesszahlen ausgewiesen sind, so ist der Ausgangsbetrag in sinngemäßer Anwendung des Absatzes 2 Nummer 1 Satz 1 auf der Grundlage der durchschnittlichen Ertragsmesszahl der landwirtschaftlichen Nutzung eines Betriebs zu ermitteln, die die Grundlage für die Hauptfeststellung des Einheitswerts auf den 1. Januar 1964 bildet. [2] Absatz 2 Satz 2 Nummer 1 Satz 2 bleibt unberührt.

(4) Bei nicht zum land- und forstwirtschaftlichen Vermögen gehörendem Grund und Boden ist als Ausgangsbetrag anzusetzen:
1. Für unbebaute Grundstücke der auf den 1. Januar 1964 festgestellte Einheitswert. [2] Wird auf den 1. Januar 1964 kein Einheitswert festgestellt oder hat sich der Bestand des Grundstücks nach dem 1. Januar 1964 und vor dem 1. Juli 1970 verändert, so ist der Wert maßgebend, der sich ergeben würde, wenn das Grundstück nach seinem Bestand vom 1. Juli 1970 und nach den Wertverhältnissen vom 1. Januar 1964 zu bewerten wäre;

2. für bebaute Grundstücke der Wert, der sich nach Nummer 1 ergeben würde, wenn das Grundstück unbebaut wäre.

(5) [1]Weist der Steuerpflichtige nach, dass der Teilwert für Grund und Boden im Sinne des Absatzes 1 am 1. Juli 1970 höher ist als das Zweifache des Ausgangsbetrags, so ist auf Antrag des Steuerpflichtigen der Teilwert als Anschaffungs- oder Herstellungskosten anzusetzen. [2]Der Antrag ist bis zum 31. Dezember 1975 bei dem Finanzamt zu stellen, das für die Ermittlung des Gewinns aus dem Betrieb zuständig ist. [3]Der Teilwert ist gesondert festzustellen. [4]Vor dem 1. Januar 1974 braucht diese Feststellung nur zu erfolgen, wenn ein berechtigtes Interesse des Steuerpflichtigen gegeben ist. [5]Die Vorschriften der Abgabenordnung und der Finanzgerichtsordnung über die gesonderte Feststellung von Besteuerungsgrundlagen gelten entsprechend.

(6) [1]Verluste, die bei der Veräußerung oder Entnahme von Grund und Boden im Sinne des Absatzes 1 entstehen, dürfen bei der Ermittlung des Gewinns in Höhe des Betrags nicht berücksichtigt werden, um den der ausschließlich auf den Grund und Boden entfallende Veräußerungspreis oder der an dessen Stelle tretende Wert nach Abzug der Veräußerungskosten unter dem Zweifachen des Ausgangsbetrags liegt. [2]Entsprechendes gilt bei Anwendung des § 6 Absatz 1 Nummer 2 Satz 2.

(7) Grund und Boden, der nach § 4 Absatz 1 Satz 5 des Einkommensteuergesetzes 1969 nicht anzusetzen war, ist wie eine Einlage zu behandeln; er ist dabei mit dem nach Absatz 1 oder Absatz 5 maßgebenden Wert anzusetzen.

§ 56 Sondervorschriften für Steuerpflichtige in dem in Artikel 3 des Einigungsvertrages genannten Gebiet. Bei Steuerpflichtigen, die am 31. Dezember 1990 einen Wohnsitz oder ihren gewöhnlichen Aufenthalt in dem in Artikel 3 des Einigungsvertrages genannten Gebiet und im Jahre 1990 keinen Wohnsitz oder gewöhnlichen Aufenthalt im bisherigen Geltungsbereich dieses Gesetzes hatten, gilt Folgendes:

§ 7 Absatz 5 ist auf Gebäude anzuwenden, die in dem *in*[1)] Artikel 3 des Einigungsvertrages genannten Gebiet nach dem 31. Dezember 1990 angeschafft oder hergestellt worden sind.

§ 57 Besondere Anwendungsregeln aus Anlass der Herstellung der Einheit Deutschlands. (1) Die §§ 7c, 7f, 7g, 7k und 10e dieses Gesetzes, die §§ 76, 78, 82a und 82f der Einkommensteuer-Durchführungsverordnung sowie die §§ 7 und 12 Absatz 3 des Schutzbaugesetzes[2)] sind auf Tatbestände anzuwenden, die in dem in Artikel 3 des Einigungsvertrages genannten Gebiet nach dem 31. Dezember 1990 verwirklicht worden sind.

(2) Die §§ 7b und 7d dieses Gesetzes sowie die §§ 81, 82d, 82g und 82i der Einkommensteuer-Durchführungsverordnung sind nicht auf Tatbestände anzuwenden, die in dem in Artikel 3 des Einigungsvertrages genannten Gebiet verwirklicht worden sind.

---

1) Redaktionelle Ergänzung; fehlt im Gesetzestext.

2) Nr. **65.**

(3)[1] *Bei der Anwendung des § 7g Absatz 2 Nummer 1 und des § 14a Absatz 1 ist in dem in Artikel 3 des Einigungsvertrages genannten Gebiet anstatt vom maßgebenden Einheitswert des Betriebs der Land- und Forstwirtschaft und den darin ausgewiesenen Werten vom Ersatzwirtschaftswert nach § 125 des Bewertungsgesetzes auszugehen.*

(4) [1]§ 10d Absatz 1 ist mit der Maßgabe anzuwenden, dass der Sonderausgabenabzug erstmals von dem für die zweite Hälfte des Veranlagungszeitraums 1990 ermittelten Gesamtbetrag der Einkünfte vorzunehmen ist. [2]§ 10d Absatz 2 und 3 ist auch für Verluste anzuwenden, die in dem in Artikel 3 des Einigungsvertrages genannten Gebiet im Veranlagungszeitraum 1990 entstanden sind.

(5) § 22 Nummer 4 ist auf vergleichbare Bezüge anzuwenden, die auf Grund des Gesetzes über Rechtsverhältnisse der Abgeordneten der Volkskammer der Deutschen Demokratischen Republik vom 31. Mai 1990 (GBl. I Nr. 30 S. 274)[2] gezahlt worden sind.

(6) § 34f Absatz 3 Satz 3 ist erstmals auf die in dem in Artikel 3 des Einigungsvertrags genannten Gebiet für die zweite Hälfte des Veranlagungszeitraums 1990 festgesetzte Einkommensteuer anzuwenden.

§ 58 Weitere Anwendung von Rechtsvorschriften, die vor Herstellung der Einheit Deutschlands in dem in Artikel 3 des Einigungsvertrages genannten Gebiet gegolten haben. (1) Die Vorschriften über Sonderabschreibungen nach § 3 Absatz 1 des Steueränderungsgesetzes vom 6. März 1990 (GBl. I Nr. 17 S. 136)[2] in Verbindung mit § 7 der Durchführungsbestimmung zum Gesetz zur Änderung der Rechtsvorschriften über die Einkommen-, Körperschaft- und Vermögensteuer – Steueränderungsgesetz – vom 16. März 1990 (GBl. I Nr. 21 S. 195)[2] sind auf Wirtschaftsgüter weiter anzuwenden, die nach dem 31. Dezember 1989 und vor dem 1. Januar 1991 in dem in Artikel 3 des Einigungsvertrages genannten Gebiet angeschafft oder hergestellt worden sind.

(2) [1]Rücklagen nach § 3 Absatz 2 des Steueränderungsgesetzes vom 6. März 1990 (GBl. I Nr. 17 S. 136) in Verbindung mit § 8 der Durchführungsbestimmung zum Gesetz zur Änderung der Rechtsvorschriften über die Einkommen-, Körperschaft- und Vermögensteuer – Steueränderungsgesetz – vom 16. März 1990 (GBl. I Nr. 21 S. 195) dürfen, soweit sie zum 31. Dezember 1990 zulässigerweise gebildet worden sind, auch nach diesem Zeitpunkt fortgeführt werden. [2]Sie sind spätestens im Veranlagungszeitraum 1995 gewinn- oder sonst einkünfteerhöhend aufzulösen. [3]Sind vor dieser Auflösung begünstigte Wirtschaftsgüter angeschafft oder hergestellt worden, sind die in Rücklage eingestellten Beträge von den Anschaffungs- oder Herstellungskosten abzuziehen; die Rücklage ist in Höhe des abgezogenen Betrags im Veranlagungszeitraum der Anschaffung oder Herstellung gewinn- oder sonst einkünfteerhöhend aufzulösen.

---

[1] § 57 Abs. 3 aufgeh. mWv 1.1.2025 durch G v. 26.11.2019 (BGBl. I S. 1794).
[2] GBl. der DDR.

(3) Die Vorschrift über den Steuerabzugsbetrag nach § 9 Absatz 1 der Durchführungsbestimmung zum Gesetz zur Änderung der Rechtsvorschriften über die Einkommen-, Körperschaft- und Vermögensteuer – Steueränderungsgesetz – vom 16. März 1990 (GBl. I Nr. 21 S. 195) ist für Steuerpflichtige weiter anzuwenden, die vor dem 1. Januar 1991 in dem in Artikel 3 des Einigungsvertrages genannten Gebiet eine Betriebsstätte begründet haben, wenn sie von dem Tag der Begründung der Betriebsstätte an zwei Jahre lang die Tätigkeit ausüben, die Gegenstand der Betriebsstätte ist.

§§ 59 bis 61. (weggefallen)

X. Kindergeld

§ 62 Anspruchsberechtigte. (1)[1] [1]Für Kinder im Sinne des § 63 hat Anspruch auf Kindergeld nach diesem Gesetz, wer

1. im Inland einen Wohnsitz oder seinen gewöhnlichen Aufenthalt hat oder
2. ohne Wohnsitz oder gewöhnlichen Aufenthalt im Inland
   a) nach § 1 Absatz 2 unbeschränkt einkommensteuerpflichtig ist oder
   b) nach § 1 Absatz 3 als unbeschränkt einkommensteuerpflichtig behandelt wird.

[2]Voraussetzung für den Anspruch nach Satz 1 ist, dass der Berechtigte durch die an ihn vergebene Identifikationsnummer (§ 139b der Abgabenordnung) identifiziert wird. [3]Die nachträgliche Vergabe der Identifikationsnummer wirkt auf Monate zurück, in denen die Voraussetzungen des Satzes 1 vorliegen.

(1a)[2] [1]Begründet ein Staatsangehöriger eines anderen Mitgliedstaates der Europäischen Union oder eines Staates, auf den das Abkommen über den Europäischen Wirtschaftsraum Anwendung findet, im Inland einen Wohnsitz oder gewöhnlichen Aufenthalt, so hat er für die ersten drei Monate ab Begründung des Wohnsitzes oder des gewöhnlichen Aufenthalts keinen Anspruch auf Kindergeld. [2]Dies gilt nicht, wenn er nachweist, dass er inländische Einkünfte im Sinne des § 2 Absatz 1 Satz 1 Nummer 1 bis 4 mit Ausnahme von Einkünften nach § 19 Absatz 1 Satz 1 Nummer 2 erzielt. [3]Nach Ablauf des in Satz 1 genannten Zeitraums hat er Anspruch auf Kindergeld, es sei denn, die Voraussetzungen des § 2 Absatz 2 oder Absatz 3 des Freizügigkeitsgesetzes/EU liegen nicht vor oder es sind nur die Voraussetzungen des § 2 Absatz 2 Nummer 1a des Freizügigkeitsgesetzes/EU erfüllt, ohne dass vorher eine andere der in § 2 Absatz 2 des Freizügigkeitsgesetzes/EU genannten Voraussetzungen erfüllt war. [4]Die Prüfung, ob die Voraussetzungen für einen Anspruch auf Kindergeld gemäß Satz 2 vorliegen oder gemäß Satz 3 nicht gegeben sind, führt die Familienkasse in eigener Zuständigkeit durch. [5]Lehnt die Familienkasse eine Kindergeldfestsetzung in diesem Fall ab, hat sie ihre

---

[1] § 62 Abs. 1 Sätze 2 und 3 angef. durch G v. 2.12.2014 (BGBl. I S. 1922); zur Anwendung siehe § 52 Abs. 49a Sätze 3 und 4.

[2] § 62 Abs. 1a eingef. durch G v. 11.7.2019 (BGBl. I S. 1066); zur Anwendung siehe § 52 Abs. 49a Satz 1.

Entscheidung der zuständigen Ausländerbehörde mitzuteilen. [6]Wurde das Vorliegen der Anspruchsvoraussetzungen durch die Verwendung gefälschter oder verfälschter Dokumente oder durch Vorspiegelung falscher Tatsachen vorgetäuscht, hat die Familienkasse die zuständige Ausländerbehörde unverzüglich zu unterrichten.

(2)[1)] Ein nicht freizügigkeitsberechtigter Ausländer erhält Kindergeld nur, wenn er

1. eine Niederlassungserlaubnis oder eine Erlaubnis zum Daueraufenthalt-EU besitzt,
2. eine Blaue Karte EU, eine ICT-Karte, eine Mobiler-ICT-Karte oder eine Aufenthaltserlaubnis besitzt, die für einen Zeitraum von mindestens sechs Monaten zur Ausübung einer Erwerbstätigkeit berechtigen oder berechtigt haben oder diese erlauben, es sei denn, die Aufenthaltserlaubnis wurde
   a) nach § 16e des Aufenthaltsgesetzes zu Ausbildungszwecken, nach § 19c Absatz 1 des Aufenthaltsgesetzes zum Zweck der Beschäftigung als Au-Pair oder zum Zweck der Saisonbeschäftigung, nach § 19e des Aufenthaltsgesetzes zum Zweck der Teilnahme an einem Europäischen Freiwilligendienst oder nach § 20 Absatz 1 und 2 des Aufenthaltsgesetzes zur Arbeitsplatzsuche erteilt,
   b) nach § 16b des Aufenthaltsgesetzes zum Zweck eines Studiums, nach § 16d des Aufenthaltsgesetzes für Maßnahmen zur Anerkennung ausländischer Berufsqualifikationen oder nach § 20 Absatz 3 des Aufenthaltsgesetzes zur Arbeitsplatzsuche erteilt und er ist weder erwerbstätig noch nimmt er Elternzeit nach § 15 des Bundeselterngeld- und Elternzeitgesetzes oder laufende Geldleistungen nach dem Dritten Buch Sozialgesetzbuch in Anspruch,
   c)[2)] nach § 23 Absatz 1 des Aufenthaltsgesetzes wegen eines Krieges in seinem Heimatland oder nach den § 23a oder § 25 Absatz 3 bis 5 des Aufenthaltsgesetzes erteilt,
3. eine in Nummer 2 Buchstabe c genannte Aufenthaltserlaubnis besitzt und im Bundesgebiet berechtigt erwerbstätig ist oder Elternzeit nach § 15 des Bundeselterngeld- und Elternzeitgesetzes oder laufende Geldleistungen nach dem Dritten Buch Sozialgesetzbuch in Anspruch nimmt,
4. eine in Nummer 2 Buchstabe c genannte Aufenthaltserlaubnis besitzt und sich seit mindestens 15 Monaten erlaubt, gestattet oder geduldet im Bundesgebiet aufhält oder
5.[3)] eine Beschäftigungsduldung gemäß § 60d in Verbindung mit § 60a Absatz 2 Satz 3 des Aufenthaltsgesetzes besitzt.

[1)] § 62 Abs. 2 geänd. durch Art. 3 des G v. 12.12.2019 (BGBl. I S. 2451); das Inkrafttreten erfolgt zum Datum des ersten Tags des siebten auf die Verkündung des Fachkräfteeinwanderungsgesetzes folgenden Kalendermonats (siehe Art. 39 Abs. 3 des G v. 12.12.2019). Dies ist der 1. März 2020.

[2)] § 62 Abs. 2 Nr. 2 Buchst. c geänd. durch G v. 23.5.2022 (BGBl. I S. 760); zur Anwendung siehe § 52 Abs. 49a Satz 3.

[3)] Zur Anwendung siehe § 52 Abs. 49a Satz 3.

§ 63 Kinder. (1)[1)] [1] Als Kinder werden berücksichtigt

1. Kinder im Sinne des § 32 Absatz 1,
2. vom Berechtigten in seinen Haushalt aufgenommene Kinder seines Ehegatten,
3. vom Berechtigten in seinen Haushalt aufgenommene Enkel.

[2] § 32 Absatz 3 bis 5 gilt entsprechend. [3] Voraussetzung für die Berücksichtigung ist die Identifizierung des Kindes durch die an dieses Kind vergebene Identifikationsnummer (§ 139b der Abgabenordnung). [4] Ist das Kind nicht nach einem Steuergesetz steuerpflichtig (§ 139a Absatz 2 der Abgabenordnung), ist es in anderer geeigneter Weise zu identifizieren. [5] Die nachträgliche Identifizierung oder nachträgliche Vergabe der Identifikationsnummer wirkt auf Monate zurück, in denen die Voraussetzungen der Sätze 1 bis 4 vorliegen. [6] Kinder, die weder einen Wohnsitz noch ihren gewöhnlichen Aufenthalt im Inland, in einem Mitgliedstaat der Europäischen Union oder in einem Staat, auf den das Abkommen über den Europäischen Wirtschaftsraum Anwendung findet, haben, werden nicht berücksichtigt, es sei denn, sie leben im Haushalt eines Berechtigten im Sinne des § 62 Absatz 1 Satz 1 Nummer 2 Buchstabe a. [7] Kinder im Sinne von § 2 Absatz 4 Satz 2 des Bundeskindergeldgesetzes[2)] werden nicht berücksichtigt.

(2) Die Bundesregierung wird ermächtigt, durch Rechtsverordnung, die nicht der Zustimmung des Bundesrates bedarf, zu bestimmen, dass einem Berechtigten, der im Inland erwerbstätig ist oder sonst seine hauptsächlichen Einkünfte erzielt, für seine in Absatz 1 *Satz 3*[3)] erster Halbsatz bezeichneten Kinder Kindergeld ganz oder teilweise zu leisten ist, soweit dies mit Rücksicht auf die durchschnittlichen Lebenshaltungskosten für Kinder in deren Wohnsitzstaat und auf die dort gewährten dem Kindergeld vergleichbaren Leistungen geboten ist.

§ 64 Zusammentreffen mehrerer Ansprüche. (1) Für jedes Kind wird nur einem Berechtigten Kindergeld gezahlt.

(2) [1] Bei mehreren Berechtigten wird das Kindergeld demjenigen gezahlt, der das Kind in seinen Haushalt aufgenommen hat. [2] Ist ein Kind in den gemeinsamen Haushalt von Eltern, einem Elternteil und dessen Ehegatten, Pflegeeltern oder Großeltern aufgenommen worden, so bestimmen diese untereinander den Berechtigten. [3] Wird eine Bestimmung nicht getroffen, so bestimmt das Familiengericht auf Antrag den Berechtigten. [4] Den Antrag kann stellen, wer ein berechtigtes Interesse an der Zahlung des Kindergeldes hat. [5] Lebt ein Kind im gemeinsamen Haushalt von Eltern und Großeltern, so wird das Kindergeld vorrangig einem Elternteil gezahlt; es wird an einen Großelternteil gezahlt, wenn der Elternteil gegenüber der zuständigen Stelle auf seinen Vorrang schriftlich verzichtet hat.

(3) [1] Ist das Kind nicht in den Haushalt eines Berechtigten aufgenommen, so erhält das Kindergeld derjenige, der dem Kind eine Unterhaltsrente zahlt.

[1)] § 63 Abs. 1 Sätze 3 bis 5 eingef., bish. Sätze 3 und 4 werden Sätze 6 und 7, neuer Satz 6 geänd. durch G v. 2.12.2014 (BGBl. I S. 1922); zur Anwendung siehe § 52 Abs. 49a Sätze 5 und 6.

[2)] Nr. **60.**

[3)] Müsste nunmehr lauten: „Satz 6".

[2]Zahlen mehrere Berechtigte dem Kind Unterhaltsrenten, so erhält das Kindergeld derjenige, der dem Kind die höchste Unterhaltsrente zahlt. [3]Werden gleich hohe Unterhaltsrenten gezahlt oder zahlt keiner der Berechtigten dem Kind Unterhalt, so bestimmen die Berechtigten untereinander, wer das Kindergeld erhalten soll. [4]Wird eine Bestimmung nicht getroffen, so gilt Absatz 2 Satz 3 und 4 entsprechend.

§ 65[1)] **Andere Leistungen für Kinder.** [1]Kindergeld wird nicht für ein Kind gezahlt, für das eine der folgenden Leistungen zu zahlen ist oder bei entsprechender Antragstellung zu zahlen wäre:

1. Leistungen für Kinder, die im Ausland gewährt werden und dem Kindergeld oder der Kinderzulage aus der gesetzlichen Unfallversicherung nach § 217 Absatz 3 des Siebten Buches Sozialgesetzbuch in der bis zum 30. Juni 2020 geltenden Fassung oder dem Kinderzuschuss aus der gesetzlichen Rentenversicherung nach § 270 des Sechsten Buches Sozialgesetzbuch in der bis zum 16. November 2016 geltenden Fassung vergleichbar sind,
2. Leistungen für Kinder, die von einer zwischen- oder überstaatlichen Einrichtung gewährt werden und dem Kindergeld vergleichbar sind.

[2]Soweit es für die Anwendung von Vorschriften dieses Gesetzes auf den Erhalt von Kindergeld ankommt, stehen die Leistungen nach Satz 1 dem Kindergeld gleich. [3]Steht ein Berechtigter in einem Versicherungspflichtverhältnis zur Bundesagentur für Arbeit nach § 24 des Dritten Buches Sozialgesetzbuch oder ist er versicherungsfrei nach § 28 Absatz 1 Nummer 1 des Dritten Buches Sozialgesetzbuch oder steht er im Inland in einem öffentlich-rechtlichen Dienst- oder Amtsverhältnis, so wird sein Anspruch auf Kindergeld für ein Kind nicht nach Satz 1 Nummer *3* [***ab VZ 2022:*** 2] mit Rücksicht darauf ausgeschlossen, dass sein Ehegatte als Beamter, Ruhestandsbeamter oder sonstiger Bediensteter der Europäischen Union für das Kind Anspruch auf Kinderzulage hat.

(Fortsetzung nächstes Blatt)

[1)] § 65 Abs. 2 aufgeh., bish. Abs. 1 wird neuer § 65; Satz 1 Nr. 1 und 2 neu gef., Satz 3 geänd. mWv VZ 2022 durch G v. 16.12.2022 (BGBl. I S. 2294).

§ 66 Höhe des Kindergeldes, Zahlungszeitraum. (1)[1] Das Kindergeld beträgt monatlich für jedes Kind 250 Euro.

(2) Das Kindergeld wird monatlich vom Beginn des Monats an gezahlt, in dem die Anspruchsvoraussetzungen erfüllt sind, bis zum Ende des Monats, in dem die Anspruchsvoraussetzungen wegfallen.

(3)[2] *(aufgehoben)*

§ 67[3] Antrag. [1]Das Kindergeld ist bei der zuständigen Familienkasse schriftlich zu beantragen; eine elektronische Antragstellung nach amtlich vorgeschriebenem Datensatz über die amtlich vorgeschriebene Schnittstelle ist zulässig, soweit der Zugang eröffnet wurde. [2]Den Antrag kann außer dem Berechtigten auch stellen, wer ein berechtigtes Interesse an der Leistung des Kindergeldes hat. [3]In Fällen des Satzes 2 ist § 62 Absatz 1 Satz 2 bis 3 anzuwenden. [4]Der Berechtigte ist zu diesem Zweck verpflichtet, demjenigen, der ein berechtigtes Interesse an der Leistung des Kindergeldes hat, seine an ihn vergebene Identifikationsnummer (§ 139b der Abgabenordnung) mitzuteilen. [5]Kommt der Berechtigte dieser Verpflichtung nicht nach, teilt die zuständige Familienkasse demjenigen, der ein berechtigtes Interesse an der Leistung des Kindergeldes hat, auf seine Anfrage die Identifikationsnummer des Berechtigten mit.

§ 68[4] Besondere Mitwirkungspflichten und Offenbarungsbefugnis.

(1) [1]Wer Kindergeld beantragt oder erhält, hat Änderungen in den Verhältnissen, die für die Leistung erheblich sind oder über die im Zusammenhang mit der Leistung Erklärungen abgegeben worden sind, unverzüglich der zuständigen Familienkasse mitzuteilen. [2]Ein Kind, das das 18. Lebensjahr vollendet hat, ist auf Verlangen der Familienkasse verpflichtet, an der Aufklärung des für die Kindergeldzahlung maßgebenden Sachverhalts mitzuwirken; § 101 der Abgabenordnung findet insoweit keine Anwendung.

(2) (weggefallen)

(3) Auf Antrag des Berechtigten erteilt die das Kindergeld auszahlende Stelle eine Bescheinigung über das für das Kalenderjahr ausgezahlte Kindergeld.

(4)[5] [1]Die Familienkassen dürfen den Stellen, die die Bezüge im öffentlichen Dienst anweisen, den für die jeweilige Kindergeldzahlung maßgebenden Sachverhalt durch automatisierte Abrufverfahren bereitstellen oder Auskunft über diesen Sachverhalt erteilen. [2]Das Bundesministerium der Finanzen

---

[1] § 66 Abs. 1 neu gef. mWv 1.1.2023 durch G v. 8.12.2022 (BGBl. I S. 2230).

[2] § 66 Abs. 3 aufgeh. durch G v. 11.7.2019 (BGBl. I S. 1066); zur letztmaligen Anwendung siehe § 52 Abs. 49a Satz 10; siehe nunmehr § 70 Abs. 1 Sätze 2 und 3.

[3] § 67 Sätze 3 bis 5 angef. durch G v. 2.12.2014 (BGBl. I S. 1922); zur Anwendung siehe § 52 Abs. 49a Sätze 3 und 4; Satz 1 2. HS angef. mWv 10.12.2020 durch G v. 3.12.2020 (BGBl. I S. 2668).

[4] § 68 Abs. 4 neu gef. durch G v. 8.12.2016 (BGBl. I S. 2835); Überschr. geänd. und Abs. 5 bis 7 angef. mWv 18.7.2019 durch G v. 11.7.2019 (BGBl. I S. 1066).

[5] § 68 Abs. 4 Satz 1 geänd. mWv 26.11.2019 durch G v. 20.11.2019 (BGBl. I S. 1626).

wird ermächtigt, durch Rechtsverordnung ohne Zustimmung des Bundesrates zur Durchführung von automatisierten Abrufen nach Satz 1 die Voraussetzungen, unter denen ein Datenabruf erfolgen darf, festzulegen.

(5) [1]Zur Erfüllung der in § 31a Absatz 2 der Abgabenordnung genannten Mitteilungspflichten dürfen die Familienkassen den Leistungsträgern, die für Leistungen der Arbeitsförderung nach § 19 Absatz 2, für Leistungen der Grundsicherung für Arbeitsuchende nach § 19a Absatz 2, für Kindergeld, Kinderzuschlag, Leistungen für Bildung und Teilhabe und Elterngeld nach § 25 Absatz 3 oder für Leistungen der Sozialhilfe nach § 28 Absatz 2 des Ersten Buches Sozialgesetzbuch zuständig sind, und den nach § 9 Absatz 1 Satz 2 des Unterhaltsvorschussgesetzes zuständigen Stellen den für die jeweilige Kindergeldzahlung maßgebenden Sachverhalt durch automatisierte Abrufverfahren bereitstellen. [2]Das Bundesministerium der Finanzen wird ermächtigt, durch Rechtsverordnung mit Zustimmung des Bundesrates zur Durchführung von automatisierten Abrufen nach Satz 1 die Voraussetzungen, unter denen ein Datenabruf erfolgen darf, festzulegen.

(6) [1]Zur Prüfung und Bemessung der in Artikel 3 Absatz 1 Buchstabe j in Verbindung mit Artikel 1 Buchstabe z der Verordnung (EG) Nr. 883/2004 des Europäischen Parlaments und des Rates vom 29. April 2004 zur Koordinierung der Systeme der sozialen Sicherheit (ABl. L 166 vom 30.4.2004, S. 1), die zuletzt durch die Verordnung (EU) 2017/492 (ABl. L 76 vom 22.3.2017, S. 13) geändert worden ist, genannten Familienleistungen dürfen die Familienkassen den zuständigen öffentlichen Stellen eines Mitgliedstaates der Europäischen Union den für die jeweilige Kindergeldzahlung maßgebenden Sachverhalt durch automatisierte Abrufverfahren bereitstellen. [2]Das Bundesministerium der Finanzen wird ermächtigt, durch Rechtsverordnung ohne Zustimmung des Bundesrates zur Durchführung von automatisierten Abrufen nach Satz 1 die Voraussetzungen, unter denen ein Datenabruf erfolgen darf, festzulegen.

(7) [1]Die Datenstelle der Rentenversicherung darf den Familienkassen in einem automatisierten Abrufverfahren die zur Überprüfung des Anspruchs auf Kindergeld nach § 62 Absatz 1a und 2 erforderlichen Daten übermitteln; § 79 Absatz 2 bis 4 des Zehnten Buches Sozialgesetzbuch gilt entsprechend. [2]Die Träger der Leistungen nach dem Zweiten und Dritten Buch Sozialgesetzbuch dürfen den Familienkassen in einem automatisierten Abrufverfahren die zur Überprüfung des Anspruchs auf Kindergeld nach § 62 erforderlichen Daten übermitteln. [3]Das Bundesministerium für Arbeit und Soziales wird ermächtigt, durch Rechtsverordnung mit Zustimmung des Bundesrates die Voraussetzungen für das Abrufverfahren und Regelungen zu den Kosten des Verfahrens nach Satz 2 festzulegen.

§ 69[1)] Datenübermittlung an die Familienkassen. [1]Erfährt das Bundeszentralamt für Steuern, dass ein Kind, für das Kindergeld gezahlt wird, [***bis***

---

1) *§ 69 eingef. durch G v. 23.6.2017* (BGBl. I S. 1682); zur Anwendung siehe § 52 Abs. 49a Satz 12; Satz 1 geänd., Sätze 2 und 3 angef. durch G v. 16.12.2022 (BGBl. I S. 2294); zur Anwendung siehe § 52 Abs. 49a Sätze 15 bis 17.

31.12.2023:** ins Ausland*] verzogen ist oder von Amts wegen von der Meldebehörde abgemeldet wurde, hat es der zuständigen Familienkasse unverzüglich die in § 139b Absatz 3 Nummer 1, 3, 5, 8 und 14 der Abgabenordnung genannten Daten zum Zweck der Prüfung der Rechtmäßigkeit des Bezugs von Kindergeld zu übermitteln. [ab 1.1.2024:*** 2 Die beim Bundeszentralamt für Steuern gespeicherten Daten für ein Kind, für das Kindergeld gezahlt wird, werden auf Anfrage auch den Finanzämtern zur Prüfung der Rechtmäßigkeit der Berücksichtigung der Freibeträge nach § 32 Absatz 6 zur Verfügung gestellt. 3 Erteilt das Bundeszentralamt für Steuern auf Grund der Geburt eines Kindes eine neue Identifikationsnummer nach § 139b der Abgabenordnung, übermittelt es der zuständigen Familienkasse zum Zweck der Prüfung des Bezugs von Kindergeld unverzüglich

1. die in § 139b Absatz 3 Nummer 1, 3, 5, 8 und 10 der Abgabenordnung genannten Daten des Kindes sowie
2. soweit vorhanden, die in § 139b Absatz 3 Nummer 1, 3, 5, 8 und 10 und Absatz 3a der Abgabenordnung genannten Daten der Personen, bei denen für dieses Kind nach § 39e Absatz 1 ein Kinderfreibetrag berücksichtigt wird.]

§ 70 Festsetzung und Zahlung des Kindergeldes. (1)[1] 1 Das Kindergeld nach § 62 wird von den Familienkassen durch Bescheid festgesetzt und ausgezahlt. 2 Die Auszahlung von festgesetztem Kindergeld erfolgt rückwirkend nur für die letzten sechs Monate vor Beginn des Monats, in dem der Antrag auf Kindergeld eingegangen ist. 3 Der Anspruch auf Kindergeld nach § 62 bleibt von dieser Auszahlungsbeschränkung unberührt.

(2) 1 Soweit in den Verhältnissen, die für den Anspruch auf Kindergeld erheblich sind, Änderungen eintreten, ist die Festsetzung des Kindergeldes mit Wirkung vom Zeitpunkt der Änderung der Verhältnisse aufzuheben oder zu ändern. 2 Ist die Änderung einer Kindergeldfestsetzung nur wegen einer Anhebung der in § 66 Absatz 1 genannten Kindergeldbeträge erforderlich, kann von der Erteilung eines schriftlichen Änderungsbescheides abgesehen werden.

(3)[2] 1 Materielle Fehler der letzten Festsetzung können durch Aufhebung oder Änderung der Festsetzung mit Wirkung ab dem auf die Bekanntgabe der Aufhebung oder Änderung der Festsetzung folgenden Monat beseitigt werden. 2 Bei der Aufhebung oder Änderung der Festsetzung nach Satz 1 ist § 176 der Abgabenordnung entsprechend anzuwenden; dies gilt nicht für Monate, die nach der Verkündung der maßgeblichen Entscheidung eines obersten Bundesgerichts beginnen.

(4)[3] *(aufgehoben)*

---

[1] § 70 Abs. 1 Sätze 2 und 3 angef. durch G v. 11.7.2019 (BGBl. I S. 1066); zur Anwendung siehe § 52 Abs. 50 Satz 1.

[2] § 70 Abs. 3 Satz 1 geänd., Satz 2 aufgeh., bish. Satz 3 wird Satz 2 und 1. HS geänd. mWv 1.1.2015 durch G v. 22.12.2014 (BGBl. I S. 2417).

[3] § 70 Abs. 4 aufgeh. durch G v. 1.11.2011 (BGBl. I S. 2131); zur Anwendung siehe § 52 Abs. 50 Satz 2.

§ 71[1)] Vorläufige Einstellung der Zahlung des Kindergeldes. (1) Die Familienkasse kann die Zahlung des Kindergeldes ohne Erteilung eines Bescheides vorläufig einstellen, wenn

1. sie Kenntnis von Tatsachen erhält, die kraft Gesetzes zum Ruhen oder zum Wegfall des Anspruchs führen, und
2. die Festsetzung, aus der sich der Anspruch ergibt, deshalb mit Wirkung für die Vergangenheit aufzuheben ist.

(2) [1] Soweit die Kenntnis der Familienkasse nicht auf Angaben des Berechtigten beruht, der das Kindergeld erhält, sind dem Berechtigten unverzüglich die vorläufige Einstellung der Zahlung des Kindergeldes sowie die dafür maßgeblichen Gründe mitzuteilen. [2] Ihm ist Gelegenheit zu geben, sich zu äußern.

(3) Die Familienkasse hat die vorläufig eingestellte Zahlung des Kindergeldes unverzüglich nachzuholen, soweit die Festsetzung, aus der sich der Anspruch ergibt, zwei Monate nach der vorläufigen Einstellung der Zahlung nicht mit Wirkung für die Vergangenheit aufgehoben oder geändert wird.

[Fassung bis 31.12.2023:]

§ 72 Festsetzung und Zahlung des Kindergeldes an Angehörige des öffentlichen Dienstes.

(1)[2)] [1] Steht Personen, die

1. in einem öffentlich-rechtlichen Dienst-, Amts- oder Ausbildungsverhältnis stehen, mit Ausnahme der Ehrenbeamten,
2. Versorgungsbezüge nach beamten- oder soldatenrechtlichen Vorschriften oder Grundsätzen erhalten oder
3. Arbeitnehmer einer Körperschaft, einer Anstalt oder einer Stiftung des öffentlichen Rechts sind, einschließlich der zu ihrer Berufsausbildung Beschäftigten,

Kindergeld nach Maßgabe dieses Gesetzes zu, wird es von den Körperschaften, Anstalten oder Stiftungen des öffentlichen Rechts als Familienkassen festgesetzt und ausgezahlt. [2] Das Bundeszentralamt für Steuern

[Fassung ab 1.1.2024:]

§ 72[3)] *(aufgehoben)*

[1)] § 71 eingef. mWv 18.7.2019 durch G v. 11.7.2019 (BGBl. I S. 1066).

[2)] § 72 Abs. 1 neu gef. durch G v. 8.12.2016 (BGBl. I S. 2835); Satz 7 angef. mWv 1.1.2019 durch G v. 11.12.2018 (BGBl. I S. 2338); Satz 6 und 7 HS 2 geänd. mWv 1.3.2023 durch G v. 16.12.2022 (BGBl. I S. 2294).

[3)] § 72 aufgeh. **mWv 1.1.2024** durch G v. 16.12.2022 (BGBl. I S. 2294).

[Fassung bis 31.12.2023:]

erteilt den Familienkassen ein Merkmal zu ihrer Identifizierung (Familienkassenschlüssel). [3]Satz 1 ist nicht anzuwenden, wenn die Körperschaften, Anstalten oder Stiftungen des öffentlichen Rechts gegenüber dem Bundeszentralamt für Steuern auf ihre Zuständigkeit zur Festsetzung und Auszahlung des Kindergeldes schriftlich oder elektronisch verzichtet haben und dieser Verzicht vom Bundeszentralamt für Steuern schriftlich oder elektronisch bestätigt worden ist. [4]Die Bestätigung des Bundeszentralamts für Steuern darf erst erfolgen, wenn die haushalterischen Voraussetzungen für die Übernahme der Festsetzung und Auszahlung des Kindergeldes durch die Bundesagentur für Arbeit vorliegen. [5]Das Bundeszentralamt für Steuern veröffentlicht die Namen und die Anschriften der Körperschaften, Anstalten oder Stiftungen des öffentlichen Rechts, die nach Satz 3 auf die Zuständigkeit verzichtet haben, sowie den jeweiligen Zeitpunkt, zu dem der Verzicht wirksam geworden ist, im Bundessteuerblatt. [6]Hat eine Körperschaft, Anstalt oder Stiftung des öffentlichen Rechts die Festsetzung des Kindergeldes auf eine [***bis 28.2.2023:*** *Bundes- oder*] Landesfamilienkasse im Sinne des § 5 Absatz 1 Nummer 11 Satz 6 *bis 9* [***ab 1.3.2023:*** und 7] des Finanzverwaltungsgesetzes übertragen, kann ein Verzicht nach Satz 3 nur durch die [***bis 28.2.2023:*** *Bundes- oder*] Landesfamilienkasse im Einvernehmen mit der auftraggebenden Körperschaft, Anstalt oder Stiftung wirksam erklärt werden. [7]Satz 1 ist nicht anzuwenden, wenn die Körperschaften, Anstalten oder Stiftungen des öffentlichen Rechts nach dem 31. Dezember 2018 errichtet wurden; das Bundeszentralamt für Steuern kann auf An-

[Fassung bis 31.12.2023:]

trag eine Ausnahmegenehmigung erteilen, wenn das Kindergeld durch eine Landesfamilienkasse im Sinne des § 5 Absatz 1 Nummer 11 Satz *8 bis 10* [***ab 1.3.2023:*** 6 bis 8] des Finanzverwaltungsgesetzes festgesetzt und ausgezahlt wird und kein Verzicht nach Satz 3 vorliegt.

(2)[1] *Der Deutschen Post AG, der Deutschen Postbank AG und der Deutschen Telekom AG obliegt die Durchführung dieses Gesetzes für ihre jeweiligen Beamten und Versorgungsempfänger in Anwendung des Absatzes 1.*

(3)[2] Absatz 1 gilt nicht für Personen, die ihre Bezüge oder [***ab 1.1.2022:*** ihr] Arbeitsentgelt

1. von einem Dienstherrn oder Arbeitgeber im Bereich der Religionsgesellschaften des öffentlichen Rechts, [***bis 31.12.2021:*** *oder*]
2. von einem Spitzenverband der Freien Wohlfahrtspflege, einem diesem unmittelbar oder mittelbar angeschlossenen Mitgliedsverband oder einer einem solchen Verband angeschlossenen Einrichtung oder Anstalt [***ab 1.1.2022:*** oder]

[***ab 1.1.2022:***

3. von einem Dienstherrn oder Arbeitgeber im Bereich des Bundes *mit Ausnahme der Nachrichtendienste des Bundes, des Bundesverwaltungsamtes sowie derjenigen Behörden, Körperschaften, Anstalten und Stiftungen des öffentlichen Rechts, die die Festsetzung und Auszahlung des Kindergeldes auf das Bundesverwaltungsamt übertragen haben,* [***ab***

[1] § 72 Abs. 2 aufgeh. mWv 1.1.2022 durch G v. 8.12.2016 (BGBl. I S. 2835).

[2] § 72 Abs. 3 geänd., Nr. 3 angef. mWv 1.1.2022 durch G v. 8.12.2016 (BGBl. I S. 2835); Nr. 3 neu gef. (kursiver Satzteil aufgeh., Text geänd.) mWv 1.3.2023 durch G v. 16.12.2022 (BGBl. I S. 2294).

[Fassung bis 31.12.2023:]

1.3.2022: mit Ausnahme des Bundesnachrichtendienstes],

erhalten.

(4)[1] *Die Absätze 1 und 2 gelten* [***ab 1.1.2022:*** Absatz 1 gilt] nicht für Personen, die voraussichtlich nicht länger als sechs Monate in den Kreis der in Absatz 1 Satz 1 Nummer 1 bis 3 [***bis 31.12.2021:*** *und Absatz 2*] Bezeichneten eintreten.

(5) Obliegt mehreren Rechtsträgern die Zahlung von Bezügen oder Arbeitsentgelt (Absatz 1 Satz 1) gegenüber einem Berechtigten, so ist für die Durchführung dieses Gesetzes zuständig:

1. bei Zusammentreffen von Versorgungsbezügen mit anderen Bezügen oder Arbeitsentgelt der Rechtsträger, dem die Zahlung der anderen Bezüge oder des Arbeitsentgelts obliegt;
2. bei Zusammentreffen mehrerer Versorgungsbezüge der Rechtsträger, dem die Zahlung der neuen Versorgungsbezüge im Sinne der beamtenrechtlichen Ruhensvorschriften obliegt;
3. bei Zusammentreffen von Arbeitsentgelt (Absatz 1 Satz 1 Nummer 3) mit Bezügen aus einem der in Absatz 1 Satz 1 Nummer 1 bezeichneten Rechtsverhältnisse der Rechtsträger, dem die Zahlung dieser Bezüge obliegt;
4. bei Zusammentreffen mehrerer Arbeitsentgelte (Absatz 1 Satz 1 Nummer 3) der Rechtsträger, dem die Zahlung des höheren Arbeitsentgelts obliegt oder – falls die Arbeitsentgelte gleich hoch

[1] § 72 Abs. 4 geänd. mWv 1.1.2022 durch G v. 8.12.2016 (BGBl. I S. 2835).

[Fassung bis 31.12.2023:]

sind – der Rechtsträger, zu dem das zuerst begründete Arbeitsverhältnis besteht.

(6) [1]Scheidet ein Berechtigter im Laufe eines Monats aus dem Kreis der in Absatz 1 Satz 1 Nummer 1 bis 3 Bezeichneten aus oder tritt er im Laufe eines Monats in diesen Kreis ein, so wird das Kindergeld für diesen Monat von der Stelle gezahlt, die bis zum Ausscheiden oder Eintritt des Berechtigten zuständig war. [2]Dies gilt nicht, soweit die Zahlung von Kindergeld für ein Kind in Betracht kommt, das erst nach dem Ausscheiden oder Eintritt bei dem Berechtigten nach § 63 zu berücksichtigen ist. [3]Ist in einem Fall des Satzes 1 das Kindergeld bereits für einen folgenden Monat gezahlt worden, so muss der für diesen Monat Berechtigte die Zahlung gegen sich gelten lassen.

(7)[1)] [1]In den Abrechnungen der Bezüge und des Arbeitsentgelts ist das Kindergeld gesondert auszuweisen, wenn es zusammen mit den Bezügen oder dem Arbeitsentgelt ausgezahlt wird. [2]Der Rechtsträger hat die Summe des von ihm für alle Berechtigten ausgezahlten Kindergeldes dem Betrag, den er insgesamt an Lohnsteuer einzubehalten hat, zu entnehmen und unter Angabe des in Absatz 1 genannten Familienkassenschlüssels bei der nächsten Lohnsteuer-Anmeldung gesondert abzusetzen. [3]Übersteigt das insgesamt ausgezahlte Kindergeld den Betrag, der insgesamt an Lohnsteuer abzuführen ist, so wird der übersteigende Betrag dem Rechtsträger auf Antrag von dem Finanzamt, an das die Lohnsteuer abzuführen ist,

---

[1)] § 72 Abs. 7 Satz 2 geänd. mWv 1.1.2019 durch G v. 8.12.2016 (BGBl. I S. 2835).

[Fassung bis 31.12.2023:]
aus den Einnahmen der Lohnsteuer ersetzt.

(8)[1] [1]Abweichend von Absatz 1 Satz 1 werden Kindergeldansprüche auf Grund über- oder zwischenstaatlicher Rechtsvorschriften durch die Familienkassen der Bundesagentur für Arbeit festgesetzt und ausgezahlt. [2]Dies gilt auch für Fälle, in denen Kindergeldansprüche sowohl nach Maßgabe dieses Gesetzes als auch auf Grund über- oder zwischenstaatlicher Rechtsvorschriften bestehen. [***ab 1.3.2023:*** [3]Die Sätze 1 und 2 sind auf Kindergeldansprüche von Angehörigen des Bundesnachrichtendienstes nicht anzuwenden.]

§ 73. (weggefallen)

§ 74 Zahlung des Kindergeldes in Sonderfällen. (1) [1]Das für ein Kind festgesetzte Kindergeld nach § 66 Absatz 1 kann an das Kind ausgezahlt werden, wenn der Kindergeldberechtigte ihm gegenüber seiner gesetzlichen Unterhaltspflicht nicht nachkommt. [2]Kindergeld kann an Kinder, die bei der Festsetzung des Kindergeldes berücksichtigt werden, bis zur Höhe des Betrags, der sich bei entsprechender Anwendung des § 76 ergibt, ausgezahlt werden. [3]Dies gilt auch, wenn der Kindergeldberechtigte mangels Leistungsfähigkeit nicht unterhaltspflichtig ist oder nur Unterhalt in Höhe eines Betrags zu leisten braucht, der geringer ist als das für die Auszahlung in Betracht kommende Kindergeld. [4]Die Auszahlung kann auch an die Person oder Stelle erfolgen, die dem Kind Unterhalt gewährt.

(2) Für Erstattungsansprüche der Träger von Sozialleistungen gegen die Familienkasse gelten die §§ 102 bis 109 und 111 bis 113 des Zehnten Buches Sozialgesetzbuch entsprechend.

§ 75 Aufrechnung. (1)[2] Mit Ansprüchen auf Erstattung von Kindergeld kann die Familienkasse gegen Ansprüche auf Kindergeld bis zu deren Hälfte aufrechnen, wenn der Leistungsberechtigte nicht nachweist, dass er dadurch hilfebedürftig im Sinne der Vorschriften des Zwölften Buches Sozialgesetzbuch über die Hilfe zum Lebensunterhalt oder im Sinne der Vorschriften des Zweiten Buches Sozialgesetzbuch über die Leistungen zur Sicherung des Lebensunterhalts wird.

---

[1] § 72 Abs. 8 Satz 3 angef. mWv 1.1.2022 durch G v. 8.12.2016 (BGBl. I S. 2835), aufgeh. mWv 1.3.2023 durch G v. 16.12.2022 (BGBl. I S. 2294) und angef. mWv 1.3.2023 durch G v. 16.12.2022 (BGBl. I S. 2352).

[2] § 75 Abs. 1 geänd. mWv 1.1.2015 durch G v. 22.12.2014 (BGBl. I S. 2417).

(2) Absatz 1 gilt für die Aufrechnung eines Anspruchs auf Erstattung von Kindergeld gegen einen späteren Kindergeldanspruch eines mit dem Erstattungspflichtigen in Haushaltsgemeinschaft lebenden Berechtigten entsprechend, soweit es sich um laufendes Kindergeld für ein Kind handelt, das bei beiden berücksichtigt werden kann oder konnte.

§ 76 Pfändung. [1]Der Anspruch auf Kindergeld kann nur wegen gesetzlicher Unterhaltsansprüche eines Kindes, das bei der Festsetzung des Kindergeldes berücksichtigt wird, gepfändet werden. [2]Für die Höhe des pfändbaren Betrags gilt:

1. [1]Gehört das unterhaltsberechtigte Kind zum Kreis der Kinder, für die dem Leistungsberechtigten Kindergeld gezahlt wird, so ist eine Pfändung bis zu dem Betrag möglich, der bei gleichmäßiger Verteilung des Kindergeldes auf jedes dieser Kinder entfällt. [2]Ist das Kindergeld durch die Berücksichtigung eines weiteren Kindes erhöht, für das einer dritten Person Kindergeld oder dieser oder dem Leistungsberechtigten eine andere Geldleistung für Kinder zusteht, so bleibt der Erhöhungsbetrag bei der Bestimmung des pfändbaren Betrags des Kindergeldes nach Satz 1 außer Betracht;
2. der Erhöhungsbetrag nach Nummer 1 Satz 2 ist zugunsten jedes bei der Festsetzung des Kindergeldes berücksichtigten unterhaltsberechtigten Kindes zu dem Anteil pfändbar, der sich bei gleichmäßiger Verteilung auf alle Kinder, die bei der Festsetzung des Kindergeldes zugunsten des Leistungsberechtigten berücksichtigt werden, ergibt.

§ 76a.[1] *(aufgehoben)*

§ 77 Erstattung von Kosten im Vorverfahren. (1) [1]Soweit der Einspruch gegen die Kindergeldfestsetzung erfolgreich ist, hat die Familienkasse demjenigen, der den Einspruch erhoben hat, die zur zweckentsprechenden Rechtsverfolgung oder Rechtsverteidigung notwendigen Aufwendungen zu erstatten. [2]Dies gilt auch, wenn der Einspruch nur deshalb keinen Erfolg hat, weil die Verletzung einer Verfahrens- oder Formvorschrift nach § 126 der Abgabenordnung unbeachtlich ist. [3]Aufwendungen, die durch das Verschulden eines Erstattungsberechtigten entstanden sind, hat dieser selbst zu tragen; das Verschulden eines Vertreters ist dem Vertretenen zuzurechnen.

(2) Die Gebühren und Auslagen eines Bevollmächtigten oder Beistandes, der nach den Vorschriften des Steuerberatungsgesetzes zur geschäftsmäßigen Hilfeleistung in Steuersachen befugt ist, sind erstattungsfähig, wenn dessen Zuziehung notwendig war.

(3) [1]Die Familienkasse setzt auf Antrag den Betrag der zu erstattenden Aufwendungen fest. [2]Die Kostenentscheidung bestimmt auch, ob die Zuziehung eines Bevollmächtigten oder Beistandes im Sinne des Absatzes 2 notwendig war.

§ 78 Übergangsregelungen. (1) bis (4) (weggefallen)

---

[1] § 76a aufgeh. mWv 1.1.2012 durch Art. 7 Abs. 4 des G v. 7.7.2009 (BGBl. I S. 1707).

(5) [1]Abweichend von § 64 Absatz 2 und 3 steht Berechtigten, die für Dezember 1990 für ihre Kinder Kindergeld in dem in Artikel 3 des Einigungsvertrages genannten Gebiet bezogen haben, das Kindergeld für diese Kinder auch für die folgende Zeit zu, solange sie ihren Wohnsitz oder gewöhnlichen Aufenthalt in diesem Gebiet beibehalten und die Kinder die Voraussetzungen ihrer Berücksichtigung weiterhin erfüllen. [2]§ 64 Absatz 2 und 3 ist insoweit erst für die Zeit vom Beginn des Monats an anzuwenden, in dem ein hierauf gerichteter Antrag bei der zuständigen Stelle eingegangen ist; der hiernach Berechtigte muss die nach Satz 1 geleisteten Zahlungen gegen sich gelten lassen.

XI. Altersvorsorgezulage

§ 79[1)] Zulageberechtigte. [1]Die in § 10a Absatz 1 genannten Personen haben Anspruch auf eine Altersvorsorgezulage (Zulage). [2]Ist nur ein Ehegatte nach Satz 1 begünstigt, so ist auch der andere Ehegatte zulageberechtigt, wenn

1. beide Ehegatten nicht dauernd getrennt leben (§ 26 Absatz 1),
2. beide Ehegatten ihren Wohnsitz oder gewöhnlichen Aufenthalt in einem Mitgliedstaat der Europäischen Union oder einem Staat haben, auf den das Abkommen über den Europäischen Wirtschaftsraum anwendbar ist,
3. ein auf den Namen des anderen Ehegatten lautender Altersvorsorgevertrag besteht,
4. der andere Ehegatte zugunsten des Altersvorsorgevertrags nach Nummer 3 im jeweiligen Beitragsjahr mindestens 60 Euro geleistet hat und
5. die Auszahlungsphase des Altersvorsorgevertrags nach Nummer 3 noch nicht begonnen hat.

[3]Satz 1 gilt entsprechend für die in § 10a Absatz 6 Satz 1 und 2 genannten Personen, sofern sie unbeschränkt steuerpflichtig sind oder für das Beitragsjahr nach § 1 Absatz 3 als unbeschränkt steuerpflichtig behandelt werden.

§ 80 Anbieter. Anbieter im Sinne dieses Gesetzes sind Anbieter von Altersvorsorgeverträgen gemäß § 1 Absatz 2 des Altersvorsorgeverträge-Zertifizierungsgesetzes[2)] sowie die in § 82 Absatz 2 genannten Versorgungseinrichtungen.

§ 81 Zentrale Stelle. Zentrale Stelle im Sinne dieses Gesetzes ist die Deutsche Rentenversicherung Bund.

§ 81a Zuständige Stelle. [1]Zuständige Stelle ist bei einem

1. Empfänger von Besoldung nach dem Bundesbesoldungsgesetz oder einem Landesbesoldungsgesetz die die Besoldung anordnende Stelle,
2. Empfänger von Amtsbezügen im Sinne des § 10a Absatz 1 Satz 1 Nummer 2 die die Amtsbezüge anordnende Stelle,

---

[1)] § 79 Satz 2 neu gef. mWv VZ 2013 durch G v. 24.6.2013 (BGBl. I S. 1667); Satz 3 angef. mWv VZ 2014 durch G v. 25.7.2014 (BGBl. I S. 1266).

[2)] **Aichberger** Sozialgesetzbuch Nr. **6/80.**

3. versicherungsfrei Beschäftigten sowie bei einem von der Versicherungspflicht befreiten Beschäftigten im Sinne des § 10a Absatz 1 Satz 1 Nummer 3 der die Versorgung gewährleistende Arbeitgeber der rentenversicherungsfreien Beschäftigung,
4. Beamten, Richter, Berufssoldaten und Soldaten auf Zeit im Sinne des § 10a Absatz 1 Satz 1 Nummer 4 der zur Zahlung des Arbeitsentgelts verpflichtete Arbeitgeber und
5. Empfänger einer Versorgung im Sinne des § 10a Absatz 1 Satz 4 die die Versorgung anordnende Stelle.

[2] Für die in § 10a Absatz 1 Satz 1 Nummer 5 genannten Steuerpflichtigen gilt Satz 1 entsprechend.

§ 82 Altersvorsorgebeiträge. (1)[1)] [1] Geförderte Altersvorsorgebeiträge sind im Rahmen des in § 10a Absatz 1 Satz 1 genannten Höchstbetrags

1. Beiträge,
2. Tilgungsleistungen,

die der Zulageberechtigte (§ 79) bis zum Beginn der Auszahlungsphase zugunsten eines auf seinen Namen lautenden Vertrags leistet, der nach § 5 des Altersvorsorgeverträge-Zertifizierungsgesetzes[1)] zertifiziert ist (Altersvorsorgevertrag). [2] Die Zertifizierung ist Grundlagenbescheid im Sinne des § 171 Absatz 10 der Abgabenordnung. [3] Als Tilgungsleistungen gelten auch Beiträge, die vom Zulageberechtigten zugunsten eines auf seinen Namen lautenden Altersvorsorgevertrags im Sinne des § 1 Absatz 1a Satz 1 Nummer 3 des Altersvorsorgeverträge-Zertifizierungsgesetzes erbracht wurden und die zur Tilgung eines im Rahmen des Altersvorsorgevertrags abgeschlossenen Darlehens abgetreten wurden. [4] Im Fall der Übertragung von gefördertem Altersvorsorgevermögen nach § 1 Absatz 1 Satz 1 Nummer 10 Buchstabe b des Altersvorsorgeverträge-Zertifizierungsgesetzes[2)] in einen Altersvorsorgevertrag im Sinne des § 1 Absatz 1a Satz 1 Nummer 3 des Altersvorsorgeverträge-Zertifizierungsgesetzes[1)] gelten die Beiträge nach Satz 1 Nummer 1 ab dem Zeitpunkt der Übertragung als Tilgungsleistungen nach Satz 3; eine erneute Förderung nach § 10a oder Abschnitt XI erfolgt insoweit nicht. [5] Tilgungsleistungen nach den Sätzen 1 und 3 werden nur berücksichtigt, wenn das zugrunde liegende Darlehen für eine nach dem 31. Dezember 2007 vorgenommene wohnungswirtschaftliche Verwendung im Sinne des § 92a Absatz 1 Satz 1 eingesetzt wurde. [6] Bei einer Aufgabe der Selbstnutzung nach § 92a Absatz 3 Satz 1 gelten im Beitragsjahr der Aufgabe der Selbstnutzung auch die nach der Aufgabe der Selbstnutzung geleisteten Beiträge oder Tilgungsleistungen als Altersvorsorgebeiträge nach Satz 1. [7] Bei einer Reinvestition nach § 92a Absatz 3 Satz 9 Nummer 1 gelten im Beitragsjahr der Reinvestition auch die davor geleisteten Beiträge oder Tilgungsleistungen als Altersvorsorgebeiträge nach Satz 1. [8] Bei einem beruflich bedingten Umzug nach § 92a Absatz 4 gelten

---

[1)] § 82 Abs. 1 Sätze 1 und 3 geänd. mWv 1.1.2010 durch G v. 8.12.2010 (BGBl. I S. 1768); Satz 1 geänd. mWv VZ 2013, Sätze 6 und 7 angef. mWv VZ 2014 durch G v. 24.6.2013 (BGBl. I S. 1667); Satz 8 angef. mWv VZ 2014 durch G v. 25.7.2014 (BGBl. I S. 1266).

[2)] **Aichberger** Sozialgesetzbuch Nr. **6/80.**

1. im Beitragsjahr des Wegzugs auch die nach dem Wegzug und
2. im Beitragsjahr des Wiedereinzugs auch die vor dem Wiedereinzug

geleisteten Beiträge und Tilgungsleistungen als Altersvorsorgebeiträge nach Satz 1.

(2) [1] Zu den Altersvorsorgebeiträgen gehören auch

a) die aus dem individuell versteuerten Arbeitslohn des Arbeitnehmers geleisteten Beiträge an einen Pensionsfonds, eine Pensionskasse oder eine Direktversicherung zum Aufbau einer kapitalgedeckten betrieblichen Altersversorgung und

b)[1)] Beiträge des Arbeitnehmers und des ausgeschiedenen Arbeitnehmers, die dieser im Fall der zunächst durch Entgeltumwandlung (§ 1a des Betriebsrentengesetzes) finanzierten und nach § 3 Nummer 63 oder § 10a und diesem Abschnitt geförderten kapitalgedeckten betrieblichen Altersversorgung nach Maßgabe des § 1a Absatz 4, des § 1b Absatz 5 Satz 1 Nummer 2 und des § 22 Absatz 3 Nummer 1 Buchstabe a des Betriebsrentengesetzes selbst erbringt.

[2] Satz 1 gilt nur, wenn

1. a) vereinbart ist, dass die zugesagten Altersversorgungsleistungen als monatliche Leistungen in Form einer lebenslangen Leibrente oder als Ratenzahlungen im Rahmen eines Auszahlungsplans mit einer anschließenden Teilkapitalverrentung ab spätestens dem 85. Lebensjahr ausgezahlt werden und die Leistungen während der gesamten Auszahlungsphase gleich bleiben oder steigen; dabei können bis zu zwölf Monatsleistungen in einer Auszahlung zusammengefasst und bis zu 30 Prozent des zu Beginn der Auszahlungsphase zur Verfügung stehenden Kapitals außerhalb der monatlichen Leistungen ausgezahlt werden, und

   b) ein vereinbartes Kapitalwahlrecht nicht oder nicht außerhalb des letzten Jahres vor dem vertraglich vorgesehenen Beginn der Altersversorgungsleistung ausgeübt wurde, oder

2. bei einer reinen Beitragszusage nach § 1 Absatz 2 Nummer 2a des Betriebsrentengesetzes der Pensionsfonds, die Pensionskasse oder die Direktversicherung eine lebenslange Zahlung als Altersversorgungsleistung zu erbringen hat.

[3] Die §§ 3 und 4 des Betriebsrentengesetzes stehen dem vorbehaltlich des § 93 nicht entgegen.

(3) Zu den Altersvorsorgebeiträgen gehören auch die Beitragsanteile, die zur Absicherung der verminderten Erwerbsfähigkeit des Zulageberechtigten und zur Hinterbliebenenversorgung verwendet werden, wenn in der Leistungsphase die Auszahlung in Form einer Rente erfolgt.

(4) Nicht zu den Altersvorsorgebeiträgen zählen

[1)] § 82 Abs. 2 Satz 1 Buchst. b Verweis geänd. mWv 1.1.2018 durch G v. 11.12.2018 (BGBl. I S. 2338); Satz 1 Satzteil nach Buchst. b aufgeh., Satz 2 eingef., bish. Satz 2 wird Satz 3 mWv 15.12.2018 durch G v. 11.12.2018 (BGBl. I S. 2338).

1.[1] Aufwendungen, die vermögenswirksame Leistungen nach dem Fünften Vermögensbildungsgesetz in der jeweils geltenden Fassung darstellen,

2. prämienbegünstigte Aufwendungen nach dem Wohnungsbau-Prämiengesetz in der Fassung der Bekanntmachung vom 30. Oktober 1997 (BGBl. I S. 2678), zuletzt geändert durch Artikel 5 des Gesetzes vom 29. Juli 2008 (BGBl. I S. 1509), in der jeweils geltenden Fassung,

3. Aufwendungen, die im Rahmen des § 10 als Sonderausgaben geltend gemacht werden,

4. Zahlungen nach § 92a Absatz 2 Satz 4 Nummer 1 und Absatz 3 Satz 9 Nummer 2 oder

5.[2] Übertragungen im Sinne des § 3 Nummer 55 bis 55c.

(5)[3] [1] Der Zulageberechtigte kann für ein abgelaufenes Beitragsjahr bis zum Beitragsjahr 2011 Altersvorsorgebeiträge auf einen auf seinen Namen lautenden Altersvorsorgevertrag leisten, wenn

1. der Anbieter des Altersvorsorgevertrags davon Kenntnis erhält, in welcher Höhe und für welches Beitragsjahr die Altersvorsorgebeiträge berücksichtigt werden sollen,

2. in dem Beitragsjahr, für das die Altersvorsorgebeiträge berücksichtigt werden sollen, ein Altersvorsorgevertrag bestanden hat,

3. im fristgerechten Antrag auf Zulage für dieses Beitragsjahr eine Zulageberechtigung nach § 79 Satz 2 angegeben wurde, aber tatsächlich eine Zulageberechtigung nach § 79 Satz 1 vorliegt,

4. die Zahlung der Altersvorsorgebeiträge für abgelaufene Beitragsjahre bis zum Ablauf von zwei Jahren nach Erteilung der Bescheinigung nach § 92, mit der zuletzt Ermittlungsergebnisse für dieses Beitragsjahr bescheinigt wurden, längstens jedoch bis zum Beginn der Auszahlungsphase des Altersvorsorgevertrages erfolgt und

5. der Zulageberechtigte vom Anbieter in hervorgehobener Weise darüber informiert wurde oder dem Anbieter seine Kenntnis darüber versichert, dass die Leistungen aus diesen Altersvorsorgebeiträgen der vollen nachgelagerten Besteuerung nach § 22 Nummer 5 Satz 1 unterliegen.

[2] Wurden die Altersvorsorgebeiträge dem Altersvorsorgevertrag gutgeschrieben und sind die Voraussetzungen nach Satz 1 erfüllt, so hat der Anbieter der zentralen Stelle (§ 81) die entsprechenden Daten nach § 89 Absatz 2 Satz 1 für das zurückliegende Beitragsjahr nach einem mit der zentralen Stelle abgestimmten Verfahren mitzuteilen. [3] Die Beträge nach Satz 1 gelten für die Ermittlung der zu zahlenden Altersvorsorgezulage nach § 83 als Altersvorsorgebeiträge für das Beitragsjahr, für das sie gezahlt wurden. [4] Für die Anwendung des § 10a Absatz 1 Satz 1 sowie bei der Ermittlung der dem Steuerpflichtigen zustehenden Zulage im Rahmen des § 2 Absatz 6 und des § 10a sind die nach Satz 1 ge-

---

[1] § 82 Abs. 4 Nr. 1 geänd. durch G v. 8.12.2010 (BGBl. I S. 1768).
[2] § 82 Abs. 4 Nr. 5 angef. durch G v. 7.12.2011 (BGBl. I S. 2592).
[3] § 82 Abs. 5 angef. mWv VZ 2014 durch G v. 25.7.2014 (BGBl. I S. 1266).

zahlten Altersvorsorgebeiträge weder für das Beitragsjahr nach Satz 1 Nummer 2 noch für das Beitragsjahr der Zahlung zu berücksichtigen.

§ 83 Altersvorsorgezulage. In Abhängigkeit von den geleisteten Altersvorsorgebeiträgen wird eine Zulage gezahlt, die sich aus einer Grundzulage (§ 84) und einer Kinderzulage (§ 85) zusammensetzt.

§ 84[1] Grundzulage. [1]Jeder Zulageberechtigte erhält eine Grundzulage; diese beträgt ab dem Beitragsjahr 2018 jährlich 175 Euro. [2]Für Zulageberechtigte nach § 79 Satz 1, die zu Beginn des Beitragsjahres (§ 88) das 25. Lebensjahr noch nicht vollendet haben, erhöht sich die Grundzulage nach Satz 1 um einmalig 200 Euro. [3]Die Erhöhung nach Satz 2 ist für das erste nach dem 31. Dezember 2007 beginnende Beitragsjahr zu gewähren, für das eine Altersvorsorgezulage beantragt wird.

§ 85 Kinderzulage. (1)[2] [1]Die Kinderzulage beträgt für jedes Kind, für das gegenüber dem Zulageberechtigten Kindergeld festgesetzt wird, jährlich 185 Euro. [2]Für ein nach dem 31. Dezember 2007 geborenes Kind erhöht sich die Kinderzulage nach Satz 1 auf 300 Euro. [3]Der Anspruch auf Kinderzulage entfällt für den Veranlagungszeitraum, für den das Kindergeld insgesamt zurückgefordert wird. [4]Erhalten mehrere Zulageberechtigte für dasselbe Kind Kindergeld, steht die Kinderzulage demjenigen zu, dem gegenüber für den ersten Anspruchszeitraum (§ 66 Absatz 2) im Kalenderjahr Kindergeld festgesetzt worden ist.

(2)[3] [1]Bei Eltern verschiedenen Geschlechts, die miteinander verheiratet sind, nicht dauernd getrennt leben (§ 26 Absatz 1) und ihren Wohnsitz oder gewöhnlichen Aufenthalt in einem Mitgliedstaat der Europäischen Union oder einem Staat haben, auf den das Abkommen über den Europäischen Wirtschaftsraum (EWR-Abkommen) anwendbar ist, wird die Kinderzulage der Mutter zugeordnet, auf Antrag beider Eltern dem Vater. [2]Bei Eltern gleichen Geschlechts, die miteinander verheiratet sind oder eine Lebenspartnerschaft führen, nicht dauernd getrennt leben (§ 26 Absatz 1) und ihren Wohnsitz oder gewöhnlichen Aufenthalt in einem Mitgliedstaat der Europäischen Union oder einem Staat haben, auf den das EWR-Abkommen anwendbar ist, ist die Kinderzulage dem Elternteil zuzuordnen, dem gegenüber das Kindergeld festgesetzt wird, auf Antrag beider Eltern dem anderen Elternteil. [3]Der Antrag kann für ein abgelaufenes Beitragsjahr nicht zurückgenommen werden.

§ 86[4] Mindesteigenbeitrag. (1) [1]Die Zulage nach den §§ 84 und 85 wird gekürzt, wenn der Zulageberechtigte nicht den Mindesteigenbeitrag leistet.

---

[1] § 84 Satz 1 geänd. mWv 1.1.2018 durch G v. 17.8.2017 (BGBl. I S. 3214).

[2] § 85 Abs. 1 Sätze 1 und 4 geänd. mWv 1.1.2018 durch G v. 17.8.2017 (BGBl. I S. 3214).

[3] § 85 Abs. 2 Satz 1 geänd. mWv VZ 2010 durch G v. 8.4.2010 (BGBl. I S. 386); Satz 2 eingef., bish. Satz 2 wird Satz 3 mWv 24.7.2014 durch G v. 18.7.2014 (BGBl. I S. 1042); Satz 2 geänd. mWv 1.1.2018 durch G v. 17.8.2017 (BGBl. I S. 3214); Sätze 1 und 2 geänd. mWv 15.12.2018 durch G v. 11.12.2018 (BGBl. I S. 2338).

[4] Zur Anwendung siehe Abs. 5.

[2]Dieser beträgt jährlich 4 Prozent der Summe der in dem dem Kalenderjahr vorangegangenen Kalenderjahr

1. erzielten beitragspflichtigen Einnahmen im Sinne des Sechsten Buches Sozialgesetzbuch,
2. bezogenen Besoldung und Amtsbezüge,
3. in den Fällen des § 10a Absatz 1 Satz 1 Nummer 3 und Nummer 4 erzielten Einnahmen, die beitragspflichtig wären, wenn die Versicherungsfreiheit in der gesetzlichen Rentenversicherung nicht bestehen würde und
4. bezogenen Rente wegen voller Erwerbsminderung oder Erwerbsunfähigkeit oder bezogenen Versorgungsbezüge wegen Dienstunfähigkeit in den Fällen des § 10a Absatz 1 Satz 4,

jedoch nicht mehr als der in § 10a Absatz 1 Satz 1 genannte Höchstbetrag,[1)] vermindert um die Zulage nach den §§ 84 und 85; gehört der Ehegatte zum Personenkreis nach § 79 Satz 2, berechnet sich der Mindesteigenbeitrag des nach § 79 Satz 1 Begünstigten unter Berücksichtigung der den Ehegatten insgesamt zustehenden Zulagen. [3]Auslandsbezogene Bestandteile nach den §§ 52ff. des Bundesbesoldungsgesetzes oder entsprechender Regelungen eines Landesbesoldungsgesetzes bleiben unberücksichtigt. [4]Als Sockelbetrag sind ab dem Jahr 2005 jährlich 60 Euro zu leisten. [5]Ist der Sockelbetrag höher als der Mindesteigenbeitrag nach Satz 2, so ist der Sockelbetrag als Mindesteigenbeitrag zu leisten. [6]Die Kürzung der Zulage ermittelt sich nach dem Verhältnis der Altersvorsorgebeiträge zum Mindesteigenbeitrag.

(2)[2)] [1]Ein nach § 79 Satz 2 begünstigter Ehegatte hat Anspruch auf eine ungekürzte Zulage, wenn der zum begünstigten Personenkreis nach § 79 Satz 1 gehörende Ehegatte seinen geförderten Mindesteigenbeitrag unter Berücksichtigung der den Ehegatten insgesamt zustehenden Zulagen erbracht hat. [2]Werden bei einer in der gesetzlichen Rentenversicherung pflichtversicherten Person beitragspflichtige Einnahmen zu Grunde gelegt, die höher sind als das tatsächlich erzielte Entgelt oder die Entgeltersatzleistung, ist das tatsächlich erzielte Entgelt oder der Zahlbetrag der Entgeltersatzleistung für die Berechnung des Mindesteigenbeitrags zu berücksichtigen. [3]Für die nicht erwerbsmäßig ausgeübte Pflegetätigkeit einer nach § 3 Satz 1 Nummer 1a des Sechsten Buches Sozialgesetzbuch rentenversicherungspflichtigen Person ist für die Berechnung des Mindesteigenbeitrags ein tatsächlich erzieltes Entgelt von 0 Euro zu berücksichtigen.

(3) [1]Für Versicherungspflichtige nach dem Gesetz über die Alterssicherung der Landwirte ist Absatz 1 mit der Maßgabe anzuwenden, dass auch die Einkünfte aus Land- und Forstwirtschaft im Sinne des § 13 des zweiten dem Beitragsjahr vorangegangenen Veranlagungszeitraums als beitragspflichtige Einnahmen des vorangegangenen Kalenderjahres gelten. [2]Negative Einkünfte im Sinne des Satzes 1 bleiben unberücksichtigt, wenn weitere nach Absatz 1 oder Absatz 2 zu berücksichtigende Einnahmen erzielt werden.

---

1) § 86 Abs. 1 Satz 2 geänd. mWv VZ 2013 durch G v. 24.6.2013 (BGBl. I S. 1667).

2) § 86 Abs. 2 Satz 2 geänd. mWv 1.1.2011 durch G v. 8.12.2010 (BGBl. I S. 1786); Satz 4 angef. mWv VZ 2013 durch G v. 24.6.2013 (BGBl. I S. 1667); Satz 3 aufgeh., bish. Satz 4 wird Satz 3 mWv VZ 2014 durch G v. 25.7.2014 (BGBl. I S. 1266).

(4) Wird nach Ablauf des Beitragsjahres festgestellt, dass die Voraussetzungen für die Gewährung einer Kinderzulage nicht vorgelegen haben, ändert sich dadurch die Berechnung des Mindesteigenbeitrags für dieses Beitragsjahr nicht.

(5)[1] Bei den in § 10a Absatz 6 Satz 1 und 2 genannten Personen ist der Summe nach Absatz 1 Satz 2 die Summe folgender Einnahmen und Leistungen aus dem dem Kalenderjahr vorangegangenen Kalenderjahr hinzuzurechnen:

1. die erzielten Einnahmen aus der Tätigkeit, die die Zugehörigkeit zum Personenkreis des § 10a Absatz 6 Satz 1 begründet, und
2. die bezogenen Leistungen im Sinne des § 10a Absatz 6 Satz 2 Nummer 1.

§ 87 Zusammentreffen mehrerer Verträge. (1) [1]Zahlt der nach § 79 Satz 1 Zulageberechtigte Altersvorsorgebeiträge zugunsten mehrerer Verträge, so wird die Zulage nur für zwei dieser Verträge gewährt. [2]Der insgesamt nach § 86 zu leistende Mindesteigenbeitrag muss zugunsten dieser Verträge geleistet worden sein. [3]Die Zulage ist entsprechend dem Verhältnis der auf diese Verträge geleisteten Beiträge zu verteilen.

(2) [1]Der nach § 79 Satz 2 Zulageberechtigte kann die Zulage für das jeweilige Beitragsjahr nicht auf mehrere Altersvorsorgeverträge verteilen. [2]Es ist nur der Altersvorsorgevertrag begünstigt, für den zuerst die Zulage beantragt wird.

§ 88 Entstehung des Anspruchs auf Zulage. Der Anspruch auf die Zulage entsteht mit Ablauf des Kalenderjahres, in dem die Altersvorsorgebeiträge geleistet worden sind (Beitragsjahr).

§ 89 Antrag. (1) [1]Der Zulageberechtigte hat den Antrag auf Zulage nach amtlich vorgeschriebenem Vordruck bis zum Ablauf des zweiten Kalenderjahres, das auf das Beitragsjahr (§ 88) folgt, bei dem Anbieter seines Vertrages einzureichen. [2]Hat der Zulageberechtigte im Beitragsjahr Altersvorsorgebeiträge für mehrere Verträge gezahlt, so hat er mit dem Zulageantrag zu bestimmen, auf welche Verträge die Zulage überwiesen werden soll. [3]Beantragt der Zulageberechtigte die Zulage für mehr als zwei Verträge, so wird die Zulage nur für die zwei Verträge mit den höchsten Altersvorsorgebeiträgen gewährt. [4]Sofern eine Zulagenummer (§ 90 Absatz 1 Satz 2) durch die zentrale Stelle (§ 81) oder eine Versicherungsnummer nach § 147 des Sechsten Buches Sozialgesetzbuch für den nach § 79 Satz 2 berechtigten Ehegatten noch nicht vergeben ist, hat dieser über seinen Anbieter eine Zulagenummer bei der zentralen Stelle zu beantragen. [5]Der Antragsteller ist verpflichtet, dem Anbieter unverzüglich eine Änderung der Verhältnisse mitzuteilen, die zu einer Minderung oder zum Wegfall des Zulageanspruchs führt.

(1a)[2] [1]Der Zulageberechtigte kann den Anbieter seines Vertrages schriftlich bevollmächtigen, für ihn abweichend von Absatz 1 die Zulage für jedes Beitragsjahr zu beantragen. [2]Absatz 1 Satz 5 gilt mit Ausnahme der Mitteilung

---

[1] § 86 Abs. 5 angef. mWv VZ 2014 durch G v. 25.7.2014 (BGBl. I S. 1266).
[2] § 89 Abs. 1a Satz 2 geänd. mWv VZ 2019 durch G v. 12.12.2019 (BGBl. I S. 2451).

geänderter beitragspflichtiger Einnahmen im Sinne des Sechsten Buches Sozialgesetzbuch entsprechend. [3]Ein Widerruf der Vollmacht ist bis zum Ablauf des Beitragsjahres, für das der Anbieter keinen Antrag auf Zulage stellen soll, gegenüber dem Anbieter zu erklären.

(2)[1)] [1]Der Anbieter ist verpflichtet,

a) die Vertragsdaten,

b) die Identifikationsnummer, die Versicherungsnummer nach § 147 des Sechsten Buches Sozialgesetzbuch, die Zulagenummer des Zulageberechtigten und dessen Ehegatten oder einen Antrag auf Vergabe einer Zulagenummer eines nach § 79 Satz 2 berechtigten Ehegatten,

c) die vom Zulageberechtigten mitgeteilten Angaben zur Ermittlung des Mindesteigenbeitrags (§ 86),

d) die Identifikationsnummer des Kindes sowie die weiteren für die Gewährung der Kinderzulage erforderlichen Daten,

e) die Höhe der geleisteten Altersvorsorgebeiträge und

f) das Vorliegen einer nach Absatz 1a erteilten Vollmacht

als die für die Ermittlung und Überprüfung des Zulageanspruchs und Durchführung des Zulageverfahrens erforderlichen Daten zu erfassen. [2]Er hat die Daten der bei ihm im Laufe eines Kalendervierteljahres eingegangenen Anträge bis zum Ende des folgenden Monats nach amtlich vorgeschriebenem Datensatz durch amtlich bestimmte Datenfernübertragung an die zentrale Stelle zu übermitteln. [3]Dies gilt auch im Fall des Absatzes 1 Satz 5. [4]§ 22a Absatz 2 gilt entsprechend.

(3) [1]Ist der Anbieter nach Absatz 1a Satz 1 bevollmächtigt worden, hat er der zentralen Stelle die nach Absatz 2 Satz 1 erforderlichen Angaben für jedes Kalenderjahr bis zum Ablauf des auf das Beitragsjahr folgenden Kalenderjahres zu übermitteln. [2]Liegt die Bevollmächtigung erst nach dem im Satz 1 genannten Meldetermin vor, hat der Anbieter die Angaben bis zum Ende des folgenden Kalendervierteljahres nach der Bevollmächtigung, spätestens jedoch bis zum Ablauf der in Absatz 1 Satz 1 genannten Antragsfrist, zu übermitteln. [3]Absatz 2 Satz 2 und 3 gilt sinngemäß.

§ 90[2)] Verfahren. (1) [1]Die zentrale Stelle ermittelt auf Grund der von ihr erhobenen oder der ihr übermittelten Daten, ob und in welcher Höhe ein Zulageanspruch besteht. [2]Soweit der zuständige Träger der Rentenversicherung keine Versicherungsnummer vergeben hat, vergibt die zentrale Stelle zur Erfüllung der ihr nach diesem Abschnitt zugewiesenen Aufgaben eine Zulagenummer. [3]Die zentrale Stelle teilt im Fall eines Antrags nach § 10a Absatz *1a*

[1)] § 89 Abs. 2 Satz 1 Buchst. b ergänzt durch G v. 18.7.2016 (BGBl. I S. 1679); zur Anwendung siehe § 52 Abs. 51; Satz 1 Buchst. d geänd. mWv 1.1.2020 (§ 52 Abs. 51 Satz 2), Satz 4 angef. mWv VZ 2019 durch G v. 11.12.2018 (BGBl. I S. 2338).

[2)] § 90 Abs. 3a eingef. mWv 1.1.2018 durch G v. 17.8.2017 (BGBl. I S. 3214); Abs. 3 Satz 1 geänd. mWv 1.1.2019 durch G v. 17.8.2017 (BGBl. I S. 3214); Abs. 1 Satz 3 geänd., Abs. 3 Sätze 6 und 7 angef. mWv 1.1.2023 durch G v. 16.12.2022 (BGBl. I S. 2294); Abs. 2 Sätze 1 und 2 geänd., Abs. 3 Satz 1 und Abs. 4 neu gef. mWv 1.1.2024 durch G v. 16.12.2022 (BGBl. I S. 2294).

[***ab 1.1.2023:*** 1b] der zuständigen Stelle, im Fall eines Antrags nach § 89 Absatz 1 Satz 4 dem Anbieter die Zulagenummer mit; von dort wird sie an den Antragsteller weitergeleitet.

(2) [1]Die zentrale Stelle veranlasst die Auszahlung an den Anbieter zugunsten der Zulageberechtigten durch die zuständige Kasse [***ab 1.1.2024:*** nach erfolgter Berechnung nach Absatz 1 und Überprüfung nach § 91]. [2]Ein gesonderter *Zulagenbescheid* [***ab 1.1.2024:*** Bescheid] ergeht vorbehaltlich des Absatzes 4 nicht. [3]Der Anbieter hat die erhaltenen Zulagen unverzüglich den begünstigten Verträgen gutzuschreiben. [4]Zulagen, die nach Beginn der Auszahlungsphase für das Altersvorsorgevermögen von der zentralen Stelle an den Anbieter überwiesen werden, können vom Anbieter an den Anleger ausgezahlt werden. [5]Besteht kein Zulageanspruch, so teilt die zentrale Stelle dies dem Anbieter durch Datensatz mit. [6]Die zentrale Stelle teilt dem Anbieter die Altersvorsorgebeiträge im Sinne des § 82, auf die § 10a oder dieser Abschnitt angewendet wurde, durch Datensatz mit.

(3) [1]Erkennt die zentrale Stelle bis zum Ende des zweiten auf die Ermittlung der Zulage folgenden Jahres nachträglich, [***ab 1.1.2024:*** auf Grund neuer, berichtigter oder stornierter Daten,] dass der Zulageanspruch ganz oder teilweise nicht besteht oder weggefallen ist, so hat sie zu Unrecht gutgeschriebene oder ausgezahlte Zulagen bis zum Ablauf eines Jahres nach der Erkenntnis zurückzufordern und dies [***ab 1.1.2024:*** dem Zulageberechtigten durch Bescheid nach Absatz 4 Satz 1 Nummer 2 und] dem Anbieter durch Datensatz mitzuteilen. [2]Bei bestehendem Vertragsverhältnis hat der Anbieter das Konto zu belasten. [3]Die ihm im Kalendervierteljahr mitgeteilten Rückforderungsbeträge hat er bis zum zehnten Tag des dem Kalendervierteljahr folgenden Monats in einem Betrag bei der zentralen Stelle anzumelden und an diese abzuführen. [4]Die Anmeldung nach Satz 3 ist nach amtlich vorgeschriebenem Vordruck abzugeben. [5]Sie gilt als Steueranmeldung im Sinne der Abgabenordnung. [***ab 1.1.2023:*** [6]Abweichend von Satz 1 gilt die Ausschlussfrist für den Personenkreis der Kindererziehenden nach § 10a Absatz 1a nicht; die zentrale Stelle hat die Zulage bis zur Vollendung des fünften Lebensjahres des Kindes, das für die Anerkennung der Förderberechtigung nach § 10a Absatz 1a maßgebend war, zurückzufordern, wenn die Kindererziehungszeiten bis zu diesem Zeitpunkt in der gesetzlichen Rentenversicherung nicht angerechnet wurden. [7]Hat der Zulageberechtigte die Kindererziehungszeiten innerhalb der in § 10a Absatz 1a genannten Frist beantragt, der zuständige Träger der gesetzlichen Rentenversicherung aber nicht innerhalb der Ausschlussfrist von Satz 6 oder 7 darüber abschließend beschieden, verlängert sich die Ausschlussfrist um drei Monate nach Kenntniserlangung der zentralen Stelle vom Erlass des Bescheides.]

(3a) [1]Erfolgt nach der Durchführung einer versorgungsrechtlichen Teilung eine Rückforderung von zu Unrecht gezahlten Zulagen, setzt die zentrale Stelle den Rückforderungsbetrag nach Absatz 3 unter Anrechnung bereits vom Anbieter einbehaltener und abgeführter Beträge gegenüber dem Zulageberechtigten fest, soweit

1. das Guthaben auf dem Vertrag des Zulageberechtigten zur Zahlung des Rückforderungsbetrags nach § 90 Absatz 3 Satz 1 nicht ausreicht und

2. im Rückforderungsbetrag ein Zulagebetrag enthalten ist, der in der Ehe- oder Lebenspartnerschaftszeit ausgezahlt wurde.

[2] Erfolgt nach einer Inanspruchnahme eines Altersvorsorge-Eigenheimbetrags im Sinne des § 92a Absatz 1 oder während einer Darlehenstilgung bei Altersvorsorgeverträgen nach § 1 Absatz 1a des Altersvorsorgeverträge-Zertifizierungsgesetzes eine Rückforderung zu Unrecht gezahlter Zulagen, setzt die zentrale Stelle den Rückforderungsbetrag nach Absatz 3 unter Anrechnung bereits vom Anbieter einbehaltener und abgeführter Beträge gegenüber dem Zulageberechtigten fest, soweit das Guthaben auf dem Altersvorsorgevertrag des Zulageberechtigten zur Zahlung des Rückforderungsbetrags nicht ausreicht. [3] Der Anbieter hat in diesen Fällen der zentralen Stelle die nach Absatz 3 einbehaltenen und abgeführten Beträge nach amtlich vorgeschriebenem Datensatz durch amtlich bestimmte Datenfernübertragung mitzuteilen.

[Fassung bis 31.12.2023:]

(4)[2] [1] Eine Festsetzung der Zulage erfolgt nur auf besonderen Antrag des Zulageberechtigten. [2] Der Antrag ist schriftlich innerhalb eines Jahres vom Antragsteller an den Anbieter zu richten; die Frist beginnt mit der Erteilung der Bescheinigung nach § 92, die die Ermittlungsergebnisse für das Beitragsjahr enthält, für das eine Festsetzung der Zulage erfolgen soll. [3] Der Anbieter leitet den Antrag der zentralen Stelle zur Festsetzung zu. [4] Er hat dem Antrag eine Stellungnahme und die zur Festsetzung erforderlichen Unterlagen beizufügen. [5] Die zentrale Stelle teilt die Festsetzung auch dem Anbieter mit. [6] Im Übrigen gilt Absatz 3 entsprechend.

[Fassung ab 1.1.2024:][1]

(4) [1] Eine Festsetzung der Zulage erfolgt

1. von Amts wegen, wenn die nach den vorliegenden Daten abschließend berechnete Zulage von der beantragten Zulage abweicht,
2. im Falle des Absatzes 3 von Amts wegen,
3. auf besonderen Antrag des Zulageberechtigten, sofern nicht bereits eine Festsetzung von Amts wegen erfolgt ist, oder
4. auf Anforderung des zuständigen Finanzamtes, wenn dessen Daten von den Daten der zentralen Stelle abweichen; eine gesonderte Festsetzung unterbleibt, wenn eine Festsetzung nach den Nummern 1 bis 3 bereits erfolgt ist, für das Beitragsjahr keine Zulage beantragt wurde oder die Frist nach Absatz 3 Satz 1 abgelaufen ist.

[2] Der Antrag nach Satz 1 Nummer 3 ist schriftlich oder elektronisch innerhalb eines Jahres vom Zulageberechtigten an die zentrale Stelle zu richten; die Frist beginnt mit der Er-

[1] § 90 Abs. 4 neu gef. mWv 1.1.2024 durch G v. 16.12.2022 (BGBl. I S. 2294).
[2] § 90 Abs. 4 Satz 2 neu gef. mWv VZ 2013 durch G v. 24.6.2013 (BGBl. I S. 1667).

[Fassung ab 1.1.2024:]

teilung der Bescheinigung nach § 92, die die Ermittlungsergebnisse für das Beitragsjahr enthält, für das eine Festsetzung der Zulage erfolgen soll. [3]Der Anbieter teilt auf Anforderung der zentralen Stelle nach amtlich vorgeschriebenem Datensatz durch amtlich bestimmte Datenfernübertragung das Datum der Erteilung der nach Satz 2 maßgebenden Bescheinigung nach § 92 mit. [4]Er hat auf Anforderung weitere ihm vorliegende, für die Festsetzung erforderliche Unterlagen beizufügen; eine ergänzende Stellungnahme kann beigefügt werden; dies kann auch elektronisch erfolgen, wenn sowohl der Anbieter als auch die zentrale Stelle mit diesem Verfahren einverstanden sind. [5]Die zentrale Stelle teilt die Festsetzung nach Satz 1 Nummer 3 auch dem Anbieter und die Festsetzung nach Satz 1 Nummer 4 auch dem Finanzamt mit; erfolgt keine Festsetzung nach Satz 1 Nummer 4, teilt dies die zentrale Stelle dem Finanzamt ebenfalls mit. [6]Im Übrigen gilt Absatz 3 entsprechend. [7]Satz 1 Nummer 1 gilt nicht, wenn der Datensatz nach § 89 Absatz 2 auf Grund von unzureichenden oder fehlerhaften Angaben des Zulageberechtigten abgewiesen sowie um eine Fehlermeldung ergänzt worden ist und die Angaben nicht innerhalb der Antragsfrist des § 89 Absatz 1 Satz 1 von dem Zulageberechtigten an den Anbieter nachgereicht werden.

(5)[1)] [1]Im Rahmen des Festsetzungsverfahrens [*ab 1.1.2024:* oder Einspruchsverfahrens] kann der Zulageberechtigte bis zum rechtskräftigen Abschluss des Festsetzungsverfahrens eine nicht fristgerecht abgegebene Einwilligung nach § 10a Absatz 1 Satz 1 Halbsatz 2 gegenüber der zuständigen Stelle nachholen. [2]Über die Nachholung hat er die zentrale Stelle unter Angabe des

---

[1)] § 90 Abs. 5 angef. mWv VZ 2019 durch G v. 17.8.2017 (BGBl. I S. 3214); geänd. mWv 1.1.2024 durch G v. 16.12.2022 (BGBl. I S. 2294).

Datums der Erteilung der Einwilligung unmittelbar zu informieren. [3]Hat der Zulageberechtigte im Rahmen des Festsetzungsverfahrens eine wirksame Einwilligung gegenüber der zuständigen Stelle erteilt, wird er so gestellt, als hätte er die Einwilligung innerhalb der Frist nach § 10a Absatz 1 Satz 1 Halbsatz 2 wirksam gestellt.

§ 91 Datenerhebung und Datenabgleich. (1)[1)] [1]Für die Berechnung und Überprüfung der Zulage sowie die Überprüfung des Vorliegens der Voraussetzungen des Sonderausgabenabzugs nach § 10a übermitteln die Träger der gesetzlichen Rentenversicherung, die landwirtschaftliche Alterskasse, die Bundesagentur für Arbeit, die Meldebehörden, die Familienkassen und die Finanzämter der zentralen Stelle auf Anforderung unter Angabe der Identifikationsnummer (§ 139b der Abgabenordnung[2)]) des Steuerpflichtigen die bei ihnen vorhandenen Daten nach § 89 Absatz 2 durch Datenfernübertragung; für Zwecke der Berechnung des Mindesteigenbeitrags für ein Beitragsjahr darf die zentrale Stelle bei den Trägern der gesetzlichen Rentenversicherung und der landwirtschaftlichen Alterskasse die bei ihnen vorhandenen Daten zu den beitragspflichtigen Einnahmen sowie in den Fällen des § 10a Absatz 1 Satz 4 zur Höhe der bezogenen Rente wegen voller Erwerbsminderung oder Erwerbsunfähigkeit erheben, sofern diese nicht vom Anbieter nach § 89 übermittelt worden sind; im Datenabgleich mit den Familienkassen sind auch die Identifikationsnummern des Kindergeldberechtigten und des Kindes anzugeben. [2]Für Zwecke der Überprüfung nach Satz 1 darf die zentrale Stelle die ihr übermittelten Daten mit den ihr nach § 89 Absatz 2 übermittelten Daten automatisiert abgleichen.

[Fassung bis 31.12.2023:]

[3]Führt die Überprüfung zu einer Änderung der ermittelten oder festgesetzten Zulage, ist dies dem Anbieter mitzuteilen. [4]Ergibt die Überprüfung eine Abweichung von dem in der Steuerfestsetzung berücksichtigten Sonderausgabenabzug nach § 10a oder der gesonderten Feststellung nach § 10a Absatz 4, ist dies dem Finanzamt mitzuteilen; die Steuerfestsetzung oder die gesonderte Feststellung ist insoweit zu ändern.

[Fassung ab 1.1.2024:][3)]

[3]Ergibt die Überprüfung eine Abweichung von dem in der Steuerfestsetzung berücksichtigten Sonderausgabenabzug nach § 10a oder der gesonderten Feststellung nach § 10a Absatz 4, ist dies dem Finanzamt mitzuteilen; die Steuerfestsetzung oder die gesonderte Feststellung ist insoweit zu ändern. [4]Ist die Zulage nach § 90 Absatz 4 von der zentralen Stelle unanfechtbar festgesetzt worden, sind diese gesondert festgesetzten Besteuerungsgrundlagen für das Finanzamt bindend und auch der ge-

---

[1)] § 91 Abs. 1 Satz 1 HS 1 und 2 geänd. mWv VZ 2013 durch G v. 12.4.2012 (BGBl. I S. 579); HS 1 geänd. und HS 3 angef. mWv VZ 2019 durch G v. 12.12.2019 (BGBl. I S. 2451).

[2)] Nr. **800.**

[3)] § 91 Abs. 1 Satz 3 aufgeh., Satz 4 wird Satz 3 und neuer Satz 4 angef. mWv 1.1.2024 durch G v. 16.12.2022 (BGBl. I S. 2294).

[Fassung ab 1.1.2024:]

sonderten Feststellung nach § 10a Absatz 4 zu Grunde zu legen.

(2) [1]Die zuständige Stelle hat der zentralen Stelle die Daten nach § 10a Absatz 1 Satz 1 zweiter Halbsatz bis zum 31. März des dem Beitragsjahr folgenden Kalenderjahres durch Datenfernübertragung zu übermitteln. [2]Liegt die Einwilligung nach § 10a Absatz 1 Satz 1 zweiter Halbsatz erst nach dem im Satz 1 genannten Meldetermin vor, hat die zuständige Stelle die Daten spätestens bis zum Ende des folgenden Kalendervierteljahres nach Erteilung der Einwilligung nach Maßgabe von Satz 1 zu übermitteln.

§ 92[1)] Bescheinigung. [1]Der Anbieter hat dem Zulageberechtigten jährlich bis zum Ablauf des auf das Beitragsjahr folgenden Jahres eine Bescheinigung nach amtlich vorgeschriebenem Muster zu erteilen über

1. die Höhe der im abgelaufenen Beitragsjahr geleisteten Altersvorsorgebeiträge (Beiträge und Tilgungsleistungen),
2. die im abgelaufenen Beitragsjahr getroffenen, aufgehobenen oder geänderten Ermittlungsergebnisse (§ 90),
3. die Summe der bis zum Ende des abgelaufenen Beitragsjahres dem Vertrag gutgeschriebenen Zulagen,
4. die Summe der bis zum Ende des abgelaufenen Beitragsjahres geleisteten Altersvorsorgebeiträge (Beiträge und Tilgungsleistungen),
5. den Stand des Altersvorsorgevermögens,
6.[2)] den Stand des Wohnförderkontos (§ 92a Absatz 2 Satz 1), sofern er diesen von der zentralen Stelle mitgeteilt bekommen hat, und
7.[3)] die Bestätigung der durch den Anbieter erfolgten Datenübermittlung an die zentrale Stelle im Fall des § 10a Absatz 5 Satz 1.

[2]Einer jährlichen Bescheinigung bedarf es nicht, wenn zu Satz 1 Nummer 1, 2, 6 und 7 keine Angaben erforderlich sind und sich zu Satz 1 Nummer 3 bis 5 keine Änderungen gegenüber der zuletzt erteilten Bescheinigung ergeben. [3]Liegen die Voraussetzungen des Satzes 2 nur hinsichtlich der Angabe nach Satz 1 Nummer 6 nicht vor und wurde die Geschäftsbeziehung im Hinblick auf den jeweiligen Altersvorsorgevertrag zwischen Zulageberechtigtem und Anbieter beendet, weil

1. das angesparte Kapital vollständig aus dem Altersvorsorgevertrag entnommen wurde oder
2. das gewährte Darlehen vollständig getilgt wurde,

bedarf es *keiner* jährlichen Bescheinigung, wenn der Anbieter dem Zulageberechtigten in einer Bescheinigung im Sinne dieser Vorschrift Folgendes mit-

---

[1)] § 92 Satz 1 geänd. mWv VZ 2013 durch G v. 24.6.2013 (BGBl. I S. 1667); Sätze 2 und 3 ersetzt durch Sätze 2 bis 4 mWv VZ 2014 durch G v. 24.6.2013 (BGBl. I S. 1667); Satz 1 einl. Satzteil geänd. mWv VZ 2018 durch G v. 17.8.2017 (BGBl. I S. 3214).

[2)] § 92 Satz 1 Nr. 6 geänd. mWv VZ 2013 durch G v. 24.6.2013 (BGBl. I S. 1667).

[3)] § 92 Satz 1 Nr. 7 Verweis berichtigt durch G v. 8.12.2010 (BGBl. I S. 1768).

teilt: „Das Wohnförderkonto erhöht sich bis zum Beginn der Auszahlungsphase jährlich um 2 Prozent,[1] solange Sie keine Zahlungen zur Minderung des Wohnförderkontos leisten." [4]Der Anbieter kann dem Zulageberechtigten mit dessen Einverständnis die Bescheinigung auch elektronisch bereitstellen.

§ 92a Verwendung für eine selbst genutzte Wohnung. (1)[2] [1]Der Zulageberechtigte kann das in einem Altersvorsorgevertrag gebildete und nach § 10a oder nach diesem Abschnitt geförderte Kapital in vollem Umfang oder, wenn das verbleibende geförderte Restkapital mindestens 3000 Euro beträgt, teilweise wie folgt verwenden (Altersvorsorge-Eigenheimbetrag):

1. bis zum Beginn der Auszahlungsphase unmittelbar für die Anschaffung oder Herstellung einer Wohnung oder zur Tilgung eines zu diesem Zweck aufgenommenen Darlehens, wenn das dafür entnommene Kapital mindestens 3000 Euro beträgt, oder
2. bis zum Beginn der Auszahlungsphase unmittelbar für den Erwerb von Pflicht-Geschäftsanteilen an einer eingetragenen Genossenschaft für die Selbstnutzung einer Genossenschaftswohnung oder zur Tilgung eines zu diesem Zweck aufgenommenen Darlehens, wenn das dafür entnommene Kapital mindestens 3000 Euro beträgt, oder
3.[3] bis zum Beginn der Auszahlungsphase unmittelbar für die Finanzierung eines Umbaus [*ab 1.1.2024:* oder der energetischen Sanierung] einer Wohnung, wenn
   a) das dafür entnommene Kapital
      aa) mindestens 6000 Euro beträgt und für einen innerhalb eines Zeitraums von drei Jahren nach der Anschaffung oder Herstellung der Wohnung vorgenommenen Umbau verwendet wird oder
      bb) mindestens 20 000 Euro beträgt,

[Fassung bis 31.12.2023:]

b) das dafür entnommene Kapital zu mindestens 50 Prozent auf Maßnahmen entfällt, die die Vorgaben der DIN 18040 Teil 2, Ausgabe September 2011, soweit baustrukturell möglich, erfüllen, und der verbleibende Teil der Kosten der Reduzierung von Barrieren in oder an der Wohnung dient; die zweckgerechte Verwendung

[Fassung ab 1.1.2024:]

b) das dafür entnommene Kapital
   aa) zu mindestens 50 Prozent auf Maßnahmen entfällt, die die Vorgaben der DIN 18040 Teil 2, Ausgabe September 2011, soweit baustrukturell möglich, erfüllen, und der verbleibende Teil der Kosten der Reduzierung von Barrieren in oder an der Wohnung

---

[1] Prozentsatz geänd. mWv VZ 2014 durch G v. 25.7.2014 (BGBl. I S. 1266).

[2] § 92a Abs. 1 Satz 1 Nr. 3 geänd. mWv VZ 2010 durch G v. 8.12.2010 (BGBl. I S. 1768).

[3] § 92a Abs. 1 Satz 1 Nr. 3 Satzteil vor Buchst. a geänd. mWv VZ 2014 durch G v. 25.7.2014 (BGBl. I S. 1266); Satz 1 Nr. 3 Satzteil vor Buchst. a geänd., Buchst. b und c neu gef. mWv 1.1.2024 durch G v. 16.12.2022 (BGBl. I S. 2294).

[Fassung bis 31.12.2023:]

ist durch einen Sachverständigen zu bestätigen; und

c) der Zulageberechtigte oder ein Mitnutzer der Wohnung für die Umbaukosten weder eine Förderung durch Zuschüsse noch eine Steuerermäßigung nach § 35a in Anspruch nimmt oder nehmen wird noch die Berücksichtigung als außergewöhnliche Belastung nach § 33 beantragt hat oder beantragen wird und dies schriftlich bestätigt. [2]Diese Bestätigung ist bei der Antragstellung nach § 92b Absatz 1 Satz 1 gegenüber der zentralen Stelle abzugeben. [3]Bei der Inanspruchnahme eines Darlehens im Rahmen eines Altersvorsorgevertrags nach § 1 Absatz 1a des Altersvorsorgeverträge-Zertifizierungsgesetzes hat der Zulageberechtigte die Bestätigung gegenüber seinem Anbieter abzugeben.

[Fassung ab 1.1.2024:]

dient; die zweckgerechte Verwendung ist durch einen Sachverständigen zu bestätigen; oder

bb) auf energetische Maßnahmen im Sinne des § 35c Absatz 1 Satz 3 und 4 entfällt, die von einem Fachunternehmen ausgeführt werden; § 35c Absatz 1 Satz 6 und 7 gilt entsprechend; und

c) der Zulageberechtigte oder ein Mitnutzer der Wohnung für die Umbaukosten weder eine Förderung durch Zuschüsse noch eine Steuerermäßigung nach den §§ 35a oder 35c in Anspruch nimmt oder nehmen wird noch die Berücksichtigung als Betriebsausgaben, Werbungskosten, Sonderausgaben oder außergewöhnliche Belastung nach § 33 beantragt hat oder beantragen wird und dies schriftlich bestätigt. [2]Diese Bestätigung ist bei der Antragstellung nach § 92b Absatz 1 Satz 1 gegenüber der zentralen Stelle abzugeben. [3]Bei der Inanspruchnahme eines Darlehens im Rahmen eines Altersvorsorgevertrags nach § 1 Absatz 1a des Altersvorsorgeverträge-Zertifizierungsgesetzes hat der Zulageberechtigte die Bestätigung gegenüber seinem Anbieter abzugeben.

[2]Die DIN 18040 ist im Beuth-Verlag GmbH, Berlin und Köln, erschienen und beim Deutschen Patent- und Markenamt in München archivmäßig gesichert niedergelegt. [3]Die technischen Mindestanforderungen für die Reduzierung von Barrieren in oder an der Wohnung nach Satz 1 Nummer 3 Buchstabe b werden durch das Bundesministerium des Innern, für Bau und Heimat[1] im

---

[1] Bezeichnung geänd. durch VO v. 19.6.2020 (BGBl. I S. 1328).

Einvernehmen mit dem Bundesministerium der Finanzen festgelegt und im Bundesbaublatt veröffentlicht. [4]Sachverständige im Sinne dieser Vorschrift sind nach Landesrecht Bauvorlageberechtigte sowie nach § 91 Absatz 1 Nummer 8 der Handwerksordnung öffentlich bestellte und vereidigte Sachverständige, die für ein Sachgebiet bestellt sind, das die Barrierefreiheit und Barrierereduzierung in Wohngebäuden umfasst, und die eine besondere Sachkunde oder ergänzende Fortbildung auf diesem Gebiet nachweisen. [5]Eine nach Satz 1 begünstigte Wohnung ist

1. eine Wohnung in einem eigenen Haus oder
2. eine eigene Eigentumswohnung oder
3. eine Genossenschaftswohnung einer eingetragenen Genossenschaft,

wenn diese Wohnung in einem Mitgliedstaat der Europäischen Union oder in einem Staat, auf den das Abkommen über den Europäischen Wirtschaftsraum (EWR-Abkommen) anwendbar ist, belegen ist und die Hauptwohnung oder den Mittelpunkt der Lebensinteressen des Zulageberechtigten darstellt; dies gilt auch für eine im Vereinigten Königreich Großbritannien und Nordirland belegene Wohnung, die vor dem Zeitpunkt, ab dem das Vereinigte Königreich Großbritannien und Nordirland nicht mehr Mitgliedstaat der Europäischen Union ist und auch nicht wie ein solcher zu behandeln ist, bereits begünstigt war, soweit für diese Wohnung bereits vor diesem Zeitpunkt eine Verwendung nach Satz 1 erfolgt ist und keine erneute beantragt wird.[1)] [6]Einer Wohnung im Sinne des Satzes 5 steht ein eigentumsähnliches oder lebenslanges Dauerwohnrecht nach § 33 des Wohnungseigentumsgesetzes gleich, soweit Vereinbarungen nach § 39 des Wohnungseigentumsgesetzes getroffen werden. [7]Bei der Ermittlung des Restkapitals nach Satz 1 ist auf den Stand des geförderten Altersvorsorgevermögens zum Ablauf des Tages abzustellen, an dem die zentrale Stelle den Bescheid nach § 92b ausgestellt hat. [8]Der Altersvorsorge-Eigenheimbetrag gilt nicht als Leistung aus einem Altersvorsorgevertrag, die dem Zulageberechtigten im Zeitpunkt der Auszahlung zufließt.

(2)[2)] [1]Der Altersvorsorge-Eigenheimbetrag, die Tilgungsleistungen im Sinne des § 82 Absatz 1 Satz 1 Nummer 2 und die hierfür gewährten Zulagen sind durch die zentrale Stelle in Bezug auf den zugrunde liegenden Altersvorsorgevertrag gesondert zu erfassen (Wohnförderkonto); die zentrale Stelle teilt für jeden Altersvorsorgevertrag, für den sie ein Wohnförderkonto (Altersvorsorgevertrag mit Wohnförderkonto) führt, dem Anbieter jährlich den Stand des Wohnförderkontos nach amtlich vorgeschriebenem Datensatz durch Datenfernübertragung mit. [2]Beiträge, die nach § 82 Absatz 1 Satz 3 wie Tilgungsleistungen behandelt wurden, sind im Zeitpunkt der unmittelbaren Darlehenstilgung einschließlich der zur Tilgung eingesetzten Zulagen und Erträge in das Wohnförderkonto aufzunehmen; zur Tilgung eingesetzte ungeförderte Beiträge einschließlich der darauf entfallenden Erträge fließen dem Zulagebe-

---

1) § 92a Abs. 1 Satz 5 HS 2 angef. mWv 29.3.2019 durch Brexit-StBG v. 25.3.2019 (BGBl. I S. 357).

2) § 92a Abs. 2 Satz 5 HS 4 angef., Satz 7 geänd. mWv 1.1.2018 durch G v. 17.8.2017 (BGBl. I S. 3214); Satz 5 HS 4 geänd. mWv 1.1.2018 durch G v. 11.12.2018 (BGBl. I S. 2338).

rechtigten in diesem Zeitpunkt zu. [3]Nach Ablauf eines Beitragsjahres, letztmals für das Beitragsjahr des Beginns der Auszahlungsphase, ist der sich aus dem Wohnförderkonto ergebende Gesamtbetrag um 2 Prozent zu erhöhen. [4]Das Wohnförderkonto ist zu vermindern um

1. Zahlungen des Zulageberechtigten auf einen auf seinen Namen lautenden zertifizierten Altersvorsorgevertrag nach § 1 Absatz 1 des Altersvorsorgeverträge-Zertifizierungsgesetzes bis zum Beginn der Auszahlungsphase zur Minderung der in das Wohnförderkonto eingestellten Beträge; der Anbieter, bei dem die Einzahlung erfolgt, hat die Einzahlung der zentralen Stelle nach amtlich vorgeschriebenen Datensatz durch Datenfernübertragung mitzuteilen; erfolgt die Einzahlung nicht auf den Altersvorsorgevertrag mit Wohnförderkonto, hat der Zulageberechtigte dem Anbieter, bei dem die Einzahlung erfolgt, die Vertragsdaten des Altersvorsorgevertrags mit Wohnförderkonto mitzuteilen; diese hat der Anbieter der zentralen Stelle zusätzlich mitzuteilen;
2. den Verminderungsbetrag nach Satz 5.

[5]Verminderungsbetrag ist der sich mit Ablauf der Kalenderjahres des Beginns der Auszahlungsphase ergebende Stand des Wohnförderkontos dividiert durch die Anzahl der Jahre bis zur Vollendung des 85. Lebensjahres des Zulageberechtigten; als Beginn der Auszahlungsphase gilt der vom Zulageberechtigten und Anbieter vereinbarte Zeitpunkt, der zwischen der Vollendung des 60. Lebensjahres und des 68. Lebensjahres des Zulageberechtigten liegen muss; ist ein Auszahlungszeitpunkt nicht vereinbart, so gilt die Vollendung des 67. Lebensjahres als Beginn der Auszahlungsphase; die Verschiebung des Beginns der Auszahlungsphase über das 68. Lebensjahr des Zulageberechtigten hinaus ist unschädlich, sofern es sich um eine Verschiebung im Zusammenhang mit der Abfindung einer Kleinbetragsrente auf Grund des § 1 Absatz 1 Satz 1 Nummer 4 Buchstabe a des Altersvorsorgeverträge-Zertifizierungsgesetzes[1)] handelt. [6]Anstelle einer Verminderung nach Satz 5 kann der Zulageberechtigte jederzeit in der Auszahlungsphase von der zentralen Stelle die Auflösung des Wohnförderkontos verlangen (Auflösungsbetrag). [7]Der Anbieter hat im Zeitpunkt der unmittelbaren Darlehenstilgung die Beträge nach Satz 2 erster Halbsatz und der Anbieter eines Altersvorsorgevertrags mit Wohnförderkonto hat zu Beginn der Auszahlungsphase den Zeitpunkt des Beginns der Auszahlungsphase der zentralen Stelle nach amtlich vorgeschriebenem Datensatz durch Datenfernübertragung spätestens bis zum Ablauf des zweiten Monats, der auf den Monat der unmittelbaren Darlehenstilgung oder des Beginns der Auszahlungsphase folgt, mitzuteilen. [8]Wird gefördertes Altersvorsorgevermögen nach § 93 Absatz 2 Satz 1 von einem Anbieter auf einen anderen auf den Namen des Zulageberechtigten lautenden Altersvorsorgevertrag vollständig übertragen und hat die zentrale Stelle für den bisherigen Altersvorsorgevertrag ein Wohnförderkonto geführt, so schließt sie das Wohnförderkonto des bisherigen Vertrags und führt es zu dem neuen Altersvorsorgevertrag fort. [9]Erfolgt eine Zahlung nach Satz 4 Nummer 1 oder nach Absatz 3 Satz 9 Nummer 2 auf einen anderen Altersvorsorgevertrag als auf den Altersvorsor-

---

1) **Aichberger** Sozialgesetzbuch Nr. **6/80.**

gevertrag mit Wohnförderkonto, schließt die zentrale Stelle das Wohnförderkonto des bisherigen Vertrags und führt es ab dem Zeitpunkt der Einzahlung für den Altersvorsorgevertrag fort, auf den die Einzahlung erfolgt ist. 10 Die zentrale Stelle teilt die Schließung des Wohnförderkontos dem Anbieter des bisherigen Altersvorsorgevertrags mit Wohnförderkonto mit.

(2a)[1] 1 Geht im Rahmen der Regelung von Scheidungsfolgen der Eigentumsanteil des Zulageberechtigten an der Wohnung im Sinne des Absatzes 1 Satz 5 ganz oder teilweise auf den anderen Ehegatten über, geht das Wohnförderkonto in Höhe des Anteils, der dem Verhältnis des übergegangenen Eigentumsanteils zum ursprünglichen Eigentumsanteil entspricht, mit allen Rechten und Pflichten auf den anderen Ehegatten über; dabei ist auf das Lebensalter des anderen Ehegatten abzustellen. 2 Hat der andere Ehegatte das Lebensalter für den vertraglich vereinbarten Beginn der Auszahlungsphase oder, soweit kein Beginn der Auszahlungsphase vereinbart wurde, das 67. Lebensjahr im Zeitpunkt des Übergangs des Wohnförderkontos bereits überschritten, so gilt als Beginn der Auszahlungsphase der Zeitpunkt des Übergangs des Wohnförderkontos. 3 Der Zulageberechtigte hat den Übergang des Eigentumsanteils der zentralen Stelle nachzuweisen. 4 Dazu hat er die für die Anlage eines Wohnförderkontos erforderlichen Daten des anderen Ehegatten mitzuteilen. 5 Die Sätze 1 bis 4 gelten entsprechend für Ehegatten, die im Zeitpunkt des Todes des Zulageberechtigten

1. nicht dauernd getrennt gelebt haben (§ 26 Absatz 1) und
2.[2] ihren Wohnsitz oder gewöhnlichen Aufenthalt in einem Mitgliedstaat der Europäischen Union oder einem Staat hatten, auf den das Abkommen über den Europäischen Wirtschaftsraum anwendbar ist; dies gilt auch, wenn die Ehegatten ihren vor dem Zeitpunkt, ab dem das Vereinigte Königreich Großbritannien und Nordirland nicht mehr Mitgliedstaat der Europäischen Union ist und auch nicht wie ein solcher zu behandeln ist, begründeten Wohnsitz oder gewöhnlichen Aufenthalt im Vereinigten Königreich Großbritannien und Nordirland hatten und der Altersvorsorgevertrag vor dem 23. Juni 2016 abgeschlossen worden ist.

(3)[3] 1 Nutzt der Zulageberechtigte die Wohnung im Sinne des Absatzes 1 Satz 5, für die ein Altersvorsorge-Eigenheimbetrag verwendet oder für die eine Tilgungsförderung im Sinne des § 82 Absatz 1 in Anspruch genommen worden ist, nicht nur vorübergehend nicht mehr zu eigenen Wohnzwecken, hat er dies dem Anbieter, in der Auszahlungsphase der zentralen Stelle, unter Angabe des Zeitpunkts der Aufgabe der Selbstnutzung anzuzeigen. 2 Eine Aufgabe der Selbstnutzung liegt auch vor, soweit der Zulageberechtigte das Eigentum an der Wohnung aufgibt. 3 Die Anzeigepflicht gilt entsprechend für den Rechtsnachfolger der begünstigten Wohnung, wenn der Zulageberechtigte stirbt. 4 Die Anzeigepflicht entfällt, wenn das Wohnförderkonto vollständig

[1] § 92a Abs. 2a Satz 1 geänd. mWv 1.1.2018 durch G v. 17.8.2017 (BGBl. I S. 3214).

[2] § 92a Abs. 2a Satz 5 Nr. 2 HS 2 angef. mWv 29.3.2019 durch Brexit-StBG v. 25.3.2019 (BGBl. I S. 357).

[3] § 92a Abs. 3 Sätze 1, 3, 7 und 11 geänd., Satz 10 neu gef., Sätze 12 und 13 angef. mWv 1.1.2018 durch G v. 17.8.2017 (BGBl. I S. 3214).

zurückgeführt worden ist, es sei denn, es liegt ein Fall des § 22 Nummer 5 Satz 6 vor. [5]Im Fall des Satzes 1 gelten die im Wohnförderkonto erfassten Beträge als Leistungen aus einem Altersvorsorgevertrag, die dem Zulageberechtigten nach letztmaliger Erhöhung des Wohnförderkontos nach Absatz 2 Satz 3 zum Ende des Veranlagungszeitraums, in dem die Selbstnutzung aufgegeben wurde, zufließen; das Wohnförderkonto ist aufzulösen (Auflösungsbetrag). [6]Verstirbt der Zulageberechtigte, ist der Auflösungsbetrag ihm noch zuzurechnen. [7]Der Anbieter hat der zentralen Stelle den Zeitpunkt der Aufgabe nach amtlich vorgeschriebenem Datensatz durch Datenfernübertragung spätestens bis zum Ablauf des zweiten Monats, der auf den Monat der Anzeige des Zulageberechtigten folgt mitzuteilen. [8]Wurde im Fall des Satzes 1 eine Tilgungsförderung nach § 82 Absatz 1 Satz 3 in Anspruch genommen und erfolgte keine Einstellung in das Wohnförderkonto nach Absatz 2 Satz 2, sind die Beiträge, die nach § 82 Absatz 1 Satz 3 wie Tilgungsleistungen behandelt wurden, sowie die darauf entfallenden Zulagen und Erträge in ein Wohnförderkonto aufzunehmen und anschließend die weiteren Regelungen dieses Absatzes anzuwenden; Absatz 2 Satz 2 zweiter Halbsatz und Satz 7 gilt entsprechend. [9]Die Sätze 5 bis 7 sowie § 20[1)] sind nicht anzuwenden, wenn

1. der Zulageberechtigte einen Betrag in Höhe des noch nicht zurückgeführten Betrags im Wohnförderkonto innerhalb von zwei Jahren vor dem Veranlagungszeitraum und von fünf Jahren nach Ablauf des Veranlagungszeitraums, in dem er die Wohnung letztmals zu eigenen Wohnzwecken genutzt hat, für eine weitere Wohnung im Sinne des Absatzes 1 Satz 5 verwendet,
2. der Zulageberechtigte einen Betrag in Höhe des noch nicht zurückgeführten Betrags im Wohnförderkonto innerhalb eines Jahres nach Ablauf des Veranlagungszeitraums, in dem er die Wohnung letztmals zu eigenen Wohnzwecken genutzt hat, auf einen auf seinen Namen lautenden zertifizierten Altersvorsorgevertrag zahlt; Absatz 2 Satz 4 Nummer 1 ist entsprechend anzuwenden,
3. die Ehewohnung auf Grund einer richterlichen Entscheidung nach § 1361b des Bürgerlichen Gesetzbuchs oder nach der Verordnung über die Behandlung der Ehewohnung und des Hausrats dem anderen Ehegatten zugewiesen wird,
4. der Zulageberechtigte krankheits- oder pflegebedingt die Wohnung nicht mehr bewohnt, sofern er Eigentümer dieser Wohnung bleibt, sie ihm weiterhin zur Selbstnutzung zur Verfügung steht und sie nicht von Dritten, mit Ausnahme seines Ehegatten, genutzt wird oder
5.[2)] der Zulageberechtigte innerhalb von fünf Jahren nach Ablauf des Veranlagungszeitraums, in dem er die Wohnung letztmals zu eigenen Wohnzwecken genutzt hat, die Selbstnutzung dieser Wohnung wieder aufnimmt.

[10]Satz 9 Nummer 1 und 2 setzt voraus, dass der Zulageberechtigte dem Anbieter, in der Auszahlungsphase der zentralen Stelle, die fristgemäße Reinvesti-

---

[1)] Verweis ergänzt durch G v. 25.7.2014 (BGBl. I S. 1266).
[2)] § 92a Abs. 3 Satz 9 Nr. 5 angef. mWv 1.1.2018 durch G v. 17.8.2017 (BGBl. I S. 3214).

tionsabsicht im Rahmen der Anzeige nach Satz 1 und den Zeitpunkt der Reinvestition oder die Aufgabe der Reinvestitionsabsicht anzeigt; in den Fällen des Absatzes 2a und des Satzes 9 Nummer 3 gelten die Sätze 1 bis 9 entsprechend für den anderen, geschiedenen oder überlebenden Ehegatten,[1] wenn er die Wohnung nicht nur vorübergehend nicht mehr zu eigenen Wohnzwecken nutzt. [11]Satz 5 ist mit der Maßgabe anzuwenden, dass der Eingang der Anzeige der aufgegebenen Reinvestitionsabsicht, spätestens jedoch der 1. Januar

1. des sechsten Jahres nach dem Jahr der Aufgabe der Selbstnutzung bei einer Reinvestitionsabsicht nach Satz 9 Nummer 1 oder
2. des zweiten Jahres nach dem Jahr der Aufgabe der Selbstnutzung bei einer Reinvestitionsabsicht nach Satz 9 Nummer 2

als Zeitpunkt der Aufgabe gilt. [12]Satz 9 Nummer 5 setzt voraus, dass bei einer beabsichtigten Wiederaufnahme der Selbstnutzung der Zulageberechtigte dem Anbieter, in der Auszahlungsphase der zentralen Stelle, die Absicht der fristgemäßen Wiederaufnahme der Selbstnutzung im Rahmen der Anzeige nach Satz 1 und den Zeitpunkt oder die Aufgabe der Reinvestitionsabsicht nach Satz 10 anzeigt. [13]Satz 10 zweiter Halbsatz und Satz 11 gelten für die Anzeige der Absicht der fristgemäßen Wiederaufnahme der Selbstnutzung entsprechend.

(4)[2] [1]Absatz 3 sowie § 20 sind auf Antrag des Steuerpflichtigen nicht anzuwenden, wenn er

1. die Wohnung im Sinne des Absatzes 1 Satz 5 auf Grund eines beruflich bedingten Umzugs für die Dauer der beruflich bedingten Abwesenheit nicht selbst nutzt; wird während dieser Zeit mit einer anderen Person ein Nutzungsrecht für diese Wohnung vereinbart, ist diese Vereinbarung von vorneherein entsprechend zu befristen,
2. beabsichtigt, die Selbstnutzung wieder aufzunehmen und
3. die Selbstnutzung spätestens mit der Vollendung seines 67. Lebensjahres aufnimmt.

[2]Der Steuerpflichtige hat den Antrag bei der zentralen Stelle zu stellen und dabei die notwendigen Nachweise zu erbringen. [3]Die zentrale Stelle erteilt dem Steuerpflichtigen einen Bescheid über die Bewilligung des Antrags und informiert den Anbieter des Altersvorsorgevertrags mit Wohnförderkonto des Zulageberechtigten über die Bewilligung, eine Wiederaufnahme der Selbstnutzung nach einem beruflich bedingten Umzug und den Wegfall der Voraussetzungen nach diesem Absatz; die Information hat nach amtlich vorgeschriebenem Datensatz durch Datenfernübertragung zu erfolgen. [4]Entfällt eine der in Satz 1 genannten Voraussetzungen, ist Absatz 3 mit der Maßgabe anzuwenden, dass bei einem Wegfall der Voraussetzung nach Satz 1 Nummer 1 als Zeitpunkt der Aufgabe der Zeitpunkt des Wegfalls der Voraussetzung und bei einem Wegfall der Voraussetzung nach Satz 1 Nummer 2 oder Nummer 3 der Eingang der Mitteilung des Steuerpflichtigen nach Absatz 3 als Zeitpunkt der

---

[1] § 92a Satz 10 geänd. durch G v. 25.7.2014 (BGBl. I S. 1266).

[2] § 92a Abs. 4 Satz 1 Verweis geänd. durch G v. 24.6.2013 (BGBl. I S. 1667); Sätze 1 und 3 geänd. mWv VZ 2014 durch G v. 25.7.2014 (BGBl. I S. 1266).

Aufgabe gilt, spätestens jedoch die Vollendung des 67. Lebensjahres des Steuerpflichtigen.

§ 92b Verfahren bei Verwendung für eine selbst genutzte Wohnung.

(1)[1] [1]Der Zulageberechtigte hat die Verwendung des Kapitals nach § 92a Absatz 1 Satz 1 spätestens zehn Monate vor dem Beginn der Auszahlungsphase des Altersvorsorgevertrags im Sinne des § 1 Absatz 1 Nummer 2 des Altersvorsorgeverträge-Zertifizierungsgesetzes bei der zentralen Stelle zu beantragen und dabei die notwendigen Nachweise zu erbringen. [2]Er hat zu bestimmen, aus welchen Altersvorsorgeverträgen der Altersvorsorge-Eigenheimbetrag ausgezahlt werden soll. [3]Die zentrale Stelle teilt dem Zulageberechtigten durch Bescheid und den Anbietern der in Satz 2 genannten Altersvorsorgeverträge nach amtlich vorgeschriebenem Datensatz durch Datenfernübertragung mit, bis zu welcher Höhe eine wohnungswirtschaftliche Verwendung im Sinne des § 92a Absatz 1 Satz 1 vorliegen kann.

(2)[2] [1]Die Anbieter der in Absatz 1 Satz 2 genannten Altersvorsorgeverträge dürfen den Altersvorsorge-Eigenheimbetrag auszahlen, sobald sie die Mitteilung nach Absatz 1 Satz 3 erhalten haben. [2]Sie haben der zentralen Stelle nach amtlich vorgeschriebenem Datensatz durch Datenfernübertragung Folgendes spätestens bis zum Ablauf des zweiten Monats, der auf den Monat der Auszahlung folgt, anzuzeigen:

1. den Auszahlungszeitpunkt und den Auszahlungsbetrag,
2. die Summe der bis zum Auszahlungszeitpunkt dem Altersvorsorgevertrag gutgeschriebenen Zulagen,
3. die Summe der bis zum Auszahlungszeitpunkt geleisteten Altersvorsorgebeiträge und
4. den Stand des geförderten Altersvorsorgevermögens im Zeitpunkt der Auszahlung.

(3)[3] [1]Die zentrale Stelle stellt zu Beginn der Auszahlungsphase und in den Fällen des § 92a Absatz 2a und 3 Satz 5 den Stand des Wohnförderkontos, soweit für die Besteuerung erforderlich, den Verminderungsbetrag und den Auflösungsbetrag von Amts wegen gesondert fest. [2]Die zentrale Stelle teilt die Feststellung dem Zulageberechtigten, in den Fällen des § 92a Absatz 2a Satz 1 auch dem anderen Ehegatten, durch Bescheid und dem Anbieter nach amtlich vorgeschriebenem Datensatz durch Datenfernübertragung mit. [3]Der Anbieter hat auf Anforderung der zentralen Stelle die zur Feststellung erforderlichen Unterlagen vorzulegen. [4]Auf Antrag des Zulageberechtigten stellt die zentrale Stelle den Stand des Wohnförderkontos gesondert fest. [5]§ 90 Absatz 4 Satz 2 bis 5 gilt entsprechend.

§ 93 Schädliche Verwendung. (1) [1]Wird gefördertes Altersvorsorgevermögen nicht unter den in § 1 Absatz 1 Satz 1 Nummer 4 und 10 Buchstabe c

---

[1] § 92b Abs. 1 geänd. durch G v. 24.6.2013 (BGBl. I S. 1667).

[2] § 92b Abs. 2 Satz 2 geänd. mWv 1.1.2018 durch G v. 17.8.2017 (BGBl. I S. 3214).

[3] § 92b Abs. 3 Sätze 1 und 2 geänd. durch G v. 8.12.2010 (BGBl. I S. 1768); geänd. mWv VZ 2014 durch G v. 24.6.2013 (BGBl. I S. 1667).

des Altersvorsorgeverträge-Zertifizierungsgesetzes[1] oder § 1 Absatz 1 Satz 1 Nummer 4, 5 und 10 Buchstabe c des Altersvorsorgeverträge-Zertifizierungsgesetzes in der bis zum 31. Dezember 2004 geltenden Fassung genannten Voraussetzungen an den Zulageberechtigten ausgezahlt (schädliche Verwendung), sind die auf das ausgezahlte geförderte Altersvorsorgevermögen entfallenden Zulagen und die nach § 10a Absatz 4 gesondert festgestellten Beträge (Rückzahlungsbetrag) zurückzuzahlen. [2]Dies gilt auch bei einer Auszahlung nach Beginn der Auszahlungsphase (§ 1 Absatz 1 Satz 1 Nummer 2 des Altersvorsorgeverträge-Zertifizierungsgesetzes) und bei Auszahlungen im Fall des Todes des Zulageberechtigten. [3]Hat der Zulageberechtigte Zahlungen im Sinne des § 92a Absatz 2 Satz 4 Nummer 1 oder § 92a Absatz 3 Satz 9 Nummer 2 geleistet, dann handelt es sich bei dem hierauf beruhenden Altersvorsorgevermögen um gefördertes Altersvorsorgevermögen im Sinne des Satzes 1; der Rückzahlungsbetrag bestimmt sich insoweit nach der für die in das Wohnförderkonto eingestellten Beträge gewährten Förderung. [4]Eine Rückzahlungsverpflichtung besteht nicht für den Teil der Zulagen und der Steuerermäßigung,

a) der auf nach § 1 Absatz 1 Satz 1 Nummer 2 des Altersvorsorgeverträge-Zertifizierungsgesetzes angespartes gefördertes Altersvorsorgevermögen entfällt, wenn es in Form einer Hinterbliebenenrente an die dort genannten Hinterbliebenen ausgezahlt wird; dies gilt auch für Leistungen im Sinne des § 82 Absatz 3 an Hinterbliebene des Steuerpflichtigen;

b) der den Beitragsanteilen zuzuordnen ist, die für die zusätzliche Absicherung der verminderten Erwerbsfähigkeit und eine zusätzliche Hinterbliebenenabsicherung ohne Kapitalbildung verwendet worden sind;

c)[2] der auf gefördertes Altersvorsorgevermögen entfällt, das im Fall des Todes des Zulageberechtigten auf einen auf den Namen des Ehegatten lautenden Altersvorsorgevertrag übertragen wird, wenn die Ehegatten im Zeitpunkt des Todes des Zulageberechtigten nicht dauernd getrennt gelebt haben (§ 26 Absatz 1) und ihren Wohnsitz oder gewöhnlichen Aufenthalt in einem Mitgliedstaat der Europäischen Union oder einem Staat hatten, auf den das Abkommen über den Europäischen Wirtschaftsraum (EWR-Abkommen) anwendbar ist; dies gilt auch, wenn die Ehegatten ihren vor dem Zeitpunkt, ab dem das Vereinigte Königreich Großbritannien und Nordirland nicht mehr Mitgliedstaat der Europäischen Union ist und auch nicht wie ein solcher zu behandeln ist, begründeten Wohnsitz oder gewöhnlichen Aufenthalt im Vereinigten Königreich Großbritannien und Nordirland hatten und der Vertrag vor dem 23. Juni 2016 abgeschlossen worden ist;

d) der auf den Altersvorsorge-Eigenheimbetrag entfällt.

(1a)[3] [1]Eine schädliche Verwendung liegt nicht vor, wenn gefördertes Altersvorsorgevermögen auf Grund einer internen Teilung nach § 10 des Ver-

---

[1] **Aichberger** Sozialgesetzbuch Nr. **6/80.**

[2] § 93 Abs. 1 Satz 4 Buchst. c geänd. mWv VZ 2010 durch G v. 8.4.2010 (BGBl. I S. 386); Buchst. c HS 2 angef. mWv 29.3.2019 durch Brexit-StBG v. 25.3.2019 (BGBl. I S. 357).

[3] § 93 Abs. 1a neu gef. mWv 1.9.2009 durch G v. 8.12.2010 (BGBl. I S. 1768); Satz 3 Klammerzusatz eingef. mWv 24.7.2014 durch G v. 18.7.2014 (BGBl. I S. 1042).

sorgungsausgleichsgesetzes oder auf Grund einer externen Teilung nach § 14 des Versorgungsausgleichsgesetzes auf einen zertifizierten Altersvorsorgevertrag oder eine nach § 82 Absatz 2 begünstigte betriebliche Altersversorgung übertragen wird; die auf das übertragene Anrecht entfallende steuerliche Förderung geht mit allen Rechten und Pflichten auf die ausgleichsberechtigte Person über. 2 Eine schädliche Verwendung liegt ebenfalls nicht vor, wenn gefördertes Altersvorsorgevermögen auf Grund einer externen Teilung nach § 14 des Versorgungsausgleichsgesetzes auf die Versorgungsausgleichskasse oder die gesetzliche Rentenversicherung übertragen wird; die Rechte und Pflichten der ausgleichspflichtigen Person aus der steuerlichen Förderung des übertragenen Anteils entfallen. 3 In den Fällen der Sätze 1 und 2 teilt die zentrale Stelle der ausgleichspflichtigen Person die Höhe der auf die Ehezeit im Sinne des § 3 Absatz 1 des Versorgungsausgleichsgesetzes oder die Lebenspartnerschaftszeit im Sinne des § 20 Absatz 2 des Lebenspartnerschaftsgesetzes entfallenden gesondert festgestellten Beträge nach § 10a Absatz 4 und die ermittelten Zulagen mit. 4 Die entsprechenden Beträge sind monatsweise zuzuordnen. 5 Die zentrale Stelle teilt die geänderte Zuordnung der gesondert festgestellten Beträge nach § 10a Absatz 4 sowie der ermittelten Zulagen der ausgleichspflichtigen und in den Fällen des Satzes 1 auch der ausgleichsberechtigten Person durch Feststellungsbescheid mit. 6 Nach Eintritt der Unanfechtbarkeit dieses Feststellungsbescheids informiert die zentrale Stelle den Anbieter durch einen Datensatz über die geänderte Zuordnung.

(2)[1] 1 Die Übertragung von gefördertem Altersvorsorgevermögen auf einen anderen auf den Namen des Zulageberechtigten lautenden Altersvorsorgevertrag (§ 1 Absatz 1 Satz 1 Nummer 10 Buchstabe b des Altersvorsorgeverträge-Zertifizierungsgesetzes) stellt keine schädliche Verwendung dar. 2 Dies gilt sinngemäß in den Fällen des § 4 Absatz 2 und 3 des Betriebsrentengesetzes, wenn das geförderte Altersvorsorgevermögen auf eine der in § 82 Absatz 2 Buchstabe a genannten Einrichtungen der betrieblichen Altersversorgung zum Aufbau einer kapitalgedeckten betrieblichen Altersversorgung übertragen und eine lebenslange Altersversorgung entsprechend § 82 Absatz 2 Satz 2 vorgesehen ist, wie auch in den Fällen einer Übertragung nach § 3 Nummer 55c Satz 2 Buchstabe a.[2] 3 In den übrigen Fällen der Abfindung von Anwartschaften der betrieblichen Altersversorgung gilt dies, soweit das geförderte Altersvorsorgevermögen zugunsten eines auf den Namen des Zulageberechtigten lautenden Altersvorsorgevertrages geleistet wird. 4 Auch keine schädliche Verwendung sind der gesetzliche Forderungs- und Vermögensübergang nach § 9 des Betriebsrentengesetzes und die gesetzlich vorgesehene schuldbefreiende Übertragung nach § 8 Absatz 1 des Betriebsrentengesetzes.

(3)[3] 1 Auszahlungen zur Abfindung einer Kleinbetragsrente zu Beginn der Auszahlungsphase oder im darauffolgenden Jahr gelten nicht als schädliche Verwendung. 2 Eine Kleinbetragsrente ist eine Rente, die bei gleichmäßiger Verrentung des gesamten zu Beginn der Auszahlungsphase zur Verfügung

---

[1] § 93 Abs. 2 Satz 4 angef. mWv 1.1.2018 durch G v. 17.8.2017 (BGBl. I S. 3214).
[2] § 93 Abs. 2 Satz 2 geänd. mWv 15.12.2018 durch G v. 11.12.2018 (BGBl. I S. 2338).
[3] § 93 Abs. 3 Satz 1 geänd., Satz 4 angef. mWv 1.1.2018 durch G v. 17.8.2017 (BGBl. I S. 3214).

stehenden Kapitals eine monatliche Rente ergibt, die 1 Prozent der monatlichen Bezugsgröße nach § 18 des Vierten Buches Sozialgesetzbuch nicht übersteigt. [3]Bei der Berechnung dieses Betrags sind alle bei einem Anbieter bestehenden Verträge des Zulageberechtigten insgesamt zu berücksichtigen, auf die nach diesem Abschnitt geförderte Altersvorsorgebeiträge geleistet wurden. [4]Die Sätze 1 bis 3 gelten entsprechend, wenn

1. nach dem Beginn der Auszahlungsphase ein Versorgungsausgleich durchgeführt wird und
2. sich dadurch die Rente verringert.

(4)[1)] [1]Wird bei einem einheitlichen Vertrag nach § 1 Absatz 1a Satz 1 Nummer 2 zweiter Halbsatz des Altersvorsorgeverträge-Zertifizierungsgesetzes das Darlehen nicht wohnungswirtschaftlich im Sinne des § 92a Absatz 1 Satz 1 verwendet, liegt zum Zeitpunkt der Darlehensauszahlung eine schädliche Verwendung des geförderten Altersvorsorgevermögens vor, es sei denn, das geförderte Altersvorsorgevermögen wird innerhalb eines Jahres nach Ablauf des Veranlagungszeitraums, in dem das Darlehen ausgezahlt wurde, auf einen anderen zertifizierten Altersvorsorgevertrag übertragen, der auf den Namen des Zulageberechtigten lautet. [2]Der Zulageberechtigte hat dem Anbieter die Absicht zur Kapitalübertragung, den Zeitpunkt der Kapitalübertragung bis zum Zeitpunkt der Darlehensauszahlung und die Aufgabe der Absicht zur Kapitalübertragung mitzuteilen. [3]Wird die Absicht zur Kapitalübertragung aufgegeben, tritt die schädliche Verwendung zu dem Zeitpunkt ein, zu dem die Mitteilung des Zulageberechtigten hierzu beim Anbieter eingeht, spätestens aber am 1. Januar des zweiten Jahres nach dem Jahr, in dem das Darlehen ausgezahlt wurde.

§ 94 Verfahren bei schädlicher Verwendung. (1)[2)] [1]In den Fällen des § 93 Absatz 1 hat der Anbieter der zentralen Stelle vor der Auszahlung des geförderten Altersvorsorgevermögens die schädliche Verwendung nach amtlich vorgeschriebenem Datensatz durch amtlich bestimmte Datenfernübertragung anzuzeigen. [2]Die zentrale Stelle ermittelt den Rückzahlungsbetrag und teilt diesen dem Anbieter durch Datensatz mit. [3]Der Anbieter hat den Rückzahlungsbetrag einzubehalten, mit der nächsten Anmeldung nach § 90 Absatz 3 anzumelden und an die zentrale Stelle abzuführen. [4]Der Anbieter hat die einbehaltenen und abgeführten Beträge der zentralen Stelle nach amtlich vorgeschriebenem Datensatz durch amtlich bestimmte Datenfernübertragung mitzuteilen und diese Beträge dem Zulageberechtigten zu bescheinigen; mit Einverständnis des Zulageberechtigten kann die Bescheinigung elektronisch bereitgestellt werden. [5]In den Fällen des § 93 Absatz 3 gilt Satz 1 entsprechend.

(2)[3)] [1]Eine Festsetzung des Rückzahlungsbetrags erfolgt durch die zentrale Stelle auf besonderen Antrag des Zulageberechtigten oder sofern die Rück-

---

[1)] § 93 Abs. 4 angef. mWv VZ 2010 durch G v. 8.12.2010 (BGBl. I S. 1768); geänd. mWv VZ 2013 durch G v. 24.6.2013 (BGBl. I S. 1667).

[2)] § 94 Abs. 1 Satz 4 geänd. mWv VZ 2014 durch G v. 24.6.2013 (BGBl. I S. 1667); Satz 4 HS 2 angef. mWv 1.1.2020 durch G v. 22.11.2019 (BGBl. I S. 1746).

[3)] § 94 Abs. 2 Satz 2 HS 2 angef. mWv VZ 2010 durch G v. 8.12.2010 (BGBl. I S. 1768).

zahlung nach Absatz 1 ganz oder teilweise nicht möglich oder nicht erfolgt ist. [2]§ 90 Absatz 4 Satz 2 bis 6 gilt entsprechend; § 90 Absatz 4 Satz 5 gilt nicht, wenn die Geschäftsbeziehung im Hinblick auf den jeweiligen Altersvorsorgevertrag zwischen dem Zulagerechtigten und dem Anbieter beendet wurde. [3]Im Rückforderungsbescheid sind auf den Rückzahlungsbetrag die vom Anbieter bereits einbehaltenen und abgeführten Beträge nach Maßgabe der Bescheinigung nach Absatz 1 Satz 4 anzurechnen. [4]Der Zulageberechtigte hat den verbleibenden Rückzahlungsbetrag innerhalb eines Monats nach Bekanntgabe des Rückforderungsbescheids an die zuständige Kasse zu entrichten. [5]Die Frist für die Festsetzung des Rückzahlungsbetrags beträgt vier Jahre und beginnt mit Ablauf des Kalenderjahres, in dem die Auszahlung im Sinne des § 93 Absatz 1 erfolgt ist.

(3)[1)] [1]Sofern der zentralen Stelle für den Zulageberechtigten im Zeitpunkt der schädlichen Verwendung eine Meldung nach § 118 Absatz 1a des Zwölften Buches Sozialgesetzbuch zum erstmaligen Bezug von Hilfe zum Lebensunterhalt und von Grundsicherung im Alter und bei Erwerbsminderung vorliegt, teilt die zentrale Stelle zum Zeitpunkt der Mitteilung nach Absatz 1 Satz 2 der Datenstelle der Rentenversicherungsträger als Vermittlungsstelle die schädliche Verwendung durch Datenfernübertragung mit. [2]Dies gilt nicht, wenn das Ausscheiden aus diesem Hilfebezug nach § 118 Absatz 1a des Zwölften Buches Sozialgesetzbuch angezeigt wurde.

§ 95 Sonderfälle der Rückzahlung.

[alte Fassung:]

(1)[3)] [1]Die §§ 93 und 94 gelten entsprechend, wenn

1. sich der Wohnsitz oder gewöhnliche Aufenthalt des Zulageberechtigten außerhalb der Mitgliedstaaten der Europäischen Union und der Staaten befindet, auf die das Abkommen über den Europäischen Wirtschaftsraum (EWR-Abkommen) anwendbar ist, oder wenn der Zulageberechtigte ungeachtet eines Wohnsitzes oder gewöhnlichen Aufenthaltes in einem dieser Staaten nach einem Abkommen zur Vermeidung der Doppelbesteuerung mit einem dritten Staat als außerhalb des Hoheitsgebiets dieser Staaten ansässig gilt und

[neue Fassung:][2)]

[1]Die §§ 93 und 94 gelten entsprechend, wenn sich der Wohnsitz oder gewöhnliche Aufenthalt des Zulageberechtigten ab Beginn der Auszahlungsphase außerhalb der Mitgliedstaaten der Europäischen Union und der Staaten befindet, auf die das Abkommen über den Europäischen Wirtschaftsraum (EWR-Abkommen) anwendbar ist, oder wenn der Zulageberechtigte ungeachtet eines Wohnsitzes oder gewöhnlichen Aufenthaltes in einem dieser Staaten nach einem Abkommen zur Vermeidung der Doppelbesteuerung mit einem dritten Staat als außerhalb des Hoheitsgebiets dieser Staaten ansässig gilt. [2]Satz 1 gilt nicht, sofern sich der

---

[1)] § 94 Abs. 3 angef. mWv 1.1.2019 durch G v. 17.8.2017 (BGBl. I S. 3214).

[2)] § 95 neu gef. durch G v. 16.12.2022 (BGBl. I S. 2294); zur Anwendung siehe § 52 Abs. 51a.

[3)] § 95 Abs. 1 neu gef. durch G v. 8.4.2010 (BGBl. I S. 386); Abs. 1 Satz 2 angef., bish. Wortlaut wird Satz 1 mWv 29.3.2019 durch Brexit-StBG v. 25.3.2019 (BGBl. I S. 357).

[alte Fassung:]

2.[1]) entweder keine Zulageberechtigung besteht oder der Vertrag in der Auszahlungsphase ist.

2 Satz 1 gilt nicht, sofern sich der Wohnsitz oder gewöhnliche Aufenthalt des Zulageberechtigten bereits seit dem 22. Juni 2016 ununterbrochen im Vereinigten Königreich Großbritannien und Nordirland befindet und der Vertrag vor dem 23. Juni 2016 abgeschlossen worden ist.

[neue Fassung:]

Wohnsitz oder gewöhnliche Aufenthalt des Zulageberechtigten bereits seit dem 22. Juni 2016 ununterbrochen im Vereinigten Königreich Großbritannien und Nordirland befindet und der Vertrag vor dem 23. Juni 2016 abgeschlossen worden ist.

(2)[2]) 1 Auf Antrag des Zulageberechtigten ist der Rückzahlungsbetrag im Sinne des § 93 Absatz 1 Satz 1[3]) zunächst bis zum Beginn der Auszahlung zu stunden.[4]) 2 Die Stundung ist zu verlängern, wenn der Rückzahlungsbetrag mit mindestens 15 Prozent der Leistungen aus dem Vertrag[5]) getilgt wird. 3 Die Stundung endet, wenn das geförderte Altersvorsorgevermögen nicht unter den in § 1 Absatz 1 Satz 1 Nummer 4 des Altersvorsorgeverträge-Zertifizierungsgesetzes genannten Voraussetzungen an den Zulageberechtigten ausgezahlt wird. 4 Der Stundungsantrag ist über den Anbieter an die zentrale Stelle zu richten. 5 Der Anbieter hat dem Zulageberechtigten den Stundungsantrag bereitzustellen; mit Einverständnis des Zulageberechtigten kann der Antrag elektronisch bereitgestellt werden. 6 Die zentrale

---

[1]) § 95 Abs. 1 Nr. 2 neu gef. mWv VZ 2013 durch G v. 24.6.2013 (BGBl. I S. 1667).

[2]) § 95 Abs. 2 Satz 1 geänd., Satz 3 aufgeh., bish. Sätze 4 bis 6 werden Sätze 3 bis 5 durch G v. 8.4.2010 (BGBl. I S. 386); Satz 5 eingef., bish. Satz 5 wird Satz 6 mWv 1.1.2020 durch G v. 22.11.2019 (BGBl. I S. 1746); zur **weiteren Anwendung** von § 95 Abs. 2 Sätze 2 bis 5 siehe § 52 Abs. 51a Satz 1.

[3]) § 95 Abs. 2 Satz 1 Verweis geänd., Satz 2 geänd. mWv VZ 2013 durch G v. 24.6.2013 (BGBl. I S. 1667).

[4]) Siehe hierzu § 52 Abs. 51a Satz 2.

[5]) § 95 Abs. 2 Satz 1 Verweis geänd., Satz 2 geänd. mWv VZ 2013 durch G v. 24.6.2013 (BGBl. I S. 1667).

[alte Fassung:]

Stelle teilt ihre Entscheidung auch dem Anbieter mit.

(3)[1] Wurde der Rückzahlungsbetrag nach Absatz 2 gestundet und

1. verlegt der ehemals Zulageberechtigte seinen ausschließlichen Wohnsitz oder gewöhnlichen Aufenthalt in einen Mitgliedstaat der Europäischen Union oder einen Staat, auf den das Abkommen über den Europäischen Wirtschaftsraum (EWR-Abkommen) anwendbar ist, oder
2. wird der ehemals Zulageberechtigte erneut zulageberechtigt,

sind der Rückzahlungsbetrag und die bereits entstandenen Stundungszinsen von der zentralen Stelle zu erlassen.

§ 96 Anwendung der Abgabenordnung, allgemeine Vorschriften.

(1) [1]Auf die Zulagen und die Rückzahlungsbeträge sind die für Steuervergütungen geltenden Vorschriften der Abgabenordnung entsprechend anzuwenden. [2]Dies gilt nicht für § 163 der Abgabenordnung.

(2)[2] [1]Hat der Anbieter vorsätzlich oder grob fahrlässig

1. unrichtige oder unvollständige Daten übermittelt oder
2. Daten pflichtwidrig nicht übermittelt,

obwohl der Zulageberechtigte seiner Informationspflicht gegenüber dem Anbieter zutreffend und rechtzeitig nachgekommen ist, haftet der Anbieter für die entgangene Steuer und die zu Unrecht gewährte Steuervergünstigung. [2]Dies gilt auch, wenn im Verhältnis zum Zulageberechtigten Festsetzungsverjährung eingetreten ist. [3]Der Zulageberechtigte haftet als Gesamtschuldner neben dem Anbieter, wenn er weiß, dass der Anbieter unrichtige oder unvollständige Daten übermittelt oder Daten pflichtwidrig nicht übermittelt hat. [4]Für die Inanspruchnahme des Anbieters ist die zentrale Stelle zuständig.

(3) Die zentrale Stelle hat auf Anfrage des Anbieters Auskunft über die Anwendung des Abschnitts XI zu geben.

(4) [1]Die zentrale Stelle kann beim Anbieter ermitteln, ob er seine Pflichten erfüllt hat. [2]Die §§ 193 bis 203 der Abgabenordnung gelten sinngemäß. [3]Auf Verlangen der zentralen Stelle hat der Anbieter ihr Unterlagen, soweit sie im Ausland geführt und aufbewahrt werden, verfügbar zu machen.

---

[1] § 95 Abs. 3 neu gef. durch G v. 8.4.2010 (BGBl. I S. 386).

[2] § 96 Abs. 2 neu gef. mWv 1.1.2018 durch G v. 17.8.2017 (BGBl. I S. 3214).

(5) Der Anbieter erhält vom Bund oder den Ländern keinen Ersatz für die ihm aus diesem Verfahren entstehenden Kosten.

(6) [1]Der Anbieter darf die im Zulageverfahren bekannt gewordenen Verhältnisse der Beteiligten nur für das Verfahren verwerten. [2]Er darf sie ohne Zustimmung der Beteiligten nur offenbaren, soweit dies gesetzlich zugelassen ist.

(7) [1]Für die Zulage gelten die Strafvorschriften des § 370 Absatz 1 bis 4, der §§ 371, 375 Absatz 1 und des § 376 sowie die Bußgeldvorschriften der §§ 378, 379 Absatz 1 und 4 und der §§ 383 und 384 der Abgabenordnung entsprechend. [2]Für das Strafverfahren wegen einer Straftat nach Satz 1 sowie der Begünstigung einer Person, die eine solche Tat begangen hat, gelten die §§ 385 bis 408, für das Bußgeldverfahren wegen einer Ordnungswidrigkeit nach Satz 1 die §§ 409 bis 412 der Abgabenordnung entsprechend.

§ 97 Übertragbarkeit. [1]Das nach § 10a oder Abschnitt XI geförderte Altersvorsorgevermögen einschließlich seiner Erträge, die geförderten laufenden Altersvorsorgebeiträge und der Anspruch auf die Zulage sind nicht übertragbar. [2]§ 93 Absatz 1a und § 4 des Betriebsrentengesetzes bleiben unberührt.

§ 98 Rechtsweg. In öffentlich-rechtlichen Streitigkeiten über die auf Grund des Abschnitts XI ergehenden Verwaltungsakte ist der Finanzrechtsweg gegeben.

§ 99 Ermächtigung. (1)[1)] Das Bundesministerium der Finanzen wird ermächtigt, die Vordrucke für die Anträge nach § 89[2)], für die Anmeldung nach § 90 Absatz 3 und für die in den §§ 92 und 94 Absatz 1 Satz 4 vorgesehenen Bescheinigungen und im Einvernehmen mit den obersten Finanzbehörden der Länder das Muster für die nach § 22 Nummer 5 Satz 7 vorgesehene Bescheinigung und den Inhalt und Aufbau der für die Durchführung des Zulageverfahrens zu übermittelnden Datensätze zu bestimmen.

(2)[3)] [1]Das Bundesministerium der Finanzen wird ermächtigt, im Einvernehmen mit dem Bundesministerium für Arbeit und Soziales und dem Bundesministerium des Innern, für Bau und Heimat[4)] durch Rechtsverordnung mit Zustimmung des Bundesrates Vorschriften zur Durchführung dieses Gesetzes über das Verfahren für die Ermittlung, Festsetzung, Auszahlung, Rückzahlung und Rückforderung der Zulage sowie die Rückzahlung und Rückforderung der nach § 10a Absatz 4 festgestellten Beträge zu erlassen. [2]Hierzu gehören insbesondere

1. Vorschriften über Aufzeichnungs-, Aufbewahrungs-, Bescheinigungs- und Anzeigepflichten des Anbieters,

---

[1)] § 99 Abs. 1 geänd. durch G v. 8.12.2010 (BGBl. I. S. 1768); geänd. mWv 18.12.2019 durch G v. 12.12.2019 (BGBl. I S. 2451).

[2)] Verweis geänd. durch G v. 8.4.2010 (BGBl. I S. 386).

[3)] Siehe hierzu VO zur Durchführung der steuerlichen Vorschriften des EStG zur Altersvorsorge (Altersvorsorge-DurchführungsVO) idF der Bek. v. 28.2.2005 (BGBl. I S. 487) in der jeweils geltenden Fassung.

[4)] Bezeichnung geänd. durch VO v. 19.6.2020 (BGBl. I S. 1328).

2. Grundsätze des vorgesehenen Datenaustausches zwischen den Anbietern, der zentralen Stelle, den Trägern der gesetzlichen Rentenversicherung, der Bundesagentur für Arbeit, den Meldebehörden, den Familienkassen, den zuständigen Stellen und den Finanzämtern und
3. Vorschriften über Mitteilungspflichten, die für die Erteilung der Bescheinigungen nach § 22 Nummer 5 Satz 7 und § 92 erforderlich sind.

XII.[1] Förderbetrag zur betrieblichen Altersversorgung

§ 100[1] Förderbetrag zur betrieblichen Altersversorgung. (1) [1]Arbeitgeber im Sinne des § 38 Absatz 1 dürfen vom Gesamtbetrag der einzubehaltenden Lohnsteuer für jeden Arbeitnehmer mit einem ersten Dienstverhältnis einen Teilbetrag des Arbeitgeberbeitrags zur kapitalgedeckten betrieblichen Altersversorgung (Förderbetrag) entnehmen und bei der nächsten Lohnsteuer-Anmeldung gesondert absetzen. [2]Übersteigt der insgesamt zu gewährende Förderbetrag den Betrag, der insgesamt an Lohnsteuer abzuführen ist, so wird der übersteigende Betrag dem Arbeitgeber auf Antrag von dem Finanzamt, an das die Lohnsteuer abzuführen ist, aus den Einnahmen der Lohnsteuer ersetzt.

(2) [1]Der Förderbetrag beträgt im Kalenderjahr 30 Prozent des zusätzlichen Arbeitgeberbeitrags nach Absatz 3, höchstens 288[2] Euro. [2]In Fällen, in denen der Arbeitgeber bereits im Jahr 2016 einen zusätzlichen Arbeitgeberbeitrag an einen Pensionsfonds, eine Pensionskasse oder für eine Direktversicherung geleistet hat, ist der jeweilige Förderbetrag auf den Betrag beschränkt, den der Arbeitgeber darüber hinaus leistet.

(3) Voraussetzung für die Inanspruchnahme des Förderbetrags nach den Absätzen 1 und 2 ist, dass

1. der Arbeitslohn des Arbeitnehmers im Lohnzahlungszeitraum, für den der Förderbetrag geltend gemacht wird, im Inland dem Lohnsteuerabzug unterliegt;
2. der Arbeitgeber für den Arbeitnehmer zusätzlich zum ohnehin geschuldeten Arbeitslohn im Kalenderjahr mindestens einen Betrag in Höhe von 240 Euro an einen Pensionsfonds, eine Pensionskasse oder für eine Direktversicherung zahlt;
3. im Zeitpunkt der Beitragsleistung der laufende Arbeitslohn (§ 39b Absatz 2 Satz 1 und 2), der pauschal besteuerte Arbeitslohn (§ 40a Absatz 1 und 3) oder das pauschal besteuerte Arbeitsentgelt (§ 40a Absatz 2 und 2a) nicht mehr beträgt als
   a) 85,84[2] Euro bei einem täglichen Lohnzahlungszeitraum,
   b) 600,84[2] Euro bei einem wöchentlichen Lohnzahlungszeitraum,
   c) 2575[2] Euro bei einem monatlichen Lohnzahlungszeitraum oder
   d) 30 900[2] Euro bei einem jährlichen Lohnzahlungszeitraum;

---

[1] Abschnitt XII (§ 100) eingef. mWv 1.1.2018 durch G v. 17.8.2017 (BGBl. I S. 3214).
[2] Betrag geänd. mWv 19.8.2020 durch G v. 12.8.2020 (BGBl. I S. 1879).

4.[1] eine Auszahlung der zugesagten Alters-, Invaliditäts- oder Hinterbliebenenversorgungsleistungen entsprechend § 82 Absatz 2 Satz 2 vorgesehen ist;
5. sichergestellt ist, dass von den Beiträgen jeweils derselbe prozentuale Anteil zur Deckung der Vertriebskosten herangezogen wird; der Prozentsatz kann angepasst werden, wenn die Kalkulationsgrundlagen geändert werden, darf die ursprüngliche Höhe aber nicht überschreiten.

(4) 1 Für die Inanspruchnahme des Förderbetrags sind die Verhältnisse im Zeitpunkt der Beitragsleistung maßgeblich; spätere Änderungen der Verhältnisse sind unbeachtlich. 2 Abweichend davon sind die für den Arbeitnehmer nach Absatz 1 geltend gemachten Förderbeträge zurückzugewähren, wenn eine Anwartschaft auf Leistungen aus einer nach Absatz 1 geförderten betrieblichen Altersversorgung später verfällt und sich daraus eine Rückzahlung an den Arbeitgeber ergibt. 3 Der Förderbetrag ist nur zurückzugewähren, soweit er auf den Rückzahlungsbetrag entfällt. 4 Der Förderbetrag ist in der Lohnsteuer-Anmeldung für den Lohnzahlungszeitraum, in dem die Rückzahlung zufließt, der an das Betriebsstättenfinanzamt abzuführenden Lohnsteuer hinzuzurechnen.

(5) Für den Förderbetrag gelten entsprechend:
1. die §§ 41, 41a, 42e, 42f und 42g,
2. die für Steuervergütungen geltenden Vorschriften der Abgabenordnung mit Ausnahme des § 163 der Abgabenordnung und
3. die §§ 195 bis 203 der Abgabenordnung, die Strafvorschriften des § 370 Absatz 1 bis 4, der §§ 371, 375 Absatz 1 und des § 376, die Bußgeldvorschriften der §§ 378, 379 Absatz 1 und 4 und der §§ 383 und 384 der Abgabenordnung, die §§ 385 bis 408 für das Strafverfahren und die §§ 409 bis 412 der Abgabenordnung für das Bußgeldverfahren.

(6) 1 Der Arbeitgeberbeitrag im Sinne des Absatzes 3 Nummer 2 ist steuerfrei, soweit er im Kalenderjahr 960[2] Euro nicht übersteigt. 2 Die Steuerfreistellung des § 3 Nummer 63 bleibt hiervon unberührt.

XIII. Mobilitätsprämie[3]

§ 101[3] Bemessungsgrundlage und Höhe der Mobilitätsprämie.

1 Steuerpflichtige können für die Veranlagungszeiträume 2021 bis 2026 neben der Berücksichtigung der Entfernungspauschalen ab dem 21. vollen Entfernungskilometer gemäß § 9 Absatz 1 Satz 3 Nummer 4 Satz 8 Buchstabe a und b, Nummer 5 Satz 9 Buchstabe a und b und § 4 Absatz 5 Satz 1 Nummer 6 Satz 4 als Werbungskosten oder Betriebsausgaben eine Mobilitätsprämie beanspruchen. 2 Bemessungsgrundlage der Mobilitätsprämie sind die berücksichtigten Entfernungspauschalen im Sinne des Satzes 1, begrenzt auf den Be-

---

[1] § 100 Abs. 3 Nr. 4 Verweis geänd. mWv 15.12.2018 durch G v. 11.12.2018 (BGBl. I S. 2338).
[2] Betrag geänd. mWv 19.8.2020 durch G v. 12.8.2020 (BGBl. I S. 1879).
[3] Abschnitt XIII (§§ 101 bis 109) angef. mWv VZ 2021 durch G v. 21.12.2019 (BGBl. I S. 2886).

trag, um den das zu versteuernde Einkommen den Grundfreibetrag im Sinne des § 32a Absatz 1 Satz 2 Nummer 1 unterschreitet; bei Ehegatten, die nach den §§ 26, 26b zusammen zur Einkommensteuer veranlagt werden, sind das gemeinsame zu versteuernde Einkommen und der doppelte Grundfreibetrag maßgebend. [3]Bei Steuerpflichtigen mit Einkünften aus nichtselbständiger Arbeit gilt dies nur, soweit die Entfernungspauschalen im Sinne des Satzes 1 zusammen mit den übrigen zu berücksichtigenden Werbungskosten im Zusammenhang mit den Einnahmen aus nichtselbständiger Arbeit den Arbeitnehmer-Pauschbetrag nach § 9a Satz 1 Nummer 1 Buchstabe a übersteigen. [4]Die Mobilitätsprämie beträgt 14 Prozent dieser Bemessungsgrundlage.

§ 102[1)] Anspruchsberechtigung. Anspruchsberechtigt sind unbeschränkt oder beschränkt Steuerpflichtige im Sinne des § 1.

§ 103[1)] Entstehung der Mobilitätsprämie. Der Anspruch auf die Mobilitätsprämie entsteht mit Ablauf des Kalenderjahres, in dem der Anspruchsberechtigte die erste Tätigkeitsstätte im Sinne des § 9 Absatz 4 oder eine Betriebsstätte im Sinne des § 4 Absatz 5 Satz 1 Nummer 6 aufgesucht oder Familienheimfahrten im Rahmen einer doppelten Haushaltsführung im Sinne des § 9 Absatz 1 Satz 3 Nummer 5 Satz 5 sowie des § 4 Absatz 5 Satz 1 Nummer 6 durchgeführt hat.

§ 104[1)] Antrag auf die Mobilitätsprämie. (1) Die Mobilitätsprämie wird auf Antrag gewährt.

(2) [1]Der Anspruchsberechtigte hat den Antrag auf die Mobilitätsprämie bis zum Ablauf des vierten Kalenderjahres, das auf das Kalenderjahr folgt, in dem nach § 103 die Mobilitätsprämie entsteht, zu stellen. [2]Der Antrag ist nach amtlich vorgeschriebenem Vordruck bei dem Finanzamt zu stellen, das für die Besteuerung des Anspruchsberechtigten nach dem Einkommen zuständig ist.

§ 105[1)·2)] Festsetzung und Auszahlung der Mobilitätsprämie.
(1) [1]Die Mobilitätsprämie ist nach Ablauf des Kalenderjahres im Rahmen einer Einkommensteuerveranlagung festzusetzen. [2]Eine Festsetzung erfolgt nur, wenn die Mobilitätsprämie mindestens 10 Euro beträgt. [3]Die festgesetzte Mobilitätsprämie mindert die festgesetzte Einkommensteuer im Wege der Anrechnung. [4]Sie gilt insoweit als Steuervergütung. [5]Die Auszahlung erfolgt aus den Einnahmen an Einkommensteuer.

(2) [1]Besteht das Einkommen ganz oder teilweise aus Einkünften aus nichtselbständiger Arbeit, die dem Steuerabzug unterlegen haben, gilt der Antrag auf Mobilitätsprämie zugleich als ein Antrag auf Einkommensteuerveranlagung. [2]Besteht nach § 46 keine Pflicht zur Durchführung einer Veranlagung und wird keine Veranlagung, insbesondere zur Anrechnung von Lohnsteuer auf die Einkommensteuer nach § 46 Absatz 2 Nummer 8 beantragt, ist für die

---

1) Abschnitt XIII (§§ 101 bis 109) angef. mWv VZ 2021 durch G v. 21.12.2019 (BGBl. I S. 2886).

2) § 105 neu gef. mWv VZ 2021 durch G v. 21.12.2020 (BGBl. I S. 3096).

Festsetzung der Mobilitätsprämie die im Rahmen der Einkommensteuerveranlagung festgesetzte Einkommensteuer, die sich auf Grund des Antrags auf Mobilitätsprämie ergibt, mit Null Euro anzusetzen. [3] Auch in den Fällen des § 25 gilt, ungeachtet des § 56 Satz 1 der Einkommensteuer-Durchführungsverordnung,[1)] der Antrag auf Mobilitätsprämie zugleich als Abgabe einer Einkommensteuererklärung.

§ 106[2)] Ertragsteuerliche Behandlung der Mobilitätsprämie. Die Mobilitätsprämie gehört nicht zu den steuerpflichtigen Einnahmen im Sinne des Einkommensteuergesetzes.

§ 107[2)] Anwendung der Abgabenordnung. Auf die Mobilitätsprämie sind die für Steuervergütungen geltenden Vorschriften der Abgabenordnung mit Ausnahme des § 163 der Abgabenordnung[3)] entsprechend anzuwenden.

§ 108[2)] Anwendung von Straf- und Bußgeldvorschriften der Abgabenordnung. [1] Für die Mobilitätsprämie gelten die Strafvorschriften des § 370 Absatz 1 bis 4, der §§ 371, 375 Absatz 1 und des § 376 der Abgabenordnung sowie die Bußgeldvorschriften der §§ 378 und 379 Absatz 1 und 4 sowie der §§ 383 und 384 der Abgabenordnung entsprechend. [2] Für das Strafverfahren wegen einer Straftat nach Satz 1 sowie der Begünstigung einer Person, die eine solche Tat begangen hat, gelten die §§ 385 bis 408 der Abgabenordnung, für das Bußgeldverfahren wegen einer Ordnungswidrigkeit nach Satz 1 die §§ 409 bis 412 der Abgabenordnung entsprechend.

§ 109[2)] Verordnungsermächtigung. Die Bundesregierung wird ermächtigt, durch Rechtsverordnung mit Zustimmung des Bundesrates das Verfahren bei der Festsetzung und der Auszahlung der Mobilitätsprämie näher zu regeln.

XIV. Sondervorschriften zur Bewältigung der Corona-Pandemie

§ 110[4)] Anpassung von Vorauszahlungen für den Veranlagungszeitraum 2019. (1) [1] Auf Antrag wird der für die Bemessung der Vorauszahlungen für den Veranlagungszeitraum 2019 zugrunde gelegte Gesamtbetrag der Einkünfte pauschal um 30 Prozent gemindert. [2] Das gilt nicht, soweit in dem Gesamtbetrag der Einkünfte Einkünfte aus nichtselbständiger Arbeit (§ 19) enthalten sind. [3] Voraussetzung für die Anwendung des Satzes 1 ist, dass die Vorauszahlungen für 2020 auf 0 Euro herabgesetzt wurden.

(2) Abweichend von Absatz 1 wird der für die Bemessung der Vorauszahlungen für den Veranlagungszeitraum 2019 zugrunde gelegte Gesamtbetrag

---

1) Nr. **10.**

2) Abschnitt XIII (§§ 101 bis 109) angef. mWv VZ 2021 durch G v. 21.12.2019 (BGBl. I S. 2886).

3) Nr. **800.**

4) § 110 eingef. durch G v. 29.6.2020 (BGBl. I S. 1512).

der Einkünfte um einen höheren Betrag als 30 Prozent gemindert, wenn der Steuerpflichtige einen voraussichtlichen Verlustrücktrag im Sinne des § 10d Absatz 1 Satz 1 für 2020 in dieser Höhe nachweisen kann.

(3)[1)] [1]Die Minderungen nach den Absätzen 1 und 2 dürfen insgesamt 10 000 000 Euro, bei Ehegatten, die nach den §§ 26 und 26b zusammenveranlagt werden, 20 000 000 Euro nicht überschreiten. [2]§ 37 Absatz 3, 5 und 6 ist entsprechend anzuwenden.

§ 111[2)] Vorläufiger Verlustrücktrag für 2020 und 2021. (1)[3)] [1]Auf Antrag wird bei der Steuerfestsetzung für den Veranlagungszeitraum 2019 pauschal ein Betrag in Höhe von 30 Prozent des Gesamtbetrags der Einkünfte des Veranlagungszeitraums 2019 als Verlustrücktrag aus 2020 abgezogen (vorläufiger Verlustrücktrag für 2020). [2]Bei der Berechnung des vorläufigen Verlustrücktrags für 2020 sind Einkünfte aus nichtselbständiger Arbeit (§ 19) nicht zu berücksichtigen, die im Gesamtbetrag der Einkünfte enthalten sind. [3]Voraussetzung für die Anwendung des Satzes 1 ist, dass die Vorauszahlungen für den Veranlagungszeitraum 2020 auf 0 Euro herabgesetzt wurden. [4]Soweit bei der Steuerfestsetzung für den Veranlagungszeitraum 2019 der vorläufige Verlustrücktrag für 2020 abgezogen wird, ist § 233a Absatz 2a der Abgabenordnung entsprechend anzuwenden.

(2) Abweichend von Absatz 1 wird ein höherer Betrag als 30 Prozent vom Gesamtbetrag der Einkünfte abgezogen, wenn der Steuerpflichtige einen voraussichtlichen Verlustrücktrag im Sinne des § 10d Absatz 1 Satz 1 für 2020 in dieser Höhe nachweisen kann.

(3)[4)] Der vorläufige Verlustrücktrag für 2020 nach den Absätzen 1 und 2 kann insgesamt bis zu 10 000 000 Euro, bei Ehegatten, die nach den §§ 26 und 26b zusammenveranlagt werden, bis zu 20 000 000 Euro betragen.

(4) [1]Führt die Herabsetzung von Vorauszahlungen für den Veranlagungszeitraum 2019 auf Grund eines voraussichtlich erwarteten Verlustrücktrags für 2020 zu einer Nachzahlung bei der Steuerfestsetzung für den Veranlagungszeitraum 2019, so wird diese auf Antrag des Steuerpflichtigen bis zum Ablauf eines Monats nach Bekanntgabe der Steuerfestsetzung für den Veranlagungszeitraum 2020 gestundet. [2]Stundungszinsen werden nicht erhoben.

(5) Für den Veranlagungszeitraum 2020 ist bei Anwendung von Absatz 1 oder 2 eine Einkommensteuererklärung abzugeben.

(6) [1]Mit der Veranlagung für 2020 ist die Steuerfestsetzung für den Veranlagungszeitraum 2019 zu ändern; hierbei ist der bislang berücksichtigte vorläufige Verlustrücktrag für 2020 dem Gesamtbetrag der Einkünfte hinzuzurechnen. [2]Dies gilt auch dann, wenn der Steuerbescheid für den Veranlagungszeitraum

---

[1)] § 110 Abs. 3 geänd. durch G v. 10.3.2021 (BGBl. I S. 330); zur Anwendung siehe § 52 Abs. 52.

[2)] § 111 eingef. durch G v. 29.6.2020 (BGBl. I S. 1512); Überschr. geänd. durch G v. 10.3.2021 (BGBl. I S. 330); zur Anwendung siehe § 52 Abs. 53.

[3)] § 111 Abs. 1 Satz 4 angef. mWv VZ 2021 durch G v. 21.12.2020 (BGBl. I S. 3096).

[4)] § 111 Abs. 3 geänd. durch G v. 10.3.2021 (BGBl. I S. 330); zur Anwendung siehe § 52 Abs. 53.

2019 bestandskräftig geworden ist; die Festsetzungsfrist endet insoweit nicht, bevor die Festsetzungsfrist für den Veranlagungszeitraum 2020 abgelaufen ist. [3]Soweit die Änderung der Steuerfestsetzung für den Veranlagungszeitraum 2019 auf der Hinzurechnung des vorläufigen Verlustrücktrags für 2020 beruht, ist § 233a Absatz 2a der Abgabenordnung entsprechend anzuwenden.

(7) Die Absätze 1 bis 3 sind nicht anzuwenden, wenn die Veranlagung für den Veranlagungszeitraum 2020 vor der Veranlagung für den Veranlagungszeitraum 2019 durchgeführt wird.

(8)[1)] [1]Wird der Einkommensteuerbescheid für 2019 vor dem 1. April 2021 bestandskräftig, kann bis zum 17. April 2021 nachträglich ein erstmaliger oder geänderter Antrag auf Berücksichtigung des vorläufigen Verlustrücktrags für 2020 gestellt werden. [2]Der Einkommensteuerbescheid für 2019 ist insoweit zu ändern.

(9)[1)] Die Absätze 1 bis 7 gelten für die Steuerfestsetzung für den Veranlagungszeitraum 2020 und die Berücksichtigung des Verlustrücktrags für 2021 entsprechend.

XV. Energiepreispauschale[2)]

§ 112 Veranlagungszeitraum, Höhe. (1) Für den Veranlagungszeitraum 2022 wird Anspruchsberechtigten eine einmalige steuerpflichtige Energiepreispauschale gewährt.

(2) Die Höhe der Energiepreispauschale beträgt 300 Euro.

§ 113 Anspruchsberechtigung. Unbeschränkt Steuerpflichtige nach § 1 Absatz 1, die im Veranlagungszeitraum 2022 Einkünfte aus § 13, § 15, § 18 oder § 19 Absatz 1 Satz 1 Nummer 1 erzielen, haben Anspruch auf eine Energiepreispauschale.

§ 114 Entstehung des Anspruchs. Der Anspruch auf die Energiepreispauschale entsteht am 1. September 2022.

§ 115 Festsetzung mit der Einkommensteuerveranlagung. (1) Die Energiepreispauschale wird mit der Einkommensteuerveranlagung für den Veranlagungszeitraum 2022 festgesetzt.

(2) Absatz 1 gilt nicht, wenn die Energiepreispauschale nach § 117 vom Arbeitgeber ausgezahlt wurde.

§ 116 Anrechnung auf die Einkommensteuer. (1) [1]Eine nach § 115 Absatz 1 festgesetzte Energiepreispauschale ist auf die festgesetzte Einkommensteuer anzurechnen. [2]Die festgesetzte Energiepreispauschale ist bei der

---

[1)] § 111 Abs. 8 neu gef., Abs. 9 angef. durch G v. 10.3.2021 (BGBl. I S. 330); zur Anwendung siehe § 52 Abs. 53.

[2)] Abschn. XV (§§ 112–122) eingef. mWv VZ 2022 durch G v. 23.5.2022 (BGBl. I S. 749).

Ermittlung des Unterschiedsbetrages nach § 233a Absatz 3 Satz 1 der Abgabenordnung entsprechend zu berücksichtigen.

(2) Ergibt sich nach der Anrechnung nach Absatz 1 ein Erstattungsbetrag, so wird dieser dem Anspruchsberechtigten ausgezahlt.

§ 117 Auszahlung an Arbeitnehmer. (1) [1]Arbeitnehmer erhalten die Energiepreispauschale vom Arbeitgeber, wenn sie am 1. September 2022

1. in einem gegenwärtigen ersten Dienstverhältnis stehen und
2. in eine der Steuerklassen 1 bis 5 eingereiht sind oder nach § 40a Absatz 2 pauschal besteuerten Arbeitslohn beziehen.

[2]Satz 1 gilt nicht, wenn der Arbeitgeber keine Lohnsteuer-Anmeldung abgibt. [3]Satz 1 gilt in den Fällen der Pauschalbesteuerung nach § 40a Absatz 2 nur, wenn der Arbeitnehmer dem Arbeitgeber schriftlich bestätigt hat, dass es sich um das erste Dienstverhältnis handelt.

(2) [1]Arbeitgeber im Sinne des § 38 Absatz 1 haben an Arbeitnehmer im Sinne des Absatzes 1 Satz 1 die Energiepreispauschale im September 2022 auszuzahlen. [2]Die Arbeitgeber haben hierbei die Energiepreispauschale gesondert vom Gesamtbetrag der einzubehaltenden Lohnsteuer zu entnehmen, die

1. in den Fällen des § 41a Absatz 2 Satz 1 bis zum 10. September 2022,
2. in den Fällen des § 41a Absatz 2 Satz 2 Halbsatz 1 bis zum 10. Oktober 2022 und
3. in den Fällen des § 41a Absatz 2 Satz 2 Halbsatz 2 bis zum 10. Januar 2023

anzumelden und abzuführen ist. [3]Übersteigt die insgesamt zu gewährende Energiepreispauschale den Betrag, der insgesamt an Lohnsteuer abzuführen ist, wird der übersteigende Betrag dem Arbeitgeber von dem Finanzamt, an das die Lohnsteuer abzuführen ist, aus den Einnahmen der Lohnsteuer ersetzt.

(3) [1]Der Arbeitgeber kann in den Fällen des § 41a Absatz 2 Satz 2 Halbsatz 1 die Energiepreispauschale an den Arbeitnehmer abweichend von Absatz 2 Satz 1 im Oktober 2022 auszahlen. [2]Absatz 2 Satz 2 und 3 bleibt hiervon unberührt. [3]Der Arbeitgeber kann in den Fällen des § 41a Absatz 2 Satz 2 Halbsatz 2 auf die Auszahlung an den Arbeitnehmer verzichten.

(4) Eine vom Arbeitgeber ausgezahlte Energiepreispauschale ist in der elektronischen Lohnsteuerbescheinigung (§ 41b Absatz 1 Satz 2) mit dem Großbuchstaben E anzugeben.

§ 118 Energiepreispauschale im Einkommensteuer-Vorauszahlungsverfahren. (1) [1]Ist eine Einkommensteuer-Vorauszahlung auch für Einkünfte aus § 13, § 15 oder § 18 für den 10. September 2022 festgesetzt worden, dann ist diese Festsetzung um die Energiepreispauschale zu mindern. [2]Betragen die für den 10. September 2022 festgesetzten Vorauszahlungen weniger als 300 Euro, so mindert die Energiepreispauschale die Vorauszahlung auf 0 Euro.

(2) [1]Die Minderung der Einkommensteuer-Vorauszahlung für den 10. September 2022 nach Absatz 1 hat durch Allgemeinverfügung nach § 118 Satz 2 der Abgabenordnung oder durch geänderten Vorauszahlungsbescheid zu erfolgen. [2]Sachlich zuständig für den Erlass der Allgemeinverfügung ist jeweils die

oberste Landesfinanzbehörde. [3]Die Allgemeinverfügung ist im Bundessteuerblatt und auf den Internetseiten des Bundesministeriums der Finanzen zu veröffentlichen. [4]Sie gilt am Tag nach der Herausgabe des Bundessteuerblattes, in dem sie veröffentlicht wird, als bekannt gegeben. [5]Abweichend von § 47 Absatz 1 der Finanzgerichtsordnung endet die Klagefrist mit Ablauf von drei Monaten nach dem Tag der Bekanntgabe der Allgemeinverfügung. [6]Die Klage ist nur gegen die oberste Finanzbehörde zu richten, die die Allgemeinverfügung erlassen hat.

§ 119 Steuerpflicht. (1) [1]Bei Anspruchsberechtigten, die im Veranlagungszeitraum 2022 Einkünfte aus nichtselbständiger Arbeit erzielt haben, ist die Energiepreispauschale stets als Einnahme nach § 19 Absatz 1 Satz 1 Nummer 1 für den Veranlagungszeitraum 2022 zu berücksichtigen. [2]Dies gilt nicht für pauschal besteuerten Arbeitslohn nach § 40a. [3]Im Lohnsteuerabzugsverfahren ist die Energiepreispauschale bei der Berechnung einer Vorsorgepauschale nach § 39b Absatz 2 Satz 5 Nummer 3 Buchstabe a bis c nicht zu berücksichtigen.

(2) [1]Bei den übrigen Anspruchsberechtigten gilt die Energiepreispauschale stets als Einnahme nach § 22 Nummer 3 für den Veranlagungszeitraum 2022. [2]Die Freigrenze nach § 22 Nummer 3 Satz 2 ist insoweit nicht anzuwenden.

§ 120 Anwendung der Abgabenordnung. (1) [1]Auf die Energiepreispauschale sind die für Steuervergütungen geltenden Vorschriften der Abgabenordnung entsprechend anzuwenden. [2]§ 163 der Abgabenordnung gilt nicht.

(2) In öffentlich-rechtlichen Streitigkeiten über die zur Energiepreispauschale ergehenden Verwaltungsakte der Finanzbehörden ist der Finanzrechtsweg eröffnet.

§ 121 Anwendung von Straf- und Bußgeldvorschriften der Abgabenordnung. (1) Für die Energiepreispauschale gelten die Strafvorschriften des § 370 Absatz 1 bis 4 und 7, der §§ 371, 375 Absatz 1 und des § 376 der Abgabenordnung sowie die Bußgeldvorschriften der §§ 378 und 379 Absatz 1 und 4 sowie der §§ 383 und 384 der Abgabenordnung entsprechend.

(2) Für das Strafverfahren wegen einer Straftat nach Absatz 1 sowie der Begünstigung einer Person, die eine solche Tat begangen hat, gelten die §§ 385 bis 408 der Abgabenordnung entsprechend.

(3) Für das Bußgeldverfahren wegen einer Ordnungswidrigkeit nach Absatz 1 gelten die §§ 409 bis 412 der Abgabenordnung entsprechend.

§ 122[1)] Nichtberücksichtigung als Einkommen bei Sozialleistungen, Unpfändbarkeit. [1]Die Energiepreispauschale ist bei einkommensabhängigen Sozialleistungen nicht als Einkommen zu berücksichtigen. [2]Die Energiepreispauschale ist in Höhe des in § 112 Absatz 2 genannten Betrages unpfändbar.

---

1) § 122 angef mWv VZ 2022 durch G v. 23.5.2022 (BGBl. I S. 749); Überschrift neu gef., Satz 2 angef., bish. Text wird Satz 1 mWv VZ 2022 durch G v. 16.12.2022 (BGBl. I S. 2294).

XVI. Besteuerung der Gas-/Wärmepreisbremse[1)]

§ 123 ***Grundsatz der Besteuerung.*** *(1) [1] Die einmalige Entlastung bei leitungsgebundenen Erdgaslieferungen an Letztverbraucher nach § 2 Absatz 1 Satz 1 des Erdgas-Wärme-Soforthilfegesetzes wird den Einkünften aus Leistungen nach § 22 Nummer 3 Satz 1 zugeordnet, soweit sie weder zu anderen Einkunftsarten (§ 2 Absatz 1 Satz 1 Nummer 1 bis 6) noch zu den Einkünften im Sinne des § 22 Nummer 1, 1a, 2 oder Nummer 4 gehört. [2] Satz 1 gilt auch für die vorläufige Leistung des Erdgaslieferanten auf die Entlastung bei Letztverbrauchern mit Standardlastprofil nach § 3 Absatz 1 Satz 1 des Erdgas-Wärme-Soforthilfegesetzes, die finanzielle Kompensation nach § 4 Absatz 1 des Erdgas-Wärme-Soforthilfegesetzes sowie die Entlastungen bei Mietverhältnissen und in Wohnungseigentümergemeinschaften nach § 5 des Erdgas-Wärme-Soforthilfegesetzes. [3] § 22 Nummer 3 Satz 2 ist nicht anzuwenden.*

(2) Gehört eine Entlastung im Sinne des Absatzes 1 zu den Einkünften aus Leistungen nach § 22 Nummer 3 Satz 1, dann ist die Entlastung nach Absatz 1 nicht Gegenstand der Berechnungen zu § 2 Absatz 1 bis 5, sondern wird dem zu versteuernden Einkommen des § 2 Absatz 5 Satz 1 nach Maßgabe des § 124 hinzugerechnet.

§ 124 ***Einstieg und Milderungszone.*** *(1) [1] Die Entlastung nach § 123 Absatz 1 ist mit Beginn der Milderungszone des Absatzes 2 dem zu versteuernden Einkommen nach § 2 Absatz 5 Satz 1 in Höhe des Hinzurechnungsbetrags nach Absatz 2 zuzurechnen. [2] Oberhalb der Milderungszone des Absatzes 2 wird die Entlastung nach § 123 Absatz 1 dem zu versteuernden Einkommen des § 2 Absatz 5 Satz 1 in voller Höhe zugerechnet.*

(2) [1] Die Milderungszone beginnt ab einem zu versteuernden Einkommen von 66 915 Euro und endet bei einem zu versteuernden Einkommen von 104 009 Euro. [2] Bei Ehegatten, die zusammenveranlagt werden, beginnt die Milderungszone ab einem zu versteuernden Einkommen von 133 830 Euro und endet bei einem zu versteuernden Einkommen von 208 018 Euro. [3] Im Bereich der Milderungszone ist als Zurechnungsbetrag nach § 123 Absatz 2 nur der Bruchteil der Entlastungen des § 123 Absatz 1 einzubeziehen, der sich als Differenz aus dem individuellen zu versteuernden Einkommen des Steuerpflichtigen und der Untergrenze der Milderungszone dividiert durch die Breite der Milderungszone errechnet.

§ 125 ***Zufluss und Besteuerung.*** *[1] Ist eine Entlastung nach § 123 Absatz 1 den Einkünften aus Leistungen nach § 22 Nummer 3 Satz 1 zuzuordnen, gelten für deren Besteuerung die in den Rechnungen nach § 2 Absatz 3, § 3 Absatz 1 Satz 4 und nach § 4 Absatz 2 des Erdgas-Wärme-Soforthilfegesetzes als Kostenentlastung gesondert ausgewiesenen Beträge im Veranlagungszeitraum der Erteilung dieser Rechnung als nach § 11 Absatz 1 Satz 1 zugeflossen. [2] Satz 1 gilt entsprechend für die Abrechnungen der Vermieter und Verpächter nach § 5 Absatz 1 und 5 des Erdgas-*

[1)] Abschnitt XVI (§§ 123–126) eingef. mWv VZ 2022 durch G v. 16.12.2022 (BGBl. I S. 2294) und aufgeh. mWv 2022 durch G v. 22.12.2023 (BGBl. I Nr. 411).

Wärme-Soforthilfegesetzes sowie der Wohnungseigentümergemeinschaften nach § 5 Absatz 3 des Erdgas-Wärme-Soforthilfegesetzes.

§ 126 ***Anwendung von Straf- und Bußgeldvorschriften der Abgabenordnung.***

(1) Für die einmalige Entlastung bei leitungsgebundenen Erdgaslieferungen an Letztverbraucher nach § 2 Absatz 1 Satz 1 des Erdgas-Wärme-Soforthilfegesetzes gelten die Strafvorschriften des § 370 Absatz 1 bis 4 und 7, der §§ 371, 375 Absatz 1 und des § 376 der Abgabenordnung sowie die Bußgeldvorschriften der §§ 378 und 379 Absatz 1 und 4 sowie der §§ 383 und 384 der Abgabenordnung entsprechend.

(2) Für das Strafverfahren wegen einer Straftat nach Absatz 1 sowie der Begünstigung einer Person, die eine solche Tat begangen hat, gelten die §§ 385 bis 408 der Abgabenordnung entsprechend.

(3) Für das Bußgeldverfahren wegen einer Ordnungswidrigkeit nach Absatz 1 gelten die §§ 409 bis 412 der Abgabenordnung entsprechend.

Anlage 1 (zu § 4d Absatz 1)

Tabelle für die Errechnung des Deckungskapitals für lebenslänglich laufende Leistungen von Unterstützungskassen

Erreichtes Alter des Leistungsempfängers (Jahre)	Die Jahresbeiträge der laufenden Leistungen sind zu vervielfachen bei Leistungen	
	an männliche Leistungsempfänger mit	an weibliche Leistungsempfänger mit
1	2	3
bis 26	11	17
27 bis 29	12	17
30	13	17
31 bis 35	13	16
36 bis 39	14	16
40 bis 46	14	15
47 und 48	14	14
49 bis 52	13	14
53 bis 56	13	13
57 und 58	13	12
59 und 60	12	12
61 bis 63	12	11
64	11	11
65 bis 67	11	10
68 bis 71	10	9
72 bis 74	9	8
75 bis 77	8	7
78	8	6
79 bis 81	7	6
82 bis 84	6	5
85 bis 87	5	4
88	4	4
89 und 90	4	3
91 bis 93	3	3
94	3	2
95 und älter	2	2

(Fortsetzung nächstes Blatt)

12a. Verordnung zur Durchführung des § 3 des Steueroasen-Abwehrgesetzes (Steueroasen-Abwehrverordnung – StAbwV)

Vom 20. Dezember 2021 (BGBl. I S. 5236)

Geändert durch Verordnung zur Änderung der Steueroasen-Abwehrverordnung vom 16.12.2022 (BGBl. I S. 2413) und Zweite Verordnung zur Änderung der Steueroasen-Abwehrverordnung vom 15.12.2023 (BGBl. I Nr. 375)

BGBl. III/FNA 610-1-29-1

Auf Grund des § 3 Absatz 1 Satz 1 des Steueroasen-Abwehrgesetzes vom 25. Juni 2021 (BGBl. I S. 2056) in Verbindung mit § 1 Absatz 1 des Zuständigkeitsanpassungsgesetzes vom 16. August 2002 (BGBl. I S. 3165) und dem Organisationserlass vom 8. Dezember 2021 (BGBl. I S. 5176) verordnen das Bundesministerium der Finanzen und das Bundesministerium für Wirtschaft und Klimaschutz:

§ 1 Anwendungsbereich. Diese Verordnung benennt

1. die nicht kooperativen Steuerhoheitsgebiete nach § 2 Absatz 1 des Gesetzes, die in der jeweils geltenden EU-Liste der nicht kooperativen Länder und Gebiete für Steuerzwecke genannt sind und
2. den Zeitpunkt, ab dem ein bisher als nicht kooperativ genanntes Steuerhoheitsgebiet die Voraussetzungen des § 2 Absatz 1 des Gesetzes nicht länger erfüllt.

§ 2[1] Nicht kooperative Steuerhoheitsgebiete. Folgende Steuerhoheitsgebiete sind nach Maßgabe des § 2 Absatz 1 des Gesetzes nicht kooperativ und werden im Anhang I der Schlussfolgerungen des Rates zur überarbeiteten EU-Liste nicht kooperativer Länder und Gebiete für Steuerzwecke vom 17. Oktober 2023 (ABl. C 437 vom 23.10.2023, S. 1) als nicht kooperativ genannt:

1. Amerikanisch-Samoa (seit dem 24. Dezember 2021),
2. Anguilla (seit dem 21. Dezember 2022),
3. Antigua und Barbuda (seit dem 20. Dezember 2023),
4. Bahamas (seit dem 21. Dezember 2022),
5. Belize (seit dem 20. Dezember 2023),
6. Fidschi (seit dem 24. Dezember 2021),
7. Guam (seit dem 24. Dezember 2021),

---

[1] § 2 neu gef. durch VO vom 16.12.2022 (BGBl. I S. 2413) und geänd. durch VO v. 15.12.2023 (BGBl. I Nr. 375).

8. Palau (seit dem 24. Dezember 2021),
9. Panama (seit dem 24. Dezember 2021),
10. Russische Föderation (seit dem 20. Dezember 2023),
11. Samoa (seit dem 24. Dezember 2021),
12. Seychellen (seit dem 20. Dezember 2023),
13. Trinidad und Tobago (seit dem 24. Dezember 2021),
14. Turks- und Caicosinseln (seit dem 21. Dezember 2022),
15. Amerikanische Jungferninseln (seit dem 24. Dezember 2021),
16. Vanuatu (seit dem 24. Dezember 2021).

§ 3 Inkrafttreten. Diese Verordnung tritt am Tag nach der Verkündung in Kraft.

21. Verordnung über die sozialversicherungsrechtliche Beurteilung von Zuwendungen des Arbeitgebers als Arbeitsentgelt (Sozialversicherungsentgeltverordnung – SvEV)[1)·2)]

Vom 21. Dezember 2006 (BGBl. I S. 3385)

Geändert durch VO vom 21.12.2006 (BGBl. I S. 3385), Gesetz zur Förderung der zusätzlichen Altersvorsorge vom 10.12.2007 (BGBl. I S. 2838), Gesetz zur Änderung des Vierten Buches Sozialgesetzbuch und anderer Gesetze vom 19.12.2007 (BGBl. I S. 3024), Erste VO zur Änderung der SozialversicherungsentgeltVO vom 18.11.2008 (BGBl. I S. 2220), Gesetz zur Änderung des Vierten Buches Sozialgesetzbuch, zur Errichtung einer Versorgungsausgleichskasse und anderer Gesetze vom 15.7.2009 (BGBl. I S. 1939), Zweite VO zur Änderung der SozialversicherungsentgeltVO vom 19.10.2009 (BGBl. I S. 3667), Dritte VO zur Änderung der SozialversicherungsentgeltVO vom 10.11.2010 (BGBl. I S. 1751), Vierte VO zur Änderung der SozialversicherungsentgeltVO vom 2.12.2011 (BGBl. I S. 2453), Beitreibungrichtlinie-Umsetzungsgesetz (BeitrRLUmsG) vom 7.12.2011 (BGBl. I S. 2592), Gesetz zur Verbesserung der Eingliederungschancen am Arbeitsmarkt vom 20.12.2011 (BGBl. I S. 2854), Fünfte Verordnung zur Änderung der Sozialversicherungsentgeltverordnung vom 19.12.2012 (BGBl. I S. 2714), Sechste Verordnung zur Änderung der Sozialversicherungsentgeltverordnung vom 21.10.2013 (BGBl. I S. 3871), Siebte Verordnung zur Änderung der Sozialversicherungsentgeltverordnung vom 24.11.2014 (BGBl. I S. 1799), Fünftes Gesetz zur Änderung des Vierten Buches Sozialgesetzbuch und anderer Gesetze vom 15.4.2015 (BGBl. I S. 583), Achte Verordnung zur Änderung der Sozialversicherungsentgeltverordnung vom 18.11.2015 (BGBl. I S. 2075), Neunte Verordnung zur Änderung der Sozialversicherungsentgeltverordnung vom 21.11.2016 (BGBl. I S. 2637), Gesetz zur Neuregelung des Mutterschutzrechts vom 23.5.2017 (BGBl. I S. 1228), Gesetz zur Stärkung der betrieblichen Altersversorgung und zur Änderung anderer Gesetze (Betriebsrentenstärkungsgesetz) vom 17.8.2017 (BGBl. I S. 3214), Verordnung zur Änderung der Sozialversicherungsentgeltverordnung und anderer Verordnungen vom 7.12. 2017 (BGBl. I S. 3906), Zehnte Verordnung zur Änderung der Sozialversicherungsentgeltverordnung vom 6.11.2018 (BGBl. I S. 1842), Elfte Verordnung zur Änderung der Sozialversicherungsentgeltverordnung vom 29.11.2019 (BGBl. I S. 1997) und Verordnung zur Änderung der Sozialversicherungsentgeltverordnung, der Unfallversicherungsobergrenzenverordnung vom 15.12.2020 (BGBl. I S. 2933), Gesetz zur Stärkung des Fondsstandorts Deutschland und zur Umsetzung der Richtlinie (EU) 2019/1160 zur Änderung der Richtlinien 2009/65/EG und 2011/61/EU im Hinblick auf den grenzüberschreitenden Vertrieb von Organismen für gemeinsame Anlagen (Fondsstandortgesetz – FoStoG) vom 3.6.2021 (BGBl. I S. 1498), Zwölfte Verordnung zur Änderung der Sozialversicherungsentgeltverordnung 6.12.2021 (BGBl. I S. 5187), Dreizehnte Verordnung zur Änderung der Sozialversicherungsentgeltverordnung vom 16.12.2022 (BGBl. I S. 2431) und Vierzehnte Verordnung zur Änderung der Sozialversicherungsentgeltverordnung vom 27.11.2023 (BGBl. I Nr. 328)

BGBl. III/FNA 860-4-1-16

§ 1 Dem sozialversicherungspflichtigen Arbeitsentgelt nicht zuzurechnende Zuwendungen. (1)[3)] [1] Dem Arbeitsentgelt sind nicht zuzurechnen:

[1)] Die SvEV ist als Art. 1 der VO zur Neuordnung der Regelungen über die sozialversicherungsrechtliche Beurteilung von Zuwendungen des Arbeitgebers als Arbeitsentgelt v. 21.12.2006 verkündet worden.

[2)] In Kraft ab 1.1.2007. Gleichzeitig tritt die SachbezV außer Kraft.

[3)] § 1 Abs. 1 Satz 3 geänd. und Satz 4 angef. mWv 1.1.2008 durch G v. 19.12.2007 (BGBl. I S. 3024); Satz 2 neu gef., Satz 3 ergänzt mWv 22.4.2015 durch G v. 15.4.2015 (BGBl. I S. 583), Satz 1 Nr. 1 letzter Satzteil angef. mWv 1.7.2021 durch G v. 3.6.2021 (BGBl. I S. 1498).

1. einmalige Einnahmen, laufende Zulagen, Zuschläge, Zuschüsse sowie ähnliche Einnahmen, die zusätzlich zu Löhnen oder Gehältern gewährt werden, soweit sie lohnsteuerfrei sind; dies gilt nicht für Sonntags-, Feiertags- und Nachtarbeitszuschläge, soweit das Entgelt, auf dem sie berechnet werden, mehr als 25 Euro für jede Stunde beträgt, und nicht für Vermögensbeteiligungen nach § 19a Absatz 1 Satz 1 des Einkommensteuergesetzes,
2. sonstige Bezüge nach § 40 Abs. 1 Satz 1 Nr. 1 des Einkommensteuergesetzes, die nicht einmalig gezahltes Arbeitsentgelt nach § 23a des Vierten Buches Sozialgesetzbuch sind,
3. Einnahmen nach § 40 Abs. 2 des Einkommensteuergesetzes,
4.[1] Beiträge nach § 40b des Einkommensteuergesetzes in der am 31. Dezember 2004 geltenden Fassung, die zusätzlich zu Löhnen und Gehältern gewährt werden; dies gilt auch für darin enthaltene Beiträge, die aus einer Entgeltumwandlung (§ 1 Abs. 2 Nr. 3 des Betriebsrentengesetzes[2]) stammen,

4a.[3] Zuwendungen nach § 3 Nr. 56 und § 40b des Einkommensteuergesetzes, die zusätzlich zu Löhnen und Gehältern gewährt werden und für die Satz 3 und 4 nichts Abweichendes bestimmen,

5. Beträge nach § 10 des Entgeltfortzahlungsgesetzes,
6.[4] Zuschüsse zum Mutterschaftsgeld nach § 20 des Mutterschutzgesetzes,
7. in den Fällen des § 3 Abs. 3 der vom Arbeitgeber insoweit übernommene Teil des Gesamtsozialversicherungsbeitrags,
8. Zuschüsse des Arbeitgebers zum Kurzarbeitergeld und Saison-Kurzarbeitergeld, soweit sie zusammen mit dem Kurzarbeitergeld 80 Prozent des Unterschiedsbetrages zwischen dem Sollentgelt und dem Ist-Entgelt nach § 106[5] des Dritten Buches Sozialgesetzbuch nicht übersteigen,
9.[6] steuerfreie Zuwendungen an Pensionskassen, Pensionsfonds oder Direktversicherungen nach § 3 Nr. 63 Satz 1 und 2 sowie § 100 Absatz 6 Satz 1 des Einkommensteuergesetzes im Kalenderjahr bis zur Höhe von insgesamt 4 Prozent der Beitragsbemessungsgrenze in der allgemeinen Rentenversicherung; dies gilt auch für darin enthaltene Beträge, die aus einer Entgeltumwandlung (§ 1 Abs. 2 Nr. 3 des Betriebsrentengesetzes) stammen,
10. Leistungen eines Arbeitgebers oder einer Unterstützungskasse an einen Pensionsfonds zur Übernahme bestehender Versorgungsverpflichtungen oder Versorgungsanwartschaften durch den Pensionsfonds, soweit diese nach § 3 Nr. 66 des Einkommensteuergesetzes steuerfrei sind,

---

[1] § 1 Abs. 1 Satz 1 Nr. 4 neu gef. mWv 1.1.2008 durch G v. 19.12.2007 (BGBl. I S. 3024), Nr. 4 HS 2 angef. mWv 1.1.2009 durch VO v. 18.11.2008 (BGBl. I S. 2220).

[2] Nr. **70.**

[3] § 1 Abs. 1 Satz 1 Nr. 4a eingef. mWv 1.1.2008 durch G v. 19.12.2007 (BGBl. I S. 3024).

[4] § 1 Abs. 1 Satz 1 Nr. 6 geänd. mWv 1.1.2018 durch G v. 23.5.2017 (BGBl. I S. 1228).

[5] Verweis geänd. mWv 1.4.2012 durch G v. 20.12.2011 (BGBl. I S. 2854).

[6] § 1 Abs. 1 Satz 1 Nr. 9 HS 2 angef. mWv 1.1.2009 durch G v. 10.12.2007 (BGBl. I S. 2838); Verweis geänd. mWv 1.1.2018 durch G v. 17.8.2017 (BGBl. I S. 3214).

11. steuerlich nicht belastete Zuwendungen des Beschäftigten zugunsten von durch Naturkatastrophen im Inland Geschädigten aus Arbeitsentgelt einschließlich Wertguthaben,

12.[1] Sonderzahlungen nach § 19 Absatz 1 Satz 1 Nummer 3 Satz 2 bis 4 des Einkommensteuergesetzes der Arbeitgeber zur Deckung eines finanziellen Fehlbetrages an die Einrichtungen, für die Satz 3 gilt,

13.[2] Sachprämien nach § 37a des Einkommensteuergesetzes,

14.[3] Zuwendungen nach § 37b Abs. 1 des Einkommensteuergesetzes, soweit die Zuwendungen an Arbeitnehmer eines Dritten erbracht werden und diese Arbeitnehmer nicht Arbeitnehmer eines mit dem Zuwendenden verbundenen Unternehmens sind,

15.[4] vom Arbeitgeber getragene oder übernommene Studiengebühren für ein Studium des Beschäftigten, soweit sie steuerrechtlich kein Arbeitslohn sind,

16.[5] steuerfreie Aufwandsentschädigungen und die in § 3 Nummer 26 und 26a des Einkommensteuergesetzes genannten steuerfreien Einnahmen.

[2]Dem Arbeitsentgelt sind die in Satz 1 Nummer 1 bis 4a, 9 bis 11, 13, 15 und 16 genannten Einnahmen, Zuwendungen und Leistungen nur dann nicht zuzurechnen, soweit diese vom Arbeitgeber oder von einem Dritten mit der Entgeltabrechnung für den jeweiligen Abrechnungszeitraum lohnsteuerfrei belassen oder pauschal besteuert werden. [3]Die Summe der in Satz 1 Nr. 4a genannten Zuwendungen nach § 3 Nr. 56 und § 40b des Einkommensteuergesetzes, die vom Arbeitgeber oder von einem Dritten mit der Entgeltabrechnung für den jeweiligen Abrechnungszeitraum lohnsteuerfrei belassen oder pauschal besteuert werden, höchstens jedoch monatlich 100 Euro, sind bis zur Höhe von 2,5 Prozent des für ihre Bemessung maßgebenden Entgelts dem Arbeitsentgelt zuzurechnen, wenn die Versorgungsregelung mindestens bis zum 31. Dezember 2000 vor der Anwendung etwaiger Nettobegrenzungsregelungen eine allgemein erreichbare Gesamtversorgung von mindestens 75 Prozent des gesamtversorgungsfähigen Entgelts und nach dem Eintritt des Versorgungsfalles eine Anpassung nach Maßgabe der Entwicklung der Arbeitsentgelte im Bereich der entsprechenden Versorgungsregelung oder gesetzlicher Versorgungsbezüge vorsieht; die dem Arbeitsentgelt zuzurechnenden Beiträge und Zuwendungen vermindern sich um monatlich 13,30 Euro. [4]Satz 3 gilt mit der Maßgabe, dass die Zuwendungen nach § 3 Nr. 56 und § 40b des Einkommensteuergesetzes dem Arbeitsentgelt insoweit zugerechnet werden, als sie in der Summe monatlich 100 Euro übersteigen.

(2) In der gesetzlichen Unfallversicherung und in der Seefahrt sind auch lohnsteuerfreie Zuschläge für Sonntags-, Feiertags- und Nachtarbeit dem Arbeitsentgelt zuzurechnen; dies gilt in der Unfallversicherung nicht für Erwerbseinkommen, das bei einer Hinterbliebenenrente zu berücksichtigen ist.

---

[1] § 1 Abs. 1 Satz 1 Nr. 12 geänd. mWv 22.4.2015 durch G v. 15.4.2015 (BGBl. I S. 583).

[2] § 1 Abs. 1 Satz 1 Nr. 13 angef. mWv 1.1.2009 durch VO v. 18.11.2008 (BGBl. I S. 2220).

[3] § 1 Abs. 1 Satz 1 Nr. 14 angef. mWv 1.1.2009 durch VO v. 18.11.2008 (BGBl. I S. 2220).

[4] § 1 Abs. 1 Satz 1 Nr. 15 angef. mWv 22.7.2009 durch G v. 15.7.2009 (BGBl. I S. 1939).

[5] § 1 Abs. 1 Satz 1 Nr. 16 angef. mWv 22.4.2015 durch G v. 15.4.2015 (BGBl. I S. 583).

§ 2 Verpflegung, Unterkunft und Wohnung als Sachbezug. (1) [1]Der Wert der als Sachbezug zur Verfügung gestellten Verpflegung wird auf monatlich *258* [***ab 1.1.2022:*** 270; ***ab 1.1.2023:*** 288; ***ab 1.1.2024:*** 313] Euro[1)] festgesetzt. [2]Dieser Wert setzt sich zusammen aus dem Wert für

1. Frühstück von *54* [***ab 1.1.2022:*** 56; ***ab 1.1.2023:*** 60; ***ab 1.1.2024:*** 65] Euro,[1)]
2. Mittagessen von *102* [***ab 1.1.2022:*** 107; ***ab 1.1.2023:*** 114; ***ab 1.1.2024:*** 124] Euro[1)] und
3. Abendessen von *102* [***ab 1.1.2022:*** 107; ***ab 1.1.2023:*** 114; ***ab 1.1.2024:*** 124] Euro[1)].

(2) [1]Für Verpflegung, die nicht nur dem Beschäftigten, sondern auch seinen nicht bei demselben Arbeitgeber beschäftigten Familienangehörigen zur Verfügung gestellt wird, erhöhen sich die nach Absatz 1 anzusetzenden Werte je Familienangehörigen,

1. der das 18. Lebensjahr vollendet hat, um 100 Prozent,
2. der das 14., aber noch nicht das 18. Lebensjahr vollendet hat, um 80 Prozent,
3. der das 7., aber noch nicht das 14. Lebensjahr vollendet hat, um 40 Prozent und
4. der das 7. Lebensjahr noch nicht vollendet hat, um 30 Prozent.

[2]Bei der Berechnung des Wertes ist das Lebensalter des Familienangehörigen im ersten Entgeltabrechnungszeitraum des Kalenderjahres maßgebend. [3]Sind Ehegatten bei demselben Arbeitgeber beschäftigt, sind die Erhöhungswerte nach Satz 1 für Verpflegung der Kinder beiden Ehegatten je zur Hälfte zuzurechnen.

(3) [1]Der Wert einer als Sachbezug zur Verfügung gestellten Unterkunft wird auf monatlich *235* [***ab 1.1.2022:*** 241; ***ab 1.1.2023:*** 265; ***ab 1.1.2024:*** 278] Euro[1)] festgesetzt. [2]Der Wert der Unterkunft nach Satz 1 vermindert sich

1. bei Aufnahme des Beschäftigten in den Haushalt des Arbeitgebers oder bei Unterbringung in einer Gemeinschaftsunterkunft um 15 Prozent,
2. für Jugendliche bis zur Vollendung des 18. Lebensjahres und Auszubildende um 15 Prozent und
3. bei der Belegung
   a) mit zwei Beschäftigten um 40 Prozent,
   b) mit drei Beschäftigten um 50 Prozent und
   c) mit mehr als drei Beschäftigten um 60 Prozent.

[1)] Beträge geänd. mWv 1.1.2016 durch VO v. 18.11.2015 (BGBl. I S. 2075); geänd. mWv 1.1.2017 durch VO v. 21.11.2016 (BGBl. I S. 2637); geänd. mWv 1.1.2018 durch VO v. 7.12.2017 (BGBl. I S. 3906); geänd. mWv 1.1.2019 durch VO v. 6.11.2018 (BGBl. I S. 1842); geänd. mWv 1.1.2020 durch VO v. 29.11.2019 (BGBl. I S. 1997); geänd. mWv 1.1.2021 durch VO v. 15.12.2020 (BGBl. I S. 2933); geänd. mWv 1.1.2022 durch VO v. 6.12.2021 (BGBl. I S. 5187); geänd. mWv 1.1.2023 durch VO v. 16.12.2022 (BGBl. I S. 2431); geänd. mWv 1.1.2024 durch VO v. 27.11.2023 (BGBl. I Nr. 328).

[3]Ist es nach Lage des einzelnen Falles unbillig, den Wert einer Unterkunft nach Satz 1 zu bestimmen, kann die Unterkunft mit dem ortsüblichen Mietpreis bewertet werden; Absatz 4 Satz 2 gilt entsprechend.

(4) [1]Für eine als Sachbezug zur Verfügung gestellte Wohnung ist als Wert der ortsübliche Mietpreis unter Berücksichtigung der sich aus der Lage der Wohnung zum Betrieb ergebenden Beeinträchtigungen sowie unter entsprechender Anwendung des § 8 Absatz 2 Satz 12 des Einkommensteuergesetzes anzusetzen. [2]Ist im Einzelfall die Feststellung des ortsüblichen Mietpreises mit außergewöhnlichen Schwierigkeiten verbunden, kann die Wohnung mit *4,12* [***ab 1.1.2022:*** 4,23; ***ab 1.1.2023:*** 4,66; ***ab 1.1.2024:*** 4,89] Euro[1)] je Quadratmeter monatlich, bei einfacher Ausstattung (ohne Sammelheizung oder ohne Bad oder Dusche) mit *3,37* [***ab 1.1.2022:*** 3,46; ***ab 1.1.2023:*** 3,81; ***ab 1.1.2024:*** 4,00] Euro[1)] je Quadratmeter monatlich bewertet werden. [3]Bestehen gesetzliche Mietpreisbeschränkungen, sind die durch diese Beschränkungen festgelegten Mietpreise als Werte anzusetzen. [4]Dies gilt auch für die vertraglichen Mietpreisbeschränkungen im sozialen Wohnungsbau, die nach den jeweiligen Förderrichtlinien des Landes für den betreffenden Förderjahrgang sowie für die mit Wohnungsfürsorgemitteln aus öffentlichen Haushalten geförderten Wohnungen vorgesehen sind. [5]Für Energie, Wasser und sonstige Nebenkosten ist der übliche Preis am Abgabeort anzusetzen.

(5) Werden Verpflegung, Unterkunft oder Wohnung verbilligt als Sachbezug zur Verfügung gestellt, ist der Unterschiedsbetrag zwischen dem vereinbarten Preis und dem Wert, der sich bei freiem Bezug nach den Absätzen 1 bis 4 ergeben würde, dem Arbeitsentgelt zuzurechnen.

(6) [1]Bei der Berechnung des Wertes für kürzere Zeiträume als einen Monat ist für jeden Tag ein Dreißigstel der Werte nach den Absätzen 1 bis 5 zugrunde zu legen. [2]Die Prozentsätze der Absätze 2 und 3 sind auf den Tageswert nach Satz 1 anzuwenden. [3]Die Berechnungen werden jeweils auf 2 Dezimalstellen durchgeführt; die zweite Dezimalstelle wird um 1 erhöht, wenn sich in der dritten Dezimalstelle eine der Zahlen 5 bis 9 ergibt.

§ 3 Sonstige Sachbezüge. (1)[2)] [1]Werden Sachbezüge, die nicht von § 2 erfasst werden, unentgeltlich zur Verfügung gestellt, ist als Wert für diese Sachbezüge der um übliche Preisnachlässe geminderte übliche Endpreis am Abgabeort anzusetzen. [2]Sind auf Grund des § 8 Absatz 2 Satz 10 des Einkommensteuergesetzes Durchschnittswerte festgesetzt worden, sind diese Werte maßgebend. [3]Findet § 8 Abs. 2 Satz 2, 3, 4 oder 5 oder Abs. 3 Satz 1 des Einkommensteuergesetzes Anwendung, sind die dort genannten Werte maßgebend. [4]§ 8 Absatz 2 Satz 11 des Einkommensteuergesetzes gilt entsprechend.

[1)] Beträge geänd. mWv 1.1.2015 durch VO v. 24.11.2014 (BGBl. I S. 1799); geänd. mWv 1.1.2018 durch VO v. 7.12.2017 (BGBl. I S. 3906); geänd. mWv 1.1.2019 durch VO v. 6.11.2018 (BGBl. I S. 1842); geänd. mWv 1.1.2020 durch VO v. 29.11.2019 (BGBl. I S. 1997); geänd. mWv 1.1.2021 durch VO v. 15.12.2020 (BGBl. I S. 2933); geänd. mWv 1.1.2022 durch VO v. 6.12.2021 (BGBl. I S. 5187); geänd. mWv 1.1.2023 durch VO v. 16.12.2022 (BGBl. I S. 2431); geänd. mWv 1.1.2024 durch VO v. 27.11.2023 (BGBl. I Nr. 328).

[2)] § 3 Abs. 1 Sätze 2 und 4 geänd. mWv 1.1.2014 durch VO v. 21.10.2013 (BGBl. I S. 3871).

(2) Werden Sachbezüge, die nicht von § 2 erfasst werden, verbilligt zur Verfügung gestellt, ist als Wert für diese Sachbezüge der Unterschiedsbetrag zwischen dem vereinbarten Preis und dem Wert, der sich bei freiem Bezug nach Absatz 1 ergeben würde, dem Arbeitsentgelt zuzurechnen.

(3) [1] Waren und Dienstleistungen, die vom Arbeitgeber nicht überwiegend für den Bedarf seiner Arbeitnehmer hergestellt, vertrieben oder erbracht werden und die nach § 40 Abs. 1 Satz 1 Nr. 1 des Einkommensteuergesetzes pauschal versteuert werden, können mit dem Durchschnittsbetrag der pauschal versteuerten Waren und Dienstleistungen angesetzt werden; dabei kann der Durchschnittsbetrag des Vorjahres angesetzt werden. [2] Besteht das Beschäftigungsverhältnis nur während eines Teils des Kalenderjahres, ist für jeden Tag des Beschäftigungsverhältnisses der dreihundertsechzigste Teil des Durchschnittswertes nach Satz 1 anzusetzen. [3] Satz 1 gilt nur, wenn der Arbeitgeber den von dem Beschäftigten zu tragenden Teil des Gesamtsozialversicherungsbeitrags übernimmt. [4] Die Sätze 1 bis 3 gelten entsprechend für Sachzuwendungen im Wert von nicht mehr als 80 Euro, die der Arbeitnehmer für Verbesserungsvorschläge sowie für Leistungen in der Unfallverhütung und im Arbeitsschutz erhält. [5] Die mit einem Durchschnittswert angesetzten Sachbezüge, die in einem Kalenderjahr gewährt werden, sind insgesamt dem letzten Entgeltabrechnungszeitraum in diesem Kalenderjahr zuzuordnen.

§ 4[1)] *(aufgehoben)*

[1)] § 4 aufgeh. mWv 1.1.2009 durch Art. 2 der VO v. 21.12.2006 (BGBl. I S. 3385).

24. Fünftes Gesetz zur Förderung der Vermögensbildung der Arbeitnehmer (Fünftes Vermögensbildungsgesetz – 5. VermBG)[1) · 2)]

In der Fassung der Bekanntmachung vom 4. März 1994 (BGBl. I S. 406)

Geändert durch Drittes Durchführungsgesetz/EWG zum VAG vom 21.7.1994 (BGBl. I S. 1630), Arbeitsförderungs-Reformgesetz vom 24.3.1997 (BGBl. I S. 594), Zivilschutzneuordnungsgesetz vom 25.3.1997 (BGBl. I S. 726), Drittes Finanzmarktförderungsgesetz vom 24.3.1998 (BGBl. I S. 529), Drittes Vermögensbeteiligungsgesetz vom 7.9.1998 (BGBl. I S. 2647), Steuer-Euroglättungsgesetz vom 19.12.2000 (BGBl. I S. 1790), Altersvermögensgesetz vom 26.6.2001 (BGBl. I S. 1310), Steueränderungsgesetz 2001 vom 20.12.2001 (BGBl. I S. 3794), Investmentmodernisierungsgesetz vom 15.12.2003 (BGBl. I S. 2676), Drittes Gesetz für moderne Dienstleistungen am Arbeitsmarkt vom 23.12.2003 (BGBl. I S. 2848), Haushaltsbegleitgesetz 2004 vom 29.12.2003 (BGBl. I S. 3076), Gesetz zur Einführung der Europäischen Genossenschaft und zur Änderung des Genossenschaftsrechts vom 14.8.2006 (BGBl. I S. 1911), Finanzmarktrichtlinie-Umsetzungsgesetz vom 16.7.2007 (BGBl. I S. 1330), Gesetz zur Reform des Versicherungsvertragsrechts vom 23.11.2007 (BGBl. I S. 2631), Investmentänderungsgesetz vom 21.12.2007 (BGBl. I S. 3089), Eigenheimrentengesetz vom 29.7.2008 (BGBl. I S. 1509), Gesetz zur Änderung des Fünften Vermögensbildungsgesetzes vom 8.12.2008 (BGBl. I S. 2373), Steuerbürokratieabbaugesetz vom 20.12.2008 (BGBl. I S. 2850), Mitarbeiterkapitalbeteiligungsgesetz vom 7.3.2009 (BGBl. I S. 451), Bürgerentlastungsgesetz Krankenversicherung vom 16.7.2009 (BGBl. I S. 1959), Jahressteuergesetz 2010 (JStG 2010) vom 8.12.2010 (BGBl. I S. 1768), Gesetz zur bestätigenden Regelung verschiedener steuerlicher und verkehrsrechtlicher Vorschriften des Haushaltsbegleitgesetzes 2004 vom 5.4.2011 (BGBl. I S. 554), Beitreibungsrichtlinie-Umsetzungsgesetz (BeitrRLUmsG) vom 7.12.2011 (BGBl. I S. 2592), Amtshilferichtlinie-Umsetzungsgesetz (AmtshilfeRLUmsG vom 26. Juni 2013 (BGBl. I S. 1809), Gesetz zur Anpassung des Investmentsteuergesetzes und anderer Gesetze an das AIFM-Umsetzungsgesetz (AIFM-Steuer-Anpassungsgesetz – AIFM-StAnpG) vom 18.12.2013 (BGBl. I S. 4318), Gesetz zur Modernisierung des Besteuerungsverfahrens vom 18.7.2016 (BGBl. I S. 1679), Zweites Gesetz zur Anpassung des Datenschutzrechts an die Verordnung (EU) 2016/679 und zur Umsetzung der Richtlinie (EU) 2016/680 (Zweites Datenschutz-Anpassungs- und Umsetzungsgesetz EU – 2. DSAnpUG-EU) vom 20.11.2019 (BGBl. I S. 1626) und Zukunftsfinanzierungsgesetz (ZuFinG) vom 11.12.2023 (BGBl. I Nr. 354)

BGBl. III/FNA 800-9

§ 1 Persönlicher Geltungsbereich. (1) Die Vermögensbildung der Arbeitnehmer durch vereinbarte vermögenswirksame Leistungen der Arbeitgeber wird nach den Vorschriften dieses Gesetzes gefördert.

(2) [1] Arbeitnehmer im Sinne dieses Gesetzes sind Arbeiter und Angestellte einschließlich der zu ihrer Berufsausbildung Beschäftigten. [2] Als Arbeitnehmer gelten auch die in Heimarbeit Beschäftigten.

(3) Die Vorschriften dieses Gesetzes gelten nicht

1. für vermögenswirksame Leistungen juristischer Personen an Mitglieder des Organs, das zur gesetzlichen Vertretung der juristischen Person berufen ist,

---

1) Neubekanntmachung des 5. VermBG idF der Bek. v. 19.2.1987 (BGBl. I S. 630) auf Grund Art. 33 des Mißbrauchsbekämpfungs- und Steuerbereinigungsgesetzes v. 21.12.1993 (BGBl. I S. 2310) in der seit 1.1.1994 geltenden Fassung.

2) Die hier abgedruckte Fassung gilt für **vermögenswirksame Leistungen,** die **nach dem 31.12.1993 angelegt** werden (§ 17).

2. für vermögenswirksame Leistungen von Personengesamtheiten an die durch Gesetz, Satzung oder Gesellschaftsvertrag zur Vertretung der Personengesamtheit berufenen Personen.

(4)[1] Für Beamte, Richter, Berufssoldaten und Soldaten auf Zeit gelten die nachstehenden Vorschriften dieses Gesetzes entsprechend.

§ 2 Vermögenswirksame Leistungen, Anlageformen. (1) Vermögenswirksame Leistungen sind Geldleistungen, die der Arbeitgeber für den Arbeitnehmer anlegt

1. als Sparbeiträge des Arbeitnehmers auf Grund eines Sparvertrags über Wertpapiere oder andere Vermögensbeteiligungen (§ 4)
   a) zum Erwerb von Aktien, die vom Arbeitgeber ausgegeben werden oder an einer deutschen Börse zum *amtlichen Handel oder zum geregelten Markt* [***ab 1.11.2007:*** regulierten Markt][2] zugelassen oder in den Freiverkehr einbezogen sind,
   b) zum Erwerb von Wandelschuldverschreibungen, die vom Arbeitgeber ausgegeben werden oder an einer deutschen Börse *zum amtlichen Handel oder zum geregelten Markt* [***ab 1.11.2007:*** regulierten Markt][2] zugelassen oder in den Freiverkehr einbezogen sind, sowie von Gewinnschuldverschreibungen, die vom Arbeitgeber ausgegeben werden, zum Erwerb von Namensschuldverschreibungen des Arbeitgebers jedoch nur dann, wenn auf dessen Kosten die Ansprüche des Arbeitnehmers aus der Schuldverschreibung durch ein Kreditinstitut verbürgt oder durch ein Versicherungsunternehmen privatrechtlich gesichert sind und das Kreditinstitut oder Versicherungsunternehmen im Geltungsbereich dieses Gesetzes zum Geschäftsbetrieb befugt ist,

[Fassung ab 1.1.2004:][3]

c) zum Erwerb von Anteilen an Sondervermögen nach den §§ 46 bis 65 und 83 bis 86 des Investmentgesetzes sowie von ausländischen Investmentanteilen, die nach dem Investmentgesetz öffentlich vertrieben werden dürfen, wenn nach dem Jahresbericht für das vorletzte Geschäftsjahr, das dem Kalenderjahr des Abschlusses des Vertrags im Sinne des § 4 oder des § 5 vorausgeht, der Wert der Aktien in diesem Sonderver-

[Fassung ab 1.1.2014:][4]

c) zum Erwerb von Anteilen an OGAW-Sondervermögen sowie an als Sondervermögen aufgelegten offenen Publikums-AIF nach den §§ 218 und 219 des Kapitalanlagegesetzbuchs sowie von Anteilen an offenen EU-Investmentvermögen und offenen ausländischen AIF, die nach dem Kapitalanlagegesetzbuch vertrieben werden dürfen, wenn nach dem Jahresbericht für das vorletzte Geschäftsjahr, das dem Kalenderjahr des Ab-

---

[1] § 1 Abs. 4 geänd. durch G v. 25.3.1997 (BGBl. I S. 726).

[2] § 2 Abs. 1 Nr. 1 Buchst. a und b geänd. mWv 1.11.2007 durch G v. 16.7.2007 (BGBl. I S. 1330).

[3] § 2 Abs. 1 Nr. 1 Buchst. c neu gef. mWv 1.1.2004 durch G v. 15.12.2003 (BGBl. I S. 2676).

[4] § 2 Abs. 1 Nr. 1 Buchst. c neu gef. durch G v. 18.12.2013 (BGBl. I S. 4318); zur Anwendung siehe § 17 Abs. 15 Satz 1.

beitnehmer in dem Kalenderjahr bisher schon als vermögenswirksame Leistungen erbracht worden sind. [2] *Das gilt nicht, soweit der Arbeitnehmer bei den betrieblichen Sozialleistungen zwischen einer vermögenswirksamen Leistung und einer anderen Leistung, insbesondere einer Barleistung, wählen konnte.*

§ 11 Vermögenswirksame Anlage von Teilen des Arbeitslohns.

(1) Der Arbeitgeber hat auf schriftliches Verlangen des Arbeitnehmers einen Vertrag über die vermögenswirksame Anlage von Teilen des Arbeitslohns abzuschließen.

(2) Auch vermögenswirksam angelegte Teile des Arbeitslohns sind vermögenswirksame Leistungen im Sinne dieses Gesetzes.

(3) [1] Zum Abschluß eines Vertrags nach Absatz 1, wonach die Lohnteile nicht zusammen mit anderen vermögenswirksamen Leistungen für den Arbeitnehmer angelegt und überwiesen werden sollen, ist der Arbeitgeber nur dann verpflichtet, wenn der Arbeitnehmer die Anlage von Teilen des Arbeitslohns in monatlichen der Höhe nach gleichbleibenden Beträgen von mindestens 13 Euro[1)] oder in vierteljährlichen der Höhe nach gleichbleibenden Beträgen von mindestens 39 Euro[1)] oder nur einmal im Kalenderjahr in Höhe eines Betrags von mindestens 39 Euro[1)] verlangt. [2] Der Arbeitnehmer kann bei der Anlage in monatlichen Beträgen während des Kalenderjahrs die Art der vermögenswirksamen Anlage und das Unternehmen oder Institut, bei dem sie erfolgen soll, nur mit Zustimmung des Arbeitgebers wechseln.

(4) [1] Der Arbeitgeber kann einen Termin im Kalenderjahr bestimmen, zu dem die Arbeitnehmer des Betriebs oder Betriebsteils die einmalige Anlage von Teilen des Arbeitslohns nach Absatz 3 verlangen können. [2] Die Bestimmung dieses Termins unterliegt der Mitbestimmung des Betriebsrats oder der zuständigen Personalvertretung; das für die Mitbestimmung in sozialen Angelegenheiten vorgeschriebene Verfahren ist einzuhalten. [3] Der nach Satz 1 bestimmte Termin ist den Arbeitnehmern in jedem Kalenderjahr erneut in geeigneter Form bekanntzugeben. [4] Zu einem anderen als dem nach Satz 1 bestimmten Termin kann der Arbeitnehmer eine einmalige Anlage nach Absatz 3 nur verlangen

1. von Teilen des Arbeitslohns, den er im letzten Lohnzahlungszeitraum des Kalenderjahrs erzielt, oder
2. von Teilen besonderer Zuwendungen, die im Zusammenhang mit dem Weihnachtsfest oder Jahresende gezahlt werden.

(5) [1] Der Arbeitnehmer kann jeweils einmal im Kalenderjahr von dem Arbeitgeber schriftlich verlangen, daß der Vertrag über die vermögenswirksame Anlage von Teilen des Arbeitslohns aufgehoben, eingeschränkt oder erweitert wird. [2] Im Fall der Aufhebung ist der Arbeitgeber nicht verpflichtet, in demselben Kalenderjahr einen neuen Vertrag über die vermögenswirksame Anlage von Teilen des Arbeitslohns abzuschließen.

(6) In Tarifverträgen oder Betriebsvereinbarungen kann von den Absätzen 3 bis 5 abgewichen werden.

[1)] Beträge geänd. mWv 1. 1. 2002 durch G v. 19. 12. 2000 (BGBl. I S. 1790).

§ 12[1)] **Freie Wahl der Anlage.** [1]Vermögenswirksame Leistungen werden nur dann nach den Vorschriften dieses Gesetzes gefördert, wenn der Arbeitnehmer die Art der vermögenswirksamen Anlage und das Unternehmen oder Institut, bei dem sie erfolgen soll, frei wählen kann. [2]Einer Förderung steht jedoch nicht entgegen, daß durch Tarifvertrag die Anlage auf die Formen des § 2 Abs. 1 Nr. 1 bis 5, Abs. 2 bis 4 beschränkt wird. [3]Eine Anlage im Unternehmen des Arbeitgebers nach § 2 Abs. 1 Nr. 1 Buchstabe g bis l und Abs. 4 ist nur mit Zustimmung des Arbeitgebers zulässig.

§ 13[2)] **Anspruch auf Arbeitnehmer-Sparzulage**

[Fassung für nach dem 1.1.1999 und vor dem 1.1.2024 angelegte vermögensw. Leist.:]

(1) *[1]Der Arbeitnehmer, der Einkünfte aus nichtselbständiger Arbeit im Sinne des § 19 Abs. 1 des Einkommensteuergesetzes bezieht, hat Anspruch auf Sparzulage nach Absatz 2, wenn sein Einkommen die Einkommensgrenze nicht überschreitet. [2]Diese beträgt 17 900 Euro*[4)] *oder bei einer Zusammenveranlagung von Ehegatten nach § 26b des Einkommensteuergesetzes 35 800 Euro*[4)]. [***ab 1.1.2009:*** [1]Der Arbeitnehmer hat Anspruch auf eine Arbeitnehmer-Sparzulage nach Absatz 2, wenn [***ab 1.1.2017:*** er gegenüber dem Unternehmen, dem Institut oder dem in § 3 Absatz 3 genannten Gläubiger in die Datenübermittlung nach Maßgabe des § 15 Absatz 1 Satz 2 und 3 eingewilligt

[Fassung für nach dem 31.12.2023 angelegte vermögensw. Leist.:][3)]

[1]Der Arbeitnehmer hat Anspruch auf eine Arbeitnehmer-Sparzulage nach Absatz 2, wenn er gegenüber dem Unternehmen, dem Institut oder dem in § 3 Absatz 3 genannten Gläubiger in die Datenübermittlung nach Maßgabe des § 15 Absatz 1 Satz 2 und 3 eingewilligt hat und sein Einkommen die Grenze von 40 000 Euro oder bei einer Zusammenveranlagung nach § 26b des Einkommensteuergesetzes von 80 000 Euro nicht übersteigt.

[1)] § 12 Satz 2 eingef. mWv 1.1.1999 durch G v. 7.9.1998 (BGBl. I S. 2647).

[2)] Fassung für vor dem 1.1.1999 angelegte vermögensw. Leistungen: „(1) Der Arbeitnehmer, der Einkünfte aus nichtselbständiger Arbeit im Sinne des § 19 Abs. 1 des Einkommensteuergesetzes bezieht, hat für die nach § 2 Abs. 1 Nr. 1 bis 5, Abs. 2 bis 4 angelegten vermögenswirksamen Leistungen, soweit sie insgesamt 936 Deutsche Mark im Kalenderjahr nicht übersteigen, Anspruch auf eine Arbeitnehmer-Sparzulage nach diesem Gesetz, wenn das zu versteuernde Einkommen (§ 2 Abs. 5 des Einkommensteuergesetzes) in dem Kalenderjahr, in dem die vermögenswirksamen Leistungen angelegt worden sind, 27 000 Deutsche Mark oder bei einer Zusammenveranlagung von Ehegatten nach § 26b des Einkommensteuergesetzes 54 000 Deutsche Mark nicht übersteigt."

[3)] § 13 Abs. 1 Satz 1 neu gef. durch G v. 11.12.2023 (BGBl. I Nr. 354); zur Anwendung siehe § 17 Abs. 17.

[4)] Beträge geänd. mWv 1.1.2002 durch G v. 19.12.2000 (BGBl. I S. 1790).

[Fassung für nach dem 1.1.1999 und vor dem 1.1.2024 angelegte vermögensw. Leist.:]

hat und][1] sein Einkommen folgende Grenzen nicht übersteigt:

1. bei nach § 2 Abs. 1 Nr. 1 bis 3, Abs. 2 bis 4 angelegten vermögenswirksamen Leistungen die Einkommensgrenze von 20 000 Euro oder bei einer Zusammenveranlagung *von Ehegatten*[2] nach § 26b des Einkommensteuergesetzes von 40 000 Euro oder
2. bei nach § 2 Abs. 1 Nr. 4 und 5 angelegten vermögenswirksamen Leistungen die Einkommensgrenze von 17 900 Euro oder bei einer Zusammenveranlagung *von Ehegatten*[2] nach § 26b des Einkommensteuergesetzes von 35 800 Euro.][3]

[Fassung für nach dem 31.12.2023 angelegte vermögensw. Leist.:]

²Maßgeblich ist das zu versteuernde Einkommen nach § 2 [***ab 1.1.2009:*** Absatz 5][4] des Einkommensteuergesetzes[5] in dem Kalenderjahr, in dem die vermögenswirksamen Leistungen angelegt worden sind.

(2) ¹Die Arbeitnehmer-Sparzulage beträgt *20 vom Hundert* [***ab 1.1.2004:*** 18 vom Hundert[6]/***ab 1.1.2009:*** 20 Prozent[7]] der nach § 2 Absatz 1 Nummer 1 bis 3, Absatz 2 bis 4 angelegten vermögenswirksamen Leistungen, soweit sie *408 Euro*[8] [***ab 1.1.2004:*** 400 Euro[6]] im Kalenderjahr nicht übersteigen, und *10 vom Hundert* [***ab 1.1.2004:*** 9 Prozent][6] der nach § 2 Absatz 1 Nummer 4 und 5 angelegten vermögenswirksamen Leistungen, soweit sie *480 Euro*[8] [***ab 1.1.2004:*** 470 Euro][6] im Kalenderjahr nicht übersteigen. ²*Für Arbeitnehmer, die ihren Hauptwohnsitz in dem in Artikel 3 des Einigungsvertrages*

---

[1] § 13 Abs. 1 Satz 1 Klammerzusatz eingef. durch G v. 26.6.2013 (BGBl. I S. 1809); zur Anwendung siehe § 17 Abs. 14 iVm BMF v. 16.12.2016, IV C 5 – S 2439/16/10001: 1.1.2017.

[2] Kursiver Satzteil gestrichen durch G v. 26.6.2013 (BGBl. I S. 1809); zur Anwendung siehe § 17 Abs. 14 iVm BMF v. 16.12.2016, IV C 5 – S 2439/16/10001: 1.1.2017.

[3] § 13 Abs. 1 Sätze 1 und 2 ersetzt durch Satz 1 durch G v. 7.3.2009 (BGBl. I S. 451); zur Anwendung siehe § 17 Abs. 7.

[4] Verweis ergänzt durch G v. 8.12.2010 (BGBl. I S. 1768); zur Anwendung siehe § 17 Abs. 11.

[5] Verweis geänd. durch G v. 20.12.2001 (BGBl. I S. 3794).

[6] § 13 Abs. 2 geänd. durch G v. 29.12.2003 (BGBl. I S. 3076); bestätigt durch G v. 5.4.2011 (BGBl. I S. 554).

[7] § 13 Abs. 2 Satz 1 geänd., Satz 2 aufgeh. durch G v. 7.3.2009 (BGBl. I S. 451); zur Anwendung siehe § 17 Abs. 7.

[8] Beträge geänd. mWv 1.1.2002 durch G v. 19.12.2000 (BGBl. I S. 1790).

genannten Gebiet haben, tritt an die Stelle des Zulagesatzes von 20 vom Hundert ***[vom 1. 1.–31.12.2004:*** *18 vom Hundert]*[1] *der Zulagesatz von 25 vom Hundert* ***[vom 1. 1.–31.12.2004:*** *22 vom Hundert]*[2].

(3)[3] [1]Die Arbeitnehmer-Sparzulage gilt weder als steuerpflichtige Einnahme im Sinne des Einkommensteuergesetzes noch als Einkommen, Verdienst oder Entgelt (Arbeitsentgelt) im Sinne der Sozialversicherung und des Dritten Buches Sozialgesetzbuch[4]; sie gilt arbeitsrechtlich nicht als Bestandteil des Lohns oder Gehalts. [2]Der Anspruch auf Arbeitnehmer-Sparzulage ist nicht übertragbar.

(4) Der Anspruch auf Arbeitnehmer-Sparzulage entsteht mit Ablauf des Kalenderjahrs, in dem die vermögenswirksamen Leistungen angelegt worden sind.

[Fassung bis 31.12.2008:]

(5) [1]Der Anspruch auf Arbeitnehmer-Sparzulage entfällt mit Wirkung für die Vergangenheit, soweit die in den §§ 4 bis 7 genannten Fristen oder bei einer Anlage nach § 2 Abs. 1 Nr. 4 die in § 2 Abs. 1 Nr. 3 und 4 und Abs. 2 Satz 1 des Wohnungsbau-Prämiengesetzes vorgesehenen Voraussetzungen nicht eingehalten werden.

[Fassung ab 1.1.2009:][5]

(5) [1]Der Anspruch auf Arbeitnehmer-Sparzulage entfällt rückwirkend, soweit die in den §§ 4 bis 7 genannten Fristen oder bei einer Anlage nach § 2 Abs. 1 Nr. 4 die in § 2 Abs. 1 Nr. 3 und 4 und Abs. 3 Satz 1 des Wohnungsbau-Prämiengesetzes vorgesehenen Voraussetzungen nicht eingehalten werden. [2]Satz 1 gilt für vor dem 1. Januar 2009 und nach dem 31. Dezember 2008 abgeschlossene Bausparverträge.

[3]Der Anspruch entfällt nicht, wenn die Sperrfrist nicht eingehalten wird, weil

1. der Arbeitnehmer das Umtausch- oder Abfindungsangebot eines Wertpapier-Emittenten angenommen hat oder Wertpapiere dem Aussteller nach

(Fortsetzung nächstes Blatt)

---

[1] § 13 Abs. 2 geänd. durch G v. 29.12.2003 (BGBl. I S. 3076); bestätigt durch G v. 5.4.2011 (BGBl. I S. 554).

[2] § 13 Abs. 2 Satz 1 geänd., Satz 2 aufgeh. durch G v. 7.3.2009 (BGBl. I S. 451); zur Anwendung siehe § 17 Abs. 7.

[3] § 13 Abs. 3 Satz 2 angef. mWv 1.1.1994 (§ 17 Abs. 1) durch G v. 21.7.1994 (BGBl. I S. 1630).

[4] Geänd. durch G v. 24.3.1997 (BGBl. I S. 594).

[5] § 13 Abs. 5 Satz 1 ersetzt durch Sätze 1 und 2 durch G v. 29.7.2008 (BGBl. I S. 1509); zur erstmaligen Anwendung siehe § 17 Abs. 8.

me Leistungen anzuwenden, die nach dem 31. Dezember 2013 angelegt werden. [2] § 4 Absatz 4 Nummer 4 in der Fassung des Artikels 5 des Gesetzes vom 18. Dezember 2013 (BGBl. I S. 4318) ist erstmals bei Verfügungen nach dem 31. Dezember 2013 anzuwenden.

(16)[1] Zur Abwicklung von Verträgen, die vor dem 25. Mai 2018 unter den Voraussetzungen des § 15 Absatz 1 Satz 4 in der am 30. Juni 2013 geltenden Fassung abgeschlossen wurden, sind das Unternehmen, das Institut oder der in § 3 Absatz 3 genannte Gläubiger verpflichtet, die Daten nach Maßgabe des § 15 Absatz 1 Satz 1 zu übermitteln, es sei denn, der Arbeitnehmer hat der Datenübermittlung schriftlich widersprochen.

(17)[2] § 13 Absatz 1 Satz 1 in der Fassung des Artikels 34 des Gesetzes vom 11. Dezember 2023 (BGBl. 2023 I Nr. 354) ist erstmals für vermögenswirksame Leistungen anzuwenden, die nach dem 31. Dezember 2023 angelegt werden.

§ 18 Kündigung eines vor 1994 abgeschlossenen Anlagevertrags und der Mitgliedschaft in einer Genossenschaft oder Gesellschaft mit beschränkter Haftung. (1) Hat sich der Arbeitnehmer in einem Vertrag im Sinne des § 17 Abs. 3 verpflichtet, auch nach dem 31. Dezember 1994 vermögenswirksame Leistungen überweisen zu lassen oder andere Beträge zu zahlen, so kann er den Vertrag bis zum 30. September 1994 auf den 31. Dezember 1994 mit der Wirkung schriftlich kündigen, daß auf Grund dieses Vertrags vermögenswirksame Leistungen oder andere Beträge nach dem 31. Dezember 1994 nicht mehr zu zahlen sind.

(2) [1] Ist der Arbeitnehmer im Zusammenhang mit dem Abschluß eines Vertrags im Sinne des § 17 Abs. 3 Nr. 2 Mitglied in einer Genossenschaft geworden, so kann er die Mitgliedschaft bis zum 30. September 1994 auf den 31. Dezember 1994 mit der Wirkung schriftlich kündigen, daß nach diesem Zeitpunkt die Verpflichtung, Einzahlungen auf einen Geschäftsanteil zu leisten und ein Eintrittsgeld zu zahlen, entfällt. [2] Weitergehende Rechte des Arbeitnehmers nach dem Statut der Genossenschaft bleiben unberührt. [3] Der ausge-

(Fortsetzung nächstes Blatt)

---

[1] § 17 Abs. 16 angef. durch G v. 20.11.2019 (BGBl. I S. 1626).
[2] § 17 Abs. 17 angef. durch G v. 11.12.2023 (BGBl. I Nr. 354).

(3)[1] [1]Darüber hinaus wird für jedes Kind, für das für den Monat Juli 2022 ein Anspruch auf Kindergeld besteht, für den Monat Juli 2022 ein Einmalbetrag in Höhe von 100 Euro gezahlt. [2]Ein Anspruch in Höhe des Einmalbetrags von 100 Euro für das Kalenderjahr 2022 besteht auch für ein Kind, für das nicht für den Monat Juli 2022, jedoch für mindestens einen anderen Kalendermonat im Kalenderjahr 2022 ein Anspruch auf Kindergeld besteht.

§ 6a[2] Kinderzuschlag. (1) Personen erhalten für in ihrem Haushalt lebende unverheiratete oder nicht verpartnerte Kinder, die noch nicht das 25. Lebensjahr vollendet haben, einen Kinderzuschlag, wenn

1. sie für diese Kinder nach diesem Gesetz oder nach dem X. Abschnitt des Einkommensteuergesetzes Anspruch auf Kindergeld oder Anspruch auf andere Leistungen im Sinne von § 4 haben,
2.[3] sie mit Ausnahme des Wohngeldes, des Kindergeldes und des Kinderzuschlags über Einkommen im Sinne des § 11 Absatz 1 Satz 1 und 2 des Zweiten Buches Sozialgesetzbuch in Höhe von mindestens 900 Euro oder, wenn sie alleinerziehend sind, in Höhe von mindestens 600 Euro verfügen, wobei Beträge nach § 11b des Zweiten Buches Sozialgesetzbuch nicht abzusetzen sind, und
3.[4] bei Bezug des Kinderzuschlags keine Hilfebedürftigkeit im Sinne des § 9 des Zweiten Buches Sozialgesetzbuch besteht, wobei die Bedarfe nach § 28 des Zweiten Buches Sozialgesetzbuch außer Betracht bleiben. [2]Bei der Prüfung der Hilfebedürftigkeit ist das für den Antragsmonat bewilligte Wohngeld zu berücksichtigen. [3]Wird kein Wohngeld bezogen und könnte mit Wohngeld und Kinderzuschlag Hilfebedürftigkeit vermieden werden, ist bei der Prüfung Wohngeld in der Höhe anzusetzen, in der es voraussichtlich für den Antragsmonat zu bewilligen wäre.

(1a)[5] Ein Anspruch auf Kinderzuschlag besteht abweichend von Absatz 1 Nummer 3, wenn

1. bei Bezug von Kinderzuschlag Hilfebedürftigkeit besteht, der Bedarfsgemeinschaft zur Vermeidung von Hilfebedürftigkeit aber mit ihrem Einkommen, dem Kinderzuschlag und dem Wohngeld höchstens 100 Euro fehlen,
2. sich bei der Ermittlung des Einkommens der Eltern nach § 11b Absatz 2 bis 3 des Zweiten Buches Sozialgesetzbuch wegen Einkommen aus Erwerbstätigkeit Absetzbeträge in Höhe von mindestens 100 Euro ergeben und
3. kein Mitglied der Bedarfsgemeinschaft Leistungen nach dem Zweiten oder nach dem Zwölften Buch Sozialgesetzbuch erhält oder beantragt hat.

---

[1] § 6 Abs. 3 angef. durch G v. 29.6.2020 (BGBl. I S. 1512); neu gef. durch G v. 10.3.2021 (BGBl. I S. 330); geänd. durch G v. 23.5.2022 (BGBl. I S. 749).

[2] § 6a neu gef. mWv 1.7.2019, Abs. 1 Nr. 2 geänd., Nr. 3 aufgeh., bish. Nr. 4 wird Nr. 3 und neu gef., Abs. 1a eingef., Abs. 6 Satz 3 geänd. mWv 1.1.2020 durch G v. 29.4.2019 (BGBl. I S. 530); zur Anwendung siehe § 20 Abs. 4. **Vgl. hierzu Nr. 60a KiZDAV.**

[3] § 6a Abs. 1 Nr. 2 geänd. mWv 1.1.2023 durch G v. 16.12.2022 (BGBl. I S. 2328).

[4] § 6a Abs. 1 Nr. 3 Sätze 2 und 3 angef. mWv 1.1.2021 durch G v. 1.12.2020 (BGBl. I S. 2616).

[5] § 6a Abs. 1a Nr. 2 geänd. mWv 1.1.2023 durch G v. 16.12.2022 (BGBl. I S. 2328).

(2)[1] [1]Der monatliche Höchstbetrag des Kinderzuschlags deckt zusammen mit dem für ein erstes Kind nach § 66 des Einkommensteuergesetzes zu zahlenden Kindergeld ein Zwölftel des steuerfrei zu stellenden sächlichen Existenzminimums eines Kindes für das jeweilige Kalenderjahr mit Ausnahme des Anteils für Bildung und Teilhabe. [2]Steht dieses Existenzminimum eines Kindes zu Beginn eines Jahres nicht fest, ist insoweit der für das Jahr geltende Betrag für den Mindestunterhalt eines Kindes in der zweiten Altersstufe nach der Mindestunterhaltsverordnung maßgeblich. [3]Als Höchstbetrag des Kinderzuschlags in dem jeweiligen Kalenderjahr gilt der Betrag, der sich zu Beginn des Jahres nach den Sätzen 1 und 2 ergibt, mindestens jedoch ein Betrag in Höhe des Vorjahres. [4]Der Betrag nach Satz 3 erhöht sich ab 1. Juli 2022 um einen Sofortzuschlag in Höhe von 20 Euro.[2]

(3)[3] [1]Ausgehend vom Höchstbetrag mindert sich der jeweilige Kinderzuschlag, wenn das Kind nach den §§ 11 bis 12 des Zweiten Buches Sozialgesetzbuch zu berücksichtigendes Einkommen oder Vermögen hat. [2]Bei der Berücksichtigung des Einkommens bleiben das Wohngeld, das Kindergeld und der Kinderzuschlag außer Betracht. [3]Der Kinderzuschlag wird um 45 Prozent des zu berücksichtigenden Einkommens des Kindes monatlich gemindert. [4]Ein Anspruch auf Zahlung des Kinderzuschlags für ein Kind besteht nicht, wenn zumutbare Anstrengungen unterlassen wurden, Ansprüche auf Einkommen des Kindes geltend zu machen. [5]§ 12 des Zweiten Buches Sozialgesetzbuch ist mit der Maßgabe anzuwenden, dass Vermögen nur berücksichtigt wird, wenn es erheblich ist. [6]Ist das zu berücksichtigende Vermögen höher als der nach den Sätzen 1 bis 5 verbleibende monatliche Anspruch auf Kinderzuschlag, so dass es den Kinderzuschlag für den ersten Monat des Bewilligungszeitraums vollständig mindert, entfällt der Anspruch auf Kinderzuschlag. [7]Ist das zu berücksichtigende Vermögen niedriger als der monatliche Anspruch auf Kinderzuschlag, ist der Kinderzuschlag im ersten Monat des Bewilligungszeitraums um einen Betrag in Höhe des zu berücksichtigenden Vermögens zu mindern und ab dem folgenden Monat Kinderzuschlag ohne Minderung wegen des Vermögens zu zahlen.

(4) Die Summe der einzelnen Kinderzuschläge nach den Absätzen 2 und 3 bildet den Gesamtkinderzuschlag.

(5)[4] [1]Der Gesamtkinderzuschlag wird in voller Höhe gewährt, wenn das nach den §§ 11 bis 11b des Zweiten Buches Sozialgesetzbuch mit Ausnahme des Wohngeldes und des Kinderzuschlags zu berücksichtigende Einkommen der Eltern einen Betrag in Höhe der bei der Berechnung des Bürgergeldes zu berücksichtigenden Bedarfe der Eltern (Gesamtbedarf der Eltern) nicht übersteigt und kein zu berücksichtigendes Vermögen der Eltern nach § 12 des Zweiten Buches Sozialgesetzbuch vorhanden ist. [2]Als Einkommen oder Vermögen der Eltern gilt dabei dasjenige der Mitglieder der Bedarfsgemeinschaft mit Ausnahme des Einkommens oder Vermögens der in dem Haushalt leben-

---

[1] Siehe hierzu **§ 20 Abs. 3a.**

[2] § 6a Abs. 2 Satz 4 angef. mWv 1.6.2022 durch G v. 23.5.2022 (BGBl. I S. 760).

[3] § 6a Abs. 3 Satz 4 geänd. mWv 30.6.2021 durch G v. 25.6.2021 (BGBl. I S. 2020); Satz 5 neu gef. mWv 1.1.2023 durch G v. 16.12.2022 (BGBl. I S. 2328).

[4] § 6a Abs. 5 Satz 1 neu gef., Satz 3 eingef., bish. Satz 3 wird Satz 4 und bish. Satz 4 aufgeh. mWv 1.1.2023 durch G v. 16.12.2022 (BGBl. I S. 2328).

60a. Verordnung zur Datenübermittlung zwischen den für das Kindergeld nach dem Einkommensteuergesetz und den für den Kinderzuschlag zuständigen Stellen (Kinderzuschlag-Datenabrufverordnung – KiZDAV)

Vom 15.12.2023 (BGBl. I Nr. 376)

BGBl. III/FNA 611-1-41

§ 1 Anwendungsbereich. [1]Diese Verordnung gilt für den automatisierten Abruf von Daten durch die Stellen der Familienkasse der Bundesagentur für Arbeit, die für den Kinderzuschlag nach § 6a des Bundeskindergeldgesetzes zuständig sind (KiZ-Stellen). [2]Daten nach Satz 1 sind Daten,

1. die bei den für das Kindergeld nach dem X. Abschnitt des Einkommensteuergesetzes zuständigen Stellen der Familienkasse der Bundesagentur für Arbeit (KG-Stellen) gespeichert sind und
2. die den für eine Kindergeldzahlung maßgebenden Sachverhalt betreffen.

§ 2 Abrufberechtigung. (1) [1]Der automatisierte Abruf von Daten nach § 1 bedarf einer Abrufberechtigung. [2]Eine Abrufberechtigung wird Personen erteilt, die als Beschäftigte der in § 1 genannten KiZ-Stellen tätig sind. [3]Die Abrufberechtigung erteilt die KG-Stelle.

(2) Personen nach Absatz 1 sind Amtsträger (§ 7 der Abgabenordnung) oder gleichgestellte Personen (§ 30 Absatz 3 Nummer 1 der Abgabenordnung), die über den Anspruch auf den Kinderzuschlag unter Verwendung personenbezogener Kindergelddaten zu entscheiden haben.

(3) Abrufberechtigungen sind auf die Kindergelddaten zu beschränken, die zur Anspruchsprüfung und zur Bemessung des Kinderzuschlags erforderlich sind.

§ 3 Verfahren des Datenabrufs. (1) Beschäftigte, denen eine Abrufberechtigung nach § 2 Absatz 1 erteilt worden ist, haben für jeden Datenabruf folgende Angaben zu dem Kind oder zu der kindergeldberechtigten Person mitzuteilen:

1. die Identifikationsnummer nach § 139b der Abgabenordnung und
2. den Tag der Geburt.

(2) [1]Die KG-Stelle ergänzt den Datensatz nach Absatz 1 um die Daten, die für die KiZ-Stelle zur Anspruchsprüfung und Bemessung des Kinderzuschlags erforderlich sind. [2]Der Datenabruf ist zu beschränken

1. auf folgende Daten des Kindes:
   a) die Identifikationsnummer nach § 139b der Abgabenordnung,
   b) die Vornamen und den Nachnamen sowie frühere Namen,
   c) den Tag der Geburt,
   d) das Geschlecht,
   e) die gegenwärtige oder die letzte bekannte Anschrift,

f) die Vornamen und den oder die Nachnamen der Eltern,
g) die Vornamen und den Nachnamen des Zahlungsempfängers des Kindergeldes sowie die Angabe, ob ein Anwendungsfall des § 74 Absatz 1 des Einkommensteuergesetzes vorliegt,
h) den Zeitraum der Meldung als Arbeitsuchender, wenn die übrigen Voraussetzungen des § 32 Absatz 4 Satz 1 Nummer 1 des Einkommensteuergesetzes vorliegen;

2. auf folgende Daten der Personen, denen Kindergeld zusteht oder ohne Berücksichtigung des § 64 des Einkommensteuergesetzes zustehen würde:
a) die Identifikationsnummer nach § 139b der Abgabenordnung,
b) die Vornamen und den Nachnamen sowie frühere Namen,
c) den Tag der Geburt,
d) das Geschlecht,
e) die gegenwärtige oder die letzte bekannte Anschrift,
f) den Familienstand;

3. auf folgende Daten zur Kindergeldfestsetzung:
a) den Tag der Antragstellung,
b) den Tag des Bescheides der Kindergeldfestsetzung,
c) den Tag des Bescheides der Aufhebung der Kindergeldfestsetzung,
d) den Zeitraum der Kindergeldfestsetzung und den Zeitraum, für den die Kindergeldfestsetzung aufgehoben wurde,
e) die IBAN, bei ausländischen Kreditinstituten auch den BIC, des Kontos, auf das das Kindergeld ausgezahlt wird,
f) die Angabe, ob bei der Berechnung der Höhe des Kindergeldes Leistungen im Sinne des § 65 des Einkommensteuergesetzes oder Familienleistungen nach Artikel 3 Absatz 1 Buchstabe j in Verbindung mit Artikel 1 Buchstabe z der Verordnung (EG) Nr. 883/2004 des Europäischen Parlaments und des Rates vom 29. April 2004 zur Koordinierung der Systeme der sozialen Sicherheit (ABl. L 166 vom 30.4.2004, S. 1, L 200, S. 1, L 204, S. 30), die zuletzt durch die Verordnung (EU) 2019/1149 (ABl. L 186 vom 11.7.2019, S. 21) geändert worden ist, in der jeweils geltenden Fassung berücksichtigt wurden.

(3) Die KG-Stelle setzt geeignete technische und organisatorische Maßnahmen um zum Schutz der personenbezogenen Daten und zum Nachweis, dass die Verarbeitung dieser Daten im Einklang mit der Verordnung (EU) 2016/679 des Europäischen Parlaments und des Rates vom 27. April 2016 zum Schutz natürlicher Personen bei der Verarbeitung personenbezogener Daten, zum freien Datenverkehr und zur Aufhebung der Richtlinie 95/46/EG (Datenschutz-Grundverordnung) (ABl. L 119 vom 4.5.2016, S. 1; L 314 vom 22.11.2016, S. 72; L 127 vom 23.5.2018, S. 2; L 74 vom 4.3.2021, S. 35) steht.

(4) [1]Es sind dem jeweiligen Stand der Technik gemäß der Richtlinien des Bundesamtes für Sicherheit in der Informationstechnik entsprechende technische und organisatorische Maßnahmen zur Sicherstellung von Datenschutz und Datensicherheit zu treffen, die insbesondere die Verfügbarkeit, die Vertraulichkeit und die Integrität der Daten sowie die Authentisierung der abrufenden Stelle gewährleisten. [2]Bei der Nutzung allgemein zugänglicher Netze sind angemessene und wirksame Verschlüsselungsverfahren zu verwenden. [3]Die KG-

Stelle bestimmt das einzusetzende Verschlüsselungsverfahren, das dem jeweiligen Stand der Technik entsprechen muss.

§ 4 Mitteilungspflichten. (1) Die am automatisierten Abrufverfahren beteiligte KG-Stelle teilt der KiZ-Stelle mit,

1. wenn für ein Kind Kindergeld festgesetzt wird oder
2. wenn für ein Kind die Kindergeldfestsetzung aufgehoben wird.

(2) Die Mitteilung nach Absatz 1 enthält die Daten im Sinne des § 3 Absatz 2.

§ 5 Prüfungs- und Dokumentationspflichten. Zur Wahrung des Steuergeheimnisses und zur Sicherstellung von Datenschutz und Datensicherheit beim Abrufverfahren sind § 2 Absatz 1 und die §§ 5 bis 8 der Steuerdaten-Abrufverordnung entsprechend anzuwenden.

§ 6 Inkrafttreten. Diese Verordnung tritt am 1. Januar 2024 in Kraft.

62. Gesetz zum Elterngeld und zur Elternzeit (Bundeselterngeld- und Elternzeitgesetz – BEEG)[1)]

In der Fassung der Bekanntmachung vom 27. Januar 2015 (BGBl. I S. 33)

Die Neufassung enthält folgende Änderungsgesetze: Gesetz zur Umsetzung aufenthalts- und asylrechtlicher Richtlinien der EU vom 19.8.2007 (BGBl. I S. 1970), Erstes Gesetz zur Änderung des Bundeselterngeld- und Elternzeitgesetzes vom 17.1.2009 (BGBl. I S. 61), Dienstrechtsneuordnungsgesetz vom 5.2.2009 (BGBl. I S. 160), ELENA-Verfahrensgesetz vom 28.3.2009 (BGBl. I S. 634), Haushaltsbegleitgesetz 2011 (HBeglG 2011) vom 9.12.2010 (BGBl. I S. 1885), Steuervereinfachungsgesetz 2011 vom 1.11.2011 (BGBl. I S. 2131), Gesetz zur Änderung des Beherbergungsstatistikgesetzes und des Handelsstatistikgesetzes sowie zur Aufhebung von Vorschriften zum Verfahren des elektronischen Entgeltnachweises vom 23.11.2011 (BGBl. I S. 2298), Gesetz zur Vereinfachung des Elterngeldvollzugs vom 10.9.2012 (BGBl. I S. 1878; ber. I 2013 S. 69), Gesetz zur Neuausrichtung der Pflegeversicherung vom 23.10.2012 (BGBl. I S. 2246), Gesetz zur Einführung eines Betreuungsgeldes (Betreuungsgeldgesetz) vom 15.2.2013 (BGBl. I S. 254), Gesetz zur Einführung des Elterngeld Plus mit Partnerschaftsbonus und einer flexibleren Elternzeit im Bundeselterngeld- und Elternzeitgesetz vom 18.12.2014 (BGBl. I S. 2325), Heil- und Hilfsmittelversorgungsgesetz (HHVG) vom 4.4.2017 (BGBl. I S. 778), Gesetz zur Neuregelung des Mutterschutzrechts vom 23.5.2017 (BGBl. I S. 1228), Zweites Gesetz zur Anpassung des Datenschutzrechts an die Verordnung (EU) 2016/679 und zur Umsetzung der Richtlinie (EU) 2016/680 (Zweites Datenschutz-Anpassungs- und Umsetzungsgesetz EU – 2. DSAnpUG-EU) vom 20.11.2019 (BGBl. I S. 1626), Gesetz zur weiteren steuerlichen Förderung der Elektromobilität und zur Änderung weiterer steuerlicher Vorschriften vom 12.12.2019 (BGBl. I S. 2451), Gesetz für Maßnahmen im Elterngeld aus Anlass der COVID-19-Pandemie vom 20.5.2020 (BGBl. I S. 1061), Gesetz zur Digitalisierung von Verwaltungsverfahren bei der Gewährung von Familienleistungen vom 3.12.2020 (BGBl. I S. 2668), Gesetz zur Beschäftigungssicherung infolge der COVID-19-Pandemie (Beschäftigungssicherungsgesetz – BeschSiG) vom 3.12.2020 (BGBl. I S. 2691), Jahressteuergesetz 2020 (JStG 2020) vom 21.12.2020 (BGBl. I S. 3096), Zweites Gesetz zur Änderung des Bundeselterngeld- und Elternzeitgesetzes vom 15.2.2021 (BGBl. I S. 239), Gesetz zur Verlängerung des Sozialdienstleister-Einsatzgesetzes und weiterer Regelungen vom 18.3.2022 (BGBl. I S. 473), Gesetz zur Regelung eines Sofortzuschlages und einer Einmalzahlung in den sozialen Mindestsicherungssystemen sowie zur Änderung des Finanzausgleichsgesetzes und weiterer Gesetze vom 23.5.2022 (BGBl. I S. 760), Bürgergeld-Gesetz vom 16.12.2022 (BGBl. I S. 2328) , Gesetz zur weiteren Umsetzung der Richtlinie (EU) 2019/1158 des Europäischen Parlaments und des Rates vom 20. Juni 2019 zur Vereinbarkeit von Beruf und Privatleben für Eltern und pflegende Angehörige und zur Aufhebung der Richtlinie 2010/18/EU des Rates vom 19.12.2022 (BGBl. I S. 2510) und Haushaltsfinanzierungsgesetz 2024 vom 22.12.2023 (BGBl. I Nr. 412)

BGBl. III/FNA 85-5

Abschnitt 1. Elterngeld[2)]

§ 1 Berechtigte. (1) [1] Anspruch auf Elterngeld hat, wer

1. einen Wohnsitz oder seinen gewöhnlichen Aufenthalt in Deutschland hat,
2. mit seinem Kind in einem Haushalt lebt,

[1)] Das BEEG ist als Art. 1 des Gesetzes zur Einführung des Elterngeldes vom 5.12.2006 (BGBl. I S. 2748) verkündet worden.

[2)] Zur **Anwendung siehe § 28 Abs. 1.**

3. dieses Kind selbst betreut und erzieht und
4. keine oder keine volle Erwerbstätigkeit ausübt.

2 Bei Mehrlingsgeburten besteht nur ein Anspruch auf Elterngeld.[1]

(2) 1 Anspruch auf Elterngeld hat auch, wer, ohne eine der Voraussetzungen des Absatzes 1 Satz 1 Nummer 1[2] zu erfüllen,

1. nach § 4 des Vierten Buches Sozialgesetzbuch dem deutschen Sozialversicherungsrecht unterliegt oder im Rahmen seines in Deutschland bestehenden öffentlich-rechtlichen Dienst- oder Amtsverhältnisses vorübergehend ins Ausland abgeordnet, versetzt oder kommandiert ist,
2. Entwicklungshelfer oder Entwicklungshelferin im Sinne des § 1 des Entwicklungshelfer-Gesetzes ist oder als Missionar oder Missionarin der Missionswerke und -gesellschaften, die Mitglieder oder Vereinbarungspartner des Evangelischen Missionswerkes Hamburg, der Arbeitsgemeinschaft Evangelikaler Missionen e.V., *des Deutschen katholischen Missionsrates*[3] oder der Arbeitsgemeinschaft pfingstlich-charismatischer Missionen sind, tätig ist oder
3. die deutsche Staatsangehörigkeit besitzt und nur vorübergehend bei einer zwischen- oder überstaatlichen Einrichtung tätig ist, insbesondere nach den Entsenderichtlinien des Bundes beurlaubte Beamte und Beamtinnen, oder wer vorübergehend eine nach § 123a des Beamtenrechtsrahmengesetzes oder § 29 des Bundesbeamtengesetzes[4] zugewiesene Tätigkeit im Ausland wahrnimmt.

2 Dies gilt auch für mit der nach Satz 1 berechtigten Person in einem Haushalt lebende Ehegatten, oder Ehegattinnen.[5]

(3) 1 Anspruch auf Elterngeld hat abweichend von Absatz 1 Satz 1 Nummer 2[6] auch, wer

1. mit einem Kind in einem Haushalt lebt, das er mit dem Ziel der Annahme als Kind aufgenommen hat,
2.[7] ein Kind des Ehegatten oder der Ehegattin in seinen Haushalt aufgenommen hat oder
3. mit einem Kind in einem Haushalt lebt und die von ihm erklärte Anerkennung der Vaterschaft nach § 1594 Absatz 2 des Bürgerlichen Gesetzbuchs noch nicht wirksam oder über die von ihm beantragte Vaterschaftsfeststellung nach § 1600d des Bürgerlichen Gesetzbuchs noch nicht entschieden ist.

---

[1] § 1 Abs. 1 Satz 2 angef. durch G v. 18.12.2014 (BGBl. I S. 2325).
[2] Verweis geänd. durch G v. 18.12.2014 (BGBl. I S. 2325).
[3] Kursiver Satzteil aufgeh. mWv 1.9.2021 (§ 28 Abs. 1) durch G v. 15.2.2021 (BGBl. I S. 239).
[4] Eingef. durch G v. 5.2.2009 (BGBl. I S. 160).
[5] § 1 Abs. 2 Satz 2 geänd. mWv 1.9.2021 (§ 28 Abs. 1) durch G v. 15.2.2021 (BGBl. I S. 239).
[6] Verweis geänd. durch G v. 18.12.2014 (BGBl. I S. 2325).
[7] § 1 Abs. 3 Satz 1 Nr. 2 geänd. mWv 1.9.2021 (§ 28 Abs. 1) durch G v. 15.2.2021 (BGBl. I S. 239).

[2]Für angenommene Kinder und Kinder im Sinne des Satzes 1 Nummer 1 sind die Vorschriften dieses Gesetzes mit der Maßgabe anzuwenden, dass statt des Zeitpunktes der Geburt der Zeitpunkt der Aufnahme des Kindes bei der berechtigten Person maßgeblich ist.

(4)[1)] Können die Eltern wegen einer schweren Krankheit, Schwerbehinderung oder Todes der Eltern ihr Kind nicht betreuen, haben Verwandte bis zum dritten Grad und ihre Ehegatten oder Ehegattinnen Anspruch auf Elterngeld, wenn sie die übrigen Voraussetzungen nach Absatz 1 erfüllen und wenn von anderen Berechtigten Elterngeld nicht in Anspruch genommen wird.

(5) Der Anspruch auf Elterngeld bleibt unberührt, wenn die Betreuung und Erziehung des Kindes aus einem wichtigen Grund nicht sofort aufgenommen werden kann oder wenn sie unterbrochen werden muss.

(6)[2)] Eine Person ist nicht voll erwerbstätig, wenn ihre Arbeitszeit 32 Wochenstunden im Durchschnitt des Lebensmonats nicht übersteigt, sie eine Beschäftigung zur Berufsbildung ausübt oder sie eine geeignete Tagespflegeperson im Sinne des § 23 des Achten Buches Sozialgesetzbuch ist und nicht mehr als fünf Kinder in Tagespflege betreut.

(7) [1]Ein nicht freizügigkeitsberechtigter Ausländer oder eine nicht freizügigkeitsberechtigte Ausländerin ist nur anspruchsberechtigt, wenn diese Person

1. eine Niederlassungserlaubnis oder eine Erlaubnis zum Daueraufenthalt-EU besitzt,
2. eine Blaue Karte EU, eine ICT-Karte, eine Mobiler-ICT-Karte oder eine Aufenthaltserlaubnis besitzt, die für einen Zeitraum von mindestens sechs Monaten zur Ausübung einer Erwerbstätigkeit berechtigen oder berechtigt haben oder diese erlauben, es sei denn, die Aufenthaltserlaubnis wurde
   a) nach § 16e des Aufenthaltsgesetzes zu Ausbildungszwecken, nach § 19c Absatz 1 des Aufenthaltsgesetzes zum Zweck der Beschäftigung als Au-Pair oder zum Zweck der Saisonbeschäftigung, nach § 19e des Aufenthaltsgesetzes zum Zweck der Teilnahme an einem Europäischen Freiwilligendienst oder nach § 20 Absatz 1 und 2 des Aufenthaltsgesetzes zur Arbeitsplatzsuche erteilt,
   b) nach § 16b des Aufenthaltsgesetzes zum Zweck eines Studiums, nach § 16d des Aufenthaltsgesetzes für Maßnahmen zur Anerkennung ausländischer Berufsqualifikationen oder nach § 20 Absatz 3 des Aufenthaltsgesetzes zur Arbeitsplatzsuche erteilt und er ist weder erwerbstätig noch nimmt er Elternzeit nach § 15 des Bundeselterngeld- und Elternzeitgesetzes oder laufende Geldleistungen nach dem Dritten Buch Sozialgesetzbuch in Anspruch,

---

1) § 1 Abs. 4 geänd. mWv 1.9.2021 (§ 28 Abs. 1) durch G v. 15.2.2021 (BGBl. I S. 239).

2) § 1 Abs. 6 geänd. durch G v. 10.9.2012 (BGBl. S. 1878); geänd. mWv 1.9.2021 (§ 28 Abs. 1) durch G v. 15.2.2021 (BGBl. I S. 239).

c)[1] nach § 23 Absatz 1 des Aufenthaltsgesetzes wegen eines Krieges in seinem Heimatland oder nach den § 23a oder § 25 Absatz 3 bis 5 des Aufenthaltsgesetzes erteilt,

3. eine in Nummer 2 Buchstabe c genannte Aufenthaltserlaubnis besitzt und im Bundesgebiet berechtigt erwerbstätig ist oder Elternzeit nach § 15 des Bundeselterngeld- und Elternzeitgesetzes oder laufende Geldleistungen nach dem Dritten Buch Sozialgesetzbuch in Anspruch nimmt,
4. eine in Nummer 2 Buchstabe c genannte Aufenthaltserlaubnis besitzt und sich seit mindestens 15 Monaten erlaubt, gestattet oder geduldet im Bundesgebiet aufhält oder
5.[2] eine Beschäftigungsduldung gemäß § 60d in Verbindung mit § 60a Absatz 2 Satz 3 des Aufenthaltsgesetzes besitzt.

2 Abweichend von Satz 1 Nummer 3 erste Alternative ist ein minderjähriger nicht freizügigkeitsberechtigter Ausländer oder eine minderjährige nicht freizügigkeitsberechtigte Ausländerin unabhängig von einer Erwerbstätigkeit anspruchsberechtigt.

(8)[3] 1 Ein Anspruch entfällt, wenn die berechtigte Person im letzten abgeschlossenen Veranlagungszeitraum vor der Geburt des Kindes ein zu versteuerndes Einkommen nach § 2 Absatz 5 des Einkommensteuergesetzes in Höhe von mehr als *250 000 Euro* [***neue Fassung:*** 150 000 Euro][4] erzielt hat. 2 Erfüllt auch eine andere Person die Voraussetzungen des Absatzes 1 Satz 1 Nummer 2 oder der Absätze 3 oder 4, entfällt abweichend von Satz 1 der Anspruch, wenn die Summe des zu versteuernden Einkommens beider Personen mehr als *300 000 Euro* [***neue Fassung:*** 175 000][5] beträgt.

§ 2 Höhe des Elterngeldes. (1)[6] 1 Elterngeld wird in Höhe von 67 Prozent des Einkommens aus Erwerbstätigkeit vor der Geburt des Kindes gewährt. 2 Es wird bis zu einem Höchstbetrag von 1800 Euro monatlich für volle Lebensmonate gezahlt, in denen die berechtigte Person kein Einkommen aus Erwerbstätigkeit hat. 3 Das Einkommen aus Erwerbstätigkeit errechnet sich nach Maßgabe der §§ 2c bis 2f aus der um die Abzüge für Steuern und Sozialabgaben verminderten Summe der positiven Einkünfte aus

1. nichtselbständiger Arbeit nach § 2 Absatz 1 Satz 1 Nummer 4 des Einkommensteuergesetzes sowie

---

[1] § 1 Abs. 7 Satz 1 Nr. 2 Buchst. c geänd. durch G v. 23.5.2022 (BGBl. I S. 760); zur Anwendung siehe § 28 Abs. 3 Satz 3.

[2] § 1 Abs. 7 Satz 1 Nr. 4 wird Nr. 5 (und gilt ab 1.1.2020 gem. § 28 Abs. 3 Satz 2 durch G v. 12.12.2019 (BGBl. I S. 2451).

[3] § 1 Abs. 8 angef. mWv 1.1.2011 durch G v. 9.12.2010 (BGBl. I S. 1885); Satz 1 und 2 geänd. mWv 1.8.2013 durch G v. 15.2.2013 (BGBl. I S. 254); Satz 2 geänd. durch G v. 18.12.2014 (BGBl. I S. 2325); Satz 2 Betrag geänd. mWv 1.9.2021 (§ 28 Abs. 1) durch G v. 15.2.2021 (BGBl. I S. 239).

[4] § 1 Abs. 8 Beträge geänd. durch G v. 22.12.2023 (BGBl. I Nr. 412); zur Anwendung siehe § 28 Abs. 5.

[5] § 1 Abs. 8 Beträge geänd. durch G v. 22.12.2023 (BGBl. I Nr. 412); zur Anwendung siehe § 28 Abs. 5

[6] § 2 Abs. 1 neu gef. durch G v. 10.9.2012 (BGBl. I S. 1878); Abs. 1 Satz 2 und 3 geänd. mWv 1.9.2021 (§ 28 Abs. 1) durch G v. 15.2.2021 (BGBl. I S. 239).

2. Land- und Forstwirtschaft, Gewerbebetrieb und selbständiger Arbeit nach § 2 Absatz 1 Satz 1 Nummer 1 bis 3 des Einkommensteuergesetzes,

die im Inland zu versteuern sind und die die berechtigte Person durchschnittlich monatlich im Bemessungszeitraum nach § 2b oder in Lebensmonaten der Bezugszeit nach § 2 Absatz 3 hat.

(2)[1] [1] In den Fällen, in denen das Einkommen aus Erwerbstätigkeit vor der Geburt geringer als 1000 Euro war, erhöht sich der Prozentsatz von 67 Prozent um 0,1 Prozentpunkte für je 2 Euro, um die dieses Einkommen den Betrag von 1000 Euro unterschreitet, auf bis zu 100 Prozent. [2] In den Fällen, in denen das Einkommen aus Erwerbstätigkeit vor der Geburt höher als 1200 Euro war, sinkt der Prozentsatz von 67 Prozent um 0,1 Prozentpunkte für je 2 Euro, um die dieses Einkommen den Betrag von 1200 Euro überschreitet, auf bis zu 65 Prozent.

(3)[2] [1] Für Lebensmonate nach der Geburt des Kindes, in denen die berechtigte Person ein Einkommen aus Erwerbstätigkeit hat, das durchschnittlich geringer ist als das Einkommen aus Erwerbstätigkeit vor der Geburt, wird Elterngeld in Höhe des nach Absatz 1 oder 2 maßgeblichen Prozentsatzes des Unterschiedsbetrages dieser Einkommen aus Erwerbstätigkeit gezahlt. [2] Als Einkommen aus Erwerbstätigkeit vor der Geburt ist dabei höchstens der Betrag von 2770 Euro anzusetzen. [3] Der Unterschiedsbetrag nach Satz 1 ist für das Einkommen aus Erwerbstätigkeit in Lebensmonaten, in denen die berechtigte Person Basiselterngeld in Anspruch nimmt, und in Lebensmonaten, in denen sie Elterngeld Plus im Sinne des § 4a Absatz 2 in Anspruch nimmt, getrennt zu berechnen.

(4)[3] [1] Elterngeld wird mindestens in Höhe von 300 Euro gezahlt. [2] Dies gilt auch, wenn die berechtigte Person vor der Geburt des Kindes kein Einkommen aus Erwerbstätigkeit hat.

(6)–(9)[4] *(aufgehoben)*

§ 2a Geschwisterbonus und Mehrlingszuschlag. (1) [1] Lebt die berechtigte Person in einem Haushalt mit

1. zwei Kindern, die noch nicht drei Jahre alt sind, oder
2. drei oder mehr Kindern, die noch nicht sechs Jahre alt sind,

wird das Elterngeld um 10 Prozent, mindestens jedoch um 75 Euro erhöht (Geschwisterbonus). [2] Zu berücksichtigen sind alle Kinder, für die die berechtigte Person die Voraussetzungen des § 1 Absatz 1 und 3 erfüllt und für die sich das Elterngeld nicht nach Absatz 4 erhöht.

(2) [1] Für angenommene Kinder, die noch nicht 14 Jahre alt sind, gilt als Alter des Kindes der Zeitraum seit der Aufnahme des Kindes in den Haushalt

---

[1] § 2 Abs. 2 geänd. durch G v. 10.9.2012 (BGBl. I S. 1878).

[2] § 2 Abs. 3 Satz 3 angef. durch G v. 18.12.2014 (BGBl. I S. 2325); Sätze 1 und 3 geänd. mWv 1.9.2021 (§ 28 Abs. 1) durch G v. 15.2.2021 (BGBl. I S. 239).

[3] § 2 Abs. 4 aufgeh., bish. Abs. 5 wird Abs. 4 und geänd. durch G v. 10.9.2012 (BGBl. I S. 1878).

[4] § 2 Abs. 6 bis 9 aufgeh. durch G v. 10.9.2012 (BGBl. I S. 1878).

der berechtigten Person. [2]Dies gilt auch für Kinder, die die berechtigte Person entsprechend § 1 Absatz 3 Satz 1 Nummer 1 mit dem Ziel der Annahme als Kind in ihren Haushalt aufgenommen hat. [3]Für Kinder mit Behinderung im Sinne von § 2 Absatz 1 Satz 1 des Neunten Buches Sozialgesetzbuch liegt die Altersgrenze nach Absatz 1 Satz 1 bei 14 Jahren.

(3) Der Anspruch auf den Geschwisterbonus endet mit Ablauf des Monats, in dem eine der in Absatz 1 genannten Anspruchsvoraussetzungen entfällt.

(4) [1]Bei Mehrlingsgeburten erhöht sich das Elterngeld um je 300 Euro für das zweite und jedes weitere Kind (Mehrlingszuschlag). [2]Dies gilt auch, wenn ein Geschwisterbonus nach Absatz 1 gezahlt wird.

§ 2b Bemessungszeitraum. (1)[1)] [1]Für die Ermittlung des Einkommens aus nichtselbstständiger Erwerbstätigkeit im Sinne von § 2c vor der Geburt sind die zwölf Kalendermonate vor dem Kalendermonat der Geburt des Kindes maßgeblich. [2]Bei der Bestimmung des Bemessungszeitraums nach Satz 1 bleiben Kalendermonate unberücksichtigt, in denen die berechtigte Person

1.[2)] im Zeitraum nach § 4 Absatz 1 Satz 2 und 3 und Absatz 5 Satz 3 Nummer 2 Elterngeld für ein älteres Kind bezogen hat,
2.[3)] während der Schutzfristen nach § 3 des Mutterschutzgesetzes nicht beschäftigt werden durfte oder Mutterschaftsgeld nach dem Fünften Buch Sozialgesetzbuch oder nach dem Zweiten Gesetz über die Krankenversicherung der Landwirte bezogen hat,
3. eine Krankheit hatte, die maßgeblich durch eine Schwangerschaft bedingt war, oder
4. Wehrdienst nach dem Wehrpflichtgesetz in der bis zum 31. Mai 2011 geltenden Fassung oder nach dem Vierten Abschnitt des Soldatengesetzes oder Zivildienst nach dem Zivildienstgesetz geleistet hat

und in den Fällen der Nummern 3 und 4 dadurch ein geringeres Einkommen aus Erwerbstätigkeit hatte. [3]Abweichend von Satz 2 sind Kalendermonate im Sinne des Satzes 2 Nummer 1 bis 4 auf Antrag der berechtigten Person zu berücksichtigen. [4]Abweichend von Satz 2 bleiben auf Antrag bei der Ermittlung des Einkommens für die Zeit vom 1. März 2020 bis zum Ablauf des 23. September 2022[4)] auch solche Kalendermonate unberücksichtigt, in denen die berechtigte Person aufgrund der COVID-19-Pandemie ein geringeres Einkommen aus Erwerbstätigkeit hatte und dies glaubhaft machen kann. [5]Satz 2 Nummer 1 gilt in den Fällen des § 27 Absatz 1 Satz 1 mit der Maßgabe, dass auf Antrag auch Kalendermonate mit Elterngeldbezug für ein älteres Kind nach Vollendung von dessen 14. Lebensmonat unberücksichtigt bleiben,

---

[1)] § 2b Abs. 1 Satz 1 geänd.; Satz 3 eingef. mWv 1.9.2021 (§ 28 Abs. 1) durch G v. 15.2.2021 (BGBl. I S. 239).

[2)] § 2b Abs. 1 Satz 2 Nr. 1 geänd. durch G v. 18.12.2014 (BGBl. I S. 2325); geänd. mWv 1.9.2021 (§ 28 Abs. 1) durch G v. 15.2.2021 (BGBl. I S. 239).

[3)] § 2b Abs. 1 Satz 2 Nr. 2 geänd. durch G v. 23.10.2012 (BGBl. I S. 2246); zur Anwendung siehe § 28 Abs. 1b; geänd. mWv 1.1.2018 durch G v. 23.5.2017 (BGBl. I S. 1228).

[4)] Zeitraum verlängert durch G v. 18.3.2022 (BGBl. I S. 473).

soweit der Elterngeldbezug von der Zeit vor Vollendung des 14. Lebensmonats auf danach verschoben wurde.[1)]

(2)[2)] [1]Für die Ermittlung des Einkommens aus selbstständiger Erwerbstätigkeit im Sinne von § 2d vor der Geburt sind die jeweiligen steuerlichen Gewinnermittlungszeiträume maßgeblich, die dem letzten abgeschlossenen steuerlichen Veranlagungszeitraum vor der Geburt des Kindes zugrunde liegen. [2]Haben in einem Gewinnermittlungszeitraum die Voraussetzungen des Absatzes 1 Satz 2 oder Satz 3 vorgelegen, sind auf Antrag die Gewinnermittlungszeiträume maßgeblich, die dem diesen Ereignissen vorangegangenen abgeschlossenen steuerlichen Veranlagungszeitraum zugrunde liegen.

(3)[3)] [1]Abweichend von Absatz 1 ist für die Ermittlung des Einkommens aus nichtselbstständiger Erwerbstätigkeit vor der Geburt der letzte abgeschlossene steuerliche Veranlagungszeitraum vor der Geburt maßgeblich, wenn die berechtigte Person in den Zeiträumen nach Absatz 1 oder Absatz 2 Einkommen aus selbstständiger Erwerbstätigkeit hatte. [2]Haben im Bemessungszeitraum nach Satz 1 die Voraussetzungen des Absatzes 1 Satz 2 oder Satz 3 vorgelegen, ist Absatz 2 Satz 2 mit der zusätzlichen Maßgabe anzuwenden, dass für die Ermittlung des Einkommens aus nichtselbstständiger Erwerbstätigkeit vor der Geburt der vorangegangene steuerliche Veranlagungszeitraum maßgeblich ist.

(4)[4)] [1]Abweichend von Absatz 3 ist auf Antrag der berechtigten Person für die Ermittlung des Einkommens aus nichtselbstständiger Erwerbstätigkeit allein der Bemessungszeitraum nach Absatz 1 maßgeblich, wenn die zu berücksichtigende Summe der Einkünfte aus Land- und Forstwirtschaft, Gewerbebetrieb und selbstständiger Arbeit nach § 2 Absatz 1 Satz 1 Nummer 1 bis 3 des Einkommensteuergesetzes

1. in den jeweiligen steuerlichen Gewinnermittlungszeiträumen, die dem letzten abgeschlossenen steuerlichen Veranlagungszeitraum vor der Geburt des Kindes zugrunde liegen, durchschnittlich weniger als 35 Euro im Kalendermonat betrug und
2. in den jeweiligen steuerlichen Gewinnermittlungszeiträumen, die dem steuerlichen Veranlagungszeitraum der Geburt des Kindes zugrunde liegen, bis einschließlich zum Kalendermonat vor der Geburt des Kindes durchschnittlich weniger als 35 Euro im Kalendermonat betrug.

[2]Abweichend von § 2 Absatz 1 Satz 3 Nummer 2 ist für die Berechnung des Elterngeldes im Fall des Satzes 1 allein das Einkommen aus nichtselbstständiger Erwerbstätigkeit maßgeblich. [3]Die für die Entscheidung über den Antrag notwendige Ermittlung der Höhe der Einkünfte aus Land- und Forstwirtschaft, Gewerbebetrieb und selbstständiger Arbeit erfolgt für die Zeiträume nach Satz 1 Nummer 1 entsprechend § 2d Absatz 2; in Fällen, in denen zum

---

[1)] § 2b Abs. 1 Sätze 3 und 4 angef. mWv 1.3.2020 durch G v. 20.5.2020 (BGBl. I S. 1061). Vgl. hierzu auch § 27.

[2)] § 2b Abs. 2 Satz 2 geänd. mWv 1.3.2020 durch G v. 20.5.2020 (BGBl. I S. 1061).

[3)] § 2b Abs. 3 Satz 2 geänd. mWv 1.3.2020 durch G v. 20.5.2020 (BGBl. I S. 1061); Satz 1 neu gef. mWv 1.9.2021 (§ 28 Abs. 1) durch G v. 15.2.2021 (BGBl. I S. 239).

[4)] § 2b Abs. 4 angef. mWv 1.9.2021 (§ 28 Abs. 1) durch G v. 15.2.2021 (BGBl. I S. 239).

Zeitpunkt der Entscheidung kein Einkommensteuerbescheid vorliegt, und für den Zeitraum nach Satz 1 Nummer 2 erfolgt die Ermittlung der Höhe der Einkünfte entsprechend § 2d Absatz 3. [4]Die Entscheidung über den Antrag erfolgt abschließend auf der Grundlage der Höhe der Einkünfte, wie sie sich aus den gemäß Satz 3 vorgelegten Nachweisen ergibt.

§ 2c[1)] Einkommen aus nichtselbstständiger Erwerbstätigkeit.

(1)[2)] [1]Der monatlich durchschnittlich zu berücksichtigende Überschuss der Einnahmen aus nichtselbstständiger Arbeit in Geld oder Geldeswert über ein Zwölftel des Arbeitnehmer-Pauschbetrags, vermindert um die Abzüge für Steuern und Sozialabgaben nach den §§ 2e und 2f, ergibt das Einkommen aus nichtselbstständiger Erwerbstätigkeit. [2]Nicht berücksichtigt werden Einnahmen, die im Lohnsteuerabzugsverfahren nach den lohnsteuerlichen Vorgaben als sonstige Bezüge zu behandeln sind. [3]Die zeitliche Zuordnung von Einnahmen erfolgt nach den lohnsteuerlichen Vorgaben für das Lohnsteuerabzugsverfahren. [4]Maßgeblich ist der Arbeitnehmer-Pauschbetrag nach § 9a Satz 1 Nummer 1 Buchstabe a des Einkommensteuergesetzes in der am 1. Januar des Kalenderjahres vor der Geburt des Kindes für dieses Jahr geltenden Fassung.

(2)[3)] [1]Grundlage der Ermittlung der Einnahmen sind die Angaben in den für die maßgeblichen Kalendermonate erstellten Lohn- und Gehaltsbescheinigungen des Arbeitgebers. [2]Die Richtigkeit und Vollständigkeit der Angaben in den maßgeblichen Lohn- und Gehaltsbescheinigungen wird vermutet.

(3)[4)] [1]Grundlage der Ermittlung der nach den §§ 2e und 2f erforderlichen Abzugsmerkmale für Steuern und Sozialabgaben sind die Angaben in der Lohn- und Gehaltsbescheinigung, die für den letzten Kalendermonat im Bemessungszeitraum mit Einnahmen nach Absatz 1 erstellt wurde. [2]Soweit sich in den Lohn- und Gehaltsbescheinigungen des Bemessungszeitraums eine Angabe zu einem Abzugsmerkmal geändert hat, ist die von der Angabe nach Satz 1 abweichende Angabe maßgeblich, wenn sie in der überwiegenden Zahl der Kalendermonate des Bemessungszeitraums gegolten hat. [3]§ 2c Absatz 2 Satz 2 gilt entsprechend.

§ 2d[1)] Einkommen aus selbstständiger Erwerbstätigkeit. (1) Die monatlich durchschnittlich zu berücksichtigende Summe der positiven Einkünfte aus Land- und Forstwirtschaft, Gewerbebetrieb und selbstständiger Arbeit (Gewinneinkünfte), vermindert um die Abzüge für Steuern und Sozialabgaben nach den §§ 2e und 2f, ergibt das Einkommen aus selbstständiger Erwerbstätigkeit.

[1)] §§ 2a bis 2f eingef. durch G v. 10.9.2012 (BGBl. I S. 1878).

[2)] § 2c Abs. 1 Satz 2 geänd. durch G v. 18.12.2014 (BGBl. I S. 2325); Abs. 1 Satz 3 eingef. mWv 21.5.2020, bish. Satz 3 wird Satz 4 durch G v. 20.5.2020 (BGBl. I S. 1061).

[3)] § 2c Abs. 2 Satz 2 angef. durch G v. 18.12.2014 (BGBl. I S. 2325); Abs. 2 Satz 1 geänd. mWv 1.9.2021 (§ 28 Abs. 1) durch G v. 15.2.2021 (BGBl. I S. 239).

[4)] § 2c Abs. 3 Satz 3 angef. durch G v. 18.12.2014 (BGBl. I S. 2325); Abs. 3 Sätze 1 und 2 geänd. mWv 1.9.2021 (§ 28 Abs. 1) durch G v. 15.2.2021 (BGBl. I S. 239).

(2) [1]Bei der Ermittlung der im Bemessungszeitraum zu berücksichtigenden Gewinneinkünfte sind die entsprechenden im Einkommensteuerbescheid ausgewiesenen Gewinne anzusetzen. [2]Ist kein Einkommensteuerbescheid zu erstellen, werden die Gewinneinkünfte in entsprechender Anwendung des Absatzes 3 ermittelt.

(3) [1]Grundlage der Ermittlung der in den Bezugsmonaten zu berücksichtigenden Gewinneinkünfte ist eine Gewinnermittlung, die mindestens den Anforderungen des § 4 Absatz 3 des Einkommensteuergesetzes entspricht. [2]Als Betriebsausgaben sind 25 Prozent der zugrunde gelegten Einnahmen oder auf Antrag die damit zusammenhängenden tatsächlichen Betriebsausgaben anzusetzen.

(4) [1]Soweit nicht in § 2c Absatz 3 etwas anderes bestimmt ist, sind bei der Ermittlung der nach § 2e erforderlichen Abzugsmerkmale für Steuern die Angaben im Einkommensteuerbescheid maßgeblich. [2]§ 2c Absatz 3 Satz 2 gilt entsprechend.

(5)[1] Die zeitliche Zuordnung von Einnahmen und Ausgaben erfolgt nach den einkommensteuerrechtlichen Grundsätzen.

§ 2e[2] Abzüge für Steuern. (1) [1]Als Abzüge für Steuern sind Beträge für die Einkommensteuer, den Solidaritätszuschlag und, wenn die berechtigte Person kirchensteuerpflichtig ist, die Kirchensteuer zu berücksichtigen. [2]Die Abzüge für Steuern werden einheitlich für Einkommen aus nichtselbstständiger und selbstständiger Erwerbstätigkeit auf Grundlage einer Berechnung anhand des am 1. Januar des Kalenderjahres vor der Geburt des Kindes für dieses Jahr geltenden Programmablaufplans für die maschinelle Berechnung der vom Arbeitslohn einzubehaltenden Lohnsteuer, des Solidaritätszuschlags und der Maßstabsteuer für die Kirchenlohnsteuer im Sinne von § 39b Absatz 6 des Einkommensteuergesetzes nach den Maßgaben der Absätze 2 bis 5 ermittelt.

(2) [1]Bemessungsgrundlage für die Ermittlung der Abzüge für Steuern ist die monatlich durchschnittlich zu berücksichtigende Summe der Einnahmen nach § 2c, soweit sie von der berechtigten Person zu versteuern sind, und der Gewinneinkünfte nach § 2d. [2]Bei der Ermittlung der Abzüge für Steuern nach Absatz 1 werden folgende Pauschalen berücksichtigt:

1. der Arbeitnehmer-Pauschbetrag nach § 9a Satz 1 Nummer 1 Buchstabe a des Einkommensteuergesetzes, wenn die berechtigte Person von ihr zu versteuernde Einnahmen hat, die unter § 2c fallen, und
2. eine Vorsorgepauschale
   a) mit den Teilbeträgen nach § 39b Absatz 2 Satz 5 Nummer 3 Buchstabe *b und c* [***ab 1.1.2024:*** b, c und e][3] des Einkommensteuergesetzes, falls die berechtigte Person von ihr zu versteuernde Einnahmen nach § 2c hat, ohne in der gesetzlichen Rentenversicherung oder einer vergleichbaren Einrichtung versicherungspflichtig gewesen zu sein, oder

[1] § 2d Abs. 5 angef. mWv 21.5.2020 durch G v. 20.5.2020 (BGBl. I S. 1061).
[2] §§ 2a bis 2f eingef. durch G v. 10.9.2012 (BGBl. I S. 1878).
[3] Verweise geänd. mWv 1.1.2024 durch G v. 21.12.2020 (BGB. I S. 3096).

b) mit den Teilbeträgen nach § 39b Absatz 2 Satz 5 Nummer 3 Buchstabe *a bis c* [***ab 1.1.2024:*** a bis c und e][1)] des Einkommensteuergesetzes in allen übrigen Fällen,

wobei die Höhe der Teilbeträge ohne Berücksichtigung der besonderen Regelungen zur Berechnung der Beiträge nach § 55 Absatz 3 und § 58 Absatz 3 des Elften Buches Sozialgesetzbuch bestimmt wird.

(3) [1] Als Abzug für die Einkommensteuer ist der Betrag anzusetzen, der sich unter Berücksichtigung der Steuerklasse und des Faktors nach § 39f des Einkommensteuergesetzes nach § 2c Absatz 3 ergibt; die Steuerklasse VI bleibt unberücksichtigt. [2] War die berechtigte Person im Bemessungszeitraum nach § 2b in keine Steuerklasse eingereiht oder ist ihr nach § 2d zu berücksichtigender Gewinn höher als ihr nach § 2c zu berücksichtigender Überschuss der Einnahmen über ein Zwölftel des Arbeitnehmer-Pauschbetrags, ist als Abzug für die Einkommensteuer der Betrag anzusetzen, der sich unter Berücksichtigung der Steuerklasse IV ohne Berücksichtigung eines Faktors nach § 39f des Einkommensteuergesetzes ergibt.

(4) [1] Als Abzug für den Solidaritätszuschlag ist der Betrag anzusetzen, der sich nach den Maßgaben des Solidaritätszuschlagsgesetzes 1995 für die Einkommensteuer nach Absatz 3 ergibt. [2] Freibeträge für Kinder werden nach den Maßgaben des § 3 Absatz 2a des Solidaritätszuschlagsgesetzes 1995 berücksichtigt.

(5) [1] Als Abzug für die Kirchensteuer ist der Betrag anzusetzen, der sich unter Anwendung eines Kirchensteuersatzes von 8 Prozent für die Einkommensteuer nach Absatz 3 ergibt. [2] Freibeträge für Kinder werden nach den Maßgaben des § 51a Absatz 2a des Einkommensteuergesetzes berücksichtigt.

(6) Vorbehaltlich der Absätze 2 bis 5 werden Freibeträge und Pauschalen nur berücksichtigt, wenn sie ohne weitere Voraussetzung jeder berechtigten Person zustehen.

§ 2f[2)] Abzüge für Sozialabgaben. (1) [1] Als Abzüge für Sozialabgaben sind Beträge für die gesetzliche Sozialversicherung oder für eine vergleichbare Einrichtung sowie für die Arbeitsförderung zu berücksichtigen. [2] Die Abzüge für Sozialabgaben werden einheitlich für Einkommen aus nichtselbstständiger und selbstständiger Erwerbstätigkeit anhand folgender Beitragssatzpauschalen ermittelt:

1. 9 Prozent für die Kranken- und Pflegeversicherung, falls die berechtigte Person in der gesetzlichen Krankenversicherung nach § 5 Absatz 1 Nummer 1 bis 12 des Fünften Buches Sozialgesetzbuch versicherungspflichtig gewesen ist,
2. 10 Prozent für die Rentenversicherung, falls die berechtigte Person in der gesetzlichen Rentenversicherung oder einer vergleichbaren Einrichtung versicherungspflichtig gewesen ist, und
3. 2 Prozent für die Arbeitsförderung, falls die berechtigte Person nach dem Dritten Buch Sozialgesetzbuch versicherungspflichtig gewesen ist.

---

1) Verweise geänd. mWv 1.1.2024 durch G v. 21.12.2020 (BGB. I S. 3096).
2) §§ 2a bis 2f eingef. durch G v. 10.9.2012 (BGBl. I S. 1878).

(2) [1]Bemessungsgrundlage für die Ermittlung der Abzüge für Sozialabgaben ist die monatlich durchschnittlich zu berücksichtigende Summe der Einnahmen nach § 2c und der Gewinneinkünfte nach § 2d. [2]Einnahmen aus Beschäftigungen im Sinne des § 8, des § 8a oder des § 20 Absatz 3 Satz 1 des Vierten Buches Sozialgesetzbuch werden nicht berücksichtigt. [3]Für Einnahmen aus Beschäftigungsverhältnissen im Sinne des § 20 Absatz 2 des Vierten Buches Sozialgesetzbuch ist der Betrag anzusetzen, der sich nach § 344 Absatz 4 des Dritten Buches Sozialgesetzbuch für diese Einnahmen ergibt, wobei der Faktor im Sinne des § 163 Absatz 10 Satz 2 des Sechsten Buches Sozialgesetzbuch unter Zugrundelegung der Beitragssatzpauschalen nach Absatz 1 bestimmt wird.

(3) Andere Maßgaben zur Bestimmung der sozialversicherungsrechtlichen Beitragsbemessungsgrundlagen werden nicht berücksichtigt.

§ 3[1] Anrechnung von anderen Einnahmen. (1)[2] [1]Auf das der berechtigten Person nach § 2 oder nach § 2 in Verbindung mit § 2a zustehende Elterngeld werden folgende Einnahmen angerechnet:

1.[3] Mutterschaftsleistungen
   a) in Form des Mutterschaftsgeldes nach dem Fünften Buch Sozialgesetzbuch oder nach dem Zweiten Gesetz über die Krankenversicherung der Landwirte mit Ausnahme des Mutterschaftsgeldes nach § 19[4] Absatz 2 des Mutterschutzgesetzes oder
   b) in Form des Zuschusses zum Mutterschaftsgeld nach § 20[4] des Mutterschutzgesetzes, die der berechtigten Person für die Zeit ab dem Tag der Geburt des Kindes zustehen,
2. Dienst- und Anwärterbezüge sowie Zuschüsse, die der berechtigten Person nach beamten- oder soldatenrechtlichen Vorschriften für die Zeit eines Beschäftigungsverbots ab dem Tag der Geburt des Kindes zustehen,
3.[5] dem Elterngeld vergleichbare Leistungen, auf die eine nach § 1 berechtigte Person außerhalb Deutschlands oder gegenüber einer über- oder zwischenstaatlichen Einrichtung Anspruch hat,
4. Elterngeld, das der berechtigten Person für ein älteres Kind zusteht, sowie
5. Einnahmen, die der berechtigten Person als Ersatz für Erwerbseinkommen zustehen und
   a) die nicht bereits für die Berechnung des Elterngeldes nach § 2 berücksichtigt werden oder
   b) bei deren Berechnung das Elterngeld nicht berücksichtigt wird.

---

[1] § 3 Überschrift geänd. durch G v. 10.9.2012 (BGBl. I S. 1878).

[2] § 3 Abs. 1 und 2 neu gef. durch G v. 10.9.2012 (BGBl. I S. 1878); Abs. 1 Satz 1 Nr. 1 geänd. durch G v. 23.10.2012 (BGBl. I S. 2246), zur Anwendung siehe § 28 Abs. 1b.

[3] § 3 Abs. 1 Satz 1 Nr. 1 neu gef. durch G v. 18.12.2014 (BGBl. I S. 2325); Abs. 1 Satz 4 angef. mWv 1.9.2021 (§ 28 Abs. 1) durch G v. 15.2.2021 (BGBl. I S. 239).

[4] Verweis geänd. mWv 1.1.2018 durch G v. 23.5.2017 (BGBl. I S. 1228).

[5] § 3 Abs. 1 Satz 1 Nr. 3 geänd. mWv 1.8.2013 durch G v. 15.2.2013 (BGBl. I S. 254); Satz 1 Nr. 3 geänd. mWv 1.9.2021 (§ 28 Abs. 1) durch G v. 15.2.2021 (BGBl. I S. 239).

[2]Stehen der berechtigten Person die Einnahmen nur für einen Teil des Lebensmonats des Kindes zu, sind sie nur auf den entsprechenden Teil des Elterngeldes anzurechnen. [3]Für jeden Kalendermonat, in dem Einnahmen nach Satz 1 Nummer 4 oder Nummer 5 im Bemessungszeitraum bezogen worden sind, wird der Anrechnungsbetrag um ein Zwölftel gemindert. [4]Beginnt der Bezug von Einnahmen nach Satz 1 Nummer 5 nach der Geburt des Kindes und berechnen sich die anzurechnenden Einnahmen auf der Grundlage eines Einkommens, das geringer ist als das Einkommen aus Erwerbstätigkeit im Bemessungszeitraum, so ist der Teil des Elterngeldes in Höhe des nach § 2 Absatz 1 oder 2 maßgeblichen Prozentsatzes des Unterschiedsbetrages zwischen dem durchschnittlichen monatlichen Einkommen aus Erwerbstätigkeit im Bemessungszeitraum und dem durchschnittlichen monatlichen Bemessungseinkommen der anzurechnenden Einnahmen von der Anrechnung freigestellt.

(2)[1)] [1]Bis zu einem Betrag von 300 Euro ist das Elterngeld von der Anrechnung nach Absatz 1 frei, soweit nicht Einnahmen nach Absatz 1 Satz 1 Nummer 1 bis 3 auf das Elterngeld anzurechnen sind. [2]Dieser Betrag erhöht sich bei Mehrlingsgeburten um je 300 Euro für das zweite und jedes weitere Kind.

(3)[2)] Solange kein Antrag auf die in Absatz 1 Satz 1 Nummer 3 genannten vergleichbaren Leistungen gestellt wird, ruht der Anspruch auf Elterngeld bis zur möglichen Höhe der vergleichbaren Leistung.

§ 4[3)·4)] Bezugsdauer, Anspruchsumfang. (1) [1]Elterngeld wird als Basiselterngeld oder als Elterngeld Plus gewährt. [2]Es kann ab dem Tag der Geburt bezogen werden. [3]Basiselterngeld kann bis zur Vollendung des 14. Lebensmonats des Kindes bezogen werden. [4]Elterngeld Plus kann bis zur Vollendung des 32. Lebensmonats bezogen werden, solange es ab dem 15. Lebensmonat in aufeinander folgenden Lebensmonaten von zumindest einem Elternteil in Anspruch genommen wird. [5]Für angenommene Kinder und Kinder im Sinne des § 1 Absatz 3 Satz 1 Nummer 1 kann Elterngeld ab Aufnahme bei der berechtigten Person längstens bis zur Vollendung des achten Lebensjahres des Kindes bezogen werden.

(2) [1]Elterngeld wird in Monatsbeträgen für Lebensmonate des Kindes gezahlt. [2]Der Anspruch endet mit dem Ablauf des Lebensmonats, in dem eine Anspruchsvoraussetzung entfallen ist. *[3]Die Eltern können die jeweiligen Monatsbeträge abwechselnd oder gleichzeitig beziehen.*[5)]

(3) [1]Die Eltern haben gemeinsam Anspruch auf zwölf Monatsbeträge Basiselterngeld. [2]Ist das Einkommen aus Erwerbstätigkeit eines Elternteils in zwei Lebensmonaten gemindert, haben die Eltern gemeinsam Anspruch auf zwei

---

[1)] § 3 Abs. 1 und 2 neu gef. durch G v. 10.9.2012 (BGBl. I S. 1878); Abs. 1 Nr. 1 geänd. durch G v. 23.10.2012 (BGBl. I S. 2246), zur Anwendung siehe § 28 Abs. 1b.

[2)] § 3 Abs. 3 Satz 1 aufgeh., bish. Satz 2 wird Abs. 3 und geänd. durch G v. 10.9.2012 (BGBl. I S. 1878).

[3)] § 4 ersetzt durch §§ 4 bis 4d mWv 1.9.2021 (§ 28 Abs. 1) durch G v. 15.2.2021 (BGBl. I S. 239).

[4)] § 4 neu gef. mWv 1.9.2021 (§ 28 Abs. 1) durch G v. 15.2.2021 (BGBl. I S. 239).

[5)] § 4 Abs. 2 Satz 3 aufgeh. duch G v. 22.12.2023 (BGBl. I Nr. 412); zur Anwendung siehe § 28 Abs. 1a.

weitere Monate Basiselterngeld (Partnermonate). [3] Statt für einen Lebensmonat Basiselterngeld zu beanspruchen, kann die berechtigte Person jeweils zwei Lebensmonate Elterngeld Plus beziehen.

(4) [1] Ein Elternteil hat Anspruch auf höchstens zwölf Monatsbeträge Basiselterngeld zuzüglich der höchstens vier zustehenden Monatsbeträge Partnerschaftsbonus nach § 4b. [2] Ein Elternteil hat nur Anspruch auf Elterngeld, wenn er es mindestens für zwei Lebensmonate bezieht. [3] Lebensmonate des Kindes, in denen einem Elternteil nach § 3 Absatz 1 Satz 1 Nummer 1 bis 3 anzurechnende Leistungen oder nach § 192 Absatz 5 Satz 2 des Versicherungsvertragsgesetzes Versicherungsleistungen zustehen, gelten als Monate, für die dieser Elternteil Basiselterngeld nach § 4a Absatz 1 bezieht.

(5) [1] Abweichend von Absatz 3 Satz 1 beträgt der gemeinsame Anspruch der Eltern auf Basiselterngeld für ein Kind, das

1. mindestens sechs Wochen vor dem voraussichtlichen Tag der Entbindung geboren wurde:
   13 Monatsbeträge Basiselterngeld;
2. mindestens acht Wochen vor dem voraussichtlichen Tag der Entbindung geboren wurde:
   14 Monatsbeträge Basiselterngeld;
3. mindestens zwölf Wochen vor dem voraussichtlichen Tag der Entbindung geboren wurde:
   15 Monatsbeträge Basiselterngeld;
4. mindestens 16 Wochen vor dem voraussichtlichen Tag der Entbindung geboren wurde:
   16 Monatsbeträge Basiselterngeld.

[2] Für die Berechnung des Zeitraums zwischen dem voraussichtlichen Tag der Entbindung und dem tatsächlichen Tag der Geburt ist der voraussichtliche Tag der Entbindung maßgeblich, wie er sich aus dem ärztlichen Zeugnis oder dem Zeugnis einer Hebamme oder eines Entbindungspflegers ergibt.

[3] Im Fall von

1. Satz 1 Nummer 1
   a) hat ein Elternteil abweichend von Absatz 4 Satz 1 Anspruch auf höchstens 13 Monatsbeträge Basiselterngeld zuzüglich der höchstens vier zustehenden Monatsbeträge Partnerschaftsbonus nach § 4b,
   b) kann Basiselterngeld abweichend von Absatz 1 Satz 3 bis zur Vollendung des 15. Lebensmonats des Kindes bezogen werden und
   c) kann Elterngeld Plus abweichend von Absatz 1 Satz 4 bis zur Vollendung des 32. Lebensmonats des Kindes bezogen werden, solange es ab dem 16. Lebensmonat in aufeinander folgenden Lebensmonaten von zumindest einem Elternteil in Anspruch genommen wird;
2. Satz 1 Nummer 2
   a) hat ein Elternteil abweichend von Absatz 4 Satz 1 Anspruch auf höchstens 14 Monatsbeträge Basiselterngeld zuzüglich der höchstens vier zustehenden Monatsbeträge Partnerschaftsbonus nach § 4b,

b) kann Basiselterngeld abweichend von Absatz 1 Satz 3 bis zur Vollendung des 16. Lebensmonats des Kindes bezogen werden und

c) kann Elterngeld Plus abweichend von Absatz 1 Satz 4 bis zur Vollendung des 32. Lebensmonats des Kindes bezogen werden, solange es ab dem 17. Lebensmonat in aufeinander folgenden Lebensmonaten von zumindest einem Elternteil in Anspruch genommen wird;

3. Satz 1 Nummer 3

a) hat ein Elternteil abweichend von Absatz 4 Satz 1 Anspruch auf höchstens 15 Monatsbeträge Basiselterngeld zuzüglich der höchstens vier zustehenden Monatsbeträge Partnerschaftsbonus nach § 4b,

b) kann Basiselterngeld abweichend von Absatz 1 Satz 3 bis zur Vollendung des 17. Lebensmonats des Kindes bezogen werden und

c) kann Elterngeld Plus abweichend von Absatz 1 Satz 4 bis zur Vollendung des 32. Lebensmonats des Kindes bezogen werden, solange es ab dem 18. Lebensmonat in aufeinander folgenden Lebensmonaten von zumindest einem Elternteil in Anspruch genommen wird;

4. Satz 1 Nummer 4

a) hat ein Elternteil abweichend von Absatz 4 Satz 1 Anspruch auf höchstens 16 Monatsbeträge Basiselterngeld zuzüglich der höchstens vier zustehenden Monatsbeträge Partnerschaftsbonus nach § 4b,

b) kann Basiselterngeld abweichend von Absatz 1 Satz 3 bis zur Vollendung des 18. Lebensmonats des Kindes bezogen werden und

c) kann Elterngeld Plus abweichend von Absatz 1 Satz 4 bis zur Vollendung des 32. Lebensmonats des Kindes bezogen werden, solange es ab dem 19. Lebensmonat in aufeinander folgenden Lebensmonaten von zumindest einem Elternteil in Anspruch genommen wird.

(6)[1] [1] Ein gleichzeitiger Bezug von Basiselterngeld beider Elternteile ist nur in einem der ersten zwölf Lebensmonate des Kindes möglich. [2] Bezieht einer der beiden Elternteile Elterngeld Plus, so kann dieser Elternteil das Elterngeld Plus gleichzeitig zum Bezug von Basiselterngeld oder von Elterngeld Plus des anderen Elternteils beziehen. [3] § 4b bleibt unberührt. [4] Abweichend von Satz 1 können bei Mehrlingsgeburten sowie bei Frühgeburten im Sinne des Absatzes 5 beide Elternteile gleichzeitig Basiselterngeld beziehen.

§ 4a[2] Berechnung von Basiselterngeld und Elterngeld Plus. (1) Basiselterngeld wird allein nach den Vorgaben der §§ 2 bis 3 ermittelt.

(2) [1] Elterngeld Plus wird nach den Vorgaben der §§ 2 bis 3 und den zusätzlichen Vorgaben der Sätze 2 und 3 ermittelt. [2] Das Elterngeld Plus beträgt monatlich höchstens die Hälfte des Basiselterngeldes, das der berechtigten Person zustünde, wenn sie während des Elterngeldbezugs keine Einnahmen im Sinne des § 2 oder des § 3 hätte oder hat. [3] Für die Berechnung des Elterngeldes Plus halbieren sich:

---

[1] § 4 Abs. 6 angef. durch G v. 22.12.2023 (BGBl. I Nr. 412); zur Anwendung siehe § 28 Abs. 1a.

[2] § 4a neu gef. mWv 1.9.2021 (§ 28 Abs. 1) durch G v. 15.2.2021 (BGBl. I S. 239).

1. der Mindestbetrag für das Elterngeld nach § 2 Absatz 4 Satz 1,
2. der Mindestbetrag des Geschwisterbonus nach § 2a Absatz 1 Satz 1,
3. der Mehrlingszuschlag nach § 2a Absatz 4 sowie
4. die von der Anrechnung freigestellten Elterngeldbeträge nach § 3 Absatz 2.

§ 4b[1)] Partnerschaftsbonus. (1) Wenn beide Elternteile

1. nicht weniger als 24 und nicht mehr als 32 Wochenstunden im Durchschnitt des Lebensmonats erwerbstätig sind und
2. die Voraussetzungen des § 1 erfüllen,

hat jeder Elternteil für diesen Lebensmonat Anspruch auf einen zusätzlichen Monatsbetrag Elterngeld Plus (Partnerschaftsbonus).

(2) [1] Die Eltern haben je Elternteil Anspruch auf höchstens vier Monatsbeträge Partnerschaftsbonus. [2] Sie können den Partnerschaftsbonus nur beziehen, wenn sie ihn jeweils für mindestens zwei Lebensmonate in Anspruch nehmen.

(3) Die Eltern können den Partnerschaftsbonus nur gleichzeitig und in aufeinander folgenden Lebensmonaten beziehen.

(4) Treten während des Bezugs des Partnerschaftsbonus die Voraussetzungen für einen alleinigen Bezug nach § 4c Absatz 1 Nummer 1 bis 3 ein, so kann der Bezug durch einen Elternteil nach § 4c Absatz 2 fortgeführt werden.

(5) Das Erfordernis des Bezugs in aufeinander folgenden Lebensmonaten nach Absatz 3 und § 4 Absatz 1 Satz 4 gilt auch dann als erfüllt, wenn sich während des Bezugs oder nach dem Ende des Bezugs herausstellt, dass die Voraussetzungen für den Partnerschaftsbonus nicht in allen Lebensmonaten, für die der Partnerschaftsbonus beantragt wurde, vorliegen oder vorlagen.

§ 4c[2)] Alleiniger Bezug durch einen Elternteil. (1) Ein Elternteil kann abweichend von § 4 Absatz 4 Satz 1 zusätzlich auch das Elterngeld für die Partnermonate nach § 4 Absatz 3 Satz 3 beziehen, wenn das Einkommen aus Erwerbstätigkeit für zwei Lebensmonate gemindert ist und

1. bei diesem Elternteil die Voraussetzungen für den Entlastungsbetrag für Alleinerziehende nach § 24b Absatz 1 und 3 des Einkommensteuergesetzes vorliegen und der andere Elternteil weder mit ihm noch mit dem Kind in einer Wohnung lebt,
2. mit der Betreuung durch den anderen Elternteil eine Gefährdung des Kindeswohls im Sinne von § 1666 Absatz 1 und 2 des Bürgerlichen Gesetzbuchs verbunden wäre oder
3. die Betreuung durch den anderen Elternteil unmöglich ist, insbesondere weil er wegen einer schweren Krankheit oder einer Schwerbehinderung sein Kind nicht betreuen kann; für die Feststellung der Unmöglichkeit der Betreuung bleiben wirtschaftliche Gründe und Gründe einer Verhinderung wegen anderweitiger Tätigkeiten außer Betracht.

[1)] § 4b neu gef. mWv 1.9.2021 (§ 28 Abs. 1) durch G v. 15.2.2021 (BGBl. I S. 239).
[2)] § 4c neu gef. mWv 1.9.2021 (§ 28 Abs. 1) durch G v. 15.2.2021 (BGBl. I S. 239).

(2) Liegt eine der Voraussetzungen des Absatzes 1 Nummer 1 bis 3 vor, so hat ein Elternteil, der in mindestens zwei bis höchstens vier aufeinander folgenden Lebensmonaten nicht weniger als 24 und nicht mehr als 32 Wochenstunden im Durchschnitt des Lebensmonats erwerbstätig ist, für diese Lebensmonate Anspruch auf zusätzliche Monatsbeträge Elterngeld Plus.

§ 4d[1)] Weitere Berechtigte. [1]Die §§ 4 bis 4c gelten in den Fällen des § 1 Absatz 3 und 4 entsprechend. [2]Der Bezug von Elterngeld durch nicht sorgeberechtigte Elternteile und durch Personen, die nach § 1 Absatz 3 Satz 1 Nummer 2 und 3 Anspruch auf Elterngeld haben, bedarf der Zustimmung des sorgeberechtigten Elternteils.

Abschnitt 2. Verfahren und Organisation[2)]

§ 5[3)] Zusammentreffen von Ansprüchen. (1) Erfüllen beide Elternteile die Anspruchsvoraussetzungen, bestimmen sie, wer von ihnen die Monatsbeträge für welche Lebensmonate des Kindes in Anspruch nimmt.

(2) [1]Beanspruchen beide Elternteile zusammen mehr als die ihnen nach § 4 Absatz 3 und § 4b oder nach § 4 Absatz 3 und § 4b in Verbindung mit § 4d zustehenden Monatsbeträge, so besteht der Anspruch eines Elternteils, der nicht über die Hälfte der zustehenden Monatsbeträge hinausgeht, ungekürzt; der Anspruch des anderen Elternteils wird gekürzt auf die vom Gesamtanspruch verbleibenden Monatsbeträge. [2]Beansprucht jeder der beiden Elternteile mehr als die Hälfte der ihm zustehenden Monatsbeträge, steht jedem Elternteil die Hälfte des Gesamtanspruchs der Monatsbeträge zu.

(3) [1]Die Absätze 1 und 2 gelten in den Fällen des § 1 Absatz 3 und 4 entsprechend. [2]Wird eine Einigung mit einem nicht sorgeberechtigten Elternteil oder einer Person, die nach § 1 Absatz 3 Satz 1 Nummer 2 und 3 Anspruch auf Elterngeld hat, nicht erzielt, so kommt es abweichend von Absatz 2 allein auf die Entscheidung des sorgeberechtigten Elternteils an.

§ 6[4)] Auszahlung. Elterngeld wird im Laufe des Lebensmonats gezahlt, für den es bestimmt ist.

§ 7 Antragstellung. (1)[5)] [1]Elterngeld ist schriftlich zu beantragen. [2]Es wird rückwirkend nur für die letzten drei Lebensmonate vor Beginn des Lebensmonats geleistet, in dem der Antrag auf Elterngeld eingegangen ist. [3]Im An-

---

1) § 4d neu gef. mWv 1.9.2021 (§ 28 Abs. 1) durch G v. 15.2.2021 (BGBl. I S. 239).

2) Überschrift eingef. mWv 1.8.2013 durch G v. 15.2.2013 (BGBl. I S. 254); Abschn. 3 wird Abschn. 2 mWv 1.9.2021 (§ 28 Abs. 1) durch G v. 15.2.2021 (BGBl. I S. 239).

3) § 5 neu gef. mWv 1.9.2021 (§ 28 Abs. 1) durch G v. 15.2.2021 (BGBl. I S. 239).

4) § 6 neu gef. mWv 1.9.2021 (§ 28 Abs. 1) durch G v. 15.2.2021 (BGBl. I S. 239).

5) § 7 Abs. 1 Sätze 1 und 2 geänd. mWv 1.8.2013 durch G v. 15.2.2013 (BGBl. I S. 254); Satz 3 angef. durch G v. 18.12.2014 (BGBl. I S. 2325); Abs. 1 Satz 1 kursiver Satzteil aufgeh., Sätze 2 und 3 neu gef. mWv 1.9.2021 (§ 28 Abs. 1) durch G v. 15.2.2021 (BGBl. I S. 239).

trag ist anzugeben, für welche Lebensmonate Basiselterngeld, für welche Lebensmonate Elterngeld Plus oder für welche Lebensmonate Partnerschaftsbonus beantragt wird.

(2)[1] [1]Die im Antrag getroffenen Entscheidungen können bis zum Ende des Bezugszeitraums geändert werden. [2]Eine Änderung kann rückwirkend nur für die letzten drei Lebensmonate vor Beginn des Lebensmonats verlangt werden, in dem der Änderungsantrag eingegangen ist. [3]Sie ist außer in den Fällen besonderer Härte unzulässig, soweit Monatsbeträge bereits ausgezahlt sind. [4]Abweichend von den Sätzen 2 und 3 kann für einen Lebensmonat, in dem bereits Elterngeld Plus bezogen wurde, nachträglich Basiselterngeld beantragt werden. [5]Im Übrigen finden die für die Antragstellung geltenden Vorschriften auch auf den Änderungsantrag Anwendung.

(3)[2] [1]Der Antrag ist, außer im Fall des § 4c und der Antragstellung durch eine allein sorgeberechtigte Person, zu unterschreiben von der Person, die ihn stellt, und zur Bestätigung der Kenntnisnahme auch von der anderen berechtigten Person. [2]Die andere berechtigte Person kann gleichzeitig

1. einen Antrag auf Elterngeld stellen oder
2. der Behörde anzeigen, wie viele Monatsbeträge sie beansprucht, wenn mit ihrem Anspruch die Höchstgrenzen nach § 4 Absatz 3 in Verbindung mit § 4b überschritten würden.

[3]Liegt der Behörde von der anderen berechtigten Person weder ein Antrag auf Elterngeld noch eine Anzeige nach Satz 2 vor, so werden sämtliche Monatsbeträge der berechtigten Person ausgezahlt, die den Antrag gestellt hat; die andere berechtigte Person kann bei einem späteren Antrag abweichend von § 5 Absatz 2 nur die unter Berücksichtigung von § 4 Absatz 3 in Verbindung mit § 4b vom Gesamtanspruch verbleibenden Monatsbeträge erhalten.

§ 8 Auskunftspflicht, Nebenbestimmungen. (1)[3] Soweit im Antrag auf Elterngeld Angaben zum voraussichtlichen Einkommen aus Erwerbstätigkeit gemacht wurden, ist nach Ablauf des Bezugszeitraums für diese Zeit das tatsächliche Einkommen aus Erwerbstätigkeit nachzuweisen.

(1a)[4] [1]Die Mitwirkungspflichten nach § 60 des Ersten Buches Sozialgesetzbuch gelten

1. im Falle des § 1 Absatz 8 Satz 2 auch für die andere Person im Sinne des § 1 Absatz 8 Satz 2 und

---

[1] § 7 Abs. 2 neu gef., Abs. 3 angef. mWv 24.1.2009 durch G v. 17.1.2009 (BGBl. I S. 61); Abs. 2 Satz 2 geänd., Satz 3 aufgeh. durch G v. 10.9.2012 (BGBl. I S. 1878); Abs. 2 Satz 1 geänd., Abs. 3 Sätze 2 und 3 geänd. mWv 1.8.2013 durch G v. 15.2.2013 (BGBl. I S. 254); Abs. 2 Satz 1 aufgeh., Satz 4 eingef., Abs. 3 Satz 1 geänd., Sätze 2 und 3 neu gef. durch G v. 18.12.2014 (BGBl. I S. 2325); Abs. 2 Sätze 2 und 4 geänd. mWv 1.9.2021 (§ 28 Abs. 1) durch G v. 15.2.2021 (BGBl. I S. 239).

[2] § 7 Abs. 3 neu gef. mWv 1.9.2021 (§ 28 Abs. 1) durch G v. 15.2.2021 (BGBl. I S. 239).

[3] § 8 Abs. 1 geänd. durch G v. 10.9.2012 (BGBl. I S. 1878); geänd. mWv 1.8.2013 durch G v. 15.2.2013 (BGBl. I S. 254); geänd. durch G v. 18.12.2014 (BGBl. I S. 2325); geänd. mWv 1.9.2021 (§ 28 Abs. 1) durch G v. 15.2.2021 (BGBl. I S. 239).

[4] § 8 Abs. 1a eingef. durch G v. 18.12.2014 (BGBl. I S. 2325).

2.[1] im Falle des § 4b oder des § 4b in Verbindung mit § 4d Satz 1 für beide Personen, die den Partnerschaftsbonus beantragt haben.

2 § 65 Absatz 1 und 3 des Ersten Buches Sozialgesetzbuch gilt entsprechend.

(2)[2] 1 Elterngeld wird in den Fällen, in denen die berechtigte Person nach ihren Angaben im Antrag im Bezugszeitraum voraussichtlich kein Einkommen aus Erwerbstätigkeit haben wird, unter dem Vorbehalt des Widerrufs für den Fall gezahlt, dass sie entgegen ihren Angaben im Antrag Einkommen aus Erwerbstätigkeit hat. 2 In den Fällen, in denen zum Zeitpunkt der Antragstellung der Steuerbescheid für den letzten abgeschlossenen steuerlichen Veranlagungszeitraum vor der Geburt des Kindes nicht vorliegt und nach den Angaben im Antrag die Beträge nach § 1 Absatz 8 voraussichtlich nicht überschritten werden, wird das Elterngeld unter dem Vorbehalt des Widerrufs für den Fall gezahlt, dass entgegen den Angaben im Antrag die Beträge nach § 1 Absatz 8 überschritten werden.

(3)[3] Das Elterngeld wird bis zum Nachweis der jeweils erforderlichen Angaben vorläufig unter Berücksichtigung der glaubhaft gemachten Angaben gezahlt, wenn

1.[4] zum Zeitpunkt der Antragstellung der Steuerbescheid für den letzten abgeschlossenen Veranlagungszeitraum vor der Geburt des Kindes nicht vorliegt und noch nicht angegeben werden kann, ob die Beträge nach § 1 Absatz 8 überschritten werden,
2. das Einkommen aus Erwerbstätigkeit vor der Geburt nicht ermittelt werden kann oder
3. die berechtigte Person nach den Angaben im Antrag auf Elterngeld im Bezugszeitraum voraussichtlich Einkommen aus Erwerbstätigkeit hat.

§ 9[5] Einkommens- und Arbeitszeitnachweis, Auskunftspflicht des Arbeitgebers. (1) 1 Soweit es zum Nachweis des Einkommens aus Erwerbstätigkeit oder der wöchentlichen Arbeitszeit erforderlich ist, hat der Arbeitgeber der nach § 12 zuständigen Behörde für bei ihm Beschäftigte das Arbeitsentgelt, die für die Ermittlung der nach den §§ 2e und 2f erforderlichen Abzugsmerkmale für Steuern und Sozialabgaben sowie die Arbeitszeit auf Verlangen zu bescheinigen; das Gleiche gilt für ehemalige Arbeitgeber. 2 Für die in Heimarbeit Beschäftigten und die ihnen Gleichgestellten (§ 1 Absatz 1 und 2

---

[1] § 8 Abs. 1a Satz 1 Nr. 2 geänd. mWv 1.9.2021 (§ 28 Abs. 1) durch G v. 15.2.2021 (BGBl. I S. 239).

[2] § 8 Abs. 2 Satz 2, Abs. 3 Satz 2 angef. mWv 1.1.2011 durch G v. 9.12.2010 (BGBl. I S. 1885); Abs. 2 Satz 1 neu gef. durch G v. 10.9.2012 (BGBl. I S. 1878); Satz 2 neu gef. mWv 1.9.2021 (§ 28 Abs. 1) durch G v. 15.2.2021 (BGBl. I S. 239).

[3] § 8 Abs. 3 neu gef. durch G v. 18.12.2014 (BGBl. I S. 2325); geänd. . mWv 1.9.2021 (§ 28 Abs. 1) durch G v. 15.2.2021 (BGBl. I S. 239).

[4] § 8 Abs. 3 Nr. 1 geänd. mWv 1.9.2021 (§ 28 Abs. 1) durch G v. 15.2.2021 (BGBl. I S. 239).

[5] § 9 Satz 1 geänd. mWv 24.1.2009 durch G v. 17.1.2009 (BGBl. I S. 61); Satz 1 HS 2 aufgeh. mWv 2.4.2009 durch G v. 28.3.2009 (BGBl. I S. 634); Satz 1 und 2 geänd. durch G v. 10.9.2012 (BGBl. I S. 1878); Abs. 2 angef., bish. Wortlaut wird Abs. 1 durch G v. 3.12. 2020 (BGBl. I S. 2668); zur Anwendung siehe § 28 Abs. 4.

des Heimarbeitsgesetzes) tritt an die Stelle des Arbeitgebers der Auftraggeber oder Zwischenmeister.

[*Für ab dem 1.1.2022 geborene Kinder:*

(2) [1] Für den Nachweis des Einkommens aus Erwerbstätigkeit kann die nach § 12 Absatz 1 zuständige Behörde auch das in § 108a Absatz 1 des Vierten Buches Sozialgesetzbuch vorgesehene Verfahren zur elektronischen Abfrage und Übermittlung von Entgeltbescheinigungsdaten nutzen. [2] Sie darf dieses Verfahren nur nutzen, wenn die betroffene Arbeitnehmerin oder der betroffene Arbeitnehmer zuvor in dessen Nutzung eingewilligt hat. [3] Wenn der betroffene Arbeitgeber ein systemgeprüftes Entgeltabrechnungsprogramm nutzt, ist er verpflichtet, die jeweiligen Entgeltbescheinigungsdaten mit dem in § 108a Absatz 1 des Vierten Buches Sozialgesetzbuch vorgesehenen Verfahren zu übermitteln.]

§ 10[1)] Verhältnis zu anderen Sozialleistungen. (1)[2)] Das Elterngeld und *jeweils* vergleichbare Leistungen der Länder sowie die nach § 3 auf die Leistung angerechneten Einnahmen oder Leistungen bleiben bei Sozialleistungen, deren Zahlung von anderen Einkommen abhängig ist, bis zu einer Höhe von insgesamt 300 Euro im Monat als Einkommen unberücksichtigt.

(2)[2)] Das Elterngeld und *jeweils* vergleichbare Leistungen der Länder sowie die nach § 3 auf die Leistung angerechneten Einnahmen oder Leistungen dürfen bis zu einer Höhe von insgesamt 300 Euro nicht dafür herangezogen werden, um auf Rechtsvorschriften beruhende Leistungen anderer, auf die kein Anspruch besteht, zu versagen.

(3)[3)] Soweit die berechtigte Person Elterngeld Plus bezieht, bleibt das Elterngeld nur bis zur Hälfte des Anrechnungsfreibetrags, der nach Abzug der anderen nach Absatz 1 nicht zu berücksichtigenden Einnahmen für das Elterngeld verbleibt, als Einkommen unberücksichtigt und darf nur bis zu dieser Höhe nicht dafür herangezogen werden, um auf Rechtsvorschriften beruhende Leistungen anderer, auf die kein Anspruch besteht, zu versagen.

(4) Die nach den Absätzen 1 bis 3 nicht zu berücksichtigenden oder nicht heranzuziehenden Beträge vervielfachen sich bei Mehrlingsgeburten mit der Zahl der geborenen Kinder.

(5)[4)] [1] Die Absätze 1 bis 4 gelten nicht bei Leistungen nach dem Zweiten Buch Sozialgesetzbuch, dem Zwölften Buch Sozialgesetzbuch, § 6a des Bundeskindergeldgesetzes und dem Asylbewerberleistungsgesetz. [2] Bei den in Satz 1 bezeichneten Leistungen bleiben das Elterngeld und vergleichbare Leistungen der Länder sowie die nach § 3 auf das Elterngeld angerechneten Einnahmen in Höhe des nach § 2 Absatz 1 berücksichtigten Einkommens aus

---

1) § 10 Abs. 1, 2, 3 und 5 geänd., Abs. 6 angef. durch G v. 10.9.2012 (BGBl. I S. 1878); Abs. 1 und 2 geänd. mWv 1.8.2013 durch G v. 15.2.2013 (BGBl. I S. 254).

2) § 10 Abs. 1 und 2 geänd. mWv 1.9.2021 (§ 28 Abs. 1) durch G v. 15.2.2021 (BGBl. I S. 239).

3) § 10 Abs. 3 geänd. durch G v. 18.12.2014 (BGBl. I S. 2325).

4) § 10 Abs. 5 angef. mWv 1.1.2011 durch G v. 9.12.2010 (BGBl. I S. 1885); Satz 3 geänd. durch G v. 18.12.2014 (BGBl. I S. 2325); Abs. 5 Satz 1 geänd. mWv 1.9.2021 (§ 28 Abs. 1) durch G v. 15.2.2021 (BGBl. I S. 239); Abs. 5 Satz 4 angef. mWv 1.1.2023 durch G v. 16.12.2022 (BGBl. I S. 2328).

Erwerbstätigkeit vor der Geburt bis zu 300 Euro im Monat als Einkommen unberücksichtigt. [3] Soweit die berechtigte Person Elterngeld Plus bezieht, verringern sich die Beträge nach Satz 2 um die Hälfte. [*ab 1.1.2023:* [4] Abweichend von Satz 2 bleibt Mutterschaftsgeld gemäß § 19 des Mutterschutzgesetzes in voller Höhe unberücksichtigt.]

(6) Die Absätze 1 bis 4 gelten entsprechend, soweit für eine Sozialleistung ein Kostenbeitrag erhoben werden kann, der einkommensabhängig ist.

§ 11[1)] **Unterhaltspflichten.** [1] Unterhaltsverpflichtungen werden durch die Zahlung des Elterngeldes, *des Betreuungsgeldes* und *jeweils* vergleichbarer Leistungen der Länder nur insoweit berührt, als die Zahlung 300 Euro monatlich übersteigt. [2] Soweit die berechtigte Person Elterngeld Plus bezieht, werden die Unterhaltspflichten insoweit berührt, als die Zahlung 150 Euro übersteigt. [3] Die in den Sätzen 1 und 2 genannten Beträge vervielfachen sich bei Mehrlingsgeburten mit der Zahl der geborenen Kinder. [4] Die Sätze 1 bis 3 gelten nicht in den Fällen des § 1361 Absatz 3, der §§ 1579, 1603 Absatz 2 und des § 1611 Absatz 1 des Bürgerlichen Gesetzbuchs.

§ 12 Zuständigkeit; Bewirtschaftung der Mittel. (1)[2)] [1] Die Landesregierungen oder die von ihnen beauftragten Stellen bestimmen die für die Ausführung dieses Gesetzes zuständigen Behörden. [2] Zuständig ist die von den Ländern für die Durchführung dieses Gesetzes bestimmte Behörde des Bezirks, in dem das Kind, für das Elterngeld beansprucht wird, zum Zeitpunkt der ersten Antragstellung seinen inländischen Wohnsitz hat. [3] Hat das Kind, für das Elterngeld beansprucht wird, in den Fällen des § 1 Absatz 2 zum Zeitpunkt der ersten Antragstellung keinen inländischen Wohnsitz, so ist die von den Ländern für die Durchführung dieses Gesetzes bestimmte Behörde des Bezirks zuständig, in dem die berechtigte Person ihren letzten inländischen Wohnsitz hatte; hilfsweise ist die Behörde des Bezirks zuständig, in dem der entsendende Dienstherr oder Arbeitgeber der berechtigten Person oder der Arbeitgeber des Ehegatten oder der Ehegattin der berechtigten Person den inländischen Sitz hat.

(2) Den nach Absatz 1 zuständigen Behörden obliegt auch die Beratung zur Elternzeit.

[*ab 1.1.2023:*

(3)[3)] [1] Der Bund trägt die Ausgaben für das Elterngeld. [2] Die damit zusammenhängenden Einnahmen sind an den Bund abzuführen. [3] Für die Ausgaben und die mit ihnen zusammenhängenden Einnahmen sind die Vorschriften über das Haushaltsrecht des Bundes einschließlich der Verwaltungsvorschriften anzuwenden.]

[1)] § 11 Satz 1 geänd. mWv 1.8.2013 durch G v. 15.2.2013 (BGBl. I S. 254); Satz 2 geänd. durch G v. 18.12.2014 (BGBl. I S. 2325); Satz 1 kursive Satzteile aufgeh. mWv 1.9.2021 (§ 28 Abs. 1) durch G v. 15.2.2021 (BGBl. I S. 239).

[2)] § 12 Abs. 1 Satz 2 und 3 neu gef., Abs. 2 eingef., bish. Abs. 2 wird Abs. 3 und neu gef. mWv 1.9.2021 (§ 28 Abs. 1) durch G v. 15.2.2021 (BGBl. I S. 239).

[3)] § 12 Abs. 3 gilt ab 1.1.2023 gem. Art. 7 Abs. 3 des G v. 15.2.2021 (BGBl. I S. 239).

§ 13 Rechtsweg. (1) [1] Über öffentlich-rechtliche Streitigkeiten in Angelegenheiten der §§ 1 bis 12 entscheiden die Gerichte der Sozialgerichtsbarkeit. [2] § 85 Absatz 2 Nummer 2 des Sozialgerichtsgesetzes gilt mit der Maßgabe, dass die zuständige Stelle nach § 12 bestimmt wird.

(2) Widerspruch und Anfechtungsklage haben keine aufschiebende Wirkung.

§ 14 Bußgeldvorschriften. (1)[1)] Ordnungswidrig handelt, wer vorsätzlich oder fahrlässig

1. entgegen § 8 Absatz 1 einen Nachweis nicht, nicht richtig, nicht vollständig oder nicht rechtzeitig erbringt,
2. entgegen § 9 Absatz 1 eine dort genannte Angabe nicht, nicht richtig, nicht vollständig oder nicht rechtzeitig bescheinigt,
3. entgegen § 60 Absatz 1 Satz 1 Nummer 1 des Ersten Buches Sozialgesetzbuch, auch in Verbindung mit § 8 Absatz 1a Satz 1, eine Angabe nicht, nicht richtig, nicht vollständig oder nicht rechtzeitig macht,
4. entgegen § 60 Absatz 1 Satz 1 Nummer 2 des Ersten Buches Sozialgesetzbuch, auch in Verbindung mit § 8 Absatz 1a Satz 1, eine Mitteilung nicht, nicht richtig, nicht vollständig oder nicht rechtzeitig macht oder
5. entgegen § 60 Absatz 1 Satz 1 Nummer 3 des Ersten Buches Sozialgesetzbuch, auch in Verbindung mit § 8 Absatz 1a Satz 1, eine Beweisurkunde nicht, nicht richtig, nicht vollständig oder nicht rechtzeitig vorlegt.

(2) Die Ordnungswidrigkeit kann mit einer Geldbuße von bis zu zweitausend Euro geahndet werden.

(3) Verwaltungsbehörden im Sinne des § 36 Absatz 1 Nummer 1 des Gesetzes über Ordnungswidrigkeiten sind die in § 12 Absatz 1 *Satz 1 und 3*[2)] genannten Behörden.

Abschnitt 3. Elternzeit für Arbeitnehmerinnen und Arbeitnehmer[3)]

§ 15 Anspruch auf Elternzeit. (1) [1] Arbeitnehmerinnen und Arbeitnehmer haben Anspruch auf Elternzeit, wenn sie

1. a) mit ihrem Kind,
   b) mit einem Kind, für das sie die Anspruchsvoraussetzungen nach § 1 Abs. 3 oder 4 erfüllen, oder
   c) mit einem Kind, das sie in Vollzeitpflege nach § 33 des Achten Buches Sozialgesetzbuch aufgenommen haben,

---

[1)] § 14 Abs. 1 Nr. 1 eingef., bish. Nrn. 1 bis 4 werden Nrn. 2 bis 5 und geänd. durch G v. 18.12.2014 (BGBl. I S. 2325); Nr. 2 geänd. durch G v. 3.12.2020 (BGBl. I S. 2668).

[2)] Verweis gestrichen mWv 1.9.2021 (§ 28 Abs. 1) durch G v. 15.2.2021 (BGBl. I S. 239).

[3)] Abschn. 4 wird Abschn. 3 mWv 1.9.2021 (§ 28 Abs. 1) durch G v. 15.2.2021 (BGBl. I S. 239).

in einem Haushalt leben und

2. dieses Kind selbst betreuen und erziehen.

2 Nicht sorgeberechtigte Elternteile und Personen, die nach Satz 1 Nr. 1 Buchstabe b und c Elternzeit nehmen können, bedürfen der Zustimmung des sorgeberechtigten Elternteils.

(1a)[1)] 1 Anspruch auf Elternzeit haben Arbeitnehmerinnen und Arbeitnehmer auch, wenn sie mit ihrem Enkelkind in einem Haushalt leben und dieses Kind selbst betreuen und erziehen und

1. ein Elternteil des Kindes minderjährig ist oder
2. ein Elternteil des Kindes sich in einer Ausbildung befindet, die vor Vollendung des 18. Lebensjahres begonnen wurde und die Arbeitskraft des Elternteils im Allgemeinen voll in Anspruch nimmt.

2 Der Anspruch besteht nur für Zeiten, in denen keiner der Elternteile des Kindes selbst Elternzeit beansprucht.

(2)[2)] 1 Der Anspruch auf Elternzeit besteht bis zur Vollendung des dritten Lebensjahres eines Kindes. 2 Ein Anteil von bis zu 24 Monaten kann zwischen dem dritten Geburtstag und dem vollendeten achten Lebensjahr des Kindes in Anspruch genommen werden. 3 Die Zeit der Mutterschutzfrist nach § 3 Absatz 2 und 3 des Mutterschutzgesetzes wird für die Elternzeit der Mutter auf die Begrenzung nach den Sätzen 1 und 2 angerechnet. 4 Bei mehreren Kindern besteht der Anspruch auf Elternzeit für jedes Kind, auch wenn sich die Zeiträume im Sinne der Sätze 1 und 2 überschneiden. 5 Bei einem angenommenen Kind und bei einem Kind in Vollzeit- oder Adoptionspflege kann Elternzeit von insgesamt bis zu drei Jahren ab der Aufnahme bei der berechtigten Person, längstens bis zur Vollendung des achten Lebensjahres des Kindes genommen werden; die Sätze 2 und 4 sind entsprechend anwendbar, soweit sie die zeitliche Aufteilung regeln. 6 Der Anspruch kann nicht durch Vertrag ausgeschlossen oder beschränkt werden.

(3) 1 Die Elternzeit kann, auch anteilig, von jedem Elternteil allein oder von beiden Elternteilen gemeinsam genommen werden. 2 Satz 1 gilt in den Fällen des Absatzes 1 Satz 1 Nummer 1 Buchstabe b und c entsprechend.

(4)[3)] 1 Der Arbeitnehmer oder die Arbeitnehmerin darf während der Elternzeit nicht mehr als 32 Wochenstunden im Durchschnitt des Monats erwerbstätig sein. 2 Eine im Sinne des § 23 des Achten Buches Sozialgesetzbuch geeignete Tagespflegeperson darf bis zu fünf Kinder in Tagespflege betreuen, auch wenn die wöchentliche Betreuungszeit 32 Stunden übersteigt. 3 Teilzeitarbeit bei einem anderen Arbeitgeber oder selbstständige Tätigkeit nach Satz 1 bedürfen der Zustimmung des Arbeitgebers. 4 Dieser kann sie nur innerhalb von vier Wochen aus dringenden betrieblichen Gründen schriftlich ablehnen.

---

1) § 15 Abs. 1a eingef. mWv 24.1.2009 durch G v. 17.1.2009 (BGBl. I S. 61); geänd. durch G v. 18.12.2014 (BGBl. I S. 2325).

2) § 15 Abs. 2 Satz 2 eingef., bish. Sätze 2 und 3 werden Sätze 3 und 4 und geänd., bish. Satz 4 wird aufgeh., Satz 5 geänd. durch G v. 18.12.2014 (BGBl. I S. 2325); Satz 3 Verweis geänd. mWv 1.1.2018 durch G v. 23.5.2017 (BGBl. I S. 1228).

3) § 15 Abs. 4 Satz 1 geänd. durch G v. 10.9.2012 (BGBl. I S. 1878); Sätze 1 und 2 geänd. mWv 1.9.2021 (§ 28 Abs. 1) durch G v. 15.2.2021 (BGBl. I S. 239).

(5)[1] [1]Der Arbeitnehmer oder die Arbeitnehmerin kann eine Verringerung der Arbeitszeit und ihre Verteilung beantragen. [2]Der Antrag kann mit der schriftlichen Mitteilung nach Absatz 7 Satz 1 Nummer 5 verbunden werden. [3]Über den Antrag sollen sich der Arbeitgeber und der Arbeitnehmer oder die Arbeitnehmerin innerhalb von vier Wochen einigen. [4]Lehnt der Arbeitgeber den Antrag ab, so hat er dies dem Arbeitnehmer oder der Arbeitnehmerin innerhalb der Frist nach Satz 3 mit einer Begründung mitzuteilen. [5]Unberührt bleibt das Recht, sowohl die vor der Elternzeit bestehende Teilzeitarbeit unverändert während der Elternzeit fortzusetzen, soweit Absatz 4 beachtet ist, als auch nach der Elternzeit zu der Arbeitszeit zurückzukehren, die vor Beginn der Elternzeit vereinbart war.

(6) Der Arbeitnehmer oder die Arbeitnehmerin kann gegenüber dem Arbeitgeber, soweit eine Einigung nach Absatz 5 nicht möglich ist, unter den Voraussetzungen des Absatzes 7 während der Gesamtdauer der Elternzeit zweimal eine Verringerung seiner oder ihrer Arbeitszeit beanspruchen.

(7)[2] [1]Für den Anspruch auf Verringerung der Arbeitszeit gelten folgende Voraussetzungen:

1. Der Arbeitgeber beschäftigt, unabhängig von der Anzahl der Personen in Berufsbildung, in der Regel mehr als 15 Arbeitnehmer und Arbeitnehmerinnen,
2. das Arbeitsverhältnis in demselben Betrieb oder Unternehmen besteht ohne Unterbrechung länger als sechs Monate,
3.[3] die vertraglich vereinbarte regelmäßige Arbeitszeit soll für mindestens zwei Monate auf einen Umfang von nicht weniger als 15 und nicht mehr als 32 Wochenstunden im Durchschnitt des Monats verringert werden,
4. dem Anspruch stehen keine dringenden betrieblichen Gründe entgegen und
5. der Anspruch auf Teilzeit wurde dem Arbeitgeber
   a) für den Zeitraum bis zum vollendeten dritten Lebensjahr des Kindes sieben Wochen und
   b) für den Zeitraum zwischen dem dritten Geburtstag und dem vollendeten achten Lebensjahr des Kindes 13 Wochen

   vor Beginn der Teilzeittätigkeit schriftlich mitgeteilt.

[2]Der Antrag muss den Beginn und den Umfang der verringerten Arbeitszeit enthalten. [3]Die gewünschte Verteilung der verringerten Arbeitszeit soll im Antrag angegeben werden. [4]Falls der Arbeitgeber die beanspruchte Verringerung oder Verteilung der Arbeitszeit ablehnt, muss die Ablehnung innerhalb

---

[1] § 15 Abs. 5 Satz 1 geänd. durch G v. 18.12.2014 (BGBl. I S. 2325); Abs. 5 neu gef. mWv 24.12.2022 durch G v. 19.12.2022 (BGBl. I S. 2510).

[2] § 15 Abs. 7 Satz 1 Nr. 3 geänd., Nr. 5 neu gef., Satz 4 geänd., Satz 5 neu gef., Sätze 6 und 7 angef. durch G v. 18.12.2014 (BGBl. I S. 2325); Satz 4 neu gef. mWv 24.12.2022 durch G v. 19.12.2022 (BGBl. I S. 2510).

[3] § 15 Abs. 7 Satz 1 Nr. 3 geänd. mWv 1.9.2021 (§ 28 Abs. 1) durch G v. 15.2.2021 (BGBl. I S. 239).

der in Satz 5 genannten Frist und mit schriftlicher Begründung erfolgen. [5] Hat ein Arbeitgeber die Verringerung der Arbeitszeit

1. in einer Elternzeit zwischen der Geburt und dem vollendeten dritten Lebensjahr des Kindes nicht spätestens vier Wochen nach Zugang des Antrags oder
2. in einer Elternzeit zwischen dem dritten Geburtstag und dem vollendeten achten Lebensjahr des Kindes nicht spätestens acht Wochen nach Zugang des Antrags

schriftlich abgelehnt, gilt die Zustimmung als erteilt und die Verringerung der Arbeitszeit entsprechend den Wünschen der Arbeitnehmerin oder des Arbeitnehmers als festgelegt. [6] Haben Arbeitgeber und Arbeitnehmerin oder Arbeitnehmer über die Verteilung der Arbeitszeit kein Einvernehmen nach Absatz 5 Satz 2 erzielt und hat der Arbeitgeber nicht innerhalb der in Satz 5 genannten Fristen die gewünschte Verteilung schriftlich abgelehnt, gilt die Verteilung der Arbeitszeit entsprechend den Wünschen der Arbeitnehmerin oder des Arbeitnehmers als festgelegt. [7] Soweit der Arbeitgeber den Antrag auf Verringerung oder Verteilung der Arbeitszeit rechtzeitig ablehnt, kann die Arbeitnehmerin oder der Arbeitnehmer Klage vor dem Gericht für Arbeitssachen erheben.

§ 16 Inanspruchnahme der Elternzeit. (1)[1)] [1] Wer Elternzeit beanspruchen will, muss sie

1. für den Zeitraum bis zum vollendeten dritten Lebensjahr des Kindes spätestens sieben Wochen und
2. für den Zeitraum zwischen dem dritten Geburtstag und dem vollendeten achten Lebensjahr des Kindes spätestens 13 Wochen

vor Beginn der Elternzeit schriftlich vom Arbeitgeber verlangen. [2] Verlangt die Arbeitnehmerin oder der Arbeitnehmer Elternzeit nach Satz 1 Nummer 1, muss sie oder er gleichzeitig erklären, für welche Zeiten innerhalb von zwei Jahren Elternzeit genommen werden soll. [3] Bei dringenden Gründen ist ausnahmsweise eine angemessene kürzere Frist möglich. [4] Nimmt die Mutter die Elternzeit im Anschluss an die Mutterschutzfrist, wird die Zeit der Mutterschutzfrist nach § 3 Absatz 2 und 3[2)] des Mutterschutzgesetzes auf den Zeitraum nach Satz 2 angerechnet. [5] Nimmt die Mutter die Elternzeit im Anschluss an einen auf die Mutterschutzfrist folgenden Erholungsurlaub, werden die Zeit der Mutterschutzfrist nach § 3 Absatz 2 und 3[2)] des Mutterschutzgesetzes und die Zeit des Erholungsurlaubs auf den Zweijahreszeitraum nach Satz 2 angerechnet. [6] Jeder Elternteil kann seine Elternzeit auf drei Zeitabschnitte verteilen; eine Verteilung auf weitere Zeitabschnitte ist nur mit der Zustimmung des Arbeitgebers möglich. [7] Der Arbeitgeber kann die Inanspruchnahme eines dritten Abschnitts einer Elternzeit innerhalb von acht Wo-

---

[1)] § 16 Abs. 1 Satz 1 ersetzt durch Sätze 1 und 2, bish. Sätze 2 bis 5 werden Sätze 3 bis 6 und geänd., Satz 7 eingef., bish. Satz 6 wird Satz 8, Satz 9 angef. durch G v. 18.12.2014 (BGBl. I S. 2325); zur Anwendung siehe § 28 Abs. 1 Satz 2.

[2)] Verweis geänd. mWv 1.1.2018 durch G v. 23.5.2017 (BGBl. I S. 1228).

chen nach Zugang des Antrags aus dringenden betrieblichen Gründen ablehnen, wenn dieser Abschnitt im Zeitraum zwischen dem dritten Geburtstag und dem vollendeten achten Lebensjahr des Kindes liegen soll. [8]Der Arbeitgeber hat dem Arbeitnehmer oder der Arbeitnehmerin die Elternzeit zu bescheinigen. [9]Bei einem Arbeitgeberwechsel ist bei der Anmeldung der Elternzeit auf Verlangen des neuen Arbeitgebers eine Bescheinigung des früheren Arbeitgebers über bereits genommene Elternzeit durch die Arbeitnehmerin oder den Arbeitnehmer vorzulegen.

(2)[1)] Können Arbeitnehmerinnen aus einem von ihnen nicht zu vertretenden Grund eine sich unmittelbar an die Mutterschutzfrist des § 3 Absatz 2 und 3[2)] des Mutterschutzgesetzes anschließende Elternzeit nicht rechtzeitig verlangen, können sie dies innerhalb einer Woche nach Wegfall des Grundes nachholen.

(3)[3)] [1]Die Elternzeit kann vorzeitig beendet oder im Rahmen des § 15 Absatz 2 verlängert werden, wenn der Arbeitgeber zustimmt. [2]Die vorzeitige Beendigung wegen der Geburt eines weiteren Kindes oder in Fällen besonderer Härte, insbesondere bei Eintritt einer schweren Krankheit, Schwerbehinderung oder Tod eines Elternteils oder eines Kindes der berechtigten Person oder bei erheblich gefährdeter wirtschaftlicher Existenz der Eltern nach Inanspruchnahme der Elternzeit, kann der Arbeitgeber unbeschadet von Satz 3 nur innerhalb von vier Wochen aus dringenden betrieblichen Gründen schriftlich ablehnen. [3]Die Elternzeit kann zur Inanspruchnahme der Schutzfristen des § 3[4)] des Mutterschutzgesetzes auch ohne Zustimmung des Arbeitgebers vorzeitig beendet werden; in diesen Fällen soll die Arbeitnehmerin dem Arbeitgeber die Beendigung der Elternzeit rechtzeitig mitteilen. [4]Eine Verlängerung der Elternzeit kann verlangt werden, wenn ein vorgesehener Wechsel der Anspruchsberechtigten aus einem wichtigen Grund nicht erfolgen kann.

(4) Stirbt das Kind während der Elternzeit, endet diese spätestens drei Wochen nach dem Tod des Kindes.

(5) Eine Änderung in der Anspruchsberechtigung hat der Arbeitnehmer oder die Arbeitnehmerin dem Arbeitgeber unverzüglich mitzuteilen.

§ 17 Urlaub. (1) [1]Der Arbeitgeber kann den Erholungsurlaub, der dem Arbeitnehmer oder der Arbeitnehmerin für das Urlaubsjahr zusteht, für jeden vollen Kalendermonat der Elternzeit um ein Zwölftel kürzen. [2]Dies gilt nicht, wenn der Arbeitnehmer oder die Arbeitnehmerin während der Elternzeit bei seinem oder ihrem Arbeitgeber Teilzeitarbeit leistet.

(2) Hat der Arbeitnehmer oder die Arbeitnehmerin den ihm oder ihr zustehenden Urlaub vor dem Beginn der Elternzeit nicht oder nicht vollständig

---

[1)] § 16 Abs. 2 geänd. durch G v. 18.12.2014 (BGBl. I S. 2325).
[2)] Verweis geänd. mWv 1.1.2018 durch G v. 23.5.2017 (BGBl. I S. 1228).
[3)] § 16 Abs. 3 neu gef. durch G v. 10.9.2012 (BGBl. I S. 1878).
[4)] Verweis geänd. mWv 1.1.2018 durch G v. 23.5.2017 (BGBl. I S. 1228).

erhalten, hat der Arbeitgeber den Resturlaub nach der Elternzeit im laufenden oder im nächsten Urlaubsjahr zu gewähren.

(3) Endet das Arbeitsverhältnis während der Elternzeit oder wird es im Anschluss an die Elternzeit nicht fortgesetzt, so hat der Arbeitgeber den noch nicht gewährten Urlaub abzugelten.

(4) Hat der Arbeitnehmer oder die Arbeitnehmerin vor Beginn der Elternzeit mehr Urlaub erhalten, als ihm oder ihr nach Absatz 1 zusteht, kann der Arbeitgeber den Urlaub, der dem Arbeitnehmer oder der Arbeitnehmerin nach dem Ende der Elternzeit zusteht, um die zu viel gewährten Urlaubstage kürzen.

§ 18[1)] **Kündigungsschutz.** (1) [1]Der Arbeitgeber darf das Arbeitsverhältnis ab dem Zeitpunkt, von dem an Elternzeit verlangt worden ist, nicht kündigen. [2]Der Kündigungsschutz nach Satz 1 beginnt

1. frühestens acht Wochen vor Beginn einer Elternzeit bis zum vollendeten dritten Lebensjahr des Kindes und
2. frühestens 14 Wochen vor Beginn einer Elternzeit zwischen dem dritten Geburtstag und dem vollendeten achten Lebensjahr des Kindes.

[3]Während der Elternzeit darf der Arbeitgeber das Arbeitsverhältnis nicht kündigen. [4]In besonderen Fällen kann ausnahmsweise eine Kündigung für zulässig erklärt werden. [5]Die Zulässigkeitserklärung erfolgt durch die für den Arbeitsschutz zuständige oberste Landesbehörde oder die von ihr bestimmte Stelle. [6]Die Bundesregierung kann mit Zustimmung des Bundesrates allgemeine Verwaltungsvorschriften zur Durchführung des Satzes 4 erlassen.

(2) Absatz 1 gilt entsprechend, wenn Arbeitnehmer oder Arbeitnehmerinnen

1. während der Elternzeit bei demselben Arbeitgeber Teilzeitarbeit leisten oder
2. ohne Elternzeit in Anspruch zu nehmen, Teilzeitarbeit leisten und Anspruch auf Elterngeld nach § 1 während des Zeitraums nach § 4 Absatz 1 Satz 2, 3 und 5 haben.

§ 19 Kündigung zum Ende der Elternzeit. Der Arbeitnehmer oder die Arbeitnehmerin kann das Arbeitsverhältnis zum Ende der Elternzeit nur unter Einhaltung einer Kündigungsfrist von drei Monaten kündigen.

§ 20 Zur Berufsbildung Beschäftigte, in Heimarbeit Beschäftigte. (1)[2)] [1]Die zu ihrer Berufsbildung Beschäftigten gelten als Arbeitnehmer und Arbeitnehmerinnen im Sinne dieses Gesetzes. [2]Die Elternzeit wird auf die

---

[1)] § 18 Abs. 1 Satz 1 geänd., Sätze 2 und 3 eingef., bish. Sätze 2 bis 4 werden Sätze 4 bis 6, Satz 6 geänd.; Abs. 2 geänd. durch G v. 18.12.2014 (BGBl. I S. 2325); Abs. 2 Nr. 2 Verweis geänd. mWv 1.9.2021 (§ 28 Abs. 1) durch G v. 15.2.2021 (BGBl. I S. 239).

[2)] § 20 Abs. 1 neu gef. mWv 1.9.2021 (§ 28 Abs. 1) durch G v. 15.2.2021 (BGBl. I S. 239).

Dauer einer Berufsausbildung nicht angerechnet , es sei denn, dass während der Elternzeit die Berufsausbildung nach § 7a des Berufsbildungsgesetzes oder § 27b der Handwerksordnung in Teilzeit durchgeführt wird. [3] § 15 Absatz 4 Satz 1 bleibt unberührt.

(2) [1] Anspruch auf Elternzeit haben auch die in Heimarbeit Beschäftigten und die ihnen Gleichgestellten (§ 1 Absatz 1 und 2 des Heimarbeitsgesetzes), soweit sie am Stück mitarbeiten. [2] Für sie tritt an die Stelle des Arbeitgebers der Auftraggeber oder Zwischenmeister und an die Stelle des Arbeitsverhältnisses das Beschäftigungsverhältnis.

§ 21 Befristete Arbeitsverträge. (1) Ein sachlicher Grund, der die Befristung eines Arbeitsverhältnisses rechtfertigt, liegt vor, wenn ein Arbeitnehmer oder eine Arbeitnehmerin zur Vertretung eines anderen Arbeitnehmers oder einer anderen Arbeitnehmerin für die Dauer eines Beschäftigungsverbotes nach dem Mutterschutzgesetz, einer Elternzeit, einer auf Tarifvertrag, Betriebsvereinbarung oder einzelvertraglicher Vereinbarung beruhenden Arbeitsfreistellung zur Betreuung eines Kindes oder für diese Zeiten zusammen oder für Teile davon eingestellt wird.

(2) Über die Dauer der Vertretung nach Absatz 1 hinaus ist die Befristung für notwendige Zeiten einer Einarbeitung zulässig.

(3) Die Dauer der Befristung des Arbeitsvertrags muss kalendermäßig bestimmt oder bestimmbar oder den in den Absätzen 1 und 2 genannten Zwecken zu entnehmen sein.

(4) [1] Der Arbeitgeber kann den befristeten Arbeitsvertrag unter Einhaltung einer Frist von mindestens drei Wochen, jedoch frühestens zum Ende der Elternzeit, kündigen, wenn die Elternzeit ohne Zustimmung des Arbeitgebers vorzeitig endet und der Arbeitnehmer oder die Arbeitnehmerin die vorzeitige Beendigung der Elternzeit mitgeteilt hat. [2] Satz 1 gilt entsprechend, wenn der Arbeitgeber die vorzeitige Beendigung der Elternzeit in den Fällen des § 16 Absatz 3 Satz 2 nicht ablehnen darf.

(5) Das Kündigungsschutzgesetz ist im Falle des Absatzes 4 nicht anzuwenden.

(6) Absatz 4 gilt nicht, soweit seine Anwendung vertraglich ausgeschlossen ist.

(7) [1] Wird im Rahmen arbeitsrechtlicher Gesetze oder Verordnungen auf die Zahl der beschäftigten Arbeitnehmer und Arbeitnehmerinnen abgestellt, so sind bei der Ermittlung dieser Zahl Arbeitnehmer und Arbeitnehmerinnen, die sich in der Elternzeit befinden oder zur Betreuung eines Kindes freigestellt sind, nicht mitzuzählen, solange für sie aufgrund von Absatz 1 ein Vertreter oder eine Vertreterin eingestellt ist. 2Dies gilt nicht, wenn der Vertreter oder die Vertreterin nicht mitzuzählen ist. [3] Die Sätze 1 und 2 gelten entsprechend, wenn im Rahmen arbeitsrechtlicher Gesetze oder Verordnungen auf die Zahl der Arbeitsplätze abgestellt wird.

Abschnitt 4. Statistik und Schlussvorschriften[1]

§ 22[2] Bundesstatistik. (1)[3] [1] Zur Beurteilung der Auswirkungen dieses Gesetzes sowie zu seiner Fortentwicklung sind laufende Erhebungen zum Bezug von Elterngeld als Bundesstatistiken durchzuführen. [2] Die Erhebungen erfolgen zentral beim Statistischen Bundesamt.

(2)[4] [1] Die Statistik zum Bezug von Elterngeld erfasst vierteljährlich zum jeweils letzten Tag des aktuellen und der vorangegangenen zwei Kalendermonate für Personen, die in einem dieser Kalendermonate Elterngeld bezogen haben, für jedes den Anspruch auslösende Kind folgende Erhebungsmerkmale:

1. Art der Berechtigung nach § 1,
2. Grundlagen der Berechnung des zustehenden Monatsbetrags nach Art und Höhe (§ 2 Absatz 1, 2, 3 oder 4, § 2a Absatz 1 oder 4, § 2c, die §§ 2d, 2e oder § 2f),
3. Höhe und Art des zustehenden Monatsbetrags § 4a Absatz 1 und 2[5] Satz 1) ohne die Berücksichtigung der Einnahmen nach § 3,
4. Art und Höhe der Einnahmen nach § 3,
5. Inanspruchnahme der als Partnerschaftsbonus gewährten Monatsbeträge nach § 4b Absatz 1[5] und der weiteren Monatsbeträge Elterngeld Plus nach § 4c Absatz 2[5],
6. Höhe des monatlichen Auszahlungsbetrags,
7. Geburtstag des Kindes,
8. für die Elterngeld beziehende Person:
   a) Geschlecht, Geburtsjahr und -monat,
   b) Staatsangehörigkeit,
   c) Wohnsitz oder gewöhnlicher Aufenthalt,
   d) Familienstand und unverheiratetes Zusammenleben mit dem anderen Elternteil,
   e)[6] Vorliegen der Voraussetzungen nach § 4c Absatz 1 Nummer 1 und
   f)[6] Anzahl der im Haushalt lebenden Kinder.

---

[1] Abschn. 5 wird Abschn. 4 mWv 1.9.2021 (§ 28 Abs. 1) durch G v. 15.2.2021 (BGBl. I S. 239).

[2] § 22 Abs. 2 Nrn. 8 und 13 Buchst. d und e, Abs. 3 und Abs. 4 Nrn. 1 und 2 geänd., Abs. 4 Nr. 3 angef. mWv 24.1.2009 durch G v. 17.1.2009 (BGBl. I S. 61); Abs. 2 und 3 neu gef. durch G v. 10.9.2012 (BGBl. I S. 1878); Abs. 1 geänd., Abs. 2 bish. Wortlaut wird Satz 1 und geänd., Satz 2 angef. mWv 1.8.2013 durch G v. 15.2.2013 (BGBl. I S. 254).

[3] § 22 Abs. 1 Satz 1 geänd. mWv 1.9.2021 (§ 28 Abs. 1) durch G v. 15.2.2021 (BGBl. I S. 239).

[4] § 22 Abs. 2 Satz 1 Satzteil vor Nr. 1 geänd., Nr. 2 geänd., Nrn. 3 und 5 neu gef., Satz 2 geänd. durch G v. 18.12.2014 (BGBl. I S. 2325); zur Anwendung siehe § 28 Abs. 1 Sätze 2 und 3.

[5] Verweis geänd. mWv 1.9.2021 (§ 28 Abs. 1) durch G v. 15.2.2021 (BGBl. I S. 239).

[6] § 22 Abs. 2 Satz 1 Nr. 8 Buchst. e eingef., bish. Buchst. e wird Buchst. f mWv 1.9.2021 (§ 28 Abs. 1) durch G v. 15.2.2021 (BGBl. I S. 239).

[2]Die Angaben nach den Nummern 2, 3, 5 und 6 sind für jeden Lebensmonat des Kindes, bezogen auf den nach § 4 Absatz 1 möglichen Zeitraum des Leistungsbezugs zu melden.

(3)[1)] Hilfsmerkmale sind:
1. Name und Anschrift der zuständigen Behörde,
2. Name und Telefonnummer sowie Adresse für elektronische Post der für eventuelle Rückfragen zur Verfügung stehenden Person und
3. Kennnummer des Antragstellers oder der Antragstellerin.

§ 23[2)] Auskunftspflicht; Datenübermittlung an das Statistische Bundesamt. (1) [1]Für die Erhebung nach § 22 besteht Auskunftspflicht. [2]Die Angaben nach § 22 Absatz 4 Nummer 2 sind freiwillig. [3]Auskunftspflichtig sind die nach § 12 Absatz 1 zuständigen Stellen.

(2)[3)] [1]Der Antragsteller oder die Antragstellerin ist gegenüber den nach § 12 Absatz 1 zuständigen Stellen zu den Erhebungsmerkmalen nach § 22 Absatz 2 und 3 auskunftspflichtig. [2]Die zuständigen Stellen nach § 12 Absatz 1 dürfen die Angaben nach § 22 Absatz 2 Satz 1 Nummer 8 und Absatz 3 Satz 1 Nummer 4, soweit sie für den Vollzug dieses Gesetzes nicht erforderlich sind, nur durch technische und organisatorische Maßnahmen getrennt von den übrigen Daten nach § 22 Absatz 2 und 3 und nur für die Übermittlung an das Statistische Bundesamt verwenden und haben diese unverzüglich nach Übermittlung an das Statistische Bundesamt zu löschen.

(3) Die in sich schlüssigen Angaben sind als Einzeldatensätze elektronisch bis zum Ablauf von 30 Arbeitstagen nach Ablauf des Berichtszeitraums an das Statistische Bundesamt zu übermitteln.

§ 24[4)] Übermittlung von Tabellen mit statistischen Ergebnissen durch das Statistische Bundesamt. [1]Zur Verwendung gegenüber den gesetzgebenden Körperschaften und zu Zwecken der Planung, jedoch nicht zur Regelung von Einzelfällen, übermittelt das Statistische Bundesamt Tabellen mit statistischen Ergebnissen, auch soweit Tabellenfelder nur einen einzigen Fall ausweisen, an die fachlich zuständigen obersten Bundes- oder Landesbehörden. [2]Tabellen, deren Tabellenfelder nur einen einzigen Fall ausweisen, dürfen nur dann übermittelt werden, wenn sie nicht differenzierter als auf Regierungsbezirksebene, im Falle der Stadtstaaten auf Bezirksebene, aufbereitet sind.

§ 24a[5)] Übermittlung von Einzelangaben durch das Statistische Bundesamt. (1) [1]Zur Abschätzung von Auswirkungen der Änderungen dieses

---

[1)] § 22 Abs. 3 aF aufgeh., bish. Abs. 4 wird Abs. 3 mWv 1.9.2021 (§ 28 Abs. 1) durch G v. 15.2.2021 (BGBl. I S. 239).

[2)] § 23 Abs. 2 eingef., bish Abs. 2 wird Abs. 3 mWv 24.1.2009 durch G v. 17.1.2009 (BGBl. I S. 61); Überschr. geänd., Abs. 2 geänd. durch G v. 10.9.2012 (BGBl. I S. 1878).

[3)] § 23 Abs. 2 geänd. mWv 1.8.2013 durch G v. 15.2.2013 (BGBl. I S. 254).

[4)] § 24 neu gef., durch G v. 10.9.2012 (BGBl. I S. 1878).

[5)] § 24a eingef. durch G v. 10.9.2012 (BGBl. I S. 1878).

Gesetzes im Rahmen der Zwecke nach § 24 übermittelt das Statistische Bundesamt auf Anforderung des fachlich zuständigen Bundesministeriums diesem oder von ihm beauftragten Forschungseinrichtungen Einzelangaben ab dem Jahr 2007 ohne Hilfsmerkmale mit Ausnahme des Merkmals nach § 22 Absatz 4 Nummer 3 für die Entwicklung und den Betrieb von Mikrosimulationsmodellen. 2 Die Einzelangaben dürfen nur im hierfür erforderlichen Umfang und mittels eines sicheren Datentransfers übermittelt werden.

(2)[1)] 1 Bei der Verarbeitung der Daten nach Absatz 1 ist das Statistikgeheimnis nach § 16 des Bundesstatistikgesetzes zu wahren. 2 Dafür ist die Trennung von statistischen und nichtstatistischen Aufgaben durch Organisation und Verfahren zu gewährleisten. 3 Die nach Absatz 1 übermittelten Daten dürfen nur für die Zwecke verwendet werden, für die sie übermittelt wurden. 4 Die übermittelten Einzeldaten sind nach dem Erreichen des Zweckes zu löschen, zu dem sie übermittelt wurden.

(3) 1 Personen, die Empfängerinnen und Empfänger von Einzelangaben nach Absatz 1 Satz 1 sind, unterliegen der Pflicht zur Geheimhaltung nach § 16 Absatz 1 und 10 des Bundesstatistikgesetzes. 2 Personen, die Einzelangaben nach Absatz 1 Satz 1 erhalten sollen, müssen Amtsträger oder für den öffentlichen Dienst besonders Verpflichtete sein. 3 Personen, die Einzelangaben erhalten sollen und die nicht Amtsträger oder für den öffentlichen Dienst besonders Verpflichtete sind, sind vor der Übermittlung zur Geheimhaltung zu verpflichten. 4 § 1 Absatz 2, 3 und 4 Nummer 2 des Verpflichtungsgesetzes vom 2. März 1974 (BGBl. I S. 469, 547), das durch § 1 Nummer 4 des Gesetzes vom 15. August 1974 (BGBl. I S. 1942) geändert worden ist, gilt in der jeweils geltenden Fassung entsprechend. 5 Die Empfängerinnen und Empfänger von Einzelangaben dürfen aus ihrer Tätigkeit gewonnene Erkenntnisse nur für die in Absatz 1 genannten Zwecke verwenden.

§ 24b[2)] Elektronische Unterstützung bei der Antragstellung. (1) 1 Zur elektronischen Unterstützung bei der Antragstellung kann der Bund ein Internetportal einrichten und betreiben. 2 Das Internetportal ermöglicht das elektronische Ausfüllen der Antragsformulare der Länder sowie die Übermittlung der Daten aus dem Antragsformular an die nach § 12 zuständige Behörde. 3 Zuständig für Einrichtung und Betrieb des Internetportals ist das Bundesministerium für Familie, Senioren, Frauen und Jugend. 4 Die Ausführung dieses Gesetzes durch die nach § 12 zuständigen Behörden bleibt davon unberührt.

(2) 1 Das Bundesministerium für Familie, Senioren, Frauen und Jugend ist für das Internetportal datenschutzrechtlich verantwortlich. 2 Für die elektronische Unterstützung bei der Antragstellung darf das Bundesministerium für Familie, Senioren, Frauen und Jugend die zur Beantragung von Elterngeld erforderlichen personenbezogenen Daten sowie die in § 22 genannten statistischen Erhebungsmerkmale verarbeiten, sofern der Nutzer in die Verarbeitung eingewilligt hat. 3 Die statistischen Erhebungsmerkmale einschließlich

---

1) § 24a Abs. 2 Satz 1 geänd. mWv 26.11.2019 durch G v. 20.11.2019 (BGBl. I S. 1626).
2) § 24b eingef. mWv 26.11.2019 durch G v. 20.11.2019 (BGBl. I S. 1626).

der zur Beantragung von Elterngeld erforderlichen personenbezogenen Daten sind nach Beendigung der Nutzung des Internetportals unverzüglich zu löschen.

[*Für ab dem 1.1.2022 geborene Kinder:*

§ 25[1] Datenübermittlung durch die Standesämter. Beantragt eine Person Elterngeld, so darf das für die Entgegennahme der Anzeige der Geburt zuständige Standesamt der nach § 12 Absatz 1 zuständigen Behörde die erforderlichen Daten über die Beurkundung der Geburt eines Kindes elektronisch übermitteln, wenn die antragstellende Person zuvor in die elektronische Datenübermittlung eingewilligt hat.]

§ 26 Anwendung der Bücher des Sozialgesetzbuches. (1)[2] Soweit dieses Gesetz zum Elterngeld *oder Betreuungsgeld* keine ausdrückliche Regelung trifft, ist bei der Ausführung des Ersten, Zweiten und Dritten Abschnitts das Erste Kapitel des Zehnten Buches Sozialgesetzbuch anzuwenden.

(2)[3] § 328 Absatz 3 und § 331 des Dritten Buches Sozialgesetzbuch gelten entsprechend.

§ 27[4] Sonderregelung aus Anlass der COVID-19-Pandemie.

(1)[5] [1] Übt ein Elternteil eine systemrelevante Tätigkeit aus, so kann sein Bezug von Elterngeld auf Antrag für die Zeit vom 1. März 2020 bis 31. Dezember 2020 aufgeschoben werden. [2] Der Bezug der verschobenen Lebensmonate ist spätestens bis zum 30. Juni 2021 anzutreten. [3] Wird von der Möglichkeit des Aufschubs Gebrauch gemacht, so kann das Basiselterngeld abweichend von § 4 Absatz 1 Satz 2 und 3 auch noch nach Vollendung des 14. Lebensmonats bezogen werden. [4] In der Zeit vom 1. März 2020 bis 30. Juni 2021 entstehende Lücken im Elterngeldbezug sind abweichend von § 4 Absatz 1 Satz 4 unschädlich.

(2) [1] Für ein Verschieben des Partnerschaftsbonus genügt es, wenn nur ein Elternteil einen systemrelevanten Beruf ausübt. [2] Hat der Bezug des Partnerschaftsbonus bereits begonnen, so gelten allein die Bestimmungen des Absatzes 3.

(3)[6] Liegt der Bezug des Partnerschaftsbonus ganz oder teilweise vor dem Ablauf des 23. September 2022 und kann die berechtigte Person die Voraussetzungen des Bezugs aufgrund der COVID-19-Pandemie nicht einhalten, gelten die Angaben zur Höhe des Einkommens und zum Umfang der Arbeits-

---

[1] § 25 neu gef. durch G v. 3.12.2020 (BGBl. I S. 2668); zur Anwendung siehe § 28 Abs. 4.

[2] § 26 Abs. 1 geänd. mWv 1.8.2013 durch G v. 15.2.2013 (BGBl. I S. 254); Abs. 1 kursiver Satzteil aufgeh. mWv 1.9.2021 (§ 28 Abs. 1) durch G v. 15.2.2021 (BGBl. I S. 239).

[3] § 26 Abs. 2 neu gef. durch G v. 10.9.2012 (BGBl. I S. 1878).

[4] § 27 eingef. mWv 1.3.2020 durch G v. 20.5.2020 (BGBl. I S. 1061).

[5] § 27 Abs. 1 Satz 3 und 4 Zitat geänd. mWv 1.9.2021 (§ 28 Abs. 1) durch G v. 15.2.2021 (BGBl. I S. 239).

[6] § 27 Abs. 3 neu gef. mWv 28.5.2020 durch G v. 15.2.2021 (BGBl. I S. 239); geänd. durch G v. 18.3.2022 (BGBl. I S. 473).

zeit, die bei der Beantragung des Partnerschaftsbonus glaubhaft gemacht worden sind.

(4)[1] *(aufgehoben)*

§ 28[2] **Übergangsvorschrift.** (1)[3] Für die vor dem 1. September 2021 geborenen oder mit dem Ziel der Adoption aufgenommenen Kinder ist dieses Gesetz in der bis zum 31. August 2021 geltenden Fassung weiter anzuwenden.

(1a)[4] Für die nach dem 31. August 2021 und vor dem 1. April 2024 geborenen oder mit dem Ziel der Adoption aufgenommenen Kinder ist dieses Gesetz in der bis zum 31. März 2024 geltenden Fassung weiter anzuwenden.

(1b)[5] Soweit dieses Gesetz Mutterschaftsgeld nach dem Fünften Buch Sozialgesetzbuch oder nach dem Zweiten Gesetz über die Krankenversicherung der Landwirte in Bezug nimmt, gelten die betreffenden Regelungen für Mutterschaftsgeld nach der Reichsversicherungsordnung oder nach dem Gesetz über die Krankenversicherung der Landwirte entsprechend.

(2)[6] Für die dem Erziehungsgeld vergleichbaren Leistungen der Länder sind § 8 Absatz 1 und § 9 des Bundeserziehungsgeldgesetzes in der bis zum 31. Dezember 2006 geltenden Fassung weiter anzuwenden.

(3)[7] [1] § 1 Absatz 7 Satz 1 Nummer 1 bis 4 in der Fassung des Artikels 36 des Gesetzes vom 12. Dezember 2019 (BGBl. I S. 2451) ist für Entscheidungen anzuwenden, die Zeiträume betreffen, die nach dem 29. Februar 2020[8] beginnen. [2] § 1 Absatz 7 Satz 1 Nummer 5 in der Fassung des Artikels 36 des Gesetzes vom 12. Dezember 2019 (BGBl. I S. 2451) ist für Entscheidungen anzuwenden, die Zeiträume betreffen, die nach dem 31. Dezember 2019 beginnen. [3] § 1 Absatz 7 Satz 1 Nummer 2 Buchstabe c in der Fassung des Artikels 12 Nummer 1 des Gesetzes vom 23. Mai 2022 (BGBl. I S. 760) ist für Entscheidungen anzuwenden, die Zeiträume betreffen, die nach dem 31. Mai 2022 beginnen.

(4)[9] [1] § 9 Absatz 2 und § 25 sind auf Kinder anwendbar, die nach dem 31. Dezember 2021 geboren oder nach dem 31. Dezember 2021 mit dem Ziel der Adoption aufgenommen worden sind. [2] Zur Erprobung des Verfah-

---

[1] § 27 Abs. 4 neu gef. mWv 1.1.2021 durch G v. 3.12.2020 (BGBl. I S. 2691) und aufgeh. mWv 1.9.2021 durch G v. 15.2.2021 (BGBl. I S. 239).

[2] § 27 wird § 28 mWv 1.3.2020 durch G v. 20.5.2020 (BGBl. I S. 1061).

[3] § 28 Abs. 1 neu gef. (Satz 1 geänd., Sätze 2 und 3 aufgeh.) durch G v. 15.2.2021 (BGBl. I S. 239).

[4] § 28 Abs. 1a eingef., bish. Abs. 1a wird Abs. 1b durch G v. 22.12.2023 (BGBl. I Nr. 412).

[5] § 28 Abs. 1a eingef. als Abs. 1b durch G v. 23.10.2012 (BGBl. I S. 2246); bish. Abs. 1a aufgeh., Abs. 1b wird Abs. 1a durch G v. 18.12.2014 (BGBl. I S. 2325); wird wieder Abs. 1b duch G v. 22.12.2023 (BGBl. I Nr. 412).

[6] § 28 Abs. 2 und 3 aufgeh. bish. Abs. 4 wird Abs. 2 durch G v. 10.9.2012 (BGBl. I S. 1878).

[7] § 28 Abs. 3 neu gef. durch G v. 12.12.2019 (BGBl. I S. 2451); Satz 3 angef. durch G v. 23.5.2022 (BGBl. I S. 760).

[8] Datum des letzten Tages des sechsten auf die Verkündung des Fachkräfteeinwanderungsgesetzes folgenden Kalendermonats.

[9] § 28 Abs. 4 angef. durch G v. 3.12.2020 (BGBl. I S. 2668).

rens können diese Regelungen in Pilotprojekten mit Zustimmung des Bundesministeriums für Familie, Senioren, Frauen und Jugend, des Bundesministeriums für Arbeit und Soziales und des Bundesministeriums des Innern, für Bau und Heimat auf Kinder, die vor dem 1. Januar 2022 geboren oder vor dem 1. Januar 2022 zur Adoption aufgenommen worden sind, angewendet werden.

[***ab 1.4.2024:***

(5)[1)] [1] § 1 Absatz 8 ist auf Kinder anwendbar, die ab dem 1. April 2025 geboren oder mit dem Ziel der Adoption angenommen worden sind. [2] Für die ab dem 1. April 2024 und vor dem 1. April 2025 geborenen oder mit dem Ziel der Adoption angenommenen Kinder gilt § 1 Absatz 8 mit der Maßgabe, dass ein Anspruch entfällt, wenn die berechtigte Person im letzten abgeschlossenen Veranlagungszeitraum vor der Geburt des Kindes ein zu versteuerndes Einkommen nach § 2 Absatz 5 des Einkommensteuergesetzes in Höhe von mehr als 150 000 Euro erzielt hat. [3] Erfüllt auch eine andere Person die Voraussetzungen des § 1 Absatz 1 Satz 1 Nummer 2 oder des Absatzes 3 oder 4, entfällt in diesem Zeitraum abweichend von § 1 Absatz 8 Satz 1 der Anspruch, wenn die Summe des zu versteuernden Einkommens beider Personen mehr als 200 000 Euro beträgt.]

[1)] § 28 Abs. 5 eingef. mWv 1.4.2024 durch G v. 22.12.2023 (BGBl. I S. 412).

100. Körperschaftsteuergesetz (KStG)[1]

In der Fassung der Bekanntmachung vom 15. Oktober 2002

(BGBl. I S. 4144)

Geändert durch Steuervergünstigungsabbaugesetz vom 16.5.2003 (BGBl. I S. 660), Förderbankenneustrukturierungsgesetz vom 15.8.2003 (BGBl. I S. 1657), Steueränderungsgesetz 2003 vom 15.12.2003 (BGBl. I S. 2645), Gesetz zur Umsetzung der Protokollerklärung der Bundesregierung zur Vermittlungsempfehlung zum Steuervergünstigungsabbaugesetz vom 22.12.2003 (BGBl. I S. 2840), Haushaltsbegleitgesetz 2004 vom 29.12.2003 (BGBl. I S. 3076), EG-Amtshilfe-Anpassungsgesetz vom 2.12.2004 (BGBl. I S. 3112), Gesetz zur Organisationsreform in der gesetzlichen Rentenversicherung vom 9.12.2004 (BGBl. I S. 3242), EU-Richtlinien-Umsetzungsgesetz vom 9.12.2004 (BGBl. I S. 3310), Gesetz zur Änderung des Versicherungsaufsichtsgesetzes und anderer Gesetze vom 15.12.2004 (BGBl. I S. 3416), Steueränderungsgesetz 2007 vom 19.7.2006 (BGBl. I S. 1652), Gesetz zur Umsetzung der neu gefassten Bankenrichtlinie und der neu gefassten Kapitaladäquanzrichtlinie vom 17.11.2006 (BGBl. I S. 2606), Gesetz über steuerliche Begleitmaßnahmen zur Einführung der Europäischen Gesellschaft und zur Änderung weiterer steuerrechtlicher Vorschriften (SEStEG) vom 7.12.2006 (BGBl. I S. 2782, ber. BGBl. 2007 I S. 68), Jahressteuergesetz 2007 vom 13.12.2006 (BGBl. I S. 2878), Unternehmensteuerreformgesetz 2008 vom 14.8.2007 (BGBl. I S. 1912), Gesetz zur weiteren Stärkung des bürgerschaftlichen Engagements vom 10.10.2007 (BGBl. I S. 2332), Jahressteuergesetz 2008 vom 20.12.2007 (BGBl. I S. 3150), Gesetz zur Modernisierung der Rahmenbedingungen für Kapitalbeteiligungen vom 12.8.2008 (BGBl. I S. 1672)[2], Jahressteuergesetz 2009 vom 19.12.2008 (BGBl. I S. 2794), Steuerbürokratieabbaugesetz vom 20.12.2008 (BGBl. I S. 2850), Drittes Mittelstandsentlastungsgesetz vom 17.3.2009 (BGBl. I S. 550), Gesetz zur Fortführung der Gesetzeslage 2006 bei der Entfernungspauschale vom 20.4.2009 (BGBl. I S. 774), Bürgerentlastungsgesetz Krankenversicherung vom 16.7.2009 (BGBl. I S. 1959), Steuerhinterziehungsbekämpfungsgesetz vom 29.7.2009 (BGBl. I S. 2302), Wachstumsbeschleunigungsgesetz vom 22.12.2009 (BGBl. I S. 3950), Gesetz zur Umsetzung steuerlicher EU-Vorgaben sowie zur Änderung steuerlicher Vorschriften vom 8.4.2010 (BGBl. I S. 386), Jahressteuergesetz 2010 (JStG 2010) vom 8.12.2010 (BGBl. I S. 1768), OGAW-IV-Umsetzungsgesetz (OGAW-IV-UmsG) vom 22. Juni 2011 (BGBl. I S. 1126), Steuervereinfachungsgesetz 2011 vom 1.11.2011 (BGBl. I S. 2131), Beitreibungsrichtlinie-Umsetzungsgesetz (BeitrRLUmsG) vom 7.12.2011 (BGBl. I S. 2592), Gesetz zur Änderung und Vereinfachung der Unternehmensbesteuerung und des steuerlichen Reisekostenrechts vom 20.2.2013 (BGBl. I S. 285), Ehrenamtsstärkungsgesetz vom 21.3.2013 (BGBl. I S. 556), Gesetz zur Umsetzung des EuGH-Urteils vom 20. Oktober 2011 in der Rechtssache C-284/09 vom 21.3.2013 (BGBl. I S. 561), Amtshilferichtlinie-Umsetzunsgesetz (AmtshilfeRLUmsG) vom 26.6.2013 (BGBl. I S. 1809), Gesetz zur Anpassung des Investmentsteuergesetzes und anderer Gesetze an das AIFM-Umsetzungsgesetz (AIFM-Steuer-Anpassungsgesetz – AIFM-StAnpG) vom 18.12.2013 (BGBl. I S. 4318), Gesetz zur Anpassung des nationalen Steuerrechts an den Beitritt Kroatiens zur EU und zur Änderung weiterer steuerlicher Vorschriften vom 25.7.2014 (BGBl. I S. 1266), Gesetz zur Anpassung der Abgabenordnung an den Zollkodex der Union und zur Änderung weiterer steuerlicher Vorschriften vom 22.12.2014 (BGBl. I S. 2417), Gesetz zur Modernisierung der Finanzaufsicht über

---

[1] Neubekanntmachung des KStG idF der Bek. v. 22.4.1999 (BGBl. I S. 817) auf Grund des § 33 Abs. 2 Nr. 2 KStG idF der Bek. v. 22.4.1999 (BGBl. I S. 817), eingef. durch Art. 3 Nr. 19 des G v. 23.10.2000 (BGBl. I S. 1433), in der ab 21.9.2002 geltenden Fassung.

Vgl. dazu die KStDV (Nr. **110**) und die Körperschaftsteuer-Richtlinien (**Steuerrichtlinien Nr. 100**). **Zum Anwendungsbereich vgl. § 34. Zur Anwendung im Beitrittsgebiet siehe § 35.**

[2] Die Änderungen des KStG durch das MoRaKG standen unter dem **Vorbehalt der Genehmigung der EU-Kommission.** Diese wurde jedoch nicht erteilt, so dass die entspr. Änderungsartikel nicht in Kraft getreten sind (Art. 8 Abs. 2 MoRaKG).

Versicherungen vom 1.4.2015 (BGBl. I S. 434), Steueränderungsgesetz 2015 vom 2.11.2015 (BGBl. I S. 1834), Gesetz zur Reform der Investmentbesteuerung (Investmentsteuerreformgesetz – InvStRefG) vom 19.7.2016 (BGBl. I S. 1730), Gesetz zur Weiterentwicklung der steuerlichen Verlustverrechung bei Körperschaften vom 20.12.2016 (BGBl. I S. 2998), Gesetz zur Umsetzung der Änderungen der EU-Amtshilferichtlinie und von weiteren Maßnahmen gegen Gewinnkürzungen und -verlagerungen vom 20.12.2016 (BGBl. I S. 3000), Gesetz gegen schädliche Steuerpraktiken im Zusammenhang mit Rechteüberlassungen vom 27.6.2017 (BGBl. I S. 2074), Gesetz zum Ausschluss verfassungsfeindlicher Parteien von der Parteienfinanzierung vom 18.7.2017 (BGBl. I S. 2730), Gesetz zur Vermeidung von Umsatzsteuerausfällen beim Handel mit Waren im Internet und zur Änderung weiterer steuerlicher Vorschriften vom 11.12.2018 (BGBl. I S. 2338), Gesetz über steuerliche und weitere Begleitregelungen zum Austritt des Vereinigten Königreichs Großbritannien und Nordirland aus der Europäischen Union (Brexit-Steuerbegleitgesetz – Brexit-StBG) vom 25.3.2019 (BGBl. I S. 357), Gesetz zur steuerlichen Förderung des Mietwohnungsneubaus vom 4.8.2019 (BGBl. I S. 1122), Gesetz zur weiteren steuerlichen Förderung der Elektromobilität und zur Änderung weiterer steuerlicher Vorschriften vom 12.12.2019 (BGBl. I S. 2451), Gesetz zur Einführung einer Pflicht zur Mitteilung grenzüberschreitender Steuergestaltungen vom 21.12.2019 (BGBl. I S. 2875), Jahressteuergesetz 2020 (JStG 2020) vom 21.12.2020 (BGBl. I S. 3096), Gesetz zur Umsetzung der Richtlinie (EU) 2019/2034 über die Beaufsichtigung von Wertpapierinstituten vom 12.5.2021 (BGBl. I S. 990), Gesetz zur Umsetzung der Anti-Steuervermeidungsrichtlinie (ATAD-Umsetzungsgesetz – ATADUmsG) vom 25.6.2021 (BGBl. I S. 2035), Gesetz zur Modernisierung des Körperschaftsteuerrechts vom 25.6.2021 (BGBl. I S. 2050), Gesetz zur Abwehr von Steuervermeidung und unfairem Steuerwettbewerb und zur Änderung weiterer Gesetze vom 25.6.2021 (BGBl. I S. 2056), Jahressteuergesetz 2022 (JStG 2022) vom 16.12.2022 (BGBl. I S. 2294) und Gesetz zur Förderung geordneter Kreditzweitmärkte und zur Umsetzung der Richtlinie (EU) 2021/2167 über Kreditdienstleister und Kreditkäufer sowie zur Änderung weiterer finanzmarktrechtlicher Bestimmungen (Kreditzweitmarktförderungsgesetz vom 22.12.2023 (BGBl. I Nr. 411)

BGBl. III/FNA 611-4-4

Inhaltsübersicht

Erster Teil. Steuerpflicht

§ 1 Unbeschränkte Steuerpflicht. (1) Unbeschränkt körperschaftsteuerpflichtig sind die folgenden Körperschaften, Personenvereinigungen und Vermögensmassen, die ihre Geschäftsleitung oder ihren Sitz im Inland haben:

1.[1] Kapitalgesellschaften (insbesondere Europäische Gesellschaften, Aktiengesellschaften, Kommanditgesellschaften auf Aktien, Gesellschaften mit beschränkter Haftung) [*ab 1.1.2022:* einschließlich optierender Gesellschaften im Sinne des § 1a];
2.[1] Genossenschaften einschließlich der Europäischen Genossenschaften;
3. Versicherungs- und Pensionsfondsvereine[2] auf Gegenseitigkeit;
4. sonstige juristische Personen des privaten Rechts;

[Fassung bis VZ 2023:]

5. nichtrechtsfähige Vereine, Anstalten, Stiftungen und andere Zweckvermögen des privaten Rechts;

[Fassung ab VZ 2024:]

5.[3] Vereine ohne Rechtspersönlichkeit, nicht rechtsfähige Anstalten, Stiftungen und andere Zweckvermögen des privaten Rechts;

6. Betriebe gewerblicher Art von juristischen Personen des öffentlichen Rechts.

(2) Die unbeschränkte Körperschaftsteuerpflicht erstreckt sich auf sämtliche Einkünfte.

(3)[4] Zum Inland im Sinne dieses Gesetzes gehört auch der der Bundesrepublik Deutschland zustehende Anteil

1. an der ausschließlichen Wirtschaftszone, soweit dort
   a) die lebenden und nicht lebenden natürlichen Ressourcen der Gewässer über dem Meeresboden, des Meeresbodens und seines Untergrunds erforscht, ausgebeutet, erhalten oder bewirtschaftet werden,
   b) andere Tätigkeiten zur wirtschaftlichen Erforschung oder Ausbeutung der ausschließlichen Wirtschaftszone ausgeübt werden, wie beispielsweise die Energieerzeugung aus Wasser, Strömung und Wind oder
   c) künstliche Inseln errichtet oder genutzt werden und Anlagen und Bauwerke für die in den Buchstaben a und b genannten Zwecke errichtet oder genutzt werden, und

---

[1] § 1 Abs. 1 Nrn. 1 und 2 neu gef. mWv VZ 2006 durch G v. 7.12.2006 (BGBl. I S. 2782); Nr. 1 ergänzt durch G v. 25.6.2021 (BGBl. I S. 2050); zur **Anwendung von § 1a siehe § 34 Abs. 1a.**

[2] Bezeichnung geänd. durch G v. 9.12.2004 (BGBl. I S. 3310).

[3] § 1 Abs. 1 Nr. 5 neu gef. mWv VZ 2024 durch G v. 22.12.2023 (BGBl. I Nr. 411).

[4] § 1 Abs. 3 neu gef. mWv VZ 2016 durch G v. 2.11.2015 (BGBl. I S. 1834).

2. am Festlandsockel, soweit dort
   a) dessen natürliche Ressourcen erforscht oder ausgebeutet werden; natürliche Ressourcen in diesem Sinne sind die mineralischen und sonstigen nicht lebenden Ressourcen des Meeresbodens und seines Untergrunds sowie die zu den sesshaften Arten gehörenden Lebewesen, die im nutzbaren Stadium entweder unbeweglich auf oder unter dem Meeresboden verbleiben oder sich nur in ständigem körperlichen Kontakt mit dem Meeresboden oder seinem Untergrund fortbewegen können; oder
   b) künstliche Inseln errichtet oder genutzt werden und Anlagen und Bauwerke für die in Buchstabe a genannten Zwecke errichtet oder genutzt werden.

§ 1a[1] Option zur Körperschaftsbesteuerung. (1) [1]Auf unwiderruflichen Antrag sind für Zwecke der Besteuerung nach dem Einkommen eine Personenhandels- oder Partnerschaftsgesellschaft wie eine Kapitalgesellschaft (optierende Gesellschaft) und ihre Gesellschafter wie die nicht persönlich haftenden Gesellschafter einer Kapitalgesellschaft zu behandeln; § 217 Absatz 1 des Umwandlungsgesetzes gilt sinngemäß. [2]Der Antrag ist von der Personenhandels- oder Partnerschaftsgesellschaft nach amtlich vorgeschriebenem Datensatz durch Datenfernübertragung bei dem für die gesonderte und einheitliche Feststellung der Einkünfte nach § 180 der Abgabenordnung zuständigen Finanzamt spätestens einen Monat vor Beginn des Wirtschaftsjahrs zu stellen, ab dem die Besteuerung wie eine Kapitalgesellschaft gelten soll; § 31 Absatz 1a Satz 2 gilt entsprechend. [3]Erfolgt für die Personenhandels- oder Partnerschaftsgesellschaft keine gesonderte und einheitliche Feststellung der Einkünfte, ist der Antrag bei dem für die Einkommensteuer oder Körperschaftsteuer des Gesellschafters zuständigen Finanzamt zu stellen. [4]Erzielt eine Personenhandels- oder Partnerschaftsgesellschaft ausschließlich Einkünfte, die dem Steuerabzug vom Kapitalertrag oder dem Steuerabzug auf Grund des § 50a des Einkommensteuergesetzes unterliegen und gilt infolgedessen die Einkommensteuer nach § 50 Absatz 2 Satz 1 des Einkommensteuergesetzes oder die Körperschaftsteuer nach § 32 Absatz 1 als abgegolten, ist der Antrag bei dem Bundeszentralamt für Steuern zu stellen. [5]Hat die Gesellschaft ihren Sitz im Inland, ist der Antrag abweichend von den Sätzen 3 und 4 bei dem Finanzamt zu stellen, in dessen Bezirk die Gesellschaft ihren Sitz hat. [6]Die Sätze 1 bis 5 finden keine Anwendung auf

1. Investmentfonds im Sinne des Investmentsteuergesetzes und
2. Gesellschaften, die nach Ausübung der Option in dem Staat, in dem sich ihre Geschäftsleitung befindet, keiner der deutschen unbeschränkten Körperschaftsteuerpflicht vergleichbaren Steuerpflicht unterliegen.

(2) [1]Der Übergang zur Körperschaftsbesteuerung gilt als Formwechsel im Sinne des § 1 Absatz 3 Nummer 3 des Umwandlungssteuergesetzes. [2]Die §§ 1 und 25 des Umwandlungssteuergesetzes sind entsprechend anzuwenden. [3]Als Einbringungszeitpunkt gilt das Ende des Wirtschaftsjahrs, das dem Wirt-

[1] § 1a eingef. durch G v. 25.6.2021 (BGBl. I S. 2050); zur Anwendung siehe § 34 Abs. 1a.

schaftsjahr im Sinne des Absatzes 1 Satz 2 unmittelbar vorangeht; § 9 Satz 3 des Umwandlungssteuergesetzes ist nicht anzuwenden. [4]Das im Einbringungszeitpunkt in der Steuerbilanz auszuweisende Eigenkapital wird auf dem steuerlichen Einlagekonto der optierenden Gesellschaft erfasst. [5]Die zur Vertretung der Gesellschaft ermächtigten Personen gelten als gesetzliche Vertreter der optierenden Gesellschaft.

(3) [1]Aufgrund der Option gilt die Beteiligung an einer optierenden Gesellschaft für Zwecke der Besteuerung nach dem Einkommen als Beteiligung eines nicht persönlich haftenden Gesellschafters an einer Kapitalgesellschaft. [2]Beim Gesellschafter führen daher insbesondere

1. durch das Gesellschaftsverhältnis veranlasste Einnahmen zu Einkünften im Sinne des § 20 Absatz 1 Nummer 1 des Einkommensteuergesetzes,
2. Einnahmen, die er von der Gesellschaft für seine Tätigkeit im Dienst der Gesellschaft bezieht, zu Einkünften im Sinne des § 19 des Einkommensteuergesetzes,
3. Einnahmen aus der Hingabe von Darlehen zu Einkünften im Sinne des § 20 Absatz 1 Nummer 7 oder Absatz 2 Satz 1 Nummer 7 des Einkommensteuergesetzes und
4. Einnahmen aus der Überlassung von Wirtschaftsgütern zu Einkünften im Sinne des § 21 oder § 22 des Einkommensteuergesetzes.

[3]Die §§ 13 bis 16, 18 und 35 des Einkommensteuergesetzes sind vorbehaltlich des Satzes 4 nicht anzuwenden. [4]Soweit entsprechende Einnahmen bei einem Gesellschafter einer Kapitalgesellschaft anderen Einkunftsarten zuzurechnen wären, gilt abweichend von Satz 3, dass auch die Einnahmen des Gesellschafters der optierenden Gesellschaft zu diesen Einkünften gehören. [5]Gewinnanteile gelten erst dann als ausgeschüttet, wenn sie entnommen werden oder ihre Auszahlung verlangt werden kann. [6]§ 4 Absatz 3 des Einkommensteuergesetzes ist bei einer optierenden Gesellschaft nicht anzuwenden. [7]In den Fällen des Satzes 2 Nummer 2 gelten die optierende Gesellschaft als lohnsteuerlicher Arbeitgeber und der Gesellschafter als Arbeitnehmer.

(4) [1]Eine Gesellschaft, die nach Absatz 1 zur Körperschaftsbesteuerung optiert hat, kann beantragen, dass sie nicht mehr wie eine Kapitalgesellschaft und ihre Gesellschafter nicht mehr wie die nicht persönlich haftenden Gesellschafter einer Kapitalgesellschaft behandelt werden (Rückoption). [2]Die Rückoption gilt als Formwechsel nach § 1 Absatz 1 Satz 1 Nummer 2 des Umwandlungssteuergesetzes mit der Maßgabe, dass § 9 Satz 3 des Umwandlungssteuergesetzes keine Anwendung findet. [3]Absatz 1 Satz 2, 3 und 5 gilt mit der Maßgabe entsprechend, dass der Antrag bei dem für die Körperschaftsbesteuerung zuständigen Finanzamt zu stellen ist; in den Fällen des Absatzes 1 Satz 4 ist der Antrag bei dem Bundeszentralamt für Steuern zu stellen. [4]Die Sätze 1 und 2 finden auch ohne Antrag Anwendung, wenn die Voraussetzungen des Absatzes 1 entfallen. [5]Scheidet der vorletzte Gesellschafter aus der Gesellschaft aus, gilt die optierende Gesellschaft als unmittelbar danach aufgelöst und, sofern der verbleibende Gesellschafter die persönlichen Voraussetzungen eines übernehmenden Rechtsträgers einer Umwandlung einer Kapitalgesellschaft im Sinne des § 1 Absatz 1 Satz 1 Nummer 1 oder 4 des Um-

wandlungssteuergesetzes erfüllt, im Fall des § 1 Absatz 1 Satz 1 Nummer 1 des Umwandlungssteuergesetzes als auf den verbleibenden Gesellschafter verschmolzen beziehungsweise gilt im Fall des § 1 Absatz 1 Satz 1 Nummer 4 des Umwandlungssteuergesetzes das Vermögen der optierenden Gesellschaft als auf den verbleibenden Gesellschafter übertragen mit der Maßgabe, dass jeweils § 2 des Umwandlungssteuergesetzes keine Anwendung findet. 6 Erfüllt der verbleibende Gesellschafter nicht die persönlichen Voraussetzungen eines übernehmenden Rechtsträgers einer Umwandlung einer Kapitalgesellschaft im Sinne des § 1 Absatz 1 Satz 1 Nummer 1 oder 4 des Umwandlungssteuergesetzes, gilt die optierende Gesellschaft als aufgelöst und ihr Vermögen als an die Gesellschafter ausgeschüttet; § 11 des Körperschaftsteuergesetzes ist entsprechend mit der Maßgabe anzuwenden, dass an die Stelle des zur Verteilung kommenden Vermögens der gemeine Wert des vorhandenen Vermögens tritt. 7 Abweichend von Satz 4 gilt die Umwandlung der optierenden Gesellschaft in eine Körperschaft im Sinne des Umwandlungssteuergesetzes als Umwandlung einer Kapitalgesellschaft in eine Körperschaft.

§ 2 Beschränkte Steuerpflicht. Beschränkt körperschaftsteuerpflichtig sind

1. Körperschaften, Personenvereinigungen und Vermögensmassen, die weder ihre Geschäftsleitung noch ihren Sitz im Inland haben, mit ihren inländischen Einkünften;
2. [1] sonstige Körperschaften, Personenvereinigungen und Vermögensmassen, die nicht unbeschränkt steuerpflichtig sind, mit den inländischen Einkünften, die dem Steuerabzug vollständig oder teilweise unterliegen; inländische Einkünfte sind auch
   a) die Entgelte, die den sonstigen Körperschaften, Personenvereinigungen oder Vermögensmassen dafür gewährt werden, dass sie Anteile an einer Kapitalgesellschaft mit Sitz oder Geschäftsleitung im Inland einem Anderen überlassen und der Andere, dem die Anteile zuzurechnen sind, diese Anteile oder gleichartige Anteile zurückzugeben hat,
   b) die Entgelte, die den sonstigen Körperschaften, Personenvereinigungen oder Vermögensmassen im Rahmen eines Wertpapierpensionsgeschäfts im Sinne des § 340b Abs. 2 des Handelsgesetzbuchs gewährt werden, soweit Gegenstand des Wertpapierpensionsgeschäfts Anteile an einer Kapitalgesellschaft mit Sitz oder Geschäftsleitung im Inland sind, und
   c) die in § 8b Abs. 10 Satz 2 genannten Einnahmen oder Bezüge, die den sonstigen Körperschaften, Personenvereinigungen oder Vermögensmassen als Entgelt für die Überlassung von Anteilen an einer Kapitalgesellschaft mit Sitz oder Geschäftsleitung im Inland gewährt gelten.

§ 3[2] **Abgrenzung der Steuerpflicht bei** ***nichtrechtsfähigen Personenvereinigungen und*** **[*ab VZ 2024:* Personenvereinigungen und nicht rechtsfähigen] Vermögensmassen sowie bei Realgemeinden.**

---

[1] § 2 Nr. 2 geänd. mWv VZ 2004 durch G v. 15.12.2003 (BGBl. I S. 2645); 2. HS angef. durch G v. 14.8.2007 (BGBl. I S. 1912).

[2] § 3 Überschr. sowie Abs. 1 neu gef. mWv VZ 2024 durch G v. 22.12.2023 (BGBl. I Nr. 411).

[Fassung bis VZ 2023:]

(1) Nichtrechtsfähige Personenvereinigungen, Anstalten, Stiftungen und andere Zweckvermögen sind körperschaftsteuerpflichtig, wenn ihr Einkommen weder nach diesem Gesetz noch nach dem Einkommensteuergesetz unmittelbar bei einem anderen Steuerpflichtigen zu versteuern ist.

[Fassung ab VZ 2024:]

(1) Personenvereinigungen, nicht rechtsfähige Anstalten, Stiftungen und andere Zweckvermögen sind körperschaftsteuerpflichtig, wenn ihr Einkommen weder nach diesem Gesetz noch nach dem Einkommensteuergesetz unmittelbar bei einem anderen Steuerpflichtigen zu versteuern ist.

(2) [1] Hauberg-, Wald-, Forst- und Laubgenossenschaften und ähnliche Realgemeinden, die zu den in § 1 bezeichneten Steuerpflichtigen gehören, sind nur insoweit körperschaftsteuerpflichtig, als sie einen Gewerbebetrieb unterhalten oder verpachten, der über den Rahmen eines Nebenbetriebs hinausgeht. [2] Im Übrigen sind ihre Einkünfte unmittelbar bei den Beteiligten zu versteuern.

§ 4 Betriebe gewerblicher Art von juristischen Personen des öffentlichen Rechts. (1) [1] Betriebe gewerblicher Art von juristischen Personen des öffentlichen Rechts im Sinne des § 1 Abs. 1 Nr. 6 sind vorbehaltlich des Absatzes 5 alle Einrichtungen, die einer nachhaltigen wirtschaftlichen Tätigkeit zur Erzielung von Einnahmen außerhalb der Land- und Forstwirtschaft dienen und die sich innerhalb der Gesamtbetätigung der juristischen Person wirtschaftlich herausheben. [2] Die Absicht, Gewinn zu erzielen, und die Beteiligung am allgemeinen wirtschaftlichen Verkehr sind nicht erforderlich.

(2) Ein Betrieb gewerblicher Art ist auch unbeschränkt steuerpflichtig, wenn er selbst eine juristische Person des öffentlichen Rechts ist.

(3) Zu den Betrieben gewerblicher Art gehören auch Betriebe, die der Versorgung der Bevölkerung mit Wasser, Gas, Elektrizität oder Wärme, dem öffentlichen Verkehr oder dem Hafenbetrieb dienen.

(4) Als Betrieb gewerblicher Art gilt die Verpachtung eines solchen Betriebs.

(5) [1] Zu den Betrieben gewerblicher Art gehören nicht Betriebe, die überwiegend der Ausübung der öffentlichen Gewalt dienen (Hoheitsbetriebe). [2] Für die Annahme eines Hoheitsbetriebs reichen Zwangs- oder Monopolrechte nicht aus.

(6)[1)] [1] Ein Betrieb gewerblicher Art kann mit einem oder mehreren anderen Betrieben gewerblicher Art zusammengefasst werden, wenn

1. sie gleichartig sind,
2. zwischen ihnen nach dem Gesamtbild der tatsächlichen Verhältnisse objektiv eine enge wechselseitige technisch-wirtschaftliche Verflechtung von einigem Gewicht besteht oder
3. Betriebe gewerblicher Art im Sinne des Absatzes 3 vorliegen.

1) § 4 Abs. 6 angef. mWv VZ 2009 durch G v. 19.12.2008 (BGBl. I S. 2794).

[2]Ein Betrieb gewerblicher Art kann nicht mit einem Hoheitsbetrieb zusammengefasst werden.

§ 5 Befreiungen. (1) Von der Körperschaftsteuer sind befreit

1.[1)] das Bundeseisenbahnvermögen, die staatlichen Lotterieunternehmen und der Erdölbevorratungsverband nach § 2 Absatz 1 des Erdölbevorratungsgesetzes vom 16. Januar 2012 (BGBl. I S. 74) in der jeweils geltenden Fassung;

2.[2)] die Deutsche Bundesbank, die Kreditanstalt für Wiederaufbau, die Landwirtschaftliche Rentenbank, die Bayerische Landesanstalt für Aufbaufinanzierung, die Niedersächsische Gesellschaft für öffentliche Finanzierungen mit beschränkter Haftung, die Bremer Aufbau-Bank GmbH, die Landeskreditbank Baden-Württemberg – Förderbank, die Bayerische Landesbodenkreditanstalt, die Investitionsbank Berlin, die Hamburgische Investitions- und Förderbank[3)], die NRW.Bank, die Investitions- und Förderbank Niedersachsen, die Saarländische Investitionskreditbank Aktiengesellschaft, die Investitionsbank Schleswig-Holstein, die Investitionsbank des Landes Brandenburg, die Sächsische Aufbaubank – Förderbank –, die Thüringer Aufbaubank, die Investitionsbank Sachsen-Anhalt – *Anstalt der Norddeutschen Landesbank – Girozentrale –*[4)], die Investitions- und Strukturbank Rheinland-Pfalz, das Landesförderinstitut Mecklenburg-Vorpommern – Geschäftsbereich der Norddeutschen Landesbank Girozentrale –, die Wirtschafts- und Infrastrukturbank Hessen[5)] – rechtlich unselbständige Anstalt in der Landesbank Hessen-Thüringen Girozentrale

(Fortsetzung nächstes Blatt)

[1)] § 5 Abs. 1 Nr. 1 geänd. mWv VZ 2019 (§ 34 Abs. 2a) durch G v. 12.12.2019 (BGBl. I S. 2451).

[2)] § 5 Abs. 1 Nr. 2 geänd. durch G v. 15.8.2003 (BGBl. I S. 1657), v. 15.12.2003 (BGBl. I S. 2645), v. 9.12.2004 (BGBl. I S. 3310), v. 13.12.2006 (BGBl. I S. 2878), v. 19.12.2008 (BGBl. I S. 2794); geänd. durch G v. 8.12.2010 (BGBl. I S. 1768); geänd. durch G v. 25.7.2014 (BGBl. I S. 1266).

[3)] Zur Anwendung siehe § 34 Abs. 3.

[4)] Kursiver Satzteil aufgeh. durch G v. 16.12.2022 (BGBl. I S. 2294); zur Anwendung (VZ 2023) siehe § 34 Abs. 3 Sätze 3 und 4.

[5)] Geänd. mWv VZ 2009 durch G v. 8.12.2010 (BGBl. I S. 1768).

16.[1] Körperschaften, Personenvereinigungen und Vermögensmassen, soweit sie

a) als Einlagensicherungssysteme im Sinne des § 2 Absatz 1 des Einlagensicherungsgesetzes sowie als Entschädigungseinrichtungen im Sinne des Anlegerentschädigungsgesetzes ihre gesetzlichen Pflichtaufgaben erfüllen oder

b) als nicht als Einlagensicherungssysteme anerkannte vertragliche Systeme zum Schutz von Einlagen und institutsbezogene Sicherungssysteme im Sinne des § 61 des Einlagensicherungsgesetzes nach ihrer Satzung oder sonstigen Verfassung ausschließlich den Zweck haben, Einlagen zu sichern oder bei Gefahr für die Erfüllung der Verpflichtungen eines Kreditinstituts im Sinne des § 1 Absatz 1 des Kreditwesengesetzes oder eines Finanzdienstleistungsinstituts im Sinne des § 1 Absatz 1a Satz 2 Nummer 1 bis 4 des Kreditwesengesetzes oder eines Wertpapierinstituts im Sinne des § 2 Absatz 1 des Wertpapierinstitutsgesetzes Hilfe zu leisten oder Einlagensicherungssysteme im Sinne des § 2 Absatz 1 des Einlagensicherungsgesetzes bei deren Pflichtenerfüllung zu unterstützen.

²Voraussetzung für die Steuerbefreiung nach Satz 1 ist zusätzlich, dass das Vermögen und etwa erzielte Überschüsse dauernd nur zur Erreichung des gesetzlichen oder satzungsmäßigen Zwecks verwendet werden. ³Die Sätze 1 und 2 gelten entsprechend für Sicherungsfonds im Sinne der §§ 223 und 224[2] des Versicherungsaufsichtsgesetzes sowie für Einrichtungen zur Sicherung von Einlagen bei Wohnungsgenossenschaften mit Spareinrichtung. ⁴Die Steuerbefreiung ist für wirtschaftliche Geschäftsbetriebe ausgeschlossen, die nicht ausschließlich auf die Erfüllung der begünstigten Aufgaben gerichtet sind;

17. Bürgschaftsbanken (Kreditgarantiegemeinschaften), deren Tätigkeit sich auf die Wahrnehmung von Wirtschaftsförderungsmaßnahmen insbesondere in Form der Übernahme und Verwaltung von staatlichen Bürgschaften und Garantien oder von Bürgschaften und Garantien mit staatlichen Rückbürgschaften oder auf der Grundlage staatlich anerkannter Richtlinien gegenüber Kreditinstituten, Versicherungsunternehmen, Leasinggesellschaften und Beteiligungsgesellschaften für Kredite, Leasingforderungen und Beteiligungen an mittelständischen Unternehmen zu ihrer Gründung und zur Erhaltung und Förderung ihrer Leistungsfähigkeit beschränkt. ²Voraussetzung ist, dass das Vermögen und etwa erzielte Überschüsse nur zur Erreichung des in Satz 1 genannten Zwecks verwendet werden;

18. Wirtschaftsförderungsgesellschaften, deren Tätigkeit sich auf die Verbesserung der sozialen und wirtschaftlichen Struktur einer bestimmten Region durch Förderung der Wirtschaft, insbesondere durch Industrieansiedlung, Beschaffung neuer Arbeitsplätze und der Sanierung von Altlasten beschränkt, wenn an ihnen überwiegend Gebietskörperschaften beteiligt

---

[1] § 5 Abs. 1 Nr. 16 Sätze 1 und 2 neu gef. durch G v. 2.11.2015 (BGBl. I S. 1834); zur Anwendung siehe § 34 Abs. 3 Satz 3; Abs. 1 Nr. 16 Buchst. b geänd. mWv 26.6.2021 durch G v. 12.5.2020 (BGBl. I S. 990).

[2] Verweis geänd. durch G v. 1.4.2015 (BGBl. I S. 434); zur Anwendung siehe § 34 Abs. 3a.

sind. [2]Voraussetzung ist, dass das Vermögen und etwa erzielte Überschüsse nur zur Erreichung des in Satz 1 genannten Zwecks verwendet werden;

19. Gesamthafenbetriebe im Sinne des § 1 des Gesetzes über die Schaffung eines besonderen Arbeitgebers für Hafenarbeiter vom 3. August 1950 (BGBl. I S. 352), soweit sie Tätigkeiten ausüben, die in § 2 Abs. 1 dieses Gesetzes bestimmt und nach § 2 Abs. 2 dieses Gesetzes genehmigt worden sind. [2]Voraussetzung ist, dass das Vermögen und etwa erzielte Überschüsse nur zur Erfüllung der begünstigten Tätigkeiten verwendet werden. [3]Wird ein wirtschaftlicher Geschäftsbetrieb unterhalten, dessen Tätigkeit nicht ausschließlich auf die Erfüllung der begünstigten Tätigkeiten gerichtet ist, ist die Steuerbefreiung insoweit ausgeschlossen;
20. Zusammenschlüsse von juristischen Personen des öffentlichen Rechts, von steuerbefreiten Körperschaften oder von steuerbefreiten Personenvereinigungen,
    a) deren Tätigkeit sich auf den Zweck beschränkt, im Wege des Umlageverfahrens die Versorgungslasten auszugleichen, die den Mitgliedern aus Versorgungszusagen gegenüber ihren Arbeitnehmern erwachsen,
    b) wenn am Schluss des Wirtschaftsjahrs das Vermögen nicht höher ist als 60 Prozent der im Wirtschaftsjahr erbrachten Leistungen an die Mitglieder;
21. die nicht in der Rechtsform einer Körperschaft des öffentlichen Rechts errichteten Arbeitsgemeinschaften Medizinischer Dienst der Krankenversicherung im Sinne des § 278 des Fünften Buches Sozialgesetzbuch und der Medizinische Dienst der Spitzenverbände der Krankenkassen im Sinne des § 282 des Fünften Buches Sozialgesetzbuch, soweit sie die ihnen durch Gesetz zugewiesenen Aufgaben wahrnehmen. [2]Voraussetzung ist, dass das Vermögen und etwa erzielte Überschüsse nur zur Erreichung der in Satz 1 genannten Zwecke verwendet werden;
22. gemeinsame Einrichtungen der Tarifvertragsparteien im Sinne des § 4 Abs. 2 des Tarifvertragsgesetzes vom 25. August 1969 (BGBl. I S. 1323), die satzungsmäßige Beiträge auf der Grundlage des § 186a des Arbeitsförderungsgesetzes vom 25. Juni 1969 (BGBl. I S. 582) oder tarifvertraglicher Vereinbarungen erheben und Leistungen ausschließlich an die tarifgebundenen Arbeitnehmer des Gewerbezweigs oder an deren Hinterbliebene erbringen, wenn sie dabei zu nicht steuerbegünstigten Betrieben derselben oder ähnlicher Art nicht in größerem Umfang in Wettbewerb treten, als es bei Erfüllung ihrer begünstigten Aufgaben unvermeidlich ist. [2]Wird ein wirtschaftlicher Geschäftsbetrieb unterhalten, dessen Tätigkeit nicht ausschließlich auf die Erfüllung der begünstigten Tätigkeiten gerichtet ist, ist die Steuerbefreiung insoweit ausgeschlossen;
23. [1)] die Auftragsforschung öffentlich-rechtlicher Wissenschafts- und Forschungseinrichtungen; ist die Tätigkeit auf die Anwendung gesicherter wissenschaftlicher Erkenntnisse, die Übernahme von Projektträgerschaften sowie wirtschaftliche Tätigkeiten ohne Forschungsbezug gerichtet, ist die Steuerbefreiung insoweit ausgeschlossen;

[1)] § 5 Abs. 1 Nr. 23 angef. durch G v. 15.12.2003 (BGBl. I S. 2645).

§ 6a[1] **Einkommensermittlung bei voll steuerpflichtigen Unterstützungskassen.** Bei Unterstützungskassen, die voll steuerpflichtig sind, ist § 6 Absatz 5 Satz 2 und Absatz 5a entsprechend anzuwenden.

Zweiter Teil. Einkommen

Erstes Kapitel. Allgemeine Vorschriften

§ 7 Grundlagen der Besteuerung. (1) Die Körperschaftsteuer bemisst sich nach dem zu versteuernden Einkommen.

(2) Zu versteuerndes Einkommen ist das Einkommen im Sinne des § 8 Abs. 1, vermindert um die Freibeträge der §§ 24 und 25.

(3) [1]Die Körperschaftsteuer ist eine Jahressteuer. [2]Die Grundlagen für ihre Festsetzung sind jeweils für ein Kalenderjahr zu ermitteln. [3]Besteht die unbeschränkte oder beschränkte Steuerpflicht nicht während eines ganzen Kalenderjahrs, so tritt an die Stelle des Kalenderjahrs der Zeitraum der jeweiligen Steuerpflicht.

(4) [1]Bei Steuerpflichtigen, die verpflichtet sind, Bücher nach den Vorschriften des Handelsgesetzbuchs zu führen, ist der Gewinn nach dem Wirtschaftsjahr zu ermitteln, für das sie regelmäßig Abschlüsse machen. [2]Weicht bei diesen Steuerpflichtigen das Wirtschaftsjahr, für das sie regelmäßig Abschlüsse machen, vom Kalenderjahr ab, so gilt der Gewinn aus Gewerbebetrieb als in dem Kalenderjahr bezogen, in dem das Wirtschaftsjahr endet. [3]Die Umstellung des Wirtschaftsjahrs auf einen vom Kalenderjahr abweichenden Zeitraum ist steuerlich nur wirksam, wenn sie im Einvernehmen mit dem Finanzamt vorgenommen wird.

§ 8 Ermittlung des Einkommens. (1)[2] [1]Was als Einkommen gilt und wie das Einkommen zu ermitteln ist, bestimmt sich nach den Vorschriften des Einkommensteuergesetzes und dieses Gesetzes. [2]Bei Betrieben gewerblicher Art im Sinne des § 4 sind die Absicht, Gewinn zu erzielen, und die Beteiligung am allgemeinen wirtschaftlichen Verkehr nicht erforderlich. [3]Bei den inländischen öffentlich-rechtlichen Rundfunkanstalten beträgt das Einkommen aus dem Geschäft der Veranstaltung von Werbesendungen 16 Prozent der Entgelte (§ 10 Abs. 1 des Umsatzsteuergesetzes) aus Werbesendungen. [4]Bei Körperschaften im Sinne des § 1 Absatz 1 mit Sitz im Ausland, deren Ort der Geschäftsleitung im Inland belegen ist und die nach inländischem Gesellschaftsrecht mangels Rechtsfähigkeit nicht als juristische Person zu behandeln sind, sind Leistungen und Leistungsversprechen zwischen der Körperschaft und Personen, die aus dieser Körperschaft Einkünfte im Sinne des § 20 Absatz 1 Nummer 1 und 9 des Einkommensteuergesetzes erzielen, für Zwecke der Durchführung der Besteuerung mit Ertragsteuern wie Leistungen und

---

[1] § 6a eingef. mWv VZ 2016 durch G v. 2.11.2015 (BGBl. I S. 1834).

[2] § 8 Abs. 1 Satz 2 eingef. durch G v. 19.12.2008 (BGBl. I S. 2794); Satz 4 angef. durch G v. 25.6.2021 (BGBl. I S. 2056); zur Anwendung siehe § 34 Abs. 3c.

Leistungsversprechen zwischen einer rechtsfähigen Körperschaft und deren Anteilseignern zu behandeln.

(2)[1] Bei unbeschränkt Steuerpflichtigen im Sinne des § 1 Abs. 1 Nr. 1 bis 3 sind alle Einkünfte als Einkünfte aus Gewerbebetrieb zu behandeln.

(3)[2] [1]Für die Ermittlung des Einkommens ist es ohne Bedeutung, ob das Einkommen verteilt wird. [2]Auch verdeckte Gewinnausschüttungen sowie Ausschüttungen jeder Art auf Genussrechte, mit denen das Recht auf Beteiligung am Gewinn und am Liquidationserlös der Kapitalgesellschaft verbunden ist, mindern das Einkommen nicht. [3]Verdeckte Einlagen erhöhen das Einkommen nicht. [4]Das Einkommen erhöht sich, soweit eine verdeckte Einlage das Einkommen des Gesellschafters gemindert hat. [5]Satz 4 gilt auch für eine verdeckte Einlage, die auf einer verdeckten Gewinnausschüttung einer dem Gesellschafter nahe stehenden Person beruht und bei der Besteuerung des Gesellschafters nicht berücksichtigt wurde, es sei denn, die verdeckte Gewinnausschüttung hat bei der leistenden Körperschaft das Einkommen nicht gemindert. [6]In den Fällen des Satzes 5 erhöht die verdeckte Einlage nicht die Anschaffungskosten der Beteiligung.

(4)[3] *(aufgehoben)*

[Fassung bis VZ 2023:]

(5) Bei Personenvereinigungen bleiben für die Ermittlung des Einkommens Beiträge, die auf Grund der Satzung von den Mitgliedern lediglich in ihrer Eigenschaft als Mitglieder erhoben werden, außer Ansatz.

[Fassung ab VZ 2024:]

(5)[4] Bei Körperschaften und Personenvereinigungen bleiben für die Ermittlung des Einkommens Beiträge, die auf Grund der Satzung von den Mitgliedern lediglich in ihrer Eigenschaft als Mitglieder erhoben werden, außer Ansatz.

(6) Besteht das Einkommen nur aus Einkünften, von denen lediglich ein Steuerabzug vorzunehmen ist, so ist ein Abzug von Betriebsausgaben oder Werbungskosten nicht zulässig.

(7)[5] [1]Die Rechtsfolgen einer verdeckten Gewinnausschüttung im Sinne des Absatzes 3 Satz 2 sind

1. bei Betrieben gewerblicher Art im Sinne des § 4 nicht bereits deshalb zu ziehen, weil sie ein Dauerverlustgeschäft ausüben;
2. bei Kapitalgesellschaften nicht bereits deshalb zu ziehen, weil sie ein Dauerverlustgeschäft ausüben. [2]Satz 1 gilt nur bei Kapitalgesellschaften, bei denen die Mehrheit der Stimmrechte unmittelbar oder mittelbar auf juristische Personen des öffentlichen Rechts entfällt und nachweislich ausschließlich diese Gesellschafter die Verluste aus Dauerverlustgeschäften tragen.

[2]Ein Dauerverlustgeschäft liegt vor, soweit aus verkehrs-, umwelt-, sozial-, kultur-, bildungs- oder gesundheitspolitischen Gründen eine wirtschaftliche

---

[1] § 8 Abs. 2 neu gef. mWv VZ 2006 durch G v. 7.12.2006 (BGBl. I S. 2782).
[2] § 8 Abs. 3 Sätze 3 bis 6 angef. durch G v. 13.12.2006 (BGBl. I S. 2878).
[3] § 8 Abs. 4 aufgeh. durch G v. 14.8.2007 (BGBl. I S. 1912).
[4] § 8 Abs. 5 neu gef. mWv VZ 2024 durch G v. 22.12.2023 (BGBl. I Nr. 411).
[5] § 8 Abs. 7 angef. durch G v. 19.12.2008 (BGBl. I S. 2794).

Betätigung ohne kostendeckendes Entgelt unterhalten wird oder in den Fällen von Satz 1 Nr. 2 das Geschäft Ausfluss einer Tätigkeit ist, die bei juristischen Personen des öffentlichen Rechts zu einem Hoheitsbetrieb gehört.

(8)[1] [1]Werden Betriebe gewerblicher Art zusammengefasst, ist § 10d des Einkommensteuergesetzes auf den Betrieb gewerblicher Art anzuwenden, der sich durch die Zusammenfassung ergibt. [2]Nicht ausgeglichene negative Einkünfte der einzelnen Betriebe gewerblicher Art aus der Zeit vor der Zusammenfassung können nicht beim zusammengefassten Betrieb gewerblicher Art abgezogen werden. [3]Ein Rücktrag von Verlusten des zusammengefassten Betriebs gewerblicher Art auf die einzelnen Betriebe gewerblicher Art vor Zusammenfassung ist unzulässig. [4]Ein bei einem Betrieb gewerblicher Art vor der Zusammenfassung festgestellter Verlustvortrag kann nach Maßgabe des § 10d des Einkommensteuergesetzes vom Gesamtbetrag der Einkünfte abgezogen werden, den dieser Betrieb gewerblicher Art nach Beendigung der Zusammenfassung erzielt. [5]Die Einschränkungen der Sätze 2 bis 4 gelten nicht, wenn gleichartige Betriebe gewerblicher Art zusammengefasst oder getrennt werden. [6]Kommt es bei einem Betrieb gewerblicher Art, der sich durch eine Zusammenfassung ergeben hat, innerhalb eines Zeitraums von fünf Jahren nach der Zusammenfassung zur Anwendung des § 3a des Einkommensteuergesetzes, ist § 3a Absatz 3 Satz 3 des Einkommensteuergesetzes entsprechend auf die in Satz 4 genannten Verlustvorträge anzuwenden.[2]

(9)[3] [1]Wenn für Kapitalgesellschaften Absatz 7 Satz 1 Nr. 2 zur Anwendung kommt, sind die einzelnen Tätigkeiten der Gesellschaft nach folgender Maßgabe Sparten zuzuordnen:

1. Tätigkeiten, die als Dauerverlustgeschäfte Ausfluss einer Tätigkeit sind, die bei juristischen Personen des öffentlichen Rechts zu einem Hoheitsbetrieb gehören, sind jeweils gesonderten Sparten zuzuordnen;
2. Tätigkeiten, die nach § 4 Abs. 6 Satz 1 zusammenfassbar sind oder aus den übrigen, nicht in Nummer 1 bezeichneten Dauerverlustgeschäften stammen, sind jeweils gesonderten Sparten zuzuordnen, wobei zusammenfassbare Tätigkeiten jeweils eine einheitliche Sparte bilden;
3. alle übrigen Tätigkeiten sind einer einheitlichen Sparte zuzuordnen.

[2]Für jede sich hiernach ergebende Sparte ist der Gesamtbetrag der Einkünfte getrennt zu ermitteln. [3]Die Aufnahme einer weiteren, nicht gleichartigen Tätigkeit führt zu einer neuen, gesonderten Sparte; Entsprechendes gilt für die Aufgabe einer solchen Tätigkeit. [4]Ein negativer Gesamtbetrag der Einkünfte einer Sparte darf nicht mit einem positiven Gesamtbetrag der Einkünfte einer

---

[1] § 8 Abs. 8 angef. durch G v. 19.12.2008 (BGBl. I S. 2794); Satz 6 angef. mWv VZ 2017 durch G v. 27.6.2017 (BGBl. I S. 2074); zur Anwendung vor VZ 2017 siehe § 34 Abs. 3d.

[2] Das Inkrafttreten von § 8 Abs. 8 Satz 6 hing von der Feststellung der Europäischen Kommission ab, dass § 3a EStG mit dem Europ. Beihilferecht vereinbar ist. Die Generaldirektion Wettbewerb der KOM hat Deutschland mitgeteilt, dass die Steuerbefreiung für Sanierungserträge (§ 3a EStG/§ 7b GewStG) als bestehende Maßnahme anzusehen ist, da sie vor Inkrafttreten des AEUV in Deutschland eingeführt wurde und auch nach dessen Inkrafttreten weiterhin anwendbar ist. Mithin gilt § 8 Abs. 8 Satz 6 mWv VZ 2017; zur Anwendung vor VZ 2017 siehe § 34 Abs. 3d.

[3] § 8 Abs. 9 angef. durch G v. 19.12.2008 (BGBl. I S. 2794).

anderen Sparte ausgeglichen oder nach Maßgabe des § 10d des Einkommensteuergesetzes abgezogen werden. 5 Er mindert jedoch nach Maßgabe des § 10d des Einkommensteuergesetzes die positiven Gesamtbeträge der Einkünfte, die sich in dem unmittelbar vorangegangenen und in den folgenden Veranlagungszeiträumen für dieselbe Sparte ergeben. 6 Liegen die Voraussetzungen des Absatzes 7 Satz 1 Nr. 2 Satz 2 ab einem Zeitpunkt innerhalb eines Veranlagungszeitraums nicht mehr vor, sind die Sätze 1 bis 5 ab diesem Zeitpunkt nicht mehr anzuwenden; hiernach nicht ausgeglichene oder abgezogene negative Beträge sowie verbleibende Verlustvorträge aus den Sparten, in denen Dauerverlusttätigkeiten ausgeübt werden, entfallen. 7 Liegen die Voraussetzungen des Absatzes 7 Satz 1 Nr. 2 Satz 2 erst ab einem bestimmten Zeitpunkt innerhalb eines Veranlagungszeitraums vor, sind die Sätze 1 bis 5 ab diesem Zeitpunkt anzuwenden; ein bis zum Eintritt der Voraussetzungen entstandener Verlust kann nach Maßgabe des § 10d des Einkommensteuergesetzes abgezogen werden; ein danach verbleibender Verlust ist der Sparte zuzuordnen, in denen keine Dauerverlustgeschäfte ausgeübt werden. 8 Der am Schluss eines Veranlagungszeitraums verbleibende negative Gesamtbetrag der Einkünfte einer Sparte ist gesondert festzustellen; § 10d Absatz 4 des Einkommensteuergesetzes gilt entsprechend. 9 Die §§ 3a und 3c Absatz 4 des Einkommensteuergesetzes sind entsprechend anzuwenden; § 3a Absatz 2 des Einkommensteuergesetzes ist für die Kapitalgesellschaft anzuwenden.[1)]

(10)[2)] 1 Bei Einkünften aus Kapitalvermögen ist § 2 Absatz 5b des Einkommensteuergesetzes nicht anzuwenden. 2 § 32d Abs. 2 Satz 1 Nr. 1 Satz 1 und Nr. 3 Satz 1 und Satz 3 bis 6 des Einkommensteuergesetzes ist entsprechend anzuwenden; in diesen Fällen ist § 20 Abs. 6 und 9 des Einkommensteuergesetzes nicht anzuwenden.

§ 8a[3)] Betriebsausgabenabzug für Zinsaufwendungen bei Körperschaften (Zinsschranke). (1)[4)] 1 § 4h Abs. 1 Satz 2 des Einkommensteuergesetzes ist mit der Maßgabe anzuwenden, dass anstelle des maßgeblichen Gewinns das maßgebliche Einkommen tritt. 2 Maßgebliches Einkommen ist das nach den Vorschriften des Einkommensteuergesetzes und dieses Gesetzes ermittelte Einkommen mit Ausnahme der §§ 4h und 10d des Einkommensteuergesetzes und des § 9 Abs. 1 Nr. 2 dieses Gesetzes. 3 Die §§ 8c und 8d gelten für den Zinsvortrag nach § 4h Absatz 1 Satz 5 des Einkommensteuergesetzes mit der Maßgabe entsprechend, dass stille Reserven im Sinne des § 8c Absatz 1 Satz 6 nur zu berücksichtigen sind, soweit sie die nach § 8c Absatz 1 Satz 5 und § 8d Absatz 2 Satz 1 abziehbaren nicht genutzten Verluste übersteigen.[5)]

[1)] § 8 Abs. 9 Satz 8 angef. mWv VZ 2009 durch G v. 8.12.2010 (BGBl. I S. 1768); Satz 9 angef. mWv VZ 2017 durch G v. 27.6.2017 (BGBl. I S. 2074); zur Anwendung vor VZ 2017 siehe § 34 Abs. 3d.

[2)] § 8 Abs. 10 angef. mWv VZ 2009 durch G v. 19.12.2008 (BGBl. I S. 2794); Satz 1 Verweis geänd. mWv VZ 2012 durch G v. 1.11.2011 (BGBl. I S. 2131).

[3)] § 8a neu gef. mW für nach dem 25.5.2007 beginnende Wj. durch G v. 14.8.2007 (BGBl. I S. 1912).

[4)] § 8a Abs. 1 Satz 1 geänd. durch G v. 22.12.2009 (BGBl. I S. 3950).

[5)] § 8a Abs. 1 Satz 3 neu gef. durch G v. 22.12.2009 (BGBl. I S. 3950); geänd. durch G v. 20.12.2016 (BGBl. I S. 2998), zur Anwendung von § 8d siehe § 34 Abs. 6a; Satz 3 geänd. durch G v. 11.12.2018 (BGBl. I S. 2338).

[alte Fassung:]

[4] Auf Kapitalgesellschaften, die ihre Einkünfte nach § 2 Abs. 2 Nr. 2 des Einkommensteuergesetzes ermitteln, ist § 4h des Einkommensteuergesetzes sinngemäß anzuwenden.

[neue Fassung:][1]

[4] Bei Steuerpflichtigen im Sinne dieses Gesetzes gelten alle Einkünfte als in einem Betrieb im Sinne des § 4h Absatz 1 Satz 1 des Einkommensteuergesetzes erzielt.

(2)[2] *§ 4h Abs. 2 Satz 1 Buchstabe b des Einkommensteuergesetzes ist nur anzuwenden, wenn die Vergütungen für Fremdkapital an einen zu mehr als einem Viertel unmittelbar oder mittelbar am Grund- oder Stammkapital beteiligten Anteilseigner, eine diesem nahe stehende Person (§ 1 Abs. 2 des Außensteuergesetzes vom 8. September 1972 – BGBl. I S. 1713 –, das zuletzt durch Artikel 3 des Gesetzes vom 28. Mai 2007 – BGBl. I S. 914 – geändert worden ist, in der jeweils geltenden Fassung) oder einen Dritten, der auf den zu mehr als einem Viertel am Grund- oder Stammkapital beteiligten Anteilseigner oder eine diesem nahe stehende Person zurückgreifen kann, nicht mehr als 10 Prozent der die Zinserträge übersteigenden Zinsaufwendungen der Körperschaft im Sinne des § 4h Abs. 3 des Einkommensteuergesetzes betragen und die Körperschaft dies nachweist.*

(3)[3] [1] § 4h Abs. 2 Satz 1 Buchstabe c des Einkommensteuergesetzes ist nur anzuwenden, wenn die Vergütungen für Fremdkapital der Körperschaft oder eines anderen demselben Konzern zugehörenden Rechtsträgers an

[alte Fassung:]

einen zu mehr als einem Viertel unmittelbar oder mittelbar am Kapital beteiligten Gesellschafter einer konzernzugehörigen Gesellschaft, eine diesem nahe stehende Person (§ 1 Abs. 2 des Außensteuergesetzes) oder einen Dritten, der auf den zu mehr als einem Viertel am Kapital beteiligten Gesellschafter oder eine diesem nahe stehende Person zurückgreifen kann, nicht mehr als 10 Prozent der die Zinserträge übersteigenden Zinsaufwendungen des Rechtsträgers im Sinne des § 4h Abs. 3 des Einkommensteuergesetzes betragen und die Körperschaft dies nachweist.

[neue Fassung:][4]

zu mindestens einem Viertel unmittelbar oder mittelbar am Kapital beteiligte Gesellschafter einer konzernzugehörigen Gesellschaft, diesen nahestehende Personen (§ 1 Absatz 2 des Außensteuergesetzes) oder Dritte, die auf zu mindestens einem Viertel am Kapital beteiligte Gesellschafter oder diesen nahestehende Personen zurückgreifen können, bezogen auf den jeweiligen Rechtsträger insgesamt nicht mehr als 10 Prozent der die Zinserträge übersteigenden Zinsaufwendungen des Rechtsträgers im Sinne des § 4h Absatz 3 des Einkommensteuergesetzes betragen und die Körperschaft dies nachweist.

---

[1] § 8a Abs. 1 Satz 4 neu gef. durch G v. 22.12.2023 (BGBl. I Nr. 411). Zur Anwendung der alten und neuen Fassung siehe § 34 Abs. 4 Satz 2 iVm § 52 Abs. 8b EStG (Nr. **1**).

[2] § 8a Abs. 2 aufgeh. durch G v. 22.12.2023 (BGBl. I Nr. 411). Zur Anwendung von § 8a Abs. 2 siehe § 34 Abs. 4 Satz 1 sowie Satz 2 iVm § 52 Abs. 8b EStG (Nr. **1**).

[3] Zur Anwendung von § 8a Abs. 3 siehe § 34 Abs. 4 Satz 1.

[4] § 8a Abs. 3 Satz 1 neu gef. durch G v. 22.12.2023 (BGBl. I Nr. 411). Zur Anwendung der alten und neuen Fassung siehe § 34 Abs. 4 Satz 2 iVm § 52 Abs. 8b EStG (Nr. **1**).

[2]Satz 1 gilt nur für Zinsaufwendungen aus Verbindlichkeiten, die in dem voll konsolidierten Konzernabschluss nach § 4h Abs. 2 Satz 1 Buchstabe c des Einkommensteuergesetzes ausgewiesen sind und bei Finanzierung durch einen Dritten einen Rückgriff gegen einen nicht zum Konzern gehörenden Gesellschafter oder eine diesem nahe stehende Person auslösen.

§ 8b Beteiligung an anderen Körperschaften und Personenvereinigungen. (1)[1)] [1]Bezüge im Sinne des § 20 Abs. 1 Nr. 1, 2, 9 und 10 Buchstabe a des Einkommensteuergesetzes bleiben bei der Ermittlung des Einkommens außer Ansatz. [2]Satz 1 gilt nur, soweit die Bezüge das Einkommen der leistenden Körperschaft nicht gemindert haben. [3]Sofern die Bezüge in einem anderen Staat auf Grund einer vom deutschen Recht abweichenden steuerlichen Zurechnung der Anteile im Sinne des Satzes 1 einer anderen Person zugerechnet werden, gilt Satz 1 nur, soweit das Einkommen der anderen Person oder ihr nahestehender Personen nicht niedriger ist als bei einer dem deutschen Recht entsprechenden Zurechnung. [4]Sind die Bezüge im Sinne des Satzes 1 nach einem Abkommen zur Vermeidung der Doppelbesteuerung von der Bemessungsgrundlage für die Körperschaftsteuer auszunehmen, gilt Satz 2 ungeachtet des Wortlauts des Abkommens für diese Freistellung entsprechend. [5]Satz 2 gilt nicht, soweit die verdeckte Gewinnausschüttung das Einkommen einer dem Steuerpflichtigen nahe stehenden Person erhöht hat und § 32a des Körperschaftsteuergesetzes auf die Veranlagung dieser nahe stehenden Person keine Anwendung findet. [6]Bezüge im Sinne des Satzes 1 sind auch Einnahmen aus der Veräußerung von Dividendenscheinen und sonstigen Ansprüchen im Sinne des § 20 Abs. 2 Satz 1 Nr. 2 Buchstabe a des Einkommensteuergesetzes sowie Einnahmen aus der Abtretung von Dividendenansprüchen oder sonstigen Ansprüchen im Sinne des § 20 Abs. 2 Satz 2 des Einkommensteuergesetzes.

(2)[2)] [1]Bei der Ermittlung des Einkommens bleiben Gewinne aus der Veräußerung eines Anteils an einer Körperschaft oder Personenvereinigung, deren Leistungen beim Empfänger zu Einnahmen im Sinne des § 20 Abs. 1 Nr. 1, 2, 9 und 10 Buchstabe a des Einkommensteuergesetzes gehören, oder an einer Organgesellschaft im Sinne des § 14 oder § 17 außer Ansatz. [2]Veräußerungsgewinn im Sinne des Satzes 1 ist der Betrag, um den der Veräußerungspreis oder der an dessen Stelle tretende Wert nach Abzug der Veräußerungskosten den Wert übersteigt, der sich nach den Vorschriften über die steuerliche Gewinnermittlung im Zeitpunkt der Veräußerung ergibt (Buchwert). [3]Satz 1 gilt entsprechend für Gewinne aus der Auflösung oder der Herabsetzung des Nennkapitals oder aus dem Ansatz des in § 6 Absatz 1 Nummer 2 Satz 3 des Einkommensteuergesetzes bezeichneten Werts. [4]Die Sätze 1 und 3 gelten

---

[1)] § 8b Abs. 1 Sätze 2 bis 4 eingef. durch G v. 13.12.2006 (BGBl. I S. 2878); Abs. 1 Satz 2 neu gef. durch G v. 26.6.2013 (BGBl. I S. 1809); Abs. 1 Satz 3 eingef., bish. Sätze 3 bis 5 werden Sätze 4 bis 6 durch G v. 25.6.2021 (BGBl. I S. 2035); zur Anwendung siehe § 34 Abs. 5 Satz 1.

[2)] § 8b Abs. 2 neu gef. mWv VZ 2004 durch G v. 22.12.2003 (BGBl. I S. 2840); Satz 3 geänd., Satz 5 eingef. mWv VZ 2006 durch G v. 7.12.2006 (BGBl. I S. 2782); Sätze 1 und 3 geänd. mWv VZ 2015 durch G v. 25.7.2014 (BGBl. I S. 1266).

nicht, soweit der Anteil in früheren Jahren steuerwirksam auf den niedrigeren Teilwert abgeschrieben und die Gewinnminderung nicht durch den Ansatz eines höheren Werts ausgeglichen worden ist. [5] Satz 4 gilt außer für Gewinne aus dem Ansatz mit dem Wert, der sich nach § 6 Abs. 1 Nr. 2 Satz 3 des Einkommensteuergesetzes ergibt, auch für steuerwirksam vorgenommene Abzüge nach § 6b des Einkommensteuergesetzes und ähnliche Abzüge. [6] Veräußerung im vorstehenden Sinne ist auch die verdeckte Einlage.

(3)[1)] [1] Von dem jeweiligen Gewinn im Sinne des Absatzes 2 Satz 1, 3 und 6 gelten 5 Prozent als Ausgaben, die nicht als Betriebsausgaben abgezogen werden dürfen. [2] § 3c Abs. 1 des Einkommensteuergesetzes ist nicht anzuwenden. [3] Gewinnminderungen, die im Zusammenhang mit dem in Absatz 2 genannten Anteil entstehen, sind bei der Ermittlung des Einkommens nicht zu berücksichtigen. [4] Zu den Gewinnminderungen im Sinne des Satzes 3 gehören auch Gewinnminderungen im Zusammenhang mit einer Darlehensforderung oder aus der Inanspruchnahme von Sicherheiten, die für ein Darlehen hingegeben wurden, wenn das Darlehen oder die Sicherheit von einem Gesellschafter gewährt wird, der zu mehr als einem Viertel unmittelbar oder mittelbar am Grund- oder Stammkapital der Körperschaft, der das Darlehen gewährt wurde, beteiligt ist oder war. [5] Dies gilt auch für diesem Gesellschafter nahestehende Personen im Sinne des § 1 Abs. 2 des Außensteuergesetzes oder für Gewinnminderungen aus dem Rückgriff eines Dritten auf den zu mehr als einem Viertel am Grund- oder Stammkapital beteiligten Gesellschafter oder eine diesem nahestehende Person auf Grund eines der Gesellschaft gewährten Darlehens. [***ab 1.1.2022:*** [6] Währungskursverluste gelten nicht als Gewinnminderungen im Sinne der Sätze 4 und 5.] [7] Die Sätze 4 und 5 sind nicht anzuwenden, wenn nachgewiesen wird, dass auch ein fremder Dritter das Darlehen bei sonst gleichen Umständen gewährt oder noch nicht zurückgefordert hätte; dabei sind nur die eigenen Sicherungsmittel der Gesellschaft zu berücksichtigen. [8] Die Sätze 4 bis *6* [***ab 1.1.2022:*** 7] gelten entsprechend für Forderungen aus Rechtshandlungen, die einer Darlehensgewährung wirtschaftlich vergleichbar sind. [9] Gewinne aus dem Ansatz einer Darlehensforderung mit dem nach § 6 Abs. 1 Nr. 2 Satz 3 des Einkommensteuergesetzes maßgeblichen Wert bleiben bei der Ermittlung des Einkommens außer Ansatz, soweit auf die vorangegangene Teilwertabschreibung Satz 3 angewendet worden ist.

(4)[2)] [1] Bezüge im Sinne des Absatzes 1 sind abweichend von Absatz 1 Satz 1 bei der Ermittlung des Einkommens zu berücksichtigen, wenn die Beteiligung zu Beginn des Kalenderjahres unmittelbar weniger als 10 Prozent des Grund- oder Stammkapitals betragen hat; ist ein Grund- oder Stammkapital nicht vorhanden, ist die Beteiligung an dem Vermögen, bei Genossenschaften die

---

[1)] § 8b Abs. 3 neu gef. mWv VZ 2004 durch G v. 22.12.2003 (BGBl. I S. 2840); Sätze 4 bis 8 angef. mWv VZ 2008 durch G v. 20.12.2007 (BGBl. I S. 3150); Satz 6 eingef., bish. Sätze 6 bis 8 werden Sätze 7 bis 9 und neuer Satz 8 geänd. durch G v. 25.6.2021 (BGBl. I S. 2050); zur Anwendung siehe § 34 Abs. 5 Satz 2.

[2)] § 8b Abs. 4 neu gef. durch G v. 21.3.2013 (BGBl. I S. 561); zur Anwendung siehe § 34 Abs. 5 Satz 3 sowie § 27 Abs. 11 UmwStG (Nr. **130**); Abs. 4 Satz 8 geänd. durch G v. 12.12.2019 (BGBl. I S. 2451); zur Anwendung siehe § 34 Abs. 5 Satz 4.

Beteiligung an der Summe der Geschäftsguthaben, maßgebend. [2]Für die Bemessung der Höhe der Beteiligung ist § 13 Absatz 2 Satz 2 des Umwandlungssteuergesetzes nicht anzuwenden. [3]Überlässt eine Körperschaft Anteile an einen anderen und hat der andere diese oder gleichartige Anteile zurückzugeben, werden die Anteile für die Ermittlung der Beteiligungsgrenze der überlassenden Körperschaft zugerechnet. [4]Beteiligungen über eine Mitunternehmerschaft sind dem Mitunternehmer anteilig zuzurechnen; § 15 Absatz 1 Satz 1 Nummer 2 Satz 2 des Einkommensteuergesetzes gilt sinngemäß. [5]Eine dem Mitunternehmer nach Satz 4 zugerechnete Beteiligung gilt für die Anwendung dieses Absatzes als unmittelbare Beteiligung. [6]Für Zwecke dieses Absatzes gilt der Erwerb einer Beteiligung von mindestens 10 Prozent als zu Beginn des Kalenderjahres erfolgt. [7]Absatz 5 ist auf Bezüge im Sinne des Satzes 1 nicht anzuwenden. [8]Beteiligungen von Kreditinstituten im Sinne des § 1 Absatz 1 Satz 1 des Kreditwesengesetzes, die Mitglied einer kreditwirtschaftlichen Verbundgruppe im Sinne des § 2 Absatz 1 Nummer 13 des Zahlungsdiensteaufsichtsgesetzes sind, an anderen Unternehmen und Einrichtungen dieser Verbundgruppe sind zusammenzurechnen.

(5)[1)] [1]Von den Bezügen im Sinne des Absatzes 1, die bei der Ermittlung des Einkommens außer Ansatz bleiben, gelten 5 Prozent als Ausgaben, die nicht als Betriebsausgaben abgezogen werden dürfen. [2]§ 3c Abs. 1 des Einkommensteuergesetzes ist nicht anzuwenden.

(6) [1]Die Absätze 1 bis 5 gelten auch für die dort genannten Bezüge, Gewinne und Gewinnminderungen, die dem Steuerpflichtigen im Rahmen des Gewinnanteils aus einer Mitunternehmerschaft zugerechnet werden, sowie für Gewinne und Verluste, soweit sie bei der Veräußerung oder Aufgabe eines Mitunternehmeranteils auf Anteile im Sinne des Absatzes 2 entfallen. [2]Die Absätze 1 bis 5 gelten für Bezüge und Gewinne, die einem Betrieb gewerblicher Art einer juristischen Person des öffentlichen Rechts über andere juristische Personen des öffentlichen Rechts zufließen, über die sie mittelbar an der leistenden Körperschaft, Personenvereinigung oder Vermögensmasse beteiligt ist und bei denen die Leistungen nicht im Rahmen eines Betriebs gewerblicher Art erfasst werden, und damit im Zusammenhang stehende Gewinnminderungen entsprechend.

(7)[2)] [1]Die Absätze 1 bis 6 sind nicht auf Anteile anzuwenden, die bei Kreditinstituten, Wertpapierinstituten und Finanzdienstleistungsinstituten dem Handelsbestand im Sinne des § 340e Absatz 3 des Handelsgesetzbuchs zuzuordnen sind. [2]Gleiches gilt für Anteile, die bei Finanzunternehmen im Sinne des Kreditwesengesetzes, an denen Kreditinstitute, Wertpapierinstitute oder Finanzdienstleistungsinstitute unmittelbar oder mittelbar zu mehr als 50 Prozent beteiligt sind, zum Zeitpunkt des Zugangs zum Betriebsvermögen als Umlaufvermögen auszuweisen sind.

[1)] § 8b Abs. 5 neu gef. mWv VZ 2004 durch G v. 22.12.2003 (BGBl. I S. 2840).

[2)] § 8b Abs. 7 neu gef. durch G v. 20.12.2016 (BGBl. I S. 3000); zur Anwendung siehe § 34 Abs. 5 Satz 4; Sätze 1 und 2 geänd. mWv 26.6.2021 durch G v. 12.5.2021 (BGBl. I S. 990).

(8)[1] [1]Die Absätze 1 bis 7 sind nicht anzuwenden auf Anteile, die bei Lebens- und Krankenversicherungsunternehmen den Kapitalanlagen zuzurechnen sind. [2]Satz 1 gilt nicht für Gewinne im Sinne des Absatzes 2, soweit eine Teilwertabschreibung in früheren Jahren nach Absatz 3 bei der Ermittlung des Einkommens unberücksichtigt geblieben ist und diese Minderung nicht durch den Ansatz eines höheren Werts ausgeglichen worden ist. [3]Gewinnminderungen, die im Zusammenhang mit den Anteilen im Sinne des Satzes 1 stehen, sind bei der Ermittlung des Einkommens nicht zu berücksichtigen, wenn das Lebens- oder Krankenversicherungsunternehmen die Anteile von einem verbundenen Unternehmen (§ 15 des Aktiengesetzes) erworben hat, soweit ein Veräußerungsgewinn für das verbundene Unternehmen nach Absatz 2 in der Fassung des Artikels 3 des Gesetzes vom 23. Oktober 2000 (BGBl. I S. 1433) bei der Ermittlung des Einkommens außer Ansatz geblieben ist. [4]Für die Ermittlung des Einkommens sind die Anteile mit den nach handelsrechtlichen Vorschriften ausgewiesenen Werten anzusetzen, die bei der Ermittlung der nach § 21 abziehbaren Beträge zu Grunde gelegt wurden. [5]Entsprechendes gilt für Pensionsfonds.

(9)[2] Die Absätze 7 und 8 gelten nicht für Bezüge im Sinne des Absatzes 1, auf die die Mitgliedstaaten der Europäischen Union Artikel 4 Abs. 1

(Fortsetzung nächstes Blatt)

---

[1] § 8b Abs. 8 angef. mWv VZ 2004 bzw. bei abweichendem Wj. mWv VZ 2005 durch G v. 22.12.2003 (BGBl. I S. 2840).

[2] § 8b Abs. 9 angef. durch G v. 9.12.2004 (BGBl. I S. 3310); geänd. durch G v. 26.6.2013 (BGBl. I S. 1809).

eines Wirtschaftsguts, das der außerbetrieblichen Sphäre einer Körperschaft, Personenvereinigung oder Vermögensmasse zuzuordnen ist, entsprechend.

(2)[1] *(aufgehoben)*

(3)[2] *(aufgehoben)*

(4)[3] *(aufgehoben)*

§ 13 Beginn und Erlöschen einer Steuerbefreiung. (1) Wird eine steuerpflichtige Körperschaft, Personenvereinigung oder Vermögensmasse von der Körperschaftsteuer befreit, so hat sie auf den Zeitpunkt, in dem die Steuerpflicht endet, eine Schlussbilanz aufzustellen.

(2) Wird eine von der Körperschaftsteuer befreite Körperschaft, Personenvereinigung oder Vermögensmasse steuerpflichtig und ermittelt sie ihren Gewinn durch Betriebsvermögensvergleich, so hat sie auf den Zeitpunkt, in dem die Steuerpflicht beginnt, eine Anfangsbilanz aufzustellen.

(3)[4] In der Schlussbilanz im Sinne des Absatzes 1 und in der Anfangsbilanz im Sinne des Absatzes 2 sind die Wirtschaftsgüter vorbehaltlich des Absatzes 4 mit den Teilwerten anzusetzen.

(4)[5] [1]Beginnt die Steuerbefreiung auf Grund des § 5 Abs. 1 Nr. 9, sind die Wirtschaftsgüter, die der Förderung steuerbegünstigter Zwecke im Sinne der §§ 52 bis 54 der Abgabenordnung dienen, in der Schlussbilanz mit den Buchwerten anzusetzen. [2]Erlischt die Steuerbefreiung, so ist in der Anfangsbilanz für die in Satz 1 bezeichneten Wirtschaftsgüter der Wert anzusetzen, der sich bei ununterbrochener Steuerpflicht nach den Vorschriften über die steuerliche Gewinnermittlung ergeben würde.

(5) Beginnt oder erlischt die Steuerbefreiung nur teilweise, so gelten die Absätze 1 bis 4 für den entsprechenden Teil des Betriebsvermögens.

(6) [1]Gehören Anteile an einer Kapitalgesellschaft nicht zu dem Betriebsvermögen der Körperschaft, Personenvereinigung oder Vermögensmasse, die von der Körperschaftsteuer befreit wird, so ist § 17 des Einkommensteuergesetzes auch ohne Veräußerung anzuwenden, wenn die übrigen Voraussetzungen dieser Vorschrift in dem Zeitpunkt erfüllt sind, in dem die Steuerpflicht endet. [2]Als Veräußerungspreis gilt der gemeine Wert der Anteile. [3]Im Falle des Beginns der Steuerpflicht gilt der gemeine Wert der Anteile als Anschaffungskosten der Anteile. [4]Die Sätze 1 und 2 gelten nicht in den Fällen des Absatzes 4 Satz 1.

---

[1] § 12 Abs. 2 aufgeh. durch G v. 25.6.2021 (BGBl. I S. 2050); zur letztmaligen Anwendung siehe § 34 Abs. 6d Satz 3.

[2] § 12 Abs. 3 aufgeh. mWv VZ 2022 durch G v. 25.6.2021 (BGBl. I S. 2050).

[3] § 12 Abs. 4 angef. mWv 29.3.2019 durch Brexit-StBG v. 25.3.2019 (BGBl. I S. 357) und aufgeh. durch G v. 25.6.2021 (BGBl. I S. 2056); zur letztmaligen Anwendung siehe § 34 Abs. 6d Satz 2.

[4] § 13 Abs. 3 Sätze 2 bis 11 aufgeh. durch G v. 8.12.2010 (BGBl. I S. 1768).

[5] § 13 Abs. 4 Satz 1 Verweis geänd. mWv VZ 2020 durch G v. 12.12.2019 (BGBl. I S. 2451).

Zweites Kapitel. Sondervorschriften für die Organschaft

§ 14 Aktiengesellschaft oder Kommanditgesellschaft auf Aktien als Organgesellschaft. (1)[1] [1]Verpflichtet sich eine Europäische Gesellschaft, Aktiengesellschaft oder Kommanditgesellschaft auf Aktien mit Geschäftsleitung im Inland und Sitz in einem Mitgliedstaat der Europäischen Union oder

(Fortsetzung nächstes Blatt)

---

[1] § 14 Abs. 1 geänd. mWv VZ 2006 durch G v. 7.12.2006 (BGBl. I S. 2782); Satzteil vor Nr. 1 geänd. durch G v. 20.2.2013 (BGBl. I S. 285); Satzteil vor Nr. 1 geänd. durch G v. 20.2.2013 (BGBl. I S. 285).

[Fassung bis 12.12.2019:]

2.[1] [1] § 8b Abs. 1 bis 6 dieses Gesetzes sowie § 4 Abs. 6 des Umwandlungssteuergesetzes sind bei der Organgesellschaft nicht anzuwenden. [2] Sind in dem dem Organträger zugerechneten Einkommen Bezüge, Gewinne oder Gewinnminderungen im Sinne des § 8b Abs. 1 bis 3 dieses Gesetzes oder mit solchen Beträgen zusammenhängende Ausgaben im Sinne des § 3c Abs. 2 des Einkommensteuergesetzes oder ein Übernahmeverlust im Sinne des § 4 Abs. 6 des Umwandlungssteuergesetzes enthalten, sind § 8b dieses Gesetzes, § 4 Abs. 6 des Umwandlungssteuergesetzes sowie § 3 Nr. 40 und § 3c Abs. 2 des Einkommensteuergesetzes bei der Ermittlung des Einkommens des Organträgers anzuwenden.

[Fassung ab 13.12.2019:]

2.[2] [1] § 8b Absatz 1 bis 6 dieses Gesetzes sowie § 4 Absatz 6 und § 12 Absatz 2 Satz 1 des Umwandlungssteuergesetzes sind bei der Organgesellschaft nicht anzuwenden. [2] Sind in dem dem Organträger zugerechneten Einkommen Bezüge, Gewinne oder Gewinnminderungen im Sinne des § 8b Absatz 1 bis 3 dieses Gesetzes oder mit solchen Beträgen zusammenhängende Ausgaben im Sinne des § 3c Absatz 2 des Einkommensteuergesetzes, ein Übernahmeverlust im Sinne des § 4 Absatz 6 des Umwandlungssteuergesetzes oder ein Gewinn oder Verlust im Sinne des § 12 Absatz 2 Satz 1 des Umwandlungssteuergesetzes enthalten, sind § 8b dieses Gesetzes, § 4 Absatz 6 und § 12 Absatz 2 des Umwandlungssteuergesetzes sowie § 3 Nummer 40 und § 3c Absatz 2 des Einkommensteuergesetzes bei der Ermittlung des Einkommens des Organträgers anzuwenden; in den Fällen des § 12 Absatz 2 Satz 2 des Umwandlungssteuergesetzes sind neben § 8b dieses Gesetzes auch § 3 Nummer 40 und § 3c Absatz 2 des Einkommensteuergesetzes entsprechend anzuwenden.

[3] Satz 2 gilt nicht, soweit bei der Organgesellschaft § 8b Abs. 7, 8 oder 10 anzuwenden ist. [4] Für die Anwendung der Beteiligungsgrenze im Sinne des § 8b Absatz 4 in der Fassung des Artikels 1 des Gesetzes vom 21. März 2013 (BGBl. I S. 561) werden Beteiligungen der Organgesellschaft und Beteiligungen des Organträgers getrennt betrachtet.

2a.[3] [1] § 20 Absatz 1 Satz 1 bis 3 und Absatz 2 bis 4, die §§ 21, 30 Absatz 2, die §§ 42 und 43 Absatz 3, § 44 sowie § 49 Absatz 1 des Investmentsteuer-

---

[1] § 15 Satz 1 Nr. 2 neu gef. mWv VZ 2006 durch G v. 7.12.2006 (BGBl. I S. 2782); Satz 3 angef. durch G v. 19.12.2008 (BGBl. I S. 2794); Satz 4 angef. durch G v. 21.3.2013 (BGBl. I S. 561).

[2] § 15 Satz 1 Nr. 2 Satz 1 und 2 neu gef. durch G v. 12.12.2019 (BGBl. I S. 2451); zur Anwendung siehe § 34 Abs. 6g.

[3] § 15 Satz 1 Nr. 2a eingef. mWv VZ 2018 durch G v. 11.12.2018 (BGBl. I S. 2338); zur Anwendung siehe § 34 Abs. 6f.

gesetzes sind bei der Organgesellschaft nicht anzuwenden. [2]Sind im dem dem Organträger zugerechneten Einkommen Erträge im Sinne des § 16 oder § 34 des Investmentsteuergesetzes oder mit solchen Erträgen zusammenhängende Betriebsvermögensminderungen, Betriebsausgaben oder Veräußerungskosten im Sinne des § 21 oder § 44 des Investmentsteuergesetzes enthalten, sind die §§ 20, 21, 30 Absatz 2, die §§ 42, 43 Absatz 3, § 44 sowie § 49 Absatz 1 des Investmentsteuergesetzes bei der Ermittlung des Einkommens des Organträgers anzuwenden. [3]Für Zwecke des Satzes 2 gilt der Organträger als Anleger im Sinne des § 2 Absatz 10 des Investmentsteuergesetzes. [4]Die bloße Begründung oder Beendigung einer Organschaft nach § 14 Absatz 1 Satz 1 führt nicht zu einer Veräußerung nach § 22 Absatz 1 des Investmentsteuergesetzes. [5]Die Sätze 1 bis 4 gelten nicht, soweit die Organgesellschaft die Voraussetzungen des § 20 Absatz 1 Satz 4 oder des § 30 Absatz 3 des Investmentsteuergesetzes erfüllt. [6]Für die Anwendung der Beteiligungsgrenze im Sinne des § 30 Absatz 2 Nummer 2 des Investmentsteuergesetzes werden Beteiligungen der Organgesellschaft und Beteiligungen des Organträgers getrennt betrachtet.

3.[1)] [1]§ 4h des Einkommensteuergesetzes ist bei der Organgesellschaft nicht anzuwenden. [2]Organträger und Organgesellschaften gelten als ein Betrieb im Sinne des § 4h des Einkommensteuergesetzes. [3]Sind in dem dem Organträger zugerechneten Einkommen der Organgesellschaften Zinsaufwendungen und Zinserträge im Sinne des § 4h Abs. 3 des Einkommensteuergesetzes enthalten, sind diese bei Anwendung des § 4h Abs. 1 des Einkommensteuergesetzes beim Organträger einzubeziehen.

4.[2)] [1]§ 8 Abs. 3 Satz 2 und Abs. 7 ist bei der Organgesellschaft auf Dauerverlustgeschäfte im Sinne des § 8 Abs. 7 Satz 2 nicht anzuwenden. [2]Sind in dem dem Organträger zugerechneten Einkommen Verluste aus Dauerverlustgeschäften im Sinne des § 8 Abs. 7 Satz 2 enthalten, ist § 8 Abs. 3 Satz 2 und Abs. 7 bei der Ermittlung des Einkommens des Organträgers anzuwenden.

5.[2)] [1]§ 8 Abs. 9 ist bei der Organgesellschaft nicht anzuwenden. [2]Sind in dem dem Organträger zugerechneten Einkommen Einkommen einer Kapitalgesellschaft enthalten, auf die § 8 Abs. 7 Satz 1 Nr. 2 anzuwenden ist, ist § 8 Abs. 9 bei der Ermittlung des Einkommens des Organträgers anzuwenden.

[2]Nummer 2 gilt entsprechend für Gewinnanteile aus der Beteiligung an einer ausländischen Gesellschaft, die nach den Vorschriften eines Abkommens zur Vermeidung der Doppelbesteuerung von der Besteuerung auszunehmen sind. [3]Bei Anwendung des Satzes 2 finden § 16 Absatz 4 sowie § 43 Absatz 1 Satz 3 des Investmentsteuergesetzes beim Organträger Anwendung. [4]Für Zwecke des Satzes 3 gilt der Organträger als Anleger im Sinne des § 2 Absatz 10 des Investmentsteuergesetzes.[3)]

[1)] § 15 Satz 1 Nr. 3 angef. durch G v. 14.8.2007 (BGBl. I S. 1912).

[2)] § 15 Satz 1 Nrn. 4 und 5 angef. durch G v. 19.12.2008 (BGBl. I S. 2794).

[3)] § 15 Satz 2 angef. mWv VZ 2003 durch G v. 16.5.2003 (BGBl. I S. 660); Sätze 3 und 4 angef. mWv VZ 2018 durch G v. 11.12.2018 (BGBl. I S. 2338); zur Anwendung siehe § 34 Abs. 6f.

Jahres nach Unanfechtbarkeit des Steuerbescheides der Körperschaft. [3]Die Sätze 1 und 2 gelten auch für verdeckte Gewinnausschüttungen an Empfänger von Bezügen im Sinne des § 20 Abs. 1 Nr. 9 und 10 Buchstabe a des Einkommensteuergesetzes.

(2) [1]Soweit gegenüber dem Gesellschafter ein Steuerbescheid oder ein Feststellungsbescheid hinsichtlich der Berücksichtigung einer verdeckten Einlage erlassen, aufgehoben oder geändert wird, kann ein Steuerbescheid gegenüber der Körperschaft, welcher der Vermögensvorteil zugewendet wurde, aufgehoben, erlassen oder geändert werden. [2]Absatz 1 Satz 2 gilt entsprechend.

Fünfter Teil. Ermächtigungs- und Schlussvorschriften

§ 33 Ermächtigungen. (1) Die Bundesregierung wird ermächtigt, zur Durchführung dieses Gesetzes mit Zustimmung des Bundesrates durch Rechtsverordnung

1. zur Wahrung der Gleichmäßigkeit bei der Besteuerung, zur Beseitigung von Unbilligkeiten in Härtefällen und zur Vereinfachung des Besteuerungsverfahrens den Umfang der Steuerbefreiungen nach § 5 Abs. 1 Nr. 3 und 4 näher zu bestimmen. [2]Dabei können
   a) zur Durchführung des § 5 Abs. 1 Nr. 3 Vorschriften erlassen werden, nach denen die Steuerbefreiung nur eintritt,
      aa) wenn die Leistungsempfänger nicht überwiegend aus dem Unternehmer oder seinen Angehörigen, bei Gesellschaften aus den Gesellschaftern und ihren Angehörigen bestehen,
      bb) wenn bei Kassen mit Rechtsanspruch der Leistungsempfänger die Rechtsansprüche und bei Kassen ohne Rechtsanspruch der Leistungsempfänger die laufenden Kassenleistungen und das Sterbegeld bestimmte Beträge nicht übersteigen, die dem Wesen der Kasse als soziale Einrichtung entsprechen,
      cc) wenn bei Auflösung der Kasse ihr Vermögen satzungsmäßig nur für soziale Zwecke verwendet werden darf,
      dd) wenn rechtsfähige Pensions-, Sterbe- und Krankenkassen der Versicherungsaufsicht unterliegen,
      ee) wenn bei rechtsfähigen Unterstützungskassen die Leistungsempfänger zu laufenden Beiträgen oder Zuschüssen nicht verpflichtet sind und die Leistungsempfänger oder die Arbeitnehmervertretungen des Betriebs oder der Dienststelle an der Verwaltung der Beträge, die der Kasse zufließen, beratend mitwirken können;
   b) zur Durchführung des § 5 Abs. 1 Nr. 4 Vorschriften erlassen werden
      aa) über die Höhe der für die Inanspruchnahme der Steuerbefreiung zulässigen Beitragseinnahmen,
      bb) nach denen bei Versicherungsvereinen auf Gegenseitigkeit, deren Geschäftsbetrieb sich auf die Sterbegeldversicherung beschränkt, die Steuerbefreiung unabhängig von der Höhe der Beitragseinnahmen auch eintritt, wenn die Höhe des Sterbegeldes insgesamt die Leistung der nach § 5 Abs. 1 Nr. 3 steuerbefreiten Sterbekassen nicht über-

steigt und wenn der Verein auch im Übrigen eine soziale Einrichtung darstellt;

2. Vorschriften zu erlassen

a)[1] *über die Kleinbeträge, um die eine Rückstellung für Beitragsrückerstattung nach § 21 Abs. 2 nicht aufgelöst zu werden braucht, wenn die Auszahlung dieser Beträge an die Versicherten mit einem unverhältnismäßig hohen Verwaltungsaufwand verbunden wäre;*

b) über die Herabsetzung oder Erhöhung der Körperschaftsteuer nach § 23 Abs. 2;

c) nach denen bei Anschaffung oder Herstellung von abnutzbaren beweglichen und bei Herstellung von abnutzbaren unbeweglichen Wirtschaftsgütern des Anlagevermögens auf Antrag ein Abzug von der Körperschaftsteuer für den Veranlagungszeitraum der Anschaffung oder Herstellung bis zur Höhe von 7,5 Prozent der Anschaffungs- oder Herstellungskosten dieser Wirtschaftsgüter vorgenommen werden kann. [2] § 51 Abs. 1 Nr. 2 Buchstabe s des Einkommensteuergesetzes gilt entsprechend;

d) nach denen Versicherungsvereine auf Gegenseitigkeit von geringerer wirtschaftlicher Bedeutung, die eine Schwankungsrückstellung nach § 20 Abs. 1 nicht gebildet haben, zum Ausgleich des schwankenden Jahresbedarfs zu Lasten des steuerlichen Gewinns Beträge der nach § 193[2] des Versicherungsaufsichtsgesetzes zu bildenden Verlustrücklage zuführen können.

e)[3] *(aufgehoben)*

(2) Das Bundesministerium der Finanzen wird ermächtigt,

1. im Einvernehmen mit den obersten Finanzbehörden der Länder Muster der in den §§ 27 und 37 vorgeschriebenen Bescheinigungen zu bestimmen;
2. den Wortlaut dieses Gesetzes und der zu diesem Gesetz erlassenen Durchführungsverordnungen in der jeweils geltenden Fassung mit neuem Datum, unter neuer Überschrift und in neuer Paragrafenfolge bekannt zu machen und dabei Unstimmigkeiten des Wortlauts zu beseitigen.

§ 34[4] Schlussvorschriften. (1)[5] Diese Fassung des Gesetzes gilt, soweit in den folgenden Absätzen nichts anderes bestimmt ist, erstmals für den Veranlagungszeitraum 2024.

(1a)[6] § 1a in der Fassung des Artikels 1 des Gesetztes vom 25. Juni 2021 (BGBl. I S. 2050) ist erstmals für den Veranlagungszeitraum 2021 anzuwenden

---

[1] § 33 Abs. 1 Nr. 2 Buchst. a aufgeh. mWv 1.1.2019 durch G v. 11.12.2018 (BGBl. I S. 2338).

[2] Verweis geänd. durch G v. 1.4.2015 (BGBl. I S. 434); zur Anwendung siehe § 34 Abs. 10a.

[3] § 33 Abs. 1 Nr. 2 Buchst. e aufgeh. durch G v. 25.6.2021 (BGBl. I S. 2056).

[4] § 34 neu gef. durch G v. 25.7.2014 (BGBl. I S. 1266).

[5] § 34 Abs. 1 geänd. durch G v. 2.11.2015 (BGBl. I S. 1834); geänd. durch G v. 27.6.2017 (BGBl. I S. 2074); geänd. durch G v. 12.12.2019 (BGBl. I S. 2451); geänd. durch G v. 25.6.2021 (BGBl. I S. 2050); geänd. durch G v. 22.12.2023 (BGBl. I Nr. 411).

[6] § 34 Abs. 1a eingef. durch G v. 25.6.2021 (BGBl. I S. 2050).

mit der Maßgabe, dass der Antrag erstmals für nach dem 31. Dezember 2021 beginnende Wirtschaftsjahre gestellt werden kann.

(2)[1] [1] Genossenschaften sowie Vereine können bis zum 31. Dezember 1991, in den Fällen des § 54 Absatz 4 in der Fassung des Artikels 9 des Gesetzes vom 18. Dezember 1989 (BGBl. I S. 2212) bis zum 31. Dezember 1992 oder, wenn es sich um Genossenschaften oder Vereine in dem in Artikel 3 des Einigungsvertrages genannten Gebiet handelt, bis zum 31. Dezember 1993 durch schriftliche Erklärung auf die Steuerbefreiung nach § 5 Absatz 1 Nummer 10 und 14 des Körperschaftsteuergesetzes in der Fassung des Artikels 4 des Gesetzes vom 14. Juli 2000 (BGBl. I S. 1034) verzichten, und zwar auch für den Veranlagungszeitraum 1990. [2] Die Körperschaft ist mindestens für fünf aufeinanderfolgende Kalenderjahre an die Erklärung gebunden. [3] Die Erklärung kann nur mit Wirkung vom Beginn eines Kalenderjahrs an widerrufen werden. [4] Der Widerruf ist spätestens bis zur Unanfechtbarkeit der Steuerfestsetzung des Kalenderjahrs zu erklären, für das er gelten soll.

(2a)[2] § 5 Absatz 1 Nummer 1 in der Fassung des Artikels 6 des Gesetzes vom 12. Dezember 2019 (BGBl. I S. 2451) ist erstmals für den Veranlagungszeitraum 2019 anzuwenden.

(3)[3] [1] § 5 Absatz 1 Nummer 2 ist für die Hamburgische Investitions- und Förderbank erstmals für den Veranlagungszeitraum 2013 anzuwenden. [2] Die Steuerbefreiung nach § 5 Absatz 1 Nummer 2 in der bis zum 30. Juli 2014[4] geltenden Fassung ist für die Hamburgische Wohnungsbaukreditanstalt letztmals für den Veranlagungszeitraum 2013 anzuwenden. [3] § 5 Absatz 1 Nummer 2 ist für die Investitionsbank Sachsen-Anhalt erstmals für den Veranlagungszeitraum 2023 anzuwenden. [4] Die Steuerbefreiung nach § 5 Absatz 1 Nummer 2 in der bis zum 20. Dezember 2022 geltenden Fassung ist für die Investitionsbank Sachsen-Anhalt – Anstalt der Norddeutschen Landesbank – Girozentrale – letztmalig für den Veranlagungszeitraum 2023 anzuwenden. [5] § 5 Absatz 1 Nummer 16 Satz 1 und 2 in der am 1. Januar 2016 geltenden Fassung ist erstmals für den Veranlagungszeitraum 2015 anzuwenden. [6] § 5 Absatz 1 Nummer 24 in der am 31. Dezember 2014 geltenden Fassung ist erstmals für den Veranlagungszeitraum 2014 anzuwenden.

(3a)[5] § 5 Absatz 1 Nummer 3 Buchstabe d, Nummer 4 und 16 Satz 3 in der am 1. Januar 2016 geltenden Fassung ist erstmals für den Veranlagungszeitraum 2016 anzuwenden.

(3b)[6] § 5 Absatz 1 Nummer 10 in der Fassung des Artikels 2 des Gesetzes vom 4. August 2019 (BGBl. I S. 1122) ist erstmals für den Veranlagungszeitraum 2019 anzuwenden.

---

[1] § 34 Abs. 2 Satz 1 geänd. durch G v. 12.12.2019 (BGBl. I S. 2451).

[2] § 34 Abs. 2a eingef. durch G v. 12.12.2019 (BGBl. I S. 2451).

[3] § 34 Abs. 3 Satz 3 angef. durch G v. 22.12.2014 (BGBl. I S. 2417); Satz 3 eingef., bish. Satz 3 wird Satz 4 durch G v. 2.11.2015 (BGBl. I S. 1834); Sätze 3 und 4 eingef., bish. Sätze 3 und 4 werden Sätze 5 und 6 durch G v. 16.12.2022 (BGBl. I S. 2294).

[4] Datum des Tags der Verkündung des G v. 25.7.2014 (BGBl. I S. 1266).

[5] § 34 Abs. 3a eingef. durch G v. 1.4.2015 (BGBl. I S. 434).

[6] § 34 Abs. 3b eingef. durch G v. 4.8.2019 (BGBl. I S. 1122).

(3c)[1] § 8 Absatz 1 in der Fassung des Artikels 3 des Gesetztes vom 25. Juni 2021 (BGBl. I S. 2056) ist auch für Veranlagungszeiträume vor 2021 anzuwenden.

(3d)[2] § 8 Absatz 8 Satz 6, § 8 Absatz 9 Satz 9, § 8c Absatz 2, § 8d Absatz 1 Satz 9, § 15 Satz 1 Nummer 1 Satz 2 und 3 und § 15 Satz 1 Nummer 1a in der Fassung des Artikels 3 des Gesetzes vom 27. Juni 2017 (BGBl. I S. 2074) sind auch für Veranlagungszeiträume vor 2017 anzuwenden, wenn der Steuerpflichtige einen Antrag nach § 52 Absatz 4a Satz 3 des Einkommensteuergesetzes in der Fassung des Artikels 2 des Gesetzes vom 11. Dezember 2018 (BGBl. I S. 2338) stellt.

(4)[3] [1] § 8a Absatz 2 und 3 ist nicht anzuwenden, wenn die Rückgriffsmöglichkeit des Dritten allein auf der Gewährträgerhaftung einer Gebietskörperschaft oder einer anderen Einrichtung des öffentlichen Rechts gegenüber den Gläubigern eines Kreditinstituts für Verbindlichkeiten beruht, die bis zum 18. Juli 2001 vereinbart waren; Gleiches gilt für bis zum 18. Juli 2005 vereinbarte Verbindlichkeiten, wenn deren Laufzeit nicht über den 31. Dezember 2015 hinausgeht. [2] § 8a in der am 31. Dezember 2023 geltenden Fassung ist weiter anzuwenden, soweit dieser auf 4h des Einkommensteuergesetzes in der am 31. Dezember 2023 geltenden Fassung Bezug nimmt.

(5)[4] [1] § 8b Absatz 1 Satz 3 in der Fassung des Artikels 2 des Gesetzes vom 25. Juni 2021 (BGBl. I S. 2035) ist erstmals für Bezüge anzuwenden, die nach dem 31. Dezember 2019 zufließen. [2] § 8b Absatz 3 Satz 6 in der Fassung des Artikels 1 des Gesetzes vom 25. Juni 2021 (BGBl. I S. 2050) ist erstmals für Gewinnminderungen im Sinne des § 8b Absatz 3 Satz 4 und 5 anzuwenden, die nach dem 31. Dezember 2021 eintreten.[3] § 8b Absatz 4 in der am 12. Dezember 2006 geltenden Fassung ist für Anteile weiter anzuwenden, die einbringungsgeboren im Sinne des § 21 des Umwandlungssteuergesetzes in der am 12. Dezember 2006 geltenden Fassung sind, und für Anteile im Sinne des § 8b Absatz 4 Satz 1 Nummer 2, die auf einer Übertragung bis zum 12. Dezember 2006 beruhen. [4] § 8b Absatz 4 Satz 8 in der Fassung des Artikels 6 des Gesetzes vom 12. Dezember 2019 (BGBl. I S. 2451) ist erstmals für den Veranlagungszeitraum 2018 anzuwenden. [5] § 8b Absatz 7 Satz 1 in der am 1. Januar 2017 geltenden Fassung ist erstmals für den Veranlagungszeitraum 2017 anzuwenden; § 8b Absatz 7 Satz 2 in der am 1. Januar 2017 geltenden Fassung ist anzuwenden auf Anteile, die nach dem 31. Dezember 2016 dem Betriebsvermögen zugehen.

(6)[5] [1] § 8c Absatz 1 Satz 1 bis 3 in der Fassung des Artikels 6 des Gesetzes vom 11. Dezember 2018 (BGBl. I S. 2338) findet erstmals für den Veranla-

---

[1] § 34 Abs. 3c eingef. durch G v. 25.6.2021 (BGBl. I S. 2056).

[2] § 34 Abs. 3b eingef. durch G v. 11.12.2018 (BGBl. I S. 2338); wird Abs. 3c durch G v. 4.8.2019 (BGBl. I S. 1122); wird Abs. 3d durch G v. 25.6.2021 (BGBl. I S. 2056).

[3] § 34 Abs. 4 Satz 2 angef., bish. Text wird Satz 1 durch G v. 22.12.2023 (BGBl. I Nr. 411).

[4] § 34 Abs. 5 Satz 2 angef., bish. Text wird Satz 1 durch G v. 20.12.2016 (BGBl. I S. 3000); Satz 2 eingef., bish. Satz 2 wird Satz 3 durch G v. 12.12.2019 (BGBl. I S. 2451); Satz 1 eingef., bish. Sätze 1 bis 3 werden Sätze 2 bis 4 durch G v. 25.6.2021 (BGBl. I S. 2035; Satz 2 eingef., Sätze 2 bis 4 werden Sätze 3 bis 5 durch G v. 25.6.2021 (BGBl. I S. 2050).

[5] § 34 Abs. 6 neu gef. durch G v. 11.12.2018 (BGBl. I S. 2338); Satz 3 neu gef. durch G v. 12.12.2019 (BGBl. I S. 2451).

130. Umwandlungssteuergesetz[1) · 2) · 3)]

Vom 7. Dezember 2006 (BGBl. I S. 2782/2791)

Geändert durch Unternehmensteuerreformgesetz 2008 vom 14.8.2007 (BGBl. I S. 1912), Jahressteuergesetz 2008 vom 20.12.2007 (BGBl. I S. 3150), Jahressteuergesetz 2009 vom 19.12.2008 (BGBl. I S. 2794), Wachstumsbeschleunigungsgesetz vom 22.12.2009 (BGBl. I S. 3950), Gesetz zur Umsetzung des EuGH-Urteils vom 20. Oktober 2011 in der Rechtssache C-284/09 vom 21.3.2013 (BGBl. I S. 561), Amtshilferichtlinie-Umsetzungsgesetz (AmtshilfeRLUmsG) vom 26. Juni 2013 (BGBl. I S. 1809), Gesetz zur Anpassung des nationalen Steuerrechts an den Beitritt Kroatiens zur EU und zur Änderung weiterer steuerlicher Vorschriften vom 25.7.2014 (BGBl. I S. 1266), Steueränderungsgesetz 2015 vom 2.11.2015 (BGBl. I S. 1834), Gesetz über steuerliche und weitere Begleitregelungen zum Austritt des Vereinigten Königreichs Großbritannien und Nordirland aus der Europäischen Union (Brexit-Steuerbegleitgesetz – Brexit-StBG) vom 25.3.2019 (BGBl. I S. 357), Gesetz zur Umsetzung steuerlicher Hilfsmaßnahmen zur Bewältigung der Corona-Krise (Corona-Steuerhilfegesetz) vom 19.6.2020 (BGBl. I S. 1385), Gesetz zur Modernisierung der Entlastung von Abzugsteuern und der Bescheinigung der Kapitalertragsteuer (Abzugsteuerentlastungsmodernisierungsgesetz – AbzStEntModG) vom 2.6.2021 (BGBl. I S. 1259), Gesetz zur Modernisierung des Körperschaftsteuerrechts vom 25.6.2021 (BGBl. I S. 2050), Jahressteuergesetz 2022 (JStG 2022) vom 16.12.2022 (BGBl. I S. 2294), Gesetz zur Umsetzung der Richtlinie (EU) 2022/2523 des Rates zur Gewährleistung einer globalen Mindestbesteuerung und weiterer Begleitmaßnahmen vom 21.12.2023 (BGBl. I Nr. 397) und Kreditzweitmarktförderungsgesetz vom 22.12.2023 (BGBl. I Nr. 411)

BGBl. III/FNA 610-6-16

Inhaltsübersicht

---

1) Das Umwandlungssteuergesetz wurde verkündet als Art. 6 des Gesetzes über steuerliche Begleitmaßnahmen zur Einführung der Europäischen Gesellschaft und zur Änderung weiterer steuerrechtlicher Vorschriften (SEStEG) vom 7.12.2006 (BGBl. I S. 2782).

2) Das UmwStG in dieser Fassung gilt für **nach dem 12.12.2006** erfolgte Umwandlungen und Einbringungen (§ 27 Abs. 1). Für **vom 1.1.1995 bis 12.12.2006** erfolgte Umwandlungen und Einbringungen siehe UmwStG idF der Bek. v. 15.10.2002 (BGBl. I S. 4133, ber. BGBl. I 2003 S. 738), zuletzt geänd. durch G v. 16.5.2003 (BGBl. I S. 660).

3) Das Umwandlungsgesetz abgedr. in **Habersack** Nr. **52a.**

Erster Teil. Allgemeine Vorschriften

§ 1 Anwendungsbereich und Begriffsbestimmungen. (1) [1]Der Zweite bis Fünfte Teil gilt nur für

1. die Verschmelzung, Aufspaltung und Abspaltung im Sinne der §§ 2, 123 Abs. 1 und 2 des Umwandlungsgesetzes von Körperschaften oder vergleichbare ausländische Vorgänge sowie des Artikels 17 der Verordnung (EG) Nr. 2157/2001 und des Artikels 19 der Verordnung (EG) Nr. 1435/2003;
2. den Formwechsel einer Kapitalgesellschaft in eine Personengesellschaft im Sinne des § 190 Abs. 1 des Umwandlungsgesetzes oder vergleichbare ausländische Vorgänge;

3. die Umwandlung im Sinne des § 1 Abs. 2 des Umwandlungsgesetzes, soweit sie einer Umwandlung im Sinne des § 1 Abs. 1 des Umwandlungsgesetzes entspricht sowie

4.[1] die Vermögensübertragung im Sinne des § 174 des Umwandlungsgesetzes *vom 28. Oktober 1994 (BGBl. I S. 3210, 1995 I S. 428), das zuletzt durch Artikel 10 des Gesetzes vom 9. Dezember 2004 (BGBl. I S. 3214) geändert worden ist, in der jeweils geltenden Fassung.*

[2] Diese Teile gelten nicht für die Ausgliederung im Sinne des § 123 Abs. 3 des Umwandlungsgesetzes.

(2)[2] *[1] Absatz 1 findet nur Anwendung, wenn*

1. *beim Formwechsel der umwandelnde Rechtsträger oder bei den anderen Umwandlungen die übertragenden und die übernehmenden Rechtsträger nach den Rechtsvorschriften eines Mitgliedstaats der Europäischen Union oder eines Staates, auf den das Abkommen über den Europäischen Wirtschaftsraum Anwendung findet, gegründete Gesellschaften im Sinne des Artikels 54 des Vertrags über die Arbeitsweise der Europäischen Union oder des Artikels 34 des Abkommens über den Europäischen Wirtschaftsraum sind, deren Sitz und Ort der Geschäftsleitung sich innerhalb des Hoheitsgebiets eines dieser Staaten befinden oder*
2. *übertragender Rechtsträger eine Gesellschaft im Sinne der Nummer 1 und übernehmender Rechtsträger eine natürliche Person ist, deren Wohnsitz oder gewöhnlicher Aufenthalt sich innerhalb des Hoheitsgebiets eines der Staaten im Sinne der Nummer 1 befindet und die nicht auf Grund eines Abkommens zur Vermeidung der Doppelbesteuerung mit einem dritten Staat als außerhalb des Hoheitsgebiets dieser Staaten ansässig angesehen wird.*

*[2] Eine Europäische Gesellschaft im Sinne der Verordnung (EG) Nr. 2157/2001 und eine Europäische Genossenschaft im Sinne der Verordnung (EG) Nr. 1435/2003 gelten für die Anwendung des Satzes 1 als eine nach den Rechtsvorschriften des Staates gegründete Gesellschaft, in dessen Hoheitsgebiet sich der Sitz der Gesellschaft befindet. [**ab 29.3.2019:** [3] Eine übertragende Gesellschaft, auf die § 122m des Umwandlungsgesetzes Anwendung findet, gilt als Gesellschaft mit Sitz und Ort der Geschäftsleitung innerhalb des Hoheitsgebiets eines Mitgliedstaats der Europäischen Union.]*

(3) Der Sechste bis Achte Teil gilt nur für

1. die Verschmelzung, Aufspaltung und Abspaltung im Sinne der §§ 2 und 123 Abs. 1 und 2 des Umwandlungsgesetzes von Personenhandelsgesellschaften *und Partnerschaftsgesellschaften*[3] oder vergleichbare ausländische Vorgänge;
2. die Ausgliederung von Vermögensteilen im Sinne des § 123 Abs. 3 des Umwandlungsgesetzes oder vergleichbare ausländische Vorgänge;
3. den Formwechsel einer Personengesellschaft in eine Kapitalgesellschaft oder Genossenschaft im Sinne des § 190 Abs. 1 des Umwandlungsgesetzes oder vergleichbare ausländische Vorgänge;

---

[1] § 1 Abs. 1 Satz 1 Nr. 4 kursiver Satzteil aufgeh. mWv 1.1.2022 (§ 27 Abs. 18) durch G v. 25.6.2021 (BGBl. I S. 2050).

[2] § 1 Abs. 2 Satz 3 angef. mWv 29.3.2019 durch Brexit-StBG v. 25.3.2019 (BGBl. I S. 357); Abs. 2 aufgeh. mWv 1.1.2022 (§ 27 Abs. 18) durch G v. 25.6.2021 (BGBl. I S. 2050).

[3] Kursiver Satzteil aufgehoben mWv 1.1.2024 durch G v. 22.12.2023 (BGBl. I Nr. 411).

4. die Einbringung von Betriebsvermögen durch Einzelrechtsnachfolge in eine Kapitalgesellschaft, eine Genossenschaft oder Personengesellschaft sowie
5. den Austausch von Anteilen.

(4) [1] Absatz 3 gilt nur, wenn

1.[1)] der übernehmende Rechtsträger eine *Gesellschaft im Sinne von Absatz 2 Satz 1 Nr. 1 ist* [***ab 1.1.2022:*** Europäische Gesellschaft im Sinne der Verordnung (EG) Nr. 2157/2001, eine Europäische Genossenschaft im Sinne der Verordnung (EG) Nr. 1435/2003 oder eine andere Gesellschaft im Sinne des Artikels 54 des Vertrags über die Arbeitsweise der Europäischen Union oder des Artikels 34 des Abkommens über den Europäischen Wirtschaftsraum ist, deren Sitz und Ort der Geschäftsleitung sich innerhalb des Hoheitsgebiets eines dieser Staaten befindet,] und

2. in den Fällen des Absatzes 3 Nr. 1 bis 4

a)[2)] beim Formwechsel der umwandelnde Rechtsträger, bei der Einbringung durch Einzelrechtsnachfolge der einbringende Rechtsträger oder bei den anderen Umwandlungen der übertragende Rechtsträger

[Fassung bis 31.12.2021:]

aa) eine Gesellschaft im Sinne von Absatz 2 Satz 1 Nr. 1 ist und, wenn es sich um eine Personengesellschaft handelt, soweit an dieser Körperschaften, Personenvereinigungen, Vermögensmassen oder natürliche Personen unmittelbar oder mittelbar über eine oder mehrere Personengesellschaften beteiligt sind, die die Voraussetzungen im Sinne von Absatz 2 Satz 1 Nr. 1 und 2 erfüllen, oder

bb) eine natürliche Person im Sinne von Absatz 2 Satz 1 Nr. 2 ist

oder

[Fassung ab 1.1.2022:]

aa) eine natürliche Person ist, deren Wohnsitz oder gewöhnlicher Aufenthalt sich innerhalb des Hoheitsgebiets eines der Staaten im Sinne der Nummer 1 befindet und die nicht auf Grund eines Abkommens zur Vermeidung der Doppelbesteuerung mit einem dritten Staat als außerhalb des Hoheitsgebiets dieser Staaten ansässig angesehen wird, oder

bb) eine Gesellschaft im Sinne der Nummer 1 ist und, wenn es sich um eine Personengesellschaft handelt, soweit an dieser Körperschaften, Personenvereinigungen, Vermögensmassen oder natürliche Personen unmittelbar oder mittelbar über eine oder mehrere Personengesellschaften beteiligt sind, die die Voraussetzungen im Sinne der Nummern 1 und 2 Buchstabe a Doppelbuchstabe aa erfüllen,

---

1) § 1 Abs. 4 Satz 1 Nr. 1 neu gef. mWv 1.1.2022 (§ 27 Abs. 18) durch G v. 25.6.2021 (BGBl. I S. 2050).

2) § 1 Abs. 4 Satz 1 Nr. 2 Buchst. a Doppelbuchst. aa und bb neu gef. mWv 1.1.2022 (§ 27 Abs. 18) durch G v. 25.6.2021 (BGBl. I S. 2050).

b) 500 000 Euro, höchstens jedoch den Buchwert der eingebrachten Anteile.

[3] § 20 Absatz 2 Satz 3 gilt entsprechend. [4] Erhält der Einbringende neben den neuen Gesellschaftsanteilen auch sonstige Gegenleistungen, sind die eingebrachten Anteile abweichend von Satz 2 mindestens mit dem gemeinen Wert der sonstigen Gegenleistungen anzusetzen, wenn dieser den sich nach Satz 2 ergebenden Wert übersteigt.

(2) [1] Der Wert, mit dem die übernehmende Gesellschaft die eingebrachten Anteile ansetzt, gilt für den Einbringenden als Veräußerungspreis der eingebrachten Anteile und als Anschaffungskosten der erhaltenen Anteile. [2] Abweichend von Satz 1 gilt für den Einbringenden der gemeine Wert der eingebrachten Anteile als Veräußerungspreis und als Anschaffungskosten der erhaltenen Anteile, wenn für die eingebrachten Anteile nach der Einbringung das Recht der Bundesrepublik Deutschland hinsichtlich der Besteuerung des Gewinns aus der Veräußerung dieser Anteile ausgeschlossen oder beschränkt ist; dies gilt auch, wenn das Recht der Bundesrepublik Deutschland hinsichtlich der Besteuerung des Gewinns aus der Veräußerung der erhaltenen Anteile ausgeschlossen oder beschränkt ist. [3] Auf Antrag gilt in den Fällen des Satzes 2 unter den Voraussetzungen des Absatzes 1 Satz 2 der Buchwert oder ein höherer Wert, höchstens der gemeine Wert, als Veräußerungspreis der eingebrachten Anteile und als Anschaffungskosten der erhaltenen Anteile, wenn

1. das Recht der Bundesrepublik Deutschland hinsichtlich der Besteuerung des Gewinns aus der Veräußerung der erhaltenen Anteile nicht ausgeschlossen oder beschränkt ist oder
2. der Gewinn aus dem Anteilstausch auf Grund Artikel 8 der Richtlinie 2009/133/EG nicht besteuert werden darf; in diesem Fall ist der Gewinn aus einer späteren Veräußerung der erhaltenen Anteile ungeachtet der Bestimmungen eines Abkommens zur Vermeidung der Doppelbesteuerung in der gleichen Art und Weise zu besteuern, wie die Veräußerung der Anteile an der erworbenen Gesellschaft zu besteuern gewesen wäre; § 15 Abs. 1a Satz 2 des Einkommensteuergesetzes ist entsprechend anzuwenden.

[4] Der Antrag ist spätestens bis zur erstmaligen Abgabe der Steuererklärung bei dem für die Besteuerung des Einbringenden zuständigen Finanzamt zu stellen. [5] Haben die eingebrachten Anteile beim Einbringenden nicht zu einem Betriebsvermögen gehört, treten an die Stelle des Buchwerts die Anschaffungskosten. [6] § 20 Abs. 3 Satz 3 und 4 gilt entsprechend.

(3) [1] Auf den beim Anteilstausch entstehenden Veräußerungsgewinn ist § 17 Abs. 3 des Einkommensteuergesetzes nur anzuwenden, wenn der Einbringende eine natürliche Person ist und die übernehmende Gesellschaft die eingebrachten Anteile nach Absatz 1 Satz 1 oder in den Fällen des Absatzes 2 Satz 2 der Einbringende mit dem gemeinen Wert ansetzt; dies gilt für die Anwendung von § 16 Abs. 4 des Einkommensteuergesetzes unter der Voraussetzung, dass eine im Betriebsvermögen gehaltene Beteiligung an einer Kapitalgesellschaft eingebracht wird, die das gesamte Nennkapital der Kapitalgesellschaft umfasst. [2] § 34 Abs. 1 des Einkommensteuergesetzes findet keine Anwendung.[1)]

[1)] Zur Anwendung von Satz 2 siehe § 27 Abs. 3 Nr. 3 Satz 2 Buchst. a HS 2.

§ 22[1)] Besteuerung des Anteilseigners. (1) [1]Soweit in den Fällen einer Sacheinlage unter dem gemeinen Wert (§ 20 Abs. 2 Satz 2) der Einbringende die erhaltenen Anteile innerhalb eines Zeitraums von sieben Jahren nach dem Einbringungszeitpunkt veräußert, ist der Gewinn aus der Einbringung rückwirkend im Wirtschaftsjahr der Einbringung als Gewinn des Einbringenden im Sinne von § 16 des Einkommensteuergesetzes zu versteuern (Einbringungsgewinn I); § 16 Abs. 4 und § 34 des Einkommensteuergesetzes sind nicht anzuwenden. [2]Die Veräußerung der erhaltenen Anteile gilt insoweit als rückwirkendes Ereignis im Sinne von § 175 Abs. 1 Satz 1 Nr. 2 der Abgabenordnung. [3]Einbringungsgewinn I ist der Betrag, um den der gemeine Wert des eingebrachten Betriebsvermögens im Einbringungszeitpunkt nach Abzug der Kosten für den Vermögensübergang den Wert, mit dem die übernehmende Gesellschaft dieses eingebrachte Betriebsvermögen angesetzt hat, übersteigt, vermindert um jeweils ein Siebtel für jedes seit dem Einbringungszeitpunkt abgelaufene Zeitjahr. [4]Der Einbringungsgewinn I gilt als nachträgliche Anschaffungskosten der erhaltenen Anteile. [5]Umfasst das eingebrachte Betriebsvermögen auch Anteile an Kapitalgesellschaften oder Genossenschaften, ist insoweit § 22 Abs. 2 anzuwenden; ist in diesen Fällen das Recht der Bundesrepublik Deutschland hinsichtlich der Besteuerung des Gewinns aus der Veräußerung der erhaltenen Anteile ausgeschlossen oder beschränkt, sind daneben auch die Sätze 1 bis 4 anzuwenden. [6]Die Sätze 1 bis 5 gelten entsprechend, wenn

1. der Einbringende die erhaltenen Anteile unmittelbar oder mittelbar unentgeltlich auf eine Kapitalgesellschaft oder eine Genossenschaft überträgt,
2.[2)] der Einbringende die erhaltenen Anteile entgeltlich überträgt, es sei denn, er weist nach, dass die Übertragung durch einen Vorgang im Sinne des § 20 Absatz 1 oder § 21 Absatz 1 oder auf Grund vergleichbarer ausländischer Vorgänge zu Buchwerten erfolgte und keine sonstigen Gegenleistungen erbracht wurden, die die Grenze des § 20 Absatz 2 Satz 2 Nummer 4 oder die Grenze des § 21 Absatz 1 Satz 2 Nummer 2 übersteigen,
3. die Kapitalgesellschaft, an der die Anteile bestehen, aufgelöst und abgewickelt wird oder das Kapital dieser Gesellschaft herabgesetzt und an die Anteilseigner zurückgezahlt wird oder Beträge aus dem steuerlichen Einlagekonto im Sinne des § 27 des Körperschaftsteuergesetzes ausgeschüttet oder zurückgezahlt werden,
4.[3)] der Einbringende die erhaltenen Anteile durch einen Vorgang im Sinne des § 21 Absatz 1 oder einen Vorgang im Sinne des § 20 Absatz 1 oder auf Grund vergleichbarer ausländischer Vorgänge zum Buchwert in eine Kapitalgesellschaft oder eine Genossenschaft eingebracht hat und diese Anteile anschließend unmittelbar oder mittelbar veräußert oder durch einen Vorgang im Sinne der Nummern 1 oder 2 unmittelbar oder mittelbar übertragen werden, es sei denn, er weist nach, dass diese Anteile zu Buchwerten übertragen wurden

---

[1)] Zur Anwendung siehe § 27 Abs. 4.

[2)] § 22 Abs. 1 Satz 6 Nr. 2 geänd. durch G v. 2.11.2015 (BGBl. I S. 1834); zur Anwendung siehe § 27 Abs. 14.

[3)] § 22 Abs. 1 Satz 6 Nr. 4 geänd. durch G v. 2.11.2015 (BGBl. I S. 1834); zur Anwendung siehe § 27 Abs. 14.

[3] § 20 Abs. 2 Satz 3 gilt entsprechend. [4] Erhält der Einbringende neben den neuen Gesellschaftsanteilen auch sonstige Gegenleistungen, ist das eingebrachte Betriebsvermögen abweichend von Satz 2 mindestens mit dem gemeinen Wert der sonstigen Gegenleistungen anzusetzen, wenn dieser den sich nach Satz 2 ergebenden Wert übersteigt.

(3) [1] Der Wert, mit dem das eingebrachte Betriebsvermögen in der Bilanz der Personengesellschaft einschließlich der Ergänzungsbilanzen für ihre Gesellschafter angesetzt wird, gilt für den Einbringenden als Veräußerungspreis. [2] § 16 Abs. 4 des Einkommensteuergesetzes ist nur anzuwenden, wenn das eingebrachte Betriebsvermögen mit dem gemeinen Wert angesetzt wird und es sich nicht um die Einbringung von Teilen eines Mitunternehmeranteils handelt; in diesen Fällen ist § 34 Abs. 1 und 3 des Einkommensteuergesetzes anzuwenden, soweit der Veräußerungsgewinn nicht nach § 3 Nr. 40 Satz 1 Buchstabe b in Verbindung mit § 3c Abs. 2 des Einkommensteuergesetzes teilweise steuerbefreit ist. [3] In den Fällen des Satzes 2 gilt § 16 Abs. 2 Satz 3 des Einkommensteuergesetzes entsprechend.

(4) § 23 Abs. 1, 3, 4 und 6 gilt entsprechend; in den Fällen der Einbringung in eine Personengesellschaft im Wege der Gesamtrechtsnachfolge gilt auch § 20 Abs. 5 und 6 entsprechend.

(5)[1)] Soweit im Rahmen einer Einbringung nach Absatz 1 unter dem gemeinen Wert eingebrachte Anteile an einer Körperschaft, Personenvereinigung oder Vermögensmasse innerhalb eines Zeitraums von sieben Jahren nach dem Einbringungszeitpunkt durch die übernehmende Personengesellschaft veräußert oder durch einen Vorgang nach § 22 Absatz 1 Satz 6 Nummer 1 bis 5 weiter übertragen werden und soweit beim Einbringenden der Gewinn aus der Veräußerung dieser Anteile im Einbringungszeitpunkt nicht nach § 8b Absatz 2 des Körperschaftsteuergesetzes steuerfrei gewesen wäre, ist § 22 Absatz 2, 3 und 5 bis 7 insoweit entsprechend anzuwenden, als der Gewinn aus der Veräußerung der eingebrachten Anteile auf einen Mitunternehmer entfällt, für den insoweit § 8b Absatz 2 des Körperschaftsteuergesetzes Anwendung findet.[2)]

(6)[3)] § 20 Abs. 9 gilt entsprechend.

Achter Teil. Formwechsel einer Personengesellschaft in eine Kapitalgesellschaft oder Genossenschaft

§ 25 Entsprechende Anwendung des Sechsten Teils. [1] In den Fällen des Formwechsels einer Personengesellschaft in eine Kapitalgesellschaft oder Genossenschaft im Sinne des § 190 des Umwandlungsgesetzes vom 28. Oktober 1994 (BGBl. I S. 3210, 1995 I S. 428), das zuletzt durch Artikel 10 des Gesetzes vom 9. Dezember 2004 (BGBl. I S. 3214) geändert worden ist, in der je-

---

[1)] Zur Anwendung siehe § 27 Abs. 4.

[2)] § 24 Abs. 5 geänd. mWv 29.3.2013 durch G v. 21.3.2013 (BGBl. I S. 561).

[3)] § 24 Abs. 6 angef. durch G v. 14.8.2007 (BGBl. I S. 1912); zur erstmaligen Anwendung siehe § 27 Abs. 5.

weils geltenden Fassung oder auf Grund vergleichbarer ausländischer Vorgänge gelten §§ 20 bis 23 entsprechend. [2] § 9 Satz 2 und 3 ist entsprechend anzuwenden.

Neunter Teil. Verhinderung von Missbräuchen

§ 26. (weggefallen)

Zehnter Teil. Anwendungsvorschriften und Ermächtigung

§ 27 Anwendungsvorschriften. (1) [1] Diese Fassung des Gesetzes ist erstmals auf Umwandlungen und Einbringungen anzuwenden, bei denen die Anmeldung zur Eintragung in das für die Wirksamkeit des jeweiligen Vorgangs maßgebende öffentliche Register nach dem 12. Dezember 2006 erfolgt ist. [2] Für Einbringungen, deren Wirksamkeit keine Eintragung in ein öffentliches Register voraussetzt, ist diese Fassung des Gesetzes erstmals anzuwenden, wenn das wirtschaftliche Eigentum an den eingebrachten Wirtschaftsgütern nach dem 12. Dezember 2006 übergegangen ist.

(2) [1] Das Umwandlungssteuergesetz in der Fassung der Bekanntmachung vom 15. Oktober 2002 (BGBl. I S. 4133, 2003 I S. 738), geändert durch Artikel 3 des Gesetzes vom 16. Mai 2003 (BGBl. I S. 660), ist letztmals auf Umwandlungen und Einbringungen anzuwenden, bei denen die Anmeldung zur Eintragung in das für die Wirksamkeit des jeweiligen Vorgangs maßgebende öffentliche Register bis zum 12. Dezember 2006 erfolgt ist. [2] Für Einbringungen, deren Wirksamkeit keine Eintragung in ein öffentliches Register voraussetzt, ist diese Fassung letztmals anzuwenden, wenn das wirtschaftliche Eigentum an den eingebrachten Wirtschaftsgütern bis zum 12. Dezember 2006 übergegangen ist.

(3) Abweichend von Absatz 2 ist

1. § 5 Abs. 4 für einbringungsgeborene Anteile im Sinne von § 21 Abs. 1 mit der Maßgabe weiterhin anzuwenden, dass die Anteile zu dem Wert im Sinne von § 5 Abs. 2 oder Abs. 3 in der Fassung des Absatzes 1 als zum steuerlichen Übertragungsstichtag in das Betriebsvermögen des übernehmenden Rechtsträgers überführt gelten,
2. § 20 Abs. 6 in der am 21. Mai 2003 geltenden Fassung für die Fälle des Ausschlusses des Besteuerungsrechts (§ 20 Abs. 3) weiterhin anwendbar, wenn auf die Einbringung Absatz 2 anzuwenden war,
3. [1] § 21 in der am 21. Mai 2003 geltenden Fassung für einbringungsgeborene Anteile im Sinne von § 21 Absatz 1, die auf einem Einbringungsvorgang beruhen, auf den Absatz 2 anwendbar war, weiterhin anzuwenden. [2] Für § 21 Absatz 2 Satz 1 Nummer 2 in der am 21. Mai 2003 geltenden Fassung gilt dies mit der Maßgabe, dass

---

[1] § 27 Abs. 3 Nr. 3 neu gef. durch G v. 16.12.2022 (BGBl. I S. 2294); Abs. 3 Nr. 3 Satz 2 Buchst. a HS 2 geänd. durch G v. 21.12.2023 (BGBl. I Nr. 397).

a) eine Stundung der Steuer gemäß § 6 Absatz 5 des Außensteuergesetzes in der Fassung des Gesetzes vom 7. Dezember 2006 (BGBl. I S. 2782) erfolgt, wenn die Einkommensteuer noch nicht bestandskräftig festgesetzt ist und das die Besteuerung auslösende Ereignis vor dem 1. Januar 2022 eingetreten ist; § 6 Absatz 6 und 7 des Außensteuergesetzes in der bis zum 30. Juni 2021 geltenden Fassung und § 21 Absatz 3 Satz 2 des Außensteuergesetzes sind entsprechend anzuwenden;

b) eine Stundung oder ein Entfallen der Steuer gemäß § 6 Absatz 3 und 4 des Außensteuergesetzes in der ab dem 1. Juli 2021 geltenden Fassung auf Antrag des Steuerpflichtigen erfolgt, wenn das die Besteuerung auslösende Ereignis nach dem 31. Dezember 2021 eintritt; § 6 Absatz 5 des Außensteuergesetzes ist entsprechend anzuwenden.

(4) Abweichend von Absatz 1 sind §§ 22, 23 und 24 Abs. 5 nicht anzuwenden, soweit hinsichtlich des Gewinns aus der Veräußerung der Anteile oder einem gleichgestellten Ereignis im Sinne von § 22 Abs. 1 die Steuerfreistellung nach § 8b Abs. 4 des Körperschaftsteuergesetzes in der am 12. Dezember 2006 geltenden Fassung oder nach § 3 Nr. 40 Satz 3 und 4 des Einkommensteuergesetzes in der am 12. Dezember 2006 geltenden Fassung ausgeschlossen ist.

(5)[1] [1]§ 4 Abs. 2 Satz 2, § 15 Abs. 3, § 20 Abs. 9 und § 24 Abs. 6 in der Fassung des Artikels 5 des Gesetzes vom 14. August 2007 (BGBl. I S. 1912) sind erstmals auf Umwandlungen und Einbringungen anzuwenden, bei denen die Anmeldung zur Eintragung in das für die Wirksamkeit des jeweiligen Vorgangs maßgebende öffentliche Register nach dem 31. Dezember 2007 erfolgt ist. [2]Für Einbringungen, deren Wirksamkeit keine Eintragung in ein öffentliches Register voraussetzt, ist diese Fassung des Gesetzes erstmals anzuwenden, wenn das wirtschaftliche Eigentum an den eingebrachten Wirtschaftsgütern nach dem 31. Dezember 2007 übergegangen ist.

(6)[2] [1]§ 10 ist letztmals auf Umwandlungen anzuwenden, bei denen der steuerliche Übertragungsstichtag vor dem 1. Januar 2007 liegt. [2]§ 10 ist abweichend von Satz 1 weiter anzuwenden in den Fällen, in denen ein Antrag nach § 34 Abs. 16 des Körperschaftsteuergesetzes in der Fassung des Artikels 3 des Gesetzes vom 20. Dezember 2007 (BGBl. I S. 3150) gestellt wurde.

(7)[2] § 18 Abs. 3 Satz 1 in der Fassung des Artikels 4 des Gesetzes vom 20. Dezember 2007 (BGBl. I S. 3150) ist erstmals auf Umwandlungen anzuwenden, bei denen die Anmeldung zur Eintragung in das für die Wirksamkeit der Umwandlung maßgebende öffentliche Register nach dem 31. Dezember 2007 erfolgt ist.

(8)[3] § 4 Abs. 6 Satz 4 bis 6 sowie § 4 Abs. 7 Satz 2 in der Fassung des Artikels 6 des Gesetzes vom 19. Dezember 2008 (BGBl. I S. 2794) sind erstmals auf Umwandlungen anzuwenden, bei denen § 3 Nr. 40 des Einkommensteuergesetzes in der durch Artikel 1 Nr. 3 des Gesetzes vom 14. August 2007 (BGBl. I S. 1912) geänderten Fassung für die Bezüge im Sinne des § 7 anzuwenden ist.

(9)[3] [1]§ 2 Abs. 4 und § 20 Abs. 6 Satz 4 in der Fassung des Artikels 6 des Gesetzes vom 19. Dezember 2008 (BGBl. I S. 2794) sind erstmals auf Um-

---

[1] § 27 Abs. 5 angef. durch G v. 14.8.2007 (BGBl. I S. 1912).
[2] § 27 Abs. 6 und 7 angef. durch G v. 20.12.2007 (BGBl. I S. 3150).
[3] § 27 Abs. 8 und 9 angef. durch G v. 19.12.2008 (BGBl. I S. 2794).

wandlungen und Einbringungen anzuwenden, bei denen der schädliche Beteiligungserwerb oder ein anderes die Verlustnutzung ausschließendes Ereignis nach dem 28. November 2008 eintritt. [2] § 2 Abs. 4 und § 20 Abs. 6 Satz 4 in der Fassung des Artikels 6 des Gesetzes vom 19. Dezember 2008 (BGBl. I S. 2794) gelten nicht, wenn sich der Veräußerer und der Erwerber am 28. November 2008 über den später vollzogenen schädlichen Beteiligungserwerb oder ein anderes die Verlustnutzung ausschließendes Ereignis einig sind, der übernehmende Rechtsträger dies anhand schriftlicher Unterlagen nachweist und die Anmeldung zur Eintragung in das für die Wirksamkeit des Vorgangs maßgebende öffentliche Register bzw. bei Einbringungen der Übergang des wirtschaftlichen Eigentums bis zum 31. Dezember 2009 erfolgt.

(10)[1)] § 2 Absatz 4 Satz 1, § 4 Absatz 2 Satz 2, § 9 Satz 3, § 15 Absatz 3 und § 20 Absatz 9 in der Fassung des Artikels 4 des Gesetzes vom 22. Dezember 2009 (BGBl. I S. 3950) sind erstmals auf Umwandlungen und Einbringungen anzuwenden, deren steuerlicher Übertragungsstichtag in einem Wirtschaftsjahr liegt, für das § 4h Absatz 1, 4 Satz 1 und Absatz 5 Satz 1 und 2 des Einkommensteuergesetzes in der Fassung des Artikels 1 des Gesetzes vom 22. Dezember 2009 (BGBl. I S. 3950) erstmals anzuwenden ist.

(11)[2)] Für Bezüge im Sinne des § 8b Absatz 1 des Körperschaftsteuergesetzes aufgrund einer Umwandlung ist § 8b Absatz 4 des Körperschaftsteuergesetzes in der Fassung des Artikels 1 des Gesetzes vom 21. März 2013 (BGBl. I S. 561) abweichend von § 34 Absatz 7a Satz 2 des Körperschaftsteuergesetzes bereits erstmals vor dem 1. März 2013 anzuwenden, wenn die Anmeldung zur Eintragung in das für die Wirksamkeit des jeweiligen Vorgangs maßgebende öffentliche Register nach dem 28. Februar 2013 erfolgt.

(12)[3)] [1] § 2 Absatz 4 Satz 3 bis 6 in der Fassung des Artikels 9 des Gesetzes vom 26. Juni 2013 (BGBl. I S. 1809) ist erstmals auf Umwandlungen und Einbringungen anzuwenden, bei denen die Anmeldung zur Eintragung in das für die Wirksamkeit des jeweiligen Vorgangs maßgebende öffentliche Register nach dem 6. Juni 2013 erfolgt. [2] Für Einbringungen, deren Wirksamkeit keine Eintragung in ein öffentliches Register voraussetzt, ist § 2 in der Fassung des Artikels 9 des Gesetzes vom 26. Juni 2013 (BGBl. I S. 1809) erstmals anzuwenden, wenn das wirtschaftliche Eigentum an den eingebrachten Wirtschaftsgütern nach dem 6. Juni 2013[4)] übergegangen ist.

(13)[5)] § 20 Absatz 8 in der am 31. Juli 2014[6)] geltenden Fassung ist erstmals bei steuerlichen Übertragungsstichtagen nach dem 31. Dezember 2013 anzuwenden.

(14)[7)] § 20 Absatz 2, § 21 Absatz 1, § 22 Absatz 1 Satz 6 Nummer 2, 4 und 5 sowie § 24 Absatz 2 in der am 6. November 2015[8)] geltenden Fassung

---

[1)] § 27 Abs. 10 angef. durch G v. 22.12.2009 (BGBl. I S. 3950).

[2)] § 27 Abs. 11 angef. durch G v. 21.3.2013 (BGBl. I S. 561).

[3)] § 27 Abs. 12 angef. durch G v. 26.6.2013 (BGBl. I S. 1809); geänd. durch G v. 25.7.2014 (BGBl. I S. 1266).

[4)] Datum des Tages des Beschlusses des Deutschen Bundestages über die Beschlussempfehlung des Vermittlungsausschusses über das vorliegende Änderungsgesetz.

[5)] § 27 Abs. 13 eingef. durch G v. 25.7.2014 (BGBl. I S. 1266).

[6)] Datum des Tags nach der Verkündung des G v. 25.7.2014 (BGBl. I S. 1266).

[7)] § 27 Abs. 14 eingef. durch G v. 2.11.2015 (BGBl. I S. 1834).

[8)] Tag nach der Verkündung des G v. 2.11.2015 (BGBl. I S. 1834).

200. Bewertungsgesetz (BewG)

In der Fassung der Bekanntmachung vom 1. Februar 1991
(BGBl. I S. 230)[1) · 2) · 3)]

Geändert durch Steueränderungsgesetz 1991 vom 24.6.1991 (BGBl. I S. 1322), Steueränderungsgesetz 1992 vom 25.2.1992 (BGBl. I S. 297), Zinsabschlaggesetz vom 9.11.1992 (BGBl. I S. 1853), Gesetz zur Umsetzung des Föderalen Konsolidierungsprogramms vom 23.6.1993 (BGBl. I S. 944), Standortsicherungsgesetz vom 13.9.1993 (BGBl. I S. 1569), Mißbrauchsbekämpfungs- und Steuerbereinigungsgesetz vom 21.12.1993 (BGBl. I S. 2310), Pflege-Versicherungsgesetz vom 26.5.1994 (BGBl. I. S. 1014), Agrarsozialreformgesetz 1995 vom 29.7.1994 (BGBl. I S. 1890), Postneuordnungsgesetz vom 14.9.1994 (BGBl. I S. 2325), Entschädigungs- und Ausgleichsleistungsgesetz vom 27.9.1994 (BGBl. I S. 2624), Jahressteuergesetz 1996 vom 11.10.1995 (BGBl. I S. 1250), Gesetz zur Neuregelung der steuerrechtlichen Wohneigentumsförderung vom 15.12.1995 (BGBl. I S. 1783), Jahressteuergesetz 1997 vom 20.12.1996 (BGBl. I S. 2049), Gesetz zur Fortsetzung der Unternehmenssteuerreform vom 29.10.1997 (BGBl. I S. 2590), Gesetz zur Anpassung steuerlicher Vorschriften der Land- und Forstwirtschaft vom 29.6.1998 (BGBl. I S. 1692), Steuer-Euroglättungsgesetz vom 19.12.2000 (BGBl. I S. 1790), Gesetz zur Reform des Wohnungsbaurechts vom 13.9.2001 (BGBl. I S. 2376), Siebente Zuständigkeitsanpassungs-Verordnung vom 29.10.2001 (BGBl. I S. 2785), Gesetz zur Änderung des Bewertungsgesetzes vom 10.12.2001 (BGBl. I S. 3435), Steueränderungsgesetz 2001 vom 20.12.2001 (BGBl. I S. 3794), Neunte ZuständigkeitsanpassungsVO vom 31.10.2006 (BGBl. I S. 2407), Gesetz über steuerliche Begleitmaßnahmen zur Einführung der Europäischen Gesellschaft und zur Änderung weiterer steuerrechtlicher Vorschriften (SEStEG) vom 7.12.2006 (BGBl. I S. 2782), Jahressteuergesetz 2007 vom 13.12.2006 (BGBl. I S. 2878), Finanzmarktrichtlinie-Umsetzungsgesetz vom 16.7.2007 (BGBl. I S. 1330), Jahressteuergesetz 2008 vom 20.12.2007 (BGBl. I S. 3150), Erbschaftsteuerreformgesetz vom 24.12.2008 (BGBl. I S. 3018), Jahressteuergesetz 2010 (JStG 2010) vom 8.12.2010 (BGBl. I S. 1768), Steuervereinfachungsgesetz 2011 vom 1.11.2011 (BGBl. I S. 2131), Beitreibungsrichtlinie-Umsetzungsgesetz (BeitrRLUmsG) vom 7.12.2011 (BGBl. I S. 2592), LSV-Neuordnungsgesetz vom 12.4.2012 (BGBl. I S. 579), Amtshilferichtlinie-Umsetzungsgsetz (AmtshilfeRLUmsG) vom 26.6.2013 (BGBl. I S. 1809), Gesetz zur Anpassung des Investmentsteuergesetzes und anderer Gesetze an das AIFM-Umsetzungsgesetz (AIFM-Steuer-Anpassungsgesetz – AIFM-StAnpG) vom 18.12.2013 (BGBl. I S. 4318), Gesetz zur Anpassung steuerlicher Regelungen an die Rechtsprechung des Bundesverfassungsgerichts vom 18.7.2014 (BGBl. I S. 1042), Zehnte Zuständigkeitsanpassungsverordnung vom 31.8.2015 (BGBl. I S. 1474), Steueränderungsgesetz 2015 vom 2.11.2015 (BGBl. I S. 1834), Gesetz zur Anpassung des Erbschaftsteuer- und Schenkungsteuergesetzes an die Rechtsprechung des Bundesverfassungsgerichts vom 4.11.2016 (BGBl. I S. 2464), Gesetz zur Reform des Grundsteuer- und Bewertungsrechts (Grundsteuer-Reformgesetz – GrStRefG) vom 26.11.2019 (BGBl. I S. 1794)[4)], Gesetz zur weiteren steuerlichen Förderung der Elektromobilität und zur Änderung weiterer steuerlicher Vorschriften vom 12.12.2019 (BGBl. I S. 2451), Jahressteuergesetz 2020 (JStG 2020) vom 21.12.2020 (BGBl. I S. 3096), Gesetz zur Stärkung des Fondsstandorts Deutschland und zur Umsetzung der Richtlinie (EU) 2019/1160 zur Änderung der Richtlinien 2009/65/EG und 2011/61/EU im Hinblick auf den grenzüberschreitenden Vertrieb von Organismen für gemeinsame Anlagen (Fondsstandortgesetz – FoStoG) vom 3.6.2021 (BGBl. I S. 1498), Gesetz zur Modernisierung des Körperschaftsteuer-

---

1) Neubekanntmachung des BewG idF der Bek. v. 30.5.1985 (BGBl. I S. 845) auf Grund des § 123 Abs. 2 des BewG idF der Bek. v. 30.5.1985 in der ab 1.1.1991 geltenden Fassung.

2) **Zum Anwendungsbereich vgl. § 265.**

3) Zur Bewertung von Vermögen im Gebiet der ehem. DDR siehe §§ 125 ff.

4) **[Anm. des Lektorats:] Die Reform des GrStG tritt zum 1.1.2022 bzw. 1.1.2025 in Kraft. Bitte achten Sie auf die Fußnotenhinweise.**

rechts vom 25.6.2021 (BGBl. I S. 2050), Gesetz zur Abwehr von Steuervermeidung und unfairem Steuerwettbewerb und zur Änderung weiterer Gesetze vom 25.6.2021 (BGBl. I S. 2056), Verordnung zur Neufassung der Anlagen 27 bis 33 des Bewertungsgesetzes vom 29.6.2021 (BGBl. I S. 2290; ber. BGBl. I S. 4831), Gesetz zur erleichterten Umsetzung der Reform der Grundsteuer und Änderung weiterer steuerrechtlicher Vorschriften (Grundsteuerreform-Umsetzungsgesetz – GrStRefUG) vom 16.7.2021 (BGBl. I S. 2931), Jahressteuergesetz 2022 (JStG 2022) vom 16.12.2022 (BGBl. I S. 2294) und Kreditzweitmarktförderungsgesetz vom 22.12.2023 (BGBl. I Nr. 411)

BGBl. III/FNA 610-7

Inhaltsübersicht

(4)[1] [1]Noch nicht fällige Ansprüche aus Lebens-, Kapital- oder Rentenversicherungen werden mit dem Rückkaufswert bewertet. [2]Rückkaufswert ist der Betrag, den das Versicherungsunternehmen dem Versicherungsnehmer im Falle der vorzeitigen Aufhebung des Vertragsverhältnisses zu erstatten hat. [3]Die Berechnung des Werts, insbesondere die Berücksichtigung von ausgeschütteten und gutgeschriebenen Gewinnanteilen kann durch Rechtsverordnung geregelt werden.

§ 13[2] **Kapitalwert von wiederkehrenden Nutzungen und Leistungen.** (1) [1]Der Kapitalwert von Nutzungen oder Leistungen, die auf bestimmte Zeit beschränkt sind, ist mit dem aus Anlage 9a zu entnehmenden Vielfachen des Jahreswerts anzusetzen. [2]Ist die Dauer des Rechts außerdem durch das Leben einer oder mehrerer Personen bedingt, darf der nach § 14 zu berechnende Kapitalwert nicht überschritten werden.

(2) Immerwährende Nutzungen oder Leistungen sind mit dem 18,6fachen des Jahreswerts, Nutzungen oder Leistungen von unbestimmter Dauer vorbehaltlich des § 14 mit dem 9,3fachen des Jahreswerts zu bewerten.

(3) [1]Ist der gemeine Wert der gesamten Nutzungen oder Leistungen nachweislich geringer oder höher, so ist der nachgewiesene gemeine Wert zugrunde zu legen. [2]Der Ansatz eines geringeren oder höheren Werts kann jedoch nicht darauf gestützt werden, daß mit einem anderen Zinssatz als 5,5 Prozent oder mit einer anderen als mittelschüssigen Zahlungsweise zu rechnen ist.

§ 14 Lebenslängliche Nutzungen und Leistungen. (1)[3] [1]Der Kapitalwert von lebenslänglichen Nutzungen und Leistungen ist mit dem Vielfachen des Jahreswerts nach Maßgabe der Sätze 2 bis 4 anzusetzen. [2]Die Vervielfältiger sind nach der Sterbetafel des Statistischen Bundesamtes zu ermitteln und ab dem 1. Januar des auf die Veröffentlichung der Sterbetafel durch das Statistische Bundesamt folgenden Kalenderjahres anzuwenden. [3]Der Kapitalwert ist unter Berücksichtigung von Zwischenzinsen und Zinseszinsen mit einem Zinssatz von 5,5 Prozent als Mittelwert zwischen dem Kapitalwert für jährlich vorschüssige und jährlich nachschüssige Zahlungsweise zu berechnen. [4]Das Bundesministerium der Finanzen stellt die Vervielfältiger für den Kapitalwert einer lebenslänglichen Nutzung oder Leistung im Jahresbetrag von einem Euro nach Lebensalter und Geschlecht der Berechtigten in einer Tabelle zusammen und veröffentlicht diese zusammen mit dem Datum der Veröffentlichung der Sterbetafel im Bundessteuerblatt.[4]

(2) [1]Hat eine nach Absatz 1 bewertete Nutzung oder Leistung bei einem Alter

---

[1] § 12 Abs. 4 neu gef. mWv 1.1.2009 durch G v. 24.12.2008 (BGBl. I S. 3018).

[2] § 13 Abs. 1 neu gef., Abs. 2 geänd. und Abs. 3 Satz 2 angef. mWv 1.1.1993 durch G v. 9.11.1992 (BGBl. I S. 1853).

[3] § 14 Abs. 1 neu gef. mWv 1.1.2009 durch G v. 24.12.2008 (BGBl. I S. 3018).

[4] **Ab dem 1.1.2024:** BMF v. 1.12.2023 IV D 4 – S 3104/19/10001 :009, DOK 2023/1064807, www.bundesfinanzministerium.de > Service > Publikationen > BMF-Schreiben.

1. bis zu 30 Jahren	nicht mehr als 10 Jahre,
2. von mehr als 30 Jahren bis zu 50 Jahren	nicht mehr als 9 Jahre,
3. von mehr als 50 Jahren bis zu 60 Jahren	nicht mehr als 8 Jahre,
4. von mehr als 60 Jahren bis zu 65 Jahren	nicht mehr als 7 Jahre,
5. von mehr als 65 Jahren bis zu 70 Jahren	nicht mehr als 6 Jahre,
6. von mehr als 70 Jahren bis zu 75 Jahren	nicht mehr als 5 Jahre,
7. von mehr als 75 Jahren bis zu 80 Jahren	nicht mehr als 4 Jahre,
8. von mehr als 80 Jahren bis zu 85 Jahren	nicht mehr als 3 Jahre,
9. von mehr als 85 Jahren bis zu 90 Jahren	nicht mehr als 2 Jahre,
10. von mehr als 90 Jahren	nicht mehr als 1 Jahr

bestanden und beruht der Wegfall auf dem Tod des Berechtigten oder Verpflichteten, so ist die Festsetzung der nicht laufend veranlagten Steuern auf Antrag nach der wirklichen Dauer der Nutzung oder Leistung zu berichtigen. [2]§ 5 Abs. 2 Satz 2 gilt entsprechend. [3]Ist eine Last weggefallen, so bedarf die Berichtigung keines Antrags.

(3) Hängt die Dauer der Nutzung oder Leistung von der Lebenszeit mehrerer Personen ab und erlischt das Recht mit dem Tod des zuletzt Sterbenden, so ist das Lebensalter und das Geschlecht derjenigen Person maßgebend, für die sich der höchste Vervielfältiger ergibt; erlischt das Recht mit dem Tod des zuerst Sterbenden, so ist das Lebensalter und Geschlecht derjenigen Person maßgebend, für die sich der niedrigste Vervielfältiger ergibt.

(4)[1)] [1]Ist der gemeine Wert der gesamten Nutzungen oder Leistungen nachweislich geringer oder höher als der Wert, der sich nach Absatz 1 ergibt, so ist der nachgewiesene gemeine Wert zugrunde zu legen. [2]Der Ansatz eines geringeren oder höheren Werts kann jedoch nicht darauf gestützt werden, daß mit einer kürzeren oder längeren Lebensdauer, mit einem anderen Zinssatz als 5,5 Prozent oder mit einer anderen als mittelschüssigen Zahlungsweise zu rechnen ist.

§ 15 Jahreswert von Nutzungen und Leistungen. (1) Der einjährige Betrag der Nutzung einer Geldsumme ist, wenn kein anderer Wert feststeht, zu 5,5 Prozent anzunehmen.

(2) Nutzungen oder Leistungen, die nicht in Geld bestehen (Wohnung, Kost, Waren und sonstige Sachbezüge), sind mit den üblichen Mittelpreisen des Verbrauchsorts anzusetzen.

(3) Bei Nutzungen oder Leistungen, die in ihrem Betrag ungewiß sind oder schwanken, ist als Jahreswert der Betrag zugrunde zu legen, der in Zukunft im Durchschnitt der Jahre voraussichtlich erzielt werden wird.

§ 16[2)] Begrenzung des Jahreswerts von Nutzungen. Bei der Ermittlung des Kapitalwerts der Nutzungen eines Wirtschaftsguts kann der Jahreswert dieser Nutzungen höchstens den Wert betragen, der sich ergibt, wenn der für

---

[1)] § 14 Abs. 4 Satz 2 neu gef. mWv 1.1.1993 durch G v. 9.11.1992 (BGBl. I S. 1853).
[2)] § 16 neu gef. mWv 1.1.1993 durch G v. 9.11.1992 (BGBl. I S. 1853).

(1a)[1)] Der gemeine Wert eines Anteils am Betriebsvermögen einer in § 97 Abs. 1 Satz 1 Nr. 5 genannten Personengesellschaft ist wie folgt zu ermitteln und aufzuteilen:

1. Der nach § 109 Abs. 2 ermittelte gemeine Wert des der Personengesellschaft gehörenden Betriebsvermögens (Gesamthandsvermögen) ist wie folgt aufzuteilen:
   a) die Kapitalkonten aus der Gesamthandsbilanz sind dem jeweiligen Gesellschafter vorweg zuzurechnen;
   b) der verbleibende Wert ist nach dem für die Gesellschaft maßgebenden Gewinnverteilungsschlüssel auf die Gesellschafter aufzuteilen; Vorabgewinnanteile sind nicht zu berücksichtigen.
2. [1] Für die Wirtschaftsgüter und Schulden des Sonderbetriebsvermögens eines Gesellschafters ist der gemeine Wert zu ermitteln. [2] Er ist dem jeweiligen Gesellschafter zuzurechnen.
3. Der Wert des Anteils eines Gesellschafters ergibt sich als Summe aus dem Anteil am Gesamthandsvermögen nach Nummer 1 und dem Wert des Sonderbetriebsmögens nach Nummer 2.

(1b)[2)] [1] Der gemeine Wert eines Anteils an einer in § 97 Abs. 1 Satz 1 Nr. 1 genannten Kapitalgesellschaft bestimmt sich nach dem Verhältnis des Anteils am Nennkapital (Grund- oder Stammkapital) der Gesellschaft zum gemeinen Wert des Betriebsvermögens der Kapitalgesellschaft im Bewertungsstichtag. [2] Dies gilt auch, wenn das Nennkapital noch nicht vollständig eingezahlt ist. [3] Richtet sich die Beteiligung am Vermögen und am Gewinn der Gesellschaft aufgrund einer ausdrücklichen Vereinbarung der Gesellschafter nach der jeweiligen Höhe des eingezahlten Nennkapitals, bezieht sich der gemeine Wert nur auf das tatsächlich eingezahlte Nennkapital. [4] Abweichend von Satz 1 sind bei der Wertermittlung des Anteils vorbehaltlich des § 9 Absatz 2 und 3 Regelungen zu berücksichtigen, die sich auf den Wert des Anteils auswirken, wie insbesondere eine vom Verhältnis des Anteils am Nennkapital (Grund- oder Stammkapital) abweichende Gewinnverteilung.

(2)[3)] Einen Gewerbebetrieb bilden auch die Wirtschaftsgüter, die den sonstigen juristischen Personen des privaten Rechts, den *nichtrechtsfähigen Vereinen,* [***ab 1.1.2024:*** Vereinen ohne Rechtspersönlichkeit, den nicht rechtsfähigen] Anstalten, Stiftungen und anderen Zweckvermögen gehören, soweit sie einem wirtschaftlichen Geschäftsbetrieb (ausgenommen Land- und Forstwirtschaft) dienen.

(3)[4)] *(aufgehoben)*

§ 98.[5)] *(aufgehoben)*

[1)] § 97 Abs. 1a neu gef., Abs. 1b eingef. mWv 1.1.2009 durch G v. 24.12.2008 (BGBl. I S. 3018).

[2)] § 97 Abs. 1b Satz 4 angef. durch G v. 2.11.2015 (BGBl. I S. 1834); zur Anwendung siehe § 265 Abs. 8.

[3)] § 97 Abs. 2 geänd. mWv 1.1.2024 durch G v. 22.12.2023 (BGBl. I Nr. 411).

[4)] § 97 Abs. 3 aufgeh. mWv 1.1.2009 durch G v. 24.12.2008 (BGBl. I S. 3018).

[5)] § 98 aufgeh. mWv 1.1.2002 durch G v. 20.12.2001 (BGBl. I S. 3794).

§ 98a.[1] *(aufgehoben)*

§ 99[2] **Betriebsgrundstücke.** (1) Betriebsgrundstück im Sinne dieses Gesetzes ist der zu einem Gewerbebetrieb gehörige Grundbesitz, soweit er, losgelöst von seiner Zugehörigkeit zu dem Gewerbebetrieb,
1. zum Grundvermögen gehören würde oder
2. einen Betrieb der Land- und Forstwirtschaft bilden würde.

(2)[3] *(aufgehoben)*

(3) Betriebsgrundstücke im Sinne des Absatzes 1 Nr. 1 sind wie Grundvermögen, Betriebsgrundstücke im Sinne des Absatzes 1 Nr. 2 wie land- und forstwirtschaftliches Vermögen zu bewerten.

§§ 100 bis 102.[4]·[5] *(aufgehoben)*

§ 103[6] **Schulden und sonstige Abzüge.** (1) Schulden und sonstige Abzüge, die nach § 95 Abs. 1 zum Betriebsvermögen gehören, werden vorbehaltlich des Absatzes 3 berücksichtigt, soweit sie mit der Gesamtheit oder einzelnen Teilen des Betriebsvermögens im Sinne dieses Gesetzes in wirtschaftlichem Zusammenhang stehen.

(2) Weist ein Gesellschafter in der Steuerbilanz Gewinnansprüche gegen eine von ihm beherrschte Gesellschaft aus, ist bei dieser ein Schuldposten in entsprechender Höhe abzuziehen.

(3) Rücklagen sind nur insoweit abzugsfähig, als ihr Abzug bei der Bewertung des Betriebsvermögens für Zwecke der Erbschaftsteuer durch Gesetz ausdrücklich zugelassen ist.

§ 103a.[7] *(aufgehoben)*

§ 104.[8] *(aufgehoben)*

§§ 105 bis 107.[9] *(aufgehoben)*

§ 108. (weggefallen)

§ 109[10] **Bewertung.** (1) [1]Das Betriebsvermögen von Gewerbebetrieben im Sinne des § 95 und das Betriebsvermögen von freiberuflich Tätigen im Sinne

---

[1] § 98a aufgeh. mWv 1.1.2009 durch G v. 24.12.2008 (BGBl. I S. 3018).

[2] § 99 Abs. 1 und 2 geänd. mWv 1.1.1993 durch G v. 25.2.1992 (BGBl. I S. 297).

[3] § 99 Abs. 2 aufgeh. mWv 1.1.2009 durch G v. 24.12.2008 (BGBl. I S. 3018).

[4] § 100 aufgeh. mWv 1.1.1993 durch G v. 9.11.1992 (BGBl. I S. 1853).

[5] §§ 101 und 102 aufgeh. mWv 1.1.1998 durch G v. 29.10.1997 (BGBl. I S. 2590).

[6] § 103 neu gef. mWv 1.1.1993 durch G v. 25.2.1992 (BGBl. I S. 297), Abs. 1 neu gef. mWv 1.1.1993 durch G v. 13.9.1993 (BGBl. I S. 1569), Abs. 3 geänd. durch G v. 20.12.2001 (BGBl. I S. 3794).

[7] § 103a aufgeh. mWv 1.1.1993 durch G v. 25.2.1992 (BGBl. I S. 297).

[8] § 104 aufgeh. mWv 1.1.2009 durch G v. 24.12.2008 (BGBl. I S. 3018).

[9] § 105 aufgeh. mWv 1.1.1993 durch G v. 25.2.1992 (BGBl. I S. 297), §§ 106 und 107 aufgeh. mWv 1.1.1998 durch G v. 29.10.1997 (BGBl. I S. 2590).

[10] § 109 neu gef. mWv 1.1.2009 durch G v. 24.12.2008 (BGBl. I S. 3018).

schäftsleitung nicht feststellen lässt, das Finanzamt, in dessen Bezirk die Kapitalgesellschaft ihren Sitz hat;

4. in den Fällen des § 151 Abs. 1 Satz 1 Nr. 4 das Finanzamt, von dessen Bezirk die Verwaltung des Vermögens ausgeht, oder, wenn diese im Inland nicht feststellbar ist, das Finanzamt, in dessen Bezirk sich der wertvollste Teil des Vermögens befindet.

§ 153[1] Erklärungspflicht, Verfahrensvorschriften für die gesonderte Feststellung, Feststellungsfrist. (1) [1] Das Finanzamt kann von jedem, für dessen Besteuerung eine gesonderte Feststellung von Bedeutung ist, die Abgabe einer Feststellungserklärung verlangen. [2] Die Frist zur Abgabe der Feststellungserklärung muss mindestens einen Monat betragen.

(2)[2] [1] Ist der Gegenstand der Feststellung mehreren Personen zuzurechnen oder ist eine Personengesellschaft oder Kapitalgesellschaft dessen Eigentümer, kann das Finanzamt auch von der Gemeinschaft oder Gesellschaft die Abgabe einer Feststellungserklärung verlangen. [***ab 1.1.2024:*** [2] In den Fällen, in denen der Gegenstand der Feststellung einer Personengesellschaft im Sinne des § 97 Absatz 1 Satz 1 Nummer 5 zuzurechnen ist, ist die Feststellungserklärung vorrangig von der Gesellschaft anzufordern.] [3] Dies gilt auch, wenn Gegenstand der Feststellung ein Anteil am Betriebsvermögen ist. [4] Das Finanzamt kann in Erbbaurechtsfällen die Abgabe einer Feststellungserklärung vom Erbbauberechtigten und vom Erbbauverpflichteten verlangen. [5] Absatz 4 *Satz 2* [***neue Fassung:*** Satz 5] ist nicht anzuwenden.[3]

(3) In den Fällen des § 151 Abs. 1 Satz 1 Nr. 3 kann das Finanzamt nur von der Kapitalgesellschaft die Abgabe einer Feststellungserklärung verlangen.

[bisherige Fassung:]

(4) [1] Der Erklärungspflichtige hat die Erklärung eigenhändig zu unterschreiben. [2] Hat ein Erklärungspflichtiger eine Erklärung zur gesonderten Feststellung abgegeben, sind andere Beteiligte insoweit von der Erklärungspflicht befreit.

[neue Fassung:]

(4)[4] [1] Der Erklärungspflichtige hat die Erklärung nach amtlich vorgeschriebenem Datensatz durch Datenfernübertragung zu übermitteln. [2] Auf Antrag kann das Finanzamt zur Vermeidung unbilliger Härten auf eine elektronische Übermittlung verzichten; in diesem Fall ist die Erklärung nach amtlich vorgeschriebe-

---

[1] Fünfter Abschnitt (§§ 151–156) eingef. mWv 1.1.2007 durch G v. 13.12.2006 (BGBl. I S. 2878).

[2] § 153 Abs. 2 Satz 2 geänd. mWv 1.1.2009 durch G v. 24.12.2008 (BGBl. I S. 3018); Abs. 2 Satz 2 eingef., bish. Sätze 2 bis 4 werden Sätze 3 bis 5 mWv 1.1.2024 durch G v. 22.12.2023 (BGBl. I Nr. 411).

[3] § 153 Abs. 2 Sätze 3 und 4 angef. mWv 1.7.2011 durch G v. 1.11.2011 (BGBl. I S. 2131); Satz 4 Verweis geänd. mWv 21.12.2022 durch G v. 16.12.2022 (BGBl. I S. 2294); zur Anwendung siehe § 265 Abs. 13.

[4] § 153 Abs. 4 neu gef. mWv 21.12.2022 durch G v. 16.12.2022 (BGBl. I S. 2294); zur Anwendung siehe § 265 Abs. 13.

[neue Fassung:]

nem Vordruck abzugeben und vom Erklärungspflichtigen eigenhändig zu unterschreiben. [3]Das Bundesministerium der Finanzen legt im Einvernehmen mit den obersten Finanzbehörden der Länder die Einzelheiten der elektronischen Übermittlung der Erklärungen für die Feststellungen nach § 151 Absatz 1 Satz 1 Nummer 1 bis 4 und jeweils deren Beginn in einem Schreiben fest. [4]Dieses Schreiben ist im Bundessteuerblatt zu veröffentlichen. [5]Hat ein Erklärungspflichtiger eine Erklärung zur gesonderten Feststellung abgegeben, sind andere Beteiligte insoweit von der Erklärungspflicht befreit.

(5) § 181 Abs. 1 und 5 der Abgabenordnung ist entsprechend anzuwenden.

§ 154[1)] Beteiligte am Feststellungsverfahren. (1)[2)] [1]Am Feststellungsverfahren sind beteiligt

1. diejenigen, denen der Gegenstand der Feststellung zuzurechnen ist,
2. diejenigen, die das Finanzamt zur Abgabe einer Feststellungserklärung aufgefordert hat;
3.[3)] diejenigen, die eine Steuer als Schuldner oder Gesamtschuldner schulden und für deren Festsetzung die Feststellung von Bedeutung ist.

[2]Gegenüber mehreren Beteiligten nach Satz 1 erfolgt eine gesonderte und einheitliche Feststellung (§ 179 Absatz 2 Satz 2 der Abgabenordnung).

(2) In den Fällen des § 151 Abs. 1 Satz 1 Nr. 3 ist der Feststellungsbescheid auch der Kapitalgesellschaft bekannt zu geben.

(3)[4)] [1]Soweit der Gegenstand der Feststellung einer Erbengemeinschaft in Vertretung der Miterben zuzurechnen ist, ist *§ 183* [***ab 1.1.2024:*** § 183a] der Abgabenordnung entsprechend anzuwenden. [2]Bei der Bekanntgabe des Feststellungsbescheids ist darauf hinzuweisen, dass die Bekanntgabe mit Wirkung für und gegen alle Miterben erfolgt.

[1)] Fünfter Abschnitt (§§ 151–156) eingef. mWv 1.1.2007 durch G v. 13.12.2006 (BGBl. I S. 2878).

[2)] § 154 Abs. 1 Satz 2 angef. durch G v. 2.11.2015 (BGBl. I S. 1834); zur Anwendung siehe § 265 Abs. 9.

[3)] § 154 Abs. 1 Satz 1 Nr. 3 neu gef. durch G v. 2.11.2015 (BGBl. I S. 1834); zur Anwendung siehe § 265 Abs. 9.

[4)] § 154 Abs. 3 angef. mWv 1.1.2009 durch G v. 24.12.2008 (BGBl. I S. 3018); Satz 1 Verweis geänd. mWv 1.1.2024 durch G v. 22.12.2023 (BGBl. I Nr. 411).

§ 155[1), 2)] Rechtsbehelfsbefugnis. [1]Zur Einlegung von Rechtsbehelfen gegen den Feststellungsbescheid sind die Beteiligten im Sinne des § 154 Abs. 1 sowie diejenigen befugt, für deren Besteuerung nach dem Grunderwerbsteuergesetz der Feststellungsbescheid von Bedeutung ist. [2]Soweit der Gegenstand der Feststellung einer Erbengemeinschaft in Vertretung der Miterben zuzu-

(Fortsetzung nächstes Blatt)

---

1) Fünfter Abschnitt (§§ 151–156) eingef. mWv 1.1.2007 durch G v. 13.12.2006 (BGBl. I S. 2878).

2) § 155 Satz 2 neu gef. mWv 1.1.2009 durch G v. 24.12.2008 (BGBl. I S. 3018).

210. Gesetz zur Schätzung des landwirtschaftlichen Kulturbodens (Bodenschätzungsgesetz – BodSchätzG)[1]

Vom 20. Dezember 2007 (BGBl. I S. 3150, 3176)

Zuletzt geändert durch Zehnte Zuständigkeitsanpassungsverordnung vom 31.8.2015 (BGBl. I S. 1474), Gesetz zur Reform des Grundsteuer- und Bewertungsrechts (Grundsteuer-Reformgesetz – GrStRefG) vom 26.11.2019 (BGBl. I S. 1794) und Gesetz zur Förderung geordneter Kreditzweitmärkte und zur Umsetzung der Richtlinie (EU) 2021/2167 über Kreditdienstleister und Kreditkäufer sowie zur Änderung weiterer finanzrechtlicher Bestimmungen (Kreditzweitmarktförderungsgesetz) vom 22.12.2023 (BGBl. I Nr. 411)

BGBl. III/FNA 610-8-5

Abschnitt 1. Allgemeines

§ 1 Umfang und Zweck. (1) [1]Zweck der Bodenschätzung ist es, für die Besteuerung der landwirtschaftlich nutzbaren Flächen des Bundesgebiets einheitliche Bewertungsgrundlagen zu schaffen. [2]Die Bodenschätzung dient auch nichtsteuerlichen Zwecken, insbesondere der Agrarordnung, dem Bodenschutz und Bodeninformationssystemen.

(2) [1]Die Bodenschätzung im Sinne dieses Gesetzes umfasst:

1. die Untersuchung des Bodens nach seiner Beschaffenheit,
2. die Beschreibung des Bodens in Schätzungsbüchern sowie die räumliche Abgrenzung in Schätzungskarten und
3. die Feststellung der Ertragsfähigkeit auf Grund der natürlichen Ertragsbedingungen; das sind Bodenbeschaffenheit, Geländegestaltung, klimatische Verhältnisse und Wasserverhältnisse.

[2]Die Ergebnisse der Bodenschätzung sollen automatisiert verarbeitet werden.

§ 2 Begriffsbestimmungen. (1) Zu den landwirtschaftlich nutzbaren Flächen im Sinne des § 1 gehören die folgenden Nutzungsarten:

1. Ackerland,
2. Grünland.

(2) [1]Bei der Feststellung der Nutzungsarten ist von einer der natürlichen Ertragsfähigkeit entsprechenden gemeinüblichen Bewirtschaftung auszugehen; abweichende Bewirtschaftungsformen bleiben unberücksichtigt. [2]Bei einem regelmäßigen Wechsel verschiedener Nutzungsarten auf derselben Fläche (Wechselland) ist die vorherrschende Nutzungsart anzunehmen. [3]Die Bezeichnung der abweichenden Nutzungsart ist zusätzlich in den Schätzungsbüchern und -karten festzuhalten.

[1] Das BodenschätzungsG ist mWv 1.1.2008 als Art. 20 des JStG 2008 verkündet worden. Gleichzeitig treten außer Kraft das Bodenschätzungsgesetz vom 16.10.1934, die Durchführungsbestimmungen und die Durchführungsverordnungen.

(3) Die Nutzungsarten werden durch die folgenden Merkmale bestimmt:

1. das Ackerland umfasst die Bodenflächen zum feldmäßigen Anbau von Getreide, Hülsen- und Ölfrüchten, Hackfrüchten, Futterpflanzen, Obst- und Sonderkulturen sowie Gartengewächsen. 2 Zum Ackerland gehört auch das Acker-Grünland, das durch einen Wechsel in der Nutzung von Ackerland und Gründland gekennzeichnet ist. 3 Hierbei überwiegt die Ackernutzung.
2. das Grünland umfasst die Dauergrasflächen, die in der Regel gemäht oder geweidet werden. 2 Zum Grünland gehört auch der Grünland-Acker, der durch einen Wechsel in der Nutzung von Grünland und Ackerland gekennzeichnet ist. 3 Hierbei überwiegt die Grünlandnutzung. 4 Besonders zu bezeichnen sind:
   a) als Grünland-Wiese diejenigen Dauergrasflächen, die infolge ihrer feuchten Lage nur gemäht werden können (absolutes Dauergrünland),
   b) als Grünland-Streuwiese diejenigen stark vernässten Dauergrünlandflächen, die ausschließlich oder in der Hauptsache durch Entnahme von Streu genutzt werden können,
   c) als Grünland-Hutung diejenigen Flächen geringer Ertragsfähigkeit, die nicht bestellt werden können und im Allgemeinen nur eine Weidennutzung zulassen.

Abschnitt 2. Besondere Schätzungsvorschriften

§ 3 Schätzungsrahmen. 1 Grundlage für eine einheitliche Beurteilung der natürlichen Ertragsfähigkeit der Böden im Bundesgebiet ist

1. für Ackerland der Ackerschätzungsrahmen (Anlage 1)[1] und
2. für Grünland der Grünlandschätzungsrahmen (Anlage 2)[1].

2 Die Schätzungsrahmen weisen Wertzahlen aus, die als Verhältniszahlen die Unterschiede im Reinertrag bei gemeinüblicher und ordnungsgemäßer Bewirtschaftung zum Ausdruck bringen.

§ 4 Wertzahlen. (1) Bei der Ermittlung der Wertzahlen sind alle die natürliche Ertragsfähigkeit beeinflussenden Umstände, insbesondere beim Ackerland Bodenart, Zustandsstufe und Entstehung und beim Grünland Bodenart, Bodenstufe, Klima- und Wasserverhältnisse zu berücksichtigen.

(2) 1 Für das Ackerland werden als Wertzahlen Bodenzahl und Ackerzahl festgelegt. 2 Die Bodenzahl bringt die durch Bodenbeschaffenheit bedingten Unterschiede der natürlichen Ertragsfähigkeit zum Ausdruck. 3 Die Ackerzahl berücksichtigt außerdem Ertragsunterschiede, die auf Klima, Geländegestaltung und andere natürliche Ertragsbedingungen zurückzuführen sind, durch prozentuale Zu- und Abrechnungen an der Bodenzahl.

(3) 1 Für das Grünland werden als Wertzahlen Grünlandgrundzahl und Gründlandzahl festgelegt. 2 Die Grünlandgrundzahl bringt die durch Bodenbe-

[1] Hier nicht abgedruckt.

schaffenheit, Klima- und Wasserverhältnisse bedingten Unterschiede der natürlichen Ertragsfähigkeit zum Ausdruck. [3]Die Grünlandzahl berücksichtigt außerdem die Ertragsunterschiede, die auf Geländegestaltung und andere natürliche Ertragsbedingungen zurückzuführen sind, durch prozentuale Abrechnungen an der Grünlandgrundzahl. [4]Bei der Schätzung von Gründland-Hutungen und Grünland-Streuwiesen werden nur die Grünlandzahlen festgelegt.

§ 5 Klassen-, Klassenabschnitts- und Sonderflächen der Bodenschätzung. [1]Flächen, die sich in Bodenbeschaffenheit, Geländegestaltung, klimatischen Verhältnissen und Wasserverhältnissen wesentlich unterscheiden, sind als Klassenflächen voneinander abzugrenzen. [2]Innerhalb der Klassenflächen können bei Abweichungen der Bodenbeschaffenheit oder der Wasserverhältnisse Klassenabschnittsflächen gebildet werden. [3]Wesentliche Abweichungen der übrigen natürlichen Ertragsbedingungen werden durch die Abgrenzung von Sonderflächen berücksichtigt.

§ 6 Musterstücke. (1) [1]Zur Sicherung der Gleichmäßigkeit der Bodenschätzung werden ausgewählte Bodenflächen als Musterstücke geschätzt. [2]Die Gesamtheit der Musterstücke soll einen Querschnitt über die im Bundesgebiet hauptsächlich vorhandenen Böden hinsichtlich ihrer natürlichen Ertragsfähigkeit darstellen.

(2) Die natürliche Ertragsfähigkeit der Musterstücke ist auf der Grundlage der Schätzungsrahmen (§ 3) einzustufen.

(3)[1)] Das Bundesministerium der Finanzen wird ermächtigt, zur Sicherung der Gleichmäßigkeit der Besteuerung und des Steueraufkommens durch Rechtsverordnung, ohne Zustimmung des Bundesrates, die in Absatz 1 genannten Musterstücke im Bundesgesetzblatt bekannt zu machen.

§ 7 Vergleichsstücke. [1]In jeder Gemarkung sind für die wichtigsten und besonders typischen Böden Vergleichsstücke auszuwählen und zu beschreiben. [2]Die Schätzung der Vergleichsstücke ist in Anlehnung an die Bewertung der Musterstücke durchzuführen.

§ 8 Bodenprofile. [1]Die Bodenbeschaffenheit der Klassen- und Klassenabschnittsflächen ist anhand eines für die jeweilige Klasse und den jeweiligen Klassenabschnitt typischen Bodenprofils – bestimmendes Grabloch – zu beschreiben. [2]Ihre Ertragsfähigkeit ist in Anlehnung an Musterstücke und Vergleichstücke zu schätzen.

§ 9 Ertragsmesszahl. (1) [1]Die Ertragsmesszahl drückt die natürliche Ertragsfähigkeit einer bodengeschätzten Fläche aus. [2]Sie ist das Produkt einer Fläche in Ar und der Acker- oder Grünlandzahl (Wertzahlen).

(2) Bestehen innerhalb einer Fläche mehrere Teilflächen mit verschiedenen Acker- oder Grünlandzahlen, so bildet die Summe der Produkte der einzelnen Teilflächen in Ar und der jeweiligen Wertzahl die Ertragsmesszahl der Gesamtfläche.

[1)] VO vom 23.2.2012 (BGBl. I S. 311 ff.).

§ 10 Schätzungsbücher und -karten. (1) In den Schätzungsbüchern sind festzuhalten:

1. die Belegenheitsgemeinde oder -gemarkung,
2. das Datum der Schätzung,
3. die Bezeichnung der für die Schätzung maßgeblichen Nutzungsart,
4. die Bezeichnung der Klassen-, Klassenabschnitts- und Sonderflächen,
5. die Beschreibung der Bodenprofile (bestimmende und nicht bestimmende Grablöcher),
6. die Wertzahlen.

(2) In den Schätzungskarten sind festzuhalten:

1. die räumliche Abgrenzung der Klassen-, Klassenabschnitts- und Sonderflächen und deren Bezeichnung,
2. die Wertzahlen,
3. die Lage und Nummer der Bodenprofile einschließlich der Kennzeichnung der bestimmenden und nicht bestimmenden Grablöcher.

(3) Musterstücke und Vergleichstücke sind in Schätzungsbüchern und -karten darzustellen.

§ 11 Nachschätzung. (1) Wenn sich die natürlichen Ertragsbedingungen, die den Bodenschätzungsergebnissen einzelner Bodenflächen zugrunde liegen, durch natürliche Ereignisse oder durch künstliche Maßnahmen wesentlich und nachhaltig verändert haben oder sich die Nutzungsart (§ 2) nachhaltig geändert hat, ist eine Nachschätzung durchzuführen.

(2) [1] Im Rahmen der Nachschätzung sind Flächen auszuscheiden, die nicht mehr zur landwirtschaftlichen Nutzung gehören. [2] Bisher nicht einer Bodenschätzung unterliegende Flächen, für die sich jetzt eine landwirtschaftliche Nutzung ergibt, sind zu erfassen.

Abschnitt 3. Verfahrensvorschriften

§ 12[1)] Anwendung der Abgabenordnung. [1] Sofern dieses Gesetz keine andere Regelung trifft, finden der Dritte Abschnitt des Ersten Teils (§§ 16 bis 29), der Dritte Teil (§§ 78 bis 133) und der Siebente Teil (§§ 347 bis 368) der Abgabenordnung Anwendung.

[Fassung ab 1.1.2024:]

[2] Die Vorschriften über die gesonderte Feststellung von Einheitswerten oder Grundsteuerwerten (§§ 180 bis 183a der Abgabenordnung) sind entsprechend anzuwenden.

[Fassung ab 1.1.2025:]

[2] Die Vorschriften über die gesonderte Feststellung von Grundsteuerwerten (§§ 180 bis 183a der Abgabenordnung) sind entsprechend anzuwenden.

---

1) § 12 Satz 2 geänd. mWv 1.1.2024 und mWv 1.1.2025 durch G v. 22.12.2023 (BGBl. I S. 411).

§ 13 Offenlegung der Bodenschätzungsergebnisse. (1) Die Ergebnisse der Bodenschätzung sind den Eigentümern und Nutzungsberechtigten durch Offenlegung bekannt zu geben.

(2) [1] Die Offenlegungsfrist beträgt einen Monat. [2] Ihr Beginn ist regelmäßig nach § 122 Abs. 3 und 4 der Abgabenordnung öffentlich bekannt zu geben.

(3) [1] Mit dem Ablauf der Offenlegungsfrist treten die Rechtswirkungen eines Feststellungsbescheids über die Ergebnisse der Bodenschätzung ein. [2] Als Bekanntgabe gilt der letzte Tag der Offenlegungsfrist.

(4)[1)] [1] Die Offenlegung der Ergebnisse der Bodenschätzung soll zu den üblichen Dienstzeiten in den Räumen des Finanzamts stattfinden. [2] Sie kann auch durch Veröffentlichung auf der Internetseite des Finanzamts oder der obersten Finanzbehörde des Landes erfolgen. [3] § 122 Absatz 5 Satz 4 der Abgabenordnung gilt dabei entsprechend.

§ 14 Übernahme in das Liegenschaftskataster. (1) Nach Bestandskraft sind die Bodenschätzungsergebnisse sowie die Lage und Bezeichnung der Bodenprofile (§ 8) unverzüglich in das Liegenschaftskataster zu übernehmen.

(2) Die mit der Führung des Liegenschaftskatasters beauftragten Behörden berechnen nach § 9 für jedes Flurstück anlassbezogen die Ertragsmesszahl.

(3) Die Musterstücke und Vergleichsstücke sind im Liegenschaftskataster besonders zu kennzeichnen.

§ 15 Betreten von Grundstücken. [1] Die Eigentümer und Nutzungsberechtigten der Grundstücke sind verpflichtet, den mit der Durchführung dieses Gesetzes Beauftragten jederzeit das Betreten der Grundstücke zu gestatten und die erforderlichen Maßnahmen, insbesondere Aufgrabungen, zu dulden. [2] Für nicht vorsätzlich verursachte Schäden besteht kein Anspruch auf Schadensersatz. [3] Die Durchführung von Bodenschätzungsarbeiten in einer Gemarkung ist in ortsüblicher Weise bekannt zu geben.

§ 16 Aufgaben anderer Behörden. Zur Durchführung der Bodenschätzung sind die nach Landesrecht zuständigen Behörden verpflichtet, die erforderlichen Grundlagen bereitzustellen.

Abschnitt 4. Schätzungsbeirat, Schätzungsausschüsse

§ 17 Schätzungsbeirat. (1) Zur Schätzung der Musterstücke und zur Vorbereitung der Bekanntgabe in einer Rechtsverordnung (§ 6 Abs. 3) wird beim Bundesministerium der Finanzen ein Schätzungsbeirat gebildet.

(2)[2)] [1] Dem Schätzungsbeirat des Bundes gehören an

1. ein Vertreter/eine Vertreterin des Bundesministeriums der Finanzen als Vorsitzende/r,

---

[1)] § 13 Abs. 4 neu gef. mWv 1.1.2024 durch G v. 22.12.2023 (BGBl. I Nr. 411).

[2)] § 17 Abs. 2 Satz 4 angef. mWv 3.12.2019 durch G v. 26.11.2019 (BGBl. I S. 1794).

2. ein Vertreter/eine Vertreterin des Bundesministeriums für Ernährung und Landwirtschaft[1)],
3. zehn weitere Mitglieder mit besonderer Sachkenntnis auf dem Gebiet der Landwirtschaft und der Bodenkunde.

[2]Das Bundesministerium der Finanzen beruft im Benehmen mit dem Bundesministerium für Ernährung und Landwirtschaft[1)] die Mitglieder nach Satz 1 Nr. 3 auf Vorschlag der obersten Finanzbehörden der Länder. [3]Die Berufung kann mit Zustimmung der obersten Finanzbehörden der Länder zurückgenommen werden. [4]Scheidet ein nach Satz 1 Nummer 3 berufenes Mitglied aus, so ist ein neues sachkundiges Mitglied zu berufen.

(3)[2)] [1]Die nach Absatz 2 Satz 1 Nummer 3 berufenen Mitglieder des Schätzungsbeirats werden als Amtsträger im Sinne des § 7 Nummer 3 der Abgabenordnung tätig. [2]Sie dürfen den Inhalt der Verhandlungen des Schätzungsbeirats sowie die Verhältnisse der Steuerpflichtigen, die ihnen im Zusammenhang mit ihrer Tätigkeit auf Grund dieses Gesetzes bekanntgeworden sind, nicht unbefugt offenbaren und Geheimnisse, insbesondere Betriebs- oder Geschäftsgeheimnisse, nicht unbefugt verwerten. [3]Auf Zuwiderhandlungen sind die Vorschriften über das Steuergeheimnis und die Strafbarkeit seiner Verletzung entsprechend anzuwenden. [4]Die für die Bodenschätzung maßgebenden natürlichen Ertragsbedingungen unterliegen nicht der Geheimhaltungspflicht.

(4)[2)] Der Schätzungsbeirat gibt sich eine Geschäftsordnung, in der Einzelheiten der Mitwirkung, der Geschäftsführung, der Beschlussfassung sowie Rechte und Pflichten der Mitglieder geregelt werden.

(5)[2)] Das Bundesministerium der Finanzen wird ermächtigt, durch Rechtsverordnung ohne Zustimmung des Bundesrates die Geschäftsordnung für den Schätzungsbeirat und die Entschädigung der Mitglieder sowie die Sachausgaben des Schätzungsbeirats allgemeinverbindlich zu regeln.

§ 18 Schätzungsausschüsse. (1) [1]Zur Durchführung der Bodenschätzung und Ermittlung der Schätzungsergebnisse werden bei den Finanzämtern Schätzungsausschüsse gebildet. [2]Für mehrere Finanzämter kann auch ein gemeinsamer Schätzungsausschuss eingerichtet werden.

(2) [1]Einem Schätzungsausschuss gehören an

1. ein Amtlicher Landwirtschaftlicher Sachverständiger oder eine Amtliche Landwirtschaftliche Sachverständige der Finanzverwaltung als Vorsitzender oder Vorsitzende und
2. von der Finanzverwaltung zu berufende Ehrenamtliche Bodenschätzer mit Kenntnissen auf den Gebieten der Landwirtschaft und der Bodenkunde.

[2]Der Schätzungsausschuss wird unterstützt durch einen Mitarbeiter oder eine Mitarbeiterin zur Durchführung der vermessungstechnischen Arbeiten.

(3) Der Schätzungsausschuss wirkt bei der Schätzung der Vergleichsstücke (§ 7) mit, die verantwortlich von der zuständigen Landesbehörde vor Durch-

---

[1)] Bezeichnung geänd. durch VO v. 31.8.2015 (BGBl. I S. 1474).

[2)] § 17 Abs. 3 eingef., bish. Abs. 3 wird Abs. 4, Abs. 5 angef. mWv 3.12.2019 durch G v. 26.11.2019 (BGBl. I S. 1794).

führung der eigentlichen Schätzungsarbeiten ausgewählt und eingestuft werden.

Abschnitt 5. Schlussvorschriften

§ 19 Nutzung der Ergebnisse der Bodenschätzung durch andere Behörden. [1] Die Ergebnisse und Daten der Bodenschätzung können anderen Behörden zur Erfüllung ihrer Aufgaben übermittelt und von ihnen genutzt werden. [2] Die Weitergabe an andere Nutzer erfolgt nach landesrechtlichen Bestimmungen.

§ 20 Fortgeltung bisherigen Rechts. Die in der Anlage zu § 1 der Verordnung vom 20. April 2000 (BGBl. I S. 642) aufgeführten Musterstücke behalten bis zum Erlass einer Rechtsverordnung nach § 6 Abs. 3 und der Bekanntgabe neuer Musterstücke auf diesem Weg auch nach dem 1. Januar 2008 ihre Gültigkeit.

250. Erbschaftsteuer- und Schenkungsteuergesetz (ErbStG)[1), 2)]

In der Fassung der Bekanntmachung vom 27. Februar 1997 (BGBl. I S. 378)

Geändert durch Steuerentlastungsgesetz 1999/2000/2002 vom 24.3.1999 (BGBl. I S. 402), Gesetz zur weiteren steuerlichen Förderung von Stiftungen vom 14.7.2000 (BGBl. I S. 1034), Steuer-Euroglättungsgesetz vom 19.12.2000 (BGBl. I S. 1790), Steueränderungsgesetz 2001 vom 20.12.2001 (BGBl. I S. 3794), Gesetz zur Modernisierung des Stiftungsrechts vom 15.7.2002 (BGBl. I S. 2634), Drittes Gesetz zur Änderungverwaltungsverfahrensrechtlicher Vorschriften vom 21.8.2002 (BGBl. I S. 3322), Haushaltsbegleitgesetz 2004 vom 29.12.2003 (BGBl. I S. 3076), Gesetz zur weiteren Stärkung des bürgerschaftlichen Engagements vom 10.10.2007 (BGBl. I S. 2332), Erbschaftsteuerreformgesetz vom 24.12.2008 (BGBl. I S. 3018)[3)], Wachstumsbeschleunigungsgesetz vom 22.12.2009 (BGBl. I S. 3950), Jahressteuergesetz 2010 (JStG 2010) vom 8.12.2010 (BGBl. I S. 1768), Steuervereinfachungsgesetz 2011 vom 1.11.2011 (BGBl. I S. 2131), Betreibungsrichtlinie-Umsetzungsgesetz (BeitrRLUmsG) vom 7.12.2011 (BGBl. I S. 2592), Gesetz zu dem Abkommen vom 4.2.2010 zwischen der Bundesrepublik Deutschland und der Französischen Republik über den Güterstand der Wahl-

---

[1)] Neubekanntmachung des Erbschaft- und Schenkungsteuergesetzes idF der Bek. v. 19.2. 1991 (BGBl. I S. 468) auf Grund des § 36 Abs. 2 ErbStG idF der Bek. v. 19.2.1991 (BGBl. I S. 468) in der ab 28.12.1996 geltenden Fassung.

[2)] **Zum Anwendungsbereich vgl. § 37.**
Zur Anwendung im Beitrittsgebiet ab 1.1.1991 siehe § 37a.

[3)] Siehe **Übergangsregelung in Art. 3 des ErbStRG:**

„**Art. 3 Rückwirkende Anwendung des durch dieses Gesetz geänderten Erbschaftsteuer- und Bewertungsrechts.** (1) Ein Erwerber kann bis zur Unanfechtbarkeit der Steuerfestsetzung beantragen, dass die durch dieses Gesetz geänderten Vorschriften des Erbschaftsteuer- und Schenkungsteuergesetzes, mit Ausnahme des § 16 des Erbschaftsteuer- und Schenkungsteuergesetzes, und des Bewertungsgesetzes auf Erwerbe von Todes wegen anzuwenden sind, für die die Steuer nach dem 31. Dezember 2006 und vor dem 1. Januar 2009 entstanden ist. In diesem Fall ist § 16 des Erbschaftsteuer- und Schenkungsteuergesetzes in der Fassung der Bekanntmachung vom 27. Februar 1997 (BGBl. I S. 378), der zuletzt durch Artikel 19 Nr. 4 des Gesetzes vom 19. Dezember 2000 (BGBl. I S. 1790) geändert worden ist, anzuwenden.[*)]

(2) Ist die Steuer, die auf einen Erwerb von Todes wegen nach dem 31. Dezember 2006 und vor dem 1. Januar 2009 entstanden ist, vor dem 1. Januar 2009 festgesetzt worden, kann der Antrag innerhalb von sechs Monaten nach Inkrafttreten des Gesetzes gestellt werden; in diesem Fall kann die Steuerfestsetzung entsprechend geändert werden.

(3) Der Erwerber kann den Antrag nicht widerrufen, wenn die Steuerfestsetzung nachträglich deshalb geändert wird, weil er gegen die Verschonungsvoraussetzungen (§§ 13a, 19a des Erbschaftsteuer- und Schenkungsteuergesetzes in der Fassung des Artikels 1 des Gesetzes vom 24. Dezember 2008, BGBl. I S. 3018) verstoßen hat.[*)]"

Art. 3 tritt am 1.7.2009 außer Kraft (Art. 6 Abs. 3 ErbStRG).

[*)] **Vgl. zu Abs. 1 auch Wachstumsbeschleunigungsgesetz Art. 14: „Anwendung des Artikels 3 des Erbschaftsteuerreformgesetzes:** Hat ein Erwerber einen Antrag nach Artikel 3 Absatz 1 des Erbschaftsteuerreformgesetzes vom 24. Dezember 2008 (BGBl. I S. 3018) gestellt, ist Artikel 3 Absatz 1 und 3 des Erbschaftsteuerreformgesetzes mit der Maßgabe anzuwenden, dass an die Stelle der §§ 13a und 19a des Erbschaftsteuer- und Schenkungsteuergesetzes in der Fassung des Artikels 1 des Gesetzes vom 24. Dezember 2008 (BGBl. I S. 3018) die §§ 13a und 19a des Erbschaftsteuer- und Schenkungsteuergesetzes in der Fassung des Artikels 6 des Gesetzes vom 22. Dezember 2009 (BGBl. I S. 3950) treten."

Art. 14 tritt am 1.7.2010 außer Kraft (Art. 15 Abs. 5 Wachstumsbeschleunigungsgesetz).

Zugewinngemeinschaft vom 15.3.2012 (BGBl. II S. 178), Amtshilferichtlinie-Umsetzungsgesetz (AmtshilfeRLUmsG) vom 26. Juni 2013 (BGBl. I S. 1809), Gesetz zum Internationalen Erbrecht und zur Änderung von Vorschriften zum Erbschein sowie zur Änderung sonstiger Vorschriften vom 29.6.2015 (BGBl. I S. 1042), Steueränderungsgesetz 2015 vom 2.11.2015 (BGBl. I S. 1834), Gesetz zur Neuregelung des Kulturgutschutzrechts vom 31.7.2016 (BGBl. I S. 1914), Gesetz zur Anpassung des Erbschaftsteuer- und Schenkungsteuergesetzes an die Rechtsprechung des Bundesverfassungsgerichts vom 4.11.2016 (BGBl. I S. 2464), Gesetz zur Bekämpfung der Steuerumgehung und zur Änderung weiterer steuerlicher Vorschriften (Steuerumgehungsbekämpfungsgesetz – StUmgBG) vom 23.6.2017 (BGBl. I S. 1682), Gesetz zum Ausschluss verfassungsfeindlicher Parteien von der Parteienfinanzierung vom 18.7.2017 (BGBl. I S. 2730), Gesetz zur Vermeidung von Umsatzsteuerausfällen beim Handel mit Waren im Internet und zur Änderung weiterer steuerlicher Vorschriften vom 11.12.2018 (BGBl. I S. 2338), Gesetz über steuerliche und weitere Begleitregelungen zum Austritt des Vereinigten Königreichs Großbritannien und Nordirland aus der Europäischen Union (Brexit-Steuerbegleitgesetz – Brexit-StBG) vom 25.3.2019 (BGBl. I S. 357), Gesetz zur Reform des Grundsteuer- und Bewertungsrechts (Grundsteuer-Reformgesetz – GrStRefG) vom 26.11.2019 (BGBl. I S. 1794), Jahressteuergesetz 2020 (JStG 2020) vom 21.12.2020 (BGBl. I S. 3096), Gesetz zur Umsetzung der Richtlinie (EU) 2019/2034 über die Beaufsichtigung von Wertpapierinstituten vom 12.5.2021 (BGBl. I S. 990), Gesetz zur Modernisierung des Körperschaftsteuerrechts vom 25.6.2021 (BGBl. I S. 2050), Gesetz zur Abwehr von Steuervermeidung und unfairem Steuerwettbewerb und zur Änderung weiterer Gesetze vom 25.6.2021 (BGBl. I S. 2056), Gesetz zur erleichterten Umsetzung der Reform der Grundsteuer und Änderung weiterer steuerrechtlicher Vorschriften (Grundsteuerreform-Umsetzungsgesetz – GrStRefUG) vom 16.7.2021 (BGBl. I S. 2931), Gesetz zur Vereinheitlichung des Stiftungsrechts und zur Änderung des Infektionsschutzgesetzes vom 16.7.2021 (BGBl. I S. 2947) und Gesetz zur Förderung geordneter Kreditzweitmärkte und zur Umsetzung der Richtlinie (EU) 2021/2167 über Kreditdienstleister und Kreditkäufer sowie zur Änderung weiterer finanzrechtlicher Bestimmungen (Kreditzweitmarktförderungsgesetz) vom 22.12.2023 (BGBl. I Nr. 411)

BGBl. III/FNA 611-8-2–2

Inhaltsübersicht

Abschnitt 1. Steuerpflicht §§

Abschnitt 2. Wertermittlung

Abschnitt 1. Steuerpflicht

§ 1 Steuerpflichtige Vorgänge. (1) Der Erbschaftsteuer (Schenkungsteuer) unterliegen

1. der Erwerb von Todes wegen;
2. die Schenkungen unter Lebenden;
3. die Zweckzuwendungen;
4. das Vermögen einer Stiftung, sofern sie wesentlich im Interesse einer Familie oder bestimmter Familien errichtet ist, und eines Vereins, dessen Zweck wesentlich im Interesse einer Familie oder bestimmter Familien auf die Bindung von Vermögen gerichtet ist, in Zeitabständen von je 30 Jahren seit dem in § 9 Abs. 1 Nr. 4 bestimmten Zeitpunkt.

(2) Soweit nichts anderes bestimmt ist, gelten die Vorschriften dieses Gesetzes über die Erwerbe von Todes wegen auch für Schenkungen und Zweckzuwendungen, die Vorschriften über Schenkungen auch für Zweckzuwendungen unter Lebenden.

§ 2 Persönliche Steuerpflicht. (1) Die Steuerpflicht tritt ein

1.[1] in den Fällen des § 1 Abs. 1 Nr. 1 bis 3, wenn der Erblasser zur Zeit seines Todes, der Schenker zur Zeit der Ausführung der Schenkung oder der Erwerber zur Zeit der Entstehung der Steuer (§ 9) ein Inländer ist, für den gesamten Vermögensanfall (unbeschränkte Steuerpflicht). [2]Als Inländer gelten

   a) natürliche Personen, die im Inland einen Wohnsitz oder ihren gewöhnlichen Aufenthalt haben,

   b) deutsche Staatsangehörige, die sich nicht länger als fünf Jahre[2] dauernd im Ausland aufgehalten haben, ohne im Inland einen Wohnsitz zu haben,

   c) unabhängig von der Fünfjahresfrist nach Buchstabe b deutsche Staatsangehörige, die

      aa) im Inland weder einen Wohnsitz noch ihren gewöhnlichen Aufenthalt haben und

      bb) zu einer inländischen juristischen Person des öffentlichen Rechts in einem Dienstverhältnis stehen und dafür Arbeitslohn aus einer inländischen öffentlichen Kasse beziehen,

   sowie zu ihrem Haushalt gehörende Angehörige, die die deutsche Staatsangehörigkeit besitzen. [2]Dies gilt nur für Personen, deren Nachlaß oder Erwerb in dem Staat, in dem sie ihren Wohnsitz oder ihren gewöhnlichen Aufenthalt haben, lediglich in einem der Steuerpflicht nach Nummer 3 ähnlichen Umfang zu einer Nachlaß- oder Erbanfallsteuer herangezogen wird,

   d) Körperschaften, Personenvereinigungen und Vermögensmassen, die ihre Geschäftsleitung oder ihren Sitz im Inland haben;

2. in den Fällen des § 1 Abs. 1 Nr. 4, wenn die Stiftung oder der Verein die Geschäftsleitung oder den Sitz im Inland hat;

3.[3] in allen anderen Fällen, *vorbehaltlich des Absatzes 3,* für den Vermögensanfall, der in Inlandsvermögen im Sinne des § 121 des Bewertungsgesetzes besteht (beschränkte Steuerpflicht). [2]Bei Inlandsvermögen im Sinne des § 121 Nr. 4 des Bewertungsgesetzes ist es ausreichend, wenn der Erblasser zur Zeit seines Todes oder der Schenker zur Zeit der Ausführung der Schen-

---

[1] § 2 Abs. 1 Nr. 1 Satzteil vor Satz 2 geänd. durch G v. 7.12.2011 (BGBl. I S. 2592); zur Anwendung siehe § 37 Abs. 7.

[2] Abweichend „zehn Jahre" bei Wegzug in die USA, vgl. Art. 3 des Zustimmungsgesetzes vom 15.9.2000 zum Ergänzungsprotokoll DBA – USA/Deutschland – ErbSt v. 14.9.1998 (BGBl. II S. 1170).

[3] § 2 Abs. 1 Nr. 3 Satzteil vor Satz 2 geänd. durch G v. 7.12.2011 (BGBl. I S. 2592), zur Anwendung siehe § 37 Abs. 7; kursiver Satzteil im Satzteil vor Satz 2 aufgeh. durch G v. 23.6.2017 (BGBl. I S. 1682), zur Anwendung siehe § 37 Abs. 14.

kung entsprechend der Vorschrift am Grund- oder Stammkapital der inländischen Kapitalgesellschaft beteiligt ist. [3]Wird nur ein Teil einer solchen Beteiligung durch Schenkung zugewendet, gelten die weiteren Erwerbe aus der Beteiligung, soweit die Voraussetzungen des § 14 erfüllt sind, auch dann als Erwerb von Inlandsvermögen, wenn im Zeitpunkt ihres Erwerbs die Beteiligung des Erblassers oder Schenkers weniger als ein Zehntel des Grund- oder Stammkapitals der Gesellschaft beträgt.

(2) Zum Inland im Sinne dieses Gesetzes gehört auch der der Bundesrepublik Deutschland zustehende Anteil am Festlandsockel, soweit dort Naturschätze des Meeresgrundes und des Meeresuntergrundes erforscht oder ausgebeutet werden.

(3)[1] *(aufgehoben)*

§ 2a[2] Rechtsfähige Personengesellschaft. [1]Rechtsfähige Personengesellschaften (§ 14a Absatz 2 Nummer 2 der Abgabenordnung) gelten für Zwecke der Erbschaft- und Schenkungsteuer als Gesamthand und deren Vermögen als Gesamthandsvermögen. [2]Bei einem Erwerb nach § 1 Absatz 1 Nummer 1 bis 3 durch eine rechtsfähige Personengesellschaft gelten deren Gesellschafter als Erwerber. [3]Bei einer Zuwendung durch eine rechtsfähige Personengesellschaft gelten deren Gesellschafter als Zuwendende.

§ 3 Erwerb von Todes wegen. (1) Als Erwerb von Todes wegen gilt

1.[3] der Erwerb durch Erbanfall (§ 1922 des Bürgerlichen Gesetzbuchs), durch Vermächtnis (§§ 2147 ff. des Bürgerlichen Gesetzbuchs) oder auf Grund eines geltend gemachten Pflichtteilsanspruchs (§§ 2303 ff. des Bürgerlichen Gesetzbuchs);

2.[4] der Erwerb durch Schenkung auf den Todesfall (§ 2301 des Bürgerlichen Gesetzbuchs). [2]Als Schenkung auf den Todesfall gilt auch der auf dem Ausscheiden eines Gesellschafters beruhende Übergang des Anteils oder des Teils eines Anteils eines Gesellschafters einer Personengesellschaft oder Kapitalgesellschaft bei dessen Tod auf die anderen Gesellschafter oder die Gesellschaft, soweit der Wert, der sich für seinen Anteil zur Zeit seines Todes nach § 12 ergibt, Abfindungsansprüche Dritter übersteigt. [3]Wird auf Grund einer Regelung im Gesellschaftsvertrag einer Gesellschaft mit beschränkter Haftung der Geschäftsanteil eines Gesellschafters bei dessen Tod eingezogen und übersteigt der sich nach § 12 ergebende Wert seines Anteils zur Zeit seines Todes Abfindungsansprüche Dritter, gilt die insoweit bewirkte Werterhöhung der Geschäftsanteile der verbleibenden Gesellschafter als Schenkung auf den Todesfall;

3. die sonstigen Erwerbe, auf die die für Vermächtnisse geltenden Vorschriften des bürgerlichen Rechts Anwendung finden;

---

[1] § 2 Abs. 3 aufgeh. mWv 25.6.2017 durch G v. 23.6.2017 (BGBl. I S. 1682).

[2] § 2a eingef. mWv 1.1.2024 durch G v. 22.12.2023 (BGBl. I Nr. 411).

[3] § 3 Abs. 1 Nr. 1 neu gef. durch G v. 24.12.2008 (BGBl. I S. 3018).

[4] § 3 Abs. 1 Nr. 2 Satz 2 geänd., Satz 3 angef. mWv 5.3.1999 durch G v. 24.3.1999 (BGBl. I S. 402).

4. jeder Vermögensvorteil, der auf Grund eines vom Erblasser geschlossenen Vertrags bei dessen Tode von einem Dritten unmittelbar erworben wird.

(2) Als vom Erblasser zugewendet gilt auch

1.[1] der Übergang von Vermögen auf eine vom Erblasser angeordnete Stiftung. 2 Dem steht gleich die vom Erblasser angeordnete Bildung oder Ausstattung einer Vermögensmasse ausländischen Rechts, deren Zweck auf die Bindung von Vermögen gerichtet ist;
2. was jemand infolge Vollziehung einer vom Erblasser angeordneten Auflage oder infolge Erfüllung einer vom Erblasser gesetzten Bedingung erwirbt, es sei denn, daß eine einheitliche Zweckzuwendung vorliegt;
3. was jemand dadurch erlangt, daß bei Genehmigung einer Zuwendung des Erblassers Leistungen an andere Personen angeordnet oder zur Erlangung der Genehmigung freiwillig übernommen werden;
4.[2] was als Abfindung für einen Verzicht auf den entstandenen Pflichtteilsanspruch oder für die Ausschlagung einer Erbschaft, eines Erbersatzanspruchs oder eines Vermächtnisses oder für die Zurückweisung eines Rechts aus einem Vertrag des Erblassers zugunsten Dritter auf den Todesfall oder anstelle eines anderen in Absatz 1 genannten Erwerbs oder dafür gewährt wird, dass eine Rechtsstellung, insbesondere eine Erbenstellung, oder ein Recht oder ein Anspruch, die zu einem Erwerb nach Absatz 1 führen würden, nicht mehr oder nur noch teilweise geltend gemacht werden;
5.[3] was als Abfindung für ein aufschiebend bedingtes, betagtes oder befristetes Vermächtnis, das der Vermächtnisnehmer angenommen hat, vor dem Zeitpunkt des Eintritts der Bedingung oder des Ereignisses gewährt wird;
6. was als Entgelt für die Übertragung der Anwartschaft eines Nacherben gewährt wird;
7.[4] was der Vertragserbe oder der Schlusserbe eines gemeinschaftlichen Testaments oder der Vermächtnisnehmer wegen beeinträchtigender Schenkungen des Erblassers (§§ 2287, 2288 Abs. 2 des Bürgerlichen Gesetzbuchs) von dem Beschenkten nach den Vorschriften über die ungerechtfertigte Bereicherung erlangt.

§ 4 Fortgesetzte Gütergemeinschaft. (1)[5] Wird die Gütergemeinschaft beim Tod eines Ehegatten oder beim Tod eines Lebenspartners fortgesetzt (§§ 1483 ff. des Bürgerlichen Gesetzbuchs), wird dessen Anteil am Gesamtgut so behandelt, als wäre er ausschließlich den anteilsberechtigten Abkömmlingen angefallen.

(2) 1 Beim Tode eines anteilsberechtigten Abkömmlings gehört dessen Anteil am Gesamtgut zu seinem Nachlaß. 2 Als Erwerber des Anteils gelten dieje-

---

[1] § 3 Abs. 2 Nr. 1 Satz 2 angef. mWv 5.3.1999 durch G v. 24.3.1999 (BGBl. I S. 402).

[2] § 3 Abs. 2 Nr. 4 neu gef. mWv 1.1.2009 durch G v. 24.12.2008 (BGBl. I S. 3018); geänd. durch G v. 23.6.2017 (BGBl. I S. 1682), zur Anwendung siehe § 37 Abs. 14.

[3] § 3 Abs. 2 Nr. 5 geänd. durch G v. 21.12.2020 (BGBl. I S. 3096); zur Anwendung siehe § 37 Abs. 18.

[4] § 3 Abs. 2 Nr. 7 neu gef. mWv 1.1.2009 durch G v. 24.12.2008 (BGBl. I S. 3018).

[5] § 4 Abs. 1 neu gef. mWv 1.1.2009 durch G v. 24.12.2008 (BGBl. I S. 3018).

nigen, denen der Anteil nach § 1490 Satz 2 und 3 des Bürgerlichen Gesetzbuchs zufällt.

§ 5 Zugewinngemeinschaft. (1)[1] [1]Wird der Güterstand der Zugewinngemeinschaft (§ 1363 des Bürgerlichen Gesetzbuchs, § 6 des Lebenspartnerschaftsgesetzes[1]) durch den Tod eines Ehegatten oder den Tod eines Lebenspartners[1] beendet und der Zugewinn nicht nach § 1371 Abs. 2 des Bürgerlichen Gesetzbuchs ausgeglichen, gilt beim überlebenden Ehegatten oder beim überlebenden Lebenspartner[1] der Betrag, den er nach Maßgabe des § 1371 Abs. 2 des Bürgerlichen Gesetzbuchs als Ausgleichsforderung geltend machen könnte, nicht als Erwerb im Sinne des § 3. [2]Bei der Berechnung dieses Betrags bleiben von den Vorschriften der §§ 1373 bis 1383 und 1390 des Bürgerlichen Gesetzbuchs abweichende güterrechtliche Vereinbarungen unberücksichtigt. [3]Die Vermutung des § 1377 Abs. 3 des Bürgerlichen Gesetzbuchs findet keine Anwendung. [4]Wird der Güterstand der Zugewinngemeinschaft durch Ehevertrag oder Lebenspartnerschaftsvertrag[1] vereinbart, gilt als Zeitpunkt des Eintritts des Güterstandes (§ 1374 Abs. 1 des Bürgerlichen Gesetzbuchs) der Tag des Vertragsabschlusses. [5]Soweit das Endvermögen[1] des Erblassers bei der Ermittlung des als Ausgleichsforderung steuerfreien Betrags mit einem höheren Wert als dem nach den steuerlichen Bewertungsgrundsätzen maßgebenden Wert angesetzt worden ist, gilt höchstens der dem Steuerwert des Endvermögens[1] entsprechende Betrag nicht als Erwerb im Sinne des § 3. [6]Sind bei der Ermittlung der Bereicherung des überlebenden Ehegatten oder des überlebenden Lebenspartners Steuerbefreiungen berücksichtigt worden, gilt die Ausgleichsforderung im Verhältnis des um den Wert des steuerbefreiten Vermögens geminderten Werts des Endvermögens zum ungeminderten Wert des Endvermögens des Erblassers nicht als Erwerb im Sinne des § 3.

(2)[2] Wird der Güterstand der Zugewinngemeinschaft in anderer Weise als durch den Tod eines Ehegatten oder eines Lebenspartners[2] beendet oder wird der Zugewinn nach § 1371 Abs. 2 des Bürgerlichen Gesetzbuchs ausgeglichen, gehört die Ausgleichsforderung (§ 1378 des Bürgerlichen Gesetzbuchs) nicht zum Erwerb im Sinne der §§ 3 und 7.

(3)[2] Wird der Güterstand der Wahl-Zugewinngemeinschaft (§ 1519 des Bürgerlichen Gesetzbuchs) beendet und der Zugewinn ausgeglichen, so gehört die Ausgleichsforderung (Artikel 12 Absatz 1 des Abkommens vom 4. Februar 2010 zwischen der Bundesrepublik Deutschland und der Französischen Republik über den Güterstand der Wahl-Zugewinngemeinschaft) nicht zum Erwerb im Sinne der §§ 3 und 7.

§ 6 Vor- und Nacherbschaft. (1) Der Vorerbe gilt als Erbe.

---

[1] § 5 Abs. 1 Sätze 1, 4 und 5 geänd. bzw. ergänzt mWv 1.1.2009 durch G v. 24.12.2008 (BGBl. I S. 3018); Satz 6 angef. durch G v. 21.12.2020 (BGBl. I S. 3096); zur Anwendung siehe § 37 Abs. 18.

[2] § 5 Abs. 2 geänd. bzw. ergänzt, Abs. 3 angef. durch G v. 15.3.2012 (BGBl. II S. 178); nach Art. 6 Abs. 1 des G tritt er jedoch erst dann in Kraft, wenn das Abkommen v. 4.2.2010 in Kraft tritt. Dies geschah mWv 1.5.2013.

(2) [1]Bei Eintritt der Nacherbfolge haben diejenigen, auf die das Vermögen übergeht, den Erwerb als vom Vorerben stammend zu versteuern. [2]Auf Antrag ist der Versteuerung das Verhältnis des Nacherben zum Erblasser zugrunde zu legen. [3]Geht in diesem Fall auch eigenes Vermögen des Vorerben auf den Nacherben über, sind beide Vermögensanfälle hinsichtlich der Steuerklasse getrennt zu behandeln. [4]Für das eigene Vermögen des Vorerben kann ein Freibetrag jedoch nur gewährt werden, soweit der Freibetrag für das der Nacherbfolge unterliegende Vermögen nicht verbraucht ist. [5]Die Steuer ist für jeden Erwerb jeweils nach dem Steuersatz zu erheben, der für den gesamten Erwerb gelten würde.

(3) [1]Tritt die Nacherbfolge nicht durch den Tod des Vorerben ein, gilt die Vorerbfolge als auflösend bedingter, die Nacherbfolge als aufschiebend bedingter Anfall. [2]In diesem Fall ist dem Nacherben die vom Vorerben entrichtete Steuer abzüglich desjenigen Steuerbetrags anzurechnen, welcher der tatsächlichen Bereicherung des Vorerben entspricht.

(4) Nachvermächtnisse und beim Tod des Beschwerten fällige Vermächtnisse oder Auflagen[1)] stehen den Nacherbschaften gleich.

§ 7 Schenkungen unter Lebenden. (1) Als Schenkungen unter Lebenden gelten

1. jede freigebige Zuwendung unter Lebenden, soweit der Bedachte durch sie auf Kosten des Zuwendenden bereichert wird;
2. was infolge Vollziehung einer von dem Schenker angeordneten Auflage oder infolge Erfüllung einer einem Rechtsgeschäft unter Lebenden beigefügten Bedingung ohne entsprechende Gegenleistung erlangt wird, es sei denn, daß eine einheitliche Zweckzuwendung vorliegt;
3. was jemand dadurch erlangt, daß bei Genehmigung einer Schenkung Leistungen an andere Personen angeordnet oder zur Erlangung der Genehmigung freiwillig übernommen werden;
4.[2)] die Bereicherung, die ein Ehegatte oder ein Lebenspartner[3)] bei Vereinbarung der Gütergemeinschaft (§ 1415 des Bürgerlichen Gesetzbuchs) erfährt;
5. was als Abfindung für einen Erbverzicht (§§ 2346 und 2352 des Bürgerlichen Gesetzbuchs) gewährt wird;
6.[4)] *(aufgehoben)*
7. was ein Vorerbe dem Nacherben mit Rücksicht auf die angeordnete Nacherbschaft vor ihrem Eintritt herausgibt;
8.[5)] der Übergang von Vermögen auf Grund eines Stiftungsgeschäfts unter Lebenden. [2]Dem steht gleich die Bildung oder Ausstattung einer Vermö-

---

[1)] § 6 Abs. 4 ergänzt mWv 1.1.2009 durch G v. 24.12.2008 (BGBl. I S. 3018).

[2)] Wegen der Sonderregelung bei der Vereinbarung der Gütergemeinschaft vgl. Art. 5 G zur Reform des Erbschaftsteuer- und Schenkungsteuerrechts v. 17.4.1974 (BGBl. I S. 933).

[3)] § 7 Abs. 1 Nr. 4 ergänzt mWv 1.1.2009 durch G v. 24.12.2008 (BGBl. I S. 3018).

[4)] § 7 Abs. 1 Nr. 6 aufgeh. mWv 1.1.2009 durch G v. 24.12.2008 (BGBl. I S. 3018).

[5)] § 7 Abs. 1 Nr. 8 Satz 2 angef. mWv 5.3.1999 durch G v. 24.3.1999 (BGBl. I S. 402).

gensmasse ausländischen Rechts, deren Zweck auf die Bindung von Vermögen gerichtet ist;

9.[1] was bei *Aufhebung einer Stiftung* [**ab 1.7.2023:** Auflösung, Aufhebung, Zulegung oder Zusammenlegung von Stiftungen] oder bei Auflösung eines Vereins, dessen Zweck auf die Bindung von Vermögen gerichtet ist, erworben wird. [2]Dem steht gleich der Erwerb bei Auflösung einer Vermögensmasse ausländischen Rechts, deren Zweck auf die Bindung von Vermögen gerichtet ist, sowie der Erwerb durch Zwischenberechtigte während des Bestehens der Vermögensmasse. [3]Wie eine Auflösung wird auch der Formwechsel eines rechtsfähigen Vereins, dessen Zweck wesentlich im Interesse einer Familie oder bestimmter Familien auf die Bindung von Vermögen gerichtet ist, in eine Kapitalgesellschaft behandelt;

10. was als Abfindung für aufschiebend bedingt, betagt oder befristet erworbene Ansprüche, soweit es sich nicht um einen Fall des § 3 Abs. 2 Nr. 5 handelt, vor dem Zeitpunkt des Eintritts der Bedingung oder des Ereignisses gewährt wird.

(2) [1]Im Fall des Absatzes 1 Nr. 7 ist der Versteuerung auf Antrag das Verhältnis des Nacherben zum Erblasser zugrunde zu legen. [2]§ 6 Abs. 2 Satz 3 bis 5 gilt entsprechend.

(3) Gegenleistungen, die nicht in Geld veranschlagt werden können, werden bei der Feststellung, ob eine Bereicherung vorliegt, nicht berücksichtigt.

(4) Die Steuerpflicht einer Schenkung wird nicht dadurch ausgeschlossen, daß sie zur Belohnung oder unter einer Auflage gemacht oder in die Form eines lästigen Vertrags gekleidet wird.

(5) [1]Ist Gegenstand der Schenkung eine Beteiligung an einer Personengesellschaft, in deren Gesellschaftsvertrag bestimmt ist, daß der neue Gesellschafter bei Auflösung der Gesellschaft oder im Fall eines vorherigen Ausscheidens nur den Buchwert seines Kapitalanteils erhält, werden diese Bestimmungen bei der Feststellung der Bereicherung nicht berücksichtigt. [2]Soweit die Bereicherung den Buchwert des Kapitalanteils übersteigt, gilt sie als auflösend bedingt erworben.

(6) Wird eine Beteiligung an einer Personengesellschaft mit einer Gewinnbeteiligung ausgestattet, die insbesondere der Kapitaleinlage, der Arbeits- oder der sonstigen Leistung des Gesellschafters für die Gesellschaft nicht entspricht oder die einem fremden Dritten üblicherweise nicht eingeräumt würde, gilt das Übermaß an Gewinnbeteiligung als selbständige Schenkung, die mit dem Kapitalwert anzusetzen ist.

(7)[2] [1]Als Schenkung gilt auch der auf dem Ausscheiden eines Gesellschafters beruhende Übergang des Anteils oder des Teils eines Anteils eines Gesellschafters einer Personengesellschaft oder Kapitalgesellschaft auf die anderen

---

[1] § 7 Abs. 1 Nr. 9 Satz 2 angef. mWv 5.3.1999 durch G v. 24.3.1999 (BGBl. I S. 402), Nr. 9 Satz 3 angef. mWv 1.1.2009 durch G v. 24.12.2008 (BGBl. I S. 3018); Abs. 1 Nr. 9 Satzteil vor Satz 2 geänd. mWv 1.7.2023 durch G v. 16.7.2021 (BGBl. I S. 2947).

[2] § 7 Abs. 7 Satz 1 geänd., Satz 2 angef. mWv 5.3.1999 durch G v. 24.3.1999 (BGBl. I S. 402), Satz 3 angef. mWv 1.1.2009 durch G v. 24.12.2008 (BGBl. I S. 3018).

Gesellschafter oder die Gesellschaft, soweit der Wert, der sich für seinen Anteil zur Zeit seines Ausscheidens nach § 12 ergibt, den Abfindungsanspruch übersteigt. 2 Wird auf Grund einer Regelung im Gesellschaftsvertrag einer Gesellschaft mit beschränkter Haftung der Geschäftsanteil eines Gesellschafters bei dessen Ausscheiden eingezogen und übersteigt der sich nach § 12 ergebende Wert seines Anteils zur Zeit seines Ausscheidens den Abfindungsanspruch, gilt die insoweit bewirkte Werterhöhung der Anteile der verbleibenden Gesellschafter als Schenkung des ausgeschiedenen Gesellschafters. 3 Bei Übertragungen im Sinne des § 10 Abs. 10 gelten die Sätze 1 und 2 sinngemäß.

(8)[1] 1 Als Schenkung gilt auch die Werterhöhung von Anteilen an einer Kapitalgesellschaft, die eine an der Gesellschaft unmittelbar oder mittelbar beteiligte natürliche Person oder Stiftung (Bedachte) durch die Leistung einer anderen Person (Zuwendender) an die Gesellschaft erlangt. 2 Freigebig sind auch Zuwendungen zwischen Kapitalgesellschaften, soweit sie in der Absicht getätigt werden, Gesellschafter zu bereichern und soweit an diesen Gesellschaften nicht unmittelbar oder mittelbar dieselben Gesellschafter zu gleichen Anteilen beteiligt sind. 3 Die Sätze 1 und 2 gelten außer für Kapitalgesellschaften auch für Genossenschaften.

§ 8 Zweckzuwendungen. Zweckzuwendungen sind Zuwendungen von Todes wegen oder freigebige Zuwendungen unter Lebenden, die mit der Auflage verbunden sind, zugunsten eines bestimmten Zwecks verwendet zu werden, oder die von der Verwendung zugunsten eines bestimmten Zwecks abhängig sind, soweit hierdurch die Bereicherung des Erwerbers gemindert wird.

§ 9 Entstehung der Steuer. (1) Die Steuer entsteht

1. bei Erwerben von Todes wegen mit dem Tode des Erblassers, jedoch
   a) für den Erwerb des unter einer aufschiebenden Bedingung, unter einer Betagung oder Befristung Bedachten sowie für zu einem Erwerb gehörende aufschiebend bedingte, betagte oder befristete Ansprüche mit dem Zeitpunkt des Eintritts der Bedingung oder des Ereignisses,
   b)[2] für den Erwerb eines geltend gemachten Pflichtteilsanspruchs mit dem Zeitpunkt der Geltendmachung,
   c) im Fall des § 3 Abs. 2 Nr. 1 Satz 1 mit dem Zeitpunkt der Anerkennung der Stiftung als rechtsfähig und im Fall des § 3 Abs. 2 Nr. 1 Satz 2 mit dem Zeitpunkt der Bildung oder Ausstattung der Vermögensmasse[3],
   d) in den Fällen des § 3 Abs. 2 Nr. 2 mit dem Zeitpunkt der Vollziehung der Auflage oder der Erfüllung der Bedingung,
   e) in den Fällen des § 3 Abs. 2 Nr. 3 mit dem Zeitpunkt der Genehmigung,

---

[1] § 7 Abs. 8 angef. durch G v. 7.12.2011 (BGBl. I S. 2592); zur Anwendung siehe § 37 Abs. 7 Satz 1.

[2] § 9 Abs. 1 Nr. 1 Buchst. b geänd. mWv 1.1.2009 durch G v. 24.12.2008 (BGBl. I S. 3018).

[3] § 9 Abs. 1 Nr. 1 Buchst. c ergänzt durch G v. 24.3.1999 (BGBl. I S. 402) und geänd. durch G v. 15.7.2002 (BGBl. I S. 2634).

f)[1] in den Fällen des § 3 Absatz 2 Nummer 4 mit dem Zeitpunkt des Verzichts, der Ausschlagung, der Zurückweisung oder der Erklärung über das Nichtgeltendmachen,

g) im Fall des § 3 Abs. 2 Nr. 5 mit dem Zeitpunkt der Vereinbarung über die Abfindung,

h) für den Erwerb des Nacherben mit dem Zeitpunkt des Eintritts der Nacherbfolge,

i) im Fall des § 3 Abs. 2 Nr. 6 mit dem Zeitpunkt der Übertragung der Anwartschaft,

j) im Fall des § 3 Abs. 2 Nr. 7 mit dem Zeitpunkt der Geltendmachung des Anspruchs;

2. bei Schenkungen unter Lebenden mit dem Zeitpunkt der Ausführung der Zuwendung;
3. bei Zweckzuwendungen mit dem Zeitpunkt des Eintritts der Verpflichtung des Beschwerten;
4. in den Fällen des § 1 Abs. 1 Nr. 4 in Zeitabständen von je 30 Jahren seit dem Zeitpunkt des ersten Übergangs von Vermögen auf die Stiftung oder auf den Verein. [2] Fällt bei Stiftungen oder Vereinen der Zeitpunkt des ersten Übergangs von Vermögen auf den 1. Januar 1954 oder auf einen früheren Zeitpunkt, entsteht die Steuer erstmals am 1. Januar 1984. [3] Bei Stiftungen und Vereinen, bei denen die Steuer erstmals am 1. Januar 1984 entsteht, richtet sich der Zeitraum von 30 Jahren nach diesem Zeitpunkt.

(2) In den Fällen der Aussetzung der Versteuerung nach § 25 Abs. 1 Buchstabe a[2] gilt die Steuer für den Erwerb des belasteten Vermögens als mit dem Zeitpunkt des Erlöschens der Belastung entstanden.

Abschnitt 2. Wertermittlung

§ 10 Steuerpflichtiger Erwerb. (1)[3] [1] Als steuerpflichtiger Erwerb gilt die Bereicherung des Erwerbers, soweit sie nicht steuerfrei ist (§§ 5, 13, 13a, 13c, 13d,[4] 16, 17 und 18). [2] In den Fällen des § 3 gilt unbeschadet Absatz 10 als Bereicherung der Betrag, der sich ergibt, wenn von dem nach § 12 zu ermittelnden Wert des gesamten Vermögensanfalls, soweit er der Besteuerung nach diesem Gesetz unterliegt, die nach den Absätzen 3 bis 9 abzugsfähigen Nachlassverbindlichkeiten mit ihrem nach § 12 zu ermittelnden Wert abgezogen werden. [3] Die vom Erblasser herrührenden Steuererstattungsansprüche sind bei der Ermittlung der Bereicherung zu berücksichtigen, auch wenn sie rechtlich

---

[1] § 9 Abs. 1 Nr. 1 Buchst. f neu gef. durch G v. 23.6.2017 (BGBl. I S. 1682); zur Anwendung siehe § 37 Abs. 14.

[2] § 25 Abs. 1 Buchst. a idF des G v. 17.4.1974 (BGBl. I S. 933) gilt in Steuerfällen, die bis zum 30.8.1980 eingetreten waren (§ 37 Abs. 2).

[3] § 10 Abs. 1 Satz 4 geänd. mWv. 1.1.2024 durch G v. 22.12.2023 (BGBl. I Nr. 411).

[4] § 10 Abs. 1 Satz 1 ergänzt mWv 1.7.2016 (§ 37 Abs. 12 Satz 1) durch G v. 4.11.2016 (BGBl. I S. 2464); Satz 3 neu gef. durch G v. 21.12.2020 (BGBl. I S. 3096); zur Anwendung siehe § 37 Abs. 18.

erst nach dem Tod des Erblassers entstanden sind. [4]Der unmittelbare oder mittelbare Erwerb einer Beteiligung an einer *Personengesellschaft oder einer anderen Gesamthandsgemeinschaft* [***ab 1.1.2024:*** Personenvereinigung], die nicht unter § 97 Abs. 1 Satz 1 Nr. 5 des Bewertungsgesetzes fällt, gilt als Erwerb der anteiligen Wirtschaftsgüter; die dabei übergehenden Schulden und Lasten der Gesellschaft sind bei der Ermittlung der Bereicherung des Erwerbers wie eine Gegenleistung zu behandeln.[1)] [5]Bei der Zweckzuwendung tritt an die Stelle des Vermögensanfalls die Verpflichtung des Beschwerten. [6]Der steuerpflichtige Erwerb wird auf volle 100 Euro[2)] nach unten abgerundet. [7]In den Fällen des § 1 Abs. 1 Nr. 4 tritt an die Stelle des Vermögensanfalls das Vermögen der Stiftung oder des Vereins.

(2) Hat der Erblasser die Entrichtung der von dem Erwerber geschuldeten Steuer einem anderen auferlegt oder hat der Schenker die Entrichtung der vom Beschenkten geschuldeten Steuer selbst übernommen oder einem anderen auferlegt, gilt als Erwerb der Betrag, der sich bei einer Zusammenrechnung des Erwerbs nach Absatz 1 mit der aus ihm errechneten Steuer ergibt.

(3) Die infolge des Anfalls durch Vereinigung von Recht und Verbindlichkeit oder von Recht und Belastung erloschenen Rechtsverhältnisse gelten als nicht erloschen.

(4) Die Anwartschaft eines Nacherben gehört nicht zu seinem Nachlaß.

(5) Von dem Erwerb sind, soweit sich nicht aus den Absätzen 6 bis 9 etwas anderes ergibt, als Nachlaßverbindlichkeiten abzugsfähig

1.[3)] die vom Erblasser herrührenden Schulden, soweit sie nicht mit einem zum Erwerb gehörenden Gewerbebetrieb, Anteil an einem Gewerbebetrieb, Betrieb der Land- und Forstwirtschaft oder Anteil an einem Betrieb der Land- und Forstwirtschaft in wirtschaftlichem Zusammenhang stehen und bereits bei der Bewertung der wirtschaftlichen Einheit berücksichtigt worden sind;
2. Verbindlichkeiten aus Vermächtnissen, Auflagen und geltend gemachten Pflichtteilen und Erbersatzansprüchen;
3. die Kosten der Bestattung des Erblassers, die Kosten für ein angemessenes Grabdenkmal, die Kosten für die übliche Grabpflege mit ihrem Kapitalwert für eine unbestimmte Dauer sowie die Kosten, die dem Erwerber unmittelbar im Zusammenhang mit der Abwicklung, Regelung oder Verteilung des Nachlasses oder mit der Erlangung des Erwerbs entstehen. [2]Für diese Kosten wird insgesamt ein Betrag von 10 300 Euro[4)] ohne Nachweis abgezogen. [3]Kosten für die Verwaltung des Nachlasses sind nicht abzugsfähig.

(6)[5)] [1]Nicht abzugsfähig sind Schulden und Lasten, soweit sie in wirtschaftlichem Zusammenhang mit Vermögensgegenständen stehen, die nicht der

---

1) § 10 Abs. 1 Satz 4 neu gef. mWv 1.1.2009 durch G v. 24.12.2008 (BGBl. I S. 3018).

2) Betrag geänd. mWv 1.1.2002 durch G v. 19.12.2000 (BGBl. I S. 1790).

3) § 10 Abs. 5 Nr. 1 neu gef. mWv 1.1.2009 durch G v. 24.12.2008 (BGBl. I S. 3018).

4) Betrag geänd. mWv 1.1.2002 durch G v. 19.12.2000 (BGBl. I S. 1790).

5) § 10 Abs. 6 Sätze 4 und 5 neu gef., Satz 6 angef. mWv 1.1.2009 durch G v. 24.12.2008 (BGBl. I S. 3018); Sätze 4 und 5 geänd. mWv 1.7.2016 (§ 37 Abs. 12 Satz 1) durch G v. 4.11.2016 (BGBl. I S. 2464); Satz 3 neu gef., Satz 5 ersetzt durch Sätze 5 bis 10, bish. Satz 6 wird Satz 11 durch G v. 21.12.2020 (BGBl. I S. 3096); zur Anwendung siehe § 37 Abs. 18.

Besteuerung nach diesem Gesetz unterliegen. [2]Beschränkt sich die Besteuerung auf einzelne Vermögensgegenstände (§ 2 Abs. 1 Nr. 3, § 19 Abs. 2), sind nur die damit in wirtschaftlichem Zusammenhang stehenden Schulden und Lasten abzugsfähig. [3]Schulden und Lasten sind nicht abzugsfähig, soweit die Vermögensgegenstände, mit denen diese in wirtschaftlichem Zusammenhang stehen, steuerbefreit sind. [4]Schulden und Lasten, die mit nach den §§ 13a und 13c befreitem Vermögen in wirtschaftlichem Zusammenhang stehen, sind nur mit dem Betrag abzugsfähig, der dem Verhältnis des nach Anwendung der §§ 13a und 13c anzusetzenden Werts dieses Vermögens zu dem Wert vor Anwendung der §§ 13a und 13c entspricht. [5]Schulden und Lasten, die nicht in wirtschaftlichem Zusammenhang mit einzelnen Vermögensgegenständen des Erwerbs stehen, sind anteilig allen Vermögensgegenständen des Erwerbs zuzurechnen. [6]Dies gilt nicht für Kosten im Sinne des Absatzes 5 Nummer 3. [7]Der jeweilige Anteil bemisst sich nach dem Verhältnis des Werts des Vermögensgegenstands nach Abzug der mit diesem Vermögensgegenstand in wirtschaftlichem Zusammenhang stehenden Schulden und Lasten zum Gesamtwert der Vermögensgegenstände nach Abzug aller mit diesen Vermögensgegenständen in wirtschaftlichem Zusammenhang stehenden Schulden und Lasten. [8]In den Fällen einer Steuerbefreiung nach den §§ 13a und 13c ist bei Anwendung der Sätze 5 bis 7 nicht auf den einzelnen Vermögensgegenstand, sondern auf die Summe der begünstigten Vermögen im Sinne des § 13b Absatz 2 abzustellen. [9]Der auf den einzelnen Vermögensgegenstand entfallende Anteil an den Schulden und Lasten im Sinne des Satzes 5 ist nicht abzugsfähig, soweit dieser Vermögensgegenstand steuerbefreit ist. [10]Die auf das nach den §§ 13a und 13c befreite Vermögen entfallenden Schulden und Lasten im Sinne der Sätze 5 bis 8 sind nur mit dem Betrag abzugsfähig, der dem Verhältnis des nach Anwendung der §§ 13a und 13c anzusetzenden Werts dieses Vermögens zu dem Wert vor Anwendung der §§ 13a und 13c entspricht. [11]Haben sich Nutzungsrechte als Grundstücksbelastungen bei der Ermittlung des gemeinen Werts einer wirtschaftlichen Einheit des Grundbesitzes ausgewirkt, ist deren Abzug bei der Erbschaftsteuer ausgeschlossen.

(7) In den Fällen des § 1 Abs. 1 Nr. 4 sind Leistungen an die nach der Stiftungsurkunde oder nach der Vereinssatzung Berechtigten nicht abzugsfähig.

(8)[1)] [1]Die von dem Erwerber zu entrichtende eigene Erbschaftsteuer ist nicht abzugsfähig. [2]Satz 1 gilt in den Fällen des § 1 Absatz 1 Nummer 4 entsprechend.

(9) Auflagen, die dem Beschwerten selbst zugute kommen, sind nicht abzugsfähig.

(10)[2)] [1]Überträgt ein Erbe ein auf ihn von Todes wegen übergegangenes Mitgliedschaftsrecht an einer Personengesellschaft unverzüglich nach dessen Erwerb auf Grund einer im Zeitpunkt des Todes des Erblassers bestehenden Regelung im Gesellschaftsvertrag an die Mitgesellschafter und ist der Wert, der sich für seinen Anteil zur Zeit des Todes des Erblassers nach § 12 ergibt,

---

[1)] § 10 Abs. 8 Satz 2 angef. durch G v. 21.12.2020 (BGBl. I S. 3096); zur Anwendung siehe § 37 Abs. 18.

[2)] § 10 Abs. 10 angef. mWv 1.1.2009 durch G v. 24.12.2008 (BGBl. I S. 3018).

höher als der gesellschaftsvertraglich festgelegte Abfindungsanspruch, so gehört nur der Abfindungsanspruch zum Vermögensanfall im Sinne des Absatzes 1 Satz 2. 2 Überträgt ein Erbe einen auf ihn von Todes wegen übergegangenen Geschäftsanteil an einer Gesellschaft mit beschränkter Haftung unverzüglich nach dessen Erwerb auf Grund einer im Zeitpunkt des Todes des Erblassers bestehenden Regelung im Gesellschaftsvertrag an die Mitgesellschafter oder wird der Geschäftsanteil auf Grund einer im Zeitpunkt des Todes des Erblassers bestehenden Regelung im Gesellschaftsvertrag von der Gesellschaft eingezogen und ist der Wert, der sich für seinen Anteil zur Zeit des Todes des Erblassers nach § 12 ergibt, höher als der gesellschaftsvertraglich festgelegte Abfindungsanspruch, so gehört nur der Abfindungsanspruch zum Vermögensanfall im Sinne des Absatzes 1 Satz 2.

§ 11 Bewertungsstichtag. Für die Wertermittlung ist, soweit in diesem Gesetz nichts anderes bestimmt ist, der Zeitpunkt der Entstehung der Steuer maßgebend.

§ 12[1] Bewertung. (1) Die Bewertung richtet sich, soweit nicht in den Absätzen 2 bis 7 etwas anderes bestimmt ist, nach den Vorschriften des Ersten Teils des Bewertungsgesetzes (Allgemeine Bewertungsvorschriften) in der Fassung der Bekanntmachung vom 1. Februar 1991 (BGBl. I S. 230), zuletzt geändert durch Artikel 2 des Gesetzes vom 24. Dezember 2008 (BGBl. I S. 3018), in der jeweils geltenden Fassung.

(2) Anteile an Kapitalgesellschaften, für die ein Wert nach § 151 Abs. 1 Satz 1 Nr. 3 des Bewertungsgesetzes festzustellen ist, sind mit dem auf den Bewertungsstichtag (§ 11) festgestellten Wert anzusetzen.

(3)[2] Grundbesitz (*§ 19 Abs. 1* [***ab 1.1.2025:*** § 157 Absatz 1 Satz 1] des Bewertungsgesetzes) ist mit dem nach § 151 Abs. 1 Satz 1 Nr. 1 des Bewertungsgesetzes auf den Bewertungsstichtag (§ 11) festgestellten Wert anzusetzen.

(4) Bodenschätze, die nicht zum Betriebsvermögen gehören, werden angesetzt, wenn für sie Absetzungen für Substanzverringerung bei der Einkunftsermittlung vorzunehmen sind; sie werden mit ihren ertragsteuerlichen Werten angesetzt.

(5) Inländisches Betriebsvermögen, für das ein Wert nach § 151 Abs. 1 Satz 1 Nr. 2 des Bewertungsgesetzes festzustellen ist, ist mit dem auf den Bewertungsstichtag (§ 11) festgestellten Wert anzusetzen.

(6) Gehört zum Erwerb ein Anteil an Wirtschaftsgütern und Schulden, für die ein Wert nach § 151 Abs. 1 Satz 1 Nr. 4 des Bewertungsgesetzes festzustellen ist, ist der darauf entfallende Teilbetrag des auf den Bewertungsstichtag (§ 11) festgestellten Werts anzusetzen.

(7) Ausländischer Grundbesitz und ausländisches Betriebsvermögen werden nach § 31 des Bewertungsgesetzes bewertet.

---

[1] § 12 neu gef. mWv 1.1.2009 durch G v. 24.12.2008 (BGBl. I S. 3018).
[2] § 12 Abs. 3 geänd. mWv 1.1.2025 durch G v. 26.11.2019 (BGBl. I S. 1794).

§ 13 Steuerbefreiungen. (1) Steuerfrei bleiben

1.[1] a) Hausrat einschließlich Wäsche und Kleidungsstücke beim Erwerb durch Personen der Steuerklasse I, soweit der Wert insgesamt 41 000 Euro[2] nicht übersteigt,

b) andere bewegliche körperliche Gegenstände, die nicht nach Nummer 2 befreit sind, beim Erwerb durch Personen der Steuerklasse I, soweit der Wert insgesamt 12 000 Euro[3] nicht übersteigt,

c) Hausrat einschließlich Wäsche und Kleidungsstücke und andere bewegliche körperliche Gegenstände, die nicht nach Nummer 2 befreit sind, beim Erwerb durch Personen der Steuerklassen II und III, soweit der Wert insgesamt 12 000 Euro[3] nicht übersteigt.

[2]Die Befreiung gilt nicht für Gegenstände, die zum land- und forstwirtschaftlichen Vermögen, zum Grundvermögen oder zum Betriebsvermögen gehören, für Zahlungsmittel, Wertpapiere, Münzen, Edelmetalle, Edelsteine und Perlen;[4]

2. Grundbesitz oder Teile von Grundbesitz, Kunstgegenstände, Kunstsammlungen, wissenschaftliche Sammlungen, Bibliotheken und Archive

a) mit 60 Prozent ihres Werts, jedoch Grundbesitz und Teile von Grundbesitz mit 85 Prozent ihres Werts,[5] wenn die Erhaltung dieser Gegenstände wegen ihrer Bedeutung für Kunst, Geschichte oder Wissenschaft im öffentlichen Interesse liegt, die jährlichen Kosten in der Regel die erzielten Einnahmen übersteigen und die Gegenstände in einem den Verhältnissen entsprechenden Umfang den Zwecken der Forschung oder der Volksbildung nutzbar gemacht sind oder werden,

b)[6] in vollem Umfang, wenn die Voraussetzungen des Buchstabens a erfüllt sind und ferner

aa) der Steuerpflichtige bereit ist, die Gegenstände den geltenden Bestimmungen der Denkmalspflege zu unterstellen,

bb) die Gegenstände sich seit mindestens 20 Jahren im Besitz der Familie befinden oder in ein Verzeichnis national wertvollen Kulturgutes nach § 7 Absatz 1 des Kulturgutschutzgesetzes vom 31. Juli 2016 (BGBl. I S. 1914) in der jeweils geltenden Fassung eingetragen sind.

[2]Die Steuerbefreiung fällt mit Wirkung für die Vergangenheit weg, wenn die Gegenstände innerhalb von zehn Jahren nach dem Erwerb veräußert werden oder die Voraussetzungen für die Steuerbefreiung innerhalb dieses Zeitraums entfallen;

---

[1] § 13 Abs. 1 Nr. 1 Satz 1 Buchst. b Beträge geänd., Satz 2 eingef. mWv 1.1.2009 durch G v. 24.12.2008 (BGBl. I S. 3018).

[2] Betrag geänd. mWv 1.1.2002 durch G v. 19.12.2000 (BGBl. I S. 1790).

[3] § 13 Abs. 1 Nr. 1 Satz 1 Buchst. b und c Beträge geänd. mWv 1.1.2009 durch G v. 24.12.2008 (BGBl. I S. 3018).

[4] § 13 Abs. 1 Nr. 1 Satz 2 aufgeh., bish. Satz 3 wird Satz 2 durch G v. 8.12.2010 (BGBl. I S. 1768); zur Anwendung siehe § 37 Abs. 4.

[5] § 13 Abs. 1 Nr. 2 Buchst. a ergänzt mWv 1.1.2009 durch G v. 24.12.2008 (BGBl. I S. 3018).

[6] § 13 Abs. 1 Nr. 2 Buchst. b Doppelbuchst. bb geänd. durch G v. 24.12.2008 (BGBl. I S. 3018); geänd. durch G v. 31.7.2016 (BGBl. I S. 1914); zur Anwendung siehe § 37 Abs. 11.

3. Grundbesitz oder Teile von Grundbesitz, der für Zwecke der Volkswohlfahrt der Allgemeinheit ohne gesetzliche Verpflichtung zur Benutzung zugänglich gemacht ist und dessen Erhaltung im öffentlichen Interesse liegt, wenn die jährlichen Kosten in der Regel die erzielten Einnahmen übersteigen. [2]Die Steuerbefreiung fällt mit Wirkung für die Vergangenheit weg, wenn der Grundbesitz oder Teile des Grundbesitzes innerhalb von zehn Jahren nach dem Erwerb veräußert werden oder die Voraussetzungen für die Steuerbefreiung innerhalb dieses Zeitraums entfallen;
4. ein Erwerb nach § 1969 des Bürgerlichen Gesetzbuchs;

4a.[1)] Zuwendungen unter Lebenden, mit denen ein Ehegatte dem anderen Ehegatten Eigentum oder Miteigentum an einem im Inland oder in einem Mitgliedstaat der Europäischen Union oder einem Staat des Europäischen Wirtschaftsraums belegenen bebauten Grundstück im Sinne des § 181 Abs. 1 Nr. 1 bis 5 des Bewertungsgesetzes verschafft, soweit darin eine Wohnung zu eigenen Wohnzwecken genutzt wird (Familienheim), oder den anderen Ehegatten von eingegangenen Verpflichtungen im Zusammenhang mit der Anschaffung oder der Herstellung des Familienheims freistellt. [2]Entsprechendes gilt, wenn ein Ehegatte nachträglichen Herstellungs- oder Erhaltungsaufwand für ein Familienheim trägt, das im gemeinsamen Eigentum der Ehegatten oder im Eigentum des anderen Ehegatten steht. [3]Die Sätze 1 und 2 gelten für Zuwendungen zwischen Lebenspartnern entsprechend;

4b.[2)] der Erwerb von Todes wegen des Eigentums oder Miteigentums an einem im Inland oder in einem Mitgliedstaat der Europäischen Union oder einem Staat des Europäischen Wirtschaftsraums belegenen bebauten Grundstück im Sinne des § 181 Abs. 1 Nr. 1 bis 5 des Bewertungsgesetzes durch den überlebenden Ehegatten oder den überlebenden Lebenspartner, soweit der Erblasser darin bis zum Erbfall eine Wohnung zu eigenen Wohnzwecken genutzt hat oder bei der er aus zwingenden Gründen an einer Selbstnutzung zu eigenen Wohnzwecken gehindert war und die beim Erwerber unverzüglich zur Selbstnutzung zu eigenen Wohnzwecken bestimmt ist (Familienheim). [2]Ein Erwerber kann die Steuerbefreiung nicht in Anspruch nehmen, soweit er das begünstigte Vermögen auf Grund einer letztwilligen Verfügung des Erblassers oder einer rechtsgeschäftlichen Verfügung des Erblassers auf einen Dritten übertragen muss. [3]Gleiches gilt, wenn ein Erbe im Rahmen der Teilung des Nachlasses begünstigtes Vermögen auf einen Miterben überträgt. [4]Überträgt ein Erbe erworbenes begünstigtes Vermögen im Rahmen der Teilung des Nachlasses auf einen Dritten und gibt der Dritte dabei diesem Erwerber nicht begünstigtes Vermögen hin, das er vom Erblasser erworben hat, erhöht sich insoweit der Wert des begünstigten Vermögens des Dritten um den Wert des hingegebenen Vermögens, höchstens jedoch um den Wert des übertragenen Vermögens. [5]Die Steuerbefreiung fällt mit Wirkung für die Vergangenheit weg, wenn der Erwerber das Familienheim innerhalb von zehn Jahren

---

[1)] § 13 Abs. 1 Nr. 4a neu gef. mWv 1.1.2009 durch G v. 24.12.2008 (BGBl. I S. 3018).
[2)] § 13 Abs. 1 Nr. 4b eingef. mWv 1.1.2009 durch G v. 24.12.2008 (BGBl. I S. 3018).

nach dem Erwerb nicht mehr zu Wohnzwecken selbst nutzt, es sei denn, er ist aus zwingenden Gründen an einer Selbstnutzung zu eigenen Wohnzwecken gehindert;

4c.[1] der Erwerb von Todes wegen des Eigentums oder Miteigentums an einem im Inland oder in einem Mitgliedstaat der Europäischen Union oder einem Staat des Europäischen Wirtschaftsraums belegenen bebauten Grundstück im Sinne des § 181 Abs. 1 Nr. 1 bis 5 des Bewertungsgesetzes durch Kinder im Sinne der Steuerklasse I Nr. 2 und der Kinder verstorbener Kinder im Sinne der Steuerklasse I Nr. 2, soweit der Erblasser darin bis zum Erbfall eine Wohnung zu eigenen Wohnzwecken genutzt hat oder bei der er aus zwingenden Gründen an einer Selbstnutzung zu eigenen Wohnzwecken gehindert war, die beim Erwerber unverzüglich zur Selbstnutzung zu eigenen Wohnzwecken bestimmt ist (Familienheim) und soweit die Wohnfläche der Wohnung 200 Quadratmeter nicht übersteigt. [2]Ein Erwerber kann die Steuerbefreiung nicht in Anspruch nehmen, soweit er das begünstigte Vermögen auf Grund einer letztwilligen Verfügung des Erblassers oder einer rechtgeschäftlichen Verfügung des Erblassers auf einen Dritten übertragen muss. [3]Gleiches gilt, wenn ein Erbe im Rahmen der Teilung des Nachlasses begünstigtes Vermögen auf einen Miterben überträgt. [4]Überträgt ein Erbe erworbenes begünstigtes Vermögen im Rahmen der Teilung des Nachlasses auf einen Dritten und gibt der Dritte dabei diesem Erwerber nicht begünstigtes Vermögen hin, das er vom Erblasser erworben hat, erhöht sich insoweit der Wert des begünstigten Vermögens des Dritten um den Wert des hingegebenen Vermögens, höchstens jedoch um den Wert des übertragenen Vermögens. [5]Die Steuerbefreiung fällt mit Wirkung für die Vergangenheit weg, wenn der Erwerber das Familienheim innerhalb von zehn Jahren nach dem Erwerb nicht mehr zu Wohnzwecken selbst nutzt, es sei denn, er ist aus zwingenden Gründen an einer Selbstnutzung zu eigenen Wohnzwecken gehindert;

5. die Befreiung von einer Schuld gegenüber dem Erblasser, sofern die Schuld durch Gewährung von Mitteln zum Zweck des angemessenen Unterhalts oder zur Ausbildung des Bedachten begründet worden ist oder der Erblasser die Befreiung mit Rücksicht auf die Notlage des Schuldners angeordnet hat und diese auch durch die Zuwendung nicht beseitigt wird. [2]Die Steuerbefreiung entfällt, soweit die Steuer aus der Hälfte einer neben der erlassenen Schuld dem Bedachten anfallenden Zuwendung gedeckt werden kann;

6. ein Erwerb, der Eltern, Adoptiveltern, Stiefeltern oder Großeltern des Erblassers anfällt, sofern der Erwerb zusammen mit dem übrigen Vermögen des Erwerbers 41 000 Euro[2] nicht übersteigt und der Erwerber infolge körperlicher oder geistiger Gebrechen und unter Berücksichtigung seiner bisherigen Lebensstellung als erwerbsunfähig anzusehen ist oder durch die Führung eines gemeinsamen Hausstands mit erwerbsunfähigen oder in der Ausbildung befindlichen Abkömmlingen an der Ausübung einer Erwerbs-

---

[1] § 13 Abs. 1 Nr. 4c eingef. mWv 1.1.2009 durch G v. 24.12.2008 (BGBl. I S. 3018).

[2] Betrag geänd. mWv 1.1.2002 durch G v. 19.12.2000 (BGBl. I S. 1790).

tätigkeit gehindert ist. [2]Übersteigt der Wert des Erwerbs zusammen mit dem übrigen Vermögen des Erwerbers den Betrag von 41 000 Euro[1)], wird die Steuer nur insoweit erhoben, als sie aus der Hälfte des die Wertgrenze übersteigenden Betrags gedeckt werden kann;

7.[2)] Ansprüche nach den folgenden Gesetzen in der jeweils geltenden Fassung:

a) Lastenausgleichsgesetz,

b) Flüchtlingshilfegesetz in der Fassung der Bekanntmachung vom 15. Mai 1971 (BGBl. I S. 681), zuletzt geändert durch Artikel 6a des Gesetzes vom 21. Juli 2004 (BGBl. I S. 1742),

c) Allgemeines Kriegsfolgengesetz in der im Bundesgesetzblatt Teil III, Gliederungsnummer 653-1, veröffentlichten bereinigten Fassung, zuletzt geändert durch Artikel 127 der Verordnung vom 31. Oktober 2006 (BGBl. I S. 2407),

d) Gesetz zur Regelung der Verbindlichkeiten nationalsozialistischer Einrichtungen und der Rechtsverhältnisse an deren Vermögen vom 17. März 1965 (BGBl. I S. 79), zuletzt geändert durch Artikel 2 Abs. 17 des Gesetzes vom 12. August 2005 (BGBl. I S. 2354),

e) Häftlingshilfegesetz, Strafrechtliches Rehabilitierungsgesetz sowie Bundesvertriebenengesetz,

f) Vertriebenenzuwendungsgesetz vom 27. September 1994 (BGBl. I S. 2624, 2635), zuletzt geändert durch Artikel 4 Abs. 43 des Gesetzes vom 22. September 2005 (BGBl. I S. 2809),

g) Verwaltungsrechtliches Rehabilitierungsgesetz in der Fassung der Bekanntmachung vom 1. Juli 1997 (BGBl. I S. 1620), zuletzt geändert durch Artikel 2 des Gesetzes vom 21. August 2007 (BGBl. I S. 2118), und

h) Berufliches Rehabilitierungsgesetz in der Fassung der Bekanntmachung vom 1. Juli 1997 (BGBl. I S. 1625), zuletzt geändert durch Artikel 3 des Gesetzes vom 21. August 2007 (BGBl. I S. 2118);

8.[2)] Ansprüche auf Entschädigungsleistungen nach den folgenden Gesetzen in der jeweils geltenden Fassung:

a) Bundesentschädigungsgesetz in der im Bundesgesetzblatt Teil III, Gliederungsnummer 251-1, veröffentlichten bereinigten Fassung, zuletzt geändert durch Artikel 7 Abs. 4 des Gesetzes vom 26. März 2007 (BGBl. I S. 358), sowie

b) Gesetz über Entschädigungen für Opfer des Nationalsozialismus im Beitrittsgebiet vom 22. April 1992 (BGBl. I S. 906);

9. ein steuerpflichtiger Erwerb bis zu 20 000 Euro[3)], der Personen anfällt, die dem Erblasser unentgeltlich oder gegen unzureichendes Entgelt Pflege oder Unterhalt gewährt haben, soweit das Zugewendete als angemessenes Entgelt anzusehen ist;

[1)] Betrag geänd. mWv 1.1.2002 durch G v. 19.12.2000 (BGBl. I S. 1790).

[2)] § 13 Abs. 1 Nr. 7 und 8 neu gef. durch G v. 24.12.2008 (BGBl. I S. 3018).

[3)] § 13 Abs. 1 Nr. 9 Betrag geänd. mWv 1.1.2009 durch G v. 24.12.2008 (BGBl. I S. 3018).

9a.[1] Geldzuwendungen unter Lebenden, die eine Pflegeperson für Leistungen für körperbezogene Pflegemaßnahmen und pflegerische Betreuungsmaßnahmen sowie Hilfen bei der Haushaltsführung vom Pflegebedürftigen erhält, bis zur Höhe des nach § 37 des Elften Buches Sozialgesetzbuch gewährten Pflegegeldes oder eines entsprechenden Pflegegeldes aus privaten Versicherungsverträgen nach den Vorgaben des Elften Buches Sozialgesetzbuch (private Pflegepflichtversicherung) oder einer Pauschalbeihilfe nach den Beihilfevorschriften für häusliche Pflege;

10. Vermögensgegenstände, die Eltern oder Voreltern ihren Abkömmlingen durch Schenkung oder Übergabevertrag zugewandt hatten und die an diese Personen von Todes wegen zurückfallen;

11. der Verzicht auf die Geltendmachung des Pflichtteilsanspruchs oder des Erbersatzanspruchs;

12. Zuwendungen unter Lebenden zum Zwecke des angemessenen Unterhalts oder zur Ausbildung des Bedachten;

13. Zuwendungen an Pensions- und Unterstützungskassen im Sinne des § 5 Abs. 1 Nr. 3 des Körperschaftsteuergesetzes, wenn sie die für eine Befreiung von der Körperschaftsteuer erforderlichen Voraussetzungen erfüllen. [2]Ist eine Kasse nach § 6 des Körperschaftsteuergesetzes teilweise steuerpflichtig, ist auch die Zuwendung im gleichen Verhältnis steuerpflichtig. [3]Die Befreiung fällt mit Wirkung für die Vergangenheit weg, wenn die Voraussetzungen des § 5 Abs. 1 Nr. 3 des Körperschaftsteuergesetzes innerhalb von zehn Jahren nach der Zuwendung entfallen;

14. die üblichen Gelegenheitsgeschenke;

15. Anfälle an den Bund, ein Land oder eine inländische Gemeinde (Gemeindeverband) sowie solche Anfälle, die ausschließlich Zwecken des Bundes, eines Landes oder einer inländischen Gemeinde (Gemeindeverband) dienen;

16. Zuwendungen
    a) an inländische Religionsgesellschaften des öffentlichen Rechts oder an inländische jüdische Kultusgemeinden,
    b)[2]·[3] an inländische Körperschaften, Personenvereinigungen und Vermögensmassen, die nach der Satzung, dem Stiftungsgeschäft oder der sonstigen Verfassung und nach ihrer tatsächlichen Geschäftsführung ausschließlich und unmittelbar kirchlichen, gemeinnützigen oder mildtätigen Zwecken im Sinne der §§ 52 bis 54 der Abgabenordnung dienen. [2]Die Befreiung fällt mit Wirkung für die Vergangenheit weg, wenn die Voraussetzungen für die Anerkennung der Körperschaft, Personenvereinigung oder Vermögensmasse als kirchliche, gemeinnützige

---

[1] § 13 Abs. 1 Nr. 9a geänd. durch G v. 21.12.2020 (BGBl. I S. 3096); zur Anwendung siehe § 37 Abs. 18.

[2] Nach § 3 Abs. 4 des Gesetzes vom 2.8.2000 (BGBl. I S. 1263) sind Zuwendungen an die Stiftung „Erinnerung, Verantwortung und Zukunft" von der Erbschaft- und Schenkungsteuer befreit.

[3] § 13 Abs. 1 Nr. 16 Buchst. b Satz 1 geänd. durch G v. 2.11.2015 (BGBl. I S. 1834); zur Anwendung siehe § 37 Abs. 10 Sätze 1 und 2.

oder mildtätige Institution innerhalb von zehn Jahren nach der Zuwendung entfallen und das Vermögen nicht begünstigten Zwecken zugeführt wird,

c)[1] an ausländische Religionsgesellschaften, Körperschaften, Personenvereinigungen und Vermögensmassen der in den Buchstaben a und b bezeichneten Art, die nach § 5 Absatz 1 Nummer 9 des Körperschaftsteuergesetzes in Verbindung mit § 5 Absatz 2 Nummer 2 zweiter Halbsatz des Körperschaftsteuergesetzes steuerbefreit wären, wenn sie inländische Einkünfte erzielen würden, und wenn durch die Staaten, in denen die Zuwendungsempfänger belegen sind, Amtshilfe und Unterstützung bei der Beitreibung geleistet werden. [2]Amtshilfe ist der Auskunftsaustausch im Sinne oder entsprechend der Amtshilferichtlinie gemäß § 2 Absatz 11 des EU-Amtshilfegesetzes in der für den jeweiligen Stichtag der Steuerentstehung geltenden Fassung oder eines entsprechenden Nachfolgerechtsaktes. [3]Beitreibung ist die gegenseitige Unterstützung bei der Beitreibung von Forderungen im Sinne oder entsprechend der Beitreibungsrichtlinie einschließlich der in diesem Zusammenhang anzuwendenden Durchführungsbestimmungen in den für den jeweiligen Stichtag der Steuerentstehung geltenden Fassungen oder eines entsprechenden Nachfolgerechtsaktes. [4]Werden die steuerbegünstigten Zwecke des Zuwendungsempfängers im Sinne des Satzes 1 nur im Ausland verwirklicht, ist für die Steuerbefreiung Voraussetzung, dass natürliche Personen, die ihren Wohnsitz oder ihren gewöhnlichen Aufenthalt im Geltungsbereich dieses Gesetzes haben, gefördert werden oder dass die Tätigkeit dieses Zuwendungsempfängers neben der Verwirklichung der steuerbegünstigten Zwecke auch zum Ansehen der Bundesrepublik Deutschland beitragen kann. [5]Buchstabe b Satz 2 gilt entsprechend;

17. Zuwendungen, die ausschließlich kirchlichen, gemeinnützigen oder mildtätigen Zwecken gewidmet sind, sofern die Verwendung zu dem bestimmten Zweck gesichert ist;

18.[2] Zuwendungen an

a) politische Parteien im Sinne des § 2 des Parteiengesetzes, sofern die jeweilige Partei nicht gemäß § 18 Absatz 7 des Parteiengesetzes von der staatlichen Teilfinanzierung ausgeschlossen ist,

b) Vereine ohne Parteicharakter, wenn

aa) der Zweck des Vereins ausschließlich darauf gerichtet ist, durch Teilnahme mit eigenen Wahlvorschlägen an Wahlen auf Bundes-, Landes- oder Kommunalebene bei der politischen Willensbildung mitzuwirken, und

---

[1] § 13 Abs. 1 Nr. 16 Buchst. c neu gef. durch G v. 2.11.2015 (BGBl. I S. 1834), zur Anwendung siehe § 37 Abs. 10 Sätze 1 und 2; Satz 2 ergänzt durch G v. 23.6.2017 (BGBl. I S. 1682), zur Anwendung siehe § 37 Abs. 14.

[2] § 13 Abs. 1 Nr. 18 Buchst. b angef. mWv 1.1.2009 durch G v. 24.12.2008 (BGBl. I S. 3018); Buchst. a geänd. durch G v. 18.7.2017 (BGBl. I S. 2730), zur Anwendung siehe § 37 Abs. 15.

bb) der Verein auf Bundes-, Landes- oder Kommunalebene bei der jeweils letzten Wahl wenigstens ein Mandat errungen oder der zuständigen Wahlbehörde oder dem zuständigen Wahlorgan angezeigt hat, dass er mit eigenen Wahlvorschlägen auf Bundes-, Landes- oder Kommunalebene an der jeweils nächsten Wahl teilnehmen will.

2 Die Steuerbefreiung fällt mit Wirkung für die Vergangenheit weg, wenn der Verein an der jeweils nächsten Wahl nach der Zuwendung nicht teilnimmt, es sei denn, dass der Verein sich ernsthaft um eine Teilnahme bemüht hat;

19.[1] Leistungen von Religionsgemeinschaften, juristischen Personen des öffentlichen Rechts, Körperschaften, Personenvereinigungen oder Vermögensmassen an Personen in Ansehung der Beeinträchtigung ihrer körperlichen oder seelischen Unversehrtheit, insbesondere aufgrund sexuellen Missbrauchs, durch Handlungen von Personen, die für die Religionsgemeinschaft, juristische Person des öffentlichen Rechts, Körperschaft, Personenvereinigung oder Vermögensmasse oder für eine ihr über-, neben- oder nachgeordnete Einrichtung tätig sind oder waren, wenn die Leistungen in einem geordneten Verfahren gewährt werden, das allen betroffenen Personen offensteht. 2 § 30 Absatz 1 und 2 sind mit der Maßgabe anzuwenden, dass eine Anzeigepflicht ausschließlich für den Leistenden besteht. 3 Die Anzeige ist mit einer Bestätigung des Leistenden über das Vorliegen der Voraussetzungen nach Satz 1 zu verbinden.

(2) 1 Angemessen im Sinne des Absatzes 1 Nr. 5 und 12 ist eine Zuwendung, die den Vermögensverhältnissen und der Lebensstellung des Bedachten entspricht. 2 Eine dieses Maß übersteigende Zuwendung ist in vollem Umfang steuerpflichtig.

(3) 1 Jede Befreiungsvorschrift ist für sich anzuwenden. 2 In den Fällen des Absatzes 1 Nr. 2 und 3 kann der Erwerber der Finanzbehörde bis zur Unanfechtbarkeit der Steuerfestsetzung erklären, daß er auf die Steuerbefreiung verzichtet.

§ 13a[2] Steuerbefreiung für Betriebsvermögen, Betriebe der Land- und Forstwirtschaft und Anteile an Kapitalgesellschaften. (1) 1 Begünstigtes Vermögen im Sinne des § 13b Absatz 2 bleibt vorbehaltlich der folgenden Absätze zu 85 Prozent steuerfrei (Verschonungsabschlag), wenn der Erwerb begünstigten Vermögens im Sinne des § 13b Absatz 2 zuzüglich der Erwerbe im Sinne des Satzes 2 insgesamt 26 Millionen Euro nicht übersteigt. 2 Bei mehreren Erwerben begünstigten Vermögens im Sinne des § 13b Absatz 2 von derselben Person innerhalb von zehn Jahren werden bei der Anwendung des Satzes 1 die früheren Erwerbe nach ihrem früheren Wert dem letzten Erwerb hinzugerechnet. 3 Wird die Grenze von 26 Millionen Euro durch

---

[1] § 13 Nr. 19 angef. durch G v. 16.7.2021 (BGBl. I S. 2931); zur Anwendung siehe § 37 Abs. 19.

[2] § 13a neu gef. durch G v. 4.11.2016 (BGBl. I S. 2464); zur Anwendung siehe grds. § 37 Abs. 12 Satz 1. Zur Anwendung von § 13a Abs. 1 Sätze 3 und 4 siehe § 37 Abs. 12 Satz 2.

mehrere innerhalb von zehn Jahren von derselben Person anfallende Erwerbe überschritten, entfällt die Steuerbefreiung für die bis dahin nach Satz 1 oder Absatz 10 als steuerfrei behandelten früheren Erwerbe mit Wirkung für die Vergangenheit. 4 Die Festsetzungsfrist für die Steuer der früheren Erwerbe endet nicht vor dem Ablauf des vierten Jahres, nachdem das für die Erbschaftsteuer zuständige Finanzamt von dem letzten Erwerb Kenntnis erlangt.[1)]

(2) 1 Der nach Anwendung des Absatzes 1 verbleibende Teil des begünstigten Vermögens bleibt außer Ansatz, soweit der Wert dieses Vermögens insgesamt 150 000 Euro nicht übersteigt (Abzugsbetrag). 2 Der Abzugsbetrag von 150 000 Euro verringert sich, soweit der Wert dieses Vermögens insgesamt die Wertgrenze von 150 000 Euro übersteigt, um 50 Prozent des diese Wertgrenze übersteigenden Betrags. 3 Der Abzugsbetrag kann innerhalb von zehn Jahren für von derselben Person anfallende Erwerbe begünstigten Vermögens nur einmal berücksichtigt werden.

(3) 1 Voraussetzung für die Gewährung des Verschonungsabschlags nach Absatz 1 ist, dass die Summe der maßgebenden jährlichen Lohnsummen (Sätze 6 bis 13) des Betriebs, bei Beteiligungen an einer Personengesellschaft oder Anteilen an einer Kapitalgesellschaft des Betriebs der jeweiligen Gesellschaft innerhalb von fünf Jahren nach dem Erwerb (Lohnsummenfrist) insgesamt 400 Prozent der Ausgangslohnsumme nicht unterschreitet (Mindestlohnsumme). 2 Ausgangslohnsumme ist die durchschnittliche Lohnsumme der letzten fünf vor dem Zeitpunkt der Entstehung der Steuer (§ 9) endenden Wirtschaftsjahre. 3 Satz 1 ist nicht anzuwenden, wenn

1. die Ausgangslohnsumme 0 Euro beträgt oder
2. der Betrieb unter Einbeziehung der in den Sätzen 11 bis 13 genannten Beteiligungen und Gesellschaften sowie der nach Maßgabe dieser Bestimmung anteilig einzubeziehenden Beschäftigten nicht mehr als fünf Beschäftigte hat.

4 An die Stelle der Mindestlohnsumme von 400 Prozent tritt bei

1. mehr als fünf, aber nicht mehr als zehn Beschäftigten eine Mindestlohnsumme von 250 Prozent,
2. mehr als zehn, aber nicht mehr als 15 Beschäftigten eine Mindestlohnsumme von 300 Prozent.

5 Unterschreitet die Summe der maßgebenden jährlichen Lohnsummen die Mindestlohnsumme, vermindert sich der nach Absatz 1 zu gewährende Verschonungsabschlag mit Wirkung für die Vergangenheit in demselben prozentualen Umfang, wie die Mindestlohnsumme unterschritten wird. 6 Die Lohnsumme umfasst alle Vergütungen (Löhne und Gehälter und andere Bezüge und Vorteile), die im maßgebenden Wirtschaftsjahr an die auf den Lohn- und Gehaltslisten erfassten Beschäftigten gezahlt werden. 7 Außer Ansatz bleiben Vergütungen an solche Beschäftigte,

1. die sich im Mutterschutz im Sinne des Mutterschutzgesetzes in der Fassung der Bekanntmachung vom 20. Juni 2002 (BGBl. I S. 2318), das zuletzt

---

[1)] § 13a neu gef. durch G v. 4.11.2016 (BGBl. I S. 2464); zur Anwendung siehe grds. § 37 Abs. 12 Satz 1. Zur Anwendung von § 13a Abs. 1 Sätze 3 und 4 siehe § 37 Abs. 12 Satz 2.

durch Artikel 6 des Gesetzes vom 23. Oktober 2012 (BGBl. I S. 2246) geändert worden ist, befinden oder

2. die sich in einem Ausbildungsverhältnis befinden oder
3. die Krankengeld im Sinne des § 44 des Fünften Buches Sozialgesetzbuch – Gesetzliche Krankenversicherung – (Artikel 1 des Gesetzes vom 20. Dezember 1988, BGBl. I S. 2477, 2482), das zuletzt durch Artikel 3 des Gesetzes vom 30. Mai 2016 (BGBl. I S. 1254) geändert worden ist, beziehen oder
4. die Elterngeld im Sinne des Bundeselterngeld- und Elternzeitgesetzes in der Fassung der Bekanntmachung vom 27. Januar 2015 (BGBl. I S. 33) beziehen oder
5. die nicht ausschließlich oder überwiegend in dem Betrieb tätig sind (Saisonarbeiter);

diese im Zeitpunkt der Entstehung der Steuer (§ 9) einem Betrieb zuzurechnenden Beschäftigten bleiben bei der Anzahl der Beschäftigten des Betriebs im Sinne der Sätze 3 und 4 unberücksichtigt. [8]Zu den Vergütungen zählen alle Geld- oder Sachleistungen für die von den Beschäftigten erbrachte Arbeit, unabhängig davon, wie diese Leistungen bezeichnet werden und ob es sich um regelmäßige oder unregelmäßige Zahlungen handelt. [9]Zu den Löhnen und Gehältern gehören alle von den Beschäftigten zu entrichtenden Sozialbeiträge, Einkommensteuern und Zuschlagsteuern auch dann, wenn sie vom Arbeitgeber einbehalten und von ihm im Namen des Beschäftigten direkt an den Sozialversicherungsträger und die Steuerbehörde abgeführt werden. [10]Zu den Löhnen und Gehältern zählen alle von den Beschäftigten empfangenen Sondervergütungen, Prämien, Gratifikationen, Abfindungen, Zuschüsse zu Lebenshaltungskosten, Familienzulagen, Provisionen, Teilnehmergebühren und vergleichbare Vergütungen. [11]Gehören zum Betriebsvermögen des Betriebs, bei Beteiligungen an einer Personengesellschaft und Anteilen an einer Kapitalgesellschaft des Betriebs der jeweiligen Gesellschaft, unmittelbar oder mittelbar Beteiligungen an Personengesellschaften, die ihren Sitz oder ihre Geschäftsleitung im Inland, in einem Mitgliedstaat der Europäischen Union oder in einem Staat des Europäischen Wirtschaftsraums haben, sind die Lohnsummen und die Anzahl der Beschäftigten dieser Gesellschaften einzubeziehen zu dem Anteil, zu dem die unmittelbare oder mittelbare Beteiligung besteht. [12]Satz 11 gilt für Anteile an Kapitalgesellschaften entsprechend, wenn die unmittelbare oder mittelbare Beteiligung mehr als 25 Prozent beträgt. [13]Im Fall einer Betriebsaufspaltung sind die Lohnsummen und die Anzahl der Beschäftigten der Besitzgesellschaft und der Betriebsgesellschaft zusammenzuzählen.

(4) [1]Das für die Bewertung der wirtschaftlichen Einheit örtlich zuständige Finanzamt im Sinne des § 152 Nummer 1 bis 3 des Bewertungsgesetzes stellt die Ausgangslohnsumme, die Anzahl der Beschäftigten und die Summe der maßgebenden jährlichen Lohnsummen gesondert fest, wenn diese Angaben für die Erbschaftsteuer oder eine andere Feststellung im Sinne dieser Vorschrift von Bedeutung sind. [2]Bei Anteilen an Kapitalgesellschaften, die nach § 11 Absatz 1 des Bewertungsgesetzes zu bewerten sind, trifft die Feststellungen des Satzes 1 das örtlich zuständige Finanzamt entsprechend § 152 Nummer 3 des

Bewertungsgesetzes. [3]Die Entscheidung über die Bedeutung trifft das Finanzamt, das für die Festsetzung der Erbschaftsteuer oder die Feststellung nach § 151 Absatz 1 Satz 1 Nummer 1 bis 3 des Bewertungsgesetzes zuständig ist. [4]§ 151 Absatz 3 und die §§ 152 bis 156 des Bewertungsgesetzes sind auf die Sätze 1 bis 3 entsprechend anzuwenden.

(5) [1]Ein Erwerber kann den Verschonungsabschlag (Absatz 1) und den Abzugsbetrag (Absatz 2) nicht in Anspruch nehmen, soweit er begünstigtes Vermögen im Sinne des § 13b Absatz 2 auf Grund einer letztwilligen Verfügung des Erblassers oder einer rechtsgeschäftlichen Verfügung des Erblassers oder Schenkers auf einen Dritten übertragen muss. [2]Gleiches gilt, wenn ein Erbe im Rahmen der Teilung des Nachlasses begünstigtes Vermögen im Sinne des § 13b Absatz 2 auf einen Miterben überträgt. [3]Überträgt ein Erbe erworbenes begünstigtes Vermögen im Sinne des § 13b Absatz 2 im Rahmen der Teilung des Nachlasses auf einen Dritten und gibt der Dritte dabei diesem Erwerber nicht begünstigtes Vermögen hin, das er vom Erblasser erworben hat, erhöht sich insoweit der Wert des begünstigten Vermögens des Dritten um den Wert des hingegebenen Vermögens, höchstens jedoch um den Wert des übertragenen Vermögens.

(6)[1)] [1]Der Verschonungsabschlag (Absatz 1) und der Abzugsbetrag (Absatz 2) fallen nach Maßgabe des Satzes 2 mit Wirkung für die Vergangenheit weg, soweit der Erwerber innerhalb von fünf Jahren (Behaltensfrist)

1. einen Gewerbebetrieb oder einen Teilbetrieb, eine Beteiligung an einer Gesellschaft im Sinne des § 97 Absatz 1 Satz 1 Nummer 5 Satz 1 des Bewertungsgesetzes, einen Anteil eines persönlich haftenden Gesellschafters einer Kommanditgesellschaft auf Aktien oder einen Anteil daran veräußert; als Veräußerung gilt auch die Aufgabe des Gewerbebetriebs. [2]Gleiches gilt, wenn wesentliche Betriebsgrundlagen eines Gewerbebetriebs veräußert oder in das Privatvermögen überführt oder anderen betriebsfremden Zwecken zugeführt werden oder wenn Anteile an einer Kapitalgesellschaft veräußert werden, die der Veräußerer durch eine Sacheinlage (§ 20 Absatz 1 des Umwandlungssteuergesetzes vom 7. Dezember 2006 (BGBl. I S. 2782, 2791), zuletzt geändert durch Artikel 6 des Gesetzes vom 2. November 2015 (BGBl. I S. 1834), in der jeweils geltenden Fassung) aus dem Betriebsvermögen im Sinne des § 13b erworben hat oder wenn eine Beteiligung an einer Gesellschaft im Sinne des § 97 Absatz 1 Satz 1 Nummer 5 Satz 1 des Bewertungsgesetzes oder ein Anteil daran veräußert wird, den der Veräußerer durch eine Einbringung des Betriebsvermögens im Sinne des § 13b in eine Personengesellschaft (§ 24 Absatz 1 des Umwandlungssteuergesetzes) erworben hat;
2. das land- und forstwirtschaftliche Vermögen im Sinne des § 168 Absatz 1 Nummer 1 des Bewertungsgesetzes und selbst bewirtschaftete Grundstücke im Sinne des § 159 des Bewertungsgesetzes veräußert. [2]Gleiches gilt, wenn das land- und forstwirtschaftliche Vermögen einem Betrieb der Land- und Forstwirtschaft nicht mehr dauernd zu dienen bestimmt ist oder wenn der

---

1) § 13a Abs. 6 Satz 1 Nr. 1 Satz 1 und 2 sowie Nr. 3 Satz 1 geänd. mWv 1.7.2021 durch G v. 25.6.2021 (BGBl. I S. 2050).

bisherige Betrieb innerhalb der Behaltensfrist als Stückländerei zu qualifizieren wäre oder Grundstücke im Sinne des § 159 des Bewertungsgesetzes nicht mehr selbst bewirtschaftet werden;

3. als Inhaber eines Gewerbebetriebs, als Gesellschafter einer Gesellschaft im Sinne des § 97 Absatz 1 Satz 1 Nummer 5 Satz 1 des Bewertungsgesetzes oder als persönlich haftender Gesellschafter einer Kommanditgesellschaft auf Aktien bis zum Ende des letzten in die Fünfjahresfrist fallenden Wirtschaftsjahres Entnahmen tätigt, die die Summe seiner Einlagen und der ihm zuzurechnenden Gewinne oder Gewinnanteile seit dem Erwerb um mehr als 150 000 Euro übersteigen; Verluste bleiben unberücksichtigt. [2]Gleiches gilt für Inhaber eines begünstigten Betriebs der Land- und Forstwirtschaft oder eines Teilbetriebs oder eines Anteils an einem Betrieb der Land- und Forstwirtschaft. [3]Bei Ausschüttungen an Gesellschafter einer Kapitalgesellschaft ist sinngemäß zu verfahren;

4. Anteile an Kapitalgesellschaften im Sinne des § 13b Absatz 1 Nummer 3 ganz oder teilweise veräußert; eine verdeckte Einlage der Anteile in eine Kapitalgesellschaft steht der Veräußerung der Anteile gleich. [2]Gleiches gilt, wenn die Kapitalgesellschaft innerhalb der Frist aufgelöst oder ihr Nennkapital herabgesetzt wird, wenn diese wesentliche Betriebsgrundlagen veräußert und das Vermögen an die Gesellschafter verteilt wird; Satz 1 Nummer 1 Satz 2 gilt entsprechend;

5. im Fall des § 13b Absatz 1 Nummer 3 Satz 2 die Verfügungsbeschränkung oder die Stimmrechtsbündelung aufgehoben wird.

[2]Der rückwirkende Wegfall des Verschonungsabschlags beschränkt sich in den Fällen des Satzes 1 Nummer 1, 2, 4 und 5 auf den Teil, der dem Verhältnis der im Zeitpunkt der schädlichen Verfügung verbleibenden Behaltensfrist einschließlich des Jahres, in dem die Verfügung erfolgt, zur gesamten Behaltensfrist entspricht. [3]In den Fällen des Satzes 1 Nummer 1, 2 und 4 ist von einer rückwirkenden Besteuerung abzusehen, wenn der Veräußerungserlös innerhalb der jeweils nach § 13b Absatz 1 begünstigungsfähigen Vermögensart verbleibt. [4]Hiervon ist auszugehen, wenn der Veräußerungserlös innerhalb von sechs Monaten in entsprechendes Vermögen investiert wird, das zum begünstigten Vermögen im Sinne des § 13b Absatz 2 gehört.

(7) [1]Der Erwerber ist verpflichtet, dem für die Erbschaftsteuer zuständigen Finanzamt innerhalb einer Frist von sechs Monaten nach Ablauf der Lohnsummenfrist das Unterschreiten der Mindestlohnsumme (Absatz 3 Satz 1) anzuzeigen. [2]In den Fällen des Absatzes 6 ist der Erwerber verpflichtet, dem für die Erbschaftsteuer zuständigen Finanzamt den entsprechenden Sachverhalt innerhalb einer Frist von einem Monat, nachdem der jeweilige Tatbestand verwirklicht wurde, anzuzeigen. [3]Die Festsetzungsfrist für die Steuer endet nicht vor dem Ablauf des vierten Jahres, nachdem das für die Erbschaftsteuer zuständige Finanzamt von dem Unterschreiten der Mindestlohnsumme (Absatz 3 Satz 1) oder dem Verstoß gegen die Behaltensregelungen (Absatz 6) Kenntnis erlangt. [4]Die Anzeige ist eine Steuererklärung im Sinne der Abgabenordnung. [5]Sie ist schriftlich abzugeben. [6]Die Anzeige hat auch dann zu erfolgen, wenn der Vorgang zu keiner Besteuerung führt.

(8) Soweit nicht inländisches Vermögen zum begünstigten Vermögen im Sinne des § 13b Absatz 2 gehört, hat der Steuerpflichtige nachzuweisen, dass die Voraussetzungen für eine Steuerbefreiung im Zeitpunkt der Entstehung der Steuer (§ 9) und während der gesamten in den Absätzen 3 und 6 genannten Zeiträume bestehen.

(9) [1] Für begünstigtes Vermögen im Sinne des § 13b Absatz 2 wird vor Anwendung des Absatzes 1 ein Abschlag gewährt, wenn der Gesellschaftsvertrag oder die Satzung Bestimmungen enthält, die

1. die Entnahme oder Ausschüttung auf höchstens 37,5 Prozent des um die auf den Gewinnanteil oder die Ausschüttungen aus der Gesellschaft entfallenden Steuern vom Einkommen gekürzten Betrages des steuerrechtlichen Gewinns beschränken; Entnahmen zur Begleichung der auf den Gewinnanteil oder die Ausschüttungen aus der Gesellschaft entfallenden Steuern vom Einkommen bleiben von der Beschränkung der Entnahme oder Ausschüttung unberücksichtigt und
2. die Verfügung über die Beteiligung an der Personengesellschaft oder den Anteil an der Kapitalgesellschaft auf Mitgesellschafter, auf Angehörige im Sinne des § 15 der Abgabenordnung oder auf eine Familienstiftung (§ 1 Absatz 1 Nummer 4) beschränken und
3. für den Fall des Ausscheidens aus der Gesellschaft eine Abfindung vorsehen, die unter dem gemeinen Wert der Beteiligung an der Personengesellschaft oder des Anteils an der Kapitalgesellschaft liegt,

und die Bestimmungen den tatsächlichen Verhältnissen entsprechen. [2] Gelten die in Satz 1 genannten Bestimmungen nur für einen Teil des begünstigten Vermögens im Sinne des § 13b Absatz 2, ist der Abschlag nur für diesen Teil des begünstigten Vermögens zu gewähren. [3] Die Höhe des Abschlags entspricht der im Gesellschaftsvertrag oder in der Satzung vorgesehenen prozentualen Minderung der Abfindung gegenüber dem gemeinen Wert (Satz 1 Nummer 3) und darf 30 Prozent nicht übersteigen. [4] Die Voraussetzungen des Satzes 1 müssen zwei Jahre vor dem Zeitpunkt der Entstehung der Steuer (§ 9) vorliegen. [5] Die Steuerbefreiung entfällt mit Wirkung für die Vergangenheit, wenn die Voraussetzungen des Satzes 1 nicht über einen Zeitraum von 20 Jahren nach dem Zeitpunkt der Entstehung der Steuer (§ 9) eingehalten werden; die §§ 13c und 28a bleiben unberührt. [6] In den Fällen des Satzes 1

1. ist der Erwerber verpflichtet, dem für die Erbschaftsteuer zuständigen Finanzamt die Änderungen der genannten Bestimmungen oder der tatsächlichen Verhältnisse innerhalb einer Frist von einem Monat anzuzeigen,
2. endet die Festsetzungsfrist für die Steuer nicht vor dem Ablauf des vierten Jahres, nachdem das für die Erbschaftsteuer zuständige Finanzamt von der Änderung einer der in Satz 1 genannten Bestimmungen oder der tatsächlichen Verhältnisse Kenntnis erlangt.

(9a)[1)] [1] Das für die Bewertung der wirtschaftlichen Einheit örtlich zuständige Finanzamt im Sinne des § 152 Nummer 2 und 3 des Bewertungsgeset-

---

1) § 13a Abs. 9a eingef. durch G v. 21.12.2020 (BGBl. I S. 3096); zur Anwendung siehe § 37 Abs. 18.

zes stellt das Vorliegen der Voraussetzungen für den Abschlag nach Absatz 9 und dessen Höhe auf den Zeitpunkt der Entstehung der Steuer (§ 9) gesondert fest, wenn diese Angaben für die Erbschaftsteuer von Bedeutung sind. [2]Die Entscheidung über die Bedeutung trifft das Finanzamt, das für die Festsetzung der Erbschaftsteuer zuständig ist. [3]§ 151 Absatz 3 und die §§ 152 bis 156 des Bewertungsgesetzes sind auf die Sätze 1 und 2 entsprechend anzuwenden.

(10) [1]Der Erwerber kann unwiderruflich erklären, dass die Steuerbefreiung nach den Absätzen 1 bis 9 in Verbindung mit § 13b nach folgender Maßgabe gewährt wird:

1. In Absatz 1 Satz 1 tritt an die Stelle des Verschonungsabschlags von 85 Prozent ein Verschonungsabschlag von 100 Prozent;
2. in Absatz 3 Satz 1 tritt an die Stelle der Lohnsummenfrist von fünf Jahren eine Lohnsummenfrist von sieben Jahren;
3. in Absatz 3 Satz 1 und 4 tritt an die Stelle der Mindestlohnsumme von 400 Prozent eine Mindestlohnsumme von 700 Prozent;
4. in Absatz 3 Satz 4 Nummer 1 tritt an die Stelle der Mindestlohnsumme von 250 Prozent eine Mindestlohnsumme von 500 Prozent;
5. in Absatz 3 Satz 4 Nummer 2 tritt an die Stelle der Mindestlohnsumme von 300 Prozent eine Mindestlohnsumme von 565 Prozent;
6. in Absatz 6 tritt an die Stelle der Behaltensfrist von fünf Jahren eine Behaltensfrist von sieben Jahren.

[2]Voraussetzung für die Gewährung der Steuerbefreiung nach Satz 1 ist, dass das begünstigungsfähige Vermögen nach § 13b Absatz 1 nicht zu mehr als 20 Prozent aus Verwaltungsvermögen nach § 13b Absatz 3 und 4 besteht. [3]Der Anteil des Verwaltungsvermögens am gemeinen Wert des Betriebs bestimmt sich nach dem Verhältnis der Summe der gemeinen Werte der Einzelwirtschaftsgüter des Verwaltungsvermögens nach § 13b Absatz 3 und 4 zum gemeinen Wert des Betriebs.

(11) Die Absätze 1 bis 10 gelten in den Fällen des § 1 Absatz 1 Nummer 4 entsprechend.

§ 13b[1)] Begünstigtes Vermögen. (1)[2)] Zum begünstigungsfähigen Vermögen gehören

1. der inländische Wirtschaftsteil des land- und forstwirtschaftlichen Vermögens (§ 168 Absatz 1 Nummer 1 des Bewertungsgesetzes) mit Ausnahme der Stückländereien (§ 160 Absatz 7 des Bewertungsgesetzes) und selbst bewirtschaftete Grundstücke im Sinne des § 159 des Bewertungsgesetzes sowie entsprechendes land- und forstwirtschaftliches Vermögen, das einer Betriebsstätte in einem Mitgliedstaat der Europäischen Union oder in einem Staat des Europäischen Wirtschaftsraums dient;

[1)] § 13b neu gef. durch G v. 4.11.2016 (BGBl. I S. 2464); zur Anwendung siehe § 37 Abs. 12 Satz 1.

[2)] § 13b Abs. 1 Nr. 2 geänd. mWv 1.7.2021 durch G v. 25.6.2021 (BGBl. I S. 2050).

2. inländisches Betriebsvermögen (§§ 95 bis 97 Absatz 1 Satz 1 des Bewertungsgesetzes) beim Erwerb eines ganzen Gewerbebetriebs oder Teilbetriebs, einer Beteiligung an einer Gesellschaft im Sinne des § 97 Absatz 1 Satz 1 Nummer 5 Satz 1 des Bewertungsgesetzes, eines Anteils eines persönlich haftenden Gesellschafters einer Kommanditgesellschaft auf Aktien oder Anteils daran und entsprechendes Betriebsvermögen, das einer Betriebsstätte in einem Mitgliedstaat der Europäischen Union oder in einem Staat des Europäischen Wirtschaftsraums dient;
3. Anteile an einer Kapitalgesellschaft, wenn die Kapitalgesellschaft im Zeitpunkt der Entstehung der Steuer (§ 9) Sitz oder Geschäftsleitung im Inland oder in einem Mitgliedstaat der Europäischen Union oder in einem Staat des Europäischen Wirtschaftsraums hat und der Erblasser oder Schenker am Nennkapital dieser Gesellschaft unmittelbar zu mehr als 25 Prozent beteiligt war (Mindestbeteiligung). [2] Ob der Erblasser oder Schenker die Mindestbeteiligung erfüllt, ist nach der Summe der dem Erblasser oder Schenker unmittelbar zuzurechnenden Anteile und der Anteile weiterer Gesellschafter zu bestimmen, wenn der Erblasser oder Schenker und die weiteren Gesellschafter untereinander verpflichtet sind, über die Anteile nur einheitlich zu verfügen oder ausschließlich auf andere derselben Verpflichtung unterliegende Anteilseigner zu übertragen und das Stimmrecht gegenüber nichtgebundenen Gesellschaftern einheitlich auszuüben.

(2) [1] Das begünstigungsfähige Vermögen ist begünstigt, soweit sein gemeiner Wert den um das unschädliche Verwaltungsvermögen im Sinne des Absatzes 7 gekürzten Nettowert des Verwaltungsvermögens im Sinne des Absatzes 6 übersteigt (begünstigtes Vermögen). [2] Abweichend von Satz 1 ist der Wert des begünstigungsfähigen Vermögens vollständig nicht begünstigt, wenn das Verwaltungsvermögen nach Absatz 4 vor der Anwendung des Absatzes 3 Satz 1, soweit das Verwaltungsvermögen nicht ausschließlich und dauerhaft der Erfüllung von Schulden aus durch Treuhandverhältnisse abgesicherten Altersversorgungsverpflichtungen dient und dem Zugriff aller übrigen nicht aus diesen Altersversorgungsverpflichtungen unmittelbar berechtigten Gläubiger entzogen ist, sowie der Schuldenverrechnung und des Freibetrags nach Absatz 4 Nummer 5 sowie der Absätze 6 und 7 mindestens 90 Prozent des gemeinen Werts des begünstigungsfähigen Vermögens beträgt.

(3) [1] Teile des begünstigungsfähigen Vermögens, die ausschließlich und dauerhaft der Erfüllung von Schulden aus Altersversorgungsverpflichtungen dienen und dem Zugriff aller übrigen nicht aus den Altersversorgungsverpflichtungen unmittelbar berechtigten Gläubiger entzogen sind, gehören bis zur Höhe des gemeinen Werts der Schulden aus Altersversorgungsverpflichtungen nicht zum Verwaltungsvermögen im Sinne des Absatzes 4 Nummer 1 bis 5. [2] Soweit Finanzmittel und Schulden bei Anwendung von Satz 1 berücksichtigt wurden, bleiben sie bei der Anwendung des Absatzes 4 Nummer 5 und des Absatzes 6 außer Betracht.

(4) Zum Verwaltungsvermögen gehören

1. Dritten zur Nutzung überlassene Grundstücke, Grundstücksteile, grundstücksgleiche Rechte und Bauten. [2] Eine Nutzungsüberlassung an Dritte ist nicht anzunehmen, wenn

a) der Erblasser oder Schenker sowohl im überlassenden Betrieb als auch im nutzenden Betrieb allein oder zusammen mit anderen Gesellschaftern einen einheitlichen geschäftlichen Betätigungswillen durchsetzen konnte oder als Gesellschafter einer Gesellschaft im Sinne des § 15 Absatz 1 Satz 1 Nummer 2 und Absatz 3 oder § 18 Absatz 4 des Einkommensteuergesetzes den Vermögensgegenstand der Gesellschaft zur Nutzung überlassen hatte, und diese Rechtsstellung auf den Erwerber übergegangen ist, soweit keine Nutzungsüberlassung an einen weiteren Dritten erfolgt;

b) die Nutzungsüberlassung im Rahmen der Verpachtung eines ganzen Betriebs erfolgt, welche beim Verpächter zu Einkünften nach § 2 Absatz 1 Satz 1 Nummer 2 und 3 des Einkommensteuergesetzes führt und

aa) der Verpächter des Betriebs im Zusammenhang mit einer unbefristeten Verpachtung den Pächter durch eine letztwillige Verfügung oder eine rechtsgeschäftliche Verfügung als Erben eingesetzt hat oder

bb) die Verpachtung an einen Dritten erfolgt, weil der Beschenkte im Zeitpunkt der Entstehung der Steuer (§ 9) den Betrieb noch nicht führen kann, und die Verpachtung auf höchstens zehn Jahre befristet ist; hat der Beschenkte das 18. Lebensjahr noch nicht vollendet, beginnt die Frist mit der Vollendung des 18. Lebensjahres.

[2]Dies gilt nicht für verpachtete Betriebe, soweit sie vor ihrer Verpachtung die Voraussetzungen als begünstigtes Vermögen nach Absatz 2 nicht erfüllt haben und für verpachtete Betriebe, deren Hauptzweck in der Überlassung von Grundstücken, Grundstücksteilen, grundstücksgleichen Rechten und Bauten an Dritte zur Nutzung besteht, die nicht unter Buchstabe d fallen;

c) sowohl der überlassende Betrieb als auch der nutzende Betrieb zu einem Konzern im Sinne des § 4h des Einkommensteuergesetzes gehören, soweit keine Nutzungsüberlassung an einen weiteren Dritten erfolgt;

d)[1] die überlassenen Grundstücke, Grundstücksteile, grundstücksgleichen Rechte und Bauten zum Betriebsvermögen, zum *gesamthänderisch gebundenen Betriebsvermögen einer Personengesellschaft* [***ab 1.1.2024:*** Betriebsvermögen im Sinne des § 97 Absatz 1a Nummer 1 des Bewertungsgesetzes einer Personengesellschaft] oder zum Vermögen einer Kapitalgesellschaft gehören und der Hauptzweck des Betriebs in der Vermietung von Wohnungen im Sinne des § 181 Absatz 9 des Bewertungsgesetzes besteht, dessen Erfüllung einen wirtschaftlichen Geschäftsbetrieb (§ 14 der Abgabenordnung) erfordert;

e) die Grundstücke, Grundstücksteile, grundstücksgleichen Rechte und Bauten vorrangig überlassen werden, um im Rahmen von Lieferungsverträgen dem Absatz von eigenen Erzeugnissen und Produkten zu dienen;

f) die Grundstücke, Grundstücksteile, grundstücksgleichen Rechte und Bauten an Dritte zur land- und forstwirtschaftlichen Nutzung überlassen werden;

---

[1] § 13b Abs. 4 Nr. 1 Satz 2 Buchst. d geänd. mWv 1.1.2024 durch G v. 22.12.2023 (BGBl. I Nr. 411).

2.[1] Anteile an Kapitalgesellschaften, wenn die unmittelbare Beteiligung am Nennkapital dieser Gesellschaften 25 Prozent oder weniger beträgt und sie nicht dem Hauptzweck des Gewerbebetriebs eines Kreditinstitutes oder eines Finanzdienstleistungsinstitutes im Sinne des § 1 Absatz 1 und 1a des Kreditwesengesetzes in der Fassung der Bekanntmachung vom 9. September 1998 (BGBl. I S. 2776), das zuletzt durch Artikel 14 des Gesetzes vom 10. Mai 2016 (BGBl. I S. 1142) geändert worden ist, eines Wertpapierinstituts im Sinne des § 2 Absatz 1 des Wertpapierinstitutsgesetzes oder eines Versicherungsunternehmens, das der Aufsicht nach § 1 Absatz 1 Nummer 1 des Versicherungsaufsichtsgesetzes in der Fassung der Bekanntmachung vom 1. April 2015 (BGBl. I S. 434), das zuletzt durch Artikel 13 des Gesetzes vom 10. Mai 2016 (BGBl. I S. 1142) geändert worden ist, unterliegt, zuzurechnen sind. [2]Ob diese Grenze unterschritten wird, ist nach der Summe der dem Betrieb unmittelbar zuzurechnenden Anteile und der Anteile weiterer Gesellschafter zu bestimmen, wenn die Gesellschafter untereinander verpflichtet sind, über die Anteile nur einheitlich zu verfügen oder sie ausschließlich auf andere derselben Verpflichtung unterliegende Anteilseigner zu übertragen und das Stimmrecht gegenüber nichtgebundenen Gesellschaftern nur einheitlich auszuüben;

3. Kunstgegenstände, Kunstsammlungen, wissenschaftliche Sammlungen, Bibliotheken und Archive, Münzen, Edelmetalle und Edelsteine, Briefmarkensammlungen, Oldtimer, Yachten, Segelflugzeuge sowie sonstige typischerweise der privaten Lebensführung dienende Gegenstände, wenn der Handel mit diesen Gegenständen, deren Herstellung oder Verarbeitung oder die entgeltliche Nutzungsüberlassung an Dritte nicht der Hauptzweck des Betriebs ist;

4.[2] Wertpapiere sowie vergleichbare Forderungen, wenn sie nicht dem Hauptzweck des Gewerbebetriebs eines Kreditinstitutes oder eines Finanzdienstleistungsinstitutes im Sinne des § 1 Absatz 1 und 1a des Kreditwesengesetzes in der Fassung der Bekanntmachung vom 9. September 1998 (BGBl. I S. 2776), das zuletzt durch Artikel 14 des Gesetzes vom 10. Mai 2016 (BGBl. I S. 1142) geändert worden ist, eines Wertpapierinstituts im Sinne des § 2 Absatz 1 des Wertpapierinstitutsgesetzes oder eines Versicherungsunternehmens, das der Aufsicht nach § 1 Absatz 1 Nummer 1 des Versicherungsaufsichtsgesetzes in der Fassung der Bekanntmachung vom 1. April 2015 (BGBl. I S. 434), das zuletzt durch Artikel 13 des Gesetzes vom 10. Mai 2016 (BGBl. I S. 1142) geändert worden ist, unterliegt, zuzurechnen sind;

5.[3] der gemeine Wert des nach Abzug des gemeinen Werts der Schulden verbleibenden Bestands an Zahlungsmitteln, Geschäftsguthaben, Geldforderungen und anderen Forderungen (Finanzmittel), soweit er 15 Prozent des anzusetzenden Werts des Betriebsvermögens des Betriebs oder der Gesellschaft

---

[1] § 13b Abs. 4 Nr. 2 Satz 1 geänd. mWv 26.6.2021 durch G v. 12.5.2021 (BGBl. I S. 990).

[2] § 13b Abs. 4 Nr. 4 geänd. mWv 26.6.2021 durch G v. 12.5.2021 (BGBl. I S. 990).

[3] § 13b Abs. 4 Nr. 5 Satz 3 geänd. mWv 26.6.2021 durch G v. 12.5.2021 (BGBl. I S. 990); Satz 5 geänd. mWv 1.7.2021 durch G v. 25.6.2021 (BGBl. I S. 2050); Satz 5 geänd. mWv 1.7.2021 durch G v. 25.6.2021 (BGBl. I S. 2056).

übersteigt. 2Der gemeine Wert der Finanzmittel ist um den positiven Saldo der eingelegten und der entnommenen Finanzmittel zu verringern, welche dem Betrieb im Zeitpunkt der Entstehung der Steuer (§ 9) weniger als zwei Jahre zuzurechnen waren (junge Finanzmittel); junge Finanzmittel sind Verwaltungsvermögen. 3Satz 1 gilt nicht, wenn die genannten Wirtschaftsgüter dem Hauptzweck des Gewerbebetriebs eines Kreditinstitutes oder eines Finanzdienstleistungsinstitutes im Sinne des § 1 Absatz 1 und 1a des Kreditwesengesetzes in der Fassung der Bekanntmachung vom 9. September 1998 (BGBl. I S. 2776), das zuletzt durch Artikel 14 des Gesetzes vom 10. Mai 2016 (BGBl. I S. 1142) geändert worden ist, eines Wertpapierinstituts im Sinne des § 2 Absatz 1 des Wertpapierinstitutsgesetzes oder eines Versicherungsunternehmens, das der Aufsicht nach § 1 Absatz 1 Nummer 1 des Versicherungsaufsichtsgesetzes in der Fassung der Bekanntmachung vom 1. April 2015 (BGBl. I S. 434), das zuletzt durch Artikel 13 des Gesetzes vom 10. Mai 2016 (BGBl. I S. 1142) geändert worden ist, unterliegt, zuzurechnen sind. 4Voraussetzung für die Anwendung des Prozentsatzes von 15 Prozent des Satzes 1 ist, dass das nach Absatz 1 begünstigungsfähige Vermögen des Betriebs oder der nachgeordneten Gesellschaften nach seinem Hauptzweck einer Tätigkeit im Sinne des § 13 Absatz 1, des § 15 Absatz 1 Satz 1 Nummer 1, des § 18 Absatz 1 Nummer 1 und 2 des Einkommensteuergesetzes dient. 5Die Voraussetzungen des Satzes 4 sind auch erfüllt, wenn die Tätigkeit durch Gesellschaften im Sinne des § 13 Absatz 7, des § 15 Absatz 1 Satz 1 Nummer 2 oder des § 18 Absatz 4 Satz 2 des Einkommensteuergesetzes ausgeübt wird; dies gilt auch, wenn sie ihrer Tätigkeit nach einer Gesellschaft im Sinne des § 15 Absatz 1 Satz 1 Nummer 2 oder des § 18 Absatz 4 Satz 2 des Einkommensteuergesetzes entsprechen, für Gesellschaften im Sinne des § 1a Absatz 1 des Körperschaftsteuergesetzes und für Gesellschaften im Sinne des § 1 Absatz 1 des Körperschaftsteuergesetzes mit Sitz im Ausland, deren Ort der Geschäftsleitung im Inland belegen ist, und die nach inländischem Gesellschaftsrecht als Personengesellschaft zu behandeln sind.

(5) 1Beim Erwerb von Todes wegen entfällt die Zurechnung von Vermögensgegenständen zum Verwaltungsvermögen im Sinne des Absatzes 4 Nummer 1 bis 5 rückwirkend zum Zeitpunkt der Entstehung der Steuer (§ 9), wenn der Erwerber innerhalb von zwei Jahren ab dem Zeitpunkt der Entstehung der Steuer (§ 9) diese Vermögensgegenstände in Vermögensgegenstände innerhalb des vom Erblasser erworbenen, begünstigungsfähigen Vermögens im Sinne des Absatzes 1 investiert hat, die unmittelbar einer Tätigkeit im Sinne von § 13 Absatz 1, § 15 Absatz 1 Satz 1 Nummer 1 oder § 18 Absatz 1 Nummer 1 und 2 des Einkommensteuergesetzes dienen und kein Verwaltungsvermögen sind. 2Voraussetzung hierfür ist, dass die Investition auf Grund eines im Zeitpunkt der Entstehung der Steuer (§ 9) vorgefassten Plans des Erblassers erfolgt und keine anderweitige Ersatzbeschaffung von Verwaltungsvermögen vorgenommen wird oder wurde. 3Beim Erwerb von Todes wegen entfällt die Zurechnung von Finanzmitteln zum Verwaltungsvermögen im Sinne des Absatzes 4 Nummer 5 Satz 1 rückwirkend zum Zeitpunkt der Entstehung der Steuer (§ 9), soweit der Erwerber diese Finanzmittel innerhalb von zwei Jah-

ren ab dem Zeitpunkt der Entstehung der Steuer (§ 9) verwendet, um bei auf Grund wiederkehrender saisonaler Schwankungen fehlenden Einnahmen die Vergütungen im Sinne des § 13a Absatz 3 Satz 6 bis 10 zu zahlen. [4]Satz 2 gilt entsprechend. [5]Der Erwerber hat das Vorliegen der Voraussetzungen der Sätze 1 bis 4 nachzuweisen.

(6) [1]Der Nettowert des Verwaltungsvermögens ergibt sich durch Kürzung des gemeinen Werts des Verwaltungsvermögens um den nach Anwendung der Absätze 3 und 4 verbleibenden anteiligen gemeinen Wert der Schulden. [2]Die anteiligen Schulden nach Satz 1 bestimmen sich nach dem Verhältnis des gemeinen Werts des Verwaltungsvermögens zum gemeinen Wert des Betriebsvermögens des Betriebs oder der Gesellschaft zuzüglich der nach Anwendung der Absätze 3 und 4 verbleibenden Schulden.

(7) [1]Der Nettowert des Verwaltungsvermögens wird vorbehaltlich des Satzes 2 wie begünstigtes Vermögen behandelt, soweit er 10 Prozent des um den Nettowert des Verwaltungsvermögens gekürzten gemeinen Werts des Betriebsvermögens nicht übersteigt (unschädliches Verwaltungsvermögen). [2]Verwaltungsvermögen, das dem Betrieb im Zeitpunkt der Entstehung der Steuer (§ 9) weniger als zwei Jahre zuzurechnen war (junges Verwaltungsvermögen), und junge Finanzmittel im Sinne des Absatzes 4 Nummer 5 Satz 2 sind kein unschädliches Verwaltungsvermögen.

(8) [1]Eine Saldierung mit Schulden nach Absatz 6 findet für junge Finanzmittel im Sinne des Absatzes 4 Nummer 5 Satz 2 und junges Verwaltungsvermögen im Sinne des Absatzes 7 Satz 2 nicht statt. [2]Eine Verrechnung von Schulden mit Verwaltungsvermögen ist bei wirtschaftlich nicht belastenden Schulden und darüber hinaus ausgeschlossen, soweit die Summe der Schulden den durchschnittlichen Schuldenstand der letzten drei Jahre vor dem Zeitpunkt der Entstehung der Steuer (§ 9) übersteigt; dies gilt nicht, soweit die Erhöhung des Schuldenstands durch die Betriebstätigkeit veranlasst ist. [3]Als Nettowert des Verwaltungsvermögens ist mindestens der gemeine Wert des jungen Verwaltungsvermögens und der jungen Finanzmittel anzusetzen.

(9) [1]Gehören zum begünstigungsfähigen Vermögen im Sinne des Absatzes 1 Nummer 2 und 3 unmittelbar oder mittelbar Beteiligungen an Personengesellschaften oder Beteiligungen an entsprechenden Gesellschaften mit Sitz oder Geschäftsleitung im Ausland oder unmittelbar oder mittelbar Anteile an Kapitalgesellschaften oder Anteile an entsprechenden Kapitalgesellschaften mit Sitz oder Geschäftsleitung im Ausland, sind bei der Anwendung der Absätze 2 bis 8 anstelle der Beteiligungen oder Anteile die gemeinen Werte der diesen Gesellschaften zuzurechnenden Vermögensgegenstände nach Maßgabe der Sätze 2 bis 5 mit dem Anteil einzubeziehen, zu dem die unmittelbare oder mittelbare Beteiligung besteht. [2]Die unmittelbar oder mittelbar gehaltenen Finanzmittel, die Vermögensgegenstände des Verwaltungsvermögens im Sinne des Absatzes 4 Nummer 1 bis 4 sowie die Schulden sind jeweils zusammenzufassen (Verbundvermögensaufstellung); junge Finanzmittel und junges Verwaltungsvermögen sind gesondert aufzuführen. [3]Soweit sich in der Verbundvermögensaufstellung Forderungen und Verbindlichkeiten zwischen den Gesellschaften untereinander oder im Verhältnis zu dem übertragenen Betrieb oder der übertragenen Gesellschaft gegenüberstehen, sind diese nicht anzuset-

zen. [4]Absatz 4 Nummer 5 und die Absätze 6 bis 8 sind auf die Werte in der Verbundvermögensaufstellung anzuwenden. [5]Die Sätze 1 bis 4 sind auf Anteile im Sinne von Absatz 4 Nummer 2 sowie auf wirtschaftlich nicht belastende Schulden nicht anzuwenden; diese Anteile sind als Verwaltungsvermögen anzusetzen.

(10)[1)] [1]Das für die Bewertung der wirtschaftlichen Einheit örtlich zuständige Finanzamt im Sinne des § 152 Nummer 1 bis 3 des Bewertungsgesetzes stellt die Summen der gemeinen Werte der Finanzmittel im Sinne des Absatzes 4 Nummer 5 Satz 1, der jungen Finanzmittel im Sinne des Absatzes 4 Nummer 5 Satz 2, der Vermögensgegenstände des Verwaltungsvermögens im Sinne des Absatzes 4 Nummer 1 bis 4, der Schulden, des jungen Verwaltungsvermögens im Sinne des Absatzes 7 Satz 2, des Betriebsvermögens, das einer weder in einem Mitgliedstaat der Europäischen Union noch in einem Staat des Europäischen Wirtschaftsraums belegenen Betriebsstätte dient, und das Vorliegen der Voraussetzungen des Absatzes 4 Nummer 5 Satz 4 und 5 gesondert fest, wenn und soweit diese Werte für die Erbschaftsteuer oder eine andere Feststellung im Sinne dieser Vorschrift von Bedeutung sind. [2]Dies gilt entsprechend, wenn nur ein Anteil am Betriebsvermögen im Sinne des Absatzes 1 Nummer 2 übertragen wird. [3]Die Entscheidung, ob die Werte von Bedeutung sind, trifft das für die Festsetzung der Erbschaftsteuer oder für die Feststellung nach § 151 Absatz 1 Satz 1 Nummer 1 bis 3 des Bewertungsgesetzes zuständige Finanzamt. [4]Bei Anteilen an Kapitalgesellschaften, die nach § 11 Absatz 1 des Bewertungsgesetzes zu bewerten sind, trifft die Feststellungen des Satzes 1 das örtlich zuständige Finanzamt entsprechend § 152 Nummer 3 des Bewertungsgesetzes. [5]§ 151 Absatz 3 und die §§ 152 bis 156 des Bewertungsgesetzes sind auf die Sätze 1 bis 4 entsprechend anzuwenden.

§ 13c[2)] Verschonungsabschlag bei Großerwerben von begünstigtem Vermögen (1) [1]Überschreitet der Erwerb von begünstigtem Vermögen im Sinne des § 13b Absatz 2 die Grenze des § 13a Absatz 1 Satz 1 von 26 Millionen Euro, verringert sich auf Antrag des Erwerbers der Verschonungsabschlag nach § 13a Absatz 1 oder Absatz 10 um jeweils einen Prozentpunkt für jede vollen 750 000 Euro, die der Wert des begünstigten Vermögens im Sinne des § 13b Absatz 2 den Betrag von 26 Millionen Euro übersteigt. [2]Im Fall des § 13a Absatz 10 wird ab einem Erwerb von begünstigtem Vermögen im Sinne des § 13b Absatz 2 in Höhe von 90 Millionen Euro ein Verschonungsabschlag nicht mehr gewährt.

(2)[3)] [1]§ 13a Absatz 3 bis 9 findet auf Absatz 1 entsprechende Anwendung. [2]Bei mehreren Erwerben begünstigten Vermögens im Sinne des § 13b Absatz 2 von derselben Person innerhalb von zehn Jahren werden für die Bestimmung des Verschonungsabschlags für den letzten Erwerb nach Absatz 1 die früheren Erwerbe nach ihrem früheren Wert dem letzten Erwerb hinzuge-

---

[1)] § 13b Abs. 10 Satz 1 geänd. durch G v. 21.12.2020 (BGBl. I S. 3096); zur Anwendung siehe § 37 Abs. 18.

[2)] § 13c eingef. durch G v. 4.11.2016 (BGBl. I S. 2464); zur Anwendung siehe grds. § 37 Abs. 12 Satz 1.

[3)] Zur Anwendung von § 13c Abs. 2 Satz 3 bis 5 siehe § 37 Abs. 12 Satz 3.

rechnet. [3]Der nach Satz 2 ermittelte Verschonungsabschlag für den letzten Erwerb findet auf die früheren Erwerbe Anwendung, wenn die Steuerbefreiung für den früheren Erwerb nach § 13a Absatz 1 Satz 3 wegfällt oder dies bei dem jeweiligen Erwerb zu einem geringeren Verschonungsabschlag führt, es sei denn, für den früheren Erwerb wurde ein Antrag nach § 28a Absatz 1 gestellt. [4]Die bis dahin für frühere Erwerbe gewährte Steuerbefreiung entfällt insoweit mit Wirkung für die Vergangenheit. [5]§ 13a Absatz 1 Satz 4 findet Anwendung. [6]Der Antrag nach Absatz 1 ist unwiderruflich und schließt einen Antrag nach § 28a Absatz 1 für denselben Erwerb aus.

(3) Die Absätze 1 und 2 gelten in den Fällen des § 1 Absatz 1 Nummer 4 entsprechend.

§ 13d[1)] Steuerbefreiung für zu Wohnzwecken vermietete Grundstücke. (1) Grundstücke im Sinne des Absatzes 3 sind mit 90 Prozent ihres Werts anzusetzen.

(2) [1]Ein Erwerber kann den verminderten Wertansatz nicht in Anspruch nehmen, soweit er erworbene Grundstücke auf Grund einer letztwilligen Verfügung des Erblassers oder einer rechtsgeschäftlichen Verfügung des Erblassers oder Schenkers auf einen Dritten übertragen muss. [2]Gleiches gilt, wenn ein Erbe im Rahmen der Teilung des Nachlasses Vermögen im Sinne des Absatzes 3 auf einen Miterben überträgt. [3]Überträgt ein Erbe erworbenes begünstigtes Vermögen im Rahmen der Teilung des Nachlasses auf einen Dritten und gibt der Dritte dabei diesem Erwerber nicht begünstigtes Vermögen hin, das er vom Erblasser erworben hat, erhöht sich insoweit der Wert des begünstigten Vermögens des Dritten um den Wert des hingegebenen Vermögens, höchstens jedoch um den Wert des übertragenen Vermögens.

(3)[2)] Der verminderte Wertansatz gilt für bebaute Grundstücke oder Grundstücksteile, die

1. zu Wohnzwecken vermietet werden,
2. im Inland, in einem Mitgliedstaat der Europäischen Union oder in einem Staat des Europäischen Wirtschaftsraums belegen sind,
3. nicht zum begünstigten Betriebsvermögen oder begünstigten Vermögen eines Betriebs der Land- und Forstwirtschaft im Sinne des § 13a gehören.

(4) Die Absätze 1 bis 3 gelten in den Fällen des § 1 Abs. 1 Nr. 4 entsprechend.

Abschnitt 3. Berechnung der Steuer

§ 14[3)] [4)] Berücksichtigung früherer Erwerbe. (1) [1]Mehrere innerhalb von zehn Jahren von derselben Person anfallende Vermögensvorteile werden

[1)] § 13c eingef. mWv 1.1.2009 durch G v. 24.12.2008 (BGBl. I S. 3018); § 13c wird § 13d mWv. 1.7.2016 (§ 37 Abs. 12 Satz 1) durch G v. 4.11.2016 (BGBl. I S. 2464).

[2)] Zur Stundung s. § 28 Abs. 3.

[3)] Zur Anwendung im Beitrittsgebiet siehe § 37a Abs. 4.

[4)] § 14 Abs. 1 Satz 4 und Abs. 2 eingef. mWv 1.1.2009 durch G v. 24.12.2008 (BGBl. I S. 3018).

in der Weise zusammengerechnet, daß dem letzten Erwerb die früheren Erwerbe nach ihrem früheren Wert zugerechnet werden. [2]Von der Steuer für den Gesamtbetrag wird die Steuer abgezogen, die für die früheren Erwerbe nach den persönlichen Verhältnissen des Erwerbers und auf der Grundlage der geltenden Vorschriften zur Zeit des letzten Erwerbs zu erheben gewesen wäre. [3]Anstelle der Steuer nach Satz 2 ist die tatsächlich für die in die Zusammenrechnung einbezogenen früheren Erwerbe zu entrichtende Steuer abzuziehen, wenn diese höher ist. [4]Die Steuer, die sich für den letzten Erwerb ohne Zusammenrechnung mit früheren Erwerben ergibt, darf durch den Abzug der Steuer nach Satz 2 oder Satz 3 nicht unterschritten werden. [5]Erwerbe, für die sich nach den steuerlichen Bewertungsgrundsätzen kein positiver Wert ergeben hat, bleiben unberücksichtigt.

(2)[1)] [1]Führt der Eintritt eines Ereignisses mit Wirkung für die Vergangenheit zu einer Veränderung des Werts eines früheren, in die Zusammenrechnung nach Absatz 1 einzubeziehenden Erwerbs, gilt dies auch für den späteren Erwerb als Ereignis mit Wirkung für die Vergangenheit nach § 175 Absatz 1 Satz 1 Nummer 2 der Abgabenordnung[2)] (rückwirkendes Ereignis). [2]Für den späteren Erwerb gelten auch der erstmalige Erlass, die Änderung und die Aufhebung eines Steuerbescheids für einen früheren, in die Zusammenrechnung einzubeziehenden Erwerb als rückwirkendes Ereignis. [3]Dasselbe gilt auch, soweit eine Änderung der Steuerfestsetzung für den früheren Erwerb lediglich zu einer geänderten anrechenbaren Steuer führt.

(3) Die durch jeden weiteren Erwerb veranlaßte Steuer darf nicht mehr betragen als 50 Prozent dieses Erwerbs.

§ 15 Steuerklassen. (1) Nach dem persönlichen Verhältnis des Erwerbers zum Erblasser oder Schenker werden die folgenden drei Steuerklassen unterschieden:

Steuerklasse I:

1.[3)] der Ehegatte und der Lebenspartner,

2. die Kinder und Stiefkinder,

3. die Abkömmlinge der in Nummer 2 genannten Kinder und Stiefkinder,

4. die Eltern und Voreltern bei Erwerben von Todes wegen;

Steuerklasse II:

1. die Eltern und Voreltern, soweit sie nicht zur Steuerklasse I gehören,

2. die Geschwister,

3. die Abkömmlinge ersten Grades von Geschwistern,

4. die Stiefeltern,

5. die Schwiegerkinder,

[1)] § 14 Abs. 2 neu gef. durch G v. 21.12.2020 (BGBl. I S. 3096); zur Anwendung siehe § 37 Abs. 18.

[2)] Nr. **800**.

[3)] § 15 Abs. 1 Nr. 1 geänd. durch G v. 8.12.2010 (BGBl. I S. 1768); zur Anwendung siehe § 37 Abs. 4 und Abs. 5 Nr. 1.

6. die Schwiegereltern,

7.[1] der geschiedene Ehegatte und der Lebenspartner einer aufgehobenen Lebenspartnerschaft;

Steuerklasse III:

alle übrigen Erwerber und die Zweckzuwendungen.

(1a) Die Steuerklassen I und II Nr. 1 bis 3 gelten auch dann, wenn die Verwandtschaft durch Annahme als Kind bürgerlich-rechtlich erloschen ist.

(2)[2] [1]In den Fällen des § 3 Abs. 2 Nr. 1 und des § 7 Abs. 1 Nr. 8 ist der Besteuerung das Verwandtschaftsverhältnis des nach der Stiftungsurkunde entferntest Berechtigten zu dem Erblasser oder Schenker zugrunde zu legen, sofern die Stiftung wesentlich im Interesse einer Familie oder bestimmter Familien im Inland errichtet ist. [2]In den Fällen des § 7 Abs. 1 Nr. 9 Satz 1 gilt als Schenker der Stifter oder derjenige, der das Vermögen auf den Verein übertragen hat und in den Fällen des § 7 Abs. 1 Nr. 9 Satz 2 derjenige, der die Vermögensmasse im Sinne des § 3 Abs. 2 Nr. 1 Satz 2 oder § 7 Abs. 1 Nr. 8 Satz 2 gebildet oder ausgestattet hat. [3]In den Fällen des § 1 Abs. 1 Nr. 4 wird der doppelte Freibetrag nach § 16 Abs. 1 Nr. 2 gewährt; die Steuer ist nach dem Prozentsatz der Steuerklasse I zu berechnen, der für die Hälfte des steuerpflichtigen Vermögens gelten würde.

(3)[3] [1]Im Falle des § 2269 des Bürgerlichen Gesetzbuchs und soweit der überlebende Ehegatte oder der überlebende Lebenspartner an die Verfügung gebunden ist, ist auf Antrag der Versteuerung das Verhältnis des Schlusserben oder Vermächtnisnehmers zum zuerst verstorbenen Ehegatten oder dem zuerst verstorbenen Lebenspartner zugrunde zu legen, soweit sein Vermögen beim Tod des überlebenden Ehegatten oder des überlebenden Lebenspartners noch vorhanden ist. [2]§ 6 Abs. 2 Satz 3 bis 5 gilt entsprechend.

(4)[4] [1]Bei einer Schenkung durch eine Kapitalgesellschaft oder Genossenschaft ist der Besteuerung das persönliche Verhältnis des Erwerbers zu derjenigen unmittelbar oder mittelbar beteiligten natürlichen Person oder Stiftung zugrunde zu legen, durch die sie veranlasst ist. [2]In diesem Fall gilt die Schenkung bei der Zusammenrechnung früherer Erwerbe (§ 14) als Vermögensvorteil, der dem Bedachten von dieser Person anfällt.

§ 16 Freibeträge. (1)[5] Steuerfrei bleibt in den Fällen der unbeschränkten Steuerpflicht (§ 2 Absatz 1 Nummer 1)[6] der Erwerb

---

[1] § 15 Abs. 1 Nr. 7 geänd. durch G v. 8.12.2010 (BGBl. I S. 1768); zur Anwendung siehe § 37 Abs. 4 und Abs. 5 Nr. 1.

[2] § 15 Abs. 2 Satz 2 ergänzt mWv 5.3.1999 durch G v. 24.3.1999 (BGBl. I S. 402).

[3] § 15 Abs. 3 geänd. mWv 1.1.2009 durch G v. 24.12.2008 (BGBl. I S. 3018).

[4] § 15 Abs. 4 angef. durch G v 7.12.2011 (BGBl. I S. 2592); zur Anwendung siehe § 37 Abs. 7 Satz 1.

[5] § 16 Abs. 1 neu gef. mWv 1.1.2009 durch G v. 24.12.2008 (BGBl. I S. 3018).

[6] § 16 Abs. 1 Satzteil vor Nr. 1 geänd. durch G v 7.12.2011 (BGBl. I S. 2592), zur Anwendung siehe § 37 Abs. 7; Klammerzusatz geänd. durch G v. 23.6.2017 (BGBl. I S. 1682); zur Anwendung siehe § 37 Abs. 14.

1. des Ehegatten und des Lebenspartners[1] in Höhe von 500 000[2] Euro;
2. der Kinder im Sinne der Steuerklasse I Nr. 2 und der Kinder verstorbener Kinder im Sinne der Steuerklasse I Nr. 2 in Höhe von 400 000 Euro;
3. der Kinder der Kinder im Sinne der Steuerklasse I Nr. 2 in Höhe von 200 000 Euro;
4. der übrigen Personen der Steuerklasse I in Höhe von 100 000 Euro;
5. der Personen der Steuerklasse II in Höhe von 20 000 Euro;
6.[3] *(aufgehoben)*
7. der übrigen Personen der Steuerklasse III in Höhe von 20 000 Euro.

(2)[4] [1]In den Fällen der beschränkten Steuerpflicht (§ 2 Absatz 1 Nummer 3) wird der Freibetrag nach Absatz 1 um einen Teilbetrag gemindert. [2]Dieser Teilbetrag entspricht dem Verhältnis der Summe der Werte des in demselben Zeitpunkt erworbenen, nicht der beschränkten Steuerpflicht unterliegenden Vermögens und derjenigen, nicht der beschränkten Steuerpflicht unterliegenden Vermögensvorteile, die innerhalb von zehn Jahren von derselben Person angefallen sind, zum Wert des Vermögens, das insgesamt innerhalb von zehn Jahren von derselben Person angefallen ist. [3]Die früheren Erwerbe sind mit ihrem früheren Wert anzusetzen.

§ 17 Besonderer Versorgungsfreibetrag. (1)[5] [1]Neben dem Freibetrag nach § 16[6] wird dem überlebenden Ehegatten und dem überlebenden Lebenspartner ein besonderer Versorgungsfreibetrag von 256 000 Euro[7]·[8] gewährt. [2]Der Freibetrag wird bei Ehegatten oder bei Lebenspartnern, denen aus Anlass des Todes des Erblassers nicht der Erbschaftsteuer unterliegende Versorgungsbezüge zustehen, um den nach § 14 des Bewertungsgesetzes zu ermittelnden Kapitalwert dieser Versorgungsbezüge gekürzt.

(2) [1]Neben dem Freibetrag nach § 16[6] wird Kindern im Sinne der Steuerklasse I Nr. 2 (§ 15 Abs. 1) für Erwerbe von Todes wegen ein besonderer Versorgungsfreibetrag in folgender Höhe gewährt:
1. bei einem Alter bis zu 5 Jahren in Höhe von 52 000 Euro[7];
2. bei einem Alter von mehr als 5 bis zu 10 Jahren in Höhe von 41 000 Euro[7];
3. bei einem Alter von mehr als 10 bis zu 15 Jahren in Höhe von 30 700 Euro[7];

---

[1] § 16 Abs. 1 Nr. 1 geänd. durch G v. 8.12.2010 (BGBl. I S. 1768); zur Anwendung siehe § 37 Abs. 4 und Abs. 5 Nrn. 2 und 3.

[2] Vgl. hierzu **§ 37 Abs. 5 Nr. 2 und 3.**

[3] § 16 Abs. 1 Nr. 6 aufgeh. durch G v. 8.12.2010 (BGBl. I S. 1768); zur Anwendung siehe § 37 Abs. 4.

[4] § 16 Abs. 2 neu gef. durch G v. 23.6.2017 (BGBl. I S. 1682); zur Anwendung siehe § 37 Abs. 14.

[5] § 17 Abs. 1 ergänzt mWv 1.1.2009 durch G v. 24.12.2008 (BGBl. I S. 3018); aber **kursiver Satzteil aufgeh.** durch G v. 8.12.2010 (BGBl. I S. 1768), zur Anwendung siehe § 37 Abs. 4 und Abs. 5 Nrn. 4 und 5.

[6] Verweis geänd. durch G v. 23.6.2017 (BGBl. I S. 1682); zur Anwendung siehe § 37 Abs. 13.

[7] Beträge geänd. mWv 1.1.2002 durch G v. 19.12.2000 (BGBl. I S. 1790).

[8] Vgl. für Erwerbe von Lebenspartnern § 37 Abs. 5 Nr. 5.

4. bei einem Alter von mehr als 15 bis zu 20 Jahren in Höhe von 20 500 Euro[1)];
5. bei einem Alter von mehr als 20 Jahren bis zur Vollendung des 27. Lebensjahres in Höhe von 10 300 Euro[1)].

[2]Stehen dem Kind aus Anlaß des Todes des Erblassers nicht der Erbschaftsteuer unterliegende Versorgungsbezüge zu, wird der Freibetrag um den nach § 13 Abs. 1 des Bewertungsgesetzes zu ermittelnden Kapitalwert dieser Versorgungsbezüge gekürzt. [3]Bei der Berechnung des Kapitalwerts ist von der nach den Verhältnissen am Stichtag (§ 11) voraussichtlichen Dauer der Bezüge auszugehen.

(3)[2)] [1]In den Fällen der beschränkten Steuerpflicht (§ 2 Absatz 1 Nummer 3) wird der besondere Versorgungsfreibetrag nach Absatz 1 oder 2 gewährt, wenn durch die Staaten, in denen der Erblasser ansässig war oder der Erwerber ansässig ist, Amtshilfe geleistet wird. [2]Amtshilfe ist der Auskunftsaustausch im Sinne oder entsprechend der Amtshilferichtlinie gemäß § 2 Absatz 11 des EU-Amtshilfegesetzes in der für den jeweiligen Stichtag der Steuerentstehung geltenden Fassung oder eines entsprechenden Nachfolgerechtsaktes.

§ 18[3)] Mitgliederbeiträge. [1]Beiträge an Personenvereinigungen [*ab 1.1.2024:* und rechtsfähige Vereine], die nicht lediglich die Förderung ihrer Mitglieder zum Zweck haben, sind steuerfrei, soweit die von einem Mitglied im Kalenderjahr der Vereinigung geleisteten Beiträge 300 Euro[4)] nicht übersteigen. [2]§ 13 Abs. 1 Nr. 16 und 18 bleibt unberührt.

§ 19 Steuersätze. (1)[5)] Die Erbschaftsteuer wird nach folgenden Prozentsätzen erhoben:

Wert des steuerpflichtigen Erwerbs (§ 10) bis einschließlich … Euro	Prozentsatz in der Steuerklasse		
	I	II	III
75 000	7	15	30.
300 000	11	20	30.
600 000	15	25	30.
6 000 000	19	30	30.
13 000 000	23	35	50.
26 000 000	27	40	50.
über 26 000 000	30	43	50.

1) Beträge geänd. mWv 1.1.2002 durch G v. 19.12.2000 (BGBl. I S. 1790).
2) § 17 Abs. 3 angef. durch G v. 23.6.2017 (BGBl. I S. 1682); zur Anwendung siehe § 37 Abs. 13.
3) § 18 Satz 1 geänd. mWv 1.1.2024 durch G v. 22.12.2023 (BGBl. I Nr. 411).
4) Bezeichnung bzw. Beträge geänd. mWv 1.1.2002 durch G v. 19.12.2000 (BGBl. I S. 1790).
5) § 19 Abs. 1 neu gef. mWv 1.1.2010 durch G v. 22.12.2009 (BGBl. I S. 3950).

(2) Ist im Fall des § 2 Absatz 1 Nummer 1 *und Absatz 3*[1)] ein Teil des Vermögens der inländischen Besteuerung auf Grund eines Abkommens zur Vermeidung der Doppelbesteuerung entzogen, ist die Steuer nach dem Steuersatz zu erheben, der für den ganzen Erwerb gelten würde.

(3) Der Unterschied zwischen der Steuer, die sich bei Anwendung des Absatzes 1 ergibt, und der Steuer, die sich berechnen würde, wenn der Erwerb die letztvorhergehende Wertgrenze nicht überstiegen hätte, wird nur insoweit erhoben, als er

a) bei einem Steuersatz bis zu 30 Prozent aus der Hälfte,
b) bei einem Steuersatz über 30 Prozent aus drei Vierteln,

des die Wertgrenze übersteigenden Betrags gedeckt werden kann.

§ 19a[2)] Tarifbegrenzung beim Erwerb von Betriebsvermögen, von Betrieben der Land- und Forstwirtschaft und von Anteilen an Kapitalgesellschaften. (1) Sind in dem steuerpflichtigen Erwerb einer natürlichen Person der Steuerklasse II oder III Betriebsvermögen, land- und forstwirtschaftliches Vermögen oder Anteile an Kapitalgesellschaften im Sinne des Absatzes 2 enthalten, ist von der tariflichen Erbschaftsteuer ein Entlastungsbetrag nach Absatz 4 abzuziehen.

(2)[3)] [1]Der Entlastungsbetrag gilt für den nicht unter § 13a Absatz 1 oder § 13c fallenden Teil des Vermögens im Sinne des § 13b Absatz 2. [2]Ein Erwerber kann den Entlastungsbetrag nicht in Anspruch nehmen, soweit er Vermögen im Sinne des Satzes 1 auf Grund einer letztwilligen Verfügung des Erblassers oder einer rechtsgeschäftlichen Verfügung des Erblassers oder Schenkers auf einen Dritten übertragen muss. [3]Gleiches gilt, wenn ein Erbe im Rahmen der Teilung des Nachlasses Vermögen im Sinne des Satzes 1 auf einen Miterben überträgt.

(3)[4)] Der auf das Vermögen im Sinne des Absatzes 2 entfallende Anteil an der tariflichen Erbschaftsteuer bemisst sich nach dem Verhältnis des Werts dieses Vermögens nach Anwendung des § 13a oder § 13c[5)] und nach Abzug der mit diesem Vermögen in wirtschaftlichem Zusammenhang stehenden abzugsfähigen Schulden und Lasten (§ 10 Absatz 5 und 6) zum Wert des gesamten Vermögensanfalls im Sinne des § 10 Absatz 1 Satz 1 und 2 nach Abzug der mit diesem Vermögen in wirtschaftlichem Zusammenhang stehenden abzugsfähigen Schulden und Lasten (§ 10 Absatz 5 und 6).

(4)[6)] [1]Zur Ermittlung des Entlastungsbetrags ist für den steuerpflichtigen Erwerb zunächst die Steuer nach der tatsächlichen Steuerklasse des Erwerbers

---

[1)] Verweis geänd. durch G v. 7.12.2011 (BGBl. I S. 2592), zur Anwendung siehe § 37 Abs. 7; kursiver Verweisteil aufgeh. mWv 25.6.2017 durch G v. 23.6.2017 (BGBl. I S. 1682).

[2)] Zur Anwendung von § 19a siehe auch **Seite 1 Fn. 3.**

[3)] § 19a Abs. 2 neu gef. mWv 1.1.2009 durch G v. 24.12.2008 (BGBl. I S. 3018); Satz 1 geänd. mWv 1.7.2016 (§ 37 Abs. 12 Satz 1) durch G v. 4.11.2016 (BGBl. I S. 2464).

[4)] § 19a Abs. 3 ergänzt mWv 1.1.2009 durch G v. 24.12.2008 (BGBl. I S. 3018); ergänzt mWv 1.1.2010 durch G v. 22.12.2009 (BGBl. I S. 3950). Siehe auch **Seite 1 Fn. 3.**

[5)] Verweis ergänzt durch G v. 4.11.2016 (BGBl. I S. 2464); zur Anwendung siehe § 37 Abs. 12 Satz 1.

[6)] § 19a Abs. 4 Satz 3 geänd. durch G v. 29.12.2003 (BGBl. I S. 3076); geänd. mWv 1.1.2009 durch G v. 24.12.2008 (BGBl. I S. 3018).

zu berechnen und nach Maßgabe des Absatzes 3 aufzuteilen. 2 Für den steuerpflichtigen Erwerb ist dann die Steuer nach Steuerklasse I zu berechnen und nach Maßgabe des Absatzes 3 aufzuteilen. 3 Der Entlastungsbetrag ergibt sich als Unterschiedsbetrag zwischen der auf Vermögen im Sinne des Absatzes 2 entfallenden Steuer nach den Sätzen 1 und 2.

(5)[1] 1 Der Entlastungsbetrag fällt mit Wirkung für die Vergangenheit weg, soweit der Erwerber innerhalb von fünf[2] Jahren gegen die Behaltensregelungen des § 13a verstößt. 2 In den Fällen des § 13a Absatz 10 und des § 28a Absatz 1 tritt an die Stelle der Frist nach Satz 1 eine Frist von sieben[2] Jahren. 3 Die Festsetzungsfrist für die Steuer endet nicht vor dem Ablauf des vierten Jahres, nachdem die Finanzbehörde von dem Verstoß gegen die Behaltensregelungen Kenntnis erlangt. 4 § 13a Absatz 7 Satz 4 bis 6 gilt entsprechend.

IV. Steuerfestsetzung und Erhebung

§ 20 Steuerschuldner. (1) 1 Steuerschuldner ist der Erwerber, bei einer Schenkung auch der Schenker, bei einer Zweckzuwendung der mit der Ausführung der Zuwendung Beschwerte und in den Fällen des § 1 Abs. 1 Nr. 4 die Stiftung oder der Verein. 2 In den Fällen des § 3 Abs. 2 Nr. 1 Satz 2 und § 7 Abs. 1 Nr. 8 Satz 2 ist die Vermögensmasse Erwerber und Steuerschuldner, in den Fällen des § 7 Abs. 1 Nr. 8 Satz 2 ist Steuerschuldner auch derjenige, der die Vermögensmasse gebildet oder ausgestattet hat.[3]

(2) Im Falle des § 4 sind die Abkömmlinge im Verhältnis der auf sie entfallenden Anteile, der überlebende Ehegatte oder der überlebende Lebenspartner[4] für den gesamten Steuerbetrag Steuerschuldner.

(3) Der Nachlaß haftet bis zur Auseinandersetzung (§ 2042 des Bürgerlichen Gesetzbuchs) für die Steuer der am Erbfall Beteiligten.

(4) Der Vorerbe hat die durch die Vorerbschaft veranlaßte Steuer aus den Mitteln der Vorerbschaft zu entrichten.

(5) Hat der Steuerschuldner den Erwerb oder Teile desselben vor Entrichtung der Erbschaftsteuer einem anderen unentgeltlich zugewendet, haftet der andere in Höhe des Werts der Zuwendung persönlich für die Steuer.

(6) 1 Versicherungsunternehmen, die vor Entrichtung oder Sicherstellung der Steuer die von ihnen zu zahlende Versicherungssumme oder Leibrente in ein Gebiet außerhalb des Geltungsbereichs dieses Gesetzes zahlen oder außerhalb des Geltungsbereichs dieses Gesetzes wohnhaften Berechtigten zur Verfügung stellen, haften in Höhe des ausgezahlten Betrags für die Steuer. 2 Das

---

[1] § 19a Abs. 5 neu gef. mWv 1.1.2009 durch G v. 24.12.2008 (BGBl. I S. 3018); Abs. 5 Satz 2 und 4 geänd. mWv 1.7.2016 (§ 37 Abs. 12 Satz 1) durch G v. 4.11.2016 (BGBl. I S. 2464); Abs. 5 Satz 2 Verweise ergänzt mWv 15.12.2018 (§ 37 Abs. 16 Satz 1 iVm Satz 2) durch G v. 11.12.2018 (BGBl. I S. 2338).

[2] Frist geänd. durch G v. 22.12.2009 (BGBl. I S. 3950); zur Anwendung siehe § 37 Abs. 3 Satz 1. Siehe auch **Seite 1 Fn. 3.**

[3] § 20 Abs. 1 Satz 2 angef. mWv 5.3.1999 durch G v. 24.3.1999 (BGBl. I S. 402).

[4] § 20 Abs. 2 ergänzt mWv 1.1.2009 durch G v. 24.12.2008 (BGBl. I S. 3018).

gleiche gilt für Personen, in deren Gewahrsam sich Vermögen des Erblassers befindet, soweit sie das Vermögen vorsätzlich oder fahrlässig vor Entrichtung oder Sicherstellung der Steuer in ein Gebiet außerhalb des Geltungsbereichs dieses Gesetzes bringen oder außerhalb des Geltungsbereichs dieses Gesetzes wohnhaften Berechtigten zur Verfügung stellen.

(7) Die Haftung nach Absatz 6 ist nicht geltend zu machen, wenn der in einem Steuerfall in ein Gebiet außerhalb des Geltungsbereichs dieses Gesetzes gezahlte oder außerhalb des Geltungsbereichs dieses Gesetzes wohnhaften Berechtigten zur Verfügung gestellte Betrag 600 Euro[1] nicht übersteigt.

§ 21 Anrechnung ausländischer Erbschaftsteuer. (1)[2] [1]Bei Erwerbern, die in einem ausländischen Staat mit ihrem Auslandsvermögen zu einer der deutschen Erbschaftsteuer entsprechenden Steuer – ausländische Steuer – herangezogen werden, ist in den Fällen des § 2 Absatz 1 Nummer 1, sofern nicht die Vorschriften eines Abkommens zur Vermeidung der Doppelbesteuerung anzuwenden sind, auf Antrag die festgesetzte, auf den Erwerber entfallende, gezahlte und keinem Ermäßigungsanspruch unterliegende ausländische Steuer insoweit auf die deutsche Erbschaftsteuer anzurechnen, als das Auslandsvermögen auch der deutschen Erbschaftsteuer unterliegt. [2]Besteht der Erwerb nur zum Teil aus Auslandsvermögen, ist der darauf entfallende Teilbetrag der deutschen Erbschaftsteuer in der Weise zu ermitteln, daß die für das steuerpflichtige Gesamtvermögen einschließlich des steuerpflichtigen Auslandsvermögens sich ergebende Erbschaftsteuer im Verhältnis des steuerpflichtigen Auslandsvermögens zum steuerpflichtigen Gesamtvermögen aufgeteilt wird. [3]Ist das Auslandsvermögen in verschiedenen ausländischen Staaten belegen, ist dieser Teil für jeden einzelnen ausländischen Staat gesondert zu berechnen. [4]Die ausländische Steuer ist nur anrechenbar, wenn die deutsche Erbschaftsteuer für das Auslandsvermögen innerhalb von fünf Jahren seit dem Zeitpunkt der Entstehung der ausländischen Erbschaftsteuer entstanden ist.

(2) Als Auslandsvermögen im Sinne des Absatzes 1 gelten,

1. wenn der Erblasser zur Zeit seines Todes Inländer war: alle Vermögensgegenstände der in § 121 des Bewertungsgesetzes genannten Art, die auf einen ausländischen Staat entfallen, sowie alle Nutzungsrechte an diesen Vermögensgegenständen;
2. wenn der Erblasser zur Zeit seines Todes kein Inländer war: alle Vermögensgegenstände mit Ausnahme des Inlandsvermögens im Sinne des § 121 des Bewertungsgesetzes sowie alle Nutzungsrechte an diesen Vermögensgegenständen.

(3) [1]Der Erwerber hat den Nachweis über die Höhe des Auslandsvermögens und über die Festsetzung und Zahlung der ausländischen Steuer durch Vorlage entsprechender Urkunden zu führen. [2]Sind diese Urkunden in einer fremden Sprache abgefaßt, kann eine beglaubigte Übersetzung in die deutsche Sprache verlangt werden.

---

[1] Betrag geänd. mWv 1.1.2002 durch G v. 19.12.2000 (BGBl. I S. 1790).

[2] § 21 Abs. 1 Satz 1 geänd. durch G v. 7.12.2011 (BGBl. I S. 2592); zur Anwendung siehe § 37 Abs. 7; geänd. mWv 25.6.2017 durch G v. 23.6.2017 (BGBl. I S. 1682).

(4) Ist nach einem Abkommen zur Vermeidung der Doppelbesteuerung die in einem ausländischen Staat erhobene Steuer auf die Erbschaftsteuer anzurechnen, sind die Absätze 1 bis 3 entsprechend anzuwenden.

§ 22 Kleinbetragsgrenze. Von der Festsetzung der Erbschaftsteuer ist abzusehen, wenn die Steuer, die für den einzelnen Steuerfall festzusetzen ist, den Betrag von 50 Euro[1] nicht übersteigt.

§ 23 Besteuerung von Renten, Nutzungen und Leistungen.

(1) [1]Steuern, die von dem Kapitalwert von Renten oder anderen wiederkehrenden Nutzungen oder Leistungen zu entrichten sind, können nach Wahl des Erwerbers statt vom Kapitalwert jährlich im voraus von dem Jahreswert entrichtet werden. [2]Die Steuer wird in diesem Fall nach dem Steuersatz erhoben, der sich nach § 19 für den gesamten Erwerb einschließlich des Kapitalwerts der Renten oder anderen wiederkehrenden Nutzungen oder Leistungen ergibt.

(2) [1]Der Erwerber hat das Recht, die Jahressteuer zum jeweils nächsten Fälligkeitstermin mit ihrem Kapitalwert abzulösen. [2]Für die Ermittlung des Kapitalwerts im Ablösungszeitpunkt sind die Vorschriften der §§ 13 und 14 des Bewertungsgesetzes anzuwenden. [3]Der Antrag auf Ablösung der Jahressteuer ist spätestens bis zum Beginn des Monats zu stellen, der dem Monat vorausgeht, in dem die nächste Jahressteuer fällig wird.

§ 24 Verrentung der Steuerschuld in den Fällen des § 1 Abs. 1 Nr. 4.

[1]In den Fällen des § 1 Abs. 1 Nr. 4 kann der Steuerpflichtige verlangen, daß die Steuer in 30 gleichen jährlichen Teilbeträgen (Jahresbeträgen) zu entrichten ist. [2]Die Summe der Jahresbeträge umfaßt die Tilgung und die Verzinsung der Steuer; dabei ist von einem Zinssatz von 5,5 Prozent auszugehen.

§ 25[2]·[3] Besteuerung bei Nutzungs- und Rentenlast. *(1) [1]Der Erwerb von Vermögen, dessen Nutzungen dem Schenker oder dem Ehegatten des Erblassers (Schenkers) zustehen oder das mit einer Rentenverpflichtung oder mit der Verpflichtung zu sonstigen wiederkehrenden Leistungen zugunsten dieser Personen belastet ist, wird ohne Berücksichtigung dieser Belastungen besteuert. [2]Die Steuer, die auf den Kapitalwert dieser Belastungen entfällt, ist jedoch bis zu deren Erlöschen zinslos zu stunden. [3]Die gestundete Steuer kann auf Antrag des Erwerbers jederzeit mit ihrem Barwert nach § 12 Abs. 3 des Bewertungsgesetzes abgelöst werden.*

(2) Veräußert der Erwerber das belastete Vermögen vor dem Erlöschen der Belastung ganz oder teilweise, endet insoweit die Stundung mit dem Zeitpunkt der Veräußerung.

§ 26 Ermäßigung der Steuer bei Aufhebung einer Familienstiftung oder Auflösung eines Vereins. In den Fällen des § 7 Abs. 1 Nr. 9 ist auf die

---

[1] Betrag geänd. mWv 1.1.2002 durch G v. 19.12.2000 (BGBl. I S. 1790).

[2] § 25 aufgeh. mWv 1.1.2009 durch G v. 24.12.2008 (BGBl. I S. 3018); zur weiteren Anwendung von § 25 Abs. 1 Satz 3 und Abs. 2 siehe § 37 Abs. 2 Satz 2.

[3] Zur Anwendung im Beitrittsgebiet siehe § 37 a Abs. 5.

nach § 15 Abs. 2 Satz 2 zu ermittelnde Steuer die nach § 15 Abs. 2 Satz 3 festgesetzte Steuer anteilsmäßig anzurechnen

a) mit 50 Prozent, wenn seit der Entstehung der anrechenbaren Steuer nicht mehr als zwei Jahre,

b) mit 25 Prozent, wenn seit der Entstehung der anrechenbaren Steuer mehr als zwei Jahre, aber nicht mehr als vier Jahre vergangen sind.

§ 27[1)] Mehrfacher Erwerb desselben Vermögens. (1) Fällt Personen der Steuerklasse I von Todes wegen Vermögen an, das in den letzten zehn Jahren vor dem Erwerb bereits von Personen dieser Steuerklasse erworben worden ist und für das nach diesem Gesetz eine Steuer zu erheben war, ermäßigt sich der auf dieses Vermögen entfallende Steuerbetrag vorbehaltlich des Absatzes 3 wie folgt:

um … Prozent	wenn zwischen den beiden Zeitpunkten der Entstehung der Steuer liegen
50	nicht mehr als 1 Jahr
45	mehr als 1 Jahr, aber nicht mehr als 2 Jahre
40	mehr als 2 Jahre, aber nicht mehr als 3 Jahre
35	mehr als 3 Jahre, aber nicht mehr als 4 Jahre
30	mehr als 4 Jahre, aber nicht mehr als 5 Jahre
25	mehr als 5 Jahre, aber nicht mehr als 6 Jahre
20	mehr als 6 Jahre, aber nicht mehr als 8 Jahre
10	mehr als 8 Jahre, aber nicht mehr als 10 Jahre

(2) Zur Ermittlung des Steuerbetrags, der auf das begünstigte Vermögen entfällt, ist die Steuer für den Gesamterwerb in dem Verhältnis aufzuteilen, in dem der Wert des begünstigten Vermögens zu dem Wert des steuerpflichtigen Gesamterwerbs ohne Abzug des dem Erwerber zustehenden Freibetrags steht.

(3) Die Ermäßigung nach Absatz 1 darf den Betrag nicht überschreiten, der sich bei Anwendung der in Absatz 1 genannten Prozentsätze auf die Steuer ergibt, die der Vorerwerber für den Erwerb desselben Vermögens entrichtet hat.

§ 28[2)] Stundung. (1)[3)] [1]Gehört zum Erwerb von Todes wegen begünstigtes Vermögen im Sinne des § 13b Absatz 2, ist dem Erwerber die darauf entfallende Erbschaftsteuer auf Antrag bis zu sieben Jahre zu stunden. [2]Der erste Jahresbetrag ist ein Jahr nach der Festsetzung der Steuer fällig und bis dahin zinslos zu stunden. [3]Für die weiteren zu entrichtenden Jahresbeträge sind die §§ 234 und 238 der Abgabenordnung ab dem zweiten Jahr nach der Festsetzung der Steuer anzuwenden. [4]§ 222 der Abgabenordnung bleibt unberührt. [5]Die Stundung endet, sobald der Erwerber, ausgehend vom Zeitpunkt der Entstehung der Steuer (§ 9), den Tatbestand nach § 13a Absatz 3 nicht einhält

[1)] Zur Anwendung im Beitrittsgebiet siehe § 37 a Abs. 5.

[2)] Zur Anwendung im Beitrittsgebiet siehe § 37 a Abs. 6.

[3)] § 28 Abs. 1 neu gef. durch G v. 4.11.2016 (BGBl. I S. 2464); zur Anwendung siehe § 37 Abs. 12 Satz 1.

oder einen der Tatbestände nach § 13a Absatz 6 erfüllt. [6]Wurde ein Antrag nach § 13a Absatz 10 oder nach § 28a Absatz 1 gestellt, ist bei der Anwendung des Satzes 5[1)] § 13a Absatz 10 entsprechend anzuwenden. [7]Satz 1 ist nicht auf die Erbschaftsteuer anzuwenden, die der Erwerber zu entrichten hat, weil er den Tatbestand nach § 13a Absatz 3 nicht eingehalten oder einen der Tatbestände nach § 13a Absatz 6 erfüllt hat. [8]Die Stundung endet, sobald der Erwerber den Betrieb oder den Anteil daran überträgt oder aufgibt.

(2) Absatz 1 findet in den Fällen des § 1 Abs. 1 Nr. 4 entsprechende Anwendung.

(3)[2)] [1]Gehört zum Erwerb begünstigtes Vermögen im Sinne des § 13d Absatz 3, ist dem Erwerber die darauf entfallende Erbschaftsteuer auf Antrag bis zu zehn Jahren zu stunden, soweit er die Steuer nur durch Veräußerung dieses Vermögens aufbringen kann. [2]Satz 1 gilt entsprechend, wenn zum Erwerb ein Ein- oder Zweifamilienhaus oder Wohneigentum gehört, das der Erwerber nach dem Erwerb zu eigenen Wohnzwecken nutzt, längstens für die Dauer der Selbstnutzung. [3]Nach Aufgabe der Selbstnutzung ist die Stundung unter den Voraussetzungen des Satzes 1 weiter zu gewähren. [4]Die Stundung endet in den Fällen der Sätze 1 bis 3, soweit das erworbene Vermögen Gegenstand einer Schenkung im Sinne des § 7 ist. [5]Die §§ 234 und 238 der Abgabenordnung sind anzuwenden; bei Erwerben von Todes wegen erfolgt diese Stundung zinslos. [6]§ 222 der Abgabenordnung bleibt unberührt.

§ 28a[3)] Verschonungsbedarfsprüfung. (1) [1]Überschreitet der Erwerb von begünstigtem Vermögen im Sinne des § 13b Absatz 2 die Grenze des § 13a Absatz 1 Satz 1 von 26 Millionen Euro, ist die auf das begünstigte Vermögen entfallende Steuer auf Antrag des Erwerbers zu erlassen, soweit er nachweist, dass er persönlich nicht in der Lage ist, die Steuer aus seinem verfügbaren Vermögen im Sinne des Absatzes 2 zu begleichen. [2]Ein Erwerber kann den Erlass nicht in Anspruch nehmen, soweit er begünstigtes Vermögen im Sinne des § 13b Absatz 2 auf Grund einer letztwilligen Verfügung des Erblassers oder einer rechtsgeschäftlichen Verfügung des Erblassers oder Schenkers auf einen Dritten übertragen muss. [3]Satz 2 gilt entsprechend, wenn ein Erbe im Rahmen der Teilung des Nachlasses begünstigtes Vermögen auf einen Miterben überträgt. [4]Überträgt ein Erbe erworbenes begünstigtes Vermögen im Sinne des § 13b Absatz 2 im Rahmen der Teilung des Nachlasses auf einen Dritten und gibt der Dritte dabei diesem Erwerber nicht begünstigtes Vermögen hin, das er vom Erblasser erworben hat, erhöht sich insoweit der Wert des begünstigten Vermögens des Dritten um den Wert des hingegebenen Vermögens, höchstens jedoch um den Wert des übertragenen Vermögens.

[1)] Verweis geänd. mWv 15.12.2018 (§ 37 Abs. 16 Satz 1 iVm Satz 2) durch G v. 11.12.2018 (BGBl. I S. 2338).

[2)] § 28 Abs. 3 angef. mWv 1.1.2009 durch G v. 24.12.2008 (BGBl. I S. 3018); Abs. 3 Satz 1 geänd. mWv 1.7.2016 (§ 37 Abs. 12 Satz 1) durch G v. 4.11.2016 (BGBl. I S. 2464); Abs. 3 Satz 5 neu gef., Satz 6 angef. mWv 15.12.2018 (§ 37 Abs. 16 Satz 1) durch G v. 11.12.2018 (BGBl. I S. 2338).

[3)] § 28a eingef. durch G v. 4.11.2016 (BGBl. I S. 2464); zur Anwendung siehe § 37 Abs. 12 Satz 1.

(2) Zu dem verfügbaren Vermögen gehören 50 Prozent der Summe der gemeinen Werte des

1. mit der Erbschaft oder Schenkung zugleich übergegangenen Vermögens, das nicht zum begünstigten Vermögen im Sinne des § 13b Absatz 2 gehört, und
2. dem Erwerber im Zeitpunkt der Entstehung der Steuer (§ 9) gehörenden Vermögens, das nicht zum begünstigten Vermögen im Sinne des § 13b Absatz 2 gehören würde.

(3) [1] Die nach Anwendung des Absatzes 1 Satz 1 verbleibende Steuer kann ganz oder teilweise bis zu sechs Monate gestundet werden, wenn die Einziehung bei Fälligkeit eine erhebliche Härte für den Erwerber bedeuten würde und der Anspruch nicht gefährdet erscheint. [2] Eine erhebliche Härte liegt insbesondere vor, wenn der Erwerber einen Kredit aufnehmen oder verfügbares Vermögen im Sinne des Absatzes 2 veräußern muss, um die Steuer entrichten zu können. [3] Die §§ 234 und 238 der Abgabenordnung sind anzuwenden. [4] § 222 der Abgabenordnung und § 28 bleiben unberührt.

(4)[1)] [1] Der Erlass der Steuer nach Absatz 1 Satz 1 steht unter der auflösenden Bedingung, dass

1. die Summe der maßgebenden jährlichen Lohnsummen des Betriebs, bei Beteiligungen an einer Personengesellschaft oder Anteilen an einer Kapitalgesellschaft des Betriebs der jeweiligen Gesellschaft, innerhalb von sieben Jahren nach dem Erwerb (Lohnsummenfrist) insgesamt die Mindestlohnsumme nach § 13a Absatz 10 Nummer 3 bis 5 unterschreitet. [2] § 13a Absatz 3 Satz 2 und 6 bis 13 gilt entsprechend. [3] Unterschreitet die Summe der maßgebenden jährlichen Lohnsummen die Mindestlohnsumme, vermindert sich der nach Absatz 1 Satz 1 zu gewährende Erlass der Steuer mit Wirkung für die Vergangenheit in demselben prozentualen Umfang, wie die Mindestlohnsumme unterschritten wird;
2. der Erwerber innerhalb von sieben Jahren (Behaltensfrist) gegen die Behaltensbedingungen entsprechend § 13a Absatz 6 Satz 1 verstößt. [2] § 13a Absatz 6 Satz 2 bis 4 gilt entsprechend;
3. der Erwerber innerhalb von zehn Jahren nach dem Zeitpunkt der Entstehung der Steuer (§ 9) weiteres Vermögen durch Schenkung oder von Todes wegen erhält, das verfügbares Vermögen im Sinne des Absatzes 2 darstellt. [2] Der Erwerber kann erneut einen Antrag nach Absatz 1 stellen. [3] Das verfügbare Vermögen nach Absatz 2 ist um 50 Prozent des gemeinen Werts des weiteren erworbenen Vermögens zu erhöhen;
4. die den Erwerb oder Teile des Erwerbs oder das in Nummer 3 oder Absatz 2 Nummer 2 bezeichnete Vermögen oder Teile dieses Vermögens betreffenden Feststellungsbescheide im Sinne des § 151 Absatz 1 Satz 1 des Bewertungsgesetzes oder des § 13b Absatz 10 Satz 1 geändert werden oder erstmals ergehen und die festgestellten Werte von den dem Erlass zugrunde gelegten Werten abweichen. [2] Gleiches gilt im Fall der Aufhebung eines

---

[1)] § 28a Abs. 4 Satz 1 Nr. 4–6 angef. durch G v. 11.12.2018 (BGBl. I S. 2338); zur Anwendung siehe § 37 Abs. 16 Satz 2.

Feststellungsbescheids. [3]Der Erwerber kann erneut einen Antrag nach Absatz 1 stellen;

5. die dem Erlass zugrunde liegende Steuerfestsetzung geändert wird und dabei von den dem Erlass zugrunde gelegten Werten abgewichen wird. [2]Der Erwerber kann erneut einen Antrag nach Absatz 1 stellen;
6. der Erlass gemäß Absatz 1 Satz 2 oder 3 ganz oder teilweise nicht mehr in Anspruch genommen werden kann. [2]Der Erwerber kann erneut einen Antrag nach Absatz 1 stellen.

[2]Der Verwaltungsakt nach Absatz 1 Satz 1 steht unter dem Vorbehalt des Widerrufs (§ 120 Absatz 2 Nummer 3 der Abgabenordnung). [3]Der Verwaltungsakt über den Erlass nach Absatz 1 Satz 1 ist bei Eintritt der auflösenden Bedingung nach Satz 1 mit Wirkung für die Vergangenheit ganz oder teilweise zu widerrufen; § 131 Absatz 4 der Abgabenordnung gilt entsprechend.

(5) [1]Der Erwerber ist verpflichtet, dem für die Erbschaftsteuer zuständigen Finanzamt innerhalb einer Frist von sechs Monaten nach Ablauf der Lohnsummenfrist das Unterschreiten der Mindestlohnsumme (Absatz 4 Satz 1 Nummer 1) anzuzeigen. [2]In den Fällen des Absatzes 4 Satz 1 Nummer 2 und 3 ist der Erwerber verpflichtet, dem für die Erbschaftsteuer zuständigen Finanzamt den entsprechenden Sachverhalt innerhalb einer Frist von einem Monat, nachdem der jeweilige Tatbestand verwirklicht wurde, anzuzeigen. [3]Die Anzeige ist eine Steuererklärung im Sinne der Abgabenordnung. [4]Sie ist schriftlich abzugeben. [5]Die Anzeige hat auch dann zu erfolgen, wenn der Vorgang nur teilweise zum Widerruf des Verwaltungsaktes nach Absatz 4 führt.

(6)[1)] [1]Die Zahlungsverjährungsfrist für die nach Anwendung des Absatzes 1 Satz 1 verbleibende Steuer endet nicht vor dem Ablauf des fünften Jahres, nachdem das für die Erbschaftsteuer zuständige Finanzamt von dem Unterschreiten der Mindestlohnsumme (Absatz 4 Satz 1 Nummer 1) oder dem Verwirklichen eines Tatbestands nach Absatz 4 Satz 1 Nummer 2, 3 und 6 Kenntnis erlangt. [2]In den Fällen des Absatzes 4 Satz 1 Nummer 4 und 5 endet die Zahlungsverjährungsfrist nicht vor dem Ablauf des zweiten Jahres nach Bekanntgabe des Feststellungsbescheids oder des Steuerbescheids.

(7) Die Absätze 1 bis 6 gelten in den Fällen des § 1 Absatz 1 Nummer 4 entsprechend.

(8) Die Absätze 1 bis 7 gelten nicht, wenn ein Antrag nach § 13c gestellt wurde.

§ 29 Erlöschen der Steuer in besonderen Fällen. (1) Die Steuer erlischt mit Wirkung für die Vergangenheit,

1. soweit ein Geschenk wegen eines Rückforderungsrechts herausgegeben werden mußte;
2. soweit die Herausgabe gemäß § 528 Abs. 1 Satz 2 des Bürgerlichen Gesetzbuchs abgewendet worden ist;

---

1) § 28a Abs. 6 Satz 2 angef., bish. Text wird Satz 1 und geänd. durch G v. 11.12.2018 (BGBl. I S. 2338); zur Anwendung siehe § 37 Abs. 16 Satz 2.

3.[1] soweit in den Fällen des § 5 Abs. 2 unentgeltliche Zuwendungen auf die Ausgleichsforderung angerechnet worden sind (§ 1380 Abs. 1 des Bürgerlichen Gesetzbuchs). 2 Entsprechendes gilt, wenn unentgeltliche Zuwendungen bei der Berechnung des nach § 5 Abs. 1 steuerfreien Betrags berücksichtigt werden;

4.[2] soweit Vermögensgegenstände, die von Todes wegen (§ 3) oder durch Schenkung unter Lebenden (§ 7) erworben worden sind, innerhalb von 24 Monaten nach dem Zeitpunkt der Entstehung der Steuer (§ 9) dem Bund, einem Land, einer inländischen Gemeinde (Gemeindeverband) oder einer inländischen Stiftung zugewendet werden, die nach der Satzung, dem Stiftungsgeschäft oder der sonstigen Verfassung und nach ihrer tatsächlichen Geschäftsführung ausschließlich und unmittelbar als gemeinnützig anzuerkennenden steuerbegünstigten Zwecken im Sinne der §§ 52 bis 54 der Abgabenordnung mit Ausnahme der Zwecke, die nach § 52 Abs. 2 Nr. 23[3] der Abgabenordnung gemeinnützig sind, dient. 2 Dies gilt nicht, wenn die Stiftung Leistungen im Sinne des § 58 Nummer 6 der Abgabenordnung an den Erwerber oder seine nächsten Angehörigen zu erbringen hat oder soweit für die Zuwendung die Vergünstigung nach § 10b des Einkommensteuergesetzes, § 9 Abs. 1 Nr. 2 des Körperschaftsteuergesetzes oder § 9 Nr. 5 des Gewerbesteuergesetzes in Anspruch genommen wird. 3 Für das Jahr der Zuwendung ist bei der Einkommensteuer oder Körperschaftsteuer und bei der Gewerbesteuer unwiderruflich zu erklären, in welcher Höhe die Zuwendung als Spende zu berücksichtigen ist. 4 Die Erklärung ist für die Festsetzung der Erbschaftsteuer oder Schenkungsteuer bindend.

(2) Der Erwerber ist für den Zeitraum, für den ihm die Nutzungen des zugewendeten Vermögens zugestanden haben, wie ein Nießbraucher zu behandeln.

§ 30 Anzeige des Erwerbs. (1)[4] Jeder der Erbschaftsteuer unterliegende Erwerb (§ 1) ist vom Erwerber, bei einer Zweckzuwendung vom Beschwerten binnen einer Frist von drei Monaten nach erlangter Kenntnis von dem Anfall oder von dem Eintritt der Verpflichtung dem für die Verwaltung der Erbschaftsteuer zuständigen Finanzamt schriftlich anzuzeigen.

(2) Erfolgt der steuerpflichtige Erwerb durch ein Rechtsgeschäft unter Lebenden, ist zur Anzeige auch derjenige verpflichtet, aus dessen Vermögen der Erwerb stammt.

(3)[5] 1 Einer Anzeige bedarf es nicht, wenn der Erwerb auf einer von einem deutschen Gericht, einem deutschen Notar oder einem deutschen Konsul eröffneten Verfügung von Todes wegen beruht und sich aus der Verfügung das Verhältnis des Erwerbers zum Erblasser unzweifelhaft ergibt; das gilt nicht,

---

[1] § 29 Abs. 1 Nr. 3 Satz 2 angef. mWv 1.1.2009 durch G v. 24.12.2008 (BGBl. I S. 3018).

[2] § 29 Abs. 1 Nr. 4 Satz 1 geänd. mWv 1.1.2000 durch G v. 14.7.2000 (BGBl. I S. 1034); Satz 2 geänd. durch G v. 21.12.2020 (BGBl. I S. 3096); zur Anwendung siehe § 37 Abs. 18.

[3] Verweis geänd. durch G v. 10.10.2007 (BGBl. I S. 2332).

[4] § 30 Abs. 1 geänd. mWv 28.8.2002 durch G v. 21.8.2002 (BGBl. I S. 3322).

[5] § 30 Abs. 3 neu gef. mWv 1.1.2009 durch G v. 24.12.2008 (BGBl. I S. 3018).

wenn zum Erwerb Grundbesitz, Betriebsvermögen, Anteile an Kapitalgesellschaften, die nicht der Anzeigepflicht nach § 33 unterliegen, oder Auslandsvermögen gehört. [2] Einer Anzeige bedarf es auch nicht, wenn eine Schenkung unter Lebenden oder eine Zweckzuwendung gerichtlich oder notariell beurkundet ist.

(4) Die Anzeige soll folgende Angaben enthalten:

1.[1)] Vorname und Familienname, Identifikationsnummer (§ 139b der Abgabenordnung), Beruf, Wohnung des Erblassers oder Schenkers und des Erwerbers;
2. Todestag und Sterbeort des Erblassers oder Zeitpunkt der Ausführung der Schenkung;
3. Gegenstand und Wert des Erwerbs;
4. Rechtsgrund des Erwerbs wie gesetzliche Erbfolge, Vermächtnis, Ausstattung;
5. persönliches Verhältnis des Erwerbers zum Erblasser oder zum Schenker wie Verwandtschaft, Schwägerschaft, Dienstverhältnis;
6. frühere Zuwendungen des Erblassers oder Schenkers an den Erwerber nach Art, Wert und Zeitpunkt der einzelnen Zuwendung.

(5)[2)] [1] In den Fällen des § 1 Absatz 1 Nummer 4 ist von der Stiftung oder dem Verein binnen einer Frist von drei Monaten nach dem Zeitpunkt des ersten Übergangs von Vermögen auf die Stiftung oder auf den Verein der Vermögensübergang dem nach § 35 Absatz 4 zuständigen Finanzamt schriftlich anzuzeigen. [2] Die Anzeige soll folgende Angaben enthalten:

1. Name, Ort der Geschäftsleitung und des Sitzes der Stiftung oder des Vereins,
2. Name und Anschrift des gesetzlichen Vertreters der Stiftung oder des Vereins,
3. Zweck der Stiftung oder des Vereins,
4. Zeitpunkt des ersten Vermögensübergangs auf die Stiftung oder den Verein,
5. Wert und Zusammensetzung des Vermögens.

§ 31 Steuererklärung. (1)[3)] [1] Das Finanzamt kann von jedem an einem Erbfall, an einer Schenkung oder an einer Zweckzuwendung Beteiligten ohne Rücksicht darauf, ob er selbst steuerpflichtig ist, die Abgabe einer Erklärung innerhalb einer von ihm zu bestimmenden Frist verlangen. [2] Die Frist muß mindestens einen Monat betragen. [3] In den Fällen des § 1 Absatz 1 Nummer 4 kann das Finanzamt von der Stiftung oder dem Verein sowie von jedem Familienmitglied im Sinne des § 1 Absatz 1 Nummer 4 und jedem Mitglied des

---

[1)] § 30 Abs. 4 Nr. 1 ergänzt durch G v. 2.11.2015 (BGBl. I S. 1834); zur Anwendung siehe § 37 Abs. 10 Satz 1.

[2)] § 30 Abs. 5 angef. durch G v. 21.12.2020 (BGBl. I S. 3096); zur Anwendung siehe § 37 Abs. 18.

[3)] § 31 Abs. 1 Sätze 3 und 4 angef. durch G v. 21.12.2020 (BGBl. I S. 3096); zur Anwendung siehe § 37 Abs. 18.

Vereins die Abgabe einer Erklärung innerhalb einer von ihm zu bestimmenden Frist verlangen. [4] Satz 2 gilt entsprechend.

(2) Die Erklärung hat ein Verzeichnis der zum Nachlaß gehörenden Gegenstände und die sonstigen für die Feststellung des Gegenstands und des Werts des Erwerbs erforderlichen Angaben zu enthalten.

(3) In den Fällen der fortgesetzten Gütergemeinschaft kann das Finanzamt die Steuererklärung allein von dem überlebenden Ehegatten oder dem überlebenden Lebenspartner[1)] verlangen.

(4) [1] Sind mehrere Erben vorhanden, sind sie berechtigt, die Steuererklärung gemeinsam abzugeben. [2] In diesem Fall ist die Steuererklärung von allen Beteiligten zu unterschreiben. [3] Sind an dem Erbfall außer den Erben noch weitere Personen beteiligt, können diese im Einverständnis mit den Erben in die gemeinsame Steuererklärung einbezogen werden.

(5) [1] Ist ein Testamentsvollstrecker oder Nachlaßverwalter vorhanden, ist die Steuererklärung von diesem abzugeben. [2] Das Finanzamt kann verlangen, daß die Steuererklärung auch von einem oder mehreren Erben mitunterschrieben wird.

(6) Ist ein Nachlaßpfleger bestellt, ist dieser zur Abgabe der Steuererklärung verpflichtet.

(7) [1] Das Finanzamt kann verlangen, daß eine Steuererklärung auf einem Vordruck nach amtlich bestimmtem Muster abzugeben ist, in der der Steuerschuldner die Steuer selbst zu berechnen hat. [2] Der Steuerschuldner hat die selbstberechnete Steuer innerhalb eines Monats nach Abgabe der Steuererklärung zu entrichten.

§ 32 Bekanntgabe des Steuerbescheids an Vertreter. (1) [1] In den Fällen des § 31 Abs. 5 ist der Steuerbescheid abweichend von § 122 Abs. 1 Satz 1 der Abgabenordnung dem Testamentsvollstrecker oder Nachlaßverwalter bekanntzugeben. [2] Diese Personen haben für die Bezahlung der Erbschaftsteuer zu sorgen. [3] Auf Verlangen des Finanzamts ist aus dem Nachlaß Sicherheit zu leisten.

(2) [1] In den Fällen des § 31 Abs. 6 ist der Steuerbescheid dem Nachlaßpfleger bekanntzugeben. [2] Absatz 1 Satz 2 und 3 ist entsprechend anzuwenden.

§ 33 Anzeigepflicht der Vermögensverwahrer, Vermögensverwalter und Versicherungsunternehmen. (1)[2)] [1] Wer sich geschäftsmäßig mit der Verwahrung oder Verwaltung fremden Vermögens befaßt, hat diejenigen in seinem Gewahrsam befindlichen Vermögensgegenstände und diejenigen gegen ihn gerichteten Forderungen, die beim Tod eines Erblassers zu dessen Vermögen gehörten oder über die dem Erblasser zur Zeit seines Todes die Verfügungsmacht zustand, dem für die Verwaltung der Erbschaftsteuer zuständigen Finanzamt schriftlich anzuzeigen. [2] Die Anzeige ist zu erstatten:

---

1) § 31 Abs. 3 ergänzt mWv 1.1.2009 durch G v. 24.12.2008 (BGBl. I S. 3018).
2) § 33 Abs. 1 Satz 1 geänd. mWv 28.8.2002 durch G v. 21.8.2002 (BGBl. I S. 3322).

1. in der Regel: innerhalb eines Monats, seitdem der Todesfall dem Verwahrer oder Verwalter bekanntgeworden ist;
2. wenn der Erblasser zur Zeit seines Todes Angehöriger eines ausländischen Staats war und nach einer Vereinbarung mit diesem Staat der Nachlaß einem konsularischen Vertreter auszuhändigen ist: spätestens bei der Aushändigung des Nachlasses.

(2)[1] Wer auf den Namen lautende Aktien oder Schuldverschreibungen ausgegeben hat, hat dem Finanzamt schriftlich von dem Antrag, solche Wertpapiere eines Verstorbenen auf den Namen anderer umzuschreiben, vor der Umschreibung Anzeige zu erstatten.

(3)[2] Versicherungsunternehmen haben, bevor sie Versicherungssummen oder Leibrenten einem anderen als dem Versicherungsnehmer auszahlen oder zur Verfügung stellen, hiervon dem Finanzamt schriftlich Anzeige zu erstatten.

(4) Zuwiderhandlungen gegen diese Pflichten werden als Steuerordnungswidrigkeit mit Geldbuße geahndet.

§ 34 Anzeigepflicht der Gerichte, Behörden, Beamten und Notare. (1)[2] Die Gerichte, Behörden, Beamten und Notare haben dem für die Verwaltung der Erbschaftsteuer zuständigen Finanzamt schriftlich Anzeige zu erstatten über diejenigen Beurkundungen, Zeugnisse und Anordnungen, die für die Festsetzung einer Erbschaftsteuer von Bedeutung sein können.

(2)[3] Insbesondere haben anzuzeigen:

1. die Standesämter:
   die Sterbefälle;
2. die Gerichte und die Notare:
   die Erteilung von Erbscheinen, Europäischen Nachlasszeugnissen, Testamentsvollstreckerzeugnissen und Zeugnissen über die Fortsetzung der Gütergemeinschaft, die Beschlüsse über Todeserklärungen sowie die Anordnung von Nachlaßpflegschaften und Nachlaßverwaltungen;
3. die Gerichte, die Notare und die deutschen Konsuln:
   die eröffneten Verfügungen von Todes wegen, die abgewickelten Erbauseinandersetzungen, die beurkundeten Vereinbarungen der Gütergemeinschaft und die beurkundeten Schenkungen und Zweckzuwendungen.

§ 35 Örtliche Zuständigkeit. (1) [1]Örtlich zuständig für die Steuerfestsetzung ist in den Fällen, in denen der Erblasser zur Zeit seines Todes oder der Schenker zur Zeit der Ausführung der Zuwendung ein Inländer war, das Finanzamt, das sich bei sinngemäßer Anwendung des § 19 Absatz 1 und des § 20 der Abgabenordnung ergibt. [2]Im Fall der Steuerpflicht nach § 2 Absatz 1 Nummer 1 Buchstabe b richtet sich die Zuständigkeit nach dem letzten in-

---

[1] § 33 Abs. 2 geänd. mWv 28.8.2002 durch G v. 21.8.2002 (BGBl. I S. 3322).

[2] § 33 Abs. 3 sowie § 34 Abs. 1 geänd. mWv 28.8.2002 durch G v. 21.8.2002 (BGBl. I S. 3322).

[3] § 34 Abs. 2 Nr. 2 geänd. durch G v. 29.6.2015 (BGBl. I S. 1042); zur Anwendung siehe § 37 Abs. 9.

ländischen Wohnsitz oder gewöhnlichen Aufenthalt des Erblassers oder Schenkers.

(2) Die örtliche Zuständigkeit bestimmt sich nach den Verhältnissen des Erwerbers, bei Zweckzuwendungen nach den Verhältnissen des Beschwerten, zur Zeit des Erwerbs, wenn

1. bei einer Schenkung unter Lebenden der Erwerber, bei einer Zweckzuwendung unter Lebenden der Beschwerte, eine Körperschaft, Personenvereinigung oder Vermögensmasse ist oder
2. der Erblasser zur Zeit seines Todes oder der Schenker zur Zeit der Ausführung der Zuwendung kein Inländer war. [2] Sind an einem Erbfall mehrere inländische Erwerber mit Wohnsitz oder gewöhnlichem Aufenthalt in verschiedenen Finanzamtsbezirken beteiligt, ist das Finanzamt örtlich zuständig, das zuerst mit der Sache befaßt wird.

(3)[1)] [1] Bei Schenkungen und Zweckzuwendungen unter Lebenden von einer Erbengemeinschaft ist das Finanzamt zuständig, das für die Bearbeitung des Erbfalls zuständig ist. [2] Satz 1 gilt auch, wenn eine Erbengemeinschaft aus zwei Erben besteht und der eine Miterbe bei der Auseinandersetzung eine Schenkung an den anderen Miterben ausführt.

(4)[2)] In den Fällen der Steuerpflicht nach § 2 Absatz 1 Nummer 2 ist das Finanzamt zuständig, das sich bei sinngemäßer Anwendung des § 20 Absatz 1 und 2 der Abgabenordnung ergibt.

(5)[3)] In den Fällen des § 2 Absatz 1 Nummer 3 *und Absatz 3*[4)] ist das Finanzamt örtlich zuständig, das sich bei sinngemäßer Anwendung des § 19 Absatz 2 der Abgabenordnung ergibt.

Abschnitt 5. Ermächtigungs- und Schlußvorschriften

§ 36 Ermächtigungen. (1) Die Bundesregierung wird ermächtigt, mit Zustimmung des Bundesrates

1. zur Durchführung dieses Gesetzes Rechtsverordnungen zu erlassen, soweit dies zur Wahrung der Gleichmäßigkeit bei der Besteuerung, zur Beseitigung von Unbilligkeiten in Härtefällen oder zur Vereinfachung des Besteuerungsverfahrens erforderlich ist, und zwar über
   a) die Abgrenzung der Steuerpflicht,
   b) die Feststellung und die Bewertung des Erwerbs von Todes wegen, der Schenkungen unter Lebenden und der Zweckzuwendungen, auch soweit es sich um den Inhalt von Schließfächern handelt,

---

1) § 35 Abs. 3 Satz 2 angef. mWv 1.1.2009 durch G v. 24.12.2008 (BGBl. I S. 3018).

2) § 35 Abs. 4 eingef. durch G v. 21.12.2020 (BGBl. I S. 3096); zur Anwendung siehe § 37 Abs. 18.

3) § 35 Abs. 4 geänd. durch G v. 7.12.2011 (BGBl. I S. 2592); zur Anwendung siehe § 37 Abs. 7; Abs. 4 wird Abs. 5 durch G v. 21.12.2020 (BGBl. I S. 3096); zur Anwendung siehe § 37 Abs. 18.

4) Kursiver Verweisteil aufgeh. mWv 25.6.2017 durch G v. 23.6.2017 (BGBl. I S. 1682).

c) die Steuerfestsetzung, die Anwendung der Tarifvorschriften und die Steuerentrichtung,

d) die Anzeige- und Erklärungspflicht der Steuerpflichtigen,

e) die Anzeige-, Mitteilungs- und Übersendungspflichten der Gerichte, Behörden, Beamten und Notare, der Versicherungsunternehmen, der Vereine und Berufsverbände, die mit einem Versicherungsunternehmen die Zahlung einer Versicherungssumme für den Fall des Todes ihrer Mitglieder vereinbart haben, der geschäftsmäßigen Verwahrer und Verwalter fremden Vermögens, auch soweit es sich um in ihrem Gewahrsam befindliche Vermögensgegenstände des Erblassers handelt, sowie derjenigen, die auf den Namen lautende Aktien oder Schuldverschreibungen ausgegeben haben;

2. Vorschriften durch Rechtsverordnung zu erlassen über die sich aus der Aufhebung oder Änderung von Vorschriften dieses Gesetzes ergebenden Rechtsfolgen, soweit dies zur Wahrung der Gleichmäßigkeit der Besteuerung oder zur Beseitigung von Unbilligkeiten in Härtefällen erforderlich ist.

(2) Das Bundesministerium der Finanzen wird ermächtigt, den Wortlaut dieses Gesetzes und der zu diesem Gesetz erlassenen Durchführungsverordnung in der jeweils geltenden Fassung satzweise numeriert mit neuem Da-

(Fortsetzung nächstes Blatt)

445. Verordnung über die Aufstellung von Betriebskosten (Betriebskostenverordnung – BetrKV)

Vom 25. November 2003 (BGBl. I S. 2346)[1)]

BGBl. III/FNA 2330-32-2

Geändert durch Gesetz zur Änderung telekommunikationsrechtlicher Regelungen vom 3.5.2012 (BGBl. I S. 958) und Telekommunikationsmodernisierungsgesetz vom 23.6.2021 (BGBl. I S. 1858) und Gesetz zur Änderung des Gebäudeenergiegesetzes, zur Änderung des Bürgerlichen Gesetzbuches, zur Änderung der Verordnung über Heizkostenabrechnung, zur Änderung der Betriebskostenverordnung und zur Änderung der Kehr- und Überprüfungsordnung vom 16.10.2023 (BGBl. I Nr. 280)

§ 1 Betriebskosten. (1) [1]Betriebskosten sind die Kosten, die dem Eigentümer oder Erbbauberechtigten durch das Eigentum oder Erbbaurecht am Grundstück oder durch den bestimmungsmäßigen Gebrauch des Gebäudes, der Nebengebäude, Anlagen, Einrichtungen und des Grundstücks laufend entstehen. [2]Sach- und Arbeitsleistungen des Eigentümers oder Erbbauberechtigten dürfen mit dem Betrag angesetzt werden, der für eine gleichwertige Leistung eines Dritten, insbesondere eines Unternehmers, angesetzt werden könnte; die Umsatzsteuer des Dritten darf nicht angesetzt werden.

(2) Zu den Betriebskosten gehören nicht:

1. die Kosten der zur Verwaltung des Gebäudes erforderlichen Arbeitskräfte und Einrichtungen, die Kosten der Aufsicht, der Wert der vom Vermieter persönlich geleisteten Verwaltungsarbeit, die Kosten für die gesetzlichen oder freiwilligen Prüfungen des Jahresabschlusses und die Kosten für die Geschäftsführung (Verwaltungskosten),
2. die Kosten, die während der Nutzungsdauer zur Erhaltung des bestimmungsmäßigen Gebrauchs aufgewendet werden müssen, um die durch Abnutzung, Alterung und Witterungseinwirkung entstehenden baulichen oder sonstigen Mängel ordnungsgemäß zu beseitigen (Instandhaltungs- und Instandsetzungskosten).

§ 2[2)] Aufstellung der Betriebskosten. [1]Betriebskosten im Sinne von § 1 sind:

1. die laufenden öffentlichen Lasten des Grundstücks,
   hierzu gehört namentlich die Grundsteuer;
2. die Kosten der Wasserversorgung,
   hierzu gehören die Kosten des Wasserverbrauchs, die Grundgebühren, die Kosten der Anmietung oder anderer Arten der Gebrauchsüberlassung von Wasserzählern sowie die Kosten ihrer Verwendung einschließlich der Kosten der Eichung sowie der Kosten der Berechnung und Aufteilung, die

---

[1)] In Kraft ab 1.1.2004.

[2)] § 2 Satz 2 angef. mWv 1.12.2021 durch G v. 23.6.2021 (BGBl. I S. 1858).

Kosten der Wartung von Wassermengenreglern, die Kosten des Betriebs einer hauseigenen Wasserversorgungsanlage und einer Wasseraufbereitungsanlage einschließlich der Aufbereitungsstoffe;

3. die Kosten der Entwässerung,
hierzu gehören die Gebühren für die Haus- und Grundstücksentwässerung, die Kosten des Betriebs einer entsprechenden nicht öffentlichen Anlage und die Kosten des Betriebs einer Entwässerungspumpe;

4.[1] die Kosten

a) des Betriebs der zentralen Heizungsanlage einschließlich der Abgasanlage,
hierzu gehören die Kosten [*ab 1.1.2024:* des zur Wärmeerzeugung verbrauchten Stroms und] der verbrauchten Brennstoffe und ihrer Lieferung, die Kosten des Betriebsstroms, die Kosten der Bedienung, Überwachung und Pflege der Anlage, der regelmäßigen Prüfung ihrer Betriebsbereitschaft und Betriebssicherheit einschließlich der Einstellung durch eine Fachkraft, der Reinigung der Anlage und des Betriebsraums, die Kosten der Messungen nach dem Bundes-Immissionsschutzgesetz, die Kosten der Anmietung oder anderer Arten der Gebrauchsüberlassung einer Ausstattung zur Verbrauchserfassung sowie die Kosten der Verwendung einer Ausstattung zur Verbrauchserfassung einschließlich der Kosten der Eichung sowie der Kosten der Berechnung und Aufteilung

oder

b) des Betriebs der zentralen Brennstoffversorgungsanlage,
hierzu gehören die Kosten der verbrauchten Brennstoffe und ihrer Lieferung, die Kosten des Betriebsstroms und die Kosten der Überwachung sowie die Kosten der Reinigung der Anlage und des Betriebsraums

oder

c) der eigenständig gewerblichen Lieferung von Wärme, auch aus Anlagen im Sinne des Buchstabens a,
hierzu gehören das Entgelt für die Wärmelieferung und die Kosten des Betriebs der zugehörigen Hausanlagen entsprechend Buchstabe a

oder

d) der Reinigung und Wartung von Etagenheizungen und Gaseinzelfeuerstätten,
hierzu gehören die Kosten der Beseitigung von Wasserablagerungen und Verbrennungsrückständen in der Anlage, die Kosten der regelmäßigen Prüfung der Betriebsbereitschaft und Betriebssicherheit und der damit zusammenhängenden Einstellung durch eine Fachkraft sowie die Kosten der Messungen nach dem Bundes-Immissionsschutzgesetz;

---

[1] § 2 Satz 1 Nummer 4 Buchstabe a geänd. mWv 1.1.2024 durch G v. 16.10.2023 (BGBl. I Nr. 280).

5. die Kosten
   a) des Betriebs der zentralen Warmwasserversorgungsanlage,
   hierzu gehören die Kosten der Wasserversorgung entsprechend Nummer 2, soweit sie nicht dort bereits berücksichtigt sind, und die Kosten der Wassererwärmung entsprechend Nummer 4 Buchstabe a

   oder

   b) der eigenständig gewerblichen Lieferung von Warmwasser, auch aus Anlagen im Sinne des Buchstabens a,
   hierzu gehören das Entgelt für die Lieferung des Warmwassers und die Kosten des Betriebs der zugehörigen Hausanlagen entsprechend Nummer 4 Buchstabe a

   oder

   c) der Reinigung und Wartung von Warmwassergeräten,
   hierzu gehören die Kosten der Beseitigung von Wasserablagerungen und Verbrennungsrückständen im Innern der Geräte sowie die Kosten der regelmäßigen Prüfung der Betriebsbereitschaft und Betriebssicherheit und der damit zusammenhängenden Einstellung durch eine Fachkraft;
6. die Kosten verbundener Heizungs- und Warmwasserversorgungsanlagen
   a) bei zentralen Heizungsanlagen entsprechend Nummer 4 Buchstabe a und entsprechend Nummer 2, soweit sie nicht dort bereits berücksichtigt sind,

   oder

   b) bei der eigenständig gewerblichen Lieferung von Wärme entsprechend Nummer 4 Buchstabe c und entsprechend Nummer 2, soweit sie nicht dort bereits berücksichtigt sind,

   oder

   c) bei verbundenen Etagenheizungen und Warmwasserversorgungsanlagen entsprechend Nummer 4 Buchstabe d und entsprechend Nummer 2, soweit sie nicht dort bereits berücksichtigt sind;
7. die Kosten des Betriebs des Personen- oder Lastenaufzugs,
   hierzu gehören die Kosten des Betriebsstroms, die Kosten der Beaufsichtigung, der Bedienung, Überwachung und Pflege der Anlage, der regelmäßigen Prüfung ihrer Betriebsbereitschaft und Betriebssicherheit einschließlich der Einstellung durch eine Fachkraft sowie die Kosten der Reinigung der Anlage;
8. die Kosten der Straßenreinigung und Müllbeseitigung,
   zu den Kosten der Straßenreinigung gehören die für die öffentliche Straßenreinigung zu entrichtenden Gebühren und die Kosten entsprechender nicht öffentlicher Maßnahmen; zu den Kosten der Müllbeseitigung gehören namentlich die für die Müllabfuhr zu entrichtenden Gebühren, die Kosten entsprechender nicht öffentlicher Maßnahmen, die Kosten des Betriebs von Müllkompressoren, Müllschluckern, Müllabsauganlagen sowie des Betriebs von Müllmengenerfassungsanlagen einschließlich der Kosten der Berechnung und Aufteilung;

9. die Kosten der Gebäudereinigung und Ungezieferbekämpfung,
zu den Kosten der Gebäudereinigung gehören die Kosten für die Säuberung der von den Bewohnern gemeinsam genutzten Gebäudeteile, wie Zugänge, Flure, Treppen, Keller, Bodenräume, Waschküchen, Fahrkorb des Aufzugs;
10. die Kosten der Gartenpflege,
hierzu gehören die Kosten der Pflege gärtnerisch angelegter Flächen einschließlich der Erneuerung von Pflanzen und Gehölzen, der Pflege von Spielplätzen einschließlich der Erneuerung von Sand und der Pflege von Plätzen, Zugängen und Zufahrten, die dem nicht öffentlichen Verkehr dienen;
11. die Kosten der Beleuchtung,
hierzu gehören die Kosten des Stroms für die Außenbeleuchtung und die Beleuchtung der von den Bewohnern gemeinsam genutzten Gebäudeteile, wie Zugänge, Flure, Treppen, Keller, Bodenräume, Waschküchen;
12. die Kosten der Schornsteinreinigung,
hierzu gehören die Kehrgebühren nach der maßgebenden Gebührenordnung, soweit sie nicht bereits als Kosten nach Nummer 4 Buchstabe a berücksichtigt sind;
13. die Kosten der Sach- und Haftpflichtversicherung,
hierzu gehören namentlich die Kosten der Versicherung des Gebäudes gegen Feuer-, Sturm-, Wasser- sowie sonstige Elementarschäden, der Glasversicherung, der Haftpflichtversicherung für das Gebäude, den Öltank und den Aufzug;
14. die Kosten für den Hauswart,
hierzu gehören die Vergütung, die Sozialbeiträge und alle geldwerten Leistungen, die der Eigentümer oder Erbbauberechtigte dem Hauswart für seine Arbeit gewährt, soweit diese nicht die Instandhaltung, Instandsetzung, Erneuerung, Schönheitsreparaturen oder die Hausverwaltung betrifft; soweit Arbeiten vom Hauswart ausgeführt werden, dürfen Kosten für Arbeitsleistungen nach den Nummern 2 bis 10 und 16 nicht angesetzt werden;

[Fassung bis 30.11.2021:]

15. die Kosten
a) des Betriebs der Gemeinschafts-Antennenanlage,
hierzu gehören die Kosten des Betriebsstroms und die Kosten der regelmäßigen Prüfung ihrer Betriebsbereitschaft einschließlich der Einstellung durch eine Fachkraft oder das

[Fassung ab 1.12.2021:]

15.[1] die Kosten
a) des Betriebs der Gemeinschafts-Antennenanlage,
hierzu gehören die Kosten des Betriebsstroms und die Kosten der regelmäßigen Prüfung ihrer Betriebsbereitschaft einschließlich ihrer Einstellung durch eine Fachkraft,

---

[1] § 2 Satz 1 Nr. 15 neu gef. mWv 1.12.2021 durch G v. 23.6.2021 (BGBl. I S. 1858); zur Anwendung siehe § 2 Satz 2.

[Fassung bis 30.11.2021:]

des Nutzungsentgelt für eine nicht zu dem Gebäude gehörende Antennenanlage sowie die Gebühren, die nach dem Urheberrechtsgesetz für die Kabelweitersendung entstehen,

oder

b)[1] des Betriebs der mit einem Breitbandnetz verbundenen privaten Verteilanlage;

hierzu gehören die Kosten entsprechend Buchstabe a, ferner die laufenden monatlichen Grundgebühren für Breitbandanschlüsse;

[Fassung ab 1.12.2021:]

bis zum 30. Juni 2024 außerdem das Nutzungsentgelt für eine nicht zu dem Gebäude gehörende Antennenanlage sowie die Gebühren, die nach dem Urheberrechtsgesetz für die Kabelweitersendung entstehen,

oder

b) des Betriebs der mit einem Breitbandnetz verbundenen privaten Verteilanlage,

hierzu gehören die Kosten des Betriebsstroms,

bis zum 30. Juni 2024 außerdem die weiteren Kosten entsprechend Buchstabe a, sowie die laufenden monatlichen Grundgebühren für Breitbandanschlüsse,

oder

c) des Betriebs einer gebäudeinternen Verteilanlage, die vollständig mittels Glasfaser mit einem öffentlichen Netz mit sehr hoher Kapazität im Sinne des § 3 Nummer 33 des Telekommunikationsgesetzes verbunden ist, wenn der Mieter seinen Anbieter von öffentlich zugänglichen Telekommunikationsdiensten über seinen Anschluss frei wählen kann,

hierzu gehören die Kosten des Betriebsstroms sowie ein Bereitstellungsentgelt gemäß § 72 Absatz 1 des Telekommunikationsgesetzes;

16. die Kosten des Betriebs der Einrichtungen für die Wäschepflege, hierzu gehören die Kosten des Betriebsstroms, die Kosten der Überwachung, Pflege und Reinigung der Einrichtungen, der regelmäßigen Prüfung ihrer Betriebsbereitschaft und Betriebssicherheit sowie die Kosten der

---

[1] § 2 Nr. 15 Buchst. b geänd. durch G v. 3.5.2012 (BGBl. I S. 958).

Wasserversorgung entsprechend Nummer 2, soweit sie nicht dort bereits berücksichtigt sind;

17. sonstige Betriebskosten,
hierzu gehören Betriebskosten im Sinne des § 1, die von den Nummern 1 bis 16 nicht erfasst sind.

[2] Für Anlagen, die ab dem 1. Dezember 2021 errichtet worden sind, ist Satz 1 Nummer 15 Buchstabe a und b nicht anzuwenden.

450. Gewerbesteuergesetz (GewStG)

In der Fassung der Bekanntmachung vom 15. Oktober 2002 (BGBl. I S. 4167)[1)·2)]

Geändert durch Steuervergünstigungsabbaugesetz vom 16.5.2003 (BGBl. I S. 660), Kleinunternehmerförderungsgesetz vom 31.7.2003 (BGBl. I S. 1550), Förderbankenneustrukturierungsgesetz vom 15.8.2003 (BGBl. I S. 1657), Steueränderungsgesetz 2003 vom 15.12.2003 (BGBl. I S. 2645), Gesetz zur Umsetzung der Protokollerklärung der Bundesregierung zur Vermittlungsempfehlung zum Steuervergünstigungsabbaugesetz vom 22.12.2003 (BGBl. I S. 2840), Gesetz zur Änderung des Gewerbesteuergesetzes und anderer Gesetze vom 23.12.2003 (BGBl. I S. 2922), Gesetz zur Einordnung des Sozialhilferechts in das Sozialgesetzbuch vom 27.12.2003 (BGBl. I S. 3022), Haushaltsbegleitgesetz 2004 vom 29.12.2003 (BGBl. I S. 3076), Gesetz zur Organisationsreform in der gesetzlichen Rentenversicherung vom 9.12.2004 (BGBl. I S. 3242), EURichtlinien-Umsetzungsgesetz vom 9.12.2004 (BGBl. I S. 3310), Gesetz zum 3. Zusatzprotokoll vom 4.7.2004 zum Abkommen vom 16.6.1959 zwischen der Bundesrepublik Deutschland und dem Königreich der Niederlande vom 15.12.2004 (BGBl. II S. 1653), Gesetz über steuerliche Begleitmaßnahmen zur Einführung der Europäischen Gesellschaft und zur Änderung weiterer steuerrechtlicher Vorschriften (SEStEG) vom 7.12.2006 (BGBl. I S. 2782), Jahressteuergesetz 2007 vom 13.12.2006 (BGBl. I S. 2878), Unternehmensteuerreformgesetz 2008 vom 14.8.2007 (BGBl. I S. 1912), Gesetz zur weiteren Stärkung des bürgerschaftlichen Engagements vom 10.10.2007 (BGBl. I S. 2332), Jahressteuergesetz 2008 vom 20.12.2007 (BGBl. I S. 3150), Gesetz zur Modernisierung der Rahmenbedingungen für Kapitalbeteiligungen vom 12.8.2008 (BGBl. I S. 1672), Jahressteuergesetz 2009 vom 19.12.2008 (BGBl. I S. 2794), Steuerbürokratieabbaugesetz vom 20.12.2008 (BGBl. I S. 2850), Drittes Mittelstandsentlastungsgesetz v. 17.3.2009 (BGBl. I S. 550), Wachstumsbeschleunigungsgesetz vom 22.12.2009 (BGBl. I S. 3950), Gesetz zur Umsetzung steuerlicher EU-Vorgaben sowie zur Änderung steuerlicher Vorschriften vom 8.4.2010 (BGBl. I S. 386), Jahressteuergesetz 2010 (JStG 2010) vom 8.12.2010 (BGBl. I S. 1768), Beitreibungsrichtlinie-Umsetzungsgesetz (BeitrRLUmsG) vom 7.12.2011 (BGBl. I S. 2592), Gesetz zur Änderung und Vereinfachung der Unternehmensbesteuerung und des steuerlichen Reisekostenrechts vom 20.2.2013 (BGBl. I S. 285), Ehrenamtstärkungsgesetz vom 21.3.2013 (BGBl. I S. 556), Amtshilferichtlinie-Umsetzungsgesetz (AmtshilfeRLUmsG) vom 26.6.2013 (BGBl. I S. 1809), Gesetz zur Anpassung des nationalen Steuerrechts an den Beitritt Kroatiens zur EU und zur Änderung weiterer steuerlicher Vorschriften vom 25.7.2014 (BGBl. I S. 1266), Gesetz zur Anpassung der Abgabenordnung an den Zollkodex der Union und zur Änderung weiterer steuerlicher Vorschriften vom 22.12.2014 (BGBl. I S. 2417), Gesetz zur Modernisierung der Finanzaufsicht über Versicherungen vom 1.4.2015 (BGBl. I S. 434), Steueränderungsgesetz 2015 vom 2.11.2015 (BGBl. I S. 1834), Gesetz zur Weiterentwicklung der steuerlichen Verlustverrechnung bei Körperschaften vom 20.12.2016 (BGBl. I S. 2998), Gesetz zur Umsetzung der Änderungen der EU-Amtshilferichtlinie und von weiteren Maßnahmen gegen Gewinnkürzungen und -verlagerungen vom 20.12.2016 (BGBl. I S. 3000), Drittes Gesetz zur Stärkung der pflegerischen Versorgung und zur Änderung weiterer Vorschriften (Drittes Pflegestärkungsgesetz – PSG III) vom 23.12.2016 (BGBl. I S. 3192), Gesetz gegen schädliche Steuerpraktiken im Zusammenhang mit Rechteüberlassungen vom 27.6.2017 (BGBl. I S. 2074), Gesetz zur Vermeidung von Umsatzsteuer-

---

[1)] Neubekanntmachung des Gewerbesteuergesetzes idF der Bek. v. 19.5.1999 (BGBl. I S. 1990, 1491) auf Grund § 35c Abs. 2 GewStG eingef. durch G v. 22.12.1999 (BGBl. I S. 2601), in der ab 27.7.2002 geltenden Fassung.

[2)] Vgl. hierzu die GewStDV (Nr. **460**) und die Gewerbesteuer-Richtlinien **(Steuerrichtlinien Nr. 450).**

Zum Erhebungszeitraum vgl. § 36.

ausfällen beim Handel mit Waren im Internet und zur Änderung weiterer steuerlicher Vorschriften vom 11.12.2018 (BGBl. I S. 2338), Gesetz zur Reform des Grundsteuer- und Bewertungsrechts (Grundsteuer-Reformgesetz – GrStRefG) vom 26.11.2019 (BGBl. I S. 1794), Gesetz zur weiteren steuerlichen Förderung der Elektromobilität und zur Änderung weiterer steuerlicher Vorschriften vom 12.12.2019 (BGBl. I S. 2451), Zweites Gesetz zur Umsetzung steuerlicher Hilfsmaßnahmen zur Bewältigung der Corona-Krise (Zweites Corona-Steuerhilfegesetz) vom 29.6.2020 (BGBl. I S. 1512), Gesetz zur Förderung der Elektromobilität und zur Modernisierung des Wohnungseigentumsgesetzes und zur Änderung von kosten- und grundbuchrechtlichen Vorschriften (Wohnungseigentumsmodernisierungsgesetz – WEMoG) vom 16.10.2020 (BGBl. I S. 2187), Jahressteuergesetz 2020 (JStG 2020) vom 21.12.2020 (BGBl. I S. 3096), Gesetz zur Umsetzung der Richtlinie (EU) 2019/2034 über die Beaufsichtigung von Wertpapierinstituten vom 12.5.2021 (BGBl. I S. 990), Fondsstandortgesetz (FoStG) vom 3.6.2021 (BGBl. I S. 1498), Gesetz zur Umsetzung der Anti-Steuervermeidungsrichtlinie (ATAD-Umsetzungsgesetz – ATADUmsG) vom 25.6.2021 (BGBl. I S. 2035), Gesetz zur Modernisierung des Körperschaftsteuerrechts vom 25.6.2021 (BGBl. I S. 2050), Viertes Gesetz zur Umsetzung steuerlicher Hilfsmaßnahmen zur Bewältigung der Corona–Krise (Viertes Corona-Steuerhilfegesetz) vom 19.6.2022 (BGBl. I S. 911) , Jahressteuergesetz 2022 (JStG 2022) vom 16.12.2022 (BGBl. I S. 2294) und Gesetz zur Förderung geordneter Kreditzweitmärkte und zur Umsetzung der Richtlinie (EU) 2021/2167 über Kreditdienstleister und Kreditkäufer sowie zur Änderung weiterer finanzrechtlicher Bestimmungen (Kreditzweitmarktförderungsgesetz) vom 22.12.2023 (BGBl. I Nr. 411)

BGBl. III/FNA 611-5

Inhaltsübersicht

Abschnitt I. Allgemeines §§

Abschnitt II. Bemessung der Gewerbesteuer

Abschnitt III

Abschnitt IV. Steuermessbetrag

Abschnitt I. Allgemeines

§ 1[1] **Steuerberechtigte.** Die Gemeinden erheben eine Gewerbesteuer als Gemeindesteuer.

§ 2 Steuergegenstand. (1) [1]Der Gewerbesteuer unterliegt jeder stehende Gewerbebetrieb, soweit er im Inland betrieben wird. [2]Unter Gewerbebetrieb ist ein gewerbliches Unternehmen im Sinne des Einkommensteuergesetzes zu verstehen. [3]Im Inland betrieben wird ein Gewerbebetrieb, soweit für ihn im Inland oder auf einem in einem inländischen Schiffsregister eingetragenen Kauffahrteischiff eine Betriebsstätte unterhalten wird.

---

[1]) § 1 neu gef. durch G v. 23.12.2003 (BGBl. I S. 2922).

(2)[1] [1]Als Gewerbebetrieb gilt stets und in vollem Umfang die Tätigkeit der Kapitalgesellschaften (insbesondere Europäische Gesellschaften, Aktiengesellschaften, Kommanditgesellschaften auf Aktien, Gesellschaften mit beschränkter Haftung), Genossenschaften einschließlich Europäischer Genossenschaften sowie der Versicherungs- und Pensionsfondsvereine auf Gegenseitigkeit. [2]Ist eine Kapitalgesellschaft Organgesellschaft im Sinne der § 14 oder § 17[2] des Körperschaftsteuergesetzes, so gilt sie als Betriebsstätte des Organträgers.

(3)[3] Als Gewerbebetrieb gilt auch die Tätigkeit der sonstigen juristischen Personen des privaten Rechts und der *nichtrechtsfähigen Vereine* [***ab 1.1.2024:*** Vereine ohne Rechtspersönlichkeit], soweit sie einen wirtschaftlichen Geschäftsbetrieb (ausgenommen Land- und Forstwirtschaft) unterhalten.

(4) Vorübergehende Unterbrechungen im Betrieb eines Gewerbes, die durch die Art des Betriebs veranlasst sind, heben die Steuerpflicht für die Zeit bis zur Wiederaufnahme des Betriebs nicht auf.

(5) [1]Geht ein Gewerbebetrieb im Ganzen auf einen anderen Unternehmer über, so gilt der Gewerbebetrieb als durch den bisherigen Unternehmer eingestellt. [2]Der Gewerbebetrieb gilt als durch den anderen Unternehmer neu gegründet, wenn er nicht mit einem bereits bestehenden Gewerbebetrieb vereinigt wird.

(6) Inländische Betriebsstätten von Unternehmen, deren Geschäftsleitung sich in einem ausländischen Staat befindet, mit dem kein Abkommen zur Vermeidung der Doppelbesteuerung besteht, unterliegen nicht der Gewerbesteuer, wenn und soweit

1. die Einkünfte aus diesen Betriebsstätten im Rahmen der beschränkten Einkommensteuerpflicht steuerfrei sind und
2. der ausländische Staat Unternehmen, deren Geschäftsleitung sich im Inland befindet, eine entsprechende Befreiung von den der Gewerbesteuer ähnlichen oder ihr entsprechenden Steuern gewährt, oder in dem ausländischen Staat keine der Gewerbesteuer ähnlichen oder ihr entsprechenden Steuern bestehen.

(7)[4] Zum Inland im Sinne dieses Gesetzes gehört auch der der Bundesrepublik Deutschland zustehende Anteil

1. an der ausschließlichen Wirtschaftszone, soweit dort
   a) die lebenden und nicht lebenden natürlichen Ressourcen der Gewässer über dem Meeresboden, des Meeresbodens und seines Untergrunds erforscht, ausgebeutet, erhalten oder bewirtschaftet werden,
   b) andere Tätigkeiten zur wirtschaftlichen Erforschung oder Ausbeutung der ausschließlichen Wirtschaftszone ausgeübt werden, wie beispielsweise die Energieerzeugung aus Wasser, Strömung und Wind oder

---

[1] § 2 Abs. 2 Satz 1 neu gef. mWv EZ 2006 durch G v. 7.12.2006 (BGBl. I S. 2782) und geänd. mWv EZ 2006 durch G v. 13.12.2006 (BGBl. I S. 2878); Satz 3 aufgeh. mWv EZ 2003 durch G v. 16.5.2003 (BGBl. I S. 660).

[2] Zitat geänd. mWv EZ 2014 durch G v. 20.2.2013 (BGBl. I S. 285).

[3] § 2 Abs. 3 geänd. mWv 1.1.2024 durch G v. 22.12.2023 (BGBl. I Nr. 411).

[4] § 2 Abs. 7 neu gef. mWv EZ 2016 durch G v. 2.11.2015 (BGBl. I S. 1834).

c) künstliche Inseln errichtet oder genutzt werden und Anlagen und Bauwerke für die in den Buchstaben a und b genannten Zwecke errichtet oder genutzt werden, und

2. am Festlandsockel, soweit dort

a) dessen natürliche Ressourcen erforscht oder ausgebeutet werden; natürliche Ressourcen in diesem Sinne sind die mineralischen und sonstigen nicht lebenden Ressourcen des Meeresbodens und seines Untergrunds sowie die zu den sesshaften Arten gehörenden Lebewesen, die im nutzbaren Stadium entweder unbeweglich auf oder unter dem Meeresboden verbleiben oder sich nur in ständigem körperlichen Kontakt mit dem Meeresboden oder seinem Untergrund fortbewegen können; oder

b) künstliche Inseln errichtet oder genutzt werden und Anlagen und Bauwerke für die in Buchstabe a genannten Zwecke errichtet oder genutzt werden, und

3. der nicht zur Bundesrepublik Deutschland gehörende Teil eines grenzüberschreitenden Gewerbegebiets, das nach den Vorschriften eines Abkommens zur Vermeidung der Doppelbesteuerung als solches bestimmt ist.

[*ab 1.1.2022:*

(8)[1] Für die Anwendung dieses Gesetzes sind eine optierende Gesellschaft im Sinne des § 1a des Körperschaftsteuergesetzes als Kapitalgesellschaft und ihre Gesellschafter wie die nicht persönlich haftenden Gesellschafter einer Kapitalgesellschaft zu behandeln.]

§ 2a Arbeitsgemeinschaften. [1]Als Gewerbebetrieb gilt nicht die Tätigkeit der Arbeitsgemeinschaften, deren alleiniger Zweck in der Erfüllung eines einzigen Werkvertrags oder Werklieferungsvertrags besteht. [2]Die Betriebsstätten der Arbeitsgemeinschaften gelten insoweit anteilig als Betriebsstätten der Beteiligten.

(Fortsetzung nächstes Blatt)

---

[1] § 2 Abs. 8 angef. mWv 1.1.2022 durch G v. 25.6.2021 (BGBl. I S. 2050).

460. Gewerbesteuer-Durchführungsverordnung (GewStDV)[1)]

In der Fassung der Bekanntmachung vom 15. Oktober 2002 (BGBl. I S. 4180)[2)·3)]

Geändert durch Steuervergünstigungsabbaugesetz vom 16.5.2003 (BGBl. I S. 660), Kleinunternehmerförderungsgesetz vom 31.7.2003 (BGBl. I S. 1550), Gesetz über steuerliche Begleitmaßnahmen zur Einführung der Europäischen Gesellschaft und zur Änderung weiterer steuerrechtlicher Vorschriften (SEStEG) vom 7.12.2006 (BGBl. I S. 2782), Jahressteuergesetz 2007 vom 13.12.2006 (BGBl. I S. 2878), Unternehmensteuerreformgesetz 2008 vom 14.8.2007 (BGBl. I S. 1912), Jahressteuergesetz 2008 vom 20.12.2007 (BGBl. I S. 3150), Jahressteuergesetz 2009 vom 19.12.2008 (BGBl. I S. 2794), Drittes Mittelstandsentlastungsgesetz vom 17.3.2009 (BGBl. I S. 550), Bürgerentlastungsgesetz Krankenversicherung vom 16.7.2009 (BGBl. I S. 1959), Gesetz zur Umsetzung steuerlicher EU-Vorgaben sowie zur Änderung steuerlicher Vorschriften vom 8.4.2010 (BGBl. I S. 386), Verordnung zur Änderung steuerlicher Verordnungen vom 17.11.2010 (BGBl. I S. 1544), Amtshilferichtlinie-Umsetzungsgesetz (AmtshilfeRLUmsG) vom 26.6.2013 (BGBl. I S. 1809), Gesetz zur Modernisierung der Finanzaufsicht über Versicherungen vom 1.4.2015 (BGBl. I S. 434), Gesetz zur Reform des Grundsteuer- und Bewertungsrechts (Grundsteuer-Reformgesetz – GrStRefG) vom 26.11.2019 (BGBl. I S. 1794), Gesetz zur weiteren steuerlichen Förderung der Elektromobilität und zur Änderung weiterer steuerlicher Vorschriften vom 12.12.2019 (BGBl. I S. 2451), Fünfte Verordnung zur Änderung steuerlicher Verordnungen vom 25.6.2020 (BGBl. I S. 1495), Gesetz zur Umsetzung der Richtlinie (EU) 2019/2034 über die Beaufsichtigung von Wertpapierinstituten vom 12.5.2021 (BGBl. I S. 990) und Kreditzweitmarktförderungsgesetz vom 22.12.2023 (BGBl. I Nr. 411)

BGBl. III/FNA 611-5-1

Zu § 2 des Gesetzes

§ 1 Stehender Gewerbebetrieb. Stehender Gewerbebetrieb ist jeder Gewerbebetrieb, der kein Reisegewerbebetrieb im Sinne des § 35a Abs. 2 des Gesetzes ist.

§ 2 Betriebe der öffentlichen Hand. (1)[4)] [1]Unternehmen von juristischen Personen des öffentlichen Rechts sind gewerbesteuerpflichtig, wenn sie als stehende Gewerbebetriebe anzusehen sind; für den Umfang des Unternehmens ist § 4 Abs. 6 Satz 1 des Körperschaftsteuergesetzes entsprechend anzuwenden. [2]Das gilt auch für Unternehmen, die der Versorgung der Bevölkerung mit Wasser, Gas, Elektrizität oder Wärme, dem öffentlichen Verkehr oder dem Hafenbetrieb dienen.

(2) [1]Unternehmen von juristischen Personen des öffentlichen Rechts, die überwiegend der Ausübung der öffentlichen Gewalt dienen (Hoheitsbetriebe), gehören unbeschadet der Vorschrift des Absatzes 1 Satz 2 nicht zu den Gewerbebetrieben. [2]Für die Annahme eines Hoheitsbetriebs reichen Zwangs- oder Monopolrechte nicht aus.

[1)] Neubekanntmachung der Gewerbesteuer-Durchführungsverordnung idF der Bek. v. 21.3.1991 (BGBl. I S. 831) auf Grund des § 35c GewStG idF der Bek. v. 15.10.2002 (BGBl. I S. 4167) in der ab 27.7.2002 geltenden Fassung.

[2)] Vgl. auch die Gewerbesteuer-Richtlinien **(Steuerrichtlinien Nr. 450).**

[3)] **Zum Erhebungszeitraum vgl. § 36.**

[4)] § 2 Abs. 1 Satz 1 HS 2 angef. durch G v. 19.12.2008 (BGBl. I S. 2794).

§ 3. (weggefallen)

§ 4 Aufgabe, Auflösung und Insolvenz. (1) Ein Gewerbebetrieb, der aufgegeben oder aufgelöst wird, bleibt Steuergegenstand bis zur Beendigung der Aufgabe oder Abwicklung.

(2) Die Gewerbesteuerpflicht wird durch die Eröffnung des Insolvenzverfahrens über das Vermögen des Unternehmers nicht berührt.

§ 5 Betriebsstätten auf Schiffen. Ein Gewerbebetrieb wird gewerbesteuerlich insoweit nicht im Inland betrieben, als für ihn eine Betriebsstätte auf einem Kauffahrteischiff unterhalten wird, das im sogenannten regelmäßigen Liniendienst ausschließlich zwischen ausländischen Häfen verkehrt, auch wenn es in einem inländischen Schiffsregister eingetragen ist.

§ 6 Binnen- und Küstenschifffahrtsbetriebe. Bei Binnen- und Küstenschifffahrtsbetrieben, die feste örtliche Anlagen oder Einrichtungen zur Ausübung des Gewerbes nicht unterhalten, gilt eine Betriebsstätte in dem Ort als vorhanden, der als Heimathafen (Heimatort) im Schiffsregister eingetragen ist.

§ 7. (weggefallen)

§ 8[1] Zusammenfassung mehrerer wirtschaftlicher Geschäftsbetriebe. Werden von einer sonstigen juristischen Person des privaten Rechts oder einem *nichtrechtsfähigen Verein* [***ab 1.1.2024:*** Verein ohne Rechtspersönlichkeit] (§ 2 Abs. 3 des Gesetzes) mehrere wirtschaftliche Geschäftsbetriebe unterhalten, so gelten sie als ein einheitlicher Gewerbebetrieb.

§ 9. (weggefallen)

Zu § 3 des Gesetzes

§§ 10 bis **12.** (weggefallen)

§ 12a Kleinere Versicherungsvereine. Kleinere Versicherungsvereine auf Gegenseitigkeit im Sinne des § 210[2] des Versicherungsaufsichtsgesetzes sind von der Gewerbesteuer befreit, wenn sie nach § 5 Abs. 1 Nr. 4 des Körperschaftsteuergesetzes von der Körperschaftsteuer befreit sind.

§ 13 Einnehmer einer staatlichen Lotterie. Die Tätigkeit der Einnehmer einer staatlichen Lotterie unterliegt auch dann nicht der Gewerbesteuer, wenn sie im Rahmen eines Gewerbebetriebs ausgeübt wird.

Zu § 4 des Gesetzes

§ 14. (weggefallen)

---

1) § 8 geänd. mWv 1.1.2024 durch G v. 22.12.2023 (BGBl. I Nr. 411).

2) § 12a Verweis geänd. durch G v. 1.4.2015 (BGBl. I S. 434).

(2)[1] Gehört der Grundbesitz nur zum Teil zum Betriebsvermögen im Sinne des Absatzes 1, so ist der Kürzung nach § 9 Nr. 1 des Gesetzes nur der entsprechende Teil des *Einheitswerts* [***ab 1.1.2025:*** Grundsteuerwerts] zugrunde zu legen.

§ 21. (weggefallen)

Zu § 11 des Gesetzes

§ 22 Hausgewerbetreibende und ihnen gleichgestellte Personen.

[1]Betreibt ein Hausgewerbetreibender oder eine ihm gleichgestellte Person noch eine andere gewerbliche Tätigkeit und sind beide Tätigkeiten als eine Einheit anzusehen, so ist § 11 Abs. 3 des Gesetzes nur anzuwenden, wenn die andere Tätigkeit nicht überwiegt. [2]Die Vergünstigung gilt in diesem Fall für den gesamten Gewerbeertrag.

§§ 23 und **24.** (weggefallen)

Zu § 14a des Gesetzes

§ 25 Gewerbesteuererklärung. (1) Eine Gewerbesteuererklärung ist abzugeben

1. für alle gewerbesteuerpflichtigen Unternehmen, deren Gewerbeertrag im Erhebungszeitraum den Betrag von 24 500 Euro überstiegen hat;
2. für Kapitalgesellschaften (Aktiengesellschaften, Kommanditgesellschaften auf Aktien, Gesellschaften mit beschränkter Haftung), wenn sie nicht von der Gewerbesteuer befreit sind;
3.[2] für Genossenschaften einschließlich Europäischer Genossenschaften und für Versicherungsvereine auf Gegenseitigkeit, wenn sie nicht von der Gewerbesteuer befreit sind. [2]Für sonstige juristische Personen des privaten Rechts und für *nichtrechtsfähige Vereine* [***ab 1.1.2024:*** Vereine ohne Rechtspersönlichkeit] ist eine Gewerbesteuererklärung nur abzugeben, soweit diese Unternehmen einen wirtschaftlichen Geschäftsbetrieb – ausgenommen Land- und Forstwirtschaft – unterhalten, dessen Gewerbeertrag im Erhebungszeitraum den Betrag von 5000 Euro[3] überstiegen hat;
4. für Unternehmen von juristischen Personen des öffentlichen Rechts, wenn sie als stehende Gewerbebetriebe anzusehen sind und ihr Gewerbeertrag im Erhebungszeitraum den Betrag von 5000 Euro[3] überstiegen hat;
5. für Unternehmen im Sinne des § 3 Nr. 5, 6, 8, 9, 15, 17, 21, 26, 27, 28 und 29 des Gesetzes nur, wenn sie neben der von der Gewerbesteuer befreiten Tätigkeit auch eine der Gewerbesteuer unterliegende Tätigkeit ausgeübt

---

[1] § 20 Abs. 2 geänd. mWv 1.1.2025 durch G v. 26.11.2019 (BGBl. I S. 1794).

[2] § 25 Abs. 1 Nr. 3 Satz 1 geänd. mWv EZ 2006 durch G v. 7.12.2006 (BGBl. I S. 2782); Nr. 3 Satz 2 geänd. mWv 1.1.2024 durch G v. 22.12.2023 (BGBl. I Nr. 411).

[3] § 25 Abs. 1 Nrn. 3 bis 5 Beträge geänd. mWv EZ 2009 durch G v. 17.3.2009 (BGBl. I S. 550).

haben und ihr steuerpflichtiger Gewerbeertrag im Erhebungszeitraum den Betrag von 5000 Euro[1] überstiegen hat;

6. für Unternehmen, für die zum Schluss des vorangegangenen Erhebungszeitraums vortragsfähige Fehlbeträge gesondert festgestellt worden sind;
7. für alle gewerbesteuerpflichtigen Unternehmen, für die vom Finanzamt eine Gewerbesteuererklärung besonders verlangt wird.

(2)[2] [1]Die Steuererklärung ist spätestens an dem von den obersten Finanzbehörden der Länder bestimmten Zeitpunkt abzugeben. [2]*Für die Erklärung sind die amtlichen Vordrucke zu verwenden.* [2]Das Recht des Finanzamts, schon vor diesem Zeitpunkt Angaben zu verlangen, die für die Besteuerung von Bedeutung sind, bleibt unberührt.

§§ 26 bis **28.** (weggefallen)

Zu § 19 des Gesetzes

§ 29 Anpassung und erstmalige Festsetzung der Vorauszahlungen.

(1) [1]Setzt das Finanzamt nach § 19 Abs. 3 Satz 3 des Gesetzes einen Steuermessbetrag für Zwecke der Gewerbesteuer-Vorauszahlungen fest, so braucht ein Zerlegungsbescheid nicht erteilt zu werden. [2]Die hebeberechtigten Gemeinden können an dem Steuermessbetrag in demselben Verhältnis beteiligt werden, nach dem die Zerlegungsanteile in dem unmittelbar vorangegangenen Zerlegungsbescheid festgesetzt sind. [3]Das Finanzamt hat in diesem Fall gleichzeitig mit der Festsetzung des Steuermessbetrags den hebeberechtigten Gemeinden mitzuteilen

1. den Prozentsatz, um den sich der Steuermessbetrag gegenüber dem in der Mitteilung über die Zerlegung (§ 188 Abs. 1 der Abgabenordnung) angegebenen Steuermessbetrag erhöht oder ermäßigt, oder den Zerlegungsanteil,
2. den Erhebungszeitraum, für den die Änderung erstmals gilt.

(2)[3] [1]In den Fällen des § 19 Abs. 4 des Gesetzes hat das Finanzamt erforderlichenfalls den Steuermessbetrag für Zwecke der Gewerbesteuer-Vorauszahlungen zu zerlegen. [2]Das Gleiche gilt in den Fällen des § 19 Abs. 3 des Gesetzes, wenn an den Vorauszahlungen nicht dieselben Gemeinden beteiligt sind, die nach dem unmittelbar vorangegangenen Zerlegungsbescheid beteiligt waren. [3]Bei der Zerlegung sind die mutmaßlichen Arbeitslöhne des Erhebungszeitraums anzusetzen, für den die Festsetzung der Vorauszahlungen erstmals gilt.

§ 30 Verlegung von Betriebsstätten. [1]Wird eine Betriebsstätte in eine andere Gemeinde verlegt, so sind die Vorauszahlungen in dieser Gemeinde von dem auf die Verlegung folgenden Fälligkeitstag ab zu entrichten. [2]Das gilt

---

[1] § 25 Abs. 1 Nrn. 3 bis 5 Beträge geänd. mWv EZ 2009 durch G v. 17.3.2009 (BGBl. I S. 550).

[2] § 25 Abs. 2 Satz 2 aufgeh., bish. Satz 3 wird Satz 2 mWv EZ 2021 durch VO vom 25.6.2020 (BGBl. I S. 1495).

[3] § 29 Abs. 2 Satz 3 geänd. durch G v. 13.12.2006 (BGBl. I S. 2878).

500. Umsatzsteuergesetz (UStG)

In der Fassung der Bekanntmachung vom 21. Februar 2005 (BGBl. I S. 386)[1]

Geändert durch Gesetz zur Neuorganisation der Bundesfinanzverwaltung und zur Schaffung eines Refinanzierungsregisters vom 22.9.2005 (BGBl. I S. 2809), Gesetz zur steuerlichen Förderung von Wachstum und Beschäftigung vom 26.4.2006 (BGBl. I S. 1091), Gesetz zur Eindämmung missbräuchlicher Steuergestaltungen vom 28.4.2006 (BGBl. I S. 1095), Haushaltsbegleitgesetz 2006 vom 29.6.2006 (BGBl. I S. 1402), Erstes Gesetz zum Abbau bürokratischer Hemmnisse insbesondere in der mittelständischen Wirtschaft vom 22.8.2006 (BGBl. I S. 1970), Jahressteuergesetz 2007 vom 13.12.2006 (BGBl. I S. 2878), Zweites Gesetz zum Abbau bürokratischer Hemmnisse insbesondere in der mittelständischen Wirtschaft vom 7.9.2007 (BGBl. I S. 2246), Gesetz zur weiteren Stärkung des bürgerschaftlichen Engagements vom 10.10.2007 (BGBl. I S. 2332), Jahressteuergesetz 2008 vom 20.12.2007 (BGBl. I S. 3150), Jahressteuergesetz 2009 vom 19.12.2008 (BGBl. I S. 2794), Steuerbürokratieabbaugesetz vom 20.12.2008 (BGBl. I S. 2850), Bürgerentlastungsgesetz Krankenversicherung vom 16.7.2009 (BGBl. I S. 1959), Wachstumsbeschleunigungsgesetz vom 22.12.2009 (BGBl. I S. 3950), Gesetz zur Umsetzung steuerlicher EU-Vorgaben sowie zur Änderung steuerlicher Vorschriften vom 8.4.2010 (BGBl. I S. 386), Gesetz zur Weiterentwicklung der Organisation der Grundsicherung für Arbeitsuchende vom 3.8.2010 (BGBl. I S. 1112), Jahressteuergesetz 2010 (JStG 2010) vom 8.12.2010 (BGBl. I S. 1768), Gesetz zur Ermittlung von Regelbedarfen und zur Änderung des Zweiten und Zwölften Buches Sozialgesetzbuch vom 24.3.2011 (BGBl. I S. 453), Gesetz zur bestätigenden Regelung verschiedener steuerlicher und verkehrsrechtlicher Vorschriften des Haushaltsbegleitgesetzes 2004 vom 5.4.2011 (BGBl. I S. 554), Sechstes Gesetz zur Änderung von Verbrauchsteuergesetzen vom 16.6.2011 (BGBl. I S. 1090), Gesetz zur Anpassung der Rechtsgrundlagen für die Fortentwicklung des Emissionshandels vom 21.7.2011 (BGBl. I S. 1475), Steuervereinfachungsgesetz 2011 vom 1.11.2011 (BGBl. I S. 2131), Drittes Gesetz zur Änderung des Umsatzsteuergesetzes vom 6.12.2011 (BGBl. I S. 2562), Beitreibungsrichtlinie-Umsetzungsgesetz (BeitrRLUmsG) vom 7.12.2011 (BGBl. I S. 2592), Gesetz zur Änderung des Gemeindefinanzreformgesetzes und von steuerlichen Vorschriften vom 8.5.2012 (BGBl. I S. 1030), Amtshilferichtlinie-Umsetzungsgesetz (AmtshilfeRLUmsG) vom 26.6.2013 (BGBl. I S. 1809), Gesetz zur Anpassung des Investmentsteuergesetzes und anderer Gesetze an das AIFM-Umsetzungsgesetz (AIFM-Steuer-Anpassungsgesetz – AIFM-StAnpG) vom 18.12.2013 (BGBl. I S. 4318), Gesetz zur Anpassung des nationalen Steuerrechts an den Beitritt Kroatiens zur EU und zur Änderung weiterer steuerlicher Vorschriften vom 25.7.2014 (BGBl. I S. 1266), Gesetz zur Anpassung der Abgabenordnung an den Zollkodex der Union und zur Änderung weiterer steuerlicher Vorschriften vom 22.12.2014 (BGBl. I S. 2417), Steueränderungsgesetz 2015 vom 2.11.2015 (BGBl. I S. 1834), Gesetz zur Modernisierung des Besteuerungsverfahrens vom 18.7.2016 (BGBl. I S. 1679), Gesetz zur Reform der Investmentbesteuerung (Investmentsteuerreformgesetz – InvStRefG) vom 19.7.2016 (BGBl. I S. 1730), Drittes Gesetz zur Stärkung der pflegerischen Versorgung und zur Änderung weiterer Vorschriften (Drittes Pflegestärkungsgesetz – PSG III) vom 23.12.2016 (BGBl. I S. 3191), Gesetz zur Stärkung der Teilhabe und Selbstbestimmung von Menschen mit Behinderungen (Bundesteilhabegesetz – BTHG) vom 23.12.2016 (BGBl. I S. 3234), Branntweinmonopolverwaltung-Auflösungsgesetz (BfBAG) vom 10.3.2017 (BGBl. I S. 420), Gesetz zur Umsetzung der Vierten EU-Geldwäscherichtlinie, zur Ausführung der EU-Geldtransferverordnung und zur Neuorganisation der Zentralstelle für Finanztransaktionsuntersuchungen vom 23.6.2017 (BGBl. I S. 1822), Zweites Gesetz zur Entlastung insbesondere der mittelständischen Wirtschaft von Bürokratie (Zweites Bürokratieentlastungsgesetz) vom 30.6.2017 (BGBl. I S. 2143), Gesetz zum Ausschluss verfassungsfeindlicher Parteien von der Parteienfinanzierung vom 18.7.2017 (BGBl. I S. 2730), Gesetz zur Durchführung der Verordnung (EU) Nr. 910/2014 des Europäi-

---

[1] Neubekanntmachung des UStG idF der Bek. v. 9.6.1999 (BGBl. I S. 1270) auf Grund des § 26 Abs. 6 UStG in der ab 1.1.2005 geltenden Fassung.

schen Parlaments und des Rates vom 23. Juli 2014 über elektronische Identifizierung und Vertrauensdienste für elektronische Transaktionen im Binnenmarkt, zur Aufhebung der Richtlinie 1999/93/EG (eIDAS-Durchführungsgesetz) vom 18.7.2017 (BGBl. I S. 2745), Gesetz zur Vermeidung von Umsatzsteuerausfällen beim Handel mit Waren im Internet und zur Änderung weiterer steuerlicher Vorschriften vom 11.12.2018 (BGBl. I S. 2338), Zweites Gesetz zur Anpassung des Datenschutzrechts an die Verordnung (EU) 2016/679 und zur Umsetzung der Richtlinie (EU) 2016/680 (Zweites Datenschutz-Anpassungs- und Umsetzungsgesetz EU – 2. DSAnpUG-EU) vom 20.11.2019 (BGBl. I S. 1626), Drittes Gesetz zur Entlastung insbesondere der mittelständischen Wirtschaft von Bürokratie (Drittes Bürokratieentlastungsgesetz) vom 22.11.2019 (BGBl. I S. 1746), Gesetz zur Reform des Grundsteuer- und Bewertungsrechts (Grundsteuer-Reformgesetz – GrStRefG) vom 26.11.2019 (BGBl. I S. 1794), Gesetz zur weiteren steuerlichen Förderung der Elektromobilität und zur Änderung weiterer steuerlicher Vorschriften vom 12.12.2019 (BGBl. I S. 2451), Gesetz zur Regelung des Sozialen Entschädigungsrechts vom 12.12.2019 (BGBl. I S. 2652; geänd. durch G v. 21.12.2020, BGBl. I S. 3096 und durch G v. 20.8.2021, BGBl. I S. 3932), Gesetz zur Einführung einer Pflicht zur Mitteilung grenzüberschreitender Steuergestaltungen vom 21.12.2019 (BGBl. I S. 2875), Gesetz zur Umsetzung des Klimaschutzprogramms 2030 im Steuerrecht vom 21.12.2019 (BGBl. I S. 2886), Gesetz zur Umsetzung steuerlicher Hilfsmaßnahmen zur Bewältigung der Corona-Krise (Corona-Steuerhilfegesetz) vom 19.6.2020 (BGBl. I S. 1385), Zweites Gesetz zur Umsetzung steuerlicher Hilfsmaßnahmen zur Bewältigung der Corona-Krise (Zweites Corona-Steuerhilfegesetz) vom 29.6.2020 (BGBl. I S. 1512), Jahressteuergesetz 2020 (JStG 2020) vom 21.12.2020 (BGBl. I S. 3096; geänd. durch G v. 20.8.2021, BGBl. I S. 3932), Drittes Gesetz zur Umsetzung steuerlicher Hilfsmaßnahmen zur Bewältigung der Corona-Krise (Drittes Corona-Steuerhilfegesetz) vom 10.3.2021 (BGBl. I S. 330), Gesetz zur Reform des Vormundschafts- und Betreuungsrechts vom 4.5.2021 (BGBl. I S. 882), Gesetz zur Modernisierung der Entlastung von Abzugsteuern und der Bescheinigung der Kapitalertragsteuer (Abzugsteuerentlastungsmodernisierungsgesetz – AbzStEntModG) vom 2.6.2021 (BGBl. I S. 1259), Gesetz zur digitalen Modernisierung von Versorgung und Pflege (Digitale-Versorgung-und-Pflege-Modernisierungs-Gesetz – DVPMG) vom 3.6.2021 (BGBl. I S. 1309), Fondsstandortgesetz (FoStoG) vom 3.6.2021 (BGBl. I S. 1498), Gesetz über die Entschädigung der Soldatinnen und Soldaten und zur Neuordnung des Soldatenversorgungsrechts vom 20.8.2021 (BGBl. I S. 3932), Gesetz zur Umsetzung unionsrechtlicher Vorgaben im Umsatzsteuerrecht vom 21.12.2021 (BGBl. I S. 5250), Gesetz zur temporären Senkung des Umsatzsteuersatzes auf Gaslieferungen über das Erdgasnetz vom 19.10.2022 (BGBl. I S. 1743), Achtes Gesetz zur Änderung von Verbrauchsteuergesetzen vom 24.10.2022 (BGBl. I S. 1838), Jahressteuergesetz 2022 (JStG 2022) vom 16.12.2022 (BGBl. I S. 2294), Drittes Gesetz zur Änderung des Tabakerzeugnisgesetzes vom 19.7.2023 (BGBl. I Nr. 194) und Zukunftsfinanzierungsgesetz (ZuFinG) vom 11.12.2023 (BGBl. I Nr. 354)

BGBl. III/FNA 611-10-14

Inhaltsübersicht

I. Steuergegenstand und Geltungsbereich

[*ab 1.7.2022:*[1]

e) an Streitkräfte eines anderen Mitgliedstaates, wenn die Umsätze für den Gebrauch oder Verbrauch durch die Streitkräfte, ihres zivilen Begleitpersonals oder für die Versorgung ihrer Kasinos oder Kantinen bestimmt sind und die Streitkräfte an einer Verteidigungsanstrengung teilnehmen, die zur Durchführung einer Tätigkeit der Union im Rahmen der Gemeinsamen Sicherheits- und Verteidigungspolitik unternommen wird und

f) an die in dem Gebiet eines anderen Mitgliedstaates stationierten Streitkräfte eines Mitgliedstaates, wenn die Umsätze nicht an die Streitkräfte des anderen Mitgliedstaates ausgeführt werden, die Umsätze für den Gebrauch oder Verbrauch durch die Streitkräfte, ihres zivilen Begleitpersonals oder für die Versorgung ihrer Kasinos oder Kantinen bestimmt sind und die Streitkräfte an einer Verteidigungsanstrengung teilnehmen, die zur Durchführung einer Tätigkeit der Union im Rahmen der Gemeinsamen Sicherheits- und Verteidigungspolitik unternommen wird.]

[2]Der Gegenstand der Lieferung muss in den Fällen des Satzes 1 Buchstabe b bis d [*ab 1.7.2022:* und f][2] in das Gebiet des anderen Mitgliedstaates befördert oder versendet werden. [3]Für die Steuerbefreiungen nach Satz 1 Buchstabe b bis d [*ab 1.7.2022:* und f][2] sind die in dem anderen Mitgliedstaat geltenden Voraussetzungen maßgebend. [4]Die Voraussetzungen der Steuerbefreiungen müssen vom Unternehmer nachgewiesen sein. [5]Bei den Steuerbefreiungen nach Satz 1 Buchstabe b bis d [*ab 1.7.2022:* und f][2] hat der Unternehmer die in dem anderen Mitgliedstaat geltenden Voraussetzungen dadurch nachzuweisen, dass ihm der Abnehmer eine von der zuständigen Behörde des anderen Mitgliedstaates oder, wenn er hierzu ermächtigt ist, eine selbst ausgestellte Bescheinigung nach amtlich vorgeschriebenem Muster aushändigt. [6]Das Bundesministerium der Finanzen kann mit Zustimmung des Bundesrates durch Rechtsverordnung bestimmen, wie der Unternehmer die übrigen Voraussetzungen nachzuweisen hat;

8. a) die Gewährung und die Vermittlung von Krediten,

   b) die Umsätze und die Vermittlung der Umsätze von gesetzlichen Zahlungsmitteln. [2]Das gilt nicht, wenn die Zahlungsmittel wegen ihres Metallgehalts oder ihres Sammlerwerts umgesetzt werden,

   c) die Umsätze im Geschäft mit Forderungen, Schecks und anderen Handelspapieren sowie die Vermittlung dieser Umsätze, ausgenommen die Einziehung von Forderungen,

   d) die Umsätze und die Vermittlung der Umsätze im Einlagengeschäft, im Kontokorrentverkehr, im Zahlungs- und Überweisungsverkehr und das Inkasso von Handelspapieren,

---

[1] § 4 Nr. 7 Buchst. e und f angef. mWv 1.7.2022 durch G v. 21.12.2020 (BGBl. I S. 3096).

[2] Verweise geänd. durch G v. 19.12.2008 (BGBl. I S. 2794); geänd. mWv 1.7.2022 durch G v. 21.12.2020 (BGBl. I S. 3096).

e) die Umsätze im Geschäft mit Wertpapieren und die Vermittlung dieser Umsätze, ausgenommen die Verwahrung und die Verwaltung von Wertpapieren,

f) die Umsätze und die Vermittlung der Umsätze von Anteilen an Gesellschaften und anderen Vereinigungen,

g) die Übernahme von Verbindlichkeiten, von Bürgschaften und anderen Sicherheiten sowie die Vermittlung dieser Umsätze,

h)[1] die Verwaltung von Organismen für gemeinsame Anlagen in Wertpapieren im Sinne des § 1 Absatz 2 des Kapitalanlagegesetzbuchs, die Verwaltung von alternativen Investmentfonds im Sinne des § 1 Absatz 3 des Kapitalanlagegesetzbuchs und die Verwaltung von Versorgungseinrichtungen im Sinne des Versicherungsaufsichtsgesetzes,

i) die Umsätze der im Inland gültigen amtlichen Wertzeichen zum aufgedruckten Wert;

j) (weggefallen)

k) (weggefallen)

9. a) die Umsätze, die unter das Grunderwerbsteuergesetz fallen,

b)[2] die Umsätze, die unter das Rennwett- und Lotteriegesetz fallen. [2]Nicht befreit sind die unter das Rennwett- und Lotteriegesetz fallenden Umsätze, die von der Rennwett- und Lotteriesteuer befreit sind oder von denen diese Steuer allgemein nicht erhoben wird;

10. a) die Leistungen auf Grund eines Versicherungsverhältnisses im Sinne des Versicherungsteuergesetzes. [2]Das gilt auch, wenn die Zahlung des Versicherungsentgelts nicht der Versicherungsteuer unterliegt,

b) die Leistungen, die darin bestehen, dass anderen Personen Versicherungsschutz verschafft wird;

11. die Umsätze aus der Tätigkeit als Bausparkassenvertreter, Versicherungsvertreter und Versicherungsmakler;

11a. die folgenden vom 1. Januar 1993 bis zum 31. Dezember 1995 ausgeführten Umsätze der Deutschen Bundespost TELEKOM und der Deutsche Telekom AG:

a) die Überlassung von Anschlüssen des Telefonnetzes und des diensteintegrierenden digitalen Fernmeldenetzes sowie die Bereitstellung der von diesen Anschlüssen ausgehenden Verbindungen innerhalb dieser Netze und zu Mobilfunkendeinrichtungen,

b) die Überlassung von Übertragungswegen im Netzmonopol des Bundes,

c) die Ausstrahlung und Übertragung von Rundfunksignalen einschließlich der Überlassung der dazu erforderlichen Sendeanlagen und sonstigen Einrichtungen sowie das Empfangen und Verteilen von Rund-

---

[1] § 4 Nr. 8 Buchst. h neu gef. mWv 1.1.2018 durch G v. 18.7.2016 (BGBl. I S. 1730); geänd. mWv 1.7.2021 durch G v. 3.6.2021 (BGBl. I S. 1498); geänd. mWv 1.1.2024 durch G v. 11.12.2023 (BGBl. I Nr. 354).

[2] § 4 Nr. 9 Buchst. b Satz 1 geänd. mWv 6.5.2006 durch G v. 28.4.2006 (BGBl. I S. 1095).

519. Verordnung über die örtliche Zuständigkeit für die Umsatzsteuer im Ausland ansässiger Unternehmer (Umsatzsteuerzuständigkeitsverordnung – UStZustV)[1)]

Vom 20. Dezember 2001 (BGBl. I S. 3794/3814)

Geändert durch Steuervergünstigungsabbaugesetz vom 16.5.2003 (BGBl. I S. 660), Gesetz zur Neuorganisation der Bundesverwaltung und zur Schaffung eines Refinanzierungsregisters vom 22.9.2005 (BGBl. I S. 2809), Jahressteuergesetz 2007 vom 13.12.2006 (BGBl. I S. 2878), Gesetz zur Bereinigung von Bundesrecht im Zuständigkeitsbereich des BMF vom 8.5.2008 (BGBl. I S. 810, ber. I S. 1715), Jahressteuergesetz 2010 vom 8.12.2010 (BGBl. I S. 1768), Gesetz zur Anpassung des nationalen Steuerrechts an den Beitritt Kroatiens zur EU und zur Änderung weiterer steuerlicher Vorschriften vom 25.7.2014 (BGBl. I S. 1266), Verordnung zur Änderung steuerlicher Verordnungen und weiterer Vorschriften vom 22.12.2014 (BGBl. I S. 2392), Dritte Verordnung zur Änderung steuerlicher Verordnungen vom 18.7.2016 (BGBl. I S. 1722), Vierte Verordnung zur Änderung Steuerlicher Verordnungen vom 12.7.2017 (BGBl. I S. 2360), Jahressteuergesetz 2020 (JStG 2020) vom 21.12.2020 (BGBl. I S. 3096), Sechste Verordnung zur Änderung steuerlicher Verordnungen vom 19.12.2022 (BGBl. I S. 2432) und Verordnung zur Änderung der Umsatzsteuerzuständigkeitsverordnung vom 24.11.2023 (BGBl. I Nr. 332)

BGBl. III/FNA 610-1-13

§ 1[2)] [Zuständige Finanzämter] (1) [1] Für die Umsatzsteuer der Unternehmer im Sinne des § 21 Abs. 1 Satz 2 der Abgabenordnung sind folgende Finanzämter örtlich zuständig:

1. das Finanzamt Trier für im Königreich Belgien ansässige Unternehmer,
2. das Finanzamt Neuwied für in der Republik Bulgarien ansässige Unternehmer,
3. das Finanzamt Flensburg für im Königreich Dänemark ansässige Unternehmer,
4. das Finanzamt Rostock für in der Republik Estland ansässige Unternehmer,
5. das Finanzamt Bremen für in der Republik Finnland ansässige Unternehmer,
6. das Finanzamt Offenburg für in der Französischen Republik und im Fürstentum Monaco ansässige Unternehmer,

---

[1)] Die VO ist als Art. 21 des Steueränderungsgesetzes 2001 vom 20.12.2001 (BGBl. I S. 3794) verkündet worden.

[2)] § 1 Abs. 1 Nrn. 4, 6, 8, 9, 11, 16, 21, 24, 27 und Abs. 2 geänd. durch G v. 13.12.2006 (BGBl. I S. 2878); Nrn. 10, 19, 23, 31 und 33 geänd. durch G v. 8.12.2010 (BGBl. I S. 1768); Nrn. 5, 12 und 18 geänd. durch G v. 25.7.2014 (BGBl. I S. 1266); Nrn. 6 und 7 geänd. durch VO v. 12.7.2017 (BGBl. I S. 2360); Nrn. 11, 16, 21 und 27 geänd., Abs. 2b eingef. durch VO v. 19.12.2022 (BGBl. I S. 2432); Abs. 1 Nrn. 8, 16 und 20 Buchst. a, Abs. 2 geänd. durch VO v. 24.11.2023 (BGBl. I Nr. 332).

7. das Finanzamt Hannover-Nord für im Vereinigten Königreich Großbritannien und Nordirland sowie auf der Insel Man ansässige Unternehmer,
8. das Finanzamt Berlin International für in der Griechischen Republik ansässige Unternehmer,
9. das Finanzamt Hamburg-Nord für in der Republik Irland ansässige Unternehmer,
10. das Finanzamt München für in der Italienischen Republik ansässige Unternehmer,
11. das Finanzamt Kassel für in der Republik Kroatien ansässige Unternehmer,
12. das Finanzamt Bremen für in der Republik Lettland ansässige Unternehmer,
13. das Finanzamt Konstanz für im Fürstentum Liechtenstein ansässige Unternehmer,
14. das Finanzamt Mühlhausen für in der Republik Litauen ansässige Unternehmer,
15. das Finanzamt Saarbrücken Am Stadtgraben für im Großherzogtum Luxemburg ansässige Unternehmer,
16. das Finanzamt Berlin International für in der Republik Nordmazedonien ansässige Unternehmer,,
17. das Finanzamt Kleve für im Königreich der Niederlande ansässige Unternehmer,
18. das Finanzamt Bremen für im Königreich Norwegen ansässige Unternehmer,
19. das Finanzamt München für in der Republik Österreich ansässige Unternehmer,
20.[1)] für in der Republik Polen ansässige Unternehmer
    a) das Finanzamt Hameln-Holzminden, wenn der Nachname oder der Firmenname des Unternehmers mit den Buchstaben A bis G beginnt;
    b) das Finanzamt Oranienburg, wenn der Nachname oder der Firmenname des Unternehmers mit den Anfangsbuchstaben H bis Ł beginnt;
    c) das Finanzamt Cottbus, wenn der Nachname oder der Firmenname des Unternehmers mit den Anfangsbuchstaben M bis R beginnt;
    d) das Finanzamt Nördlingen, wenn der Nachname oder der Firmenname des Unternehmers mit den Anfangsbuchstaben S bis Ż beginnt;
    e)[2)] ungeachtet der Regelungen in den Buchstaben a bis d das Finanzamt Cottbus für alle Unternehmer, auf die das Verfahren nach § 18 Absatz 4e, § 18j oder § 18k des Umsatzsteuergesetzes anzuwenden ist,

---

[1)] § 1 Abs. 1 Nr. 20 neu gef. durch VO v. 18.7.2016 (BGBl. I S. 1722); zum Inkrafttreten vgl. Art. 11 Abs. 4 der VO iVm Bekanntmachung vom 4.5.2018 (BGBl. I S. 557):
Die Zuständigkeit gilt ab 1.6.2018.

[2)] § 1 Abs. 1 Nr. 20 Buchst. e geänd. mWv 1.7.2021 durch G v. 21.12.2020 (BGBl. I S. 3096).

21. das Finanzamt Kassel für in der Portugiesischen Republik ansässige Unternehmer,
22. das Finanzamt Chemnitz-Süd für in Rumänien ansässige Unternehmer,
23. das Finanzamt Magdeburg für in der Russischen Föderation ansässige Unternehmer,
24. das Finanzamt Hamburg-Nord für im Königreich Schweden ansässige Unternehmer,
25. das Finanzamt Konstanz für in der Schweizerischen Eidgenossenschaft ansässige Unternehmer,
26. das Finanzamt Chemnitz-Süd für in der Slowakischen Republik ansässige Unternehmer,
27. das Finanzamt Kassel für im Königreich Spanien ansässige Unternehmer,
28. das Finanzamt Oranienburg für in der Republik Slowenien ansässige Unternehmer,
29. das Finanzamt Chemnitz-Süd für in der Tschechischen Republik ansässige Unternehmer,
30. das Finanzamt Dortmund-Unna für in der Republik Türkei ansässige Unternehmer,
31. das Finanzamt Magdeburg für in der Ukraine ansässige Unternehmer,
32. das Zentralfinanzamt Nürnberg für in der Republik Ungarn ansässige Unternehmer,
33. das Finanzamt Magdeburg für in der Republik Weißrussland ansässige Unternehmer,
34. das Finanzamt Bonn-Innenstadt für in den Vereinigten Staaten von Amerika ansässige Unternehmer.

[2]Die örtliche Zuständigkeit nach § 61 Absatz 1 Satz 1 und § 61a Absatz 1 der Umsatzsteuer-Durchführungsverordnung für die Vergütung der abziehbaren Vorsteuerbeträge an im Ausland ansässige Unternehmer bleibt unberührt.[1)]

(2) Für die Umsatzsteuer der Unternehmer im Sinne des § 21 Abs. 1 Satz 2 der Abgabenordnung, die nicht von Absatz 1 erfasst werden, ist das Finanzamt Berlin International zuständig.

(2a)[2)] Abweichend von den Absätzen 1 und 2 ist für die Unternehmer, die von § 18 Abs. 4c des Umsatzsteuergesetzes Gebrauch machen, das Bundeszentralamt für Steuern[3)] zuständig.

(2b) Für die Unternehmer mit Sitz außerhalb des Gemeinschaftsgebiets (§ 1 Absatz 2a des Umsatzsteuergesetzes), die im Gemeinschaftsgebiet weder ihre Geschäftsleitung noch eine umsatzsteuerliche Betriebsstätte haben und die in einem anderen Mitgliedstaat der Europäischen Union die Teilnahme an dem Verfahren im Sinne des § 18j des Umsatzsteuergesetzes angezeigt haben, sind die Absätze 1 und 2 für Zwecke der Durchführung des Verfahrens im Sinne

---

1) § 1 Abs. 1 Satz 2 angef. mWv 1.7.2021 durch G v. 21.12.2020 (BGBl. I S. 3096).
2) § 1 Abs. 2a eingef. mWv 1.7.2003 durch G v. 16.5.2003 (BGBl. I S. 660).
3) Bezeichnung geänd. durch G v. 22.9.2005 (BGBl. I S. 2809).

des § 18j des Umsatzsteuergesetzes mit der Maßgabe anzuwenden, dass der Unternehmer in dem Mitgliedstaat als ansässig zu behandeln ist, in dem die Teilnahme angezeigt wurde.

(3)[1] Die örtliche Zuständigkeit nach § 61 Absatz 1 Satz 1 und § 61a Absatz 1 der Umsatzsteuer-Durchführungsverordnung für die Vergütung der abziehbaren Vorsteuerbeträge an im Ausland ansässige Unternehmer bleibt unberührt.

(4)[2] Ändert sich durch eine landesrechtliche Regelung nach § 17 Absatz 1 oder Absatz 2 Satz 3 des Finanzverwaltungsgesetzes die Bezeichnung oder die organisatorische Zuordnung eines der in Absatz 1 genannten Finanzämter, kann das Bundesministerium der Finanzen im Einvernehmen mit den obersten Finanzbehörden der Länder durch ein im Bundessteuerblatt Teil I zu veröffentlichendes Schreiben für einen Übergangszeitraum von zwölf Monaten von den Absätzen 1 und 2 abweichende, der landesrechtlichen Regelung entsprechende Zuordnungen vornehmen.

§ 2 [Inkrafttreten] [1]Diese Verordnung tritt am Tage nach ihrer Verkündung[3] in Kraft. [2]Gleichzeitig tritt die Umsatzsteuerzuständigkeitsverordnung vom 21. Februar 1995 (BGBl. I S. 225), zuletzt geändert durch Artikel 3 des Gesetzes vom 30. August 2001 (BGBl. I S. 2267), außer Kraft.

---

[1] § 1 Abs. 3 geänd. mWv 1.7.2021 durch G v. 21.12.2020 (BGBl. I S. 3096).
[2] § 1 Abs. 4 angefügt durch VO v. 24.11.2023 (BGBl. I Nr. 332).
[3] Verkündet am 22.12.2001.

600. Grunderwerbsteuergesetz (GrEStG)[1)]

In der Fassung der Bekanntmachung vom 26. Februar 1997
(BGBl. I S. 418, ber. S. 1804)

Geändert durch Steuerentlastungsgesetz 1999/2000/2002 vom 24.3.1999 (BGBl. I S. 402), Steuer-Euroglättungsgesetz vom 19.12.2000 (BGBl. I S. 1790), Steueränderungsgesetz 2001 vom 20.12.2001 (BGBl. I S. 3794), Fünftes Gesetz zur Änderung des Steuerbeamten-Ausbildungsgesetzes und zur Änderung von Steuergesetzen vom 23.7.2002 (BGBl. I S. 2715), Drittes Gesetz zur Änderung verwaltungsverfahrensrechtlicher Vorschriften vom 21.8.2002 (BGBl. I S. 3322), EU-Richtlinien-Umsetzungsgesetz vom 9.12.2004 (BGBl. I S. 3310), Gesetz zur Beschleunigung der Umsetzung von Öffentlich Privaten Partnerschaften und zur Verbesserung gesetzlicher Rahmenbedingungen für Öffentlich Private Partnerschaften vom 1.9.2005 (BGBl. I S. 2676), Jahressteuergesetz 2008 vom 20.12.2007 (BGBl. I S. 3150), Jahressteuergesetz 2009 vom 19.12.2008 (BGBl. I S. 2794), Wachstumsbeschleunigungsgesetz vom 22.12.2009 (BGBl. I S. 3950), Jahressteuergesetz 2010 (JStG 2010) vom 8.12.2010 (BGBl. I S. 1768), OGAW-IV-Umsetzungsgesetz (OGAW-IV-UmsG) vom 22.6.2011 (BGBl. I S. 1126), Steuervereinfachungsgesetz 2011 vom 1.11.2011 (BGBl. I S. 2131), Amtshilferichtlinie-Umsetzungsgesetz (AmtshilfeRLUmsG) vom 26.6.2013 (BGBl. I S. 1809), Gesetz zur Anpassung des nationalen Steuerrechts an den Beitritt Kroatiens zur EU und zur Änderung weiterer steuerlicher Vorschriften vom 25.7.2014 (BGBl. I S. 1266), Steueränderungsgesetz 2015 vom 2.11.2015 (BGBl. I S. 1834), Gesetz zur Modernisierung des Besteuerungsverfahrens vom 18.7.2016 (BGBl. I S. 1679), Gesetz zur Vermeidung von Umsatzsteuerausfällen beim Handel mit Waren im Internet und zur Änderung weiterer steuerlicher Vorschriften vom 11.12.2018 (BGBl. I S. 2338), Gesetz über steuerliche und weitere Begleitregelungen zum Austritt des Vereinigten Königreichs Großbritannien und Nordirland aus der Europäischen Union (Brexit-Steuerbegleitgesetz – Brexit-StBG) vom 25.3.2019 (BGBl. I S. 357), Elfte Zuständigkeitsanpassungsverordnung vom 19.6.2020 (BGBl. I S. 1328), Gesetz zur Förderung der Elektromobilität und zur Modernisierung des Wohnungseigentumsgesetzes und zur Änderung von kosten- und grundbuchrechtlichen Vorschriften (Wohnungseigentumsmodernisierungsgesetz – WEMoG) vom 16.10.2020 (BGB. I S. 2187), Jahressteuergesetz 2020 (JStG 2020) vom 21.12.2020 (BGBl. I S. 3096), Gesetz zur Änderung des Grunderwerbsteuergesetzes vom 12.5.2021 (BGBl. I S. 986), Fondsstandortgesetz vom 3.6.2021 (BGBl. I S. 1498), Gesetz zur Modernisierung des Körperschaftsteuerrechts vom 25.6.2021 (BGBl. I S. 2050), Gesetz zur Abwehr von Steuervermeidung und unfairem Steuerwettbewerb und zur Änderung weiterer Gesetze vom 25.6.2021 (BGBl. I S. 2056), Jahressteuergesetz 2022 (JStG 2022) vom 16.12.2022 (BGBl. I S. 2294) und Gesetz zur Förderung geordneter Kreditzweitmärkte und zur Umsetzung der Richtlinie (EU) 2021/2167 über Kreditdienstleister und Kreditkäufer sowie zur Änderung weiterer finanzrechtlicher Bestimmungen (Kreditzweitmarktförderungsgesetz) vom 22.12.2023 (BGBl I Nr. 411)

BGBl. III/FNA 610-6-10

Nichtamtliche Inhaltsübersicht

[1)] Neubekanntmachung des GrEStG v. 17.12.1982 (BGBl. I S. 1777) auf Grund des Art. 31 Abs. 1 des Jahressteuergesetzes 1997 v. 20.12.1996 (BGBl. I S. 2049) in der ab 1.1.1997 geltenden Fassung.

Erster Abschnitt. Gegenstand der Steuer

§ 1 Erwerbsvorgänge. (1) [1]Der Grunderwerbsteuer unterliegen die folgenden Rechtsvorgänge, soweit sie sich auf inländische Grundstücke beziehen:

1. ein Kaufvertrag oder ein anderes Rechtsgeschäft, das den Anspruch auf Übereignung begründet;

2. die Auflassung, wenn kein Rechtsgeschäft vorausgegangen ist, das den Anspruch auf Übereignung begründet;
3.[1] der Übergang des Eigentums, wenn kein den Anspruch auf Übereignung begründendes Rechtsgeschäft vorausgegangen ist und es auch keiner Auflassung bedarf. [2] Ausgenommen sind
   a) der Übergang des Eigentums durch die Abfindung in Land und die unentgeltliche Zuteilung von Land für gemeinschaftliche Anlagen im

(Fortsetzung nächstes Blatt)

---

[1] § 1 Abs. 1 Nr. 3 Satz 2 Buchst. a und b ergänzt durch G v. 21.12.2020 (BGBl. I S. 3096); zur Anwendung siehe § 23 Abs. 17; Nr. 3 Satz 2 Buchst. a und b geänd. mWv 2.8.2021 durch G v. 3.6.2021 (BGBl. I S. 1498).

[*ab 1.7.2021:*

9.[1] Umwandlungen, wenn innerhalb des Rückwirkungszeitraums im Sinne der §§ 2, 20 Absatz 6 oder § 24 Absatz 4 des Umwandlungssteuergesetzes ein Erwerbsvorgang nach § 1 Absatz 1 Nummer 1 verwirklicht wird und die Umwandlung ohne diesen Erwerbsvorgang eine Besteuerung nach § 1 Absatz 1 Nummer 3, Absatz 3 oder 3a ausgelöst hätte.]

[2]Sie haben auch alle Erwerbsvorgänge anzuzeigen, über die ein Gericht, eine Behörde oder ein Notar eine Anzeige nach § 18 nicht zu erstatten hat.[2]

(2) Die in Absatz 1 bezeichneten Personen haben außerdem in allen Fällen Anzeige zu erstatten über

1. jede Erhöhung der Gegenleistung des Erwerbers durch Gewährung von zusätzlichen Leistungen neben der beim Erwerbsvorgang vereinbarten Gegenleistung;
2. Leistungen, die der Erwerber des Grundstücks anderen Personen als dem Veräußerer als Gegenleistung dafür gewährt, daß sie auf den Erwerb des Grundstücks verzichten;
3. Leistungen, die ein anderer als der Erwerber des Grundstücks dem Veräußerer als Gegenleistung dafür gewährt, daß der Veräußerer dem Erwerber das Grundstück überläßt;

4.[3] Änderungen im Gesellschafterbestand einer Gesamthand bei Gewährung der Steuervergünstigung nach § 5 Abs. 1 und 2 oder § 6 Abs. 3 in Verbindung mit § 6 Abs. 1;

4a.[4] Änderungen von Beherrschungsverhältnissen im Sinne des § 6a Satz 4;

5.[5] Änderungen in der Nutzung oder den Verzicht auf Rückübertragung, wenn der Grundstückserwerb nach § 4 Nummer 5 von der Besteuerung ausgenommen war.

(3)[6] [1]Die Anzeigepflichtigen haben innerhalb von zwei Wochen, nachdem sie von dem anzeigepflichtigen Vorgang Kenntnis erhalten haben, den Vorgang anzuzeigen, und zwar auch dann, wenn der Vorgang von der Besteuerung ausgenommen ist. [2]Die Frist nach Satz 1 verlängert sich auf einen Monat für den Steuerschuldner, der eine natürliche Person ohne Wohnsitz oder gewöhnlichen Aufenthalt im Inland, eine Kapitalgesellschaft ohne Geschäftsleitung oder Sitz im Inland oder eine Personengesellschaft ohne Ort der Geschäftsführung im Inland ist.

---

[1] § 19 Abs. 1 Satz 1 Nr. 9 angef. durch G v. 12.5.2021 (BGBl. I S. 986); zur Anwendung siehe § 23 Abs. 18.

[2] § 19 Abs. 1 Satz 2 geänd. durch G v. 20.12.2001 (BGBl. I S. 3794).

[3] § 19 Abs. 2 Nr. 4 angef. durch G v. 24.3.1999 (BGBl. I S. 402); zur erstmaligen Anwendung siehe § 23 Abs. 6 Satz 2; geänd. mWv 1.1.2002 (§ 23 Abs. 7 Satz 1) durch G v. 20.12.2001 (BGBl. I S. 3794).

[4] § 19 Abs. 2 Nr. 4a eingef. durch G v. 22.12.2009 (BGBl. I S. 3950); zur Anwendung siehe § 23 Abs. 8 Satz 1.

[5] § 19 Abs. 2 Nr. 5 angef. mWv 8.9.2005 durch G v. 1.9.2005 (BGBl. I S. 2676); Verweis geänd. mWv 7.6.2013 (§ 23 Abs. 11) durch G v. 26.6.2013 (BGBl. I S. 1809).

[6] § 19 Abs. 3 Satz 2 angef., bish. Text wird Satz 1 durch G v. 18.7.2016 (BGBl. I S. 1679); zur Anwendung siehe § 23 Abs. 15.

(4) [1] Die Anzeigen sind an das für die Besteuerung, in den Fällen des § 17 Abs. 2 und 3 an das für die gesonderte Feststellung zuständige Finanzamt zu richten. [2] Ist über den anzeigepflichtigen Vorgang eine privatschriftliche Urkunde aufgenommen worden, so ist der Anzeige eine Abschrift der Urkunde beizufügen.

(5)[1)] [1] Die Anzeigen sind Steuererklärungen im Sinne der Abgabenordnung. [2] Sie sind schriftlich abzugeben. [3] Sie können gemäß § 87a der Abgabenordnung in elektronischer Form übermittelt werden.

(6)[2)] [1] Die Höhe des Verspätungszuschlags bestimmt sich nach § 152 Absatz 5 Satz 2 der Abgabenordnung; § 152 Absatz 6 der Abgabenordnung ist nicht anzuwenden. [2] Die Begrenzung der Höhe des Verspätungszuschlags nach § 152 Absatz 10 der Abgabenordnung findet keine Anwendung.

[*ab 21.12.2022:*

(7)[3)] In den Fällen des Absatzes 2 Nummer 4 beginnt die Festsetzungsfrist mit Ablauf des Kalenderjahres, in dem das in Absatz 4 Satz 1 genannte Finanzamt von der anzeigepflichtigen Änderung Kenntnis erlangt hat, spätestens jedoch zehn Jahre nach Ablauf des Kalenderjahres, in dem die anzeigepflichtige Änderung eingetreten ist.]

§ 20 Inhalt der Anzeigen. (1) Die Anzeigen müssen enthalten:

[aktuelle Fassung:]

1.[5)] Vorname, Zuname, Anschrift sowie die steuerliche Identifikationsnummer gemäß § 139b der Abgabenordnung oder die Wirtschafts-Identifikationsnummer gemäß § 139c der Abgabenordnung des Veräußerers und des Erwerbers, gegebenenfalls auch, ob und um welche begünstigte Person im Sinne des § 3 Nummer 3 bis 7 es sich bei dem Erwerber handelt;
2. die Bezeichnung des Grundstücks nach Grundbuch, Kataster, Straße und Hausnummer;
3. die Größe des Grundstücks und bei bebauten Grundstücken die Art der Bebauung;

[künftige Fassung:][4)]

1. Name, Vorname, Anschrift, Geburtsdatum sowie die Identifikationsnummer gemäß § 139b der Abgabenordnung oder die Wirtschafts-Identifikationsnummer gemäß § 139c der Abgabenordnung des Veräußerers und des Erwerbers, den Namen desjenigen, der nach der vertraglichen Vereinbarung die Grunderwerbsteuer trägt, sowie Name und Anschrift dessen gesetzlichen Vertreters und gegebenenfalls die Angabe, ob und um welche begünstigte Person im Sinne des § 3 Nummer 3 bis 7 es sich bei dem Erwerber handelt; bei nicht natürlichen Personen sind bis

---

1) § 19 Abs. 5 neu gef. mWv 28.8.2002 durch G v. 21.8.2002 (BGBl. I S. 3322).

2) § 19 Abs. 6 angef. durch G v. 21.12.2020 (BGBl. I S. 3096); zur Anwendung siehe § 23 Abs. 17.

3) § 19 Abs. 7 angef. mWv 21.12.2022 durch G v. 16.12.2022 (BGBl. I S. 2294).

4) § 20 neu gef. durch G v. 11.12.2018 (BGBl. I S. 2338); zur Anwendung siehe § 23 Abs. 16 Satz 2 iVm § 22a Satz 1.

5) § 20 Abs. 1 Nr. 1, Abs. 2 Nr. 1 geänd. mWv 14.12.2010 durch G v. 8.12.2010 (BGBl. I S. 1768).

(15)[1] § 19 Absatz 3 Satz 2 in der am 23. Juli 2016[2] geltenden Fassung ist auf Erwerbsvorgänge anzuwenden, die nach dem 22. Juli 2016[3] verwirklicht werden.

(16)[4] [1] § 1 Abs. 4 und § 18 Absatz 2 Satz 2 in der am 15. Dezember 2018[5] geltenden Fassung sind auf Erwerbsvorgänge anzuwenden, die nach dem 14. Dezember 2018[6] verwirklicht werden. [2] Der Zeitpunkt der erstmaligen Anwendung des § 20 in der am 15. Dezember 2018[5] geltenden Fassung wird durch die Rechtsverordnung im Sinne des § 22a Satz 1 bestimmt.

(17)[7] § 1 Absatz 1 Nummer 3 Satz 2 Buchstabe a und b und § 19 Absatz 6 in der Fassung des Artikels 32 des Gesetzes vom 21. Dezember 2020 (BGBl. I S. 3096) sind erstmals auf Erwerbsvorgänge anzuwenden, die nach dem 28. Dezember 2020[8] verwirklicht werden.

(18)[9] § 1 Absatz 2a Satz 1 und 4, Absatz 2b, 3 und 3a Satz 1, § 5 Absatz 3 Satz 1, § 6 Absatz 3 Satz 2 und Absatz 4, § 6a Satz 1, § 7 Absatz 3, § 8 Absatz 2 Satz 1 Nummer 3 und 4 und Satz 2, § 13 Nummer 5 bis 8, § 17 Absatz 3 Satz 1 Nummer 2 und § 19 Absatz 1 Satz 1 Nummer 3a bis 9 und Absatz 6 in der am 1. Juli 2021 geltenden Fassung sind erstmals auf Erwerbsvorgänge anzuwenden, die nach dem 30. Juni 2021 verwirklicht werden.

(19)[10] [1] Bei Anwendung des § 1 Absatz 2a in der am 1. Juli 2021 geltenden Fassung bleiben Übergänge von Anteilen am Gesellschaftsvermögen auf Gesellschafter unberücksichtigt, die mit Ablauf des 30. Juni 2021 keine neuen Gesellschafter im Sinne des § 1 Absatz 2a in der am 30. Juni 2021 geltenden Fassung mehr sind. [2] Bei der Anwendung des § 1 Absatz 2a in der am 1. Juli 2021 geltenden Fassung ist für die Ermittlung, inwieweit sich der Gesellschafterbestand geändert hat, § 1 Absatz 2a Satz 3 bis 5 in der am 1. Juli 2021 geltenden Fassung auch auf vor dem 1. Juli 2021 erfolgte Anteilsübergänge anzuwenden.

(20)[11] [1] § 1 Absatz 2a und § 19 Absatz 1 Satz 1 Nummer 3a in der am 30. Juni 2021 geltenden Fassung sind auf Änderungen des Gesellschafterbestandes bis zum 30. Juni 2026 weiter anzuwenden. [2] Dies gilt nicht, wenn der Rechtsvorgang nach § 1 Absatz 1, 2, 2a, 3 oder Absatz 3a in der am 1. Juli 2021 geltenden Fassung steuerbar ist oder ein vorausgegangener Rechtsvorgang nach § 1 Absatz 2a in der am 1. Juli 2021geltenden Fassung steuerbar war.

---

[1] § 23 Abs. 15 angef. durch G v. 18.7.2016 (BGBl. I S. 1679).
[2] Datum des Tages *nach* der Verkündung des G v. 18.7.2016 (BGBl. I S. 1679).
[3] Datum des Tages *der* Verkündung des G v. 18.7.2016 (BGBl. I S. 1679).
[4] § 23 Abs. 16 angef. durch G v. 11.12.2018 (BGBl. I S. 2338).
[5] Datum des Tages *nach* der Verkündung des G v. 11.12.2018.
[6] Datum des Tages *der* Verkündung des G v. 11.12.2018.
[7] § 23 Abs. 17 eingef. durch G v. 21.12.2020 (BGBl. I S. 3096).
[8] Datum des Tages der Verkündung des G v. 21.12.2020.
[9] § 23 Abs. 18 eingef. durch G v. 12.5.2021 (BGBl. I S. 986); geänd. durch G v. 16.12.2022 (BGBl. I S. 2294).
[10] § 23 Abs. 19 eingef. durch G v. 12.5.2021 (BGBl. I S. 986).
[11] § 23 Abs. 20 eingef. durch G v. 12.5.2021 (BGBl. I S. 986).

(21)[1] [1]§ 1 Absatz 3 Nummer 1 und 2 und § 19 Absatz 1 Satz 1 Nummer 4 und 5 in der am 30. Juni 2021 geltenden Fassung sind auf Erwerbsvorgänge, die nach dem 30. Juni 2021 verwirklicht werden, weiter anzuwenden, wenn am 30. Juni 2021 unmittelbar oder mittelbar weniger als 95 vom Hundert und mindestens 90 vom Hundert der Anteile der Gesellschaft in der Hand des Erwerbers oder in der Hand von herrschenden und abhängigen Unternehmen oder abhängigen Personen oder in der Hand von abhängigen Unternehmen oder abhängigen Personen allein vereinigt waren. [2]Bei der Ermittlung der allein in einer Hand vereinigten Anteile der Gesellschaft im Sinne des Satzes 1 sind auch solche Anteile zu berücksichtigen, über die der Erwerber oder die herrschenden und abhängigen Unternehmen oder abhängigen Personen oder die abhängigen Unternehmen oder abhängigen Personen vor dem 1. Juli 2021 ein Rechtsgeschäft abgeschlossen haben, das den Anspruch auf Übertragung eines oder mehrerer dieser Anteile begründet. [3]Die Sätze 1 und 2 gelten nicht, wenn der Rechtsvorgang nach § 1 Absatz 1, 2, 2a, 2b, 3 oder Absatz 3a in der am 1. Juli 2021 geltenden Fassung steuerbar ist. [4]Sinken die Anteile nach dem 30. Juni 2021 unter 90 vom Hundert, finden die Sätze 1 und 2 auf spätere Erwerbsvorgänge keine Anwendung.

(22)[2] [1]§ 1 Absatz 3a und § 19 Absatz 1 Satz 1 Nummer 7a in der am 30. Juni 2021 geltenden Fassung sind auf Erwerbsvorgänge nach dem 30. Juni 2021 weiter anzuwenden, wenn der Rechtsträger am 30. Juni 2021 unmittelbar oder mittelbar oder teils unmittelbar, teils mittelbar eine wirtschaftliche Beteiligung von weniger als 95 vom Hundert und mindestens 90 vom Hundert an einer Gesellschaft, zu deren Vermögen ein inländisches Grundstück gehört, innehatte. [2]Dies gilt nicht, wenn der Rechtsvorgang nach § 1 Absatz 1, 2, 2a, 2b, 3 oder Absatz 3a in der am 1. Juli 2021 geltenden Fassung steuerbar ist. [3]Sinkt nach dem 30. Juni 2021 die wirtschaftliche Beteiligung im Sinne des § 1 Absatz 3a unter 90 vom Hundert, findet Satz 1 auf spätere Erwerbsvorgänge keine Anwendung.

(23)[3] Bei der Anwendung des § 1 Absatz 2b bleiben Übergänge von Anteilen der Gesellschaft, die vor dem 1. Juli 2021 erfolgen, unberücksichtigt.

(24)[4] § 5 Absatz 3 Satz 1, § 6 Absatz 3 Satz 2 und Absatz 4 und § 7 Absatz 3 in der am 1. Juli 2021 geltenden Fassung sind nicht anzuwenden, wenn die in § 5 Absatz 3, § 6 Absatz 3 Satz 2 oder Absatz 4 oder § 7 Absatz 3 in der am 30. Juni 2021 geltenden Fassung geregelte Frist vor dem 1. Juli 2021 abgelaufen war.

[***1.1.2024 bis 31.12.2026:***

§ 24[5] **Rechtsfähige Personengesellschaften.** Rechtsfähige Personengesellschaften (§ 14a Absatz 2 Nummer 2 der Abgabenordnung) gelten für Zwe-

---

[1] § 23 Abs. 21 eingef. durch G v. 12.5.2021 (BGBl. I S. 986).

[2] § 23 Abs. 22 eingef. durch G v. 12.5.2021 (BGBl. I S. 986).

[3] § 23 Abs. 23 eingef. durch G v. 12.5.2021 (BGBl. I S. 986).

[4] § 23 Abs. 24 eingef. durch G v. 12.5.2021 (BGBl. I S. 986); geänd. durch G v. 16.12.2022 (BGBl. I S. 2294).

[5] § 24 eingef. mWv 1.1.2024 und aufgeh. **mWv 1.1.2027** durch G v. 22.12.2023 (BGBl. I Nr. 411).

cke der Grunderwerbsteuer als Gesamthand und deren Vermögen als Gesamthandsvermögen.]

§§ 25 bis **27.** (weggefallen)

§ 28. (Inkrafttreten)[1]

---

[1] Das Gesetz in seiner ursprünglichen Fassung ist am 1.1.1983 in Kraft getreten.

725. Gesetz über die Besteuerung bei Auslandsbeziehungen (Außensteuergesetz)[1)]

Vom 8. September 1972 (BGBl. I S. 1713)

Geändert durch Gesetz zur Reform des Erbschaftsteuer- und Schenkungsteuerrechts vom 17.4.1974 (BGBl. I S. 933), Einführungsgesetz zum Einkommensteuerreformgesetz vom 21.12.1974 (BGBl. I S. 3656), Einführungsgesetz zum Körperschaftsteuerreformgesetz vom 6.9.1976 (BGBl. I S. 2641), Einführungsgesetz zur Abgabenordnung vom 14.9.1976 (BGBl. I S. 3341), Gesetz zur Änderung des EStG, des KStG und anderer Gesetze vom 20.8.1980 (BGBl. I S. 1545), Gesetz zur Stärkung der Wettbewerbsfähigkeit der Wirtschaft und zur Einschränkung von steuerlichen Vorteilen (Steuerentlastungsgesetz 1984) vom 22.12.1983 (BGBl. I S. 1583), Steuerbereinigungsgesetz 1985 vom 14.12.1984 (BGBl. I S. 1493), Beschluß des Bundesverfassungsgerichts vom 14.5.1986 (BGBl. I S. 1030), Einigungsvertrag vom 31.8.1990 (BGBl. II S. 889, 978), Steueränderungsgesetz 1992 vom 25.2.1992 (BGBl. I S. 297), Standortsicherungsgesetz vom 13.9.1993 (BGBl. I S. 1569), Mißbrauchsbekämpfungs- und Steuerbereinigungsgesetz vom 21.12.1993 (BGBl. I S. 2310), Gesetz zur Änderung des Umwandlungssteuerrechts vom 28.10.1994 (BGBl. I S. 3267), Jahressteuergesetz 1997 vom 20.12.1996 (BGBl. I S. 2049), Steuersenkungsgesetz vom 23.10.2000 (BGBl. I S. 1433), Steuer-Euroglättungsgesetz vom 19.12.2000 (BGBl. I S. 1790), Unternehmenssteuerfortentwicklungsgesetz vom 20.12.2001 (BGBl. I S. 3858), Steuervergünstigungsabbaugesetz vom 16.5.2003 (BGBl. I S. 660), Investmentmodernisierungsgesetz vom 15.12.2003 (BGBl. I S. 2676), Gesetz zur Umsetzung der Protokollerklärung der Bundesregierung zur Vermittlungsempfehlung zum Steuervergünstigungsabbaugesetz vom 22.12.2003 (BGBl. I S. 2840), EURichtlinien-Umsetzungsgesetz vom 9.12.2004 (BGBl. I S. 3310), Gesetz über steuerliche Begleitmaßnahmen zur Einführung der Europäischen Gesellschaft und zur Änderung weiterer steuerrechtlicher Vorschriften (SEStEG) vom 7.12.2006 (BGBl. I S. 2782), Gesetz zur Schaffung deutscher Immobilien-Aktiengesellschaften mit börsennotierten Anteilen vom 28.5.2007 (BGBl. I S. 914), Unternehmensteuerreformgesetz 2008 vom 14.8.2007 (BGBl. I S. 1912), Jahressteuergesetz 2008 vom 20.12.2007 (BGBl. I S. 3150), Jahressteuergesetz 2009 vom 19.12.2008 (BGBl. I S. 2794), Gesetz zur Umsetzung steuerlicher EU-Vorgaben sowie zur Änderung steuerlicher Vorschriften vom 8.4.2010 (BGBl. I S. 386), Jahressteuergesetz 2010 (JStG 2010) vom 8.12.2010 (BGBl. I S. 1768), Amtshilferichtlinie-Umsetzungsgesetz (AmtshilfeRLUmsG) vom 26.6.2013 (BGBl. I S. 1809), Gesetz zur Anpassung der Abgabenordnung an den Zollkodex der Union und zur Änderung weiterer steuerlicher Vorschriften vom 22.12.2014 (BGBl. I S. 2417), Gesetz zur Reform der Investmentbesteuerung (Investmentsteuerreformgesetz – InvStRefG) vom 19.7.2016 (BGBl. I S. 1730), Gesetz gegen schädliche Steuerpraktiken im Zusammenhang mit Rechteüberlassungen vom 27.6.2017 (BGBl. I S. 2074), Gesetz über steuerliche und weitere Begleitregelungen zum Austritt des Vereinigten Königreichs Großbritannien und Nordirland aus der Europäischen Union (Brexit-Steuerbegleitgesetz – Brexit-StBG) vom 25.3.2019 (BGBl. I S. 357), Gesetz zur Modernisierung der Entlastung von Abzugsteuern und der Bescheinigung der Kapitalertragsteuer (Abzugsteuerentlastungsmodernisierungsgesetz – AbzStEntModG) vom 2.6.2021 (BGBl. I S. 1259), Gesetz zur Umsetzung der Anti-Steuervermeidungsrichtlinie (ATAD-Umsetzungsgesetz – ATADUmsG) vom 25.6.2021 (BGBl. I S. 2035), Gesetz zur Modernisierung des Körperschaftsteuerrechts vom 25.6.2021 (BGBl. I S. 2050)2050) , Jahressteuergesetz 2022 (JStG 2022) vom 16.12.22 (BGBl. I S. 2294) und Gesetz zur zur Umsetzung der Richtlinie (EU) 2022/2523 des Rates zur Gewährleistung einer globalen Mindestbesteuerung und weiterer Begleitmaßnahmen vom 21.12.2023 (BGBl. I Nr. 397)

BGBl. III/FNA 610-6-8

---

1) Das Außensteuergesetz wurde verkündet als Art. 1 des G zur Wahrung der steuerlichen Gleichmäßigkeit bei Auslandsbeziehungen und zur Verbesserung der steuerlichen Wettbewerbslage bei Auslandsinvestitionen.

Zur Anwendung siehe § 21.

Inhaltsübersicht

Der Bundestag hat mit Zustimmung des Bundesrates das folgende Gesetz beschlossen:

Erster Teil. Internationale Verflechtungen

§ 1 Berichtigung von Einkünften. (1)[1] [1] Werden Einkünfte eines Steuerpflichtigen aus einer Geschäftsbeziehung zum Ausland mit einer ihm nahe-

---

[1] § 1 Abs. 1 neu gef. mWv VZ 2008 (§ 21 Abs. 16) durch G v. 14.8.2007 (BGBl. I S. 1912); Satz 2 eingef., bish. Sätze 2 und 3 werden Sätze 3 und 4 durch G v. 26.6.2013 (BGBl. I S. 1809); Sätze 1 und 2 geänd. durch G v. 2.6.2021 (BGBl. I S. 1259).

[Fassung bis VZ 2021:]

sachgerechter Anpassungen im Hinblick auf die ausgeübten Funktionen, die eingesetzten Wirtschaftsgüter und die übernommenen Chancen und Risiken (Funktionsanalyse) für diese Methoden uneingeschränkt vergleichbar sind; mehrere solche Werte bilden eine Bandbreite. [2]Sind solche Fremdvergleichswerte nicht zu ermitteln, sind eingeschränkt vergleichbare Werte nach Vornahme sachgerechter Anpassungen der Anwendung einer geeigneten Verrechnungspreismethode zugrunde zu legen. [3]Sind in den Fällen des Satzes 2 mehrere eingeschränkt vergleichbare Fremdvergleichswerte feststellbar, ist die sich ergebende Bandbreite einzuengen. [4]Liegt der vom Steuerpflichtigen für seine Einkünfteermittlung verwendete Wert in den Fällen des Satzes 1 außerhalb der Bandbreite oder in den Fällen des Satzes 2 außerhalb der eingeengten Bandbreite, ist der Median maßgeblich. [5]Können keine eingeschränkt vergleichbaren Fremdvergleichswerte festgestellt werden, hat der Steuerpflichtige für seine Einkünfteermittlung einen hypothetischen Fremdvergleich unter Beachtung des Absatzes 1 Satz 3 durchzuführen. [6]Dazu hat er auf Grund einer Funktionsanalyse und innerbetrieblicher Planrechnungen den Mindestpreis des Leistenden und den Höchstpreis des Leistungsempfängers unter Berücksichtigung funktions- und risikoadäquater Kapitalisierungszinssätze zu ermitteln (Einigungsbereich); der Einigungsbereich wird von den jeweiligen Gewinnerwartungen (Gewinnpotenzialen) bestimmt.[1)] [7]Es ist der Preis im Einigungsbereich der Einkünfte-

[Fassung ab VZ 2022:]

liegen. [2]Insbesondere ist zu berücksichtigen, von welcher an dem Geschäftsvorfall beteiligten Person welche Funktionen in Bezug auf den jeweiligen Geschäftsvorfall ausgeübt, welche Risiken diesbezüglich jeweils übernommen und welche Vermögenswerte hierfür eingesetzt werden (Funktions- und Risikoanalyse). [3]Die Verhältnisse im Sinne der Sätze 1 und 2 bilden den Maßstab für die Feststellung der Vergleichbarkeit des zu untersuchenden Geschäftsvorfalls mit Geschäftsvorfällen zwischen voneinander unabhängigen Dritten (Vergleichbarkeitsanalyse); die diesen Geschäftsvorfällen zugrunde liegenden Verhältnisse sind in entsprechender Anwendung der Sätze 1 und 2 maßgebend, soweit dies möglich ist. [4]Abzustellen ist auf die Verhältnisse zum Zeitpunkt der Vereinbarung des Geschäftsvorfalls. [5]Der Fremdvergleichspreis ist grundsätzlich nach der im Hinblick auf die Vergleichbarkeitsanalyse und die Verfügbarkeit von Werten zu vergleichbaren Geschäftsvorfällen voneinander unabhängiger Dritter am besten geeigneten Verrechnungspreismethode zu bestimmen. [6]Unterschiede zwischen den Verhältnissen der zum Vergleich herangezogenen Geschäftsvorfälle zwischen voneinander unabhängigen Dritten und den dem zu untersuchenden Geschäftsvorfall zugrunde liegenden Verhältnissen, die die Anwendung der Verrechnungspreismethode beeinflussen können, sind durch sachgerechte Anpassungen zu beseitigen, sofern dies möglich ist; dies gilt nur, wenn dadurch die Vergleichbarkeit erhöht wird. [7]Können keine

---

1) § 1 Abs. 3 Satz 6 geänd., Satz 9 entspr. geänd. durch G v. 26.6.2013 (BGBl. I S. 1809).

[Fassung bis VZ 2021:]

ermittlung zugrunde zu legen, der dem Fremdvergleichsgrundsatz mit der höchsten Wahrscheinlichkeit entspricht; wird kein anderer Wert glaubhaft gemacht, ist der Mittelwert des Einigungsbereichs zugrunde zu legen. [8] Ist der vom Steuerpflichtigen zugrunde gelegte Einigungsbereich unzutreffend und muss deshalb von einem anderen Einigungsbereich ausgegangen werden, kann auf eine Einkünfteberichtigung verzichtet werden, wenn der vom Steuerpflichtigen zugrunde gelegte Wert innerhalb des anderen Einigungsbereichs liegt. [9] Wird eine Funktion einschließlich der dazugehörigen Chancen und Risiken und der mit übertragenen oder überlassenen Wirtschaftsgüter und sonstigen Vorteile verlagert (Funktionsverlagerung) und ist auf die verlagerte Funktion Satz 5 anzuwenden, weil für das Transferpaket als Ganzes keine zumindest eingeschränkt vergleichbare Fremdvergleichswerte vorliegen, hat der Steuerpflichtige den Einigungsbereich auf der Grundlage des Transferpakets zu bestimmen.[1)] [10] In den Fällen des Satzes 9 ist die Bestimmung von Einzelverrechnungspreisen für alle betroffenen Wirtschaftsgüter und Dienstleistungen nach Vornahme sachgerechter Anpassungen anzuerkennen, wenn der Steuerpflichtige glaubhaft macht, dass keine wesentlichen immateriellen Wirtschaftsgüter und Vorteile Gegenstand der Funktionsverlagerung waren, oder dass die Summe der angesetzten Einzelverrechnungspreise, gemessen an der Bewertung des Transferpakets als Ganzes, dem Fremdvergleichsgrund-

[Fassung ab VZ 2022:]

Vergleichswerte festgestellt werden, ist für die Bestimmung des Fremdvergleichspreises ein hypothetischer Fremdvergleich unter Beachtung des Absatzes 1 Satz 3 aus Sicht des Leistenden und des jeweiligen Leistungsempfängers anhand ökonomisch anerkannter Bewertungsmethoden durchzuführen.

(3a)[2)] [1] Die Anwendung des Fremdvergleichsgrundsatzes führt regelmäßig zu einer Bandbreite von Werten. [2] Diese Bandbreite ist einzuengen, wenn nach Anwendung von Absatz 3 Satz 6 Unterschiede in der Vergleichbarkeit verbleiben. [3] Bieten diese Werte selbst keine Anhaltspunkte für eine bestimmte Einengung, so bleiben aus dieser Bandbreite das Viertel der kleinsten und das Viertel der größten Werte unberücksichtigt. [4] Liegt der vom Steuerpflichtigen für seine Einkünfteermittlung verwendete Wert außerhalb der Bandbreite gemäß Satz 1 oder der eingeengten Bandbreite, ist der Median maßgeblich, wenn der Steuerpflichtige nicht glaubhaft macht, dass ein anderer Wert innerhalb der Bandbreite dem Fremdvergleichsgrundsatz besser entspricht. [5] Bei der Anwendung des hypothetischen Fremdvergleichs nach Absatz 3 Satz 7 ergibt sich regelmäßig aus dem Mindestpreis des Leistenden und dem Höchstpreis des Leistungsempfängers ein Einigungsbereich. [6] In den Fällen des Satzes 5 ist der Mittelwert des Einigungsbereichs zugrunde zu legen, wenn der Steuerpflichtige nicht glaubhaft macht, dass ein anderer Wert innerhalb des Einigungsbereichs dem Fremdvergleichsgrundsatz entspricht.

[1)] § 1 Abs. 3 Satz 9 geänd. mWv VZ 2013 durch G v. 26.6.2013 (BGBl. I S. 1809).

[2)] § 1 Abs. 3a eingef. mWv VZ 2022 (§ 21 Abs. 25 idF des G v. 2.6.2021) durch G v. 2.6.2021 (BGBl. I S. 1259); Satz 4 geänd. durch ATADUmsG v. 25.6.2021 (BGBl. I S. 2035).

[Fassung bis VZ 2021:]

satz entspricht; macht der Steuerpflichtige glaubhaft, dass zumindest ein wesentliches immaterielles Wirtschaftsgut Gegenstand der Funktionsverlagerung ist, und bezeichnet er es genau, sind Einzelverrechnungspreise für die Bestandteile des Transferpakets anzuerkennen. [11] Sind in den Fällen der Sätze 5 und 9 wesentliche immaterielle Wirtschaftsgüter und Vorteile Gegenstand einer Geschäftsbeziehung und weicht die tatsächliche spätere Gewinnentwicklung erheblich von der Gewinnentwicklung ab, die der Verrechungspreisbestimmung zugrunde lag, ist widerlegbar zu vermuten, dass zum Zeitpunkt des Geschäftsabschlusses Unsicherheiten im Hinblick auf die Preisvereinbarung bestanden und unabhängige Dritte eine sachgerechte Anpassungsregelung vereinbart hätten. [12] Wurde eine solche Regelung nicht vereinbart und tritt innerhalb der ersten zehn Jahre nach Geschäftsabschluss eine erhebliche Abweichung im Sinne des Satzes 11 ein, ist für eine deshalb vorzunehmende Berichtigung nach Absatz 1 Satz 1 einmalig ein angemessener Anpassungsbetrag auf den ursprünglichen Verrechnungspreis der Besteuerung des Wirtschaftsjahres zugrunde zu legen, das dem Jahr folgt, in dem die Abweichung eingetreten ist.

[Fassung ab VZ 2022:]

(3b) [1] Wird eine Funktion einschließlich der dazugehörigen Chancen und Risiken sowie der mitübertragenen oder mitüberlassenen Wirtschaftsgüter oder sonstigen Vorteile verlagert und ist auf die verlagerte Funktion Absatz 3 Satz 7 anzuwenden, weil für die Verlagerung der Funktion als Ganzes (Transferpaket) keine Vergleichsdaten festgestellt werden können, ist der Einigungsbereich auf der Grundlage des Transferpakets zu bestimmen. [2] Hiervon kann abgesehen werden, wenn der Steuerpflichtige glaubhaft macht, dass weder wesentliche immaterielle Wirtschaftsgüter noch sonstige Vorteile Gegenstand der Funktionsverlagerung waren. [3] Dies gilt dann, wenn das übernehmende Unternehmen die übergehende Funktion ausschließlich gegenüber dem verlagernden Unternehmen ausübt und das Entgelt, das für die Ausübung der Funktion und die Erbringung der entsprechenden Leistungen anzusetzen ist, nach der Kostenaufschlagsmethode zu ermitteln ist.

(3c)[1)] [1] Die Übertragung oder Überlassung zur Nutzung eines immateriellen Werts ist zu vergüten, wenn diese auf der Grundlage einer Geschäftsbeziehung im Sinne des Absatzes 4 erfolgt und hiermit eine finanzielle Auswirkung für den Übernehmer, den Nutzenden, den Übertragenden oder den Überlassenden verbunden ist. [2] Immaterielle Werte sind Vermögenswerte,

1. die weder materielle Wirtschaftsgüter oder Beteiligungen noch Finanzanlagen sind,
2. die Gegenstand eines Geschäftsvorfalls sein können, ohne ein-

[1)] § 1 Abs. 3c eingef. mWv VZ 2022 (§ 21 Abs. 25 idF des G v. 2.6.2021) durch G v. 2.6.2021 (BGBl. I S. 1259); Satz 4 geänd. durch ATADUmsG v. 25.6.2021 (BGBl. I S. 2035).

[Fassung ab VZ 2022:]

zeln übertragbar sein zu müssen, und

3. die einer Person eine tatsächliche oder rechtliche Position über diesen Vermögenswert vermitteln können.

[3]Die Feststellung des Eigentums oder der Inhaberschaft an einem immateriellen Wert, einschließlich aus einem solchen abgeleiteter Rechte, ist Ausgangspunkt für die Bestimmung, welchem an dem Geschäftsvorfall beteiligten Unternehmen der Ertrag zusteht, der sich aus jedweder Art der Verwertung dieses immateriellen Werts ergibt. [4]Soweit eine dem Eigentümer oder dem Inhaber des immateriellen Werts nahestehende Person Funktionen im Zusammenhang mit der Entwicklung oder Erschaffung, der Verbesserung, dem Erhalt, dem Schutz oder jedweder Art der Verwertung des immateriellen Werts ausübt, hierzu Vermögenswerte einsetzt und Risiken übernimmt, sind diese Funktionen vom Eigentümer oder Inhaber der nahestehenden Person angemessen zu vergüten. [5]Die Finanzierung der Entwicklung oder Erschaffung, des Erhalts oder des Schutzes eines immateriellen Werts ist angemessen zu vergüten und berechtigt nicht zum Ertrag aus dem finanzierten immateriellen Wert.

(4)[1)] [1]Geschäftsbeziehungen im Sinne dieser Vorschrift sind

1. einzelne oder mehrere zusammenhängende wirtschaftliche Vorgänge (Geschäftsvorfälle) zwischen einem Steuerpflichtigen und einer ihm nahestehenden Person,

   a) die Teil einer Tätigkeit des Steuerpflichtigen oder der nahestehenden Person sind, auf die die §§ 13, 15, 18 oder 21 des Einkommensteuergesetzes anzuwenden sind oder anzuwenden wären, wenn sich der Geschäftsvorfall im Inland unter Beteiligung eines unbeschränkt Steuer-

[1)] § 1 Abs. 4 neu gef. durch G v. 22.12.2014 (BGBl. I S. 2417).

[alte Fassung:]

nach Absatz 1 unbeschränkt steuerpflichtig, gilt Satz 1 entsprechend. [4]Ist der Steueranspruch nach Absatz 5 gestundet, gilt Satz 1 ohne die darin genannte zeitliche Begrenzung entsprechend, wenn

1. der Steuerpflichtige oder im Fall des Absatzes 1 Satz 2 Nr. 1 sein Rechtsnachfolger unbeschränkt steuerpflichtig werden oder
2. das Besteuerungsrecht der Bundesrepublik Deutschland hinsichtlich des Gewinns aus der Veräußerung der Anteile auf Grund eines anderen Ereignisses wieder begründet wird oder nicht mehr beschränkt ist.

(4)[1)] [1]Vorbehaltlich des Absatzes 5 ist die nach Absatz 1 geschuldete Einkommensteuer auf Antrag in regelmäßigen Teilbeträgen für einen Zeitraum von höchstens fünf Jahren seit Eintritt der ersten Fälligkeit gegen Sicherheitsleistung zu stunden, wenn ihre alsbaldige Einziehung mit erheblichen Härten für den Steuerpflichtigen verbunden wäre. [2]Die Stundung ist zu widerrufen, soweit die Anteile während des Stundungszeitraums veräußert werden oder verdeckt in eine Gesellschaft im Sinne des § 17 Abs. 1 Satz 1 des Einkommensteuergesetzes eingelegt werden oder einer der Tatbestände des § 17 Abs. 4 des Einkommensteuergesetzes verwirklicht wird. [3]In Fällen des Absatzes 3 Satz 1 und 2 richtet sich der Stundungszeitraum nach der auf Grund dieser Vorschrift eingeräumten Frist; die Erhebung von Teilbeträgen entfällt; von der Sicherheitsleistung kann nur abgesehen werden, wenn der Steueranspruch nicht gefährdet erscheint.

[neue Fassung:]

Rechtsnachfolger erfüllt werden. [3]Das Finanzamt, das im Zeitpunkt der Beendigung der unbeschränkten Steuerpflicht nach § 19 der Abgabenordnung zuständig ist, kann die Frist auf Antrag des Steuerpflichtigen oder im Fall des Satzes 2 dessen Rechtsnachfolgers insgesamt um höchstens fünf Jahre verlängern, wenn die Absicht zur Rückkehr unverändert fortbesteht. [4]Beruht ein Ausschluss des Besteuerungsrechts im Sinne des Absatzes 1 Satz 1 Nummer 3 auf einer nur vorübergehenden Abwesenheit des Steuerpflichtigen, gelten die Sätze 1 bis 3 entsprechend. [5]Wird im Fall der unentgeltlichen Übertragung im Sinne des Absatzes 1 Satz 1 Nummer 2 auf eine natürliche Person die betreffende Person innerhalb von sieben Jahren seit der Übertragung unbeschränkt steuerpflichtig, gelten die Sätze 1 bis 3 entsprechend.

(4) [1]Die festgesetzte Steuer, die auf die nach Absatz 1 realisierten Einkünfte entfällt, kann auf Antrag des Steuerpflichtigen in sieben gleichen Jahresraten entrichtet werden. [2]Dem Antrag ist in der Regel nur gegen Sicherheitsleistung stattzugeben. [3]Die erste Jahresrate ist innerhalb eines Monats nach Bekanntgabe des Steuerbescheids zu entrichten; die übrigen Jahresraten sind jeweils am 31. Juli der Folgejahre fällig. [4]Die Jahresraten sind nicht zu verzinsen. [5]Die noch nicht entrichtete Steuer ist innerhalb eines Monats nach Eintritt der nachfolgenden Ereignisse fällig,

1. wenn die Jahresrate nicht fristgemäß entrichtet wird,
2. wenn der Steuerpflichtige seine Mitwirkungspflichten nach Absatz 5 nicht erfüllt,

---

1) Zur Anwendung siehe § 21 Abs. 3 Satz 2 Nr. 2.

[alte Fassung:]

(5)[1] [1] Ist der Steuerpflichtige im Fall des Absatzes 1 Satz 1 Staatsangehöriger eines Mitgliedstaates der Europäischen Union oder eines anderen Staates, auf den das Abkommen über den Europäischen Wirtschaftsraum vom 3. Januar 1994 (ABl. EG Nr. L 1 S. 3), zuletzt geändert durch den Beschluss des Gemeinsamen EWR-Ausschusses Nr. 91/2007 vom 6. Juli 2007 (ABl. EU Nr. L 328 S. 40), in der jeweils geltenden Fassung anwendbar ist (Vertragsstaat des EWR-Abkommens), und unterliegt er nach der Beendigung der unbeschränkten Steuerpflicht in einem dieser Staaten (Zuzugsstaat) einer der deutschen unbeschränkten Einkommensteuerpflicht vergleichbaren Steuerpflicht, so ist die nach Absatz 1 geschuldete Steuer zinslos und ohne Sicherheitsleistung zu stunden. [2] Voraussetzung ist, dass die Amtshilfe und die gegenseitige Unterstützung bei der Beitreibung der geschuldeten Steuer zwischen der Bundesrepublik Deutschland und diesem Staat gewährleistet sind. [3] Die Sätze 1 und 2 gelten entsprechend, wenn

1. im Fall des Absatzes 1 Satz 2 Nr. 1 der Rechtsnachfolger des Steuerpflichtigen einer der deutschen unbeschränkten Einkommensteuerpflicht vergleichbaren Steuerpflicht in einem Mitgliedstaat der Europäischen Union oder einem Vertragsstaat des EWR-Abkommens unterliegt, oder
2. im Fall des Absatzes 1 Satz 2 Nr. 2 der Steuerpflichtige einer der deutschen unbeschränkten Einkommensteuerpflicht vergleichba-

[neue Fassung:]

3. wenn der Steuerpflichtige Insolvenz anmeldet,
4. soweit die Anteile veräußert oder übertragen werden oder
5. soweit Gewinnausschüttungen oder eine Einlagenrückgewähr erfolgen und soweit deren gemeiner Wert insgesamt mehr als ein Viertel des Werts im Sinne des Absatzes 1 beträgt.

[6] Abweichend von Satz 5 Nummer 4 ist eine unentgeltliche Übertragung durch den Steuerpflichtigen auf eine natürliche Person von Todes wegen unbeachtlich; insofern ist für Zwecke des Satzes 5 auf die betreffende Person oder, infolge aufeinanderfolgender unentgeltlicher Weiterübertragung zwischen natürlichen Personen von Todes wegen, auf deren unmittelbaren oder mittelbaren Rechtsnachfolger abzustellen. [7] In den Fällen des Absatzes 3 gelten die vorstehenden Sätze entsprechend; der Stundungszeitraum richtet sich nach der vom Finanzamt eingeräumten Frist; die Erhebung von Jahresraten entfällt auf Antrag des Steuerpflichtigen; über Satz 5 hinaus wird die noch nicht entrichtete Steuer auch innerhalb eines Monats nach Eintritt des Ereignisses fällig, wonach der Steueranspruch nicht mehr nach Absatz 3 entfallen kann oder der Wegfall der Rückkehrabsicht gegenüber dem Finanzamt mitgeteilt wird. [8] Soweit die Steuer nicht nach Absatz 3 entfällt und der Steuerpflichtige auf die Leistung von Jahresraten verzichtet hat, sind für die Dauer des gewährten Zahlungsaufschubs Zinsen in entsprechender Anwendung des

[1] § 6 Abs. 5 Satz 1 neu gef. durch G v. 19.12.2008 (BGBl. I S. 2794); Abs. 5 Satz 4 Satzteil vor Nr. 1 ergänzt durch Brexit-StBG v. 25.3.2019 (BGBl. I S. 357). Zur Anwendung vgl. auch § 21 Abs. 3 Satz 2 Nr. 2.

[alte Fassung:]

ren Steuerpflicht in einem Mitgliedstaat der Europäischen Union oder einem Vertragsstaat des EWR-Abkommens unterliegt und Staatsangehöriger eines dieser Staaten ist oder

3. im Fall des Absatzes 1 Satz 2 Nr. 3 der Steuerpflichtige die Anteile in einen Betrieb oder eine Betriebsstätte in einem anderen Mitgliedstaat der Europäischen Union oder einem anderen Vertragsstaat des EWR-Abkommens einlegt oder
4. [1] im Fall des Absatzes 1 Satz 2 Nummer 4 der Steuerpflichtige Anteile an einer in einem Mitgliedstaat der Europäischen Union oder in einem Vertragsstaat des EWR-Abkommens ansässigen Gesellschaft hält.

[4] Die Stundung ist zu widerrufen, wenn die Voraussetzungen für die Stundung nach den Sätzen 1 bis 3 nicht mehr vorliegen oder

1. soweit der Steuerpflichtige oder sein Rechtsnachfolger im Sinne des Satzes 3 Nr. 1 Anteile veräußert oder verdeckt in eine Gesellschaft im Sinne des § 17 Abs. 1 Satz 1 des Einkommensteuergesetzes einlegt oder einer der Tatbestände des § 17 Abs. 4 des Einkommensteuergesetzes erfüllt wird;
2. soweit Anteile auf eine nicht unbeschränkt steuerpflichtige Person übergehen, die nicht in einem Mitgliedstaat der Europäischen Union oder einem Vertragsstaat des EWR-Abkommens einer der deutschen unbeschränkten Einkommensteuerpflicht vergleichbaren Steuerpflicht unterliegt;

[neue Fassung:]

§ 234 der Abgabenordnung zu erheben.

(5) [2] [1] Der Steuerpflichtige oder sein Gesamtrechtsnachfolger hat dem Finanzamt, das in den in Absatz 1 genannten Zeitpunkten nach § 19 der Abgabenordnung zuständig ist, nach amtlich vorgeschriebenem Vordruck [***ab VZ 2025:*** Datensatz über die amtlich bestimmte Schnittstelle elektronisch] die Verwirklichung eines der Tatbestände des Absatzes 4 Satz 5 oder 7 mitzuteilen. [2] Die Mitteilung ist innerhalb eines Monats nach dem meldepflichtigen Ereignis zu erstatten [***bis VZ 2024:*** ; sie ist vom Steuerpflichtigen eigenhändig zu unterschreiben]. [3] Der Steuerpflichtige oder sein Gesamtrechtsnachfolger hat dem nach Satz 1 zuständigen Finanzamt jährlich bis zum 31. Juli schriftlich [***ab VZ 2025:*** nach amtlich vorgeschriebenem Datensatz über die amtlich bestimmte Schnittstelle elektronisch] seine aktuelle Anschrift mitzuteilen und zu bestätigen, dass die Anteile ihm oder im Fall des Absatzes 1 Satz 1 Nummer 2 seinem Rechtsnachfolger weiterhin zuzurechnen sind.

[***ab VZ 2025:*** [4] Auf Antrag kann die Finanzbehörde zur Vermeidung unbilliger Härten auf eine elektronische Übermittlung verzichten; in diesem Fall ist die Mitteilung nach amtlich vorgeschriebenem Vordruck abzugeben und vom Steuerpflichtigen eigenhändig zu unterschreiben.]

---

[1] § 6 Abs. 5 Satz 3 Nr. 4 angef. durch G v. 22.12.2014 (BGBl. I S. 2417).

[2] § 6 Abs. 5 Sätze 1 bis 3 geänd., Satz 4 angef. mWv VZ 2025 (§ 21 Abs. 7 Satz 1) durch G v. 21.12.2023 (BGBl. I Nr. 347).

[alte Fassung:]

3. soweit in Bezug auf die Anteile eine Entnahme oder ein anderer Vorgang verwirklicht wird, der nach inländischem Recht zum Ansatz des Teilwerts oder des gemeinen Werts führt;
4. wenn für den Steuerpflichtigen oder seinen Rechtsnachfolger im Sinne des Satzes 3 Nr. 1 durch Aufgabe des Wohnsitzes oder gewöhnlichen Aufenthalts keine Steuerpflicht nach Satz 1 mehr besteht.

5 Ein Umwandlungsvorgang, auf den die §§ 11, 15 oder 21 des Umwandlungssteuergesetzes vom 7. Dezember 2006 (BGBl. I S. 2782, 2791) in der jeweils geltenden Fassung anzuwenden sind, gilt auf Antrag nicht als Veräußerung im Sinne des Satzes 4 Nr. 1, wenn die erhaltenen Anteile bei einem unbeschränkt steuerpflichtigen Anteilseigner, der die Anteile nicht in einem Betriebsvermögen hält, nach § 13 Abs. 2, § 21 Abs. 2 des Umwandlungssteuergesetzes mit den Anschaffungskosten der bisherigen Anteile angesetzt werden könnten; für Zwecke der Anwendung des Satzes 4 und der Absätze 3, 6 und 7 treten insoweit die erhaltenen Anteile an die Stelle der Anteile im Sinne des Absatzes 1. 6 Ist im Fall des Satzes 1 oder Satzes 3 der Gesamtbetrag der Einkünfte ohne Einbeziehung des Vermögenszuwachses nach Absatz 1 negativ, ist dieser Vermögenszuwachs bei Anwendung des § 10d des Einkommensteuergesetzes nicht zu berücksichtigen. 7 Soweit ein Ereignis im Sinne des Satzes 4 eintritt, ist der Vermögenszuwachs rückwirkend bei der Anwendung des § 10d des Einkommensteuergesetzes zu berücksichtigen und in Anwendung des Satzes 6 ergangene oder

[alte Fassung:]

geänderte Feststellungsbescheide oder Steuerbescheide sind aufzuheben oder zu ändern; § 175 Abs. 1 Satz 2 der Abgabenordnung gilt entsprechend.

(6)[1)] [1]Ist im Fall des Absatzes 5 Satz 4 Nr. 1 der Veräußerungsgewinn im Sinne des § 17 Abs. 2 des Einkommensteuergesetzes im Zeitpunkt der Beendigung der Stundung niedriger als der Vermögenszuwachs nach Absatz 1 und wird die Wertminderung bei der Einkommensbesteuerung durch den Zuzugsstaat nicht berücksichtigt, so ist der Steuerbescheid insoweit aufzuheben oder zu ändern; § 175 Abs. 1 Satz 2 der Abgabenordnung gilt entsprechend. [2]Dies gilt nur, soweit der Steuerpflichtige nachweist, dass die Wertminderung betrieblich veranlasst ist und nicht auf eine gesellschaftsrechtliche Maßnahme, insbesondere eine Gewinnausschüttung, zurückzuführen ist. [3]Die Wertminderung ist höchstens im Umfang des Vermögenszuwachses nach Absatz 1 zu berücksichtigen. [4]Ist die Wertminderung auf eine Gewinnausschüttung zurückzuführen und wird sie bei der Einkommensbesteuerung nicht berücksichtigt, ist die auf diese Gewinnausschüttung erhobene und keinem Ermäßigungsanspruch mehr unterliegende inländische Kapitalertragsteuer auf die nach Absatz 1 geschuldete Steuer anzurechnen.

(7) [1]Der Steuerpflichtige oder sein Gesamtrechtsnachfolger hat dem Finanzamt, das in dem in Absatz 1 genannten Zeitpunkt nach § 19 der Abgabenordnung zuständig ist, nach amtlich vorgeschriebenem Vordruck die Verwirklichung eines der Tatbestände des Absatzes 5 Satz 4 mitzutei-

[1)] Zur Anwendung siehe § 21 Abs. 3 Satz 2 Nr. 1.

[alte Fassung:]

len. [2]Die Mitteilung ist innerhalb eines Monats nach dem meldepflichtigen Ereignis zu erstatten; sie ist vom Steuerpflichtigen eigenhändig zu unterschreiben. [3]In den Fällen des Absatzes 5 Satz 4 Nr. 1 und 2 ist der Mitteilung ein schriftlicher Nachweis über das Rechtsgeschäft beizufügen. [4]Der Steuerpflichtige hat dem nach Satz 1 zuständigen Finanzamt jährlich bis zum Ablauf des 31. Januar schriftlich seine am 31. Dezember des vorangegangenen Kalenderjahres geltende Anschrift mitzuteilen und zu bestätigen, dass die Anteile ihm oder im Fall der unentgeltlichen Rechtsnachfolge unter Lebenden seinem Rechtsnachfolger weiterhin zuzurechnen sind. [5]Die Stundung nach Absatz 5 Satz 1 kann widerrufen werden, wenn der Steuerpflichtige seine Mitwirkungspflicht nach Satz 4 nicht erfüllt.

(8)[1)] [1]Abweichend von Absatz 5 Satz 4 führt der Austritt des Vereinigten Königreichs Großbritannien und Nordirland aus der Europäischen Union nicht zum Widerruf der Stundung, wenn allein auf Grund dessen für den Steuerpflichtigen oder seinen Rechtsnachfolger im Sinne des Absatzes 5 Satz 3 Nummer 1 die Voraussetzungen für die Stundung nach Absatz 5 Satz 1 und 3 nicht mehr vorliegen. [2]In den Fällen des Satzes 1 ist Absatz 5 Satz 4 auf die gestundeten Beträge weiterhin mit der Maßgabe anzuwenden, dass die Stundung über die in Absatz 5 Satz 4 geregelten Tatbestände hinaus auch zu widerrufen ist,

1. soweit die Anteile auf Grund einer Entnahme oder eines anderen Vorgangs, der nach inländischem Recht nicht zum Ansatz des Teil-

[1)] § 6 Abs. 8 angef. mWv 29.3.2019 durch Brexit-StBG v. 25.3.2019 (BGBl. I S. 357).

[alte Fassung:]

werts oder des gemeinen Werts führt, weder einer Betriebsstätte des Steuerpflichtigen im Vereinigten Königreich Großbritannien und Nordirland noch einer Betriebsstätte des Steuerpflichtigen im Sinne des Absatzes 5 Satz 3 Nummer 3 zuzuordnen ist;

2. wenn für den Steuerpflichtigen oder für seinen Rechtsnachfolger im Sinne des Absatzes 5 Satz 3 Nummer 1 infolge der Aufgabe des Wohnsitzes oder gewöhnlichen Aufenthalts weder eine mit der deutschen unbeschränkten Einkommensteuerpflicht vergleichbare Steuerpflicht im Vereinigten Königreich Großbritannien und Nordirland noch eine Steuerpflicht nach Absatz 5 Satz 1 besteht.

[3] In den Fällen des Satzes 2 gilt Absatz 7 entsprechend.

Vierter Teil. *Beteiligung an ausländischen Zwischengesellschaften* [*ab 1.1.2022*: Hinzurechnungsbesteuerung][1)]

[Fassung bis 31.12.2021:]

§ 7 Steuerpflicht inländischer Gesellschafter. (1) Sind unbeschränkt Steuerpflichtige an einer Körperschaft, Personenvereinigung oder Vermögensmasse im Sinne des Körperschaftsteuergesetzes, die weder Geschäftsleitung noch Sitz im Geltungsbereich dieses Gesetzes hat und die nicht gemäß § 3 Abs. 1 des Körperschaftsteuergesetzes von der Körperschaftsteuerpflicht ausgenommen ist (ausländische Gesell-

[Fassung ab 1.1.2022:]

§ 7[2)] Beteiligung an ausländischer Zwischengesellschaft.

(1) [1] Beherrscht ein unbeschränkt Steuerpflichtiger eine Körperschaft, Personenvereinigung oder Vermögensmasse im Sinne des Körperschaftsteuergesetzes, die weder Geschäftsleitung noch Sitz im Inland hat und die nicht gemäß § 3 Absatz 1 des Körperschaftsteuergesetzes von der Körperschaftsteuerpflicht ausgenommen ist (ausländische Gesell-

---

1) Überschrift neu gef. mWv 1.1.2022 (§ 21 Abs. 4) durch ATADUmsG v. 25.6.2021 (BGBl. I S. 2035).

2) § 7 neu gef. durch ATADUmsG v. 25.6.2021 (BGBl. I S. 2035); zur Anwendung siehe § 21 Abs. 4 Satz 1.

[Fassung bis 31.12.2021:]

schaft), zu mehr als der Hälfte beteiligt, so sind die Einkünfte, für die diese Gesellschaft Zwischengesellschaft ist, bei jedem von ihnen mit dem Teil steuerpflichtig, der auf die ihm zuzurechnende Beteiligung am Nennkapital der Gesellschaft entfällt.

(2) [1]Unbeschränkt Steuerpflichtige sind im Sinne des Absatzes 1 an einer ausländischen Gesellschaft zu mehr als der Hälfte beteiligt, wenn ihnen allein oder zusammen mit Personen im Sinne des § 2 am Ende des Wirtschaftsjahres der Gesellschaft, in dem sie die Einkünfte nach Absatz 1 bezogen hat (maßgebendes Wirtschaftsjahr), mehr als 50 Prozent der Anteile oder der Stimmrechte an der ausländischen Gesellschaft zuzurechnen sind. [2]Bei der Anwendung des vorstehenden Satzes sind auch Anteile oder Stimmrechte zu berücksichtigen, die durch eine andere Gesellschaft vermittelt werden, und zwar in dem Verhältnis, das den Anteilen oder Stimmrechten an der vermittelnden Gesellschaft zu den gesamten Anteilen oder Stimmrechten an dieser Gesellschaft entspricht; dies gilt entsprechend bei der Vermittlung von Anteilen oder Stimmrechten durch mehrere Gesellschaften. [3]Ist ein Gesellschaftskapital nicht vorhanden und bestehen auch keine Stimmrechte, so kommt es auf das Verhältnis der Beteiligungen am Vermögen der Gesellschaft an.

(3) Sind unbeschränkt Steuerpflichtige unmittelbar oder über Personengesellschaften an einer Personengesellschaft beteiligt, die ihrerseits an einer ausländischen Gesellschaft im Sinne des Absatzes 1 beteiligt ist, so gelten sie als an der ausländischen Gesellschaft beteiligt.

[Fassung ab 1.1.2022:]

schaft), sind die Einkünfte, für die diese Gesellschaft Zwischengesellschaft ist, bei dem unbeschränkt Steuerpflichtigen entsprechend seiner unmittelbaren und mittelbaren Beteiligung am Nennkapital steuerpflichtig. [2]Mittelbare Beteiligungen sind für die Steuerpflicht nach Satz 1 unbeachtlich, soweit bei einer die Beteiligung vermittelnden Person hinsichtlich der Beteiligung an dieser ausländischen Gesellschaft eine Hinzurechnungsbesteuerung nach diesem Gesetz oder einer vergleichbaren ausländischen Regelung erfolgt ist und die danach hinzugerechneten Einkünfte dadurch insgesamt keiner niedrigen Besteuerung im Sinne des § 8 Absatz 5 unterliegen. [3]Ist für die Gewinnverteilung der ausländischen Gesellschaft nicht die Beteiligung am Nennkapital maßgebend oder hat die Gesellschaft kein Nennkapital, so ist für die Steuerpflicht der Einkünfte nach Satz 1 der Maßstab für die Gewinnverteilung zugrunde zu legen. [4]Die Sätze 1 bis 3 sind auch auf einen beschränkt Steuerpflichtigen anzuwenden, soweit die Beteiligung an der ausländischen Gesellschaft unmittelbar oder mittelbar einer inländischen Betriebsstätte des Steuerpflichtigen zuzuordnen ist, durch die eine Tätigkeit im Sinne des § 15 Absatz 2 des Einkommensteuergesetzes ausgeübt wird.

(2) Eine Beherrschung im Sinne des Absatzes 1 liegt vor, wenn dem Steuerpflichtigen allein oder zusammen mit ihm nahestehenden Personen am Ende des Wirtschaftsjahres der ausländischen Gesellschaft, in dem diese die Einkünfte nach Absatz 1 erzielt hat (maßgebendes Wirtschaftsjahr), mehr als die Hälfte der Stimmrechte oder mehr als die

[Fassung bis 31.12.2021:]

wandlungssteuergesetzes zu Buchwerten erfolgen könnten; das gilt nicht, soweit eine Umwandlung den Anteil an einer Kapitalgesellschaft erfasst, dessen Veräußerung nicht die Voraussetzungen der Nummer 9 erfüllen würde.

(2)[1] [1]Ungeachtet des Absatzes 1 ist eine Gesellschaft, die ihren Sitz oder ihre Geschäftsleitung in einem Mitgliedstaat der Europäischen Union oder einem Vertragsstaat des EWR-Abkommens hat, nicht Zwischengesellschaft für Einkünfte, für die unbeschränkt Steuerpflichtige, die im Sinne des § 7 Absatz 2 oder Absatz 6 an der Gesellschaft beteiligt sind, nachweisen, dass die Gesellschaft insoweit einer tatsächlichen wirtschaftlichen Tätigkeit in diesem Staat nachgeht. [2]Weitere Voraussetzung ist, dass zwischen der Bundesrepublik Deutschland und diesem Staat auf Grund der Amtshilferichtlinie gemäß § 2 Absatz 2 des EU-Amtshilfegesetzes, oder einer vergleichbaren zwei- oder mehrseitigen Vereinbarung, Auskünfte erteilt werden, die erforderlich sind, um die Besteuerung durchzuführen. [3]Satz 1 gilt nicht für die der Gesellschaft nach § 14 zuzurechnenden Einkünfte einer Untergesellschaft, die weder Sitz noch Geschäftsleitung in einem Mitgliedstaat der Europäischen Union oder einem Vertragsstaat des EWR-Abkommens hat. [4]Das gilt auch für Zwischeneinkünfte, die einer Betriebsstätte der Gesellschaft außerhalb der Europäischen Union oder der Vertragsstaaten des EWR-Abkommens zuzurechnen sind. [5]Der tatsächlichen wirtschaftlichen Tätigkeit der Gesellschaft sind nur Einkünfte der Gesellschaft zu-

[Fassung ab 1.1.2022:]

lungsgesetzes zu Buchwerten erfolgen könnten; dies gilt nicht, soweit eine Umwandlung den Anteil an einer Kapitalgesellschaft erfasst, dessen Veräußerung nicht die Voraussetzungen der Nummer 9 erfüllen würde.]

(2) [1]Ungeachtet des Absatzes 1 ist eine ausländische Gesellschaft nicht Zwischengesellschaft für Einkünfte, für die nachgewiesen wird, dass die Gesellschaft in dem Staat, in dem sie ihren Sitz oder ihre Geschäftsleitung hat, insoweit einer wesentlichen wirtschaftlichen Tätigkeit nachgeht. [2]Dies setzt insbesondere den Einsatz der für die Ausübung der Tätigkeit erforderlichen sachlichen und personellen Ausstattung in diesem Staat voraus. [3]Die Tätigkeit muss durch hinreichend qualifiziertes Personal selbständig und eigenverantwortlich ausgeübt werden. [4]Der wesentlichen wirtschaftlichen Tätigkeit der Gesellschaft sind nur Einkünfte der Gesellschaft zuzuordnen, die durch diese Tätigkeit erzielt werden und dies nur insoweit, als der Fremdvergleichsgrundsatz (§ 1) beachtet worden ist. [5]Die Sätze 1 bis 3 gelten nicht, wenn die Gesellschaft ihre wesentliche wirtschaftliche Tätigkeit überwiegend durch Dritte besorgen lässt.

(3) Absatz 2 gilt nur, wenn die ausländische Gesellschaft ihren Sitz oder ihre Geschäftsleitung in einem Mitgliedstaat der Europäischen Union oder einem Vertragsstaat des EWR-Abkommens hat.

(4) Die Absätze 2 und 3 gelten nicht, wenn der Staat, in dem die Gesellschaft ihren Sitz oder ihre Geschäftsleitung hat, im Wege des zwischenstaatlichen Informationsaus-

[1] § 8 Abs. 2 neu gef. durch G v. 20.12.2007 (BGBl. I S. 3150); Sätze 1 und 2 geänd. durch G v. 26.6.2013 (BGBl. I S. 1809).

[Fassung bis 31.12.2021:]

zuordnen, die durch diese Tätigkeit erzielt werden und dies nur insoweit, als der Fremdvergleichsgrundsatz (§ 1) beachtet worden ist.

(3)[1] [1]Eine niedrige Besteuerung im Sinne des Absatzes 1 liegt vor, wenn die Einkünfte der ausländischen Gesellschaft einer Belastung durch Ertragsteuern von weniger als 25 Prozent unterliegen, ohne dass dies auf einem Ausgleich mit Einkünften aus anderen Quellen beruht. [2]In die Belastungsberechnung sind Ansprüche einzubeziehen, die der Staat oder das Gebiet der ausländischen Gesellschaft im Fall einer Gewinnausschüttung der ausländischen Gesellschaft dem unbeschränkt Steuerpflichtigen oder einer anderen Gesellschaft, an der der Steuerpflichtige direkt oder indirekt beteiligt ist, gewährt. [3]Eine niedrige Besteuerung im Sinne des Absatzes 1 liegt auch dann vor, wenn Ertragsteuern von mindestens 25 Prozent zwar rechtlich geschuldet, jedoch nicht tatsächlich erhoben werden.

[Fassung ab 1.1.2022:]

tausches keine Auskünfte erteilt, die zur Durchführung der Besteuerung erforderlich sind.

(5) [1]Eine niedrige Besteuerung liegt vor, wenn die nach Maßgabe des § 10 Absatz 3 ermittelten Einkünfte, für die die ausländische Gesellschaft Zwischengesellschaft ist, einer Belastung durch Ertragsteuern von weniger als *25 Prozent* [***künftige Fassung:*** 15 Prozent][2] unterliegen, ohne dass dies auf einem Ausgleich mit Einkünften aus anderen Quellen beruht. [2]In die Belastungsberechnung sind Ansprüche einzubeziehen, die der Staat oder das Gebiet der ausländischen Gesellschaft im Fall einer Gewinnausschüttung der ausländischen Gesellschaft dem Steuerpflichtigen oder einer anderen Gesellschaft, an der der Steuerpflichtige unmittelbar oder mittelbar beteiligt ist, gewährt. [3]Einkünfte unterliegen im Sinne des Satzes 1 auch dann einer Belastung durch Ertragsteuern von weniger als *25 Prozent* [***künftige Fassung:*** 15 Prozent][2], wenn Ertragsteuern von mindestens *25 Prozent* [***künftige Fassung:*** 15 Prozent][2] zwar rechtlich geschuldet, jedoch nicht tatsächlich erhoben werden.

§ 9[3] **Freigrenze bei gemischten Einkünften.** Für die Anwendung des § 7 Absatz 1 sind Einkünfte [***ab 1.1.2022:*** eines maßgebenden Wirtschaftsjahres im Sinne des § 7 Absatz 2], für die eine ausländische Gesellschaft Zwischengesellschaft ist, außer Ansatz zu lassen, wenn die *ihnen zugrunde liegenden Bruttoerträge* [***ab 1.1.2022:*** Einkünfte] nicht mehr als 10 Prozent der gesamten *Bruttoerträge der Gesellschaft* [***ab 1.1.2022:*** Einkünfte der ausländischen Gesellschaft] betragen, vorausgesetzt, dass die *bei einer Gesellschaft oder* bei einem

---

[1] § 8 Abs. 3 neu gef. durch G v. 20.12.2001 (BGBl. I S. 3858); Satz 1 geänd., Satz 2 angef. durch G v. 20.12.2007 (BGBl. I S. 3150); Satz 2 eingef. durch G v. 8.12.2010 (BGBl. I S. 1768).

[2] Prozentsatz geänd. duch G v. 21.12.2023 (BGBl. I Nr. 397); zur Anwendung siehe § 21 Abs. 6.

[3] § 9 neu gef. durch ATADUmsG v. 25.6.2021 (BGBl. I S. 2035); zur Anwendung siehe § 21 Abs. 4 Satz 1.

[Fassung bis 31.12.2021:]

Abs. 1 abziehbar sind. [2]In diesem Fall ist der Hinzurechnungsbetrag um diese Steuern zu erhöhen.

(2) Bei der Anrechnung sind die Vorschriften des § 34c Abs. 1 des Einkommensteuergesetzes[1] und des § 26 Abs. 1 und 6 des Körperschaftsteuergesetzes[2] entsprechend anzuwenden.

(3)[3] [1]Steuern von den nach § 3 Nr. 41 des Einkommensteuergesetzes befreiten Gewinnausschüttungen werden auf Antrag im Veranlagungszeitraum des Anfalls der zugrunde liegenden Zwischeneinkünfte als Hinzurechnungsbetrag in entsprechender Anwendung des § 34c Abs. 1 und 2 des Einkommensteuergesetzes und des § 26 Abs. 1 und 6 des Körperschaftsteuergesetzes[4] angerechnet oder abgezogen. [2]Dies gilt auch dann, wenn der Steuerbescheid für diesen Veranlagungszeitraum bereits bestandskräftig ist.

[Fassung ab 1.1.2022:]

Lasten der ausländischen Gesellschaft auf die dem Hinzurechnungsbetrag unterliegenden Einkünfte tatsächlich erhoben worden sind. [2]In den Fällen des § 8 Absatz 5 Satz 2 sind die Steuern um die dort bezeichneten Ansprüche des Steuerpflichtigen oder einer anderen Gesellschaft, an der der Steuerpflichtige unmittelbar oder mittelbar beteiligt ist, zu kürzen.

(2) Auf Antrag des Steuerpflichtigen wird auf seine Einkommen- oder Körperschaftsteuer, die auf den Hinzurechnungsbetrag entfällt, auch die anteilige Steuer angerechnet, die im Staat einer die Beteiligung an der Zwischengesellschaft vermittelnden Gesellschaft oder Betriebsstätte im Wege einer der Hinzurechnungsbesteuerung vergleichbaren Besteuerung tatsächlich erhoben worden ist.

(3) Bei der Anrechnung sind die Vorschriften des § 34c Absatz 1 des Einkommensteuergesetzes und des § 26 Absatz 1 und 2 Satz 1 des Körperschaftsteuergesetzes auf den Gesamtbetrag der Anrechnungsbeträge nach den Absätzen 1 und 2 entsprechend anzuwenden.

[*ab 1.1.2022:*

§ 13[5] Beteiligung an Kapitalanlagegesellschaften. (1) [1]Ist ein unbeschränkt Steuerpflichtiger unmittelbar oder mittelbar an einer ausländischen Gesellschaft beteiligt und bestehen die Einkünfte der Gesellschaft aus Einkünften mit Kapitalanlagecharakter, die einer niedrigen Besteuerung unterliegen (§ 8 Absatz 5), sind diese Einkünfte bei dem unbeschränkt Steuerpflichtigen entsprechend seiner unmittelbaren und mittelbaren Beteiligung am Nennkapital dieser Gesellschaft steuerpflichtig, auch wenn die Voraussetzungen des § 7 Absatz 1 Satz 1 im Übrigen nicht erfüllt sind. [2]§ 7 Absatz 1 Satz 2 und 3 gilt

---

[1] Nr. **1**.

[2] Nr. **100**.

[3] § 12 Abs. 3 angef. durch G v. 20.12.2001 (BGBl. I S. 3858).

[4] § 12 Abs. 3 Satz 1 Verweis ergänzt durch G v. 20.12.2007 (BGBl. I S. 3150).

[5] § 13 eingef. durch ATADUmsG v. 25.6.2021 (BGBl. I S. 2035); zur Anwendung siehe § 21 Abs. 4 Satz 1.

entsprechend. [3]Satz 1 ist nicht anzuwenden, wenn die Einkünfte mit Kapitalanlagecharakter nicht mehr als 10 Prozent der gesamten Einkünfte, für die die ausländische Gesellschaft Zwischengesellschaft ist, betragen und die bei einer Zwischengesellschaft oder bei einem Steuerpflichtigen hiernach außer Ansatz zu lassenden Beträge insgesamt 80 000 Euro nicht übersteigen. [4]Satz 1 gilt bei einer Beteiligung von weniger als 1 Prozent nur, wenn die Einkünfte der ausländischen Gesellschaft ausschließlich oder nahezu ausschließlich aus Einkünften mit Kapitalanlagecharakter bestehen und mit der Hauptgattung der Aktien der ausländischen Gesellschaft kein wesentlicher und regelmäßiger Handel an einer Börse in einem Mitgliedstaat der Europäischen Union oder in einem Vertragsstaat des EWR-Abkommens oder an einer in einem anderen Staat nach § 193 Absatz 1 Satz 1 Nummer 2 und 4 des Kapitalanlagegesetzbuchs von der Bundesanstalt für Finanzdienstleistungsaufsicht zugelassenen Börse stattfindet.

(2) Einkünfte mit Kapitalanlagecharakter sind Einkünfte, einschließlich Veräußerungsgewinne, die aus dem Halten, der Verwaltung, der Werterhaltung oder der Werterhöhung von Zahlungsmitteln, Forderungen, Wertpapieren, Beteiligungen (ausgenommen Einkünfte im Sinne des § 8 Absatz 1 Nummer 7 und 8) oder ähnlichen Vermögenswerten stammen, es sei denn, der Steuerpflichtige weist nach, dass sie aus einer Tätigkeit stammen, die einer unter § 8 Absatz 1 Nummer 1 bis 6 fallenden eigenen Tätigkeit der ausländischen Gesellschaft dient.

(3) Zu den Einkünften mit Kapitalanlagecharakter gehören auch die Einkünfte aus einer Gesellschaft im Sinne des § 16 des REIT-Gesetzes vom 28. Mai 2007 (BGBl. I S. 914) in der jeweils geltenden Fassung, es sei denn, dass mit der Hauptgattung der Aktien der ausländischen Gesellschaft ein wesentlicher und regelmäßiger Handel an einer Börse der in Absatz 1 Satz 4 genannten Art stattfindet.

(4) [1]§ 8 Absatz 2 und 5 sowie die §§ 10 bis 12 gelten entsprechend. [2]§ 8 Absatz 2 gilt nicht, wenn der Staat, in dem die Gesellschaft ihren Sitz oder ihre Geschäftsleitung hat, im Wege des zwischenstaatlichen Informationsaustausches keine Auskünfte erteilt, die zur Durchführung der Besteuerung erforderlich sind.

(5) [1]Die Absätze 1 bis 4 sind nicht anzuwenden, wenn auf die Einkünfte mit Kapitalanlagecharakter, für die die ausländische Gesellschaft Zwischengesellschaft ist, die Vorschriften des Investmentsteuergesetzes in der jeweils geltenden Fassung anzuwenden sind. [2]Mittelbare Beteiligungen sind für den unbeschränkt Steuerpflichtigen nach Absatz 1 Satz 1 unbeachtlich, wenn er diese über einen Investmentfonds oder einen Spezial-Investmentfonds im Sinne des Investmentsteuergesetzes hält.]

§ 14[1)] ***Nachgeschaltete Zwischengesellschaften.*** *(1) [1]Ist eine ausländische Gesellschaft allein oder zusammen mit unbeschränkt Steuerpflichtigen gemäß § 7 an einer*

[1)] § 14 aufgeh. durch ATADUmsG v. 25.6.2021 (BGBl. I S. 2035); zur Anwendung siehe § 21 Abs. 1 und Abs. 4 Satz 5.

§ 18[1] Gesonderte Feststellung von Besteuerungsgrundlagen.

[Fassung bis 31.12.2021:]

(1) [1]Die Besteuerungsgrundlagen für die Anwendung der §§ 7 bis 14 und § 3 Nr. 41 des Einkommensteuergesetzes[3] werden gesondert festgestellt. [2]Sind an der ausländischen Gesellschaft mehrere unbeschränkt Steuerpflichtige beteiligt, so wird die gesonderte Feststellung ihnen gegenüber einheitlich vorgenommen; dabei ist auch festzustellen, wie sich die Besteuerungsgrundlagen auf die einzelnen Beteiligten verteilen. [3]Die Vorschriften der Abgabenordnung[4], mit Ausnahme des § 180 Abs. 3, und der Finanzgerichtsordnung[4] über die gesonderte Feststellung von Besteuerungsgrundlagen sind entsprechend anzuwenden.

[Fassung ab 1.1.2022:]

(1)[2] [1]Die Besteuerungsgrundlagen für die Anwendung der §§ 7 bis 13, insbesondere der Hinzurechnungsbetrag (§ 10), die anrechenbaren Steuern (§ 12), das Hinzurechnungskorrekturvolumen (§ 11) und der Verlustvortrag werden gesondert festgestellt. [2]Ist ein Steuerpflichtiger an der ausländischen Gesellschaft über andere vermittelnde Gesellschaften beteiligt, so ist auch festzustellen, wie sich das Hinzurechnungskorrekturvolumen für Zwecke des § 11 Absatz 1 Satz 2 auf die vermittelnden Gesellschaften aufteilt. [3]Sind an der ausländischen Gesellschaft mehrere Steuerpflichtige unmittelbar oder mittelbar beteiligt, so wird die gesonderte Feststellung ihnen gegenüber einheitlich vorgenommen; dabei ist auch festzustellen, wie sich die Besteuerungsgrundlagen auf die einzelnen Beteiligten verteilen. [4]Die Vorschriften der Abgabenordnung[4], mit Ausnahme des § 180 Abs. 3, und der Finanzgerichtsordnung[4] über die gesonderte Feststellung von Besteuerungsgrundlagen sind entsprechend anzuwenden.

(2)[5] [1]Für die gesonderte Feststellung ist das Finanzamt zuständig, das bei dem *unbeschränkt* Steuerpflichtigen für die Ermittlung der aus der [***ab 1.1.2022:*** unmittelbaren und mittelbaren] Beteiligung bezogenen Einkünfte örtlich zuständig ist. [2]Ist die gesonderte Feststellung gegenüber mehreren Personen einheitlich vorzunehmen, so ist das Finanzamt zuständig, das nach Satz 1 für den Beteiligten zuständig ist, dem die höchste Beteiligung an der ausländischen Gesellschaft zuzurechnen ist. [3]Läßt sich das zuständige Finanzamt nach den Sätzen 1 und 2 nicht feststellen, so ist das Finanzamt zuständig, das zuerst mit der Sache befaßt wird.

---

[1] § 18 Abs. 1 Satz 3 geänd. durch G v. 14.12.1976 (BGBl. I S. 3341); Abs. 3 angef. durch G v. 14.12.1984 (BGBl. I S. 1493).

[2] § 18 Abs. 1 Sätze 1 und 2 ersetzt durch Sätze 1 bis 3, bish. Satz 3 wird Satz 4 durch ATADUmsG v. 25.6.2021 (BGBl. I S. 2035); zur Anwendung siehe § 21 Abs. 4 Satz 1.

[3] Zitat ergänzt durch G v. 20.12.2001 (BGBl. I S. 3858).

[4] Nr. **800** und **802**.

[5] § 18 Abs. 2 Satz 1 kursiver Satzteil aufgeh., Klammerzusatz ergänzt mWv 1.1.2022 (§ 21 Abs. 4 Satz 1) durch ATADUmsG v. 25.6.2021 (BGBl. I S. 2035).

[Fassung bis 31.12.2021:]

(3) 1 Jeder der an der ausländischen Gesellschaft beteiligten unbeschränkt Steuerpflichtigen und erweitert beschränkt Steuerpflichtigen hat eine Erklärung zur gesonderten Feststellung abzugeben; dies gilt auch, wenn nach § 8 Abs. 2 geltend gemacht wird, dass eine Hinzurechnung unterbleibt.[2] 2 Diese Verpflichtung kann durch die Abgabe einer gemeinsamen Erklärung erfüllt werden. 3 Die Erklärung ist von dem Steuerpflichtigen oder von den in § 34 der Abgabenordnung[3] bezeichneten Personen eigenhändig zu unterschreiben.

[Fassung ab 1.1.2022:]

(3)[1] 1 Jeder der an der ausländischen Gesellschaft unmittelbar oder mittelbar beteiligten Steuerpflichtigen hat eine Erklärung zur gesonderten Feststellung nach amtlich vorgeschriebenem *Vordruck* [***neue Fassung:*** Datensatz über die amtlich bestimmte Schnittstelle elektronisch][4] abzugeben. 2 In den Fällen, in denen nach § 8 Absatz 2 geltend gemacht wird, dass eine Hinzurechnung unterbleibt, ist dies abweichend von Satz 1 nach amtlich vorgeschriebenem *Vordruck* [***neue Fassung:*** Datensatz über die amtlich bestimmte Schnittstelle elektronisch][5] nur anzuzeigen; für diese Anzeige gelten die für die Erklärung zur gesonderten Feststellung nach Satz 1 maßgeblichen Fristen entsprechend. 3 Die Anzeige hat die Angaben zu enthalten, die für die Prüfung der Voraussetzungen nach § 8 Absatz 2 von Bedeutung sind; insbesondere Name, Anschrift, wirtschaftliche Tätigkeit der ausländischen Gesellschaft, Beteiligungsverhältnisse und Identifikationsmerkmale der an der ausländischen Gesellschaft Beteiligten. 4 Das zuständige Finanzamt kann in den Fällen des Satzes 2 die Abgabe einer Erklärung nach Satz 1 verlangen. 5 Die Verpflichtungen nach diesem Absatz können durch die Abgabe einer gemeinsamen Erklärung oder Anzeige erfüllt werden. *6 Die Erklärung sowie die Anzeige sind von dem Steuerpflichtigen oder von den in § 34 der Abgabenordnung bezeichneten Personen* [***neue Fassung:*** 6 Auf Antrag kann die Finanzbehörde zur Vermeidung

---

[1] Abs. 3 neu gef. durch ATADUmsG v. 25.6.2021 (BGBl. I S. 2035); zur Anwendung siehe § 21 Abs. 4 Satz 1; Sätze 1 und 2 geänd. Satz 6 neu gef. durch G v. 21.12.2023 (BGBl. I Nr. 397); zur Anwendung siehe § 21 Abs. 7 Satz 2.

[2] § 18 Abs. 3 Satz 1 HS 2 angef. durch G v. 20.12.2007 (BGBl. I S. 3150).

[3] Nr. **800**.

[4] Zur Anwendung siehe § 21 Abs. 7 Satz 2.

[5] Zur Anwendung siehe § 21 Abs. 7 Satz 2.

[Fassung ab 1.1.2022:]

unbilliger Härten auf eine elektronische Übermittlung verzichten; in diesem Fall sind die Erklärung sowie die Anzeige nach amtlich vorgeschriebenem Vordruck abzugeben und vom Steuerpflichtigen][1] eigenhändig zu unterschreiben.

(4)[2] Die Absätze 1 bis 3 gelten für Einkünfte und Vermögen im Sinne des § 15 entsprechend.

[*ab 1.1.2022:*

(5)[3] Eine Außenprüfung zur Ermittlung der Besteuerungsgrundlagen ist bei jedem Steuerpflichtigen zulässig.]

Siebenter Teil. Schlußvorschriften

§ 19[4] *(aufgehoben)*

§ 20[5] **Bestimmungen über die Anwendung von Abkommen zur Vermeidung der Doppelbesteuerung.** (1) Die Vorschriften der §§ 7 bis 18 und *der Absätze 2 und 3* [***ab 1.1.2022:*** des Absatzes 2] werden durch die Abkommen zur Vermeidung der Doppelbesteuerung nicht berührt.

[Fassung bis 31.12.2021:]

(2) [1]Fallen Einkünfte in der ausländischen Betriebsstätte eines unbeschränkt Steuerpflichtigen an und wären sie ungeachtet des § 8 Abs. 2[6] als Zwischeneinkünfte steuerpflichtig, falls diese Betriebsstätte eine ausländische Gesellschaft wäre, ist insoweit die Doppelbesteuerung nicht durch Freistellung, sondern durch Anrechnung der auf diese Einkünfte erhobenen ausländischen Steuern zu vermeiden. [2]Das gilt nicht, so-

[Fassung ab 1.1.2022:]

(2) [1]Fallen Einkünfte in der ausländischen Betriebsstätte eines unbeschränkt Steuerpflichtigen an und sind sie auf Grund eines Abkommens zur Vermeidung der Doppelbesteuerung von der Besteuerung auszunehmen und wären die Einkünfte ungeachtet des § 8 Absatz 2 als Zwischeneinkünfte steuerpflichtig, falls diese Betriebsstätte eine ausländische Gesellschaft wäre, ist insoweit die Doppelbesteuerung nicht durch Frei-

---

[1] Zur Anwendung siehe § 21 Abs. 7 Satz 2.

[2] § 18 Abs. 4 neu gef. durch G v. 26.6.2013 (BGBl. I S. 1809).

[3] § 18 Abs. 5 angef. duch ATADUmsG v. 25.6.2021 (BGBl. I S. 2035); zur Anwendung siehe § 21 Abs. 4 Satz 1.

[4] § 19 aufgeh. durch G v. 20.12.2007 (BGBl. I S. 3150).

[5] § 20 eingef. durch G v. 25.2.1992 (BGBl. I S. 297); Abs. 3 aufgeh. mWv 1.1.1997 durch G v. 20.12.1996 (BGBl. I S. 2049); Abs. 2 bish. Satz 2 angef. durch G v. 20.12.2001 (BGBl. I S. 3858); Abs. 2 Satz 1 geänd., bish. Satz 2 aufgeh. durch G v. 16.5.2003 (BGBl. I S. 660); Abs. 1 geänd., Abs. 2 neu gef. durch ATADUmsG v. 25.6.2021 (BGBl. I S. 2035); zur Anwendung siehe § 21 Abs. 4 Satz 1.

[6] § 20 Abs. 2 ergänzt durch G v. 20.12.2007 (BGBl. I S. 3150).

[Fassung bis 31.12.2021:]

weit in der ausländischen Betriebsstätte Einkünfte anfallen, die nach § 8 Absatz 1 Nummer 5 Buchstabe a als Zwischeneinkünfte steuerpflichtig wären.[1)]

[Fassung ab 1.1.2022:]

stellung, sondern durch Anrechnung der auf diese Einkünfte erhobenen ausländischen Steuern zu vermeiden; ein negativer Betrag ist nicht zu berücksichtigen, § 10 Absatz 3 Satz 5 und 6 gilt entsprechend. [2]Satz 1 gilt nicht, soweit in der ausländischen Betriebsstätte Einkünfte anfallen, die nach § 8 Absatz 1 Nummer 5 Buchstabe a als Zwischeneinkünfte steuerpflichtig wären.

(3) *(aufgehoben)*

§ 21[2)] **Anwendungsvorschriften.** (1) Diese Fassung des Gesetzes gilt, sofern in den folgenden Absätzen nichts anderes bestimmt ist,

1. für die Einkommen- und Körperschaftsteuer erstmals für den Veranlagungszeitraum 2022,
2. für die Gewerbesteuer erstmals für den Erhebungszeitraum 2022,
3. für die Erbschaftsteuer auf Erwerbe, bei denen die Steuerschuld nach dem Inkrafttreten dieses Gesetzes entstanden ist.

(2) § 1 Absatz 2 in der Fassung des Artikels 5 des Gesetzes vom 25. Juni 2021 (BGBl. I S. 2035) ist für Zwecke der Anwendung des § 4k Absatz 6 des Einkommensteuergesetzes in der Fassung des Artikels 1 des Gesetzes vom 25. Juni 2021 (BGBl. I S. 2035) bereits für den Veranlagungs- und Erhebungszeitraum 2020 anzuwenden.

(3)[3)] [1]Wurde ein Tatbestand des § 6 Absatz 1 in einer bis zum 30. Juni 2021 geltenden Fassung vor dem 1. Januar 2022 verwirklicht, ist § 6 in der am 30. Juni 2021 geltenden Fassung für die Abwicklung dieses Falles über den 31. Dezember 2021 hinaus anzuwenden. [2]Abweichend von Satz 1 sind

1. Minderungen des Vermögenszuwachses im Sinne des § 6 Absatz 6 in der am 30. Juni 2021 geltenden Fassung auf Veräußerungen nach dem 24. März 2021 nicht mehr zu berücksichtigen und
2. Stundungen nach § 6 Absatz 4 oder 5 in einer bis zum 30. Juni 2021 geltenden Fassung auch zu widerrufen, soweit Gewinnausschüttungen erfolgen oder eine Einlagenrückgewähr erfolgt und soweit deren gemeiner Wert insgesamt mehr als ein Viertel des gemeinen Werts zum Zeitpunkt der Verwirklichung des Tatbestands im Sinne des Satzes 1 beträgt; § 6 Absatz 7 Satz 1 und 2 in der am 30. Juni 2021 geltenden Fassung ist entsprechend anzuwenden. [2]Dies gilt nur für Gewinnausschüttungen oder eine Einlagenrückgewähr, die nach dem 16. August 2023[4)] erfolgen.

---

1) § 20 Abs. 2 Satz 2 angef. durch G v. 8.12.2010 (BGBl. I S. 1768).

2) § 21 neu gef. durch ATADUmsG v. 25.6.2021 (BGBl. I S. 2035).

3) § 21 Abs. 3 Saz 1 neu gef., Satz 2 geänd. durch G v. 16.12.2022 (BGBl. I S. 2294); Abs. 3 Satz 2 neu gef.durch G v. 21.12.2023 (BGBl. I Nr. 397).

4) Dies ist der Tag des Kabinettsbeschlusses des G v. 21.12.2023 (BGBl. I Nr. 397).

(4)[1] ¹Die §§ 7 bis 13, 16 bis 18 und 20 in der am 1. Juli 2021 geltenden Fassung und § 15 in der am 21. Dezember 2022 geltenden Fassung sind erstmals anzuwenden

1. für die Einkommen- und Körperschaftsteuer für den Veranlagungszeitraum,
2. für die Gewerbesteuer für den Erhebungszeitraum,

für den Zwischeneinkünfte hinzuzurechnen sind, die in einem Wirtschaftsjahr der Zwischengesellschaft oder der Betriebsstätte entstanden sind, das nach dem 31. Dezember 2021 beginnt. ²Verluste, die für Veranlagungszeiträume oder Erhebungszeiträume vor dem 1. Januar 2022 bei Einkünften entstanden sind, für die die ausländische Gesellschaft Zwischengesellschaft ist, können in entsprechender Anwendung des § 10d des Einkommensteuergesetzes, soweit sie die nach § 9 außer Ansatz zu lassenden Einkünfte übersteigen, abgezogen werden. ³Für Steuern der ausländischen Gesellschaft für Wirtschaftsjahre, die vor dem 1. Januar 2022 enden, gelten § 10 Absatz 1 Satz 2, § 10 Absatz 3 Satz 6 und § 12 Absatz 1 in der am 30. Juni 2021 geltenden Fassung fort. ⁴Als Anfangsbestand des Hinzurechnungskorrekturvolumens zum 31. Dezember 2021 wird die Summe der Hinzurechnungsbeträge erfasst, die beim Steuerpflichtigen gemäß § 10 Absatz 2 in der am 30. Juni 2021 geltenden Fassung für die Veranlagungszeiträume 2015 bis 2022 der Besteuerung unterliegen, soweit sie nicht für eine Steuerbefreiung nach § 3 Nummer 41 des Einkommensteuergesetzes in der am 30. Juni 2021 geltenden Fassung zu berücksichtigen sind. ⁵Soweit Verluste im Sinne des Satzes 2 durch Anwendung des § 14 in der am 30. Juni 2021 geltenden Fassung einer anderen Gesellschaft zugerechnet worden und noch nicht verrechnet worden sind, können sie auf bis zum 31. Juli 2023 zu stellenden Antrag denjenigen nachgeordneten Zwischengesellschaften im Sinne des § 14 in der am 30. Juni 2021 geltenden Fassung zugeordnet werden, durch deren Tätigkeit sie wirtschaftlich verursacht sind; bei mehreren Steuerpflichtigen ist der Antrag einheitlich zu stellen.

(5)[2] Für Zwischeneinkünfte, die in einem Wirtschaftsjahr der Zwischengesellschaft oder der Betriebsstätte entstanden sind, das vor dem 1. Januar 2022 beginnt, ist § 8 Absatz 1 Nummer 10 in der am 30. Juni 2021 geltenden Fassung auf Umwandlungen und Einbringungen, deren steuerlicher Übertragungsstichtag nach dem 31. Dezember 2021 liegt, in der folgenden Fassung anzuwenden: *[dort abgedruckt]*.

(6)[3] § 8 Absatz 5 in der am 28. Dezember 2023[4] geltenden Fassung ist erstmals anzuwenden für die Einkommen- und Körperschaftsteuer für den Veranlagungszeitraum, für den Zwischeneinkünfte hinzuzurechnen sind, die in einem Wirtschaftsjahr der Zwischengesellschaft oder der Betriebsstätte entstanden sind, das nach dem 31. Dezember 2023 endet.

---

[1] § 21 Abs. 4 Satz 1 einl. Satzteil geänd. durch G v. 16.12.2022 (BGBl. I S. 2294).
[2] § 21 Abs. 5 angef. durch G v. 25.6.2021 (BGBl. I S. 2050).
[3] § 21 Abs. 6 eingef. durch G v. 21.12.2023 (BGBl. I Nr. 397).
[4] Dies ist der Tag *nach* der Verkündung des G. v 21.12.2023.

(7)[1) 1]§ 6 Absatz 5 in der am 28. Dezember 2023[2)] geltenden Fassung ist erstmals für den Veranlagungszeitraum 2025 anzuwenden. [2]§ 18 Absatz 3 in der am 28. Dezember 2023[3)] geltenden Fassung ist erstmals anzuwenden für die Einkommen- und Körperschaftsteuer für den Veranlagungszeitraum, für den Zwischeneinkünfte hinzuzurechnen sind, die in einem Wirtschaftsjahr der Zwischengesellschaft oder der Betriebsstätte entstanden sind, das nach dem 31. Dezember 2024 endet.

§ 22[4)] **Neufassung des Gesetzes.** Das Bundesministerium der Finanzen kann den Wortlaut dieses Gesetzes in der jeweils geltenden Fassung im Bundesgesetzblatt bekannt machen.

---

1) § 21 Abs. 7 angef. durch G v. 21.12.2023 (BGBl. I Nr. 397).
2) Dies ist der Tag *nach* der Verkündung des G v. 21.12.2023.
3) Dies ist der Tag *nach* der Verkündung des G v. 21.12.2023.
4) § 22 neu gef. durch G v. 20.12.2007 (BGBl. I S. 3150).

Gesetz zur Gewährleistung einer globalen Mindestbesteuerung für Unternehmensgruppen (Mindeststeuergesetz – MinStG)

Vom 21. Dezember 2023 (BGBl. 2023 I Nr. 397)

FNA 610-6-22

Inhaltsübersicht

Teil 1. Allgemeine Vorschriften

Abschnitt 1. Anwendungsbereich

§ 1 Steuerpflicht. (1) [1] Im Inland belegene Geschäftseinheiten, die zu einer Unternehmensgruppe gehören, welche in den Konzernabschlüssen der obersten Muttergesellschaft in mindestens zwei von vier dem Geschäftsjahr unmittelbar vorhergehenden Geschäftsjahren jährliche Umsatzerlöse von 750 Millionen Euro[1)] oder mehr ausweist (Umsatzgrenze), unterliegen ungeachtet der Vorschriften eines Abkommens zur Vermeidung der Doppelbesteuerung der Mindeststeuer. [2] § 63 ist zu beachten.

[1)] Vgl. hierzu § 97 Abs. 1.

(2) Der Mindeststeuer unterliegen auch Joint Ventures, Joint-Venture-Tochtergesellschaften sowie jede Betriebsstätte eines Joint Venture oder einer Joint-Venture-Tochtergesellschaft, die die Voraussetzung des § 90 Absatz 2 erfüllen.

(3) Umfasst ein Geschäftsjahr einen Zeitraum von weniger oder mehr als zwölf Monaten, ist der Schwellenwert im Sinne des Absatzes 1 Satz 1 für das betreffende Geschäftsjahr anteilig zu erhöhen oder zu kürzen.

(4) Dieses Gesetz findet auf ausgeschlossene Einheiten im Sinne des § 5 keine Anwendung; für die Bestimmung der Umsatzgrenze sind die Umsatzerlöse dieser Einheiten jedoch zu berücksichtigen.

§ 2 Umfang der Besteuerung. Die Mindeststeuer umfasst den Primärergänzungssteuerbetrag nach den §§ 8 bis 10, den Sekundärergänzungssteuerbetrag nach den §§ 11 bis 14 sowie den nationalen Ergänzungssteuerbetrag nach den §§ 90 bis 93.

§ 3 Mindeststeuergruppe. (1) 1 Die nach § 1 steuerpflichtigen Geschäftseinheiten einer Unternehmensgruppe bilden eine Mindeststeuergruppe. 2 Die Primärergänzungssteuerbeträge, Sekundärergänzungssteuerbeträge und nationalen Ergänzungssteuerbeträge dieser Geschäftseinheiten werden dem Gruppenträger zugerechnet. 3 Der Gruppenträger schuldet die Mindeststeuer.

(2) 1 Steuerpflichtige Joint Ventures und ihre Tochtergesellschaften im Sinne des § 1 Absatz 2 gelten für Zwecke dieses Paragraphen als Geschäftseinheiten der Unternehmensgruppe, deren oberste Muttergesellschaft das Joint Venture im Konzernabschluss entsprechend § 67 Absatz 4 erfasst. 2 Gilt ein Joint Venture als Geschäftseinheit zweier Unternehmensgruppen, ist dessen nationaler Ergänzungssteuerbetrag hälftig aufzuteilen.

(3) 1 Gruppenträger ist die oberste Muttergesellschaft, wenn sie im Inland belegen ist. 2 Liegt kein Fall des Satzes 1 vor, ist die im Inland belegene Muttergesellschaft Gruppenträger, wenn sie gemeinsame Muttergesellschaft aller im Inland belegenen Geschäftseinheiten ist. 3 In allen anderen Fällen hat die oberste Muttergesellschaft eine der nach § 1 steuerpflichtigen Geschäftseinheiten als Gruppenträger bis auf Widerruf zu bestimmen. 4 Erfolgt keine Bestimmung des Gruppenträgers nach Satz 3, ist Gruppenträger die im Inland belegene wirtschaftlich bedeutendste Geschäftseinheit. 5 Für die Anwendung der vorstehenden Sätze sind die Verhältnisse bei Ablauf des Besteuerungszeitraums für den gesamten Besteuerungszeitraum maßgeblich. 6 Bei einem Wechsel des Gruppenträgers ändert sich die Steuerschuldnerschaft nach Absatz 1 Satz 3 für bereits abgelaufene Besteuerungszeiträume nicht. 7 Scheidet die nach Satz 3 bestimmte Geschäftseinheit aus der Mindeststeuergruppe aus, gilt die Bestimmung für das laufende Kalenderjahr mit sofortiger Wirkung als widerrufen.

(4) 1 Der Gruppenträger hat dem Bundeszentralamt für Steuern spätestens zwei Monate nach Ablauf des Besteuerungszeitraums, für den die Steuerpflicht nach diesem Gesetz besteht, seine Stellung als Gruppenträger nach amtlich vorgeschriebenem Datensatz über die amtlich bestimmte Schnittstelle elektronisch mitzuteilen. 2 Änderungen der Stellung als Gruppenträger einschließlich eines Widerrufs nach Absatz 3 Satz 3 sind durch den bisherigen Gruppenträ-

ger unverzüglich mitzuteilen; für den neuen Gruppenträger gilt Satz 1 entsprechend. [3]Der Gruppenträger hat die übrigen Geschäftseinheiten, die nach Absatz 5 haften, über seine Stellung zu informieren. [4]Das Bundeszentralamt für Steuern leitet die Information nach den Sätzen 1 und 2 den jeweils zuständigen Finanzbehörden der Länder zu.

(5) Die Geschäftseinheiten, deren Ergänzungssteuerbeträge nach Absatz 1 Satz 2 dem Gruppenträger zugerechnet werden, haften gesamtschuldnerisch für die Mindeststeuer des Gruppenträgers.

(6) [1]Die Geschäftseinheiten, deren Ergänzungssteuerbeträge nach Absatz 1 Satz 2 dem Gruppenträger zugerechnet werden, sind der zahlenden Geschäftseinheit gegenüber zum Ausgleich der nach Maßgabe dieses Gesetzes auf sie entfallenden und von der zahlenden Geschäftseinheit gezahlten Anteile an der Mindeststeuer verpflichtet. [2]Der Gruppenträger ist den Geschäftseinheiten zum Ausgleich der nach Maßgabe dieses Gesetzes auf sie jeweils entfallende Erstattung der Mindeststeuer verpflichtet. [3]Entstandene Ausgleichsansprüche nach den Sätzen 1 und 2 erhöhen oder mindern das Einkommen nach dem Einkommensteuergesetz oder Körperschaftsteuergesetz nicht.

§ 4 Umfang der Unternehmensgruppe und ihre Bestandteile.

(1) [1]Eine Unternehmensgruppe umfasst alle Einheiten, die durch Eigentum oder Beherrschung miteinander verbunden sind, sodass die Vermögenswerte, Schulden, Erträge, Aufwendungen und Zahlungsströme dieser Einheiten

1. im Konzernabschluss der obersten Muttergesellschaft zu konsolidieren sind oder
2. nur aus Größen- oder Wesentlichkeitsgründen oder weil die Einheit zum Verkauf steht nicht im Konzernabschluss der obersten Muttergesellschaft zu konsolidieren sind.

[2]Eine Einheit, die nicht bereits Bestandteil einer Unternehmensgruppe im Sinne des Satzes 1 ist, bildet auch eine Unternehmensgruppe für Zwecke dieses Gesetzes; dies umfasst auch ein Stammhaus und seine in einem anderen Steuerhoheitsgebiet belegenen Betriebsstätten.

(2) [1]Geschäftseinheit ist jede Einheit einer Unternehmensgruppe sowie jede ihrer in einem anderen Steuerhoheitsgebiet belegenen Betriebsstätten. [2]Jede Betriebsstätte ist für Zwecke dieses Gesetzes so zu behandeln, als wäre sie gegenüber dem Stammhaus nach Absatz 7 und etwaigen anderen Betriebsstätten dieses Stammhauses eine eigenständige und unabhängige Geschäftseinheit. [3]Ausgeschlossene Einheiten im Sinne des § 5 sind keine Geschäftseinheiten.

(3) [1]Oberste Muttergesellschaft ist

1. die Einheit einer Unternehmensgruppe, die unmittelbar oder mittelbar eine Kontrollbeteiligung an einer anderen Einheit hält, ohne dass an ihr von einer anderen Einheit unmittelbar oder mittelbar eine Kontrollbeteiligung gehalten wird, oder
2. bei Unternehmensgruppen im Sinne des Absatzes 1 Satz 2 die Einheit selbst oder das Stammhaus im Fall von in einem anderen Steuerhoheitsgebiet belegenen Betriebsstätten.

[2] Abweichend von Satz 1 Nummer 1 ist ein Staatsfonds nicht als oberste Muttergesellschaft zu behandeln. [3] Staatsfonds im Sinne des Satzes 2 ist eine staatliche Einheit, deren Hauptzweck in der Verwaltung des Vermögens der öffentlichen Hand, einschließlich der damit verbundenen Investitionstätigkeiten, besteht.

(4) Zwischengeschaltete Muttergesellschaft ist jede Geschäftseinheit, die unmittelbar oder mittelbar eine Eigenkapitalbeteiligung an einer anderen Geschäftseinheit derselben Unternehmensgruppe hält und die selbst weder oberste Muttergesellschaft, in Teileigentum stehende Muttergesellschaft, Betriebsstätte noch Investmenteinheit ist.

(5) In Teileigentum stehende Muttergesellschaft ist jede Geschäftseinheit,

1. die unmittelbar oder mittelbar eine Eigenkapitalbeteiligung an einer anderen Geschäftseinheit derselben Unternehmensgruppe hält,
2. bei der mehr als 20 Prozent der Eigenkapitalbeteiligungen, die Anspruch auf ihren Gewinn geben, unmittelbar oder mittelbar von Personen gehalten werden, die keine Geschäftseinheiten der Unternehmensgruppe sind, und
3. die weder oberste Muttergesellschaft, Betriebsstätte noch Investmenteinheit ist.

(6) [1] Einheit ist

1. jeder Rechtsträger oder
2. jede Einrichtung, die ein auf die eigene Geschäftstätigkeit bezogenes Rechnungslegungswerk aufstellt oder aufzustellen hat.

[2] Der Begriff „Einheit" umfasst nicht natürliche Personen sowie den Teil der öffentlichen Hand, der hoheitliche Aufgaben wahrnimmt.

(7) Stammhaus einer Betriebsstätte ist die Einheit, die den Jahresüberschuss oder Jahresfehlbetrag der Betriebsstätte in ihrem Jahresabschluss erfasst.

(8) Für Zwecke dieses Gesetzes gilt als Betriebsstätte:

1. eine in einem Steuerhoheitsgebiet belegene Geschäftseinrichtung, einschließlich einer fingierten Geschäftseinrichtung, die nach dem Abkommen zur Vermeidung der Doppelbesteuerung zwischen den betreffenden Steuerhoheitsgebieten als Betriebsstätte anzusehen ist, sofern die dieser Betriebsstätte zuzuordnenden Einkünfte nach dem Steuerrecht dieses Steuerhoheitsgebiets im Einklang mit den Grundsätzen dieses Abkommens besteuert werden;
2. bei Fehlen eines anwendbaren Abkommens zur Vermeidung der Doppelbesteuerung eine in einem Steuerhoheitsgebiet belegene Geschäftseinrichtung, einschließlich einer fingierten Geschäftseinrichtung, die nach dem Steuerrecht dieses Steuerhoheitsgebiets auf einer Nettobasis besteuert wird, die der Besteuerung von in diesem Steuerhoheitsgebiet ansässigen Steuerpflichtigen entspricht;
3. bei Fehlen eines Körperschaftsteuersystems in einem Steuerhoheitsgebiet eine in diesem Steuerhoheitsgebiet belegene Geschäftseinrichtung, einschließlich einer fingierten Geschäftseinrichtung, die gemäß dem OECD-Musterabkommen als Betriebsstätte behandelt würde, sofern dieses Steuer-

hoheitsgebiet ein Besteuerungsrecht entsprechend den Grundsätzen des Artikels 7 des OECD-Musterabkommens vom 21. November 2017 für der Betriebsstätte zuzuordnenden Einkünfte hätte; oder

4. eine Geschäftseinrichtung, einschließlich einer fingierten Geschäftseinrichtung, die nicht bereits von den Nummern 1 bis 3 erfasst ist, über die eine Einheit Tätigkeiten außerhalb ihres Belegenheitsstaats ausübt und die dieser Geschäftseinrichtung zurechenbaren Einkünfte im Belegenheitsstaat der Einheit nicht besteuert werden.

§ 5 Ausgeschlossene Einheiten. (1) Ausgeschlossene Einheiten sind

1. staatliche Einheiten,
2. internationale Organisationen,
3. Organisationen ohne Erwerbszweck,
4. Pensionseinheiten,
5. Investmentvehikel, die oberste Muttergesellschaften sind, und
6. Immobilien-Investmentvehikel, die oberste Muttergesellschaften sind.

(2) [1] Ausgeschlossene Einheiten sind auch die Einheiten, bei denen der Wert aller Anteile an dieser Einheit zu mindestens

1. 95 Prozent unmittelbar oder mittelbar von einer oder mehreren ausgeschlossenen Einheiten im Sinne des Absatzes 1, ausgenommen einer Pensions-Dienstleistungseinheit, gehalten wird und die
   a) ausschließlich oder fast ausschließlich dazu dient, für die ausgeschlossene Einheit oder die ausgeschlossenen Einheiten Vermögenswerte zu verwalten oder Finanzmittel anzulegen, oder
   b) ausschließlich Nebentätigkeiten zu den von der ausgeschlossenen Einheit oder den ausgeschlossenen Einheiten ausgeübten Tätigkeiten ausführt oder
2. 85 Prozent unmittelbar oder mittelbar von einer oder mehreren ausgeschlossenen Einheiten im Sinne des Absatzes 1, ausgenommen einer Pensions-Dienstleistungseinheit, gehalten wird und die fast ausschließlich ausgenommene Gewinne oder Verluste im Sinne des § 18 Nummer 2 in Verbindung mit § 20 oder des § 18 Nummer 3 in Verbindung mit § 21 erzielen.

[2] Als ausgeschlossene Einheit gilt auch eine qualifizierte Tochtergesellschaft. [3] Eine qualifizierte Tochtergesellschaft ist eine Einheit, deren gesamte Eigenkapitalanteile im gesamten Geschäftsjahr unmittelbar oder mittelbar von einer ausgeschlossenen Einheit im Sinne des Absatzes 1 Nummer 3 gehalten werden und wenn im Geschäftsjahr die Summe der Umsatzerlöse der Geschäftseinheiten der Unternehmensgruppe, ausgenommen der Umsatzerlöse ausgeschlossener Einheiten im Sinne des Absatzes 1 Nummer 3 sowie des Satzes 1, weniger als 750 Millionen Euro und weniger als 25 Prozent der im Konzernabschluss ausgewiesenen Umsatzerlöse beträgt; für den 750-Millionen-Schwellenwert gilt § 1 Absatz 3 entsprechend.

(3) [1] Auf Antrag der berichtspflichtigen Geschäftseinheit kann für jede Einheit gesondert von der Behandlung als ausgeschlossene Einheit nach Absatz 2 abgesehen werden. [2] Für die Ausübung des Wahlrechts gilt § 77 Absatz 2.

§ 6 Belegenheit von Einheiten und Betriebsstätten. (1) [1]Belegenheitsstaat einer nichttransparenten Einheit ist das Steuerhoheitsgebiet, in dem sie aufgrund des Orts ihrer Geschäftsleitung, ihres Gründungsorts oder ähnlicher Kriterien einer mit § 1 des Körperschaftsteuergesetzes vergleichbaren Steuerpflicht unterliegt. [2]Andernfalls ist dies das Steuerhoheitsgebiet, nach dessen Recht sie gegründet wurde.

(2) [1]Belegenheitsstaat einer transparenten Einheit ist das Steuerhoheitsgebiet, nach dessen Recht sie gegründet wurde, wenn sie die oberste Muttergesellschaft der Unternehmensgruppe ist oder verpflichtet ist, eine Primärergänzungssteuerregelung nach den §§ 8 bis 10 oder eine ausländische anerkannte Primärergänzungssteuerregelung anzuwenden. [2]Andernfalls wird sie als staatenlose Einheit behandelt.

(3) Der Belegenheitsstaat einer Betriebsstätte bestimmt sich wie folgt:

1. Eine Betriebsstätte im Sinne des § 4 Absatz 8 Nummer 1 ist in dem Steuerhoheitsgebiet belegen, in dem sie als dortige Betriebsstätte behandelt wird und unter Beachtung des anwendbaren Abkommens zur Vermeidung der Doppelbesteuerung mit den ihr zuzuordnenden Einkünften der Besteuerung unterliegt;
2. eine Betriebsstätte im Sinne des § 4 Absatz 8 Nummer 2 ist in dem Steuerhoheitsgebiet belegen, in dem sie aufgrund ihrer geschäftlichen Präsenz auf Nettobasis steuerpflichtig ist;
3. eine Betriebsstätte im Sinne des § 4 Absatz 8 Nummer 3 ist in dem Steuerhoheitsgebiet belegen, in dem sie sich befindet, und
4. eine Betriebsstätte im Sinne des § 4 Absatz 8 Nummer 4 gilt als staatenlose Betriebsstätte.

(4) Ist eine Geschäftseinheit aufgrund von Absatz 1 in mehr als einem Steuerhoheitsgebiet belegen, so wird ihr Status für die Zwecke dieses Gesetzes wie folgt bestimmt:

1. [1]Ist ein Abkommen zur Vermeidung der Doppelbesteuerung anwendbar, gilt die Geschäftseinheit als in dem Steuerhoheitsgebiet belegen, in dem sie für die Zwecke dieses Abkommens als ansässig betrachtet wird. [2]Sieht das Abkommen zur Vermeidung der Doppelbesteuerung vor, dass sich die zuständigen Behörden darauf verständigen, wo die Geschäftseinheit als ansässig zu betrachten ist, und liegt keine entsprechende Vereinbarung vor oder sieht das Abkommen keine Steuererleichterung oder Steuerbefreiung vor, weil die Geschäftseinheit in beiden Vertragsparteien steuerlich ansässig ist, gilt Nummer 2.
2. [1]Ist kein Abkommen zur Vermeidung der Doppelbesteuerung anwendbar, gilt die Geschäftseinheit als in dem Steuerhoheitsgebiet belegen, in dem sie den höheren Betrag an erfassten Steuern für das Geschäftsjahr entrichtet hat, wobei die nach einer Hinzurechnungsbesteuerung entrichteten Steuern unberücksichtigt bleiben. [2]Ist der entrichtete Betrag der erfassten Steuern in beiden Steuerhoheitsgebieten gleich hoch oder beläuft er sich auf null, so gilt sie als in dem Steuerhoheitsgebiet belegen, in dem der nach den §§ 58 bis 62 berechnete substanzbasierte Freibetrag auf Ebene der Geschäftsein-

heit höher ist. [3]Ist der substanzbasierte Freibetrag in beiden Steuerhoheitsgebieten gleich hoch oder beläuft er sich auf null, gilt die Geschäftseinheit als staatenlos. [4]Dies gilt nicht, wenn es sich um die oberste Muttergesellschaft einer Unternehmensgruppe handelt; in diesem Fall gilt sie als in dem Steuerhoheitsgebiet belegen, in dem sie gegründet wurde.

(5) Ist eine Muttergesellschaft nach Anwendung von Absatz 4 in einem Steuerhoheitsgebiet belegen, in dem sie keiner anerkannten Primärergänzungssteuerregelung unterliegt, gilt sie auch im anderen Steuerhoheitsgebiet belegen, wenn sie dort einer anerkannten Primärergänzungssteuerregelung unterliegt und das Besteuerungsrecht nach dieser Regelung nicht durch ein Abkommen zur Vermeidung der Doppelbesteuerung beschränkt ist.

(6) Ändert sich die Belegenheit einer Einheit im Verlauf des Geschäftsjahres, so ist sie in dem Steuerhoheitsgebiet belegen, in dem sie zu Beginn des Geschäftsjahres belegen war.

Abschnitt 2. Begriffsbestimmungen

§ 7 Begriffsbestimmungen. (1) Für Zwecke dieses Gesetzes gelten, soweit nicht an anderer Stelle in diesem Gesetz erfolgt, die in den nachstehenden Absätzen definierten Begriffsbestimmungen.

(2) [1]Anerkannte nationale Ergänzungssteuer ist eine Steuer, die im nationalen Recht eines Steuerhoheitsgebiets vorgesehen ist und

1. bei der der bereinigte Mindeststeuer-Gesamtgewinn der in dem Steuerhoheitsgebiet belegenen Geschäftseinheiten auf eine Weise ermittelt wird, die den GloBE-Mustervorschriften entspricht;
2. die dazu dient, die Steuerschuld im Hinblick auf den inländischen bereinigten Mindeststeuer-Gesamtgewinn für das Steuerhoheitsgebiet und die Geschäftseinheiten in einem Geschäftsjahr auf den Mindeststeuersatz anzuheben und
3. die auf eine Weise umgesetzt und verwaltet wird, die mit den Vorschriften der GloBE-Mustervorschriften im Einklang steht, und das betreffende Steuerhoheitsgebiet keine mit diesen Bestimmungen im Zusammenhang stehenden Vorteile gewährt.

[2]Der bereinigte Mindeststeuer-Gesamtgewinn kann auf der Grundlage eines vom zugelassenen Standardsetzer anerkannten Rechnungslegungsstandards oder eines zugelassenen Rechnungslegungsstandards, der zur Vermeidung erheblicher Vergleichbarkeitseinschränkungen angepasst wurde, anstatt des im Konzernabschluss verwendeten Rechnungslegungsstandards berechnet werden.

(3) Anerkannte Primärergänzungssteuerregelung bezeichnet ein Regelwerk, das im nationalen Recht eines Steuerhoheitsgebiets umgesetzt und den in den GloBE-Mustervorschriften festgelegten Bestimmungen gleichwertig ist, wonach die Muttergesellschaft einer Unternehmensgruppe den ihr zuzurechnenden Anteil an der Ergänzungssteuer für die niedrig besteuerten Geschäftseinheiten dieser Unternehmensgruppe berechnet und entrichtet sowie in einer Weise verwaltet wird, die mit den Bestimmungen der GloBE-Mustervorschriften in Einklang steht.

(4) Anerkannte Rechnungslegungsstandards sind

1. die vom International Accounting Standards Board verabschiedeten International Financial Reporting Standards nach dem International Accounting Standard 1 Ziffer 7 (internationale Rechnungslegungsstandards),
2. die nach den Artikeln 2, 3 und 6 der Verordnung (EG) Nr. 1606/2002 des Europäischen Parlaments und des Rates vom 19. Juli 2002 betreffend die Anwendung internationaler Rechnungslegungsstandards (ABl. L 243 vom 11.9.2002, S. 1), die zuletzt durch die Verordnung (EG) Nr. 297/2008 (ABl. L 97 vom 9.4.2008, S. 62) geändert worden ist, übernommenen internationalen Rechnungslegungsstandards und
3. die allgemein anerkannten Rechnungslegungsgrundsätze von Australien, Brasilien, den Mitgliedstaaten der Europäischen Union, den anderen Vertragsstaaten des Europäischen Wirtschaftsraums, von Hongkong (Volksrepublik China), Japan, Kanada, Mexiko, Neuseeland, der Republik Indien, der Republik Korea, von Russland, der Schweiz, von Singapur, dem Vereinigten Königreich, den Vereinigten Staaten von Amerika und der Volksrepublik China.

(5) Anerkannte Sekundärergänzungssteuerregelung bezeichnet ein Regelwerk, das im nationalen Recht eines Steuerhoheitsgebiets umgesetzt und den in den GloBE-Mustervorschriften festgelegten Bestimmungen, wonach ein Steuerhoheitsgebiet seinen zuzurechnenden Anteil an der Ergänzungssteuer einer Unternehmensgruppe, welcher nicht nach der Primärergänzungssteuerregelung erhoben wurde, für die niedrig besteuerten Geschäftseinheiten der Unternehmensgruppe erhebt und in einer Weise verwaltet wird, die mit den Bestimmungen der GloBE-Mustervorschriften in Einklang steht.

(6) Beizulegender Zeitwert ist der Preis, der in einem gewöhnlichen Geschäftsvorfall zwischen Marktteilnehmern am Bewertungsstichtag für den Verkauf eines Vermögenswerts erzielt oder für die Übertragung einer Schuld gezahlt würde.

(7) Berichtspflichtige Geschäftseinheit ist die Geschäftseinheit, die nach § 75 Absatz 1 zur Einreichung des Mindeststeuer-Berichts verpflichtet ist oder diesen nach § 75 Absatz 1 Satz 2 oder Absatz 2 einreicht.

(8) [1] Eigenkapitalbeteiligung ist eine Beteiligung am Eigenkapital, die mit Rechten an den Gewinnen, dem Kapital oder den Rücklagen eines Unternehmens, einschließlich der Gewinne, des Kapitals oder der Rücklagen der Betriebsstätte eines Stammhauses verbunden ist. [2] Als Eigenkapitalbeteiligung gelten auch Anteile an einer Investmenteinheit.

(9) Equity-Methode ist eine Bilanzierungsmethode, bei der die Anteile zunächst mit den Anschaffungskosten angesetzt und in der Folge entsprechend dem Anteil des Anteilseigners am sich ändernden Reinvermögen des Beteiligungsunternehmens berichtigt werden.

(10) [1] Erhebliche Vergleichbarkeitseinschränkung ergibt sich in Bezug auf die Anwendung eines bestimmten Grundsatzes oder Verfahrens nach einem Katalog allgemein anerkannter Rechnungslegungsgrundsätze, wenn die Anwendung des betreffenden Grundsatzes oder Verfahrens in einem Geschäftsjahr

zu einer Gesamtabweichung von mehr als 75 Millionen Euro[1)] gegenüber dem Betrag führt, der sich bei Anwendung des entsprechenden Grundsatzes oder Verfahrens der internationalen Rechnungslegungsstandards ergeben hätte. [2]Führt die Anwendung eines bestimmten Grundsatzes oder Verfahrens zu einer erheblichen Vergleichbarkeitseinschränkung, so muss die buchmäßige Behandlung eines Postens oder Geschäftsvorfalls nach diesem Grundsatz oder Verfahren so angepasst werden, dass sie im Einklang mit den GloBE-Mustervorschriften der Behandlung entspricht, die nach internationalen Rechnungslegungsstandards für diesen Posten oder Geschäftsvorfall vorgesehen ist.

(11) [1]Geschäftsjahr ist der Rechnungslegungszeitraum, für den die oberste Muttergesellschaft einen Konzernabschluss aufstellt. [2]Im Fall des Absatzes 21 Nummer 4 ist Geschäftsjahr regelmäßig das Kalenderjahr.

(12) GloBE-Mustervorschriften sind die vom Inclusive Framework on BEPS betreffend die „Steuerliche[n] Herausforderungen der Digitalisierung der Wirtschaft – GloBE-Mustervorschriften (Säule 2)“ am 14. Dezember 2021 gebilligten Regelungen.

(13) Gruppenzugehöriger Gesellschafter einer Geschäftseinheit ist eine Geschäftseinheit, die unmittelbar oder mittelbar eine Eigenkapitalbeteiligung an einer anderen Geschäftseinheit derselben Unternehmensgruppe hält.

(14) Eine Hinzurechnungsbesteuerung liegt vor, wenn auf Grundlage eines Katalogs von Steuervorschriften, die keine Primärergänzungssteuerregelungen (§§ 8 bis 10) sind, ein unmittelbarer oder mittelbarer Gesellschafter einer ausländischen Geschäftseinheit für seinen Anteil an einem Teil oder der Gesamtheit der von dieser erzielten Erträge einer laufenden Besteuerung unterliegt, unabhängig davon, ob diese Erträge im laufenden Geschäftsjahr an den Gesellschafter ausgeschüttet werden.

(15) Immobilien-Investmentvehikel ist eine in Streubesitz befindliche Einheit, die überwiegend unbewegliches Vermögen hält und deren Erträge einer Ein-Ebenen-Besteuerung unterliegen, entweder bei ihr selbst oder, mit höchstens einem Jahr Aufschub, bei ihren Anteilsinhabern.

(16) Inland ist das Hoheitsgebiet der Bundesrepublik Deutschland sowie der ihr zustehende Anteil an der ausschließlichen Wirtschaftszone und am Festlandsockel.

(17) Internationale Organisation ist eine zwischenstaatliche Organisation, einschließlich einer supranationalen Organisation, oder eine in deren Alleineigentum stehende Behörde oder Einrichtung,

1. die hauptsächlich aus Staaten besteht,
2. die ein Sitzabkommen oder ein im Wesentlichen ähnliches Abkommen, das Vorrechte und Immunitäten gewährt, mit dem Hoheitsgebiet, in dem sie niedergelassen ist, abgeschlossen hat, und
3. deren Erträge aufgrund eines Gesetzes oder ihrer Satzung Privatpersonen nicht zugutekommen.

---

1) Vgl. hierzu § 97 Abs. 1.

(18) Investmenteinheit ist

1. ein Investmentvehikel, ein Immobilien-Investmentvehikel oder eine Versicherungsinvestmenteinheit;
2. eine Einheit, die zu mindestens 95 Prozent unmittelbar von einer in Nummer 1 genannten Einheit oder über eine Kette solcher Einheiten gehalten wird und die ausschließlich oder fast ausschließlich Vermögenswerte hält oder Gelder zugunsten dieser Investmenteinheiten investiert, oder
3. eine Einheit, bei der mindestens 85 Prozent des Werts dieser Einheit im Eigentum einer in Nummer 1 genannten Einheit stehen, wenn die Erträge dieser Einheit im Wesentlichen bei der Berechnung des Mindeststeuer-Gewinns oder Mindeststeuer-Verlusts nach § 18 Nummer 2 in Verbindung mit § 20 oder nach § 18 Nummer 3 in Verbindung mit § 21 ausgenommen werden.

(19) Investmentvehikel ist eine Einheit,

1. die dazu bestimmt ist, Vermögenswerte finanzieller und nicht finanzieller Art von einer Mehrzahl von Anlegern zu bündeln, wobei verbundene Anleger nicht als mehrere gelten,
2. die nach einer festgelegten Anlagestrategie investiert,
3. die es den Anlegern ermöglicht, die Transaktions-, Forschungs- und Analysekosten zu senken oder das Risiko kollektiv zu streuen,
4. deren Zweck in erster Linie die Erzielung von Anlageerträgen oder -gewinnen oder der Schutz gegen ein bestimmtes oder allgemeines Ereignis oder Ergebnis ist,
5. deren Anleger einen Anspruch auf Erträge aus den Vermögenswerten des Investmentvehikels oder auf Erträge aus diesen Vermögenswerten auf der Grundlage der von diesen Anlegern geleisteten Beiträge haben,
6. die einer aufsichtsrechtlichen Regelung einschließlich ausreichender Vorschriften zur Bekämpfung der Geldwäsche und zum Anlegerschutz in dem Steuerhoheitsgebiet, in dem sie errichtet ist oder verwaltet wird, unterliegt und
7. die von professionellen Verwaltern im Auftrag der Anleger verwaltet wird.

(20) [1]Kontrollbeteiligung ist eine Beteiligung an einer Einheit, die dazu führt, dass der Halter dieser Beteiligung verpflichtet ist oder bei Aufstellung eines Konzernabschlusses verpflichtet wäre, die Vermögenswerte, Verbindlichkeiten, Erträge, Aufwendungen und Zahlungsströme der Einheit nach einem anerkannten Rechnungslegungsstandard zu konsolidieren. [2]Bei einem Stammhaus wird unterstellt, dass es als gruppenzugehöriger Gesellschafter die Kontrollbeteiligungen an seinen Betriebsstätten hält.

(21) Konzernabschluss ist

1. der von der obersten Muttergesellschaft nach einem anerkannten Rechnungslegungsstandard aufgestellte Abschluss, in dem die Vermögenswerte, Verbindlichkeiten, Erträge, Aufwendungen und Zahlungsströme dieser Einheit und aller Einheiten, an denen diese eine Kontrollbeteiligung hält, so dargestellt werden, als gehörten sie zu einer einzigen wirtschaftlichen Einheit;
2. bei einer Unternehmensgruppe nach § 4 Absatz 1 Satz 2 der von der obersten Muttergesellschaft nach einem anerkannten Rechnungslegungsstandard aufgestellte Abschluss;

3. der von der obersten Muttergesellschaft nach einem anderen zugelassenen Rechnungslegungsstandard aufgestellte und mit Nummer 1 oder 2 vergleichbare Abschluss, sofern dieser zur Vermeidung erheblicher Vergleichbarkeitseinschränkungen angepasst wurde, und
4. wenn die oberste Muttergesellschaft keinen in den vorstehenden Nummern beschriebenen Abschluss aufstellt, der Abschluss, der nach einem zugelassenen Rechnungslegungsstandard aufgestellt worden wäre, wenn die oberste Muttergesellschaft hierzu verpflichtet gewesen wäre; der zugelassene Rechnungslegungsstandard kann entweder ein anerkannter Rechnungslegungsstandard oder ein anderer zugelassener Rechnungslegungsstandard sein, der zur Vermeidung erheblicher Wettbewerbsverzerrungen angepasst wurde.

(22) Niedrig besteuerte Geschäftseinheit ist eine Geschäftseinheit, die in einem Niedrigsteuerhoheitsgebiet belegen oder staatenlos ist, in einem Geschäftsjahr einen Mindeststeuer-Gewinn verzeichnet und in diesem Geschäftsjahr einem nach Teil 5 dieses Gesetzes ermittelten effektiven Steuersatz unterliegt, der unter dem Mindeststeuersatz liegt.

(23) Niedrigsteuerhoheitsgebiet ist ein Steuerhoheitsgebiet, in dem eine multinationale Unternehmensgruppe einen Mindeststeuer-Gesamtgewinn erzielt und im betreffenden Geschäftsjahr einem nach Teil 5 dieses Gesetzes ermittelten effektiven Steuersatz unterliegt, der unter dem Mindeststeuersatz liegt.

(24) [1] Organisation ohne Erwerbszweck ist jede Körperschaft, Personenvereinigung oder Vermögensmasse im Sinne des § 5 Absatz 1 Nummer 9 des Körperschaftsteuergesetzes[1)]. [2] Eine Organisation ohne Erwerbszweck ist auch eine Einheit,

1. die im Belegenheitsstaat ausschließlich für religiöse, gemeinnützige, wissenschaftliche, künstlerische, kulturelle, sportliche, erzieherische oder andere ähnliche Zwecke oder als Berufsverband, Wirtschaftsverband, Handelskammer, Arbeitnehmerverband, Landwirtschaftsverband oder Gartenbauverband, Bürgervereinigung oder als Organisation, die ausschließlich der Förderung der sozialen Wohlfahrt dient, errichtet und betrieben wird,
2. deren Einkünfte aus den vorgenannten Tätigkeiten im Belegenheitsstaat vollständig oder nahezu vollständig steuerbefreit sind,
3. die keine Anteilseigner oder Mitglieder hat, die ein eigenes Interesse an den Einkünften oder am Vermögen dieser Einheit haben,
4. deren Einkünfte oder Vermögenswerte nicht an Privatpersonen oder nicht steuerbegünstigte Einheiten ausgeschüttet oder zu deren Gunsten verwendet werden, außer dies erfolgt in Übereinstimmung mit einer steuerbegünstigten Tätigkeit dieser Einheit oder als Zahlung einer angemessenen Vergütung für erbrachte Dienstleistungen, Nutzungsüberlassungen oder für erworbene Vermögenswerte, und
5. deren Vermögenswerte bei Beendigung, Liquidation oder Auflösung an eine Organisation ohne Erwerbszweck oder staatliche Einheit ihres Belegenheitsstaats ausgekehrt werden.

[1)] Nr. **100**.

[3]Die Sätze 1 und 2 gelten nicht für eine Einheit, soweit diese eine Handels- oder Geschäftstätigkeit ausübt, welche nicht unmittelbar den Zweck, für den sie errichtet wurde, verfolgt.

(25) Passive Erträge sind die folgenden im Mindeststeuer-Gewinn berücksichtigten Erträge:

1. Dividenden oder dividendenähnliche Erträge,
2. Zinsen oder zinsähnliche Erträge,
3. Mieten,
4. Lizenzgebühren,
5. Annuitäten oder
6. Nettogewinne aus Vermögen, das zu unter den Nummern 1 bis 5 genannten Erträgen führt,

aber nur, soweit ein gruppenzugehöriger Gesellschafter mit diesen Erträgen der Hinzurechnungsbesteuerung oder aufgrund einer Eigenkapitalbeteiligung an einer hybriden Einheit der Besteuerung unterliegt.

(26) Pensions-Dienstleistungseinheit ist eine Einheit, die ausschließlich oder fast ausschließlich errichtet und betrieben wird, um

1. Finanzmittel zugunsten einer Einrichtung im Sinne des Absatzes 27 Satz 2 Nummer 1 anzulegen oder
2. Hilfs- und Nebentätigkeiten zu den regulierten Tätigkeiten einer Einrichtung im Sinne des Absatzes 27 Satz 2 Nummer 1 auszuüben, vorausgesetzt, sie gehört derselben Unternehmensgruppe an.

(27) [1]Pensionseinheit ist jede öffentlich-rechtliche Versicherungs- und Versorgungseinrichtung im Sinne des § 5 Absatz 1 Nummer 8 des Körperschaftsteuergesetzes.[1)] [2]Eine Pensionseinheit ist auch eine

1. Einrichtung, die errichtet und betrieben wird, um ausschließlich oder fast ausschließlich Altersversorgungsleistungen und Zusatz- oder Nebenleistungen für Einzelpersonen zu verwalten oder zu erbringen, die als solche einer staatlichen Regulierung unterliegen oder deren Leistungen durch nationale Vorschriften gesichert oder anderweitig geschützt sind und finanziert werden durch einen Pool von Vermögenswerten, der über eine Treuhandeinrichtung oder einen Treuhänder gehalten wird, um die Erfüllung der entsprechenden Pensionsverpflichtungen im Falle der Insolvenz der Unternehmensgruppe zu gewährleisten, und
2. Pensions-Dienstleistungseinheit.

(28) Richtlinie (EU) 2022/2523 ist die Richtlinie (EU) 2022/2523 des Rates vom 15. Dezember 2022 zur Gewährleistung einer globalen Mindestbesteuerung für multinationale Unternehmensgruppen und große inländische Gruppen in der Union (ABl. L 328 vom 22.12.2022, S. 1; ABl. L 13 vom 16.1.2023, S. 9).

(29) Sonstiges Ergebnis umfasst Ertrags- und Aufwandsposten, die gemäß dem für die Aufstellung des Konzernabschlusses verwendeten zugelassenen Rechnungslegungsstandard nicht erfolgswirksam erfasst werden dürfen oder müssen.

[1)] Nr. **800**.

(30) [1]Staatliche Einheit ist jede Körperschaft, Personenvereinigung oder Vermögensmasse im Sinne des § 5 Absatz 1 Nummer 2 des Körperschaftsteuergesetzes.[1)] [2]Eine staatliche Einheit ist auch eine Einheit,

1. die Teil der öffentlichen Hand ist oder sich in deren alleinigem Eigentum befindet,
2. deren Hauptzweck die Erfüllung hoheitlicher Aufgaben oder die Verwaltung des Vermögens der öffentlichen Hand, einschließlich der damit verbundenen Investitionstätigkeiten, ist, soweit diese keine gewerbliche Tätigkeit ausübt,
3. die gegenüber der öffentlichen Hand berichtspflichtig ist und jährliche Informationsberichte vorlegt und
4. deren Vermögen bei Auflösung und deren Erträge ausschließlich der öffentlichen Hand zustehen und nicht einzelnen Privatpersonen zugutekommen.

(31) Steuerhoheitsgebiet ist ein Gebiet, das fiskalisch autonom ist, unabhängig davon, ob es völkerrechtlich als Staat anerkannt ist.

(32) [1]Eine Einheit gilt als transparente Einheit, soweit sie in Bezug auf ihre Erträge, Aufwendungen, Gewinne oder Verluste im Steuerhoheitsgebiet ihrer Gründung steuerlich transparent ist, es sei denn, sie ist in einem anderen Steuerhoheitsgebiet steuerlich belegen und unterliegt dort in Bezug auf ihre Erträge oder Gewinne einer erfassten Steuer. [2]Eine transparente Einheit gilt in Bezug auf ihre Erträge, Aufwendungen, Gewinne oder Verluste

1. als steuertransparente Einheit, soweit sie im Belegenheitsstaat des Gesellschafters steuerlich transparent ist, oder
2. als umgekehrt hybride Einheit, soweit sie im Belegenheitsstaat des Gesellschafters nicht steuerlich transparent ist.

[3]Eine Einheit wird steuerlich transparent behandelt, wenn die Erträge, Aufwendungen, Gewinne oder Verluste dieser Einheit nach dem Recht eines Steuerhoheitsgebiets so behandelt werden, als seien sie dem unmittelbaren Gesellschafter der Einheit im Verhältnis zu dessen Kapitalbeteiligung an dieser Einheit entstanden. [4]Es liegt eine steuertransparente Struktur vor, wenn eine Kapitalbeteiligung an einer Einheit oder einer Betriebsstätte, bei der es sich um eine gruppenzugehörige Geschäftseinheit handelt, mittelbar über eine Kette von steuertransparenten Geschäftseinheiten gehalten wird. [5]Eine Einheit, die nicht aufgrund des Orts ihrer Geschäftsleitung, ihres Gründungsorts oder ähnlicher Kriterien steuerlich belegen ist und keiner erfassten Steuer oder keiner anerkannten nationalen Ergänzungssteuerregelung unterliegt, wird in Bezug auf ihre Erträge, Aufwendungen, Gewinne oder Verluste als transparente Einheit und als steuertransparente Einheit behandelt, soweit

1. ihre Gesellschafter in einem Steuerhoheitsgebiet belegen sind, das die Einheit als steuerlich transparent behandelt,
2. sie keine Geschäftseinrichtung im Steuerhoheitsgebiet ihrer Gründung hat und
3. die Erträge, Aufwendungen, Gewinne oder Verluste nicht einer Betriebsstätte zuzurechnen sind.

[1)] Nr. **100**.

[6] Eine Einheit, die für ertragsteuerliche Zwecke im Belegenheitsstaat als selbstständige steuerpflichtige Person behandelt wird, gilt in Bezug auf ihre Erträge, Aufwendungen, Gewinne oder Verluste als hybride Einheit, soweit sie im Belegenheitsstaat des Gesellschafters steuerlich transparent ist.

(33) Unzulässige erstattungsfähige Anrechnungssteuer ist jeder Steuerbetrag, bei dem es sich nicht um eine zulässige Anrechnungssteuer handelt, der von einer Geschäftseinheit noch zu entrichten ist oder bereits entrichtet wurde und der

1. dem wirtschaftlichen Eigentümer einer von einer solchen Geschäftseinheit ausgeschütteten Dividende in Bezug auf diese Dividende erstattet werden kann oder vom wirtschaftlichen Eigentümer auf eine andere Steuerschuld als die Steuerschuld in Bezug auf diese Dividende angerechnet werden kann oder
2. dem ausschüttenden Unternehmen bei Ausschüttung einer Dividende erstattet werden kann.

(34) Versicherungsinvestmenteinheit ist eine Einheit, die die Voraussetzungen nach Absatz 15 oder Absatz 19 erfüllt, im Zusammenhang mit Schulden im Rahmen eines Versicherungs- oder Rentenversicherungsvertrags errichtet wurde und vollständig im Besitz eines den aufsichtsrechtlichen Bestimmungen des Belegenheitsstaats unterliegenden Versicherungsunternehmens steht.

(35) [1] Zulässige Anrechnungssteuer ist eine von einer Geschäftseinheit zu entrichtende oder entrichtete erfasste Steuer, die dem wirtschaftlichen Eigentümer einer von dieser Geschäftseinheit oder vom Stammhaus ausgeschütteten Dividende erstattet wird oder von diesem als Gutschrift angerechnet werden kann, sofern die Erstattung beziehungsweise Gutschrift

1. von einem anderen Steuerhoheitsgebiet als dem Steuerhoheitsgebiet, das die erfassten Steuern erhoben hat, gemäß einer Regelung zur Anrechnung ausländischer Steuern gewährt wird;
2. einem wirtschaftlichen Eigentümer der Dividende gewährt wird, der einem nominalen Steuersatz unterliegt, welcher dem nach dem innerstaatlichen Recht des Steuerhoheitsgebiets, das die erfassten Steuern bei der Geschäftseinheit erhoben hat, im Rahmen der laufenden Besteuerung auf diese Dividende erhobenen Mindeststeuersatz entspricht oder diesen übersteigt;
3. einem wirtschaftlichen Eigentümer der Dividende gewährt wird, der eine natürliche Person ist und in dem Steuerhoheitsgebiet ansässig ist, das die erfassten Steuern bei der Geschäftseinheit erhoben hat, und der im Hinblick auf die Dividende als ordentliches Einkommen der Besteuerung unterliegt oder
4. einer staatlichen Einheit, einer internationalen Organisation, einer gebietsansässigen Organisation ohne Erwerbszweck, einer gebietsansässigen Pensionseinheit, einer gebietsansässigen Investmenteinheit, die nicht der Unternehmensgruppe angehört, oder einer gebietsansässigen Lebensversicherungseinheit gewährt wird, sofern die Dividende im Zusammenhang mit Pensionseinheit-Tätigkeiten bezogen wird und in ähnlicher Weise besteuert wird wie eine von einer Pensionseinheit bezogene Dividende.

[2]Im Sinne von Nummer 4 gilt eine Organisation ohne Erwerbszweck oder eine Pensionseinheit als in einem Steuerhoheitsgebiet gebietsansässig, wenn sie in diesem Steuerhoheitsgebiet gegründet wurde und dort verwaltet wird, und gilt eine Investmenteinheit als in einem Steuerhoheitsgebiet gebietsansässig, wenn sie in dem Steuerhoheitsgebiet gegründet wurde und dort den aufsichtsrechtlichen Bestimmungen unterliegt. [3]Eine Lebensversicherungseinheit gilt als in dem Steuerhoheitsgebiet gebietsansässig, in dem sie belegen ist.

(36) Zulässiges Ausschüttungssteuersystem ist ein Körperschaftsteuersystem, das

1. eine Ertragsteuer beim Unternehmen vorsieht, die im Allgemeinen nur dann zu entrichten ist, wenn das Unternehmen Gewinne an die Gesellschafter ausschüttet, eine fiktive Gewinnausschüttung unterstellt wird oder wenn im Unternehmen bestimmte nicht geschäftsbezogene Aufwendungen anfallen,
2. eine Steuer mindestens in Höhe des Mindeststeuersatzes vorsieht und
3. am oder vor dem 1. Juli 2021 in Kraft getreten ist.

(37) Zugelassener Rechnungslegungsstandard sind die allgemein anerkannten Rechnungslegungsgrundsätze, die von einem zugelassenen Standardsetzer im Belegenheitsstaat der Einheit genehmigt wurden.

(38) Zugelassener Standardsetzer ist die Stelle, die in einem Steuerhoheitsgebiet rechtlich befugt ist, Rechnungslegungsstandards für Zwecke der Finanzberichterstattung vorzuschreiben, festzulegen oder zu genehmigen.

Teil 2. Ergänzungssteuer

Abschnitt 1. Primärergänzungssteuer

§ 8 Umfang der Besteuerung der Muttergesellschaft. (1) Für eine nach § 1 steuerpflichtige oberste Muttergesellschaft, die selbst niedrig besteuert ist oder die zu einem Zeitpunkt während des Geschäftsjahres unmittelbar oder mittelbar eine Eigenkapitalbeteiligung an einer niedrig besteuerten Geschäftseinheit hält, entsteht ein Ergänzungssteuerbetrag in Höhe des ihr zuzurechnenden Anteils am Steuererhöhungsbetrag dieser niedrig besteuerten Geschäftseinheit für das Geschäftsjahr (Primärergänzungssteuerbetrag).

(2) [1]Für jede nach § 1 steuerpflichtige zwischengeschaltete Muttergesellschaft, die selbst niedrig besteuert ist oder die zu einem Zeitpunkt während des Geschäftsjahres unmittelbar oder mittelbar eine Eigenkapitalbeteiligung an einer niedrig besteuerten Geschäftseinheit hält, entsteht ein Ergänzungssteuerbetrag in Höhe ihres Primärergänzungssteuerbetrags. [2]Satz 1 gilt nicht, wenn

1. die oberste Muttergesellschaft der Unternehmensgruppe einer anerkannten Primärergänzungssteuerregelung für das Geschäftsjahr unterliegt oder
2. eine andere zwischengeschaltete Muttergesellschaft der Unternehmensgruppe einer anerkannten Primärergänzungssteuerregelung für das Ge-

schäftsjahr unterliegt, welche unmittelbar oder mittelbar eine Kontrollbeteiligung an der zwischengeschalteten Muttergesellschaft im Sinne des Satzes 1 hält.

(3) [1] Für jede nach § 1 steuerpflichtige in Teileigentum stehende Muttergesellschaft, die selbst niedrig besteuert ist oder die zu einem Zeitpunkt während des Geschäftsjahres unmittelbar oder mittelbar eine Eigenkapitalbeteiligung an einer niedrig besteuerten Geschäftseinheit hält, entsteht ein Ergänzungssteuerbetrag in Höhe ihres Primärergänzungssteuerbetrags. [2] Satz 1 gilt nicht für Muttergesellschaften, an denen eine andere in Teileigentum stehende Muttergesellschaft der Unternehmensgruppe, die einer anerkannten Primärergänzungssteuerregelung für das Geschäftsjahr unterliegt, unmittelbar oder mittelbar alle Eigenkapitalanteile hält.

§ 9 Anteil der Muttergesellschaft am Steuererhöhungsbetrag. (1) Der einer Muttergesellschaft zuzurechnende Anteil am Steuererhöhungsbetrag einer niedrig besteuerten Geschäftseinheit entspricht dem nach Teil 5 dieses Gesetzes für diese Geschäftseinheit berechneten Steuererhöhungsbetrag multipliziert mit der Einbeziehungsquote der Muttergesellschaft für diese Geschäftseinheit für das betreffende Geschäftsjahr.

(2) [1] Die Einbeziehungsquote wird wie folgt ermittelt:

$$\frac{\text{(Mindeststeuer-Gewinn der niedrig besteuerten Geschäftseinheit} - \text{Minderungsbetrag)}}{\text{Mindeststeuer-Gewinn der niedrig besteuerten Geschäftseinheit}}$$

[2] In den Fällen, in denen die Muttergesellschaft die Primärergänzungssteuerregelung gegen sich selbst anwendet, beträgt die Einbeziehungsquote 100 Prozent.

(3) [1] Der Minderungsbetrag ist der Betrag des Mindeststeuer-Gewinns, der nach den Grundsätzen des im Konzernabschluss der obersten Muttergesellschaft verwendeten anerkannten Rechnungslegungsstandards anderen Beteiligten zuzurechnen wäre, wenn der Mindeststeuer-Jahresüberschuss oder Mindeststeuer-Jahresfehlbetrag der niedrig besteuerten Geschäftseinheit ihrem Mindeststeuer-Gewinn entspräche und

1. die Muttergesellschaft einen Konzernabschluss nach diesem Rechnungslegungsstandard aufzustellen hätte (hypothetischer Konzernabschluss),
2. die Muttergesellschaft über eine Kontrollbeteiligung an der niedrig besteuerten Geschäftseinheit verfügen würde, sodass diese nach den allgemeinen Konsolidierungsgrundsätzen in den hypothetischen Konzernabschluss der Muttergesellschaft einbezogen würde,
3. der gesamte Mindeststeuer-Gewinn der niedrig besteuerten Geschäftseinheit durch Geschäftsvorfälle mit Personen veranlasst wäre, die nicht der Unternehmensgruppe angehören, und
4. alle nicht unmittelbar oder mittelbar von der Muttergesellschaft gehaltenen Eigenkapitalbeteiligungen an der niedrig besteuerten Geschäftseinheit von Personen gehalten werden, die nicht der Unternehmensgruppe angehören.

[2]Bei transparenten Einheiten umfasst der Mindeststeuer-Gewinn keine Erträge, die nach § 43 Absatz 1 einem Gesellschafter zuzurechnen sind, der nicht der Unternehmensgruppe angehört.

§ 10 Minderung des Primärergänzungssteuerbetrags. [1]Bei einer im Inland belegenen Muttergesellschaft, die mittelbar eine Eigenkapitalbeteiligung an einer niedrig besteuerten Geschäftseinheit über eine zwischengeschaltete Muttergesellschaft oder eine in Teileigentum befindliche Muttergesellschaft hält, die nicht von der Mindeststeuer aufgrund von § 8 Absatz 2 Satz 2, Absatz 3 Satz 2 oder einer entsprechenden Regelung eines anderen Steuerhoheitsgebiets ausgenommen ist (nachgeordnete Muttergesellschaft), mindert sich der Primärergänzungssteuerbetrag nach § 8 um die von einer nachgeordneten Muttergesellschaft aufgrund einer anerkannten Primärergänzungssteuerregelung erhobene Steuer. [2]Der Ermäßigungsbetrag nach Satz 1 entspricht höchstens dem Anteil der Muttergesellschaft am Steuererhöhungsbetrag der niedrig besteuerten Geschäftseinheit nach § 9.

Abschnitt 2. Sekundärergänzungssteuer

§ 11 Umfang der Besteuerung der Geschäftseinheit. (1) [1]Für jede nach § 1 steuerpflichtige Geschäftseinheit, ausgenommen Investmenteinheiten, entsteht in Höhe des ihr für das Geschäftsjahr nach Satz 3 zuzurechnenden Teils des Anteils der Bundesrepublik Deutschland am Gesamtbetrag der Steuererhöhungsbeträge nach § 12 ein Ergänzungssteuerbetrag (Sekundärergänzungssteuerbetrag). [2]Der Gesamtbetrag der Steuererhöhungsbeträge im Sinne des Satzes 1 entspricht der Summe der für alle niedrig besteuerten Geschäftseinheiten der Unternehmensgruppe für das Geschäftsjahr berechneten Steuererhöhungsbeträge. [3]Der der steuerpflichtigen Geschäftseinheit zuzurechnende Teil ist wie folgt zu ermitteln:

$$50\,\% \times \frac{\text{Anzahl der Beschäftigten der Geschäftseinheit im Inland}}{\text{Anzahl der Beschäftigten aller Geschäftseinheiten im Inland}} + 50\,\% \times \frac{\text{Gesamtwert der materiellen Vermögenswerte der Geschäftseinheit im Inland}}{\text{Gesamtwert der materiellen Vermögenswerte aller Geschäftseinheiten im Inland}}$$

[4]Der für eine niedrig besteuerte Geschäftseinheit nach Satz 3 berechnete Steuererhöhungsbetrag ist um den der obersten Muttergesellschaft sowie einer nachgeordneten Muttergesellschaft zuzurechnenden Anteil am Steuererhöhungsbetrag im Sinne des § 9 dieser niedrig besteuerten Geschäftseinheit zu reduzieren, der aufgrund einer anerkannten Primärergänzungssteuerregelung erhoben wird. [5]§ 12 gilt entsprechend.

(2) Absatz 1 ist nicht anzuwenden, wenn alle die Eigenkapitalbeteiligung der obersten Muttergesellschaft an dieser niedrig besteuerten Geschäftseinheit vermittelnden Eigenkapitalbeteiligungen durch eine oder mehrere Muttergesellschaften gehalten werden, die für das betreffende Geschäftsjahr in Bezug auf diese niedrig besteuerte Geschäftseinheit einer anerkannten Primärergänzungssteuerregelung unterliegen.

§ 12 Anteil der Bundesrepublik Deutschland am Gesamtbetrag der Steuererhöhungsbeträge. (1) [1]Der auf die Bundesrepublik Deutschland entfallende Anteil am Gesamtbetrag der Steuererhöhungsbeträge entspricht vorbehaltlich des § 14 dem Gesamtbetrag der Steuererhöhungsbeträge im Sinne des § 11 multipliziert mit der Inlandsquote. [2]Die Inlandsquote ist für jedes Geschäftsjahr für die Unternehmensgruppe wie folgt zu ermitteln:

$$50\,\% \times \frac{\text{Anzahl der Beschäftigten im Inland}}{\text{Anzahl der Beschäftigten in allen Steuerhoheitsgebieten mit anerkannter Sekundärergänzungssteuerregelung}} + 50\,\% \times \frac{\text{Gesamtwert der materiellen Vermögenswerte im Inland}}{\text{Gesamtwert der materiellen Vermögenswerte in allen Steuerhoheitsgebieten mit anerkannter Sekundärergänzungssteuerregelung}}$$

[3]Für die Zwecke dieses Paragraphen gelten die folgenden Begriffsbestimmungen:

1. „Anzahl der Beschäftigten im Inland" ist die Gesamtzahl der Beschäftigten aller im Inland belegenen Geschäftseinheiten der Unternehmensgruppe *ist.*[1)]
2. „Anzahl der Beschäftigten in allen Steuerhoheitsgebieten mit anerkannter Sekundärergänzungssteuerregelung" ist die Gesamtzahl der Beschäftigten aller Geschäftseinheiten der Unternehmensgruppe, die in einem Steuerhoheitsgebiet belegen sind, in dem für das Geschäftsjahr eine anerkannte Sekundärergänzungssteuerregelung anzuwenden ist.
3. „Gesamtwert der materiellen Vermögenswerte im Inland" ist die Summe der Nettobuchwerte der materiellen Vermögenswerte aller im Inland belegenen Geschäftseinheiten der Unternehmensgruppe.
4. „Gesamtwert der materiellen Vermögenswerte in allen Steuerhoheitsgebieten mit anerkannter Sekundärergänzungssteuerregelung" ist die Summe der Nettobuchwerte der materiellen Vermögenswerte aller Geschäftseinheiten der Unternehmensgruppe, die in einem Steuerhoheitsgebiet belegen sind, in dem für das Geschäftsjahr eine anerkannte Sekundärergänzungssteuerregelung anzuwenden ist.

(2) [1]Die Anzahl der Beschäftigten im Sinne des Absatzes 1 entspricht der Gesamtzahl aller Arbeitnehmer auf der Basis von Vollzeitäquivalenten aller Geschäftseinheiten, die in dem betreffenden Steuerhoheitsgebiet belegen sind. [2]Einer in einem Steuerhoheitsgebiet belegenen Betriebsstätte sind die Arbeitnehmer zuzuordnen, deren Lohnaufwand in der Rechnungslegung dieser Betriebsstätte im Sinne des § 42 Absatz 1 und 2 enthalten ist. [3]Als Arbeitnehmer im Sinne der Sätze 1 und 2 gelten auch unabhängige Auftragnehmer, die an der gewöhnlichen Geschäftstätigkeit der Geschäftseinheit mitwirken. [4]Für die Zwecke dieses Absatzes bleiben Arbeitnehmer und unabhängige Auftragnehmer von Investmenteinheiten unberücksichtigt.

(3) [1]Materielle Vermögenswerte im Sinne des Absatzes 1 umfassen die materiellen Vermögenswerte des Anlage- und Umlaufvermögens, jedoch keine Barmittel oder Barmitteläquivalente, immateriellen oder finanziellen Vermö-

---

[1)] Sic (BGBl. I 2023 Nr. 397).

genswerte, aller Geschäftseinheiten, die in dem betreffenden Steuerhoheitsgebiet belegen sind. [2]Einer in einem Steuerhoheitsgebiet belegenen Betriebsstätte sind die materiellen Vermögenswerte zuzuordnen, die in der separaten Ergebnisrechnung dieser Betriebsstätte im Sinne des § 42 Absatz 1 und 2 enthalten sind. [3]Für die Zwecke des Absatzes 3 bleiben materielle Vermögenswerte von Investmenteinheiten unberücksichtigt.

(4) Nettobuchwert im Sinne des Absatzes 1 ist das arithmetische Mittel, aus den für einen materiellen Vermögenswert zu Beginn und Ende des Geschäftsjahres im Jahresabschluss ausgewiesenen Werten nach Berücksichtigung der kumulierten Abschreibungen und substanzbedingten Wertminderungen.

§ 13 Besonderheiten bei transparenten Einheiten. (1) Für die Zuordnung der Beschäftigten im Sinne des § 12 Absatz 2 und der materiellen Vermögenswerte im Sinne des § 12 Absatz 3 zu den Betriebsstätten einer transparenten Einheit sind die Grundsätze von § 43 Absatz 1 und 2 für Zwecke des § 12 nicht anzuwenden.

(2) [1]Die Beschäftigten und materiellen Vermögenswerte einer transparenten Einheit, die keiner Betriebsstätte zugeordnet werden können, sind anderen Geschäftseinheiten der Unternehmensgruppe zuzuordnen, die in dem Steuerhoheitsgebiet belegen sind, in dem die transparente Einheit gegründet worden ist. [2]Sofern auch keine Zuordnung zu Geschäftseinheiten nach Satz 1 erfolgen kann, bleiben die Beschäftigten und materiellen Vermögenswerte bei der Ermittlung der Inlandsquote im Sinne des § 12 Absatz 1 Satz 2 unberücksichtigt.

§ 14 Besonderheiten bei Steuerhoheitsgebieten mit anerkannter Sekundärergänzungssteuerregelung. [1]Bei der Ermittlung der Inlandsquote nach § 12 Absatz 1 Satz 2 der Unternehmensgruppe für das betreffende Geschäftsjahr bleibt ein Steuerhoheitsgebiet mit anerkannter Sekundärergänzungssteuerregelung unberücksichtigt, bis die auf dieses Steuerhoheitsgebiet für die betreffende Unternehmensgruppe für ein vorhergehendes Geschäftsjahr entfallende Sekundärergänzungssteuer im gesamten Umfang festgesetzt worden ist. [2]Satz 1 gilt nicht, wenn infolgedessen sämtliche Steuerhoheitsgebiete mit anerkannter Sekundärergänzungssteuerregelung unberücksichtigt blieben.

Teil 3. Ermittlung des Mindeststeuer-Gewinns oder Mindeststeuer-Verlusts

Abschnitt 1. Grundlagen der Mindeststeuer-Gewinnermittlung

§ 15 Mindeststeuer-Gewinn oder Mindeststeuer-Verlust. (1) [1]Der Mindeststeuer-Gewinn oder Mindeststeuer-Verlust ist der für Konsolidierungszwecke aus den Rechnungslegungsdaten der jeweiligen Geschäftseinheit abgeleitete und an konzerneinheitliche Ansatz- und Bewertungsregeln angeglichene Jahresüberschuss oder Jahresfehlbetrag vor Konsolidierungsanpassungen und Zwischenergebniseliminierungen (Mindeststeuer-Jahresüberschuss oder Mindeststeuer-Jahresfehlbetrag), korrigiert um die in § 18 bezeichneten Beträge.

2 Auswirkungen aus der Anpassung des Buchwerts von Vermögenswerten und Schulden bei einer Geschäftseinheit, die aufgrund der Anwendung der Erwerbsmethode bei einem Beteiligungserwerb im Rahmen eines Unternehmenszusammenschlusses resultieren, dürfen nicht berücksichtigt werden. 3 Satz 2 gilt nicht, wenn der Beteiligungserwerb vor dem 1. Dezember 2021 stattfand und es der Unternehmensgruppe nicht möglich ist, den Mindeststeuer-Jahresüberschuss oder Mindeststeuer-Jahresfehlbetrag ausgehend vom nicht angepassten Buchwert der beim Unternehmenszusammenschluss übernommenen Vermögensgegenstände und Schulden zu bestimmen.

(2) Ist es im Einzelfall unverhältnismäßig, den Mindeststeuer-Jahresüberschuss oder Mindeststeuer-Jahresfehlbetrag einer Geschäftseinheit auf der Grundlage des für die Aufstellung des Konzernabschlusses der obersten Muttergesellschaft maßgeblichen Rechnungslegungsstandards zu ermitteln, kann auf Antrag der berichtspflichtigen Geschäftseinheit der Mindeststeuer-Jahresüberschuss oder Mindeststeuer-Jahresfehlbetrag der Geschäftseinheit für das Geschäftsjahr nach anderen anerkannten Rechnungslegungsstandards oder einem zugelassenen Rechnungslegungsstandard ermittelt werden, vorausgesetzt, dass

1. der Jahresabschluss der Geschäftseinheit auf Grundlage dieses Rechnungslegungsstandards aufgestellt wurde,
2. die im Jahresabschluss enthaltenen Informationen ordnungsgemäß sind und
3. permanente Differenzen, sofern sie aggregiert mehr als 1 Million Euro[1] betragen und aus den verwendeten Bilanzierungs- und Bewertungsvorschriften bestimmter Ertrags- oder Aufwandspositionen oder Transaktionen des Rechnungslegungs*stand*standards[2] der Geschäftseinheit resultieren, so angepasst werden, dass sie den Bilanzierungs- und Bewertungsvorschriften der obersten Muttergesellschaft entsprechen.

§ 16 Betragsmäßige und fremdvergleichskonforme Anpassungen.

(1) 1 Geschäftsvorfälle zwischen in verschiedenen Steuerhoheitsgebieten belegenen Geschäftseinheiten, die in den Jahresabschlüssen der jeweiligen Geschäftseinheiten nicht in derselben Höhe erfasst sind oder nicht dem Fremdvergleichsgrundsatz entsprechen, sind dahingehend anzupassen, dass sie betragsmäßig korrespondieren und dem Fremdvergleichsgrundsatz entsprechen. 2 Satz 1 ist bei einer nur unilateralen Verrechnungspreiskorrektur, die die steuerpflichtigen Einkünfte einer Geschäftseinheit in einem Steuerhoheitsgebiet erhöht oder verringert,

1. dessen nominaler Steuersatz unter dem Mindeststeuersatz liegt oder
2. welches in Bezug auf die betreffende Unternehmensgruppe in den beiden der unilateralen Verrechnungspreiskorrektur vorangehenden Geschäftsjahren ein Niedrigsteuerhoheitsgebiet war,

nicht anzuwenden.

(2) 1 Für Geschäftsvorfälle zwischen in demselben Steuerhoheitsgebiet belegenen Geschäftseinheiten, die für Zwecke der Ermittlung des effektiven

[1] Vgl. hierzu § 97 Abs. 1.
[2] Sic (BGBl. I 2023 Nr. 397); muss wohl lauten Rechnungslegungsstandards.

Steuersatzes von der Unternehmensgruppe getrennt zu betrachten sind, gilt Absatz 1 entsprechend. [2]Verluste aus der Veräußerung, Übertragung oder Überführung von Vermögenswerten zwischen in demselben Steuerhoheitsgebiet belegenen Geschäftseinheiten, die im Mindeststeuer-Jahresüberschuss oder Mindeststeuer-Jahresfehlbetrag berücksichtigt wurden, sind nach Fremdvergleichsgrundsätzen anzupassen; bei der übernehmenden Geschäftseinheit sind die korrespondierenden Folgen zu ziehen.

(3) Für die Anpassungen nach den Absätzen 1 und 2 gilt § 52 Absatz 1 und 2 entsprechend.

§ 17 Korrespondierende Einstufung von Finanzinstrumenten. [1]Die Einstufung eines Finanzinstruments als Eigenkapital oder Fremdkapital hat für den Emittenten und den Inhaber einheitlich zu erfolgen. [2]Weicht die Einstufung auf der Grundlage des jeweils maßgebenden Rechnungslegungsstandards beim Emittenten und Inhaber voneinander ab, ist die Einstufung des Instruments beim Emittenten für den Inhaber bindend.

Abschnitt 2. Ermittlungsgrundsätze und Anpassungen

Unterabschnitt 1. Allgemeine Bestimmungen

§ 18 Hinzurechnungen und Kürzungen. Der Mindeststeuer-Jahresüberschuss oder Mindeststeuer-Jahresfehlbetrag wird

1. vermehrt um den positiven Saldo oder vermindert um den negativen Saldo des Gesamtsteueraufwands (§ 19),
2. vermindert um den Dividendenkürzungsbetrag (§ 20),
3. vermindert um ausgenommene Gewinne oder vermehrt um ausgenommene Verluste aus Eigenkapitalbeteiligungen (§ 21),
4. vermehrt um Gewinne oder vermindert um Verluste aus der Anwendung der Neubewertungsmethode auf Sachanlagen (§ 22),
5. vermehrt um asymmetrische Fremdwährungsgewinne oder vermindert um Fremdwährungsverluste nach § 23 Absatz 1 Nummer 1 und 4 sowie vermindert um asymmetrische Fremdwährungsgewinne oder vermehrt um Fremdwährungsverluste nach § 23 Absatz 1 Nummer 2 und 3,
6. vermehrt um Aufwendungen für Bestechungs- und Schmiergelder und andere illegale Zahlungen,
7. vermehrt um Bußgelder und Sanktionen der Geschäftseinheit, die jeweils mindestens 50 000 Euro[1)] betragen und die von einem Gericht oder einer Behörde festgesetzt wurden; die Hinzurechnung unterbleibt, soweit mit der Geldbuße der wirtschaftliche Vorteil, der durch den Gesetzesverstoß erlangt wurde, abgeschöpft worden ist und zugleich die Steuern vom Einkommen und Ertrag, die auf den wirtschaftlichen Vorteil entfallen, bei der Bemessung des Vorteils nicht abgezogen worden sind,

---

[1)] Vgl. hierzu § 97 Abs. 1.

8. vermehrt oder vermindert um Korrekturbeträge aus Bilanzierungs- und Bewertungsfehlern eines vorangegangenen Geschäftsjahres sowie Änderungen der Bilanzierungsvorschriften und Bewertungsmethoden (§ 24),
9. vermehrt oder vermindert um den Korrekturposten Pensionsaufwand (§ 25),
10. vermehrt oder vermindert um Anpassungsbeträge aufgrund von gruppeninternen Finanzierungsvereinbarungen (§ 26), steuerlichen Zulagen (§§ 27 und 28) und steuerliche Vorteile nach § 29,
11. vermehrt oder vermindert um Anpassungsbeträge aufgrund von sektorspezifischen Ermittlungsgrundsätzen (§§ 30 bis 33),
12. vermehrt oder vermindert um Anpassungsbeträge aufgrund der Ausübung von Wahlrechten nach Abschnitt 3 (§§ 34 bis 41),
13. vermehrt oder vermindert um Beträge, die nach den §§ 42 und 43 zuzuordnen sind,
14. vermehrt um Gewinne oder vermindert um Verluste aus der Übertragung von Vermögenswerten oder Schulden (§ 66); Nummer 3 bleibt davon unberührt, und
15. vermehrt oder vermindert um sonstige Anpassungen nach den Teilen 6 und 7 (§§ 64, 65, 67, 69 bis 74).

§ 19 Gesamtsteueraufwand. Gesamtsteueraufwand ist der positive oder negative Saldo aus

1. erfassten Steuern im Sinne des § 45, einschließlich erfasster latenter Steuern,
2. Steuern, die sich aus der Anwendung einer anerkannten nationalen Ergänzungssteuerregelung, einer anerkannten Primärergänzungssteuerregelung und einer anerkannten Sekundärergänzungssteuerregelung ergeben sowie
3. unzulässigen erstattungsfähigen Anrechnungssteuern.

§ 20 Dividendenkürzungsbetrag. (1) Der Dividendenkürzungsbetrag setzt sich zusammen aus Dividenden oder anderen Gewinnausschüttungen aus Eigenkapitalbeteiligungen, wenn

1. von Geschäftseinheiten der Unternehmensgruppe zusammen eine Beteiligung von mindestens 10 Prozent am Gewinn, Kapital, an Rücklagen oder Stimmrechten der ausschüttenden Einheit zum Zeitpunkt der Ausschüttung besteht (Schachtelbeteiligungen) oder
2. die Eigenkapitalbeteiligungen zum Zeitpunkt der Ausschüttung für einen ununterbrochenen Zeitraum von mindestens zwölf Monaten von der Geschäftseinheit gehalten werden, die die Dividenden oder die anderen Gewinnausschüttungen empfängt (Langzeitbeteiligungen).

(2) [1] Absatz 1 gilt nicht für Dividenden oder andere Gewinnausschüttungen, wenn sie aus Anteilen an einer Investmenteinheit stammen, für die das Wahlrecht im Sinne des § 74 ausgeübt worden ist. [2] Bei zusammengesetzten Finanzinstrumenten gilt Absatz 1 nur bezogen auf den Teil der Dividende oder anderen Gewinnausschüttung, der auf die Eigenkapitalkomponente des Instruments entfällt.

§ 21 Gewinne oder Verluste aus Eigenkapitalbeteiligungen. Ausgenommene Gewinne oder Verluste aus Eigenkapitalbeteiligungen sind im Mindeststeuer-Jahresüberschuss oder Mindeststeuer-Jahresfehlbetrag enthaltene

1. Gewinne und Verluste aus der Änderung des beizulegenden Zeitwerts und aus der Veräußerung von Schachtelbeteiligungen (§ 20 Absatz 1 Nummer 1) sowie
2. Gewinne und Verluste in Bezug auf Eigenkapitalbeteiligungen, die nach der Equity-Methode bilanziert werden.

§ 22 Gewinne oder Verluste aus der Anwendung der Neubewertungsmethode auf Sachanlagen. Gewinne oder Verluste aus der Anwendung der Neubewertungsmethode auf Sachanlagen entsprechen den Nettogewinnen oder Nettoverlusten, einschließlich damit im Zusammenhang stehender erfasster Steuern, des Geschäftsjahres aus Neubewertungen von Sachanlagen, deren Buchwerte nach den einschlägigen Bilanzierungs- und Bewertungsgrundsätzen regelmäßig an den beizulegenden Zeitwert angepasst werden, sofern diese Anpassungen im sonstigen Ergebnis abgebildet und die damit im Zusammenhang stehenden Gewinne und Verluste anschließend nicht erfolgswirksam erfasst werden.

§ 23 Asymmetrische Fremdwährungsgewinne oder Fremdwährungsverluste. (1) Asymmetrische Fremdwährungsgewinne oder Fremdwährungsverluste entstehen aufgrund von abweichenden funktionalen Währungen,

1. die bei der steuerlichen Gewinnermittlung der Geschäftseinheit berücksichtigt worden sind und auf Schwankungen des Wechselkurses zwischen der für Zwecke der Rechnungslegung und der für steuerrechtliche Zwecke maßgeblichen funktionalen Währung beruhen;
2. die bei der Ermittlung des Mindeststeuer-Jahresüberschusses oder Mindeststeuer-Jahresfehlbetrags berücksichtigt worden sind und auf Schwankungen zwischen dem Wechselkurs der für steuerrechtliche Zwecke und der für Zwecke der Rechnungslegung maßgeblichen funktionalen Währung beruhen;
3. die bei der Ermittlung des Mindeststeuer-Jahresüberschusses oder Mindeststeuer-Jahresfehlbetrags berücksichtigt worden sind und auf Schwankungen zwischen dem Wechselkurs der für Zwecke der Rechnungslegung maßgeblichen funktionalen Währung und einer dritten Währung beruhen oder
4. die auf Schwankungen zwischen dem Wechselkurs der für steuerrechtliche Zwecke maßgeblichen funktionalen Währung und einer dritten Währung beruhen, ungeachtet dessen, ob die Fremdwährungsgewinne oder Fremdwährungsverluste aus der dritten Währung bei der steuerlichen Gewinnermittlung berücksichtigt worden sind.

(2) Für Zwecke des Absatzes 1 ist die

1. für steuerrechtliche Zwecke funktionale Währung die Währung, die im Belegenheitsstaat der Geschäftseinheit bei der steuerlichen Gewinnermittlung und für die Ermittlung der erfassten Steuern maßgeblich ist;

2. für Zwecke der Rechnungslegung funktionale Währung die Währung, die bei der Ermittlung des Mindeststeuer-Jahresüberschusses oder Mindeststeuer-Jahresfehlbetrags der Geschäftseinheit verwendet wird;
3. dritte Währung eine Währung, die weder in Nummer 1 noch Nummer 2 genannt ist.

§ 24 Bilanzierungs- und Bewertungsfehler eines vorangegangenen Geschäftsjahres; Änderungen der Bilanzierungsvorschriften und Bewertungsmethoden. (1) Änderungen des Eigenkapitals in der Bilanz der Geschäftseinheit zu Beginn des Geschäftsjahres, die zurückzuführen sind auf

1. eine Korrektur eines Fehlers bei der Ermittlung des Mindeststeuer-Jahresüberschusses oder Mindeststeuer-Jahresfehlbetrags eines vorangegangenen Geschäftsjahres, der sich auf die Höhe der im Mindeststeuer-Gewinn oder Mindeststeuer-Verlust erfassten Erträge oder Aufwendungen für dieses Geschäftsjahr ausgewirkt hatte, oder
2. eine Änderung der Bilanzierungsvorschriften oder Bewertungsmethoden, die sich auf die Höhe der im Mindeststeuer-Gewinn oder Mindeststeuer-Verlust ausgewiesenen Erträge oder Aufwendungen für dieses Geschäftsjahr ausgewirkt hat,

stellen Bilanzierungs- und Bewertungsfehler eines vorangegangenen Geschäftsjahres sowie Änderungen der Bilanzierungsvorschriften und Bewertungsmethoden dar.

(2) § 18 Nummer 8 findet keine Anwendung, soweit die Korrektur des Fehlers nach Absatz 1 Nummer 1 zu einer Minderung der nach § 52 geschuldeten erfassten Steuern führt.

§ 25 Korrekturposten Pensionsaufwand. [1] Korrekturposten Pensionsaufwand ist der Unterschiedsbetrag zwischen dem Betrag der im Mindeststeuer-Jahresüberschuss oder Mindeststeuer-Jahresfehlbetrag als Aufwand berücksichtigten Pensionsverpflichtungen und den für das Geschäftsjahr an eine Pensionseinheit geleisteten Beiträgen. [2] Satz 1 gilt nur für Pensionsverpflichtungen, die auf eine Pensionseinheit ausgelagert sind.

§ 26 Gruppeninterne Finanzierungsvereinbarungen. (1) [1] Aufwendungen aus gruppeninternen Finanzierungsvereinbarungen werden für Zwecke der Ermittlung des Mindeststeuer-Gewinns oder Mindeststeuer-Verlusts einer Geschäftseinheit nicht berücksichtigt. [2] Dies gilt nur, wenn während der erwarteten Laufzeit dieser Vereinbarung nach vernünftigem kaufmännischem Ermessen davon auszugehen ist, dass die den Aufwendungen entsprechenden Erträge beim hochbesteuerten Gläubiger zu keiner entsprechenden Erhöhung des steuerlichen Gewinns führen.

(2) [1] Eine gruppeninterne Finanzierungsvereinbarung ist jede Vereinbarung zwischen zwei oder mehr Geschäftseinheiten derselben Unternehmensgruppe im Rahmen derer ein hochbesteuerter Gläubiger einer Geschäftseinheit in einem Niedrigsteuerhoheitsgebiet unmittelbar oder mittelbar Kapital überlässt. [2] Ein hochbesteuerter Gläubiger ist eine Geschäftseinheit, die in keinem Nied-

rigsteuerhoheitsgebiet belegen ist. 3 Für Zwecke der Bestimmung eines Niedrigsteuerhoheitsgebiets sind alle Erträge oder Aufwendungen aus der gruppeninternen Finanzierungsvereinbarung bei der Ermittlung des effektiven Steuersatzes dieses Steuerhoheitsgebiets außer Acht zu lassen.

§ 27 Steuerliche Zulagen. (1) 1 Anerkannte steuerliche Zulagen sind im Geschäftsjahr der Erfüllung der Anspruchsvoraussetzung für deren Gewährung als Erträge zu behandeln; eine Erfassung im Betrag der angepassten Steuern ist nicht zulässig. 2 Steht eine solche Zulage im Zusammenhang mit der Investition in einen Vermögenswert und mindert die Zulage die Anschaffungskosten oder Herstellungskosten für Zwecke der Rechnungslegung, kann die Erfassung als Ertrag auf die Nutzungsdauer des Vermögenswerts in Übereinstimmung mit der bilanziellen Behandlung bei der Geschäftseinheit verteilt werden. 3 Nicht anerkannte steuerliche Zulagen dürfen vorbehaltlich der §§ 28 und 29 nicht als Erträge behandelt werden, sie sind im Betrag der angepassten Steuern zu erfassen.

(2) 1 Anerkannte steuerliche Zulagen sind durch das Steuersystem gewährte Zulagen, soweit die jeweilige Zulage so ausgestaltet ist, dass sie innerhalb von vier Jahren ab Erfüllung der Anspruchsvoraussetzung für die Gewährung der Zulage auf die Steuer angerechnet oder ausgezahlt wird und deren Gewährung nicht vom Bestehen einer Steuerschuld abhängt. 2 Anerkannte steuerliche Zulagen umfassen keine anrechenbaren oder erstattungsfähigen Steuern in Bezug auf zulässige Anrechnungssteuern oder unzulässige erstattungsfähige Anrechnungssteuern. 3 Nicht anerkannte steuerliche Zulagen sind Steuergutschriften, die keine anerkannten steuerlichen Zulagen sind, aber ganz oder teilweise auszahlbar sind.

§ 28 Marktfähige und übertragbare steuerliche Zulagen. (1) 1 Soweit eine nicht anerkannte steuerliche Zulage vorliegt, gilt § 27 Absatz 1 Satz 1 und 2 entsprechend, wenn es sich um eine marktfähige und übertragbare steuerliche Zulage handelt. 2 Überträgt der originär Anspruchsberechtigte die steuerliche Zulage innerhalb der in Absatz 3 Satz 2 Nummer 1 genannten Frist ist abweichend von § 27 Absatz 1 nicht der Nennwert, sondern der Veräußerungspreis als Ertrag anzusetzen. 3 Überträgt der originär Anspruchsberechtigte die steuerliche Zulage nach Ablauf der in Absatz 3 Satz 2 Nummer 1 genannten Frist, ist im Geschäftsjahr der Übertragung ein Verlust in Höhe der Differenz zwischen dem Nennwert der steuerlichen Zulage und dem Veräußerungspreis anzusetzen. 4 Wenn die steuerliche Zulage ungenutzt ganz oder teilweise verfällt, ist ein Verlust in Höhe des Nennwertes der steuerlichen Zulage im Verfallszeitpunkt zu erfassen.

(2) 1 Eine marktfähige und übertragbare steuerliche Zulage ist beim Übertragungsempfänger in Höhe der Differenz zwischen dem Nennwert der steuerlichen Zulage und dem Kaufpreis als Ertrag anzusetzen, soweit die steuerliche Zulage im Geschäftsjahr zur Minderung der angepassten erfassten Steuern genutzt wird. 2 Wird die steuerliche Zulage weiterübertragen, ist der Veräußerungsgewinn oder Veräußerungsverlust im Geschäftsjahr der Übertragung zu erfassen. 3 Der Veräußerungsgewinn oder Veräußerungsverlust entspricht dem

Verkaufspreis abzüglich des Kaufpreises und des Ertrags aus der Nutzung der steuerlichen Zulage.

(3) [1]Marktfähige und übertragbare steuerliche Zulagen sind durch das Steuersystem gewährte Zulagen, die im gewährenden Steuerhoheitsgebiet zur Minderung der Steuerschuld genutzt werden können. [2]Eine steuerliche Zulage gilt als übertragbar:

1. Beim originär Anspruchsberechtigten, wenn dieser die steuerliche Zulage nach den rechtlichen Vorgaben des gewährenden Steuerhoheitsgebiets in dem Geschäftsjahr, in dem die Anspruchsvoraussetzungen erfüllt sind oder innerhalb von 15 Monaten nach diesem Geschäftsjahr, an unverbundene Personen übertragen kann.
2. Beim Übertragungsempfänger, wenn dieser die steuerliche Zulage nach den rechtlichen Vorgaben des gewährenden Steuerhoheitsgebiets in dem Geschäftsjahr des Erwerbs an unverbundene Personen weiterübertragen kann und diese Übertragung keinen weitergehenden rechtlichen Einschränkungen unterliegt als beim originär Anspruchsberechtigten.

[3]Eine steuerliche Zulage gilt als marktfähig:

1. Beim originär Anspruchsberechtigten, wenn die steuerliche Zulage innerhalb der in Satz 2 Nummer 1 genannten Frist an unverbundene Personen zu einem Preis übertragen wird, der mindestens dem Marktbasispreis entspricht. [2]Dies gilt entsprechend, sofern die steuerliche Zulage nicht oder an verbundene Personen übertragen wird, wenn vergleichbare steuerliche Zulagen in demselben Zeitraum zwischen unverbundenen Personen mindestens zum Marktbasispreis gehandelt werden.
2. Beim Übertragungsempfänger, wenn dieser die steuerliche Zulage von einer unverbundenen Person mindestens zum Marktbasispreis erwirbt.

[4]Der Marktbasispreis nach Satz 3 entspricht 80 Prozent des Kapitalwerts der steuerlichen Zulage, wobei unterstellt wird, dass

1. der jährliche Zahlungsstrom unter den rechtlichen Vorgaben des gewährenden Steuerhoheitsgebiets maximal dem jedes Geschäftsjahr nutzbaren Betrag der steuerlichen Zulage entspricht und
2. der Diskontierungszinssatz dem Zins eines Schuldinstruments des die steuerliche Zulage gewährenden Steuerhoheitsgebietes mit einer Laufzeit von maximal fünf Geschäftsjahren beginnend mit dem Geschäftsjahr, in dem die steuerliche Zulage erstmals ganz oder teilweise nutzbar ist, entspricht; wird die steuerliche Zulage ratierlich über einen Zeitraum von weniger als fünf Geschäftsjahren gewährt, ist dieser Zeitraum bei der Bestimmung der Laufzeit des Schuldinstruments maßgeblich.

(4) [1]Für Zwecke des Absatzes 3 Satz 2 Nummer 1 gelten der originär Anspruchsberechtigte (Übertragender) und der Übertragungsempfänger als verbundene Personen, wenn der eine, mittelbar oder unmittelbar, zu 50 Prozent wert- oder stimmrechtsmäßig an dem anderen beteiligt ist oder eine andere Person jeweils an dem originär Anspruchsberechtigten und dem Übertragungsempfänger eine entsprechende Beteiligung hält. [2]Besteht eine Kontrollbeteiligung, ist von einer Verbundenheit auszugehen.

§ 29 Behandlung steuerlicher Vorteile bei Beteiligungen an bestimmten steuertransparenten Einheiten. (1) [1]Bei Ausübung des Wahlrechts nach § 39 sind anerkannte Steuervorteile, die dem Inhaber aus einer Anerkannten Beteiligung unmittelbar oder mittelbar über eine steuertransparente Struktur nicht gruppenzugehöriger Einheiten zufließen, bei der Ermittlung der angepassten erfassten Steuern des Inhabers hinzuzurechnen, soweit sie die angefallenen erfassten Steuern vermindert haben. [2]Anerkannte Steuervorteile sind nicht anerkannte steuerliche Zulagen oder steuerlich verrechenbare Verluste durch die anerkannte Beteiligung, soweit sie den Investitionsbetrag nach Absatz 2 Nummer 1 oder 2 vermindern. [3]Sofern der Investitionsbetrag gemäß Absatz 2 auf null vermindert ist, sind die angepassten erfassten Steuern um zugeflossene Beträge im Sinne des Absatz 2 Nummer 1 bis 4 aus der anerkannten Beteiligung zu kürzen. [4]Dies gilt für die in Absatz 2 Nummer 3 oder 4 aufgeführten Beträge oder anerkannte steuerliche Zulagen nur, soweit diese den Gesamtbetrag der nach Satz 1 hinzugerechneten anerkannten Steuervorteile insgesamt nicht übersteigen.

(2) Die Investition des Inhabers in eine anerkannte Beteiligung wird um die folgenden Beträge, höchstens jedoch bis auf null, vermindert:

1. Gesamtbetrag, der über die Beteiligung zugerechneten anerkannten und nicht anerkannten steuerlichen Zulagen,
2. Gesamtbetrag, der über die Beteiligung zugerechneten verrechenbaren Verluste multipliziert mit dem für den Inhaber geltenden nominalen Steuersatz,
3. Gesamtbetrag, der dem Inhaber zugeflossenen Gewinnausschüttungen und Einlagenrückgewähr und
4. Gesamtbetrag, der Veräußerungserlöse aus der anteiligen oder vollständigen Veräußerung der Beteiligung.

(3) [1]Eine anerkannte Beteiligung ist eine Beteiligung an einer steuertransparenten Einheit,

1. die nicht im Konzernabschluss der Unternehmensgruppe des Inhabers der Beteiligung konsolidiert wird,
2. die zu erwartende Gesamtrendite aus der Beteiligung an der Gesellschaft zum Startzeitpunkt des Investments negativ ist und
3. ein wesentlicher Teil des Investments in Form von nicht anerkannten steuerlichen Zulagen vergütet wird.

[2]Die zu erwartende Gesamtrendite entspricht der Summe aus den dem Inhaber durch die steuertransparente Einheit zufließenden anerkannten Steuervorteilen, Ausschüttungen und anerkannten steuerlichen Zulagen abzüglich der Investitionssumme.

(4) Die Anwendung des Absatzes 1 ist der Anwendung des § 39 auf die anerkannte Beteiligung vorrangig.

Unterabschnitt 2. Sektorspezifische Gewinnermittlung

§ 30 Ausnahme für Gewinne oder Verluste aus dem internationalen Seeverkehr. (1) Gewinne oder Verluste aus dem internationalen Seeverkehr, einschließlich anerkannter Neben- und Hilfsgeschäfte, werden bei der Ermittlung des Mindeststeuer-Gewinns oder Mindeststeuer-Verlusts nicht berücksichtigt, wenn die Geschäftseinheit nachweist, dass die strategische oder kaufmännische Geschäftsleitung sämtlicher betroffener Seeschiffe tatsächlich von dem Steuerhoheitsgebiet aus erfolgt, in dem die Geschäftseinheit belegen ist.

(2) [1] Absatz 1 gilt für Gewinne oder Verluste, die eine Geschäftseinheit aus den folgenden Tätigkeiten erzielt:

1. Beförderungsleistungen auf einem Seeschiff im internationalen Seeverkehr,
2. Beförderungsleistungen auf einem Seeschiff im internationalen Seeverkehr im Rahmen eines Slot-Charter-Vertrags,
3. Vermietung eines für die Beförderungsleistung im internationalen Seeverkehr eingesetzten, vollständig ausgerüsteten und bemannten Seeschiffs auf Charter-Basis,
4. Vermietung eines für die Beförderungsleistung im internationalen Seeverkehr eingesetzten Seeschiffs an eine andere Geschäftseinheit (Bareboat-Charter),
5. Beteiligung an einem Pool, einer Betriebsgemeinschaft oder einer internationalen Betriebsstelle für die Beförderungsleistung im internationalen Seeverkehr und
6. Verkauf eines Seeschiffs, welches mindestens ein Jahr für die Beförderungsleistung im internationalen Seeverkehr genutzt und von der Geschäftseinheit gehalten wurde.

[2] Satz 1 gilt nicht für Gewinne oder Verluste, die aus der Beförderung auf Binnenwasserstraßen in demselben Steuerhoheitsgebiet erzielt werden.

(3) [1] Neben- und Hilfsgeschäfte im Sinne dieses Paragraphen, wenn sie hauptsächlich im Zusammenhang mit Beförderungsleistungen mit Seeschiffen im internationalen Seeverkehr stehen, sind die folgenden Tätigkeiten:

1. Vermietung eines Seeschiffs an ein anderes Schifffahrtsunternehmen, das keine Geschäftseinheit ist, für einen Zeitraum von nicht mehr als drei Jahren (Bareboat-Charter-Basis),
2. Verkauf von durch andere Schifffahrtsunternehmen ausgestellten Fahrkarten für den inländischen Teil einer internationalen Fahrt,
3. Vermietung und kurzfristige Lagerung von Containern, einschließlich der Kompensationen für die verspätete Rückgabe von Containern,
4. Erbringung von Dienstleistungen für andere Schifffahrtsunternehmen durch Ingenieure, Wartungspersonal, Ladearbeiter, Bewirtungs- und Kundendienstpersonal und
5. Kapitalerträge, die aus Investitionen stammen, die für die Ausübung der Tätigkeit für den Betrieb von Seeschiffen im internationalen Seeverkehr erforderlich sind.

[2] Tätigkeiten im Sinne des Satzes 1 einer Geschäftseinheit setzen auch Tätigkeiten im Sinne des Absatzes 2 derselben Geschäftseinheit voraus.

(4) [1] Aufwendungen, die in unmittelbarem wirtschaftlichem Zusammenhang mit Tätigkeiten im Sinne des Absatzes 2 oder 3 stehen, sind direkt zuzuordnen.

[2] Aufwendungen, die nur in mittelbarem wirtschaftlichem Zusammenhang stehen, sind entsprechend dem Verhältnis der Umsatzerlöse der Geschäftseinheit aus diesen Tätigkeiten zu ihren Gesamtumsatzerlösen zuzuordnen.

(5) Die Gewinne oder Verluste im Sinne des Absatzes 3 sind abweichend von Absatz 1 nicht auszunehmen, soweit sie insgesamt den Betrag von 50 Prozent der Gewinne oder Verluste nach Absatzes 2 dieser Geschäftseinheiten in demselben Steuerhoheitsgebiet übersteigen.

§ 31 Behandlung von Vergütungen auf besondere Instrumente bei Kreditinstituten und Versicherern. [1] Aufwendungen und Erträge auf Instrumente des zusätzlichen Kernkapitals von Kreditinstituten sind bei der Berechnung des Mindeststeuer-Gewinns oder Mindeststeuer-Verlusts erfolgswirksam zu behandeln. [2] Ein Instrument des zusätzlichen Kernkapitals ist ein Instrument, das von einer Geschäftseinheit gemäß den bankenaufsichtsrechtlichen Anforderungen emittiert wird und das in hartes Kernkapital umzuwandeln oder herabzuschreiben ist, wenn ein in den für das Instrument einschlägigen aufsichtsrechtlichen Vorgaben festgelegtes Ereignis eintritt, und das weitere Merkmale aufweist, die die Verlustabsorption erleichtern sollen. [3] Satz 1 ist auf Restricted-Tier-1-Instrumente von Versicherern entsprechend anzuwenden. [4] Restricted-Tier-1-Instrument ist ein Instrument, das von einer Geschäftseinheit gemäß den versicherungsaufsichtsrechtlichen Anforderungen emittiert wird und das in Eigenkapital umzuwandeln oder herabzuschreiben ist, wenn ein in den für das Instrument einschlägigen aufsichtsrechtlichen Vorgaben festgelegtes Ereignis eintritt, und das andere Merkmale aufweist, die die Verlustabsorption erleichtern sollen.

§ 32 Behandlung bestimmter Versicherungserträge. (1) Erträge einer Versicherungseinheit, die diese aus der Weiterbelastung von Steuern erzielt und die vertraglich vom Versicherungsnehmer zu tragen sind, sind von der Berechnung des Mindeststeuer-Gewinns oder Mindeststeuer-Verlusts auszunehmen.

(2) Eine Versicherungseinheit hat bei der Berechnung des Mindeststeuer-Gewinns oder Mindeststeuer-Verlusts an Versicherungsnehmer gezahlte Leistungen als Ertrag anzusetzen, wenn die den Leistungen zugrundliegenden Erträge bei der Versicherungseinheit nicht im Mindeststeuer-Jahresüberschuss oder Mindeststeuer-Jahresfehlbetrag berücksichtigt sind, soweit die entsprechende Zu- oder Abnahme der Verbindlichkeiten gegenüber den Versicherungsnehmern im Mindeststeuer-Jahresüberschuss oder Mindeststeuer-Jahresfehlbetrag der Versicherungseinheit erfasst wird.

§ 33 Ausschluss von Aufwendungen bei fondsgebundenen Versicherungen. (1) [1] Zuführungen einer Versicherungseinheit zu versicherungstechnischen Rückstellungen für fondsgebundene Versicherungen sind nicht abziehbar, soweit die Zuführungen in wirtschaftlichem Zusammenhang mit Erträgen stehen, die nach § 18 Nummer 2 in Verbindung mit § 20 zu kürzen sind. [2] Satz 1 gilt nicht, soweit diese Erträge die Gebühren für die Anlagenverwaltung abdecken.

(2) Zuführungen einer Versicherungseinheit zu versicherungstechnischen Rückstellungen für fondsgebundene Versicherungen sind nicht abziehbar, soweit die Zuführungen in wirtschaftlichem Zusammenhang mit Gewinnen stehen, die nach § 18 Nummer 3 in Verbindung mit § 21 zu kürzen sind.

Abschnitt 3. Wahlrechte bei der Gewinnermittlung

§ 34 Aktienbasierte Vergütungen. (1) [1] Auf Antrag der berichtspflichtigen Geschäftseinheit können die von einer Geschäftseinheit für ein Geschäftsjahr im Mindeststeuer-Jahresüberschuss oder Mindeststeuer-Jahresfehlbetrag ausgewiesenen Aufwendungen, die für aktienbasierte Vergütungen geleistet wurden, durch die nach steuerlichen Vorschriften des Belegenheitsstaats dieser Geschäftseinheit als Betriebsausgaben zugelassenen aktienbasierten Vergütungen ersetzt werden. [2] Wird das Wahlrecht nach Satz 1 für Vergütungen ausgeübt, für die bereits in vorangegangenen Geschäftsjahren Aufwendungen im Mindeststeuer-Jahresüberschuss oder Mindeststeuer-Jahresfehlbetrag der Geschäftseinheit berücksichtigt worden sind, muss bei der Ermittlung des Mindeststeuer-Gewinns oder Mindeststeuer-Verlusts für das Antragsjahr ein Korrekturbetrag berücksichtigt werden. [3] Dieser Betrag entspricht der positiven Differenz zwischen dem Gesamtbetrag aller bereits abgezogenen Aufwendungen für diese Vergütungen und dem Gesamtbetrag der Aufwendungen, die berücksichtigt hätten werden können, wenn das Wahlrecht bereits für diese Geschäftsjahre ausgeübt worden wäre.

(2) Wurden Aufwendungen im Sinne des Absatzes 1 im Zusammenhang mit einer Aktienoption abgezogen und wird diese Option nicht ausgeübt, sind die abgezogenen Beträge dem Mindeststeuer-Jahresüberschuss oder Mindeststeuer-Jahresfehlbetrag des Geschäftsjahres hinzuzurechnen, in dem die Aktienoption letztmalig hätte ausgeübt werden können.

(3) [1] Für die Ausübung des Wahlrechts nach Absatz 1 gilt § 77 Absatz 2; es ist einheitlich für alle in einem Steuerhoheitsgebiet belegenen Geschäftseinheiten auszuüben. [2] In dem Geschäftsjahr, in dem die Inanspruchnahme des Wahlrechts widerrufen wird, muss die Geschäftseinheit die positive Differenz zwischen den nach Absatz 1 zum Abzug zugelassenen Betriebsausgaben und allen während der Inanspruchnahme dieses Wahlrechts entstandenen und nicht geleisteten Aufwendungen für aktienbasierte Vergütungen berücksichtigen.

§ 35 Anwendung der Realisationsmethode. (1) [1] Auf Antrag der berichtspflichtigen Geschäftseinheit können Vermögenswerte und Schulden, die im Konzernabschluss zum beizulegenden Zeitwert erfasst oder bei denen Anpassungen aufgrund von Wertminderungstests vorgenommen worden sind, bei der Ermittlung des Mindeststeuer-Gewinns oder Mindeststeuer-Verlusts abweichend mit dem maßgeblichen Buchwert nach Absatz 2 angesetzt werden (Realisationsmethode). [2] Aufwendungen und Erträge aus der Erfassung des beizulegenden Zeitwerts oder der Anwendung des Wertminderungstests im Sinne des Satzes 1 sind bei der Ermittlung des Mindeststeuer-Gewinns oder Mindeststeuer-Verlusts auszunehmen.

(2) [1]Maßgeblicher Buchwert ist der Buchwert, mit dem der Vermögenswert oder die Schuld zu Beginn des Geschäftsjahres, für das das Wahlrecht im Sinne des Absatzes 1 ausgeübt wird, im Jahresabschluss angesetzt worden ist. [2]Bei Vermögenswerten und Schulden, die zu einem späteren Zeitpunkt erworben, hergestellt oder angefallen sind, sind die Anschaffungskosten, Herstellungskosten oder der Vereinnahmungsbetrag maßgebend.

(3) [1]Für die Ausübung des Wahlrechts nach Absatz 1 gilt § 77 Absatz 2; es ist für alle Vermögenswerte und Schulden aller Geschäftseinheiten, die in demselben Steuerhoheitsgebiet belegen sind, einheitlich auszuüben. [2]Die Ausübung kann auf alle materiellen Vermögenswerte der Geschäftseinheiten oder auf alle Investmenteinheiten beschränkt werden.

(4) Wird das Wahlrecht nach Maßgabe des § 77 Absatz 2 widerrufen, ist ein Unterschiedsbetrag zwischen dem beizulegenden Zeitwert, mit dem der Vermögenswert oder die Schuld zu Beginn des Geschäftsjahres, für das der Widerruf erfolgt, im Jahresabschluss angesetzt worden ist, und dem maßgeblichen Buchwert im Sinne des Absatzes 2 zu berücksichtigen.

§ 36 Gewinne aus der Veräußerung von unbeweglichem Vermögen.

(1) [1]Auf Antrag der berichtspflichtigen Geschäftseinheit kann der Nettogewinn aus der Veräußerung von unbeweglichem Vermögen des Geschäftsjahrs und der vier vorangegangenen Geschäftsjahre (Fünfjahreszeitraum) für alle in demselben Steuerhoheitsgebiet belegenen Geschäftseinheiten einheitlich jährlich nach Absatz 2 verteilt und der effektive Steuersatz nach § 57 Absatz 1 neu berechnet werden. [2]Nettogewinn im Sinne dieses Paragraphen ist der positive Saldo der Gewinne und Verluste aus der Veräußerung von in demselben Steuerhoheitsgebiet belegenem unbeweglichem Vermögen aller dort belegenen Geschäftseinheiten für das Geschäftsjahr. [3]Die Sätze 1 und 2 gelten nicht für Veräußerungsvorgänge zwischen Geschäftseinheiten innerhalb derselben Unternehmensgruppe.

(2) [1]Der Nettogewinn im Sinne des Absatzes 1 ist, beginnend mit dem ersten Geschäftsjahr des Fünfjahreszeitraums, in dem ein Nettoverlust entstanden ist (Verlustjahr), bis zur Höhe des Nettoverlusts zu verrechnen. [2]Der Nettoverlust entspricht dem negativen Saldo der Gewinne und Verluste aus der Veräußerung von in demselben Steuerhoheitsgebiet belegenem unbeweglichem Vermögen aller dort belegenen Geschäftseinheiten für das Geschäftsjahr.

(3) Verbleibt nach Anwendung des Absatzes 2 ein Restbetrag, ist dieser gleichmäßig über den Fünfjahreszeitraum zu verteilen (Jahresbetrag) und den einzelnen Geschäftseinheiten nach der folgenden Formel zuzuweisen:

$$\text{Jahresbetrag} \times \frac{\text{Nettogewinn der einzelnen Geschäftseinheit für das Antragsjahr}}{\text{Nettogewinn aller Geschäftseinheiten für das Antragsjahr}}$$

(4) War eine Geschäftseinheit, die bei der Ermittlung des Verhältnisses nach Absatz 3 mit einbezogen wurde, in einem vorangegangenen Geschäftsjahr nicht in diesem Steuerhoheitsgebiet belegen, wird der auf diese Geschäftseinheit entfallende Teil gleichmäßig auf andere in demselben Steuerhoheitsgebiet belegene Geschäftseinheiten verteilt.

(5) Erfasste Steuern in Bezug auf Nettogewinne oder Nettoverluste des Antragsjahres sind bei der Berechnung der angepassten erfassten Steuern auszunehmen.

§ 37 Konsolidierung. (1) Auf Antrag der berichtspflichtigen Geschäftseinheit können Erträge, Aufwendungen, Gewinne oder Verluste aus Geschäftsvorfällen zwischen Geschäftseinheiten, die in demselben Steuerhoheitsgebiet belegen sind und einem gemeinsamen Gruppenbesteuerungssystem unterliegen, nach den Konsolidierungsgrundsätzen der obersten Muttergesellschaft zusammengefasst werden.

(2) [1] Für das Wahlrecht nach Absatz 1 gilt § 77 Absatz 2; es ist für alle in einem Steuerhoheitsgebiet belegenen Geschäftseinheiten einheitlich auszuüben. [2] Bei Widerruf der Inanspruchnahme des Wahlrechts sind Anpassungen zur Verhinderung einer Doppelerfassung oder Nichterfassung vorzunehmen.

§ 38 Steuerpflicht von Portfoliodividenden. (1) Auf Antrag der berichtspflichtigen Geschäftseinheit ist § 20 Absatz 1 Nummer 2 für die Ermittlung des Dividendenkürzungsbetrags einer Geschäftseinheit nicht anzuwenden.

(2) Für das Wahlrecht nach Absatz 1 gilt § 77 Absatz 2; es ist für alle Beteiligungen einer Geschäftseinheit einheitlich auszuüben.

§ 39 Steuerpflicht von Gewinnen oder Verlusten bei Eigenkapitalbeteiligungen. (1) Auf Antrag der berichtspflichtigen Geschäftseinheit ist § 21 für qualifizierte Gewinne oder Verluste aus Eigenkapitalbeteiligungen einer Geschäftseinheit nicht anzuwenden.

(2) [1] Qualifizierte Gewinne oder Verluste aus Eigenkapitalbeteiligungen sind Gewinne oder Verluste aus Schachtelbeteiligungen (§ 20 Absatz 1 Nummer 1), die

1. ohne Ausübung des Wahlrechts nach Absatz 1 nach § 21 ausgenommen wären und
2. im Steuerhoheitsgebiet der Geschäftseinheit, die die Eigenkapitalbeteiligung hält, steuerpflichtig und nicht von der Besteuerung ausgenommen sind.

[2] Gewinne und Verluste aus der Änderung des beizulegenden Zeitwerts sind auch dann zu berücksichtigen, wenn nur die Veräußerung der Eigenkapitalbeteiligung der Besteuerung unterliegt und nur latente Steuern hinsichtlich der Änderung des beizulegenden Zeitwerts zu erfassen sind.

(3) [1] Für das Wahlrecht nach Absatz 1 gilt § 77 Absatz 2; es ist für alle von Geschäftseinheiten eines Steuerhoheitsgebiets gehaltenen Schachtelbeteiligungen (§ 20 Absatz 1 Nummer 1) einheitlich auszuüben. [2] Der Widerruf der Inanspruchnahme des Wahlrechts ist bezogen auf Eigenkapitalbeteiligungen nicht möglich, bei denen es infolge der Ausübung des Wahlrechts zu einer Verlustberücksichtigung gekommen ist. [3] Für diese Eigenkapitalbeteiligungen gilt Absatz 1 ungeachtet des Widerrufs fort.

§ 40 Symmetrische Behandlung qualifizierter Währungsgewinne oder qualifizierter Währungsverluste bei Nettoinvestitionen in einen Geschäftsbetrieb. (1) Auf Antrag der berichtspflichtigen Geschäftseinheit sind im Mindeststeuer-Jahresüberschuss oder Mindeststeuer-Jahresfehlbetrag enthaltene qualifizierte Währungsgewinne oder qualifizierte Währungsverluste einer Geschäftseinheit als ausgenommene Gewinne oder Verluste aus Eigenkapitalbeteiligungen im Sinne des § 21 zu behandeln.

(2) [1] Qualifizierte Währungsgewinne oder qualifizierte Währungsverluste sind Gewinne oder Verluste aus Währungsumrechnungsdifferenzen, soweit sie

1. die Absicherung von Währungsrisiken in Schachtelbeteiligungen (§ 20 Absatz 1 Nummer 1) betreffen, die von der Geschäftseinheit oder einer anderen Geschäftseinheit gehalten werden,
2. im Konzernabschluss im sonstigen Ergebnis erfasst sind und
3. ein Sicherungsinstrument betreffen, das nach einem zugelassenen Rechnungslegungsstandard, der bei der Aufstellung des Konzernabschlusses verwandt wird, als effektive Nettoinvestition in einen Geschäftsbetrieb zu beurteilen ist.

[2] Soweit die wirtschaftlichen und bilanziellen Folgen des Sicherungsinstruments nicht von der das Sicherungsinstrument emittierenden Geschäftseinheit, sondern von der Geschäftseinheit getragen werden, die die betreffende Schachtelbeteiligung (§ 20 Absatz 1 Nummer 1) hält, ist Absatz 1 bei dieser und nicht beim Emittenten anzuwenden.

(3) Für das Wahlrecht nach Absatz 1 gilt § 77 Absatz 2; es ist für die Absicherung von Währungsrisiken in Schachtelbeteiligungen (§ 20 Absatz 1 Nummer 1) einer Geschäftseinheit einheitlich auszuüben.

§ 41 Qualifizierte Sanierungserträge. (1) Auf Antrag der berichtspflichigen Geschäftseinheit sind im Mindeststeuer-Jahresüberschuss oder Mindeststeuer-Jahresfehlbetrag enthaltene qualifizierte Sanierungserträge einer Geschäftseinheit bei der Ermittlung des Mindeststeuer-Gewinns oder Mindeststeuer-Verlusts auszunehmen.

(2) Sanierungserträge im Sinne des Absatzes 1 sind Erträge aus einem Schuldenerlass, wenn

1. zum Erlasszeitpunkt über das Vermögen der Geschäftseinheit ein an die eingetretene Zahlungsunfähigkeit anknüpfendes Insolvenzverfahren eröffnet wurde, das der Kontrolle eines Gerichts oder eines anderen unabhängigen Justizorgans unterliegt oder nachdem ein vom Schuldner unabhängiger Insolvenzverwalter bestellt wurde,
2. die Geschäftseinheit unter alleiniger Berücksichtigung von Verbindlichkeiten gegenüber nicht mit der Geschäftseinheit im Sinne des Artikels 5 Absatz 8 des OECD-Musterabkommens verbundenen Gläubigern (Drittgläubiger) ohne den Erlass dieser Verbindlichkeiten innerhalb von zwölf Monaten zahlungsunfähig würde und hierzu eine begründete Prognose eines unabhängigen Experten vorliegt oder
3. kein Fall der Nummer 1 oder 2 vorliegt und die Verbindlichkeiten der Geschäftseinheit den Zeitwert ihrer Vermögenswerte unmittelbar vor dem Zeitpunkt des Schuldenerlasses übersteigen (Überschuldung).

(3) Qualifizierte Sanierungserträge im Sinne des Absatzes 1 sind im Fall des
1. Absatzes 2 Nummer 1 sämtliche Sanierungserträge,
2. Absatzes 2 Nummer 2 sämtliche Sanierungserträge im Zusammenhang mit Drittgläubigern sowie Sanierungserträge im Zusammenhang mit im Sinne des Artikels 5 Absatz 8 des OECD-Musterabkommens verbundenen Gläubigern, soweit deren Sanierungsbeiträge als Teil einer einheitlichen Sanierungsbemühung mit den Drittgläubigern angesehen werden können,
3. Absatzes 2 Nummer 3 sämtliche Sanierungserträge im Zusammenhang mit Drittgläubigern, höchstens jedoch der kleinere der folgenden Beträge:
   a) Überschuldungsbetrag,
   b) Gesamtbetrag, der nach den steuerrechtlichen Bestimmungen des Belegenheitsstaats der Geschäftseinheit sanierungsbedingt untergehenden nationalen Steuerattributen.

Abschnitt 4. Aufteilung von Gewinnen und Verlusten bei Betriebsstätten und transparenten Einheiten

§ 42 Zuordnung von Gewinnen und Verlusten zwischen Betriebsstätte und Stammhaus. (1) Der Mindeststeuer-Jahresüberschuss oder Mindeststeuer-Jahresfehlbetrag einer Betriebsstätte im Sinne des § 4 Absatz 8 Nummer 1 bis 3 ist der Betrag, der im Jahresabschluss ausgewiesen worden wäre, wenn die Betriebsstätte als ein eigenständiges und unabhängiges Unternehmen nach den Rechnungslegungsgrundsätzen, die bei der Aufstellung des Konzernabschlusses der Muttergesellschaft verwendet worden sind, Rechnung gelegt hätte.

(2) Der Mindeststeuer-Jahresüberschuss oder Mindeststeuer-Jahresfehlbetrag nach Absatz 1 ist für das Geschäftsjahr so anzupassen, dass
1. bei einer Betriebsstätte nach § 4 Absatz 8 Nummer 1 und 2 nur die Erträge und Aufwendungen berücksichtigt werden, die der Betriebsstätte im Fall des § 4 Absatz 8 Nummer 1 nach den Bestimmungen eines Abkommens zur Vermeidung der Doppelbesteuerung oder im Fall des § 4 Absatz 8 Nummer 2 nach dem nationalen Recht des Belegenheitsstaats zuzuordnen sind,
2. bei einer Betriebsstätte nach § 4 Absatz 8 Nummer 3 nur die Erträge und Aufwendungen berücksichtigt werden, die dieser Betriebsstätte entsprechend Artikel 7 des OECD-Musterabkommen zugeordnet würden.

(3) [1]Bei einer Betriebsstätte nach § 4 Absatz 8 Nummer 4 gilt als Mindeststeuer-Jahresüberschuss oder Mindeststeuer-Jahresfehlbetrag für das Geschäftsjahr der Teil der Einkünfte, der im Steuerhoheitsgebiet des Stammhauses nicht der Besteuerung unterliegt und Tätigkeiten außerhalb dieses Steuerhoheitsgebiets zuzuordnen ist. [2]Aufwendungen sind dem Steuerhoheitsgebiet der Betriebsstätte nur zuzuordnen, soweit sie nicht bereits im Steuerhoheitsgebiet des Stammhauses steuerlich berücksichtigt worden und diesem Steuerhoheitsgebiet keine Tätigkeiten zuzuordnen sind.

(4) [1]Der Mindeststeuer-Jahresüberschuss oder Mindeststeuer-Jahresfehlbetrag der Betriebsstätte nach den Absätzen 1 bis 3 darf bei der Ermittlung des

Mindeststeuer-Gewinns oder Mindeststeuer-Verlusts des Stammhauses nicht berücksichtigt werden. [2]Abweichend von Satz 1 ist der Mindeststeuer-Verlust einer Betriebsstätte dem Mindeststeuer-Gewinn oder Mindeststeuer-Verlust des Stammhauses zuzurechnen, wenn dieser bei der Ermittlung des Gewinns des Stammhauses berücksichtigt wird und soweit dieser nicht mit steuerlichen Einkünften verrechnet wird, die im Steuerhoheitsgebiet des Stammhauses und der Betriebsstätte der Besteuerung unterliegen. [3]Mindeststeuer-Gewinne der Betriebsstätte in nachfolgenden Geschäftsjahren sind bis zur Höhe des nach Satz 2 zugerechneten Mindeststeuer-Verlusts dem Mindeststeuer-Gewinn oder Mindeststeuer-Verlust des Stammhauses zuzurechnen.

§ 43 Zuordnung von Gewinnen und Verlusten bei transparenten Einheiten. (1) [1]Der Mindeststeuer-Jahresüberschuss oder Mindeststeuer-Jahresfehlbetrag einer transparenten Einheit ist um den Teil zu reduzieren, der den Gesellschaftern zuzuordnen ist, die nicht Teil der Unternehmensgruppe sind, und die ihren Eigenkapitalanteil an der transparenten Einheit unmittelbar oder über eine steuertransparente Struktur mittelbar halten. [2]Dies gilt nicht für eine transparente Einheit, die selbst oberste Muttergesellschaft ist oder für transparente Einheiten, soweit diese unmittelbar oder über eine steuertransparente Struktur durch eine transparente oberste Muttergesellschaft gehalten werden.

(2) Der nach Anwendung von Absatz 1 verbleibende Mindeststeuer-Jahresüberschuss oder Mindeststeuer-Jahresfehlbetrag ist

1. einer Betriebsstätte entsprechend den Grundsätzen des § 42 zuzuordnen, soweit hierdurch die Geschäftstätigkeit der transparenten Einheiten ausgeübt wird,
2. im Fall einer steuertransparenten Einheit, die keine oberste Muttergesellschaft ist, den gruppenzugehörigen Gesellschaftern entsprechend ihrer jeweiligen Eigenkapitalbeteiligung zuzuordnen, soweit nach Anwendung der Nummer 1 ein Betrag verbleibt,
3. im Fall einer steuertransparenten Einheit, die eine oberste Muttergesellschaft ist, oder im Fall einer umgekehrt hybriden Einheit dieser selbst zuzuordnen, soweit nach Anwendung der Nummer 1 ein Betrag verbleibt.

Teil 4. Ermittlung der angepassten erfassten Steuern

Abschnitt 1. Allgemeine Vorschriften

§ 44 Betrag der angepassten erfassten Steuern einer Geschäftseinheit. (1) Der Betrag der angepassten erfassten Steuern einer Geschäftseinheit entspricht den im Mindeststeuer-Jahresüberschuss oder Mindeststeuer-Jahresfehlbetrag im Geschäftsjahr angefallenen laufenden Steuern, soweit es sich um erfasste Steuern handelt, angepasst um

1. die Hinzurechnungen im Sinne des § 47 und die Kürzungen im Sinne des § 48 der erfassten Steuern für das Geschäftsjahr,

2. den Gesamtbetrag der angepassten latenten Steuern im Sinne des § 50,
3. Erhöhungen oder Minderungen der im Eigenkapital oder im sonstigen Ergebnis berücksichtigten erfassten Steuern in Bezug auf Bestandteile, die in die Berechnung des Mindeststeuer-Gewinns oder Mindeststeuer-Verlusts einfließen und nach dem Steuerrecht des Belegenheitsstaats der Geschäftseinheit der Besteuerung unterliegen,
4. Steuern im Sinne des § 36 Absatz 5 und
5. Anpassungen nach Teil 7 (§§ 69 bis 74).

(2) Bei der Ermittlung des Betrags nach Absatz 1 darf kein Betrag erfasster Steuern mehrfach berücksichtigt werden.

§ 45 Erfasste Steuern. (1) Vorbehaltlich des Absatzes 2 sind erfasste Steuern im Sinne dieses Gesetzes

1. Steuern vom Einkommen oder Ertrag der Geschäftseinheit, die im Jahresabschluss der Geschäftseinheit in Bezug auf ihre Erträge oder Gewinne oder ihren Anteil an den Erträgen oder Gewinnen einer anderen Geschäftseinheit, an der die Geschäftseinheit eine Eigenkapitalbeteiligung hält, ausgewiesen sind,
2. Steuern auf Gewinnausschüttungen, auf als Gewinnausschüttungen geltende Zahlungen oder auf betriebsfremde Aufwendungen der Geschäftseinheit, die im Rahmen eines zulässigen Ausschüttungssteuersystems erhoben werden,
3. Steuern, die anstelle einer allgemein geltenden Körperschaftsteuer erhoben werden, und
4. Steuern, die in Bezug auf das Eigenkapital der Geschäftseinheit erhoben werden, einschließlich der Steuern, die sowohl auf der Grundlage vom Einkommen oder Ertrag als auch auf dem Eigenkapital der Geschäftseinheit erhoben werden.

(2) Nicht erfasste Steuern im Sinne dieses Gesetzes sind

1. Steuern der Geschäftseinheit, die im Rahmen einer anerkannten Primärergänzungssteuerregelung, einer anerkannten Sekundärergänzungssteuerregelung oder einer anerkannten nationalen Ergänzungssteuerregelung erhoben werden,
2. unzulässige erstattungsfähige Anrechnungssteuern und
3. Steuern einer Versicherungseinheit, die den nach § 30 Absatz 1 auszunehmenden Erträgen entsprechen.

§ 46 Zusätzlicher Steuererhöhungsbetrag bei Mindeststeuer-Gesamtverlust. (1) [1] Ergibt sich für ein Geschäftsjahr für ein Steuerhoheitsgebiet ein Mindeststeuer-Gesamtverlust und beläuft sich der Gesamtbetrag der angepassten erfassten Steuern für dieses Steuerhoheitsgebiet auf weniger als null und auf weniger als die erwarteten angepassten erfassten Steuern, werden die Geschäftseinheiten in diesem Steuerhoheitsgebiet so behandelt, als hätten sie einen zusätzlichen Steuererhöhungsbetrag nach § 57 in Höhe der Differenz zwischen den angepassten erfassten Steuern und den erwarteten angepassten erfassten Steuern. 2 Mindeststeuer-Gesamtverlust ist der Unterschiedsbetrag zwischen den Mindeststeuer-Gewinnen und Mindeststeuer-Verlusten aller in einem Steuerhoheitsgebiet belegenen Geschäftseinheiten, wenn dieser negativ oder null ist.

(2) Die erwarteten angepassten erfassten Steuern betragen:

Mindeststeuer-Gesamtverlust × Mindeststeuersatz

(3) 1 Auf Antrag der berichtspflichtigen Geschäftseinheit ist kein zusätzlicher Steuererhöhungsbetrag nach Absatz 1 anzusetzen. 2 In diesem Fall ist die Differenz im Sinne des Absatzes 1 in die folgenden Geschäftsjahre vorzutragen. 3 Dieser Vortrag kürzt den Gesamtbetrag der angepassten erfassten Steuern in den folgenden Geschäftsjahren, in denen sich ein Mindeststeuer-Gesamtgewinn und ein positiver Betrag angepasster erfasster Steuern ergeben; die Kürzung erfolgt höchstens jedoch bis auf null. 4 Der Vortrag nach Satz 2 hat bis zu dessen vollständigem Verbrauch bezogen auf die jeweilige Unternehmensgruppe und das jeweilige Steuerhoheitsgebiet und ungeachtet des Verbleibs einer Geschäftseinheit der Unternehmensgruppe in dem Steuerhoheitsgebiet zu erfolgen.

(4) Absatz 3 ist nicht anzuwenden, soweit ein fiktiver latenter Steueranspruch aufgrund eines Verlustrücktrags nach § 52 Absatz 3 zu erfassen ist.

Abschnitt 2. Anpassungen der erfassten Steuern

§ 47 Hinzurechnungen. Den bei einer Geschäftseinheit im Mindeststeuer-Jahresüberschuss oder Mindeststeuer-Jahresfehlbetrag für das Geschäftsjahr erfassten Steuern werden folgende Beträge hinzugerechnet:

1. erfasste Steuern, die bei der Ermittlung des Mindeststeuer-Jahresüberschusses oder Mindeststeuer-Jahresfehlbetrags als Aufwendungen im Ergebnis vor Steuern berücksichtigt worden sind,
2. Beträge, die als Folge der Inanspruchnahme des Mindeststeuer-Verlustwahlrechts nach § 51 Absatz 2 als aufgelöst gelten,
3. erfasste Steuern, die im Geschäftsjahr für ungewisse Steuerrückstellungen entrichtet worden sind, sofern die betreffenden Beträge in einem vorangegangenen Geschäftsjahr nach § 48 Nummer 4 gekürzt worden sind, und
4. anerkannte steuerliche Zulagen sowie marktfähige und übertragene steuerliche Zulagen, die die angefallenen laufenden Steuern, soweit es sich um erfasste Steuern handelt, gemindert haben.

§ 48 Kürzungen. Die bei einer Geschäftseinheit im Mindeststeuer-Jahresüberschuss oder Mindeststeuer-Jahresfehlbetrag für das Geschäftsjahr erfassten Steuern werden gekürzt um

1. angefallene laufende Steuern in Zusammenhang mit Erträgen oder Gewinnen, die nach den Vorschriften des Teils 3 dieses Gesetzes bei der Ermittlung des Mindeststeuer-Gewinns oder Mindeststeuer-Verlusts auszunehmen sind oder ausgenommen werden,

2. nicht anerkannte steuerliche Zulagen (ausgenommen solcher im Sinne des § 28), soweit sie die angefallenen laufenden Steuern, soweit es sich um erfasste Steuern handelt, nicht gemindert haben; dies gilt auch für
   a) das Entgelt für die Übertragung nicht-marktfähiger und übertragbarer steuerlicher Zulagen beim originär Anspruchsberechtigten,
   b) einen Gewinn aus der Weiterübertragung sowie
   c) die Differenz zwischen Nennwert und Kaufpreis beim Erwerber solcher Zulagen,
3. erstattete oder gutgeschriebene erfasste Steuern, ausgenommen für anerkannte steuerliche Zulagen und nicht anerkannter steuerlicher Zulagen im Sinne des § 28, die im Mindeststeuer-Jahresüberschuss oder Mindeststeuer-Jahresfehlbetrag nicht als Minderung des Steueraufwands behandelt worden sind,
4. Steueraufwand für ungewisse Steuerrückstellungen und
5. Steueraufwand, der voraussichtlich nicht binnen drei Jahren nach Ablauf des Geschäftsjahres entrichtet wird.

§ 49 Zurechnung erfasster Steuern zu anderen Geschäftseinheiten. (1) Die erfassten Steuern einer Geschäftseinheit im Zusammenhang mit Betriebsstätten, steuertransparenten Einheiten, hybriden Einheiten sowie Steuern aufgrund einer Hinzurechnungsbesteuerungsregelung und Steuern auf Ausschüttungen werden wie folgt zugerechnet:
1. Der im Jahresabschluss einer Geschäftseinheit enthaltene Betrag der erfassten Steuern auf den Mindeststeuer-Gewinn oder Mindeststeuer-Verlust einer Betriebsstätte wird dieser zugerechnet.
2. Der im Jahresabschluss einer steuertransparenten Einheit enthaltene Betrag der erfassten Steuern auf den Mindeststeuer-Gewinn oder Mindeststeuer-Verlust, der nach § 43 Absatz 2 Nummer 2 einem gruppenzugehörigen Gesellschafter zugerechnet wird, wird diesem zugerechnet.
3. Der im Jahresabschluss eines gruppenzugehörigen Gesellschafters berücksichtigte Betrag an erfassten Steuern aufgrund einer Hinzurechnungsbesteuerung ist der Geschäftseinheit, deren Einkommen beim gruppenzugehörigen Gesellschafter einer Hinzurechnungsbesteuerung unterliegt, entsprechend dem Anteil am hinzugerechneten Einkommen zuzurechnen.
4. Der im Jahresabschluss eines gruppenzugehörigen Gesellschafters berücksichtigte Betrag der erfassten Steuern auf den Gewinn einer hybriden Einheit wird dieser zugerechnet.
5. Der im Jahresabschluss eines gruppenzugehörigen unmittelbaren Gesellschafters einer Geschäftseinheit enthaltene Betrag erfasster Steuern auf die von dieser Geschäftseinheit im Geschäftsjahr vorgenommenen Ausschüttungen ist der ausschüttenden Geschäftseinheit zuzurechnen.

(2) [1] Die nach Absatz 1 Nummer 3 und 4 zuzurechnenden erfassten Steuern bezogen auf passive Erträge sind auf den niedrigeren der beiden folgenden Beträge zu begrenzen:

1. den Betrag der erfassten Steuern bezogen auf diese passiven Erträge oder
2. den Betrag der passiven Erträge der Geschäftseinheit, die aufgrund einer Hinzurechnungsbesteuerungsregelung oder einer Steuertransparenzregelung einzubeziehen sind, multipliziert mit dem Ergänzungssteuersatz für das Steuerhoheitsgebiet der Geschäftseinheit, der ohne Berücksichtigung der vom gruppenzugehörigen Gesellschafter der Geschäftseinheit zu entrichtenden erfassten Steuern bestimmt wird.

[2]Die nach Satz 1 verbleibenden erfassten Steuern des gruppenzugehörigen Gesellschafters für passive Einkünfte sind von der Zurechnung nach Absatz 1 Nummer 3 und 4 auszunehmen.

(3) [1]Im Fall des § 42 Absatz 4 Satz 2 sind die erfassten Steuern, die im Belegenheitsstaat auf den Gewinn der Betriebsstätte anfallen, als erfasste Steuern des Stammhauses zu behandeln. [2]Die nach Satz 1 zuzurechnenden erfassten Steuern dürfen den Betrag des Gewinns der Betriebsstätte, multipliziert mit dem höchsten inländischen Steuersatz für reguläre Einkünfte im Belegenheitsstaat des Stammhauses, nicht übersteigen.

§ 50 Gesamtbetrag der angepassten latenten Steuern. (1) [1]Der Gesamtbetrag der angepassten latenten Steuern für eine Geschäftseinheit für ein Geschäftsjahr entspricht den im Mindeststeuer-Jahresüberschuss oder Mindeststeuer-Jahresfehlbetrag angefallenen latenten Steuern, wenn der anwendbare Steuersatz niedriger ist als der Mindeststeuersatz, und in allen anderen Fällen der unter Zugrundelegung des Mindeststeuersatzes neu berechneten latenten Steuern, die sich auf die erfassten Steuern für dieses Geschäftsjahr beziehen. [2]Dabei sind die in den Absätzen 2 und 3 aufgeführten Anpassungen sowie folgende Positionen ausgeschlossen:

1. latente Steuern in Bezug auf Posten, die nach den Vorschriften des Teils 3 bei der Ermittlung des Mindeststeuer-Gewinns oder Mindeststeuer-Verlusts auszunehmen sind oder ausgenommen werden,
2. latente Steuern in Bezug auf unzulässige Abgrenzungen im Sinne des Absatzes 6 und nicht geltend gemachte Abgrenzungen im Sinne des Absatzes 7 für das laufende Geschäftsjahr,
3. Auswirkungen von Ansatz- und Bewertungsanpassungen auf einen latenten Steueranspruch,
4. neu bemessene latente Steuern aufgrund einer Änderung des geltenden inländischen Steuersatzes und
5. latente Steuern im Zusammenhang mit der Entstehung und Nutzung von Steueranrechnungsbeträgen, es sei denn, es handelt sich um einen qualifizierten gebietsfremden Steueranrechnungsbetrag. [2]Ein qualifizierter gebietsfremder Steueranrechnungsbetrag einer Geschäftseinheit im Sinne dieser Vorschrift liegt vor,
   a) wenn nach dem Recht des Belegenheitsstaats der Geschäftseinheit vorgesehen ist, dass
      aa) aus dem Belegenheitsstaat stammende Verluste zunächst mit gebietsfremden Gewinnen verrechnet werden müssen, bevor eine Anrechnung gebietsfremder Steuern erfolgen kann und

bb) ungenutzte gebietsfremde Steueranrechnungsbeträge in nachfolgenden Besteuerungszeiträumen auf Steuern des Belegenheitsstaats in Bezug auf aus dem Belegenheitsstaat stammende Gewinne angerechnet werden können,

b) soweit die Geschäftseinheit einen aus dem Belegenheitsstaat stammenden Verlust mit einem gebietsfremden Gewinn verrechnet hat, und

c) soweit der gebietsfremde Steueranrechnungsbetrag auf diesem gebietsfremden Gewinn beruht.

3 Als qualifizierter gebietsfremder Steueranrechnungsbetrag ist, vorbehaltlich der weiteren in diesem Paragraphen geregelten Ausschlüsse und Anpassungen, höchstens der kleinere der beiden folgenden Beträge anzusetzen

a) Betrag, der bezogen auf den gebietsfremden Gewinn gezahlten gebietsfremden Steuern,

b) verrechneter Verlust multipliziert dem Steuersatz, der für die Berechnung der gebietsfremden Steuer maßgebend ist.

4 Gebietsfremde Gewinne der Geschäftseinheit im Sinne dieser Vorschrift sind Einkünfte aufgrund einer Hinzurechnungsbesteuerung.

(2) Der nach Anwendung des Absatzes 1 verbleibende Gesamtbetrag der angepassten latenten Steuern ist wie folgt anzupassen:

1. Erhöhung um den während des Geschäftsjahres tatsächlich angefallenen Betrag unzulässiger Abgrenzungen oder nicht geltend gemachter Abgrenzungen für ein früheres Geschäftsjahr,
2. Erhöhung um eine nach Absatz 4 nachversteuerte latente Steuerschuld, soweit sie im laufenden Geschäftsjahr beglichen wurde, und
3. Minderung um den Betrag, um den sich der Gesamtbetrag im Sinne des Absatzes 1 verringert hätte, wenn für einen steuerlichen Verlustvortrag im laufenden Jahr ein latenter Steueranspruch abgegrenzt worden wäre, jedoch hierfür die Voraussetzungen für den Ansatz nicht erfüllt waren.

(3) 1 Ein latenter Steueranspruch, der nach Absatz 1 zu einem unter dem Mindeststeuersatz liegenden Steuersatz zu erfassen ist, kann abweichend von den Absätzen 1 und 2 anhand des Mindeststeuersatzes neu berechnet werden, sofern die steuerpflichtige Geschäftseinheit nachweisen kann, dass der latente Steueranspruch auf einen Mindeststeuer-Verlust dieses Geschäftsjahres zurückzuführen ist. 2 Der Gesamtbetrag der angepassten latenten Steuern wird um den Betrag verringert, um den sich ein latenter Steueranspruch aufgrund einer Neuberechnung nach Satz 1 erhöht.

(4) 1 Eine latente Steuerschuld, die nach Absatz 1 berücksichtigt worden ist, die nicht nach Absatz 5 von der Nachversteuerung ausgenommen und die nicht bis zum Ende des fünften der Berücksichtigung folgenden Geschäftsjahres wieder aufgelöst worden ist, ist nach den folgenden Bestimmungen nachzuversteuern (Nachversteuerungsbetrag): 2 Der Nachversteuerungsbetrag des laufenden Geschäftsjahres ist als Minderung der erfassten Steuern des fünften vorangegangenen Geschäftsjahres zu behandeln und der effektive Steuersatz sowie der Steuererhöhungsbetrag dieses Geschäftsjahres sind nach § 57 zu ermitteln. 3 Der Nachversteuerungsbetrag des laufenden Geschäftsjahres ent-

spricht der Differenz zwischen dem Betrag, mit dem die latente Steuerschuld in den Gesamtbetrag im Sinne des Absatzes 1 im fünften vorangegangenen Geschäftsjahr einbezogen worden ist, und dem Betrag, der nicht bis zum letzten Tag des laufenden Geschäftsjahres wieder aufgelöst worden ist.

(5) Von der Nachversteuerung nach Absatz 4 sind latente Steuerschulden in Bezug auf folgende Posten ausgenommen:

1. Abschreibungen auf materielle Vermögenswerte,
2. Kosten einer staatlichen Lizenz oder ähnlichen Regelung für die Nutzung von unbeweglichem Vermögen oder natürlichen Ressourcen, die mit erheblichen Investitionen in materielle Vermögenswerte verbunden sind,
3. Forschungs- und Entwicklungsaufwendungen,
4. Stilllegungs- und Sanierungsaufwendungen,
5. Zeitwertbilanzierung nicht realisierter Nettogewinne, sofern nicht die Realisationsmethode nach § 35 anzuwenden ist,
6. Nettowechselkursgewinne,
7. Versicherungsrückstellungen und abgegrenzte Versicherungsvertragsabschlusskosten,
8. Gewinne aus dem Verkauf von in demselben Steuerhoheitsgebiet wie die Geschäftseinheit belegenem Sachvermögen, die in Sachvermögen im selben Steuerhoheitsgebiet reinvestiert werden, und
9. zusätzliche Beträge, die sich aus Änderungen von Rechnungslegungsgrundsätzen in Bezug auf die in Nummern 1 bis 8 genannten Posten ergeben.

(6) Unzulässige Abgrenzung bedeutet

1. jede Veränderung des latenten Steueraufwands, die mit einer Ungewissheit bezüglich der steuerlichen Behandlung zusammenhängt, sowie
2. jede Veränderung des latenten Steueraufwands, die mit Ausschüttungen einer Geschäftseinheit zusammenhängt.

(7) Nicht geltend gemachte Abgrenzung bedeutet jede Erhöhung einer latenten Steuerschuld bei einer Geschäftseinheit für ein Geschäftsjahr, die voraussichtlich nicht innerhalb des in Absatz 4 genannten Zeitraums wieder aufgelöst wird und die auf Antrag der berichtspflichtigen Geschäftseinheit nicht in den Gesamtbetrag der angepassten latenten Steuern für das betreffende Geschäftsjahr einbezogen wird.

§ 51 Mindeststeuer-Verlustwahlrecht. (1) [1] Auf Antrag der berichtspflichtigen Geschäftseinheit kann mit Abgabe des ersten Mindeststeuer-Berichts für ein Steuerhoheitsgebiet von der Anwendung des § 50 abgesehen werden. [2] Für jedes Geschäftsjahr, in dem für ein Steuerhoheitsgebiet ein Mindeststeuer-Verlust vorliegt, wird ein latenter Steueranspruch in folgender Höhe angesetzt:

Latenter Steueranspruch = Mindeststeuer-Gesamtverlust × Mindeststeuersatz

(2) Der latente Steueranspruch ist in nachfolgende Geschäftsjahre vorzutragen und in jedem dieser nachfolgenden Geschäftsjahre, in denen sich ein

Mindeststeuer-Gesamtgewinn nach Teil 5 dieses Gesetzes ergibt, um folgenden Betrag aufzulösen, höchstens jedoch in Höhe des Betrags des latenten Steueranspruchs nach Absatz 1:

Auflösungsbetrag = Mindeststeuer-Gesamtgewinn × Mindeststeuersatz

(3) [1] In dem Geschäftsjahr, in dem die Inanspruchnahme des Wahlrechts nach Absatz 1 widerrufen wird, ist der latente Steueranspruch aufzulösen. [2] Die erstmalige Anwendung des § 50 in einem Geschäftsjahr gilt als Widerruf nach Satz 1.

(4) [1] Absatz 1 gilt nicht für ein Steuerhoheitsgebiet mit einem zulässigen Ausschüttungssteuersystem. [2] Für den Fall, dass die oberste Muttergesellschaft eine transparente Einheit ist, gelten Satz 1 und die Absätze 1 bis 3 für den Mindeststeuer-Verlust der transparenten Einheit, der sich nach Anwendung des § 69 Absatz 2 ergibt, entsprechend. [3] Sofern die Voraussetzungen nach § 83 oder nach den §§ 84 bis 87 erfüllt sind und die Unternehmensgruppe den CbCR-Safe-Harbour tatsächlich anwendet, verschiebt sich die Anwendung des Mindeststeuer-Verlustwahlrechts entsprechend.

§ 52 Nachträgliche Anpassungen und Änderungen der erfassten Steuern. (1) Eine im Jahresabschluss der Geschäftseinheit ausgewiesene Erhöhung der Steuerschuld vorangegangener Geschäftsjahre wird als Änderung der erfassten Steuern in dem Geschäftsjahr behandelt, in dem die Änderung vorgenommen wird.

(2) [1] Eine im Jahresabschluss der Geschäftseinheit ausgewiesene Minderung der Steuerschuld für ein vorangegangenes Geschäftsjahr für das Steuerhoheitsgebiet führt zu einer Neuberechnung des effektiven Steuersatzes und des Steuererhöhungsbetrags für dieses Geschäftsjahr nach § 57 Absatz 1. [2] Bei der Neuberechnung nach § 57 Absatz 1 wird von den angepassten erfassten Steuern, die für ein vorangegangenes Geschäftsjahr ermittelt wurden, die Minderung der erfassten Steuern abgezogen. [3] Der Mindeststeuer-Gewinn für das Geschäftsjahr und dazwischenliegende Geschäftsjahre ist entsprechend anzupassen, soweit nach der Anwendung von Satz 2 entsprechende Folgeanpassungen notwendig sind.

(3) [1] Absatz 2 gilt auch, soweit ein steuerlicher Verlust in ein früheres Geschäftsjahr zurückgetragen wird (Verlustrücktrag). [2] In diesem Fall ist für das Geschäftsjahr, in dem der steuerliche Verlust entsteht, ein fiktiver latenter Steueranspruch in Höhe des zurückgetragenen steuerlichen Verlusts multipliziert mit dem für das frühere Geschäftsjahr anwendbaren Steuersatz, höchstens jedoch dem Mindeststeuersatz, im Gesamtbetrag der angepassten latenten Steuern zu erfassen. [3] Die Umkehrung dieses latenten Steueranspruchs ist im Gesamtbetrag der angepassten latenten Steuern für das Geschäftsjahr zu erfassen, in das der steuerliche Verlust zurückgetragen wurde.

(4) Abweichend von Absätzen 2 und 3 kann auf Antrag der berichtspflichtigen Geschäftseinheit für das Geschäftsjahr eine Minderung der erfassten Steuern als Anpassung der erfassten Steuern in dem Geschäftsjahr, in dem die

Anpassung vorgenommen wird, behandelt werden, soweit die Minderung der erfassten Steuern insgesamt weniger als 1 Million Euro[1] beträgt.

(5) [1]Der latente Steueraufwand aufgrund einer Absenkung des anwendbaren inländischen Steuersatzes ist als Anpassung der von der Geschäftseinheit nach den §§ 44 und 46 bis 48 angesetzten Steuerschuld aus erfassten Steuern in einem vorangegangenen Geschäftsjahr zu behandeln, wenn die Absenkung zu einer Unterschreitung des Mindeststeuersatzes führt. [2]Der latente Steueraufwand aufgrund einer Erhöhung des anwendbaren inländischen Steuersatzes ist, wenn er gezahlt wurde, entsprechend den Absätzen 1 bis 3 als eine vorgenommene Anpassung der von der Geschäftseinheit nach den §§ 44 und 46 bis 48 angesetzten Verbindlichkeit aus erfassten Steuern in einem vorangegangenen Geschäftsjahr zu behandeln, sofern der Steuersatz, der bei der Bildung der latenten Steuerschuld zu Grunde gelegt worden ist, unter dem Mindeststeuersatz liegt. [3]Diese Anpassung ist bis zur Höhe des Betrags möglich, um den der mit dem Mindeststeuersatz neuberechnete latente Steueraufwand angestiegen ist.

(6) Ist ein 1 Million Euro übersteigender Betrag des laufenden Steueraufwands einer Geschäftseinheit, der in den angepassten erfassten Steuern für ein Geschäftsjahr berücksichtigt wurde, binnen drei Jahren nach Ablauf dieses Geschäftsjahres noch nicht entrichtet worden, werden der effektive Steuersatz und der Steuererhöhungsbetrag für das Geschäftsjahr, in dem der noch nicht entrichtete Betrag als erfasste Steuer geltend gemacht wurde, nach § 57 Absatz 1 neu berechnet, indem die noch nicht entrichteten Beträge aus den angepassten erfassten Steuern herausgerechnet werden.

Teil 5. Ermittlung des effektiven Steuersatzes und des Steuererhöhungsbetrags

Abschnitt 1. Ermittlung des effektiven Steuersatzes und des Steuererhöhungsbetrags

Unterabschnitt 1. Grundsätze und Besonderheiten

§ 53 Effektiver Steuersatz der Unternehmensgruppe für ein Steuerhoheitsgebiet. (1) [1]Für die Unternehmensgruppe ist der effektive Steuersatz für ein Steuerhoheitsgebiet für das Geschäftsjahr wie folgt zu ermitteln:

$$\frac{\text{Gesamtbetrag der angepassten erfassten Steuern}}{\text{Mindeststeuer-Gesamtgewinn}}$$

[2]Der effektive Steuersatz ist auf vier Stellen nach dem Komma zu runden. [3]Der Gesamtbetrag der angepassten erfassten Steuern ist die Summe aller Beträge der angepassten erfassten Steuern aller in einem Steuerhoheitsgebiet belegenen Geschäftseinheiten. [4]Mindeststeuer-Gesamtgewinn ist der positive

---

[1] Vgl. hierzu § 97 Abs. 1.

Unterschiedsbetrag zwischen den Mindeststeuer-Gewinnen und Mindeststeuer-Verlusten aller in einem Steuerhoheitsgebiet belegenen Geschäftseinheiten.

(2) Für die Ermittlung des effektiven Steuersatzes nach Absatz 1 ist eine staatenlose Geschäftseinheit so zu behandeln, als wäre sie in einem Steuerhoheitsgebiet belegen, in dem sie die einzige Geschäftseinheit ist.

(3) Die Beträge der angepassten erfassten Steuern und Mindeststeuer-Gewinne oder Mindeststeuer-Verluste von Investmenteinheiten sind bei der Ermittlung des effektiven Steuersatzes nach Absatz 1 auszunehmen.

§ 54[1]) Mindeststeuersatz und Ermittlung des Steuererhöhungsbetrags. (1) Der Mindeststeuersatz beträgt 15 Prozent.

(2) [1]Der Steuererhöhungsbetrag für ein Steuerhoheitsgebiet ist für ein Geschäftsjahr wie folgt zu ermitteln:

Ergänzungssteuersatz × bereinigter Mindeststeuer-Gesamtgewinn
+ zusätzlicher Steuererhöhungsbetrag nach §§ 46, 57 Absatz 1
− anerkannte nationale Ergänzungssteuer.

[2]Eine anerkannte nationale Ergänzungssteuer ist nicht nach Satz 1 zu berücksichtigen, soweit sie nicht erhoben oder bestritten wird. [3]Satz 2 gilt nur, wenn für die Nichterhebung oder die Streitigkeiten höherrangiges Recht oder eine gegenüber dem Steuerhoheitsgebiet bestehenden Vereinbarung, welche die Besteuerung der betreffenden Unternehmensgruppe begrenzt, ursächlich ist. [4]Eine für ein Geschäftsjahr nach Satz 2 nicht zu berücksichtigende Steuer ist für dieses Geschäftsjahr zu berücksichtigen, wenn die Steuer tatsächlich entrichtet worden und nicht mehr bestritten ist.

(3) [1]Der Ergänzungssteuersatz entspricht der positiven Differenz aus dem Mindeststeuersatz und dem effektiven Steuersatz nach § 53 Absatz 1. [2]Der bereinigte Mindeststeuer-Gesamtgewinn entspricht der positiven Differenz aus dem Mindeststeuer-Gesamtgewinn für das Geschäftsjahr und dem substanzbasierten Freibetrag nach § 58. [3]Übersteigt der Ergänzungssteuersatz 15 Prozent ist § 46 Absatz 3 ungeachtet eines Antrags und vorbehaltlich des § 46 Absatz 4 auf den übersteigenden Teil anzuwenden. [4]Für Zwecke der Anwendung von § 46 Absatz 3 entspricht der Vortrag der Summe der Beträge der angepassten erfassten Steuern für dieses Steuerhoheitsgebiet für das Geschäftsjahr.

(4) [1]Vorbehaltlich des § 57 Absatz 3 wird der Steuererhöhungsbetrag nach Absatz 2 den in dem Steuerhoheitsgebiet belegenen Geschäftseinheiten, für die im Geschäftsjahr ein Mindeststeuer-Gewinn nach dem dritten Teil dieses Gesetzes ermittelt wurde, wie folgt zugeordnet:

$$\text{Steuererhöhungsbetrag} \times \frac{\text{Mindeststeuer-Gewinn der Geschäftseinheit}}{\text{Summe aller Mindeststeuer-Gewinne aller in dem Steuerhoheitsgebiet belegenen Geschäftseinheiten}}$$

---

[1]) Vgl. hierzu § 89.

[2]Für den Fall, dass sich für das Geschäftsjahr kein Mindeststeuer-Gesamtgewinn ergibt und der Steuererhöhungsbetrag nach Absatz 2 auf eine Neuberechnung nach § 57 Absatz 1 zurückzuführen ist, wird der Steuererhöhungsbetrag den Geschäftseinheiten entsprechend Satz 1 auf der Grundlage der Mindeststeuer-Gewinne der Geschäftsjahre zugeordnet, für die die Neuberechnungen nach § 57 Absatz 1 vorgenommen wurden.

§ 55 Behandlung von in Minderheitseigentum stehenden Geschäftseinheiten. (1) [1]Die Ermittlung des effektiven Steuersatzes nach § 53 und des Steuererhöhungsbetrags nach § 54 ist bei in Minderheitseigentum stehenden Gruppen so vorzunehmen als ob es sich bei dieser Gruppe um eine separate Unternehmensgruppe handeln würde. [2]Die angepassten erfassten Steuern und die Mindeststeuer-Gewinne oder Mindeststeuer-Verluste der in Minderheitseigentum stehenden Gruppen sind bei der Ermittlung des effektiven Steuersatzes und des Mindeststeuer-Gesamtgewinns nicht zu berücksichtigen.

(2) Die Ermittlung des effektiven Steuersatzes einer in Minderheitseigentum stehenden Geschäftseinheit, die nicht Teil einer in Minderheitseigentum stehenden Gruppe ist, hat entsprechend Absatz 1 zu erfolgen.

(3) [1]Eine in Minderheitseigentum stehende Geschäftseinheit ist jede Geschäftseinheit, an der die oberste Muttergesellschaft unmittelbar oder mittelbar eine Eigenkapitalbeteiligung in Höhe von 30 Prozent oder weniger hält. [2]Eine in Minderheitseigentum stehende Muttergesellschaft ist jede in Minderheitseigentum stehende Geschäftseinheit, die mittelbar oder unmittelbar eine Kontrollbeteiligung an anderen in Minderheitseigentum stehenden Geschäftseinheiten hält, wenn nicht eine andere in Minderheitseigentum stehende Geschäftseinheit eine mittelbare oder unmittelbare Kontrollbeteiligung an der erstgenannten Geschäftseinheit hält. [3]Eine in Minderheitseigentum stehende Gruppe ist eine in Minderheitseigentum stehende Muttergesellschaft mit allen im Minderheitseigentum stehenden Geschäftseinheiten, an denen sie eine unmittelbare oder mittelbare Kontrollbeteiligung hält.

§ 56 Wesentlichkeitsgrenze. (1)[1)] [1]Auf Antrag der berichtspflichtigen Geschäftseinheit kann der Steuererhöhungsbetrag jährlich abweichend von § 54 für in demselben Steuerhoheitsgebiet belegene Geschäftseinheiten mit null angesetzt werden, wenn für das Geschäftsjahr und die zwei vorangegangenen Geschäftsjahre

1. der durchschnittliche Mindeststeuer-Gesamtumsatz aller in dem Steuerhoheitsgebiet belegenen Geschäftseinheiten weniger als 10 Millionen Euro beträgt und
2. der durchschnittliche Mindeststeuer-Gesamtgewinn oder Mindeststeuer-Gesamtverlust weniger als 1 Million Euro beträgt.

[2]Für den Fall, dass in einem der zwei dem Geschäftsjahr vorangegangenen Geschäftsjahre keine Geschäftseinheiten in dem Steuerhoheitsgebiet belegen waren, ist das jeweilige Geschäftsjahr bei der Durchschnittsbildung nach Satz 1 nicht zu berücksichtigen.

---

1) Vgl. zu den Beträgen auch § 97 Abs. 1.

(2) Absatz 1 gilt nicht für staatenlose Geschäftseinheiten oder Investmenteinheiten.

(3) [1]Bei dem durchschnittlichen Mindeststeuer-Gesamtumsatz beziehungsweise dem durchschnittlichen Mindeststeuer-Gesamtgewinn oder Mindeststeuer-Gesamtverlust handelt es sich um den Durchschnitt des in diesem Steuerhoheitsgebiet verzeichneten Mindeststeuer-Umsatzes beziehungsweise des Mindeststeuer-Gewinns oder Mindeststeuer-Verlusts für das laufende und die zwei vorangegangenen Geschäftsjahre. [2]Der Mindeststeuer-Gesamtumsatz eines Steuerhoheitsgebiets für ein Geschäftsjahr entspricht der Summe der Mindeststeuer-Umsätze aller in dem Steuerhoheitsgebiet belegenen Geschäftseinheiten für dieses Geschäftsjahr unter Berücksichtigung der nach Teil 3 berechneten Anpassungen.

Unterabschnitt 2. Zusätzlicher laufender Steuererhöhungsbetrag

§ 57 Zusätzlicher Steuererhöhungsbetrag. (1) Führen § 36 Absatz 1, § 50 Absatz 4, § 52 Absatz 1, 2, 4 und 6 sowie § 71 zu einer Änderung des effektiven Steuersatzes und des Steuererhöhungsbetrags für ein vorangegangenes Geschäftsjahr,

1. werden der effektive Steuersatz und der Steuererhöhungsbetrag für das vorangegangene Geschäftsjahr nach den Regelungen der §§ 53, 54 und 58 bis 62 nach Berücksichtigung der Anpassungen der angepassten erfassten Steuern und des Mindeststeuer-Gewinns oder Mindeststeuer-Verlusts neuberechnet und
2. wird jede sich aus einer solchen Neuberechnung ergebende Erhöhung für Zwecke des § 54 Absatz 2 Satz 1 als zusätzlicher Steuererhöhungsbetrag des laufenden Geschäftsjahres behandelt.

(2) Wenn nach Absatz 1 ein zusätzlicher Steuererhöhungsbetrag für das Steuerhoheitsgebiet für das laufende Geschäftsjahr entstanden ist und sich im laufenden Geschäftsjahr kein Mindeststeuer-Gesamtgewinn ergibt, entspricht für Zwecke der Anwendung von § 9 Absatz 2 der Mindeststeuer-Gewinn jeder in dem Steuerhoheitsgebiet belegenen Geschäftseinheit dem nach § 54 Absatz 4 für diese Geschäftseinheit ermittelten Steuererhöhungsbetrag geteilt durch den Mindeststeuersatz nach § 54 Absatz 1.

(3) [1]Wenn aufgrund von § 46 ein zusätzlicher Steuererhöhungsbetrag für das laufende Geschäftsjahr entstanden ist, entspricht der Mindeststeuer-Gewinn für Zwecke der Anwendung von § 9 Absatz 2 jeder in dem Steuerhoheitsgebiet belegenen Geschäftseinheit dem Ergebnis des dieser Geschäftseinheit danach zuzurechnenden Ergänzungssteuerbetrags geteilt durch den Mindeststeuersatz. [2]Der zusätzliche Steuererhöhungsbetrag, der den einzelnen Geschäftseinheiten zuzurechnen ist, ist nur unter den Geschäftseinheiten aufzuteilen, für die sich ein angepasster erfasster Steuerbetrag ergibt, der weniger als null und weniger als der Mindeststeuer-Gewinn oder Mindeststeuer-Verlust der betreffenden Geschäftseinheit multipliziert mit dem Mindeststeuersatz beträgt. [3]Die Aufteilung erfolgt anteilig auf der Grundlage des folgenden Betrags für jede dieser Geschäftseinheiten:

(Mindeststeuer-Gewinn oder Mindeststeuer-Verlust × Mindeststeuersatz)
− angepasste erfasste Steuern

(4) Wird einer Geschäftseinheit ein zusätzlicher Steuererhöhungsbetrag für das Geschäftsjahr nach den Absätzen 1 bis 3 und § 54 Absatz 4 Satz 1 zugerechnet, wird diese Geschäftseinheit für die Zwecke des Teils 2 als niedrig besteuerte Geschäftseinheit behandelt.

Abschnitt 2. Substanzbasierter Freibetrag

§ 58 Ermittlung des substanzbasierten Freibetrags. (1) Der substanzbasierte Freibetrag für alle in einem Steuerhoheitsgebiet belegenen Geschäftseinheiten, ausgenommen von Investmenteinheiten, beträgt:

5% × berücksichtigungsfähige Lohnkosten für berücksichtigungsfähige Beschäftigte
+ 5% × berücksichtigungsfähige materielle Vermögenswerte

(2) Auf Antrag der berichtspflichtigen Geschäftseinheit kann für jedes Geschäftsjahr auf den Ansatz und die Ermittlung des substanzbasierten Freibetrags nach Absatz 1 verzichtet werden.

§ 59 Berücksichtigungsfähige Beschäftigte und berücksichtigungsfähige Lohnkosten. (1) Berücksichtigungsfähige Beschäftigte sind

1. Beschäftigte, einschließlich Teilzeitbeschäftigte, einer Geschäftseinheit sowie unabhängige Auftragnehmer, die zur regulären Geschäftstätigkeit der Geschäftseinheit beitragen und gegenüber der Unternehmensgruppe in Bezug auf diese Tätigkeit weisungsgebunden sind und
2. ihre Tätigkeiten für die Unternehmensgruppe in dem Steuerhoheitsgebiet ausüben.

(2) [1] Berücksichtigungsfähige Lohnkosten sind Löhne, Gehälter und andere Bezüge für Beschäftigte nach Absatz 1, einbehaltene Lohnsteuern und Sozialversicherungsbeiträge des Arbeitgebers. [2] Andere Bezüge im Sinne des Satzes 1 umfassen solche, die eine unmittelbare und ausschließliche persönliche Vorteilszuwendung an Beschäftigte nach Absatz 1 darstellen; darunter fallen Krankenversicherungsbeiträge sowie Renten- und Pensionsbeiträge des Arbeitgebers. [3] Dabei sind folgende Lohnkosten nicht zu berücksichtigen:

1. Lohnkosten, die als Anschaffungs- oder Herstellungskosten als Teil des Buchwerts berücksichtigungsfähiger materieller Vermögenswerte aktiviert worden sind, und
2. Lohnkosten, die den auszunehmenden Gewinnen oder Verlusten nach § 28 zuzuordnen sind.

(3) Lohnkosten nach Absatz 2 können nur anteilig berücksichtigt werden, wenn der Beschäftigte nach Absatz 1 nicht mehr als 50% seiner Arbeitszeit im Geschäftsjahr im Steuerhoheitsgebiet der Geschäftseinheit ausübt.

§ 60 Berücksichtigungsfähige materielle Vermögenswerte. (1) [1]Berücksichtigungsfähige materielle Vermögenswerte entsprechen dem Buchwert folgender im Steuerhoheitsgebiet der Geschäftseinheit belegener materieller Vermögenswerte:

1. von Sachanlagevermögen,
2. natürlicher Ressourcen,
3. des Rechts des Leasingnehmers zur Nutzung eines im Steuerhoheitsgebiet der Geschäftseinheit belegenen materiellen Vermögenswertes, und
4. einer staatlichen Lizenz oder einer ähnlichen staatlichen Vereinbarung zur Nutzung unbeweglichen Vermögens oder natürlicher Ressourcen, die mit erheblichen Investitionen in materielle Vermögenswerte einhergehen.

[2]Materielle Vermögenswerte werden anteilig berücksichtigt, soweit sie nicht mehr als 50 % des Geschäftsjahres im selben Steuerhoheitsgebiet der Geschäftseinheit belegen sind.

(2) [1]Bei der Ermittlung der berücksichtigungsfähigen materiellen Vermögenswerte nach Absatz 1 sind nicht zu berücksichtigen:

1. die Buchwerte der zur Veräußerung sowie zu Finanzierungsleasing- oder Investitionszwecken gehaltenen Vermögenswerte, einschließlich Grund und Boden und Gebäuden sowie
2. die Buchwerte materieller Vermögenswerte, die bei der Erzielung von Gewinnen oder Verlusten nach § 30 eingesetzt werden; Buchwerte materieller Vermögenswerte, die § 30 Absatz 3 zugeordnet sind, werden berücksichtigt, soweit die mit ihnen erzielten Gewinne oder Verluste über die nach § 30 Absatz 5 festgelegte Obergrenze hinausgehen.

[2]Bei Mietleasing dürfen die Buchwerte der zu diesen Zwecken gehaltenen Vermögenswerte beim Leasinggeber berücksichtigt werden, soweit diese den Betrag des Nutzungsrechts des Leasingnehmers übersteigen. [3]Ist der Leasingnehmer keine Geschäftseinheit der Unternehmensgruppe, entspricht der Betrag des Nutzungsrechts dem nicht abgezinsten Betrag der im Rahmen des Leasingverhältnisses verbleibenden Zahlungen, einschließlich etwaiger Verlängerungen, die bei der Bestimmung des Nutzungsrechts nach einem anerkannten Rechnungslegungsstandard berücksichtigt werden würde. [4]Bei materiellen Vermögenswerten, die zu kurzfristigen Vermietungszwecken dienen, ist kein Betrag für das Nutzungsrecht des Leasingnehmers anzusetzen. [5]Materielle Vermögenswerte dienen zu kurzfristigen Vermietungszwecken, wenn diese während des Geschäftsjahres regelmäßig mehrmals an verschiedene Leasingnehmer vermietet werden, wobei die durchschnittliche Leasingdauer, einschließlich etwaiger Verlängerungen und Erweiterungen, für jeden Leasingnehmer höchstens 30 Tage beträgt.

(3) [1]Für die Ermittlung der berücksichtigungsfähigen materiellen Vermögenswerte nach den Absätzen 1 und 2 ist auf die durchschnittlichen Buchwerte der berücksichtigungsfähigen materiellen Vermögenswerte am Beginn und Ende des Geschäftsjahres abzustellen, wie sie im Konzernabschluss der obersten Muttergesellschaft ausgewiesen sind. [2]Für den Betrag des Nutzungsrechts des Leasingnehmers nach Absatz 2 Satz 2 ist auf den durchschnittlichen Betrag des Nutzungsrechts am Beginn und Ende des Geschäftsjahres abzustellen.

§ 61 Anwendung des substanzbasierten Freibetrags in Sonderfällen. (1) [1]Die §§ 59 und 60 sind auf Betriebsstätten entsprechend anzuwenden. [2]Dabei richten sich maßgeblichen Werte nach der Rechnungslegung der Betriebsstätte nach § 42. [3]Die berücksichtigungsfähigen Lohnkosten und die berücksichtigungsfähigen materiellen Vermögenswerte einer Betriebsstätte nach Satz 1 sind im gleichen Verhältnis auszunehmen, zu dem die Beträge nach § 42 Absatz 1 und § 69 Absatz 3 ganz oder teilweise bei der Ermittlung des Mindeststeuer-Jahresüberschusses oder Mindeststeuer-Jahresfehlbetrags auszunehmen sind. [4]Die bei der Betriebsstätte berücksichtigten Werte sind beim Stammhaus nicht erneut zu berücksichtigen.

(2) [1]Die berücksichtigungsfähigen Lohnkosten und berücksichtigungsfähigen materiellen Vermögenswerte, die keiner Betriebsstätte nach Absatz 1 zuzuordnen sind, sind bei transparenten Einheiten wie folgt zuzuordnen:

1. sofern die Einheit keine oberste Muttergesellschaft ist, den gruppenzugehörigen Gesellschaftern entsprechend ihrer jeweiligen Eigenkapitalbeteiligung, vorausgesetzt, die berücksichtigungsfähigen Beschäftigten und berücksichtigungsfähigen materiellen Vermögenswerte sind im gleichen Steuerhoheitsgebiet belegen wie die jeweiligen gruppenzugehörigen Gesellschafter,
2. sofern die Einheit oberste Muttergesellschaft ist, dieser Einheit, soweit die berücksichtigungsfähigen Beschäftigten und berücksichtigungsfähigen materiellen Vermögenswerten im gleichen Steuerhoheitsgebiet wie die oberste Muttergesellschaft belegen sind, vermindert um den Anteil, zu dem Beträge nach § 69 bei der Ermittlung des Mindeststeuer-Jahresüberschusses oder Mindeststeuer-Jahresfehlbetrags auszunehmen sind.

[2]Alle berücksichtigungsfähigen Lohnkosten und berücksichtigungsfähigen materiellen Vermögenswerte, die nicht nach Satz 1 zugeordnet werden können, sind bei der Ermittlung des substanzbasierten Freibetrags nicht zu berücksichtigen.

§ 62 Ermittlung des substanzbasierten Freibetrags in einem Übergangszeitraum. (1) Für die Zwecke der Anwendung der §§ 58 und 59 gilt anstelle des Werts von 5 Prozent für jedes Geschäftsjahr, das in einem der folgenden Kalenderjahre beginnt, folgender Wert:

Geschäftsjahr beginnt im Kalenderjahr	Prozentsatz für § 58
2023	10
2024	9,8
2025	9,6
2026	9,4
2027	9,2
2028	9,0
2029	8,2
2030	7,4
2031	6,6
2032	5,8

(2) Für die Zwecke der Anwendung der §§ 58 und 60 gilt anstelle des Werts von 5 Prozent für jedes Geschäftsjahr, das in einem der folgenden Kalenderjahre beginnt, folgender Wert:

Geschäftsjahr beginnt im Kalenderjahr	Prozentsatz für § 58
2023	8,0
2024	7,8
2025	7,6
2026	7,4
2027	7,2
2028	7,0
2029	6,6
2030	6,2
2031	5,8
2032	5,4

Teil 6. Unternehmensumstrukturierungen und Beteiligungsstrukturen

Abschnitt 1. Ermittlung der Umsatzgrenze in Sonderfällen

§ 63 Anwendung der Umsatzgrenze bei Zusammenschluss oder Teilung. (1) Haben sich zwei oder mehr Unternehmensgruppen zu einer Unternehmensgruppe zusammengeschlossen, gilt für Geschäftsjahre vor dem Zusammenschluss der Schwellenwert nach § 1 Absatz 1 Satz 1 als erreicht, wenn die Summe der in den Konzernabschlüssen für das jeweilige Geschäftsjahr ausgewiesenen Umsatzerlöse 750 Millionen Euro oder mehr beträgt.

(2) Schließt sich eine Einheit, die keiner Unternehmensgruppe angehört, mit einer anderen Einheit oder einer Unternehmensgruppe zusammen und hat eine oder haben beide Parteien für Geschäftsjahre vor dem Zusammenschluss keinen Konzernabschluss aufgestellt, gilt für solche Geschäftsjahre der Schwellenwert nach § 1 Absatz 1 Satz 1 als erreicht, wenn die Summe der in den Konzern- und Einzelabschlüssen der Parteien für das jeweilige Geschäftsjahr ausgewiesenen Umsatzerlöse 750 Millionen Euro oder mehr beträgt.

(3) [1] Teilt sich eine Unternehmensgruppe, die die Umsatzgrenze erfüllt, in zwei oder mehr Unternehmensgruppen (Teilunternehmensgruppen), gilt für eine Teilunternehmensgruppe die Umsatzgrenze für die ersten vier Geschäftsjahre, die nach der Teilung enden, als erfüllt, wenn sie im ersten Geschäftsjahr, das nach der Teilung endet, den Schwellenwert nach § 1 Absatz 1 Satz 1 erreicht. [2] Für das zweite bis vierte Geschäftsjahr, das nach der Teilung endet, gilt die Umsatzgrenze als erfüllt, wenn sie den Schwellenwert nach § 1 Absatz 1 Satz 1 in mindestens zwei jener Geschäftsjahre erreicht.

(4) § 1 Absatz 3 gilt für die Anwendung der Absätze 1 bis 3 entsprechend.

(5) Zusammenschluss im Sinne der Absätze 1 und 2 ist jede Vereinbarung, bei der

1. alle oder im Wesentlichen alle Einheiten mehrerer eigenständiger Unternehmensgruppen unter gemeinsame Kontrolle gebracht werden, sodass sie eine Unternehmensgruppe im Sinne des § 4 Absatz 1 Satz 1 bilden, oder
2. eine Einheit, die nicht Teil einer Unternehmensgruppe ist, zusammen mit einer anderen Einheit oder einer Unternehmensgruppe unter gemeinsame Kontrolle gebracht wird, sodass sie eine neue Unternehmensgruppe im Sinne des § 4 Absatz 1 Satz 1 bilden.

(6) Teilung im Sinne des Absatzes 3 ist jede Vereinbarung, nach der Einheiten einer Unternehmensgruppe in mindestens zwei Unternehmensgruppen geteilt werden, sodass sie nicht mehr von derselben obersten Muttergesellschaft in den Konzernabschluss einbezogen werden.

Abschnitt 2. Veränderungen der Unternehmensgruppe

§ 64 Austritt und Beitritt von Geschäftseinheiten. (1) Die beitretende oder austretende Geschäftseinheit gilt im Geschäftsjahr des Beitritts oder Austritts als zu der Unternehmensgruppe zugehörig, welche im Geschäftsjahr des Beitritts oder Austritts Vermögenswerte, Schulden, Erträge, Aufwendungen und Zahlungsströme der beitretenden oder austretenden Geschäftseinheit im Konzernabschluss der obersten Muttergesellschaft erfasst.

(2) In den Fällen des Absatzes 1 gelten die nachfolgenden Bestimmungen:

1. Der Mindeststeuer-Jahresüberschuss oder Mindeststeuer-Jahresfehlbetrag und die angepassten erfassten Steuern der beitretenden oder austretenden Geschäftseinheit werden im Geschäftsjahr des Beitritts oder Austritts bei der jeweiligen Unternehmensgruppe nur insoweit berücksichtigt, als diese im Konzernabschluss der obersten Muttergesellschaft berücksichtigt wurden.
2. Im Geschäftsjahr des Beitritts oder Austritts und in jedem nachfolgenden Geschäftsjahr werden der Mindeststeuer-Gewinn oder Mindeststeuer-Verlust und die angepassten erfassten Steuern der beitretenden oder austretenden Geschäftseinheit auf der Grundlage der historischen Buchwerte ihrer Vermögenswerte und Schulden bestimmt.
3. Im Geschäftsjahr des Beitritts oder Austritts werden bei der Berechnung der berücksichtigungsfähigen Lohnkosten (§ 59) der beitretenden oder austretenden Geschäftseinheit nur die im Konzernabschluss der obersten Muttergesellschaft ausgewiesenen Lohnkosten berücksichtigt.
4. Bei der Berechnung der Buchwerte der berücksichtigungsfähigen materiellen Vermögenswerte (§ 60) der beitretenden oder austretenden Geschäftseinheit erfolgt für das Geschäftsjahr des Beitritts oder Austritts eine zeitanteilige Anpassung entsprechend dem Zeitraum, in dem die Geschäftseinheit der jeweiligen Unternehmensgruppe angehörte.
5. Mit Ausnahme des latenten Steueranspruchs aufgrund des Mindeststeuer-Verlustwahlrechts (§ 49) werden die aktiven und passiven latenten Steuern der beitretenden oder austretenden Geschäftseinheit, die zwischen Unternehmensgruppen übertragen werden, von der erwerbenden Unternehmensgruppe in der gleichen Weise und im gleichen Umfang berücksichtigt, als ob die erwerbende Unternehmensgruppe diese Geschäftseinheit bereits

zum Zeitpunkt des Entstehens dieser aktiven und passiven latenten Steuern beherrschte.

6. Passive latente Steuern der beitretenden oder austretenden Geschäftseinheit, die zuvor in den Gesamtbetrag der Anpassung der latenten Steuern einbezogen wurden, sind von der veräußernden Unternehmensgruppe für Zwecke des § 50 Absatz 4 als ausgeglichen und von der erwerbenden Unternehmensgruppe für Zwecke des § 50 Absatz 4 als im Geschäftsjahr des Erwerbs entstanden zu behandeln; abweichend von § 50 Absatz 4 Satz 2 ist in diesen Fällen der Nachversteuerungsbetrag als Minderung der erfassten Steuern des laufenden Geschäftsjahres zu behandeln.
7. Ist die beitretende oder austretende Geschäftseinheit eine Muttergesellschaft und im Geschäftsjahr des Beitritts oder Austritts mindestens zu zwei Unternehmensgruppen zugehörig, wendet sie die Bestimmungen der Primärergänzungssteuerregelung gesondert auf die ihr zuzurechnenden Anteile an dem Steuererhöhungsbetrag für die niedrig besteuerten Geschäftseinheiten an, die für jede dieser Unternehmensgruppen identifiziert wurden.

(3) [1] Für Zwecke der Absätze 1 und 2 ist eine beitretende Geschäftseinheit eine Geschäftseinheit, die infolge einer Übertragung der unmittelbaren oder mittelbaren Beteiligung an dieser Geschäftseinheit in einem Geschäftsjahr einer Unternehmensgruppe angehört. [2] Dies gilt sinngemäß, wenn die Geschäftseinheit selbst zur obersten Muttergesellschaft einer neuen Unternehmensgruppe wird. [3] Eine austretende Geschäftseinheit ist eine Geschäftseinheit, die infolge einer Übertragung der unmittelbaren oder mittelbaren Beteiligung an dieser Geschäftseinheit nicht mehr einer Unternehmensgruppe angehört.

§ 65 Erwerb und Veräußerung von Anteilen, die als Übertragung oder Erwerb von Vermögenswerten und Schulden gelten. Die Veräußerung oder der Erwerb einer Kontrollbeteiligung an einer beitretenden oder austretenden Geschäftseinheit gilt als Übertragung oder Erwerb von Vermögenswerten und Schulden, wenn das Steuerhoheitsgebiet, in dem die Geschäftseinheit belegen ist, oder im Fall einer steuertransparenten Einheit das Steuerhoheitsgebiet, in dem sich die Vermögenswerte befinden, den Erwerb oder die Veräußerung dieser Kontrollbeteiligung in gleicher oder ähnlicher Weise behandelt wie den Erwerb oder die Veräußerung von Vermögenswerten und Schulden und den Veräußerer auf der Grundlage der Differenz zwischen den steuerlichen Buchwerten und dem Kaufpreis für die Kontrollbeteiligung oder dem beizulegenden Zeitwert der Vermögenswerte und Schulden mit einer erfassten Steuer belegt.

§ 66 Übertragung von Vermögenswerten oder Schulden. (1) [1] Eine Geschäftseinheit, die Vermögenswerte oder Schulden überträgt (übertragende Geschäftseinheit), bezieht die Gewinne oder Verluste der Übertragung in die Berechnung ihres Mindeststeuer-Gewinns oder Mindeststeuer-Verlusts ein. [2] Eine Geschäftseinheit, die Vermögenswerte und Schulden erwirbt (übernehmende Geschäftseinheit), übernimmt bei der Berechnung ihres Mindeststeuer-Gewinns oder Mindeststeuer-Verlusts die Buchwerte der erworbenen Vermögenswerte und Schulden, die auf der Grundlage der von der obersten Muttergesellschaft im Konzernabschluss angewandten Rechnungslegungsstandards ermittelt wurden. [3] § 21 bleibt unberührt.

(2) Abweichend von Absatz 1 gilt bei der Übertragung oder dem Erwerb von Vermögenswerten und Schulden im Rahmen einer Mindeststeuer-Reorganisation, dass

1. bei der Berechnung des Mindeststeuer-Gewinns oder Mindeststeuer-Verlusts der übertragenden Geschäftseinheit das Ergebnis aus der Übertragung der Vermögenswerte und Schulden außer Ansatz bleibt und
2. bei der Berechnung des Mindeststeuer-Gewinns oder Mindeststeuer-Verlusts der übernehmenden Geschäftseinheit die Buchwerte der Vermögenswerte und Schulden der übertragenden Geschäftseinheit zum Zeitpunkt der Übertragung zugrunde gelegt werden (Buchwertfortführung).

(3) Abweichend von den Absätzen 1 und 2 gilt bei Übertragung von Vermögenswerten und Schulden im Rahmen einer Mindeststeuer-Reorganisation, die zu nicht begünstigten Gewinnen oder Verlusten bei der übertragenden Geschäftseinheit führt, dass

1. bei der Berechnung des Mindeststeuer-Gewinns oder Mindeststeuer-Verlusts der übertragenden Geschäftseinheit ein nicht begünstigter Gewinn oder Verlust aus der Übertragung der Vermögenswerte und Schulden berücksichtigt wird und
2. bei der Berechnung des Mindeststeuer-Gewinns oder Mindeststeuer-Verlusts der übernehmenden Geschäftseinheit die Buchwerte der Vermögenswerte und Schulden der übertragenden Geschäftseinheit zum Zeitpunkt der Übertragung zugrunde gelegt werden, wobei die Buchwerte nach den lokalen Steuervorschriften für die übernehmende Geschäftseinheit angepasst werden, um die nicht begünstigten Gewinne oder Verluste entsprechend abzubilden.

(4) Setzt eine Geschäftseinheit in ihrem Belegenheitsstaat aufgrund der steuerrechtlichen Bestimmungen Vermögenswerte und Schulden zum beizulegenden Zeitwert an, ist auf Antrag der berichtspflichtigen Geschäftseinheit

1. bei der Berechnung des Mindeststeuer-Gewinns oder Mindeststeuer-Verlusts der Geschäftseinheit ein Gewinn- oder Verlustbetrag für jeden ihrer Vermögenswerte und jede ihrer Schulden einzubeziehen, der
   a) der Differenz zwischen dem für Rechnungslegungszwecke ermittelten Buchwert unmittelbar vor dem Datum des auslösenden Ereignisses für die Steueranpassung (auslösendes Ereignis) und dem beizulegenden Zeitwert unmittelbar nach dem auslösenden Ereignis entspricht und
   b) um die nicht begünstigten Gewinne oder Verluste gemindert oder erhöht wird, die in Zusammenhang mit dem auslösenden Ereignis entstehen,
2. bei der Berechnung des Mindeststeuer-Gewinns oder Mindeststeuer-Verlusts für die nach dem auslösenden Ereignis endenden Geschäftsjahre der für Rechnungslegungszwecke ermittelte beizulegende Zeitwert des Vermögenswerts oder der Schuld unmittelbar nach dem auslösenden Ereignis zu verwenden,

3. im Mindeststeuer-Gewinn oder Mindeststeuer-Verlust der Geschäftseinheit der Gesamtsaldo der nach Nummer 1 ermittelten Beträge zu berücksichtigen, und zwar entweder
   a) indem im Geschäftsjahr des auslösenden Ereignisses der Gesamtsaldo in voller Höhe angesetzt wird oder
   b) indem im Geschäftsjahr des auslösenden Ereignisses und in den vier darauffolgenden Geschäftsjahren jeweils ein Fünftel des Gesamtsaldos angesetzt wird; scheidet die Geschäftseinheit in diesem Zeitraum aus der Unternehmensgruppe aus, ist der verbleibende Betrag in voller Höhe im Geschäftsjahr des Ausscheidens anzusetzen.

(5) Für Zwecke der Absätze 2, 3 und 6 ist eine Mindeststeuer-Reorganisation eine Umwandlung im Sinne des § 1 des Umwandlungsgesetzes oder eine Übertragung von Vermögenswerten oder Schulden oder ein ähnlicher Geschäftsvorfall, bei der oder dem

1. die Gegenleistung für die Übertragung der Vermögenswerte ganz oder zu einem erheblichen Teil aus der Ausgabe von Kapitalanteilen durch die erwerbende Geschäftseinheit oder einer ihr nahestehenden Person im Sinne des Artikels 5 Absatz 8 des OECD-Musterabkommens besteht oder im Fall einer Liquidation aus Kapitalanteilen der liquidierten Geschäftseinheit oder, wenn keine Gegenleistung vorliegt, die Ausgabe eines Kapitalanteils keine wirtschaftliche Bedeutung hätte, und
2. der gesamte oder ein Teil des Gewinns oder Verlusts der übertragenden Geschäftseinheit aus diesen Vermögenswerten nicht besteuert worden ist und
3. die steuerrechtlichen Bestimmungen des Belegenheitsstaats der übernehmenden Geschäftseinheit verlangen, dass die übernehmende Geschäftseinheit die steuerpflichtigen Einkünfte nach der Übertragung oder dem Erwerb auf Grundlage der steuerlichen Buchwerte der Vermögenswerte der übertragenden Geschäftseinheit berechnet, angepasst um etwaige nicht begünstigte Gewinne oder Verluste im Zusammenhang mit der Übertragung oder dem Erwerb.

(6) [1] Für Zwecke der Absätze 3 bis 5 ist ein nicht begünstigter Gewinn oder Verlust ein besteuerter Gewinn oder Verlust der übertragenden Geschäftseinheit, der aus einer Mindeststeuer-Reorganisation resultiert. [2] Ist der in der Rechnungslegung ausgewiesene Gewinn oder Verlust aus der Umstrukturierung geringer als der Gewinn oder Verlust nach Satz 1, ist dieser Betrag als nicht begünstigter Gewinn oder Verlust zu berücksichtigen.

Abschnitt 3. Besondere Beteiligungsstrukturen

§ 67 Joint Venture. (1) Die Berechnung des Steuererhöhungsbetrags des Joint Venture und seiner Tochtergesellschaften erfolgt entsprechend den Teilen 3 bis 7 sowie den §§ 84 bis 87, als handle es sich bei den Tochtergesellschaften um Geschäftseinheiten einer selbstständigen Unternehmensgruppe und bei dem Joint Venture um deren oberste Muttergesellschaft.

(2) Eine Muttergesellschaft, die unmittelbar oder mittelbar an einem Joint Venture oder einer seiner Tochtergesellschaften beteiligt ist, wendet die Primärergänzungssteuerregelung entsprechend den §§ 8 bis 10 auf den ihr zuzurechnenden Anteil an dem Steuererhöhungsbetrag eines Mitglieds der Joint-Venture-Gruppe an.

(3) [1]Der Steuererhöhungsbetrag der Joint-Venture-Gruppe wird um den jeder Muttergesellschaft zuzurechnenden Anteil an dem Steuererhöhungsbetrag für jedes Mitglied der Joint-Venture-Gruppe gekürzt, der nach Absatz 2 einer anerkannten Primärergänzungssteuerregelung unterliegt. [2]Ein verbleibender Betrag ist für Zwecke der Sekundärergänzungssteuerregelung dem Gesamtbetrag der Steuererhöhungsbeträge nach § 11 Absatz 1 Satz 2 hinzuzurechnen. [3]Der Steuererhöhungsbetrag der Joint-Venture-Gruppe ist der Anteil an dem Steuererhöhungsbetrag, der der obersten Muttergesellschaft in Bezug auf alle Mitglieder der Joint-Venture-Gruppe zuzurechnen ist.

(4) Ein Joint Venture im Sinne dieses Gesetzes ist vorbehaltlich des Absatzes 5 eine Einheit, deren Finanzergebnisse nach der Equity-Methode im Konzernabschluss der obersten Muttergesellschaft erfasst werden und wenn diese oberste Muttergesellschaft unmittelbar oder mittelbar eine Eigenkapitalbeteiligung von mindestens 50 Prozent an der Einheit hält.

(5) Ein Joint Venture umfasst nicht

1. eine oberste Muttergesellschaft einer Unternehmensgruppe, die selbst die Umsatzgrenze erfüllt, und ihre Tochtergesellschaften, die Bestandteil dieser Unternehmensgruppe sind,
2. eine ausgeschlossene Einheit,
3. eine Einheit, an der die Unternehmensgruppe eine unmittelbare Eigenkapitalbeteiligung über eine ausgeschlossene Einheit hält und
   a) die ausschließlich oder fast ausschließlich zu Gunsten der Anleger Vermögenswerte verwaltet oder Finanzmittel anlegt, oder
   b) die ausschließlich Nebentätigkeiten zu den von der ausgeschlossenen Einheit ausgeübten Tätigkeiten ausführt, oder
   c) die fast ausschließlich ausgenommener Gewinne oder Verluste im Sinne des § 18 Nummer 2 in Verbindung mit § 20 oder des § 18 Nummer 3 in Verbindung mit § 21 erzielt,
4. eine Einheit, die im Besitz einer Unternehmensgruppe steht, die sich ausschließlich aus ausgeschlossenen Einheiten zusammensetzt oder
5. eine Joint-Venture-Tochtergesellschaft.

(6) Eine Joint-Venture-Gruppe im Sinne dieses Gesetzes umfasst ein Joint Venture und seine Tochtergesellschaften.

(7) [1]Eine Joint-Venture-Tochtergesellschaft im Sinne dieses Gesetzes ist eine Einheit, deren Vermögenswerte, Schulden, Erträge, Aufwendungen und Zahlungsströme nach einem anerkannten Rechnungslegungsstandard von einem Joint Venture in den Konzernabschluss einbezogen werden oder bei Anwendung eines anerkannten Rechnungslegungsstandards in den Konzernabschluss einbezogen werden würden. [2]Jede Betriebsstätte eines Joint Venture oder einer

Joint-Venture-Tochtergesellschaft wird wie eine gesonderte Joint-Venture-Tochtergesellschaft behandelt.

§ 68 Unternehmensgruppen mit mehreren Muttergesellschaften.

(1) [1] Geschäftseinheiten und ausgeschlossene Einheiten von zwei oder mehr Unternehmensgruppen, die zu einer Unternehmensgruppe mit mehreren Muttergesellschaften gehören (Mehrmütter-Unternehmensgruppe), gelten als Mitglieder einer einzigen Unternehmensgruppe. [2] Eine Einheit nach Satz 1, mit Ausnahme von ausgeschlossenen Einheiten, ist eine Geschäftseinheit, wenn sie von der Mehrmütter-Unternehmensgruppe in den Konzernabschluss einbezogen oder wenn an ihr eine Kontrollbeteiligung von Einheiten der Mehrmütter-Unternehmensgruppe gehalten wird.

(2) Der Konzernabschluss einer Mehrmütter-Unternehmensgruppe ist der Konzernabschluss nach Absatz 8 Nummer 2 oder Absatz 9 Nummer 5, der nach einem anerkannten Rechnungslegungsstandard aufgestellt wurde, welcher als der Rechnungslegungsstandard der obersten Muttergesellschaft gilt.

(3) Die obersten Muttergesellschaften der einzelnen Unternehmensgruppen, die zusammen die Mehrmütter-Unternehmensgruppe bilden, gelten als oberste Muttergesellschaften der Mehrmütter-Unternehmensgruppe.

(4) Die Muttergesellschaften einer Mehrmütter-Unternehmensgruppe, einschließlich der obersten Muttergesellschaften, wenden die Primärergänzungssteuerregelung entsprechend den §§ 8 bis 10 in Bezug auf den ihnen zuzurechnenden Anteil an dem Steuererhöhungsbetrag der niedrig besteuerten Geschäftseinheiten der Unternehmensgruppe jeweils getrennt an.

(5) Geschäftseinheiten einer Mehrmütter-Unternehmensgruppe wenden die Sekundärergänzungssteuerregelung entsprechend den §§ 11, 12 und 14 an und berücksichtigen dabei den Steuererhöhungsbetrag für jede niedrig besteuerte Geschäftseinheit der Mehrmütter-Unternehmensgruppe.

(6) [1] Unbeschadet des § 75 Absatz 1 Satz 1 haben die obersten Muttergesellschaften der Mehrmütter-Unternehmensgruppe den Mindeststeuer-Bericht für das Geschäftsjahr dem Bundeszentralamt für Steuern zu übermitteln. [2] Der Mindeststeuer-Bericht hat Angaben zu jeder einzelnen Unternehmensgruppe der Mehrmütter-Unternehmensgruppe zu enthalten. [3] § 75 Absatz 2 gilt für die Verpflichtung nach Satz 1 entsprechend.

(7) Für Zwecke der Absätze 1 bis 6 umfasst eine Mehrmütter-Unternehmensgruppe mindestens zwei Unternehmensgruppen, deren oberste Muttergesellschaften eine Vereinbarung getroffen haben, durch die eine Verbundstruktur oder eine Konstruktion mit zweifacher Börsennotierung entsteht.

(8) Eine Verbundstruktur ist eine Vereinbarung zwischen zwei oder mehr obersten Muttergesellschaften selbständiger Unternehmensgruppen, die die folgenden zwei Bedingungen erfüllt:

1. [1] Mindestens 50 Prozent der Eigenkapitalbeteiligungen an den obersten Muttergesellschaften der selbstständigen Unternehmensgruppen sind aufgrund der Rechtsform, von Übertragungsbeschränkungen oder anderer Bedingungen miteinander verbunden und können nicht unabhängig von-

einander übertragen oder gehandelt werden. [2]Im Fall einer Börsennotierung der verbundenen Eigenkapitalbeteiligungen werden diese zu einem einzigen Preis notiert.

2. Eine der obersten Muttergesellschaften stellt einen Konzernabschluss auf, in dem die Vermögenswerte, Schulden, Erträge, Aufwendungen und Zahlungsströme aller Geschäftseinheiten der Unternehmensgruppen zusammen als die einer einzigen wirtschaftlichen Einheit dargestellt werden und dieser muss nach den aufsichtsrechtlichen Vorschriften einer externen Prüfung unterzogen werden.

(9) Eine Konstruktion mit zweifacher Börsennotierung ist eine Vereinbarung zwischen zwei oder mehr obersten Muttergesellschaften selbstständiger Unternehmensgruppen, in deren Rahmen

1. die obersten Muttergesellschaften vereinbaren, ihre Geschäftstätigkeit nur vertraglich zusammenzulegen,
2. die obersten Muttergesellschaften gemäß der vertraglichen Vereinbarung Ausschüttungen in Bezug auf Dividenden und im Liquidationsfall nach einem im Voraus festgelegten Anteilsverhältnis an ihre Gesellschafter vornehmen,
3. ihre Tätigkeiten gemäß der vertraglichen Vereinbarung als die einer einzigen wirtschaftlichen Einheit verwaltet werden, sie aber ihre eigene Rechtspersönlichkeit behalten,
4. die Beteiligungen an den obersten Muttergesellschaften, die die Vereinbarung eingegangen sind, unabhängig voneinander auf verschiedenen Kapitalmärkten notiert, gehandelt oder übertragen werden und
5. die obersten Muttergesellschaften einen Konzernabschluss aufstellen, in dem die Vermögenswerte, Schulden, Erträge, Aufwendungen und Zahlungsströme aller Einheiten der Unternehmensgruppen zusammen als die einer einzigen wirtschaftlichen Einheit dargestellt werden und dieser nach den aufsichtsrechtlichen Vorschriften einer externen Prüfung unterzogen werden muss.

Teil 7. Besonderheiten bei obersten Muttergesellschaften, Ausschüttungssystemen und Investmenteinheiten

Abschnitt 1. Besonderheiten bei obersten Muttergesellschaften

§ 69 Transparente oberste Muttergesellschaft. (1) [1]Der für das Geschäftsjahr ermittelte Mindeststeuer-Gewinn einer transparenten Einheit, die oberste Muttergesellschaft der Unternehmensgruppe ist, wird um den betragsmäßigen Anteil am Mindeststeuer-Gewinn gekürzt, der auf die Gesellschafter der Eigenkapitalbeteiligung entfällt, vorausgesetzt,

1. der Gesellschafter der jeweiligen Eigenkapitalbeteiligung ist für einen Veranlagungszeitraum, der spätestens innerhalb von zwölf Monaten nach dem Ende des Geschäftsjahres der Unternehmensgruppe endet, steuerpflichtig und

a) unterliegt im Hinblick auf den vollen ihm zugewiesenen betragsmäßigen Anteil einem nominalen Steuersatz, der mindestens dem Mindeststeuersatz entspricht, oder

b) nach vernünftigem kaufmännischem Ermessen davon ausgegangen werden kann, dass die Summe aus den angepassten erfassten Steuern der obersten Muttergesellschaft und den Steuern des Gesellschafters der Eigenkapitalbeteiligung in Bezug auf seinen betragsmäßigen Anteil am Mindeststeuer-Gewinn (Gewinnanteil) mindestens dem Betrag entspricht, der sich ergibt, wenn man den Gewinnanteil mit dem Mindeststeuersatz multipliziert, oder

2. der Gesellschafter der jeweiligen Eigenkapitalbeteiligung ist eine natürliche Person und hält Eigenkapitalbeteiligungen, die zusammengenommen einen Anspruch auf höchstens fünf Prozent der Gewinne und Vermögenswerte der obersten Muttergesellschaft vermitteln oder

3. der Gesellschafter der jeweiligen Eigenkapitalbeteiligung ist eine staatliche Einheit, eine internationale Organisation, eine Organisation ohne Erwerbszweck oder eine Pensionseinheit, ist im Steuerhoheitsgebiet der obersten Muttergesellschaft belegen und hält Eigenkapitalbeteiligungen, die zusammengenommen einen Anspruch auf höchstens 5 Prozent der Gewinne und Vermögenswerte der obersten Muttergesellschaft vermitteln.

[2] Eine transparente Einheit, die ihren Mindeststeuer-Gewinn kürzt, hat den Betrag ihrer erfassten Steuern, berücksichtigungsfähigen Lohnkosten für berücksichtigungsfähige Beschäftigte und berücksichtigungsfähigen materiellen Vermögenswerte in demselben Verhältnis zu kürzen.

(2) Der in einem Geschäftsjahr ermittelte Mindeststeuer-Verlust einer transparenten Einheit, die oberste Muttergesellschaft der Unternehmensgruppe ist, wird um den betragsmäßigen Anteil am Mindeststeuer-Verlust gekürzt, der auf die jeweilige Eigenkapitalbeteiligung entfällt, soweit die Gesellschafter dieser Eigenkapitalbeteiligungen den jeweiligen Verlust bei der steuerlichen Gewinnermittlung nutzen können.

(3) Die Absätze 1 und 2 gelten entsprechend für eine Betriebsstätte,

1. über die eine transparente Einheit, die oberste Muttergesellschaft der Unternehmensgruppe ist, ihre Geschäftstätigkeit ganz oder teilweise ausübt oder

2. über die die Geschäftstätigkeit einer steuertransparenten Einheit ganz oder teilweise ausgeübt wird, sofern die Beteiligung der obersten Muttergesellschaft an dieser Einheit unmittelbar oder über eine steuertransparente Struktur gehalten wird.

§ 70 Oberste Muttergesellschaft mit Dividendenabzugssystem.

(1) [1] Der ermittelte Mindeststeuer-Gewinn einer obersten Muttergesellschaft, die einem Dividendenabzugsregime unterliegt, wird um den Betrag abzugsfähiger Dividenden, der innerhalb von zwölf Monaten nach Ende des Geschäftsjahres ausgeschüttet wird, höchstens jedoch in Höhe des Mindeststeuer-Gewinns, gekürzt, wenn

1. die Dividende für einen Veranlagungszeitraum, der innerhalb von zwölf Monaten nach dem Ende des Geschäftsjahres der Unternehmensgruppe endet, der Besteuerung beim Dividendenempfänger unterliegt und
   a) der Dividendenempfänger im Hinblick auf diese Dividende einem nominalen Steuersatz unterliegt, der mindestens dem Mindeststeuersatz entspricht, oder
   b) nach vernünftigem kaufmännischem Ermessen davon ausgegangen werden kann, dass die Summe aus den angepassten erfassten Steuern der obersten Muttergesellschaft und den Steuern, die der Empfänger in Bezug auf die Dividendenerträge gezahlt hat, mindestens dem Betrag entspricht, der sich ergibt, wenn man die Dividendenerträge mit dem Mindeststeuersatz multipliziert.

   [2] Genossenschaftsdividenden einer Versorgungsgenossenschaft gelten dabei als der Besteuerung unterliegend, soweit sie Aufwendungen oder Kosten senken, die bei der steuerlichen Gewinnermittlung des Dividendenempfängers abzugsfähig sind;
2. der Dividendenempfänger eine natürliche Person ist und es sich bei der Dividende um eine Genossenschaftsdividende einer Versorgungsgenossenschaft handelt;
3. der Dividendenempfänger eine natürliche Person ist, die im Steuerhoheitsgebiet der obersten Muttergesellschaft ansässig ist und Eigenkapitalbeteiligungen hält, die zusammengenommen einen Anspruch auf höchstens fünf Prozent der Gewinne und Vermögenswerte der obersten Muttergesellschaft vermitteln, oder
4. der Dividendenempfänger eine staatliche Einheit, eine internationale Organisation, eine Organisation ohne Erwerbszweck oder eine Pensionseinheit ist, bei der es sich nicht um eine Pensions-Dienstleistungseinheit handelt, und im Steuerhoheitsgebiet der obersten Muttergesellschaft belegen ist.

[2] Eine oberste Muttergesellschaft, die ihren Mindeststeuer-Gewinn nach Satz 1 kürzt, hat den Betrag ihrer erfassten Steuern, berücksichtigungsfähigen Lohnkosten für berücksichtigungsfähige Beschäftigte und berücksichtigungsfähigen materiellen Vermögenswerte in demselben Verhältnis zu kürzen. [3] Dies gilt nicht für Steuern, für die der Dividendenabzug gewährt wurde.

(2) Hält die oberste Muttergesellschaft unmittelbar oder über eine Kette solcher Geschäftseinheiten, die einem Dividendenabzugsregime unterliegt, eine Eigenkapitalbeteiligung an einer anderen Geschäftseinheit, gilt Absatz 1 entsprechend für jede andere im Steuerhoheitsgebiet der obersten Muttergesellschaft belegene Geschäftseinheit, die einem Dividendenabzugsregime unterliegen, soweit deren Mindeststeuer-Gewinn von der obersten Muttergesellschaft an Empfänger weiter ausgeschüttet wird, die die Anforderungen von Absatz 1 erfüllen.

(3) Genossenschaft ist eine Einheit, die Waren oder Dienstleistungen im Namen ihrer Mitglieder zusammen vermarktet oder erwirbt und im Belegenheitsstaat einer Steuerregelung unterliegt, die für Waren oder Dienstleistungen

der Mitglieder, die über die Genossenschaft veräußert oder erworben werden, steuerliche Neutralität gewährleisten soll.

(4) [1]Ein Dividendenabzugsregime ist eine Steuerregelung, die zu einer Besteuerung einzig auf Ebene der Gesellschafter einer Einheit führt, indem die an die Gesellschafter ausgeschütteten Gewinne von den Erträgen der Einheit abgezogen werden. [2]Genossenschaftsdividenden werden in diesem Sinne als Ausschüttungen an die Mitglieder der Genossenschaft behandelt. [3]Ein Dividendenabzugsregime schließt auch auf Genossenschaften anwendbare Regelungen ein, die Genossenschaften von der Besteuerung befreien.

(5) Abzugsfähige Dividende bedeutet in Bezug auf eine Geschäftseinheit, die einem Dividendenabzugsregime unterliegt,

1. eine Ausschüttung von Gewinnen an den Gesellschafter einer Eigenkapitalbeteiligung, die von den steuerpflichtigen Erträgen der Geschäftseinheit gemäß den Rechtsvorschriften des Belegenheitsstaats abzugsfähig ist, oder
2. eine an ein Mitglied einer Genossenschaft ausgeschüttete Genossenschaftsdividende.

Abschnitt 2. Ausschüttungssysteme

§ 71 Zulässige Ausschüttungssysteme. (1) [1]Auf Antrag der berichtspflichtigen Geschäftseinheit kann bei Geschäftseinheiten, die einem zulässigen Ausschüttungssteuersystem unterliegen, die nach Absatz 2 ermittelte fiktive Ausschüttungssteuer zu den angepassten erfassten Steuern der Geschäftseinheiten für ein Geschäftsjahr hinzuzugerechnet werden. [2]Für das Wahlrecht gilt § 77 Absatz 1; es ist einheitlich für alle in dem Steuerhoheitsgebiet belegenen Geschäftseinheiten auszuüben.

(2) Die fiktive Ausschüttungssteuer entspricht dem niedrigeren der folgenden Beträge:

1. Betrag an angepassten erfassten Steuern, der notwendig ist, um den nach § 53 Absatz 1 Satz 2 berechneten effektiven Steuersatz für das Steuerhoheitsgebiet für das Geschäftsjahr auf den Mindeststeuersatz anzuheben;
2. Betrag an Steuern, der fällig gewesen wäre, wenn die in dem Steuerhoheitsgebiet belegenen Geschäftseinheiten ihren gesamten Gewinn, der einem berücksichtigungsfähigen Ausschüttungssteuersystem unterliegt, in diesem Geschäftsjahr ausgeschüttet hätten.

(3) [1]Für jedes Geschäftsjahr, für das das Wahlrecht nach Absatz 1 ausgeübt wird, ist ein jährliches Nachversteuerungskonto für fiktive Ausschüttungen zu bilden. [2]Es wird um die fiktive Ausschüttungssteuer erhöht, die nach Absatz 2 für das Steuerhoheitsgebiet für das Geschäftsjahr gebildet wurde. [3]Am Ende jedes Geschäftsjahres werden die offenen Salden der für frühere Geschäftsjahre gebildeten Nachversteuerungskonten für fiktive Ausschüttungen in chronologischer Reihenfolge jeweils bis zu ihrem vollen Betrag der Reihe nach um die folgenden Posten bis null gemindert:

1. die Steuern, die von den Geschäftseinheiten während des Geschäftsjahres in Bezug auf tatsächliche oder fiktive Ausschüttungen entrichtet wurden,

2. den Betrag eines etwaigen Mindeststeuer-Gesamtverlusts des Steuerhoheitsgebiets multipliziert mit dem Mindeststeuersatz und
3. jeden etwaigen im laufenden Geschäftsjahr nach Absatz 4 geltend gemachten Nachversteuerungskonto-Verlustvortrag.

(4) [1] Ein Nachversteuerungskonto-Verlustvortrag wird für das Steuerhoheitsgebiet gebildet, wenn der in Absatz 3 Satz 3 Nummer 2 beschriebene Betrag den offenen Saldo der Nachversteuerungskonten für fiktive Ausschüttungen übersteigt. [2] Der Nachversteuerungskonto-Verlustvortrag entspricht der Höhe dieses übersteigenden Betrags und wird in den folgenden Geschäftsjahren als Minderung der Nachversteuerungskonten für fiktive Ausschüttungen dieser Geschäftsjahre berücksichtigt. [3] Wird ein solcher Betrag in einem folgenden Geschäftsjahr berücksichtigt, so muss der Nachversteuerungskonto-Verlustvortrag um diesen Betrag gemindert werden.

(5) Für am letzten Tag des vierten Geschäftsjahres nach dem Geschäftsjahr der Bildung offener Salden auf Nachversteuerungskonten werden der effektive Steuersatz und der Steuererhöhungsbetrag für dieses Geschäftsjahr nach § 57 neu berechnet, indem diese Salden als Minderung der zuvor für dieses Jahr bestimmten angepassten erfassten Steuern behandelt werden.

(6) Steuern, die während des Geschäftsjahres im Zusammenhang mit tatsächlichen oder fiktiven Ausschüttungen entrichtet werden, werden bei den angepassten erfassten Steuern nicht berücksichtigt, soweit sie ein Nachversteuerungskonto nach Absatz 3 mindern.

(7) In dem Geschäftsjahr, in dem eine Geschäftseinheit die Unternehmensgruppe verlässt oder im Wesentlichen alle ihre Vermögenswerte überträgt,

1. werden der effektive Steuersatz und der Steuererhöhungsbetrag für jedes vorangegangene Jahr, für das ein Nachversteuerungskonto nach Absatz 3 für fiktive Ausschüttungen einen offenen Saldo aufweist, gemäß § 57 neu berechnet, indem der Saldo des Nachversteuerungskontos als Minderung der zuvor für dieses Jahr ermittelten angepassten erfassten Steuern behandelt wird, und
2. wird jeder zusätzliche Steuererhöhungsbetrag, der sich aus einer solchen Neuberechnung ergibt, mit der Nachversteuerungsquote im Veräußerungsfall multipliziert, um den zusätzlichen Steuererhöhungsbetrag im laufenden Jahr für die Zwecke von § 54 zu ermitteln.

(8) [1] Die Nachversteuerungsquote im Veräußerungsfall wird für jede aus der Unternehmensgruppe ausscheidende Geschäftseinheit anhand der folgenden Formel ermittelt:

$$\frac{\text{Mindeststeuer-Gewinn der Geschäftseinheit}}{\text{Netto-Gewinn des Steuerhoheitsgebiets}}$$

[2] Der Mindeststeuer-Gewinn der Geschäftseinheit ist die Summe der Mindeststeuer-Gewinne der ausscheidenden Geschäftseinheit für jedes der Geschäftsjahre auf die sich die Nachversteuerungskonten für das Steuerhoheitsgebiet beziehen. [3] Der Netto-Gewinn des Steuerhoheitsgebiets ist die Summe der nach § 53 ermittelten Mindeststeuer-Gesamtgewinne des Steuerhoheitsgebiets

für jedes der Geschäftsjahre, auf die sich die Nachversteuerungskonten für das Steuerhoheitsgebiet beziehen.

Abschnitt 3. Besonderheiten bei Investmenteinheiten

§ 72 Berechnung des effektiven Steuersatzes für Investmenteinheiten. (1) [1]Abweichend von § 53 und vorbehaltlich des § 73 oder des § 74 wird der effektive Steuersatz einer Investmenteinheit, die keine steuertransparente Einheit ist, getrennt vom effektiven Steuersatz der Unternehmensgruppe in diesem Steuerhoheitsgebiet wie folgt berechnet:

$$\frac{\text{angepasste erfasste Steuern der Investmenteinheit}}{\text{der Unternehmensgruppe zuzurechnende Anteil des Mindeststeuer-Gewinns dieser Investmenteinheit}}$$

[2]Die angepassten erfassten Steuern einer Investmenteinheit entsprechen der Summe der nach den §§ 44 bis 48 für die Investmenteinheit ermittelten angepassten erfassten Steuern, die auf den der Unternehmensgruppe zuzurechnenden Anteil am Mindeststeuer-Gewinn der Investmenteinheit entfallen, und der erfassten Steuern, die der Investmenteinheit nach § 49 zuzurechnen sind. [3]Die angepassten erfassten Steuern der Investmenteinheit umfassen nur die Steuern, die auf Gewinne entfallen, die zu dem der Unternehmensgruppe zuzurechnenden Anteil am Mindeststeuer-Gewinn der Investmenteinheit gehören. [4]Der der Unternehmensgruppe zuzurechnende Anteil am Mindeststeuer-Gewinn der Investmenteinheit entspricht dem der obersten Muttergesellschaft zuzurechnenden Anteil; § 9 Absatz 2 gilt entsprechend, wobei nur Beteiligungen berücksichtigt werden, für die kein Wahlrecht nach § 73 oder § 74 in Anspruch genommen wurde. [5]Sind in einem Steuerhoheitsgebiet mehr als eine Investmenteinheit belegen, so werden bezogen auf das Steuerhoheitsgebiet die angepassten erfassten Steuern und die der Unternehmensgruppe zuzurechnenden Anteile am Mindeststeuer-Gewinn oder Mindeststeuer-Verlust zusammengenommen (effektiver Steuersatz aller in diesem Steuerhoheitsgebiet belegenen Investmenteinheiten).

(2) [1]Der Ergänzungssteuerbetrag einer Investmenteinheit entspricht dem Ergänzungssteuersatz der Investmenteinheit multipliziert mit dem Betrag, um den der der Unternehmensgruppe zuzurechnende Anteil am Mindeststeuer-Gewinn der Investmenteinheit den substanzbasierten Freibetrag (§§ 58 bis 62) der Investmenteinheit übersteigt. [2]Der Ergänzungssteuersatz einer Investmenteinheit ist die Differenz, um die der Mindeststeuersatz den effektiven Steuersatz der Investmenteinheit übersteigt. [3]Ist in diesem Steuerhoheitsgebiet mehr als eine Investmenteinheit belegen, so werden die der Unternehmensgruppe zuzurechnenden Anteile am Mindeststeuer-Gewinn der in dem Steuerhoheitsgebiet belegenen Investmenteinheiten, die für jede dieser Investmenteinheiten ermittelt werden, und die für jede dieser Investmenteinheiten ermittelten substanzbasierten Freibeträge jeweils zusammengenommen, um den effektiven Steuersatz für alle in dem Steuerhoheitsgebiet belegenen Investmenteinheiten zu berechnen.

(3) Der substanzbasierte Freibetrag für eine Investmenteinheit wird nach den §§ 58 bis 62 ungeachtet der Ausnahme in § 58 Absatz 1 ermittelt, wobei nur Lohnkosten gemäß § 59 und Vermögenswerte gemäß § 60 der Investmenteinheiten erfasst werden, die proportional zu dem der Unternehmensgruppe zuzurechnenden Anteil am Mindeststeuer-Gewinn der Investmenteinheit im Verhältnis zum gesamten Mindeststeuer-Gewinn der Investmenteinheit gekürzt werden.

§ 73 Steuertransparenzwahlrecht für Investmenteinheiten. (1) Auf Antrag der berichtspflichtigen Geschäftseinheit kann eine Investmenteinheit als steuertransparente Gesellschaft behandelt werden, wenn

1. der gruppenzugehörige Gesellschafter in seinem Belegenheitsstaat zum Marktwert oder nach einer Regelung, die auf den jährlichen Änderungen des beizulegenden Zeitwerts seiner Eigenkapitalbeteiligung an dieser Geschäftseinheit beruht, besteuert wird und der für diesen Gesellschafter in Bezug auf solche Erträge geltende Steuersatz dem Mindeststeuersatz mindestens entspricht oder
2. es sich bei der Geschäftseinheit um eine regulierte Versicherungseinheit auf Gegenseitigkeit handelt.

(2) [1] Eine Geschäftseinheit, die eine Eigenkapitalbeteiligung an einer Investmenteinheit mittelbar über eine unmittelbare Eigenkapitalbeteiligung an einer anderen Investmenteinheit hält, gilt bezüglich ihrer mittelbaren Eigenkapitalbeteiligung an der erstgenannten Einheit als zum Marktwert oder nach einer ähnlichen Regelung im Sinne des Absatzes 1 Nummer 1 besteuert, wenn sie bezüglich ihrer unmittelbaren Eigenkapitalbeteiligung nach Absatz 1 Nummer 1 besteuert wird. [2] Eine regulierte Versicherungseinheit auf Gegenseitigkeit ist eine Einheit, die einer mit den Vorgaben des Versicherungsaufsichtsgesetzes vergleichbaren Versicherungsaufsicht unterliegt und die Versicherungsgeschäfte ausschließlich mit ihren Gesellschaftern betreibt.

(3) [1] Für das Wahlrecht gilt § 75 Absatz 2. [2] Wird die Inanspruchnahme des Wahlrechts widerrufen, so werden die Gewinne oder Verluste aus der Veräußerung eines von der Investmenteinheit gehaltenen Vermögenswerts oder einer von der Investmenteinheit gehaltenen Schuld auf der Grundlage des beizulegenden Zeitwerts der Vermögenswerte oder der Schuld zum ersten Tag des Jahres des Widerrufs bestimmt.

§ 74 Wahlrecht für steuerpflichtige Ausschüttungen von Investmenteinheiten. (1) Auf Antrag der berichtspflichtigen Geschäftseinheit können gruppenzugehörige Gesellschafter, die keine Investmenteinheiten sind, die steuerpflichtigen Ausschüttungen ihrer Eigenkapitalbeteiligungen an Investmenteinheiten nach Absatz 2 behandeln, wenn nach vernünftiger kaufmännischer Beurteilung davon auszugehen ist, dass der Gesellschafter für diese einem Steuersatz unterliegt, der dem Mindeststeuersatz entspricht oder diesen übersteigt.

(2) Wird das Wahlrecht nach Absatz 1 ausgeübt,

1. werden Ausschüttungen und fiktive Ausschüttungen des Mindeststeuer-Gewinns der Investmenteinheit in den Mindeststeuer-Gewinn des Gesellschafters einbezogen, der die Ausschüttung erhalten hat,

2. wird der im Inland anrechenbare Steueraufschlag in den Mindeststeuer-Gewinn und die angepassten erfassten Steuern des gruppenzugehörigen Gesellschafters einbezogen, der die Ausschüttung erhalten hat,
3. wird der proportionale Anteil des Gesellschafters am nicht ausgeschütteten Mindeststeuer-Gesamtgewinn der Investmenteinheit für das Bezugsjahr als Mindeststeuer-Gewinn der Investmenteinheit für das Geschäftsjahr behandelt und wird das Ergebnis der Multiplikation des Mindeststeuersatzes mit diesem Mindeststeuer-Gewinn für die Zwecke des Teils 2 als Ergänzungssteuerbetrag einer niedrig besteuerten Geschäftseinheit in diesem Geschäftsjahr behandelt und
4. werden der Mindeststeuer-Gewinn oder Mindeststeuer-Verlust der Investmenteinheit für das Geschäftsjahr und die gegebenenfalls auf diesen Gewinn entfallenden angepassten erfassten Steuern bei allen Berechnungen des effektiven Steuersatzes nach Teil 5 und des § 72 Absatz 1 und 2 ausgenommen, sofern Nummer 2 nichts anderes vorsieht.

(3) [1] Ein nicht ausgeschütteter Mindeststeuer-Gesamtgewinn für das Bezugsjahr ist nicht um Ausschüttungen oder fiktive Ausschüttungen zu kürzen, wenn diese Ausschüttungen oder fiktiven Ausschüttungen den nicht ausgeschütteten Mindeststeuer-Gesamtgewinn eines früheren Bezugsjahres gemindert haben. [2] Für Zwecke der Berechnung des nicht ausgeschütteten Mindeststeuer-Gesamtgewinns wird ein Mindeststeuer-Verlust insoweit gekürzt, wie er den nicht ausgeschütteten Mindeststeuer-Gesamtgewinn am Ende eines vorangegangenen Geschäftsjahres gemindert hat. [3] Wenn ein Mindeststeuer-Verlust für ein Geschäftsjahr bis zum Ende des letzten Bezugszeitraums, der dieses Geschäftsjahr umfasst, nicht auf null gekürzt wurde, erfolgt für den Restbetrag ein Investmentverlustvortrag, der in den folgenden Geschäftsjahren auf dieselbe Weise verrechnet wird wie ein Mindeststeuer-Verlust.

(4) Der nicht ausgeschüttete Mindeststeuer-Gesamtgewinn für ein Geschäftsjahr ist der Mindeststeuer-Gewinn der Investmenteinheit für das untersuchte Geschäftsjahr, sofern ein solcher vorliegt, der um folgende Beträge bis null gekürzt wird:
1. erfasste Steuern der Investmenteinheit,
2. Ausschüttungen und fiktive Ausschüttungen im Bezugszeitraum, ausgenommen an Investmenteinheiten,
3. im Bezugszeitraum entstehende Mindeststeuer-Verluste und
4. Investmentverlustvorträge.

(5) Für die Zwecke der Absätze 1 bis 4 gelten folgende Begriffsbestimmungen:
1. Bezugsjahr ist das dritte Jahr vor dem Geschäftsjahr.
2. Bezugszeitraum ist der Zeitraum, der mit dem ersten Tag des Bezugsjahres beginnt und mit dem letzten Tag des Geschäftsjahres endet, in dem die Eigenkapitalbeteiligung von einer der Unternehmensgruppe angehörenden Einheit gehalten wurde.
3. Eine fiktive Ausschüttung liegt vor, wenn eine unmittelbare oder mittelbare Eigenkapitalbeteiligung an der Investmenteinheit an eine nicht der Unter-

nehmensgruppe angehörende Einheit übertragen wird; die Höhe dieser fiktiven Ausschüttung entspricht dem proportionalen Anteil des nicht ausgeschütteten Mindeststeuer-Gesamtgewinns, der im Zeitpunkt der Übertragung auf diese Eigenkapitalbeteiligung entfällt und der ohne Berücksichtigung der fiktiven Ausschüttung ermittelt wird.

4. Der im Inland anrechenbare Steueraufschlag ist der Betrag der von der Investmenteinheit zu entrichtenden erfassten Steuern, der auf die Steuerverbindlichkeiten des gruppenzugehörigen Gesellschafters, die im Zusammenhang mit einer Ausschüttung der Investmenteinheit entstehen, angerechnet werden kann.

(6) [1]Für das Wahlrecht nach Absatz 1 gilt § 77 Absatz 2. [2]Wird die Inanspruchnahme des Wahlrechts widerrufen, so wird der proportionale Anteil des gruppenzugehörigen Gesellschafters am nicht ausgeschütteten Mindeststeuer-Gesamtgewinn der Investmenteinheit für das untersuchte Jahr am Ende des Geschäftsjahres vor dem Jahr des Widerrufs als Mindeststeuer-Gewinn der Investmenteinheit für das Jahr des Widerrufs behandelt und das Ergebnis der Multiplikation des Mindeststeuersatzes mit diesem Mindeststeuer-Gewinn wird im Jahr des Widerrufs als Ergänzungssteuerbetrag einer niedrig besteuerten Geschäftseinheit für die Zwecke des Teils 2 behandelt.

Teil 8. Administration

Abschnitt 1. Mindeststeuer-Bericht

§ 75 Abgabeverpflichtung. (1) [1]Jede nach § 1 Absatz 1 Satz 1 oder Absatz 2 steuerpflichtige Geschäftseinheit hat den Mindeststeuer-Bericht für das Geschäftsjahr dem Bundeszentralamt für Steuern nach Maßgabe des Absatzes 3 sowie des § 76 zu übermitteln. [2]Bei mehreren nach § 1 steuerpflichtigen Geschäftseinheiten einer Unternehmensgruppe kann eine dieser Geschäftseinheiten im Auftrag der übrigen Geschäftseinheiten den Mindeststeuer-Bericht übermitteln. [3]Konnte eine Geschäftseinheit davon ausgehen, dass eine andere im Auftrag der übrigen Geschäftseinheiten den Mindeststeuer-Bericht fristgerecht übermittelt, und stellt sich heraus, dass kein Mindeststeuer-Bericht abgegeben worden ist, so hat sie ihre Pflichten nach Satz 1 innerhalb eines Monats nach dem sie Kenntnis von der Nichtübermittlung erlangt hat, zu erfüllen.

(2) [1]Die Verpflichtung nach Absatz 1 Satz 1 entfällt, wenn

1. der Mindeststeuer-Bericht von der obersten Muttergesellschaft oder einer von ihr zur Übermittlung beauftragten Geschäftseinheit in ihrem jeweiligen Belegenheitsstaat abgegeben wurde und
2. eine wirksame völkerrechtliche Vereinbarung besteht, die für das Geschäftsjahr einen automatischen Austausch von Mindeststeuer-Berichten durch den jeweiligen Belegenheitsstaat mit der zuständigen Behörde der Bundesrepublik Deutschland vorsieht.

[2]Absatz 1 Satz 3 gilt entsprechend.

(3) [1]Die Übermittlung des Mindeststeuer-Berichts an das Bundeszentralamt für Steuern hat spätestens 15 Monate nach Ablauf des Geschäftsjahres zu erfolgen. [2]Abweichend von Satz 1 hat die Übermittlung spätestens 18 Monate nach Ablauf des Geschäftsjahres zu erfolgen, für das erstmals für die Unternehmensgruppe ein Mindeststeuer-Bericht zu erstellen ist. [3]Die Übermittlung hat über die amtlich bestimmte Schnittstelle elektronisch zu erfolgen. [4]Den für die elektronische Übermittlung amtlich vorgeschriebenen Datensatz gibt das Bundesministerium der Finanzen im Bundessteuerblatt bekannt.

(4) [1]Das Bundeszentralamt für Steuern übermittelt die Mindeststeuer-Berichte an das jeweils zuständige Finanzamt. [2]Enthält ein Mindeststeuer-Bericht Angaben im Sinne des § 76 für ein Steuerhoheitsgebiet, übermittelt das Bundeszentralamt für Steuern der zuständigen Behörde dieses Steuerhoheitsgebietes den ihm nach Absatz 1 übermittelten Mindeststeuer-Bericht, wenn die Bundesrepublik Deutschland und dieses Steuerhoheitsgebiet aufgrund einer innerstaatlichen anwendbaren völkerrechtlichen Vereinbarung zum gegenseitigen automatischen Austausch von Informationen zu Mindeststeuer-Berichten zwischen ihren zuständigen Behörden verpflichtet sind (Vertragsstaat). [3]Das Bundeszentralamt für Steuern nimmt die Mindeststeuer-Berichte entgegen, die ihm von den in Satz 2 genannten Vertragsstaaten übermittelt worden sind. [4]Das Bundeszentralamt für Steuern kann die Mindeststeuer-Berichte im Rahmen der ihm gesetzlich übertragenen Aufgaben auswerten. [5]Das Bundeszentralamt für Steuern speichert die Mindeststeuer-Berichte und löscht sie mit Ablauf des 15. Jahres, das dem Jahr der Übermittlung folgt. [6]§ 88a der Abgabenordnung ist zu beachten.

§ 76 Inhalt des Mindeststeuer-Berichts. In dem Mindeststeuer-Bericht sind anzugeben

1. eine nach Steuerhoheitsgebieten gegliederte Auflistung aller Geschäftseinheiten, deren Steuernummern sowie deren Qualifikation im Sinne dieser Regelungen,
2. eine Übersicht über die Konzernstruktur der Unternehmensgruppe, insbesondere der Kontrollbeteiligungen an Geschäftseinheiten, die von anderen Geschäftseinheiten gehalten werden,
3. die notwendigen Angaben zur Berechnung
   a) des effektiven Steuersatzes für jedes Steuerhoheitsgebiet und der Steuererhöhungsbeträge für jede Geschäftseinheit (Teil 5),
   b) der Steuererhöhungsbeträge eines Mitglieds einer Joint-Venture-Gruppe,
   c) der Primärergänzungssteuerbeträge für jedes Steuerhoheitsgebiet sowie der nach der Sekundärergänzungssteuerregelung den einzelnen Steuerhoheitsgebieten zuzurechnenden Anteile am Gesamtbetrag der Steuererhöhungsbeträge (Teil 2),
4. eine Auflistung der nach § 77 Absatz 1 Satz 1 und Absatz 2 Satz 1 ausgeübten Wahlrechte.

Abschnitt 2. Wahlrechte

§ 77 Wahlrechte. (1) [1]Die Ausübung der in § 36 Absatz 1, § 50 Absatz 7, § 52 Absatz 4, § 56 Absatz 1, § 58 Absatz 2 und § 71 Absatz 1 genannten Wahlrechte bindet jeweils für ein Geschäftsjahr. [2]Die Bindung verlängert sich automatisch, sofern die berichtspflichtige Geschäftseinheit die Inanspruchnahme des Wahlrechts nicht mit Wirkung zum Ende des Geschäftsjahres widerruft.

(2) [1]Die Ausübung der in § 5 Absatz 3, § 34 Absatz 1, § 35 Absatz 1, § 37 Absatz 1, § 38 Absatz 1, § 39 Absatz 1, § 40 Absatz 1, § 73 Absatz 1 und § 74 Absatz 1 genannten Wahlrechte bindet jeweils für fünf Geschäftsjahre, beginnend in dem Geschäftsjahr, in dem das Wahlrecht in Anspruch genommen wird. [2]Die Bindung verlängert sich automatisch für weitere fünf Jahre, sofern die berichtspflichtige Geschäftseinheit die Inanspruchnahme des Wahlrechts nicht mit Wirkung zum Ende des Fünfjahreszeitraums widerruft. [3]Der Widerruf bindet für fünf Geschäftsjahre, beginnend mit dem Geschäftsjahr, das auf das Ende des Fünfjahreszeitraums folgt, für das das Wahlrecht nach Satz 1 letztmals in Anspruch genommen wurde.

(3) Die Inanspruchnahme der in den Absätzen 1 und 2 genannten Wahlrechte ist durch die berichtspflichtige Geschäftseinheit gegenüber der zuständigen Behörde des Steuerhoheitsgebiets zu erklären, in dem die berichtspflichtige Geschäftseinheit belegen ist.

Abschnitt 3. Safe-Harbour-Regelungen

Unterabschnitt 1. Allgemeines

§ 78 Überprüfung der Anspruchsberechtigung. (1) Die Safe-Harbour-Regelungen, die nach den §§ 79 bis 81, 84 bis 87 und 89 für ein Steuerhoheitsgebiet (Safe-Harbour-Steuerhoheitsgebiet) in Anspruch genommen werden können, gelten nicht in den Fällen, in denen

1. eine Mindeststeuer nach § 2 entstehen könnte, wenn der für das Safe-Harbour-Steuerhoheitsgebiet berechnete effektive Steuersatz unter dem Mindeststeuersatz läge,
2. die steuerpflichtigen Geschäftseinheiten innerhalb von 36 Monaten nach Übermittlung des Mindeststeuer-Berichts durch die zuständige Finanzbehörde unter Angabe von besonderen Gründen zum Nachweis der Anspruchsberechtigung aufgefordert werden und
3. die steuerpflichtigen Geschäftseinheiten die Anspruchsberechtigung nicht innerhalb von sechs Monaten nach der Aufforderung nachweisen.

(2) Werden der zuständigen Behörde die Gründe, welche die Anspruchsberechtigung der betreffenden Safe-Harbour-Regelung wesentlich beeinträchtigt haben können, erst nach Eingang des Mindeststeuer-Berichts bei der zuständigen Behörde bekannt, beginnt die Frist nach Absatz 1 Nummer 2 erst ab diesem Zeitpunkt zu laufen.

Unterabschnitt 2. Safe Harbour für vereinfachte Berechnungen

§ 79 Vereinfachte Berechnungen. (1) Auf Antrag der berichtspflichtigen Geschäftseinheit wird der Steuererhöhungsbetrag für Zwecke des § 54, ausgenommen soweit zusätzlicher Steuererhöhungsbetrag entsteht, auf der Grundlage zugelassener vereinfachter Berechnungen bei Erfüllung einer der folgenden Tests für eine Unternehmensgruppe auf null reduziert:

1. der für das jeweilige Steuerhoheitsgebiet nach den vereinfachten Berechnungen ermittelte Mindeststeuer-Gewinn ist gleich oder geringer als der substanzbasierte Freibetrag nach den §§ 58 bis 62 (Routinegewinn-Test);
2. im jeweiligen Steuerhoheitsgebiet betragen nach den vereinfachten Berechnungen der durchschnittliche Mindeststeuer-Gesamtumsatz weniger als 10 Millionen Euro und der durchschnittliche Mindeststeuer-Gesamtgewinn weniger als 1 Million Euro Gewinn oder es liegt ein Mindeststeuer-Gesamtverlust vor, berechnet jeweils nach den Grundsätzen des § 56 (Wesentlichkeitsgrenze-Test);
3. der für das jeweilige Steuerhoheitsgebiet nach den vereinfachten Berechnungen entsprechend § 53 Absatz 1 ermittelte effektive Steuersatz entspricht mindestens dem Mindeststeuersatz (Effektivsteuersatz-Test).

(2) Zugelassene vereinfachte Berechnungen sind die in diesem Unterabschnitt enthaltenen alternativen Berechnungsgrundlagen betreffend den Mindeststeuer-Umsatz, den Mindeststeuer-Gewinn und der angepassten erfassten Steuern.

§ 80 Wahlrecht für vereinfachte Ausgangsgrößen bei unwesentlichen Geschäftseinheiten. (1) [1] Auf Antrag der berichtspflichtigen Geschäftseinheit können für die Anwendung des § 79 bei unwesentlichen Geschäftseinheiten vereinfachte Ausgangsgrößen für den Mindeststeuer-Umsatz, den Mindeststeuer-Gewinn und den Betrag der angepassten erfassten Steuern zugrunde gelegt werden. [2] Unwesentliche Geschäftseinheiten sind Geschäftseinheiten einer Unternehmensgruppe, die aufgrund von Wesentlichkeitserwägungen für das Geschäftsjahr nicht in einen durch einen externen Prüfer testierten Konzernabschluss einbezogen worden sind.

(2) [1] Für Zwecke des Absatzes 1 entsprechen

1. der Mindeststeuer-Umsatz sowie der Mindeststeuer-Gewinn dem im länderbezogenen Bericht der Geschäftseinheit ausgewiesenen Umsatz, gekürzt um Gewinnausschüttungen anderer Geschäftseinheiten der Unternehmensgruppe und der im sonstigen Ergebnis erfassten Umsätze und Erträge, und
2. der Betrag der angepassten erfassten Steuern den im länderbezogenen Bericht der Geschäftseinheit ausgewiesenen für dieses Geschäftsjahr gezahlten und zurückgestellten Ertragsteuern. [2] Darunter fallen keine Erträge oder Aufwendungen aus der Bildung oder Auflösung aktiver und passiver latenter Steuern, Aufwendungen aus der Bildung von ungewissen Steuerrückstellungen sowie sonstigen periodenfremden Steueraufwands- oder Steuerertragspositionen.

(3) Absatz 1 ist nicht auf unwesentliche Geschäftseinheiten mit Umsätzen von über 50 Millionen Euro[1] anwendbar, wenn die Daten aus dem länderbezogenen Bericht nicht aus einem Einzelabschluss stammen, der auf Basis eines anerkannten Rechnungslegungsstandards (§ 7 Absatz 4) oder eines zugelassenen Rechnungslegungsstandards (§ 7 Absatz 37) aufgestellt worden ist.

Unterabschnitt 3. Safe-Harbour-Regelung bei anerkannter nationaler Ergänzungssteuer

§ 81 Safe-Harbour bei anerkannter nationaler Ergänzungssteuer.

(1) [1] Auf Antrag der berichtspflichtigen Geschäftseinheit wird der Steuererhöhungsbetrag bezogen auf einen Teil der Unternehmensgruppe für Zwecke des § 54 auf null reduziert, wenn in dem Steuerhoheitsgebiet für das betreffende Geschäftsjahr eine anerkannte nationale Ergänzungssteuer (§ 7 Absatz 2) in Übereinstimmung mit dem Ergänzungssteuer-Rechnungslegungsstandard, dem Ergänzungssteuer-Konsistenzstandard und dem Ergänzungssteuer-Administrationsstandard erhoben wird. [2] Der Antrag nach Satz 1 ist für jeden Teil der Unternehmensgruppe, für den eine separate Ermittlung des effektiven Steuersatzes vorzunehmen ist, gesondert zu stellen. [3] Der Antrag nach Satz 1 ist nicht zulässig, wenn:

1. nach dem Recht des jeweiligen Steuerhoheitsgebiets gegründete transparente Einheiten für Zwecke der anerkannten nationalen Ergänzungssteuer keiner mit § 1 in Verbindung mit § 90 vergleichbaren Steuerpflicht unterliegen oder die anerkannte nationale Ergänzungssteuer von diesen Einheiten nicht unmittelbar erhoben wird; letztgenanntes gilt nicht, wenn in einem solchen Fall nach dem Recht des Steuerhoheitsgebiets eine mit § 3 Absatz 6 vergleichbare Ausgleichsverpflichtung besteht,
2. in dem jeweiligen Steuerhoheitsgebiet belegene Investmenteinheiten keiner mit § 1 in Verbindung mit § 90 vergleichbaren Steuerpflicht unterliegen,
3. für die Unternehmensgruppe in dem jeweiligen Steuerhoheitsgebiet eine mit § 83 vergleichbare Steuerbefreiung für die anerkannte nationale Ergänzungssteuer besteht,
4. die anerkannte nationale Ergänzungssteuer für Joint Ventures, Joint-Venture-Tochtergesellschaften oder Betriebsstätten eines Joint Venture oder einer Joint-Venture-Tochtergesellschaft nicht unmittelbar von diesen erhoben wird; dies gilt nicht, wenn in einem solchen Fall nach dem Recht des Steuerhoheitsgebiets eine mit § 3 Absatz 6 vergleichbare Ausgleichsverpflichtung besteht, oder
5. für die Unternehmensgruppe die anerkannte nationale Ergänzungssteuer ganz oder teilweise nicht nach § 54 Absatz 2 Satz 2 zu berücksichtigen wäre.

[4] Der Ausschluss von dem Safe-Harbour nach Satz 3 gilt im Fall der

1. Nummer 1 für das jeweilige Steuerhoheitsgebiet, wenn eine nach dem Recht des Steuerhoheitsgebiets gegründete transparente Einheit oberste

---

[1] Vgl. § 97 Abs. 1.

Muttergesellschaft oder eine transparente Einheit ist, die einer Primärergänzungssteuerregelung unterliegt; andernfalls betrifft der Ausschluss nur die jeweiligen transparenten Einheiten,

2. Nummer 2 für die jeweiligen Investmenteinheiten,
3. Nummer 3 für das jeweilige Steuerhoheitsgebiet,
4. Nummer 4 für die jeweiligen Joint Ventures, Joint-Venture-Tochtergesellschaften oder Betriebsstätten eines Joint Venture oder einer Joint-Venture-Tochtergesellschaft und
5. Nummer 5 für das jeweilige Steuerhoheitsgebiet.

(2) [1] Eine anerkannte nationale Ergänzungssteuer wird in Übereinstimmung mit dem Ergänzungssteuer-Rechnungslegungsstandard erhoben, wenn die Ergänzungssteuer auf der Grundlage einer mit § 15 vergleichbaren ausländischen Regelung ermittelt wird. [2] Abweichend von § 15 ist dabei die Verwendung eines lokalen Rechnungslegungsstandards nur zulässig, wenn die folgenden Voraussetzungen erfüllt sind:

1. Sämtliche in dem betreffenden Steuerhoheitsgebiet belegenen Geschäftseinheiten stellen auf der Grundlage desselben lokalen Rechnungslegungsstandards einen Jahresabschluss (Einzelabschluss) auf den Stichtag des Konzernabschlusses der obersten Muttergesellschaft auf; die Konsolidierung einer Geschäftseinheit in einen auf den Stichtag des Konzernabschlusses der obersten Muttergesellschaft nach dem lokalen Rechnungslegungsstandard aufgestellten Konzernabschluss steht der Aufstellung eines Einzelabschlusses gleich.
2. Die in Nummer 1 genannten Abschlüsse
   a) sind nach dem lokalen Gesellschaftsrecht oder Steuerrecht verpflichtend aufzubewahren oder zu verwenden oder
   b) unterliegen einer Abschlussprüfung durch einen Abschlussprüfer im Sinne des § 319 des Handelsgesetzbuchs oder einer vergleichbaren ausländischen Regelung.
3. [1] Als lokaler Rechnungslegungsstandard darf nur ein anerkannter Rechnungslegungsstandard oder ein zugelassener Rechnungslegungsstandard, der zur Vermeidung erheblicher Vergleichbarkeitseinschränkungen angepasst wurde, verwendet werden. [2] Die Verwendung des lokalen Rechnungslegungsstandards muss einheitlich und konsistent durch die ausländische Rechtsordnung für alle Unternehmensgruppen vorgegeben sein. [3] Ein Wahlrecht zur Verwendung des lokalen Rechnungslegungsstandards ist nicht zulässig.

(3) [1] Eine anerkannte nationale Ergänzungssteuer wird in Übereinstimmung mit dem Ergänzungssteuer-Konsistenzstandard erhoben, wenn die nationale Ergänzungssteuer entsprechend dem dritten bis neunten Teil dieses Gesetzes sowie entsprechend den §§ 92 und 93 erhoben wird. [2] Abweichend von Satz 1 ist der Ergänzungssteuer-Konsistenzstandard auch erfüllt, wenn die anerkannte nationale Ergänzungssteuer:

1. keinen oder einen niedrigeren Substanzfreibetrag als die §§ 58 und 62 vorsieht,

2. keine oder eine geringere Wesentlichkeitsgrenze als § 56 vorsieht oder
3. einen höheren Mindeststeuersatz als § 54 Absatz 1 vorsieht.

(4) Eine anerkannte nationale Ergänzungssteuer wird in Übereinstimmung mit dem Ergänzungssteuer-Administrationsstandard erhoben, wenn die Besteuerung der jeweiligen anerkannten nationalen Ergänzungssteuer auf der Grundlage eines mit § 76 vergleichbaren Berichtsstandards erfolgt.

Teil 9. Übergangsregelungen

Abschnitt 1. Erstmalige Steuerpflicht

§ 82 Steuerattribute des Übergangsjahres. (1) [1]Bei der Bestimmung des effektiven Steuersatzes eines Steuerhoheitsgebiets in einem Übergangsjahr und den darauffolgenden Jahren berücksichtigt die Unternehmensgruppe alle zu Beginn des Übergangsjahres in den Abschlüssen aller Geschäftseinheiten in dem Steuerhoheitsgebiet für das Übergangsjahr erfassten oder ausgewiesenen aktiven und passiven latenten Steuern. [2]Solche aktiven und passiven latenten Steuern müssen zum Mindeststeuersatz oder zu dem im Steuerhoheitsgebiet geltenden Steuersatz berücksichtigt werden, je nachdem, welcher der beiden Sätze niedriger ist. [3]Aktive latente Steuern, die zu einem unter dem Mindeststeuersatz liegenden Satz erfasst wurden, können zum Mindeststeuersatz berücksichtigt werden, wenn der Steuerpflichtige nachweisen kann, dass der betreffende latente Steueranspruch einem Mindeststeuer-Verlust zuzuschreiben ist. [4]Aktive latente Steuern, die zu einem über dem Mindeststeuersatz liegenden Satz erfasst wurden und die Nutzung von Steueranrechnungsbeträgen betreffen, sind nur in Höhe des Verhältnisses vom Mindeststeuersatz zu dem im Steuerhoheitsgebiet geltenden Steuersatz zu berücksichtigen. [5]Bei einer späteren Steuersatzänderung ist der nach Satz 4 berücksichtigungsfähige Betrag bezogen auf den noch ausstehenden Betrag entsprechend anzupassen. [6]Für die Zwecke der Anwendung dieses Absatzes werden die Auswirkungen von Ansatz- und Bewertungsanpassungen auf einen latenten Steueranspruch nicht berücksichtigt.

(2) Aktive latente Steuern, die sich aus Posten ergeben, welche von der Berechnung des Mindeststeuer-Gewinns oder Mindeststeuer-Verlusts nach Teil 3 ausgenommen sind, sind von der Berechnung nach Absatz 1 ausgenommen, wenn diese latenten Steueransprüche durch einen Geschäftsvorfall entstehen, der nach dem 30. November 2021 stattfindet.

(3) [1]Bei Übertragungen von Vermögenswerten zwischen Geschäftseinheiten, die nach dem 30. November 2021 und vor Beginn eines Übergangsjahres stattfinden, beruht der Ansatz der erworbenen Vermögenswerte (mit Ausnahme von Vorräten) auf dem von der veräußernden Geschäftseinheit ausgewiesenen Buchwert der übertragenen Vermögenswerte im Zeitpunkt der Veräußerung. [2]Die aktiven und passiven latenten Steuern sind auf dieser Grundlage und unter Außerachtlassung der aktiven und passiven latenten Steuern, die aus der Übertragung resultieren, zu ermitteln. [3]Abweichend von Satz 2 kann auf Antrag der berichtspflichtigen Geschäftseinheit von der erwerbenden Ge-

schäftseinheit ein latenter Steueranspruch auf Grundlage der von der veräußernden Geschäftseinheit auf den Veräußerungsgewinn gezahlten erfassten Steuern ermittelt werden; dieser darf die positive Differenz zwischen dem steuerlichen Buchwert des Vermögenswerts bei der erwerbenden Geschäftseinheit und dem nach Satz 1 anzusetzenden Wert multipliziert mit dem Mindeststeuersatz nicht übersteigen (Kappungsbetrag). 4 Für die Ermittlung der auf den Veräußerungsgewinn gezahlten erfassten Steuern im Sinne des Satzes 3 ist § 49 entsprechend anzuwenden und sind aktive latente Steuern der veräußernden Geschäftseinheit zu berücksichtigen, die bei entsprechender Anwendung des Absatzes 1 hätten berücksichtigt werden können, wäre der Veräußerungsgewinn bei ihr nicht in die steuerliche Bemessungsgrundlage einbezogen worden. 5 Der nach den Sätzen 3 und 4 ermittelte Steueranspruch wirkt sich im Jahr der Bildung nicht auf die angepassten erfassten Steuern der erwerbenden Geschäftseinheit aus und ist entsprechend der Wertentwicklung des Buchwerts fortzuschreiben. 6 Abweichend von den Sätzen 1 und 2 kann auf Antrag der berichtspflichtigen Geschäftseinheit die erwerbende Geschäftseinheit ihren Buchwert beibehalten, wenn sie bei Anwendung der Sätze 3 bis 5 einen latenten Steueranspruch in Höhe des Kappungsbetrags beanspruchen könnte. 7 Für Zwecke dieses Absatzes gelten als Übertragung von Vermögenswerten zwischen Geschäftseinheiten auch Geschäftsvorfälle, die ungeachtet ihrer Form und ungeachtet des Umstands, ob sie zwischen verschiedenen Geschäftseinheiten oder innerhalb der Geschäftseinheit stattfinden, als mit einer Übertragung von Vermögenswerten vergleichbar angesehen werden. 8 Dies ist insbesondere der Fall, wenn sich der Buchwert eines Vermögenswerts aufgrund des Geschäftsvorfalls erhöht (zum Beispiel Finanzierungsleasing). 9 Dabei ist allein die Erhöhung des steuerlichen Buchwerts ausreichend (zum Beispiel bei Sitzverlegung).

(4) 1 Übergangsjahr im Sinne dieser Vorschrift bedeutet für ein Steuerhoheitsgebiet das erste Geschäftsjahr, in dem die Unternehmensgruppe in Bezug zu diesem Steuerhoheitsgebiet in den Anwendungsbereich dieses Gesetzes oder einer ausländischen Vorschrift, die den Vorschriften der Richtlinie (EU) 2022/2523 entspricht, fällt. 2 Sofern die Voraussetzungen nach § 83 oder nach den §§ 84 bis 87 erfüllt sind und die Unternehmensgruppe den CbCR-Safe-Harbour in Bezug auf ein Steuerhoheitsgebiet tatsächlich anwendet, verschiebt sich das Übergangsjahr entsprechend.

Abschnitt 2. Untergeordnete internationale Tätigkeit

§ 83 Übergangsregelung bei untergeordneter internationaler Tätigkeit. (1) 1 Unternehmensgruppen werden in den ersten fünf Jahren bei untergeordneter internationaler Tätigkeit von der Mindeststeuer (§ 2) befreit. 2 Satz 1 gilt nicht für einen Primärergänzungssteuerbetrag, soweit dieser auf einem von einer ausländischen niedrig besteuerten Geschäftseinheit zuzurechnenden Steuererhöhungsbetrag beruht.

(2) Eine untergeordnete internationale Tätigkeit einer Unternehmensgruppe liegt für ein Geschäftsjahr vor, wenn

1. sie über Geschäftseinheiten in höchstens sechs Steuerhoheitsgebieten verfügt und

2. der Gesamtwert der materiellen Vermögenswerte aller Geschäftseinheiten, die in allen Steuerhoheitsgebieten außerhalb des Referenzsteuerhoheitsgebiets belegen sind, 50 Millionen Euro[1] nicht übersteigt.

(3) [1]Das Referenzsteuerhoheitsgebiet einer Unternehmensgruppe ist das Steuerhoheitsgebiet, in dem die Unternehmensgruppe für das Geschäftsjahr, in dem sie erstmals in den Anwendungsbereich dieses Gesetzes fällt, den höchsten Gesamtwert an materiellen Vermögenswerten ausweist. [2]Der Gesamtwert der materiellen Vermögenswerte in einem Steuerhoheitsgebiet ist die Summe des Nettobuchwerts aller materiellen Vermögenswerte aller in diesem Steuerhoheitsgebiet belegenen Geschäftseinheiten der Unternehmensgruppe.

(4) [1]Der in Absatz 1 genannte Zeitraum von fünf Jahren beginnt für die Primärergänzungssteuerregelung (§§ 8 bis 10) am 31. Dezember 2023, für die Sekundärergänzungssteuerregelung (§§ 11 bis 14) am 31. Dezember 2024. [2]In den Fällen, in denen die Unternehmensgruppe erst nach den vorgenannten Zeitpunkten in den Anwendungsbereich dieses Gesetzes oder einer ausländischen Vorschrift, die den Vorschriften der Richtlinie (EU) 2022/2523 entspricht, fällt, beginnt der Zeitraum von fünf Jahren mit diesem Zeitpunkt.

Abschnitt 3. Zeitlich befristete Übergangsregelungen

§ 84 Verwendung länderbezogener Berichte multinationaler Unternehmensgruppen (CbCR-Safe-Harbour). (1) [1]Auf Antrag der berichtspflichtigen Geschäftseinheit wird der Steuererhöhungsbetrag (§ 54), einschließlich des zusätzlichen Steuererhöhungsbetrags (§ 57), in den Geschäftsjahren, die am oder vor dem 31. Dezember 2026 beginnen und vor dem 1. Juli 2028 enden (Übergangszeit), für ein Steuerhoheitsgebiet für das Geschäftsjahr mit null angesetzt, wenn die Unternehmensgruppe

1. in diesem Steuerhoheitsgebiet unter Einbeziehung der zum Verkauf stehenden Einheiten (§ 4 Absatz 1 Satz 1 Nummer 2) weniger als 10 Millionen Euro Umsatzerlöse und weniger als 1 Million Euro[1] Gewinn oder Verlust vor Steuern in ihrem qualifizierten länderbezogenen Bericht ausweist oder
2. einem vereinfacht berechneten effektiven Steuersatz (§ 87 Nummer 6) für dieses Steuerhoheitsgebiet unterliegt, wenn dieser mindestens dem Übergangssteuersatz entspricht, oder
3. einen Gewinn oder Verlust vor Steuern im qualifizierten länderbezogenen Bericht ausweist, der gleich oder geringer als der substanzbasierte Freibetrag (§§ 58 bis 62) ist. [2]Dabei sind nur solche Geschäftseinheiten zu berücksichtigen, die nach den Regelungen des länderbezogenen Berichts in diesem Steuerhoheitsgebiet belegen sind. [3]Einheiten, die zum Verkauf stehen (§ 4 Absatz 1 Satz 1 Nummer 2), oder ausgeschlossene Einheiten (§ 5) sind nicht zu berücksichtigen.

(2) Auf Geschäftseinheiten, die für Zwecke des länderbezogenen Berichts und dieses Gesetzes in zwei unterschiedlichen Steuerhoheitsgebieten belegen sind, findet Absatz 1 keine Anwendung.

---

[1] Vgl. § 97 Abs. 1.

(3) [1]Stellt die Unternehmensgruppe für ein Geschäftsjahr keinen Antrag nach Absatz 1 oder erfüllt sie für ein Geschäftsjahr nicht die Voraussetzungen nach Absatz 1, ist sie für alle folgenden Geschäftsjahre von der Anwendung des Absatzes 1 ausgeschlossen. [2]Dies gilt nicht, wenn in dem betreffenden Steuerhoheitsgebiet im vorherigen Geschäftsjahr keine Geschäftseinheit der Unternehmensgruppe belegen war. [3]Wird nachträglich festgestellt, dass die Voraussetzungen nach Absatz 1 nicht erfüllt waren, entfällt die Anwendung des Absatzes 1 für dieses sowie die folgenden Geschäftsjahre rückwirkend.

§ 85 Besonderheiten bei bestimmten Einheiten. (1) [1]Für § 84 sind Joint Ventures und Joint-Venture-Tochtergesellschaften (§ 67) als Geschäftseinheiten einer eigenständigen Unternehmensgruppe zu behandeln. [2]Für den Gewinn oder Verlust vor Steuern, die Umsatzerlöse sowie die vereinfacht erfassten Steuern ist der qualifizierte Konzernabschluss maßgeblich.

(2) [1]§ 84 gilt nicht für den Belegenheitsstaat der obersten Muttergesellschaft, wenn es sich bei dieser um eine transparente Einheit (§ 7 Absatz 32) handelt. [2]Dies gilt nicht, wenn alle an der obersten Muttergesellschaft gehaltenen Eigenkapitalbeteiligungen von qualifizierten Gesellschaftern gehalten werden.

(3) Wenn es sich bei der obersten Muttergesellschaft um eine transparente Einheit (§ 7 Absatz 32) handelt oder diese einem Dividendenabzugsregime (§ 70) unterliegt, werden der Gewinn oder Verlust vor Steuern sowie die dazugehörigen Steuern, die den Eigenkapitalbeteiligungen der qualifizierten Gesellschafter zuzurechnen sind, entsprechend der §§ 69 und 70 gekürzt.

(4) [1]§ 84 gilt für Investmenteinheiten nur, wenn sie keines der Wahlrechte nach den §§ 73 und 74 in Anspruch genommen haben und deren gruppenzugehörige Gesellschafter in demselben Steuerhoheitsgebiet belegen sind. [2]Dabei erfolgt abweichend von § 72 keine von der Unternehmensgruppe getrennte Berechnung. [3]Der Belegenheitsstaat bestimmt sich nach den Regelungen des länderbezogenen Berichts. [4]Sollte eine Investmenteinheit eines der Wahlrechte nach den §§ 73 und 74 in Anspruch genommen haben, können dessen ungeachtet im Belegenheitsstaat der Investmenteinheit sowie des gruppenzugehörigen Gesellschafters für alle übrigen Geschäftseinheiten § 84 in Anspruch genommen werden. [5]Die Umsatzerlöse und der Gewinn oder Verlust vor Steuern sowie die dazugehörigen Steuern der Investmenteinheit sind dann in den Steuerhoheitsgebieten der gruppenzugehörigen Gesellschafter entsprechend der Eigenkapitalbeteiligungen auszuweisen. [6]Für die Zwecke dieses Absatzes ist auch eine Versicherungsinvestmenteinheit eine Investmenteinheit.

§ 86 Ausschluss von bestimmten Geschäftseinheiten, Unternehmensgruppen oder Steuerhoheitsgebieten. Die folgenden Geschäftseinheiten, Unternehmensgruppen oder Steuerhoheitsgebiete sind von der Anwendung des CbCR-Safe-Harbour ausgeschlossen:

1. staatenlose Geschäftseinheiten,
2. Mehrmütter-Unternehmensgruppen, für die kein gemeinsamer qualifizierter länderbezogener Bericht abgegeben wird,

3. Steuerhoheitsgebiete, in denen Geschäftseinheiten belegen sind, die einem zulässigen Ausschüttungssystem unterliegen und für die ein Antrag nach § 71 gestellt wurde.

§ 87 Definitionen für den CbCR-Safe-Harbour. Soweit nichts anderes bestimmt ist, gelten für die Anwendung der §§ 84 bis 86 die folgenden Definitionen:

1. Ein länderbezogener Bericht (§ 138a der Abgabenordnung) ist qualifiziert, wenn dieser mit einem qualifizierten Konzernabschluss erstellt wurde. Ein qualifizierter Konzernabschluss ist einer der folgenden Abschlüsse:
   a) die für Konsolidierungszwecke an konzerneinheitliche Ansatz- und Bewertungsregeln angeglichenen Jahresabschlüsse der Geschäftseinheiten vor Konsolidierungsanpassungen und Zwischenergebniseliminierungen und ohne Anpassungen im Sinne des § 15 Absatz 1 Satz 2, sofern diese nach § 15 Absatz 1 Satz 3 nicht zulässig sind, oder
   b) die Jahresabschlüsse der Geschäftseinheiten, sofern diese nach einem anerkannten Rechnungslegungsstandard (§ 7 Absatz 4) oder einem zugelassenen Rechnungslegungsstandard (§ 7 Absatz 37) aufgestellt werden und die in diesen Abschlüssen enthaltenen Informationen auf der Grundlage dieses Rechnungslegungsstandards fortgeführt werden und verlässlich sind, oder
   c) im Fall einer Geschäftseinheit, die allein aus Gründen der Größe oder der Wesentlichkeit nicht in den Konzernabschluss der Unternehmensgruppe einbezogen wird (§ 4 Absatz 1 Nummer 2), der Jahresabschluss, der für die Erstellung des länderbezogenen Berichts der Unternehmensgruppe verwendet wird.
2. Die Umsatzerlöse entsprechen der Summe aus den Umsatzerlösen und sonstigen Erträgen, wie sie im qualifizierten länderbezogenen Bericht ausgewiesen sind.
3. Die vereinfacht erfassten Steuern entsprechen dem im qualifizierten Konzernabschluss der Unternehmensgruppe ausgewiesenen Ertragsteueraufwand, nach Bereinigung aller nicht erfassten Steuern und ungewissen Steuerrückstellungen.
4. Der Gewinn oder Verlust vor Steuern ist das Jahresergebnis vor Steuern, wie es im qualifizierten länderbezogenen Bericht ausgewiesen ist, erhöht um einen nicht realisierten Nettoverlust aus der Bewertung zum beizulegenden Zeitwert.
5. Ein nicht realisierter Nettoverlust aus der Bewertung zum beizulegenden Zeitwert ist die Summe aller Verluste, verringert um etwaige Gewinne, die auf einer Änderung des beizulegenden Zeitwerts von Eigenkapitalbeteiligungen im Sinne des § 20 Absatz 1 Nummer 1 beruhen. Dies gilt nur, wenn der Verlust 50 Millionen Euro[1] für ein Steuerhoheitsgebiet übersteigt.

---

[1] Vgl. § 97 Abs. 1.

6. Der vereinfacht berechnete effektive Steuersatz für ein Steuerhoheitsgebiet wird wie folgt berechnet:

$$\frac{\text{Vereinfachte erfasste Steuern}}{\text{Gewinn oder Verlust vor Steuern}}$$

7. Der Übergangssteuersatz beträgt für die Geschäftsjahre, die in den Jahren 2023 und 2024 beginnen, 15 Prozent, für im Jahr 2025 beginnende 16 Prozent und für in 2026 beginnende 17 Prozent.
8. Qualifizierte Gesellschafter einer obersten Muttergesellschaft, die eine transparente Einheit ist, sind die in § 69 Absatz 1 Satz 1 Nummer 1 bis 3 genannten. Qualifizierte Gesellschafter einer obersten Muttergesellschaft, die einem Dividendenabzugsregime unterliegen, sind die in § 70 Absatz 1 Satz 1 Nummer 1 bis 3 genannten.

§ 88 Übergangsregelungen bei gemischter Hinzurechnungsbesteuerung. (1) [1] Für Geschäftsjahre, die am oder vor dem 31. Dezember 2025 beginnen, nicht mehr aber für Geschäftsjahre, die nach dem 30. Juni 2027 enden, ist die Zurechnung des im Jahresabschluss eines gruppenzugehörigen Gesellschafters berücksichtigten Betrags an erfassten Steuern zu den jeweiligen Geschäftseinheiten, deren Einkommen beim gruppenzugehörigen Gesellschafter einer gemischten Hinzurechnungsbesteuerung unterliegt, abweichend von § 49 Absatz 1 Nummer 3 und Absatz 2 nach folgender Formel vorzunehmen:

$$\frac{\text{Zurechnungsschlüssel}}{\text{Summe aller Zurechnungsschlüssel}} \times \text{zuzurechnende Steuern}$$

[2] Eine gemischte Hinzurechnungsbesteuerung ist eine Form der Hinzurechnungsbesteuerung im Sinne des § 7 Absatz 14, bei der Gewinne, Verluste sowie anrechenbare Steuern aller ausländischen Einheiten für Zwecke der Berechnung des Hinzurechnungsbetrags des unmittelbar oder mittelbar beteiligten Gesellschafters dieser ausländischen Einheiten aggregiert betrachtet werden und der Hinzurechnungsbetrag einem anwendbaren Steuersatz unterhalb von 15 Prozent unterliegt. [3] Der anwendbare Steuersatz entspricht dem Steuersatz, bei dem unter Anrechnung ausländischer Steuern keine Steuer auf den Hinzurechnungsbetrag mehr verbleibt.

(2) [1] Der Zurechnungsschlüssel nach Absatz 1 ermittelt sich wie folgt:

Zuzurechnendes Einkommen der ausländischen Geschäftseinheit
× (anwendbarer Steuersatz − effektiver Steuersatz)

[2] Dabei entspricht das zuzurechnende Einkommen der Einheit dem betragsmäßigen Anteil des beteiligten Gesellschafters an dem Einkommen der ausländischen Einheit. [3] Der effektive Steuersatz entspricht dem nach § 53 Absatz 1 ermittelten effektiven Steuersatz ohne Berücksichtigung von Steuern auf Hinzurechnungsbeträge. [4] Entspricht der effektive Steuersatz mindestens dem anwendbaren Steuersatz, beträgt der Zurechnungsschlüssel nach Absatz 1 null. [5] Steuern aufgrund einer anerkannten nationalen Ergänzungssteuer sind bei der Berechnung des effektiven Steuersatzes zu berücksichtigen, soweit diese im Rahmen der gemischten Hinzurechnungsbesteuerung nach der gleichen Maßgabe wie alle anderen erfassten Steuern anrechenbar sind.

(3) Findet die gemischte Hinzurechnungsbesteuerung auch auf Einheiten Anwendung, die keine Geschäftseinheiten im Sinne dieses Gesetzes sind, ist für die Anwendung des Absatzes 1 insoweit ebenfalls eine Zurechnung zu diesen Einheiten vorzunehmen.

§ 89 Sekundärergänzungssteuerbetrag-Safe-Harbour. (1) [1]Auf Antrag der berichtspflichtigen Geschäftseinheit wird für die Berechnung der Sekundärergänzungssteuer der Steuererhöhungsbetrag für Zwecke des § 54 für den Belegenheitsstaat der obersten Muttergesellschaft auf null reduziert, wenn der kombinierte nominelle Körperschaftsteuersatz in diesem Steuerhoheitsgebiet im jeweiligen Geschäftsjahr mindestens 20 Prozent beträgt. [2]Satz 1 gilt für Geschäftsjahre, die nicht mehr als zwölf Monate umfassen und am oder vor dem 31. Dezember 2025 beginnen und vor dem 31. Dezember 2026 enden.

(2) Wird der Antrag nach Absatz 1 gestellt, ist die Unternehmensgruppe für dieses Steuerhoheitsgebiet für alle den Geschäftsjahren im Sinne des Absatz 1 Satz 2 folgenden Geschäftsjahren von der Anwendung des § 84 Absatz I ausgeschlossen.

Teil 10. Nationale Ergänzungssteuer

Abschnitt 1. Allgemeines

§ 90 Umfang der Besteuerung der Geschäftseinheit. (1) Für jede nach § 1 steuerpflichtige Geschäftseinheit entsteht in Höhe des für die Bundesrepublik Deutschland ermittelten und ihr nach § 54 Absatz 4 oder § 57 zugeordneten Steuererhöhungsbetrags für das Geschäftsjahr ein Ergänzungssteuerbetrag (nationaler Ergänzungssteuerbetrag).

(2) [1]Absatz 1 gilt entsprechend für im Inland belegene Joint Ventures, Joint-Venture-Tochtergesellschaften und Betriebsstätten eines Joint Venture oder einer Joint-Venture-Tochtergesellschaft. [2]Für Zwecke des Satzes 1 erfolgt keine Begrenzung des Steuererhöhungsbetrags auf den der Muttergesellschaft zuzurechnenden Anteil am Steuererhöhungsbetrag des Joint Venture oder eines Mitglieds der Joint-Venture-Gruppe entsprechend § 67 Absatz 2.

(3) Soweit in diesem Teil nichts anderes bestimmt ist, gelten für die Besteuerung nach den Absätzen 1 und 2 die Teile 3 bis 9 dieses Gesetzes entsprechend.

Abschnitt 2. Besonderheiten

§ 91 Steuererhöhungsbeträge staatenloser Geschäftseinheiten. [1]Für Zwecke der nationalen Ergänzungssteuerregelung sind staatenlose Geschäftseinheiten, Joint Ventures und Joint-Venture-Tochtergesellschaften dem Steuerhoheitsgebiet zuzuordnen, in dem sie gegründet worden sind. [2]Staatenlose Betriebsstätten einer Geschäftseinheit oder eines Joint Venture oder einer Joint-Venture-Tochtergesellschaft (§ 6 Absatz 3 Nummer 4) sind dem Steuerhoheitsgebiet zuzuordnen, in dem die entsprechenden Tätigkeiten ausgeübt werden. [3]Auf diese Geschäftseinheiten ist § 53 Absatz 2 entsprechend anzuwenden.

§ 92 Grenzüberschreitende Zurechnung erfasster Steuern. § 49 ist mit der Maßgabe anzuwenden, dass erfasste ausländische Steuern keinem nach § 1 Steuerpflichtigen zugerechnet werden dürfen, der der nationalen Ergänzungssteuerregelung unterliegt.

§ 93 Nichtberücksichtigung der nationalen Ergänzungssteuer. § 54 ist mit der Maßgabe anzuwenden, dass die nationale Ergänzungssteuerregelung für Zwecke der Ermittlung des Steuererhöhungsbetrags unberücksichtigt bleibt.

Teil 11. Besteuerungsverfahren und sonstige Bestimmungen

Abschnitt 1. Besteuerungsverfahren

§ 94 Entstehung der Mindeststeuer und Besteuerungszeitraum. [1]Die Mindeststeuer (§ 2) für ein Geschäftsjahr entsteht mit Ablauf des Kalenderjahres, in dem das Geschäftsjahr endet. [2]Besteuerungszeitraum ist das Kalenderjahr.

§ 95 Steuererklärungspflicht, Steuerentrichtungspflicht. (1) [1]Die nach § 1 Steuerpflichtigen haben für das Kalenderjahr eine Steuererklärung abzugeben und darin die Steuer selbst zu berechnen. [2]Die Steuererklärung ist als Steueranmeldung nach amtlich vorgeschriebenem Datensatz elektronisch über die amtliche bestimmte Schnittstelle zu übermitteln. [3]Die Steuer ist einen Monat nach Abgabe der Steuererklärung fällig und bis dahin zu entrichten. [4]Wird die Mindeststeuer abweichend von der Steueranmeldung höher festgesetzt, ist der Unterschiedsbetrag einen Monat nach Bekanntgabe des Steuerbescheids fällig und bis dahin zu entrichten. [5]Wird die Mindeststeuer aufgrund unterbliebener Abgabe einer Steueranmeldung festgesetzt, ist die Mindeststeuer einen Monat nach der Bekanntgabe des Steuerbescheids fällig und bis dahin zu entrichten. [6]Im Fall des § 3 hat der für diesen Besteuerungszeitraum maßgebliche Gruppenträger die Steuererklärung nach Satz 1 abzugeben; im Übrigen gelten die Sätze 1 bis 5 entsprechend. [7]Alle Geschäftseinheiten sowie Joint Ventures und Joint-Venture-Tochtergesellschaften sind dem Steuererklärungspflichtigen gegenüber zur Erteilung der Auskünfte verpflichtet, die dieser zur Erstellung der Steuererklärung benötigt.

(2) [1]Die Frist zur Abgabe der Steuererklärung endet nicht vor Ablauf der Frist nach § 75 Absatz 3. [2]Enden mehrere Geschäftsjahre in einem Kalenderjahr, ist das letzte dieser Geschäftsjahre maßgebend.

§ 96 Zuständigkeit. (1) [1]Für die Besteuerung nach diesem Gesetz ist das Finanzamt zuständig, das für die Besteuerung nach dem Einkommen zuständig ist. [2]Im Falle des § 3 ist das für die Besteuerung des Einkommens des Gruppenträgers zuständige Finanzamt zuständig. [3]Ist der Steuerpflichtige eine transparente Einheit, ist das Finanzamt zuständig, das für die gesonderte und einheitliche Feststellung der Einkünfte dieser Einheit zuständig ist.

(2) Abweichende landesrechtliche Regelungen nach Maßgabe des § 17 Absatz 2 Satz 3 des Finanzverwaltungsgesetzes bleiben unberührt.

§ 97 Währungsumrechnungen. (1) Wird der Konzernabschluss nicht in Euro aufgestellt, sind die auf Euro lautenden Beträge in § 1 Absatz 1, § 7 Absatz 10, § 15 Absatz 2 Nummer 3, § 18 Nummer 7, § 52 Absatz 4 und 6, § 56 Absatz 1, § 80 Absatz 3, § 83 Absatz 2 Nummer 2, § 84 Absatz 1 Nummer 1 und § 87 Nummer 5 zum Devisenkurs der Europäischen Zentralbank des letzten Monats des Kalenderjahres umzurechnen, das dem Beginn des Geschäftsjahres vorangeht.

(2) Wird der Steuererhöhungsbetrag für den Besteuerungszeitraum nicht in Euro ermittelt, ist er zum Devisenkurs der Europäischen Zentralbank des letzten Monats des Geschäftsjahres, das im Besteuerungszeitraum endet, in Euro umzurechnen.

Abschnitt 2. Bußgeldvorschriften, Ermächtigungen und Anwendungsvorschriften

§ 98 Bußgeldvorschriften. (1) Ordnungswidrig handelt, wer vorsätzlich oder leichtfertig entgegen § 75 Absatz 1 Satz 1 oder Satz 3 in Verbindung mit § 75 Absatz 3 Satz 1 bis 3 und § 76 den Mindeststeuer-Bericht nicht, nicht richtig, nicht vollständig, nicht in der vorgeschriebenen Weise oder nicht rechtzeitig übermittelt.

(2) Die Ordnungswidrigkeit kann mit einer Geldbuße bis zu dreißigtausend Euro geahndet werden.

(3) Verwaltungsbehörde im Sinne des § 36 Absatz 1 Nummer 1 des Gesetzes über Ordnungswidrigkeiten ist das Bundeszentralamt für Steuern.

(4) Für das Bußgeldverfahren gilt § 410 Absatz 1 Nummer 2 bis 12 der Abgabenordnung entsprechend.

§ 99 Ermächtigungen. (1) Das Bundesministerium der Finanzen wird ermächtigt, den Wortlaut dieses Gesetzes in der jeweils geltenden Fassung mit neuem Datum, unter neuer Überschrift und in neuer Paragraphenfolge bekannt zu machen und dabei Unstimmigkeiten des Wortlauts zu beseitigen.

(2) Das Bundesministerium der Finanzen wird ermächtigt, die Kommission entsprechend Artikel 11 Absatz 4 der Richtlinie (EU) 2022/2523 zu unterrichten.

(3) Das Bundesministerium der Finanzen wird ermächtigt, mit Zustimmung des Bundesrates Vorschriften durch Rechtsverordnung zum Umfang, zur näheren Ausgestaltung und zum Informationsaustausch betreffend des Mindeststeuer-Berichts (§ 76) zu erlassen.

(4) [1]Der Steuererhöhungsbetrag einer Unternehmensgruppe oder eines Teils der Unternehmensgruppe wird für Zwecke des § 52 mit null angesetzt,

wenn für das betreffende Geschäftsjahr und das betreffende Steuerhoheitsgebiet die Voraussetzungen des Artikels 32 der Richtlinie (EU) 2022/2523 erfüllt sind und die berichtspflichtige Geschäftseinheit für einen Safe Harbour optiert hat. [2]Das Bundesministerium der Finanzen wird zur Gewährleistung einer einheitlichen Rechtsanwendung ermächtigt, mit Zustimmung des Bundesrates Vorschriften durch Rechtsverordnung zu den Voraussetzungen und zum Umfang der Rechtsfolge (gesamte Unternehmensgruppe oder Teil der Unternehmensgruppe) der Safe-Harbour, die die Voraussetzungen des Artikels 32 der Richtlinie (EU) 2022/2523 erfüllen, zu erlassen.

§ 100 Auswirkung auf die Abkommensberechtigung. Die Besteuerung nach diesem Gesetz oder nach einer ausländischen Vorschrift, die den Vorschriften der Richtlinie (EU) 2022/2523 entspricht, begründet keine Berechtigung zur Anwendung eines Abkommens zur Vermeidung der Doppelbesteuerung.

§ 101 Anwendungsvorschriften. (1) Diese Fassung des Gesetzes gilt, sofern im Folgenden nichts anderes bestimmt ist, erstmals für Geschäftsjahre, die nach dem 30. Dezember 2023 beginnen.

(2) [1]§ 11 ist erstmals auf Geschäftsjahre anzuwenden, die nach dem 30. Dezember 2024 beginnen. [2]Satz 1 gilt nicht für Unternehmensgruppen, deren oberste Muttergesellschaften in Mitgliedstaaten der Europäischen Union belegen sind, die die Option nach Artikel 50 Absatz 1 der Richtlinie (EU) 2022/2523 ausgeübt haben.

(3) Für die Übergangszeit (§ 84 Absatz 1) findet § 98 Absatz 1 keine Anwendung, wenn nachgewiesen wird, dass angemessene Maßnahmen ergriffen wurden, die eine nicht rechtzeitige oder nicht in vorgeschriebener Weise oder eine nicht richtige oder nicht vollständige (§ 98 Absatz 1) Übermittlung rechtfertigen.

wenn für das betreffende Geschäftsjahr und das betreffende Steuerhoheitsgebiet die Voraussetzungen des Artikels 32 der Richtlinie (EU) 2022/2523 erfüllt sind und die berichtspflichtige Geschäftseinheit für einen Safe Harbour optiert hat. Das Bundesministerium der Finanzen wird zur Gewährleistung einer einheitlichen Rechtsanwendung ermächtigt, mit Zustimmung des Bundesrates Vorschriften durch Rechtsverordnung zu den Voraussetzungen und zum Umfang der Reichweite (gesamte Unternehmensgruppe oder Teil der Unternehmensgruppe) der Safe-Harbour, die die Voraussetzungen des Artikels 32 der Richtlinie (EU) 2022/2523 erfüllen, zu erlassen.

§ 100 Auswirkung auf die Abkommensberechtigung. Die Besteuerung nach diesem Gesetz oder nach einer ausländischen Vorschrift, die den Vorschriften der Richtlinie (EU) 2022/2523 entspricht, begründet keine Berechtigung zur Anwendung eines Abkommens zur Vermeidung der Doppelbesteuerung.

§ 101 Anwendungsvorschriften. (1) Diese Fassung des Gesetzes gilt, soweit im Folgenden nichts anderes bestimmt ist, erstmals für Geschäftsjahre, die nach dem 30. Dezember 2023 beginnen.

(2) § 11 ist erstmals auf Geschäftsjahre anzuwenden, die nach dem 30. Dezember 2024 beginnen. Satz 1 gilt nicht für Unternehmensgruppen, deren oberste Muttergesellschaften im Hoheitsgebiet der Europäischen Union belegen sind und die die Option nach Artikel 50 Absatz 1 der Richtlinie (EU) 2022/2523 ausgeübt haben.

(3) Für die Übergangszeit (§ 84 Satz 1) findet § 98 Absatz 1 keine Anwendung, wenn nachgewiesen wird, dass angemessene Maßnahmen ergriffen wurden, die eine nicht rechtzeitige oder nicht in vorgeschriebener Weise oder eine nicht richtige oder nicht vollständige (§ 98 Absatz 1) Übermittlung rechtfertigen.

führung des Rechts auf Eheschließung für Personen gleichen Geschlechts vom 18.12.2018 (BGBl. I S. 2639), Gesetz gegen illegale Beschäftigung und Sozialleistungsmissbrauch vom 11.7.2019 (BGBl. I S. 1066), Gesetz zur Reform der Psychotherapeutenausbildung vom 15.11.2019 (BGBl. I S. 1604), Zweites Gesetz zur Anpassung des Datenschutzrechts an die Verordnung (EU) 2016/679 und zur Umsetzung der Richtlinie (EU) 2016/680 (Zweites Datenschutz-Anpassungs- und Umsetzungsgesetz EU – 2. DSAnpUG-EU) vom 20.11.2019 (BGBl. I S. 1626), Gesetz zur Umsetzung der Richtlinie (EU) 2016/680 im Strafverfahren sowie zur Anpassung datenschutzrechtlicher Bestimmungen an die Verordnung (EU) 2016/679 vom 20.11.2019 (BGBl. I S. 1724), Drittes Gesetz zur Entlastung insbesondere der mittelständischen Wirtschaft von Bürokratie (Drittes Bürokratieentlastungsgesetz) vom 22.11.2019 (BGBl. I S. 1746), Gesetz zur Reform des Grundsteuer- und Bewertungsrechts (Grundsteuer-Reformgesetz – GrSt RefG) vom 26.11.2019 (BGBl. I S. 1794), Gesetz zur weiteren steuerlichen Förderung der Elektromobilität und zur Änderung weiterer steuerlicher Vorschriften vom 12.12.2019 (BGBl. I S. 2451), Gesetz zur Umsetzung der Änderungsrichtlinie zur Vierten EU-Geldwäscherichtlinie vom 12.12.2019 (BGBl. I S. 2602), Gesetz zur Einführung einer Pflicht zur Mitteilung grenzüberschreitender Steuergestaltungen vom 21.12.2019 (BGBl. I S. 2875), Elfte Zuständigkeitsanpassungsverordnung vom 19.6.2020 (BGBl. I S. 1328), Zweites Gesetz zur Umsetzung steuerlicher Hilfsmaßnahmen zur Bewältigung der Corona-Krise (Zweites Corona-Steuerhilfegesetz) vom 29.6.2020 (BGBl. I S. 1512), Gesetz zur Einführung der Grundrente für langjährige Versicherung in der gesetzlichen Rentenversicherung mit unterdurchschnittlichem Einkommen und für weitere Maßnahmen zur Erhöhung der Alterseinkommen (Grundrentengesetz) vom 12.8.2020 (BGBl. I S. 1879), Gesetz zur Fortentwicklung des Rechts des Pfändungsschutzkontos und zur Änderung von Vorschriften des Pfändungsschutzes (Pfändungsschutzkonto-Fortentwicklungsgesetz – PKoFoG) vom 22.11.2020 (BGBl. I S. 2466), Gesetz zur Digitalisierung von Verwaltungsverfahren bei der Gewährung von Familienleistungen vom 3.12.2020 (BGBl. I S. 2668), Gesetz zur Stärkung der Sicherheit im Pass-, Ausweis- und ausländerrechtlichen Dokumentenwesen vom 3.12.2020 (BGBl. I S. 2744), Gesetz über die Umwandlung des Informationstechnikzentrums Bund in eine nichtrechtsfähige Anstalt des öffentlichen Rechts und zur Änderung weiterer Vorschriften vom 7.12.2020 (BGBl. I S. 2756), Jahressteuergesetz 2020 (JStG 2020) vom 21.12.2020 (BGBl. I S. 3096), Gesetz zur Verbesserung der Transparenz in der Alterssicherung und der Rehabilitation sowie zur Modernisierung der Sozialversicherungswahlen und zur Änderung anderer Gesetze (Gesetz Digitale Rentenübersicht) vom 11.2.2021 (BGBl. I S. 154), Gesetz zur Einführung und Verwendung einer Identifikationsnummer in der öffentlichen Verwaltung und zur Änderung weiterer Gesetze (Registermodernisierungsgesetz – RegMoG) vom 28.3.2021 (BGBl. I S. 591), Gesetz zur Verbesserung des Schutzes von Gerichtsvollziehern vor Gewalt sowie zur Änderung weiterer zwangsvollstreckungsrechtlicher Vorschriften und zur Änderung des Infektionsschutzgesetzes vom 7.5.2021 (BGBl. I S. 850), Gesetz zur Reform des Vormundschafts- und Betreuungsrechts vom 4.5.2021 (BGBl. I S. 882), Gesetz zur Modernisierung der Entlastung von Abzugsteuern und der Bescheinigung der Kapitalertragsteuer (Abzugsteuerentlastungsmodernisierungsgesetz – AbzStEntModG) vom 2.6.2021 (BGBl. I S. 1259), Gesetz zur Stärkung der Finanzmarktintegrität (Finanzmarktintegritätsstärkungsgesetz – FISG) vom 3.6.2021 (BGBl. I S. 1534), Gesetz zur Abwehr von Steuervermeidung und unfairem Steuerwettbewerb und zur Änderung weiterer Gesetze vom 25.6.2021 (BGBl. I S. 2056), Gesetz zur europäischen Vernetzung der Transparenzregister und zur Umsetzung der Richtlinie (EU) 2019/1153 des Europäischen Parlaments und des Rates vom 20. Juni 2019 zur Nutzung von Finanzinformationen für die Bekämpfung von Geldwäsche, Terrorismusfinanzierung und sonstigen schweren Straftaten (Transparenzregister- und Finanzinformationsgesetz) vom 25.6.2021 (BGBl. I S. 2083), Gesetz zur Modernisierung des notariellen Berufsrechts und zur Änderung weiterer Vorschriften vom 25.6.2021 (BGBl. I S. 2154), Gesetz zum Ausbau des elektronischen Rechtsverkehrs mit den Gerichten und zur Änderung weiterer Vorschriften vom 5.10.2021 (BGBl. I S. 4607), Zweites Gesetz zur Änderung der Abgabenordnung und des Einführungsgesetzes zur Abgabenordnung vom 12.7.2022 (BGBl. I S. 1142), Jahressteuergesetz 2022 (JStG 2022) vom 16.12.2022 (BGBl. I S. 2294) , Gesetz zur Umsetzung der Richtlinie (EU) 2021/514 des Rates vom 22. März 2021 zur Änderung der Richtlinie 2011/16/EU über die Zusammenarbeit der Verwaltungsbehörden im

Bereich der Besteuerung und zur Modernisierung des Steuerverfahrensrechts vom 20.12.2022 (BGBl. I S. 2730), Gesetz zur Umsetzung der Richtlinie (EU) 2022/2523 des Rates zur Gewährleistung einer globalen Mindestbesteuerung und weiterer Begleitmaßnahmen vom 21.12.2023 (BGBl. I Nr. 397) und Kreditzweitmarktförderungsgesetz vom 22.12.2023 (BGBl. I Nr. 411)

BGBl. III/FNA 610-1-3

Inhaltsübersicht

Erster Teil. Einleitende Vorschriften

Vierter Abschnitt: Verarbeitung geschützter Daten und Steuergeheimnis §§

Fünfter Abschnitt: Haftungsbeschränkung für Amtsträger

Sechster Abschnitt: Rechte der betroffenen Person

Siebter Abschnitt: Datenschutzaufsicht, Gerichtlicher Rechtsschutz in datenschutzrechtlichen Angelegenheiten

Zweiter Teil. Steuerschuldrecht

Erster Abschnitt: Steuerpflichtige

Zweiter Abschnitt: Steuerschuldverhältnis

3. Unterabschnitt: Besteuerungsgrundsätze, Beweismittel

I. Allgemeines §§

5. Unterabschnitt: Rechts- und Amtshilfe §§

Zweiter Abschnitt: Verwaltungsakte

Vierter Teil. Durchführung der Besteuerung

Erster Abschnitt: Erfassung der Steuerpflichtigen

1. Unterabschnitt: Personenstands- und Betriebsaufnahme

2. Unterabschnitt: Anzeigepflichten

(Fortsetzung nächstes Blatt)

(2) Für die Realsteuern gelten, soweit ihre Verwaltung den Gemeinden übertragen worden ist, die folgenden Vorschriften dieses Gesetzes entsprechend:

1.[1] die Vorschriften des Ersten, Zweiten, Vierten, Sechsten und Siebten Abschnitts des Ersten Teils (Anwendungsbereich; Steuerliche Begriffsbestimmungen; Datenverarbeitung und Steuergeheimnis; Betroffenenrechte; Datenschutzaufsicht, Gerichtlicher Rechtsschutz in datenschutzrechtlichen Angelegenheiten),
2. die Vorschriften des Zweiten Teils (Steuerschuldrecht),
3. die Vorschriften des Dritten Teils mit Ausnahme der §§ 82 bis 84 (Allgemeine Verfahrensvorschriften),
4. die Vorschriften des Vierten Teils (Durchführung der Besteuerung),
5. die Vorschriften des Fünften Teils (Erhebungsverfahren),
6.[2] § 249 Absatz 2 Satz 2,
7.[2] die §§ 351 und 361 Abs. 1 Satz 2 und Abs. 3,
8.[2] die Vorschriften des Achten Teils (Straf- und Bußgeldvorschriften, Straf- und Bußgeldverfahren).

(3) [1]Auf steuerliche Nebenleistungen sind die Vorschriften dieses Gesetzes vorbehaltlich des Rechts der Europäischen Union[3] sinngemäß anwendbar. [2]Der Dritte bis Sechste Abschnitt des Vierten Teils gilt jedoch nur, soweit dies besonders bestimmt wird.

§ 2[4] Vorrang völkerrechtlicher Vereinbarungen. (1) Verträge mit anderen Staaten im Sinne des Artikels 59 Abs. 2 Satz 1 des Grundgesetzes über die Besteuerung gehen, soweit sie unmittelbar anwendbares innerstaatliches Recht geworden sind, den Steuergesetzen vor.

(2) [1]Das Bundesministerium der Finanzen wird ermächtigt, zur Sicherung der Gleichmäßigkeit der Besteuerung und zur Vermeidung einer Doppelbesteuerung oder doppelten Nichtbesteuerung mit Zustimmung des Bundesrates Rechtsverordnungen zur Umsetzung von Konsultationsvereinbarungen zu erlassen. [2]Konsultationsvereinbarungen nach Satz 1 sind einvernehmliche Vereinbarungen der zuständigen Behörden der Vertragsstaaten eines Doppelbesteuerungsabkommens mit dem Ziel, Einzelheiten der Durchführung eines solchen Abkommens zu regeln, insbesondere Schwierigkeiten oder Zweifel, die bei der Auslegung oder Anwendung des jeweiligen Abkommens bestehen, zu beseitigen.

(3) Das Bundesministerium der Finanzen wird ermächtigt, durch Rechtsverordnung mit Zustimmung des Bundesrates Vorschriften zu erlassen, die

1. Einkünfte oder Vermögen oder Teile davon bestimmen, für die die Bundesrepublik Deutschland in Anwendung der Bestimmung eines Abkommens

---

[1] § 1 Abs. 2 Nr. 1 neu gef. mWv 25.5.2018 durch G v. 17.7.2017 (BGBl. I S. 2541).

[2] § 1 Abs. 2 Nr. 6 eingef., bish. Nrn. 6 und 7 werden Nrn. 7 und 8 mWv 29.12.2020 (BGBl. I S. 3096).

[3] Bezeichnung geänd. durch G v. 26.6.2013 (BGBl. I S. 1809).

[4] § 2 bish. Wortlaut wird Abs. 1, Abs. 2 angef. durch G v. 8.12.2010 (BGBl. I S. 1768); zur Anwendung siehe Art. 97 § 1 Abs. 9 EGAO (Nr. **800a**); Abs. 3 angef. mWv 1.1.2017 durch G v. 20.12.2016 (BGBl. I S. 3000).

zur Vermeidung der Doppelbesteuerung auf Grund einer auf diplomatischem Weg erfolgten Notifizierung eine Steueranrechnung vornimmt, und

2. in den Anwendungsbereich der Bestimmungen über den öffentlichen Dienst eines Abkommens zur Vermeidung der Doppelbesteuerung diejenigen Körperschaften und Einrichtungen einbeziehen, die auf Grund einer in diesem Abkommen vorgesehenen Vereinbarung zwischen den zuständigen Behörden bestimmt worden sind.

§ 2a[1)] Anwendungsbereich der Vorschriften über die Verarbeitung personenbezogener Daten. (1) [1]Die Vorschriften dieses Gesetzes und der Steuergesetze über die Verarbeitung personenbezogener Daten im Anwendungsbereich dieses Gesetzes gelten bei der Verarbeitung personenbezogener Daten durch Finanzbehörden (§ 6 Absatz 2), andere öffentliche Stellen (§ 6 Absatz 1a bis 1c) und nicht-öffentliche Stellen (§ 6 Absatz 1d und 1e). [2]Das Bundesdatenschutzgesetz oder andere Datenschutzvorschriften des Bundes sowie entsprechende Landesgesetze gelten für Finanzbehörden nur, soweit dies in diesem Gesetz oder den Steuergesetzen bestimmt ist.

(2) [1]Die datenschutzrechtlichen Regelungen dieses Gesetzes gelten auch für Daten, die die Finanzbehörden im Rahmen ihrer Aufgaben bei der Überwachung des grenzüberschreitenden Warenverkehrs verarbeiten. [2]Die Daten gelten als im Rahmen eines Verfahrens in Steuersachen verarbeitet.

(3)[2)] Die Vorschriften dieses Gesetzes und der Steuergesetze über die Verarbeitung personenbezogener Daten finden keine Anwendung, soweit das Recht der Europäischen Union, im Besonderen die Verordnung (EU) 2016/679 des Europäischen Parlaments und des Rates vom 27. April 2016 zum Schutz natürlicher Personen bei der Verarbeitung personenbezogener Daten, zum freien Datenverkehr und zur Aufhebung der Richtlinie 95/46/EG (Datenschutz-Grundverordnung) (ABl. L 119 vom 4.5.2016, S. 1; L 314 vom 22.11.2016, S. 72; L 127 vom 23.5.2018, S. 2; L *47*[3)] vom 4.3.2021, S. 35) in der jeweils geltenden Fassung unmittelbar oder nach Absatz 5 entsprechend gilt.

(4) Für die Verarbeitung personenbezogener Daten zum Zweck der Verhütung, Ermittlung, Aufdeckung, Verfolgung oder Ahndung von Steuerstraftaten oder Steuerordnungswidrigkeiten gelten die Vorschriften des Ersten und des Dritten Teils des Bundesdatenschutzgesetzes, soweit gesetzlich nichts anderes bestimmt ist.

(5) Soweit nichts anderes bestimmt ist, gelten die Vorschriften der Verordnung (EU) 2016/679, dieses Gesetzes und der Steuergesetze über die Verarbeitung personenbezogener Daten natürlicher Personen entsprechend für Informationen, die sich beziehen auf identifizierte oder identifizierbare

1. verstorbene natürliche Personen oder
2. [4)] Körperschaften, [***bis 31.12.2023:** rechtsfähige oder nicht rechtsfähige*] Personenvereinigungen [***ab 1.1.2024:*** (§ 14a)] oder Vermögensmassen.

[1)] § 2a eingef. mWv 25.5.2018 durch G v. 17.7.2017 (BGBl. I S. 2541).

[2)] § 2a Abs. 3 geänd. mWv 26.11.2019 durch G v. 20.11.2019 (BGBl. I S. 1626); red. geänd. durch G v. 22.12.2023 (BGBl. I Nr. 411).

[3)] Muss wohl lauten: 74.

[4)] § 2a Abs. 5 Nr. 2 geänd. mWv 1.1.2024 durch G v. 22.12.2023 (BGBl. I Nr. 411).

2. dem Bund die absolute Mehrheit der Anteile gehört oder die absolute Mehrheit der Stimmen zusteht.

[2] Anderenfalls gelten sie als öffentliche Stellen der Länder.

(1d) [1] Nicht-öffentliche Stellen sind natürliche und juristische Personen, Gesellschaften und andere Personenvereinigungen des privaten Rechts, soweit sie nicht unter die Absätze 1a bis 1c fallen. [2] Nimmt eine nicht-öffentliche Stelle hoheitliche Aufgaben der öffentlichen Verwaltung wahr, ist sie insoweit öffentliche Stelle im Sinne dieses Gesetzes.

(1e) Öffentliche Stellen des Bundes oder der Länder gelten als nicht-öffentliche Stellen im Sinne dieses Gesetzes, soweit sie als öffentlich-rechtliche Unternehmen am Wettbewerb teilnehmen.

(2) Finanzbehörden im Sinne dieses Gesetzes sind die folgenden im Gesetz über die Finanzverwaltung genannten Bundes- und Landesfinanzbehörden:

1. das Bundesministerium der Finanzen und die für die Finanzverwaltung zuständigen obersten Landesbehörden als oberste Behörden,
2.[1] das Bundeszentralamt für Steuern, das Informationstechnikzentrum Bund und die Generalzolldirektion als Bundesoberbehörden,
3.[2] Rechenzentren sowie Landesfinanzbehörden, denen durch eine Rechtsverordnung nach § 17 Absatz 2 Satz 3 Nummer 3 des Finanzverwaltungsgesetzes die landesweite Zuständigkeit für Kassengeschäfte und das Erhebungsverfahren einschließlich der Vollstreckung übertragen worden ist, als Landesoberbehörden,
4.[3] die Oberfinanzdirektionen als Mittelbehörden,
4a.[4] die nach dem Finanzverwaltungsgesetz oder nach Landesrecht an Stelle einer Oberfinanzdirektion eingerichteten Landesfinanzbehörden,
5. die Hauptzollämter einschließlich ihrer Dienststellen, die Zollfahndungsämter, die Finanzämter und die besonderen Landesfinanzbehörden als örtliche Behörden,
6. Familienkassen,
7. die zentrale Stelle im Sinne des § 81 des Einkommensteuergesetzes und
8.[5] die Deutsche Rentenversicherung Knappschaft-Bahn-See[6] (§ 40a Abs. 6 des Einkommensteuergesetzes).

§ 7 Amtsträger. Amtsträger ist, wer nach deutschem Recht

1. Beamter oder Richter (§ 11 Abs. 1 Nr. 3 des Strafgesetzbuchs) ist,
2. in einem sonstigen öffentlich-rechtlichen Amtsverhältnis steht oder

---

[1] § 6 Abs. 2 Nr. 2 geänd. durch G v. 22.9.2005 (BGBl. I S. 2809); geänd. mWv 1.1.2016 durch G v. 3.12.2015 (BGBl. I S. 2178); geänd. mWv 1.1.2019 durch G v. 10.3.2017 (BGBl. I S. 420); geänd. mWv 1.1.2021 durch G v. 7.12.2020 (BGBl. I S. 2756).

[2] § 6 Abs. 2 Nr. 3 neu gef. mWv 6.11.2015 durch G v. 2.11.2015 (BGBl. I S. 1834).

[3] § 6 Abs. 2 Nr. 4 geänd. mWv 1.1.2016 durch G v. 3.12.2015 (BGBl. I S. 2178).

[4] § 6 Abs. 2 Nr. 4a eingef. mWv 19.12.2006 durch G v. 13.12.2006 (BGBl. I S. 2878).

[5] § 6 Nr. 8 angef. mWv 1.1.2003 durch G v. 23.12.2002 (BGBl. I S. 4621).

[6] § 6 Nr. 8 geänd. durch G v. 9.12.2004 (BGBl. I S. 3242); geänd. durch G v. 26.6.2013 (BGBl. I S. 1809).

3.[1] sonst dazu bestellt ist, bei einer Behörde oder bei einer sonstigen öffentlichen Stelle oder in deren Auftrag Aufgaben der öffentlichen Verwaltung wahrzunehmen.

§ 8 Wohnsitz. Einen Wohnsitz hat jemand dort, wo er eine Wohnung unter Umständen innehat, die darauf schließen lassen, dass er die Wohnung beibehalten und benutzen wird.

§ 9 Gewöhnlicher Aufenthalt. [1]Den gewöhnlichen Aufenthalt hat jemand dort, wo er sich unter Umständen aufhält, die erkennen lassen, dass er an diesem Ort oder in diesem Gebiet nicht nur vorübergehend verweilt. [2]Als gewöhnlicher Aufenthalt im Geltungsbereich dieses Gesetzes ist stets und von Beginn an ein zeitlich zusammenhängender Aufenthalt von mehr als sechs Monaten Dauer anzusehen; kurzfristige Unterbrechungen bleiben unberücksichtigt. [3]Satz 2 gilt nicht, wenn der Aufenthalt ausschließlich zu Besuchs-, Erholungs-, Kur- oder ähnlichen privaten Zwecken genommen wird und nicht länger als ein Jahr dauert.

§ 10 Geschäftsleitung. Geschäftsleitung ist der Mittelpunkt der geschäftlichen Oberleitung.

§ 11 Sitz. Den Sitz hat eine Körperschaft, Personenvereinigung oder Vermögensmasse an dem Ort, der durch Gesetz, Gesellschaftsvertrag, Satzung, Stiftungsgeschäft oder dergleichen bestimmt ist.

§ 12 Betriebstätte. [1]Betriebstätte ist jede feste Geschäftseinrichtung oder Anlage, die der Tätigkeit eines Unternehmens dient. [2]Als Betriebstätten sind insbesondere anzusehen:

1. die Stätte der Geschäftsleitung,
2. Zweigniederlassungen,
3. Geschäftsstellen,
4. Fabrikations- oder Werkstätten,
5. Warenlager,
6. Ein- oder Verkaufsstellen,
7. Bergwerke, Steinbrüche oder andere stehende, örtlich fortschreitende oder schwimmende Stätten der Gewinnung von Bodenschätzen,
8. Bauausführungen oder Montagen, auch örtlich fortschreitende oder schwimmende, wenn
   a) die einzelne Bauausführung oder Montage oder
   b) eine von mehreren zeitlich nebeneinander bestehenden Bauausführungen oder Montagen oder
   c) mehrere ohne Unterbrechung aufeinander folgende Bauausführungen oder Montagen

   länger als sechs Monate dauern.

---

[1] § 7 Nr. 3 geänd. mWv 25.5.2018 durch G v. 17.7.2017 (BGBl. I S. 2541).

§ 13 Ständiger Vertreter. [1] Ständiger Vertreter ist eine Person, die nachhaltig die Geschäfte eines Unternehmens besorgt und dabei dessen Sachweisungen unterliegt. [2] Ständiger Vertreter ist insbesondere eine Person, die für ein Unternehmen nachhaltig

1. Verträge abschließt oder vermittelt oder Aufträge einholt oder
2. einen Bestand von Gütern oder Waren unterhält und davon Auslieferungen vornimmt.

§ 14 Wirtschaftlicher Geschäftsbetrieb. [1] Ein wirtschaftlicher Geschäftsbetrieb ist eine selbständige nachhaltige Tätigkeit, durch die Einnahmen oder andere wirtschaftliche Vorteile erzielt werden und die über den Rahmen einer Vermögensverwaltung hinausgeht. [2] Die Absicht, Gewinn zu erzielen, ist nicht erforderlich. [3] Eine Vermögensverwaltung liegt in der Regel vor, wenn Vermögen genutzt, zum Beispiel Kapitalvermögen verzinslich angelegt oder unbewegliches Vermögen vermietet oder verpachtet wird.

§ 14a[1] Personenvereinigungen. (1) Personenvereinigungen im Sinne dieses Gesetzes und der Steuergesetze sind Personenzusammenschlüsse ohne Rechtspersönlichkeit zur Verfolgung eines gesetzlich zulässigen Zwecks.

(2) Rechtsfähige Personenvereinigungen sind insbesondere

1. Vereine ohne Rechtspersönlichkeit (§ 54 des Bürgerlichen Gesetzbuchs),
2. rechtsfähige Personengesellschaften einschließlich Gesellschaften (§ 705 des Bürgerlichen Gesetzbuchs), Personenhandelsgesellschaften, Partnerschaftsgesellschaften, Partenreedereien und Europäische wirtschaftliche Interessenvereinigungen und
3. Gemeinschaften der Wohnungseigentümer (§ 9a des Wohnungseigentumsgesetzes).

(3) Nicht rechtsfähige Personenvereinigungen sind insbesondere

1. Bruchteilsgemeinschaften (§ 741 des Bürgerlichen Gesetzbuchs),
2. Gütergemeinschaften (§ 1415 des Bürgerlichen Gesetzbuchs) und
3. Erbengemeinschaften (§ 2032 des Bürgerlichen Gesetzbuchs).

(4) Auf nicht rechtsfähige Gesellschaften (§ 740 des Bürgerlichen Gesetzbuchs) sind die für nicht rechtsfähige Personenvereinigungen geltenden Vorschriften mit Ausnahme des § 267 Absatz 1 Satz 1 sinngemäß anzuwenden.

§ 14b[2] Körperschaften mit Sitz im Ausland. (1) [1] Ist eine Körperschaft mit Sitz (§ 11) im Ausland und Ort der Geschäftsleitung (§ 10) im Geltungsbereich dieses Gesetzes nach dem Recht des Staates, in dem sie ihren Sitz hat, rechtsfähig, sind Verwaltungsakte an sie zu richten, soweit sie nach den Steuergesetzen Steuerschuldner ist. [2] Dies gilt auch dann, wenn sie nach inländischem Gesellschaftsrecht mangels Rechtsfähigkeit nicht als juristische Person zu behandeln ist.

---

[1] § 14a eingef. mWv 1.1.2024 durch G v. 22.12.2023 (BGBl. I Nr. 411).
[2] § 14b eingef. mWv 1.1.2024 durch G v. 22.12.2023 (BGBl. I Nr. 411).

(2) Auf Körperschaften im Sinne des Absatzes 1 Satz 2 sind die für juristische Personen geltenden Regelungen der §§ 34 und 79 entsprechend anzuwenden.

(3) Für die Vollstreckung in das Vermögen einer Körperschaft im Sinne des Absatzes 1 genügt ein an sie gerichteter vollstreckbarer Verwaltungsakt.

(4) Die Anteilseigner einer Körperschaft im Sinne des Absatzes 1 Satz 2 haften für die von der Körperschaft geschuldeten Ansprüche aus dem Steuerschuldverhältnis unbeschränkt.

§ 15 Angehörige. (1)[1] Angehörige sind:
1. der Verlobte,
2. der Ehegatte oder Lebenspartner,
3. Verwandte und Verschwägerte gerader Linie,
4. Geschwister,
5. Kinder der Geschwister,
6. Ehegatten oder Lebenspartner der Geschwister und Geschwister der Ehegatten oder Lebenspartner,
7. Geschwister der Eltern,
8. Personen, die durch ein auf längere Dauer angelegtes Pflegeverhältnis mit häuslicher Gemeinschaft wie Eltern und Kind miteinander verbunden sind (Pflegeeltern und Pflegekinder).

(2) Angehörige sind die in Absatz 1 aufgeführten Personen auch dann, wenn
1. in den Fällen der Nummern 2, 3 und 6 die die Beziehung begründende Ehe oder Lebenspartnerschaft nicht mehr besteht;
2. in den Fällen der Nummern 3 bis 7 die Verwandtschaft oder Schwägerschaft durch Annahme als Kind erloschen ist;
3. im Fall der Nummer 8 die häusliche Gemeinschaft nicht mehr besteht, sofern die Personen weiterhin wie Eltern und Kind miteinander verbunden sind.

Dritter Abschnitt: Zuständigkeit der Finanzbehörden

§ 16 Sachliche Zuständigkeit. Die sachliche Zuständigkeit der Finanzbehörden richtet sich, soweit nichts anderes bestimmt ist, nach dem Gesetz über die Finanzverwaltung[2]

§ 17 Örtliche Zuständigkeit. Die örtliche Zuständigkeit richtet sich, soweit nichts anderes bestimmt ist, nach den folgenden Vorschriften.

§ 18 Gesonderte Feststellungen. (1) Für die gesonderten Feststellungen nach § 180 ist örtlich zuständig:

---

[1] § 15 Abs. 1 Nrn. 1, 2 und 6, Abs. 2 Nr. 1 geänd. durch G v. 18.7.2014 (BGBl. I S. 1042); zur Anwendung siehe Art. 97 § 1 Abs. 10 Satz 1 und 3 EGAO (Nr. **800a**); Nr. 1 geänd. mWv 22.12.2018 durch G v. 18.12.2018 (BGBl. I S. 2639).

[2] Nr. **803**.

1. bei Betrieben der Land- und Forstwirtschaft, bei Grundstücken, Betriebsgrundstücken und Mineralgewinnungsrechten das Finanzamt, in dessen Bezirk der Betrieb, das Grundstück, das Betriebsgrundstück, das Mineralgewinnungsrecht oder, wenn sich der Betrieb, das Grundstück, das Betriebsgrundstück oder das Mineralgewinnungsrecht auf die Bezirke mehrerer Finanzämter erstreckt, der wertvollste Teil liegt (Lagefinanzamt),
2. bei gewerblichen Betrieben mit Geschäftsleitung im Geltungsbereich dieses Gesetzes das Finanzamt, in dessen Bezirk sich die Geschäftsleitung befindet, bei gewerblichen Betrieben ohne Geschäftsleitung im Geltungsbereich dieses Gesetzes das Finanzamt, in dessen Bezirk eine Betriebstätte – bei mehreren Betriebstätten die wirtschaftlich bedeutendste – unterhalten wird (Betriebsfinanzamt),
3. bei Einkünften aus selbständiger Arbeit[1] das Finanzamt, von dessen Bezirk aus die Tätigkeit[1] vorwiegend ausgeübt wird,
4.[2] bei einer Beteiligung mehrerer Personen an Einkünften, die keine Einkünfte aus Land- und Forstwirtschaft, aus Gewerbebetrieb oder aus selbständiger Arbeit sind und die nach § 180 Absatz 1 Satz 1 Nummer 2 Buchstabe a gesondert festgestellt werden,
   a) das Finanzamt, von dessen Bezirk die Verwaltung dieser Einkünfte ausgeht, oder
   b) das Finanzamt, in dessen Bezirk sich der wertvollste Teil des Vermögens, aus dem die gemeinsamen Einkünfte fließen, befindet, wenn die Verwaltung dieser Einkünfte im Geltungsbereich dieses Gesetzes nicht feststellbar ist.

   [2] Dies gilt entsprechend bei einer gesonderten Feststellung nach § 180 Absatz 1 Satz 1 Nummer 3 oder § 180 Absatz 2,

[***ab 1.1.2025 oder früher:***

5.[3] in den Fällen des § 180 Absatz 1a das Finanzamt, das für den Bescheid örtlich zuständig ist, für den der Teilabschlussbescheid unmittelbar Bindungswirkung entfaltet.]

(2) [1] Ist eine gesonderte Feststellung mehreren Steuerpflichtigen gegenüber vorzunehmen und lässt sich nach Absatz 1 die örtliche Zuständigkeit nicht bestimmen, so ist jedes Finanzamt örtlich zuständig, das nach den §§ 19 oder 20 für die Steuern vom Einkommen und Vermögen eines Steuerpflichtigen zuständig ist, dem ein Anteil an dem Gegenstand der Feststellung zuzurechnen ist. [2] Soweit dieses Finanzamt auf Grund einer Verordnung nach § 17 Abs. 2 Satz 3 und 4 des Finanzverwaltungsgesetzes[4] sachlich nicht für die gesonderte Feststellung zuständig ist, tritt an seine Stelle das sachlich zuständige Finanzamt.

---

[1] § 18 Abs. 1 Nr. 3 geänd. durch G v. 20.12.2008 (BGBl. I S. 2850).

[2] § 18 Abs. 1 Nr. 4 neu gef. mWv 1.1.2017 durch G v. 18.7.2016 (BGBl. I S. 1679); zur Anwendung s. auch Art. 97 § 1 Abs. 11 EGAO (Nr. **800a**).

[3] § 18 Abs. 1 Nr. 5 angef. durch G v. 20.12.2022 (BGBl. I S. 2730); zur Anwendung siehe Art. 97 § 37 Abs. 2 Satz 1 und 3 und Abs. 3 EGAO (Nr. **800a**).

[4] Nr. **803**.

§ 19 Steuern vom Einkommen und Vermögen natürlicher Personen. (1) [1] Für die Besteuerung natürlicher Personen nach dem Einkommen und Vermögen ist das Finanzamt örtlich zuständig, in dessen Bezirk der Steuerpflichtige seinen Wohnsitz oder in Ermangelung eines Wohnsitzes seinen gewöhnlichen Aufenthalt hat (Wohnsitzfinanzamt). [2] Bei mehrfachem Wohnsitz im Geltungsbereich des Gesetzes ist der Wohnsitz maßgebend, an dem sich der Steuerpflichtige vorwiegend aufhält; bei mehrfachem Wohnsitz eines verheirateten oder in Lebenspartnerschaft lebenden[1)] Steuerpflichtigen, der von seinem Ehegatten oder Lebenspartner[1)] nicht dauernd getrennt lebt, ist der Wohnsitz maßgebend, an dem sich die Familie vorwiegend aufhält. [3] Für die nach § 1 Abs. 2 des Einkommensteuergesetzes und nach § 1 Abs. 2 des Vermögensteuergesetzes unbeschränkt steuerpflichtigen Personen ist das Finanzamt örtlich zuständig, in dessen Bezirk sich die zahlende öffentliche Kasse befindet; das Gleiche gilt in den Fällen des § 1 Abs. 3 des Einkommensteuergesetzes bei Personen, die die Voraussetzungen des § 1 Abs. 2 Satz 1 Nr. 1 und 2 des Einkommensteuergesetzes erfüllen, und in den Fällen des § 1a Abs. 2 des Einkommensteuergesetzes.

(2)[2)] [1] Liegen die Voraussetzungen des Absatzes 1 nicht vor, so ist das Finanzamt örtlich zuständig, in dessen Bezirk sich das Vermögen des Steuerpflichtigen und, wenn dies für mehrere Finanzämter zutrifft, in dessen Bezirk sich der wertvollste Teil des Vermögens befindet. [2] Hat der Steuerpflichtige kein Vermögen im Geltungsbereich des Gesetzes, so ist das Finanzamt örtlich zuständig, in dessen Bezirk die Tätigkeit im Geltungsbereich des Gesetzes vorwiegend ausgeübt oder verwertet wird oder worden ist. [3] Hat ein Steuerpflichtiger seinen Wohnsitz oder gewöhnlichen Aufenthalt im Geltungsbereich des Gesetzes aufgegeben und erzielt er im Jahr des Wegzugs keine Einkünfte im Sinne des § 49 des Einkommensteuergesetzes, ist das Finanzamt örtlich zuständig, das nach den Verhältnissen vor dem Wegzug zuletzt örtlich zuständig war.

(3) [1] Gehören zum Bereich der Wohnsitzgemeinde mehrere Finanzämter und übt ein Steuerpflichtiger mit Einkünften aus Land- und Forstwirtschaft, Gewerbebetrieb oder freiberuflicher Tätigkeit diese Tätigkeit innerhalb der Wohnsitzgemeinde, aber im Bezirk eines anderen Finanzamts als dem des Wohnsitzfinanzamts aus, so ist abweichend von Absatz 1 jenes Finanzamt zuständig, wenn es nach § 18 Abs. 1 Nr. 1, 2 oder 3 für eine gesonderte Feststellung dieser Einkünfte zuständig wäre. [2] Einkünfte aus Gewinnanteilen sind bei Anwendung des Satzes 1 nur dann zu berücksichtigen, wenn sie die einzigen Einkünfte des Steuerpflichtigen im Sinne des Satzes 1 sind.

(4) Steuerpflichtige, die zusammen zu veranlagen sind oder zusammen veranlagt werden können, sind bei Anwendung des Absatzes 3 so zu behandeln, als seien ihre Einkünfte von einem Steuerpflichtigen bezogen worden.

(5) [1] Durch Rechtsverordnung der Landesregierung kann bestimmt werden, dass als Wohnsitzgemeinde im Sinne des Absatzes 3 ein Gebiet gilt, das meh-

---

[1)] § 19 Abs. 1 Satz 2, 2. HS geänd. durch G v. 18.7.2014 (BGBl. I S. 1042); zur Anwendung siehe Art. 97 § 1 Abs. 10 Satz 1 EGAO (Nr. **800a**).

[2)] § 19 Abs. 2 Satz 3 angef. mWv 29.12.2020 durch G v. 21.12.2020 (BGBl. I S. 3096).

rere Gemeinden umfasst, soweit dies mit Rücksicht auf die Wirtschafts- oder Verkehrsverhältnisse, den Aufbau der Verwaltungsbehörden oder andere örtliche Bedürfnisse zweckmäßig erscheint. [2] Die Landesregierung kann die Ermächtigung auf die für die Finanzverwaltung zuständige oberste Landesbehörde übertragen.

(6)[1)] [1] Das Bundesministerium der Finanzen kann zur Sicherstellung der Besteuerung von Personen, die nach § 1 Abs. 4 des Einkommensteuergesetzes beschränkt steuerpflichtig sind und Einkünfte im Sinne von § 49 Abs. 1 Nr. 7 und 10[1)] des Einkommensteuergesetzes beziehen, durch Rechtsverordnung[2)] mit Zustimmung des Bundesrates einer Finanzbehörde die örtliche Zuständigkeit für den Geltungsbereich des Gesetzes übertragen. [2] Satz 1 gilt auch in den Fällen, in denen ein Antrag nach § 1 Abs. 3 des Einkommensteuergesetzes gestellt wird.

§ 20 Steuern vom Einkommen und Vermögen der Körperschaften, Personenvereinigungen, Vermögensmassen. (1) Für die Besteuerung von Körperschaften, Personenvereinigungen und Vermögensmassen nach dem Einkommen und Vermögen ist das Finanzamt örtlich zuständig, in dessen Bezirk sich die Geschäftsleitung befindet.

(2) Befindet sich die Geschäftsleitung nicht im Geltungsbereich des Gesetzes oder lässt sich der Ort der Geschäftsleitung nicht feststellen, so ist das Finanzamt örtlich zuständig, in dessen Bezirk die Steuerpflichtige ihren Sitz hat.

(3) Ist weder die Geschäftsleitung noch der Sitz im Geltungsbereich des Gesetzes, so ist das Finanzamt örtlich zuständig, in dessen Bezirk sich Vermögen der Steuerpflichtigen und, wenn dies für mehrere Finanzämter zutrifft, das Finanzamt, in dessen Bezirk sich der wertvollste Teil des Vermögens befindet.

(4) Befindet sich weder die Geschäftsleitung noch der Sitz noch Vermögen der Steuerpflichtigen im Geltungsbereich des Gesetzes, so ist das Finanzamt örtlich zuständig, in dessen Bezirk die Tätigkeit im Geltungsbereich des Gesetzes vorwiegend ausgeübt oder verwertet wird oder worden ist.

§ 20a Steuern vom Einkommen bei Bauleistungen. (1) [1] Abweichend von §§ 19 und 20 ist für die Besteuerung von Unternehmen, die Bauleistungen im Sinne von § 48 Abs. 1 Satz 3[3)] des Einkommensteuergesetzes erbringen, das Finanzamt zuständig, das für die Besteuerung der entsprechenden Umsätze nach § 21 Abs. 1 zuständig ist, wenn der Unternehmer seinen Wohn-

(Fortsetzung nächstes Blatt)

[1)] § 19 Abs. 6 angef. durch G v. 13.12.2006 (BGBl. I S. 2878), Abs. 6 Satz 1 Verweis auf Nr. 10 eingef., Satz 2 angef. mWv 1.1.2009 durch G v. 19.12.2008 (BGBl. I S. 2794).

[2)] Siehe Einkommensteuer-Zuständigkeitsverordnung (EStZustV) vom 2.1.2009 (BGBl. I S. 3).

[3)] Verweis geänd. durch G v. 9.12.2004 (BGBl. I S. 3310).

offenbart worden sind. [2]Die Pflicht eines Amtsträgers oder einer ihm nach Absatz 3 gleichgestellten Person, dem oder der die geschützten Daten durch die Offenbarung bekannt geworden sind, zur Wahrung des Steuergeheimnisses bleibt unberührt.

§ 30a[1)] *(aufgehoben)*

§ 31[2)] **Mitteilung von Besteuerungsgrundlagen.** (1) [1]Die Finanzbehörden sind verpflichtet, Besteuerungsgrundlagen, Steuermessbeträge und Steuerbeträge an Körperschaften des öffentlichen Rechts einschließlich der Religionsgemeinschaften, die Körperschaften des öffentlichen Rechts sind, zur Festsetzung von solchen Abgaben mitzuteilen, die an diese Besteuerungsgrundlagen, Steuermessbeträge oder Steuerbeträge anknüpfen. [2]Die Mitteilungspflicht besteht nicht, soweit deren Erfüllung mit einem unverhältnismäßigen Aufwand verbunden wäre. [3]Die Finanzbehörden dürfen Körperschaften des öffentlichen Rechts auf Ersuchen Namen und Anschriften ihrer Mitglieder, die dem Grunde nach zur Entrichtung von Abgaben im Sinne des Satzes 1 verpflichtet sind, sowie die von der Finanzbehörde für die Körperschaft festgesetzten Abgaben übermitteln, soweit die Kenntnis dieser Daten zur Erfüllung von in der Zuständigkeit der Körperschaft liegenden öffentlichen Aufgaben erforderlich ist und überwiegende schutzwürdige Interessen der betroffenen Person nicht entgegenstehen.

(2)[3)] [1]Die Finanzbehörden sind verpflichtet, die nach § 30 Absatz 2 Nummer 1 geschützten personenbezogenen Daten der betroffenen Person den Trägern der gesetzlichen Sozialversicherung, der Bundesagentur[4)] für Arbeit und der Künstlersozialkasse mitzuteilen, soweit die Kenntnis dieser Daten[5)] für die Feststellung der Versicherungspflicht oder die Festsetzung von Beiträgen einschließlich der Künstlersozialabgabe erforderlich ist oder die betroffene Person einen Antrag auf Mitteilung stellt. [2]Die Mitteilungspflicht besteht nicht, soweit deren Erfüllung mit einem unverhältnismäßigen Aufwand verbunden wäre.

(3) Die für die Verwaltung der Grundsteuer zuständigen Behörden sind berechtigt, die nach § 30 geschützten Namen und Anschriften von Grundstückseigentümern, die bei der Verwaltung der Grundsteuer bekannt geworden sind, zur Verwaltung anderer Abgaben sowie zur Erfüllung sonstiger öffentlicher Aufgaben zu verwenden oder den hierfür zuständigen Gerichten, Behörden oder juristischen Personen des öffentlichen Rechts auf Ersuchen mitzuteilen, soweit nicht überwiegende schutzwürdige Interessen der betroffenen Person entgegenstehen.

[1)] § 30a aufgeh. mWv 25.6.2017 durch G v. 23.6.2017 (BGBl. I S. 1682); zur Anwendung siehe Art. 97 § 1 Abs. 12 Satz 2 EGAO (Nr. **800a**).

[2)] § 31 Abs. 1 Satz 3 angef. mWv 16.12.2004 durch G v. 9.12.2004 (BGBl. I S. 3310); Abs. 1 Satz 3, Abs. 2 Satz 1 und Abs. 3 geänd. mWv 26.11.2019 durch G v. 20.11.2019 (BGBl. I S. 1626).

[3)] § 31 Abs. 2 Satz 1 geänd. mWv 29.12.2020 durch G v. 21.12.2020 (BGBl. I S. 3096).

[4)] Bezeichnung geänd. durch G v. 23.12.2003 (BGBl. I S. 2848).

[5)] Bezeichnung geänd. mWv 25.5.2018 durch G v. 17.7.2017 (BGBl. I S. 2541).

§ 31a[1] Mitteilungen zur Bekämpfung der illegalen Beschäftigung und des Leistungsmissbrauchs. (1) [1]Die Offenbarung der nach § 30 geschützten Daten[2] der betroffenen Person ist zulässig, soweit sie

1. für die Durchführung eines Strafverfahrens, eines Bußgeldverfahrens oder eines anderen gerichtlichen oder Verwaltungsverfahrens mit dem Ziel
   a) der Bekämpfung von illegaler Beschäftigung oder Schwarzarbeit oder
   b) der Entscheidung
      aa) über Erteilung, Rücknahme oder Widerruf einer Erlaubnis nach dem Arbeitnehmerüberlassungsgesetz oder
      bb) über Bewilligung, Gewährung, Rückforderung, Erstattung, Weitergewährung oder Belassen einer Leistung aus öffentlichen Mitteln

   oder
2. für die Geltendmachung eines Anspruchs auf Rückgewähr einer Leistung aus öffentlichen Mitteln

erforderlich ist. [2]In den Fällen von Satz 1 Nummer 1 Buchstabe b Doppelbuchstabe bb oder Nummer 2 ist die Offenbarung auf Ersuchen der zuständigen Stellen auch zulässig, soweit sie für die Durchführung eines Strafverfahrens wegen einer zu Unrecht erlangten Leistung aus öffentlichen Mitteln erforderlich ist.

(2)[3] [1]Die Finanzbehörden sind in den Fällen des Absatzes 1 verpflichtet, der zuständigen Stelle die jeweils benötigten Tatsachen mitzuteilen. [2]In den Fällen des Absatzes 1 Satz 1 Nummer 1 Buchstabe b und Nummer 2 erfolgt die Mitteilung auch auf Antrag der betroffenen Person. [3]Die Mitteilungspflicht nach den Sätzen 1 und 2 besteht nicht, soweit deren Erfüllung mit einem unverhältnismäßigen Aufwand verbunden wäre.

§ 31b[4] Mitteilungen zur Bekämpfung der Geldwäsche und der Terrorismusfinanzierung. (1) Die Offenbarung der nach § 30 geschützten Daten der betroffenen Person an die jeweils zuständige Stelle ist auch ohne Ersuchen zulässig, soweit sie einem der folgenden Zwecke dient:

1. der Durchführung eines Strafverfahrens wegen Geldwäsche oder Terrorismusfinanzierung nach § 1 Absatz 1 und 2 des Geldwäschegesetzes,
2. der Verhinderung, Aufdeckung und Bekämpfung von Geldwäsche oder Terrorismusfinanzierung nach § 1 Absatz 1 und 2 des Geldwäschegesetzes,
3. der Durchführung eines Bußgeldverfahrens nach § 56 des Geldwäschegesetzes gegen Verpflichtete nach § 2 Absatz 1 Nummer 13 bis 16 des Geldwäschegesetzes,

---

[1] § 31a Abs. 1, Abs. 2 Satz 2 geänd. mWv 26.11.2019 durch G v. 20.11.2019 (BGBl. I S. 1626); Abs. 1 Satz 2 angef., bish. Text wird Satz 1 mWv 21.12.2022 durch G v. 16.12.2022 (BGBl. I S. 2294).

[2] Bezeichnung geänd. mWv 25.5.2018 durch G v. 17.7.2017 (BGBl. I S. 2541).

[3] § 31a Absatz 2 Satz 2 red. geänd. durch G v. 22.12.2023 (BGBl. I Nr. 411).

[4] § 31b neu gef. mWv 26.6.2017 durch G v. 23.6.2017 (BGBl. I S. 1822); Abs. 1 einl. Satzteil geänd. mWv 25.5.2018 durch G v. 17.7.2017 (BGBl. I S. 2541); geänd. mWv 26.11.2019 durch G v. 20.11.2019 (BGBl. I S. 1626).

ihren Sitz hat. [2]Für Verfahren nach Absatz 2 ist das Finanzgericht örtlich zuständig, in dessen Bezirk die beklagte Finanzbehörde ihren Sitz oder der beklagte Auftragsverarbeiter seinen Sitz hat; § 38 Absatz 3 der Finanzgerichtsordnung gilt entsprechend.

(6) Beteiligte eines Verfahrens nach Absatz 1 Satz 1 sind

1. die öffentliche oder nicht-öffentliche Stelle oder die betroffene Person als Klägerin oder Antragstellerin,
2. die zuständige Aufsichtsbehörde des Bundes oder eines Landes als Beklagte oder Antragsgegnerin,
3. der nach § 60 der Finanzgerichtsordnung Beigeladene sowie
4. die oberste Bundes- oder Landesfinanzbehörde, die dem Verfahren nach § 122 Absatz 2 der Finanzgerichtsordnung beigetreten ist.

(7)[1)] Beteiligte eines Verfahrens nach Absatz 2 sind

1. die betroffene Person oder die um Auskunft oder Informationszugang ersuchende Person als Klägerin oder Antragstellerin,
2. die Finanzbehörde oder der Auftragsverarbeiter als Beklagte oder Antragsgegnerin,
3. der nach § 60 der Finanzgerichtsordnung Beigeladene sowie
4. die oberste Bundes- oder Landesfinanzbehörde, die dem Verfahren nach § 122 Absatz 2 der Finanzgerichtsordnung beigetreten ist.

(8) Beteiligte eines Verfahrens nach Absatz 3 sind

1. die zuständige Finanzbehörde als Klägerin oder Antragstellerin,
2. die Aufsichtsbehörde des Bundes oder eines Landes, die den rechtsverbindlichen Beschluss erlassen hat, als Beklagte oder Antragsgegnerin,
3. die Stelle, deren Pflicht zur Mitwirkung die Finanzbehörde geltend macht, als Beigeladene und
4. die oberste Bundes- oder Landesfinanzbehörde, die dem Verfahren nach § 122 Absatz 2 der Finanzgerichtsordnung beigetreten ist.

(9)[2)] [1]Ein Vorverfahren findet nicht statt. [2]Dies gilt nicht für Verfahren nach Absatz 2 Satz 2.

(10) [1]In Verfahren nach Absatz 1 Satz 1 haben eine Klage oder ein Antrag aufschiebende Wirkung. [2]Die zuständige Aufsichtsbehörde darf gegenüber einer Finanzbehörde, deren Rechtsträger oder deren Auftragsverarbeiter nicht die sofortige Vollziehung anordnen.

§ 32j Antrag auf gerichtliche Entscheidung bei angenommener Rechtswidrigkeit eines Angemessenheitsbeschlusses der Europäischen Kommission. Hält der oder die Bundesbeauftragte für den Datenschutz und die Informationsfreiheit oder eine nach Landesrecht für die Kontrolle des Datenschutzes zuständige Stelle einen Angemessenheitsbeschluss der Europäischen

[1)] § 32i Abs. 7 Nr. 1 geänd. mWv 29.12.2020 durch G v. 21.12.2020 (BGBl. I S. 3096).
[2)] § 32i Abs. 9 Satz 2 angef., bish. Wortlaut wird Satz 1 mWv 29.12.2020 durch G v. 21.12.2020 (BGBl. I S. 3096).

Kommission, auf dessen Gültigkeit es bei der Entscheidung über die Beschwerde einer betroffenen Person hinsichtlich der Verarbeitung personenbezogener Daten ankommt, für rechtswidrig, so gilt § 21 des Bundesdatenschutzgesetzes.

Zweiter Teil. Steuerschuldrecht

Erster Abschnitt: Steuerpflichtiger

§ 33 Steuerpflichtiger. (1) Steuerpflichtiger ist, wer eine Steuer schuldet, für eine Steuer haftet, eine Steuer für Rechnung eines Dritten einzubehalten und abzuführen hat, wer eine Steuererklärung abzugeben, Sicherheit zu leisten, Bücher und Aufzeichnungen zu führen oder andere ihm durch die Steuergesetze auferlegte Verpflichtungen zu erfüllen hat.

(2) Steuerpflichtiger ist nicht, wer in einer fremden Steuersache Auskunft zu erteilen, Urkunden vorzulegen, ein Sachverständigengutachten zu erstatten oder das Betreten von Grundstücken, Geschäfts- und Betriebsräumen zu gestatten hat.

§ 34 Pflichten der gesetzlichen Vertreter und der Vermögensverwalter. (1)[1] [1]Die gesetzlichen Vertreter natürlicher und juristischer Personen *und die Geschäftsführer von nicht rechtsfähigen Personenvereinigungen und* [***ab 1.1.2024:*** sowie rechtsfähiger Personenvereinigungen und die Geschäftsführer von] Vermögensmassen haben deren steuerliche Pflichten zu erfüllen. [2]Sie haben insbesondere dafür zu sorgen, dass die Steuern aus den Mitteln entrichtet werden, die sie verwalten.

(2)[2] [1]*Soweit nicht rechtsfähige ohne Geschäftsführer sind,* [***ab 1.1.2024:*** Bei nicht rechtsfähigen Personenvereinigungen] haben die Mitglieder *oder Gesellschafter* [***ab 1.1.2024:*** , Gesellschafter oder Gemeinschafter] die Pflichten im Sinne des Absatzes 1 zu erfüllen. [2]Die Finanzbehörde kann sich an jedes Mitglied oder jeden Gesellschafter halten. [3]Für nicht rechtsfähige Vermögensmassen gelten die Sätze 1 und 2 mit der Maßgabe, dass diejenigen, denen das Vermögen zusteht, die steuerlichen Pflichten zu erfüllen haben.

(3) Steht eine Vermögensverwaltung anderen Personen als den Eigentümern des Vermögens oder deren gesetzlichen Vertretern zu, so haben die Vermögensverwalter die in Absatz 1 bezeichneten Pflichten, soweit ihre Verwaltung reicht.

§ 35 Pflichten des Verfügungsberechtigten. Wer als Verfügungsberechtigter im eigenen oder fremden Namen auftritt, hat die Pflichten eines gesetzlichen Vertreters (§ 34 Abs. 1), soweit er sie rechtlich und tatsächlich erfüllen kann.

§ 36 Erlöschen der Vertretungsmacht. Das Erlöschen der Vertretungsmacht oder der Verfügungsmacht lässt die nach den §§ 34 und 35 entstandenen Pflichten unberührt, soweit diese den Zeitraum betreffen, in dem die Vertretungsmacht oder Verfügungsmacht bestanden hat und soweit der Verpflichtete sie erfüllen kann.

---

[1] § 34 Abs. 1 Satz 1 geänd. mWv 1.1.2024 durch G v. 22.12.2023 (BGBl. I Nr. 411); s. a. § 14a.
[2] § 34 Abs. 2 Satz 1 geänd. mWv 1.1.2024 durch G v. 22.12.2023 (BGBl. I Nr. 411); s. a. § 14a.

Zweiter Abschnitt: Steuerschuldverhältnis

§ 37 Ansprüche aus dem Steuerschuldverhältnis. (1) Ansprüche aus dem Steuerschuldverhältnis sind der Steueranspruch, der Steuervergütungsanspruch, der Haftungsanspruch, der Anspruch auf eine steuerliche Nebenleistung, der Erstattungsanspruch nach Absatz 2 sowie die in Einzelsteuergesetzen geregelten Steuererstattungsansprüche.

(2) [1] Ist eine Steuer, eine Steuervergütung, ein Haftungsbetrag oder eine steuerliche Nebenleistung ohne rechtlichen Grund gezahlt oder zurückgezahlt worden, so hat derjenige, auf dessen Rechnung die Zahlung bewirkt worden ist, an den Leistungsempfänger einen Anspruch auf Erstattung des gezahlten oder zurückgezahlten Betrags. [2] Dies gilt auch dann, wenn der rechtliche Grund für die Zahlung oder Rückzahlung später wegfällt. [3] Im Fall der Abtretung, Verpfändung oder Pfändung richtet sich der Anspruch auch gegen den Abtretenden, Verpfänder oder Pfändungsschuldner.

§ 38 Entstehung der Ansprüche aus dem Steuerschuldverhältnis. Die Ansprüche aus dem Steuerschuldverhältnis entstehen, sobald der Tatbestand verwirklicht ist, an den das Gesetz die Leistungspflicht knüpft.

§ 39 Zurechnung. (1) Wirtschaftsgüter sind dem Eigentümer zuzurechnen.

(2) Abweichend von Absatz 1 gelten die folgenden Vorschriften:

1. [1] Übt ein anderer als der Eigentümer die tatsächliche Herrschaft über ein Wirtschaftsgut in der Weise aus, dass er den Eigentümer im Regelfall für die gewöhnliche Nutzungsdauer von der Einwirkung auf das Wirtschaftsgut wirtschaftlich ausschließen kann, so ist ihm das Wirtschaftsgut zuzurechnen. [2] Bei Treuhandverhältnissen sind die Wirtschaftsgüter dem Treugeber, beim Sicherungseigentum dem Sicherungsgeber und beim Eigenbesitz dem Eigenbesitzer zuzurechnen.

[Fassung bis 31.12.2023:]

2. Wirtschaftsgüter, die mehreren zur gesamten Hand zustehen, werden den Beteiligten anteilig zugerechnet, soweit eine getrennte Zurechnung für die Besteuerung erforderlich ist.

[Fassung ab 1.1.2024:]

2. [1)] Wirtschaftsgüter, die mehreren zur gesamten Hand oder einer rechtsfähigen Personengesellschaft zustehen, werden den Beteiligten oder Gesellschaftern anteilig zugerechnet, soweit eine getrennte Zurechnung für die Besteuerung erforderlich ist. Rechtsfähige Personengesellschaften gelten für Zwecke der Ertragsbesteuerung als Gesamthand und deren Vermögen als Gesamthandsvermögen.

[1)] § 39 Abs. 2 Nr. 2 neu gef. mWv 1.1.2024 durch G v. 22.12.2023 (BGBl. I Nr. 411).

§ 40 Gesetz- oder sittenwidriges Handeln. Für die Besteuerung ist es unerheblich, ob ein Verhalten, das den Tatbestand eines Steuergesetzes ganz oder zum Teil erfüllt, gegen ein gesetzliches Gebot oder Verbot oder gegen die guten Sitten verstößt.

§ 41 Unwirksame Rechtsgeschäfte. (1) [1] Ist ein Rechtsgeschäft unwirksam oder wird es unwirksam, so ist dies für die Besteuerung unerheblich, soweit und solange die Beteiligten das wirtschaftliche Ergebnis dieses Rechtsgeschäfts gleichwohl eintreten und bestehen lassen. [2] Dies gilt nicht, soweit sich aus den Steuergesetzen etwas anderes ergibt.

(2) [1] Scheingeschäfte und Scheinhandlungen sind für die Besteuerung unerheblich. [2] Wird durch ein Scheingeschäft ein anderes Rechtsgeschäft verdeckt, so ist das verdeckte Rechtsgeschäft für die Besteuerung maßgebend.

§ 42[1)] Missbrauch von rechtlichen Gestaltungsmöglichkeiten.

(1) [1] Durch Missbrauch von Gestaltungsmöglichkeiten des Rechts kann das Steuergesetz nicht umgangen werden. [2] Ist der Tatbestand einer Regelung in einem Einzelsteuergesetz erfüllt, die der Verhinderung von Steuerumgehungen dient, so bestimmen sich die Rechtsfolgen nach jener Vorschrift. [3] Anderenfalls entsteht der Steueranspruch beim Vorliegen eines Missbrauchs im Sinne des Absatzes 2 so, wie er bei einer den wirtschaftlichen Vorgängen angemessenen rechtlichen Gestaltung entsteht.

(2) [1] Ein Missbrauch liegt vor, wenn eine unangemessene rechtliche Gestaltung gewählt wird, die beim Steuerpflichtigen oder einem Dritten im Vergleich zu einer angemessenen Gestaltung zu einem gesetzlich nicht vorgesehenen Steuervorteil führt. [2] Dies gilt nicht, wenn der Steuerpflichtige für die gewählte Gestaltung außersteuerliche Gründe nachweist, die nach dem Gesamtbild der Verhältnisse beachtlich sind.

§ 43 Steuerschuldner, Steuervergütungsgläubiger. [1] Die Steuergesetze bestimmen, wer Steuerschuldner oder Gläubiger einer Steuervergütung ist. [2] Sie bestimmen auch, ob ein Dritter die Steuer für Rechnung des Steuerschuldners zu entrichten hat.

§ 44 Gesamtschuldner. (1) [1] Personen, die nebeneinander dieselbe Leistung aus dem Steuerschuldverhältnis schulden oder für sie haften oder die zusammen zu einer Steuer zu veranlagen sind, sind Gesamtschuldner. [2] Soweit nichts anderes bestimmt ist, schuldet jeder Gesamtschuldner die gesamte Leistung.

(2) [1] Die Erfüllung durch einen Gesamtschuldner wirkt auch für die übrigen Schuldner. [2] Das Gleiche gilt für die Aufrechnung und für eine geleistete Sicherheit. [3] Andere Tatsachen wirken nur für und gegen den Gesamtschuldner, in dessen Person sie eintreten. [4] Die Vorschriften der §§ 268 bis 280 über die Beschränkung der Vollstreckung in den Fällen der Zusammenveranlagung bleiben unberührt.

[1)] § 42 neu gef. durch G v. 20.12.2007 (BGBl. I S. 3150); zur erstmaligen Anwendung siehe Art. 97 § 7 EGAO (Nr. **800a**).

§ 45 Gesamtrechtsnachfolge. (1) [1] Bei Gesamtrechtsnachfolge gehen die Forderungen und Schulden aus dem Steuerschuldverhältnis auf den Rechtsnachfolger über. [2] Dies gilt jedoch bei der Erbfolge nicht für Zwangsgelder.

(2) [1] Erben haben für die aus dem Nachlass zu entrichtenden Schulden nach den Vorschriften des bürgerlichen Rechts über die Haftung des Erben für Nachlassverbindlichkeiten einzustehen. [2] Vorschriften, durch die eine steuerrechtliche Haftung der Erben begründet wird, bleiben unberührt.

§ 46 Abtretung, Verpfändung, Pfändung. (1) Ansprüche auf Erstattung von Steuern, Haftungsbeträgen, steuerlichen Nebenleistungen und auf Steuervergütungen können abgetreten, verpfändet und gepfändet werden.

(2) Die Abtretung wird jedoch erst wirksam, wenn sie der Gläubiger in der nach Absatz 3 vorgeschriebenen Form der zuständigen Finanzbehörde nach Entstehung des Anspruchs anzeigt.

(Fortsetzung nächstes Blatt)

(2)[1] Absatz 1 gilt nicht für Erwerbe aus einer Insolvenzmasse und für Erwerbe im Vollstreckungsverfahren.

§ 76 Sachhaftung. (1) Verbrauchsteuerpflichtige Waren und einfuhr- und ausfuhrabgabenpflichtige Waren dienen ohne Rücksicht auf die Rechte Dritter als Sicherheit für die darauf ruhenden Steuern (Sachhaftung).

(2) Die Sachhaftung entsteht bei einfuhr- und ausfuhrabgaben- oder verbrauchsteuerpflichtigen Waren, wenn nichts anderes vorgeschrieben ist, mit ihrem Verbringen in den Geltungsbereich dieses Gesetzes, bei verbrauchsteuerpflichtigen Waren auch mit Beginn ihrer Gewinnung oder Herstellung.

(3) [1] Solange die Steuer nicht entrichtet ist, kann die Finanzbehörde die Waren mit Beschlag belegen. [2] Als Beschlagnahme genügt das Verbot an den, der die Waren im Gewahrsam hat, über sie zu verfügen.

(4) [1] Die Sachhaftung erlischt mit der Steuerschuld. [2] Sie erlischt ferner mit der Aufhebung der Beschlagnahme oder dadurch, dass die Waren mit Zustimmung der Finanzbehörde in einen steuerlich nicht beschränkten Verkehr übergehen.

(5) Von der Geltendmachung der Sachhaftung wird abgesehen, wenn die Waren dem Verfügungsberechtigten abhanden gekommen sind und die verbrauchsteuerpflichtigen Waren in einen Herstellungsbetrieb aufgenommen oder die einfuhr- und ausfuhrabgabenpflichtigen Waren eine zollrechtliche Bestimmung erhalten.

§ 77 Duldungspflicht. (1) Wer kraft Gesetzes verpflichtet ist, eine Steuer aus Mitteln, die seiner Verwaltung unterliegen, zu entrichten, ist insoweit verpflichtet, die Vollstreckung in dieses Vermögen zu dulden.

(2) [1] Wegen einer Steuer, die als öffentliche Last auf Grundbesitz ruht, hat der Eigentümer die Zwangsvollstreckung in den Grundbesitz zu dulden. [2] Zugunsten der Finanzbehörde gilt als Eigentümer, wer als solcher im Grundbuch eingetragen ist. [3] Das Recht des nicht eingetragenen Eigentümers, die ihm gegen die öffentliche Last zustehenden Einwendungen geltend zu machen, bleibt unberührt.

Dritter Teil. Allgemeine Verfahrensvorschriften

Erster Abschnitt: Verfahrensgrundsätze

1. Unterabschnitt: Beteiligung am Verfahren

§ 78 Beteiligte. Beteiligte sind

1. Antragsteller und Antragsgegner,
2. diejenigen, an die die Finanzbehörde den Verwaltungsakt richten will oder gerichtet hat,

---

[1] Zur Anwendung siehe Art. 97 § 11a EGAO (Nr. **800a**).

3. diejenigen, mit denen die Finanzbehörde einen öffentlich-rechtlichen Vertrag schließen will oder geschlossen hat.

§ 79 Handlungsfähigkeit. (1) Fähig zur Vornahme von Verfahrenshandlungen sind:

1. natürliche Personen, die nach bürgerlichem Recht geschäftsfähig sind,
2. natürliche Personen, die nach bürgerlichem Recht in der Geschäftsfähigkeit beschränkt sind, soweit sie für den Gegenstand des Verfahrens durch Vorschriften des bürgerlichen Rechts als geschäftsfähig oder durch Vorschriften des öffentlichen Rechts als handlungsfähig anerkannt sind,
3. [1] juristische Personen, *Vereinigungen* [***ab 1.1.2024:*** sowie Personenvereinigungen] oder Vermögensmassen durch die in § 34 bezeichneten Personen oder durch besonders Beauftragte,
4. Behörden durch ihre Leiter, deren Vertreter oder Beauftragte.

(2)[2] Betrifft ein Einwilligungsvorbehalt nach § 1825 des Bürgerlichen Gesetzbuchs den Gegenstand des Verfahrens, so ist ein geschäftsfähiger Betreuter nur insoweit zur Vornahme von Verfahrenshandlungen fähig, als er nach den Vorschriften des bürgerlichen Rechts ohne Einwilligung des Betreuers handeln kann oder durch Vorschriften des öffentlichen Rechts als handlungsfähig anerkannt ist.

(3) Die §§ 53 und 55 der Zivilprozessordnung gelten entsprechend.

§ 80[3] **Bevollmächtigte und Beistände.** (1) [1]Ein Beteiligter kann sich durch einen Bevollmächtigten vertreten lassen. [2]Die Vollmacht ermächtigt zu allen das Verwaltungsverfahren betreffenden Verfahrenshandlungen, sofern sich aus ihrem Inhalt nicht etwas anderes ergibt; sie ermächtigt nicht zum Empfang von Steuererstattungen und Steuervergütungen. [3]Ein Widerruf der Vollmacht wird der Finanzbehörde gegenüber erst wirksam, wenn er ihr zugeht; [4]Gleiches gilt für eine Veränderung der Vollmacht.

(2) [1]Bei Personen und Vereinigungen im Sinne der §§ 3 und 4 Nummer 11 des Steuerberatungsgesetzes, die für den Steuerpflichtigen handeln, wird eine ordnungsgemäße Bevollmächtigung vermutet. [2]Für den Abruf von bei den Landesfinanzbehörden zum Vollmachtgeber gespeicherten Daten wird eine ordnungsgemäße Bevollmächtigung nur nach Maßgabe des § 80a Absatz 2 und 3 vermutet.

(3) Die Finanzbehörde kann auch ohne Anlass den Nachweis der Vollmacht verlangen.

(4) [1]Die Vollmacht wird weder durch den Tod des Vollmachtgebers noch durch eine Veränderung in seiner Handlungsfähigkeit oder durch eine Veränderung seiner gesetzlichen Vertretung aufgehoben. [2]Der Bevollmächtigte hat jedoch, wenn er für den Rechtsnachfolger im Verwaltungsverfahren auftritt, dessen Vollmacht auf Verlangen nachzuweisen.

---

[1] § 79 Abs. 1 Nr. 3 geänd. mWv. 1.1.2024 durch G v. 22.12.2023 (BGBl. I Nr. 411).

[2] § 79 Abs. 2 geänd. mWv 1.1.2023 durch G v. 4.5.2021 (BGBl. I S. 882).

[3] § 80 neu gef. mWv 1.1.2017 durch G v. 18.7.2016 (BGBl. I S. 1679); zur Anwendung s. auch Art. 97 § 1 Abs. 11 EGAO (Nr. **800a**).

[Fassungbis 31.12.2024:]
wöhnliche Geschäftsvorfälle sind zeitnah zu erstellen und innerhalb einer Frist von 30 Tagen nach Anforderung durch die Finanzbehörde vorzulegen. [9]In begründeten Einzelfällen kann die Vorlagefrist nach den Sätzen 7 und 8 verlängert werden. [10]Die Aufzeichnungen sind auf Anforderung der Finanzbehörde zu ergänzen. [11]Um eine einheitliche Rechtsanwendung sicherzustellen, wird das Bundesministerium der Finanzen ermächtigt, mit Zustimmung des Bundesrates durch Rechtsverordnung Art, Inhalt und Umfang der zu erstellenden Aufzeichnungen zu bestimmen.

[***ab 1.1.2025 oder früher:***

(4)[1)] [1]Die Finanzbehörde kann jederzeit die Vorlage der Aufzeichnungen nach Absatz 3 verlangen; die Vorlage richtet sich nach § 97. [2]Im Falle einer Außenprüfung sind die Aufzeichnungen ohne gesondertes Verlangen vorzulegen. [3]Die Aufzeichnungen sind jeweils innerhalb einer Frist von 30 Tagen nach Anforderung oder nach Bekanntgabe der Prüfungsanordnung vorzulegen. [4]In begründeten Einzelfällen kann die Vorlagefrist verlängert werden.

(5)[1)] Um eine einheitliche Rechtsanwendung sicherzustellen, wird das Bundesministerium der Finanzen ermächtigt, mit Zustimmung des Bundesrates durch Rechtsverordnung Art, Inhalt und Umfang der nach den Absätzen 3 und 4 zu erstellenden Aufzeichnungen zu bestimmen.]

§ 91 Anhörung Beteiligter. (1) [1]Bevor ein Verwaltungsakt erlassen wird, der in Rechte eines Beteiligten eingreift, soll diesem Gelegenheit gegeben werden, sich zu den für die Entscheidung erheblichen Tatsachen zu äußern. [2]Dies gilt insbesondere, wenn von dem in der Steuererklärung erklärten Sachverhalt zuungunsten des Steuerpflichtigen wesentlich abgewichen werden soll.

(2) Von der Anhörung kann abgesehen werden, wenn sie nach den Umständen des Einzelfalls nicht geboten ist, insbesondere wenn

1. eine sofortige Entscheidung wegen Gefahr im Verzug oder im öffentlichen Interesse notwendig erscheint,
2. durch die Anhörung die Einhaltung einer für die Entscheidung maßgeblichen Frist in Frage gestellt würde,

---

[1)] § 90 Abs. 4 und 5 angef. durch G v. 20.12.2022 (BGBl. I S. 2730); zur Anwendung siehe Art. 97 § 37 Abs. 2 und 3 EGAO (Nr. **800a**).

3. von den tatsächlichen Angaben eines Beteiligten, die dieser in einem Antrag oder einer Erklärung gemacht hat, nicht zu seinen Ungunsten abgewichen werden soll,
4. die Finanzbehörde eine Allgemeinverfügung oder gleichartige Verwaltungsakte in größerer Zahl oder Verwaltungsakte mit Hilfe automatischer Einrichtungen erlassen will,
5. Maßnahmen in der Vollstreckung getroffen werden sollen.

(3) Eine Anhörung unterbleibt, wenn ihr ein zwingendes öffentliches Interesse entgegensteht.

§ 92 Beweismittel. [1] Die Finanzbehörde bedient sich der Beweismittel, die sie nach pflichtgemäßem Ermessen zur Ermittlung des Sachverhalts für erforderlich hält. [2] Sie kann insbesondere

1. Auskünfte jeder Art von den Beteiligten und anderen Personen einholen,
2. Sachverständige zuziehen,
3. Urkunden und Akten beiziehen,
4. den Augenschein einnehmen.

II. Beweis durch Auskünfte und Sachverständigengutachten

§ 93 Auskunftspflicht der Beteiligten und anderer Personen.

(1) [1] Die Beteiligten und andere Personen haben der Finanzbehörde die zur Feststellung eines für die Besteuerung erheblichen Sachverhalts erforderlichen Auskünfte zu erteilen. [2] Dies gilt auch für nicht rechtsfähige Vereinigungen, Vermögensmassen, Behörden und Betriebe gewerblicher Art der Körperschaften des öffentlichen Rechts. [3] Andere Personen als die Beteiligten sollen erst dann zur Auskunft angehalten werden, wenn die Sachverhaltsaufklärung durch die Beteiligten nicht zum Ziel führt oder keinen Erfolg verspricht.

(1a)[1)] [1] Die Finanzbehörde darf an andere Personen als die Beteiligten Auskunftsersuchen über eine ihr noch unbekannte Anzahl von Sachverhalten mit dem Grunde nach bestimmbaren, ihr noch nicht bekannten Personen stellen (Sammelauskunftsersuchen). [2] Voraussetzung für ein Sammelauskunftsersuchen ist, dass ein hinreichender Anlass für die Ermittlungen besteht und andere zumutbare Maßnahmen zur Sachverhaltsaufklärung keinen Erfolg versprechen. [3] Absatz 1 Satz 3 ist nicht anzuwenden.

(2) [1] In dem Auskunftsersuchen ist anzugeben, worüber Auskünfte erteilt werden sollen und ob die Auskunft für die Besteuerung des Auskunftspflichtigen oder für die Besteuerung anderer Personen angefordert wird. [2] Auskunftsersuchen haben auf Verlangen des Auskunftspflichtigen schriftlich zu ergehen.

(3) [1] Die Auskünfte sind wahrheitsgemäß nach bestem Wissen und Gewissen zu erteilen. [2] Auskunftspflichtige, die nicht aus dem Gedächtnis Auskunft geben können, haben Bücher, Aufzeichnungen, Geschäftspapiere und andere

---

1) § 93 Abs. 1a eingef. mWv 25.6.2017 durch G v. 23.6.2017 (BGBl. I S. 1682); zur Anwendung s. auch Art. 97 § 1 Abs. 12 Satz 1 EGAO.

Urkunden, die ihnen zur Verfügung stehen, einzusehen und, soweit nötig, Aufzeichnungen daraus zu entnehmen.

(4) [1]Der Auskunftspflichtige kann die Auskunft schriftlich, elektronisch, mündlich oder fernmündlich erteilen. [2]Die Finanzbehörde kann verlangen, dass der Auskunftspflichtige schriftlich Auskunft erteilt, wenn dies sachdienlich ist.

(5) [1]Die Finanzbehörde kann anordnen, dass der Auskunftspflichtige eine mündliche Auskunft an Amtsstelle erteilt. [2]Hierzu ist sie insbesondere dann befugt, wenn trotz Aufforderung eine schriftliche Auskunft nicht erteilt worden ist oder eine schriftliche Auskunft nicht zu einer Klärung des Sachverhalts geführt hat. [3]Absatz 2 Satz 1 gilt entsprechend.

(6) [1]Auf Antrag des Auskunftspflichtigen ist über die mündliche Auskunft an Amtsstelle eine Niederschrift aufzunehmen. [2]Die Niederschrift soll den Namen der anwesenden Personen, den Ort, den Tag und den wesentlichen Inhalt der Auskunft enthalten. [3]Sie soll von dem Amtsträger, dem die mündliche Auskunft erteilt wird, und dem Auskunftspflichtigen unterschrieben werden. [4]Den Beteiligten ist eine Abschrift der Niederschrift zu überlassen.

(7)[1)] [1]Ein automatisierter Abruf von Kontoinformationen nach § 93b ist nur zulässig, soweit

1. der Steuerpflichtige eine Steuerfestsetzung nach § 32d Abs. 6 des Einkommensteuergesetzes beantragt oder

2.[2)] *(aufgehoben)*

und der Abruf in diesen Fällen zur Festsetzung der Einkommensteuer erforderlich ist oder er erforderlich ist

3. zur Feststellung von Einkünften nach den §§ 20 und 23 Abs. 1 des Einkommensteuergesetzes in Veranlagungszeiträumen bis einschließlich des Jahres 2008 oder

4.[3)] zur Erhebung von bundesgesetzlich geregelten Steuern oder Rückforderungsansprüchen bundesgesetzlich geregelter Steuererstattungen und Steuervergütungen oder

4a.[4)] zur Ermittlung, in welchen Fällen ein inländischer Steuerpflichtiger im Sinne des § 138 Absatz 2 Satz 1 Verfügungsberechtigter oder wirtschaftlich Berechtigter im Sinne des Geldwäschegesetzes eines Kontos oder Depots einer natürlichen Person, *Personengesellschaft,* Körperschaft, Personenvereinigung oder Vermögensmasse mit Wohnsitz, gewöhnlichem Aufenthalt, Sitz, Hauptniederlassung oder Geschäftsleitung außerhalb des Geltungsbereichs dieses Gesetzes ist, oder

---

[1)] § 93 Abs. 7 neu gef. mWv 1.1.2009 durch G v. 14.8.2007 (BGBl. I S. 1912); Satz 2 geänd. mWv 25.5.2018 durch G v. 17.7.2017 (BGBl. I S. 2541).

[2)] § 93 Abs. 7 Satz 1 Nr. 2 aufgeh. durch G v. 1.11.2011 (BGBl. I S. 2131); zur Anwendung siehe Art. 97 § 26 EGAO (Nr. **800a**).

[3)] § 93 Abs. 7 Satz 1 Nr. 4 neu gef.; Nrn. 4a, 4b eingef. durch G v. 23.6.2017 (BGBl. I S. 1682); zur Anwendung siehe Art. 97 § 26 Abs. 2 Satz 1 EGAO (Nr. **800a**); Nr. 4a geänd. durch G v. 23.6.2017 (BGBl. I S. 1822).

[4)] § 93 Abs. 7 Satz 1 Nr. 4a geänd. (kursiver Satzteil aufgeh.) mWv 1.1.2024 durch G v. 22.12.2023 (BGBl. I Nr. 411).

4b. zur Ermittlung der Besteuerungsgrundlagen in den Fällen des § 208 Absatz 1 Satz 1 Nummer 3

4c.[1] zur Durchführung der Amtshilfe für andere Mitgliedstaaten der Europäischen Union nach § 3a des EU-Amtshilfegesetzes *oder*

oder

5.[2] der Steuerpflichtige zustimmt oder die von ihm oder eine für ihn nach § 139b Absatz 10 Satz 1 an das Bundeszentralamt für Steuern übermittelte Kontoverbindung verifiziert werden soll.

[2] In diesen Fällen darf die Finanzbehörde oder in den Fällen des § 1 Abs. 2 die Gemeinde das Bundeszentralamt für Steuern ersuchen, bei den Kreditinstituten einzelne Daten aus den nach § 93b Absatz 1 und 1a[3] zu führenden Dateisystemen abzurufen; in den Fällen des Satzes 1 Nummer 1 bis 4b[3] darf ein Abrufersuchen nur dann erfolgen, wenn ein Auskunftsersuchen an den Steuerpflichtigen nicht zum Ziel geführt hat oder keinen Erfolg verspricht.

(8)[4] [1] Das Bundeszentralamt für Steuern erteilt auf Ersuchen Auskunft über die in § 93b Absatz 1 und 1a bezeichneten Daten, ausgenommen die Identifikationsnummer nach § 139b,

1. den für die Verwaltung
   a) der Grundsicherung für Arbeitsuchende nach dem Zweiten Buch Sozialgesetzbuch,
   b) der Sozialhilfe nach dem Zwölften Buch Sozialgesetzbuch,
   c) der Ausbildungsförderung nach dem Bundesausbildungsförderungsgesetz,
   d) der Aufstiegsfortbildungsförderung nach dem Aufstiegsfortbildungsförderungsgesetz,
   e) des Wohngeldes nach dem Wohngeldgesetz,
   f)[5] der Leistungen nach dem Asylbewerberleistungsgesetz und
   g)[6] des Zuschlags an Entgeltpunkten für langjährige Versicherung nach dem Sechsten Buch Sozialgesetzbuch

   zuständigen Behörden, soweit dies zur Überprüfung des Vorliegens der Anspruchsvoraussetzungen erforderlich ist und ein vorheriges Auskunftser-

---

[1] § 93 Abs. 7 Satz 1 Nr. 4c eingef. durch G v. 20.12.2022 (BGBl. I S. 2730); zur Anwendung mWv 1.1.2023 siehe Art. 97 § 37 Abs. 1 EGAO (Nr. **800a**).

[2] § 93 Abs. 7 Satz 1 Nr. 5 2. Alt. angef. mWv 21.12.2022 G v. 16.12.2022 (BGBl. I S. 2294).

[3] § 93 Abs. 7 Satz 2 Verweise geänd. durch G v. 23.6.2017 (BGBl. I S. 1682); zur Anwendung des 2. Hs vgl. Art. 97 § 26 Abs. 2 Satz 1 EGAO (Nr. **800a**); zur Anwendung von § 93b Abs. 1 und 1a siehe Fn. dort.

[4] § 93 Abs. 8 ersetzt durch Abs. 8 bis 10 mWv 18.8.2007 durch G v. 14.8.2007 (BGBl. I S. 1912); Satz 1 abschl. Satzteil und Satz 2 geänd. durch G v. 23.6.2017 (BGBl. I S. 1682); Satz 1 neu gef. mWv 26.6.2017 durch G v. 23.6.2017 (BGBl. I S. 1822); Satz 2 eingef., bish. Satz 2 wird Satz 3 mWv 6.7.2017 durch G v. 30.6.2017 (BGBl. I S. 2094); Satz 1 Nr. 1 geänd. mWv 26.11.2019, Sätze 1–3 geänd. mWv 1.1.2020 durch G v. 20.11.2019 (BGBl. I S. 1626); Satz 2 neu gef. mWv 1.1.2022 durch G v. 7.5.2021 (BGBl. I S. 850).

[5] § 93 Abs. 8 Satz 1 Nr. 1 Buchst. f angef. mWv 18.7.2019 durch G v. 11.7.2019 (BGBl. I S. 1066).

[6] § 93 Abs. 8 Satz 1 Nr. 1 Buchst. g angef. mWv 1.1.2021 durch G v. 12.8.2020 (BGBl. I S. 1879).

1. die Gründung und den Erwerb von Betrieben und Betriebstätten im Ausland;
2. den Erwerb, die Aufgabe oder die Veränderung einer Beteiligung an ausländischen Personengesellschaften;
3. den Erwerb oder die Veräußerung von Beteiligungen an einer Körperschaft, Personenvereinigung oder Vermögensmasse mit Sitz und Geschäftsleitung außerhalb des Geltungsbereichs dieses Gesetzes, wenn
   a) damit eine Beteiligung von mindestens 10 Prozent am Kapital oder am Vermögen der Körperschaft, Personenvereinigung oder Vermögensmasse erreicht wird oder
   b)[1] die Summe der Anschaffungskosten aller Beteiligungen mehr als 150 000 Euro beträgt. [2]Dies gilt nicht für den Erwerb und die Veräußerung von Beteiligungen von weniger als 1 Prozent am Kapital oder am Vermögen der Körperschaft, Personenvereinigung oder Vermögensmasse, wenn mit der Hauptgattung der Aktien der ausländischen Gesellschaft ein wesentlicher und regelmäßiger Handel an einer Börse in einem Mitgliedstaat der Europäischen Union oder in einem Vertragsstaat des EWR-Abkommens stattfindet oder an einer Börse, die in einem anderen Staat nach § 193 Absatz 1 Satz 1 Nummer 2 und 4 des Kapitalanlagegesetzbuchs von der Bundesanstalt für Finanzdienstleistungsaufsicht zugelassen ist. [3]Für die Ermittlung der Beteiligungshöhe im Sinne des Satzes 2 sind alle gehaltenen Beteiligungen zu berücksichtigen. [4]Nicht mitteilungspflichtige Erwerbe und nicht mitteilungspflichtige Veräußerungen im Sinne des Satzes 2 sind bei der Ermittlung der Summe der Anschaffungskosten im Sinne des Satzes 1 außer Betracht zu lassen;
4. die Tatsache, dass sie allein oder zusammen mit nahestehenden Personen im Sinne des § 1 Absatz 2 des Außensteuergesetzes erstmals unmittelbar oder mittelbar einen beherrschenden oder bestimmenden Einfluss auf die gesellschaftsrechtlichen, finanziellen oder geschäftlichen Angelegenheiten einer Drittstaat-Gesellschaft ausüben können;
5. die Art der wirtschaftlichen Tätigkeit des Betriebs, der Betriebstätte, der Personengesellschaft, Körperschaft, Personenvereinigung, Vermögensmasse oder der Drittstaat-Gesellschaft.

[2]In den Fällen des Satzes 1 Nummer 3 sind unmittelbare und mittelbare Beteiligungen zusammenzurechnen.

(3)[2] Drittstaat-Gesellschaft ist eine *Personengesellschaft,* Körperschaft, Personenvereinigung oder Vermögensmasse mit Sitz oder Geschäftsleitung in Staaten oder Territorien, die nicht Mitglieder der Europäischen Union oder der Europäischen Freihandelsassoziation sind.

---

[1] § 138 Abs. 2 Satz 1 Nr. 3 Buchst. b Sätze 2 bis 4 angef. durch G v. 21.12.2020 (BGBl. I S. 3096); zur Anwendung siehe Art. 97 § 32 Abs. 3 EGAO (Nr. **800a**).

[2] § 138 Abs. 2 und 3 ersetzt durch Abs. 2 bis 5 durch G v. 23.6.2017 (BGBl. I S. 1682); zur Anwendung siehe Art. 97 § 32 EGAO (Nr. **800a**); Abs. 3 geänd. (kursiver Satzteil aufgeh.) mWv 1.1.2024 durch G v. 22.12.2023 (BGBl. I Nr. 411).

(4)[1)·2)] Mitteilungen nach den Absätzen 1, 1a und 1b sind innerhalb eines Monats nach dem meldepflichtigen Ereignis zu erstatten.

(5)[1)·3)] [1]Mitteilungen nach Absatz 2 sind zusammen mit der Einkommensteuer-, Körperschaftsteuer- oder Feststellungserklärung für den Besteuerungszeitraum, in dem der mitzuteilende Sachverhalt verwirklicht wurde, spätestens jedoch bis zum Ablauf von 14 Monaten nach Ablauf dieses Besteuerungszeitraums, nach amtlich vorgeschriebenem Datensatz über die amtlich bestimmten Schnittstellen zu erstatten. [2]Inländische Steuerpflichtige, die nicht dazu verpflichtet sind, ihre Einkommensteuer-, Körperschaftsteuer- oder Feststellungserklärung nach amtlich vorgeschriebenem Datensatz über die amtlich bestimmte Schnittstelle abzugeben, haben die Mitteilungen nach amtlich vorgeschriebenem Vordruck zu erstatten, es sei denn, sie geben ihre Einkommensteuer-, Körperschaftsteuer- oder Feststellungserklärung freiwillig nach amtlich vorgeschriebenem Datensatz über die amtlich bestimmte Schnittstelle ab. [3]Inländische Steuerpflichtige, die nicht dazu verpflichtet sind, eine Einkommensteuer-, Körperschaftsteuer- oder Feststellungserklärung abzugeben, haben die Mitteilungen nach amtlich vorgeschriebenem Vordruck bis zum Ablauf von 14 Monaten nach Ablauf des Kalenderjahrs zu erstatten, in dem der mitzuteilende Sachverhalt verwirklicht worden ist.

§ 138a[4)] Länderbezogener Bericht multinationaler Unternehmensgruppen. (1)[5)] [1]Ein Unternehmen mit Sitz oder Geschäftsleitung im Inland (inländisches Unternehmen), das einen Konzernabschluss aufstellt oder nach anderen Regelungen als den Steuergesetzen aufzustellen hat (inländische Konzernobergesellschaft), hat nach Ablauf eines Wirtschaftsjahres für dieses Wirtschaftsjahr einen länderbezogenen Bericht dieses Konzerns zu erstellen und dem Bundeszentralamt für Steuern zu übermitteln, wenn

1. der Konzernabschluss mindestens ein Unternehmen mit Sitz und Geschäftsleitung im Ausland (ausländisches Unternehmen) oder eine ausländische Betriebsstätte umfasst und
2. die im Konzernabschluss ausgewiesenen, konsolidierten Umsatzerlöse im vorangegangenen Wirtschaftsjahr mindestens 750 Millionen Euro betragen.

[2]Die Verpflichtung nach Satz 1 besteht vorbehaltlich der Absätze 3 und 4 nicht, wenn das inländische Unternehmen im Sinne des Satzes 1 in den Konzernabschluss eines anderen Unternehmens einbezogen wird.

(2)[5)] Der länderbezogene Bericht im Sinne von Absatz 1 enthält

1.[6)] eine nach Steuerhoheitsgebieten gegliederte Übersicht, wie sich die Geschäftätigkeit des Konzerns auf die Steuerhoheitsgebiete verteilt, in denen

---

1) § 138 Abs. 2 und 3 ersetzt durch Abs. 2 bis 5 durch G v. 23.6.2017 (BGBl. I S. 1682); zur Anwendung siehe Art. 97 § 32 EGAO (Nr. **800a**).

2) § 138 Abs. 4 neu gef. mWv 1.1.2020 durch G v. 22.11.2019 (BGBl. I S. 1746).

3) § 138 Abs. 5 Sätze 1 bis 3 geänd. durch G v. 21.12.2020 (BGBl. I S. 3096); zur Anwendung siehe Art. 97 § 32 Abs. 3 EGAO (Nr. **800a**).

4) § 138a eingef. durch G v. 20.12.2016 (BGBl. I S. 3000); zur Anwendung siehe Art. 97 § 31 EGAO (Nr. **800a**).

5) Zur Anwendung siehe Art. 97 § 31 Satz 1 EGAO (Nr. **800a**).

6) § 138a Abs. 2 Nr. 1 geänd. mWv 29.12.2020 durch G v. 21.12.2020 (BGBl. I S. 3096).

§ 138d[1)] Pflicht zur Mitteilung grenzüberschreitender Steuergestaltungen. (1) Wer eine grenzüberschreitende Steuergestaltung im Sinne des Absatzes 2 vermarktet, für Dritte konzipiert, organisiert oder zur Nutzung bereitstellt oder ihre Umsetzung durch Dritte verwaltet (Intermediär), hat die grenzüberschreitende Steuergestaltung dem Bundeszentralamt für Steuern nach Maßgabe der §§ 138f und 138h mitzuteilen.

(2) [1] Eine grenzüberschreitende Steuergestaltung ist jede Gestaltung,

1. die eine oder mehrere Steuern zum Gegenstand hat, auf die das EU-Amtshilfegesetz anzuwenden ist,
2. die entweder mehr als einen Mitgliedstaat der Europäischen Union oder mindestens einen Mitgliedstaat der Europäischen Union und einen oder mehrere Drittstaaten betrifft, wobei mindestens eine der folgenden Bedingungen erfüllt ist:
   a) nicht alle an der Gestaltung Beteiligten sind im selben Steuerhoheitsgebiet ansässig;
   b) einer oder mehrere der an der Gestaltung Beteiligten sind gleichzeitig in mehreren Steuerhoheitsgebieten ansässig;
   c) einer oder mehrere der an der Gestaltung Beteiligten gehen in einem anderen Steuerhoheitsgebiet über eine dort gelegene Betriebstätte einer Geschäftstätigkeit nach und die Gestaltung ist Teil der Geschäftstätigkeit der Betriebstätte oder macht deren gesamte Geschäftstätigkeit aus;
   d) einer oder mehrere der an der Gestaltung Beteiligten gehen in einem anderen Steuerhoheitsgebiet einer Tätigkeit nach, ohne dort ansässig zu sein oder eine Betriebstätte zu begründen;
   e) die Gestaltung ist geeignet, Auswirkungen auf den automatischen Informationsaustausch oder die Identifizierung des wirtschaftlichen Eigentümers zu haben, und
3. die mindestens
   a) ein Kennzeichen im Sinne des § 138e Absatz 1 aufweist und von der ein verständiger Dritter unter Berücksichtigung aller wesentlichen Fakten und Umstände vernünftigerweise erwarten kann, dass der Hauptvorteil oder einer der Hauptvorteile die Erlangung eines steuerlichen Vorteils im Sinne des Absatzes 3 ist, oder
   b) ein Kennzeichen im Sinne des § 138e Absatz 2 aufweist.

[2] Besteht eine Steuergestaltung aus einer Reihe von Gestaltungen, gilt sie als grenzüberschreitende Steuergestaltung, wenn mindestens ein Schritt oder Teilschritt der Reihe grenzüberschreitend im Sinne des Satzes 1 Nummer 2 ist; in diesem Fall hat die Mitteilung nach Absatz 1 die gesamte Steuergestaltung zu umfassen.

(3) [1] Ein steuerlicher Vorteil im Sinne des Absatzes 2 Satz 1 Nummer 3 Buchstabe a liegt vor, wenn

---

[1)] § 138d eingef. durch G v. 21.12.2019 (BGBl. I S. 2875); zur Anwendung siehe § 138f Abs. 2 iVm Art. 97 § 33 Abs. 1 und 2 EGAO (Nr. **800a**).

1. durch die Steuergestaltung Steuern erstattet, Steuervergütungen gewährt oder erhöht oder Steueransprüche entfallen oder verringert werden sollen,
2. die Entstehung von Steueransprüchen verhindert werden soll oder
3. die Entstehung von Steueransprüchen in andere Besteuerungszeiträume oder auf andere Besteuerungszeitpunkte verschoben werden soll.

[2] Ein steuerlicher Vorteil liegt auch dann vor, wenn er außerhalb des Geltungsbereichs dieses Gesetzes entstehen soll. [3] Das Bundesministerium der Finanzen kann im Einvernehmen mit den obersten Finanzbehörden der Länder in einem im Bundessteuerblatt zu veröffentlichenden Schreiben für bestimmte Fallgruppen bestimmen, dass kein steuerlicher Vorteil im Sinne der Sätze 1 und 2 anzunehmen ist, insbesondere weil sich der steuerliche Vorteil einer grenzüberschreitenden Steuergestaltung ausschließlich im Geltungsbereich dieses Gesetzes auswirkt und unter Berücksichtigung aller Umstände der Steuergestaltung gesetzlich vorgesehen ist.

(4) Betriebstätte im Sinne des Absatzes 2 Satz 1 Nummer 2 Buchstabe c und d ist sowohl eine Betriebstätte im Sinne des § 12 als auch eine Betriebsstätte im Sinne eines im konkreten Fall anwendbaren Abkommens zur Vermeidung der Doppelbesteuerung.

(5)[1)] Nutzer einer grenzüberschreitenden Steuergestaltung ist jede natürliche oder juristische Person, *Personengesellschaft, Gemeinschaft* [***ab 1.1.2024:*** Personenvereinigung] oder Vermögensmasse,

1. der die grenzüberschreitende Steuergestaltung zur Umsetzung bereitgestellt wird,
2. die bereit ist, die grenzüberschreitende Steuergestaltung umzusetzen, oder
3. die den ersten Schritt zur Umsetzung der grenzüberschreitenden Steuergestaltung gemacht hat.

(6) Hat ein Nutzer eine grenzüberschreitende Steuergestaltung für sich selbst konzipiert, so sind für ihn auch die für Intermediäre geltenden Regelungen entsprechend anzuwenden.

(7) Übt ein Intermediär im Zusammenhang mit der grenzüberschreitenden Steuergestaltung ausschließlich die in Absatz 1 aufgeführten Tätigkeiten aus, so gilt er nicht als an der Gestaltung Beteiligter.

§ 138e[2)] Kennzeichen grenzüberschreitender Steuergestaltungen.

(1) Kennzeichen im Sinne des § 138d Absatz 2 Satz 1 Nummer 3 Buchstabe a sind:

1. die Vereinbarung
   a) einer Vertraulichkeitsklausel, die dem Nutzer oder einem anderen an der Steuergestaltung Beteiligten eine Offenlegung, auf welche Weise aufgrund der Gestaltung ein steuerlicher Vorteil erlangt wird, gegenüber anderen Intermediären oder den Finanzbehörden verbietet, oder

---

1) § 138d Textteil vor Nr. 1 geänd. mWv 1.1.2024 durch G v. 22.12.2023 (BGBl. I Nr. 411).
2) § 138e eingef. durch G v. 21.12.2019 (BGBl. I S. 2875); zur Anwendung siehe § 138f Abs. 2 iVm Art. 97 § 33 Abs. 1 und 2 EGAO (Nr. **800a**).

betriebs eine Verbrauchsteuerpflicht geknüpft ist, hat dies der zuständigen Finanzbehörde vor Eröffnung des Betriebs anzumelden. 2 Das Gleiche gilt für den, der ein Unternehmen betreiben will, bei dem besondere Verkehrsteuern anfallen.

(2)[1] 1 Durch Rechtsverordnung können Bestimmungen über den Zeitpunkt, die Form und den Inhalt der Anmeldung getroffen werden. 2 Die Rechtsverordnung erlässt die Bundesregierung, soweit es sich um Verkehrsteuern mit Ausnahme der Luftverkehrsteuer handelt, im Übrigen das Bundesministerium der Finanzen. 3 Die Rechtsverordnung des Bundesministeriums der Finanzen bedarf der Zustimmung des Bundesrates nur, soweit sie die Biersteuer betrifft.

3. Unterabschnitt:[2] Identifikationsmerkmal

§ 139a[2] Identifikationsmerkmal. (1) 1 Das Bundeszentralamt für Steuern[3] teilt jedem Steuerpflichtigen [***ab 31.8.2023:*** und jeder sonstigen natürlichen Person, die bei einer öffentlichen Stelle ein Verwaltungsverfahren führt,][4] zum Zwecke der eindeutigen Identifizierung in *Besteuerungsverfahren* [***ab 31.8.2023:*** Besteuerungs- und Verwaltungsverfahren][4] ein einheitliches und dauerhaftes Merkmal (Identifikationsmerkmal) zu; das Identifikationsmerkmal ist vom Steuerpflichtigen oder von einem Dritten, der Daten dieses Steuerpflichtigen an die Finanzbehörden zu übermitteln hat, bei Anträgen, Erklärungen oder Mitteilungen gegenüber Finanzbehörden anzugeben.[5] 2 Es besteht aus einer Ziffernfolge, die nicht aus anderen Daten über *den Steuerpflichtigen* [***ab 31.8.2023:*** die betroffene Person][4] gebildet oder abgeleitet werden darf; die letzte Stelle ist eine Prüfziffer. 3 Natürliche Personen erhalten eine Identifikationsnummer, wirtschaftlich Tätige eine Wirtschafts-Identifikationsnummer. 4 *Der Steuerpflichtige* [***ab 31.8.2023:*** Die betroffene Person][4] ist über die Zuteilung eines Identifikationsmerkmals unverzüglich zu unterrichten.

(2) Steuerpflichtiger im Sinne dieses Unterabschnitts ist jeder, der nach einem Steuergesetz steuerpflichtig ist.

(3) Wirtschaftlich Tätige im Sinne dieses Unterabschnitts sind:

1. natürliche Personen, die wirtschaftlich tätig sind,
2. juristische Personen,
3. Personenvereinigungen.

---

[1] § 139 Abs. 2 Satz 2 geänd. mWv 30.6.2013 durch G v. 26.6.2013 (BGBl. I S. 1809).

[2] 3. Unterabschnitt (§§ 139a bis 139d) eingef. durch G v. 15.12.2003 (BGBl. I S. 2645); zu § 139a siehe Art. 97 § 5 EGAO (Nr. **800a**).

[3] Bezeichnung geänd. durch G v. 22.9.2005 (BGBl. I S. 2809).

[4] § 139a Abs. 1 Sätze 1, 2 und 4 geänd. durch G v. 28.3.2021 (BGBl. I S. 591). Zum Inkrafttreten vgl. Art. 22 Satz 3 des G v. 28.3.2021 (BGBl. I S. 591): „Die Artikel 3 [...] treten jeweils an dem Tag in Kraft, an dem das Bundesministerium des Innern, für Bau und Heimat im Bundesgesetzblatt jeweils bekannt gibt, dass die technischen Voraussetzungen für die Verarbeitung der Identifikationsnummer nach § 139b der Abgabenordnung nach den jeweils geänderten Gesetzen vorliegen." Die **Bekanntmachung** erfolgte in BGBl. I 2023 Nr. 230 Abs. 2: zum 31.8.2023.

[5] § 139a Abs. 1 Satz 1 2. HS neu gef. mWv 31.12.2014 durch G v. 22.12.2014 (BGBl. I S. 2417).

§ 139b[1)·2)] **Identifikationsnummer.** (1) [1] Eine natürliche Person darf nicht mehr als eine Identifikationsnummer erhalten. [2] Jede Identifikationsnummer darf nur einmal vergeben werden.

(2)[3)] [1] Die Finanzbehörden dürfen die Identifikationsnummer verarbeiten, wenn die Verarbeitung zur Erfüllung der ihnen obliegenden Aufgaben erforderlich ist oder eine Rechtsvorschrift die Verarbeitung der Identifikationsnummer ausdrücklich erlaubt oder anordnet. [2] Andere öffentliche oder nichtöffentliche Stellen dürfen ohne Einwilligung der betroffenen Person

1. die Identifikationsnummer nur verarbeiten, soweit dies für Datenübermittlungen zwischen ihnen und den Finanzbehörden erforderlich ist oder eine Rechtsvorschrift die Verarbeitung der Identifikationsnummer ausdrücklich erlaubt oder anordnet,
2. ihre Dateisysteme nur insoweit nach der Identifikationsnummer ordnen oder für den Zugriff erschließen, als dies für regelmäßige Datenübermittlungen zwischen ihnen und den Finanzbehörden erforderlich ist,
3. eine rechtmäßig erhobene Identifikationsnummer eines Steuerpflichtigen zur Erfüllung aller Mitteilungspflichten gegenüber Finanzbehörden verwenden, soweit die Mitteilungspflicht denselben Steuerpflichtigen betrifft und die Verarbeitung nach Nummer 1 zulässig wäre,
4. eine durch ein verbundenes Unternehmen im Sinne des § 15 des Aktiengesetzes oder ein Unternehmen einer kreditwirtschaftlichen Verbundgruppe rechtmäßig erhobene Identifikationsnummer eines Steuerpflichtigen zur Erfüllung aller steuerlichen Mitwirkungspflichten verwenden, soweit die Mitwirkungspflicht denselben Steuerpflichtigen betrifft und die verwendende Stelle zum selben Unternehmensverbund wie die Stelle gehört, die die Identifikationsnummer erhoben hat und die Verarbeitung nach Nummer 1 zulässig wäre.

(3) Das Bundeszentralamt für Steuern[4)] speichert zu natürlichen Personen folgende Daten:

1. Identifikationsnummer,
2. Wirtschafts-Identifikationsnummern,
3. Familienname,
4. frühere Namen,
5. Vornamen,
6. Doktorgrad,
7.[5)] *(aufgehoben)*
8. Tag und Ort der Geburt,

[1)] 3. Unterabschnitt (§§ 139a bis 139d) eingef. durch G v. 15.12.2003 (BGBl. I S. 2645); zu § 139a siehe Art. 97 § 5 EGAO (Nr. **800a**).

[2)] Zu § 139b siehe auch Nr. **800h** und Nr. **800k,** sowie § 52 Abs. 30b EStG (Nr. **1**). Zum Datenschutzcockpit siehe Art. 21 des G v. 28.3.2021 (BGBl. I S. 591 [606]); näheres unter Registermodernisierung@bva.bund.de.

[3)] § 139b Abs. 2 neu gef. mWv 25.5.2018 durch G v. 17.7.2017 (BGBl. I S. 2541).

[4)] Bezeichnung geänd. durch G v. 22.9.2005 (BGBl. I S. 2809).

[5)] § 139b Abs. 3 Nr. 7 aufgeh. mWv 1.11.2007 durch G v. 20.7.2007 (BGBl. I S. 1566).

9. Geschlecht,
10. gegenwärtige oder letzte bekannte Anschrift,
11.[1] zuständige Finanzbehörden,
12.[2] Auskunftssperren nach dem Bundesmeldegesetz,
13.[3] Sterbetag,
14.[4] Tag des Ein- und Auszugs,

[*ab 1.11.2023*:
15.[5] Staatsangehörigkeiten sowie
16.[5] Datum des letzten Verwaltungskontakts (Monat, Jahr).]

(3a)[6] Außerdem speichert das Bundeszentralamt für Steuern zu natürlichen Personen die für sie nach Absatz 10 zuletzt übermittelte internationale Kontonummer (IBAN), bei ausländischen Kreditinstituten auch den internationalen Banken-Identifizierungsschlüssel (BIC).

(4)[7] [1] Die in Absatz 3 aufgeführten Daten werden gespeichert, um

1. sicherzustellen, dass eine Person nur eine Identifikationsnummer erhält und eine Identifikationsnummer nicht mehrfach vergeben wird,
2. die Identifikationsnummer eines Steuerpflichtigen festzustellen,
3. zu erkennen, welche Finanzbehörden[8] für einen Steuerpflichtigen zuständig sind,
4. Daten, die auf Grund eines Gesetzes oder nach über- und zwischenstaatlichem Recht entgegenzunehmen sind, an die zuständigen Stellen weiterleiten zu können,
5. den Finanzbehörden die Erfüllung der ihnen durch Rechtsvorschrift zugewiesenen Aufgaben zu ermöglichen.

---

[1] § 139b Abs. 3 Nr. 11 geänd. durch G v. 9.12.2004 (BGBl. I S. 3310).

[2] § 139b Abs. 3 Nr. 12 eingef., bish. Nr. 12 wird Nr. 13 mWv 29.12.2007 durch G v. 20.12.2007 (BGBl. I S. 3150); Nr. 12 neu gef. mWv 1.11.2015 durch G v. 3.5.2013 (BGBl. I S. 1084; geänd. BGBl. I 2014 S. 1738).

[3] § 139b Abs. 3 Nr. 12 eingef., bish. Nr. 12 wird Nr. 13 mWv 29.12.2007 durch G v. 20.12.2007 (BGBl. I S. 3150); Nr. 12 neu gef. mWv 1.11.2015 durch G v. 3.5.2013 (BGBl. I S. 1084; geänd. BGBl. I 2014 S. 1738).

[4] § 139b Abs. 3 Nr. 14 angef. mWv 31.12.2014 durch G v. 22.12.2014 (BGBl. I S. 2417).

[5] § 139b Abs. 3 Nrn. 15 und 16 angef. durch G v. 28.3.2021 (BGBl. I S. 591). Zum Inkrafttreten vgl. Art. 22 Satz 3 des G v. 28.3.2021 (BGBl. I S. 591):
„Die Artikel 3 [...] treten jeweils an dem Tag in Kraft, an dem das Bundesministerium des Innern, für Bau und Heimat im Bundesgesetzblatt jeweils bekannt gibt, dass die technischen Voraussetzungen für die Verarbeitung der Identifikationsnummer nach § 139b der Abgabenordnung nach den jeweils geänderten Gesetzen vorliegen." Die **Bekanntmachung** erfolgte in BGBl. I 2023 Nr. 293: zum **1.11.2023.**

[6] § 139b Abs. 3a eingef. mWv 21.12.2022 durch G v. 16.12.2022 (BGBl. I S. 2294).

[7] § 139b Abs. 4 Satz 2 angef. mWv 1.1.2021 durch G v. 12.8.2020 (BGBl. I S. 1879); Abs. 4 Satz 3 angef. durch G v. 28.3.2021 (BGBl. I S. 591); zum Inkrafttreten vgl. Art. 22 Satz 3 des G v. 28.3.2021 (BGBl. I S. 591):
„Die Artikel 3 [...] treten jeweils an dem Tag in Kraft, an dem das Bundesministerium des Innern, für Bau und Heimat im Bundesgesetzblatt jeweils bekannt gibt, dass die technischen Voraussetzungen für die Verarbeitung der Identifikationsnummer nach § 139b der Abgabenordnung nach den jeweils geänderten Gesetzen vorliegen." Die **Bekanntmachung** erfolgte in BGBl. I 2023 Nr. 230 Abs. 2: zum **31.8.2023.**

[8] Bezeichnung geänd. durch G v. 9.12.2004 (BGBl. I S. 3310).

[2]Die in Absatz 3 Nummer 1 und 8 aufgeführten Daten werden auch zur Ermittlung des Einkommens nach § 97a des Sechsten Buches Sozialgesetzbuch gespeichert und können von den Trägern der gesetzlichen Rentenversicherung zu diesem Zweck verarbeitet werden. [***ab 31.8.2023:*** [3]Die Regelungen des Identifikationsnummerngesetzes bleiben unberührt.]

(4a)[1] Die in Absatz 3 Nummer 3 bis 6, 8 und 10 aufgeführten Daten werden bei einer natürlichen Person, die ein Nutzerkonto im Sinne des § 2 Absatz 5 des Onlinezugangsgesetzes nutzt, auch zum Nachweis der Identität als Nutzer dieses Nutzerkontos gespeichert; diese Daten dürfen elektronisch an das Nutzerkonto übermittelt werden, wenn der Nutzer zuvor in die Übermittlung eingewilligt hat.

(4b)[2] Die in Absatz 3 Nummer 1 und 8 aufgeführten Daten werden bei einer natürlichen Person auch für Zwecke der Digitalen Rentenübersicht gespeichert.

(4c)[3] [1]Die nach Absatz 3a gespeicherten Daten werden gespeichert, um eine unbare Auszahlung von Leistungen aus öffentlichen Mitteln zu ermöglichen, bei denen die Verwendung der nach Absatz 3a gespeicherten Daten vorgesehen ist. [2]Die in Absatz 3 aufgeführten Daten werden bei einer natürlichen Person auch für die in Satz 1 genannten Zwecke gespeichert.

(5)[4] [1]Die in Absatz 3 aufgeführten Daten dürfen nur für die in den Absätzen 4 bis 4c genannten Zwecke verarbeitet werden. [2]Die in Absatz 3a aufgeführten Daten dürfen nur für die in Absatz 4c genannten Zwecke verarbeitet werden; eine Übermittlung, Verwendung oder Beschlagnahme dieser Daten nach anderen Rechtsvorschriften ist unzulässig. [3]Auskunftssperren nach dem Bundesmeldegesetz sind zu beachten und im Fall einer zulässigen Datenübermittlung ebenfalls zu übermitteln. [4]Der Dritte, an den die Daten übermittelt werden, hat die Übermittlungssperren ebenfalls zu beachten. [***ab 31.8.2023:*** [5]Die Regelungen des Identifikationsnummerngesetzes bleiben unberührt.]

(6)[5] [1]Zum Zwecke der erstmaligen Zuteilung der Identifikationsnummer übermitteln die Meldebehörden dem Bundeszentralamt für Steuern für jeden in ihrem Zuständigkeitsbereich mit alleiniger Wohnung oder Hauptwohnung im Melderegister registrierten Einwohner folgende Daten:

---

[1] § 139b Abs. 4a eingef. mWv 10.12.2020 durch G v. 3.12.2020 (BGBl. I S. 2668).

[2] § 139b Abs. 4b eingef. mWv 18.2.2021 durch G v. 11.2.2021 (BGBl. I S. 154).

[3] § 139b Abs. 4c eingef. mWv 21.12.2022 durch G v. 16.12.2022 (BGBl. I S. 2294).

[4] § 139b Abs. 5 Sätze 2 und 3 angef. mWv 29.12.2007 durch G v. 20.12.2007 (BGBl. I S. 3150); Satz 2 geänd. mWv 1.11.2015 durch G v. 5.3.2013 (BGBl. I S. 1804; geänd. BGBl. I 2014 S. 1738); Satz 1 geänd. mWv 25.5.2018 durch G v. 17.7.2017 (BGBl. I S. 2541); Satz 1 geänd. durch G v. 3.12.2020 (BGBl. I S. 2668); Satz 1 geänd. mWv 18.2.2021 durch G v. 11.2.2021 (BGBl. I S. 154); Satz 4 angef. durch G v. 28.3.2021 (BGBl. I S. 591); Abs. 5 Satz 1 geänd., Satz 2 eingef., bish. Sätze 2 bis 4 werden Sätze 3 bis 5 durch G v. 16.12.2022 (BGBl. I S. 2294). Zum Inkrafttreten von nunmehr Satz 5 vgl. Art. 22 Satz 3 des G v. 28.3.2021 (BGBl. I S. 591):

„Die Artikel 3 […] treten jeweils an dem Tag in Kraft, an dem das Bundesministerium des Innern, für Bau und Heimat im Bundesgesetzblatt jeweils bekannt gibt, dass die technischen Voraussetzungen für die Verarbeitung der Identifikationsnummer nach § 139b der Abgabenordnung nach den jeweils geänderten Gesetzen vorliegen." Die **Bekanntmachung** erfolgte in BGBl. I 2023 Nr. 230 Abs. 2: zum **31.8.2023.**

[5] § 139b Abs. 6 bish. Sätze 2 und 3 ersetzt durch Sätze 2 bis 5 mWv 19.12.2006 durch G v. 13.12.2006 (BGBl. I S. 2878).

1. Familienname,
2. frühere Namen,
3. Vornamen,
4. Doktorgrad,
5.[1] *(aufgehoben)*
6. Tag und Ort der Geburt,
7. Geschlecht,
8. gegenwärtige Anschrift der alleinigen Wohnung oder der Hauptwohnung,
9.[2] Tag des Ein- und Auszugs,
10.[2] Auskunftssperren nach dem Bundesmeldegesetz,

[***ab 1.11.2023:***
11.[3] Staatsangehörigkeiten sowie
12.[3] Datum des letzten Verwaltungskontakts (Monat, Jahr).]

²Hierzu haben die Meldebehörden jedem in ihrem Zuständigkeitsbereich mit alleiniger Wohnung oder Hauptwohnung registrierten Einwohner ein Vorläufiges Bearbeitungsmerkmal zu vergeben. ³Dieses übermitteln sie zusammen mit den Daten nach Satz 1 an das Bundeszentralamt für Steuern. ⁴Das Bundeszentralamt für Steuern teilt der zuständigen Meldebehörde die dem Steuerpflichtigen zugeteilte Identifikationsnummer zur Speicherung im Melderegister unter Angabe des Vorläufigen Bearbeitungsmerkmals mit und löscht das Vorläufige Bearbeitungsmerkmal anschließend.[4]

(7)[5] ¹Die Meldebehörden haben im Falle der Speicherung einer Geburt im Melderegister sowie im Falle der Speicherung einer Person, für die bisher keine Identifikationsnummer zugeteilt worden ist, dem Bundeszentralamt für Steuern die Daten nach Absatz 6 Satz 1 zum Zwecke der Zuteilung der Identifikationsnummer zu übermitteln. ²Absatz 6 Satz 2 bis 4[6] gilt entsprechend. ³Wird im Melderegister eine Person gespeichert, der nach eigenen Angaben noch keine Identifikationsnummer zugeteilt worden ist, so können die Meldebehörden dies in einem maschinellen Verfahren beim Bundeszentralamt für Steuern überprüfen; dabei dürfen nur die Daten nach Absatz 3

---

[1] § 139b Abs. 6 Satz 1 Nr. 5 aufgeh. mWv 1.11.2007 durch G v. 20.7.2007 (BGBl. I S. 1566).

[2] § 139b Abs. 6 Satz 1 Nrn. 9 und 10 angef. mWv 29.12.2007 durch G v. 20.12.2007 (BGBl. I S. 3150); Nr. 10 neu gef. mWv 1.11.2015 durch G v. 3.5.2013 (BGBl. I S. 1084; geänd. BGBl. I 2014 S. 1738).

[3] § 139b Abs. 6 Satz 1 Nrn. 11 und 12 angef. durch G v. 28.3.2021 (BGBl. I S. 591). Zum Inkrafttreten vgl. Art. 22 Satz 3 des G v. 28.3.2021 (BGBl. I S. 591):

„Die Artikel 3 [...] treten jeweils an dem Tag in Kraft, an dem das Bundesministerium des Innern, für Bau und Heimat im Bundesgesetzblatt jeweils bekannt gibt, dass die technischen Voraussetzungen für die Verarbeitung der Identifikationsnummer nach § 139b der Abgabenordnung nach den jeweils geänderten Gesetzen vorliegen." Die **Bekanntmachung** erfolgte in BGBl. I 2023 Nr. 293: **zum 1.11.2023.**

[4] § 139b Abs. 6 Satz 4 aufgeh. mWv 25.5.2018, bish. Satz 5 wird Satz 4 mWv 25.5.2018 durch G v. 17.7.2017 (BGBl. I S. 2541).

[5] § 139b Abs. 7 Satz 2 neu gef. mWv 19.12.2006 durch G v. 13.12.2006 (BGBl. I S. 2878); Sätze 3 und 4 angef. mWv 21.12.2022 durch G v. 16.12.2022 (BGBl. I S. 2294).

[6] § 139b Abs. 7 Satz 2 und Abs. 8 Zitat geänd. mWv 29.12.2007 durch G v. 20.12.2007 (BGBl. I S. 3150); Abs. 7 Satz 2 Zitat geänd. mWv 31.12.2014 durch G v. 22.12.2014 (BGBl. I S. 2417); geänd. durch G v. 16.12.2022 (BGBl. I S. 2294).

verwendet werden. [4]Stimmen die von der Meldebehörde übermittelten Daten mit den beim Bundeszentralamt für Steuern nach Absatz 3 gespeicherten Daten überein, teilt das Bundeszentralamt für Steuern der Meldebehörde die in Absatz 3 Nummer 1, 3, 5, 8 und 10 genannten Daten mit; andernfalls teilt es der Meldebehörde mit, dass keine Zuordnung möglich war.

(8)[1)] [1]Die Meldebehörde teilt dem Bundeszentralamt für Steuern[2)] Änderungen der in Absatz 6 Satz 1 *Nr. 1 bis 10* [***ab 1.11.2023:*** Nummer 1 bis 12] bezeichneten Daten sowie bei Sterbefällen den Sterbetag unter Angabe der Identifikationsnummer oder, sofern diese noch nicht zugeteilt wurde, unter Angabe des Vorläufigen Bearbeitungsmerkmals mit. [***ab 1.11.2023:*** [2]Die Mitteilungspflicht der Registermodernisierungsbehörde gegenüber dem Bundeszentralamt für Steuern nach § 4 Absatz 4 des Identifikationsnummerngesetzes bleibt unberührt.]

(9)[3)] Das Bundeszentralamt für Steuern[2)] unterrichtet die Meldebehörden, wenn ihm konkrete Anhaltspunkte für die Unrichtigkeit der ihm von den Meldebehörden übermittelten Daten vorliegen.

(10)[4)· 5)] [1]Natürliche Personen, die das 18. Lebensjahr vollendet haben, können dem Bundeszentralamt für Steuern die IBAN, bei ausländischen Kreditinstituten auch den BIC, des für Auszahlungen in den Fällen des Absatzes 4c zu verwendenden Kontos unter Angabe der in Absatz 3 Nummer 1 und 8 genannten Daten in einem sicheren Verfahren

1. übermitteln,
2. durch ihren Bevollmächtigten im Sinne des § 80 Absatz 2 übermitteln lassen oder
3. durch das kontoführende Kreditinstitut übermitteln lassen; die Kreditinstitute haben zu diesem Zweck ein geeignetes Verfahren bereitzustellen.

[2]Für natürliche Personen, die das 18. Lebensjahr noch nicht vollendet haben und für die nach § 63 des Einkommensteuergesetzes Kindergeld festgesetzt worden ist, teilt die zuständige Familienkasse als mitteilungspflichtige Stelle dem Bundeszentralamt für Steuern für die in Absatz 4c genannten Zwecke unter Angabe der in Absatz 3 Nummer 1 und 8 genannten Daten der natürlichen Person die IBAN, bei ausländischen Kreditinstituten auch den BIC, des Kontos mit, auf welches das Kindergeld zuletzt ausgezahlt worden ist; dies gilt nicht, wenn es sich bei dem tatsächlichen Zahlungsempfänger weder um den Kindergeldberechtigten noch um das Kind handelt. [3]Änderungen der nach den Sätzen 1 oder 2 bereits mitgeteilten IBAN, bei ausländischen Kreditinstituten auch des BIC, sind dem Bundeszentralamt für Steuern unter Angabe der in Absatz 3 Nummer 1 und 8 genannten Daten umgehend mitzuteilen.

[1)] § 139b Abs. 8 geänd. mWv 1.1.2006 durch G v. 22.9.2005 (BGBl. I S. 2809); geänd. durch G v. 13.12.2006 (BGBl. I S. 2878); geänd. durch G v. 20.12.2007 (BGBl. I S. 3150); Satz 1 geänd. und Satz 2 angef. durch G v. 16.12.2022 (BGBl. I S. 2294); zur Anwendung siehe Art. 97 § 5a EGAO (Nr. **800a**) iVm Bek. v. 12.10.2023, BGBl. I Nr. 293.

[2)] Bezeichnung geänd. durch G v. 22.9.2005 (BGBl. I S. 2809).

[3)] § 139b Abs. 9 angef. mWv 16.12.2004 durch G v. 9.12.2004 (BGBl. I S. 3310).

[4)] § 139b Abs. 10 bis 13 angef. mWv 21.12.2022 durch G v. 16.12.2022 (BGBl. I S. 2294).

[5)] Die **Bekanntmachung der Anwendung** von Satz 1 und 2 nach § 139b Abs. 13 Sätze 1 und 2 erfolgte in BGBl. I 2023 Nr. 314: ab dem 1.12.2023.

(11)[1] Die Übermittlung der in Absatz 10 genannten Daten an das Bundeszentralamt für Steuern muss elektronisch nach amtlich vorgeschriebenem Datensatz über die amtlich bestimmte Schnittstelle erfolgen.

(12)[1] Das Bundeszentralamt für Steuern stellt den für ein Verfahren im Sinne des Absatzes 4c zuständigen Stellen die in Absatz 3 Nummer 1, 3, 5, 8, 10, 12 und 13 sowie Absatz 3a genannten Daten zum automationsgestützten Abgleich oder zum Abruf durch Datenfernübertragung zur Verfügung.

(13)[1] [1]Eine Datenübermittlung an das Bundeszentralamt für Steuern nach Absatz 10 Satz 1 ist erstmals zu einem vom Bundesministerium der Finanzen zu bestimmenden und im Bundesgesetzblatt bekanntzumachenden Zeitpunkt zulässig. [2]Die nach Absatz 10 Satz 2 mitteilungspflichtigen Stellen haben die von ihnen mitzuteilenden Daten erstmals zu einem vom Bundesministerium der Finanzen zu bestimmenden und im Bundesgesetzblatt bekanntzumachenden Zeitpunkt an das Bundeszentralamt für Steuern zu übermitteln. [3]Wird Kindergeld erstmals nach dem vom Bundesministerium der Finanzen nach Satz 2 bestimmten Zeitpunkt ausgezahlt, gilt Satz 2 entsprechend.

§ 139c[2] Wirtschafts-Identifikationsnummer. (1) [1]Die Wirtschafts-Identifikationsnummer wird auf Anforderung der zuständigen Finanzbehörde[3] vergeben. [2]Sie beginnt mit den Buchstaben „DE". [3]Jede Wirtschafts-Identifikationsnummer darf nur einmal vergeben werden.

(2)[4] [1]Die Finanzbehörden dürfen die Wirtschafts-Identifikationsnummer verarbeiten, wenn die Verarbeitung zur Erfüllung der ihnen obliegenden Aufgaben erforderlich ist oder eine Rechtsvorschrift dies erlaubt oder anordnet. [2]Andere öffentliche oder nicht-öffentliche Stellen dürfen die Wirtschafts-Identifikationsnummer nur verarbeiten, soweit dies zur Erfüllung ihrer Aufgaben oder Geschäftszwecke oder für Datenübermittlungen zwischen ihnen und den Finanzbehörden erforderlich ist. [3]Soweit die Wirtschafts-Identifikationsnummer andere Nummern ersetzt, bleiben Rechtsvorschriften, die eine Übermittlung durch die Finanzbehörden an andere Behörden regeln, unberührt.

(3) Das Bundeszentralamt für Steuern[5] speichert zu natürlichen Personen, die wirtschaftlich tätig sind, folgende Daten:

1. Wirtschafts-Identifikationsnummer,
2. Identifikationsnummer,
3. Firma (§§ 17 ff. des Handelsgesetzbuchs) oder Name des Unternehmens,
4. frühere Firmennamen oder Namen des Unternehmens,
5. Rechtsform,

---

[1] § 139b Abs. 10 bis 13 angef. mWv 21.12.2022 durch G v. 16.12.2022 (BGBl. I S. 2294). Die **Bekanntmachung der Anwendung** nach § 139b Abs. 13 Sätze 1 und 2 erfolgte in BGBl. I 2023 Nr. 314: ab dem 1.12.2023.

[2] 3. Unterabschnitt (§§ 139a bis 139d) eingef. durch G v. 15.12.2003 (BGBl. I S. 2645).

[3] Bezeichnung geänd. durch G v. 9.12.2004 (BGBl. I S. 3310).

[4] § 139c Abs. 2 Sätze 1 und 2 neu gef. mWv 25.5.2018 durch G v. 17.7.2017 (BGBl. I S. 2541).

[5] Bezeichnung geänd. durch G v. 22.9.2005 (BGBl. I S. 2809).

6. Wirtschaftszweignummer,
7. amtlicher Gemeindeschlüssel,
8. Anschrift des Unternehmens, Firmensitz,
9. Handelsregistereintrag (Registergericht, Datum und Nummer der Eintragung),
10. Datum der Betriebseröffnung oder Zeitpunkt der Aufnahme der Tätigkeit,
11. Datum der Betriebseinstellung oder Zeitpunkt der Beendigung der Tätigkeit,
12. zuständige Finanzbehörden[1],
13.[2] Unterscheidungsmerkmale nach Absatz 5a,
14.[2] Angaben zu verbundenen Unternehmen.

(4) Das Bundeszentralamt für Steuern[3] speichert zu juristischen Personen folgende Daten:

1. Wirtschafts-Identifikationsnummer,
2. Identifikationsmerkmale der gesetzlichen Vertreter,
3. Firma (§§ 17 ff. des Handelsgesetzbuchs),
4. frühere Firmennamen,
5. Rechtsform,
6. Wirtschaftszweignummer,
7. amtlicher Gemeindeschlüssel,
8. Sitz gemäß § 11, insbesondere Ort der Geschäftsleitung,
9. Datum des Gründungsaktes,
10. Handels-, Genossenschafts- oder Vereinsregistereintrag (Registergericht, Datum und Nummer der Eintragung),
11. Datum der Betriebseröffnung oder Zeitpunkt der Aufnahme der Tätigkeit,
12. Datum der Betriebseinstellung oder Zeitpunkt der Beendigung der Tätigkeit,
13. Zeitpunkt der Auflösung,
14. Datum der Löschung im Register,
15. verbundene Unternehmen,
16. zuständige Finanzbehörden[1],
17.[4] Unterscheidungsmerkmale nach Absatz 5a.

(5) Das Bundeszentralamt für Steuern[3] speichert zu Personenvereinigungen folgende Daten:

1. Wirtschafts-Identifikationsnummer,
2. Identifikationsmerkmale der gesetzlichen Vertreter,

---

[1] Bezeichnung geänd. durch G v. 9.12.2004 (BGBl. I S. 3310).

[2] § 139c Abs. 3 Nrn. 13 und 14 angef. mWv 31.12.2014 durch G v. 22.12.2014 (BGBl. I S. 2417).

[3] Bezeichnung geänd. durch G v. 22.9.2005 (BGBl. I S. 2809).

[4] § 139c Abs. 4 Nr. 17 angef. mWv 31.12.2014 durch G v. 22.12.2014 (BGBl. I S. 2417).

3. Identifikationsmerkmale der Beteiligten,
4. Firma (§§ 17 ff. des Handelsgesetzbuchs) oder Name der Personenvereinigung,
5. frühere Firmennamen oder Namen der Personenvereinigung,
6. Rechtsform,
7. Wirtschaftszweignummer,
8. amtlicher Gemeindeschlüssel,
9. Sitz gemäß § 11, insbesondere Ort der Geschäftsleitung,
10. Datum des Gesellschaftsvertrags,
11. [1] *Handels- oder Partnerschaftsregistereintrag* [***ab 1.1.2024:*** Eintrag im Handels-, Partnerschafts- oder Gesellschaftsregister] (Registergericht, Datum und Nummer der Eintragung),
12. Datum der Betriebseröffnung oder Zeitpunkt der Aufnahme der Tätigkeit,
13. Datum der Betriebseinstellung oder Zeitpunkt der Beendigung der Tätigkeit,
14. Zeitpunkt der Auflösung,
15. Zeitpunkt der Beendigung,
16. Datum der Löschung im Register,
17. verbundene Unternehmen,
18. zuständige Finanzbehörden[2],
19.[3] Unterscheidungsmerkmale nach Absatz 5a.

(5a)[4] [1]Bei jedem wirtschaftlich Tätigen (§ 139a Absatz 3) wird die Wirtschafts-Identifikationsnummer für jede einzelne seiner wirtschaftlichen Tätigkeiten, jeden seiner Betriebe sowie für jede seiner Betriebstätten um ein fünfstelliges Unterscheidungsmerkmal ergänzt, so dass die Tätigkeiten, Betriebe und Betriebstätten des wirtschaftlich Tätigen in Besteuerungsverfahren eindeutig identifiziert werden können. [2]Der ersten wirtschaftlichen Tätigkeit des wirtschaftlich Tätigen, seinem ersten Betrieb oder seiner ersten Betriebstätte wird vom Bundeszentralamt für Steuern hierbei das Unterscheidungsmerkmal 00001 zugeordnet. [3]Jeder weiteren wirtschaftlichen Tätigkeit, jedem weiteren Betrieb sowie jeder weiteren Betriebstätte des wirtschaftlich Tätigen ordnet das Bundeszentralamt für Steuern auf Anforderung der zuständigen Finanzbehörde fortlaufend ein eigenes Unterscheidungsmerkmal zu. [4]Das Bundeszentralamt für Steuern speichert zu den einzelnen wirtschaftlichen Tätigkeiten, den einzelnen Betrieben sowie den einzelnen Betriebstätten des wirtschaftlich Tätigen folgende Daten:
1. Unterscheidungsmerkmal,
2. Wirtschafts-Identifikationsnummer des wirtschaftlich Tätigen,
3. Firma (§§ 17 ff. des Handelsgesetzbuchs) oder Name der wirtschaftlichen Tätigkeit, des Betriebes oder der Betriebstätte,

---

[1] § 139c Abs. 5 Nr. 11 neu gef. mWv. 1.1.2024 durch G v. 22.12.2023 (BGBl. I Nr. 411).
[2] Bezeichnung geänd. durch G v. 9.12.2004 (BGBl. I S. 3310).
[3] § 139c Abs. 5 Nr. 19 angef. mWv 31.12.2014 durch G v. 22.12.2014 (BGBl. I S. 2417).
[4] § 139c Abs. 5a eingef. mWv 31.12.2014 durch G v. 22.12.2014 (BGBl. I S. 2417).

4. frühere Firmennamen oder Namen der wirtschaftlichen Tätigkeit, des Betriebes oder der Betriebstätte,
5. Rechtsform,
6. Wirtschaftszweignummer,
7. amtlicher Gemeindeschlüssel,
8.[1] Anschrift der wirtschaftlichen Tätigkeit, des Betriebes oder der Betriebstätte,
9. Registereintrag (Registergericht, Datum und Nummer der Eintragung),
10.[1] Datum der Eröffnung des Betriebes oder der Betriebstätte oder Zeitpunkt der Aufnahme der wirtschaftlichen Tätigkeit,
11.[1] Datum der Einstellung des Betriebes oder der Betriebstätte oder Zeitpunkt der Beendigung der wirtschaftlichen Tätigkeit,
12. Datum der Löschung im Register,
13. zuständige Finanzbehörden.

(6) Die Speicherung der in den Absätzen 3 bis 5a[2] aufgeführten Daten erfolgt, um

1. sicherzustellen, dass eine vergebene Wirtschafts-Identifikationsnummer nicht noch einmal für einen anderen wirtschaftlich Tätigen verwendet wird,
2. für einen wirtschaftlich Tätigen die vergebene Wirtschafts-Identifikationsnummer festzustellen,
3. zu erkennen, welche Finanzbehörden[3] zuständig sind,
4. Daten, die auf Grund eines Gesetzes oder nach über- und zwischenstaatlichem Recht entgegenzunehmen sind, an die zuständigen Stellen weiterleiten zu können,
5. den Finanzbehörden die Erfüllung der ihnen durch Rechtsvorschrift zugewiesenen Aufgaben zu ermöglichen.

(6a)[4] Die in Absatz 4 Nummer 3, 5, 8 und 10 aufgeführten Daten und die in Absatz 5 Nummer 4, 6, 9 und 11 aufgeführten Daten werden bei einer juristischen Person oder bei einer [***ab 1.1.2024:*** rechtsfähigen] Personengesellschaft, die ein Nutzerkonto im Sinne des § 2 Absatz 5 des Onlinezugangsgesetzes nutzt, auch zum Nachweis der Identität als Nutzer dieses Nutzerkontos gespeichert; diese Daten dürfen elektronisch an das Nutzerkonto übermittelt werden, wenn der Nutzer zuvor in die Übermittlung eingewilligt hat.

(7)[5] Die in Absatz 3 aufgeführten Daten dürfen nur für die in Absatz 6 genannten Zwecke verarbeitet werden, es sei denn, eine Rechtsvorschrift sieht eine andere Verarbeitung ausdrücklich vor.

---

[1] § 139c Abs. 5a Satz 4 Nr. 8 geänd., Nrn. 10 und 11 neu gef. mWv 6.11.2015 durch G v. 2.11.2015 (BGBl. I S. 1834).

[2] Verweis angepasst durch G v. 22.12.2014 (BGBl. I S. 2417).

[3] Bezeichnung geänd. durch G v. 9.12.2004 (BGBl. I S. 3310).

[4] § 139c Abs. 6a eingef. mWv 10.12.2020 durch G v. 3.12.2020 (BGBl. I S. 2668); geänd. mWv 1.1.2024 durch G v. 22.12.2023 (BGBl. I Nr. 411).

[5] § 139c Abs. 7 geänd. mWv 25.5.2018 durch G v. 17.7.2017 (BGBl. I S. 2541).

3. in den Fällen des § 149 Absatz 4 nicht bis zu dem in der Anordnung bestimmten Zeitpunkt

abgegeben wurde.

(3) Absatz 2 gilt nicht,

1. wenn die Finanzbehörde die Frist für die Abgabe der Steuererklärung nach § 109 verlängert hat oder diese Frist rückwirkend verlängert,
2. wenn die Steuer auf null Euro oder auf einen negativen Betrag festgesetzt wird,
3. wenn die festgesetzte Steuer die Summe der festgesetzten Vorauszahlungen und der anzurechnenden Steuerabzugsbeträge nicht übersteigt oder
4.[1] bei jährlich abzugebenden Lohnsteueranmeldungen, bei Anmeldungen von Umsatzsteuer-Sondervorauszahlungen nach § 48 Absatz 2 der Umsatzsteuer-Durchführungsverordnung *sowie bei jährlich abzugebenden Versicherungsteuer- und Feuerschutzsteueranmeldungen* [**ab 28.12.2023:** , bei jährlich abzugebenden Versicherungssteuer- und Feuerschutzsteueranmeldungen sowie bei Erklärungen nach § 95 des Mindeststeuergesetzes].[2]

(4) [1]Sind mehrere Personen zur Abgabe einer Steuererklärung verpflichtet, kann die Finanzbehörde nach ihrem Ermessen entscheiden, ob sie den Verspätungszuschlag gegen eine der erklärungspflichtigen Personen, gegen mehrere der erklärungspflichtigen Personen oder gegen alle erklärungspflichtigen Personen festsetzt. [2]Wird der Verspätungszuschlag gegen mehrere oder gegen alle erklärungspflichtigen Personen festgesetzt, sind diese Personen Gesamtschuldner des Verspätungszuschlags. [3]In Fällen des § 180 Absatz 1 Satz 1 Nummer 2 Buchstabe a ist der Verspätungszuschlag

[Fassung bis 31.12.2023:]

vorrangig gegen die nach § 181 Absatz 2 Satz 2 Nummer 4 erklärungspflichtigen Personen festzusetzen.

[Fassung ab 1.1.2024:][3]

festzusetzen:

1. bei rechtsfähigen Personenvereinigungen vorrangig gegen die Personenvereinigung und
2. bei nicht rechtsfähigen Personenvereinigungen vorrangig gegen die nach § 181 Absatz 2 Satz 2 Nummer 4 erklärungspflichtigen Personen.

(5) [1]Der Verspätungszuschlag beträgt vorbehaltlich des Satzes 2, der Absätze 8 und 13 Satz 2 für jeden angefangenen Monat der eingetretenen Verspätung 0,25 Prozent der festgesetzten Steuer, mindestens jedoch 10 Euro für jeden angefangenen Monat der eingetretenen Verspätung. [2]Für Steuererklä-

---

[1] § 152 Abs. 3 Nr. 4 neu gef. mWv 9.6.2021 durch G v. 2.6.2021 (BGBl. I S. 1259); Abs. 3 Nr. 4 geänd. mWv 28.12.2023 durch G v. 21.12.2023 (BGBl. I Nr. 397).

[2] Nr. **730**.

[3] § 152 Abs. 4 Satz 3 neu gef. durch G v. 22.12.2023 (BGBl. I Nr. 411); zur Anwendung siehe Art. 97 § 39 Abs. 1 sowie Abs. 5 EGAO (Nr. **800a**).

rungen, die sich auf ein Kalenderjahr oder auf einen gesetzlich bestimmten Zeitpunkt beziehen, beträgt der Verspätungszuschlag für jeden angefangenen Monat der eingetretenen Verspätung 0,25 Prozent der um die festgesetzten Vorauszahlungen und die anzurechnenden Steuerabzugsbeträge verminderten festgesetzten Steuer, mindestens jedoch 25 Euro für jeden angefangenen Monat der eingetretenen Verspätung. [3] Wurde ein Erklärungspflichtiger von der Finanzbehörde erstmals nach Ablauf der gesetzlichen Erklärungsfrist zur Abgabe einer Steuererklärung innerhalb einer dort bezeichneten Frist aufgefordert und konnte er bis zum Zugang dieser Aufforderung davon ausgehen, keine Steuererklärung abgeben zu müssen, so ist der Verspätungszuschlag nur für die Monate zu berechnen, die nach dem Ablauf der in der Aufforderung bezeichneten Erklärungsfrist begonnen haben.

(6) [1] Für Erklärungen zur gesonderten Feststellung von Besteuerungsgrundlagen, für Erklärungen zur Festsetzung des Gewerbesteuermessbetrags und für Zerlegungserklärungen gelten vorbehaltlich des Absatzes 7 die Absätze 1 bis 3 und Absatz 4 Satz 1 und 2 entsprechend. [2] Der Verspätungszuschlag beträgt für jeden angefangenen Monat der eingetretenen Verspätung 25 Euro.

(7) Für Erklärungen zu gesondert festzustellenden einkommensteuerpflichtigen oder körperschaftsteuerpflichtigen Einkünften beträgt der Verspätungszuschlag für jeden angefangenen Monat der eingetretenen Verspätung 0,0625 Prozent der positiven Summe der festgestellten Einkünfte, mindestens jedoch 25 Euro für jeden angefangenen Monat der eingetretenen Verspätung.

(8)[1)] [1] Absatz 5 gilt nicht für

1. vierteljährlich oder monatlich abzugebende Steueranmeldungen,
2. nach § 41a Absatz 2 Satz 2 zweiter Halbsatz des Einkommensteuergesetzes jährlich abzugebende Lohnsteueranmeldungen,
3. nach § 8 Absatz 2 Satz 3 des Versicherungsteuergesetzes jährlich abzugebende Versicherungsteueranmeldungen,
4. nach § 8 Absatz 2 Satz 3 des Feuerschutzsteuergesetzes jährlich abzugebende Feuerschutzsteueranmeldungen und
5.[2)] Anmeldungen der Umsatzsteuer-Sondervorauszahlung nach § 48 Absatz 2 der Umsatzsteuer-Durchführungsverordnung.

[2] In diesen Fällen sind bei der Bemessung des Verspätungszuschlags die Dauer und Häufigkeit der Fristüberschreitung sowie die Höhe der Steuer zu berücksichtigen.

(9) [1] Bei Nichtabgabe der Steuererklärung ist der Verspätungszuschlag für einen Zeitraum bis zum Ablauf desjenigen Tages zu berechnen, an dem die erstmalige Festsetzung der Steuer wirksam wird. [2] Gleiches gilt für die Nichtabgabe der Erklärung zur Festsetzung des Gewerbesteuermessbetrags, der Zerlegungserklärung oder der Erklärung zur gesonderten Feststellung von Besteuerungsgrundlagen.

(10) Der Verspätungszuschlag ist auf volle Euro abzurunden und darf höchstens 25 000 Euro betragen.

[1)] § 152 Abs. 8 Satz 1 neu gef. mWv 29.12.2020 durch G v. 21.12.2020 (BGBl. I S. 3096).
[2)] § 152 Abs. 3 Nr. 5 angef. mWv 9.6.2021 durch G v. 2.6.2021 (BGBl. I S. 1259).

(11)[1)] [1]Die Festsetzung des Verspätungszuschlags soll mit dem Steuerbescheid, dem Gewerbesteuermessbescheid oder dem Zerlegungsbescheid verbunden werden; in den Fällen des Absatzes 4 kann sie mit dem Feststellungsbescheid verbunden werden. [2]In den Fällen des Absatzes 2 kann die Festsetzung des Verspätungszuschlags ausschließlich automationsgestützt erfolgen.

(12) [1]Wird die Festsetzung der Steuer oder des Gewerbesteuermessbetrags oder der Zerlegungsbescheid oder die gesonderte Feststellung von Besteuerungsgrundlagen aufgehoben, so ist auch die Festsetzung eines Verspätungszuschlags aufzuheben. [2]Wird die Festsetzung der Steuer, die Anrechnung von Vorauszahlungen oder Steuerabzugsbeträgen auf die festgesetzte Steuer oder in den Fällen des Absatzes 7 die gesonderte Feststellung einkommensteuerpflichtiger oder körperschaftsteuerpflichtiger Einkünfte geändert, zurückgenom-

(Fortsetzung nächstes Blatt)

[1)] § 152 Abs. 11 Satz 2 angef. durch G v. 12.12.2019 (BGBl. I S. 2451); zur Anwendung siehe Art. 97 § 1 Abs. 13 EGAO (Nr. **800a**).

stimmung des Bundesrates, soweit sie Einfuhr- und Ausfuhrabgaben und Verbrauchsteuern, mit Ausnahme der Biersteuer, betreffen.

(3) 1 Absatz 1 Satz 1 Nummer 2[1] Buchstabe a gilt nicht, wenn

1. nur eine der an den Einkünften beteiligten Personen mit ihren Einkünften im Geltungsbereich dieses Gesetzes einkommensteuerpflichtig oder körperschaftsteuerpflichtig ist oder
2. es sich um einen Fall von geringer Bedeutung handelt, insbesondere weil die Höhe des festgestellten Betrags und die Aufteilung feststehen; dies gilt sinngemäß auch für die Fälle des Absatzes 1 Satz 1 Nummer 2[1] Buchstabe b und Nummer 3.

2 Das nach § 18 Absatz 1 Nummer 4 zuständige Finanzamt kann durch Bescheid feststellen, dass eine gesonderte Feststellung nicht durchzuführen ist. 3 Der Bescheid gilt als Steuerbescheid.

(4) Absatz 1 Satz 1 Nummer 2[1] Buchstabe a gilt ferner nicht für Arbeitsgemeinschaften, deren alleiniger Zweck in der Erfüllung eines einzigen Werkvertrages oder Werklieferungsvertrages besteht.

(5) Absatz 1 Satz 1 Nummer 2 sowie die[1] Absätze 2 und 3 sind entsprechend anzuwenden, soweit

1. die nach einem Abkommen zur Vermeidung der Doppelbesteuerung von der Bemessungsgrundlage ausgenommenen Einkünfte bei der Festsetzung der Steuern der beteiligten Personen von Bedeutung sind oder
2. Steuerabzugsbeträge und Körperschaftsteuer auf die festgesetzte Steuer anzurechnen sind.

§ 181 Verfahrensvorschriften für die gesonderte Feststellung, Feststellungsfrist, Erklärungspflicht. (1)[2] 1 Für die gesonderte Feststellung gelten die Vorschriften über die Durchführung der Besteuerung sinngemäß. 2 Steuererklärung im Sinne des § 170 Absatz 2 Satz 1 Nummer 1 ist die Erklärung zur gesonderten Feststellung. 3 Wird eine Erklärung zur gesonderten Feststellung nach § 180 Absatz 2 ohne Aufforderung durch die Finanzbehörde abgegeben, gilt § 170 Absatz 3 sinngemäß. [***ab 1.1.2025 oder früher:*** 4 In den Fällen des § 180 Absatz 1a ist keine Erklärung zur gesonderten Feststellung abzugeben; als Steuererklärung nach § 170 Absatz 2 Satz 1 Nummer 1 gilt in diesem Fall die Steuererklärung, für deren Besteuerungszeitraum der Teilabschlussbescheid unmittelbar Bindungswirkung entfaltet.]

(2)[3] 1 Eine Erklärung zur gesonderten Feststellung hat derjenige abzugeben, dem der Gegenstand der Feststellung ganz oder teilweise zuzurechnen ist. 2 Erklärungspflichtig sind insbesondere

---

[1] Verweis geänd. mWv 1.1.2017 durch G v. 18.7.2016 (BGBl. I S. 1679); zur Anwendung s. auch Art. 97 § 1 Abs. 11 EGAO (Nr. **800a**).

[2] § 181 Abs. 1 Satz 2 geänd. mWv 1.1.2017 durch G v. 18.7.2016 (BGBl. I S. 1679); zur Anwendung s. auch Art. 97 § 1 Abs. 11 EGAO (Nr. **800a**); Satz 4 angef. durch G v. 20.12.2022 (BGBl. I S. 2730); zur Anwendung siehe Art. 97 § 37 Abs. 2 Satz 1 und 3 und Abs. 3 EGAO (Nr. **800a**).

[3] § 181 Abs. 2 geänd. mWv 1.1.2017 durch G v. 18.7.2016 (BGBl. I S. 1679); zur Anwendung s. auch Art. 97 § 1 Abs. 11 EGAO (Nr. **800a**).

1. [1] in den Fällen des § 180 Absatz 1 Satz 1 Nummer 2 Buchstabe a

[Fassung bis 31.12.2023:]

a) jeder Feststellungsbeteiligte, dem ein Anteil an den einkommensteuerpflichtigen oder körperschaftsteuerpflichtigen Einkünften zuzurechnen ist;

[Fassung ab 1.1.2024:]

a) bei rechtsfähigen Personenvereinigungen vorrangig die Personenvereinigung und nachrangig jeder Feststellungsbeteiligte, dem ein Anteil an den einkommensteuerpflichtigen oder körperschaftsteuerpflichtigen Einkünften zuzurechnen ist,

b) bei nicht rechtsfähigen Personenvereinigungen und in sonstigen Fällen jeder Feststellungsbeteiligte, dem ein Anteil an den einkommensteuerpflichtigen oder körperschaftsteuerpflichtigen Einkünften zuzurechnen ist;

2. in den Fällen des § 180 Absatz 1 Satz 1 Nummer 2 Buchstabe b der Unternehmer;

3. in den Fällen des § 180 Absatz 1 Satz 1 Nummer 3 jeder Feststellungsbeteiligte, dem ein Anteil an den Wirtschaftsgütern, Schulden oder sonstigen Abzügen zuzurechnen ist;

4.[2] in den Fällen des § 180 Absatz 1 Satz 1 Nummer 2 Buchstabe a und Nummer 3 [***ab 1.1.2024:*** bei nicht rechtsfähigen Personenvereinigungen] auch die in § 34 bezeichneten Personen.

[3] Hat ein Erklärungspflichtiger eine Erklärung zur gesonderten Feststellung abgegeben, sind andere Beteiligte insoweit von der Erklärungspflicht befreit.

(2a)[3] [1] Die Erklärung zur gesonderten Feststellung nach § 180 Absatz 1 Satz 1 Nummer 2 ist nach amtlich vorgeschriebenem Datensatz durch Datenfernübertragung zu übermitteln. [2] Auf Antrag kann die Finanzbehörde zur Vermeidung unbilliger Härten auf eine elektronische Übermittlung verzichten; in diesem Fall ist die Erklärung zur gesonderten Feststellung nach amtlich vorgeschriebenem Vordruck abzugeben und vom Erklärungspflichtigen eigenhändig zu unterschreiben.

---

[1] § 181 Abs. 2 Satz 2 Nr. 1 neu gef. durch G v. 22.12.2023 (BGBl. I Nr. 411); zur Anwendung siehe Art. 97 § 39 Absätze 1, 2 und 5 EGAO (Nr. **800a**).

[2] § 181 Abs. 2 Satz 2 Nr. 4 geänd. durch G v. 22.12.2023 (BGBl. I Nr. 411); zur Anwendung siehe Art. 97 § 39 Absätze 1 und 2 EGAO (Nr. **800a**

[3] § 181 Abs. 2a eingef. mit erstmaliger Wirkung für nach dem 31.12.2010 beginnende Feststellungszeiträume (Art. 97 § 10a Abs. 2 EGAO – Nr. **800a**) durch G v. 20.12.2008 (BGBl. I S. 2850); geänd. mWv 1.1.2017 durch G v. 18.7.2016 (BGBl. I S. 1679); zur Anwendung s. auch Art. 97 § 1 Abs. 11 EGAO (Nr. **800a**).

[***Fassung Abs. 3 ab 1.1.2022 bis 31.12.2024:***

(3)[1] [1]Die Frist für die gesonderte Feststellung von Einheitswerten oder von Grundsteuerwerten (Feststellungsfrist) beginnt mit Ablauf des Kalenderjahres, auf dessen Beginn die Hauptfeststellung, die Fortschreibung, die Nachfeststellung oder die Aufhebung eines Einheitswerts oder eines Grundsteuerwerts vorzunehmen ist. [2]Ist eine Erklärung zur gesonderten Feststellung des Einheitswerts oder des Grundsteuerwerts abzugeben, beginnt die Feststellungsfrist mit Ablauf des Kalenderjahres, in dem die Erklärung eingereicht wird, spätestens jedoch mit Ablauf des dritten Kalenderjahres, das auf das Kalenderjahr folgt, auf dessen Beginn die Einheitswertfeststellung oder die Grundsteuerwertfeststellung vorzunehmen oder aufzuheben ist. [3]Wird der Beginn der Feststellungsfrist nach Satz 2 hinausgeschoben, wird der Beginn der Feststellungsfrist für die weiteren Feststellungszeitpunkte des Hauptfeststellungszeitraums jeweils um die gleiche Zeit hinausgeschoben.]

[***Fassung Abs. 3 ab 1.1.2025:***

(3)[2] [1]Die Frist für die gesonderte Feststellung von Grundsteuerwerten (Feststellungsfrist) beginnt mit Ablauf des Kalenderjahres, auf dessen Beginn die Hauptfeststellung, die Fortschreibung, die Nachfeststellung oder die Aufhebung eines Grundsteuerwerts vorzunehmen ist. [2]Ist eine Erklärung zur gesonderten Feststellung des Grundsteuerwerts abzugeben, beginnt die Feststellungsfrist mit Ablauf des Kalenderjahres, in dem die Erklärung eingereicht wird, spätestens jedoch mit Ablauf des dritten Kalenderjahres, das auf das Kalenderjahr folgt, auf dessen Beginn die Grundsteuerwertfeststellung vorzunehmen oder aufzuheben ist. [3]Wird der Beginn der Feststellungsfrist nach Satz 2 hinausgeschoben, wird der Beginn der Feststellungsfrist für die weiteren Feststellungszeitpunkte des Hauptfeststellungszeitraums jeweils um die gleiche Zeit hinausgeschoben.]

(4) In den Fällen des Absatzes 3 beginnt die Feststellungsfrist nicht vor Ablauf des Kalenderjahrs, auf dessen Beginn *der Einheitswert oder der Grundsteuerwert*[3] [***ab 1.1.2025:*** der Grundsteuerwert][4] erstmals steuerlich anzuwenden ist.

(5) [1]Eine gesonderte Feststellung kann auch nach Ablauf der für sie geltenden Feststellungsfrist insoweit erfolgen, als die gesonderte Feststellung für eine Steuerfestsetzung von Bedeutung ist, für die die Festsetzungsfrist im Zeitpunkt der gesonderten Feststellung noch nicht abgelaufen ist; hierbei bleibt § 171 Abs. 10 außer Betracht. [2]Hierauf ist im Feststellungsbescheid hinzuweisen. [3]§ 169 Abs. 1 Satz 3 gilt sinngemäß.

---

[1] § 181 Abs. 3 Sätze 1 und 2 neu gef. mWv 1.1.2022 durch Art. 4 des G v. 26.11.2019 (BGBl. I S. 1794).

[2] § 181 Abs. 3 Sätze 1 und 2 neu gef. mWv 1.1.2025 durch Art. 5 des G v. 26.11.2019 (BGBl. I S. 1794); zur Anwendung siehe auch Art. 97 § 10b Satz 3 EGAO (Nr. **800a**)

[3] § 181 Abs. 4 geänd. mWv 1.1.2022 durch G v. 26.11.2019 (BGBl. I S. 1794).

[4] § 181 Abs. 4 geänd. durch G v. 26.11.2019 (BGBl. I S. 1794); zur Anwendung vgl. Art. 97 § 10b Satz 3 EGAO (Nr. **800a**).

§ 182[1] Wirkungen der gesonderten Feststellung. (1) [1]Feststellungsbescheide sind, auch wenn sie noch nicht unanfechtbar sind, für andere Feststellungsbescheide, für Steuermessbescheide, für Steuerbescheide und für Steueranmeldungen (Folgebescheide) bindend, soweit die in den Feststellungsbescheiden getroffenen Feststellungen für diese Folgebescheide von Bedeutung sind. [2]Dies gilt entsprechend bei Feststellungen nach § 180 Absatz 5 Nummer 2 für Verwaltungsakte, die die Verwirklichung der Ansprüche aus dem Steuerschuldverhältnis betreffen. [3]Wird ein Feststellungsbescheid nach § 180 Absatz 5 Nummer 2 erlassen, aufgehoben oder geändert, ist ein Verwaltungsakt, für den dieser Feststellungsbescheid Bindungswirkung entfaltet, in entsprechender Anwendung des § 175 Absatz 1 Satz 1 Nummer 1 zu korrigieren.

(2) [1]Ein Feststellungsbescheid über einen *Einheitswert oder einen Grundsteuerwert*[2] [*ab 1.1.2025:* Grundsteuerwert][3] nach § 180 Absatz 1 Satz 1 Nummer 1 wirkt auch gegenüber dem Rechtsnachfolger, auf den der Gegenstand der Feststellung nach dem Feststellungszeitpunkt mit steuerlicher Wirkung übergeht. [2]Tritt die Rechtsnachfolge jedoch ein, bevor der Feststellungsbescheid ergangen ist, so wirkt er gegen den Rechtsnachfolger nur dann, wenn er ihm bekannt gegeben wird. [3]Die Sätze 1 und 2 gelten für gesonderte sowie gesonderte und einheitliche Feststellungen von Besteuerungsgrundlagen, die sich erst später auswirken, nach der Verordnung über die gesonderte Feststellung von Besteuerungsgrundlagen nach § 180 Abs. 2 der Abgabenordnung entsprechend.

(3) Erfolgt eine gesonderte Feststellung gegenüber mehreren Beteiligten nach § 179 Absatz 2 Satz 2 einheitlich und ist ein Beteiligter im Feststellungsbescheid unrichtig bezeichnet worden, weil Rechtsnachfolge eingetreten ist, kann dies durch besonderen Bescheid gegenüber dem Rechtsnachfolger berichtigt werden.

[Fassung bis 31.12.2023:][4]

§ 183 Empfangsbevollmächtigte bei der einheitlichen Feststellung. (1) [1]Richtet sich ein Feststellungsbescheid gegen mehrere Personen, die an dem Gegenstand der Feststellung als Gesellschafter oder Gemeinschafter beteiligt sind (Feststellungsbeteiligte), so sollen sie einen gemeinsamen Empfangsbevoll-

[Fassung ab 1.1.2024:][5]

§ 183 Bekanntgabe bei der gesonderten und einheitlichen Feststellung gegenüber rechtsfähigen Personenvereinigungen.

(1) [1]Sind mehrere Personen am Gegenstand der gesonderten und einheitlichen Feststellung als Gesellschafter oder Gemeinschafter beteiligt (Feststellungsbeteiligte) und bilden sie

---

[1] § 182 Abs. 1 Satz 2 geänd., Satz 2 2. HS wird Satz 3, Abs. 2 Sätze 1 und 3 geänd., Abs. 3 geänd. mWv 1.1.2017 durch G v. 18.7.2016 (BGBl. I S. 1679); zur Anwendung s. auch Art. 97 § 1 Abs. 11 EGAO (Nr. **800a**).

[2] § 182 Abs. 2 Satz 1 geänd. mWv 1.1.2022 durch G v. 26.11.2019 (BGBl. I S. 1794).

[3] § 182 Abs. 2 Satz 1 geänd. durch G v. 26.11.2019 (BGBl. S. 1794); zur Anwendung vgl. Art. 97 § 10b Satz 3 EGAO (Nr. **800a**).

[4] Siehe Übergangsregelungen in Art. 97 § 39 Abs. 3 und 5 EGAO (Nr. **800a**).

[5] § 183 neu gef. mWv 1.1.2024 durch G v. 22.12.2023 (BGBl. I Nr. 411); zur Anwendung siehe auch Art. 97 § 39 Abs. 3 und 5 EGAO (Nr. **800a**).

[Fassung bis 31.12.2023:]

mächtigten bestellen, der ermächtigt ist, für sie alle Verwaltungsakte und Mitteilungen in Empfang zu nehmen, die mit dem Feststellungsverfahren und dem anschließenden Verfahren über einen Einspruch zusammenhängen. [2] Ist ein gemeinsamer Empfangsbevollmächtigter nicht vorhanden, so gilt ein zur Vertretung der Gesellschaft oder der Feststellungsbeteiligten oder ein zur Verwaltung des Gegenstands der Feststellung Berechtigter als Empfangsbevollmächtigter. [3] Anderenfalls kann die Finanzbehörde die Beteiligten auffordern, innerhalb einer bestimmten angemessenen Frist einen Empfangsbevollmächtigten zu benennen. [4] Hierbei ist ein Beteiligter vorzuschlagen und darauf hinzuweisen, dass diesem die in Satz 1 genannten Verwaltungsakte und Mitteilungen mit Wirkung für und gegen alle Beteiligten bekannt gegeben werden, soweit nicht ein anderer Empfangsbevollmächtigter benannt wird. [5] Bei der Bekanntgabe an den Empfangsbevollmächtigten ist darauf hinzuweisen, dass die Bekanntgabe mit Wirkung für und gegen alle Feststellungsbeteiligten erfolgt.

(2) [1] Absatz 1 ist insoweit nicht anzuwenden, als der Finanzbehörde bekannt ist, dass die Gesellschaft oder Gemeinschaft nicht mehr besteht, dass ein Beteiligter aus der Gesellschaft oder der Gemeinschaft ausgeschieden ist oder dass zwischen den Beteiligten ernstliche Meinungsverschiedenheiten bestehen. [2] Ist nach Satz 1 Einzelbekanntgabe erforderlich, so sind dem Beteiligten der Gegenstand der Feststellung, die alle Beteiligten betreffenden Besteuerungsgrundlagen, sein Anteil, die Zahl der Beteiligten und die ihn per-

[Fassung ab 1.1.2024:]

eine rechtsfähige Personenvereinigung, sind alle Verwaltungsakte und Mitteilungen, die nach diesem Gesetz und den Steuergesetzen mit der gesonderten und einheitlichen Feststellung zusammenhängen, der Personenvereinigung in Vertretung der Feststellungsbeteiligten bekannt zu geben. [2] Bei der Bekanntgabe ist darauf hinzuweisen, dass die Bekanntgabe mit Wirkung für und gegen alle Feststellungsbeteiligten erfolgt.

(2) [1] Absatz 1 ist nicht anzuwenden,

1. wenn die Personenvereinigung vollbeendet ist oder der Finanzbehörde bekannt ist, dass die Personenvereinigung nicht mehr rechtsfähig ist, oder
2. soweit ein Feststellungsbeteiligter aus der Personenvereinigung ausgeschieden ist oder zwischen den Feststellungsbeteiligten ernstliche Meinungsverschiedenheiten bestehen.

[2] In den Fällen von Satz 1 Nummer 2 können die in Absatz 1 Satz 1

[Fassung bis 31.12.2023:][1)]

sönlich betreffenden Besteuerungsgrundlagen bekannt zu geben. [3]Bei berechtigtem Interesse ist dem Beteiligten der gesamte Inhalt des Feststellungsbescheids mitzuteilen.

(3) [1]Ist ein Empfangsbevollmächtigter nach Absatz 1 Satz 1 vorhanden, können Feststellungsbescheide ihm gegenüber auch mit Wirkung für einen in Absatz 2 Satz 1 genannten Beteiligten bekannt gegeben werden, soweit und solange dieser Beteiligte oder der Empfangsbevollmächtigte nicht widersprochen hat. [2]Der Widerruf der Vollmacht wird der Finanzbehörde gegenüber erst wirksam, wenn er ihr zugeht.

(4)[1)] Wird eine wirtschaftliche Einheit

1. Ehegatten oder Lebenspartnern oder
2. Ehegatten mit ihren Kindern, Lebenspartnern mit ihren Kindern oder Alleinstehenden mit ihren Kindern

zugerechnet und haben die Beteiligten keinen gemeinsamen Empfangsbevollmächtigten bestellt, so gelten für die Bekanntgabe von Feststel-

[Fassung ab 1.1.2024:]

genannten Verwaltungsakte und Mitteilungen der Personenvereinigung auch mit Wirkung für und gegen einen in Satz 1 Nummer 2 genannten Feststellungsbeteiligten bekannt gegeben werden, soweit und solange dieser Feststellungsbeteiligte dem nicht widersprochen hat. [3]Ein Widerspruch nach Satz 2 wird der Finanzbehörde gegenüber erst wirksam, wenn er ihr zugeht.

(3) [1]Ist nach Absatz 2 Satz 1 Einzelbekanntgabe erforderlich, so sind dem Feststellungsbeteiligten

1. der Gegenstand der gesonderten und einheitlichen Feststellung,
2. die alle Feststellungsbeteiligten betreffenden Besteuerungsgrundlagen,
3. sein Anteil,
4. die Zahl der Feststellungsbeteiligten und
5. die ihn persönlich betreffenden Besteuerungsgrundlagen

bekannt zu geben. [2]Bei berechtigtem Interesse ist dem Feststellungsbeteiligten der gesamte Inhalt des Feststellungsbescheids mitzuteilen.

---

1) § 183 Abs. 4 neu gef. durch G v. 18.7.2014 (BGBl. I S. 1042); zur Anwendung siehe Art. 97 § 1 Abs. 10 Satz 1 und 2 EGAO (Nr. **800a**).

[Fassung bis 31.12.2023:]
lungsbescheiden über den Einheitswert oder den Grundsteuerwert die Regelungen über zusammengefasste Bescheide in § 122 Absatz 7 entsprechend.

[ab 1.1.2024:
§ 183a[1)] Empfangsbevollmächtigte bei der gesonderten und einheitlichen Feststellung bei nicht rechtsfähigen Personenvereinigungen und in sonstigen Fällen. (1) [1]Bilden die Feststellungsbeteiligten keine rechtsfähige Personenvereinigung, so sollen sie einen gemeinsamen Empfangsbevollmächtigten bestellen, der ermächtigt ist, für sie alle Verwaltungsakte und Mitteilungen in Empfang zu nehmen, die nach diesem Gesetz und den Steuergesetzen mit der gesonderten und einheitlichen Feststellung zusammenhängen. [2]Ist kein gemeinsamer Empfangsbevollmächtigter nach Satz 1 vorhanden, kann die Finanzbehörde die Feststellungsbeteiligten auffordern, innerhalb einer bestimmten angemessenen Frist einen Empfangsbevollmächtigten zu benennen. [3]Hierbei ist ein Feststellungsbeteiligter vorzuschlagen und darauf hinzuweisen, dass diesem die in Satz 1 genannten Verwaltungsakte und Mitteilungen mit Wirkung für und gegen alle Feststellungsbeteiligten bekannt gegeben werden, soweit nicht ein anderer Empfangsbevollmächtigter benannt wird. [4]Bei der Bekanntgabe an den Empfangsbevollmächtigten ist darauf hinzuweisen, dass die Bekanntgabe mit Wirkung für und gegen alle Feststellungsbeteiligten erfolgt.

(2) [1]Absatz 1 ist insoweit nicht anzuwenden, als der Finanzbehörde bekannt ist, dass

1. die Personenvereinigung nicht mehr besteht oder rechtsfähig geworden ist,
2. ein Feststellungsbeteiligter aus der Personenvereinigung ausgeschieden ist oder zwischen den Feststellungsbeteiligten ernstliche Meinungsverschiedenheiten bestehen.

[2]Ist der Empfangsbevollmächtigte nach Absatz 1 Satz 1 vorhanden, können die in Absatz 1 Satz 1 genannten Verwaltungsakte und Mitteilungen ihm auch mit Wirkung für einen in Satz 1 Nummer 2 genannten Feststellungsbeteiligten bekannt gegeben werden, soweit und solange dieser Feststellungsbeteiligte oder der Empfangsbevollmächtigte nicht widersprochen hat. [3]Ein Widerruf der Empfangsvollmacht nach Absatz 1 Satz 1 und ein Widerspruch nach Satz 2 werden der Finanzbehörde gegenüber erst wirksam, wenn sie ihr zugehen.

(3) Ist nach Absatz 2 Einzelbekanntgabe erforderlich, gilt § 183 Absatz 3 entsprechend.

(4) Wird eine wirtschaftliche Einheit

1. Ehegatten oder Lebenspartnern oder
2. Ehegatten mit ihren Kindern, Lebenspartnern mit ihren Kindern oder Alleinstehenden mit ihren Kindern

---

[1)] § 183a eingef. mWv 1.1.2024 durch G v. 22.12.2023 (BGBl. I Nr. 411).

zugerechnet und haben die Feststellungsbeteiligten keinen gemeinsamen Empfangsbevollmächtigten bestellt, so gelten für die Bekanntgabe von Feststellungsbescheiden über *den Einheitswert oder*[1] den Grundsteuerwert die Regelungen über zusammengefasste Bescheide in § 122 Absatz 7 entsprechend.]

II. Festsetzung von Steuermessbeträgen

§ 184 Festsetzung von Steuermessbeträgen. (1) [1]Steuermessbeträge, die nach den Steuergesetzen zu ermitteln sind, werden durch Steuermessbescheid festgesetzt. [2]Mit der Festsetzung der Steuermessbeträge wird auch über die persönliche und sachliche Steuerpflicht entschieden. [3]Die Vorschriften über die Durchführung der Besteuerung sind sinngemäß anzuwenden. [4]Ferner sind § 182 Abs. 1 und für Grundsteuermessbescheide auch Abs. 2 und § 183 sinngemäß anzuwenden.

(2)[2] [1]Die Befugnis, Realsteuermessbeträge festzusetzen, schließt auch die Befugnis zu Maßnahmen nach § 163 Absatz 1[3] Satz 1 ein, soweit für solche Maßnahmen in einer allgemeinen Verwaltungsvorschrift der Bundesregierung, der obersten Bundesfinanzbehörde oder einer obersten Landesfinanzbehörde Richtlinien aufgestellt worden sind. [2]Eine Maßnahme nach § 163 Absatz 1[3] Satz 2 wirkt, soweit sie die gewerblichen Einkünfte als Grundlage für die Festsetzung der Steuer vom Einkommen beeinflusst, auch für den Gewerbeertrag als Grundlage für die Festsetzung des Gewerbesteuermessbetrags.

(3)[4] [1]Die Finanzbehörden teilen den Inhalt des Steuermessbescheids sowie die nach Absatz 2 getroffenen Maßnahmen den Gemeinden mit, denen die Steuerfestsetzung (der Erlass des Realsteuerbescheids) obliegt. [***ab 1.1.2025:*** [2]Die Mitteilungen an die Gemeinden erfolgen durch Bereitstellung zum Abruf; § 87a Absatz 8 und § 87b Absatz 1 gelten dabei entsprechend.]

3. Unterabschnitt: Zerlegung und Zuteilung

§ 185 Geltung der allgemeinen Vorschriften. Auf die in den Steuergesetzen vorgesehene Zerlegung von Steuermessbeträgen sind die für die Steuermessbeträge geltenden Vorschriften entsprechend anzuwenden, soweit im Folgenden nichts anderes bestimmt ist.

§ 186 Beteiligte. Am Zerlegungsverfahren sind beteiligt:
1. der Steuerpflichtige,
2. die Steuerberechtigten, denen ein Anteil an dem Steuermessbetrag zugeteilt worden ist oder die einen Anteil beanspruchen. [2]Soweit die Festsetzung der Steuer dem Steuerberechtigten nicht obliegt, tritt an seine Stelle die für die Festsetzung der Steuer zuständige Behörde.

---

[1] Kursiver Satzteil aufgeh. mWv 1.1.2025 (Art. 97 § 10b Satz 3 EGAO=Nr. **800a**) durch G v. 22.12.2023 (BGBl. I Nr. 411).

[2] § 184 Abs. 2 Satz 1 geänd. durch G v. 22.12.2014 (BGBl. I S. 2417); zur Anwendung siehe Art. 97 § 10c EGAO (Nr. **800a**).

[3] Verweis geänd. mWv 1.1.2017 durch G v. 18.7.2016 (BGBl. I S. 1679).

[4] § 184 Abs. 3 Satz 2 angef. durch G v. 21.12.2020 (BGBl. I S. 3096); zur Anwendung siehe Art. 97 § 35 EGAO (Nr. **800a**).

§ 187 Akteneinsicht. Die beteiligten Steuerberechtigten können von der zuständigen Finanzbehörde Auskunft über die Zerlegungsgrundlagen verlangen und durch ihre Amtsträger Einsicht in die Zerlegungsunterlagen nehmen.

§ 188 Zerlegungsbescheid. (1)[1] [1]Über die Zerlegung ergeht ein schriftlicher oder elektronischer Bescheid (Zerlegungsbescheid), der den Beteiligten bekannt zu geben ist, soweit sie betroffen sind. [*ab 1.1.2025:* [2]Die Bekanntgabe an Gemeinden erfolgt durch Bereitstellung zum Abruf nach § 122a; eine Einwilligung der Gemeinde ist nicht erforderlich.]

(2) [1]Der Zerlegungsbescheid muss die Höhe des zu zerlegenden Steuermessbetrags angeben und bestimmen, welche Anteile den beteiligten Steuerberechtigten zugeteilt werden. [2]Er muss ferner die Zerlegungsgrundlagen angeben.

§ 189 Änderung der Zerlegung. [1]Ist der Anspruch eines Steuerberechtigten auf einen Anteil am Steuermessbetrag nicht berücksichtigt und auch nicht zurückgewiesen worden, so wird die Zerlegung von Amts wegen oder auf Antrag geändert oder nachgeholt. [2]Ist der bisherige Zerlegungsbescheid gegenüber denjenigen Steuerberechtigten, die an dem Zerlegungsverfahren bereits beteiligt waren, unanfechtbar geworden, so dürfen bei der Änderung der Zerlegung nur solche Änderungen vorgenommen werden, die sich aus der nachträglichen Berücksichtigung der bisher übergangenen Steuerberechtigten ergeben. [3]Eine Änderung oder Nachholung der Zerlegung unterbleibt, wenn ein Jahr vergangen ist, seitdem der Steuermessbescheid unanfechtbar geworden ist, es sei denn, dass der übergangene Steuerberechtigte die Änderung oder Nachholung der Zerlegung vor Ablauf des Jahres beantragt hatte.

§ 190 Zuteilungsverfahren. [1]Ist ein Steuermessbetrag in voller Höhe einem Steuerberechtigten zuzuteilen, besteht aber Streit darüber, welchem Steuerberechtigten der Steuermessbetrag zusteht, so entscheidet die Finanzbehörde auf Antrag eines Beteiligten durch Zuteilungsbescheid. [2]Die für das Zerlegungsverfahren geltenden Vorschriften sind entsprechend anzuwenden.

4. Unterabschnitt: Haftung

§ 191 Haftungsbescheide, Duldungsbescheide. (1)[2] [1]Wer kraft Gesetzes für eine Steuer haftet (Haftungsschuldner), kann durch Haftungsbescheid, wer kraft Gesetzes verpflichtet ist, die Vollstreckung zu dulden, kann durch Duldungsbescheid in Anspruch genommen werden. [2]Die Anfechtung wegen Ansprüchen aus dem Steuerschuldverhältnis außerhalb des Insolvenzverfahrens erfolgt durch Duldungsbescheid, soweit sie nicht im Wege der Einrede nach § 9 des Anfechtungsgesetzes geltend zu machen ist; bei der Berechnung von

---

[1] § 188 Abs. 1 Satz 2 angef. (zur Anwendung siehe Art. 97 § 35 EGAO [Nr. **800a**]), bish. Text wird Satz 1 und geänd. mWv 21.12.2022 durch G v. 16.12.2022 (BGBl. I S. 2294).

[2] § 191 Abs. 1 Satz 2 Verweis geänd. mWv 1.11.2008 durch G v. 23.10.2008 (BGBl. I S. 2026); Abs. 1 Satz 3 geänd. mWv 21.12.2022 durch G v. 16.12.2022 (BGBl. I S. 2294).

Fristen nach den §§ 3 und 4 des Anfechtungsgesetzes steht der Erlass eines Duldungsbescheids der gerichtlichen Geltendmachung der Anfechtung nach

(Fortsetzung nächstes Blatt)

§ 266 Sonstige Fälle beschränkter Haftung. Die Vorschriften der §§ 781 bis 784 der Zivilprozessordnung sind auf die nach § 1489 des Bürgerlichen Gesetzbuchs eintretende beschränkte Haftung, die Vorschrift des § 781 der Zivilprozessordnung ist auf die nach den §§ 1480, 1504 und 2187 des Bürgerlichen Gesetzbuchs eintretende beschränkte Haftung entsprechend anzuwenden.

[Fassung bis 31.12.2023:]

§ 267 Vollstreckungsverfahren gegen nicht rechtsfähige Personenvereinigungen. [1]Bei nicht rechtsfähigen Personenvereinigungen, die als solche steuerpflichtig sind, genügt für die Vollstreckung in deren Vermögen ein vollstreckbarer Verwaltungsakt gegen die Personenvereinigung. [2]Dies gilt entsprechend für Zweckvermögen und sonstige einer juristischen Person ähnliche steuerpflichtige Gebilde.

[Fassung ab 1.1.2024:]

§ 267[1)] Vollstreckungsverfahren gegen Personenvereinigungen.

(1) [1]Bei nicht rechtsfähigen Personenvereinigungen, die als solche steuerpflichtig sind, genügt für die Vollstreckung in deren Vermögen ein vollstreckbarer Verwaltungsakt gegen die Personenvereinigung. [2]Dies gilt entsprechend für Zweckvermögen und sonstige einer juristischen Person ähnliche steuerpflichtige Gebilde.

(2) Hat eine nicht rechtsfähige Personenvereinigung nachträglich Rechtsfähigkeit erlangt, so kann auch aus einem Verwaltungsakt vollstreckt werden, der vor diesem Zeitpunkt wirksam geworden ist.

2. Unterabschnitt: Aufteilung einer Gesamtschuld

§ 268 Grundsatz. Sind Personen Gesamtschuldner, weil sie zusammen zu einer Steuer vom Einkommen oder zur Vermögensteuer veranlagt worden sind, so kann jeder von ihnen beantragen, dass die Vollstreckung wegen dieser Steuern jeweils auf den Betrag beschränkt wird, der sich nach Maßgabe der §§ 269 bis 278 bei einer Aufteilung der Steuern ergibt.

§ 269 Antrag. (1)[2)] Der Antrag ist bei dem im Zeitpunkt der Antragstellung für die Besteuerung nach dem Einkommen oder dem Vermögen zuständigen Finanzamt schriftlich oder elektronisch zu stellen oder zur Niederschrift zu erklären.

(2) [1]Der Antrag kann frühestens nach Bekanntgabe des Leistungsgebots gestellt werden. [2]Nach vollständiger Tilgung der rückständigen Steuer ist der Antrag nicht mehr zulässig. [3]Der Antrag muss alle Angaben enthalten, die zur Aufteilung der Steuer erforderlich sind, soweit sich diese Angaben nicht aus der Steuererklärung ergeben.

[1)] § 267 neu gef. mWv 1.1.2024 durch G v. 22.12.2023 (BGBl. I Nr. 411).

[2)] § 269 Abs. 1 geänd. durch G v. 18.7.2016 (BGBl. I S. 1679); zur Anwendung siehe Art. 97 § 17e Abs. 2 Satz 1 EGAO (Nr. **800a**).

§ 270 Allgemeiner Aufteilungsmaßstab. [1]Die rückständige Steuer ist nach dem Verhältnis der Beträge aufzuteilen, die sich bei Einzelveranlagung[1)] nach Maßgabe des § 26a des Einkommensteuergesetzes und der §§ 271 bis 276 ergeben würden. [2]Dabei sind die tatsächlichen und rechtlichen Feststellungen maßgebend, die der Steuerfestsetzung bei der Zusammenveranlagung zugrunde gelegt worden sind, soweit nicht die Anwendung der Vorschriften über die Einzelveranlagung[1)] zu Abweichungen führt.

§ 271 Aufteilungsmaßstab für die Vermögensteuer. Die Vermögensteuer ist wie folgt aufzuteilen:

1. Für die Berechnung des Vermögens und der Vermögensteuer der einzelnen Gesamtschuldner ist vorbehaltlich der Abweichungen in den Nummern 2 und 3 von den Vorschriften des Bewertungsgesetzes und des Vermögensteuergesetzes in der Fassung auszugehen, die der Zusammenveranlagung zugrunde gelegen hat.
2.[2)] Wirtschaftsgüter eines Ehegatten oder Lebenspartners, die bei der Zusammenveranlagung als land- und forstwirtschaftliches Vermögen oder als Betriebsvermögen dem anderen Ehegatten oder Lebenspartner zugerechnet worden sind, werden als eigenes land- und forstwirtschaftliches Vermögen oder als eigenes Betriebsvermögen behandelt.
3. Schulden, die nicht mit bestimmten, einem Gesamtschuldner zugerechneten Wirtschaftsgütern in wirtschaftlichem Zusammenhang stehen, werden bei den einzelnen Gesamtschuldnern nach gleichen Teilen abgesetzt, soweit sich ein bestimmter Schuldner nicht feststellen lässt.

§ 272 Aufteilungsmaßstab für Vorauszahlungen. (1) [1]Die rückständigen Vorauszahlungen sind im Verhältnis der Beträge aufzuteilen, die sich bei einer getrennten Festsetzung der Vorauszahlungen ergeben würden. [2]Ein Antrag auf Aufteilung von Vorauszahlungen gilt zugleich als Antrag auf Aufteilung der weiteren im gleichen Veranlagungszeitraum fällig werdenden Vorauszahlungen und einer etwaigen Abschlusszahlung. [3]Nach Durchführung der Veranlagung ist eine abschließende Aufteilung vorzunehmen. [4]Aufzuteilen ist die gesamte Steuer abzüglich der Beträge, die nicht in die Aufteilung der Vorauszahlungen einbezogen worden sind. [5]Dabei sind jedem Gesamtschuldner die von ihm auf die aufgeteilten Vorauszahlungen entrichteten Beträge anzurechnen. [6]Ergibt sich eine Überzahlung gegenüber dem Aufteilungsbetrag, so ist der überzahlte Betrag zu erstatten.

(2) Werden die Vorauszahlungen erst nach der Veranlagung aufgeteilt, so wird der für die veranlagte Steuer geltende Aufteilungsmaßstab angewendet.

§ 273 Aufteilungsmaßstab für Steuernachforderungen. (1) Führt die Änderung einer Steuerfestsetzung oder ihre Berichtigung nach § 129 zu einer

---

[1)] § 270 geänd. durch G v. 1.11.2011 (BGBl. I S. 2131); zur Anwendung siehe Art. 97 § 17e Abs. 1 EGAO (Nr. **800a**).

[2)] § 271 Nr. 2 geänd. durch G v. 18.7.2014 (BGBl. I S. 1042); zur Anwendung siehe Art. 97 § 1 Abs. 10 Satz 1 EGAO (Nr. **800a**).

Steuernachforderung, so ist die aus der Nachforderung herrührende rückständige Steuer im Verhältnis der Mehrbeträge aufzuteilen, die sich bei einem Vergleich der berichtigten Einzelveranlagungen[1] mit den früheren Einzelveranlagungen[1] ergeben.

(2) Der in Absatz 1 genannte Aufteilungsmaßstab ist nicht anzuwenden, wenn die bisher festgesetzte Steuer noch nicht getilgt ist.

§ 274 Besonderer Aufteilungsmaßstab. [1] Abweichend von den §§ 270 bis 273 kann die rückständige Steuer nach einem von den Gesamtschuldnern gemeinschaftlich vorgeschlagenen Maßstab aufgeteilt werden, wenn die Tilgung sichergestellt ist. [2] Der gemeinschaftliche Vorschlag ist schriftlich einzureichen oder zur Niederschrift zu erklären; er ist von allen Gesamtschuldnern zu unterschreiben.

(Fortsetzung nächstes Blatt)

---

[1] § 273 geänd. durch G v. 1.11.2011 (BGBl. I S. 2131); zur Anwendung siehe Art. 97 § 17e EGAO (Nr. **800a**).

(2) Das Pfandrecht gewährt ihr im Verhältnis zu anderen Gläubigern dieselben Rechte wie ein Pfandrecht im Sinne des Bürgerlichen Gesetzbuchs; es geht Pfand- und Vorzugsrechten vor, die im Insolvenzverfahren diesem Pfandrecht nicht gleichgestellt sind.

(3) Das durch eine frühere Pfändung begründete Pfandrecht geht demjenigen vor, das durch eine spätere Pfändung begründet wird.

§ 283 Ausschluss von Gewährleistungsansprüchen. Wird ein Gegenstand auf Grund der Pfändung veräußert, so steht dem Erwerber wegen eines Mangels im Recht oder wegen eines Mangels der veräußerten Sache ein Anspruch auf Gewährleistung nicht zu.

§ 284[1] Vermögensauskunft des Vollstreckungsschuldners. (1) [1] Der Vollstreckungsschuldner muss der Vollstreckungsbehörde auf deren Verlangen für die Vollstreckung einer Forderung Auskunft über sein Vermögen nach Maßgabe der folgenden Vorschriften erteilen, wenn er die Forderung nicht binnen zwei Wochen begleicht, nachdem ihn die Vollstreckungsbehörde unter Hinweis auf die Verpflichtung zur Abgabe der Vermögensauskunft zur Zahlung aufgefordert hat. [2] Zusätzlich hat er seinen Geburtsnamen, sein Geburtsdatum und seinen Geburtsort anzugeben. [3] Handelt es sich bei dem Vollstreckungsschuldner um eine juristische Person oder um eine [***ab 1.1.2024:*** rechtsfähige] Personenvereinigung, so hat er seine *Firma, die Nummer des Registerblatts im Handelsregister* [***ab 1.1.2024:*** Firma oder den Namen, die Nummer des Registerblatts im Handels-, Genossenschafts-, Gesellschafts-, Partnerschafts- oder Vereinsregister] und seinen Sitz anzugeben.[2]

(2)[3] [1] Zur Auskunftserteilung hat der Vollstreckungsschuldner alle ihm gehörenden Vermögensgegenstände anzugeben. [2] Bei Forderungen sind Grund und Beweismittel zu bezeichnen. [3] Ferner sind anzugeben:

1. die entgeltlichen Veräußerungen des Vollstreckungsschuldners an eine nahestehende Person (§ 138 der Insolvenzordnung), die dieser in den letzten zwei Jahren vor dem Termin nach Absatz 7 und bis zur Abgabe der Vermögensauskunft vorgenommen hat;
2. die unentgeltlichen Leistungen des Vollstreckungsschuldners, die dieser in den letzten vier Jahren vor dem Termin nach Absatz 7 und bis zur Abgabe der Vermögensauskunft vorgenommen hat, sofern sie sich nicht auf gebräuchliche Gelegenheitsgeschenke geringen Werts richteten.

[4] Sachen, die nach § 811 Absatz 1 Nummer 1 Buchstabe a und Nummer 2 der Zivilprozessordnung der Pfändung offensichtlich nicht unterworfen sind, brauchen nicht angegeben zu werden, es sei denn, dass eine Austauschpfändung in Betracht kommt.

(3)[4] [1] Der Vollstreckungsschuldner hat zu Protokoll an Eides statt zu versichern, dass er die Angaben nach den Absätzen 1 und 2 nach bestem Wissen und Gewissen richtig und vollständig gemacht habe. [2] Vor Abnahme der eidesstattli-

---

[1] § 284 neu gef. mWv 1.1.2013 durch G v. 29.7.2009 (BGBl. I S. 2258).
[2] § 284 Abs. 1 Satz 3 geänd. mWv 1.1.2024 durch G v. 22.12.2023 (BGBl. I Nr. 411).
[3] § 284 Abs. 2 Satz 4 geänd. mWv 1.1.2022 durch G v. 7.5.2021 (BGBl. I S. 850).
[4] § 284 Abs. 3 Satz 1 geänd. mWv 1.1.2013 durch G v. 22.12.2011 (BGBl. I S. 3044).

chen Versicherung ist der Vollstreckungsschuldner über die Bedeutung der eidesstattlichen Versicherung, insbesondere über die strafrechtlichen Folgen einer unrichtigen oder unvollständigen eidesstattlichen Versicherung, zu belehren.

(4)[1] [1]Der Vollstreckungsschuldner ist innerhalb von zwei Jahren nach Abgabe der Vermögensauskunft nach dieser Vorschrift oder nach § 802c der Zivilprozessordnung nicht verpflichtet, eine weitere Vermögensauskunft abzugeben, es sei denn, es ist anzunehmen, dass sich die Vermögensverhältnisse des Vollstreckungsschuldners wesentlich geändert haben. [2]Die Vollstreckungsbehörde hat von Amts wegen festzustellen, ob beim zentralen Vollstreckungsgericht nach § 802k Absatz 1 der Zivilprozessordnung in den letzten zwei Jahren ein auf Grund einer Vermögensauskunft des Schuldners erstelltes Vermögensverzeichnis hinterlegt wurde.

(5) [1]Für die Abnahme der Vermögensauskunft ist die Vollstreckungsbehörde zuständig, in deren Bezirk sich der Wohnsitz oder der Aufenthaltsort des Vollstreckungsschuldners befindet. [2]Liegen diese Voraussetzungen bei der Vollstreckungsbehörde, die die Vollstreckung betreibt, nicht vor, so kann sie die Vermögensauskunft abnehmen, wenn der Vollstreckungsschuldner zu ihrer Abgabe bereit ist.

(6) [1]Die Ladung zu dem Termin zur Abgabe der Vermögensauskunft ist dem Vollstreckungsschuldner selbst zuzustellen; sie kann mit der Fristsetzung nach Absatz 1 Satz 1 verbunden werden. [2]Der Termin zur Abgabe der Vermögensauskunft soll nicht vor Ablauf eines Monats nach Zustellung der Ladung bestimmt werden. [3]Ein Rechtsbehelf gegen die Anordnung der Abgabe der Vermögensauskunft hat keine aufschiebende Wirkung. [4]Der Vollstreckungsschuldner hat die zur Vermögensauskunft erforderlichen Unterlagen im Termin vorzulegen. [5]Hierüber und über seine Rechte und Pflichten nach den Absätzen 2 und 3, über die Folgen einer unentschuldigten Terminssäumnis oder einer Verletzung seiner Auskunftspflichten sowie über die Möglichkeit der Eintragung in das Schuldnerverzeichnis bei Abgabe der Vermögensauskunft ist der Vollstreckungsschuldner bei der Ladung zu belehren.

(7) [1]Im Termin zur Abgabe der Vermögensauskunft erstellt die Vollstreckungsbehörde ein elektronisches Dokument mit den nach den Absätzen 1 und 2[2] erforderlichen Angaben (Vermögensverzeichnis). [2]Diese Angaben sind dem Vollstreckungsschuldner vor Abgabe der Versicherung nach Absatz 3 vorzulesen oder zur Durchsicht auf einem Bildschirm wiederzugeben. [3]Ihm ist auf Verlangen ein Ausdruck zu erteilen. [4]Die Vollstreckungsbehörde hinterlegt das Vermögensverzeichnis bei dem zentralen Vollstreckungsgericht nach § 802k Abs. 1 der Zivilprozessordnung. [5]Form, Aufnahme und Übermittlung des Vermögensverzeichnisses haben den Vorgaben der Verordnung nach § 802k Abs. 4 der Zivilprozessordnung zu entsprechen.

(8) [1]Ist der Vollstreckungsschuldner ohne ausreichende Entschuldigung in dem zur Abgabe der Vermögensauskunft anberaumten Termin vor der in Absatz 5 Satz 1 bezeichneten Vollstreckungsbehörde nicht erschienen oder verweigert er ohne Grund die Abgabe der Vermögensauskunft, so kann die Voll-

---

[1] § 284 Abs. 4 Satz 1 geänd. mWv 1.1.2022 durch G v. 7.5.2021 (BGBl. I S. 850).
[2] Verweis geänd. mWv 1.1.2013 durch G v. 22.12.2011 (BGBl. I S. 3044).

3. in öffentlich-rechtlichen und berufsrechtlichen Angelegenheiten, auf die dieses Gesetz nach § 164a des Steuerberatungsgesetzes Anwendung findet,
4. in anderen durch die Finanzbehörden verwalteten Angelegenheiten, soweit die Vorschriften über die außergerichtlichen Rechtsbehelfe durch Gesetz für anwendbar erklärt worden sind oder erklärt werden,

ist als Rechtsbehelf der Einspruch statthaft. [2]Der Einspruch ist außerdem statthaft, wenn geltend gemacht wird, dass in den in Satz 1 bezeichneten Angelegenheiten über einen vom Einspruchsführer gestellten Antrag auf Erlass eines Verwaltungsakts ohne Mitteilung eines zureichenden Grundes binnen angemessener Frist sachlich nicht entschieden worden ist.

(2) Abgabenangelegenheiten sind alle mit der Verwaltung der Abgaben einschließlich der Abgabenvergütungen oder sonst mit der Anwendung der abgabenrechtlichen Vorschriften durch die Finanzbehörden zusammenhängenden Angelegenheiten einschließlich der Maßnahmen der Bundesfinanzbehörden zur Beachtung der Verbote und Beschränkungen für den Warenverkehr über die Grenze; den Abgabenangelegenheiten stehen die Angelegenheiten der Verwaltung der Finanzmonopole gleich.

(3) Die Vorschriften des Siebenten Teils finden auf das Straf- und Bußgeldverfahren keine Anwendung.

§ 348 Ausschluss des Einspruchs. Der Einspruch ist nicht statthaft
1. gegen Einspruchsentscheidungen (§ 367),
2. bei Nichtentscheidung über einen Einspruch,
3. gegen Verwaltungsakte der obersten Finanzbehörden des Bundes und der Länder, außer wenn ein Gesetz das Einspruchsverfahren vorschreibt,
4.[1] gegen Entscheidungen in Angelegenheiten des Zweiten und Sechsten Abschnitts des Zweiten Teils des Steuerberatungsgesetzes,
5.[1] *(aufgehoben)*
6.[2] in den Fällen des § 172 Abs. 3.

§ 349 (weggefallen)

§ 350 Beschwer. Befugt, Einspruch einzulegen, ist nur, wer geltend macht, durch einen Verwaltungsakt oder dessen Unterlassung beschwert zu sein.

§ 351 Bindungswirkung anderer Verwaltungsakte. (1) Verwaltungsakte, die unanfechtbare Verwaltungsakte ändern, können nur insoweit angegriffen werden, als die Änderung reicht, es sei denn, dass sich aus den Vorschriften über die Aufhebung und Änderung von Verwaltungsakten etwas anderes ergibt.

---

[1] § 348 Nr. 4 geänd. und Nr. 5 aufgeh. mWv 12.4.2008 durch G v. 8.4.2008 (BGBl. I S. 666).

[2] § 348 Nr. 6 angef. mWv 19.12.2006 durch G v. 13.12.2006 (BGBl. I S. 2878).

(2) Entscheidungen in einem Grundlagenbescheid (§ 171 Abs. 10) können nur durch Anfechtung dieses Bescheids, nicht auch durch Anfechtung des Folgebescheids, angegriffen werden.

[Fassung bis 31.12.2023:][1]

§ 352 Einspruchsbefugnis bei der einheitlichen Feststellung. (1) Gegen Bescheide über die einheitliche und gesonderte Feststellung von Besteuerungsgrundlagen können Einspruch einlegen:

1. zur Vertretung berufene Geschäftsführer oder, wenn solche nicht vorhanden sind, der Einspruchsbevollmächtigte im Sinne des Absatzes 2;
2. wenn Personen nach Nummer 1 nicht vorhanden sind, jeder Gesellschafter, Gemeinschafter oder Mitberechtigte, gegen den der Feststellungsbescheid ergangen ist oder zu ergehen hätte;
3. auch wenn Personen nach Nummer 1 vorhanden sind, ausgeschiedene Gesellschafter, Gemeinschafter oder Mitberechtigte, gegen die der Feststellungsbescheid ergangen ist oder zu ergehen hätte;
4. soweit es sich darum handelt, wer an dem festgestellten Betrag beteiligt ist und wie dieser sich auf die

[Fassung ab 1.1.2024:][2]

§ 352 Einspruchsbefugnis bei der gesonderten und einheitlichen Feststellung. (1) Gegen Bescheide über die gesonderte und einheitliche Feststellung von Besteuerungsgrundlagen können Einspruch einlegen:

1. bei rechtsfähigen Personenvereinigungen:
   a) die Personenvereinigung,
   b) wenn die rechtsfähige Personenvereinigung nicht mehr besteht, jeder Gesellschafter oder Gemeinschafter, gegen den der Feststellungsbescheid ergangen ist oder zu ergehen hätte;
2. bei nicht rechtsfähigen Personenvereinigungen und in sonstigen Fällen:
   a) der Einspruchsbefugte im Sinne des Absatzes 2,
   b) wenn Personen nach Buchstabe a nicht vorhanden sind, jeder Gesellschafter, Gemeinschafter oder Mitberechtigte, gegen den der Feststellungsbescheid ergangen ist oder zu ergehen hätte;
3. in den Fällen des § 183 Absatz 2 Satz 1 Nummer 2 oder des § 183a Absatz 2 Satz 1 Nummer 2 jeder Gesellschafter, Gemeinschafter oder Mitberechtigte, gegen den der Feststellungsbescheid ergangen ist oder zu ergehen hätte;
4. soweit es sich darum handelt, wer an dem festgestellten Betrag beteiligt ist und wie dieser sich auf die

---

[1] Siehe hierzu die Übergangsregelungen in Art. 97 § 39 Abs. 5 und 5 EGAO (Nr. **800a**).

[2] § 352 neu gef. mWv 1.1.2024 durch G v. 22.12.2023 (BGBl. I Nr. 411).

[Fassung bis 31.12.2023:]

einzelnen Beteiligten verteilt, jeder, der durch die Feststellungen hierzu berührt wird;

5. soweit es sich um eine Frage handelt, die einen Beteiligten persönlich angeht, jeder, der durch die Feststellungen über die Frage berührt wird.

(2) [1]Einspruchsbefugt im Sinne des Absatzes 1 Nr. 1 ist der gemeinsame Empfangsbevollmächtigte im Sinne des § 183 Abs. 1 Satz 1 oder des § 6 Abs. 1 Satz 1 der Verordnung über die gesonderte Feststellung von Besteuerungsgrundlagen nach § 180 Abs. 2 der Abgabenordnung vom 19. Dezember 1986 (BGBl. I S. 2663)[1)]. [2]Haben die Feststellungsbeteiligten keinen gemeinsamen Empfangsbevollmächtigten bestellt, ist einspruchsbefugt im Sinne des Absatzes 1 Nr. 1 der nach § 183 Abs. 1 Satz 2 fingierte oder der nach § 183 Abs. 1 Satz 3 bis 5 oder nach § 6 Abs. 1 Satz 3 bis 5 der Verordnung über die gesonderte Feststellung von Besteuerungsgrundlagen nach § 180 Abs. 2 der Abgabenordnung von der Finanzbehörde bestimmte Empfangsbevollmächtigte; dies gilt nicht für Feststellungsbeteiligte, die gegenüber der Finanzbehörde der Einspruchsbefugnis des Empfangsbevollmächtigten widersprechen. [3]Die Sätze 1 und 2 sind nur anwendbar, wenn die Beteiligten in der Feststellungserklärung oder in der Aufforderung zur Benennung eines Empfangsbevollmächtigten über die Einspruchsbefugnis des Empfangsbevollmächtigten belehrt worden sind.

[Fassung ab 1.1.2024:]

einzelnen Beteiligten verteilt, jeder, der durch die Feststellungen hierzu berührt wird;

5. soweit es sich um eine Frage handelt, die einen Beteiligten persönlich angeht, jeder, der durch die Feststellungen über die Frage berührt wird.

(2) [1]Einspruchsbefugt im Sinne des Absatzes 1 Nummer 2 Buchstabe a ist der gemeinsame Empfangsbevollmächtigte im Sinne des § 183a Absatz 1 Satz 1 oder des § 6 Absatz 1 Satz 1 der Verordnung über die gesonderte Feststellung von Besteuerungsgrundlagen nach § 180 Abs. 2 der Abgabenordnung. [2]Haben die Feststellungsbeteiligten keinen gemeinsamen Empfangsbevollmächtigten bestellt, ist einspruchsbefugt im Sinne des Absatzes 1 Nummer 2 Buchstabe a der nach § 183a Absatz 1 Satz 2 und 3 oder nach § 6 Absatz 1 Satz 3 und 4 der Verordnung über die gesonderte Feststellung von Besteuerungsgrundlagen nach § 180 Abs. 2 der Abgabenordnung von der Finanzbehörde bestimmte Empfangsbevollmächtigte; Absatz 1 Nummer 3 bleibt unberührt. [3]Die Sätze 1 und 2 sind nur anwendbar, wenn die Beteiligten in der Feststellungserklärung oder in der Aufforderung zur Benennung eines Empfangsbevollmächtigten über die Einspruchsbefugnis des Empfangsbevollmächtigten belehrt worden sind.

---

1) Nr. **800e.**

§ 353 Einspruchsbefugnis des Rechtsnachfolgers. Wirkt ein Feststellungsbescheid, ein Grundsteuermessbescheid oder ein Zerlegungs- oder Zuteilungsbescheid über einen Grundsteuermessbetrag gegenüber dem Rechtsnachfolger, ohne dass er diesem bekannt gegeben worden ist (§ 182 Abs. 2, § 184 Abs. 1 Satz 4, §§ 185 und 190), so kann der Rechtsnachfolger nur innerhalb der für den Rechtsvorgänger maßgebenden Einspruchsfrist Einspruch einlegen.

(Fortsetzung nächstes Blatt)

800a. Einführungsgesetz zur Abgabenordnung (EGAO)

Vom 14. Dezember 1976
(BGBl. I S. 3341, ber. 1977 I S. 667)

Geändert durch Grunderwerbsteuergesetz 1983 vom 17.12.1982 (BGBl. I S. 1777), Steuerbereinigungsgesetz 1986 vom 19.12.1985 (BGBl. I S. 2436), Steuerreformgesetz 1990 vom 25.7.1988 (BGBl. I S. 1093), Haushaltsbegleitgesetz 1989 vom 20.12.1988 (BGBl. I S. 2262), Vereinsförderungsgesetz vom 18.12.1989 (BGBl. I S. 2212), Wohnungsbauförderungsgesetz vom 22.12.1989 (BGBl. I S. 2408), Einigungsvertrag vom 31.8.1990 (BGBl. II S. 889, 968), Steueränderungsgesetz 1991 vom 24.6.1991 (BGBl. I S. 1322), Steueränderungsgesetz 1992 vom 25.2.1992 (BGBl. I S. 297), Gesetz zur Umsetzung des Föderalen Konsolidierungsprogramms vom 23.6.1993 (BGBl. I S. 944), Standortsicherungsgesetz vom 13.9.1993 (BGBl. I S. 1569), Mißbrauchsbekämpfungs- und Steuerbereinigungsgesetz vom 21.12.1993 (BGBl. I S. 2310), Grenzpendlergesetz vom 24.6.1994 (BGBl. I S. 1395), Jahressteuergesetz 1996 vom 11.10.1995 (BGBl. I S. 1250), Jahressteuer-Ergänzungsgesetz 1996 vom 18.12.1995 (BGBl. I S. 1959), Jahressteuergesetz 1997 vom 20.12.1996 (BGBl. I S. 2049), 2. Zwangsvollstreckungsnovelle vom 17.12.1997 (BGBl. I S. 3039), Gesetz zur Datenermittlung für den Verteilungsschlüssel des Gemeindeanteils am Umsatzsteueraufkommen und zur Änderung steuerlicher Vorschriften vom 23.6.1998 (BGBl. I S. 1496), Steueränderungsgesetz 1998 vom 19.12.1998 (BGBl. I S. 3816), Gesetz zur Änderung des Einführungsgesetzes zur Insolvenzordnung vom 19.12.1998 (BGBl. I S. 3836), Zweites Euro-Einführungsgesetz vom 24.3.1999 (BGBl. I S. 385), Steuerbereinigungsgesetz 1999 vom 22.12.1999 (BGBl. I S. 2601), Gesetz zur weiteren steuerlichen Förderung von Stiftungen vom 14.7.2000 (BGBl. I S. 1034), Steuersenkungsgesetz vom 23.10.2000 (BGBl. I S. 1433), Steuer-Euroglättungsgesetz vom 19.12.2000 (BGBl. I S. 1790), Gesetz zur Änderung des Investitionszulagengesetzes 1999 vom 20.12.2000 (BGBl. I S. 1850), Steueränderungsgesetz 2001 vom 20.12.2001 (BGBl. I S. 3794), Steuervergünstigungsabbaugesetz vom 16.5.2003 (BGBl. I S. 660), Kleinunternehmerförderungsgesetz vom 31.7.2003 (BGBl. I S. 1550), Steueränderungsgesetz 2003 vom 15.12.2003 (BGBl. I S. 2645), Gesetz zur Förderung der Ausbildung und Beschäftigung schwerbehinderter Menschen vom 23.4.2004 (BGBl. I S. 606), Kostenrechtsmodernisierungsgesetz vom 5.5.2004 (BGBl. I S. 718), Gesetz zur Änderung der Abgabenordnung und weiterer Gesetze vom 21.7.2004 (BGBl. I S. 1753), EU-Richtlinien-Umsetzungsgesetz vom 9.12.2004 (BGBl. I S. 3310), Erstes Gesetz zum Abbau bürokratischer Hemmnisse insbesondere in der mittelständischen Wirtschaft vom 22.8.2006 (BGBl. I S. 1970), Jahressteuergesetz 2007 vom 13.12.2006 (BGBl. I S. 2878), Zweites Gesetz zum Abbau bürokratischer Hemmnisse insbesondere in der mittelständischen Wirtschaft vom 7.9.2007 (BGBl. I S. 2246), Gesetz zur weiteren Stärkung des bürgerschaftlichen Engagements vom 10.10.2007 (BGBl. I S. 2332), Jahressteuergesetz 2008 vom 20.12.2007 (BGBl. I S. 3150), Jahressteuergesetz 2009 vom 19.12.2008 (BGBl. I S. 2794), Steuerbürokratieabbaugesetz vom 20.12.2008 (BGBl. I S. 2850), Steuerhinterziehungsbekämpfungsgesetz vom 29.7.2009 (BGBl. I S. 2302), Jahressteuergesetz 2010 (JStG 2010) vom 8.12.2010 (BGBl. I S. 1768), Schwarzgeldbekämpfungsgesetz vom 28.4.2011 (BGBl. I S. 676), Steuervereinfachungsgesetz 2011 vom 1.11.2011 (BGBl. I S. 2131), Amtshilferichtlinie-Umsetzungsgesetz (AmtshilfeRLUmsG) vom 26.6.2013 (BGBl. I S. 1809), Gesetz zur Anpassung steuerlicher Regelungen an die Rechtsprechung des Bundesverfassungsgerichts vom 18.7.2014 (BGBl. I S. 1042), Gesetz zur Änderung der Abgabenordnung und des Einführungsgesetzes zur Abgabenordnung vom 22.12.2014 (BGBl. I S. 2415), Gesetz zur Anpassung der Abgabenordnung an den Zollkodex der Union und zur Änderung weiterer steuerlicher Vorschriften vom 22.12.2014 (BGBl. I S. 2417), Gesetz zur Entlastung insbesondere der mittelständischen Wirtschaft von Bürokratie (Bürokratieentlastungsgesetz) vom 28.7.2015 (BGBl. I S. 1400), Gesetz zur Modernisierung des Besteuerungsverfahrens vom 18.7.2016 (BGBl. I S. 1679), Gesetz zur Umsetzung der Änderungen der EU-Amtshilferichtlinie und von weiteren Maßnahmen gegen Gewinnkürzungen und -verlagerungen vom 20.12.2016 (BGBl. I S. 3000), Gesetz zum Schutz vor Manipulationen an digitalen Grundaufzeichnungen vom 22.12.2016 (BGBl. I S. 3152), Gesetz zur Bekämpfung der Steuerumgehung und zur Änderung weiterer steuerlicher Vorschriften (Steuerumgehungsbekämpfungsgesetz – StUmgBG) vom 23.6.2017 (BGBl. I S. 1682), Zweites Gesetz zur Entlastung insbesondere der mittelständischen Wirtschaft von Bürokratie (Zweites Bürokratieentlastungsgesetz) vom 30.6.2017 (BGBl. I S. 2143), Gesetz zur Vermeidung von Umsatzsteuerausfällen beim Handel mit Waren im Internet und zur Änderung weiterer steuerlicher Vorschriften vom 11.12.2018 (BGBl. I S. 2338), Zweites Gesetz zur Anpassung des Datenschutzrechts an die Verordnung (EU) 2016/679 und zur Umsetzung der Richtlinie (EU) 2016/680 (Zweites Datenschutz-Anpassungs- und Umsetzungsgesetz EU – 2. DSAnpUG-EU) vom 20.11.2019 (BGBl. I S. 1626), Drittes Gesetz zur Entlastung insbesondere der mittelständischen Wirtschaft von Bürokratie (Drittes Bürokratieentlastungsgesetz) vom 22.11.2019 (BGBl. I S. 1746), Gesetz zur Reform des Grundsteuer- und Bewertungsrechts (Grundsteuer-Reformgesetz – GrStRefG) vom 26.11.2019 (BGBl. I S. 1794), Gesetz zur weiteren steuerlichen Förderung der Elektromobilität und zur Änderung weiterer steuerlicher Vorschriften vom 12.12.2019 (BGBl. I S. 2451), Gesetz zur Einführung einer Pflicht zur Mitteilung grenzüberschreitender Steuergestaltungen vom 21.12.2019 (BGBl. I S. 2875), Gesetz zur Umsetzung steuerlicher Hilfsmaßnahmen zur Bewältigung der Corona-Krise (Corona-Steuerhilfegesetz) vom 19.6.2020 (BGBl. I S. 1385), Zweites Gesetz zur Umsetzung steuerlicher Hilfsmaßnahmen zur Bewältigung der Corona-Krise (Zweites Corona-Steuerhilfegesetz) vom 29.6.2020 (BGBl. I S. 1512), Jahressteuergesetz 2020 vom 21.12.2020 (BGBl. I S. 3096), Gesetz zur Verlängerung der Aussetzung der Insolvenzantragspflicht und des Anfechtungsschutzes für pandemiebedingte Stundungen sowie zur Verlängerung der Steuererklärungsfrist in beratenen Fällen und der zinsfreien Karenzzeit für den Veranlagungszeitraum 2019 vom 15.2.2021 (BGBl. I S. 237), Gesetz zur Modernisierung der Entlastung von Abzugsteuern und der Bescheinigung der Kapitalertragsteuer (Abzugsteuerentlastungsmodernisierungsgesetz – AbzStEntModG) vom 2.6.2021 (BGBl. I S. 1259) und Gesetz zur Umsetzung der Anti-Steuervermeidungsrichtlinie (ATAD-Umsetzungsgesetz – ATADUmsG) vom 25.6.2021 (BGBl. I S. 2035), Gesetz zur Abwehr von Steuervermeidung und unfairem Steuerwettbewerb und zur Änderung weiterer Gesetze vom 25.6.2021 (BGBl. I S. 2056), Viertes Gesetz zur Umsetzung steuerlicher Hilfsmaßnahmen zur Bewältigung der Corona-Krise (Viertes Corona-Steuerhilfegesetz) vom 19.6.2022 (BGBl. I S. 911), Zweites Gesetz zur Änderung der Abgabenordnung und des Einführungsgesetzes zur Abgabenordnung vom 12.7.2022 (BGBl. I S. 1142), Jahressteuergesetz 2022 (JStG 2022) vom 16.12.2022 (BGBl. I S. 2294), Gesetz zur Umsetzung der Richtlinie (EU) 2021/514 des Rates vom 22. März 2021 zur Änderung der Richtlinie 2011/16/EU über die Zusammenarbeit der Verwaltungsbehörden im Bereich der Besteuerung und zur Modernisierung des Steuerverfahrensrechts vom 20.12.2022 (BGBl. I S. 2730) und Gesetz zur Förderung geordneter Kreditzweitmärkte und zur Umsetzung der Richtlinie (EU) 2021/2167 über Kreditdienstleister und Kreditkäufer sowie zur Änderung weiterer finanzrechtlicher Bestimmungen (Kreditzweitmarktförderungsgesetz) vom 22.12.2023 (BGBl I Nr. 411)

BGBl. III/FNA 610-1-4

– Auszug –

Der Bundestag hat mit Zustimmung des Bundesrates das folgende Gesetz beschlossen:

Erster Abschnitt. Änderung von Gesetzen auf dem Gebiet des Finanzwesens

Art. 1 bis **Art. 6** ……

Art. 7 Hauptfeststellung der Einheitswerte der Mineralgewinnungsrechte. (1) Für Mineralgewinnungsrechte findet die nächste Hauptfeststellung der Einheitswerte auf den 1. Januar 1977 statt (Hauptfeststellung 1977).

§ 1d[1] Steuerbegünstigte Zwecke. (1) Die §§ 52, 58, 61, 64 und 67a der Abgabenordnung in der Fassung des Artikels 5 des Gesetzes vom 10. Oktober 2007 (BGBl. I S. 2332) sind ab 1. Januar 2007 anzuwenden.

(2) § 51 der Abgabenordnung in der Fassung des Artikels 10 des Gesetzes vom 19. Dezember 2008 (BGBl. I S. 2794) ist ab dem 1. Januar 2009 anzuwenden.

(3)[2] [1] § 55 Absatz 3 der Abgabenordnung in der Fassung des Artikels 9 des Gesetzes vom 8. Dezember 2010 (BGBl. I S. 1768) ist ab dem 1. Januar 2011 anzuwenden. [2] § 55 Absatz 1 Nummer 4 Satz 2 und § 58 Nummer 1 bis 4 der Abgabenordnung in der Fassung des Artikels 9 des Gesetzes vom 8. Dezember 2010 (BGBl. I S. 1768) sind auch für vor diesem Zeitraum beginnende Veranlagungszeiträume anzuwenden, soweit Steuerfestsetzungen noch nicht bestandskräftig sind oder unter dem Vorbehalt der Nachprüfung stehen.

§ 1e[3] Zweckbetriebe. (1) [1] § 68 *Abs. 6*[4] der Abgabenordnung in der Fassung des Artikels 5 des Gesetzes vom 20. Dezember 2000 (BGBl. I S. 1850) ist mit Wirkung vom 1. Januar 2000 anzuwenden. [2] Die Vorschrift ist auch für vor diesem Zeitraum beginnende Veranlagungszeiträume anzuwenden, soweit Steuerfestsetzungen noch nicht bestandskräftig sind oder unter dem Vorbehalt der Nachprüfung stehen.

(2) [1] Die Vorschrift des § 68 Nr. 9 der Abgabenordnung über die Zweckbetriebseigenschaft von Forschungseinrichtungen ist ab dem 1. Januar 1997 anzuwenden. [2] Sie ist auch für vor diesem Zeitpunkt beginnende Kalenderjahre anzuwenden, soweit Steuerfestsetzungen noch nicht bestandskräftig sind oder unter dem Vorbehalt der Nachprüfung stehen.

(3) [1] § 68 Nr. 3 der Abgabenordnung in der Fassung des Artikels 1a des Gesetzes vom 23. April 2004 (BGBl. I S. 606) ist ab dem 1. Januar 2003 anzuwenden. [2] § 68 Nr. 3 Buchstabe c der Abgabenordnung ist auch für vor diesem Zeitraum beginnende Veranlagungszeiträume anzuwenden, soweit Steuerfestsetzungen noch nicht bestandskräftig sind oder unter dem Vorbehalt der Nachprüfung stehen.

§ 1f[5] Satzung. (1) [1] § 62 der Abgabenordnung in der Fassung des Artikels 10 des Gesetzes vom 13. Dezember 2006 (BGBl. I S. 2878) gilt für alle staatlich beaufsichtigten Stiftungen, die nach dem Inkrafttreten[6] dieses Gesetzes errichtet werden. [2] § 62 der Abgabenordnung in der am 31. Dezember 2008 geltenden Fassung ist letztmals anzuwenden auf Betriebe gewerblicher Art von Kör-

---

[1] Art. 97 § 1d eingef. durch G v. 18.12.1989 (BGBl. I S. 2212), neu gef. durch G v. 10.10.2007 (BGBl. I S. 2332), Abs. 2 angef. durch G v. 19.12.2008 (BGBl. I S. 2794).

[2] Art. 97 § 1d Abs. 3 angef. durch G v. 8.12.2010 (BGBl. I S. 1768).

[3] Art. 97 § 1e eingef. durch G v. 20.12.1996 (BGBl. I S. 2049), Abs. 1 eingef., bish. Wortlaut wird Abs. 2 durch G v. 20.12.2000 (BGBl. I S. 1850), Abs. 3 angef. durch G v. 23.4.2004 (BGBl. I S. 606).

[4] Muss lauten „Nr. 6".

[5] Art. 97 § 1f eingef. durch G v. 13.12.2006 (BGBl. I S. 2878), Abs. 1 Satz 2 und Abs. 2 angef. durch G v. 19.12.2008 (BGBl. I S. 2794).

[6] In Kraft ab 19.12.2006.

perschaften des öffentlichen Rechts, bei den von einer Körperschaft des öffentlichen Rechts verwalteten unselbständigen Stiftungen und bei geistlichen Genossenschaften (Orden, Kongregationen), die vor dem 1. Januar 2009 errichtet wurden.

(2) § 60 Abs. 1 Satz 2 der Abgabenordnung in der Fassung des Artikels 10 des Gesetzes vom 19. Dezember 2008 (BGBl. I S. 2794) ist auf Körperschaften, die nach dem 31. Dezember 2008 gegründet werden, sowie auf Satzungsänderungen bestehender Körperschaften, die nach dem 31. Dezember 2008 wirksam werden, anzuwenden.

§ 2 Fristen. [1] Fristen, deren Lauf vor dem 1. Januar 1977 begonnen hat, werden nach den bisherigen Vorschriften berechnet, soweit in den nachfolgenden Vorschriften nichts anderes bestimmt ist. [2] Dies gilt auch in den Fällen, in denen der Lauf einer Frist nur deshalb nicht vor dem 1. Januar 1977 begonnen hat, weil der Beginn der Frist nach § 84 der Reichsabgabenordnung hinausgeschoben worden ist.

§ 3[1)] Grunderwerbsteuer, Feuerschutzsteuer. (1) [1] Die Abgabenordnung und die Übergangsvorschriften dieses Artikels gelten auch für die Grunderwerbsteuer und die Feuerschutzsteuer; abweichende landesrechtliche Vorschriften bleiben unberührt. [2] Soweit die Grunderwerbsteuer nicht von Landesfinanzbehörden verwaltet wird, gilt § 1 Abs. 2 der Abgabenordnung sinngemäß.

(2) *(aufgehoben)*

§ 4[2)] Mitteilungsverordnung. § 7 Abs. 2 Satz 1 der Mitteilungsverordnung vom 7. September 1993 (BGBl. I S. 1554) in der Fassung des Artikels 25 des Gesetzes vom 19. Dezember 2000 (BGBl. I S. 1790) ist erstmals auf im Kalenderjahr 2002 geleistete Zahlungen anzuwenden.

§ 5[3)] Zeitpunkt der Einführung des steuerlichen Identifikationsmerkmals. [1] Das Bundesministerium der Finanzen bestimmt durch Rechtsverordnung mit Zustimmung des Bundesrates den Zeitpunkt der Einführung des Identifikationsmerkmals nach § 139a Abs. 1 der Abgabenordnung. [2] Die Festlegung der Zeitpunkte für die ausschließliche Verwendung des Identifikationsmerkmals im Bereich der Einfuhr- und Ausfuhrabgaben sowie der Verbrauchsteuern bedarf nicht der Zustimmung des Bundesrates.

§ 5a[4)] Identifikationsnummer. [1] § 139b Absatz 8 der Abgabenordnung in der Fassung des Artikels 26 des Gesetzes vom 16. Dezember 2022 (BGBl. I S. 2294) ist ab dem Tag anzuwenden, an dem das Bundesministerium des Innern und für Heimat nach Artikel 22 Satz 3 des Gesetzes vom 28. März 2021

---

1) Art. 97 § 3 Abs. 2 aufgeh. durch G v. 17.12.1982 (BGBl. I S. 1777).

2) Art. 97 § 4 eingef. durch G v. 19.12.2000 (BGBl. I S. 1790).

3) Art. 97 § 5 eingef. durch G. v. 15.12.2003 (BGBl. I S. 2645), Satz 1 geänd. durch G v. 13.12.2006 (BGBl. I S. 2878).

4) Art. 97 § 5a eingef. durch G v. 16.12.2022 (BGBl. I S. 2294); siehe Bek. v. 12.10.2023 (BGBl. I 2023 Nr. 293); siehe auch Nr. **800k**.

(12)[1)] § 171 Absatz 10 Satz 2 der Abgabenordnung in der Fassung des Artikels 1 des Gesetzes vom 22. Dezember 2014 (BGBl. I S. 2417) gilt für alle am 31. Dezember 2014 noch nicht abgelaufenen Festsetzungsfristen.

(13)[2)] § 170 Absatz 6 der Abgabenordnung in der Fassung des Artikels 1 des Gesetzes vom 22. Dezember 2014 (BGBl. I S. 2415) gilt für alle nach dem 31. Dezember 2014 beginnenden Festsetzungsfristen.

(14) § 171 Absatz 2 Satz 2 und Absatz 10 Satz 1 bis 3 der Abgabenordnung in der am 1. Januar 2017 geltenden Fassung gilt für alle am 31. Dezember 2016 noch nicht abgelaufenen Festsetzungsfristen.

(15)[3)] § 170 Absatz 7 der Abgabenordnung in der am 25. Juni 2017 geltenden Fassung gilt für alle nach dem 31. Dezember 2017 beginnenden Festsetzungsfristen.

§ 10a[4)] Erklärungspflicht. (1) § 150 Absatz 7 der Abgabenordnung in der Fassung des Artikels 3 des Gesetzes vom 1. November 2011 (BGBl. I S. 2131) ist erstmals für Besteuerungszeiträume anzuwenden, die nach dem 31. Dezember 2010 beginnen.

(2) § 181 Abs. 2a der Abgabenordnung in der Fassung des Artikels 10 des Gesetzes vom 20. Dezember 2008 (BGBl. I S. 2850) ist erstmals für Feststellungszeiträume anzuwenden, die nach dem 31. Dezember 2010 beginnen.

(3) § 149 Absatz 2 Satz 2 der Abgabenordnung in der Fassung des Artikels 3 des Gesetzes vom 1. November 2011 (BGBl. I S. 2131) ist erstmals für Besteuerungszeiträume anzuwenden, die nach dem 31. Dezember 2009 beginnen.

(4) [1]Die §§ 109 und 149 der Abgabenordnung in der am 1. Januar 2017 geltenden Fassung sind erstmals anzuwenden für Besteuerungszeiträume, die nach dem 31. Dezember 2017 beginnen, und Besteuerungszeitpunkte, die nach dem 31. Dezember 2017 liegen. [2]§ 150 Absatz 7 der Abgabenordnung in der am 1. Januar 2017 geltenden Fassung ist erstmals anzuwenden für Besteuerungszeiträume, die nach dem 31. Dezember 2016 beginnen, und Besteuerungszeitpunkte, die nach dem 31. Dezember 2016 liegen. [3]§ 8 Absatz 4 Satz 3 und 4 ist entsprechend anzuwenden.

(5)[5)] § 150 Absatz 7 Satz 2 der Abgabenordnung in der am 21. Dezember 2022 geltenden Fassung ist auf Steuererklärungen anzuwenden, die nach dem 21. Dezember 2022 abgegeben werden.

§ 10b[6)] Gesonderte Feststellungen. [1]§ 180 Abs. 1 Nr. 2 Buchstabe a, Abs. 4 und Abs. 5 der Abgabenordnung in der Fassung des Artikels 26 des Gesetzes

---

[1)] Art. 97 § 10 Abs. 12 angef. durch G v. 22.12.2014 (BGBl. I S. 2417).

[2)] Art. 97 § 10 Abs. 13 angef. durch G v. 22.12.2014 (BGBl. I S. 2415).

[3)] Art. 97 § 10 Abs. 15 angef. durch G v. 23.6.2017 (BGBl. I S. 1682).

[4)] Art. 97 § 10a neu gef. durch G v. 20.12.2008 (BGBl. I S. 2850); Abs. 1 geänd., Abs. 3 angef. durch G v. 1.11.2011 (BGBl. I S. 2131), Abs. 4 angef. durch G v. 18.7.2016 (BGBl. I S. 1679); Abs. 4 Satz 3 neu gef. durch G v. 23.6.2017 (BGBl. I S. 1682).

[5)] Art. 97 § 10a Abs. 5 angef. durch G v. 16.12.2022 (BGBl. I S. 2294).

[6)] Art. 97 § 10b eingef. durch G v. 21.12.1993 (BGBl. I S. 2310); Satz 2 angef. durch G v. 22.12.2014 (BGBl. I S. 2417); Satz 3 angef. durch G v. 26.11.2019 (BGBl. I S. 1794); Satz 3 geänd. mWv 1.1.2025 durch G v. 22.12.2023 (BGBl. I Nr. 411).

vom 21. Dezember 1993 (BGBl. I S. 2310) ist erstmals auf Feststellungszeiträume anzuwenden, die nach dem 31. Dezember 1994 beginnen. [2] § 180 Absatz 1 Satz 2 der Abgabenordnung in der Fassung des Artikels 1 des Gesetzes vom 22. Dezember 2014 (BGBl. I S. 2417) ist erstmals auf Feststellungszeiträume anzuwenden, die nach dem 31. Dezember 2014 beginnen. [3] § 180 Absatz 1 Satz 1 Nummer 1, *§ 183 Absatz 3 Satz 1 und 2 und Absatz 4, § 182 Absatz 2 Satz 1 und § 183 Absatz 4* [***ab 1.1.2025:*** § 181 Absatz 3 Satz 1 und 2 und Absatz 4, § 182 Absatz 2 Satz 1 und § 183a Absatz 4] der Abgabenordnung in der am 1. Januar 2025 geltenden Fassung sind erstmals auf Feststellungszeitpunkte nach dem 31. Dezember 2024 anzuwenden.

§ 10c[1)] Billigkeitsmaßnahmen bei der Festsetzung des Gewerbesteuermessbetrags. § 184 Absatz 2 der Abgabenordnung in der Fassung des Artikels 1 des Gesetzes vom 22. Dezember 2014 (BGBl. I S. 2417) ist auch für nach dem 31. Dezember 2014 getroffene Maßnahmen nach § 163 Absatz 1 Satz 1 der Abgabenordnung anzuwenden, die Besteuerungszeiträume betreffen, die vor dem 1. Januar 2015 abgelaufen sind.

§ 11[2)] Haftung. (1) Die Vorschriften der §§ 69 bis 76 und 191 Abs. 3 bis 5 der Abgabenordnung sind anzuwenden, wenn der haftungsbegründende Tatbestand nach dem 31. Dezember 1976 verwirklicht worden ist.

(2) Die Vorschriften der Abgabenordnung über die Haftung sind in der Fassung des Steuerbereinigungsgesetzes 1986 anzuwenden, wenn der haftungsbegründende Tatbestand nach dem 31. Dezember 1986 verwirklicht worden ist.

(3) § 71 der Abgabenordnung in der am 1. Januar 2017 geltenden Fassung ist erstmals anzuwenden, wenn der haftungsbegründende Tatbestand nach dem 31. Dezember 2016 verwirklicht worden ist.

(4) [1] § 73 der Abgabenordnung in der am 18. Dezember 2019 geltenden Fassung ist erstmals anzuwenden, wenn der haftungsbegründende Tatbestand nach dem 17. Dezember 2019 verwirklicht worden ist. [2] Haftungsbegründender Tatbestand im Sinne des Satzes 1 ist die Entstehung der Steuerschuld oder des Anspruchs auf Erstattung einer Steuervergütung.

§ 11a[3)] Insolvenzverfahren. [1] In einem Insolvenzverfahren, das nach dem 31. Dezember 1998 beantragt wird, gelten § 75 Abs. 2, § 171 Abs. 12 und 13, § 231 Abs. 1 Satz 1 und Abs. 2 Satz 1, § 251 Abs. 2 Satz 1 und Abs. 3, §§ 266, 282 Abs. 2 und § 284 Abs. 2 Satz 1 der Abgabenordnung in der Fassung des Artikels 9 des Gesetzes vom 19. Dezember 1998 (BGBl. I S. 3836) sowie § 251 Abs. 2 Satz 2 der Abgabenordnung in der Fassung des Artikels 17 des Gesetzes vom 22. Dezember 1999 (BGBl. I S. 2601) auch für Rechtsverhältnisse und Rechte, die vor dem 1. Januar 1999 begründet worden sind.

---

1) Art. 97 § 10c eingef. durch G v. 22.12.2014 (BGBl. I S. 2417); geänd. durch G v. 18.7.2016 (BGBl. I S. 1679).

2) Art. 97 § 11 Abs. 2 angef. durch G v. 19.12.1985 (BGBl. I S. 2436); Abs. 3 angef. durch G v. 18.7.2016 (BGBl. I S. 1679); Abs. 4 angef. durch G v. 12.12.2019 (BGBl. I S. 2451); Abs. 4 Satz 2 angef., bish. Text wird Satz 1 durch G v. 21.12.2020 (BGBl. I S. 3096).

3) Art. 97 § 11a eingef. durch G v. 19.12.1998 (BGBl. I S. 3836), Satz 1 neu gef. durch G v. 22.12.1999 (BGBl. I S. 2601).

benordnung die Wirksamkeit eines von ihm eingesetzten Steuerkontrollsystems hinsichtlich der erfassten Steuerarten oder Sachverhalte überprüft wurde und kein oder nur ein unbeachtliches steuerliches Risiko für die in § 149 Absatz 3 der Abgabenordnung genannten Steuern und gesonderten Feststellungen besteht, kann die Finanzbehörde im Benehmen mit dem Bundeszentralamt für Steuern dem Steuerpflichtigen auf Antrag unter dem Vorbehalt des Widerrufs für die nächste Außenprüfung nach § 193 Absatz 1 der Abgabenordnung Beschränkungen von Art und Umfang der Ermittlungen unter der Voraussetzung verbindlich zusagen, dass keine Änderungen der Verhältnisse eintreten. [2] *Der Steuerpflichtige hat Veränderungen des Kontrollsystems zu dokumentieren und sie der Finanzbehörde unverzüglich schriftlich oder elektronisch mitzuteilen.*

(2) [1] *Ein Steuerkontrollsystem umfasst alle innerbetrieblichen Maßnahmen, die gewährleisten, dass*

1. die Besteuerungsgrundlagen zutreffend aufgezeichnet und berücksichtigt werden sowie
2. die hierauf entfallenden Steuern fristgerecht und vollständig abgeführt werden.

[2] *Das Steuerkontrollsystem muss die steuerlichen Risiken laufend abbilden.*

(3) [1] *Systemprüfungen von Steuerkontrollsystemen und daraufhin nach Absatz 1 Satz 1 zugesagte Erleichterungen sind von den Landesfinanzbehörden bis zum 30. April 2029 zu evaluieren.* [2] *Die obersten Finanzbehörden der Länder haben die Ergebnisse der Evaluierung dem Bundesministerium der Finanzen bis zum 30. Juni 2029 mitzuteilen.*

§ 39[1)] Übergangs- und Anwendungsbestimmungen anlässlich der steuerverfahrensrechtlichen Umsetzung der Reform des Personengesellschaftsrechts. (1) § 152 Absatz 4 Satz 3 und § 181 Absatz 2 Satz 2 Nummer 1 und 4 der Abgabenordnung in der am 1. Januar 2024 geltenden Fassung sind erstmals auf Feststellungserklärungen anzuwenden, die nach dem 31. Dezember 2023 einzureichen sind; eine Verlängerung der Feststellungserklärungsfrist nach § 109 der Abgabenordnung ist hierbei nicht zu berücksichtigen.

(2) Wird die Feststellungserklärung für eine rechtsfähige Personenvereinigung nach dem 31. Dezember 2023 und vor dem 1. Januar 2026 durch eine Person im Sinne des § 181 Absatz 2 Satz 2 Nummer 1 oder 4 der Abgabenordnung in der am 31. Dezember 2023 geltenden Fassung abgegeben, ist die rechtsfähige Personenvereinigung von ihrer Erklärungspflicht nach § 181 Absatz 2 Satz 2 Nummer 1 der Abgabenordnung in der am 1. Januar 2024 geltenden Fassung befreit.

(3) Bei einer rechtsfähigen Personenvereinigung können Verwaltungsakte und Mitteilungen, die nach der Abgabenordnung und den Steuergesetzen mit der gesonderten und einheitlichen Feststellung zusammenhängen, nach dem 31. Dezember 2023 und vor dem 1. Januar 2026 abweichend von § 183 Absatz 1 bis 3 der Abgabenordnung in der am 1. Januar 2024 geltenden Fassung auch nach Maßgabe des § 183 der Abgabenordnung in der am 31. Dezember 2023 geltenden Fassung dem Empfangsbevollmächtigten wirksam bekannt gegeben werden.

---

1) Art. 97 § 39 angef. durch G v. 22.12.2023 (BGBl. I Nr. 411).

(4) [1] Wird gegen einen vor dem 1. Januar 2024 wirksam gewordenen Bescheid über die gesonderte und einheitliche Feststellung von Besteuerungsgrundlagen Einspruch eingelegt, bestimmt sich die Einspruchsbefugnis nach § 352 der Abgabenordnung in der am 31. Dezember 2023 geltenden Fassung. [2] Das Gleiche gilt, wenn der eine rechtsfähige Personenvereinigung betreffende Feststellungsbescheid nach dem 31. Dezember 2023 und vor dem 1. Januar 2026 nach Maßgabe von Absatz 3 dem Empfangsbevollmächtigten nach § 183 der Abgabenordnung in der bis zum 31. Dezember 2023 geltenden Fassung bekannt gegeben worden ist. [3] Ist über den Einspruch gegen einen vor dem 1. Januar 2024 wirksam gewordenen Bescheid nach dem 31. Dezember 2023 zu entscheiden, richtet sich das weitere Verfahren nach den ab dem 1. Januar 2024 geltenden Vorschriften der Abgabenordnung.

(5) Wurde über das Vermögen einer Personenvereinigung vor dem 1. Januar 2024 das Insolvenzverfahren eröffnet, sind für Feststellungszeiträume und Feststellungszeitpunkte vor dem 1. Januar 2024 § 152 Absatz 4 Satz 3, § 181 Absatz 2 Satz 2 Nummer 1, die §§ 183 und 352 der Abgabenordnung in der am 31. Dezember 2023 geltenden Fassung weiterhin anzuwenden.

Art. 97a[1] Überleitungsregelungen aus Anlaß der Herstellung der Einheit Deutschlands

§ 1[2] Zuständigkeit. (1) [1] Für vor dem 1. Januar 1991 nach dem Recht der Bundesrepublik Deutschland oder der Deutschen Demokratischen Republik entstandene Besitz- und Verkehrsteuern, Zulagen und Prämien, auf die Abgabenrecht Anwendung findet, und dazugehörige steuerliche Nebenleistungen, bleiben die nach den bisher geltenden Vorschriften einschließlich der Vorschriften der Einzelsteuergesetze örtlich zuständigen Finanzbehörden weiterhin zuständig. [2] Dies gilt auch für das Rechtsbehelfsverfahren.

(2) [1] Würde durch einen Wechsel der örtlichen Zuständigkeit eine Finanzbehörde in dem in Artikel 3 des Einigungsvertrages genannten Gebiet für die gesonderte Feststellung nach § 180 Abs. 1 Nr. 1 der Abgabenordnung, für die gesonderte und einheitliche Feststellung nach der Anteilsbewertungsverordnung vom 19. Januar 1977 (BGBl. I S. 171) oder für die Besteuerung nach dem Vermögen zuständig, bleibt abweichend von § 26 Satz 1 der Abgabenordnung letztmals für Feststellungen zum 1. Januar 1998[3] oder für die Vermögensteuer des Kalenderjahrs 1998 die nach den bisherigen Verhältnissen zuständige Finanzbehörde insoweit zuständig. [2] Dies gilt auch für das Rechtsbehelfsverfahren.

§ 2 Überleitungsbestimmungen für die Anwendung der Abgabenordnung in dem in Artikel 3 des Einigungsvertrages genannten Gebiet. Für die Anwendung der Abgabenordnung in dem in Artikel 3 des Einigungsvertrages genannten Gebiet gilt folgendes:

---

[1] Art. 97a eingef. durch Vertrag v. 31.8.1990 (BGBl. II S. 889, 968).

[2] Art. 97a § 1 Abs. 2 angef. durch G v. 24.6.1991 (BGBl. I S. 1322) und geänd. durch G v. 21.12.1993 (BGBl. I S. 2310).

[3] Geänd. durch G v. 11.10.1995 (BGBl. I S. 1250).

1. Verfahren, die beim Wirksamwerden des Beitritts anhängig sind, werden nach den Vorschriften der Abgabenordnung zu Ende geführt, soweit in den nachfolgenden Vorschriften nichts anderes bestimmt ist.
2. Fristen, deren Lauf vor dem Wirksamwerden des Beitritts begonnen hat, werden nach den Vorschriften der Abgabenordnung der Deutschen Demokratischen Republik (AO 1990) vom 22. Juni 1990 (Sonderdruck Nr. 1428 des Gesetzblattes)[1] sowie des Einführungsgesetzes zur Abgabenordnung der Deutschen Demokratischen Republik vom 22. Juni 1990 (Sonderdruck Nr. 1428 des Gesetzblattes)[1] berechnet, soweit in den nachfolgenden Vorschriften nichts anderes bestimmt ist.
3. § 152 ist erstmals auf Steuererklärungen anzuwenden, die nach dem Wirksamwerden des Beitritts einzureichen sind; eine Verlängerung der Steuererklärungsfrist ist hierbei nicht zu berücksichtigen.
4. [1] Die Vorschriften über die Aufhebung und Änderung von Verwaltungsakten sind erstmals anzuwenden, wenn nach dem Wirksamwerden des Beitritts ein Verwaltungsakt aufgehoben oder geändert wird. [2] Dies gilt auch dann, wenn der aufzuhebende oder zu ändernde Verwaltungsakt vor dem Wirksamwerden des Beitritts erlassen worden ist. [3] Auf vorläufige Steuerbescheide nach § 100 Abs. 1 der Abgabenordnung (AO) der Deutschen Demokratischen Republik in der Fassung vom 18. September 1970 (Sonderdruck Nr. 681 des Gesetzblattes)[1] ist § 165 Abs. 2, auf Steuerbescheide nach § 100 Abs. 2 der Abgabenordnung (AO) der Deutschen Demokratischen Republik in der Fassung vom 18. September 1970 (Sonderdruck Nr. 681 des Gesetzblattes)[1] ist § 164 Abs. 2 und 3 anzuwenden.
5. [1] Die Vorschriften über die Festsetzungsverjährung gelten für die Festsetzung sowie für die Aufhebung und Änderung der Festsetzung von Steuern, Steuervergütungen und, soweit für steuerliche Nebenleistungen eine Festsetzungsverjährung vorgesehen ist, von steuerlichen Nebenleistungen, die nach dem Wirksamwerden des Beitritts entstehen. [2] Für vorher entstandene Ansprüche sind die Vorschriften der Abgabenordnung der Deutschen Demokratischen Republik (AO 1990) vom 22. Juni 1990 (Sonderdruck Nr. 1428 des Gesetzblattes)[1] sowie des Einführungsgesetzes zur Abgabenordnung der Deutschen Demokratischen Republik vom 22. Juni 1990 (Sonderdruck Nr. 1428 des Gesetzblattes)[1] über die Verjährung und über die Ausschlußfristen weiter anzuwenden, soweit sie für die Festsetzung einer Steuer, Steuervergütung oder steuerlichen Nebenleistung, für die Aufhebung oder Änderung einer solchen Festsetzung oder für die Geltendmachung von Erstattungsansprüchen von Bedeutung sind; Nummer 9 Satz 2 bis 4 bleibt unberührt. [3] Sätze 1 und 2 gelten sinngemäß für die ge-

(Fortsetzung nächstes Blatt)

---

[1] Gesetzblatt der DDR.

800k. Gesetz zur Einführung und Verwendung einer Identifikationsnummer in der öffentlichen Verwaltung (Identifikationsnummerngesetz – IDNrG)[1)]

Vom 28. März 2021 (BGBl. I S. 591)

Geändert durch Gesetz zur Regelung des Erscheinungsbilds von Beamtinnen und Beamten sowie zur Änderung weiterer dienstrechtlicher Vorschriften vom 28.6.2021 (BGBl. I S. 2250)

FNA 210–9

(mit Ausnahme von § 12 noch **nicht** in Kraft)

§ 1 Ziele des Gesetzes. Die Identifikationsnummer nach § 139b der Abgabenordnung (Identifikationsnummer) wird als zusätzliches Ordnungsmerkmal in die sich aus der Anlage zu diesem Gesetz ergebenden Register des Bundes und der Länder eingeführt, um

1. Daten einer natürlichen Person in einem Verwaltungsverfahren eindeutig zuzuordnen,
2. die Datenqualität der zu einer natürlichen Person gespeicherten Daten zu verbessern sowie
3. die erneute Beibringung von bei öffentlichen Stellen bereits vorhandenen Daten durch die betroffene Person zu verringern.

§ 2 Aufgaben registerführender Stellen. Öffentliche Stellen in Bund und Ländern, welche Register nach § 1 führen (registerführende Stellen), sind zur Erreichung der Ziele nach § 1 verpflichtet

1. bis spätestens zum Ablauf des fünften auf das Inkrafttreten dieses Gesetzes folgenden Kalenderjahres die Identifikationsnummer als zusätzliches Ordnungsmerkmal zu Personendaten in die sich aus der Anlage zu diesem Gesetz ergebenden Register zu speichern,
2. die in diesen Registern gespeicherten Daten, die den Datenkategorien in § 4 Absatz 2 und 3 entsprechen, durch die beim Bundeszentralamt für Steuern gespeicherten Daten nach § 4 Absatz 2 und 3 zu ersetzen und diese im Vergleich zu den beim Bundeszentralamt für Steuern gespeicherten Daten nach § 4 Absatz 2 und 3 nach fachlichem Bedarf aktuell zu halten; hierbei bleiben besondere Vorschriften über die Berichtigung von Daten unberührt; ein automatisierter Abgleich ist zulässig; sowie
3.[2)] natürlichen Personen die Übermittlung ihrer Daten unter Verwendung der Identifikationsnummer digital über eine zentrale Stelle transparent zu machen (Datenschutzcockpit).

[1)] § 12 dieses Gesetzes ist gem. Art. 22 Satz 1 G v. 28.3.2021 (BGBl. I S. 591) bereits am 7.4.2021 in Kraft getreten, bzgl. der weiteren §§ dieses Gesetzes gilt gem Art. 22 Satz 2 G v. 28.3.2021 (BGBl. I S. 591): **„Im Übrigen treten die Artikel 1 und 2 an dem Tag in Kraft, an dem das Bundesministerium des Innern, für Bau und Heimat im Bundesgesetzblatt bekannt gibt, dass die technischen Voraussetzungen für den Betrieb nach dem Identifikationsnummerngesetz gegeben sind.“** Siehe hierzu Bek. v. 12.10.2023 (BGBl. I 2023 Nr. 293).

[2)] § 2 Nr. 3 geänd. durch G v. 28.6.2021 (BGBl. I S. 2250).

§ 3 Einrichtung und Aufgaben der Registermodernisierungsbehörde.

(1) [1]Die Registermodernisierungsbehörde hat folgende Aufgaben:

1. Erstellen einer Übersicht über bestehende Register,
2. Übermittlung der Identifikationsnummer sowie der übrigen Daten nach § 4 Absatz 2 und 3 an
   a) registerführende Stellen in Bund und Ländern zur Erfüllung der Aufgaben nach § 2 sowie
   b) öffentliche Stellen nach § 6 Absatz 2,
3. übergeordnete Steuerung
   a) der einzelnen Projekte zur Umsetzung dieses Gesetzes sowie
   b) von registerübergreifenden Maßnahmen zur Verbesserung der Datenqualität.

[2]Das Bundesverwaltungsamt nimmt die Aufgaben der Registermodernisierungsbehörde wahr.

(2) [1]Die Registermodernisierungsbehörde darf zur Aufgabenerfüllung nach Maßgabe dieses Gesetzes sowie in entsprechender Anwendung von § 30 Absatz 6 und 11 der Abgabenordnung und der Steuerdaten-Abrufverordnung in der jeweils geltenden Fassung beim Bundeszentralamt für Steuern nach § 139b Absatz 3 Nummer 1, 3 bis 10 und 12 bis 16 der Abgabenordnung gespeicherte Daten im automatisierten Verfahren abrufen und an

1. registerführende Stellen zur Erfüllung der Aufgaben nach § 2 sowie
2. öffentliche Stellen zum Zwecke der Erbringung von Verwaltungsleistungen nach dem Onlinezugangsgesetz

übermitteln. [2]Die Erfüllung der sonstigen Aufgaben des Bundesverwaltungsamts bleibt unberührt.

§ 4 Zu einer Person gespeicherte Daten. (1) Die Daten nach den Absätzen 2 und 3 einer natürlichen Person werden vom Bundeszentralamt für Steuern gespeichert, wenn diese Person eine Identifikationsnummer nach § 139b der Abgabenordnung erhalten hat.

(2) [1]Die zur Identifizierung einer natürlichen Person erforderlichen personenbezogenen Daten sind die Basisdaten. [2]Einer natürlichen Person werden folgende Daten als Basisdaten zugeordnet:

1. Identifikationsnummer,
2. Familienname,
3. frühere Namen,
4. Vornamen,
5. Doktorgrad,
6. Tag und Ort der Geburt,
7. Geschlecht,
8. Staatsangehörigkeiten,

802. Finanzgerichtsordnung (FGO)[1]

In der Fassung der Bekanntmachung vom 28. März 2001
(BGBl. I S. 442, ber. S. 2262, I 2002 S. 679)

Geändert durch Zustellungsreformgesetz vom 25.6.2001 (BGBl. I S. 1206), Gesetz zur Anpassung der Formvorschriften an den modernen Rechtsgeschäftsverkehr vom 13.7.2001 (BGBl. I S. 1542), Gesetz zur Änderung des Finanzverwaltungsgesetzes und anderer Gesetze vom 14.12.2001 (BGBl. I S. 3714), Steueränderungsgesetz 2001 vom 20.12.2001 (BGBl. I S. 3794), Steuerverkürzungsbekämpfungsgesetz vom 19.12.2001 (BGBl. I S. 3922), Kostenrechtsmodernisierungsgesetz vom 5.5.2004 (BGBl. I S. 718), 1. Justizmodernisierungsgesetz vom 24.8.2004 (BGBl. I S. 2198), Anhörungsrügengesetz vom 9.12.2004 (BGBl. I S. 3220), Gesetz zur Vereinfachung und Vereinheitlichung der Verfahrensvorschriften zur Wahl und Berufung ehrenamtlicher Richter vom 21.12.2004 (BGBl. I S. 3599), Justizkommunikationsgesetz vom 22.3.2005 (BGBl. I S. 837, ber. 2022), Föderalismusreform-Begleitgesetz vom 5.9.2006 (BGBl. I S. 2098), Gesetz zur Neuregelung des Rechtsberatungsrechts vom 12.12.2007 (BGBl. I S. 2840), Gesetz zur Modernisierung von Verfahren im anwaltlichen und notariellen Berufsrecht vom 30.7.2009 (BGBl. I S. 2449), Gesetz über den Rechtsschutz bei überlangen Gerichtsverfahren und strafrechtlichen Ermittlungsverfahren vom 24.11.2011 (BGBl. I S. 2302), Gesetz zur Änderung von Vorschriften über Verkündung und Bekanntmachungen sowie der Zivilprozessordnung, des Gesetzes betreffend die Einführung der Zivilprozessordnung und der Abgabenordnung vom 22.12.2011 (BGBl. I S. 3044), Gesetz zur Förderung der Mediation und anderer Verfahren der außergerichtlichen Konfliktbeilegung vom 21.7.2012 (BGBl. I S. 1577), Gesetz zur Einführung von Kostenhilfe für Drittbetroffene in Verfahren vor dem Europäischen Gerichtshof für Menschenrechte sowie zur Änderung der Finanzgerichtsordnung vom 20.4.2013 (BGBl. I S. 829), Gesetz zur Intensivierung des Einsatzes von Videokonferenztechnik in gerichtlichen und staatsanwaltschaftlichen Verfahren vom 25.4.2013 (BGBl. I S. 935), Amtshilferichtlinie-Umsetzungsgesetz (AmtshilfeRLUmsG) vom 26.6.2013 (BGBl. I S. 1809), Gesetz zur Änderung des Prozesskostenhilfe- und Beratungshilferechts vom 31.8.2013 (BGBl. I S. 3533; ber. BGBl. I 2016 S. 121), Gesetz zur Förderung des elektronischen Rechtsverkehrs mit den Gerichten vom 10.10.2013 (BGBl. I S. 3786), Gesetz zur Durchführung der Verordnung (EU) Nr. 1215/2012 sowie zur Änderung sonstiger Vorschriften vom 8.7.2014 (BGBl. I S. 890), Zehnte Zuständigkeitsanpassungsverordnung vom 31.8.2015 (BGBl. I S. 1474), Gesetz zur Neuordnung des Rechts der Syndikusanwälte und zur Änderung der Finanzgerichtsordnung vom 21.12.2015 (BGBl. I S. 2517), Gesetz zur Modernisierung des Besteuerungsverfahrens vom 18.7.2016 (BGBl. I S. 1679), Gesetz zur Änderung des Sachverständigenrechts und zur weiteren Änderung des Gesetzes über das Verfahren in Familiensachen und in den Angelegenheiten der freiwilligen Gerichtsbarkeit sowie zur Änderung des Sozialgerichtsgesetzes, der Verwaltungsgerichtsordnung, der Finanzgerichtsordnung und des Gerichtskostengesetzes vom 11.10.2016 (BGBl. I S. 2222), Gesetz zur Einführung der elektronischen Akte in der Justiz und zur weiteren Förderung des elektronischen Rechtsverkehrs vom 5.7.2017 (BGBl. I S. 2208), Gesetz zur Durchführung der Verordnung (EU) Nr. 910/2014 des Europäischen Parlaments und des Rates vom 23. Juli 2014 über elektronische Identifizierung und Vertrauensdienste für elektronische Transaktionen im Binnenmarkt und zur Aufhebung der Richtlinie 1999/93 EG (eIDAS-Durchführungsgesetz) vom 18.7.2017 (BGBl. I S. 2745), Gesetz zur Erweiterung der Medienöffentlichkeit in Gerichtsverfahren und zur Verbesserung der Kommunikationshilfen für Menschen mit Sprach- und Hörbehinderungen (Gesetz über die Erweiterung der Medienöffentlichkeit in Gerichtsverfahren – EMöGG) vom 8.10.2017 (BGBl. I S. 3546), Gesetz zur Einführung einer zivilprozessualen Musterfestsetzungsklage vom 12.7.2018 (BGBl. I S. 1151), Gesetz zur Einführung einer Karte für Unionsbürger und Angehörige des Europäischen Wirtschaftsraums vom 21.6.2019 (BGBl. I S. 846), *Zweites Gesetz zur Anpassung des Datenschutzrechts an die Verordnung (EU) 2016/679 und zur Umsetzung der Richtlinie (EU) 2016/680 (Zweites Datenschutz-Anpassungs- und Umsetzungsgesetz EU – 2. DSAnpUG-EU) vom 20.11.2019*

---

[1] Die Neubekanntmachung der Finanzgerichtsordnung vom 6.10.1965 (BGBl. I S. 1477) auf Grund des Art. 5 des G v. 19.12.2000 (BGBl. I S. 1757) in der ab 1.1.2001 geltenden Fassung.

(BGBl. I S. 1626)[1)], Gesetz zur Regelung der Wertgrenze für die Nichtzulassungsbeschwerde in Zivilsachen, zum Ausbau der Spezialisierung bei den Gerichten sowie zur Änderung weiterer prozessrechtlicher Vorschriften vom 12.12.2019 (BGBl. I S. 2633), Gesetz zur Reform des Vormundschafts- und Betreuungsrechts vom 4.5.2021 (BGBl. I S. 882), Gesetz zur Fortentwicklung der Strafprozessordnung und zur Änderung weiterer Vorschriften vom 25.6.2021 (BGBl. I S. 2099), Gesetz zur Neuregelung des Berufsrechts der anwaltlichen und steuerberatenden Berufsausübungsgesellschaften sowie zur Änderung weiterer Vorschriften im Bereich der rechtsberatenden Berufe vom 7.7.2021 (BGBl. I S. 2363), Gesetz zum Ausbau des elektronischen Rechtsverkehrs mit den Gerichten und zur Änderung weiterer Vorschriften vom 5.10.2021 (BGBl. I S. 4607), Gesetz zur Stärkung der Aufsicht bei Rechtsdienstleistungen und zur Änderung weiterer Vorschriften vom 10.3.2023 (BGBl. I Nr. 64), Verbandsklagenrichtlinienumsetzungsgesetz (VRUG) vom 8.10.2023 (BGBl. I Nr. 272) und Kreditzweitmarktförderungsgesetz vom 22.12.2023 (BGBl. I Nr. 411)

BGBl. III/FNA 350-1

Nichtamtliche Inhaltsübersicht

Erster Teil. Gerichtsverfassung

Abschnitt I. Gerichte

Abschnitt II. Richter

Abschnitt III. Ehrenamtliche Richter

---

1) **[Amtl. und red. Anm.:]** Die mittelbare Änderung durch Art. 154a Nr. 3 Buchst. a G v. 20.11.2019, BGBl. I 1626 ist nicht ausführbar, da das geänderte G v. 21.6.2019, BGBl. I 846 zum Zeitpunkt des Inkrafttretens des mittelbaren Änderungsgesetzes bereits zum 1.11.2019 in Kraft getreten war.

§ 48[1] **[Klagebefugnis]** (1) Gegen Bescheide über die gesonderte und einheitliche Feststellung von Besteuerungsgrundlagen können Klage erheben:

1. bei rechtsfähigen Personenvereinigungen:
   a) die Personenvereinigung,
   b) wenn die rechtsfähige Personenvereinigung nicht mehr besteht, jeder Gesellschafter oder Gemeinschafter, gegen den der Feststellungsbescheid ergangen ist oder zu ergehen hätte;
2. bei nicht rechtsfähigen Personenvereinigungen und in sonstigen Fällen:
   a) der Klagebefugte im Sinne des Absatzes 2,
   b) wenn Personen nach Buchstabe a nicht vorhanden sind, jeder Gesellschafter, Gemeinschafter oder Mitberechtigte, gegen den der Feststellungsbescheid ergangen ist oder zu ergehen hätte;
3. in den Fällen des § 183 Absatz 2 Satz 1 Nummer 2 oder des § 183a Absatz 2 Satz 1 Nummer 2 der Abgabenordnung jeder Gesellschafter, Gemeinschafter oder Mitberechtigte, gegen den der Feststellungsbescheid ergangen ist oder zu ergehen hätte;
4. soweit es sich darum handelt, wer an dem festgestellten Betrag beteiligt ist und wie dieser sich auf die einzelnen Beteiligten verteilt, jeder, der durch die Feststellungen hierzu berührt wird;
5. soweit es sich um eine Frage handelt, die einen Beteiligten persönlich angeht, jeder, der durch die Feststellungen über die Frage berührt wird.

(2) [1]Klagebefugt im Sinne des Absatzes 1 Nummer 2 Buchstabe a ist der gemeinsame Empfangsbevollmächtigte im Sinne des § 183a Absatz 1 Satz 1 der Abgabenordnung oder des § 6 Absatz 1 Satz 1 der Verordnung über die gesonderte Feststellung von Besteuerungsgrundlagen nach § 180 Abs. 2 der Abgabenordnung. [2]Haben die Feststellungsbeteiligten keinen gemeinsamen Empfangsbevollmächtigten bestellt, ist klagebefugt im Sinne des Absatzes 1 Nummer 2 Buchstabe a der von der Finanzbehörde nach § 183a Absatz 1 Satz 2 und 3 der Abgabenordnung oder nach § 6 Absatz 1 Satz 3 und 4 der Verordnung über die gesonderte Feststellung von Besteuerungsgrundlagen nach § 180 Abs. 2 der Abgabenordnung bestimmte Empfangsbevollmächtigte; Absatz 1 Nummer 3 bleibt unberührt. [3]Die Sätze 1 und 2 sind nur anwendbar, wenn die Beteiligten spätestens bei Erlass der Einspruchsentscheidung über die Klagebefugnis des Empfangsbevollmächtigten belehrt worden sind.

§ 49. (weggefallen)

§ 50[2] **[Klageverzicht]** (1) [1]Auf die Erhebung der Klage kann nach Erlass des Verwaltungsakts verzichtet werden. [2]Der Verzicht kann auch bei Abgabe einer Steueranmeldung ausgesprochen werden, wenn er auf den Fall beschränkt wird, dass die Steuer nicht abweichend von der Steueranmeldung festgesetzt wird. [3]Eine trotz des Verzichts erhobene Klage ist unzulässig.

---

[1] § 48 neu gef. mWv 1.1.2024 durch G v. 22.12.2023 (BGBl. I Nr. 411).
[2] § 50 Abs. 2 Satz 1 geänd. mWv 1.1.2018 durch G v. 5.7.2017 (BGBl. I S. 2208).

(1a) 1 Soweit Besteuerungsgrundlagen für ein Verständigungs- oder ein Schiedsverfahren nach einem Vertrag im Sinne des § 2 der Abgabenordnung von Bedeutung sein können, kann auf die Erhebung der Klage insoweit verzichtet werden. 2 Die Besteuerungsgrundlage, auf die sich der Verzicht beziehen soll, ist genau zu bezeichnen.

(2) 1 Der Verzicht ist gegenüber der zuständigen Behörde schriftlich oder zu Protokoll zu erklären; er darf keine weiteren Erklärungen enthalten. 2 Wird nachträglich die Unwirksamkeit des Verzichts geltend gemacht, so gilt § 56 Abs. 3 sinngemäß.

Abschnitt II. Allgemeine Verfahrensvorschriften

§ 51 [Ausschließung und Ablehnung der Gerichtspersonen]

(1) 1 Für die Ausschließung und Ablehnung der Gerichtspersonen gelten die §§ 41 bis 49 der Zivilprozessordnung sinngemäß. 2 Gerichtspersonen können auch abgelehnt werden, wenn von ihrer Mitwirkung die Verletzung eines Geschäfts- oder Betriebsgeheimnisses oder Schaden für die geschäftliche Tätigkeit eines Beteiligten zu besorgen ist.

(2) Von der Ausübung des Amtes als Richter, als ehrenamtlicher Richter oder als Urkundsbeamter ist auch ausgeschlossen, wer bei dem vorausgegangenen Verwaltungsverfahren mitgewirkt hat.

(3) Besorgnis der Befangenheit nach § 42 der Zivilprozessordnung[1] ist stets dann begründet, wenn der Richter oder ehrenamtliche Richter der Vertretung einer Körperschaft angehört oder angehört hat, deren Interessen durch das Verfahren berührt werden.

§ 52 [Sitzungspolizei usw.] (1) Die §§ 169, 171b bis 197 des Gerichtsverfassungsgesetzes[2] über die Öffentlichkeit, Sitzungspolizei, Gerichtssprache, Beratung und Abstimmung gelten sinngemäß.

(2) Die Öffentlichkeit ist auch auszuschließen, wenn ein Beteiligter, der nicht Finanzbehörde ist, es beantragt.

(3) Bei der Abstimmung und Beratung dürfen auch die zu ihrer steuerrechtlichen Ausbildung beschäftigten Personen zugegen sein, soweit sie die Befähigung zum Richteramt besitzen und soweit der Vorsitzende ihre Anwesenheit gestattet.

§ 52a[3] [Elektronische Dokumente] (1)[4] Vorbereitende Schriftsätze und deren Anlagen, schriftlich einzureichende Anträge und Erklärungen der Beteiligten sowie schriftlich einzureichende Auskünfte, Aussagen, Gutachten,

---

[1] **Habersack** Nr. **100.**

[2] **Habersack** Nr. **95.**

[3] § 52a neu gef. mWv 1.1.2018 durch G v. 10.10.2013 (BGBl. I S. 3786); Abs. 7 Satz 2 angef. durch G v. 5.7.2017 (BGBl. I S. 2208); Abs. 2 Satz 2 neu gef., Abs. 6 Satz 1 geänd. mWv 1.1.2022 durch G v. 5.10.2021 (BGBl. I S. 4607).

[4] § 52a Abs. 1 geänd. mWv 1.1.2020 durch G v. 12.12.2019 (BGBl. I S. 2633).

Übersetzungen und Erklärungen Dritter können nach Maßgabe der Absätze 2 bis 6 als elektronische Dokumente bei Gericht eingereicht werden.

(2) [1]Das elektronische Dokument muss für die Bearbeitung durch das Gericht geeignet sein. [2]Die Bundesregierung bestimmt durch Rechtsverordnung mit Zustimmung des Bundesrates *die für die Übermittlung und Bearbeitung geeig-*

(Fortsetzung nächstes Blatt)

Vertretungsbefugnis versehen und über die Sach- und Rechtslage ausreichend unterrichtet ist.

§ 81 [Beweiserhebung] (1) [1]Das Gericht erhebt Beweis in der mündlichen Verhandlung. [2]Es kann insbesondere Augenschein einnehmen, Zeugen, Sachverständige und Beteiligte vernehmen und Urkunden heranziehen.

(2) Das Gericht kann in geeigneten Fällen schon vor der mündlichen Verhandlung durch eines seiner Mitglieder als beauftragten Richter Beweis erheben lassen oder durch Bezeichnung der einzelnen Beweisfragen ein anderes Gericht um die Beweisaufnahme ersuchen.

§ 82[1)] [Verfahren bei der Beweisaufnahme] Soweit die §§ 83 bis 89 nicht abweichende Vorschriften enthalten, sind auf die Beweisaufnahme die §§ 358 bis 371, 372 bis 377, 380 bis 382, 386 bis 414 und 450 bis 494 der Zivilprozessordnung[2)] sinngemäß anzuwenden.

§ 83 [Beweistermin; Teilnahme] [1]Die Beteiligten werden von allen Beweisterminen benachrichtigt und können der Beweisaufnahme beiwohnen. [2]Sie können an Zeugen und Sachverständige sachdienliche Fragen richten. [3]Wird eine Frage beanstandet, so entscheidet das Gericht.

§ 84 [Zeugnisverweigerungsrecht] (1) Für das Recht zur Verweigerung des Zeugnisses und die Pflicht zur Belehrung über das Zeugnisverweigerungsrecht gelten die §§ 101 bis 103 der Abgabenordnung[3)] sinngemäß.

(2) Wer als Angehöriger zur Verweigerung des Zeugnisses berechtigt ist, kann die Ableistung des Eides verweigern.

§ 85[4)] [Hilfspflichten der Zeugen] [1]Zeugen, die nicht aus dem Gedächtnis aussagen können, haben Dokumente und Geschäftsbücher, die ihnen zur Verfügung stehen, einzusehen und, soweit nötig, Aufzeichnungen daraus zu entnehmen. [2]Die Vorschriften der § 97, §§ 99, 100, 104 der Abgabenordnung[3)] gelten sinngemäß.

§ 86[5)] [Aktenvorlage und Auskunftserteilung] (1) Behörden sind zur Vorlage von Urkunden und Akten, zur Übermittlung elektronischer Dokumente und zu Auskünften verpflichtet, soweit nicht durch das Steuergeheimnis (§ 30 der Abgabenordnung)[3)] geschützte Verhältnisse Dritter unbefugt offenbart werden.

---

1) § 82 geänd. durch G v. 22.3.2005 (BGBl. I S. 837).
2) **Habersack** Nr. **100**.
3) Nr. **800**.
4) § 85 geänd. mWv 1.4.2005 durch G v. 22.3.2005 (BGBl. I S. 837); Satz 2 geänd. mWv 30.6.2013 durch G v. 26.6.2013 (BGBl. I S. 1809).
5) § 86 Abs. 1 und 2 geänd., Abs. 3 neu gef. mWv 1. 4. 2005 durch G v. 22.3.2005 (BGBl. I S. 837).

(2)[1] [1] Wenn das Bekanntwerden von Urkunden, elektronischer Dokumente oder Akten oder von Auskünften dem Wohle des Bundes oder eines deutschen Landes Nachteile bereiten würde oder wenn die Vorgänge aus anderen Gründen als nach Absatz 1 nach einem Gesetz oder ihrem Wesen nach geheimgehalten werden müssen, kann die zuständige oberste Aufsichtsbehörde die Vorlage von Urkunden oder Akten, die Übermittlung elektronischer Dokumente und die Erteilung der Auskünfte verweigern. [2] Satz 1 gilt in den Fällen des § 88 Absatz 3 Satz 3 und Absatz 5 Satz 4 sowie des § 156 Absatz 2 Satz 3 der Abgabenordnung entsprechend.

(3) [1] Auf Antrag eines Beteiligten stellt der Bundesfinanzhof in den Fällen der Absätze 1 und 2 ohne mündliche Verhandlung durch Beschluss fest, ob die Verweigerung der Vorlage der Urkunden oder Akten, der Übermittlung elektronischer Dokumente oder die Verweigerung der Erteilung von Auskünften rechtmäßig ist. [2] Der Antrag ist bei dem für die Hauptsache zuständigen Gericht zu stellen. [3] Auf Aufforderung des Bundesfinanzhofs hat die oberste Aufsichtsbehörde die verweigerten Dokumente oder Akten vorzulegen oder zu übermitteln oder ihm die verweigerten Auskünfte zu erteilen. [4] Sie ist zu diesem Verfahren beizuladen. [5] Das Verfahren unterliegt den Vorschriften des materiellen Geheimschutzes. [6] Können diese nicht eingehalten werden oder macht die zuständige oberste Aufsichtsbehörde geltend, dass besondere Gründe der Geheimhaltung oder des Geheimschutzes einer Übergabe oder Übermittlung der Dokumente oder der Akten an den Bundesfinanzhof entgegenstehen, wird die Vorlage nach Satz 3 dadurch bewirkt, dass die Dokumente oder Akten dem Bundesfinanzhof in von der obersten Aufsichtsbehörde bestimmten Räumlichkeiten zur Verfügung gestellt werden. [7] Für die nach Satz 3 vorgelegten oder übermittelten Dokumente oder Akten und für die gemäß Satz 6 geltend gemachten besonderen Gründe gilt § 78 nicht. [8] Die Mitglieder des Bundesfinanzhofs sind zur Geheimhaltung verpflichtet; die Entscheidungsgründe dürfen Art und Inhalt der geheim gehaltenen Dokumente oder Akten und Auskünfte nicht erkennen lassen. [9] Für das nichtrichterliche Personal gelten die Regelungen des personellen Geheimschutzes.

§ 87 [Zeugnis von Behörden] Wenn von Behörden, von Verbänden und Vertretungen von Betriebs- oder Berufszweigen, von geschäftlichen oder gewerblichen Unternehmungen, Gesellschaften oder Anstalten Zeugnis begehrt wird, ist das Ersuchen, falls nicht bestimmte Personen als Zeugen in Betracht kommen, an den Vorstand oder an die Geschäfts- oder Betriebsleitung zu richten.

§ 88 [Weiterer Grund für Ablehnung von Sachverständigen] Die Beteiligten können Sachverständige auch ablehnen, wenn von deren Heranziehung eine Verletzung eines Geschäfts- oder Betriebsgeheimnisses oder Schaden für ihre geschäftliche Tätigkeit zu befürchten ist.

---

[1] § 86 Abs. 2 Satz 2 angef., bish. Text wird Satz 1 mWv 1. 1. 2017 durch G v. 18.7.2016 (BGBl. I S. 1679).

Vierter Teil. Übergangs- und Schlussbestimmungen

§ 155[1] **[Anwendung von GVG und von ZPO]** [1]Soweit dieses Gesetz keine Bestimmungen über das Verfahren enthält, sind das Gerichtsverfassungsgesetz und, soweit die grundsätzlichen Unterschiede der beiden Verfahrensarten es nicht ausschließen, die Zivilprozessordnung einschließlich § 278 Absatz 5 und § 278a sinngemäß anzuwenden. [2]Die Vorschriften des Siebzehnten Titels des Gerichtsverfassungsgesetzes sind mit der Maßgabe entsprechend anzuwenden, dass an die Stelle des Oberlandesgerichts und des Bundesgerichtshofs der Bundesfinanzhof und an die Stelle der Zivilprozessordnung die Finanzgerichtsordnung tritt; die Vorschriften über das Verfahren im ersten Rechtszug sind entsprechend anzuwenden.

§ 156[2] **[Anwendung von § 6 EGGVG]** § 6 des Einführungsgesetzes zum Gerichtsverfassungsgesetz gilt entsprechend.

§ 157 [Folgen der Nichtigkeitserklärung von landesrechtlichen Vorschriften] [1]Hat das Verfassungsgericht eines Landes die Nichtigkeit von Landesrecht festgestellt oder Vorschriften des Landesrechts für nichtig erklärt, so bleiben vorbehaltlich einer besonderen gesetzlichen Regelung durch das Land die nicht mehr anfechtbaren Entscheidungen der Gerichte der Finanzgerichtsbarkeit, die auf der für nichtig erklärten Norm beruhen, unberührt. [2]Die Vollstreckung aus einer solchen Entscheidung ist unzulässig. [3]§ 767 der Zivilprozessordnung[3] gilt sinngemäß.

§ 158 [Eidliche Vernehmung, Beeidigung] [1]Die eidliche Vernehmung eines Auskunftspflichtigen nach § 94 der Abgabenordnung[4] oder die Beeidigung eines Sachverständigen nach § 96 Abs. 7 Satz 5 der Abgabenordnung[4] durch das Finanzgericht findet vor dem dafür im Geschäftsverteilungsplan bestimmten Richter statt. [2]Über die Rechtmäßigkeit einer Verweigerung des Zeugnisses, des Gutachtens oder der Eidesleistung entscheidet das Finanzgericht durch Beschluss.

§ 159[5] **[Anwendung des EGGVG]** § 43 des Einführungsgesetzes zum Gerichtsverfassungsgesetz gilt entsprechend.

§ 160 [Beteiligung und Beiladung] Soweit der Finanzrechtsweg auf Grund des § 33 Abs. 1 Nr. 4 eröffnet wird, können die Beteiligung am Verfahren und die Beiladung durch Gesetz abweichend von den Vorschriften dieses Gesetzes geregelt werden.

---

[1] § 155 Satz 2 angef. durch G v. 24. 11. 2011 (BGBl. I S. 2302); Satz 1 geänd. durch G v. 21. 7. 2012 (BGBl. I S. 1577); Satz 1 HS 2 angef. mWv 1.11.2018 durch G v. 12.7.2018 (BGBl. I S. 1151); Satz 1 geänd. mWv 13.10.2023 durch G v. 8.10.2023 (BGBl. I Nr. 272).

[2] § 156 eingef. mWv 1. 1. 2005 durch G v. 21.12.2004 (BGBl. I S. 3599).

[3] **Habersack** Nr. **100**.

[4] Nr. **800**.

[5] § 159 eingef. mWv 19.10.2017 durch G v. 8.10.2017 (BGBl. I S. 3546).

§ 161. (Aufhebung von Vorschriften)

§§ 162 bis 183. (weggefallen)

§ 184. (1) (Inkrafttreten)[1]
(2) (Überleitungsvorschriften)

---

[1] Das Gesetz in seiner ursprünglichen Fassung ist am 1. 1. 1966 in Kraft getreten. Das Inkrafttreten der späteren Änderungen ergibt sich aus den jeweiligen Änderungsgesetzen.

Anhang

(zu §§ 135 ff. FGO, Kosten)
§§ 1, 3, 34, 52 des Gerichtskostengesetzes

In der Fassung der Bekanntmachung vom 27. Februar 2014 (BGBl. I S. 154)
Zuletzt geändert durch Gesetz vom 14.12.2023 (BGBl. I Nr. 365)

§ 1 Geltungsbereich. (1) [1] Für Verfahren vor den ordentlichen Gerichten

1.–22. …

werden Kosten (Gebühren und Auslagen) nur nach diesem Gesetz erhoben.

(2) Dieses Gesetz ist ferner anzuwenden für Verfahren

1. …
2. vor den Gerichten der Finanzgerichtsbarkeit nach der Finanzgerichtsordnung;

3.–5. …

(3) …

(4) Kosten nach diesem Gesetz werden auch erhoben für Verfahren über eine Beschwerde, die mit einem der in den Abätzen 1 bis 3 genannten Verfahren im Zusammenhang steht.

(5) Die Vorschriften dieses Gesetzes über die Erinnerung und die Beschwerde gehen den Regelungen der für das zugrunde liegende Verfahren geltenden Verfahrensvorschriften vor.

§ 3 Höhe der Kosten. (1) Die Gebühren richten sich nach dem Wert des Streitgegenstands (Streitwert), soweit nichts anderes bestimmt ist.

(2) Kosten werden nach dem Kostenverzeichnis der Anlage 1 zu diesem Gesetz erhoben.

§ 34 Wertgebühren. (1) Wenn sich die Gebühren nach dem Streitwert richten, beträgt die Gebühr bei einem Streitwert bis 500 Euro 35 Euro. Die Gebühr erhöht sich bei einem

Streitwert bis … Euro	für jeden angefangenen Betrag von weiteren … Euro	um … Euro
2 000	500	18
10 000	1 000	19
25 000	3 000	26
50 000	5 000	35
200 000	15 000	120
500 000	30 000	179
über 500 000	50 000	180.

Eine Gebührentabelle für Streitwerte bis 500 000 Euro ist diesem Gesetz als Anlage 2[1)] beigefügt.

(2) Der Mindestbetrag einer Gebühr ist 15 Euro.

§ 52 Verfahren vor Gerichten der Verwaltungs-, Finanz- und Sozialgerichtsbarkeit. (1) In Verfahren vor den Gerichten der Verwaltungs-, Finanz- und Sozialgerichtsbarkeit ist, soweit nichts anderes bestimmt ist, der Streitwert nach der sich aus dem Antrag des Klägers für ihn ergebenden Bedeutung der Sache nach Ermessen zu bestimmen.

[1)] Im Anschluss abgedruckt.

(2) Bietet der Sach- und Streitstand für die Bestimmung des Streitwerts keine genügenden Anhaltspunkte, ist ein Streitwert von 5000 Euro anzunehmen.

(3)[1)] Betrifft der Antrag des Klägers eine bezifferte Geldleistung oder einen hierauf bezogenen Verwaltungsakt, ist deren Höhe maßgebend. Hat der Antrag des Klägers offensichtlich absehbare Auswirkungen auf künftige Geldleistungen oder auf noch zu erlassende, auf derartige Geldleistungen bezogene Verwaltungsakte, ist die Höhe des sich aus Satz 1 ergebenden Streitwerts um den Betrag der offensichtlich absehbaren zukünftigen Auswirkungen für den Kläger anzuheben, wobei die Summe das Dreifache des Werts nach Satz 1 nicht übersteigen darf. In Verfahren in Kindergeldangelegenheiten vor den Gerichten der Finanzgerichtsbarkeit ist § 42 Absatz 1 Satz 1 und Absatz 3 entsprechend anzuwenden; an die Stelle des dreifachen Jahresbetrags tritt der einfache Jahresbetrag.

(4)[2)] In Verfahren

1. vor den Gerichten der Finanzgerichtsbarkeit, mit Ausnahme der Verfahren nach § 155 Satz 2 der Finanzgerichtsordnung und der Verfahren in Kindergeldangelegenheiten, darf der Streitwert nicht unter 1500 Euro,
2. vor den Gerichten der Sozialgerichtsbarkeit und bei Rechtsstreitigkeiten nach dem Krankenhausfinanzierungsgesetz nicht über 2 500 000 Euro,
3. vor den Gerichten der Verwaltungsgerichtsbarkeit über Ansprüche nach dem Vermögensgesetz nicht über 500 000 Euro und
4. bei Rechtsstreitigkeiten nach § 36 Absatz 6 Satz 1 des Pflegeberufegesetzes nicht über 1 500 000 Euro

angenommen werden.

(5)[3)] Solange in Verfahren vor den Gerichten der Finanzgerichtsbarkeit der Wert nicht festgesetzt ist und sich der nach den Absätzen 3 und 4 Nummer 1 maßgebende Wert auch nicht unmittelbar aus den gerichtlichen Verfahrensakten ergibt, sind die Gebühren vorläufig nach dem in Absatz 4 Nummer 1 bestimmten Mindestwert zu bemessen.

(6)[3)] In Verfahren, die die Begründung, die Umwandlung, das Bestehen, das Nichtbestehen oder die Beendigung eines besoldeten öffentlich-rechtlichen Dienst- oder Amtsverhältnisses betreffen, ist Streitwert

1. die Summe der für ein Kalenderjahr zu zahlenden Bezüge mit Ausnahme nicht ruhegehaltsfähiger Zulagen, wenn Gegenstand des Verfahrens ein Dienst- oder Amtsverhältnis auf Lebenszeit ist,
2. im Übrigen die Hälfte der für ein Kalenderjahr zu zahlenden Bezüge mit Ausnahme nicht ruhegehaltsfähiger Zulagen.

Maßgebend für die Berechnung ist das laufende Kalenderjahr. Bezügebestandteile, die vom Familienstand oder von Unterhaltsverpflichtungen abhängig sind, bleiben außer Betracht. Betrifft das Verfahren die Verleihung eines anderen Amts oder den Zeitpunkt einer Versetzung in den Ruhestand, ist Streitwert die Hälfte des sich nach den Sätzen 1 bis 3 ergebenden Betrags.

(7)[3) · 4)] Ist mit einem in Verfahren nach Absatz 6 verfolgten Klagebegehren ein aus ihm hergeleiteter vermögensrechtlicher Anspruch verbunden, ist nur ein Klagebegehren, und zwar das wertmäßig höhere, maßgebend.

(8)[3)] Dem Kläger steht gleich, wer sonst das Verfahren des ersten Rechtszugs beantragt hat.

[1)] § 52 Abs. 3 Satz 3 angef. mWv 16.7.2014 durch G v. 8.7.2014 (BGBl. I S. 890).

[2)] § 52 Abs. 4 Nr. 2 und 3 geänd., Nr. 4 angef. mWv 1.1.2019 durch G v. 9.8.2019 (BGBl. I S. 1202).

[3)] § 52 Abs. 5 eingef., bish. Abs. 5 bis 7 werden Absätze 6 bis 8 mWv 16.7.2014 durch G v. 8.7.2014 (BGBl. I S. 890).

[4)] § 52 Abs. 7 geänd. mWv 4.7.2015 durch G v. 29.6.2015 (BGBl. I S. 1042).

803. Gesetz über die Finanzverwaltung (Finanzverwaltungsgesetz – FVG)[1)]

In der Fassung der Bekanntmachung vom 4. April 2006
(BGBl. I S. 846, ber. S. 1202)

Geändert durch Bundesschuldenwesenmodernisierungsgesetz vom 12.7.2006 (BGBl. I S. 1466), Föderalismusreform-Begleitgesetz vom 5.9.2006 (BGBl. I S. 2098), Gesetz über steuerliche Begleitmaßnahmen zur Einführung der Europäischen Gesellschaft und zur Änderung weiterer steuerrechtlicher Vorschriften (SEStEG) vom 7.12.2006 (BGBl. I S. 2782), Jahressteuergesetz 2007 vom 13.12.2006 (BGBl. I S. 2878), Gesetz zur Schaffung deutscher Immobilien-Aktiengesellschaften mit börsennotierten Anteilen vom 28.5.2007 (BGBl. I S. 914), Unternehmensteuerreformgesetz 2008 vom 14.8.2007 (BGBl. I S. 1912), Zweites Gesetz zur Änderung des Finanzverwaltungsgesetzes und anderer Gesetze vom 13.12.2007 (BGBl. I S. 2897), Jahressteuergesetz 2008 vom 20.12.2007 (BGBl. I S. 3150), Gesetz zur Änderung der Organisation des Bundesausgleichsamtes vom 5.3.2008 (BGBl. I S. 282), Jahressteuergesetz 2009 vom 19.12.2008 (BGBl. I S. 2794), Steuerbürokratieabbaugesetz vom 20.12.2008 (BGBl. I S. 2850), Gesetz zur Neuregelung der Kraftfahrzeugsteuer und Änderung anderer Gesetze vom 29.5.2009 (BGBl. I S. 1170), Bürgerentlastungsgesetz Krankenversicherung von 16.7.2009 (BGBl. I S. 1959), Begleitgesetz zur zweiten Föderalismusreform vom 10.8.2009 (BGBl. I S. 2702), Gesetz zur Umsetzung steuerlicher EU-Vorgaben sowie zur Änderung steuerlicher Vorschriften vom 8.4.2010 (BGBl. I S. 386), Gesetz zu dem Staatsvertrag vom 16.12.2009 und 26.1.2010 über die Verteilung von Versorgungslasten bei bund- und länderübergreifenden Dienstherrenwechseln vom 5.9.2010 (BGBl. I S. 1288),[2)] Jahressteuergesetz 2010 (JStG 2010) vom 8.12.2010 (BGBl. I S. 1768), Gesetz zur Umsetzung des EuGH-Urteils vom 20. Oktober 2011 in der Rechtssache C-284/09 vom 21.3.2013 (BGBl. I S. 561), Amtshilferichtlinie-Umsetzungsgesetz (AmtshilfeRLUmsG) vom 26.6.2013 (BGBl. I S. 1809), Gesetz zur Anpassung des Investmentsteuergesetzes und anderer Gesetze an das AIFM-Umsetzungsgesetz (AIFM-Steuer-Anpassungsgesetz – AIFM-StAnpG) vom 18.12.2013 (BGBl. I S. 4318), Gesetz zur Anpassung des nationalen Steuerrechts an den Beitritt Kroatiens zur EU und zur Änderung weiterer steuerlicher Vorschriften vom 25.7.2014 (BGBl. I S. 1266), Gesetz zur Anpassung der Abgabenordnung an den Zollkodex der Union und zur Änderung weiterer steuerlicher Vorschriften vom 22.12.2014 (BGBl. I S. 2417), Steueränderungsgesetz 2015 vom 2.11.2015 (BGBl. I S. 1834), Gesetz zur Neuorganisation der Zollverwaltung vom 3.12.2015 (BGBl. I S. 2178), Gesetz zum automatischen Austausch von Informationen über Finanzkonten in Steuersachen und zur Änderung weiterer Gesetze vom 21.12.2015 (BGBl. I S. 2531), Gesetz zur Modernisierung des Besteuerungsverfahrens vom 18.7.2016 (BGBl. I S. 1679), Gesetz zur Reform der Investmentbesteuerung (Investmentsteuerreformgesetz – InvStRefG) vom 19.7.2016 (BGBl. I S. 1730), Gesetz zur Beendigung der Sonderzuständigkeit der Familienkassen des öffentlichen Dienstes im Bereich des Bundes vom 8.12.2016 (BGBl. I S. 2835), Gesetz zur Umsetzung der Änderungen der EU-Amtshilferichtlinie und von weiteren Maßnahmen gegen Gewinnkürzungen und -verlagerungen vom 20.12.2016 (BGBl. I S. 3000), Gesetz zur Auflösung der Bundesmonopolverwaltung für Branntwein und zur Änderung weiterer Gesetze (Branntweinmonopolverwaltung-Auflösungsgesetz – BfBAG) vom 10.3.2017 (BGBl. I S. 420), Gesetz zur Umsetzung der Vierten EU-Geldwäscherichtlinie, zur Ausführung der EU-Geldtransferverordnung und zur Neuorganisation der Zentralstelle für Finanztransaktionsuntersuchungen vom 23.6.2017 (BGBl. I S. 1822), Gesetz zur Änderung des Bundesversorgungsgesetzes und anderen Vorschriften vom 17.7.2017 (BGBl. I S. 2541), Gesetz zur Neuregelung des bundesstaatlichen Finanzausgleichssystems ab

---

1) Neubekanntmachung des FVG v. 30.8.1971 (BGBl. I S. 1426, 1427) auf Grund Art. 4 des Gesetzes zur Änderung des Gemeindefinanzreformgesetzes und anderer Gesetze v. 6.9.2005 (BGBl. I S. 2725) in der ab 1.1.2006 geltenden Fassung.

2) Gem. dessen Art. 6 Abs. 2 Satz 2 in Kraft getreten am 1.1.2011, lt. Bek. v. 8.10.2010 (BGBl. I S. 1404).

dem Jahr 2020 und zur Änderung haushaltsrechtlicher Vorschriften vom 14.8.2017 (BGBl. I S. 3122), Gesetz zur Vermeidung von Umsatzsteuerausfällen beim Handel mit Waren im Internet und zur Änderung weiterer steuerlicher Vorschriften vom 11.12.2018 (BGBl. I S. 2338), Gesetz zur fortgesetzten Beteiligung des Bundes an den Integrationskosten der Länder und Kommunen und zur Regelung der Folgen der Abfinanzierung des Fonds „Deutsche Einheit“ vom 17.12.2018 (BGBl. I S. 2522), Zweites Gesetz zur Anpassung des Datenschutzrechts an die Verordnung (EU) 2016/679 und zur Umsetzung der Richtlinie (EU) 2016/680 (Zweites Datenschutz-Anpassungs- und Umsetzungsgesetz EU – 2. DSAnpUG EU) vom 20.11.2019 (BGBl. I S. 1626), Gesetz zur Umsetzung der Richtlinie (EU) 2017/1852 des Rates vom 10. Oktober 2017 über Verfahren zur Beilegung von Besteuerungsstreitigkeiten in der Europäischen Union vom 10.12.2019 (BGBl. I S. 2103), Gesetz zur weiteren steuerlichen Förderung der Elektromobilität und zur Änderung weiterer steuerlicher Vorschriften vom 12.12.2019 (BGBl. I S. 2451), Gesetz zur Einführung einer Pflicht zur Mitteilung grenzüberschreitender Steuergestaltungen vom 21.12.2019 (BGBl. I S. 2875) und Gesetz zur Einführung der Grundrente für langjährige Versicherung der gesetzlichen Rentenversicherung mit unterdurchschnittlichem Einkommen; für weitere Maßnahmen zur Erhöhung der Alterseinkommen (Grundrentengesetz) vom 12.8.2020 (BGBl. I S. 1879), Gesetz über die Umwandlung des Informationstechnikzentrums Bund in eine nichtrechtsfähige Anstalt des öffentlichen Rechts und zur Änderung weiterer Vorschriften vom 7.12.2020 (BGBl. I S. 2756), Jahressteuergesetz 2020 (JStG 2020) vom 21.12.2020 (BGBl. I S. 3096), Gesetz zur Verbesserung der Transparenz in der Alterssicherung und der Rehabilitation sowie zur Modernisierung der Sozialversicherungswahlen und zur Änderung anderer Gesetze (Gesetz Digitale Rentenübersicht) vom 11.2.2021 (BGBl. I S. 154), Siebtes Gesetz zur Änderung von Verbrauchsteuergesetzen vom 30.3.2021 (BGBl. I S. 607), Gesetz zur Modernisierung der Entlastung von Abzugsteuern und der Bescheinigung der Kapitalertragsteuer (Abzugsteuerentlastungsmodernisierungsgesetz – AbzStEntModG) vom 2.6.2021 (BGBl. I S. 1259), Gesetz zur Modernisierung des Körperschaftsteuerrechts vom 25.6.2021 (BGBl. I S. 2050), Gesetz zur Abwehr von Steuervermeidung und unfairem Steuerwettbewerb und zur Änderung weiterer Gesetze vom 25.6.2021 (BGBl. I S. 2056), Gesetz zur Regelung eines Sofortzuschlages und einer Einmalzahlung in den sozialen Mindestsicherungssystemen sowie zur Änderung des Finanzausgleichsgesetzes und weiterer Gesetze vom 23.5.2022 (BGBl. I S. 760), Jahressteuergesetz 2022 (JStG 2022) vom 16.12.2022 (BGBl. I S. 2294), Zweites Gesetz zur effektiveren Durchsetzung von Sanktionen (Sanktionsdurchsetzungsgesetz II) vom 19.12.2022 (BGBl. I S. 2606), Gesetz zur Umsetzung der Richtlinie (EU) 2021/514 des Rates vom 22. März 2021 zur Änderung der Richtlinie 2011/16/EU über die Zusammenarbeit der Verwaltungsbehörden im Bereich der Besteuerung und zur Modernisierung des Steuerverfahrensrechts vom 20.12.2022 (BGBl. I S. 2730) und Gesetz zur Umsetzung der Richtlinie (EU) 2022/2523 des Rates zur Gewährleistung einer globalen Mindesbesteuerung und weitere Begleitmaßnahmen vom 21.12.2023 (BGBl. I Nr. 397).

BGBl. III/FNA 600-1

Abschnitt I. Allgemeine Vorschriften

§ 1 Bundesfinanzbehörden. Bundesfinanzbehörden sind

1. als oberste Behörde:
   das Bundesministerium der Finanzen;
2.[1] als Oberbehörden:
   das Bundeszent, das Informationstechnikzentrum Bund und die Generalzolldirektion;

---

[1] § 1 Nr. 2 geänd. mWv 1.8.2006 durch G v. 12.7.2006 (BGBl. I S. 1466); geänd. mWv 13.3.2008 durch G v. 5.3.2008 (BGBl. I S. 282); geänd. mWv 1.1.2016 durch G v. 3.12.2015 (BGBl. I S. 2178); geänd. mWv 1.1.2017 durch G v. 8.12.2016 (BGBl. I S. 2835); geänd. mWv 1.1.2019 durch G v. 10.3.2017 (BGBl. I S. 420); geänd. mWv 1.1.2021 durch G v. 7.12.2020 (BGBl. I S. 2756).

b) der länderbezogenen Berichte im Sinne des § 138a Absatz 2 der Abgabenordnung, die dem zentralen Verbindungsbüro von den zuständigen Behörden der Vertragsstaaten der am 27. Januar 2016 unterzeichneten „Mehrseitigen Vereinbarung zwischen den zuständigen Behörden über den Austausch länderbezogener Berichte" (BGBl. 2016 II S. 1178, 1179) übermittelt wurden, an die jeweils zuständige Landesfinanzbehörde sowie

c)[1] der länderbezogenen Berichte im Sinne des § 138a Absatz 2 der Abgabenordnung, die dem zentralen Verbindungsbüro von den zuständigen Behörden der Drittstaaten, mit denen die Bundesrepublik Deutschland ein Abkommen über den steuerlichen Informationsaustausch geschlossen hat, nach dem ein automatischer Austausch von Informationen vereinbart werden kann, übermittelt wurden, an die jeweils zuständige Landesfinanzbehörde;

5f.[2] die automatische Übermittlung von Informationen zu grenzüberschreitenden Steuergestaltungen gemäß § 7 Absatz 13 des EU-Amtshilfegesetzes sowie die Entgegennahme von Informationen im Sinne des Artikels 8ab der Richtlinie 2011/16/EU gemäß § 7 Absatz 14 des EU-Amtshilfegesetzes;

5g.[3] die Entgegennahme, die Weiterleitung und die Übermittlung von Informationen nach § 9 Absatz 1 bis 3 und die Durchführung der Verfahren gemäß den §§ 10 bis 12 und 25 bis 27 des Plattformen-Steuertransparenzgesetzes;

5h.[4] a) die Entgegennahme der Mindeststeuer-Berichte nach § 75 des Mindeststeuergesetzes und ihre Weiterleitung an die jeweils zuständige Landesfinanzbehörde,

b) die Entgegennahme der Meldungen nach § 3 Absatz 4 des Mindeststeuergesetzes und Weiterleitung an die jeweils zuständige Länderfinanzbehörde sowie

c) die Durchführung von Bußgeldverfahren nach § 98 des Mindeststeuergesetzes;

5i.[5] die Auswertung der Informationen nach den Nummern 5c bis 5h im Rahmen der dem Bundeszentralamt für Steuern gesetzlich übertragenen Aufgaben; Auswertungen der Informationen nach den Nummern 5c bis 5h durch die jeweils zuständige Landesfinanzbehörde bleiben hiervon unberührt;

6. die zentrale Sammlung und Auswertung von Unterlagen über steuerliche Auslandsbeziehungen nach näherer Weisung des Bundesministeriums der Finanzen;

---

[1] § 5 Abs. 1 Satz 1 Nr. 5e Buchst. c eingef. mWv 31.3.2020 durch G v. 12.12.2019 (BGBl. I S. 2451).

[2] § 5 Abs. 1 Satz 1 Nr. 5f neu gef. mWv 1.1.2020 durch G v. 21.12.2019 (BGBl. I S. 2875).

[3] § 5 Abs. 1 Satz 1 Nr. 5g eingef. mWv 1.1.2020 durch G v. 21.12.2019 (BGBl. I S. 2875) und neu gef. mWv. 1.1.2023 durch G v. 20.12.2022 (BGBl. I S. 2730).

[4] § 5 Abs. 1 Satz 1 Nr. 5h eingef. mWv 1.1.2023 durch G v. 20.12.2022 (BGBl. I S. 2730).

[5] § 5 Abs. 1 Satz 1 Nr. 5i eingef. mWv 28.12.2023 durch G v. 21.12.2023 (BGBl. I Nr. 397).

7. bei Personen, die nicht im Geltungsbereich dieses Gesetzes ansässig sind, die Bestimmung des für die Besteuerung örtlich zuständigen Finanzamts, wenn sich mehrere Finanzämter für örtlich zuständig oder für örtlich unzuständig halten oder wenn sonst Zweifel über die örtliche Zuständigkeit bestehen;

8.[1] die Vergütung der Vorsteuerbeträge in dem besonderen Verfahren nach § 18 Abs. 9 des Umsatzsteuergesetzes;

9.[2] auf Grund der Verordnung (EU) Nr. 904/2010 des Rates vom 7. Oktober 2010 über die Zusammenarbeit der Verwaltungsbehörden und die Betrugsbekämpfung auf dem Gebiet der Mehrwertsteuer (ABl. L 268 vom 12.10.2010, S. 1)

   a) die Vergabe der Umsatzsteuer-Identifikationsnummer (§ 27a des Umsatzsteuergesetzes)[3],

   b) die Entgegennahme der Zusammenfassenden Meldungen (§ 18a des Umsatzsteuergesetzes) und Speicherung der Daten,

   c) den Austausch von gespeicherten Informationen mit anderen Mitgliedstaaten;

10.[4] die Erteilung von Bescheinigungen in Anwendung des Artikels 151 der Richtlinie 2006/112/EG des Rates vom 28. November 2006 über das gemeinsame Mehrwertsteuersystem (ABl. L 347 vom 11.12.2006, S. 1, L 335 vom 20.12.2007, S. 60), die zuletzt durch die Richtlinie 2013/61/EU (ABl. L 353 vom 28.12.2013, S. 5) geändert worden ist, in der jeweils geltenden Fassung zum Nachweis der Umsatzsteuerbefreiung der Umsätze, die in anderen Mitgliedstaaten der Europäischen Union an im Geltungsbereich dieses Gesetzes ansässige zwischenstaatliche Einrichtungen, ständige diplomatische Missionen und berufskonsularische Vertretungen sowie deren Mitglieder ausgeführt werden;

11.[5] die Durchführung des Familienleistungsausgleichs nach Maßgabe der §§ 31, 62 bis 78 des Einkommensteuergesetzes. [2]Die Bundesagentur für Arbeit stellt dem Bundeszentralamt für Steuern zur Durchführung dieser Aufgaben ihre Dienststellen als Familienkassen zur Verfügung. [3]Das Nähere, insbesondere die Höhe der Verwaltungskostenerstattung, wird durch Verwaltungsvereinbarung geregelt. [4]Der Vorstand der Bundesagentur für Arbeit kann innerhalb seines Zuständigkeitsbereichs abweichend von den Vorschriften der Abgabenordnung über die örtliche Zuständigkeit von Finanzbehörden die Entscheidung über den Anspruch auf Kindergeld für

---

[1] § 5 Abs. 1 Satz 1 Nr. 8 Satz 2 aufgeh. mWv 1.1.2010 durch G v. 19.12.2008 (BGBl. I S. 2794).

[2] § 5 Abs. 1 Satz 1 Nr. 9 geänd. mWv 30.6.2013 durch G v. 26.6.2013 (BGBl. I S. 1809).

[3] Nr. **500**.

[4] § 5 Abs. 1 Satz 1 Nr. 10 geänd. mWv 30.6.2013 durch G v. 26.6.2013 (BGBl. I S. 1809); geänd. durch G v. 25.7.2014 (BGBl. I S. 1266).

[5] § 5 Abs. 1 Satz 1 Nr. 11 Satz 5 eingef., bish. Sätze 5 bis 10 werden Sätze 6 bis 11, Satz 10 geänd. und Satz 12 angef. mWv 14.12.2016 durch G v. 8.12.2016 (BGBl. I S. 2835); Satz 6 neu gef. mWv 1.1.2022 durch G v. 8.12.2016 (BGBl. I S. 2835).

bestimmte Bezirke oder Gruppen von Berechtigten einer anderen Familienkasse übertragen. [5] Für die besonderen Belange der Personen, die in einem öffentlich-rechtlichen Dienst-, Amts- oder Ausbildungsverhältnis zum Bund stehen oder Versorgungsbezüge nach bundesbeamten- oder soldatenrechtlichen Vorschriften oder Grundsätzen erhalten oder Arbeitnehmer des Bundes oder einer sonstigen Körperschaft, einer Anstalt oder einer Stiftung des öffentlichen Rechts im Bereich des Bundes sind, benennt die Bundesagentur für Arbeit als Familienkasse zentrale Ansprechpartner.

805. Verwaltungszustellungsgesetz (VwZG)

Vom 12. August 2005 (BGBl. I S. 2354)[1) · 2)]

Geändert durch Gesetz zur Modernisierung des GmbH-Rechts und zur Bekämpfung von Missbräuchen vom 23.10.2008 (BGBl. I S. 2026), Viertes Gesetz zur Änderung verwaltungsverfahrensrechtlicher Vorschriften vom 11.12.2008 (BGBl. I S. 2418), Gesetz zur Regelung von De-Mail-Diensten und zur Änderung weiterer Vorschriften vom 28.4.2011 (BGBl. I S. 666), Gesetz zur Änderung von Vorschriften über Verkündung und Bekanntmachungen sowie der Zivilprozessordnung, des Gesetzes betreffend die Einführung der Zivilprozessordnung und der Abgabenordnung vom 22.12.2011 (BGBl. I S. 3044), Gesetz zur Förderung des elektronischen Rechtsverkehrs mit den Gerichten vom 10.10.2013 (BGBl. I S. 3786), Gesetz zur Durchführung der Verordnung (EU) Nr. 910/2014 des Europäischen Parlaments und des Rates vom 23. Juli 2014 über elektronische Identifizierung und Vertrauensdienste für elektronische Transaktionen im Binnenmarkt und zur Aufhebung der Richtlinie 1999/93/EG (eIDAS-Durchführungsgesetz) vom 18.7.2017 (BGBl. I S. 2745), Gesetz zur Reform des Vormundschafts- und Betreuungsrechts vom 4.5.2021 (BGBl. I S. 882), Gesetz zur Neuregelung des Berufsrechts der anwaltlichen und steuerberatenden Berufsausübungsgesellschaften sowie zur Änderung weiterer Vorschriften im Bereich der rechtsberatenden Berufe vom 7.7.2021 (BGBl. I S. 2363), Gesetz zur Modernisierung des Personengesellschaftsrechts (Personengesellschaftsrechtsmodernsierungsgesetz – MoPeG) vom 10.8.2021 (BGBl. I S. 3436) und Kreditzweitmarktförderungsgesetz vom 22.12.2023 (BGBl. I Nr. 411)

BGBl. III/FNA 201-9

§ 1 Anwendungsbereich. (1) Die Vorschriften dieses Gesetzes gelten für das Zustellungsverfahren der Bundesbehörden, der bundesunmittelbaren Körperschaften, Anstalten und Stiftungen des öffentlichen Rechts und der Landesfinanzbehörden.

(2) Zugestellt wird, soweit dies durch Rechtsvorschrift oder behördliche Anordnung bestimmt ist.

§ 2[3)] Allgemeines. (1) Zustellung ist die Bekanntgabe eines schriftlichen oder elektronischen Dokuments in der in diesem Gesetz bestimmten Form.

(2) [1]Die Zustellung wird durch einen Erbringer von Postdienstleistungen (Post), einem nach § 17 des De-Mail-Gesetzes akkreditierten Diensteanbieter oder durch die Behörde ausgeführt. [2]Daneben gelten die in den §§ 9 und 10 geregelten Sonderarten der Zustellung.

(3) [1]Die Behörde hat die Wahl zwischen den einzelnen Zustellungsarten. [2]§ 5 Absatz 5 Satz 2 bleibt unberührt.

§ 3 Zustellung durch die Post mit Zustellungsurkunde. (1) Soll durch die Post mit Zustellungsurkunde zugestellt werden, übergibt die Behörde der Post den Zustellungsauftrag, das zuzustellende Dokument in einem verschlossenen Umschlag und einen vorbereiteten Vordruck einer Zustellungsurkunde.

---

1) Das Verwaltungszustellungsgesetz ist als Art. 1 des Gesetzes zur Novellierung des Verwaltungszustellungsrechts v. 12.8.2005 (BGBl. I S. 2354) verkündet worden.

2) **In Kraft ab 1.2.2006.**

3) § 2 Abs. 3 Satz 2 angef. mWv 18.12.2008 durch G v. 11.12.2008 (BGBl. I S. 2418); Abs. 2 Satz 1 geänd., Abs. 3 Satz 2 neu gef. mWv 3.5.2011 durch G v. 28.4.2011 (BGBl. I S. 666).

(2) [1]Für die Ausführung der Zustellung gelten die §§ 177 bis 182 der Zivilprozessordnung entsprechend. [2]Im Fall des § 181 Abs. 1 der Zivilprozessordnung kann das zuzustellende Dokument bei einer von der Post dafür bestimmten Stelle am Ort der Zustellung oder am Ort des Amtsgerichts, in dessen Bezirk der Ort der Zustellung liegt, niedergelegt werden oder bei der Behörde, die den Zustellungsauftrag erteilt hat, wenn sie ihren Sitz an einem der vorbezeichneten Orte hat. [3]Für die Zustellungsurkunde, den Zustellungsauftrag, den verschlossenen Umschlag nach Absatz 1 und die schriftliche Mitteilung nach § 181 Abs. 1 Satz 3 der Zivilprozessordnung sind die Vordrucke nach der Zustellungsvordruckverordnung zu verwenden.

§ 4 Zustellung durch die Post mittels Einschreiben. (1) Ein Dokument kann durch die Post mittels Einschreiben durch Übergabe oder mittels Einschreiben mit Rückschein zugestellt werden.

(2) [1]Zum Nachweis der Zustellung genügt der Rückschein. [2]Im Übrigen gilt das Dokument am dritten Tag nach der Aufgabe zur Post als zugestellt, es sei denn, dass es nicht oder zu einem späteren Zeitpunkt zugegangen ist. [3]Im Zweifel hat die Behörde den Zugang und dessen Zeitpunkt nachzuweisen. [4]Der Tag der Aufgabe zur Post ist in den Akten zu vermerken.

§ 5[1)] Zustellung durch die Behörde gegen Empfangsbekenntnis; elektronische Zustellung. (1) [1]Bei der Zustellung durch die Behörde händigt der zustellende Bedienstete das Dokument dem Empfänger in einem verschlossenen Umschlag aus. [2]Das Dokument kann auch offen ausgehändigt werden, wenn keine schutzwürdigen Interessen des Empfängers entgegenstehen. [3]Der Empfänger hat ein mit dem Datum der Aushändigung versehenes Empfangsbekenntnis zu unterschreiben. [4]Der Bedienstete vermerkt das Datum der Zustellung auf dem Umschlag des auszuhändigenden Dokuments oder bei offener Aushändigung auf dem Dokument selbst.

(2) [1]Die §§ 177 bis 181 der Zivilprozessordnung sind anzuwenden. [2]Zum Nachweis der Zustellung ist in den Akten zu vermerken:

1. im Fall der Ersatzzustellung in der Wohnung, in Geschäftsräumen und Einrichtungen nach § 178 der Zivilprozessordnung der Grund, der diese Art der Zustellung rechtfertigt,
2. im Fall der Zustellung bei verweigerter Annahme nach § 179 der Zivilprozessordnung, wer die Annahme verweigert hat und dass das Dokument am Ort der Zustellung zurückgelassen oder an den Absender zurückgesandt wurde sowie der Zeitpunkt und der Ort der verweigerten Annahme,
3. in den Fällen der Ersatzzustellung nach den §§ 180 und 181 der Zivilprozessordnung der Grund der Ersatzzustellung sowie wann und wo das Dokument in einen Briefkasten eingelegt oder sonst niedergelegt und in welcher Weise die Niederlegung schriftlich mitgeteilt wurde.

[3]Im Fall des § 181 Abs. 1 der Zivilprozessordnung kann das zuzustellende Dokument bei der Behörde, die den Zustellungsauftrag erteilt hat, niedergelegt werden, wenn diese Behörde ihren Sitz am Ort der Zustellung oder am Ort des Amtsgerichts hat, in dessen Bezirk der Ort der Zustellung liegt.

---

1) § 5 Überschr. geänd. mWv 3.5.2011 durch G v. 28.4.2011 (BGBl. I S. 666).

§ 7[1)] Zustellung an Bevollmächtigte. (1) [1]Zustellungen können an den allgemeinen oder für bestimmte Angelegenheiten bestellten Bevollmächtigten gerichtet werden. [2]Sie sind an ihn zu richten, wenn er schriftliche Vollmacht vorgelegt hat. [3]Ist ein Bevollmächtigter für mehrere Beteiligte bestellt, so genügt die Zustellung eines Dokuments an ihn für alle Beteiligten.

(2) Einem Zustellungsbevollmächtigten mehrerer Beteiligter sind so viele Ausfertigungen oder Abschriften zuzustellen, als Beteiligte vorhanden sind.

(3) Auf § 180 Abs. 2 der Abgabenordnung beruhende Regelungen und §§ 183 und 183a der Abgabenordnung bleiben unberührt.

§ 8 Heilung von Zustellungsmängeln. Lässt sich die formgerechte Zustellung eines Dokuments nicht nachweisen oder ist es unter Verletzung zwingender Zustellungsvorschriften zugegangen, gilt es als in dem Zeitpunkt zugestellt, in dem es dem Empfangsberechtigten tatsächlich zugegangen ist, im Fall des § 5 Abs. 5 in dem Zeitpunkt, in dem der Empfänger das Empfangsbekenntnis zurückgesendet hat.

§ 9[2)] Zustellung im Ausland. (1) Eine Zustellung im Ausland erfolgt

1. durch Einschreiben mit Rückschein, soweit die Zustellung von Dokumenten unmittelbar durch die Post völkerrechtlich zulässig ist,
2. auf Ersuchen der Behörde durch die Behörden des fremden Staates oder durch die zuständige diplomatische oder konsularische Vertretung der Bundesrepublik Deutschland,
3. auf Ersuchen der Behörde durch das Auswärtige Amt an eine Person, die das Recht der Immunität genießt und zu einer Vertretung der Bundesrepublik Deutschland im Ausland gehört, sowie an Familienangehörige einer solchen Person, wenn diese das Recht der Immunität genießen, oder
4. durch Übermittlung elektronischer Dokumente, soweit dies völkerrechtlich zulässig ist.

(2) [1]Zum Nachweis der Zustellung nach Absatz 1 Nr. 1 genügt der Rückschein. [2]Die Zustellung nach Absatz 1 Nr. 2 und 3 wird durch das Zeugnis der ersuchten Behörde nachgewiesen. [3]Der Nachweis der Zustellung gemäß Absatz 1 Nr. 4 richtet sich nach § 5 Abs. 7 Satz 1 bis 3 und 5 sowie nach § 5a Absatz 3 und 4 Satz 1, 2 und 4.

(3) [1]Die Behörde kann bei der Zustellung nach Absatz 1 Nr. 2 und 3 anordnen, dass die Person, an die zugestellt werden soll, innerhalb einer angemessenen Frist einen Zustellungsbevollmächtigten benennt, der im Inland wohnt oder dort einen Geschäftsraum hat. [2]Wird kein Zustellungsbevollmächtigter benannt, können spätere Zustellungen bis zur nachträglichen Benennung dadurch bewirkt werden, dass das Dokument unter der Anschrift der Person, an die zugestellt werden soll, zur Post gegeben wird. [3]Das Dokument gilt am siebenten Tag nach Aufgabe zur Post als zugestellt, wenn nicht fest-

---

[1)] § 7 Abs. 3 geänd. durch G v. 22.12.2023 (BGBl. I Nr. 411).

[2)] § 9 Abs. 2 Satz 3 neu gef. mWv 18.12.2008 durch G v. 11.12.2008 (BGBl. I S. 2418); Abs. 1 Nr. 4 geänd., Abs. 2 Satz 3 geänd., Abs. 3 Satz 7 angef. mWv 3.5.2011 durch G v. 28.4.2011 (BGBl. I S. 666).

steht, dass es den Empfänger nicht oder zu einem späteren Zeitpunkt erreicht hat. [4]Die Behörde kann eine längere Frist bestimmen. [5]In der Anordnung nach Satz 1 ist auf diese Rechtsfolgen hinzuweisen. [6]Zum Nachweis der Zustellung ist in den Akten zu vermerken, zu welcher Zeit und unter welcher Anschrift das Dokument zur Post gegeben wurde. [7]Ist durch Rechtsvorschrift angeordnet, dass ein Verwaltungsverfahren über eine einheitliche Stelle nach den Vorschriften des Verwaltungsverfahrensgesetzes abgewickelt werden kann, finden die Sätze 1 bis 6 keine Anwendung.

§ 10 Öffentliche Zustellung. (1) [1]Die Zustellung kann durch öffentliche Bekanntmachung erfolgen, wenn

1. der Aufenthaltsort des Empfängers unbekannt ist und eine Zustellung an einen Vertreter oder Zustellungsbevollmächtigten nicht möglich ist,

[Fassung bis 31.12.2023:]

2.[2)] bei juristischen Personen, die zur Anmeldung einer inländischen Geschäftsanschrift zum Handelsregister verpflichtet sind, eine Zustellung weder unter der eingetragenen Anschrift noch unter einer im Handelsregister eingetragenen Anschrift einer für Zustellungen empfangsberechtigten Person oder einer ohne Ermittlungen bekannten anderen inländischen Anschrift möglich ist oder

3.[1)] sie im Fall des § 9 nicht möglich ist oder keinen Erfolg verspricht.

[Fassung ab 1.1.2024:][1)]

2. bei juristischen Personen, die zur Anmeldung einer inländischen Geschäftsanschrift zum Handelsregister verpflichtet sind, eine Zustellung weder unter der eingetragenen Anschrift noch unter einer im Handelsregister eingetragenen Anschrift einer für Zustellungen empfangsberechtigten Person oder einer ohne Ermittlungen bekannten anderen inländischen Anschrift möglich ist,
3. bei eingetragenen Personengesellschaften eine Zustellung weder unter der eingetragenen Anschrift noch unter einer im Handels- oder Gesellschaftsregister eingetragenen Anschrift einer für Zustellungen empfangsberechtigten Person oder einer ohne Ermittlungen bekannten anderen Anschrift innerhalb eines Mitgliedstaates der Europäischen Union möglich ist oder
4. sie im Fall des § 9 nicht möglich ist oder keinen Erfolg verspricht.

[2]Die Anordnung über die öffentliche Zustellung trifft ein zeichnungsberechtigter Bediensteter.

---

1) § 10 Abs. 1 Satz 1 Nr. 2 neu gef., Nr. 3 eingef., bish. Nr. 3 wird Nr. 4 mWv 1.1.2024 durch G v. 10.8.2021 (BGBl. I S. 3436).

2) § 10 Abs. 1 Nr. 2 eingef. bish. Nr. 2 wird Nr. 3 mWv 1.11.2008 durch G v. 23.10.2008 (BGBl. I S. 2026).

808. Gesetz über den Finanzausgleich zwischen Bund und Ländern (Finanzausgleichsgesetz – FAG)[1)]

Vom 20. Dezember 2001 (BGBl. I S. 3955)

Geändert durch Viertes Gesetz für moderne Dienstleistungen am Arbeitsmarkt vom 24.12.2003 (BGBl. I S. 2954), Gesetz zur Neuorganisation der Bundesfinanzverwaltung und zur Schaffung eines Refinanzierungsregisters vom 22.9.2005 (BGBl. I S. 2809), Haushaltsbegleitgesetz 2006 vom 29.6.2006 (BGBl. I S. 1402), Föderalismusreform-Begleitgesetz vom 5.9.2006 (BGBl. I S. 2098), Gesetz zur Änderung des Zweiten Buches Sozialgesetzbuch und des Finanzausgleichsgesetzes vom 22.12.2006 (BGBl. I S. 3376), Achtes Gesetz zur Änderung des Gemeindefinanzreformgesetzes vom 31.7.2008 (BGBl. I S. 1626), Kinderförderungsgesetz vom 10.12.2008 (BGBl. I S. 2403), Jahressteuergesetz 2009 vom 19.12.2008 (BGBl. I S. 2794), Gesetz zur Umsetzung steuerrechtlicher Regelungen des Maßnahmenpakets „Beschäftigungssicherung durch Wachstumsstärkung“ vom 21.12.2008 (BGBl. I S. 2896), Familienleistungsgesetz vom 22.12.2008 (BGBl. I S. 2955), Gesetz zur Sicherung von Beschäftigung und Stabilität in Deutschland vom 2.3.2009 (BGBl. I S. 416), Gesetz zur Neuregelung der Kraftfahrzeugsteuer und Änderung anderer Gesetze vom 29.5.2009 (BGBl. I S. 1170), Begleitgesetz zur zweiten Föderalismusreform vom 10.8.2009 (BGBl. I S. 2702), Wachstumsbeschleunigungsgesetz vom 22.12.2009 (BGBl. I S. 3950), Gesetz zur Abschaffung des Finanzplanungsrates und zur Übertragung der fortzuführenden Aufgaben auf den Stabilitätsrat sowie zur Änderung weiterer Gesetze vom 27.5.2010 (BGBl. I S. 671), Steuervereinfachungsgesetz 2011 vom 1.11.2011 (BGBl. I S. 2131), Gesetz zur Stärkung der Finanzkraft der Kommunen vom 6.12.2011 (BGBl. I S. 2563), Beitreibungsrichtlinie-Umsetzungsgesetz (BeitrRLUmsG) vom 7.12.2011 (BGBl. I S. 2592), Gesetz zur Besteuerung von Sportwetten vom 29.6.2012 (BGBl. I S. 1424), Gesetz zur zusätzlichen Förderung von Kindern unter drei Jahren in Tageseinrichtungen und in Kindertagespflege vom 15.2.2013 (BGBl. I S. 250), Gesetz zur Änderung des Finanzausgleichsgesetzes und der Bundeshaushaltsordnung vom 15.7.2013 (BGBl. I S. 2395), Gesetz zur innerstaatlichen Umsetzung des Fiskalvertrags vom 15.7.2013 (BGBl. I S. 2398), Aufbauhilfegesetz vom 15.7.2013 (BGBl. I S. 2401), Gesetz zur weiteren Entlastung von Ländern und Kommunen ab 2015 und zum quantitativen und qualitativen Ausbau der Kindertagesbetreuung sowie zur Änderung des Lastenausgleichsgesetzes vom 22.12.2014 (BGBl. I S. 2411), Gesetz zur Förderung von Investitionen finanzchwacher Kommunen und zur Entlastung von Ländern und Kommunen bei der Aufnahme und Unterbringung von Asylbewerbern vom 24.6.2015 (BGBl. I S. 974), Asylverfahrensbeschleunigungsgesetz vom 20.10.2015 (BGBl. I S. 1722), Gesetz zur Änderung des Kommunalinvestitionsförderungsgesetzes und zur Änderung weiterer Gesetze vom 21.11.2016 (BGBl. I S. 2613), Gesetz zur Beteiligung des Bundes an den Kosten der Integration und zur weiteren Entlastung von Ländern und Kommunen vom 1.12.2016 (BGBl. I S. 2755), Gesetz zur Neuregelung des bundesstaatlichen Finanzausgleichssystems ab dem Jahr 2020 und zur Änderung rechtlicher Vorschriften vom 14.8.2017 (BGBl. I S. 3122), Gesetz zur fortgesetzten Beteiligung des Bundes an den Integrationskosten der Länder und Kommunen und zur Regelung der Folgen der Abfinanzierung des Fonds „Deutsche Einheit“ vom 17.12.2018 (BGBl. I S. 2522), Gesetz zur Weiterentwicklung der Qualität und zur Teilhabe in der Kindertagesbetreuung vom 19.12.2018 (BGBl. I S. 2696), Gesetz zur Reform des Grundsteuer- und Bewertungsrechts (Grundsteuer-Reformgesetz – GrStRefG) vom 26.11.2019 (BGBl. I S. 1794), Gesetz zur Beteiligung des Bundes an den Integrationskosten der Länder und Kommunen in den Jahren 2020 und 2021 vom 9.12.2019 (BGBl. I S. 2051), Gesetz zur Umsetzung des Klimaschutzprogramms 2030 im Steuerrecht vom 21.12.2019 (BGBl. I S. 2886), Zweites Gesetz zur Umsetzung steuerlicher Hilfsmaßnahmen zur Bewältigung der

---

[1)] Das FAG ist als Art. 5 des Solidarpaktfortführungsgesetzes v. 20.12.2001 verkündet worden. Es tritt mWv 1.1.2005 in Kraft. Gleichzeitig tritt das FAG v. 23.6.1993 außer Kraft.

Corona-Krise (Zweites Corona-Steuerhilfegesetz) vom 29.6.2020 (BGBl. I S. 1512), Gesetz zur Anpassung der Ergänzungszuweisungen des Bundes nach § 11 Absatz 4 des Finanzausgleichsgesetzes und zur Beteiligung des Bundes an den flüchtlingsbezogenen Kosten der Länder vom 3.12.2020 (BGBl. I S. 2657), Gesetz zur Änderung des Rennwett- und Lotteriegesetzes und der Ausführungsbestimmungen zum Rennwett- und Lotteriegesetz vom 25.6.2021 (BGBl. I S. 2065), Gesetz zur erleichterten Umsetzung der Reform der Grundsteuer und Änderung weiterer steuerrechtlicher Vorschriften (Grundsteuerreform-Umsetzungsgesetz – GrStRefUG) vom 16.7.2021 (BGBl. I S. 2931), Aufbauhilfegesetz 2021 (AufbhG 2021) vom 10.9.2021 (BGBl. I S. 4147), Ganztagsförderungsgesetz (GaFöG) vom 2.10.2021 (BGBl. I S. 4602), Gesetz zur Regelung eines Sofortzuschlages und einer Einmalzahlung in den sozialen Mindestsicherungssystemen sowie zur Änderung des Finanzausgleichsgesetzes und weiterer Gesetze vom 23.5.2022 (BGBl. I S. 760), Gesetz zur Änderung des Finanzausgleichsgesetzes, des Stabilitätsratsgesetzes sowie weiterer Gesetze vom 4.12.2022 (BGBl. I S. 2142), KiTa-Qualitätsgesetz vom 20.12.2022 (BGBl. I S. 2791) und Pauschalentlastungsgesetz vom 13.11.2023 (BGBl. I Nr. 310)

BGBl. III/FNA 603-12

Erster Abschnitt. Steuerverteilung zwischen Bund und Ländern sowie unter den Ländern

§ 1[1)] Anteile von Bund und Ländern an der Umsatzsteuer. (1) Das Aufkommen der Umsatzsteuer wird auf Bund, Länder und Gemeinden nach folgenden Prozentsätzen aufgeteilt:

	Bund	Länder	Gemeinden
ab 2020	52,81398351	45,19007254	1,99594395.

(2) Die im Folgenden genannten Beträge verändern die Anteile des Bundes, der Länder und Gemeinden nach Absatz 1:

Kalenderjahr	Bund	Länder	Gemeinden
2020	minus 20 533 717 472 Euro	15 858 934 915 Euro	4 674 782 557 Euro
2021	minus 17 142 407 683 Euro	12 988 407 683 Euro	4 154 000 000 Euro
2022	minus 15 008 682 590 Euro	12 608 682 590 Euro	2 400 000 000 Euro
2023	minus 13 792 407 683 Euro	11 392 407 683 Euro	2 400 000 000 Euro
2024	minus 10 980 407 683 Euro	8 580 407 683 Euro	2 400 000 000 Euro

[1)] § 1 neu gef. mWv 1.1.2020 durch G v. 14.8.2017 (BGBl. I S. 3122); Abs. 2 neu gef. mWv 1.1.2020 durch G v. 17.12.2018 (BGBl. I S. 2522); Abs. 1 geänd., Abs. 2 neu gef., Abs. 4 aufgeh. mWv 1.1.2020 durch G v. 9.12.2019 (BGBl. I S. 2051); Abs. 2 neu gef. mWv 1.1.2020 durch G v. 21.12.2019 (BGBl. I S. 2886); Abs. 2 geänd. durch G v. 29.6.2020 (BGBl. I S. 1512); Abs. 2 geänd. durch G v. 3.12.2020 (BGBl. I S. 2657); Abs. 2 geänd., Abs. 6 angef. durch G v. 16.7.2021 (BGBl. I S. 2931); Abs. 2 geänd. durch G v. 23.5.2022 (BGBl. I S. 760); Abs. 2 geänd. durch G v. 4.12.2022 (BGBl. I S. 2142); Abs. 2 geänd. durch G v. 13.11.2023 (BGBl. I Nr. 310).

Kalender-jahr	Bund	Länder	Gemeinden
2025	minus 10 605 407 683 Euro	8 205 407 683 Euro	2 400 000 000 Euro
2026	minus 10 605 407 683 Euro	8 205 407 683 Euro	2 400 000 000 Euro
ab 2027	minus 10 417 407 683 Euro	8 017 407 683 Euro	2 400 000 000 Euro.

(2a)[1] Zur finanziellen Beteiligung der Länder an der Bekämpfung der durch die Starkregenfälle und das Hochwasser im Juli 2021 verursachten Schäden und dem Wiederaufbau erhöhen sich die in Absatz 2 genannten Beträge für den Bund um jeweils 233 333 333 Euro in den Jahren von 2021 bis 2050; die in Absatz 2 genannten Beträge für die Länder verringern sich entsprechend umd jeweils 233 333 333 Euro in den Jahren von 2021 bis 2050.

(3) Diese Aufteilung der Umsatzsteuer gilt jeweils für alle Beträge, die während der Geltungsdauer des Beteiligungsverhältnisses vereinnahmt oder erstattet werden.

[Abs. 5 aktuelle Fassung:]

(5)[3] Zum Ausgleich für Belastungen der Länder aus dem KiTa-Qualitäts- und -Teilhabeverbesserungsgesetz vom 19. Dezember 2018 (BGBl. I S. 2696) und aus der Änderung des Achten Buches Sozialgesetzbuch durch die Artikel 1 und 2 des Gesetzes vom 19. Dezember 2018 (BGBl. I S. 2696) verringern sich die in Absatz 2 genannten Beträge für den Bund im Jahr 2020 um 993 Millionen Euro und in den Jahren 2021 und 2022 um jeweils 1993 Millionen Euro; die in Absatz 2 genannten Beträge für die Länder erhöhen sich entsprechend im Jahr 2020 um 993 Millionen Euro und in den Jahren 2021 und 2022 um jeweils 1993 Millionen Euro.

[ab 1.1.2026:][2]

(4) Zum anteiligen Ausgleich für laufende Belastungen der Länder, die diesen aus der stufenweisen Einführung eines Anspruchs auf ganztägige Förderung für Grundschulkinder durch Artikel 1 Nummer 2 und 3 des Ganztagsförderungsgesetzes vom 2. Oktober 2021 (BGBl. I S. 4602) entstehen, verringern sich die in Absatz 2 genannten Beträge für den Bund im Jahr 2026 um 135 Millionen Euro, im Jahr 2027 um 460 Millionen Euro, im Jahr 2028 um 785 Millionen Euro, im Jahr 2029 um 1110 Millionen Euro und in den Jahren ab 2030 um jeweils 1 300 Millionen Euro; die in Absatz 2 genannten Beträge für die Länder erhöhen sich entsprechend im Jahr 2026 um 135 Millionen Euro, im

---

[1] § 1 Abs. 2a eingef. durch AufbhG 2021 vom 10.9.2021 (BGBl. I S. 4147).

[2] § 1 Abs. 4 eingef. mWv 1.1.2026 durch G v. 2.10.2021 (BGBL. I S. 4602); gleichzeitig tritt Abs. 5 außer Kraft.

[3] § 1 Abs. 5 angef. durch G v. 19.12.2018 (BGBl. I S. 2696); zum Inkrafttreten siehe BGBl. I S. 1868.

[Abs. 5 neue Fassung ab unbestimmt:] *[ab 1.1.2026:]*

(5)[1] Zum Ausgleich für Belastungen der Länder aus dem KiTa-Qualitäts- und -Teilhabeverbesserungsgesetz vom 19. Dezember 2018 (BGBl. I S. 2696) und aus der Änderung des Achten Buches Sozialgesetzbuch durch die Artikel 1 und 2 des Gesetzes vom 19. Dezember 2018 (BGBl. I S. 2696) verringern sich die in Absatz 2 genannten Beträge für den Bund im Jahr 2020 um 993 Millionen Euro, in den Jahren 2021 und 2022 um jeweils 1993 Millionen Euro, im Jahr 2023 um 1884 Millionen Euro und im Jahr 2024 um 1993 Millionen Euro; die in Absatz 2 genannten Beträge für die Länder erhöhen sich entsprechend im Jahr 2020 um 993 Millionen Euro, in den Jahren 2021 und 2022 um jeweils 1993 Millionen Euro, im Jahr 2023 um 1884 Millionen Euro und im Jahr 2024 um 1993 Millionen Euro.

im Jahr 2027 um 460 Millionen Euro, im Jahr 2028 um 785 Millionen Euro, im Jahr 2029 um 1110 Millionen Euro und in den Jahren ab 2030 um jeweils 1300 Millionen Euro.

(5) *(aufgehoben)*

(6) Um den finanziellen Lasten der Länder, die ihnen aus der Umsetzung des Aktionsprogramms „Aufholen nach Corona für Kinder und Jugendliche für die Jahre 2021 und 2022" im eigenen Zuständigkeitsbereich entstehen, Rechnung zu tragen, verringern sich die in Absatz 2 genannten Beträge für den Bund im Jahr 2021 um weitere 430 Millionen Euro und im Jahr 2022 um weitere 860 Millionen Euro; die in Absatz 2 genannten Beträge für die Länder erhöhen sich entsprechend im Jahr 2021 um weitere 430 Millionen Euro und im Jahr 2022 um weitere 860 Millionen Euro.

§ 2[2] Verteilung der Umsatzsteuer unter den Ländern. [1] Der Länderanteil an der Umsatzsteuer wird vorbehaltlich des gemäß § 4 durchzuführenden Finanzkraftausgleichs nach dem Verhältnis ihrer Einwohnerzahlen auf die Länder verteilt. [2] Hierbei sind die Einwohnerzahlen zugrunde zu legen, die das Statistische Bundesamt zum 30. Juni des Kalenderjahres, für das der Ausgleich durchgeführt wird (Ausgleichsjahr), festgestellt hat.

---

[1] § 1 Abs. 5 neu gef. durch G v. 20.12.2022 (BGBL. I S. 2791); zum Inkrafttreten vgl. Art. 3 Abs. 2 des G v. 20.12.2022:

„(2) [1] Artikel 2 tritt in Kraft, sobald alle Länder und die Bundesrepublik Deutschland die Verträge nach § 4 Absatz 2 des KiTa-Qualitäts- und -Teilhabeverbesserungsgesetzes geändert haben. [2] Der Bundesminister der Finanzen gibt den Tag des Inkrafttretens im Bundesgesetzblatt bekannt."

[2] § 2 neu gef. mWv 1.1.2020 durch G v. 14.8.2017 (BGBl. I S. 3122).

835. Zivilprozessordnung

In der Fassung der Bekanntmachung vom 5. Dezember 2005
(BGBl. I S. 3202)[1]
Zuletzt geändert durch Gesetz vom 22.12.2023 (BGBl. I Nr. 411)
BGBl. III/FNA 310-4

– Auszug –

– Pfändungsschutzbestimmungen (§§ 850 bis 852) –

§ 850 Pfändungsschutz für Arbeitseinkommen. (1) Arbeitseinkommen, das in Geld zahlbar ist, kann nur nach Maßgabe der §§ 850a bis 850i gepfändet werden.

(2) Arbeitseinkommen im Sinne dieser Vorschrift sind die Dienst- und Versorgungsbezüge der Beamten, Arbeits- und Dienstlöhne, Ruhegelder und ähnliche nach dem einstweiligen oder dauernden Ausscheiden aus dem Dienst- oder Arbeitsverhältnis gewährte fortlaufende Einkünfte, ferner Hinterbliebenenbezüge sowie sonstige Vergütungen für Dienstleistungen aller Art, die die Erwerbstätigkeit des Schuldners vollständig oder zu einem wesentlichen Teil in Anspruch nehmen.

(3) Arbeitseinkommen sind auch die folgenden Bezüge, soweit sie in Geld zahlbar sind:

a) Bezüge, die ein Arbeitnehmer zum Ausgleich für Wettbewerbsbeschränkungen für die Zeit nach Beendigung seines Dienstverhältnisses beanspruchen kann;

b) Renten, die auf Grund von Versicherungsverträgen gewährt werden, wenn diese Verträge zur Versorgung des Versicherungsnehmers oder seiner unterhaltsberechtigten Angehörigen eingegangen sind.

(4) Die Pfändung des in Geld zahlbaren Arbeitseinkommens erfasst alle Vergütungen, die dem Schuldner aus der Arbeits- oder Dienstleistung zustehen, ohne Rücksicht auf ihre Benennung oder Berechnungsart.

§ 850a Unpfändbare Bezüge. Unpfändbar sind

1. zur Hälfte die für die Leistung von Mehrarbeitsstunden gezahlten Teile des Arbeitseinkommens;
2. die für die Dauer eines Urlaubs über das Arbeitseinkommen hinaus gewährten Bezüge, Zuwendungen aus Anlass eines besonderen Betriebsereignisses und Treugelder, soweit sie den Rahmen des Üblichen nicht übersteigen;

---

[1] Neubekanntmachung der Zivilprozessordnung in der im Bundesgesetzblatt Teil III, Gliederungsnummer 310-4, veröffentlichten bereinigten Fassung auf Grund des Art. 2a des EG-Vollstreckungs-Durchführungsgesetzes v. 18.8.2005 (BGBl. I S. 2477) in der ab 21.10.2005 geltenden Fassung.

3. Aufwandsentschädigungen, Auslösungsgelder und sonstige soziale Zulagen für auswärtige Beschäftigungen, das Entgelt für selbstgestelltes Arbeitsmaterial, Gefahrenzulagen sowie Schmutz- und Erschwerniszulagen, soweit diese Bezüge den Rahmen des Üblichen nicht übersteigen;
4.[1)] Weihnachtsvergütungen bis *zum Betrag der Hälfte des monatlichen Arbeitseinkommens, höchstens aber bis zum Betrag von 500 Euro* [***ab 1.1.2022:*** zu der Hälfte des Betrags, dessen Höhe sich nach Aufrundung des monatlichen Freibetrages nach § 850c Absatz 1 in Verbindung mit Absatz 4 auf den nächsten vollen 10-Euro-Betrag ergibt];
5.[2)] Geburtsbeihilfen sowie Beihilfen aus Anlass der Eingehung einer Ehe oder Begründung einer Lebenspartnerschaft, sofern die Vollstreckung wegen anderer als der aus Anlass der Geburt, der Eingehung einer Ehe oder der Begründung einer Lebenspartnerschaft entstandenen Ansprüche betrieben wird;
6. Erziehungsgelder, Studienbeihilfen und ähnliche Bezüge;
7. Sterbe- und Gnadenbezüge aus Arbeits- oder Dienstverhältnissen;
8. Blindenzulagen.

§ 850b Bedingt pfändbare Bezüge. (1) Unpfändbar sind ferner

1. Renten, die wegen einer Verletzung des Körpers oder der Gesundheit zu entrichten sind;
2. Unterhaltsrenten, die auf gesetzlicher Vorschrift beruhen, sowie die wegen Entziehung einer solchen Forderung zu entrichtenden Renten;
3. fortlaufende Einkünfte, die ein Schuldner aus Stiftungen oder sonst auf Grund der Fürsorge und Freigebigkeit eines Dritten oder auf Grund eines Altenteils oder Auszugsvertrags bezieht;
4.[3)] Bezüge aus Witwen-, Waisen-, Hilfs- und Krankenkassen, die ausschließlich oder zu einem wesentlichen Teil zu Unterstützungszwecken gewährt werden, ferner Ansprüche aus Lebensversicherungen, die nur auf den Todesfall des Versicherungsnehmers abgeschlossen sind, wenn die Versicherungssumme *3579* [***ab 1.1.2022:*** 5400] Euro nicht übersteigt.

(2) Diese Bezüge können nach den für Arbeitseinkommen geltenden Vorschriften gepfändet werden, wenn die Vollstreckung in das sonstige bewegliche Vermögen des Schuldners zu einer vollständigen Befriedigung des Gläubigers nicht geführt hat oder voraussichtlich nicht führen wird und wenn nach den Umständen des Falles, insbesondere nach der Art des beizutreibenden Anspruchs und der Höhe der Bezüge, die Pfändung der Billigkeit entspricht.

(3) Das Vollstreckungsgericht soll vor seiner Entscheidung die Beteiligten hören.

[1)] § 850a Nr. 4 neu gef. mWv 1.1.2022 durch G v. 7.5.2021 (BGBl. I S. 850).
[2)] § 850a Nr. 5 geänd. durch G v. 20.11.2015 (BGBl. I S. 2010).
[3)] § 850b Abs. 1 Nr. 1 Betrag geänd. mWv 1.1.2022 durch G v. 7.5.2021 (BGBl. I S. 850).

850. Gesetz über eine Berufsordnung der Wirtschaftsprüfer (Wirtschaftsprüferordnung – WPO)[1)]

In der Fassung der Bekanntmachung vom 5. November 1975 (BGBl. I S. 2803)

Geändert durch Gesetz zur Bereinigung wirtschaftsrechtlicher Vorschriften vom 27.2.1985 (BGBl. I S. 457), Bilanzrichtlinien-Gesetz vom 19.12.1985 (BGBl. I S. 2355), Erstes Gesetz zur Bereinigung des Verwaltungsverfahrensrechts vom 18.2.1986 (BGBl. I S. 265), Erstes Rechtsbereinigungsgesetz vom 24.4.1986 (BGBl. I S. 560), Zweites Gesetz zur Änderung der Wirtschaftsprüferordnung vom 20.7.1990 (BGBl. I S. 1462), Einigungsvertrag vom 31.8.1990 (BGBl. II S. 889, 998), Rechtspflege-Vereinfachungsgesetz vom 17.12.1990 (BGBl. I S. 2847), EWR-Ausführungsgesetz vom 27.4.1993 (BGBl. I S. 512, 2436), Drittes Gesetz zur Änderung der Wirtschaftsprüferordnung vom 15.7.1994 (BGBl. I S. 1569), Gesetz zur Schaffung von Partnerschaftsgesellschaften und zur Änderung anderer Gesetze vom 25.7.1994 (BGBl. I S. 1744), Gesetz zu dem Übereinkommen vom 15. April 1994 zur Errichtung der Welthandelsorganisation vom 30.8.1994 (BGBl. II S. 1438), Einführungsgesetz zur Insolvenzordnung vom 5.10.1994 (BGBl. I S. 2911, geänd. durch Gesetz zur Änderung des Einführungsgesetzes zur Insolvenzordnung und anderer Gesetze vom 19.12.1998, BGBl. I S. 3836), Gesetz zur Kontrolle und Transparenz im Unternehmensbereich vom 27.4.1998 (BGBl. I S. 786), Drittes Gesetz zur Änderung der Bundesnotarordnung und anderer Gesetze vom 31.8.1998 (BGBl. I S. 2585), Gesetz zur Änderung der Bundesrechtsanwaltsordnung, der Patentanwaltsordnung und anderer Gesetze vom 31.8.1998 (BGBl. I S. 2600), Kapitalgesellschaften- und Co-Richtlinie-Gesetz vom 24.2.2000 (BGBl. I S. 154), Wirtschaftsprüferordnungs-Änderungsgesetz vom 19.12.2000 (BGBl. I S. 1769), Gesetz zur Beendigung der Diskriminierung gleichgeschlechtlicher Gemeinschaften vom 16.2.2001 (BGBl. I S. 266), Euro-Bilanzgesetz vom 10.12.2001 (BGBl. I S. 3414), Gesetz zur Änderung der Strafprozessordnung vom 15.2.2002 (BGBl. I S. 682), Gesetz zur Gleichstellung behinderter Menschen und zur Änderung anderer Gesetze vom 27.4.2002 (BGBl. I S. 1467), Drittes Gesetz zur Änderung verwaltungsverfahrensrechtlicher Vorschriften vom 21.8.2002 (BGBl. I S. 3322), Gesetz zur Änderung des Gesetzes über die Tätigkeit europäischer Rechtsanwälte in Deutschland und weiterer berufsrechtlicher Vorschriften für Rechts- und Patentanwälte, Steuerberater und Wirtschaftsprüfer vom 26.10.2003 (BGBl. I S. 2074), Achte Zuständigkeitsanpassungsverordnung vom 25.11.2003 (BGBl. I S. 2304), Wirtschaftsprüfungsexamens-Reformgesetz vom 1.12.2003 (BGBl. I S. 2446)[2)], Kostenrechtsmodernisierungsgesetz vom 5.5.2004 (BGBl. I S. 718), Kommunales Optionsgesetz vom 30.7.2004 (BGBl. I S. 2014), Bilanzkontrollgesetz vom 15.12.2004 (BGBl. I S. 3408), Gesetz zur Vereinfachung und Vereinheitlichung der Verfahrensvorschriften zur Wahl und Berufung ehrenamtlicher Richter vom 21.12.2004 (BGBl. I S. 3599), Abschlussprüferaufsichtsgesetz vom 27.12.2004 (BGBl. I S. 3846), Neunte Zuständigkeitsanpassungsverordnung vom 31.10.2006 (BGBl. I S. 2407), 2. Justizmodernisierungsgesetz vom 22.12.2006 (BGBl. I S. 3416), Berufsaufsichtsreformgesetz vom 3.9.2007 (BGBl. I S. 2178), Gesetz zur Reform des Versicherungsvertragsrechts vom 23.11.2007 (BGBl. I S. 2631), Gesetz zur Neuregelung des Verbots der Vereinbarung von Erfolgshonoraren vom 12.6.2008 (BGBl. I S. 1000), FGG-Reformgesetz vom 17.12.2008 (BGBl. I S. 2586), Bilanzrechtsmodernisierungsgesetz vom 25.5.2009 (BGBl. I S. 1102), Gesetz zur Umsetzung der Dienstleistungsrichtlinie im Gewerberecht und in weiteren Rechtsvorschriften vom 17.7.2009 (BGBl. I S. 2091), Gesetz zur Reform der Sachaufklärung in der Zwangsvollstreckung vom 29.7.2009 (BGBl. I S. 2258), Gesetz zur Änderung des Untersuchungshaftrechts vom 29.7.2009 (BGBl. I S. 2274), Viertes Gesetz zur Änderung der Wirtschaftsprüferordnung vom 2.12.2010 (BGBl. I S. 1746), Gesetz zur Umsetzung der Dienstleistungsrichtlinie in der

---

[1)] Neubekanntmachung der Wirtschaftsprüferordnung v. 24.7.1961 auf Grund des Artikels 6 des G zur Änderung der Wirtschaftsprüferordnung und anderer G v. 20.8.1975 (BGBl. I S. 2258) unter Berücksichtigung des G v. 24.7.1961 (BGBl. I S. 1049).

[2)] In Kraft ab 1.1.2004. Siehe Übergangsregelungen in §§ 134 ff.

Justiz und zur Änderung weiterer Vorschriften vom 22.12.2010 (BGBl. I S. 2248), Gesetz zur Verbesserung der Feststellung und Anerkennung im Ausland erworbener Berufsqualifikationen vom 6.12.2011 (BGBl. I S. 2515), Gesetz zur Stärkung der Rechte von Opfern sexuellen Missbrauchs (StORMG) vom 26.6.2013 (BGBl. I S. 1805), Gesetz zur Einführung einer Partnerschaftsgesellschaft mit beschränkter Berufshaftung und zur Änderung des Berufsrechts der Rechtsanwälte, Patentanwälte, Steuerberater und Wirtschaftsprüfer vom 15.7.2013 (BGBl. I S. 2386), Gesetz zur Strukturreform des Gebührenrechts des Bundes vom 7.8.2013 (BGBl. I S. 3154), Gesetz zur Änderung des Prozesskostenhilfe- und Beratungshilferechts vom 31.8.2013 (BGBl. I S. 3533), Zehnte Zuständigkeitsanpassungsverordnung vom 31.8.2015 (BGBl. I S. 1474), Abschlussprüferaufsichtsreformgesetz (APAReG) vom 31.3.2016 (BGBl. I S. 518)[1)], Abschlussprüfungsreformgesetz (AReG) vom 10.5.2016 (BGBl. I S. 1142), Zweites Gesetz zur Novellierung von Finanzmarktvorschriften auf Grund europäischer Rechtsakte (Zweites Finanzmarktnovellierungsgesetz – 2. FiMaNoG) vom 23.6.2017 (BGBl. I S. 1693), Gesetz zur Umsetzung der Vierten EU-Geldwäscherichtlinie, zur Ausführung der EU-Geldtransferverordnung und zur Neuorganisation der Zentralstelle für Finanztransaktionsuntersuchungen vom 23.6.2017 (BGBl. I S. 1822), Gesetz zur Umsetzung der Zweiten Zahlungsdiensterichtlinie vom 17.7.2017 (BGBl. I S. 2446), Gesetz zur Neuregelung des Schutzes von Geheimnissen bei der Mitwirkung Dritter an der Berufsausübung schweigepflichtiger Personen vom 30.10.2017 (BGBl. I S. 3618), Zweites Gesetz zur Anpassung des Datenschutzrechts an die Verordnung (EU) 2016/679 und zur Umsetzung der Richtlinie (EU) 2016/680 (Zweites Datenschutz-Anpassungs- und Umsetzungsgesetz EU – 2. DSAnp-UG-EU) vom 20.11.2019 (BGBl. I S. 1626), Gesetz zur Umsetzung der Verhältnismäßigkeitsrichtlinie (Richtlinie (EU) 2018/958) im Bereich öffentlich-rechtlicher Körperschaften vom 19.6.2020 (BGBl. I S. 1403), Gesetz zur Reform des Vormundschafts- und Betreuungsrechts vom 4.5.2021 (BGBl. I S. 882) und Finanzmarktintegritätsstärkungsgesetz (FISG) vom 3.6.2021 (BGBl. I S. 1534), Gesetz zur Modernisierung des notariellen Berufsrechts und zur Änderung weiterer Vorschriften vom 25.6.2021 (BGBl. I S. 2154), Gesetz zur Neuregelung des Berufsrechts der anwaltlichen und steuerberatenden Berufsausübungsgesellschaften sowie zur Änderung weiterer Vorschriften im Bereich der rechtsberatenden Berufe vom 7.7.2021 (BGBl. I S. 2363), Gesetz zur Förderung verbrauchergerechter Angebote im Rechtsdienstleistungsmarkt vom 10.8.2021 (BGBl. I S. 3415), Gesetz zur Modernisierung des Personengesellschaftsrechts (Personengesellschaftsrechtsmodernisierungsgesetz – MoPeG) vom 10.8.2021 (BGBl. I S. 3436; ber. BGBl. I 2023 Nr. 411), Gesetz zur Stärkung der Aufsicht bei Rechtsdienstleistungen und zur Änderung weiterer Vorschriften vom 10.3.2023 (BGBl. I Nr. 64), Gesetz zur Umsetzung der Richtlinie (EU) 2021/2101 im Hinblick auf die Offenlegung von Ertragsteuerinformationen durch bestimmte Unternehmen und Zweigniederlassungen sowie zur Änderung des Verbraucherstreitbeilegungsgesetzes und des Pflichtversicherungsgesetzes v. 19.6.2023 (BGBl. I Nr. 154) und Kreditzweitmarktförderungsgesetz vom 22.12.2023 (BGBl. I Nr. 411)

BGBl. III/FNA 702-1

Inhaltsübersicht

[1)] **[Amtl. Anm.:]** Dieses Gesetz dient der Umsetzung der Richtlinie 2014/56/EU des Europäischen Parlaments und des Rates vom 16. April 2014 zur Änderung der Richtlinie 2006/43/EG über Abschlussprüfungen von Jahresabschlüssen und konsolidierten Abschlüssen (ABl. L 158 vom 27.5.2014, S. 196) sowie der Ausführung der Verordnung (EU) Nr. 537/2014 des Europäischen Parlaments und des Rates vom 16. April 2014 über spezifische Anforderungen an die Abschlussprüfung bei Unternehmen von öffentlichem Interesse und zur Aufhebung des Beschlusses 2005/909/EG der Kommission (ABl. L 158 vom 27.5.2014, S. 77).

ner Wirtschaftsprüfungsgesellschaft als für die Durchführung einer Abschlussprüfung vorrangig verantwortlich bestimmt worden ist. [4] Als verantwortlicher Prüfungspartner gilt auf Konzernebene auch, wer als Wirtschaftsprüfer auf der Ebene bedeutender Tochterunternehmen als für die Durchführung von deren Abschlussprüfung vorrangig verantwortlich bestimmt worden ist.

(4)[1)] [1] Berufsangehörige haben während der gesamten Prüfung eine kritische Grundhaltung zu wahren. [2] Dazu gehört es,

1. Angaben zu hinterfragen,
2. ungeachtet ihrer bisherigen Erfahrung mit der Aufrichtigkeit und Integrität des Führungspersonals des geprüften Unternehmens und der mit der Unternehmensüberwachung betrauten Personen die Möglichkeit in Betracht zu ziehen, dass es auf Grund von Sachverhalten oder Verhaltensweisen, die auf Unregelmäßigkeiten wie Betrug oder Unrichtigkeiten hindeuten, zu einer wesentlichen falschen Darstellung gekommen sein könnte,
3. auf Gegebenheiten zu achten, die auf eine falsche Darstellung hindeuten könnten, und
4. die Prüfungsnachweise kritisch zu beurteilen.

[3] Ihre kritische Grundhaltung haben Berufsangehörige insbesondere bei der Beurteilung der Schätzungen des Unternehmens in Bezug auf Zeitwertangaben, Wertminderungen von Vermögensgegenständen, Rückstellungen und künftige Cashflows, die für die Beurteilung der Fähigkeit des Unternehmens zur Fortführung der Unternehmenstätigkeit von Bedeutung sind, beizubehalten.

(5) Berufsangehörige haben bei der Durchführung von Abschlussprüfungen ausreichend Zeit für den Auftrag aufzuwenden und die zur angemessenen Wahrnehmung der Aufgaben erforderlichen Mittel, insbesondere – soweit erforderlich – Personal mit den notwendigen Kenntnissen und Fähigkeiten, einzusetzen.

(6)[2)] [1] Wirtschaftsprüfungsgesellschaften haben darüber hinaus bei Durchführung der Abschlussprüfung

1. den verantwortlichen Prüfungspartner insbesondere anhand der Kriterien der Prüfungsqualität, Unabhängigkeit und Kompetenz auszuwählen,
2. dem verantwortlichen Prüfungspartner die zur angemessenen Wahrnehmung der Aufgaben erforderlichen Mittel, insbesondere Personal mit den notwendigen Kenntnissen und Fähigkeiten, zur Verfügung zu stellen und
3. den verantwortlichen Prüfungspartner aktiv an der Durchführung der Abschlussprüfung zu beteiligen.

[2] Die für die Durchführung einer gesetzlichen Abschlussprüfung bei einem Unternehmen von öffentlichem Interesse nach § 316a Satz 2 des Handelsge-

---

[1)] § 43 Abs. 4 Satz 2 neu gef., Satz 3 angef. mWv 1.7.2021 durch G v. 3.6.2021 (BGBl. I S. 1534).

[2)] § 43 Abs. 6 Satz 2 angef., bish. Text wird Satz 1 mWv 1.7.2021 durch G v. 3.6.2021 (BGBl. I S. 1534); **zur Anwendung siehe § 135 Satz 1.**

setzbuchs verantwortlichen Prüfungspartner beenden ihre Teilnahme an der Abschlussprüfung des geprüften Unternehmens abweichend von Artikel 17 Absatz 7 Unterabsatz 1 Satz 1 der Verordnung (EU) Nr. 537/2014 des Europäischen Parlaments und des Rates vom 16. April 2014 über spezifische Anforderungen an die Abschlussprüfung bei Unternehmen von öffentlichem Interesse und zur Aufhebung des Beschlusses 2005/909/EG der Kommission (ABl. L 158 vom 27.5.2014, S. 77; L 170 vom 11.6.2014, S. 66) spätestens fünf Jahre nach dem Datum ihrer Bestellung.

§ 43a[1] Regeln der Berufsausübung. (1) Berufsangehörige üben ihren Beruf aus

1. in eigener Praxis oder in gemeinsamer Berufsausübung gemäß § 44b,
2. als Vorstandsmitglieder, Geschäftsführer, persönlich haftende oder nach dem Partnerschaftsgesellschaftsgesetz verbundene Personen von Wirtschaftsprüfungsgesellschaften,
3. als zeichnungsberechtigte Vertreter oder zeichnungsberechtigte Angestellte bei Berufsangehörigen, Wirtschaftsprüfungsgesellschaften, [***ab 1.1.2024:*** rechtsfähigen][2] Personengesellschaften nach § 44b Absatz 1, EU- oder EWR-Abschlussprüfern, EU- oder EWR-Abschlussprüfungsgesellschaften, genossenschaftlichen Prüfungsverbänden, Prüfungsstellen von Sparkassen- und Giroverbänden oder überörtlichen Prüfungseinrichtungen für Körperschaften und Anstalten des öffentlichen Rechts,
4. als Vorstandsmitglieder, Geschäftsführer, persönlich haftende oder nach dem Partnerschaftsgesellschaftsgesetz verbundene Personen einer Buchprüfungsgesellschaft, einer Berufsausübungsgesellschaft nach der Bundesrechtsanwaltsordnung oder einer Berufsausübungsgesellschaft nach dem Steuerberatungsgesetz,
5. als zeichnungsberechtigte Vertreter oder zeichnungsberechtigte Angestellte bei einem Angehörigen eines ausländischen Prüferberufs oder einer ausländischen Prüfungsgesellschaft oder als gesetzliche Vertreter oder Mitglieder des zur gesetzlichen Vertretung berufenen Organs einer ausländischen Prüfungsgesellschaft, wenn die Voraussetzungen für deren Berufsausübung den Vorschriften dieses Gesetzes im Wesentlichen entsprechen,
6. als gesetzliche Vertreter oder Mitglieder des zur gesetzlichen Vertretung berufenen Organs einer ausländischen Rechtsberatungsgesellschaft oder Steuerberatungsgesellschaft, wenn die Voraussetzungen für deren Berufsausübung den Vorschriften der Bundesrechtsanwaltsordnung oder des Steuerberatungsgesetzes im Wesentlichen entsprechen,
7. als Angestellte der Wirtschaftsprüferkammer,
8. als Angestellte des Bundesamts für Wirtschaft und Ausfuhrkontrolle, soweit es sich um eine Tätigkeit bei der Abschlussprüferaufsichtsstelle handelt,

---

[1] § 43a neu gef. mWv 17.6.2016 durch G v. 31.3.2016 (BGBl. I S. 518); Abs. 1 Nr. 4 geänd. mWv 1.8.2022 durch G v. 7.7.2021 (BGBl. I S. 2363).

[2] Eingef. mWv 1.1.2024 **durch MoPeG** v. 10.8.2021 (BGBl. I S. 3436).

9.[1] als Angestellte einer

a) nach § 342q Absatz 1 des Handelsgesetzbuchs vom Bundesministerium der Justiz durch Vertrag anerkannten Einrichtung oder

b) nicht gewerblich tätigen Personenvereinigung,

aa) deren ordentliche Mitglieder Berufsangehörige, Wirtschaftsprüfungsgesellschaften, vereidigte Buchprüfer oder Buchprüfungsgesellschaften oder Personen oder [***ab 1.1.2024:*** rechtsfähige][2] Personengesellschaften sind, die die Voraussetzungen des § 44b Absatz 2 Satz 1 erfüllen,

bb) deren ausschließlicher Zweck die Vertretung der beruflichen Belange der Wirtschaftsprüfer oder vereidigten Buchprüfer ist und

cc) in der Berufsangehörige, Wirtschaftsprüfungsgesellschaften, vereidigte Buchprüfer oder Buchprüfungsgesellschaften die Mehrheit haben,

10. als Angestellte der Bundesanstalt für Finanzdienstleistungsaufsicht, wenn es sich um eine Tätigkeit

a) nach Abschnitt 16[3] des Wertpapierhandelsgesetzes oder

b) zur Vorbereitung, Durchführung und Analyse von Prüfungen bei einem von einer Aufsichtsbehörde beaufsichtigten Unternehmen

handelt, oder

11. als Angestellte eines Prüfungsverbands nach § 26 Absatz 2 des Gesetzes über das Kreditwesen.

(2) Vereinbar mit dem Beruf des Wirtschaftsprüfers ist

1. die Ausübung eines freien Berufs auf dem Gebiet der Technik und des Rechtswesens sowie eines Berufs, mit dem die gemeinsame Berufsausübung im Sinne des § 44b zulässig ist,
2. die Tätigkeit als Lehrer oder wissenschaftlicher Mitarbeiter an wissenschaftlichen Instituten oder Hochschulen,
3. die Tätigkeit als Geschäftsführer einer Europäischen wirtschaftlichen Interessenvereinigung, deren Mitglieder ausschließlich Personen sind, mit denen die gemeinsame Berufsausübung im Sinne des § 44b zulässig ist,
4. die Durchführung von Lehr- und Vortragsveranstaltungen zur Vorbereitung auf die Prüfungen zum Wirtschaftsprüfer, zum vereidigten Buchprüfer oder zum Steuerberater sowie zur Fortbildung der Mitglieder der Wirtschaftsprüferkammer und
5. die freie schriftstellerische, wissenschaftliche und künstlerische Tätigkeit sowie die freie Vortragstätigkeit.

(3) [1]Berufsangehörige dürfen keine der folgenden Tätigkeiten ausüben:

1. gewerbliche Tätigkeiten;

---

[1] § 43a Abs. 1 Nr. 9 neu gef. mWv 1.1.2022 durch G v. 3.6.2021 (BGBl. I S. 1534); Buchst. a geänd. mWv 22.6.2023 durch G v. 19.6.2023 (BGBl. I Nr. 154).

[2] Klammerzusatz eingef. mWv 1.1.2024 durch G v. 22.12.2023 (BGBl. I Nr. 411).

[3] Verweis geänd. mWv 3.1.2018 durch G v. 23.6.2017 (BGBl. I S. 1693).

2. Tätigkeiten in einem Anstellungsverhältnis mit Ausnahme der in den Absätzen 1 und 2 genannten Fälle;
3. Tätigkeiten in einem Beamtenverhältnis oder einem nicht ehrenamtlich ausgeübten Richterverhältnis mit Ausnahme des in Absatz 2 Nummer 2 genannten Falls; § 44a bleibt unberührt.

[2] Auf Antrag kann die Wirtschaftsprüferkammer Berufsangehörigen genehmigen, eine Tätigkeit nach Satz 1 auszuüben, wenn diese einer der Tätigkeiten nach Absatz 1 oder 2 vergleichbar ist und durch die Tätigkeit das Vertrauen in die Einhaltung der Berufspflichten nicht gefährdet werden kann. [3] Auf Antrag kann die Wirtschaftsprüferkammer die Eingehung eines außerberuflichen Anstellungsverhältnisses vorübergehend genehmigen, wenn es der Übernahme einer Notgeschäftsführung oder der Sanierung einer gewerblichen Gesellschaft dient.

§ 44[1)] Eigenverantwortliche Tätigkeit. (1) [1] Eine eigenverantwortliche Tätigkeit übt nicht aus, wer sich als zeichnungsberechtigter Vertreter oder als zeichnungsberechtigter Angestellter an Weisungen zu halten hat, die ihn verpflichten, Prüfungsberichte und Gutachten auch dann zu unterzeichnen, wenn ihr Inhalt sich mit seiner Überzeugung nicht deckt. [2] Weisungen, die solche Verpflichtungen enthalten, sind unzulässig. [3] Anteilseigner einer Wirtschaftsprüfungsgesellschaft und Mitglieder der Verwaltungs-, Leitungs- und Aufsichtsorgane dieser oder einer verbundenen Wirtschaftsprüfungsgesellschaft dürfen auf die Durchführung von Abschlussprüfungen nicht in einer Weise Einfluss nehmen, die die Unabhängigkeit der verantwortlichen Berufsangehörigen beeinträchtigt.

(2) Die Eigenverantwortlichkeit wird nicht schon dadurch ausgeschlossen, daß für gesetzliche Vertreter von Wirtschaftsprüfungsgesellschaften und für bei Wirtschaftsprüfern oder Wirtschaftsprüfungsgesellschaften angestellte Wirtschaftsprüfer eine Mitzeichnung durch einen anderen Wirtschaftsprüfer oder bei genossenschaftlichen Prüfungsverbänden, Prüfungsstellen von Sparkassen- und Giroverbänden oder überörtlichen Prüfungseinrichtungen für Körperschaften und Anstalten des öffentlichen Rechts durch einen zeichnungsberechtigten Vertreter des Prüfungsverbandes, der Prüfungsstelle oder der Prüfungseinrichtung vereinbart ist.

§ 44a[2)] Wirtschaftsprüfer im öffentlich-rechtlichen Dienst- oder Amtsverhältnis. [1] Ist ein Wirtschaftsprüfer ein öffentlich-rechtliches Dienstverhältnis als Wahlbeamter auf Zeit oder ein öffentlich-rechtliches Amtsverhältnis eingegangen, so darf er seinen Beruf als Wirtschaftsprüfer nicht ausüben, es sei denn, daß er die ihm übertragene Aufgabe ehrenamtlich wahrnimmt. [2] Die Wirtschaftsprüferkammer kann dem Wirtschaftsprüfer auf seinen Antrag einen Vertreter bestellen oder ihm gestatten, seinen Beruf selbst auszuüben, wenn die Einhaltung der allgemeinen Berufspflichten dadurch nicht gefährdet wird.

[1)] § 44 neu gef. mWv 1.1.1995 durch G v. 15.7.1994 (BGBl. I S. 1569); Abs. 1 Satz 3 neu gef. mWv 17.6.2016 durch G v. 31.3.2016 (BGBl. I S. 518).

[2)] § 44a Satz 3 aufgeh. mWv 1.1.2002 durch G v. 19.12.2000 (BGBl. I S. 1769).

Für handschriftliche Notizen

Für handschriftliche Notizen

Für handschriftliche Notizen

Für handschriftliche Notizen

Für handschriftliche Notizen

Für handschriftliche Notizen

Für handschriftliche Notizen

Für handschriftliche Notizen

Für handschriftliche Notizen

Für handschriftliche Notizen

Für handschriftliche Notizen

Für handschriftliche Notizen

Für handschriftliche Notizen

Für handschriftliche Notizen

Für handschriftliche Notizen

Für handschriftliche Notizen

Für handschriftliche Notizen

Für handschriftliche Notizen

Für handschriftliche Notizen

Für handschriftliche Notizen

Für handschriftliche Notizen

Für handschriftliche Notizen

Für handschriftliche Notizen

Für handschriftliche Notizen

Für handschriftliche Notizen

Für handschriftliche Notizen

Für handschriftliche Notizen

Für handschriftliche Notizen

Für handschriftliche Notizen

Für handschriftliche Notizen

Für handschriftliche Notizen

Für handschriftliche Notizen

Bitte entlang der Linien ausschneiden; die beiden Streifen mit den Übersichten können dann entweder in den Buchblock oder in die Klarsichttaschen auf den Innenseiten des Ordners gesteckt werden.

SteuerG – Schnellübersicht der wichtigsten Vorschriften

Stand: Januar 2024

SteuerG – Schnellübersicht der wichtigsten Vorschriften

Stand: Januar 2024